Reihe: Portfoliomanagement
Band: 2

Hrsg.: Prof. Dr. Manfred Steiner

Carsten Wittrock

Messung und Analyse der Performance von Wertpapierportfolios

Eine theoretische und empirische Untersuchung

● UHLENBRUCH Verlag   Bad Soden/Ts.

ISBN 3-9804400-1-X
© UHLENBRUCH Verlag, Bad Soden/Ts. 1995
Printed in Germany

Geleitwort des Herausgebers

Kaum ein Bereich der theoretischen und empirischen Kapitalmarktforschung wird so kontrovers diskutiert wie die Performance-Messung und -Analyse von Wertpapierportfolios. Mit ihrer Hilfe wird versucht, den Erfolg von Portfoliomanagern quantitativ zu erfassen sowie mögliche Quellen und Ursachen für die Anlageergebnisse aufzudecken. Das dazu erforderliche Instrumentarium und sein empirischer Einsatz zur Beurteilung deutscher Investmentfonds stehen im Mittelpunkt der Arbeit von Herrn Wittrock.

Dabei verfolgt Herr Wittrock mehrere Zielsetzungen. Ein erstes Ziel besteht darin, festzustellen, inwieweit mit Hilfe verschiedener Ansätze zur Performance-Messung private Informationen bzw. überdurchschnittlich erfolgreiche Prognosefähigkeiten von Investoren identifiziert werden können, die bei entsprechenden Transaktionen Voraussetzung zur Erzielung einer überdurchschnittlichen Performance sind. Daraus sollen dann Schlußfolgerungen über die Eignung der Maße als Beurteilungskriterium für Portfoliomanager und ihre praktische Bedeutung bei Anlageentscheidungen abgeleitet werden. Als zweite Aufgabe hat sich Herr Wittrock gesetzt, die Leistungsfähigkeit der Manager deutscher Aktieninvestmentfonds zu bewerten. In einer dritten Zielsetzung wird geprüft, ob über den Einsatz von Mehrfaktoren- und Asset Allocation-Modellen Rückschlüsse auf die Anlagepolitik gezogen werden können. Die vierte Zielsetzung besteht darin, Einflußfaktoren zu identifizieren, die einen signifikanten Einfluß auf die Anlageergebnisse der Fondsmanager ausüben.

In einer detaillierten theoretischen Untersuchung werden die wesentlichen Problembereiche der Performance-Messung und -Analyse erörtert. Dabei wird ausführlich auf Möglichkeiten zur Quantifizierung des Risikos sowie auf die Benchmarkproblematik eingegangen und ihre Relevanz für die Performance-Analyse herausgearbeitet. Die darauf aufbauende ausführliche Analyse methodischer Ansätze zur Erfolgsmessung und -analyse beschränkt sich nicht auf die gängigen Maße, sondern umfaßt sämtliche Verfahren, die sowohl extern als auch intern einsetzbar sind.

Zur Klärung der Eignung von Performance-Maßen zur empirischen Identifikation privater Informationen und zum Ranking von Portfolios werden reale Zufallsportfolios aus Aktien gebildet, auf deren Grundlage private Selektions- und Timinginformationen simuliert werden. Die Robustheit der Performance-Maße wird anschließend auf Basis der so gebildeten Renditezeitreihen überprüft. Die Resultate zeigen, daß die Gesamtheit der Maße eine vergleichsweise geringe Macht bei der Identifikation superiorer Performance besitzt, sofern nur relativ moderate Managerfähigkeiten simuliert werden. Dies gilt besonders für Timinginformationen, deren signifikanter Nachweis sich als äußerst schwierig erweist. Insgesamt deuten die Ergebnisse darauf hin, daß private Informationen mit den Gesamtperformance-Maßen am ehesten identifiziert werden können. Bezüglich der durchschnittlichen Höhe der Signifikanz-Werte liefert das Maß von *Connor/Korajczyk* die besten Resultate. Die auf Verlustrisikomaßen beruhenden Maße erweisen sich als redundant, da sich die mit ihnen erzielten Resultate kaum von denen unterscheiden, die mit anderen, in der Praxis bekannteren Maßen erzielt werden.

Unter Berücksichtigung der Erkenntnisse über die Robustheit der Verfahren aus den Simulationen wird anschließend die Leistungsfähigkeit der Manager deutscher Aktieninvestmentfonds bewertet. Dabei werden auch Methoden verwandt, die unabhängig von einem speziellen Renditeerwartungsmodell ebenfalls eine Berücksichtigung des Risikos bei der Beurteilung der Performance-Messung erlauben. So werden erstmalig Verfahren verwendet, welche auf alternativen Risikobegriffen basieren (Lower Partial Moment-Ansätze, stochastische Dominanz) sowie solche, die den Rückgriff auf Portfolioanteile notwendig machen. Unabhängig vom eingesetzten Verfahren zeigt sich, daß die Fondsmanager im Durchschnitt nicht in der Lage sind, eine Nettorendite zu erzielen, die signifikant über der einer passiven buy-and-hold-Strategie liegt. Diese Einschätzung bleibt auch bei der Verwendung mehrdimensionaler Benchmarks im Rahmen von Multiindex- und Asset-Allocation-Modellen erhalten und wird weiterhin durch die verteilungsunabhängigen stochastischen Dominanzkriterien in Verbindung mit einem Signifikanztest untermauert, der bisher erst einmal in der Literatur Verwendung fand.

Mit nur wenigen Ausnahmen wird eine negative, allerdings nicht signifikante Performance ermittelt. Die Ergebnisse erstmals für die Beurteilung von Fonds eingesetzter nichtparametrischer Tests lassen die Schlußfolgerung zu, daß die Begründung für die negativen Resultate in zu hohen Kosten bei den Portfolioumschichtungen, insbesondere im Rahmen von Timingaktivitäten, liegen. Diese Vermutung wird im Rahmen von Untersuchungen, in denen Einflußfaktoren auf die Performance untersucht werden, tendenziell bestätigt. Aus seinen Ergebnissen leitet Herr Wittrock interessante Schlußfolgerungen über Zielsetzungen, Organisation und Kostenstruktur von Investmentfonds ab, die als Gestaltungsaussagen für das reale Fondsmanagement von Relevanz sind. Weitere Analysen, die eher aus der Perspektive der Investoren durchgeführt werden, zeigen, daß die Performance aufgrund ihrer fehlenden Konstanz als Grundlage für Anlageentscheidungen als ungeeignet anzusehen ist. Für eine differenzierte Risikoanalyse sowie zur externen Identifizierung der Anlagepolitik breit diversifizierender Fonds dagegen erweist sich der Einsatz von Mehrfaktoren- und Asset-Allocation-Modellen als sinnvoll.

In der von Herrn Wittrock vorgelegten Arbeit wird der theoretische Stand der Performance-Messung exzellent dargelegt. Hervorzuheben ist vor allem, daß der Autor sich nicht auf die gebräuchlichen Verfahren und Risikomaße beschränkt, sondern sämtlichen für die Performance-Messung und -Analyse relevanten Fragestellungen sowohl theoretisch als auch unter Einsatz anspruchsvoller statistischer Methoden empirisch nachgeht. Eine vergleichbar umfassende Arbeit auf der Basis deutschen Datenmaterials existiert derzeit nicht. Dabei kommt Herr Wittrock zu Ergebnissen, die nicht nur einen wesentlichen Beitrag zur wissenschaftlichen Diskussion über die Performance-Messung darstellen, sondern auch von praktischer Bedeutung sind.

Aufgrund der gut strukturierten Vorgehensweise, der transparenten Darstellung der Sachverhalte und der umfassenden kritischen Abhandlung sämtlicher Performance-Analyse-Methoden kann dieses Buch neben Wissenschaftlern vor allem auch Portfoliomanagern sowie privaten und institutionellen Kapitalanlegern empfohlen werden, die sich mit Fragen des Wertpapiermanagements und der Wertpapier- und Kapitalmarktanalyse beschäftigen. Vor diesem Hintergrund ist dieser Arbeit eine weite Verbreitung in der Wissenschaft und Praxis zu wünschen.

Münster, im Mai 1995   Prof. Dr. Manfred Steiner

Vorwort

Die vorliegende Arbeit wurde im Februar 1995 von der Wirtschaftswissenschaftlichen Fakultät der Westfälischen Wilhelms-Universität als Dissertationsschrift angenommen. Meinem akademischen Lehrer, Herrn Prof. Dr. Manfred Steiner, bin ich für die wissenschaftliche und persönliche Betreuung sowie die von ihm maßgeblich beeinflußten hervorragenden Arbeitsbedingungen sehr dankbar. Herrn Prof. Dr. Josef Bleymüller danke ich herzlich für die Übernahme des Zweitgutachtens.

Der Deutschen Forschungsgemeinschaft gilt mein Dank für die Förderung des Forschungsprojektes, in dessen Rahmen diese Arbeit entstanden ist. Dem BVI Bundesverband Deutscher Investment-Gesellschaften e.V. danke ich für die Überlassung von Anteilswerten und weiteren Daten deutscher Investmentfonds.

Meine Kolleginnen und Kollegen am Lehrstuhl für Betriebswirtschaftslehre, Schwerpunkt Finanzierung, haben in erheblichem Umfang und auf vielfältige Weise zum Gelingen dieser Arbeit beigetragen, wofür ich ihnen recht herzlich danke. Neben der stets vorhandenen fachlichen Diskussionsbereitschaft hat vor allem die ausgezeichnete Lehrstuhlatmosphäre auf die Arbeit förderlich gewirkt. Mehr als dies zählt jedoch, daß Freundschaften entstanden sind, die es auch bei großem Arbeitsanfall leicht gemacht haben, mit Freude am Lehrstuhl zu arbeiten und die über die Assistentenzeit am Lehrstuhl weit hinausgehen. Besonders dankbar bin ich meinem Freund, Kollegen und konstruktiven Diskussionspartner Thomas Nowak (V...h!), der mein Schicksal teilte, den Lehrstuhl unter Schlafverzicht während unseres gemeinsam bearbeiteten DFG-Forschungsprojektes ein ums andere Mal zum Lebensmittelpunkt machen zu müssen und nicht selten statt zuhause in die Falle in empirische Tiefen am Großrechner zu stürzen. Den studentischen Hilfskräften des Lehrstuhls sei für ihren Einsatz vor allem bei der Literaturrecherche gedankt. Besonderer Dank gebührt Herrn Wolfgang Kommessin, der mich bei den empirischen Untersuchungen und EDV-technischen Problemen stets mit größtem Engagement unterstützt hat.

Mein außerordentlicher Dank gilt meinen Eltern, die meine gesamte Ausbildung nicht nur finanziell großzügig unterstützt haben. Mein Vater war es, der das vorliegende Werk von der ersten bis zur letzten Seite korrekturgelesen und das Literaturverzeichnis überprüft hat. Er wird wohl einer der wenigen bleiben, der diese Arbeit in vollem Umfang durchgearbeitet hat. Sein Kopfschütteln angesichts statistischer Feinheiten hat nicht selten dazu beigetragen, mich immer wieder auch an die Relativität der Wissenschaft zu erinnern.

Schließlich sei der "außerfachlichen Fraktion" gedankt, zu der meine Freundinnen und Freunde gehören, die mich während der Promotionszeit begleitet haben und mit denen es leicht fiel, den Blick weit hinaus über den wissenschaftlichen Tellerrand schweifen zu lassen. Vor allem meiner lieben Freundin Francesca möchte ich danken, die zum Ende meiner Promotionszeit noch mehr als sonst auf mich verzichten mußte und sich dennoch bei der Fertigstellung der Arbeit einzubringen wußte. Thank you very much!

Münster, im Mai 1995   Carsten Wittrock

Inhaltsverzeichnis

Abkürzungsverzeichnis

a. F. .... alte Fassung

AIMR .... Association for Investment Management and Research

APT .... Arbitrage Pricing Theory

BGB .... Bürgerliches Gesetzbuch

BVI .... Bundesverband Deutscher Investment-Gesellschaften e.V.

C/K-A .... Connor/Korajczyk-Alpha

CAPM .... Capital Asset Pricing Model

CBK .... Commerzbank

CDAX .... Composite DAX

CRSP .... Center for Research in Security Prices

DAFOX .... Deutscher Aktien-Forschungsindex

DARA .... Decreasing Absolute Risk Aversion

DAX .... Deutscher Aktienindex

DFDB .... Deutsche Finanzdatenbank

DTB .... Deutsche Terminbörse

DW .... Durbin/Watson

ed. .... Editor (s)

EG .... Europäische Gemeinschaft (jetzt Europäische Union)

EW .... Equally Weighted

FAZ .... Frankfurter Allgemeine Zeitung

FSD .... stochastische Dominanz ersten Grades

FT .... Financial Times

FV .... Fondsvolumen

FWB .... Frankfurter Wertpapierbörse

GG .... Gleichgewichteter Index

GJ .... Geschäftsjahr

GLS .... Generalized Least Squares

GSC .... German Smaller Companies

GT-2 .... General-Tuckey-2-Methode

H/M-A .... Henriksson/Merton-Alpha

IW .... Inventarwert

KAG .... Kapitalanlagegesellschaft

KAGG .... Gesetz über Kapitalanlagegesellschaften

LP .... Lineare Programmierung

MEI .... Main Economic Indicators

MSCI .... Morgan Stanley Capital International

MV .... Mean-Variance

NYSE .... New York Stock Exchange

OECD .... Organization for Economic Cooperation and Development

OGAW .... Organismen für gemeinschaftliche Anlagen in Wertpapieren

OLS .... Ordinary Least Squares
OTC .... Over-the Counter
PW .... Positive Period Weighting Measure
Q .... Quadratische Programmierung
REX .... Rentenindex
REXP .... REX-Performance-Index
S&P .... Standard and Poors
SAS .... Statistical Analysis System
SBC-100 .... Swiss Bank Corporation 100 - Index
SBV .... Schweizer Bankverein
SD .... stochastische Dominanz
SEC .... Securities and Exchange Comission
SES .... Stock Exchange of Singapur
SFR .... Schweizer Franken
sig. .... signifikant
SMH .... Schröder, Müchmeyer, Hengst & Co
SMM .... Studentisierte Maximum Modulus Verteilung
SPSS .... Statistical Package for the Social Science
SSD .... stochastische Dominanz zweiten Grades
SUR .... Seemingly Unrelated Regression
SV .... Sondervermögen
SZ-Index .... Index der Süddeutschen Zeitung
T/M-A .... Treynor/Mazuy-Alpha
T/M-T .... Treynor/Mazuy-Total-Maß
Th .... thesaurierend
TSD .... stochastische Dominanz dritten Grades
TSE .... Toronto Stock Exchange
TUBOS .... Trinkaus & Burkhardt Optionsschein-Index
Vol. .... Volume
vs. .... versus
VW .... Value Weighted
WLS .... Weighted Least Squares
WPKNR .... Wertpapierkennnummer

Symbolverzeichnis

a .... untere Grenze eines Intervalls $[a, o]$

A_{Pt} .... im Zeitraum t für das Portfolio P gezahlte Ausschüttung

AR_i^G .... künstliche Rendite des Wertpapiers in Abhängigkeit der Port-
.... liogruppe G

B .... Benchmarkportfolio

b_i .... Sensitivität des Wertpapiers i, geschätztes Beta (Regressions-
.... koeffizient)

b_{ij} .... Sensitivität des Wertpapiers i gegenüber den Ausprägungen des
.... Faktors j

b_{Pj} .... Sensitivität des Wertpapiers i gegenüber den Ausprgungen des
.... Faktors j

CM .... Cornell-Maß

C_{Pk} .... Saldo des exogen bedingten Zahlungsstroms

Cov .... Kovarianz

D .... Dummyvariable

d .... Prüfgröße des Durbin/Watson-Tests

DF .... Freiheitsgrade

d_o .... obere kritische Toleranzgröße des Durbin/Watson-Tests

d_u .... untere kritische Toleranzgröße des Durbin/Watson-Tests

E .... relativ μ / σ-effizientes Portfolio

$E(\tilde{R}_k)$ .... Erwartungswert der Zufallsvariable Rendite

$\tilde{F}_j$ .... Wert des j-ten Faktors

$F_A(R_n)$ .... kumulierte Wahrscheinlichkeitsverteilung der Renditen einer An-
.... lage A

$f_A(R_n)$ .... diskrete Renditeverteilungsfunktion der Anlage A

$f_A(R_k)$ .... Wert der Dichtefunktion für Anlage A an der Stelle R_k

G .... Portfoliogruppe in der Simulation (G = 1, ..., 5)

I .... Index

i .... durchlaufender Index, Bezeichnung eines konkreten Wertpa-
.... piers, i = 1, ..., N.

I .... Renditeverteilung bzw. Anzahl der Momente einer Wahrschein-
.... lichkeitsverteilung mit W (M_1, ..., M_I)

J .... Jensens Alpha

J^{APT} .... Jensens Alpha bei Zugrundelegung der APT

$J^{C/K}$ .... Connor/Korajczyk-Alpha

$J^{H/M}$ .... Henriksson/Merton-Alpha

$J^{T/M}$ .... Treynor/Mazuy-Alpha

j .... durchlaufender Index, Bezeichnung eines konkreten Faktors
.... (j = 1, ... N)

K .... Anzahl von Regressionsparametern

k	Ausprägung einer Variablen, durchlaufender Index
k	Index der Mittelzu- oder Abflüsse
LPM_M	Lower Partial Moment
LPM-M	Lower Partial-Performance-Maß
M	Moment einer Wahrscheinlichkeitsverteilung, $M \geq 0$
m	Anzahl der Untersuchungsobjekte, Stichprobenumfang
M	Marktportfolio
N	Anzahl der Untersuchungsobjekte, Stichprobenumfang
N(.)	kumulative Standardnormalverteilung
$N[z]$	Standardnormalverteilung der Zufallsvariablen z
n_d	diskonkordantes Paar
n_k	konkordantes Paar
N_1	Anzahl tatsächlicher Renditen mit $R_{Et} \leq R_{ft}$
N_2	Anzahl tatsächlicher Renditen mit $R_{Et} > R_{ft}$
n_1	Anzahl korrekter Prognosen, daß $\tilde{R}_{Et} \leq R_{ft}$
n_2	Anzahl korrekter Prognosen, daß $\tilde{R}_{Et} > R_{ft}$
o	obere Grenze eines Intervalls $[a, o]$
P	Portfolio/Fonds
p	bedingte Wahrscheinlichkeit
PCM	Portfolio Change Measure
p_{ij}	gemeinsame Wahrscheinlichkeit für das gleichzeitige Auftreten von zwei Beobachtungen (Ereignissen) i und j
p_k	Wahrscheinlichkeit für die Ausprägung einer Variablen k
Pm	Mimicking Portfolio
prob	Wahrscheinlichkeit
PW	Positive Period Weighting Measure
q	unbedingte Wahrscheinlichkeit
R	(realisierte) Rendite, im empirischen Teil als stetige Rendite
r	realisierte Überschußrendite
$\tilde{R}$	Rendite des Wertpapiers i (Zufallsvariable),
$\tilde{r}$	Überschußrendite (Excess Return) (Zufallsvariable)
$\bar{r}$	durchschnittliche Überschußrendite
R_f	risikoloser Zinssatz; im empirischen Teil als stetige Rendite
r_{ft}	jährlicher Zinssatz am Ende des Vormonats t-1
rg_i	Rangzahl der i-ten Beobachtung
R_{Ij}	Rendite des Index j
R_k	k-te Ausprägung einer Rendite
R^{Ortho}	orthogonalisierte Rendite
$\bar{R}_P$	durchschnittliche Rendite des Portfolios P
$\tilde{R}_{Pmj}$	Rendite des mimicking Portfolios PM bezüglich des Faktors j
R_{Pt}	stetige Rendite des Portfolios P zum Zeitpunkt t

- XII -

R_{Pt}^d .... diskrete Rendite des Portfolios P für den Zeitraum t
.... (Zufallsvariable)
S .... Sharpe-Ratio
s .... Stichprobenstandardabweichung
S .... Schiefe
S-EG .... Selectivity-Maß von Elton/Gruber
SM .... Selectivity-Maß von Grinblatt/Titman
SR .... Selektionsrendite im Asset Allocation Modell
SV .... Semivarianz
S/W .... Wert der Shapiro/Wilk-Statistik
$s\,(\tilde{\delta}_P)$ .... portfoliospezifische Volatilität
T .... Anlagezeitraum, Anzahl der Teilperioden
t .... zum Zeitpunkt t, bzw. Zeit- oder (Teil-) Periodenindex
T .... Treynor-Maß
tau .... Rangkorrelationskoeffizient von Kendall
T_G .... Gesamtzeitraum (5/74-12/91)
T_i .... Teilperioden (i = 1, 2, 3)
TM .... Timing-Maß von Grinblatt/Titman
TM-EG .... Timing-Maß von Elton/Gruber
T/M-Tim. .... Treynor/Mazuy-Timing-Maß
T/M-Tot. .... Treynor/Mazuy-Totalmaß
$\beta_i^{LPM_M(\tau)}$ .... LPM-Treynor-Maß
t - 1 .... zum Zeitpunkt t-1
$\tilde{u}$ .... Störvariable
$U_i\,[\,u(x)\,]$ .... Nutzenfunktion einer Klasse i
$u_{i\text{-}s}$ .... im Abstand s zu u_i vorhergehende Störvariable
$u\,(x)$ .... Nutzenfunktion
V .... Varianz-Kovarianzmatrix der mit quadratischer Regression ge-
.... schätzten Koeffizienten
Var .... Varianz
v_i .... marktunabhängige Rendite des Wertpapiers i
V_{Pt} .... Wert des Portfolios/Fonds P am Ende des Zeitraums t
W_{N_1,N_2} .... Prüfgröße des Wilcoxon Rangsummentests
$W(p_1, ..., p_k)$ .... Wahrscheinlichkeitsverteilung
$W(\tilde{R}_k)$ .... Wahrscheinlichkeit von $\tilde{R}_k$
W_t .... Reichtum am Ende der Periode t
w_t .... Periodengewicht
X .... Matrix der Regressoren aus quadratischer Regression
x .... Beobachtungswert, Zufallsvariable
$\overline{X}$ .... Mittelwert einer Stichprobe
x' .... transformierter Beobachtungswert
$\tilde{x}_i$ .... Portfolioanteil des Wertpapiers i

x_{it} ... Portfolioanteil des in Periode t in Wertpapier i investierten
... Budgets
Y ... in das Benchmarkportfolio investierte Geldeinheiten
y ... Aufteilung des Vermögens in Benchmark und R_f,
... Beobachtungswert, Zufallsvariable
y' ... transformierter Beobachtungswert
y^* ... optimale Aufteilung des Vermögens in Benchmark und R_f
y'_B ... Anteil des Vermögens in risikoloser Anlage
z ... standardnormalverteilte Prüfgröße
z ... Anzahl von Zahlungsbewegungen
z_P ... marktunabhängiger Bestandteil der Portfoliorendite
Z_{Pt} ... Wert des Fondsanteils P zum Zeitpunkt t
α_i ... wertpapierspezifische Konstante (Ordinatenabschnitt)
$\bar{\beta}$ ... durchschnittliches Beta
$\hat{\beta}$ ... geschätzter Betafaktor, asymptotisch geltender Wert
β^* ... Target-Beta (bei Timinginformationen)
β^*_H ... oberes Target-Beta
β_i ... Betafaktor eines Wertpapiers i
β^*_L ... unteres Target-Beta
$\tilde{\beta}_P$ ... sich zufällig ergebendes Portfolio-Beta
$\bar{\beta}_{PT}$ ... Target-Beta (bei Abwesenheit von Timinginformationen)
$\beta_i^{LPM_M(\tau)}$ ... LPM_M-CAPM-Beta des Wertpapiers i bei Target-Rendite τ
β_2 ... Timingkoeffizient des Henriksson/Merton- und Connor/Ko-
... rajczyk-Ansatzes
$\tilde{\delta}$ ... Störvariable
$\tilde{\varepsilon}$ ... stochastische Störvariable, unsystematische Renditekomponente
ϕ ... private Informationen
γ ... Treynor/Mazuy-Timingkoeffizient
η_1 ... Target-Beta bei negativer Marktüberschußrendite
η_2 ... Target-Beta bei positiver Marktüberschußrendite
ι ... Reaktion des Managers auf seine Prognose
φ ... öffentliche Informationen
κ ... Regressionsparameter des Cumby/Modest-Ansatzes
λ_0 ... erwartete Rendite des Zero-Beta-Portfolios
λ_j ... Risikopreis des Faktors j
μ ... Renditeerwartungswert
π ... Differenz zwischen der Überschußrenditeausprägung und der er-
... warteten Marktüberschußrendite
π^* ... optimale Prognose bei Minimierung des Prognosefehlers
θ ... Koeffizient der relativen Risikoaversion
ρ^s ... Autokorrelationskoeffizient s-ter Ordnung
ρ_{12} ... Korrelationskoeffizient

σ .... Standardabweichung

σ^2 .... Varianz

σ_i^2 .... Varianz des Wertpapiers i

σ_{ij} .... Kovarianz

σ_ξ^2 .... Prognosefehler

τ .... Target-Rendite

υ .... Dummyvariable

$\tilde{\omega}$ .... Störvariable

$\tilde{\xi}$ .... Zufallsvariable

ψ .... Qualität der privaten Information

$\tilde{\zeta}$ .... Störvariable

Θ .... Koeffizient der absoluten Risikoversion

$\Theta'(x)$ .... lokale absolute Risikoaversion an der Stelle x

Γ .... Regressionskoeffizient

Φ .... nicht antizipierte Komponente des Portfolio-Betas

Λ .... Timingkoeffizient bei Modellierung des Portfolio-Betas als Zu-

.... fallsvariable

A. Einleitung

Der überwiegende Teil des in risikobehafteten Wertpapieren investierten Vermögens wird von einem aktiven Management verwaltet. Obwohl es tatsächlich unmöglich ist, daß alle Marktteilnehmer konstant eine über dem Marktdurchschnitt liegende Rendite erzielen, besteht das erklärte Ziel aktiven Portfoliomanagements darin, eine Rendite zu erwirtschaften, die über der einer passiven Anlagestrategie liegt. Während letztere allein auf der Grundlage öffentlicher Informationen beruht, setzt der Erfolg aktiver Handelsstrategien den Besitz und die Umsetzung privater Informationen voraus.

Damit steht die aktive Vermögensverwaltung im Widerspruch zur Theorie effizienter Märkte, nach der die Verwertung von Informationen keinen außergewöhnlichen Erfolg verspricht, da sich diese unverzüglich in den Kursen der Wertpapiere widerspiegeln.[1] Liegen effiziente Märkte vor, so erübrigt sich eine aktive Informationsverarbeitung. Unter Berücksichtigung der Erkenntnisse der modernen Portfoliotheorie ist es in diesem Fall vielmehr zweckmäßig, ein diversifiziertes Portfolio zu halten, um die Anlagerisiken auf ihren systematischen Teil einzuschränken, ohne dafür eine Verringerung der Anlagerendite in Kauf nehmen zu müssen. Angesichts empirischer Befunde ist jedoch weitgehend unklar, ob von einem derart hohen Effizienzgrad der Kapitalmärkte auszugehen ist, daß sich die Umsetzung von Informationen nicht lohnt.[2]

Eine bedeutende Gruppe der an den Kapitalmärkten agierenden Investoren, denen als Dienstleistungsunternehmen die Verwaltung fremder Gelder anvertraut wird, sind Investmentfonds. Mit dem Kauf von Anteilen an Investmentfonds können auch bei vergleichsweise geringem Kapitaleinsatz die Vorteile eines breit diversifizierten Portfolios realisiert werden.[3] Sollte letzteres die einzige Existenzberechtigung der Fonds sein, so ließe sich eine passive Indexierung des Fondssondervermögens unter Minimierung der Transaktionskosten erwarten.[4] Fondsgesellschaften investieren jedoch einen erheblichen Teil ihrer Ressourcen in das professionelle Management und in die Finanzanalyse. Daher ist anzunehmen, daß auch die Erzielung überdurchschnittlicher Anlageerfolge angestrebt wird, welche mindestens die aufgewandten Informations- und Managementkosten decken. Insofern erheben diese Fonds implizit den Anspruch, über private

---

[1] Vgl. **Schmidt** (1995), Sp. 830.

[2] Vgl. **Steiner/Bruns** (1994), S. 34 ff.; **Möller** (1995), Sp. 1148 f.; **Krämer** (1995), Sp. 1139 ff. Untersuchungen zum Anlageerfolg von Strategien, die auf Basis der Anlageempfehlungen von Brokern und Börsendiensten erzielt werden können, kommen zu unterschiedlichen Ergebnissen, vgl. den Überblick bei **Fama** (1991), S. 1604 f.

[3] Zu weiteren Zielen, die mit der Investition in Investmentfonds verfolgt werden, vgl. **Gerke** (1995), Sp. 1031 f.

[4] In diesem Zusammenhang ist das Angebot von Indexfonds und weiteren indexorientierten Anlagen zu sehen; vgl. dazu **Breuer** (1987); **Braun** (1990); **Schredelseker** (1990); **Heuer/Saxinger** (1992); **Collins/Cushing** (1990).

Informationen zu verfügen und sie zu verarbeiten.[5] Da Investmentfonds außerdem eine Vergütung für ihre Tätigkeit verlangen, können sie grundsätzlich als Instrument zum indirekten Verkauf privater Informationen angesehen werden.[6]

Mit einer Investition in Investmentfondsanteile und der Vergabe von Vermögensverwaltungsaufträgen generell ist eine Arbeitsteilung im Kapitalanlagegeschäft verbunden, die gegenüber der Einzelanlage zu einer Informationskostendegression führen kann. Gleichzeitig folgt daraus jedoch eine typische Principal-Agent-Beziehung zwischen dem Anleger (Principal) und der von ihm beauftragten Fondsgesellschaft (Agent). Weitere derartige Verhältnisse ergeben sich im internen Bereich der Gesellschaft zwischen der Fondsverwaltung und dem einzelnen Portfoliomanager. Die aus der jeweiligen asymmetrischen Informationsverteilung zwischen den Parteien resultierenden Anreizprobleme erfordern ein Instrumentarium, das eine effektive Kontrolle der Handlungen und Leistungen des Agenten ermöglicht. Wenngleich die Motivation für die Auswahl eines bestimmten Fonds oder Managers unterschiedliche Ursachen haben kann, so werden einen Investor oder Auftraggeber als Beweis der Leistungsfähigkeit eines Agenten primär dessen Ergebnisse in der Vergangenheit überzeugen. Dabei wird implizit davon ausgegangen, daß Manager mit überdurchschnittlichen Fähigkeiten auch in der Zukunft in der Lage sind, gute Leistungen zu erbringen.

Die Schwierigkeit einer Messung dieser Managementfähigkeiten besteht darin, daß die Rendite eines Portfolios nicht nur durch die Leistung des Managers, sondern insbesondere auch durch die Entwicklung der Finanzmärkte sowie das Risiko der Anlagen und damit durch Zufallseinflüsse determiniert wird. Infolgedessen informiert die Portfoliorendite den Investor zwar über das absolute Ergebnis seiner Kapitalanlage, ermöglicht jedoch noch keine unmittelbare Beurteilung der Managementleistung. Dafür ist zunächst die Einbeziehung des zur Erwirtschaftung der Rendite eingegangenen Risikos notwendig. Weiterhin gilt es, die Portfoliorendite zu einer Referenzgröße, der sogenannten Benchmark, in Beziehung zu setzen. Als Performance ist dann die leistungsbedingte Differenz der Renditen eines Portfolios und einer Benchmark bei gleichem Risiko anzusehen. Die Performance bezeichnet somit den Teil der Rendite, welcher sich nicht im Rahmen einer auf öffentlichen Informationen beruhenden passiven Strategie durch das Eingehen systematischer Risiken nachbilden läßt. Während mit der Performance-Messung allein die Leistungsfähigkeit des Managements identifiziert werden soll, erfolgt

---

[5] Die Erzielung überdurchschnittlicher Renditen stellt auch eines der im Marketing von Fondsgesellschaften herausgestellten Ziele dar, womit indirekt das Vorliegen privater Information suggeriert wird. Dabei sind hier mit privaten Informationen nicht nur Insiderinformationen im engeren Sinne gemeint, sondern auch solche, die durch eine bessere Auswertung und Interpretation öffentlicher Informationen generiert werden, vgl. **Fuller/Farrell** (1987), S. 118.

[6] Der Erwerb von Fondsanteilen bedeutet somit auch den Kauf von privaten Informationen, deren Preis über die Gebühren entgolten werden muß, vgl. **Admati/Pfleiderer** (1988), S. 98. Fraglich ist daher, ob die aufgrund privater Informationen erzielte Performance den Investoren zugute kommt. Zu diesem Aspekt und einer Analyse der Vorteilhaftigkeit des indirekten Verkaufs von Informationen im Vergleich zu einem direkten Verkauf vgl. **Admati/Pfleiderer** (1988, 1990).

im Rahmen der Performance-Analyse zusätzlich eine Differenzierung der Erfolgsquellen und Ursachen, die zu einem bestimmten Anlageergebnis geführt haben. Dies umfaßt die Identifikation sowohl bestimmter Fähigkeiten des Managements und seines Investmentstils als auch externer Faktoren, welche die Performance determinieren.[7]

Die Performance-Messung und -Analyse dient in erster Linie als Kontrollinstrument und Beurteilungskriterium der Manager und ist darüber hinaus Grundlage systematischer Anlageentscheidungen. Während die **interne Performance-Messung** jedoch durch die grundsätzlich unbeschränkte Datenverfügbarkeit wesentlich erleichtert wird, sind Investoren auf externe, d. h. öffentlich zugängliche Daten angewiesen, die sich i. d. R. in den veröffentlichten Anteilpreisen sowie Rechenschafts- und Zwischenberichten erschöpfen. Daher stellt sich die **externe Performance-Messung** als wesentlich anspruchsvollere und schwierigere Aufgabe dar, deren Bedeutung zudem mit der wachsenden Akzeptanz von Investmentfonds als Kapitalanlageinstrument zunimmt.[8] Dabei gelten Fonds nicht mehr nur als Anlage für Kleinanleger, sondern auch für Investoren mit größeren Vermögen sowie für institutionelle Anleger. Schließlich ist mit dem zunehmenden Einsatz der Fondszertifikate als eigenständiges Finanzprodukt im Rahmen des Asset Managements eine steigende Professionalisierung der Nachfrageseite verbunden.[9] Nicht zuletzt dieser Umstand führt dazu, daß der externen Performance-Messung ein steigender Stellenwert zukommt.

Investmentfonds stellen, sofern es sich nicht um Spezialitätenfonds handelt, im Normalfall relativ breit diversifizierte Portfolios dar.[10] Die gemäß § 15 II a KAGG von den Gesellschaften in den Vertragsbedingungen zu erläuternden Grundsätze zur Auswahl der Wertpapiere lassen für einen Investor zwar die deklarierte Anlagepolitik und somit den globalen Risikorahmen erkennen, nicht jedoch deren effektive Umsetzung. Daher ist für Investoren bei der Wahl eines ihren Zielen entsprechenden Portfolios nicht nur

---

7   Der Begriff Performance-Analyse ist in der Literatur nicht eindeutig definiert und wird häufig auch als Synonym für die Performance-Messung verwandt; vgl. **Bühler** (1995), S. 15 ff.

8   Obwohl das Investmentvermögen -vor allem das der Aktieninvestmentfonds- pro Kopf der deutschen Bevölkerung im internationalen Vergleich relativ gering ist, hat sowohl die Anzahl der Fonds als auch ihr Volumen im Zeitablauf stetig zugenommen. So wuchs die Anzahl deutscher Publikumsfonds Ende 1984 - Ende 1993 von 136 auf 485 (gemischte und Aktienfonds von 80 auf 263) und die der Spezialfonds von 650 auf 2207. Das Fondsvolumen der Publikumsfonds stieg in dieser Zeit von 46,3 auf 181,9 Mrd. DM (Aktienfonds von 9,8 auf 42 Mrd. DM) und das der Spezialfonds von 33,7 auf 235 Mrd. DM, vgl. **BVI** (1994), S. 64 und S. 68. Während Publikumsfondsanteile von den Kapitalanlagegesellschaften öffentlich angeboten werden und von Anlegern jeglicher Art erworben werden können, sind Spezialfonds lediglich nicht-natürlichen Personen und damit eher institutionellen Investoren vorbehalten, die die Verwaltung ihrer Vermögensbestände auf die Fonds übertragen. Als weitere Einschränkung dürfen gemäß § 1 II KAGG höchstens zehn Anleger am Sondervermögen der Spezialfonds partizipieren.

9   Vgl. **Wittrock/Völker** (1994), S. 653.

10   Die Anlagepolitik von Spezialitätenfonds konzentriert sich auf bestimmte, genau abgegrenzte Teilmärkte bezüglich der Wertpapierart, der geographischen Reichweite und Anlagewährung sowie auf Anteile von Unternehmen, die bestimmte, in der Satzung festgelegte Kriterien erfüllen (z. B. ethische Grundsätze, Firmengröße).

dessen Performance entscheidend, sondern auch dessen Risikostruktur, die von der Anlagepolitik des Managements bestimmt wird.[11]

Die externe Performance-Messung und -Analyse ist seit nunmehr drei Jahrzehnten Gegenstand der theoretischen und empirischen Forschung und nimmt einen breiten Raum in der akademischen Literatur ein.[12] Trotz z. T. kontroverser Auffassungen über den Aussagegehalt bisheriger Untersuchungen sowie Zweifeln über den generellen Sinn der Performance-Messung[13] wird ihre Bedeutung jedoch nicht nur durch den Erfolg von Dienstleistungsunternehmen, die Performance-Analyse-Systeme anbieten, in der Praxis deutlich.[14] Auch die weiterhin vorangetriebene, wissenschaftliche Forschung läßt erkennen, daß dieses Thema noch nicht abschließend behandelt worden ist.[15]

Dieser Forschungsbedarf hat sich vor allem wegen der zunehmenden Kritik an dem Capital Asset Pricing Model (CAPM) ergeben. Die den klassischen Arbeiten von *Treynor, Sharpe* und *Jensen*[16] folgenden Studien beruhen im wesentlichen auf diesem theoretisch fundierten Bewertungsmodell für Aktien- bzw. Aktienportfolios, das ein Instrumentarium zur Einbeziehung des Risikos in die Performance-Messung liefert. Dabei dient das CAPM der Berechnung des Ertrages, der allein durch das Eingehen bestimmter systematischer Risiken im Rahmen passiver Strategien erwartet werden kann. Die Kritik von *Roll* an der empirischen Überprüfbarkeit des CAPM und den sich daraus

---

11 Dies gilt vor allem dann, wenn die Fondsanteile nur einen Teil des Vermögens der Investoren ausmachen. Von besonderer Relevanz ist dieser Aspekt für die als Fondspicking bezeichnete Form der Kapitalanlage, die im Rahmen strukturierter Fondskonzepte vermehrt angeboten wird. Unter diese Anlagekonzepte fallen die Fondsvermögensverwaltung sowie Dach- und Umbrellafonds, vgl. zu diesen Konzepten Wittrock/Völker (1994), S. 648 ff.

12 Der Grund für die Konzentration auf die externe Performance-Messung ist nicht zuletzt in der Diskussion über die Efficient Market Theory zu sehen. Ein Test der strengen Effizienzthese erfordert die Daten von Investoren, die über private Informationen verfügen, vgl. Fama (1991), S. 1608. Da Investmentfonds zur Gruppe der bestinformierten Marktteilnehmer gezählt werden und ihre Daten aufgrund der Veröffentlichungspflicht ihrer Anteile leicht zugänglich sind, eignen sie sich grundsätzlich für Tests der strengen Informationseffizienz. Daher wird eine Ablehnung einer signifikant positiven Performance von Fonds stets auch als Bestätigung tendenziell effizienter Märkte im Sinne der strengen Informationseffizienz gewertet, vgl. zu den Effizienzthesen Fama (1970); Lorie/Hamilton (1973), S. 70; Perridon/Steiner (1993), S. 248 f.; Steiner/Bruns (1994), S. 34 f.

13 Zu einer sehr kritischen Haltung gegenüber der Performance-Messung vgl. z. B. Ferguson (1980, 1986).

14 Zu Unternehmen, die die Performance-Messung und -Analyse als Dienstleistung anbieten, zählen z. B. die Deutsche Performancemessungs-Gesellschaft (DPG), Frank-Russel-Company, The-Worlds-Market-Company (WM), Wyatt Bode Grabner GmbH, Chris Data GmbH, Dresdner International Advisors (DIA) sowie BARRA, die als Investment Consultants zusätzlich auch weitere Dienstleistungen anbieten.

15 Neben den in jüngster Zeit publizierten Arbeiten wird dies auch durch die Förderung des Projektes "Risikobereinigte Performance-Messung" von der Deutschen Forschungsgemeinschaft deutlich, in dessen Rahmen diese Arbeit entstanden ist.

16 Vgl. Treynor (1965), Sharpe (1966) und Jensen (1968, 1969).

ergebenden Konsequenzen für die Performance-Messung[17] haben seither zu einer intensiven Suche nach alternativen Ansätzen zur risikoadjustierten Messung der Performance geführt. Die bis heute andauernde wissenschaftliche Diskussion erstreckt sich dabei insbesondere auf die Frage nach einer geeigneten Benchmark, der damit eng in Verbindung stehenden Definition des Risikos sowie der Modellierung privater Informationen als Voraussetzung für eine superiore Performance.[18]

Die vorliegende Arbeit konzentriert sich auf die externe Performance-Messung und -Analyse und beschäftigt sich sowohl theoretisch als auch empirisch mit den zuletzt genannten Problembereichen. Deren theoretische Durchdringung und die Evaluierung ihrer empirischen Relevanz bilden die Grundlage zur Erreichung der vier wesentlichen Ziele, die mit dieser Arbeit verfolgt werden.

Im Rahmen einer **ersten Zielsetzung** soll empirisch festgestellt werden, ob und inwieweit die verschiedenen Ansätze zur Performance-Messung in der Lage sind, private Informationen zu identifizieren. Daraus sind Schlußfolgerungen über die Eignung der Maße als Beurteilungskriterium für Manager und über ihre Relevanz bei Anlageentscheidungen von Investoren ableitbar.

Das **zweite Ziel** besteht darin, die Leistungsfähigkeit der Manager deutscher Aktieninvestmentfonds zu bewerten. Anders als in bisherigen deutschen und internationalen Studien wird in dieser Arbeit eine Fundierung der Fondsergebnisse hinsichtlich verschiedener Aspekte vorgenommen. So erfolgt die Interpretation der Resultate nicht nur vor dem Hintergrund des theoretischen Anspruchs des jeweils eingesetzten Maßes, sondern auch angesichts ihrer im Rahmen von Simulationen empirisch ermittelten Robustheit. Aufgrund der Kritik an den bislang hauptsächlich eingesetzten CAPM-orientierten Ansätzen werden darüber hinaus auch Methoden verwandt, die unabhängig von einem speziellen Renditeerwartungsmodell ebenfalls eine risikobereinigte Performance-Messung erlauben. Insbesondere werden durch die Einbeziehung von Verfahren, welche auf alternativen Risikobegriffen basieren, die unterschiedlichen Standpunkte bezüglich des geeigneten Risikobegriffs berücksichtigt. Abweichend von anderen Studien werden zusätzlich auch Ansätze vorgestellt und verwandt, die den Rückgriff auf Portfolioanteile notwendig machen.

Die **dritte Zielsetzung** wird bedingt durch die zunehmende Tendenz, Anlagestrategien auf der Grundlage des Fondspicking umzusetzen. Es wird geprüft, ob über den Einsatz von Mehrfaktoren- und Asset Allocation-Modellen Rückschlüsse auf die Anlagepolitik gezogen werden können.

---

[17] Vgl. **Roll** (1977, 1978).

[18] Einen Überblick zur Performance-Messung und ihrer historischen Entwicklung geben **Shukla/Trzcinka** (1992); **Grinblatt/Titman** (1992 a); **Ippolito** (1993); **Steiner/Wittrock** (1995).

Eine **vierte Zielsetzung** besteht schließlich darin, mögliche Ursachen zu erforschen, die unter Umständen einen signifikanten Einfluß auf die Anlageergebnisse ausüben.

Die Arbeit gliedert sich in drei Hauptteile. In **Kapitel B** werden die theoretischen Grundlagen gelegt, auf denen das in **Kapitel C** theoretisch analysierte Instrumentarium zur Performance-Messung aufbaut. Gegenstand des **Kapitel D** sind dann die empirischen Untersuchungen zur Robustheit der Maße und die Performance der Fonds. Im einzelnen wird dabei in der folgenden Weise vorgegangen:

Zunächst werden in **Kapitel B** die im Rahmen der Performance-Analyse zu berücksichtigenden Determinanten diskutiert. Dabei liegt der Schwerpunkt auf einer theoretischen Betrachtung der grundsätzlichen Möglichkeiten zur Quantifizierung des Risikos sowie der für die Performance-Messung bedeutsamen Differenzierung in private und öffentliche Informationen. Der sich anschließenden Problematisierung der Benchmarkwahl folgt eine Ableitung der Anforderungen und Eigenschaften an Benchmarkportfolios, die eine Identifikation privater Informationen ermöglichen.

Im Mittelpunkt des **Kapitels C** steht die theoretische Erörterung der Verfahren zur risikobereinigten Performance-Messung und -Analyse. Die Reihenfolge der Darstellung der einzelnen Ansätze richtet sich nach den für ihren Einsatz erforderlichen Informationen. Dabei werden mit den Maßen, die auf der Charakterisierung der Renditewahrscheinlichkeitsverteilung durch lediglich zwei Parameter beruhen, zunächst diejenigen Verfahren analysiert, deren Anforderungen an die benötigten Daten am geringsten sind. Die folgenden Verfahren erfordern weitere Informationen über die Renditeverteilungen und verlangen schließlich auch die Kenntnis von Daten über die Wertpapieranteile der zu beurteilenden Portfolios. Ein umfassender Überblick der bisher durchgeführten, vorwiegend internationalen empirischen Untersuchungen gibt den derzeitigen Stand der empirischen Forschung zur Performance-Messung wieder. In diesem Rahmen werden nicht nur Studien zur Performance von Investmentfonds angeführt, sondern auch solche, die für die Ausgrenzung oder Bevorzugung bestimmter Performance-Maße sprechen könnten. Aus den Schwächen der bis heute insbesondere zur Performance deutscher Investmentfonds publizierten Studien werden Implikationen zur eigenen Vorgehensweise bei der empirischen Untersuchung abgeleitet.

Deren Grundkonzeption wird zu Anfang von **Kapitel D** erläutert. Die nachfolgenden Ausführungen beziehen sich auf die Beschreibung der in den empirischen Untersuchungen eingesetzten Daten. Ihre Modellierung erfolgt nach ausführlicher Diskussion sowohl theoretischer wie empirischer Gesichtspunkte. Anschließend werden die Ansätze daraufhin analysiert, ob sie hinsichtlich des vorliegenden Datenmaterials für den weiteren Verlauf der Untersuchungen in Frage kommen. Tests, welche die Normalverteilungseigenschaften der Fondsrenditen untersuchen, sollen die Relevanz der verschiedenen Risikobegriffe klären. Danach erfolgt mit selbst zusammengestellten Zufallsportfolios unter Simulation privater Selectivity- und Timinginformationen eine umfassende

Analyse zur Robustheit der Performance-Maße. Dabei wird getestet, ob die Maße in der Lage sind, das Vorliegen privater Informationen signifikant zu identifizieren und ob sie ein korrektes Ranking der Performance erlauben.

Unter Berücksichtigung der Ergebnisse zur Robustheit der Maße ist schließlich die Performance und Risikostruktur deutscher Investmentfonds Gegenstand der Untersuchungen. Die weiteren Analysen sollen klären, ob die im Rahmen der Performance-Analyse geschätzten Parameter für zukunftsgerichtete Anlageentscheidungen von Relevanz sind. Daraus folgt die Notwendigkeit einer Prüfung ihrer Konstanz im Zeitablauf. Die Eruierung möglicher Einflußfaktoren und Ursachen für die in der Performance-Messung erzielten Ergebnisse bilden den Abschluß des empirischen Teils der Arbeit.

- 8 -

B. Grundlagen zur Analyse der Performance aktiv verwalteter Wertpapierportfolios

I. Einordnung der Performance-Analyse

1. Zur Effizienz des Kapitalmarktes

Ein Kapitalmarkt wird als effizient bezeichnet, wenn die Wertpapierpreise zu jedem Zeitpunkt alle verfügbaren Informationen vollständig reflektieren.[1] Die ursprüngliche, von *Fama* geprägte Definition der Kapitalmarkteffizienz und ihre Abstufung in schwache, halbstrenge und strenge Informationseffizienz abstrahiert von Informations- und Transaktionskosten.[2] Ihre Abwesenheit ist allerdings lediglich eine hinreichende, nicht aber notwendige Bedingung für die Gültigkeit der Effizienzhypothese.[3]

Nach einer alternativen, auf *Grossmann/Stiglitz* zurückgehenden Definition ist Informationseffizienz dann gegeben, wenn im Gleichgewicht kein Investor nach Abzug von Informations- und Transaktionskosten Überrenditen erzielen kann.[4] Diese Definition eines effizienten Marktes beinhaltet somit eine Modifizierung der Effizienzhypothesen durch eine explizite Einbeziehung der Informationskosten. Sie ist gleichbedeutend mit der Annahme, daß Transaktionen in Wertpapieren zu solchen Kursen stattfinden, die informierten Investoren eine Kompensation ihrer aufgewandten Informationskosten ermöglichen.[5]

Angesichts der klassischen Effizienzhypothesen wäre die Aufwendung von Kosten zur Beschaffung von Informationen zwecklos und würde generell zu einer Verringerung der Performance führen, da die Kurse zu jedem Zeitpunkt sämtliche Informationen enthalten. Die Diskussion über die Efficient Market Theory ist ein Grund für die Auflage von Indexfonds, die aufgrund der passiven Verwaltung der Sondervermögen eine Minimie-

---

[1] Mit den Kapitalmarkteffizienzhypothesen wird die Informationsverarbeitung auf den Kapitalmärkten angesprochen. Daher wird die Effizienz im Sinne dieser Hypothese auch als Informationseffizienz bezeichnet, vgl. **Steiner/Bruns** (1994), S. 34.

[2] Vgl. **Fama** (1970), S. 383; für eine ausführliche Darstellung der Effizienzthesen und ihrer Implikationen vgl. **Möhlmann** (1993), S. 46 ff.; **Krämer** (1995), Sp. 1135 ff.; **Steiner/Bruns** (1994), S. 34 ff. Eine Modifizierung der unterschiedlichen Effizienzthesen vor dem Hintergrund empirischer Untersuchungen erfolgt bei **Fama** (1991), S. 1576.

[3] Vgl. **Fama** (1970), S. 387.

[4] Vgl. **Grossman/Stiglitz** (1980), S. 393 und 400 f.

[5] Das bei Geltung der Effizienzhypothesen resultierende Informationsparadoxon wirft die Frage auf, warum überhaupt eine Auswertung von Informationen durch die Fondsmanager erfolgen sollte, wenn alle relevanten Informationen zu jedem Zeitpunkt augenblicklich in den Preisen der Wertpapiere reflektiert sind oder wenn die Nettorenditen von informierten und uninformierten Investoren bei Berücksichtigung der Transaktionskosten identisch sind. Vgl. zu dieser Problematik **Copeland/Weston** (1988), S. 343 ff., und zur Überwindung des Informationsparadoxons im Rahmen modelltheoretischer Überlegungen **Hellwig** (1982), S. 22 ff.; **Neumann/Klein** (1982), S. 173 ff.; **Cornell/Roll** (1981), S. 210 ff., sowie die ausführliche Darstellung bei **Möhlmann** (1993), S. 69 ff.

rung der Transaktionskosten anstreben.[6] Bei Zugrundelegung der Effizienzhypothese im Sinne von *Grossman/Stiglitz* müßten die Investmentfonds dagegen die entstandenen Kosten durch entsprechend hohe Renditen ausgleichen können, so daß ihr Einfluß auf die Performance neutral bleibt.

Die Bedeutung der verschiedenen Informationseffizienzhypothesen vor dem Hintergrund der Aktivitäten von Investmentfonds ergibt sich vor allem daraus, daß Investmentfonds zu der Gruppe der Investoren gezählt werden, die am ehesten Zugang zu privaten Informationen haben könnten.[7] Deshalb wird die Messung der Performance von Investmentfonds auch als Test der strengen Effizienzhypothese angesehen. Eine Überprüfung der schwachen Form der Effizienzhypothese ist grundsätzlich ebenfalls denkbar, wenn eine superioree Performance von Fonds nicht auf privaten Informationen, sondern allein auf der besseren Interpretation bzw. überlegener Auswertung öffentlicher Informationen beruht.[8] Letzteres ist allerdings von Außenstehenden kaum feststellbar, so daß eine externe Performance-Messung von Fonds grundsätzlich nur als Test der strengen Form der Effizienzhypothese interpretierbar ist.

Eine im Rahmen der Performance-Analyse identifizierte systematisch überlegene Performance wird dahingehend gedeutet, daß die Manager über Informationen verfügen, die nicht bereits in den Wertpapieren reflektiert sind.[9] Spiegeln die Wertpapierpreise aber nicht alle verfügbaren Informationen wider, so bedeutet dies, daß der Kapitalmarkt ineffizient ist.[10]

Ansätzen zur Performance-Messung, die auf die realisierten Fondsrenditen zurückgreifen, liegen Renditen nach Abzug von Informations- und Transaktionskosten zugrunde.

---

[6] Indexfonds investieren das Fondsvermögen bezüglich Gewichtung und Selektion entsprechend eines bestimmten, vorher festgelegten Index und verändern dieses Portfolio nur noch aus Anpassungsgründen. In Deutschland wurde der erste Indexfonds 1992 aufgelegt, vgl. **Ebertz/Ristau** (1992).

[7] Vgl. **Fuller/Farrell** (1987), S. 99; **Mühlbradt** (1978), S. 336; **Jones** (1991), S. 477. Diese Annahme wird durch eine Untersuchung gestützt, in der die Renditen institutionell gemanagter Portfolios (Banken, Versicherungen, Vermögensberatungen sowie Investmentfonds) über einen Zeitraum von 10 Jahren verglichen werden. Dabei schneiden die von Fonds verwalteten Portfolios am besten ab, vgl. **Bogle/Twardowski** (1980).

[8] Dies gilt um so mehr, als angenommen wird, daß Fondsmanager ihre Anlageentscheidungen in der Regel eher auf der Grundlage öffentlicher Informationen treffen, vgl. **Ross/Westerfield/Jaffe** (1990), S. 352. Dieser Fall wird z. T. ebenfalls der strengen Form der Effizienzhypothese zugeordnet. Dabei werden monopolistische Informationen der "superstrong" - Form der Effizienzthese, private Informationen beruhend auf überlegener Interpretation öffentlicher Informationen einer "nearstrong"- Form zugeordnet, vgl. **Fuller/Farrell** (1987), S. 118.

[9] Vgl. **Levy/Sarnat** (1984), S. 665 f.

[10] Einschränkend ist allerdings darauf hinzuweisen, daß Tests der Informationseffizienz, die auf kapitalmarkttheoretischen Modellen beruhen, letztlich immer verbundene Hypothesen über die Kapitalmarkteffizienz und dem zugrundeliegendem Modell testen, so daß eine überlegene Performance möglicherweise auch auf die Ungültigkeit des eingesetzten Preisbildungsmodells zurückzuführen ist.

Folglich wird mit diesen Verfahren die alternative Form der Effizienzhypothese über-prüft. Letztere kann dabei unter den generellen Vorbehalten von Tests der Effizienzhy-pothesen mit Hilfe der Performance-Messung von Investmentfonds als bestätigt gelten, wenn die Fonds eine nicht von Null abweichende Performance aufweisen, da die erzielte Performance gerade ausreicht, um die zu ihrer Erwirtschaftung aufgewandten Informa-tions- und Transaktionskosten zu kompensieren. Demgegenüber läßt sich die Effizienz-these in ihrer ursprünglichen, strikteren Form direkt testen, wenn entweder die Höhe der Kosten exakt ermittelt werden kann oder die Verwendung von Bruttorenditen möglich ist, z. B. indem die Renditen direkt mit Hilfe der in den Sondervermögen befindlichen Wertpapieren ermittelt werden. Die erforderlichen Informationen insbeson-dere über die Transaktionskosten bzw. über die Portfoliogewichte sind einem externen Betrachter allerdings in der Regel nicht oder nur eingeschränkt möglich.

Untersuchungen zur Effizienz der Kapitalmärkte mit Hilfe der Performance-Messung setzen eher an der aggregierten Performance aller Fonds an und betrachten weniger die Ergebnisse der Fonds untereinander, die aus der Sicht von Investoren als Grundlage von Anlageentscheidungen relevant sind.[11] Die Eignung der Performance-Messung zum Test der Informationseffizienzhypothesen ist zudem sowohl unter agency-theoretischen Gesichtspunkten als auch wegen der durch gesetzliche, vertragliche und marktbedingte Restriktionen eingeschränkten Handlungsmöglichkeiten der Manager umstritten.[12] Überlegungen zur Effizienz der Kapitalmärkte stehen daher nicht im Vordergrund dieser Arbeit.[13]

Es ist vielmehr davon auszugehen, daß alle Kapitalmärkte zu einem gewissen Grad ineffizient sind.[14] Fraglich ist, ob Ineffizienzen durch die Manager aufgrund systemati-scher Informationsvorteile in eine entsprechende Performance umgesetzt werden kön-nen und ob dabei einigen Managern größere Fähigkeiten eingeräumt werden können als anderen.[15]

---

[11]   Vgl. **Lee/Finnerty/Wort** (1990), S. 599.

[12]   Zu diesem und weiteren Kritikpunkten, welche die Eignung der externen Performance-Messung als Test der Informationseffizienz des Kapitalmarktes in Frage stellen vgl. **Lerbinger** (1984), S. 70 f.; **Mühlbradt** (1978), S. 339; **Grubel** (1979), S. 73; **Grünwald** (1980), S. 239.

[13]   Vgl. dazu die Arbeit von **Möhlmann** (1993), in welcher dieser Aspekt im Mittelpunkt steht. Für eine Zusammenfassung von Ergebnissen anderer Untersuchungen, in denen in erster Linie eben-falls die Informationseffizienz getestet wird, vgl. **Fama** (1991), S. 1605 ff., sowie **Ippolito** (1993), S. 42 ff.

[14]   Zahlreiche Untersuchungen deuten darauf hin, daß der deutsche Kapitalmarkt einen nur geringen Effizienzgrad aufweist, vgl. für einen Überblick verschiedener Untersuchungen **Coenenberg/ Möller/Schmidt** (1984); **Möller** (1985); **May** (1991); **Keller/Möller** (1993); **Möhlmann** (1993), S. 66, sowie **Fama** (1970, 1991).

[15]   In einigen Studien, die die Effizienz des Kapitalmarktes analysieren, wird beobachtet, daß die Anlageergebnisse auch von der Qualität der Informationen determiniert werden, die u. a. von der Art der ausgewerteten Informationen abhängt, vgl. **Keller** (1992); **Gebhardt/Entrup** (1993). Da-mit sind letztlich auch die Fähigkeiten verschiedener Manager angesprochen.

2. Ziele und Anwendungsbereiche

Als Ziele und Verwendungsrichtungen der Performance-Analyse lassen sich letztlich drei Grundrichtungen festhalten, die in Abbildung B.1 dargestellt sind.

Abb. B.1: Ziele und Verwendungsrichtungen der Performance-Analyse

Als primäres Ziel der Performance-Analyse ist die Messung, Analyse und Kontrolle des Anlageerfolges zu nennen. Deren Bedeutung wird durch die Stellung der Performance-Analyse im Asset-Management-Prozeß deutlich, die in Abbildung B.2 wiedergegeben ist.[16]

Dabei besitzen die dort dargestellten Beziehungen sowohl im internen Bereich der Fondsgesellschaft Gültigkeit, können aber auch aus der Sicht externer Anleger interpretiert werden. Bei letzteren erfolgt die Portfoliostrukturierung zum einen durch den Kauf von Investmentzertifikaten sowie ihrer Mischung untereinander und mit anderen Kapitalanlagen. Damit ist z. B. der private Anleger angesprochen, der die Asset Allocation seines Vermögens bewußt oder unbewußt auf diese Weise festlegt.[17] Institutionelle Anleger dagegen setzen den Asset-Management-Prozeß entweder selbst um oder übertragen die Realisierung der gewünschten Anlagepolitik auf externe Finanzdienstleister.

---

[16]   Vgl. **Zimmermann** (1992 a), S. 106. Ausführlich zum Investment-Management-Prozeß vgl. **Sharpe/Alexander** (1990), Kapitel 22, und zur Einordung der Performance-Analyse **Zimmermann** (1992 a), S. 99 ff.; **Bauer** (1992), S. 5 ff.

[17]   Zur Asset-Allocation vgl. **Steiner/Bruns** (1994), S. 65 ff.; **Perridon/Steiner** (1993), S. 261 ff.

Abb. B.2:   **Einordnung der Performance-Analyse in den Asset-Management-Prozeß**

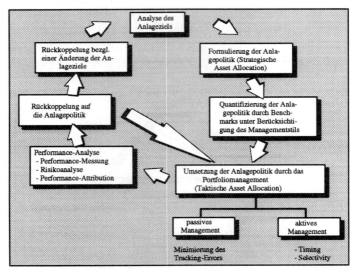

Unter Berücksichtigung des Anlagezeithorizontes, möglicherweise geforderter Mindestrenditen, maximaler Ausfallwahrscheinlichkeiten sowie gesetzlicher Restriktionen wird als Ausgangspunkt des Managementprozesses die langfristige Anlagepolitik festgelegt. Die daraus resultierende Sollstrukturierung und -gewichtung des Vermögens auf verschiedene Asset-Klassen hat zum Ziel, eine den Risikopräferenzen entsprechende Absicherung gegenüber ungünstigen Marktentwicklungen bei gleichzeitiger Chance auf eine langfristig hohe Rendite zu erreichen.[18] Eine genauere Spezifizierung der Anlagepolitik innerhalb der einzelnen Asset-Klassen erfolgt durch den Managementstil, der beispielsweise eine bevorzugte Investition in Aktien wachstumsorientierter Unternehmen oder hoch- und niedrig kapitalisierte Titel bedeuten kann.[19] Für das Erreichen des langfristigen Anlageziels kommt der strategischen Asset Allocation zentrale Relevanz zu.[20]

---

[18]   Vgl. **Farrell** (1983), S. 324.

[19]   Der Managementstil kann sowohl explizit durch eine entsprechende Beschreibung festgelegt werden als auch implizit durch das Verhalten der Manger bedingt sein.

[20]   Vgl. **Brinson/Hood/Beebower** (1986); **Brinson/Singer/Beebower** (1991), deren empirische Untersuchungen von Pensionsfonds ergeben, daß die strategische Asset Allocation der Fonds einen Großteil (durchschnittlich 90%) der Varianz der Renditen erklärt. Ähnliche Ergebnisse finden sich auch bei **Sharpe** (1992).

Die anlagestrategische Zielsetzung wird schließlich durch ihre Transformation in eine Benchmark quantifiziert.[21] Organisatorische Implikationen im internen Bereich ergeben sich dabei z. B. hinsichtlich der Ausgestaltung des dezentralen Managements.[22] Diese kann sowohl eine Aufteilung des Marktes auf mehrere Manager (diversification by judgement) oder aber die Differenzierung des Marktes in verschiedene Segmente vorsehen (diversification by style), die das Management einzelner Teilmärkte Spezialisten überläßt.

Die Benchmark ist im Regelfall ein Anhaltspunkt für den Portfolio-Manager, der die konkrete Umsetzung der Anlagepolitik entweder im Rahmen passiven Managements durch Tracking der Benchmark umsetzt oder auf der Basis privater Informationen versucht, in Antizipation erwarteter Kurskorrekturen eine gegenüber der Benchmark überdurchschnittliche Rendite zu erzielen.[23] Sie stellt gleichzeitig den Vergleichsmaßstab dar, anhand derer die Beurteilung der Management-Leistungen erfolgt. Diese Ebene der Performance-Analyse schließt insbesondere auch personalpolitische Entscheidungen auf der Grundlage der Performance der Manager mit ein.

Die Arbeitsteilung im Kapitalanlagegeschäft ist vor dem Hintergrund der damit ermöglichten Spezialisierung grundsätzlich vorteilhaft. Sie bedingt jedoch aufgrund von Informationsasymmetrien gleichzeitig auch typische Principal-Agent-Beziehungen zwischen Auftraggeber und Kapitalanlagegesellschaft, Kapitalanlagegesellschaft und Manager oder, bezogen auf Publikumsfonds, zwischen dem privaten Investor und dem Investmentfonds.[24] Daraus resultieren Anreizprobleme, die z. B. durch geeignete anreizkompatible Entlohnungsstrukturen und Vergütungssysteme für die Manager abgebaut werden können. Die Basis derartiger Kompensationsstrukturen wird dabei im Rahmen der Performance-Messung gelegt.[25] Die Performance-Analyse stellt somit ein

---

21   Die Umsetzung der in der Benchmark manifestierten Anlagepolitik kann dabei aus der Sicht eines institutionellen Anlegers auch durch die Vergabe eines externen Mandates auf Finanzdienstleister übertragen werden, wobei es sich bei letzteren in der Regel um Spezialfonds handelt, vgl. zu dieser make or buy - Entscheidung im finanzwirtschaftlichen Bereich **Hockmann** (1993), S. 310 ff.

22   Vgl. **Sharpe** (1981).

23   Zur Differenzierung in aktives und passives Management vgl. **Steiner/Bruns** (1994), S. 310 ff. Passives Management beschränkt sich auf die Minimierung des Tracking Errors, der durch die Standardabweichung der Differenz zwischen der Portfolio- und der Benchmarkrendite gemessen wird und als Risiko interpretiert werden kann, die Benchmarkrendite zu verfehlen. Vgl. dazu **Steiner/Bruns** (1994), S. 61 ff. Zu den negativen Implikationen, die eine derartige, in der Praxis gängige Zielsetzung beinhaltet, wenn die vorgegebene Benchmark ineffizient ist, vgl. **Roll** (1992).

24   Zur Agency-Problematik im Kontext des Portfolio-Managements vgl. **Barone-Adesi/Morck** (1988); **Cohen/Starks** (1988); **Stoughton** (1993).

25   Zur moral hazard-Problematik im Kapitalanlagegeschäft und Ansätzen ihrer Vermeidung durch die Performance-Analyse in Verbindung mit anreizkompatiblen Kompensationsstrukturen vgl. **Starks** (1987), S. 19 f.; zu erfolgsabhängigen Verwaltungsvergütungen vgl. **Modigliani/Pogue** (1975); **Kritzmann** (1987); **Grinblatt/Titman** (1987, 1989 c); **Barnea/Haugen/Senbet** (1985); **Kihlstrom** (1988); zur empirischen Relevanz von performanceabhängigen Entlohnunnssystemen

Instrumentarium dar, das eine objektive Kontrolle der Handlungen sowie der Leistungen des Portfolio-Managers (Agent) ermöglicht und damit den Abbau der Informationsasymmetrie erleichtert.

Eine regelmäßige Performance-Analyse ermöglicht Rückkoppelungen auf verschiedene Ebenen des Asset-Management-Prozesses und trägt somit zu einer systematischen Steuerung und Optimierung von Kapitalanlageentscheidungen bei.[26] Aus der Perspektive eines Investmentfonds kann die Performance-Messung im Rahmen eines internen Controllings Ausgangspunkt systematischer Anlageentscheidungen sein und Hilfestellung bei der Entwicklung von Prioritäten bei der Informationssuche sowie der Formulierung der Anlagepolitik geben.

3. Externe und interne Performance-Analyse

Die Performance-Analyse läßt sich grundsätzlich danach unterscheiden, aus welcher Perspektive sie erfolgt. Daraus folgt nicht nur eine Differenzierung in eine externe und interne Performance-Analyse. Vielmehr ergeben sich auch z. T. unterschiedliche Ziele und Anwendungsbereiche der Performance-Analyse.

Bei der **externen Performance-Analyse** handelt es sich um eine Erfolgsmessung aus der Sicht von Investoren, die nicht in unmittelbarem Kontakt zum Portfoliomanagement stehen. Dabei kann es sich sowohl um institutionelle oder private Anleger handeln. Potentielle Investoren versuchen mit Hilfe der Performance-Analyse Rückschlüsse auf die Qualität und Fähigkeiten des Fondsmanagements zu ziehen, um neben Informationen über die generelle Anlagepolitik weitere Anhaltspunkte bei der Auswahl der ihren Zielen entsprechenden Fonds zu erhalten. Eine Risikoanalyse sowie die Identifikation des Anlagestils sind vor allem dann wichtig, wenn Fonds lediglich einen Teil der Vermögensanlage darstellen und somit nur einen Bestandteil eines umfassenderen Portfolios darstellen, wie dies regelmäßig der Fall ist.[27] Dann ermöglicht die Kenntnis der Risikostrukturen und der Anlagepolitik einen gezielten Ausgleich verschiedener Risiken innerhalb des Gesamtportfolios.[28]

---

vgl. **Golec** (1988, 1992). Eine performance-abhängige Verwaltungsvergütung wird auch in Deutschland diskutiert, vgl. **Nuske** (1993), S. 346 f.

[26]   Vgl. dazu ausführlich **Zimmermann** (1992 a), S. 99 ff.

[27]   Aktieninvestmentfonds stellen trotz der in den vergangenen Jahren stark gestiegenen Akzeptanz als Kapitalanlageform nach wie vor einen vergleichsweise geringen Anteil der privaten Ersparnisbildung dar, vgl. zur Aufteilung des Wertpapiervermögens privater Haushalte **Euler** (1991), S. 412 f.; zur Bedeutung der Fonds als Kapitalanlage im Zeitablauf vgl. **Deutsche Bundesbank** (1988), S. 32 ff. und aus der Sicht des Anlegers **Ruda** (1988), S. 225 ff.

[28]   Dies gilt sowohl für den Fall, daß Fondsanteile Bestandteil eines verschiedene Wertpapierkategorien umfassenden Portfolios sind, als insbesondere auch im Fall der im Rahmen des Fondspicking vorgenommenen Kombination mit anderen Fondsanteilen. Bei Kenntnis der Asset-Struktur sind insofern auch Investmentfondsanteile aktiv gemanagter Fonds als Bausteine für

Die Identifizierung des Investmentstils der Manager bzw. deren Anlagepolitik gewinnt vor allem deshalb an Bedeutung, weil Investmentfonds zunehmend als Baukastenelemente im Rahmen einer systematischen Portfoliostrukturierung sowie in der Anlageberatung eingesetzt werden.[29] Für eine systematische Verwirklichung der gewünschten Asset Allocation auf der Grundlage von Fondsanteilen ist zu berücksichtigen, daß die Fonds selbst bereits eine bestimmte Aufteilung der Mittel auf bestimmte Vermögenskategorien vornehmen, die es bei einer Diversifikation mit verschiedenen Anteilen sinnvoll zu kombinieren gilt. Die i. d. R. sehr weit formulierte Beschreibung der Anlagepolitik der Fonds kann dabei nur wenig Hilfestellung geben.[30] Daher ist eine Identifizierung der Anlagepolitik mit Hilfe der Performance-Analyse auch vor diesem Hintergrund zu sehen.

Besondere Relevanz erfährt dieser Gesichtspunkt in Anbetracht des zunehmenden Angebots strukturierter Fondskonzepte, die u. a. die unabhängige Fondsvermögensverwaltung sowie Dachfonds miteinschließen.[31] Im Rahmen dieser Kapitalanlagekonzepte werden Mittel in verschiedene Anteile von Fonds investiert, deren Beurteilung sich in erster Linie an der Performance der zur Wahl stehenden Fonds orientieren wird und in der Regel, insbesondere bei internationalen Investments, aus rein externer Sicht erfolgen muß.[32] Für die Verwalter dieser Fondspicking betreibenden Anbieter stellt sich ähnlich wie bei der Direktanlage die Frage nach der richtigen Zusammenstellung von Fondsanteilen, d. h. nach einer den Risikopräferenzen entsprechenden Asset Allocation. Umbrellafonds stellen den Anleger auch direkt vor die Entscheidung, mit welchen Fonds bzw.

---

eine strukturierte Asset-Allocation-Strategie einsetzbar, vgl. dazu z. B. **Lutz** (1994), S. 355, der in diesem Zusammenhang lediglich den Einsatz indexorientierter Investmentfonds für geeignet hält.

29   Vgl. **Sieper** (1994), S. 367 f.

30   Einschränkend ist auf die zunehmend zu beobachtende Spezialisierung der von den Kapitalanlagegesellschaften aufgelegten Fonds auf bestimmte Teilmärkte hinzuweisen. Augrund der klar definierten Anlagepolitik und der Abkehr von einer breit angelegten Diversifikation nehmen die Fondsanteile immer mehr den Charakter eines eigenständigen Wertpapiers an. Dies wird insbesondere bei den Spezialitätenfonds deutlich, bei denen der Anleger entscheiden muß, welches Branchenrisiko er zu tragen bereit ist.

31   Unabhängige Anbieter von Fondsvermögensverwaltungen sind z. B. die Graf Lambsdorff Vermögensverwaltung AG oder Feri Trust. Dachfonds sind Fonds, die ihre Mittel vornehmlich in verschiedene offene und/oder geschlossene Fonds investieren. Die Auflage dieser Fonds ist in Deutschland gem. § 8 b Absatz 1 Satz 2 KAGG verboten, während sie in anderen Ländern, wie z. B. Luxemburg, erlaubt sind. Daher können Dachfonds auch in der Bundesrepublik gemäß dem einfachen Anzeigeverfahren öffentlich vertrieben werden, soweit sie EG-konform sind. Zur Vermögensverwaltung auf der Basis von Fondszertifikaten vgl. **Mathes** (1994), S. 370 ff.; **Demuth** (1993); S. 310 ff.; zu diesen und anderen Fondskonzepten und ihrer Beurteilung vgl. **Wittrock/ Völker** (1994).

32   Dies gilt zumindest für die unabhängige Fondsvermögensverwaltung, während konzernabhängige Fondspicker, deren Kundendepots laufend an Fonds-Musterdepots angepaßt werden, nur zwischen Fonds der eigenen Investmenttöchter wählen und insofern grundsätzlich auch auf interne Daten Zugriff haben.

welcher Kombination von Fonds er seine geplante Asset Allocation am ehesten errei-chen kann.[33]

Nach bereits getätigter Kapitalanlage steht dagegen die Frage im Vordergrund, ob die Vergütung, die für die professionelle Mangementleistung entrichtet werden muß, durch entsprechend überdurchschnittliche Anlagerenditen gerechtfertigt ist oder nicht. Dane-ben dient die Analyse zur Kontrolle der strategischen Ausrichtung des Fonds und der Einhaltung der deklarierten Anlagepolitik.

Die **interne Performance-Analyse** erfolgt dagegen aus der Sicht der Kapitalanlagege-sellschaften bzw. Fondsgesellschaften selbst, womit sowohl die Geschäftsführung als auch die Portfoliomanager angesprochen sind. Aufgrund des in der Regel direkten Kontakts zu den Fondsgesellschaften lassen sich der internen Performance-Analyse als Interessensgruppen auch ein Großteil der institutionellen Anleger zuordnen, deren Vermögen zunehmend über Spezial- und Pensionsfonds verwaltet wird.[34] Dasselbe gilt für Performance-Messungs-Gesellschaften, die als Intermediäre zwischen institutionel-len Anlegern und Fondsgesellschaften eine unabhängig Analyse gewährleisten und zur Erfüllung ihrer Aufgaben auf interne Daten über die Transaktionen der Fonds zurück-greifen können.[35]

Sowohl im internen als insbesondere auch im externen Bereich ist im Interesse der Vergleichbarkeit der Ergebnis-Analysen miteinander konkurrierender Fonds eine Stan-dardisierung erforderlich, die auch die Kategorisierung der Fonds bezüglich ihrer Anla-gepolitik miteinschließt.[36] Eine zwischenbetriebliche Vergleichbarkeit von im internen Bereich ermittelten Ergebnissen wird z. B. durch die Performance-Messungs-Gesell-schaften sichergestellt, während im externen Bereich Standardisierungsbestrebungen sowohl auf nationaler wie internationaler Ebene zu beobachten sind.[37]

---

[33] Umbrellafonds bieten dem Investor ein Sortiment an Investmentprodukten an, die unter einer Ge-sellschaft verwaltet werden. Die Erleichterung des Wechsels zwischen verschiedenen Fonds er-laubt dabei dem Anleger eine flexiblere und aktive Anlagepolitik, vgl. **Wittrock/Völker** (1994).

[34] Zur Bedeutung der institutionellen Investoren für den deutschen Kapitalmarkt vgl. **Hockmann** (1993), S. 306 f.

[35] Vgl. dazu **Ziemer** (1993), S. 455 ff.

[36] Dabei wird neben der geläufigen Differenzierung der Fonds nach den Hauptvermögenskategorien auch ein Risikoklassenkonzept vorgeschlagen, vgl. **Gerke/Rapp** (1992), S. 90 ff.

[37] Vgl. bezüglich einheitlicher Standards zur Renditeermittlung im deutschen und europäischen Be-reich z. B. **BVI** (1990), S. 33 ff.; **BVI** (1991), S. 21 f. und 69 f.; in den USA werden den Mitglie-dern der Association for Investment Management and Research (AIMR) seit dem 01.01.1993 bestimmte Standards für die Präsentation ihrer Performance-Zahlen nahegelegt, die allerdings lediglich z. T. verbindlichen Charakter haben, vgl. **AIMR** (1993). Insbesondere Fragen der Be-rücksichtigung des Risikos finden nur in Form von Empfehlungen Berücksichtigung, vgl. **AIMR** (1993), S. 11 f.

Mit der Differenzierung in interne und externe Performance-Messung ist gleichzeitig eine Unterscheidung der verschiedenen Verfahren hinsichtlich ihrer Anforderungen an die Datenverfügbarkeit verbunden. Darüber hinaus ist die Auswahl einer Benchmark, mit Hilfe derer sowohl eine Transformation der Risikopräferenzen des Investors erfolgt als auch eine Grundlage zur Beurteilung der Leistungen des aktiven Managements geschaffen wird, im Rahmen der internen Performance-Analyse weit weniger problematisch als bei einer externen Perspektive. So wird im Rahmen der internen Performance-Analyse aufgrund der engen Kommunikationsintensität zwischen dem Auftraggeber und der Fondsverwaltung einerseits sowie der Fondsverwaltung und dem Manager andererseits die langfristige Asset Allocation durch die explizite Formulierung und Konstruktion der Benchmark vorab festgelegt, anhand derer die Leistungen der Manager beurteilt werden.[38] Dadurch ist der institutionelle Anleger, der für die unter seiner Mitwirkung festgelegte strategische Asset Allocation selbst verantwortlich ist, in der Lage, neben einer partiellen Analyse der Leistung einzelner Manager seinen Erfolg bei der Umsetzung der langfristigen Anlagestrategie zu beurteilen.[39]

Aus externer Sicht dagegen ist die explizit deklarierte und tatsächlich realisierte Asset Allocation insbesondere breit diversifizierter Fonds für eine aussagekräftige Performance-Analyse erst noch zu ermitteln.

Während im Rahmen der externen Messung im allgemeinen lediglich die Renditen der Portfolios über eine bestimmte Periode vorliegen, sind im internen Bereich auch Methoden einsetzbar, welche die Kenntnis der Portfoliostrukturen, -gewichte und -umschichtungen erfordern. Darüber hinaus handelt es sich bei den Renditen von Investmentfonds um Nettorenditen, da sie in der Regel auf der Grundlage der zu veröffentlichenden Anteilspreise berechnet werden. Diese sind bereits um die dem Sondervermögen direkt belasteten Verwaltungsgebühren, die bei Kauf und Verkauf anfallenden Transaktionskosten sowie um weitere Kosten reduziert. Im internen Bereich dagegen ist auch die Höhe der Transaktionskosten verfügbar, so daß eine Bewertung des Managers auch auf der Grundlage von Bruttorenditen erfolgen kann. Mit der Verwendung von Brutto- oder Nettorenditen wird im Rahmen von Tests der Informationseffizienz von Kapitalmärkten vor allem auch festgelegt, welche Effizienzthese getestet wird.

---

[38]   Vgl. **Rudd/Clasing** (1988), S. 347.
[39]   Vgl. **Zimmermann** (1992 a), S. 98.

II. Rendite und Risiko als zentrale Bestandteile der Performance-Analyse

1. Die Ermittlung der Anlagerendite

Ausgangspunkt für die Performance-Messung von Wertpapierportfolios bildet die Berechnung der Rendite über eine bestimmte Zeitperiode. Diese ist auf der Grundlage des gesamten Portfoliovermögens V über

$$(\text{B}.1) \qquad R_{Pt}^{d} = \frac{V_{Pt}}{V_{Pt-1}} - 1$$

mit: R_{Pt}^{d} = Diskrete Rendite des Portfolios P für den Zeitraum t

           V_{Pt} = Wert des Portfolios P am Ende des Zeitraums t

           V_{Pt-1} = Wert des Portfolios P am Ende des Zeitraums t-1

berechenbar, sofern in dem festgelegten Zeitraum keine Ein- und Auszahlungen stattfinden. Die Ermittlung der durchschnittlichen Rendite über mehrere Perioden erfolgt bei dieser Renditedefinition über das geometrische Mittel der Periodenrenditen.[1]

Bei Vorliegen von Mittelzuflüssen und Mittelabflüssen innerhalb der Periode kann entweder die wertgewichtete oder die zeitgewichtete Rendite berechnet werden.[2] Für die Wahl der Renditedefinition ist zunächst die Frage zu klären, ob die Mittelbewegungen, die innerhalb der Meßperiode anfallen, von den Dispositionsentscheidungen der Manager abhängen, oder ob sie als exogene Größen zu betrachten sind und insofern nicht vom Manager beeinflußt werden können. Im ersten Fall ist als Renditemaß die Verwendung der wertgewichteten Rendite sinnvoll.[3] Bei ihrer Berechnung wird der Einfluß des Zeitpunktes und der Höhe der zwischenzeitlichen Ein- und Auszahlungen auf die Rendite berücksichtigt.[4]

Aufgrund des in Deutschland gesetzlich verankerten open-end-Prinzips, das gemäß § 11 II KAGG den Grundsatz der jederzeitigen Rücknahmepflicht von Anteilen durch die

---

[1]   Vgl. **Nowak/Wittrock** (1993), S. 7.

[2]   Vgl. zu diesen Methoden **Sharpe/Alexander** (1990), S. 735 f.; **Zimmermann** (1992 a), S. 54 ff.; **Nowak/Wittrock** (1993), S. 7 ff.; **Steiner/Bruns** (1994), S. 442 ff., sowie ausführlich **Stucki** (1988), S. 1 ff.

[3]   So wird z. B. die wertgewichtete Rendite dann sinnvoll sein, wenn Manager auch für die dynamische Allokation zwischen verschiedenen Marktsegmenten verantwortlich sind und ihre Leistung insofern auch die durch Mittelumschichtungen zwischen verschiedenen Märkten induzierten Erträge umfaßt, vgl. auch **Nowak/Wittrock** (1993), S. 9.

[4]   Vgl. zur wertgewichteten Methode **Sharpe/Alexander** (1990), S. 735. Diese auch als Money Weighted Rate of Return bezeichnete Renditedefinition hat ihren Ursprung in dem von *Boulding* entwickelten Verfahren des internen Zinsfußes; zur Methode des internen Zinsfußes vgl. **Perridon/Steiner** (1993), S. 63 f., sowie ausführlich **Stucki** (1988), S. 1 ff.

Fondsgesellschaften beinhaltet,[5] und der in der Regel laufenden Ausgabe von Anteilen durch die Fonds sind grundsätzlich alle Fondsmanager von in Deutschland aufgelegten Wertpapierfonds von der Problematik zwischenzeitlich anfallender Ein- und Auszahlungen betroffen. Um eine gerechte Performance-Messung bzw. Leistungsbeurteilung der Manager zu gewährleisten, dürfen diese das Ergebnis beeinflussenden Zahlungsströme, die allein von den Investoren determiniert werden und nicht im Verantwortungsbereich des Managements liegen, bei der Renditeermittlung keinen Niederschlag finden. Deshalb ist in diesem Fall die Berechnung der zeitgewichteten Rendite gegenüber der wertgewichteten Renditemessung vorzuziehen.[6]

Mit der zeitgewichteten Rendite (Time Weighted Rate of Return) wird der Einfluß von Ein- und Auszahlungen eliminiert, indem der Gesamtzeitraum in Teilperioden zerlegt wird, deren Länge und Anzahl von den auftretenden Mittelzu- und -abflüssen bestimmt werden.[7] Die durchschnittliche Rendite über den Anlagezeitraum ergibt sich in diesem Fall mit

$$(B.2) \quad \overline{R}_P = \left[\prod_{k=1}^{z} \left(\frac{V_{Pk}}{V_{Pk-1}+C_{Pk-1}} \right) \right]^{\frac{1}{T}} - 1$$

mit:

$\overline{R}_P$ = durchschnittliche Rendite des Portfolios P

V_{Pk} = Wert des Portfolios unmittelbar vor einem exogen bedingten Zahlungsstrom

C_{Pk-1} = Saldo des exogen bedingten Zahlungsstroms

T = Anlagezeitraum, auf den sich die durchschnittliche Rendite bezieht

z = Anzahl der Zahlungsbewegungen k.

Die Höhe und Zeitpunkte der Zahlungsströme sind im Rahmen der externen Performance-Messung nicht verfügbar. Kapitalanlagegesellschaften müssen jedoch die An- und Verkaufspreise für die Anteile ihrer Fonds täglich veröffentlichen. Deshalb wird die Renditemessung im Rahmen der externen Performance-Messung grundsätzlich mit Hilfe

---

[5] Zur Diskussion und Kritik dieser gesetzlich vorgeschriebenen Form der Investmentfonds in Deutschland vgl. **Gerke/Rapp** (1992), S. 87 f.

[6] Vgl. **Hockmann** (1987), S. 133.

[7] Die zeitgewichtete Rendite kann als ein mit der Zeit gewichteter Durchschnitt der internen Renditen der Unterperioden interpretiert werden, vgl. **Cohen/Zinbarg/Zeikel** (1987), S. 166. Da zur exakten Berechnung der zeitgewichteten Methode die Höhe der Mittelzu- und -abflüsse, deren Zeitpunkte und der Depotwert zu diesen Zeitpunkten sowie zu Beginn und Ende des Betrachtungszeitraumes bekannt sein müssen, ihre Erhebung jedoch sehr aufwendig oder aber aus Gründen der Datenverfügbarkeit nicht möglich ist, sind in der Praxis Näherungsverfahren entwickelt worden. Diese werden z. T. auch von den Performance-Messungsgesellschaften eingesetzt. Vgl. zu diesen Verfahren (z. B. Linked Return, Regressionsmethode) ausführlich **Stucki** (1988), S. 38 ff., und die dort angeführte Literatur.

der Anteilswertmethode vorgenommen. Die Berechnung auf der Basis von Anteilswerten führt ohne Transaktionskosten zum gleichen Ergebnis wie die zeitgewichtete Renditemessung, da die Mittelzu- und -abflüsse den Inventarwert des einzelnen Fondszertifikats nicht verändern und insofern keinen Einfluß auf die Anteilsrechnung haben.[8] Die durchschnittliche Periodenrendite der mit

$$(B.3) \qquad R_{Pt}^d = \frac{Z_{Pt} + A_{Pt}}{Z_{Pt-1}} - 1$$

berechneten Teilperiodenrendite des Fondsanteilspreises ergibt sich in diesem Fall über ihr geometrisches Mittel[9]

$$(B.4) \qquad \overline{R}_P = \left[\prod_{t=1}^{z} \left(\frac{Z_{Pt} + A_{Pt}}{Z_{Pt-1}} \right) \right]^{\frac{1}{T}} - 1$$

mit: Z_{Pt} = Wert des Fondsanteils P zum Zeitpunkt der Ausschüttung

A_{Pt} = Für das Zertifikat P im Zeitraum t gezahlte Ausschüttung.[10]

Aus Sicht der externen Performance-Messung von open-end-Fonds ist die Renditeberechnung relativ unproblematisch.[11] Gleichwohl kann es beim Vergleich verschiedener Fonds zu Ungenauigkeiten kommen. Der Grund dafür liegt in den unterschiedlichen Mittelaufkommen der Fonds und dessen Schwankungen, die zu unfreiwillig induzierten Transaktionskosten führen. Diese werden dem Sondervermögen und damit dem Anteilswert belastet und führen insofern zu Verzerrungen bei der Performance-Messung.

---

[8] Diese Methode wird auch als unit value - Methode bezeichnet. Sie wird vom BVI und der Europäischen Investmentvereinigung angewandt und sieht eine Reinvestition von Ausschüttungen am Ausschüttungstag vor, wobei ersterer eine Reinvestition auch der Körperschaftsteuerguthaben vornimmt, während auf europäischer Ebene lediglich eine Reinvestition der Barausschüttung erfolgt, vgl. **BVI** (1990), S. 33 ff.; **BVI** (1991), S. 21 f. und S. 69 f.

[9] Die Länge der Teilperioden wird somit nicht durch die Zeitpunkte der exogen vorgegebenen Zahlungsströme, sondern durch die Ausschüttungstermine der Fonds determiniert. Vgl. zur Darstellung mit logarithmierten Renditen **Nowak/Wittrock** (1993), S. 5 ff.

[10] Die Reinvestition der Ausschüttungen verhindert zum einen Anteilswertsprünge, die nicht durch den Markt der das Fondsvermögen bildenden Wertpapiere begründet sind und gewährleistet zum anderen die Vergleichbarkeit mit thesaurierenden und nicht thesaurierenden Fonds. Die jährlichen Ausschüttungen der Fonds setzen sich aus Dividenden, Zinsen, realisierten Erlösen aus Bezugsrechtsverkäufen sowie z. T. aus realisierten Kursgewinnen zusammen.

[11] Dennoch werden einige Aspekte der Renditemessung, insbesondere in der internen Performance-Messung, nach wie vor diskutiert. Dies betrifft zum einen Approximationsverfahren zur Vereinfachung der Bestimmung der zeitgewichteten Rendite, wenn die Marktwerte beispielsweise nur monatlich verfügbar sind, vgl. **Tippet** (1994), S. 731 ff. Zum anderen ist fraglich, ob eine additive oder multiplikative Verkettung der im Rahmen der Performance-Attribution ermittelten einperiodischen Renditen der Beitragskomponenten über einen längeren Zeitraum erfolgen soll, vgl. dazu **Tapley** (1986), S. 163; **Rosenberg** (1978), S. 35 ff. Schließlich greift *Spremann* die Effekte individueller Entnahmen/Einlagen auf die Renditen auf, vgl. **Spremann** (1992).

Fonds mit stark fluktuierendem Mittelaufkommen werden daher in ihrer Performance gegenüber solchen mit weniger flukturierenden Mittelzu- und -abflüssen tendenziell unterschätzt, da ihnen vergleichsweise höhere, unfreiwillige Transaktionskosten entstehen. Eine Berücksichtigung dieser Verzerrungen ist bei einer externen Untersuchung kaum möglich, da die dafür benötigten Daten, die Anteilswertumsätze sowie die damit einhergehenden Transaktionskosten nicht verfügbar sind.[12]

2. Die Notwendigkeit der Einbeziehung des Risikos

Jede Investition wird grundsätzlich durch die Determinanten Ertrag und Risiko bestimmt. Dabei wird allgemein davon ausgegangen, daß eine höhere Rendite ex ante nur dann erwartet werden kann, wenn dafür ein größeres Risiko eingegangen wird. Ein einfacher Renditevergleich ist daher nicht aussagekräftig. So kann der Fall auftreten, daß zwei Wertpapierportfolios mit identischen Erträgen gleich beurteilt werden, obwohl zur Erwirtschaftung der Renditen unterschiedlich hohe Risiken in Kauf genommen wurden. Eine derartige Bewertung widerspricht jedoch dem Sicherheitsbedürfnis der Anleger. Dieses stellt ein wichtiges Element des Zielsystems der Investoren dar und kommt auch im Grundsatz der Risikomischung in § 1 I KAGG i. V. m. § 8 a KAGG zum Ausdruck.[13] Die Risikoaversion stellt zudem eine der zentralen und allgemein anerkannten Prämissen der Kapitalmarkttheorie dar. Sie beinhaltet die Annahme, daß der Kapitalmarkt von risikoscheuen Anlegern dominiert wird, die ein höheres Risiko nur dann eingehen, wenn damit eine höhere Renditeerwartung verbunden ist.[14]

Vor diesem Hintergrund ist ein Vergleich verschiedener Aktienportfolios bzw. Investmentfonds sowohl untereinander als auch mit einer vorab definierten Benchmark nur auf der Basis risikobereinigter Renditen sinnvoll.[15] Erst dann ist eine gerechte Beurteilung der Leistungen der verantwortlichen Manager möglich. Eng mit dem Erfordernis der Einbeziehung des Risikos in die Performance-Analyse verbunden ist die Frage nach einer geeigneten Benchmark, anhand derer eine Relativierung des Anlageerfolges erfolgen kann.

Sowohl die Definition und Messung des relevanten Risikos als auch die Konkretisierung einer Benchmark werden in der wissenschaftlichen Literatur und in der Praxis intensiv diskutiert. Gegenstand des nächsten Kapitels ist daher zunächst eine Aufarbeitung

---

[12] Zu diesem Schluß kommen auch **Zimmermann/Zogg-Wetter** (1992 b), S. 143.

[13] Vgl. die Zusammenfassung empirischer Untersuchungen über Ziele privater Kapitalanleger bei **Ruda** (1988), S. 22 ff.

[14] Vgl. **Poschadel** (1981), S. 63; **Jensen** (1968), S. 389.

[15] Demgegenüber vertritt *Mills* die Ansicht, daß das Risiko bei einer ex post Betrachtung grundsätzlich keine Rolle spielt, da die Rendite gegeben und insofern nicht mehr unsicher ist, vgl. **Mills** (1970), S. 1125.

alternativer Risikobegriffe, bevor im darauffolgenden Abschnitt eine Erörterung der Benchmarkproblematik erfolgt.

3. Definition und Messung von Wertpapierrisiken

a. Grundlagen der Risikomessung

aa. Die Charakterisierung des Risikos

(1) Die quantitative Erfassung über die Wahrscheinlichkeitsverteilung der Renditen

Qualitative Definitionen des Risikos, wie sie etwa durch verbale Umschreibungen des Charakters bestimmter Anlagekategorien zu finden sind, eignen sich nicht für den Einsatz in der Performance-Messung, da mit ihnen eine präzise Relativierung der Renditen der untersuchten Kapitalanlagen bzw. Wertpapiere nicht möglich ist. Zudem werden derartige Risikobegriffe von verschiedenen Personen unterschiedlich interpretiert.

Die quantitative Erfassung des Risikos eines Wertpapiers kann auf der Grundlage der Gesamtheit aller Zielbeiträge und ihren Eintrittswahrscheinlichkeiten erfolgen.[16] Als Zielbeitrag wird dabei die Rendite des Wertpapiers betrachtet. Die Bestimmung der Wahrscheinlichkeitsverteilung der Renditen erfolgt im Rahmen empirischer Untersuchungen durch die Auswertung der empirischen Häufigkeitsverteilungen der Wertpapierrenditen.[17] Die Charakterisierung des Risikos einer Kapitalanlage ergibt sich somit grundsätzlich aus der ex post ermittelten Wahrscheinlichkeitsverteilung ihrer Renditen.

Unabdingbare Voraussetzung für die Aussagekraft der historischen Renditeverteilung als Schätzer für die zugrundeliegende Verteilung der Renditen ist ihre Stationarität im Zeitablauf. Dies gilt auch für die ex post vorgenommene Performance-Messung, da aus der Nichtstationarität der Wahrscheinlichkeitsverteilung falsche Schlußfolgerungen über die zugrundeliegende Verteilung resultieren.

Eine Vereinfachung zur Charakterisierung der Wahrscheinlichkeitsverteilung der Renditen besteht darin, sie lediglich durch ihre Momente zu beschreiben. Damit erfolgt eine Koordinatentransformation der Daten. Die Wahrscheinlichkeitsverteilung $W(p_1, ..., p_k)$

---

[16] Zur Unterscheidung der nicht meßbaren Ungewißheit und dem Begriff des meßbaren Risikos vgl. **Bamberg/Coenenberg** (1992), S. 17 ff., S. 66 ff. und S. 104 ff., sowie **Mag** (1981), S. 479 f., der eine Differenzierung sowohl nach dem Kriterium der Meßbarkeit als auch nach dem Entscheidungsbezug vornimmt.

[17] Die Ermittlung der Renditewahrscheinlichkeitsverteilung im Rahmen dieser Vorgehensweise wird somit auf der Grundlage objektiver Wahrscheinlichkeiten vorgenommen. Demgegenüber beruht die Aufstellung der Wahrscheinlichkeitsverteilungen auf der Basis von Erfahrungen und Überlegungen zur Verteilung der Wertpapierrenditen auf subjektiven Wahrscheinlichkeiten, vgl. **Perridon/Steiner** (1993), S. 96.

wird nicht mehr durch ihre ursprünglichen k Parameter erklärt, sondern durch ihre *l* Momente W (M$_1$, ..., M$_l$).[18]

Das Risiko eines Kapitalanlegers besteht darin, daß die zukünftige Rendite seiner Investition von dem Wert abweicht, den er aufgrund seiner Informationen erwartet. Der nicht beobachtbare Erwartungswert wird dabei auf der Grundlage der Wahrscheinlichkeitsverteilungen aus der Vergangenheit durch die Berechnung des Mittelwertes µ geschätzt. Letzterer ergibt sich aus dem gewogenen arithmetischen Mittel der Wahrscheinlichkeitsverteilung und stellt ihr erstes einfaches Moment dar. Im Fall einer diskreten Wahrscheinlichkeitsverteilung von Renditen ergibt sich

(B.5) $$\mu = \sum_{k=1}^{n} \tilde{R}_k W(\tilde{R}_k)$$

mit: $\tilde{R}_k$ = Ausprägung der Zufallsvariable Rendite
   $W(\tilde{R}_k)$ = Wahrscheinlichkeit von $\tilde{R}_k$, wobei die Summe aller W ($\tilde{R}_k$) Eins ergibt.

Erst die Einbeziehung höherer Momente der Wahrscheinlichkeitsverteilung erlaubt die Beurteilung des Risikos eines Wertpapiers. Das zentrale M-te Moment einer diskreten Wahrscheinlichkeitsverteilung von Renditen ist definiert als[19]

(B.6) $$E\left[\tilde{R}_k - E(\tilde{R}_k) \right]^M = \sum_{k=1}^{n} (\tilde{R}_k - E(\tilde{R}_k)^M W(\tilde{R}_k), \qquad M = 1, ...,2, ...n.$$

Bei der Berücksichtigung aller n Momente der Wahrscheinlichkeitsverteilung erfolgt somit eine Erfassung der gesamten Wahrscheinlichkeitsverteilung der Renditen. Dies hat gegenüber der Berücksichtigung lediglich einiger Momente den Vorteil, daß keine, möglicherweise entscheidungsrelevanten Informationen verloren gehen.

(2) Die Einstellung des Investors zum Risiko

Die oben angeführten Risikomaße lassen sich unabhängig von der Präferenz der Investoren definieren. Unabdingbare Voraussetzung zur Einbeziehung des Risikos in die Performance-Messung ist die Klärung der Frage, wie der Investor das durch einzelne oder alle Momente der Wahrscheinlichkeitsverteilung operationalisierte Risiko bewer-

---

[18]   Zur Charakterisierung der Wahrscheinlichkeitsverteilungen durch ihre Momente vgl. **Loistl** (1993), S. 100 ff., und **Hartung** (1993), S. 118 f.

[19]   Vgl. **Levy/Sarnat** (1984), S. 719. Zentrale Momente sind Momente bezüglich des Mittelwertes, vgl. **Bosch** (1992), S. 34.

tet. Damit ist die Risikoeinstellung der Anleger angesprochen, die erst bei der Verknüpfung von Rendite und Risiko Berücksichtigung findet.

Grundlage dafür ist die Theorie des Risikonutzens, in deren Rahmen der Investor einer Rendite-Risiko-Ausprägung eines Wertpapiers, das auf Basis der Wahrscheinlichkeitsverteilung der Renditen ermittelt wird, einen bestimmten Nutzen zuordnet.[20] Die Zuordnung des Nutzens zu alternativen Renditechancen wird dabei als Risikonutzenfunktion bezeichnet. Letztere beruht auf der ursprünglichen, gesamten Wahrscheinlichkeitsfunktion der Renditen.[21] Demgegenüber hängt bei der Risikopräferenzfunktion der Nutzen nicht von der ursprünglichen Wahrscheinlichkeitsverteilung ab, sondern von wenigen Verteilungsparametern, wie z. B. dem Erwartungswert und der Standardabweichung, die den klassischen Entscheidungsprinzipien zugrundeliegen.[22]

Verhält sich ein Investor rational, wird er den erwarteten Nutzen maximieren.[23] Die Form der Nutzenfunktion drückt u. a. die Risikoneigung des Investors aus.[24] Aufgrund der fehlenden Kenntnis der individuellen Risikopräferenzen von Investoren und somit ihrer Risikonutzenfunktionen werden Klassen von Nutzenfunktionen gebildet, die bestimmte, vorher festgelegte Eigenschaften aufweisen. Ein Kriterium zur Bildung dieser Klassen ist die Risikoaversion der Investoren. Bei Risikoneutralität hat das Risiko keinerlei Bedeutung, d. h. der Anleger trifft Entscheidungen lediglich auf der Grundlage des Erwartungswertes. In diesem Fall hat die Risikopräferenzfunktion einen linearen Verlauf. Ist die Risikopräferenzfunktion im Definitionsbereich konvex, liegt Risikofreude vor.[25] Bei risikoscheuem Verhalten der Investoren verläuft die Risikopräferenzfunktion im Definitionsbereich konkav, d. h. der Investor bevorzugt bei gleichem Erwartungswert der Wahrscheinlichkeitsverteilungen das Portfolio mit dem geringeren Risiko.

---

[20] Die Theorie des Risikonutzens beruht auf dem von *von Neumann* und *Morgenstern* entwickelten Axiomensystem der Nutzenüberlegungen von Bernoulli, vgl. **von Neumann/Morgenstern** (1947). Zur Theorie des Risikonutzens und den Entscheidungsregeln bei Risiko vgl. **Schneeweiß** (1967), S. 32 ff.; **Alexander/Francis** (1986), S. 9 ff.; **Bamberg/Coenenberg** (1992), S. 70 ff.; **Bamberg** (1995), Sp. 1650 ff.

[21] Vgl. **Schneider** (1992), S. 465.

[22] Vgl. **Perridon/Steiner** (1993), S. 107.

[23] Vgl. **Bawa** (1975), S. 95. Dabei ist der Begriff der Rationalität hier vor dem Hintergrund des Bernoulli-Prinzips definiert. Aufgrund der zu beobachtenden Abweichungen menschlichen Handelns von der in der Erwartungsnutzentheorie postulierten Axiomatik, die aus der Sicht des Entscheidenden gleichwohl rational sein können, werden zunehmend auch verhaltenswissenschaftliche, empiriegeleitete Ansätze diskutiert, vgl. den Überblick zu Anomalien menschlichen Verhaltens bei **Oehler** (1992), S. 100 ff., und zu Überlegungen einer verhaltenswissenschaftlich fundierten Kapitalmarktforschung **Bitz/Oehler** (1993 a, 1993 b).

[24] Dabei stellt der Erwartungswert der Wahrscheinlichkeitsverteilung den Punkt der Nutzenfunktion eines Investors dar, von dem aus dieser das Risiko betrachtet, vgl. **Saelzle** (1976), S. 40.

[25] Vgl. **Saliger** (1988), S. 56 f.

Bezeichnet man x als endliche Ergebnisgröße, Nutzenfunktionen mit u(x) und Nutzenfunktionen mit bestimmten Eigenschaften mit $U_i[u(x)]$ lassen sich die in dieser Untersuchung relevanten, den verschiedenen Ansätzen zugrundeliegenden Nutzenfunktionen
den folgenden Klassen zuordnen:[26]

- $U_1 = \left\{ u(x) \mid u'(x) > 0 \; \forall \; x \in R, \; R = [a \; ; \; o], a \geq 0 \right\}$[27]

  Menge aller Nutzenfunktionen, deren erste Ableitung größer Null ist. Die Anleger haben eine positive Grenznutzenfunktion und besitzen keine systematischen Präferenzen bezüglich des Risikos, d. h. der Anleger verbindet mit einer
  höheren Rendite einen größeren Nutzen.

- $U_2 = \left\{ u(x) \mid u(x) \in U_1, \; -\infty < u''(x) < 0 \; \forall \; x \in R \right\}$

  Menge aller Nutzenfunktionen, deren erste Ableitung größer Null und deren
  zweite Ableitung kleiner Null ist. Der Anleger verhält sich risikoscheu zusätzlich zu den unter U_1 aufgeführten Eigenschaften.

- $U_3 = \left\{ u(x) \mid u(x) \in U_2, \; u'''(x) > 0 \; \forall \; x \in R \right\}$

  Menge aller Nutzenfunktionen, deren erste Ableitung größer Null, zweite Ableitung kleiner Null und dritte Ableitung größer Null ist. Anleger mit diesen
  Nutzenfunktionen präferieren rechtsschiefe Wahrscheinlichkeitsverteilungen
  zusätzlich zu den Eigenschaften, die unter U_2 aufgeführt sind.[28] Eine positive
  dritte Ableitung stellt sicher, daß die Risikoaversion nicht ansteigt und ist zugleich notwendige, aber nicht hinreichende Bedingung für eine abnehmende
  absolute Risikoaversion.[29]

- $U_4 = \left\{ u(x) \mid u(x) \in U_2, \; \Theta'(x) \equiv (-u''/u'(x))' < 0 \; \forall \; x \in R \right\}$

  Menge aller Nutzenfunktionen, die zusätzlich zu den Eigenschaften der Nutzenfunktionen in U_2 eine abnehmende absolute Risikoaversion implizieren. Θ'
  (x) bezeichnet dabei die lokale absolute Risikoaversion an der Stelle x, deren
  Ableitung kleiner Null sein muß. Nur dann ist gewährleistet, daß die dritte
  Ableitung der Nutzenfunktion eine Mindesthöhe erreicht.[30] Nutzenfunktionen

---

[26] Vgl. **Fishburn** (1980), S. 76 f. Für eine umfassende Darstellung von Nutzenfunktionen und ihre
       Zuordnung in die betrachteten Klassen vgl. **Fishburn/Vickson** (1978), S. 50 ff. Zu den Annah-
       men über die Investoren und den Zusammenhang zu verschiedenen Nutzenfunktionen vgl. **Alex-
       ander/Francis** (1986), S. 16 ff.

[27] Die Begrenzung des Definitionsbereichs der Nutzenfunktionen auf nichtnegative Werte der Er-
       gebnisgröße x bedeutet lediglich, daß ein Investor nicht mehr verlieren kann, als er besitzt, vgl.
       Bawa (1975), S. 100.

[28] Vgl. **Booth/Smith** (1987), S. 79; für einen Beweis vgl. **Kraus/Litzenberger** (1976), S. 1086.

[29] Vgl. **Kraus/Litzenberger** (1976), S. 1086; **Fishburn/Vickson** (1978), S.57 f., sowie eine ent-
       sprechende Unterteilung der Nutzenfunktionen in vier Klassen bei **Bawa** (1975), S. 100.

[30] Vgl. zum Risikoaversionskoeffizienten **Pratt** (1964), S. 125 ff.; **Arrow** (1971), S. 94 ff.

mit dieser Eigenschaft werden auch als DARA- (Decreasing Absolute Risk Aversion) Nutzenfunktionen bezeichnet.[31]

Die nutzentheoretische Fundierung der verschiedenen Ansätze zur Performance-Messung hängt letztlich davon ab, welche Anforderungen bzw. Annahmen bei ihrer Anwendung gegeben sein müssen, wenn die Axiome über die Theorie des Risikonutzens Gültigkeit besitzen sollen.[32] Eine Vereinbarkeit der den verschiedenen Ansätzen zugrundeliegenden klassischen Entscheidungsprinzipien mit dem Bernoulli-Prinzip ist dann gegeben, wenn nachgewiesen werden kann, daß der Erwartungswert des Nutzens nur von den betreffenden Parametern, die zur Charakterisierung der Wahrscheinlichkeitsverteilungen verwendet werden, abhängt. Daraus können sowohl mehr oder weniger restriktive Annahmen über die Nutzenfunktionen als auch bestimmte Forderungen über die Art der Verteilungen resultieren.[33]

bb. Risikodefinitionen im Überblick

Abbildung B.3 zeigt zunächst die im folgenden Abschnitt näher erläuterten Risikomaße, die grundsätzlich im Rahmen der Performance-Messung in Frage kommen.[34] Über die Vor- und Nachteile und die Relevanz der verschiedenen Risikodefinitionen im Rahmen des Portfoliomanagements wird seit geraumer Zeit sowohl in der wissenschaftlichen Forschung als auch in der Praxis intensiv diskutiert.[35]

---

[31] Vgl. zu diesen Nutzenfunktionen **Fishburn/Vickson** (1978), S. 57 ff.

[32] Auf die Diskussion über die Rationalität des Bernoulli-Prinzips soll hier nicht eingegangen werden, vgl. dazu die Kritik bei **Perridon/Steiner** (1993), S. 113 ff., und die dort angegebene Literatur. Vgl. zu den Konsequenzen des Bernoulli-Prinzips zu bestimmten klassischen Entscheidungsprinzipien **Schneeweiß** (1967), S. 89 ff.

[33] Vgl. allerdings **Brockett/Kahane** (1992), die die üblicherweise in der Literatur zu findende Vorgehensweise, aus der Ableitung von Nutzenfunktionen Schlußfolgerungen über die Präferenzen der Investoren bezüglich der Momente der Wahrscheinlichkeitsverteilungen zu ziehen, in Frage stellen.

[34] Vgl. **Nowak/Wittrock** (1993), S. 13.

[35] Vgl. z. B. **Fuller/Wong** (1988); **Keppler** (1990, 1991); **Bauer** (1991); **von Siebenthal** (1992); **Grinold** (1993); **Zimmermann** (1994).

Abb. B.3: Risikodefinitionen im Rahmen der Performance-Messung

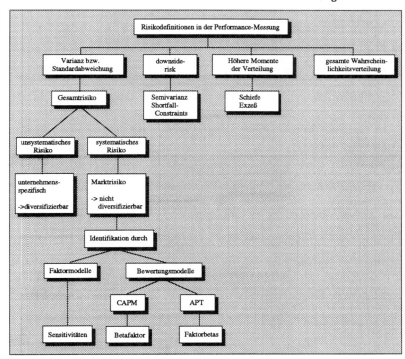

b. Risikomaße auf der Basis einzelner Momente der Renditewahrscheinlichkeitsverteilungen

aa. Risikomaße auf der Grundlage der ersten beiden Momente

(1) Die Varianz als Maß zur Erfassung des Gesamtrisikos

Das als Varianz bekannte Streuungsmaß ist als Gesamtrisiko von Kapitalanlagen in der Kapitalmarkttheorie bekannt und entspricht der mittleren quadratischen Abweichung der Renditen $\tilde{R}_i$ eines Wertpapiers i von der erwarteten Rendite μ_i.[36] Formal ergibt sich

(B.7) $\qquad \sigma_i^2 = E\left[\,(\tilde{R}_i - \mu_i)^2\,\right].$

---

[36] Durch die Quadrierung der Abweichungen zwischen realisierter und erwarteter Rendite heben sich negative und positive Abweichungen im Zeitablauf nicht auf.

Die sich aus der Quadratwurzel der Varianz ergebende Standardabweichung, die zu konzeptionell identischen Resultaten führt, besitzt die gleiche Dimension wie die Renditen und der Erwartungswert der Renditen, wodurch sie als Risikomaß einfacher interpretierbar ist.[37],[38]

Die Varianz bzw. Standardabweichung ist als statistisch orientiertes Risikomaß dann geeignet, wenn die ihrer Berechnung zugrundeliegenden Renditen der Kapitalanlage einer Normalverteilung folgen. Nur dann kann sie in Verbindung mit dem Erwartungswert μ die gesamte Renditeverteilung vollständig charakterisieren, so daß durch die Verwendung nur der ersten beiden Momente keine entscheidungsrelevanten Informationen verloren gehen.[39]

Der Vorteil der Standardabweichung als Risikomaß stellt ihr direkter Bezug zum μ/σ-Prinzip dar. Damit steht sie bei Unterstellung risikoaverser Anleger auch in unmittelbarem Zusammenhang zur μ/σ-orientierten Anlageplanung sowie Performance-Messung und -Analyse. Entscheidungen auf der Grundlage des μ/σ-Prinzips sind jedoch nur dann korrekt, wenn entweder die Renditen einer Normalverteilung folgen oder wenn sich das Verhalten der Investoren bei beliebiger Verteilung der Renditen durch eine quadratische Nutzenfunktion beschreiben läßt.[40] Nur für den Fall, daß eine dieser beiden Bedingungen gegeben ist, sind auf dem μ/σ-Prinzip basierende Entrscheidungen auch nutzentheoretisch fundiert und ist die einfach zu handhabende Verwendung lediglich der ersten beiden Momente der Wahrscheinlichkeitsverteilung als Grundlage von Entscheidungen gerechtfertigt.[41]

Beide Annahmen schränken jedoch den Anwendungsbereich des μ/σ-Prinzips ein. Zum einen ist die Unterstellung einer quadratischen Nutzenfunktion, die der Klasse U_2 der Nutzenfunktionen zugeordnet werden kann, aufgrund ihrer restriktiven Annahmen problematisch. Der Grund liegt in der ab einem bestimmten maximalen Nutzen erreichten Sättigung, die bei konstantem σ und wachsendem μ einen sinkenden erwarteten Nutzen bedingt.[42] Darüber hinaus impliziert die quadratische Nutzenfunktion eine

---

[37] Vgl. **Bleymüller/Gehlert/Gülicher** (1991), S. 19; **Francis** (1991), S. 13.

[38] Der Begriff Volatilität, der in der Investmentpraxis geläufiger ist, bezieht sich auf die periodisierte Standardabweichung über einen bestimmten Zeitraum, vgl. **Bauer** (1991), S. 172 f.; zu den Arten der Periodisierung vgl. **Zimmermann** (1988), S. 101. Die Periodisierung bezieht sich dabei auf das Renditeintervall und nicht auf die Länge der Zeitperiode. Eine Annualisierung der Standardabweichung monatlicher Renditen erhält man beispielsweise aus deren Multiplikation mit der Quadratwurzel von 12.

[39] Vgl. **Bleymüller/Gehlert/Gülicher** (1991), S. 60 f.

[40] Vgl. **Tobin** (1958); **Franke/Hax** (1990), S. 245 ff.

[41] Vgl. zu den Konsequenzen des Bernoulli-Prinzips für das μ/σ-Prinzip **Schneeweiß** (1967), S. 95 ff. Vgl. aber auch **Meyer** (1987), S. 422 ff., der hinsichtlich der Verteilung eine Verallgemeinerung der hinreichenden Bedingungen für die adäquate Nutzung des μ/σ-Prinzips ableitet.

[42] Dieser Nachteil der quadratischen Nutzenfunktion entfällt zwar durch die Festlegung eines entsprechenden Definitionsbereiches; dieser müßte jedoch in Abhängigkeit der Wertpapierrenditen

ökonomisch nicht plausible, ansteigende absolute Risikoaversion.[43] Diese bedeutet, daß die Risikoaversion des Anlegers mit wachsendem Reichtum zunimmt.[44]

Auf die Erfüllung der Prämisse dieser speziellen und fragwürdigen Form der Nutzenfunktion kann dann verzichtet werden, wenn die Renditen einer Normalverteilung folgen. Die Normalverteilungseigenschaft von Aktien- und Portfoliorenditen ist jedoch umstritten.[45] Eine vollständige Erklärung der Wahrscheinlichkeitsverteilung durch die ersten beiden Momente wird empirisch allerdings nicht zu beobachten sein. Vielmehr kommt es darauf an, daß die Normalverteilung eine hinreichend gute Approximation der Wahrscheinlichkeitsverteilung der Renditen darstellt.[46] In diesem Fall ist der Erklärungsbeitrag weiterer Momente vernachlässigbar gering.

Die wegen des wachsenden Einsatzes derivativer Instrumente im Portfoliomanagement zu erwartende Schiefe der Renditen aktiv gemanagter Portfolios ist als eine der Ursachen dafür anzusehen, daß die Standardabweichung als Risikomaß zunehmend in Frage gestellt wird.[47]

Darüber hinaus wird kritisiert, daß mit der Verwendung der Varianz als Risikomaß keine Berücksichtigung des Zeithorizontes für Portfolioentscheidungen erfolgt. Vielmehr steigt die Varianz stetiger Renditen proportional zur Quadratwurzel der Zeitperiode. Damit wird eine zeitliche Diversifikation des Investitionsrisikos, die z. B. bei einem Vergleich zwischen einer Aktien- und Rentenanlage von besonderer Relevanz ist, nicht adäquat erfaßt.[48]

---

bestimmt werden, vgl. **Drukarczyk** (1993), S. 107.; **Franke/Hax** (1990), S. 247. Zur begrenzten Aussagefähigkeit der quadratischen Nutzenfunktion vgl. **Schneeweiß** (1967), S. 98.; **Arrow** (1971), S. 97.

[43] Vgl. **Arrow** (1971), S. 96 ff.

[44] Vgl. **Franke/Hax** (1990), S. 248. Demgegenüber weisen empirische Untersuchungen darauf hin, daß eher von einer konstanten relativen Risikoaversion, d. h. einer abnehmenden absoluten Risikoaversion, auszugehen ist, wie sie etwa durch Potential- als auch logarithmischen Nutzenfunktionen gegeben ist, vgl. die Untersuchungen von **Friend/Blume** (1975), **Cohn/Lewellen/Lease/Schlarbaum** (1975) und **Blume/Friend** (1975). Zu weiterer Kritik vgl. auch **Baron** (1977), S. 1683.

[45] Vgl. die empirischen Untersuchungen zur Verteilung der Aktienrenditen auf dem deutschen Markt **Möller** (1986 a), S. 26 ff.; **Adelberger/Lockert** (1992), S. 44 f.; **Warfsmann** (1993), S. 90 f.; **Corhay/Rad** (1994), S. 272 f.

[46] Vgl. **Samuelson** (1970), S. 537 f.; **Levy/Sarnat** (1972), S. 332.

[47] Vgl. **Marmer/Ng** (1993), S. 47 ff.; **Zimmermann** (1992 a), S. 89 ff.; **Zimmermann** (1994), S. 1 ff. Die Schiefe resultiert dabei vor allem aus Optionstrategien, so daß die Annahme der Normalverteilung der Renditen als Prämisse für die Anwendung des μ/σ-Prinzips nicht gegeben ist, vgl. **Bookstaber/Clarke** (1981, 1985); **Sears/Trennepohl** (1983).

[48] Vgl. zur Diskussion über Zeithorizonteffekte und die Eignung von Risikomaßen zu ihrer Erfassung **Zimmermannn** (1991, 1992 b); **Zenger** (1992); **Wolter** (1993).

Neben diesen Vorbehalten wird kritisiert, daß mit der Varianz bzw. Standardabweichung auch eine Erfassung der positiven Abweichungen vom Erwartungswert erfolgt, die im Fall von Kapitalanlagen nicht als Risiko angesehen werden.[49] Diesem Einwand wird im Rahmen von Risikomaßen begegnet, die lediglich die negativen Abweichungen von der mittleren Rendite erfassen.

(2) Die Ermittlung des Risikos im Rahmen von Modellen

(a) Faktormodelle

Durch Mischung von Wertpapieren bei der Portefeuillebildung läßt sich das Gesamtrisiko im Vergleich zur gewichteten Summe der Einzelrisiken σ_i reduzieren. Der Grad der Risikoreduktion hängt dabei von der Korrelation der Wertpapiere untereinander ab. Somit sind auf der Portfolioebene nicht die Gesamtrisikomaße Varianz bzw. Standardabweichung relevant, sondern lediglich die Abhängigkeiten der Wertpapiere untereinander, die durch ihre Kovarianzen gemessen werden. Diese Erkenntnis ist Grundlage der auf *Markowitz* zurückgehenden Portfoliotheorie,[50] deren rechentechnische Vereinfachung über das Single-Index- bzw. Diagonalmodell[51] zur Entwicklung des Marktmodells führte.[52] Letzteres ergibt sich formal mit

(B.8) $\qquad \tilde{R}_i = \alpha_i + b_i \tilde{R}_M + \tilde{\varepsilon}_i$

mit: $\quad \alpha_i =$ Ordinatenabschnitt (wertpapierspezifische Konstante)

$\qquad b_i =$ Sensitivität des Wertpapiers i gegenüber Ausprägungen von $\tilde{R}_M$ (Marktmodell-Beta), $\text{Cov}(\tilde{R}_i; \tilde{R}_M) / \text{Var}(\tilde{R}_M)$

$\qquad \tilde{\varepsilon}_i =$ stochastische Störgröße (wertpapierspezifische Rendite),

wobei u. a. gilt:

---

[49] Vgl. z. B. die Diskussion über die Eignung der Volatilität als Risikomaß zwischen **Keppler** (1990, 1991) und **Bauer** (1991).

[50] Vgl. **Markowitz** (1952, 1959); zur Portfoliotheorie vgl. **Perridon/Steiner** (1993), S. 240 ff.; **Steiner/Bruns** (1994), S. 1 ff.; **Gerke** (1995).

[51] Vgl. **Sharpe** (1963), S. 281. Für eine ausführliche Darstellung des Modells vgl. **Elton/Gruber** (1991 a), S. 99 ff.

[52] Vgl. **Fama** (1968, 1970); **Fama** (1976), S. 63 ff. Der Unterschied zum Indexmodell besteht lediglich darin, daß mit der Marktrendite der Faktor explizit vorgegeben ist, und daß die Kovarianzen zwischen den Wertpapieren nicht, wie beim Indexmodell angenommen, sämtlich auf die gemeinsame Kovarianz mit der Marktrendite zurückzuführen ist, vgl. **Elton/Gruber** (1991 a), S. 123. Trotzdem werden beide Begriffe oft synonym verwandt. Eine ausführliche Beschreibung der Zusammenhänge zwischen diesen Modellen findet sich bei **Elton/Gruber** (1991 a), S. 101; **Nowak** (1994), S. 10 ff.

$$E(\tilde{\epsilon}_i) = Cov\ (\tilde{\epsilon}_i\ ;\ \tilde{R}_M\ ) = 0 \quad \forall\ i.\ [53]$$

Für die Korrelation zwischen der Störvariablen und der Marktrendite gilt annahmegemäß ein Wert von Null, um sicherzustellen, daß die wertpapierspezifische Rendite der Wertpapiere unabhängig ist von der Marktentwicklung und die Sensitivität somit den mit dem Marktindex verbundenen Einfluß vollständig abdeckt.[54] Uneinigkeit herrscht über die ökonomische Interpretation des Ordinatenabschnitts. Von einigen Autoren wird er als konstanter, unsystematischer Renditebestandteil, bestehend aus dem Durchschnitt der beobachteten unsystematischen Periodenrenditen, angesehen.[55] Andere Autoren interpretieren das α als konstanten, systematischen, aber marktunabhängigen Renditebestandteil.[56]

Die oben genannten, rein statistischen Modelle können unter den Begriff Faktormodelle subsumiert werden.[57] Diese beschreiben den Renditegenerierungsprozeß, indem sie die Rendite eines Wertpapiers als lineare Funktion zu einem bestimmten Faktor in Bezug setzen. Die Entstehung der Wertpapierrenditen wird somit auf ihre Sensitivität gegenüber der Entwicklung eines bestimmten Faktors zurückgeführt, der z. B. im Fall des Marktmodells mit der Marktrendite spezifiziert wird. Da dieser Faktor annahmegemäß sämtliche Wertpapierrenditen in einem bestimmten Ausmaß beeinflußt, ermöglichen derartige Modelle eine Differenzierung des Renditegenerierungsprozesses in eine systematische und unsystematische Komponente. Letztere ergibt sich aus dem Teil der Rendite, der nicht auf den systematisch wirkenden Faktor zurückzuführen ist. Damit einher geht eine Differenzierung in das systematische Risiko, welches durch den Sensitivitätskoeffizienten b_i ausgedrückt wird, sowie das unsystematische Risiko, über dessen Höhe die Varianz des Störterms $\tilde{\epsilon}_i$ Aufschluß gibt.[58]

---

[53] Einige Autoren sehen auch die Notwendigkeit der Annahme, daß keine Korrelation zwischen den Störvariablen verschiedener Wertpapiere vorliegt, d. h. daß gilt cov $(\epsilon_i; \epsilon_h) = 0$, vgl. z. B. **Uhlir/Steiner** (1991), S. 170. Dies gilt jedoch strenggenommen lediglich für das Single-Index-Modell. Allerdings ist diese Annahme für die statistische Umsetzung des Marktmodells im Rahmen eines Regressionsmodells erforderlich. Hinzu kommen weitere Annahmen, wie fehlende Autokorrelation sowie Homoskedastizität der Störvariablen bzw. der zu ihrer Schätzung verwendeten Residuen.

[54] Vgl. **Sharpe** (1984), S.21. Diese Annahme wird bereits durch die in der Regel zur Schätzung der Parameter eingesetzte Regression gewährleistet, vgl. **Elton/Gruber** (1991 a), S. 101.

[55] Vgl. **Uhlir/Steiner** (1991), S. 172; **Nowak** (1994), S. 25 f.; **Modigliani/Pogue** (1974), S. 76 f.

[56] Vgl. **Meyer, F.** (1994), S. 21; **Beiker** (1993), S. 18; **Rudd/Clasing** (1982), S. 64 ff.

[57] Kritisch dazu äußert sich **Shanken** (1982), S. 1131, der für ein striktes Faktormodell fordert, daß wie beim Single-Index-Modell die Residuen der Wertpapiere unkorreliert sein müssen. *Nowak* weist darauf hin, daß das Marktmodell in seiner ursprünglichen Form kein Faktormodell darstellt, vgl. **Nowak** (1994), S. 26. Die Differenz ist eher unwesentlich und betrifft lediglich Prämissen untergeordneter Bedeutung, welche die Normierung angehen und insbesondere nicht die stochastischen Eigenschaften der Faktoren verändern. Zu Faktormodellen allgemein vgl. **Steiner/Nowak** (1995).

[58] Vgl. **Uhlir/Steiner** (1991), S. 172.

Mit der Beschränkung auf einen Faktor zur Erfassung der Beziehungen zwischen den einzelnen Wertpapieren erfolgt zwar eine rechentechnische Vereinfachung, unter Umständen werden jedoch wichtige Informationen bezüglich der Kovarianzen zwischen den einzelnen Wertpapieren vernachlässigt. So ist anzunehmen, daß der Renditegenerierungsprozeß bestimmter Wertpapiere nicht nur durch den Marktindex, sondern beispielsweise durch Effekte, die lediglich eine Branche oder einen Industriezweig betreffen, determiniert wird.[59] Diese Kritik führte zur Entwicklung von Mehrfaktorenmodellen, die zusätzlich zum allgemeinen Marktfaktor weitere Faktoren integrieren.[60] Ein Mehrfaktorenmodell läßt sich entsprechend darstellen als

$$(B.9) \qquad \tilde{R}_i = \alpha_i + \sum_{j=1}^{k} b_{ij} \tilde{F}_j + \tilde{\epsilon}_i$$

mit $\quad b_{ij}$ = Sensitivität des Wertpapiers i auf die Ausprägungen des Faktors j
$\quad\quad \tilde{F}_j$ = Wert des j-ten Faktors.

Annahmegemäß beträgt wie schon beim Marktmodell die Korrelation zwischen der Störvariablen und jedem der j Faktoren Null. Daneben müssen die Störterme der verschiedenen Wertpapierrenditen bei Betrachtung eines exakten Faktormodells untereinander unkorreliert sein, wodurch sich die Kovarianzmatrix der Störterme zu einer Diagonalmatrix reduziert.[61] Dadurch wird gewährleistet, daß gemeinsame Renditebewegungen vollständig durch die k Faktoren erklärbar sind. Ökonomisch bedeutet dies, daß sämtliche die Renditen beeinflussenden Faktoren identifiziert worden sind und das Faktormodell damit die wesentlichen Quellen der Kovarianz zwischen den Wertpapierrenditen umfaßt.[62]

Faktorenmodelle können nach Art und Anzahl der einbezogenen Faktoren unterschieden werden. Als Faktoren kommen vor allem makroökonomische Größen und Indizes in Frage. Bei letzteren kann es sich zum einen um bereits vorhandene, bestimmte Märkte oder Segmente repräsentierende Indizes handeln. Typischerweise werden dabei z. B. Branchenindizes eingesetzt. Im Kontext von Untersuchungen, die den Einfluß internationaler Effekte auf die Aktienkurse analysieren, werden Länderindizes verwen-

---

[59] In diesem Fall ist die Kovarianz zwischen den Residuen zweier Wertpapiere gleich Null, wenn sie aus verschiedenen Branchen stammen, aber ungleich Null, sofern sie derselben Branche angehören.

[60] Vgl. die ersten Mehrfaktorenmodelle bereits bei **King** (1966) und **Cohen/Pogue** (1967). Zu den Grenzen des lediglich einen Faktor umfassenden Marktmodells vgl. **Stone** (1974).

[61] Demgegenüber können die Störvariablen im Fall approximativer Faktorenmodelle miteinander korrelieren, vgl. **Nowak** (1994), S. 22.

[62] Vgl. **Steiner/Nowak** (1995), Sp. 1435; **Haugen** (1990), S. 169.

det. Zum anderen werden mit Hilfe statistischer Verfahren sog. Pseudo-Industrie-Indizes konstruiert, die auf bestimmte Faktoren einheitlich reagieren.[63]

Erfolgt die Konkretisierung der nicht näher spezifizierten Faktoren durch Indizes, werden sie auch als Index- bzw. Multiindexmodelle bezeichnet.[64] Es sei an dieser Stelle darauf hingewiesen, daß Ein- und Mehrfaktorenmodelle in der Literatur auch in einer anderen Darstellungsweise zu finden sind, indem statt des Parameters α_i in den Formeln (B.8) und (B.9) die erwartete Rendite $E(\tilde{R}_i)$ dargestellt ist und die k Faktoren als unerwartete systematische Faktoren $\tilde{F}_j - E(\tilde{F}_j)$ in die Gleichung eingehen.[65] Es handelt sich bei dieser Darstellung um ein und denselben Sachverhalt, der zu völlig identischen Ergebnissen führt. Bei der in (B.8) und (B.9) gewählten Darstellungsweise wird jedoch der statistische Ursprung von Faktormodellen deutlicher.[66]

Faktormodelle beruhen einzig auf der Beobachtung, daß sich Aktienkurse oft gleichläufig bewegen. Daher fehlt den Modellen ein theoretisches Fundament.[67] Aus diesem Grund benötigen derartige Modelle im Gegensatz zu Bewertungsmodellen auch keine Annahmen über die Effizienz des Kapitalmarktes. Sie erklären somit die tatsächlichen Renditen, die sich ex post ergeben und auf bestimmte Faktoren sensitiv reagiert haben. Aussagen über die Bewertung dieser Faktoren sind auf der Grundlage dieser Modelle nicht ableitbar.[68] Gleichgewichtsmodelle oder auf Arbitragefreiheitsbedingungen aufbauende Bewertungsmodelle dagegen treffen als Renditeerwartungsmodelle Aussagen über die Preisbildung auf dem Kapitalmarkt. Sie stellen als theoretisch fundierte Erklärungsmodelle einen Zusammenhang zwischen dem entscheidungsrelevanten systematischen Risiko und der zu erwartenden Rendite unter Einbeziehung des Portefeuillebezugs her.[69] Unabdingbare Voraussetzung dafür ist die Unterstellung eines effizienten Kapitalmarktes.

63　Vgl. zu den verschiedenen Arten der Konkretisierung der Faktoren **Elton/Gruber** (1991 a), S. 136 ff. Als Faktormodelle sind auch die in der Praxis von verschiedenen Consulting-Unternehmen für das Portfoliomanagement und die Risikoanalyse angebotenen Modelle zu klassifizieren, wie z. B. das German Equity Model von *BARRA*, vgl. **Camparone** (1991).

64　Vgl. **Bodie/Kane/Marcus** (1989), S. 254 ff.

65　Vgl. z. B. Jensen (1968), S. 391; **Nowak/Wittrock** (1993), S. 20 f.; **Steiner/Nowak** (1994), S. 348.

66　Diese Darstellung wird auch als implizites Faktormodell bezeichnet, während die alternative Darstellungsweise, die aus der allgemeinen Risikodefinition eines Wertpapiers, $\tilde{R}_i - E(\tilde{R}_i)$, abgeleitet wird, als explizites Faktormodell Eingang in die Literatur gefunden hat. Zu den Zusammenhängen beider Darstellungsformen vgl. die übersichtliche Darstellung bei **Nowak** (1994), S. 22 ff.

67　Vgl. **Rosenberg** (1974), S. 263; **Elton/Gruber** (1991 a), S. 133.

68　Gleichwohl ist nicht auszuschließen, daß es sich bei den unerwarteten Veränderungen einiger der konkretisierten Faktoren um Risiken handelt, die auf dem Kapitalmarkt bewertet werden, vgl. **Alexander/Sharpe/Bailey** (1993), S. 254 f.

69　Da es sich letztlich auch bei den Bewertungsmodellen um Faktormodelle handelt, wird in der Literatur zum Teil eine Unterscheidung in Faktormodelle im engeren Sinne und im weiteren Sinne vorgenommen, wobei die Bewertungsmodelle unter letztere subsumiert werden, vgl. **Stei-**

(b) Bewertungsmodelle zur Bestimmung des theoretisch relevanten Risikos

(aa) Das Capital Asset Pricing Model (CAPM)

Im Gegensatz zu den Faktormodellen fußt das CAPM auf einem eigenen Theoriegebäude und leitet die Preise risikobehafteter Wertpapiere im Kapitalmarktgleichgewicht ab.[70] Danach wird von den Investoren nur das systematische Risiko bewertet, während das unsystematische Risiko diversifizierbar und daher auch nicht zu entgelten ist.

Das CAPM knüpft an die Portfoliotheorie von *Markowitz* an, die über die zusätzlichen Annahmen der Existenz einer risikolosen Anlage und homogenen Erwartungen der Investoren bezüglich der Renditen, Varianzen und Kovarianzen der Wertpapiere zur Tobin-Separation[71] und zur Ableitung der Kapitalmarktlinie führt.[72] Unter diesen Voraussetzungen ist die Zusammensetzung des μ/σ-effizienten Portfolios risikobehafteter Wertpapiere unabhängig vom Grad der Risikoaversion der Anleger. Vielmehr halten im Gleichgewicht alle risikoscheuen Investoren einen Anteil an dem risikobehafteten effizienten Portfolio, das sich aus der mit den Marktwerten gewichteten Summe der Gesamtheit aller risikobehafteten Anlagen zusammensetzt.[73] Dieses, für alle Anleger optimale Marktportfolio wird ermittelt, indem von der risikolosen Anlage eine Tangente an die Effizienzlinie gelegt wird, weshalb es auch als Tangentialportfolio bezeichnet wird. Die Risikoneigung der Investoren findet allein Ausdruck in der Aufteilung der Mittel auf das Marktportfolio und die risikolose Anlage, die sich in der Position auf der Kapitalmarktlinie widerspiegelt.

Die Kapitalmarktlinie

$$(B.10) \quad E(\tilde{R}_P) = R_f + \frac{E(\tilde{R}_M) - R_f}{\sigma_M} \sigma_P$$

---

ner/Nowak (1995), Sp. 1436 f. In der vorliegenden Arbeit dagegen werden rein statistisch motivierte Modelle grundsätzlich als Faktormodelle bezeichnet, während theoretisch fundierte Renditeerwartungsmodelle unter dem Begriff Bewertungsmodelle erfaßt werden. Zu den Unterschieden und Zusammenhängen zwischen Faktorenmodellen und Bewertungsmodellen vgl. Nowak (1994), S. 82 ff.

[70] Vgl. Sharpe (1964); Lintner (1965); Mossin (1966).

[71] Vgl. Tobin (1958), S. 84. Zur Bedeutung des Separationstheorems vgl. auch Franke (1983).

[72] Die Portfoliotheorie, die Kapitalmarktlinie sowie der Übergang zum CAPM sind in der Literatur eingehend dokumentiert. Daher wird hier auf eine erneute ausführliche Darstellung verzichtet, vgl. dazu Sharpe/Alexander (1990), Kapitel 6 und 8; Copeland/Weston (1988), Kapitel 7; Haugen (1990), Kapitel 7, sowie Schmidt (1986), Kapitel 7 und 11; Uhlir/Steiner (1991), S. 134 ff.; Perridon/Steiner (1993), S. 240 ff.; Steiner/Bruns (1994), Kapitel 1.

[73] Dies resultiert zum einen aus der Annahme homogener Erwartungen und zum anderen aus der Gleichgewichtsbedingung, nach der Angebot und Nachfrage ausgeglichen und sich somit alle risikobehafteten Anlagen im Besitz von Anlegern befinden müssen. Das Marktportfolio stellt aus Sicht der Portfoliotheorie eine Linearkombination effizienter Portfolios dar, vgl. Huang/Litzenberger (1988), S. 90 f.

mit: σ_P = Standardabweichung der erwarteten Renditen des Portfolios P

σ_M = Standardabweichung der erwarteten Renditen des Marktportfolios

$E(\tilde{R}_P)$ = Erwartungswert der Rendite des Portfolios P

$E(\tilde{R}_M)$ = Erwartungswert der Rendite des Marktportfolios

R_f = risikoloser Zins

stellt die erwartete Portfoliorendite in Abhängigkeit des Gesamtrisikos dar, wobei der Ausdruck $E(\tilde{R}_M)$ - R_f als Prämie zur Übernahme des Risikos zu interpretieren ist.

Aus der Portfoliotheorie und der Kapitalmarktlinie ist abzuleiten, daß Investoren die Rendite und das Risiko einzelner Aktien lediglich nach deren Beitrag zu der Rendite und dem Risiko des Marktportfolios bewerten werden, da ein Teil des Gesamtrisikos einzelner Aktien wegdiversifiziert werden kann. Das theoretisch relevante und somit auf dem Kapitalmarkt entschädigte Risiko einer Aktie besteht somit allein in der Kovarianz ihrer Rendite mit der Rendite des Marktportfolios. Die Umsetzung dieser Überlegung führt zur Wertpapierlinie bzw. zum CAPM

$$(B.11) \qquad E(\tilde{R}_i) = R_f + \frac{E(\tilde{R}_i) - R_f}{\sigma_M^2} \, Cov(\tilde{R}_i ; \tilde{R}_M),$$

das die Renditeerwartung eines Wertpapiers oder nicht perfekt mit dem Marktportfolio korrelierten Portfolios in Abhängigkeit des systematischen, d. h. nicht diversifizierbaren Risikos bestimmt.

Nach Umformung läßt sich das CAPM in der üblichen Weise mit dem das systematische Risiko messenden Betafaktor, der als relatives Risikomaß die Kovarianz des Wertpapiers bzw. Portfolios in Relation zur Varianz des Marktportfolios ausdrückt und den einzigen renditebeeinflussenden Parameter darstellt, wiedergeben mit[74]

$$(B.12) \qquad E(\tilde{R}_i) = R_f + \left[E(\tilde{R}_M) - R_f \right] \cdot \beta_i$$

wobei: $$\beta_i = \frac{Cov(\tilde{R}_i ; \tilde{R}_M)}{\sigma_M^2} .$$

Im Rahmen des CAPM wird die erwartete Rendite eines Wertpapiers oder Wertpapierportfolios somit aus dem risikolosen Zinssatz R_f zuzüglich einer Risikoprämie bestimmt, die sich als Differenz zwischen der erwarteten Rendite des Marktportfolios $E(\tilde{R}_M)$ und R_f, multipliziert mit dem Betafaktor β_i als Maß für das bewertungsrelevante syste-

---

[74] Das CAPM läßt sich sowohl ausgehend von der Kapitalmarktlinie als auch über die Preise für zustandsbedingte Zahlungsansprüche im Rahmen des State Preference-Ansatzes ableiten, wenn entweder eine quadratische Nutzenfunktion der Investoren oder eine Normalverteilung des Endvermögens unterstellt wird; vgl. zur ersteren Vorgehensweise, deren Grundlage das μ/σ-Prinzip in Verbindung mit dem Separationstheorem darstellt, **Perridon/Steiner** (1993), S. 253; zur zuletzt genannten Ableitung vgl. **Franke/Hax** (1990), S. 308 ff.

matische Risiko ergibt. Der Betafaktor mißt dabei das Risiko des Portfolios als Beitrag zum Risiko des Marktportfolios.[75]

Das in Erwartungswerten formulierte ex-ante-Einperiodenmodell CAPM wird für empirische Untersuchungen durch Verwendung historischer Renditen der Periode t in eine ex-post-Form gebracht, welches sich ergibt als[76]

$$(B.13) \quad \tilde{R}_{it} - R_{ft} = (\tilde{R}_{Mt} - R_{ft}) \cdot \beta_i + \tilde{\epsilon}_{it}$$

mit: $\quad \tilde{\epsilon}_{it}$ = Störvariable

wobei: $\quad E(\tilde{\epsilon}_{it}) = E(\tilde{\epsilon}_{it} \mid \tilde{R}_{Mt}) = E(\tilde{\epsilon}_{it}; \tilde{\epsilon}_{it-n}) = 0 \quad n = 1, 2, ... N.$

Die Schätzung des Betafaktors und somit die Transformation des CAPM in das ex-post-CAPM erfolgt dabei in der Regel durch das Marktmodell mit Hilfe der Regressionsmethode.[77] Unter bestimmten Bedingungen entsprechen sich ex-post-CAPM und Marktmodell, so daß das statistisch hergeleitete Marktmodell auch theoretisch fundiert ist.[78] Bei Gültigkeit der Prämissen rechtfertigt dies die Anwendung des Marktmodells zur Bestimmung der Parameter des ex-post-CAPM.

Im Vergleich zu den Faktormodellen und insbesondere zum Marktmodell steht beim CAPM nicht die Generierung realisierter Renditen im Vordergrund, sondern die Bestimmung erwarteter Renditen. Obwohl das CAPM immer im sachlogischen Zusammenhang mit dem Marktmodell gesehen wird und beide Modelle unter bestimmten Annahmen ineinander überführbar sind, werden für das CAPM im Gegensatz z. B. zur APT keine expliziten Annahmen über einen bestimmten Renditegenerierungsprozeß getroffen.[79] Es steht aber auch nicht im Widerspruch zu einem Renditegenerierungsprozeß, so daß das CAPM grundsätzlich mit jedem möglichen Faktormodell vereinbar ist.[80] Vielmehr können auch verschiedene systematische Risikofaktoren existieren, deren

---

[75] Der Betafaktor eines Portfolios entspricht dabei der kurswertgewichteten Summe der Betafaktoren der zugrundeliegenden Wertpapiere, vgl. **Perridon/Steiner** (1993), S. 256; **Stucki** (1988), S. 202 f.

[76] Dabei wird davon ausgegangen, daß sich das Beta über die verschiedenen Zeitintervalle nicht verändert. Nur dann ist die vorgenommene Überführung des Einperioden- in ein Mehrperiodenmodell möglich, vgl. **Jensen** (1969), 189 ff.

[77] Vgl. **Jensen** (1968), S. 391; **Jensen** (1969), S. 189 ff.

[78] Dies ist dann der Fall, wenn gilt $\alpha_i = R_f(1-\beta_i)$. Nur dann entsprechen sich der im CAPM direkt nicht vorgesehene Parameter α_i und der risikolose Zins, so daß sich die vom CAPM postulierte Rendite aus dem risikolosen Zins und der mit dem systematischen Risiko multiplizierten Risikoprämie ergibt, vgl. **Jensen** (1968), S. 391 ff. Zum Zusammenhang zwischen Marktmodell und CAPM vgl. **Alexander/Francis** (1986), S. 116 f.; **Uhlir/Steiner** (1991), S. 193 ff.; **Bauer** (1992), S. 27; **Beiker** (1993), S. 21 f., sowie zuletzt ausführlich **Nowak** (1994), S. 86 ff.

[79] Vgl. **Treynor** (1993), S. 11.

[80] Vgl. **Sharpe** (1991), S. 497; **Treynor** (1993), S. 11.

Einfluß jedoch nicht explizit ausgewiesen, sondern implizit über die Wirkung dieser Faktoren auf den Betafaktor erfaßt werden.[81] Daher ist auch die Klassifizierung des CAPM als Einfaktormodell kritisch zu beurteilen.[82]

Vor diesem Hintergrund ist auch die Entwicklung des Multi-Beta CAPM zu sehen, welches die Annahme eines Mehrfaktorenmodells explizit voraussetzt, ohne das dabei die Bewertungsimplikationen des CAPM aufgegeben werden.[83] Das Multi-Beta CAPM sowie einige andere Modellerweiterungen[84] können daher als mehrfaktorielle Interpretationen des originären CAPM bezeichnet werden und entkräften letztlich die Kritik am CAPM, das Risiko lediglich eindimensional durch nur eine Quelle zu erfassen.[85]

Die Kritik am CAPM setzt vor allem an der zentralen Stellung des Marktportfolios an, dessen empirische Erhebung unmöglich ist.[86] Der Versuch, das Marktportfolio approximativ durch die Auswahl eines Wertpapierindex zu bestimmen, ist problematisch, da die Genauigkeit einer derartigen Annäherung nicht meßbar und das Ergebnis durch die Wahl des Index beeinflußbar ist.[87] Diese Überlegungen sind Grundlage der einschlägigen Kritik von *Roll*, nach der die einzige testbare Hypothese des CAPM darin besteht, die Risikoeffizienz des wahren Marktportfolios nachzuweisen, da die unterstellte lineare Rendite/Risiko-Beziehung unmittelbar aus ihr folgt.[88] Da jedoch die üblicherweise verwendeten Proxies zwangsläufig lediglich Teilindizes des unbeobachtbaren Marktportfolios sind, erlaubt der Beweis ihrer Risikoeffizienz keine Schlußfolgerungen über die Allgemeingültigkeit des CAPM.[89] Umgekehrt erlaubt auch ihre Ineffizienz keine Ablehnung des CAPM, da das Marktportfolio risikoeffizient sein könnte.[90]

---

[81]   Vgl. **Haugen** (1990), S. 268 f.; **Cho/Elton/Gruber** (1984), S. 1.

[82]   Vgl. dazu genauer **Nowak/Wittrock** (1993), S. 24 f.; **Steiner/Nowak** (1994), S. 350.

[83]   Vgl. **Sharpe** (1977), **Erhardt** (1987), S. 230 ff. Durch dieses Modell erfolgt eine Überführung des Marktrisikos in faktorbezogene Risiken. Letztere haben allerdings lediglich indirekt über das Marktportfolio Einfluß auf die erwartete Rendite eines Wertpapiers. Vgl. zu diesem Modell **Nowak/Wittrock** (1993), S. 25 ff., sowie ausführlich **Nowak** (1994), S. 44 ff.

[84]   Zu anderen Modellerweiterungen des CAPM vgl. **Perridon/Steiner** (1993), S. 256 ff.; **Nowak** (1994), S. 40 ff.

[85]   Vgl. **Roll/Ross** (1980), S. 1077.

[86]   Ferner sind die zum Teil restriktiven und realitätsfernen Prämissen des Modells Gegenstand der Kritik, auf die hier nicht weiter eingegangen werden soll, vgl. dazu und zu diesbezüglichen Modellerweiterungen **Elton/Gruber** (1991 a), Kapitel 12.

[87]   Vgl. **Roll** (1978), S. 1060 f. Zur Eignung von Indizes und ihrer Auswahl im Rahmen von empirischen Untersuchungen vgl. **Steiner/Kleeberg** (1991); **Kleeberg** (1991).

[88]   Vgl. **Roll** (1977), insbesondere S. 130.

[89]   Vgl. **Roll** (1977), S. 129 ff.; vgl. auch bereits **Ross** (1977), S. 193.

[90]   Einen guten Überblick über die Kritik an der empirischen Testbarkeit des CAPM liefern neben dem Originalbeitrag von *Roll* auch **Ross** (1978), S. 891 ff., sowie **Alexander/Francis** (1986), S. 169 ff., und **Elton/Gruber** (1991 a), Kapitel 13, die auch eine Zusammenfassung von Tests des CAPM geben.

(bb) Die Arbitrage Pricing Theory (APT)

Mit dem Ziel einer präferenzfreien Bewertung von Zahlungsströmen entwickelte *Ross* mit der APT ein Bewertungsmodell, das die Schwächen des CAPM zu vermeiden versucht, ohne die Bewertungsrelevanz des systematischen Risikos aufzugeben. Insbesondere beruht diese Theorie nicht auf dem μ/σ-Prinzip und den damit einhergehenden restriktiven Annahmen bezüglich der den Anlegern unterstellten Nutzenfunktion bzw. über die Renditeverteilung der Aktien. Darüber hinaus benötigt die APT nicht die Prämisse eines effizienten Marktportfolios. Als wesentliche Annahmen sind dagegen die Arbitragefreiheitsannahme[91] und die Unterstellung eines durch k Faktoren determinierten Renditegenerierungsprozesses zu nennen.[92]

Auf Arbitragefreiheit beruhende Modelle implizieren grundsätzlich schwächere Annahmen als Gleichgewichtsmodelle. Für letztere stellt das Fehlen gewinnbringender Arbitragemöglichkeiten eine notwendige, aber nicht hinreichende Bedingung dar. Um die Bewertung von Risiken ableiten zu können, sind Gleichgewichtsmodelle auf strengere Annahmen über das Risikoverhalten der Anleger angewiesen, während die APT als arbitragefreies Modell die Bewertung allein auf der Basis beobachteter Wertpapierrenditen, dem unterstellten Renditegenerierungsprozeß, bestimmt.[93]

Statt der Prämisse eines effizienten Marktportfolios wird in der APT direkt ein Mehrfaktorenmodell als Renditegenerierungsprozeß unterstellt, der in seiner strikten Form der Gleichung (B.9) entspricht und so das systematische und unsystematische Risiko a priori definiert.[94] Mit der Annahme eines Faktormodells wird unterstellt, daß lediglich eine begrenzte Anzahl gemeinsamer, systematischer Risikofaktoren die Renditen aller betrachteten Wertpapiere determiniert.[95] Aussagen über die Anzahl und Identität der

---

[91] Zum Prinzip der Arbitragefreiheit vgl. **Franke/Hax** (1990), S. 295 ff. Allerdings beruhen einige APT-Varianten im Gegensatz zur Originalversion von *Ross* ebenfalls auf Gleichgewichtsannahmen, vgl. zu diesen Modellen und ihren Unterschieden zur traditionellen APT sowie weiteren Ansätzen vgl. **Nowak** (1994), S. 75 ff.

[92] Verschiedene Varianten der APT unterscheiden sich dadurch, ob ein exaktes oder lediglich ein approximatives Faktormodell als Renditegenerierungsprozeß zugrundegelegt wird. Bei letzterem können die Störvariablen verschiedener Wertpapiere miteinander korrelieren, so daß sie durch einen systematischen Faktor determiniert werden. Vgl. zu den verschiedenen Ansätzen **Nowak** (1994), S. 56, Fußnote 8. Zu den Beziehungen verschiedener APT-Versionen vgl. den Überblick bei **Burmeister/McElroy** (1991).

[93] Vgl. **Franke** (1994), S. 128 f. Dieser Unterschied wird z. T. als marginal angesehen, vgl. **Nowak** (1994), S. 99.

[94] Vgl. **Ross** (1977), S. 206.

[95] Die Formulierung der Faktormodellannahme folgt aus der State Preference Theory, deren Übertragung zur Bewertung risikobehafteter Wertpapiere neben der Arbitragefreiheitsannahme eine über den positiven Grenznutzen hinausgehende Annahme über die Präferenzstruktur der Investoren oder einschränkende Annahmen bezüglich der Renditen erfordert, vgl. **Ross** (1977), S. 204. Durch die Faktormodellannahme der APT erfolgt eine Einschränkung der Renditen, indem angenommen wird, daß sich alle Wertpapierrenditen über eine Linearkombination der Renditen einer begrenzten Anzahl voneinander unabhängiger Wertpapiere darstellen lassen, vgl. **Ross**

Faktoren werden von der APT nicht getroffen und sind zu ihrer theoretischen Ableitung nicht erforderlich.[96]

Die zweite zentrale Prämisse der APT, die Arbitragefreiheitsannahme, dient im wesentlichen der Überführung des Renditegenerierungsprozesses in ein Modell, welches die Höhe der erwarteten Wertpapierrenditen $E(\tilde{R}_i)$ bestimmt und mit[97]

$$(B.14) \quad E(\tilde{R}_i) \approx \lambda_0 + \sum_{j=1}^{k} \lambda_j b_{ij}$$

mit: $\quad \lambda_0$ = erwartete Rendite eines Portfolios, dessen Sensitivitäten bezüglich
aller Faktoren den Wert Null aufweisen (Zero-Beta-Portfolio)
$\quad \lambda_j$ = Risikopreis des Faktors j

gegeben ist. Der Erwartungswert der Rendite eines Wertpapiers entspricht gemäß der obigen APT-Gleichung näherungsweise der Konstanten λ_0 zuzüglich der mit den Faktorsensitivitäten b_{ij} gewichteten Summe der Risikopreise λ_j. Die Faktorsensitivitäten stellen das systematische, nicht diversifizierbare Risiko des Wertpapiers dar, das aus den unerwarteten Veränderungen der zu identifizierenden Faktoren resultiert. Die Übernahme dieser systematischen Risiken wird dem Investor durch eine höhere erwartete Rendite entgolten. Das unsystematische Risiko kann durch Halten eines gut diversifizierten Portfolios weitgehend vernichtet werden und ist deshalb nicht bewertungsrelevant.[98] Die Abweichungen von der exakten Bewertung sind Folge der Anwendung des Arbitrageargumentes und des Gesetzes der großen Zahl in einer Welt mit endlich vielen Wertpapieren und führen dazu, daß das obige, der Originalversion entsprechende Modell lediglich ein approximatives Bewertungsmodell darstellt.[99]

Existiert eine Anlagemöglichkeit mit der risikolosen Rendite R_f, muß die Konstante λ_0 aus Arbitrageüberlegungen heraus diesem risikolosen Zinssatz entsprechen.[100] λ_j kann als Risikopreis des Faktors j bzw. als Risikoprämie $\lambda_j = E(\tilde{R}_{Pmj}) - \lambda_0$ eines Portfolios interpretiert werden, dessen Rendite mit dem jeweiligen Faktor vollständig korreliert ist und deshalb bezüglich dieses Faktors eine Sensitivität von Eins und hinsichtlich

---

(1976), S. 342. Zum Zusammenhang der APT und der State Preference Theory vgl. **Steiner/Kölsch** (1989), S. 418 f.; **Nowak** (1994), S. 56 ff.

[96] Vgl. **Ingersoll** (1984), S. 1021; **Haugen** (1990), S. 257.

[97] Zur genauen formalen Ableitung vgl. **Uhlir/Steiner** (1991), S. 196 ff.

[98] Zu den Implikationen der nicht vollständigen Diversifikation aufgrund der endlichen Anzahl von Wertpapieren vgl. **Pfleiderer** (1983), S. 9 f.

[99] Vgl. **Dybvig/Ross** (1985 c), S. 1174; **Wilhelm** (1985), S. 104 ff.; **Shanken** (1982), S. 1131. Diesem Kritikpunkt wurde durch die Entwicklung exakter Modelle Rechnung getragen, vgl. die Übersicht bei **Nowak** (1994), S. 74.

[100] Vgl. **Ross** (1977), S. 198; **Huberman** (1982), S. 188.

aller anderen Faktoren eine Reagibilität von Null aufweist.[101] Daher ist obige Gleichung auch mit

$$(B.15) \quad E(\tilde{R}_i) \approx R_f + \sum_{j=1}^{k} \left[E(\tilde{R}_{Pmj}) - R_f \right] b_{ij}$$

darstellbar.

Die Faktorsensitivitäten in der APT ergeben sich somit aus der Abhängigkeit der Wertpapierrenditen von exogenen, aber unspezifizierten Faktoren. Demgegenüber wird die erwartete Wertpapierrendite beim CAPM durch den endogen spezifizierten Marktfaktor determiniert, da sich die Marktrendite aus den Renditen sämtlicher am Markt gehandelter Wertpapiere ergibt. Die häufig anzutreffende Aussage, daß das CAPM als Spezialfall der APT angesehen werden kann, sofern als Renditegenerierungsprozess ein Einfaktormodell zugrundegelegt wird, dessen Faktor mit dem Marktportfolio konkretisiert wird, ist theoretisch nicht haltbar. Eine Äquivalenz ist nur unter zusätzlichen Bedingungen gegeben.[102]

Die Annahmen der APT werden oft als weniger restriktiv angesehen als die des CAPM.[103] Dies kann allerdings aus den verschiedensten Gründen bezweifelt werden. Insbesondere die Unterstellung eines durch k Faktoren determinierten Renditegenerierungsprozesses ist als durchaus restriktiv anzusehen.[104] Darüber hinaus sind weitere, gegenüber dem CAPM häufig als Vorteile herausgestellte Annahmen zu relativieren.[105] Nicht nachvollziehbar ist vor allem die am CAPM geäußerte Kritik einer lediglich eindimensionalen Betrachtungsweise des Risikos, da auch im Rahmen des CAPM implizit eine Berücksichtigung verschiedener Risikokomponenten erfolgt, deren explizite Berücksichtigung durch das Multi-Beta CAPM ermöglicht wird. Auch wird bei der APT letztlich ein risikoaverser Anleger unterstellt, wenngleich die zugrundeliegende Nutzenfunk-

---

[101] Bei dieser Interpretation wird die Existenz solcher auch als mimicking Portfolios bezeichneten Portfolios unterstellt. Deren Bildung ist empirisch schwierig, wenn die vorhandene Anzahl gehandelter Aktien nicht ausreicht, um die erforderlichen Eigenschaften der Portfolios zu gewährleisten, vgl. **Admati/Pfleiderer** (1985), S. 193.

[102] So muß das Marktportfolio zusätzlich im Sinne der APT vollständig diversifiziert sein. Dann ist es lediglich faktorbezogenen Risiken ausgesetzt. Dies ist nur dann der Fall, wenn das Verhältnis der Wertpapiere zu einer Aufhebung der Varianzen der Störterme aller Wertpapiere im Marktportfolio führt. Schließlich müssen die Risikopreise der k Faktoren der APT identisch sein mit jenen des Multi-Beta CAPM, vgl. dazu **Nowak** (1994), S. 101 und 109.

[103] Vgl. zu den Annahmen der APT im einzelnen **Copeland/Weston** (1988), S. 222; **Harrington** (1987), S. 192 ff.

[104] Vgl. dazu im einzelnen **Nowak/Wittrock** (1993), S. 28.

[105] Vgl. die ausführlichen Erörterungen über die Unterschiede des CAPM, Multi-Beta-CAPM sowie der APT sowohl die Annahmen als auch die Bewertungsgleichungen betreffend bei **Nowak** (1994), S. 96 ff.

tion als weniger restriktiv anzusehen ist.[106] Schließlich ist zu berücksichtigen, daß die verschiedenen Ansätze der APT zum Teil restriktivere Annahmen setzen, als die approximative Bewertungsgleichung von *Ross*, um bestimmte andere Kritikpunkte an der Ursprungsversion der APT zu vermeiden. Ein allgemeiner Verweis auf weniger restriktive Annahmen ist insofern unzulässig.

Das schwerwiegendste Problem der APT resultiert aus der Schwierigkeit einer empirischen Identifikation der Anzahl und Art der Faktoren, über die die Theorie ebensowenig Aussagen trifft wie über die Höhe der Risikopreise der Faktoren. Darüber hinaus ergibt sich das Problem, daß die APT zwar auf einer unendlichen Anzahl von Wertpapieren beruht, ein Test jedoch lediglich mit einer begrenzten Anzahl an Wertpapieren erfolgen kann. Dies hat dazu geführt, daß auch die Testbarkeit der APT zum Teil in Frage gestellt wird.[107]

(3) Asymmetrische Risikomaße zur Erfassung des Verlustrisikos

Während bei der Standardabweichung bzw. Volatilität das Risiko der Anlage sowohl negative als auch positive Abweichungen von der erwarteten bzw. durchschnittlichen Rendite umfaßt, berücksichtigt die Semivarianz SV_i als asymmetrisches Risikomaß lediglich die negativen Abweichungen vom Erwartungswert der Verteilung[108] und ist definiert als

$$(B.16) \qquad SV_i = E\left[\max\left[0, (\mu_i - \tilde{R}_i)^2\right]\right].$$

Grundsätzlich ist die Verwendung des Erwartungswertes als Targetrendite, die die Stelle markiert, ab der negative Abweichungen als Risiko definiert werden, nicht zwingend. Eine allgemeinere Definition der Semivarianz beinhaltet daher statt μ die Target-Rendite τ, deren Höhe individuell festzulegen ist.[109]

Dieser Risikobegriff entspricht damit im entscheidungstheoretischen Sinn eher der potentiellen Verlustgefahr[110] und kommt damit dem intuitiven Risikobegriff des Anle-

---

[106]   Vgl. **Nowak** (1994), S. 97.

[107]   Vgl. **Shanken** (1982), S. 1132 ff.; **Shanken** (1985 a), S. 1193 f.; **Franke** (1984), S. 109 ff.; zur Gegenposition vgl. **Dybvig/Ross** (1985 c), S. 1182. Eine Darstellung verschiedener Positionen findet sich bei **Haugen** (1990), S. 266 ff.

[108]   Die Semivarianz wird schon von Markowitz selbst als alternatives Risikomaß zur Varianz erwähnt, vgl. **Markowitz** (1959), S. 188 ff. und 287 ff. Gelegentlich wird auch der Begriff untere Semivarianz verwendet, der lediglich andeutet, daß die linke Seite der Verteilung betrachtet wird, vgl. **Franke/Hax** (1990), S. 206.

[109]   Vgl. **Schneeweiß** (1967), S. 95; **Porter** (1974), S. 201. Diese Definition der Semivarianz findet sich zum Teil auch als Target-Semivarianz, vgl. **Harlow** (1991), S. 31.

[110]   Vgl. **Mag** (1981), S. 479 f., und die dort angegebene Literatur.

gers näher als die Varianz.[111] Gleichwohl ist dieses Risikomaß aus entscheidungstheo-
retischer Sicht kritisierbar.[112]

Zur Konsistenz mit dem Konzept der Maximierung des erwarteten Nutzens benötigt die
Semivarianz eine spezielle Form der Nutzenfunktion, die quadratisch ist für Renditen
unterhalb von μ und monoton steigend für Renditen oberhalb von μ.[113] Damit wird den
Investoren Risikoaversion unterhalb von μ und Risikoneutralität oberhalb von μ unterstellt.

Bei symmetrischen Verteilungen führen die Semivarianz und die Varianz zu den gleichen Ergebnissen in der Portfolioanalyse. Nur bei Asymmetrien in der Verteilung ergibt
der Einsatz der Semivarianz tendenziell bessere Ergebnisse und führt bei der Portfoliooptimierung zu effizienteren Portfolios.[114] Allerdings deuten empirische Untersuchungen darauf hin, daß die Verwendung der Varianz oder der Semivarianz erst dann zu
unterschiedlichen Ergebnissen führt, wenn das Ausmaß der Schiefe ein beträchtliches
Ausmaß erreicht.[115]

Die Semivarianz läßt sich als Spezialfall der in jüngster Zeit verstärkt diskutierten Ausfallrisikomaße darstellen, die das Verlustrisiko einer Anlage für den Fall beschreiben,
daß deren Renditen eine zuvor festgelegte Mindesthöhe nicht erreichen.[116] Diese Maße
werden allgemein auch unter dem Begriff "downside risk" subsumiert und betrachten
wie die Semivarianz lediglich den linken Bereich der Renditeverteilung unterhalb einer
bestimmten Sollrendite, weshalb sie auch als "Lower Partial Moments" (LPM) bezeichnet werden.[117]

Das LPM-Maß $LPM_M(\tau; I)$ der Renditeverteilung I des Wertpapiers i ist definiert als[118]

$$(B.17) \qquad LPM_M(\tau; I) = \int_{-\infty}^{\tau} (\tau - \tilde{R}_i)^M \, d\, F(\tilde{R})$$

bzw. für diskrete Renditen

---

[111]   Vgl. **Mao** (1970), S. 349 ff.

[112]   Vgl. **Schneeweiß** (1967), S. 112, sowie das Beispiel bei **Franke/Hax** (1990), S. 206 f.

[113]   Vgl. **Porter** (1974), S. 201; **Fishburn** (1977), S. 121.

[114]   Vgl. **Markowitz** (1959), S. 194.

[115]   Vgl. **Burgess** (1974), S. 82 ff. *Burgess* mißt der Semivarianz daher bezüglich ihres praktischen
       Einsatzes wenig Bedeutung bei.

[116]   Vgl. z. B. **Harlow** (1991), S. 30 ff.; **Zimmermann** (1991), S. 164 ff.; **Zenger** (1992), S. 104 ff.

[117]   Vgl. **Bawa/Lindenberg** (1977), S. 191. Die als LPM bezeichneten Maße beruhen auf dem α-t-
       Modell von *Fishburn*, das als Verallgemeinerung der Semivarianz keine Beschränkung der Höhe
       des Momentes (dort als α bezeichnet) auf 2 vorsieht, vgl. **Fishburn** (1977), S. 116 ff.

[118]   Vgl. **Nawrocki** (1991), S. 466.

(B.18) $LPM_M(\tau; I) = E\left[\max\left[0, (\tau - \tilde{R}_i)^M\right]\right]$

mit: τ = Target-Rendite

              M = Höhe des Moments, M ≥ 0.

Die Höhe des Exponenten M gibt an, wie der einzelne Investor unterschiedlich hohe negative Abweichungen von der Mindestrendite τ bewertet und determiniert theoretisch den Typ seiner Nutzenfunktion u(x), der mit dem LPM_M - Risikomaß einhergeht.

Steht der Anleger der Ausfallhöhe indifferent gegenüber, setzt er M = 0.[119] Dieses Risikomaß betrachtet daher lediglich die Wahrscheinlichkeit, unter eine bestimmte Mindestrendite zu fallen.[120] Das Ausmaß des dadurch definierten Verlustes wird nicht mit einbezogen. Das LPM_0 wird deshalb auch als Ausfall- oder Verlustwahrscheinlichkeit angesehen und kann nicht als eigenständiges Risikomaß bezeichnet werden.[121]

Ist M = 1, bewertet der Investor die Abweichungen von der Sollrendite entsprechend ihrer Höhe. Das LPM_1 gilt somit für Risikoaversion ausdrückende Nutzenfunktionen und mißt das erwartete Ausmaß, mit dem die Mindestrendite unterschritten wird. Es stellt demnach sowohl das Ausmaß als auch die Wahrscheinlichkeit des mit einem Portfolio verbundenen Risikos dar.

Beim auch als Ausfallsemivarianz bezeichnete LPM_2 - Maß gewichtet der Investor aufgrund der Quadrierung der negativen Renditeabweichungen von der Zielrendite höhere Abweichungen relativ stärker als geringe. Damit wird eine größere Risikoaversion des Investors unterstellt als beim LPM_1 - Maß.[122] Durch diese Gewichtung wählt das LPM_2 - Maß aus zwei Renditeverteilungen mit identischen Mittelwerten, Varianzen und Mindestrenditen diejenige aus, die die größere Rechtsschiefe aufweist. Damit legen dieses Risikomaß jene Investoren zugrunde, deren Nutzenfunktionen Risikoaversion und eine Schiefepräferenz aufweisen.

---

[119] Der Investor kann seine Risikotoleranz zum einen durch die Fixierung der Mindestrendite und zum anderen durch die Festlegung der tolerierbaren Ausfallwahrscheinlichkeit bzw. eines akzeptablen Konfidenzniveaus ausdrücken.

[120] Die Ermittlung der Ausfallwahrscheinlichkeit ist bei Vorliegen normalverteilter Renditen auch über

$$LPM_0 = N\left[\frac{\tau - E(\tilde{R}_i)}{\sigma_i}\right] = N\left[z\right]$$

zu berechnen, wobei z einer Zufallsvariablen entspricht, deren Wahrscheinlichkeitswert aus der tabellierten Verteilungsfunktion der Standardnormalverteilung ermittelbar ist.

[121] Die bei einer theoretischen Fundierung erforderliche, nicht differenzierbare Nutzenfunktion ist wenig plausibel, vgl. **Schneeweiß** (1967), S. 99 f.

[122] Vgl. **Nawrocki** (1992), S. 223.

Stimmt die Sollrendite τ mit der erwarteten Rendite μ überein, ist das LPM_2 - Maß identisch mit der in (B.16) definierten Semivarianz.[123] Liegt zusätzlich eine symmetrische Verteilung vor, entsprechen die Ausfallsemivarianz und die Semivarianz genau der Hälfte der Varianz.[124]

Die LPM_M - Maße können in Abhängigkeit von alternativen Sollrenditen für beliebige Verteilungsfunktionen bestimmt werden[125] und berücksichtigen im Gegensatz zur Varianz auch Asymmetrien der Verteilungen. Der μ-LPM_2 - Ansatz hat im Vergleich zur konkreten Anwendung der Varianz im Rahmen des μ/σ - Prinzips zusätzlich den Vorteil allgemeinerer Annahmen über die Nutzenfunktionen, die vor allem keine ansteigende absolute Risikoaversion beinhalten.[126]

Aufgrund der angeführten Vorzüge asymmetrischer Risikomaße integrieren einige Autoren die Semivarianz oder die LPM_M-Maße in Gleichgewichtsmodelle.[127] Dabei wird die Kapitalmarktlinie analog zur Vorgehensweise beim klassischen CAPM bestimmt, indem eine Tangente aus dem Ordinatenabschnitt in Höhe des risikolosen Zinssatzes an die μ-LPM_M-Effinzienzlinie gelegt wird.[128] Auf diese Weise wird das

---

[123] Gleichwohl werden beide Risikomaße in der Literatur aufgrund ihrer unterschiedlichen theoretischen Hintergründe differenziert. Während die Semivarianz eher den theoretischen Überlegungen von **Markowitz** (1959) zuzurechnen ist, erfolgt die theoretische Fundierung des LPM-Ansatzes durch **Bawa** (1975), vgl. **Price/Price/Nantell** (1982), S. 843 f.

[124] Vgl. **Harlow** (1991), S. 31.

[125] Vgl. **Bawa** (1978), S. 262; **Bawa** (1975), S. 111. Aus ökonomischen Gründen (der Risikovergleich unterschiedlicher Verteilungen mit Hilfe der LPM - Maße erfordert die Kenntnis und den Vergleich der gesamten Verteilungen, was zu einem sehr hohen Rechenaufwand führt) beschränkt sich die Einsatzmöglichkeit in der Praxis allerdings auf zweiparametrische Verteilungsfunktionen, wie die Normal-, Student-und Exponentialverteilung mit den Exponenten 1 und 2, vgl. dazu **Bawa** (1975), S. 106 und S. 119.

[126] Vgl. **Harlow** (1991), S. 31; **Lee/Rao** (1988), S. 452. Die Verallgemeinerung bezüglich der Form der Nutzenfunktionen ist insbesondere auch deshalb gegeben, weil mathematisch bewiesen werden kann, daß die LPM_M-Maße äquivalent sind zur später erläuterten stochastischen Dominanz, welche lediglich eine partielle Kenntnis der Nutzenfunktionen im Sinne ihrer Einteilung in die oben definierten Nutzenklassen U_i [U(x)] benötigt, vgl. **Fishburn** (1977), S. 122 f.; **Porter** (1974), S. 200 ff. Empirische Nachweise dafür, daß die mit den LPM-Maßen identifizierten effizienten Portfolios Teil des mit Hilfe der stochastischen Dominanz ermittelten Effizienzsets sind, finden sich bei **Fishburn** (1977), S. 121 f.; **Bey** (1979).

[127] Zur Einbeziehung dieser Maße in portfoliotheoretische Überlegungen vgl. **Harlow** (1991). Der Portfoliooptimierungsprozeß verändert sich im Vergleich zum μ/σ-Konzept dahingehend, daß bei einem gewünschten Renditeniveau μ anstelle der Varianz das LPM_M - Maß minimiert wird. Daraus ergibt sich für verschiedene μ eine konkave μ - $\sqrt{LPM_M}$ - Effizienzlinie, die die effizienten Rendite-Risiko-Kombinationen analog zum traditionellen μ/σ-Ansatz abbildet, vgl. **Harlow** (1991), S. 31 ff.

[128] Vgl. **Hogan/Warren** (1974), S. 3 ff.; **Bawa/Lindenberg** (1977), S. 194; **Harlow/Rao** (1989), S. 287 ff. Letztere zeigen, daß das Separationstheorem auch für den μ/LPM_M-Rahmen gilt. Zur mathematischen Ableitung der Kapitalmarktlinie vgl. **Harlow/Rao** (1989), S. 307 f.

Marktportfolio bestimmt und nach einigen Umformungen kann daraus die LPM$_M$-Wertpapierlinie für arbiträre Target-Renditen[129]

(B.19) $E(\tilde{R}_i) = R_f + \left[E(\tilde{R}_M) - R_f \right] \cdot \beta_i^{LMP_M(\tau)}$

mit: $\beta_i^{LPM_M(\tau)} = \dfrac{\displaystyle\int_{-\infty}^{\tau}\int_{-\infty}^{\infty}(\tau - \tilde{R}_M)^{M-1}(R_f - \tilde{R}_i)\,dF(\tilde{R}_i, \tilde{R}_M)}{\displaystyle\int_{-\infty}^{\tau}(\tau - \tilde{R}_M)^{M-1}(R_f - \tilde{R}_M)\,dF(\tilde{R}_M)}$

$\beta_i^{LPM_M(\tau)}$ = LPM$_M$-CAPM-Betafaktor des Wertpapiers i bei der Target-Rendite τ,

hergeleitet werden, die die Bepreisung des systematischen Risikos konkretisiert und damit die erwartete Rendite bestimmt.[130] Im Unterschied zum klassischen CAPM trägt ein risikobehaftetes Wertpapier nur dann zum Risiko des Marktportfolios bei, wenn die Möglichkeit bzw. Wahrscheinlichkeit besteht, daß sowohl die Marktrendite als auch die Rendite des Wertpapiers niedriger ausfallen als die Target-Rendite.[131]

Hogan/Warren ersetzen die Varianz im CAPM durch die Semivarianz unter der Annahme, daß die Investoren gegenüber Renditen unterhalb von R_f risikoavers und gegenüber Renditen oberhalb von R_f risikoneutral sind.[132] Sie zeigen, daß unabhängig davon, ob die Varianz oder Semivarianz als Risikomaß gewählt wird, die grundsätzlichen Implikationen des CAPM bestehen bleiben.[133]

Ausgehend vom μ-Semivarianz-Ansatz für das CAPM von *Hogan/Warren* wurden weitere Gleichgewichtsmodelle entwickelt, in denen die anlegerspezifischen LPM$_M$-Risikomaße durch die Festlegung einer einheitlichen Mindestrendite objektiviert werden.[134] Die Ergebnisse bisheriger empirischer Untersuchungen zeigen signifikante Un-

129   Vgl. **Bawa/Lindenberg** (1977), S. 196 f.; **Harlow/Rao** (1989), S. 290.

130   Vgl. dazu **Hogan/Warren** (1974), S. 6 ff.; **Bawa/Lindenberg** (1977), S. 196 ff., und **Harlow/Rao** (1989), S. 289 ff. Dabei entsprechen die sonstigen Prämissen denen des klassischen CAPM. Zur mathematischen Herleitung des LPM$_M$-Betafaktors vgl. **Harlow/Rao** (1989), S. 309.

131   Zum Unterschied zwischen den auf dem CAPM und dem LPM$_M$-CAPM beruhenden Betafaktoren vgl. **Hogan/Warren** (1974), S. 9 f.; **Bawa/Lindenberg** (1977), S. 197.

132   Mit obiger Annahme wird eine nutzentheoretische Fundierung diese Ansatzes ermöglicht.

133   Vgl. **Hogan/Warren** (1974), S. 1 ff.; **Jahankhani** (1976), S. 513 ff. Sind die Renditen normalverteilt und entspricht der risikolose Zinssatz dem Satz, der als Referenzgröße zur Ermittlung der Semivarianz gewählt wird, ist das klassische CAPM mit dem durch den Einsatz der Semivarianz/Co-Semivarianz modifizierten CAPM identisch, vgl. **Nantell/Price** (1979), S. 221 ff.

134   Vgl. die Ansätze von **Bawa/Lindenberg** (1977); **Lee/Rao** (1988). Der allgemeine Ansatz von **Harlow/Rao** (1989) umfaßt sowohl sämtliche vorherigen, lediglich auf bestimmte Target-Renditen aufbauenden LPM$_M$-Ansätze als auch das klassische CAPM als Spezialfälle und führt für alle

terschiede hinsichtlich der Höhe des systematischen Risikos.[135] Über die daraus zu ziehenden Schlußfolgerungen, welches Maß gegenüber dem anderen als verzerrt zu betrachten ist, herrscht jedoch Unstimmigkeit.[136] Die empirische Untersuchung von *Harlow/Rao* deutet auf eine bessere Validität dieses Ansatzes gegenüber dem klassischen CAPM hin.[137] Nach ihren Ergebnissen ist unter der Annahme, daß ihr Modell die Preisbildung korrekt wiedergibt, zudem davon auszugehen, daß die Investoren als Target-Rendite nicht den risikolosen Zinssatz wählen, sondern die erwartete Marktrendite.[138]

Die erwähnte Untersuchung wird allerdings von *Chow/Denning* insofern in Frage gestellt, als diese theoretisch beweisen, daß das systematische Risiko des klassischen CAPM und des LPM-CAPM im Gleichgewicht identisch sein müssen. Dies könnte ein Grund dafür sein, daß das Beta des LPM-Ansatzes keine häufigere Anwendung findet.[139]

Die Semivarianz und LPMs berücksichtigen die Schiefe, indem sie ausgehend von einer bestimmten Target-Rendite lediglich die linke Seite der Wahrscheinlichkeitsverteilungen berücksichtigen. Ein höheres Ausfallrisikomaß bedeutet dabei eine größere Linksschiefe der zu bewertenden Wahrscheinlichkeitsverteilung, die als unerwünscht angesehen wird.[140] Als Indiz für die Bevorzugung rechtsschiefer Verteilungen wird u. a. die zu-

---

risikoaversen (LPM$_1$) sowie risikoaversen und Schiefe präferierenden Investoren (LPM$_2$) bei jeder Mindestrendite zu einer allgemeinen Gleichgewichtslösung. *Harlow/Rao* schließen aus den Ergebnissen ihrer empirischen Untersuchung auf die Überlegenheit des LPM$_M$-CAPM gegenüber dem klassischen CAPM. Die Berechnung der Betafaktoren erfolgt analog zum klassischen CAPM, wobei statt der Division der Kovarianz zwischen Anlage und Marktportfolio durch die Varianz des Marktportfolios das Co-Lower-Partial-Moment aus Anlage und Marktportfolio durch das LPM$_M$-Maß des Marktportfolios dividiert wird, vgl. **Harlow/Rao** (1989), S. 290 f.

[135] Vgl. **Price/Price/Nantell** (1982), S. 849 ff.; **Homaifar/Graddy** (1990), S. 684 f.; **Harlow/Rao** (1989), S. 299 f.

[136] Vgl. die unterschiedlichen Stellungnahmen von **Price/Price/Nantell** (1982), S. 846, die das CAPM-Beta als verzerrt gegenüber dem LPM-Beta ansehen. Demgegenüber sehen *Homaifar/Graddy* diese Beziehung genau umgekehrt unter der Annahme, daß die Mindestrendite ungleich dem risikolosen Zinssatz ist. Bei Verwendung des risikolosen Zinssatzes als Zielrendite kommen sie dagegen zum Ergebnis, daß beide Maße theoretisch identisch sind, vgl. **Homaifar/Graddy** (1990), S. 685. Schließlich beweisen *Chow/Denning*, daß die Autoren beider vorgenannten Studien unkorrekte und mit logischen Fehlern behaftete Theoreme aufstellen und zeigen, daß beide Maße im Gleichgewicht unabhängig davon, nach welchem Rendite/Risiko-trade-off die Investoren handeln, identisch sein müssen, vgl. **Chow/Denning** (1994), S. 233 ff.

[137] Vgl. **Harlow/Rao** (1989), S. 298 ff.

[138] Vgl. **Harlow/Rao** (1989), S. 307.

[139] Vgl. **Chow/Denning** (1994), S. 231 f.

[140] Vgl. **Nawrocki** (1991), S. 466. Empirischen Untersuchungen zufolge bevorzugen risikoaverse Investoren ceteris paribus rechtsschiefe gegenüber linksschiefen Verteilungen, vgl. **Libby/Fishburn** (1977), S. 280 ff.; **Menezes/Geiss/Tressler** (1980), S. 922 f.; **Arditti** (1967); **Levy/Sarant** (1972), S. 246 ff. Die Ergebnisse letzterer werden durch eine andere Untersuchung relativiert, vgl. dazu **Francis/Archer** (1979), S. 375 ff. Ein Teil dieser Studien beruht allerdings auf einer in statistischer Hinsicht fragwürdigen Vorgehensweise, indem im Rahmen von Querschnittsre-

nehmende Nachfrage nach Finanzinstrumenten angesehen, mit denen rechtsschiefe Asymmetrien der Renditeverteilungen erzeugt werden können, wie z. B. Optionen.[141]

Eine andere Möglichkeit, die Schiefe in der Wahrscheinlichkeitsverteilung der Renditen zu berücksichtigen, ist ihre direkte Erfassung über höhere Momente der Wahrscheinlichkeitsverteilung. Die Beschreibung dieses Risikobegriffs ist Gegenstand des nächsten Abschnitts.

bb. Die Berücksichtigung höherer Momente der Renditewahrscheinlichkeitsverteilung

Mit der Berücksichtigung höherer Momente der Wahrscheinlichkeitsverteilung der Renditen ist insbesondere die Schiefe S als drittes zentrales Moment der Verteilung angesprochen.[142] Investoren, für die das resultierende $\mu/\sigma/S$-Prinzip zu optimalen Entscheidungen führt, besitzen eine kubische Nutzenfunktion.[143] Wenngleich diese Art von Nutzenfunktion weniger restriktive Annahmen über das Verhalten der Investoren impliziert als eine quadratische Nutzenfunktion, hat auch sie fragwürdige Eigenschaften.[144]

Die Bedeutung der Einbeziehung der Schiefe in den Risikobegriff ergibt sich daher vor allem aus Annahmen über die Wahrscheinlichkeitsverteilung der Renditen.[145] Diese muß sich approximativ durch die ersten drei Momente beschreiben lassen.

---

gressionen die mittlere Rendite auf verschiedene Momente regressiert wird. Die Bedeutung der Momente wird dabei anhand der statistischen Signifikanz der geschätzten Regressionskoeffizienten beurteilt. Zur Kritik an diesem Vorgehen vgl. **Brockett/Kahane** (1992), S. 853. In einer Untersuchung über die Risikoeinstellung von 56 Portfoliomanagern findet *Cooley* Anzeichen dafür, daß neben der Varianz auch Asymmetrien in der Renditeverteilung bei der Risikodefinition berücksichtigt werden, vgl. **Cooley** (1977), S. 72 ff.; *Khan* dagegen bestreitet eine Schiefepräferenz für aktive Portfoliomanager in den USA, vgl. **Kahn** (1992), S. 11.

141 Vgl. **Tsiang** (1972), S. 360.

142 Die Schiefe ist mit der Gleichung (B.6) definiert, wenn M = 3. Der Bezug zur mittleren Rendite wird erreicht, wenn der so definierte Ausdruck durch σ^3 dividiert wird. Darüber hinaus ist auch die Berücksichtigung der Kurtosis als 4. zentrales Moment möglich, für die M = 4 gesetzt werden müßte. Grundsätzlich wird davon ausgegangen, daß Investoren eine Präferenz für höhere ungerade Momente und eine Aversion gegen höhere gerade Momente besitzen, vgl. **Nawrocki** (1991), S. 466.

143 Vgl. dazu **Hanoch/Levy** (1970), S. 188 f. Generell implizieren alle Nutzenfunktionen aus der Klasse U_3 eine Präferenz für rechtsschiefe Verteilungen, vgl. **Booth/Smith** (1987), S. 79.

144 Vgl. **Kraus/Litzenberger** (1976), S. 1086. So impliziert auch die kubische Nutzenfunktion eine teilweise ansteigende absolute Risikoaversion, die eine Einschränkung ihres Definitionsbereiches erforderlich macht, vgl. **Elton/Gruber** (1991 a), S. 231. Zur Kritik an dieser Nutzenfunktion vgl. **Levy** (1969).

145 Vgl. **Brockett/Kahane** (1992), S. 853.

Eine Präferenz für rechtsschiefe Verteilungen wird zum Teil als Grund für die Beobachtung angesehen, daß Investoren lediglich partiell diversifizierte Portfolios halten.[146] Während die bei zunehmender Diversifikation abnehmende Varianz positiv zu werten ist, erweist sich die gleichzeitig abnehmende Schiefe aus der Sicht von Investoren mit einer Präferenz für rechtsschiefe Verteilungen als negativ.[147] Eine Abwägung beider Effekte könnte die limitierte Anzahl verschiedener Wertpapiere in den Portfolios erklären.

Die Schiefe wurde auch in kapitalmarkttheoretische Modelle integriert, auf die hier im einzelnen nicht eingegangen werden soll.[148] Deren Grundaussage besteht ähnlich der des CAPM darin, daß auf dem Kapitalmarkt neben dem systematischen Teil des Gesamtrisikos auch eine systematische positive Schiefe gegenüber dem Marktportfolio vergütet wird.[149] Empirische Tests dieser Modelle kommen zu konträren Ergebnissen.[150]

In der Literatur ist die Notwendigkeit zur Berücksichtigung der Schiefe im Rahmen des Portfoliomanagements umstritten, was die Ursache für die untergeordnete Bedeutung darauf beruhender Ansätze im Rahmen der Kapitalmarkttheorie sein dürfte.[151] Nach den Ergebnissen einiger Untersuchungen ist davon auszugehen, daß mit der Maximierung des erwarteten Nutzens auf der Grundlage des μ/σ-Prinzips im Rahmen der Portfolioselektion gute Resultate erzielt werden.[152] Demgegenüber schließen andere Autoren aus ihren Resultaten, daß die Einbeziehung der Schiefe zu einer Verbesserung der Beschreibung des Verhaltens von Investoren führt und zum Teil einige Anomalien, die bei der Anwendung der anderen Maße zu beobachten sind, erklären kann.[153] In einer neueren umfangreichen empirischen Arbeit gelangt *Hlawitschka* zu der Erkenntnis, daß mit einer Einbeziehung der Schiefe im Rahmen der Portfolioselektion im Vergleich zur Selektion

[146] Vgl. **Simkowitz/Beedles** (1978), S. 939.

[147] Untersuchungen zeigen, daß bereits ab einer Anzahl von etwa 7 Wertpapieren eine positive Schiefe zum Großteil wegdiversifiziert wird, vgl. **Kane** (1982); **Duvall/Quinn** (1981).

[148] Vgl. **Ingersoll** (1975); **Kraus/Litzenberger** (1976), die auch einen Überblick der bis dahin erfolgten Untersuchungen geben, und für einen neuesten Ansatz **Simaan** (1993). Zur Schiefe im Kontext der Portfoliotheorie vgl. **Francis/Archer** (1979), S. 368 ff.

[149] Die in derartigen Modellen einbezogene Schiefe betrachtet lediglich die systematische Schiefe, die die Wertpapierrenditen gegenüber den Marktrenditen aufweisen. Sie ist nicht identisch mit dem Maß der statistischen Schiefe, die das dritte zentrale Moment der Wahrscheinlichkeitsverteilung mißt.

[150] Vgl. die auf eine Bewertung der Schiefe hindeutenden Ergebnisse bei **Kraus/Litzenberger** (1976), S. 1094 ff.; **Lim** (1989), S. 210 ff., und weniger eindeutig bei **Friend/Westerfield** (1980) S. 897 ff. Gegen die Relevanz der Schiefe sprechen dagegen die Untersuchungen von **Ball/Brown/Officer** (1976), S. 14, und die auf der Basis von Fondsdaten erzielten Ergebnisse von **Tan** (1991), S. 456 ff.

[151] Vgl. **Francis** (1975); **Martin** (1978).

[152] Vgl. **Levy/Markowitz** (1979); **Kroll/Levy/Markowitz** (1984).

[153] Vgl. **Arditti** (1967); **Simkowitz/Beedles** (1978); **Kraus/Litzenberger** (1976).

- 49 -

lediglich auf der Grundlage zweier Momente keine besseren Resultate hinsichtlich der Maximierung des erwarteten Nutzens erzielbar sind.[154] Häufig führt die Einbeziehung der Schiefe sogar zu schlechteren Ergebnissen. Dies ist insofern bemerkenswert, als dieses Resultat nicht nur bei der Portfolioselektion von Aktienportfolios, sondern auch für Portfolios, die Optionen beinhalten, gilt. Diese Ergebnisse scheinen darüber hinaus unabhängig davon, ob die Investoren den erwarteten Nutzen auf der Basis logarithmischer, Exponential- oder Potentialnutzenfunktionen maximieren, Gültigkeit zu besitzen.[155] Aufgrund der sehr guten Ergebnisse, die mit der Anwendung des μ/σ-Prinzips selbst im Fall Optionen umfassender Portfolios erzielt werden, kommt *Hlawitschka* zum Schluß, daß die Einbeziehung höherer Momente in die Portfolioanalyse nicht erforderlich ist.

Auf die grundsätzlich mögliche zusätzliche Berücksichtigung weiterer Momente zur Charakterisierung der Wahrscheinlichkeitsverteilung wird in der Regel sowohl aus theoretischen wie empirischen Gründen verzichtet.[156] Insbesondere geht der Vorteil einer einfachen Handhabung solcher Risikomaße verloren und ihre Interpretation sowie nutzentheoretische Fundierung ist schwierig.

c. Die Einbeziehung des Risikos auf der Grundlage der gesamten Wahrscheinlichkeitsverteilung

Schließlich ist die Erfassung des Risikos auch auf der Basis der gesamten Wahrscheinlichkeitsverteilung der Renditen möglich. Im Vergleich zu den anderen Alternativen ist damit kein Informationsverlust verbunden, eine bestimmte Form der Verteilung wird nicht vorausgesetzt, und die Anwendung im Sinne der sogenannten stochastischen Dominanzüberlegungen benötigt geringere Restriktionen bezüglich der Nutzenfunktionen der Investoren. Allerdings setzen Entscheidungen auf der Basis der stochastischen Dominanzkriterien die Kenntnis der vollständigen Wahrscheinlichkeitsverteilung voraus, so daß der Vorteil der einfachen Handhabung, wie sie die Momente-Ansätze für sich in Anspruch nehmen können, nicht mehr gegeben ist.

Die besondere Bedeutung der stochastischen Dominanz ergibt sich insbesondere daraus, daß sie für die Klassen von Nutzenfunktionen U_1 bis U_3 hinreichende und notwendige Bedingungen für die Maximierung des erwarteten Nutzens darstellen.

Vgl. **Hlawitschka** (1989), S. 49 ff.

[155] Vgl. **Hlawitschka** (1989), S. 102.

[156] Empirische Untersuchungen zeigen, daß höhere Momente nur teilweise einen signifikanten Erklärungsbeitrag liefern, vgl. **Levy/Sarnat** (1972), S. 247 f. Zu weiteren Gründen für den Verzicht höherer Momente vgl. **Brockett/Kahane** (1992), S. 852 f., und die dort angegebene Literatur.

Neben den stochastischen Dominanzkriterien basiert auch der Mean-Gini-Koeffizient auf der gesamten Wahrscheinlichkeitsverteilung der Renditen.[157] Grundlage seiner Berechnung sind die Abweichungen der einzelnen Ausprägungen der Zufallsvariablen bzw. Renditeausprägungen untereinander. Demgegenüber beruht die Standardabweichung auf den Abweichungen gegenüber einem Zentralwert.[158] Es läßt sich zeigen, daß dieser Ansatz unter bestimmten Bedingungen zu identischen Ergebnissen führt, wie die stochastische Dominanz 2. Grades. In den übrigen Fällen stellen die damit identifizierten effizienten Portfolios eine Teilmenge der mit Hilfe der stochastischen Dominanz 2. Grades ermittelten effizienten Portfolios dar. Da mit den stochastischen Dominanzkriterien bereits ein Ansatz verfolgt wird, der auf der Basis der gesamten Wahrscheinlichkeitsverteilung der Renditen beruht, wird auf eine weitere Erläuterung dieses Ansatzes verzichtet.[159]

---

[157] Zum Mean-Gini-Koeffizienten vgl. die Darstellung bei **Meyer, F.** (1994), S. 208 ff.

[158] Vgl. **Shalit/Yitzhaki** (1984), S. 1451.

[159] Zum Zusammenhang des Mean-Gini-Koeffizienten und der stochastischen Dominanz vgl. **Meyer, F.** (1994), S. 211 f.

III. Determinanten des Anlageerfolges und ihre Identifikation

1. Informationsasymmetrie als Grundlage der Timing- und Selektionsfähigkeit

Die Erzielung einer überdurchschnittlichen Performance setzt systematische Informationsvorteile des Portfeuille-Managers gegenüber den anderen Teilnehmern und ihre richtige Ausnutzung durch entsprechende Transaktionen voraus. Mögliche Informationsvorteile beruhen zum einen auf privaten **Selektions-** und zum anderen auf privaten **Timing**informationen.[1] Erstere beziehen sich auf die Identifikation von unter- oder überbewerteten Wertpapieren. Daraus ergibt sich die Notwendigkeit eines Bewertungsmodells, um den fundamental gerechtfertigten Preis des Wertpapiers mit dem Marktpreis vergleichen zu können. Im Rahmen von Timing-Strategien versuchen Manager die Gesamtmarktentwicklung zu prognostizieren und überdurchschnittliche Gewinne zu erzielen, indem sie die Portfoliostrukturen bezüglich der Risikoexposures entsprechend ausrichten.[2] Der Besitz privater Informationen und eine entsprechende Umsetzung in eine Anlagestrategie reichen zur Erzielung einer überdurchschnittlichen Rendite allerdings noch nicht aus. Vielmehr müssen sich die Wertpapiere nach der Transaktion auch tatsächlich ihrem fundamental gerechtfertigten Wert annähern, d. h. die privaten Informationen müssen zu öffentlichen werden.

Die verschiedenen, auf die Fähigkeiten des Managements zurückzuführenden Determinanten der Renditen aktiv verwalteter Portfolios werden bei ihrer Formalisierung deutlich.[3] Die Überschußrendite eines Wertpapiers i kann in Relation zur Überschußrendite $\tilde{r}_E$ eines μ/σ-effizienten Benchmarkportfolios E dargestellt werden mit

(B.20)
$$\tilde{r}_{it} = \beta_i \cdot \tilde{r}_{Et} + \tilde{\varepsilon}_{it}$$

wobei:
$$\beta_i = \frac{Cov(\tilde{r}_{it}; \tilde{r}_{Et})}{\sigma_E^2}.$$

---

[1]   Vgl. **Fama** (1972). Während die Selektion in der Literatur einheitlich definiert ist, wird der Begriff Timing zum Teil unterschiedlich interpretiert. So werden darunter die im Rahmen der taktischen Asset Allocation vorgenommenen Transaktionen zwischen verschiedenen Vermögenskategorien verstanden, insbesondere zwischen Aktien und Cash, vgl. z.B. **Sharpe** (1975), S. 60. Auf private Informationen über bestimmte Marktsegmente zurückzuführende, dem Timing ähnliche Fähigkeiten werden auch als Rotationsfähigkeiten bezeichnet. Eine weitere Definition umfaßt auch die Veränderung des Risikoexposures innerhalb einer Vermögenskategorie, z. B. die Umschichtung von konservativen zu mehr risikobehafteten Aktien angesichts der Erwartung generell steigender Aktienkurse (im Kontext des CAPM Verkauf von Aktien mit niedrigen Betas und Kauf von solchen mit hohem Betafaktor), vgl. **Elton/Gruber** (1991 a), S. 664; **Ankrim** (1992), S. 82. Eine allgemeinere, inhaltlich nicht weiter erläuterte Definition findet sich bei **Admati/Bhattacharya/Pfleiderer/Ross** (1986), S. 717 ff.

[2]   Vgl. **Sharpe** (1975), S. 60 ff.; **Clarke/Fitzgerald/Berent/Statman** (1989), S. 27 ff.

[3]   Vgl. zu den folgenden Ausführungen **Grinblatt/Titman** (1989 b), S. 396 f.

Die Überschußrendite eines Portfolios P, die sich aus der Summe der mit den Anteilen $\tilde{x}_i$ gewichteten Überschußrenditen der N im Portfolio befindlichen Wertpapiere gemäß Gleichung (B.21) ergibt,

$$(B.21) \qquad \tilde{r}_{Pt} = \sum_{i=1}^{N} \tilde{x}_{it}\, \tilde{r}_{it}$$

mit: $\qquad \tilde{x}_{it}$ = Anteil des in Periode t in Wertpapier i investierten Vermögens,

läßt sich mit Hilfe der Überschußrenditen des μ/σ-effizienten Portfolios darstellen als

$$(B.22) \qquad \tilde{r}_{Pt} = \tilde{\beta}_{Pt} \cdot \tilde{r}_{Et} + \tilde{\varepsilon}_{Pt}.$$

Das Portfolio-Beta ist deshalb nicht konstant, weil es von den zufälligen Anteilen der im Portfolio befindlichen Wertpapiere abhängig ist. Die Portfolioanteile der Wertpapiere in Periode t ergeben sich als Reaktion auf private Informationen der Manager in t, so daß die zukünftigen Portfoliogewichte zum Zeitpunkt t aus gesehen zufällig sind. Das Portfolio-Beta ergibt sich somit als

$$(B.23) \qquad \tilde{\beta}_{Pt} = \sum_{i=1}^{N} \beta_i \cdot \tilde{x}_{it}$$

und die unsystematische Renditekomponente des Portfolios, die für einen uninformierten Investor einen Erwartungswert von Null besitzt, setzt sich zusammen aus

$$(B.24) \qquad \tilde{\varepsilon}_{Pt} = \sum_{i=1}^{N} \tilde{\varepsilon}_{it} \cdot \tilde{x}_{it}.$$

Selektionsfähigkeiten liegen dann vor, wenn der Investor bei gegebener Selektionsinformation in mindestens einer Periode für mindestens ein Wertpapier eine von Null abweichende unsystematische Renditekomponente erwartet. Formal ergibt sich die Selektionsfähigkeit somit genau dann, wenn für mindestens ein Wertpapier i in mindestens einer Periode t

$$(B.25) \qquad E(\tilde{\varepsilon}_{it} \mid \phi_t) \neq 0$$

mit: $\qquad E(\tilde{\varepsilon}_{it} \mid \phi_t)$ = erwarteter Wert des Residuums in Abhängigkeit der privaten Information ϕ zum Zeitpunkt t

gilt.

Ein Investor besitzt Timinginformationen, wenn er in mindestens einer Anlageperiode eine vom Durchschnittswert des Benchmarkportfolios abweichende Rendite erwartet.[4] Die erwartete Rendite des Benchmarkportfolios weicht somit von der ab, die unter alleiniger Verwendung der kursbestimmenden öffentlichen Informationen erwartet wird. In diesem Fall wird der Manager das Portfolio-Beta entsprechend erhöhen bzw. verringern. Formal ausgedrückt besitzt ein Manager Timingfähigkeiten, wenn für mindestens eine Periode t gilt:

$$(B.26) \qquad E(\tilde{r}_{Et}|\phi_t) \neq E(\tilde{r}_E)$$

mit: $\quad E(\tilde{r}_{Et}|\phi_t) =$ erwartete Überschußrendite des Benchmarkportfolios in Abhängigkeit der privaten Information ϕ zum Zeitpunkt t

$\qquad E(\tilde{r}_E) =$ erwartete durchschnittliche Überschußrendite des Benchmarkportfolios.

Vor dem Hintergrund dieser Definitionen läßt sich die durchschnittliche Portfolioüberschußrendite eines aktiv verwalteten Portfolios darstellen mit

$$(B.27) \qquad \bar{r}_P = \underbrace{\overline{\beta_P}\,\bar{r}_E}_{\substack{\text{passive}\\\text{Komponente}}} \underbrace{\frac{1}{T}\sum_{t=1}^{T}\tilde{\beta}_{Pt}(\tilde{r}_{Et}-\bar{r}_{Et})}_{\text{Timing-Komponente}} + \underbrace{\bar{\varepsilon}_p}_{\substack{\text{Selektions-}\\\text{Komponente}}} ,$$
$$\underbrace{\phantom{\bar{r}_P = \overline{\beta_P}\,\bar{r}_E \frac{1}{T}\sum_{t=1}^{T}\tilde{\beta}_{Pt}(\tilde{r}_{Et}-\bar{r}_{Et}) + \bar{\varepsilon}_p}}_{\text{aktive informationsbedingte Performance}}$$

wobei erfolgreiches Timing dann vorliegt, wenn der Manager im Fall überdurchschnittlicher Überschußrenditen der Benchmark ($\bar{r}_{Et} > \bar{r}_E$) ein überdurchschnittliches Portfolio-Beta ($\tilde{\beta}_{Pt} > \overline{\beta}_P$) aufbaut bzw. vor Phasen mit einer unterdurchschnittlichen Überschußrendite des Benchmarkportfolios das Portfolio-Beta entsprechend reduziert. In diesem Fall ist die Timing-Komponente in Gleichung (B.27) positiv und deutet auf Timingfähigkeiten hin. Liegen keine Timingfähigkeiten vor, nimmt die Timing-Komponente dagegen einen Wert von Null an, da in diesem Fall gilt $\overline{\beta}_P = \tilde{\beta}_{Pt} \; \forall \; t$, so daß

$$(B.28) \qquad \frac{1}{T}\overline{\beta}_P\sum_{t=1}^{T}(\tilde{r}_{Et}-\bar{r}_E) = 0.^5$$

Die Timingkomponente stellt dabei die Kovarianz zwischen dem Portfolio-Beta und der Benchmarküberschußrendite dar und bestimmt den Beitrag der Timingaktivitäten zur Überschußrendite des Portfolios. *Grinblatt/Titman* zeigen, daß die gesamte informati-

---

4   Vgl. **Grinblatt/Titman** (1989 b), S. 397.

5   Strenggenommen gilt dies nur bei einer Grenzwertbetrachtung. Von einer expliziten Darstellung des Wahrscheinlichkeitsgrenzwerts wird hier abgesehen.

onsbedingte Performance die Summe der Kovarianz zwischen den Portfoliogewichten und den Überschußrenditen der Wertpapiere darstellt. Dies bedeutet, daß die Kovarianz für informierte Investoren

$$(B.29) \qquad \sum_{i=1}^{N} Cov(\tilde{x}_i; \tilde{r}_i)$$

positiv ist.[6]

In Abbildung B.4 sind die Zusammenhänge der verschiedenen Komponenten eines aktiv gemanagten Portfolios graphisch veranschaulicht.

Abb. B.4: **Renditekomponenten eines mit privaten Informationen verwalteten Portfolios**

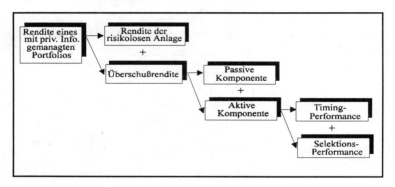

Die sich nach Abzug der risikolosen Verzinsung ergebende Portfolioüberschußrendite läßt sich in einen passiven und in einen aktiven Bestandteil zerlegen. Ersterer besteht aus der allein auf öffentlichen Informationen resultierenden Überschußrendite, der aufgrund passiver Strategien auch durch Uninformierte erwirtschaftet werden kann, indem diese entsprechend ihrer Risikoneigung in das Benchmarkportfolio und die risikolose Anlage investieren. Diese Komponente beschreibt die Diversifikationsfähigkeit des Managers, welche darin besteht, ein bezüglich der öffentlichen Informationen μ /σ-effizientes Portfolio zusammenzustellen.[7] Dabei ist die unmittelbare, gegensätzliche Beziehung zwischen Diversifikation und Selektivität zu beachten. Um Selektionsinformationen umzusetzen, geht der Manager bewußt ein unsystematisches Risiko ein und muß damit auf eine vollständige Diversifikation verzichten.[8] Demgegenüber ist die

---

6   Vgl. **Grinblatt/Titman** (1992 a), S. 24.

7   Vgl. **Bühler** (1994), S. 20.

8   Vgl. **Fama** (1972), S. 558.

Umsetzung von Timinginformationen auch bei vollständig diversifizierten Portfolios möglich.

Der aktive Teil der Überschußrendite beinhaltet sowohl die auf Selektions- als auch auf Timinginformationen beruhenden Renditekomponenten. Dabei ist zu beachten, daß Selektions- und Timinginformationen einen grundlegend unterschiedlichen Charakter aufweisen. Erstere führen ungeachtet der Risikoaversion des Investors bei gegebenem systematischen Risiko immer zu einer Veränderung des Portfoliogewichts des entsprechenden Wertpapiers, sofern die Selektions- und Timinginformationen voneinander unabhängig sind.[9] Deshalb kann grundsätzlich derjenige Manager höher eingestuft werden, der über eine größere Selektions-Performance verfügt.

Dagegen reagieren Manager auf Timinginformationen durch die Variierung des systematischen Risikos, das vom Kapitalmarkt entgolten wird. Weil die Auswahl des gewünschten Portfolio-Betas von der Timing-Information, aber auch vom Grad der Risikoaversion abhängt, kann bezüglich des Anlageverhaltens bei Vorliegen von Timinginformationen keine allgemeingültige Aussage getroffen werden. Insofern ist ein Ranking von Timingfähigkeiten auf der Grundlage der Timing-Performance problematisch.[10] Gleichzeitig ergibt sich daraus die Notwendigkeit einer Trennung von Selectivity- und Timinginformationen und der daraus resultierenden Performance.

Das Ziel der Performance-Messung besteht in der Identifizierung der auf oben angeführte Fähigkeiten der Manager zurückzuführenden Bestandteile der Renditen. Diese systematischen Komponenten der Renditen sind unter Berücksichtigung des zu ihrer Erwirtschaftung eingegangenen Risikos mit Hilfe geeigneter statistischer Verfahren von zufälligen Ergebnissen abzugrenzen.

2. Bestimmung der auf Basis öffentlicher Informationen zu erwartenden Rendite

a. Benchmarkkonzepte zur Abbildung passiver Strategien

Um das Vorliegen privater Information messen zu können, ist eine auf öffentlichen Informationen basierende Strategie zu definieren, deren Rendite als Vergleichsmaßstab unter Einbeziehung des Risikos dem aktiv verwalteten Portfolio gegenübergestellt wird. Die Festlegung und Konstruktion dieser Benchmark hängt von der Kommunikationsintensität zwischen dem Portfoliomanagement und dem Fondsinvestor bzw. Auftraggeber ab. Sie ist vor allem davon abhängig, ob die Performance-Analyse intern oder extern

---

9   Vgl. **Grinblatt/Titman** (1989 b), S. 410.

10 Vgl. **Grinblatt/Titman** (1989 b), S. 410 f. Ein Ranking von Managern mit Timingfähigkeiten kann daher grundsätzlich nur dann erfolgen, wenn eine Separierung der Timinginformationen und der Reaktion darauf möglich ist.

erfolgt.[11] Die eigentliche Problematik der Benchmarkbestimmung ergibt sich bei der externen Performance-Analyse, da dem Investor lediglich die generelle Anlagepolitik und der damit einhergehende globale Risikorahmen bekannt ist, weitergehende Informationen jedoch lediglich aus den beschränkten, extern verfügbaren Daten abschätzbar sind.[12] Daher ist zur Einbeziehung des Risikos in die Performance-Messung ein Rückgriff auf den trade-off zwischen Rendite und Risiko erforderlich, der sich auf der Basis öffentlicher Informationen auf dem Kapitalmarkt ergibt.

Ein großer Teil der Ansätze zur Performance-Messung beruht auf kapitalmarkttheoretischen Modellen wie dem CAPM oder der APT. Diese theoretisch fundierten Bewertungsmodelle setzen Rendite- und Risikoerwartungen in Gleichgewichtspreise um und ermöglichen die Bestimmung des Ertrages, der allein durch das Eingehen bestimmter systematischer Risiken im Rahmen passiver Strategien erwartet werden kann.

Trotz der Kritik an der Nichtbeobachtbarkeit des Marktportfolios werden insbesondere die aus dem CAPM abgeleiteten Maße weiterhin intensiv im Rahmen wissenschaftlicher Untersuchungen zur Beurteilung der Leistungen von Investmentfonds bzw. ihrer Manager sowie in anderen Zusammenhängen eingesetzt. Dies läßt erkennen, daß die mit der Verwendung eines Stellvertreters anstelle des Marktportfolios verbundenen Implikationen für die Performance-Messung sehr differenziert beurteilt werden.

Eine Reihe von Autoren ersetzen die im allgemeinen als Proxy verwendeten Aktienindizes durch breiter diversifizierte, z. T. auch verschiedene Vermögenskategorien enthaltende Marktindizes, die den theoretischen Anforderungen an das Marktportfolio eher gerecht werden.[13] Der Großteil dieser Untersuchungen kommt zu dem Ergebnis, daß

---

[11] Vgl. **Uhlir** (1994), S. 70 ff.

[12] Demgegenüber wird in der internen Performance-Analyse auf eher pragmatische Benchmark-Konzepte zurückgegriffen. Diese erfordern eine intensive Kommunikation zwischen dem Auftraggeber und dem Portfoliomanager sowie präzise Zielvorstellungen des Auftraggebers insbesondere über seinen Anlagehorizont und seine Risikobereitschaft, um diese in eine spezielle Benchmark transformieren zu können, vgl. **Uhlir** (1994), S. 70 f. Zur Konstruktion derartiger Benchmarks vgl. **Rohweder** (1992 a, 1992 b); **Bailey/Richards/Tierney** (1990), S. 245 ff.; **Rennie/Cowhey** (1990). *Uhlir* reduziert die Bedeutung der Performance-Analyse im internen Bereich auf die Feststellung der Abweichungen der Ergebnisse von der vorgegebenen Benchmark. *Uhlir* zieht die Schlußfolgerung, daß im internen Bereich eine Risikobereinigung im klassischen Sinne entfallen kann, vgl. **Uhlir** (1994), S. 70. Dem ist allerdings nicht zuzustimmen, da auch hier zu prüfen ist, welches zusätzliche Risiko der Manager bei Abweichungen von der Benchmark eingegangen ist. *Uhlir* sieht dagegen lediglich die Notwendigkeit einer Begrenzung des Risikos durch das Ausfallrisiko. Zur Darstellung und Kritik der in der Praxis ebenfalls als Benchmarks eingesetzten und diskutierten Universen, die zur Beurteilung der Performance vergleichbare Konkurrenzportfolios bzw. -fonds heranziehen, vgl. **Hockmann** (1994), S. 75 ff.

[13] Vgl. **Shanken** (1987); **Stambaugh** (1982); **Peterson/Rice** (1980) und bezüglich des deutschen Marktes **Winkelmann** (1981) sowie insbesondere **Missong/Seppelfricke** (1993), S. 4 f., die ein Weltportfolio konstruieren. Letztlich sind derartige Konstruktionsbemühungen jedoch zwecklos, da das wahre Marktportfolio auch Vermögensgegenstände enthält, deren Erhebung unmöglich ist, so daß bei jedem Portfolio die Unsicherheit über die Güte der Approximation bestehen bleibt. Zu den theoretischen Anforderungen an das Marktportfolio vgl. **Steiner/Kleeberg** (1991).

die Wahl des Index weit weniger große Auswirkungen auf die Ergebnisse hat, als dies angesichts der Abweichungen vom theoretischen Konstrukt zu erwarten wäre.[14] Daraus leiten einige Autoren die grundsätzliche Existenzberechtigung der Maße trotz ihrer theoretischen Unzulänglichkeiten ab.[15]

Demgegenüber wird argumentiert, daß aus der Sicht der zu bewertenden Fondsmanager nur die Konstruktion einer Benchmark sinnvoll ist, die den Anlagemöglichkeiten bzw. - restriktionen entspricht, welche die Manager bei ihren Anlageentscheidungen zu beachten haben.[16] Diese Sichtweise entspricht dem intuitiven Verständnis bezüglich der Anforderungen an einen Vergleichsmaßstab und findet üblicherweise Anwendung bei der Konstruktion individueller Benchmarkportfolios zur Fixierung der strategischen Asset Allocation von Spezialfonds.[17]

Ein derartiges Vorgehen bei der Bestimmung einer Benchmark darf allerdings nicht mit dem theoretischen Anspruch des CAPM in Verbindung gebracht werden. Das CAPM in diesem Sinne kann kein allgemeines Gleichgewichtsmodell darstellen, sondern ist immer vor dem Hintergrund des räumlich und sachlich abgegrenzten Marktsegments zu sehen.[18] Die bezüglich solcher Benchmarkportfolios geschätzten Betafaktoren sind nicht mehr als alleingültige Ertragsrisiken am Aktienmarkt interpretierbar, sondern lediglich als relative Ertragsrisiken eines Portfolios in bezug auf das Ertragsrisiko eines speziellen Index.[19] Letzterer soll dabei das Anlagespektrum des Managers angemessen berücksichtigen. Ein so definiertes Marktportfolio ist weder μ/σ-effizient, noch wird es perfekt

---

14 Dies gilt sowohl bezüglich der durch den Index erfaßten Wertpapiere als auch bezüglich der Konstruktionsart der Indizes, vgl. **Möhlmann** (1993), S. 129. Beides hat jedoch lediglich bezüglich des Rankings, nicht aber bezogen auf die absolute Performance der Fonds Gültigkeit, vgl. **Nowak/Wittrock** (1994), S. 70. *Winkelmann* kommt zu dem Schluß, daß nicht die Wahl des Index selbst, sondern vielmehr die in seiner Untersuchung festgestellte fehlende Bewertung des durch den Betafaktor geschätzten systematischen Risikos den Einsatz der darauf aufbauenden Performance-Messungs-Methoden in Frage stellt, vgl. **Winkelmann** (1981), S. 485.

15 Vgl. **Rosenberg** (1981); **Peterson/Rice** (1980). Vgl. jedoch auch die Untersuchungen von **Brown/Brown** (1987) und **Lehmann/Modest** (1987), die hinsichtlich der Sensitivität der Performance-Maße in Abhängigkeit von der Indexwahl zu anderen Ergebnissen kommen.

16 Für *Zimmermann* ergibt sich aus dem beschränkten Anlagespektrum der Fonds zwangsläufig ein gleichermaßen definiertes Proxy, vgl. **Zimmermann** (1992 a), S. 69; **Gendron/Genest** (1990) untersuchen die Möglichkeit der Berücksichtigung von Restriktionen bei der Performance-Messung; eine empirische Untersuchung des Einflusses von Investmentrestriktionen führen **Hadaway/Hadaway** (1989) durch und weisen einen negativen Einfluß auf die Renditen nach. Zu weiteren Anforderungen an eine Benchmark vgl. **Sharpe** (1992), S. 8; **Green/Clarkin/Gallimore** (1989), S. 69 f.; **Mühlbradt** (1986), S. 38 ff.; **Lerbinger** (1984), S. 65 f.; **Poschadel** (1981), S. 118 ff.

17 Diese Definition der Benchmark stellt letztlich den Bezug zu den im Rahmen der internen Performance-Messung eingesetzten Vergleichsmaßstäben her.

18 Zum Teil wird das CAPM in dieser Beziehung auch als partielles Gleichgewichtsmodell angesehen, vgl. **Francis/Archer** (1979), S. 179 f.; **Fabozzi/Francis** (1979), S. 1244; **Alexander/Francis** (1986), S. 169.

19 Vgl. **Möller** (1986), S. 98; **Zimmermann** (1992 a), S. 69.

mit dem wahren, nicht beobachtbaren Marktportfolio korreliert sein. Es repräsentiert jedoch ein passives, naiv diversifiziertes Portfolio, so daß es in dieser Hinsicht vertretbar erscheint, es als Benchmark in der Performance-Messung einzusetzen.[20] Dies gilt jedoch nur unter der Voraussetzung, daß der geschätzte Betafaktor nicht vor dem Hintergrund des CAPM, sondern vielmehr als statistisch orientiertes Maß interpretiert wird, das die Sensitivität der Portfoliorenditen gegenüber einem in bestimmter Weise definierten Index ausdrückt. Gleichwohl wird in vielen Untersuchungen eine Interpretation der Ergebnisse vor dem Hintergrund des CAPM vorgenommen.

Der Widerspruch zwischen dem theoretischen Anspruchsniveau des CAPM und den Anforderungen an eine Benchmark aus der Sicht der zu beurteilenden Portfoliomanager ist ein Grund für die Übertragung der ursprünglich aus dem CAPM abgeleiteten Maße auf andere Modelle.

Die APT als theoretischen Bezugsrahmen der Performance-Analyse zu verwenden, hat den Vorteil, daß das Marktportfolio nicht benötigt und eine direkte Loslösung der Benchmark vom Anlagespektrum des Managers ermöglicht wird. Indem gemäß dieser Theorie die erwarteten Wertpapierrenditen über exogene Faktoren bestimmt werden, sind die Anlagerestriktionen des Managements irrelevant.[21] Das Problem der fehlenden Faktorspezifizierung kann durch die Vorgabe interpretierbarer ökonomischer Variablen vermieden werden. Insofern scheint die Performance-Messung auf Basis der APT grundsätzlich vorteilhaft.

b. Zur Problematik der Performance-Messung auf der Grundlage kapitalmarkttheoretischer Modelle

aa. Theoretische Inkonsistenzen

Mit der Verwendung des CAPM oder der APT als Benchmarks sind sowohl theoretische Inkonsistenzen als auch empirische Unzulänglichkeiten zu beachten, die die Eignung derartiger Ansätze als Instrumentarium zur Einbeziehung des Risikos in die Performance-Analyse in Frage stellen.

Die Kritik von *Roll* an der Testbarkeit des CAPM aufgrund der Nichtbeobachtbarkeit des Marktportfolios stellt die Performance-Messung auf der Basis dieses Modells

---

20 Vgl. **Mühlbradt** (1986), S. 39; **Francis/Archer** (1979), S. 232 f.

21 Dies wird insbesondere deutlich, wenn dem Renditegenerierungsprozeß makroökonomische Faktoren zugrundeliegen. Dies setzt allerdings voraus, daß der Manager die Benchmark-Rendite durch ein entsprechendes passives Investment in die die Risikoprämie bestimmenden mimicking Portfolios erreichen kann. Der Erwerb der dafür erforderlichen Wertpapiere bzw. Leerverkäufe dürfte daher nicht a priori durch die Anlagegrundsätze oder aufgrund rechtlicher Restriktionen beschränkt sein.

grundsätzlich in Frage.[22] Ausgehend von strenger Informationseffizienz kommt *Roll* zu dem Ergebnis, daß eine Identifikation individueller Selektionsfähigkeiten auf der Grundlage des CAPM bereits im Ansatz unmöglich ist.[23] Wäre das Marktportfolio als ex ante μ/σ-effiziente Benchmark meßbar, dann wären die Betas aller Wertpapiere und somit aller Portfolios, die relativ zu dieser Benchmark gemessen werden, mit ihren erwarteten Renditen über die gleiche lineare Funktion verknüpft. Sämtliche Wertpapiere bzw. Portfolio lägen somit auf der Wertpapierlinie. Weil diese ex ante Annahmen langfristig im Durchschnitt auch ex post beobachtbar wären, würde die Messung von Selektionsfähigkeiten über einen längeren Zeitraum unmöglich, da alle Investoren im Gleichgewicht das Marktportfolio hielten.[24] Folglich würde sich eine Performance-Messung in dem Fall, daß das Marktporttfolio zu beobachten wäre und das CAPM Geltung hätte, erübrigen. Aufgrund dieser Überlegungen sind auf dem CAPM basierende Maße bereits theoretisch nicht zu rechtfertigen.[25]

Nur die Wahl eines ex ante ineffizienten Index als Stellvertreter für das Marktportfolio kann theoretisch überhaupt zu Abweichungen von der Wertpapierlinie führen.[26] Damit ergibt sich jedoch das Problem, daß mit der Wahl eines anderen ineffizienten Index abweichende Ergebnisse bei der Performance-Messung erzielt werden, weil der Betafaktor des Portfolios bei Verwendung verschiedener Indizes unterschiedliche Werte annimmt.[27] Dadurch kann sich die Rangfolge von Fonds im Extremfall umkehren,[28] und durch geschickte Auswahl eines Index kann prinzipiell jedes gewünschte Ergebnis erzielt werden.[29]

---

[22] Vgl. **Roll** (1978). Die einschlägige Kritik von Roll ist in der Literatur ausführlich dokumentiert, so daß hier auf eine differenzierte Darstellung verzichtet wird, vgl. dazu stellvertretend im Kontext der Performance-Messung **Möhlmann** (1993), S. 98 ff.

[23] Vgl. **Roll** (1978), S. 1060 f.

[24] Vgl. **Roll** (1978), S. 1061.

[25] Vgl. **Roll** (1977), S. 132.

[26] Die mit der Wahl eines Index (und der Wahl des risikolosen Zinssatzes) verbundene Abweichung der "wahren" von der geschätzten Wertpapierlinie führt zu Benchmark-Fehlern. Für eine detaillierte Darstellung dieser Benchmark-Fehler vgl. **Roll** (1980); **Green** (1986). **Roll** (1981) schlägt ein Verfahren zur groben Korrektur dieser Benchmarkfehler vor, das allerdings (bei monatlichen Daten) sehr lange Zeiträume erfordert.

[27] Die Sensitivität der Performance von Portfolios gegenüber der Wahl der Benchmark ist sowohl theoretisch als auch empirisch bereits eingehend dokumentiert und soll daher nicht weiter ausgeführt werden. Vgl. dazu **Roll** (1978), **Uhlir** (1981); **Ferguson** (1980, 1986) sowie einschränkend **Dybvig/Ross** (1985 b). Für empirische Belege vgl. z. B. **Lehmann/Modest** (1987), **Brown/ Brown** (1987) und bezüglich der Performance deutscher Fonds **Nowak/Wittrock** (1994).

[28] Empirische Belege dafür finden sich z.B. bei **Nargoniak** (1982), **Brown/Brown** (1987). *Rolls* These, daß sich jede beliebige Rangfolge von Portfolios durch die Auswahl einer entsprechenden ineffizienten Benchmark exakt umkehren läßt, wird allerdings von *Dybvig/Ross* für den Fall, daß eine risikolose Anlage existiert, relativiert, vgl. **Roll** (1978), S. 1056, und **Dybvig/Ross** (1985 b), S. 412. Letztere widerlegen zwar die Möglichkeit einer linearen Umkehrung, nicht aber die Mehrdeutigkeit der Ergebnisse, vgl. **Dybvig/Ross** (1985 b), S. 413 f.

[29] Vgl. **Roll** (1978), S. 1056.

Positiv kann lediglich festgehalten werden, daß sich ein effizientes Portfolio im Fall der Verwendung eines ineffizienten Index immer oberhalb der Wertpapierlinie befinden muß, sofern eine risikolose Anlagemöglichkeit existiert.[30]

Die erörterte theoretische Inkonsistenz der Performance-Messung betrifft prinzipiell alle Ansätze, die auf Gleichgewichtsmodellen beruhen. Somit gilt die Kritik grundsätzlich auch für die verschiedenen Varianten des CAPM, wie dem Multi-Beta-CAPM oder dem auf LPM-Maßen basierenden CAPM sowie der APT, da die systematische Erzielung von Überrenditen bei Annahme der Gültigkeit derartiger Modelle grundsätzlich nicht möglich ist.[31]

Eine Relativierung dieser Kritik kann bei einer expliziten Berücksichtigung von Informationsasymmetrien erfolgen.[32] Unter der Prämisse einer im Verhältnis zur Gesamtzahl der Investoren infinitesimal kleinen Anzahl informierter Anleger kann argumentiert werden, daß erstere trotz der Existenz von Gleichgewichtspreisen auf wertpapierspezifischen Informationen beruhende Überrenditen erzielen können. Die im Vergleich zu den übrigen Marktteilnehmern geringe Anzahl informierter Investoren gewährleistet dabei, daß ihre Transaktionen die Gleichgewichtspreise nicht beeinflussen. Dies bedeutet, daß die Benchmark aus der Sicht der uninformierten, lediglich über öffentliche Informationen verfügenden Investoren risikoeffizient ist.[33] Aus der Sicht der Informierten dagegen ist die Benchmark ineffizient.[34] Dabei ist eine Übereinstimmung der uninformierten Investoren bezüglich des ihrer Meinung nach risikoeffizienten Portfolios notwendig, um eine Willkürlichkeit in der Bewertung auszuschließen.[35] Diese Argumentation gilt jedoch nur dann, wenn sich die Informationsasymmetrien auf wertpapierspezifische Informationen beziehen.[36] Demgegenüber werden auf Timinginformationen basierende Portfolioumschichtungen von den Marktteilnehmern als nutzlo-

---

30 Vgl. **Dybvig/Ross** (1985 b), S. 414 f.

31 Sind die Wertpapiere bei Geltung des law of one price so bewertet, daß die Erzielung von Gewinnen durch Arbitrage unmöglich ist, sind theoretisch auch bei der Verwendung der APT keine überdurchschnittlichen risikobereinigten Renditen erzielbar, vgl. **Appleyard/Strong/Walker** (1982), S. 293, die dahingehende Aussagen von **Peasnell/Skerratt/Taylor** (1979), S. 389, widerlegen.

32 Vgl. dazu im einzelnen **Mayers/Rice** (1979); **Dybvig/Ross** (1985 a) sowie im Kontext der APT **Connor/Korajczyk** (1986). Vgl. aber auch die Erwiderung von **Roll** (1979) und die Stellungnahme von **Dybvig/Ross** (1985 a), S. 383 f., insbesondere S. 384.

33 Das CAPM beurteilt die Performance somit aus der Sicht eines uninformierten Betrachters, vgl. **Bopp/Wolf** (1988), S. 59.

34 Vgl. **Mayers/Rice** (1979), S. 7 f.

35 Vgl. **Roll** (1979), S. 391.

36 Zu weitergehender Kritik vgl. **Verrecchia** (1980).

se Erhöhung des Risikos gedeutet, so daß bei Vorliegen von Timinginformationen der Rahmen der μ/σ-Analyse verlassen wird.[37]

Die auf Gleichgewichtsmodellen beruhenden Ansätze zur Performance-Messung unterstellen prinzipiell homogene Erwartungen.[38] Sowohl diese Prämisse als auch die Annahme, daß die Manager durch ihre aufgrund heterogener Erwartungen vorgenommenen Transaktionen die Gleichgewichtspreise nicht beeinflussen, werden kritisiert. Mit bestimmten Modellen wird versucht, diesen Kritikpunkten Rechnung zu tragen.[39] *Admati/Ross* zeigen die durch die Informationsunterschiede bedingten Unzulänglichkeiten der auf Gleichgewichtsmodellen beruhenden Performance-Maße angesichts solcher Modelle auf und entwickeln einen Ansatz unter Zulassung heterogener und asymmetrischer Informationsverteilung.[40]

Gleichgewichtstheoretisch motivierte Ansätze unterliegen zusätzlich zu den oben angeführten Kritikpunkten einem weiteren theoretischen Widerspruch. Indem Fonds grundsätzlich selbst eine Kapitalanlage darstellen und ihre Renditen somit Teil der mit dem Marktportfolio berechneten Gleichgewichtsrendite darstellen, ist auch aus diesem Grund eine Überrendite gegenüber der Wertpapierlinie theoretisch nicht möglich.[41] Allerdings ergibt sich diese Problematik lediglich für Closed-End-Fonds, deren Anteile an der Börse gehandelt werden. Die Renditen von Open-End-Fonds dagegen werden auf der Basis der Wertpapiere berechnet, die sich in den Sondervermögen befinden. In diesem Fall sind lediglich diese Wertpapiere selbst Teil des Marktportfolios.[42]

---

37 Vgl. **Lehmann/Modest** (1987), S. 234; **Dybvig/Ross** (1985 a), S. 384; **Roll** (1979), S. 392 f. Timingfähigkeiten führen zu rechtsschiefen Verteilungen der Renditen, so daß sich mit privaten Timing-Informationen gemanagte Portfolios außerhalb der Effizienzlinie befinden.

38 Homogene Erwartungen werden beim CAPM bezüglich der Renditen, Varianzen und Kovarianzen der Wertpapiere unterstellt und bei der APT bezüglich der Ausprägungen der Faktorsensitivitäten.

39 Vgl. z. B. **Admati** (1985); **Diamond/Verrecchia** (1981).

40 Die sich daraus ergebenden Ableitungen bezüglich der Performance-Messung sollen hier nicht weiter betrachtet werden, da es dem von *Admati/Ross* vorgestellten "Rational Expectations Equilibrium Model" noch an einer geeigneten theoretischen Grundlage zur Berücksichtigung der Mehrperiodigkeit fehlt, so daß eine Implementierung schwierig erscheint, vgl. **Admati/Ross** (1985), S. 24; **Lee/Rahmann** (1990), S. 268; gleichwohl lassen sich einige Ansätze unter bestimmten Bedingungen als Spezialfälle dieses Ansatzes behandeln, vgl. **Admati/Ross** (1985), S. 22.

41 Vgl. **Peasnell/Skerratt/Taylor** (1979), S. 388; **Appleyard/Strong/Walker** (1982), S. 292. Dies gilt ebenso für die APT.

42 Vgl. **Peasnell/Skerratt/Taylor** (1979), S. 388.

bb. Die empirische Relevanz der Modelle

Neben den theoretisch motivierten Kritikpunkten an der Performance-Messung auf der Basis von Gleichgewichtsmodellen wird ihre Eignung als Benchmark zur Performance-Messung auch aufgrund der in zahlreichen Untersuchungen festgestellten Anomalien, die sich in fundamentale, saisonale sowie in Zeitreihen- und Ereignisanomalien differenzieren lassen, in Frage gestellt, da uninformierte Investoren bzw. Manager durch Verfolgen passiver Strategien im Vergleich zur Benchmark als überlegen ausgewiesen werden.[43] Weil in diesem Fall der Ausweis einer Performance lediglich aus einer unvollständigen Erklärung der Rendite/Risikobeziehung durch das jeweilige Modell resultiert, wird die Anwendung von Renditeerwartungsmodellen in der Performance-Messung auch vor diesem Hintergrund kritisiert.[44]

Eine Performance-Messung auf der Basis von Ansätzen, die auf Renditeerwartungsmodellen beruhen, ist grundsätzlich als Test verbundener Thesen anzusehen. Dabei wird simultan das Vorliegen von Performance und die Gültigkeit des unterstellten Kapitalmarktmodells getestet.[45] Eine auf der Grundlage eines Modells geschätzte überdurchschnittliche, risikobereinigte Rendite kann zum einen als Performance eines privat informierten Managers interpretiert werden. In diesem Fall wird die Gültigkeit des Modells unterstellt. Zum anderen kann angenommen werden, daß das Modell fehlspezifiziert ist und somit den Preisbildungsprozeß nicht korrekt beschreibt. Schließlich können auch beide Fälle gemeinsam auftreten.

---

43 Den fundamentalen Anomalien lassen sich z. B. der Kleinfirmeneffekt oder der Dividendeneffekt zuordnen, die im Rahmen von Querschnittsuntersuchungen identifiziert werden. Als saisonale Anomalien werden z. B. der Montags- und Januareffekt bezeichnet. Sie bestehen darin, daß sich bestimmte Renditemuster im Zeitablauf wiederholen. Auf einer Zeitreihenanomalie, die eine spezielle Renditeentwicklung von Aktien mit einer bestimmten Kurshistorie beschreibt, bezieht sich beispielsweise das Konzept der relativen Stärke. Auch der Overreaction-Effekt gehört in diese Kategorie. Schließlich werden Anomalien auch für bestimmte Ereignisse beobachtet, wie z. B. die Beobachtung von Überrenditeeffekten bei Kapitalerhöhungen oder bei der Bekanntgabe von Übernahmen. Ereignisanomalien sind vor allem angesichts der Diskussion über den seit der Verabschiedung des 2. Finanzmarktförderungsgesetzes gesetzlich verbotenen Insiderhandel relevant. Vgl. den Überblick in **Fama** (1991), S. 1590 ff., sowie **Fama/French** (1992). Zu Anomalien am deutschen Kapitalmarkt vgl. **Frantzmann** (1989); **Schnittke** (1989); **Domke** (1987); **Krämer/Runde** (1991, 1993); **Beiker** (1993); **Schiereck/Weber** (1993); **Meyer, B.** (1994); **Stock** (1990). Auch bei Tests der APT wird z. T. ein Kleinfirmeneffekt nachgewiesen, vgl. z. B. **Connor/Korajczyk** (1991), S. 15.

44 Die Existenz von Anomalien muß nicht gegen die Gültigkeit der Modelle sprechen, wie dies häufig suggeriert wird, vgl. dazu **Eun** (1994), S. 337 ff., der auch eine Reinterpretation früherer CAPM-Tests vornimmt und zeigt, daß einige der Ergebnisse, die als Beweis gegen die Annahme des CAPM angesehen wurden, tatsächlich mit der Geltung des CAPM konsistent sind.

45 Vgl. **Fama** (1991), S. 1575 f.

Um somit eindeutige Schlußfolgerungen über die Ergebnisse der Performance-Messung ziehen zu können, muß zunächst Klarheit über die Gültigkeit des jeweils eingesetzten Modells herrschen.[46]

c. Die Trennung der Performance-Messung von Bewertungsmodellen

aa. Die Identifikation privater Information mit relativ μ/σ-effizienten Portfolios

Die oben beschriebene Kritik läßt Zweifel an der Eignung von Performance-Maßen aufkommen, deren theoretisches Fundament auf der Anwendung kapitalmarkttheoretischer Bewertungsmodelle beruht. Ein Bezug zwischen der Performance-Messung und einem Gleichgewichtsmodell wie dem CAPM ist jedoch grundsätzlich nicht erforderlich. *Grinblatt/Titman* zeigen vielmehr, daß zur Identifikation privater Information und der damit einhergehenden superioren Performance die Kenntnis eines relativ μ/σ-effizienten Portfolios ausreicht, welches, im Gegensatz zum Marktportfolio des CAPM, lediglich die Wertpapiere enthält, die aus der Sicht des Anlegers als handelbar angesehen werden.[47]

Ausgehend von der expliziten Unterscheidung in informierte, d. h. über private Informationen verfügende Investoren, und uninformierte, lediglich öffentliche Informationen besitzende Anleger, nehmen *Grinblatt/Titman* an, daß die Erwartungswerte, Varianzen und Kovarianzen der Wertpapierüberschußrenditen aus der Sicht der uninformierten Investoren bestimmt werden.[48] Die nur über öffentliche Informationen φ verfügenden Investoren betrachten die Überschußrenditen der Wertpapiere dabei als im Zeitablauf unabhängige, identisch verteilte Zufallsvariablen. Folglich sind die Momente bzw. die durchschnittlichen Renditen und Varianzen der unbedingten Verteilung der Wertpapierrenditen aus der Sicht der uninformierten Investoren konstant.[49] Formal ausgedrückt ergibt sich daraus[50]

---

[46] Vgl. **Cornell** (1979), S. 390. Auch bei der Überprüfung der Validität verschiedener Modelle ist zu beachten, daß grundsätzlich verbundene Thesen getestet werden, da den Modellen die Informationseffizienz des Kapitalmarktes als Prämisse zugrundeliegt, vgl. **Copeland/Weston** (1988), S. 350; **Beiker** (1993), S. 10 f.

[47] Vgl. **Grinblatt/Titman** (1989 b), S. 412.

[48] Als Überschußrendite (Excess Return) wird die Wertpapierrendite abzüglich des risikolosen Zinssatzes, dessen Existenz vorausgesetzt wird, bezeichnet.

[49] Dabei bezieht sich der Ausdruck "unbedingt" auf die Abwesenheit privater Informationen, d. h. die sich aus der Sicht der Uninformierten ergebende Renditeverteilung ist keine Funktion privater Informationen. Daneben implizieren die aus der Sicht der Uninformierten konstante durchschnittliche Rendite und Varianz die Stationarität der unbedingten Verteilung der Wertpapierrenditen. Zu den Eigenschaften unabhängig und identisch verteilter Zufallsvariablen vgl. **Rüger** (1991), S. 131 ff.

[50] Die formale Darstellung beruht auf **Grinblatt/Titman** (1989 b), S. 396 f.

(B.30) $E(\bar{r}_{it}|\varphi_t) = E(\bar{r}_i)$ und $Cov(\bar{r}_{it}; \bar{r}_{jt}|\varphi) = \sigma_{ij}$.

Dies bedeutet, daß uninformierte Anleger im Rahmen einer passiven Anlagestrategie ein durch zeitunabhängige Portfolioanteile gekennzeichnetes Portfolio halten werden, welches in bezug auf ausschließlich öffentliche Informationen μ/σ-effizient ist.[51] Die Annahme im Zeitablauf unabhängiger, identisch verteilter Wertpapierrenditen ist allerdings restriktiv und läßt sich letztlich nur auf der Grundlage eines Gleichgewichtskonzepts rechtfertigen. Damit umgeht auch der Ansatz von *Grinblatt/Titman* die Gleichgewichtsproblematik keineswegs vollständig.[52] Bei traditionellen Performance-Maßen wird die Verbindung zu einem Gleichgewichtskonzept durch die konkrete Verwendung von Gleichgewichtsmodellen explizit deutlich. Demgegenüber ist das Gleichgewichtskonzept beim Ansatz von *Grinblatt/Titman* in der Verteilungsannahme versteckt.

Das μ/σ-effiziente Portfolio weist einem passiven Portfolio aufgrund seiner mathematischen Eigenschaften unabhängig von einer Bewertungstheorie keine Performance zu. Für informierte Investoren ist ein solches Benchmarkportfolio dagegen nicht μ/σ-effizient. Vielmehr sind diese in der Lage, durch eine vom μ/σ-effizienten Portfolio abweichende Gewichtung der Portfolioanteile zu Wertpapieren mit einer höheren als der aufgrund der öffentlichen Informationen zu erwartenden Rendite eine bei gleichem Risiko größere Rendite erzielen. Anleger ohne private Informationen oder mit Informationen, die sich als falsch herausstellen, wählen somit ein Portfolio, daß unterhalb der Effizienzkurve der informierten Investoren liegt.[53] Auf diese Weise erfolgt eine Differenzierung der Effizienzkurven für informierte und uninformierte Anleger. Dabei stellt die Effizienzkurve letzterer die Grundlage für die Bestimmung des effizienten Benchmarkportfolios B dar, da die Preise durch die Transaktionen der annahmegemäß infinitesimal geringen Anzahl informierter Anleger nicht beeinflußt werden.[54]

---

51   Dieses Portfolio wurde bei der Dekomposition der Renditen in **Kapitel B. III. 1.** bereits implizit als Benchmarkportfolio E unterstellt.

52   Wenn Stationarität nicht gegeben ist, existiert kein Benchmarkportfolio, das aus der Sicht eines uninformierten Anlegers μ/σ-effizient ist und dessen Wertpapiergewichte konstant sind. Eine auf der Basis nichtstationärer Parameter ermittelte Performance kann nicht eindeutig auf private Information zurückgeführt werden.

53   Vgl. **Grinblatt/Titman** (1989 b), S. 396. Eine Benchmark mit diesen Eigenschaften beruht letztlich auf den bereits durch **Mayers/Rice** (1979) und **Dybvig/Ross** (1985 a) -allerdings noch vor dem Hintergrund des CAPM- angestellten Überlegungen. Deren Aussagen beziehen sich jedoch nur auf wertpapierspezifische Informationsvorteile der privat informierten Investoren, besitzen aber keine Gültigkeit bei Vorliegen von Timinginformationen.

54   Die Voraussetzung für diese Differenzierung in informierte und uninformierte Anleger und die damit verbundenen Annahmen bezüglich der beiden unterschiedlichen Effizienzkurven besteht darin, daß die Uninformierten die Informierten nicht identifizieren können und auf diesem Weg zu privaten Informationen gelangen, vgl. **Jobson/Korkie** (1988), S. 76; **Admati/Pfleiderer** (1990), S. 923. Daß dies dennoch gelingt, erscheint in Anbetracht der nur halbjährlich zu veröffentlichenden Rechenschafts- und Zwischenberichte, aus denen die uninformierten Investoren die Positionen der Manager ablesen könnten, unwahrscheinlich.

Abb. B.5:   **Effizienzkurven für informierte und uninformierte Investoren**

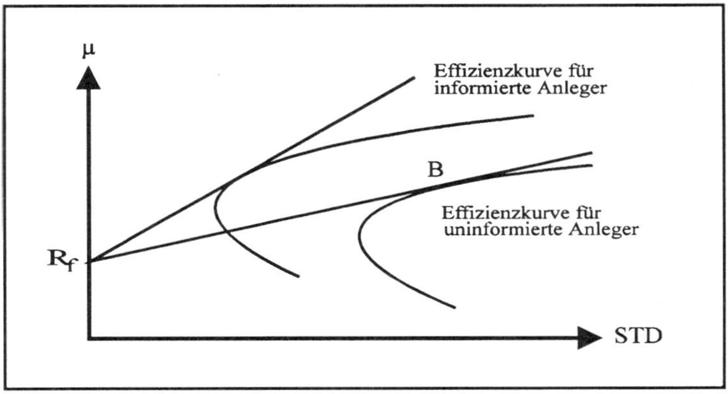

Quelle: **Grinblatt** (1987), S. 14.

Grinblatt/Titman zeigen, daß das aus der Sicht der Uninformierten μ/σ-effiziente Portfolio zur Identifikation privater Informationen nur die Wertpapiere benötigt, die vom Bewertenden als handelbar betrachtet werden.[55] Deshalb wird dieses Portfolio auch als relativ μ/σ-effizientes Portfolio bezeichnet. Dies ist als eigentlicher Vorteil gegenüber der Anwendung des CAPM zu werten, da die Problematik der Nichtbeobachtbarkeit des Marktportfolios entfällt.

Wie auch bei der Anwendung anderer Performance-Maße muß dabei unterstellt werden, daß die Informierten durch ihre Transaktionen die Marktpreise nicht beeinflussen. In diesem Fall würden die Rendite und Varianz, die aus Sicht der Uninformierten als stationär gelten, auch private Informationen beinhalten. Ein Uninformierter könnte dann nicht mehr zwischen einer Performance und Veränderungen des Renditegenerierungsprozesses unterscheiden.[56] Dies ist auch der Grund für die Annahme, daß die Wertpapierrenditen aus der Sicht uninformierter Investoren als unabhängig und identisch verteilte Zufallsvariablen angesehen werden. Allerdings ergibt sich auch bei nichtstationären Renditeverteilungen ein Anwendungsfeld für die Performance-Maße, da sie in diesem Fall, auch wenn kein aus der Sicht der uninformierten Investoren μ/σ-effizientes Portfolio besteht, immerhin anzeigen, daß mit einer anderen als einer einfachen passiven Strategie mit konstanten Gewichten eine höhere Rendite erwirtschaftet werden kann. Eindeutige Schlußfolgerungen über das Vorliegen privater Informationen des Managers sind dann jedoch nicht mehr möglich.[57]

---

55   Vgl. **Grinblatt/Titman** (1989 b), S. 411.

56   Vgl. **Grinblatt/Titman** (1989 b), S. 397.

57   Vgl. **Grinblatt/Titman** (1989 b), S. 413; **Grinblatt/Titman** (1992 a), S. 3.

Der Vorteil gegenüber der Anwendung des CAPM als theoretischem Bezugsrahmen liegt darin begründet, daß das Benchmarkportfolio nicht sämtliche Vermögensgegenstände beinhalten muß. Damit einher geht die Möglichkeit, gesetzliche oder satzungsbedingt freiwillig eingegangene Anlagebeschränkungen der Manager bei der Festlegung des Benchmarkportfolios berücksichtigen zu können. Obwohl solchermaßen definierte Benchmarks zwangsläufig pragmatischer Natur sind, kann ihr Einsatz unter der Bedingung, daß es sich bei diesen Benchmarks um relativ effiziente Portfolios im Sinne *Grinblatt/Titmans* handelt, theoretisch fundiert werden, da sie grundsätzlich ausreichen, um private Informationen identifizieren zu können.[58] Die Problematik der Identifikation des wahren Marktportfolios tritt somit nur bei Tests des CAPM auf, ist jedoch im Rahmen der Performance-Messung nicht relevant.[59] Die Einordnung einer solchermaßen definierten Benchmark wird in Abbildung B.6 verdeutlicht.

Abb. B.6:   **Einordung des relativ μ/σ-effizienten Portfolios**

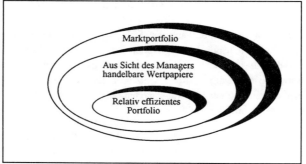

Zum anderen wird die logische Inkonsistenz der Anwendung des CAPM aufgehoben, da gezeigt werden kann, daß die Messung der Performance auch ohne die explizite Einbindung einer Theorie zur Asset-Bewertung und den damit verbundenen Problemen erfolgen kann.[60] Vom theoretischen Standpunkt betrachtet, gelingt damit eine Entschärfung der Benchmarkproblematik, die im Mittelpunkt der Kritik an der Performance-Messung steht.[61]

---

58   Zur Interpretation derartig definierter Benchmarks vgl. **Steiner/Wittrock** (1994), S. 603 ff.; **Nowak/Wittrock** (1993), S. 89 ff.

59   Vgl. **Nowak/Wittrock** (1994), S. 35.

60   *Grinblatt/Titman* sehen die Bedeutung des CAPM oder der APT im Rahmen der Perfomance-Messung lediglich darin, daß sie Hinweise dafür geben, welche Portfolios grundsätzlich als Benchmark in Frage kommen, vgl. **Grinblatt/Titman** (1989 b), S. 412.

61   Dies gilt trotz der eingangs gemachten Einschränkung, daß auch der Ansatz von *Grinblatt/Titman* letztlich auf einem gleichgewichtstheoretischen Konzept beruht.

bb. Die Relevanz von Anomalien im Rahmen der Bestimmung des Benchmarkportfolios

Grundsätzlich wird mit der Benchmark die mit Hilfe einer passiven Strategie auch für nichtinformierte Investoren erzielbare Rendite ermittelt. Es steht außer Frage, daß -ex post betrachtet- eine passive Strategie auch auf der Grundlage von Bewertungsmodell-Anomalien hätte aufgebaut werden können. Dieser Argumentation liegt die explizite oder implizite Einbeziehung von Anomalien in die Benchmark zugrunde.[62] Eine explizite Berücksichtigung solcher Anomalien stellt z. B. die Vorgehensweise von *Grinblatt/Titman* dar, die zur empirischen Ermittlung des relativ μ/σ-effizienten Portfolios Wertpapiere nach bestimmten, in der Vergangenheit als Anomalien gekennzeichneten Charakteristika gruppieren und die Renditen der so gebildeten Portfolios als mehrdimensionale Benchmark einsetzen. Eine implizite Berücksichtigung von Anomalien erfolgt beispielsweise über den Einsatz der APT als Benchmark unter der Voraussetzung, daß die Gültigkeit des Modells nachgewiesen werden kann.

Es ist jedoch aus mehreren Gründen fraglich, ob der Manager auf der Grundlage einer solchen, auch Anomalien abbildenden Strategie beurteilt werden sollte.

Anomalien werden ex post in dem jeweiligen Untersuchungszeitraum, in dem die Performance des Managers gemessen wird, ermittelt.[63] Insofern erscheint es fraglich, ob aus Anomalien resultierende Überrenditen ex ante tatsächlich durch eine passive Strategie hätten erzielt werden können.[64] Dabei sind insbesondere die zu einer Umsetzung passiver Strategien erforderlichen Transaktionskosten in die Betrachtung miteinzubeziehen, die bei der Ermittlung von Anomalien regelmäßig vernachlässigt werden. Anomalien sind im Rahmen der Performance-Messung für den Investor nur dann von

---

62 Vgl. **Grinblatt/Titman** (1993 a), S. 8 ff.

63 Vgl. in diesem Zusammenhang die kritischen Anmerkungen zur Identifizierung von Anomalien, insbesondere wegen des "data minings" bei **Krämer/Runde** (1991), S. 10; **Krämer/Runde** (1993), S. 93 f.; **Grinold** (1993), S. 33. Daneben ist zu berücksichtigen, daß auch der Art der Ermittlung von Anomalien entscheidende Bedeutung zukommt. Fast alle bekannten Anomalien wurden im Rahmen von Tests der Preisbildungsmodelle identifiziert. Auch diese Untersuchungen unterliegen somit der Problematik eines Tests verbundener Hypothesen. Insbesondere werden Anomalien mit Modellen ermittelt, die selbst über einen unter Umständen nur geringen Erklärungsgehalt verfügen. **Warfsmann** (1993), S: 154. Deutlich wird dies z. B., wenn die vor dem Hintergrund kapitalmarkttheoretischer Bewertungsmodelle als Anomalien bezeichneten Effekte mit Hilfe einer anderen Methodik untersucht werden. So ermitteln *Larsen/Resnick* auf der Grundlage der stochastischen Dominanz 2. und 3. Grades lediglich in einem Jahr von 23 Jahren einen signifikanten Kleinfirmen-Januar-Effekt, vgl. **Larsen/Resnick** (1993), S. 66 f. *Falk/Levy* untersuchen Kapitalmarktreaktionen auf vierteljährliche Gewinnankündigungen mit Hilfe der stochastischen Dominanzkriterien und können keine Ineffizienzen feststellen, während *Watts* auf derselben Datenbasis, aber unter Verwendung des CAPM, zu einer gegenteiligen Auffassung gelangt, vgl. **Falk/Levy** (1989), **Watts** (1978).

64 Treffend merkt **Grinold** (1993), S. 33, dazu an, daß wohl kaum jemand die zueinander im Widerspruch stehenden Fragen bejahen würde, ob der S & P 500-Index ex ante effizient sei und ob es möglich sei, den Markt systematisch zu schlagen.

- 68 -

Relevanz, wenn dieser die damit verbundenen Überrenditen durch Implementierung passiver Strategien ausbeuten kann.[65] Fraglich ist allerdings zum einen, ob eine Strategie, die -folgt man dem Untersuchungsdesign der jeweiligen Studien- durch regelmäßiges Rebalancing der Portfolios bezüglich eines bestimmten Charakteristikums gekennzeichnet ist, tatsächlich als passiv anzusehen ist. Zum anderen sind die damit induzierten Transaktionskosten möglicherweise so groß, daß eine Realisierung der Strategie keine überdurchschnittlichen Renditen mehr zuläßt. Grundsätzlich sind daher die meisten Anomalien lediglich vor Transaktionskosten als solche zu interpretieren. Insbesondere würde das im allgemeinen notwendige implizite (bei Gleichgewichtung der nach bestimmten Charakteristika gebildeten Portfolios) oder explizite Rebalancing der im Rahmen des jeweiligen Testdesigns zu bildenden Portfolios hohe Transaktionskosten verursachen, die die Erzielung einer überdurchschnittlichen Rendite erschweren.[66]

Darüber hinaus ist zu beachten, daß die empirisch nachgewiesenen Anomalien sehr stark von den einbezogenen Wertpapieren und insbesondere von den untersuchten Zeiträumen abhängen.[67] Bei Variation des Zeitraumes lassen sich einige der Effekte nicht nachweisen.[68] In Anbetracht der zeitlichen Instabilitäten der Anomalien sowie den uneindeutigen Befunden zu ihrer Existenz ist es fraglich, ob mit ihrer Berücksichtigung tatsächlich Renditen auf der Grundlage passiver Strategien erzielt werden können, die die risikobereinigte Rendite eines als Benchmark herangezogenen Aktienindex systematisch übertreffen.[69]

Nimmt der Manager eine Gewichtung seines Portfolios gegenüber Aktien mit einer entsprechend hohen Sensitivität bezüglich eines als Anomalie bezeichneten Faktors vor, so kann dies letztlich auch als Hinweis bezüglich der Relevanz dieses Faktors -beruhend auf privaten Informationen- interpretiert werden.[70] In diesem Fall stellt die (rechtzeitige)

---

[65]   Vgl. **Heuer/Saxinger** (1992), S. 83; **Keane** (1991), S. 32 f.

[66]   Vgl. dazu z. B. die Untersuchung von **Levy/Lermann** (1985), deren auf der Basis der stochastischen Dominanz erzielten Ergebnisse zeigen, daß auf dem Price/Earning-Effekt beruhende Strategien nach Abzug von Transaktionskosten keine Überrenditen ermöglichen, obwohl vor deren Abzug die Anomalie selbst bestätigt wird. Vgl. auch **Rosenberg/Rudd** (1982), S. 552; **Krämer** (1994), S. 1142. Zur Transaktionskostenproblematik bei aktiv verwalteten Portfolios generell vgl. **Wilcox** (1993) und die dort angegebene Literatur.

[67]   Vgl. z. B. die Ergebnisse der Arbeit von **Beiker** (1993), der den Kleinfirmeneffekt am deutschen Kapitalmarkt in Abhängigkeit verschiedener Parameter, wie dem Untersuchungszeitraum, der Portfoliogröße, der Behandlung von Renditeausreißern sowie der Einbeziehung der Börsensegmente bestätigt oder ablehnt.

[68]   Vgl. z. B. **Rennie/Cowhey** (1990), S. 26; **Kolb** (1992), S. 584.

[69]   Vgl. die zum Teil widersprüchlichen Ergebnisse z. B. zur Existenz des Kleinfirmeneffektes bei **Domke** (1987); **Schnittke** (1989); **Stehle** (1991); **Beiker** (1993) und zuletzt **Oertmann** (1994 a, 1994 b). Letzterer identifiziert zudem eher einen Überrenditeeffekt für mittlere Unternehmen, was die Uneindeutigkeit verschiedener Untersuchungen zu Anomalien weiter verdeutlicht.

[70]   Vgl. **Rennie/Cowhey** (1990), S. 25 f., die in der Konstanz von Anomalien im Zeitablauf ein Kriterium sehen, ob aus Anomalien resultierende Renditen als Leistung des Managers anzusehen

Ausrichtung der Portfoliosensitivität gegenüber einem derartigen Faktor ebenfalls eine Leistung des Managers dar, die entsprechend honoriert werden sollte.[71] Die Leistung des Fondsmanagers würde dann letztlich darin bestehen, dem passiven Investor die Richtung aufzuzeigen, wie dieser den Fonds mit Hilfe passiver Portfolios duplizieren kann.

Analog der Identifizierung von Timingaktivitäten kann daher die korrekte Antizipation des Auftretens bestimmter Umweltzustände, die zu gegenüber dem Markt abweichenden Renditeentwicklungen von Wertpapieren mit speziellen Charakteristika führen, mit in die Beurteilung und damit in die Performance des Managers eingehen. Insofern kann auch von einer Rotationsfähigkeit zwischen Portfolios mit bestimmten Charakteristika gesprochen werden. Für eine derartige Interpretation spricht zudem, daß für das Auftreten einiger Anomalien mehrere Erklärungsansätze existieren. Besitzt ein Manager Kenntnis derjenigen Faktoren, die tatsächlich als Ursache von Anomalien anzusehen sind, liegen insofern private Informationen vor. Diese werden sich spätestens dann positiv auf die Performance dieses Managers auswirken, wenn Änderungen der Umweltzustände derart eintreten, daß der Grund für die Anomalie möglicherweise entfällt. Manager dagegen, die die Erklärung für das Auftreten einer bestimmten Anomalie in anderen Gründen suchen, würden die Relevanz von Änderungen bezüglich solcher Einflußfaktoren dagegen nicht rechtzeitig erkennen.[72] Unterstützt wird diese Sichtweise von Untersuchungen, die belegen, daß einige als Anomalien bezeichnete Effekte, z. B. der Kleinfirmeneffekt, in bestimmten Marktphasen verstärkt auftreten.[73]

Eine Abgrenzung zwischen aktivem und passivem Management erscheint insbesondere auch angesichts der Vielzahl am Kapitalmarkt identifizierter Anomalien schwierig.[74]

---

sind oder als dessen Anlagestil angesehen werden können und damit in der Benchmark zu erfassen sind.

[71] Vgl. ähnlich **Elton/Gruber/Das/Hlavka** (1993), S. 12, Fußnote 13. In diese Richtung geht auch die von den genannten Autoren durchgeführte Untersuchung über die Fähigkeit der Manager, zwischen dem Segment kleinerer Aktien und dem größerer Aktien in Abhängigkeit von deren Renditeentwicklung korrekt zu wechseln, vgl. **Elton/Gruber/Das/Hlavka** (1993), S. 13.

[72] Ein typisches Beispiel könnten steuerrechtliche Neuregelungen sein.

[73] Vgl. z. B. **Oertmann** (1994 a), S. 249 f.; **Oertmann** (1994 b), S. 208 f., dessen Ergebnisse eher auf einen Kleinfirmeneffekt in Marktabwärtsphasen hindeuten, während in Haussephasen tendenziell ein Blue-Chip-Effekt zu beobachten ist. Dies zeigt, daß Anomalien nicht nur Interdependenzen untereinander aufweisen, sondern auch von der Marktverfassung generell abhängen können. Folglich können sich im Rahmen der Performance-Analyse Überschneidungen hinsichtlich der Identifikation von Timingfähigkeiten und der auf Anomalien resultierenden Überrenditen ergeben, da der externe Betrachter keine Kenntnis darüber besitzt, aufgrund welcher Informationen der Manager bestimmte Portfolioumstrukturierungen vorgenommen hat.

[74] Ein ähnliches Problem ergibt sich, wenn Manager konsequent z. B. die als passiv einzustufende, weil von Uninformierten ebenfalls durchführbare Strategie verfolgt, in der Vergangenheit gut rentierende Aktien zu kaufen und solche mit schlechterer Renditeentwicklung zu verkaufen, vgl. dazu **Jegadeesh/Titman** (1993), die nachweisen, daß bei Befolgung dieser als Konzept der relativen Stärke bezeichneten Strategie in dem von ihnen untersuchten Zeitraum positive Überrenditen erzielt werden konnten. Auch auf dem deutschen Markt ließen sich in der Vergangen-

Problematisch wird eine Modellierung daraus resultierender Renditeeffekte zusätzlich aufgrund zahlreicher Interdependenzen zwischen bestimmten Anomalien, die keine eindeutige Abgrenzung zulassen. Daneben ist zu beachten, daß passive Strategien zur Ausbeutung von Überrenditen unterschiedlich hohe Renditen abwerfen, die sowohl von der Art und Implementierung der Strategie als auch von der als Basis gewählten Anomalie abhängen.[75] Sowohl die Implementierung einer geeigneten Strategie als auch die Identifikation der die höchsten Überrenditen abwerfenden Anomalie sind jedoch als Leistung des Managers anzusehen.

Mit einer Erfassung von Anomalien in der Benchmark ist somit eine nicht unerhebliche Subjektivität verbunden, die noch dadurch gesteigert wird, daß unter Umständen weitere, lediglich von wenigen Marktteilnehmern identifizierte Anomalien existieren, die prinzipiell ebenfalls durch passive Strategien ausgebeutet werden können.

Diese Überlegungen machen deutlich, daß der Begriff der privaten Information einer Konkretisierung bedarf, bevor eine Performance-Analyse erfolgen kann.[76] Die im Rahmen einiger Untersuchungen vorgenommene Abbildung von Anomalien in der Benchmark ist gleichbedeutend mit einer sehr engen Auslegung der Definition privater Information.[77] Dabei wird implizit davon ausgegangen, daß die identifizierten Anomalien auch nach ihrer öffentlichen Bekanntmachung Bestand haben und sich auch künftig zur Erzielung von Überrenditen nutzen lassen.[78] In diesem Sinne wird die Existenz von Anomalien als öffentliche Information angesehen. Unter Berücksichtigung des zur Ermittlung von Anomalien einzusetzenden quantitativen Instrumentariums, der zur Ausbeutung von Anomalien aufzuwendenden Transaktionskosten, der zeitlichen Instabilität von Anomalien, sowie der nicht eindeutigen Befunde bezüglich ihrer Existenz und Höhe erscheint eine Erfassung von Anomalien als Bestandteil der kursbestimmenden öffentlichen Informationen solange zweifelhaft, bis ihre saubere Erfassung als systematische und damit vom Kapitalmakt entgoltene Risikofaktoren im Rahmen eines Renditeerwartungsmodells erfolgt ist.

---

heit mit einer sochen Strategie Überrenditen erzielen, vgl. die Untersuchung von **Schiereck/Weber** (1993). Dabei ist der Verkauf von in der Vergangenheit schlecht rentierenden Aktien identisch mit dem als "Window Dressing" bezeichneten Verhalten von Portfoliomanagern, das den Verkauf solcher Werte vor dem Berichtszeitpunkt bezeichnet, um schlecht eingestufte Werte nicht im Rechenschafts- bzw. Zwischenbericht erscheinen zu lassen. Die Relevanz solcher Strategien für die Performance von Fonds wird durch die Untersuchung von **Grinblatt/Titman/Wermers** (1993) unterstrichen.

[75] Vgl. z. B. **Sorensen/Thum** (1992)

[76] Vgl. zum Informationsbegriff **Möhlmann** (1993), S. 50 ff.

[77] Provokativ kann bezüglich einer derartig engen Begriffsabgrenzung auch die Frage aufgeworfen werden, was die eigentliche Leistung eines Managers überhaupt noch ausmachen soll, wenn sämtliche Strategien bereits in der Benchmark modelliert sind.

[78] Gerade dies scheint bei der Bekanntheit einer Anomalie zweifelhaft, da ihre Ausbeutung durch eine Vielzahl von Anlegern eine Verringerung der Überrenditen zur Folge haben wird, vgl. **Rosenberg/Reid/Lanstein** (1985), S. 10 f.

Die Festlegung einer Benchmark muß sich vielmehr auch bei der externen Performance-Analyse an der von dem zu beurteilenden Fonds deklarierten Anlagepolitik orientieren.[79] Sieht das Anlageziel Investitionen in bestimmte Wertpapiere bzw. Wertpapiere mit speziellen Charakteristika vor, die im allgemeinen mit Renditeanomalien in Verbindung gebracht werden, so ergibt sich eine entsprechende Definition der Benchmark bereits aus den Kriterien zur Bestimmung des relativ μ/σ-effizienten Portfolios.[80]

3. Schlußfolgerungen für die Performance-Messung und -Analyse

Die in den vorigen Abschnitten erarbeiteten Erkenntnisse bezüglich der Definition einer angemessenen Benchmark ermöglichen insgesamt betrachtet eine Entschärfung der Benchmarkproblematik. Danach muß als Eigenschaft der Benchmark einzig die relative μ/σ -Effizienz der aus der Sicht des uninformierten Investors als handelbar erachteten Wertpapiere gegeben sein. Es ist jedoch auf eine nach wie vor bestehende grundlegende Schwäche hinzuweisen: die Abhängigkeit der Performance-Messung von der Annahme, daß die Renditen aus der Sicht der uninformierten Investoren unabhängige und identisch verteilte Zufallsgrößen darstellen. Die resultierende Stationaritätsannahme ist gleichbedeutend mit der Prämisse eines stationären Renditegenerierungsprozesses.

Die im folgenden Kapitel vorgestellten Performance-Maße sind nicht vor dem Hintergrund des theoretischen Anspruchs des CAPM zu interpretieren, sondern beruhen vielmehr auf den Analysen von *Grinblatt/Titman*. Deren Ergebnisse haben deutlich gemacht, daß ein expliziter Bezug zwischen den Performance-Maßen und einem bestimmten Gleichgewichtsmodell nicht erforderlich ist.

Die Betafaktoren sind somit lediglich als relative Ertragsrisiken eines Fonds in bezug auf das Ertragsrisiko des unter Verwendung der kursbestimmenden öffentlichen Informationen ermittelten relativ μ/σ-effizienten Portfolios zu interpretieren.[81] Wenn daher im folgenden vom Benchmarkportfolio gesprochen wird, so ist damit grundsätzlich ein relativ μ/σ-effizientes Portfolio im Sinne *Grinblatt/Titmans* gemeint. Daher wird im folgenden bei der Darstellung der Performance-Analyseansätze grundsätzlich auf das Benchmarkportfolio E anstelle des Marktportfolios *M* zurückgegriffen.

---

[79]   Vgl. **Grinblatt/Titman** (1989 b), S. 411 f. Dies impliziert auch Auswirkungen auf die Konstruktion von Benchmarks im Rahmen der Beurteilung von Spezialitätenfonds, die ihren Investitionsbereich von vornherein einschränken. Dasselbe gilt für Spezialfonds, denen vorab bestimmte Märkte vorgegeben werden können, außerhalb derer sie keine Investments tätigen dürfen.

[80]   Ein typisches Beispiel sind die Fonds, die sich auf Investments in Kleinfirmen spezialisiert haben. Da Anteile von Kleinfirmen für die Manager als handelbare Wertpapiere anzusehen sind, erfolgt die Bestimmung des relativ μ/σ-effizienten Portfolios zwangsläufig aus der Gesamtheit der kleineren Unternehmen.

[81]   Ein ähnlicher Begründungszusammenhang wird auch durch **Grinold** (1993) gegeben, der den Betafaktor und seine Anwendung im Portfoliomanagement außerhalb des CAPM-Rahmens diskutiert und seine Verwendung rechtfertigt.

C. Methodische Ansätze der Performance-Messung und -Analyse

I. Die Verfahren im Überblick

Seit der Kritik von *Roll* an der empirischen Überprüfbarkeit des CAPM hat sich die Forschung auf die Entwicklung von Ansätzen konzentriert, die eine risikobereinigte Performance-Analyse auch ohne den Rückgriff auf dieses Modell erlauben.[1]

Die Ansätze lassen sich grundsätzlich drei verschiedenen Richtungen zuordnen, die sich vor allem hinsichtlich ihrer theoretischen Grundlagen, der Art der Risikoberücksichtigung und -bereinigung sowie der Anforderungen an den Umfang der Daten bzw. ihrer Verfügbarkeit unterscheiden. Der letzte Gesichtspunkt führt zu einer Unterscheidung in eine externe und interne Performance-Analyse und stellt das in Abbildung C.1 verwandte Kriterium für die Systematisierung der verschiedenen grundlegenden Prinzipien der Performance-Analyse dar.

Abb. C.1: Performance-Messung nach der Kritik von Roll

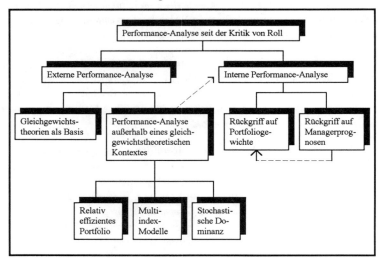

Ein Zweig der Performance-Analyse ist durch das Festhalten an der gleichgewichtstheoretischen Bewertung der Wertpapiere zur Berechnung des Ertrages, der allein durch das

---

[1] Häufig geht mit einer Performance-Messung im engeren Sinn gleichzeitig eine Performance-Analyse einher. So erfolgt bei einer Gruppe von Ansätzen eine explizite Unterscheidung der Selektions- und Timingfähigkeiten der Manager. Andere Verfahren beziehen die Anlagepolitik bzw. den Investmentstil des Managements bei der Messung der Performance mit ein, so daß der Anlageerfolg bestimmten Quellen zugeordnet werden kann. Im folgenden wird deshalb grundsätzlich auf den allgemeineren Begriff Performance-Analyse zurückgegriffen.

Eingehen bestimmter systematischer Risiken im Rahmen passiver Strategien erwartet werden kann, gekennzeichnet. Aufgrund der nicht eindeutigen empirischen Befunde über die Relevanz der dafür erforderlichen kapitalmarkttheoretischen Modelle ist jedoch zunehmend eine Abkoppelung der Performance-Messung von der direkten Anwendung einer Theorie der Wertpapierbewertung und der damit zusammenhängenden Problematik zu beobachten. Dabei ist zu unterscheiden, ob weiterhin lediglich auf die Renditen der Portfolios zurückgegriffen wird, oder zusätzliche Informationen in Form der Gewichtung der verschiedenen Wertpapiere in den Portfolios zur Anwendung der Verfahren erforderlich sind. Eine wichtige Erkenntnis bei den auf Renditen basierenden Ansätzen besteht in der von *Grinblatt/Titman* gezeigten Irrelevanz der Kenntnis des Marktportfolios im Kontext der Performance-Messung. Diese ermöglicht prinzipiell die Verwendung von Maßen, die ursprünglich aus dem CAPM abgeleitet wurden, die jedoch vor dem Hintergrund des relativ μ/σ-effizienten Portfolios zu interpretieren sind.

Den Ansätzen der Performance-Analyse, die die Kritik an der klassischen Vorgehensweise der Performance-Messung aufgreifen, ist grundsätzlich gemeinsam, daß sie für ihren empirischen Einsatz einen größeren Umfang an Informationen benötigen. Diese betreffen zum einen Informationen über die Wahrscheinlichkeitsverteilungen der Renditen, um eine vollständigere Charakterisierung des Risikos zu ermöglichen, und zum anderen Informationen über die Portfoliostrukturen. Letztere sind dabei extern nur in bestimmten Erhebungsintervallen erhältlich. Eine Verringerung der Meßintervalle setzt i. d. R. eine enge Kommunikationsintensität zwischen dem Portfoliomanagement und dem Bewertenden voraus, wie sie normalerweise nur in der internen Performance-Analyse gegeben ist. Auf Portfoliogewichten basierende Ansätze kennzeichnen insofern den Übergang zur internen Performance-Analyse.

Die Kenntnis der Managerprognosen stellt schließlich die restriktivste Anforderung an die Datenverfügbarkeit dar und ist grundsätzlich lediglich im internen Bereich vorstellbar. Allerdings dürfte ihre Erhebung auch dort kaum möglich sein. Auf die Managerprognosen zurückgreifende Verfahren sind daher auf Proxies angewiesen, mit Hilfe derer eine Abschätzung der Managerprognosen erfolgen kann.

Die Informationsanforderungen in der Performance-Analyse werden in der Abbildung C.2 zusammenfassend verdeutlicht.

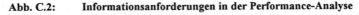

Abb. C.2:   Informationsanforderungen in der Performance-Analyse

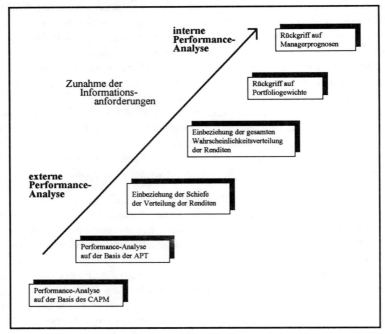

Die in den nächsten Abschnitten vorgestellten Verfahren zur Performance-Analyse sind in Abbildung C.3 zusammengefaßt und unabhängig von ihren Anforderungen an die Daten danach systematisiert, welche Determinanten der Performance mit ihnen identifiziert werden können bzw. im Rahmen der Performance-Analyse implizit oder explizit Berücksichtigung finden.

Abb. C.3:   **Determinanten der Performance und Ansätze zu ihrer Identifikation**

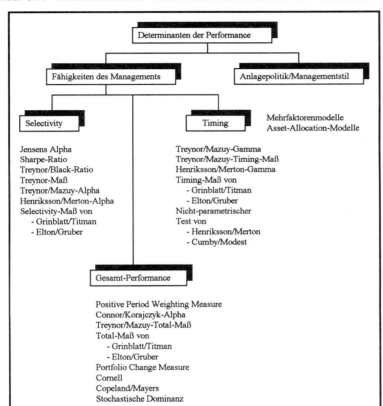

Im folgenden werden die verschiedenen Ansätze der Performance-Analyse beschrieben. Dabei erfolgt zunächst die Vorstellung der Verfahren, die für ihren Einsatz die geringsten Informationen bezüglich der Renditeverteilungen benötigen.[2] Die im weiteren Verlauf der Arbeit vorgestellten Ansätze sind durch zunehmende Informationsanforderungen an die Daten gekennzeichnet, die zu ihrer Verwendung erforderlich sind.

---

[2]   Dies ist gilt für den theoretischen Hintergrund der Verfahren, nicht jedoch bezüglich der bei ihrem Einsatz zu beachtenden Prämissen. So benötigt z. B. die stochastische Dominanz weniger restriktive Annahmen bezüglich der Renditeverteilungen als die auf dem μ/σ-Prinzip basierenden Ansätze. Dafür ist aber eine genaue Kenntnis der gesamten Wahrscheinlichkeitsverteilung der zu beurteilenden Portfolios notwendig.

II. Externe Performance-Analyse unter Verwendung der Renditen als einziger Informationsquelle

1. Ansätze basierend auf dem μ/σ-Prinzip

a. Klassische Methoden unter alleiniger Berücksichtigung von Selektionsfähigkeiten

Die klassischen Ansätze der Performance-Messung von *Sharpe, Treynor, Jensen* und *Treynor/Black* unterscheiden sich vor allem darin, welchen Risikobegriff sie bei der Beurteilung von Portfolios zugrundelegen.[3] Während sich Jensens Alpha und die Treynor-Ratio lediglich auf das systematische Risiko beziehen, erfolgt bei der Sharpe-Ratio eine indirekte und bei der Treynor/Black-Appraisal-Ratio eine direkte Ergänzung der Performance-Analyse um das unsystematische Risiko.

aa. Die Berücksichtigung des Gesamtrisikos bei Sharpe

Das auch als Reward-to-Variability Ratio bezeichnete Sharpe-Maß S mißt die Risikoprämie je Einheit Gesamtrisiko, das durch die Standardabweichung der Renditen gemessen wird.[4] Die Risikoprämie wird dabei aus der Portfoliodurchschnittsrendite abzüglich des risikolosen Zinssatzes ermittelt. Ex-post ergibt sich die Sharpe-Ratio mit[5]

$$(C.1) \qquad S_P = \frac{\overline{R}_P - R_f}{s_P}$$

wobei:

S_P = Sharpe-Ratio des Portfolios P

s_P = Stichprobenstandardabweichung des Portfolios P.

Analog zur Kapitalmarktlinie, die durch die Aufteilung des Vermögens in das Marktportfolio und die risikolose Anlage-/Kreditaufnahmemöglichkeit gegeben ist, gibt die Sharpe-Ratio die Steigung der Geraden an, die durch die Aufteilung des Vermögens in das jeweils betrachtete Portfolio und die risikolose Anlage bestimmt wird.[6] Je größer

---

[3] Ausführliche Darstellungen dieser Maße finden sich neben den Originalquellen bei **Alexander/ Francis** (1986), S. 238 ff.; **Sharpe/Alexander** (1990), S. 739 ff.; **Möhlmann** (1993), S. 82 ff.; **Steiner/Bruns** (1994), S. 447 ff.; **Steiner/Wittrock** (1995), Sp. 1520 f.

[4] Vgl. **Sharpe** (1966), S. 123.

[5] Der Einfachheit halber werden die Maße im folgenden ex post dargestellt. Dabei wird der Zinssatz im Zeitablauf als konstant angenommen, d. h. es wird unterstellt, daß $R_{ft} = R_f$ für alle t.

[6] Für eine graphische Darstellung und ein Zahlenbeispiel vgl. **Steiner/Bruns** (1994), S. 448 f. Eine andere Interpretation der Sharpe-Ratio im Sinne eines Signifikanztests der Anlagerendite gegenüber einer Benchmarkrendite erfolgt bei **Zimmermann** (1991), S. 178 f., wobei nicht der risikolose Zinssatz, sondern die durchschnittliche Rendite eines Benchmarkportfolios von der durchschnittlichen Anlagerendite subtrahiert wird, vgl. auch **Kritzmann** (1987).

der Wert dieser Kennzahl ist, desto höher ist das Anlageergebnis zu bewerten, da pro Risikoeinheit ein höherer Ertrag erwirtschaftet worden ist.[7]

In der Regel wird die Sharpe-Ratio ohne Aussagen über die statistische Signifikanz der Ergebnisse ermittelt und interpretiert,[8] obwohl ein Signifikanztest für dieses Maß entwickelt wurde.[9] Die Null - Hypothese, die Differenz zwischen zwei Sharpe-Ratios beträgt Null ($S_1 - S_2 = 0$), wird nach dem von *Jobson/Korkie* vorgeschlagenen Test dann abgelehnt, wenn die standardnormalverteilte Prüfgröße $z_{12} > z_c$ ist, wobei z_c den kritischen Wert der Prüfgröße darstellt, der für ein bestimmtes Signifikanzniveau aus der Standardnormalverteilung zu ermitteln ist.

Die Prüfgröße für das Sharpe-Maß wird nach diesem Signifikanztest wie folgt berechnet:

(C.2) $$z_{12} = \frac{S_{12}}{\sqrt{\theta}}$$

mit: $$S_{12} = \bar{r}_1 \cdot s_2 - s_1 \cdot \bar{r}_2$$

$$\theta = \frac{s_1^2 \cdot s_2^2}{T} \left[2 - 2\rho_{12} + 0,5 \left\{ (\bar{r}_1 / s_1)^2 + (\bar{r}_2 / s_2)^2 - \frac{\bar{r}_1 \cdot \bar{r}_2}{s_1 \cdot s_2} (\rho_{12}^2 + 1) \right\} \right] ,$$

wobei

$\bar{r}_i$ = durchschnittliche Überschußrendite des jeweiligen Fonds, $\bar{R}_i - R_f$.

Allerdings ist darauf hinzuweisen, daß die Macht dieses Tests dann nicht sehr groß ist, wenn die Stichprobengröße bzw. die Anzahl der Beobachtungen T zu klein und/oder die Standardabweichungen der verglichenen Portfolios sehr unterschiedlich sind.[10]

---

7   Bei der Berechnung des Sharpe-Maßes wird statt des nicht verfügbaren Erwartungswertes der Rendite bzw. der Überschußrendite und des erwarteten (Gesamt-) Risikos die durchschnittliche, ex-post gemessene Überschußrendite sowie ihre Standardabweichung aus einer Stichprobe verwendet. **Miller/Gehr** (1978) identifizieren die damit verbundene Verzerrung der Sharpe-Ratio und entwickeln einen Korrekturfaktor in Abhängigkeit von der Stichprobengröße. Liegen für die zu vergleichenden Portfolios dieselben Stichprobengrößen vor, ist eine Korrektur allerdings nicht erforderlich, da die Verzerrung in diesem Fall keinen Einfluß auf das Ranking hat. **Jobson/Korkie** (1981), S. 892 f. zeigen eine vereinfachte Approximation zur Korrektur dieser Verzerrung.

8   Vgl. z. B. **Roßbach** (1991), S. 140 ff.; **Möhlmann** (1993), S. 515 ff.

9   Vgl. **Jobson/Korkie** (1981), deren Ansatz auf den Untersuchungen von **Miller/Gehr** (1978) zur Verteilung der *Sharpe*-Maße aufbaut und von **Cadsby** (1986) korrigiert wird. Eine Anwendung dieser Teststatistik im Rahmen der Performance-Messung von Fonds erfolgt bei **Achour/Brown/ Roy** (1984). Vgl. zu diesem Test auch **Alexander/Francis** (1986), S. 253 f.

10   Vgl. **Jobson/Korkie** (1981), S. 900; **Alexander/Francis** (1986), S. 254.

- 78 -

Durch das Sharpe-Maß können Portfolios bzw. Fonds sowohl untereinander als auch mit einem Referenzportfolio - z. B. einem Marktindex - verglichen werden.[11] Die Relativierung der Überschußrendite mit dem Gesamtrisiko hat zur Folge, daß der Grad der Diversifikation bei der Beurteilung von Portfolios keine explizite Berücksichtigung findet. Bei der Beurteilung von Portfolios auf der Grundlage der Sharpe-Ratio wird Portfolios mit gleichen Volatilitäten somit ein identischer Rang zugeordnet, auch wenn das Management eines der Portfolios zur Erzielung derselben Rendite ein geringeres systematisches Risiko eingegangen ist.

Diese Problematik spielt nicht nur beim Vergleich unterschiedlicher Portfolios, sondern auch im Rahmen der Identifikation privater Informationen eine Rolle. Liegen z. B. private Informationen des Managers über ein bestimmtes Unternehmen vor und schichtet dieser das Portfolio zugunsten des entsprechenden Wertpapieres um, führt dies zu einer Verringerung des Diversifikationsgrades, die grundsätzlich mit einer höheren Volatilität des Portfolios einhergeht. Um private Informationen bei einem Vergleich mit einem wohldiversifizierten Benchmarkportfolio identifizieren zu können, muß die private Information somit ausreichen, den zu ihrer Realisierung erforderlichen Diversifikationsnachteil überzukompensieren.[12] Je aktiver der Manager auf private Informationen reagiert und das Portfolio in einem entsprechenden Ausmaß umschichtet, desto größer fällt die Volatilität des Portfolios aus. Für einen Außenstehenden sind jedoch die Gründe für die Erhöhung der Volatilität nicht ersichtlich und der erwarteten höheren Rendite des Managers steht gleichzeitig eine entgegengesetzte Verschlechterung seiner Beurteilung aufgrund des höheren Risikos gegenüber.[13]

Die Sharpe-Ratio ist eher für eine Performance-Messung aus der Sicht eines Investors relevant, der sein Vermögen einzig in das zu bewertende Portfolio investiert hat. In diesem Fall ist das Gesamtrisiko ausschlaggebend, da das unsystematische Risiko nicht durch eine Mischung mit anderen Vermögenswerten weiter diversifiziert wird.[14] Stellt das Portfolio dagegen nur einen Teil des insgesamt investierten Vermögens dar, wie dies in der Regel der Fall sein dürfte, ist eher das systematische, nicht diversifizierbare Risiko bei der Bewertung relevant, da auf diese Weise die Kovarianzen zwischen den

---

[11] Teststatistiken, um die Signifikanz des Rankings anhand der für die verschiedenen Portfolios ermittelten Sharpe-Ratios zu prüfen, wurden von **Jobson/Korkie** (1981) entwickelt. Cadsby (1986) weist darauf hin, daß die von *Jobson/Korkie* vorgeschlagene z-Teststatistik (die Nullhypothese lautet dabei H_0: $S_1 - S_2 = 0$) in bestimmten Situationen zu falschen Ergebnissen führen kann.

[12] Vgl. **Bühler** (1994), S. 25 und S. 29 f. Dasselbe gilt, wenn dem Manager private Timinginformationen vorliegen, deren Umsetzung zu einer erhöhten Volatilität des Portfolios führt. Ein externer Beobachter deutet dies als Risikoerhöhung, da er keine Informationen über die Gründe für die Erhöhung des Gesamtrisikos besitzt.

[13] Vgl. ausführlich **Admati/Ross** (1985), S. 15 f.

[14] Vgl. **Alexander/Francis** (1986), S. 246.

Teilvermögen Berücksichtigung finden.[15] Diesem Gesichtspunkt tragen die im folgenden Abschnitt vorgestellten Ansätze Rechnung.

bb. Performance-Analyse auf der Basis des systematischen Risikos

Im Unterschied zur Sharpe-Ratio wird bei dem auch als Reward-to-Volatility-Ratio[16]
bezeichneten Performance-Maß von *Treynor* die Überschußrendite nicht mit der Standardabweichung, sondern mit dem Beta des Portfolios relativiert.[17] Das Treynor-Maß
entspricht der Steigung der Geraden, die sich durch die Verbindung von der risikolosen
Anlage und dem Ergebnis des Fonds im μ/β-Diagramm ergibt. Entsprechend ergibt sich
das Treynor-Maß ex post als

(C.3) $$T_P = \frac{\overline{R}_P - R_f}{b_P}$$

mit: $\qquad b_P =$ geschätztes Beta für das Portfolio P.[18]

Beim Vergleich von Portfolios ist analog zum Sharpe-Maß dasjenige Portfolio als besser einzustufen, das einen größeren Wert für T_P aufweist.[19] Auch die Treynor-Ratio ist
wie die Sharpe-Ratio in erster Linie als Ranking-Maß anzusehen, d. h. die Identifikation
privater Information steht nicht im Vordergrund. Gleichwohl kann erwartet werden,
daß die Portfolios von Managern, die über private Informationen verfügen, sich über
der Wertpapierlinie befinden, so daß ihre Steigung größer ist als die des Marktes.

Auch für die Treynor-Ratio wurde von *Jobson/Korkie* ein Signifikanztest entwickelt.
Die Macht dieses Testes ist jedoch sehr gering, so daß seine Anwendung kaum sinnvoll
erscheint.[20] Daher wird auf die Darstellung dieses Tests verzichtet.

Ein Ranking auf Grundlage des Treynor-Maßes ist nur dann sinnvoll, wenn das betrach-
tete Portfolio Bestandteil eines umfassenderen, vollständig diversifizierten Portfolios ist.
Ist dies nicht der Fall, werden Portfolios mit identischen systematischen Risiken und
Überschußrenditen, aber unterschiedlichen Gesamtrisiken, gleich bewertet. Das Portfo-

15 Vgl. **Korkie** (1983), S. 37.
16 Der Begiff als solcher kann insofern zu Mißverständnissen führen, als daß mit der Volatilität ge-
    meinhin nicht das systematische Risiko (Messung im Rahmen des CAPM durch das β) verstan-
    den wird, sondern die annualisierte Standardabweichung.
17 Vgl. **Treynor** (1965), S. 63 ff.
18 Eine graphische Darstellung und ein Zahlenbeispiel finden sich bei **Steiner/Bruns** (1994), S. 451
    f. Im Kontext der Erkenntnisse von *Grinblatt/Titman* wird das Beta dabei nicht gegenüber dem
    Marktportfolio, sondern gegenüber einem relativ μ/σ-effizienten Portfolio geschätzt.
19 Vgl. **Fischer/Jordan** (1991), S. 735.
20 Vgl. **Jobson/Korkie** (1981), S. 901.

lio mit der höheren Standardabweichung ist jedoch aufgrund schlechterer Diversifizierung mit größeren unsystematischen Risiken behaftet. Das Sharpe-Maß berücksichtigt diesen Aspekt, indem einem Portfolio mit höherem Gesamtrisiko ein niedrigerer Rang zugewiesen wird. Dagegen wird das unsystematische Risiko bei der Beurteilung von Portfolios mit dem Treynor-Maß vernachlässigt, da Treynor von gut diversifizierten Portfolios ausgeht.[21]

Mit dem Treynor-Maß können Portfolios mit einem differierenden systematischen Risiko in eine Rangfolge gebracht werden. Damit ist eine Beurteilung zwischen unterschiedlich gut informierten Managern auch dann möglich, wenn ihre Risikoaversion nicht übereinstimmt.[22] Aussagen über die Höhe der Renditedifferenzen können mit dieser Methode jedoch nicht getroffen werden.

Während die oben dargestellten Maße lediglich eine relative Leistungsmessung untereinander oder gegenüber dem Benchmarkportfolio ermöglichen, gestattet das Jensen-Maß eine absolute Bewertung der Anlageergebnisse.[23] Es beschreibt die Differenz zwischen der durchschnittlichen realisierten Rendite eines mit privater Information verwalteten Portfolios und der erwarteten Rendite, d. h. der Rendite, die sich bei gleichem systematischen Risiko allein auf der Grundlage öffentlicher Informationen hätte ergeben müssen. Jensens Alpha ist somit definiert als

(C.4) $J_P = \overline{R}_P - E(\tilde{R}_P)$

und ermöglicht eine absolute Bewertung der Fähigkeit eines Managers, zukünftige Kurse zu prognostizieren und durch eine entsprechende Titelwahl bei gegebenem systematischen Risiko eine höhere Rendite zu erzielen. Da Jensens Alpha wie auch das Treynor-Maß ursprünglich aus dem CAPM abgeleitet wurden, erfolgt die Bestimmung der erwarteten Rendite grundsätzlich auf der Grundlage des CAPM, wobei aufgrund der Nichtbeobachtbarkeit von Erwartungswerten auf das ex post CAPM (B.13) zurückgegriffen wird.[24]

Im Kontext des CAPM konzentriert sich ein Manager mit privaten Selektionsinformationen auf die Prognose der Ausprägungen von $\tilde{\varepsilon}_{it}$ und wird tendenzmäßig solche Wertpapiere auswählen, für die $\tilde{\varepsilon}_{it} > 0$ gilt.[25] Im Unterschied zum ex-post-CAPM gilt daher für einen Manager mit privater Information $E(\tilde{\varepsilon}_{it}|R_{Mt}) > 0$.[26] Analog zu dieser

---

[21]   Vgl. **Treynor** (1965), S. 66.

[22]   Vgl. **Grinblatt/Titman** (1992 a), S. 6.

[23]   Vgl. **Jensen** (1968); dieses Maß wird auch als Jensens Alpha oder Differential Return bezeichnet.

[24]   Vgl. **Kapitel** B. II. 3. b. aa. (2) (b) (aa), S. 36.

[25]   Vgl. **Lee/Finnerty/Wort** 1990, S. 605 f. Dasselbe gilt im Rahmen der APT.

[26]   Dabei gilt, daß die Residuen und der Ordinatenabschnitt statistisch unabhängig von den Renditen des Marktportfolios sind, vgl. **Admati/Bhattacharya/Pfleiderer/Ross** (1986), S. 716.

Interpretation, die nahezu allen Studien zur Performance-Messung auf der Basis des Jensen-Alphas zugrundegelegt wird, ist die Selektionsfähigkeit im Rahmen der Überlegungen von *Grinblatt/Titman* zu sehen. Die erwartete Rendite wird in diesem Fall durch das aus der Sicht der uninformierten Investoren relativ μ/σ-effiziente Portfolio E bestimmt, dessen Kursentwicklung allein durch öffentliche Informationen bestimmt wird.

Die Schätzung des Jensen-Maßes kann in einem Schritt erfolgen, indem unter Zulassung einer Konstanten J die Überschußrenditen des Portfolios P auf die Überschußrenditen des Benchmarkportfolios regressiert werden.[27] Der Ordinatenabschnitt der Regression

$$(C.5) \qquad \tilde{r}_{Pt} = J_P + b_P \, \tilde{r}_{Et} + \tilde{\delta}_{Pt},$$

mit: $\qquad \tilde{\delta}_{Pt} = $ (neue) Störvariable

$$E(\tilde{\delta}_{Pt}) = \text{Cov}(\tilde{\delta}_{Pt}, \tilde{r}_{Et}) = \text{Cov}(\tilde{\delta}_{Pt}, \tilde{\delta}_{Pt-1}) = 0$$

mißt den vertikalen Abstand zwischen der Portfoliorendite und der ex-post Wertpapierlinie bzw. der Linie, die die risikolose Anlage mit dem relativ μ/σ-effizienten Portfolio verbindet. Nimmt J einen Wert von Null an, verläuft die Regressionsgerade durch den Ursprung und die Gleichung entspricht dem ex post-CAPM. Ist der Manager in der Lage, wertpapierspezifische Informationen durch entsprechende Transaktionen auszunutzen, wäre das Alpha positiv und bei Vorliegen statistischer Signifikanz insofern ein Maß zur Identifikation superioren Managements.[28] Ein negatives Jensen-Maß muß demgegenüber darauf zurückgeführt werden, daß die Gleichgewichtsrendite wegen der Informationsbeschaffungs- sowie Transaktionskosten nicht erzielt werden konnte.[29]

Jensens Alpha und die Treynor-Ratio stehen in einem engen Zusammenhang.[30] Ersteres ermöglicht allerdings lediglich die Beurteilung der Performance relativ zum Markt. Dagegen ist ein Ranking verschiedener Portfolios mit Hilfe dieses Maßes nicht einwandfrei möglich, sofern diese nicht mit dem gleichen systematischen Risiko behaftet sind.[31]

---

[27] Vgl. im einzelnen **Jensen** (1968), S. 393 f. Dadurch können der Betafaktor und das Jensen-Maß gleichzeitig geschätzt werden. Die dabei durch die Nichtkonstanz der risikolosen Verzinsung verursachten Abweichungen gegenüber einer Vorgehensweise in zwei Schritten, bei der zunächst der Betafaktor separat geschätzt wird, werden als vernachlässigbar gering angesehen, vgl. **Shukla/Trzcinka** (1992), S. 8.

[28] Dem üblicherweise eingesetzten t-Test zur Überprüfung der Signifikanz wird allerdings eine zu geringe Macht vorgeworfen, um eine überdurchschnittliche Performance zu identifizieren, vgl. **Good/Ferguson/Treynor** (1976), S. 32; **Hodges/Brealey** (1973), S. 61; **Murphy** (1980), S.56; **Ferguson** (1986), S. 7 f.; **Ashton** (1990), S. 347.

[29] Vgl. **Jensen** (1968), S. 394.

[30] Vgl. **Treynor** (1968), S. 418; **Auckenthaler** (1991), S. 317; **Stucki** (1988), S. 192, die zeigen, daß unter der Annahme konstanter Überschußrenditen des Marktes das Jensen-Alpha eine lineare Transformation des Treynor-Maßes darstellt.

[31] Der Grund besteht darin, daß die Rankingmaße von *Sharpe* und *Treynor* als relative Größen direkt von den Risikogrößen abhängen, da sie die Risikoprämie pro Einheit Risiko angeben. Demgegenüber ist das Jensen-Maß als absolute Größe nur indirekt vom Risiko abhängig; vgl. dazu

Daher ergeben sich identische Schlußfolgerungen bei der Anwendung von Jensens Alpha und der Treynor-Ratio lediglich bei der Beurteilung, ob der Manger besser oder schlechter abgeschnitten hat als der Markt.

Die Umsetzung von Selektionsinformationen erfolgt durch eine vom Marktportfolio bzw. vom relativ μ/σ-effizienten Portfolio abweichende Gewichtung. Damit geht grundsätzlich eine Erhöhung des Gesamtrisikos um das -bewußt eingegangene- unsystematische Risiko einher. Diese Erhöhung des Risikos wird durch das Jensen-Alpha nicht erfaßt. Vielmehr kann der Manager je nach Aggressivität eine Vervielfachung des Jensen-Alphas erzielen, wenn er eine entsprechende Portfoliogewichtung bezüglich eines bestimmten Wertpapiers vornimmt.[32] Da nicht davon ausgegangen werden kann, daß die Prognosen des Managers perfekt sind, ist damit zu rechnen, daß trotz privater Information ein gewisses Risiko über den Wert von $\tilde{\epsilon}_i$ besteht. Das resultierende unsystematische Risiko wird bei einem aggressiven, weniger risikoaversen Manager, der eine größere Position in Wertpapier i einnehmen wird, größer sein als bei einem vergleichsweise risikoscheuen Manager. Dies wird jedoch weder durch das Jensen-Maß noch durch die Treynor-Ratio erfaßt.

Während die Sharpe-Ratio diesem Umstand indirekt dadurch Rechnung trägt, daß die Relativierung der Überschußrendite mit dem Gesamtrisiko und damit auch dem unsystematischen Risiko erfolgt, wird bei der Appraisal-Ratio von *Treynor/Black* eine Adjustierung des Jensen-Maßes mit dem unsystematischen Risiko vorgenommen, das durch die Varianz des stochastischen Störterms aus Gleichung (C.5) gemessen wird.[33] Die Treynor/Black-Ratio ergibt sich mit

(C.6) $\qquad T/B_P = \dfrac{J_P}{s(\tilde{\delta}_P)}$

wobei: $\quad s(\tilde{\delta}_P) = $ portfoliospezifische Volatilität.[34]

Die Appraisal-Ratio kann als Maß für den marginalen Wert der privaten Information eines Managers bezüglich der Entwicklung einzelner Wertpapiere interpretiert wer-

---

Sharpe (1970), S. 158 ff.; **Alexander/Francis** (1986), S. 245; **Ang** (1978), S. 567. Für ein graphisches Beispiel des in diesem Zusammenhang relevanten "leverage bias" vgl. **Simon** (1994), S. 213.

[32] Das durch die Position bedingte Marktrisiko kann durch Leerverkauf eines entsprechenden Anteils des Marktportfolios gehedgt werden, vgl. **Grinblatt/Titman** (1992 a), S. 6. Das eigentliche Problem besteht somit darin, daß die Performance sowohl von der Qualität der Information als auch der Reaktion des Managers auf diese abhängt, vgl. **Pfleiderer/Bhattacharya** (1983), S. 10.

[33] Vgl. zur Ableitung der Appraisal-Ratio aus dem Single Index Modell von *Sharpe* **Treynor/Black** (1973).

[34] Zu einer Verallgemeinerung der Treynor/Black-Ratio vgl. **Jobson/Korkie** (1984, 1988), dort "marginal potential performance" genannt.

den.[35] Indem mit diesem Maß die Rendite, die auf die Selektionsfähigkeit des Portfoliomanagements zurückzuführen ist, je Einheit des unsystematischen Risikos gemessen wird, wird auch die Aggressivität des Managers, mit dem er Informationen umsetzt, berücksichtigt.[36] Ein Portfolio wird mit diesem Maß bei gleicher Selektivität um so schlechter beurteilt, je mehr diversifizierbares Risiko dafür in Kauf genommen wurde. Daher ist mit der Appraisal-Ratio unter bestimmten Annahmen ein Ranking der Prognosefähigkeit der Manager möglich.[37]

cc. Beurteilung

Die oben hergeleiteten Verfahren sind in mancherlei Hinsicht kritisierbar. Bei der Interpretation der Maße vor dem Hintergrund des CAPM sind grundsätzlich alle Probleme relevant, die die Performance-Messung auf der Basis kapitalmarkttheoretischer Modelle generell betreffen und bereits erörtert wurden.[38] Darüber hinaus ist die Kritik hinsichtlich der Prämissen des CAPM zu beachten, die wiederum auch die Kritik an der Verwendung des μ/σ-Prinzips und den damit verbundenen Annahmen bezüglich der Verteilung der Renditen oder der Unterstellung der wenig plausiblen Nutzenfunktion mit einschließt.

Die Sharpe-Ratio wird in der Literatur z. T. im Zusammenhang mit dem CAPM und somit auch mit der diesem Modell entgegengebrachten Kritik gesehen.[39] Dieses Maß unterliegt jedoch nicht der Kritik von *Roll* bezüglich der Sensitivität der Performance-Meß-Ergebnisse in Abhängigkeit des als Proxy für das Marktportfolio gewählten Index, da ein solcher für ein Ranking von Fonds nicht benötigt wird.[40] Dagegen wird sowohl auf die für die Risikoadjustierung notwendige Annahme der unbeschränkten Kreditauf-

---

[35]   Vgl. **Jobson/Korkie** (1988), S. 76.

[36]   Analog zur Appraisal-Ratio ist die sogenannte Information-Ratio definiert, die jedoch nicht vor dem Hintergrund des CAPM definiert ist und in ihrer allgemeinen Formulierung die erwartete zusätzliche Rendite durch die Quadratwurzel der zusätzlich induzierten Varianz dividiert. Auf ihrer Grundlage kann prinzipiell auch die Qualität der Timingfähigkeit analysiert werden, vgl. **Rosenberg** (1978), S. 22 ff.; **Grinold** (1990), S. 226 ff.

[37]   Zu den erforderlichen Annahmen, wie der Abwesenheit von Timingfähigkeiten, multivariat normalverteilter Renditen sowie insbesondere einer Exponentialnutzenfunkion aller Manager vgl. **Grinblatt/Titman** (1992 a), S. 7; **Connor/Korajczyk** (1986), S. 374.

[38]   Vgl. **Kapitel** B. III. 2. b., S. 58 ff.

[39]   Vgl. z. B. **Dietz/Kirschmann** (1983), S. 628. Die z. T. als Nachweis gezeigte Überführung der drei klassischen Maße durch lineare Transformation ist jedoch nur bei einem Korrelationskoeffizienten von Eins zwischen dem zu bewertenden Portfolio und dem Marktportfolio bzw. Marktindex exakt, d. h. es muß ein perfekt diversifiziertes Portfolio vorliegen, vgl. **Uhlir** (1981), S. 543 f.

[40]   Vgl. **Sharpe/Alexander** (1990), S. 762. Wird die Sharpe-Ratio allerdings mit dem Ziel eingesetzt, private Informationen zu identifizieren, ist die Spezifizierung eines Index erforderlich, der das Marktportfolio repräsentiert oder die erwartete Rendite einer auf öffentlichen Informationen basierenden passiven Strategie im Sinne eines relativ μ/σ-effizienten Portfolios widerspiegelt.

nahmemöglichkeit[41] als auch auf die Sensitivität bezüglich der Wahl des risikolosen Zinssatzes kritisch hingewiesen. Die daraus resultierenden Probleme sind auch für die anderen Maße relevant und können zu Verzerrungen der Ergebnisse führen.[42] Die Richtung dieser Verzerrungen ist dabei abhängig vom Risiko der zu beurteilenden Fonds im Vergleich zum Risiko des eingesetzten Benchmarkportfolios.[43]

Durch die Interpretation der Maße vor dem Hintergrund des Einsatzes des relativ μ/σ-effizienten Portfolios und dem Verzicht des Rückgriffs auf ein spezielles Renditeerwartungsmodell wird in theoretischer Hinsicht vor allem die Benchmarkproblematik entschärft. Unabhängig davon bleibt aber ein Problem aufgrund der den Maßen zugrunde liegenden Annahme bestehen, daß die Überschußrenditen der zu bewertenden Portfolios lineare Funktionen der Überschußrenditen der Benchmarkportfolios darstellen. Damit wird die Konstanz des Portfolio-Betas in der Untersuchungsperiode unterstellt. Ist diese nicht gegeben, können die Ergebnisse der Performance-Messung, die mit den obigen Maßen ermittelt werden, verzerrt sein. Empirische Befunde für die Nichtstationarität des systematischen Risikos von Investmentfonds werden in zahlreichen Untersuchungen erbracht.[44]

Eine Analyse derartiger Verzerrungen der Performance-Maße und eine Darstellung von Ansätzen, die die sich daraus ergebende Problematik zu berücksichtigen versuchen, ist Gegenstand des folgenden Abschnitts.

---

[41] Vgl. **Uhlir** (1981), S. 559 f.; dieser betont dabei die gesetzlichen Restriktionen bezüglich der Kreditaufnahme für Investmentfonds. Die Prämisse der unbeschränkten Kreditaufnahmemöglichkeit kann insbesondere auch zu Verzerrungen der Ergebnisse bei Vorliegen hoher Standardabweichungen führen, da die Investoren in diesem Fall Mittel aufnehmen müßten, um die Eindeutigkeit des Rankings gewährleisten zu können. Bei im Vergleich zu den Habenzinsen höheren Sollzinsen würde jedoch die Steigung der Geraden abflachen, vgl. dazu **Friend/Blume** (1970), S. 569.

[42] Vgl. **Uhlir** (1981), S. 561. *Roßbach* stellt in seiner empirischen Untersuchung außer geringen Niveauunterschieden keine Unterschiede des Rankings der von ihm untersuchten Aktienportfolios in Abhängigkeit alternativer Zinssätze fest, vgl. **Roßbach** (1991), S. 143.

[43] Fonds mit einem höheren Risiko werden bei vergleichsweise hohen Zinssätzen tendenziell benachteiligt, während sie bei geringeren Zinssätzen bevorteilt werden, vgl. **Friend/Blume** (1970), S. 569; **Klemkowski** (1973); **Kim** (1978); **Chen/Lee** (1984, 1986).

[44] Vgl. z. B. **Kon/Jen** (1978, 1979); **Alexander/Benson/Eger** (1982); **Miller/Gressis** (1980); **Francis/Fabozzi** (1980).

b. Verfahren zur Identifikation und Berücksichtigung von Timingaktivitäten

aa. Die Nichtstationarität der Risikomaße und ihre Konsequenzen

Die Stationarität der Portfolio-Betas kann aus drei Gründen in Frage gestellt werden. Zum einen sind die Betafaktoren von Aktien im Zeitablauf instabil.[45] Da sich das Portfolio-Beta aus der Summe der mit den Portfolioanteilen gewichteten Wertpapier-Betas ergibt, ist von zufälligen Schwankungen auch der Portfolio-Betas auszugehen. Empirische Untersuchungen zeigen allerdings, daß die Betafaktoren auf Portfolioebene relativ stabil sind, wenn das Portfolio aus mindestens 20 Aktien besteht.[46] Die hier untersuchten Aktieninvestmentfonds halten im Durchschnitt mindestens 30 Aktien im Portfolio. Eine Abnahme dieses hohen Diversifizierungsgrades ist schon aus gesetzlichen Gründen auch in Zukunft kaum zu erwarten. Daher sollten durch Zufallseinflüsse bedingte Instabilitäten der Portfolio-Betas keine besondere Rolle spielen.[47]

Zum anderen können Selektionsaktivitäten der Manager zu einer Veränderung des Portfolio-Betas führen, da sich die Gewichtung der Wertpapiere innerhalb des Portfolios verändert.[48] Dies gilt allerdings nur dann, wenn der Manager keine bestimmte Rendite-/ Risikostruktur des Gesamtportfolios aufrecht erhalten will. Ist dies dagegen der Fall, kann davon ausgegangen werden, daß der Manager unabhängig von Selektionsaktivitä-

---

[45] Werden Betafaktoren durch fundamentale Daten erklärt, kann davon ausgegangen werden, daß sich die Instabilität der Betas bereits durch die Veränderungen der entsprechenden, unternehmensbezogenen Faktoren ergibt, vgl. **Steiner/Beiker/Bauer** (1993), S. 105. Besonders starke Schwankungen im Zeitablauf werden z. B. auch für die Betas solcher Aktien nachgewiesen, die in der Vergangenheit eine besonders gute bzw. negative Renditeentwicklung aufwiesen und insofern als über- bzw. unterbewertet gelten, vgl. **Chan** (1988); **Ball/Kothari** (1989). Angesichts von Timingaktivitäten besonders relevant könnten Instabilitäten der Wertpapier-Betas in Abhängigkeit der Marktentwicklung sein. Untersuchungen mit dem Marktmodell deuten allerdings darauf hin, daß die Betas bezüglich Hausse- oder Baissephasen keinen signifikanten veränderungen unterworfen sind, vgl. **Fabozzi/Francis** (1977); **Kim/Zumwalt** (1979). Für einen Überblick empirischer Untersuchungen, die die Instabilität der Betafaktoren einzelner Wertpapiere belegen vgl. **Bauer** (1992), S. 98 ff. Auch die Betas deutscher Aktien sind nicht stabil, vgl. **Frantzmann** (1990), S. 74 ff.; **Bauer** (1992), S. 150 ff.; **Zimmermann** (1993).

[46] Vgl. die Übersicht bei **Bauer** (1992), S. 100, sowie dessen eigene Untersuchungsergebnisse auf S. 151. Die meisten Untersuchungen für deutsche Aktien, die zum Ergebnis kommen, daß auch Portfolio-Betas instabil sind, bilden die Portfolios mit einer nur geringen Anzahl von Aktien, so daß sie vor dem Hintergrund der stark diversifizierten Sondervermögen wenig Aussagekraft besitzen. Vgl. den Überblick bei **Bauer** (1992), S. 99.

[47] Allerdings ziehen beispielsweise **Francis/Fabozzi** (1980) aus ihren Untersuchungen die Schlußfolgerung, daß die von ihnen beobachtete Nichtstationarität der Betafaktoren von Fonds allein auf zufälligen Schwankungen beruht, da zufällig gewählte Portfolios ähnliche Schwankungen aufweisen.

[48] Eine Veränderung der Portfolioanteile tritt darüber hinaus allein durch die Veränderung der Marktwerte der einzelnen Wertpapiere auf.

ten in jeder Periode ein konstantes Target Beta des Portfolios durch entsprechendes Rebalancing gewährleistet.[49]

Drittens können Veränderungen des Portfolio-Betas im Zeitablauf aus Timingaktivitäten resultieren. Besitzen die Portfoliomanager private Timinginformationen, werden sie versuchen, durch entsprechende Transaktionen überproportional an der Gesamtmarktentwicklung teilzunehmen. Beispielsweise wird ein Manager, der aufgrund seiner Informationen eine Hausse auf dem Aktienmarkt erwartet, das systematische Risiko des Portfolios erhöhen. Damit wird das Portfolio-Beta zu einer Entscheidungsvariablen im Portfoliomanagement, so daß von dessen Stationarität nicht ausgegangen werden kann.

In diesem Fall sind die oben dargestellten Maße aber nicht mehr als Verfahren zur Identifikation superiorer Selektivität allein interpretierbar, da eine Instabilität des Betafaktors zu einer verzerrten Schätzung des Jensen-Alphas und somit auch der Treynor-Ratio sowie der Treynor/Black-Appraisal-Ratio führt.[50] Die resultierende Verzerrung des Jensen-Alphas wird in Abbildung C.4 deutlich.

Abb. C.4:   **Verzerrung von Jensens Alpha bei Timingfähigkeiten**

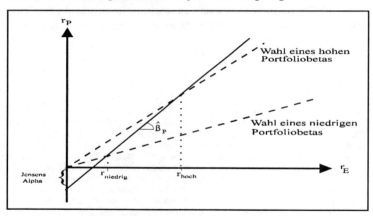

Quelle: **Grinblatt/Titman** (1989 b), S. 395.

---

[49]   Eine solche Handlungsweise wäre zudem im Interesse der Anleger, die einen Fonds entsprechend ihrer Risikopräferenzen auswählen und insofern an einer Konstanz des Portfolio-Betas interessiert sind, vgl. **Kon** (1983), S. 332; **Kon/Jen** (1979), S. 285.

[50]   Die Problematik von Timingaktivitäten ist auch für die Sharpe-Ratio relevant, da eine erhöhte Volatilität allein aufgrund von Transaktionen resultieren kann, die aufgrund privater Informationen des Managers getätigt wurden. Die Informationsasymmetrie zwischen Portfoliomanager und Bewertenden führt jedoch dazu, daß die erhöhte Volatilität für den Außenstehenden als unnötige Erhöhung des Gesamtrisikos interpretiert wird; vgl. **Admati/Ross** (1985), S. 14 ff.; **Kane/Marks** (1988), S. 425 ff. Letztere stellen in ihrer empirischen Untersuchung fest, daß die Verzerrungen der Sharpe-Ratio durch Timingaktivitäten bei ausreichend kurzen Renditeintervallen eine nur geringe Rolle spielen, vgl. **Kane/Marks** (1988), S. 430 f.

In der Abbildung ist die von einem Manager mit perfekter Timing-Fähigkeit in Antizipation der Marktüberschußrendite vorgenommene Adjustierung des Portfolio-Betas auf ein höheres Niveau bei einer hohen und auf ein niedriges Niveau bei einer geringen Marktüberschußrendite ersichtlich. Bei einer externen Performance-Messung stehen für eine Schätzung der sich daraus ergebenden Portfolio-Betas in den einzelnen Perioden die dazu erforderlichen Informationen nicht zur Verfügung. Vielmehr wird lediglich mit Hilfe einer Regression der Portfolioüberschußrenditen auf die Überschußrenditen des Benchmarkportfolios ein Durchschnittsbeta über die Gesamtperiode geschätzt, dessen Wert der Steigung der in der Abbildung durchgezogenen Linie entspricht.

Die resultierende, negative Verzerrung des Jensen-Alphas wird aus der Sicht des lediglich über öffentliche Informationen verfügenden Investors als negative Selektionsfähigkeit des Managers interpretiert, obwohl in dem obigen Beispiel keine Wertpapierselektion betrieben wurde, was daran zu erkennen ist, daß die gestrichelten Linien durch den Ursprung verlaufen. Daher müßte das wahre Jensen-Alpha in diesem Fall einen Wert von Null aufweisen. Gleichzeitig wird die Anlagepolitik des Managers als unangemessen risikoreich eingestuft, da das durchschnittliche systematische Risiko höher als das der einzelnen Perioden geschätzt wird. Folglich sind die Schlußfolgerungen, die aus der Anwendung des Jensen-Alphas und anderer, das systematische Risiko im Rahmen einer linearen Einfachregression ermittelnden Performance-Maße gezogen werden, nicht korrekt, wenn der Manager über Timingfähigkeiten verfügt.[51] Das in diesem Fall nach oben verzerrte systematische Risiko führt dabei tendenziell zu einer Unterschätzung der Selektionsfähigkeiten der Portfoliomanager.[52] Insofern sind die Maße auch kein geeignetes Kriterium zur Beurteilung der aus dem Timing- und Selectivity-Beitrag bestehenden Gesamtperformance.[53]

Die aufgezeigten negativen Verzerrungen des Jensen-Alphas treten allerdings lediglich unter einer bestimmten Bedingung auf. Diese wird deutlich, wenn das Jensen-Alpha dargestellt wird als[54]

$$(C.7) \qquad J_P = (\bar{\beta}_P - b_P)\bar{r}_E + \frac{1}{T}\sum_{t=1}^{T}\tilde{\beta}_{Pt}(\tilde{r}_{Et} - \bar{r}_{Et}) + \bar{\varepsilon}_P,$$

---

[51]   Vgl. **Jensen** (1972), S. 318 ff.

[52]   Vgl. **Grant** (1977), S. 843 ff.; **Jensen** (1972), S. 318 ff.; **Dybvig/Ross** (1985 a), S. 385 ff.; **Admati/Ross** (1985), S. 16 ff.; **Grauer** (1991), S. 576 ff. Die von **Jensen** (1968), S. 396, gemachte Aussage, daß das systematische Risiko unterschätzt und das Alpha somit überschätzt wird, beruht auf einem Fehler, der durch **Grant** (1977), S. 843, korrigiert wird.

[53]   Vgl. **Jensen** (1972), S. 321.

[54]   Das Portfolio-Beta $\tilde{\beta}_{Pt}$ ist deshalb als Zufallsvariable anzusehen, weil es von den Portfolioanteilen $\tilde{x}_{it}$ abhängt. Diese sind vom Zeitpunkt t aus betrachtet zufällig, da sie sich bei Zugang privater Informationen in Zukunft aufgrund entsprechender Portfolioumschichtungen verändern können.

wobei der erste Term die auf Schätzfehler des Portfolio-Betas zurückzuführenden Abweichungen vom wahren Portfolio-Beta darstellt, das sich aus dem gewichteten Durchschnitt der Periodenbetas ergibt.[55] Das geschätzte Beta b_P

(C.8) $\qquad b_P = \dfrac{Cov(\bar{r}_P ; \bar{r}_E)}{\sigma_E^2} = \bar{\beta}_P + \dfrac{\bar{r}_E}{\sigma_E^2} Cov(\tilde{\beta}_P ; \bar{r}_E)$

führt bei Einsetzen in Gleichung (C.7) zu folgender Darstellung von Jensens Alpha:

(C.9) $\qquad J_P = \left[1 - \dfrac{\bar{r}_E^2}{\sigma_E^2}\right] Cov(\tilde{\beta}_P ; \bar{r}_E).$[56]

Dieser Ausdruck zeigt, daß eine negative Verzerrung des Jensen-Alphas bei Vorliegen erfolgreichen Timings, d. h. wenn $Cov(\tilde{\beta}_P ; \bar{r}_E) > 0$, nur dann auftreten kann, wenn der Ausdruck $\bar{r}_E^2 / \sigma_E^2$ einen Wert größer Eins annimmt. Eine negative Verzerrung des Jensen-Maßes ist somit nur in dem Fall anzunehmen, daß die quadrierte Sharpe-Ratio des Benchmarkportfolios in dem Untersuchungszeitraum größer Eins ist.[57]

Eine Berücksichtigung der Timingaktivitäten ist durch die Berechnung der Portfolio-Betas $\tilde{\beta}_{Pt}$ in den einzelnen Perioden möglich. Dazu ist jedoch die Kenntnis der Portfoliogewichte $\tilde{x}_{it}$ erforderlich, so daß diese Vorgehensweise lediglich in der internen Performance-Analyse möglich wird.

Für die externe Performance-Analyse sind ebenfalls verschiedene Ansätze entwickelt worden, die eine Identifikation von Timing- und Selektionsfähigkeiten erlauben. Sie unterscheiden sich in mehrerer Hinsicht voneinander. Mit einem Teil der Verfahren wird versucht, sowohl den Timing- als auch den Selectivity-Beitrag explizit zu spezifizieren.[58] Andere Ansätze berücksichtigen zwar etwaige Timingfähigkeiten, schätzen jedoch lediglich die auf private Information zurückzuführende Gesamtperformance. Einige Methoden gehen schließlich lediglich der Frage nach, ob unabhängig von dem damit erzielten Erfolg überhaupt von Timingfähigkeiten auszugehen ist. Darüber hinaus wird z. T. lediglich geprüft, ob von instationären Betafaktoren auszugehen ist, ohne eine Erklärung für den Grund variierender Portfolio-Betas geben zu können. Eine weitere Differenzierung der Verfahren erfolgt im Hinblick auf die unterstellte Genauigkeit der vom Manager im Rahmen des Timings prognostizierten Renditeerwartungen.

---

[55]   Vgl. **Grinblatt/Titman** (1992 a), S. 25; **Grinblatt/Titman** (1989 b), S. 398. In Abwesenheit privater Timinginformationen stellt b_P dagegen einen konsistenten Schätzer für β_P dar, d. h. $b_P = \beta_P$, so daß der erste Term bei Betrachtung des Wahrscheinlichkeitsgrenzwertes wegfällt.

[56]   Vgl. **Grinblatt/Titman** (1989 b), S. 404.

[57]   Vgl. **Shukla/Trzcinka** (1992), S. 14; **Grinblatt/Titman** (1989 b), S. 404.

[58]   Der von **Fama** (1972) verfolgte Ansatz zur Zerlegung der Gesamtperformance war zusammen mit der Arbeit von **Treynor/Mazuy** (1966). Ausgangspunkt für die hier dargestellten Entwicklungen. Der Ansatz von *Fama* geht jedoch von einem gegebenen Beta aus und soll hier nicht weiter betrachtet weden.

Die meisten Ansätze zur Einbeziehung der Timingproblematik lassen sich einigen wesentlichen methodischen Kategorien zuordnen. Sie unterscheiden sich innerhalb eines
Systematisierungskriteriums lediglich durch marginale Veränderungen des Testdesigns
oder nehmen bestimmte Verallgemeinerungen der urprünglichen Ansätze vor. Die be-
kanntesten Ansätze sind in Abbildung C.5 systematisiert.

Abb. C.5: **Ansätze zur Identifikation und Berücksichtigung von Timingfähigkeiten**

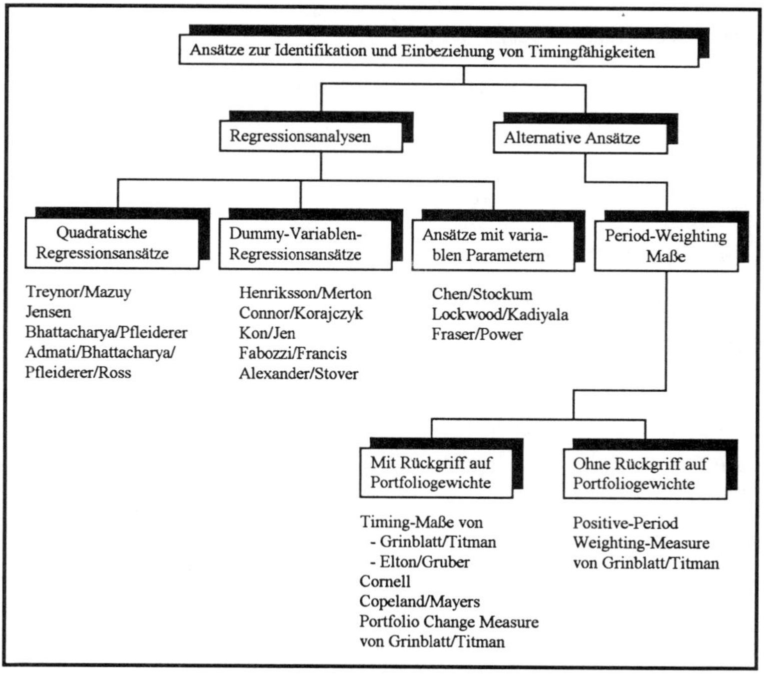

bb. Die Identifikation von Timingfähigkeiten durch Regressionsan-
sätze

(1) Quadratische Regressionsansätze

(a) Das Verfahren von Treynor/Mazuy

Die Berücksichtigung von Timingaktivitäten durch eine quadratische Regression wurde
ursprünglich von *Treynor/Mazuy* vorgeschlagen.[59] Dieser Ansatz beruht auf der
Erkenntnis, daß Manager mit Timingfähigkeiten in Erwartung steigender Märkte einen

---

[59]   Vgl. **Treynor/Mazuy** (1966).

größeren Anteil am Marktportfolio bzw. am relativ μ/σ-effizienten Portfolio halten, während bei erwarteten fallenden Märkten ein geringerer Anteil gehalten wird. Daraus folgt eine überproportionale Beziehung zwischen den Portfolioüberschußrenditen und den Benchmarkrenditen. Unter der Prämisse, daß Managern mit Timingfähigkeiten nicht nur Informationen über das Vorzeichen der zukünftigen Marktentwicklung, sondern auch über die Höhe der Marktüberschußrenditen vorliegen, und sie das Portfolio-Beta in Abhängigkeit ihrer Erwartungen über ein Kontinuum verändern, ergibt sich daraus eine ex-post ermittelte charakteristische Linie des Fonds, die einen kurvenförmigen, konvexen Verlauf annimmt. Die Portfolioüberschußrenditen sind somit eine konvexe Funktion der Marktüberschußrenditen.[60]

Um zu prüfen, ob eine derartige konvexe charakteristische Linie vorliegt, wird die Regressionsgleichung (C.5) zur Ermittlung von Jensens Alpha um einen quadratischen Term erweitert,

$$(C.10) \qquad \tilde{r}_{Pt} = J_P^{T/M} + b_P \, \tilde{r}_{Et} + \gamma_P (\tilde{r}_{Et})^2 + \tilde{\delta}_{Pt} \, ,$$

und die Nullhyphothese getestet, daß γ_P einen Wert von Null annimmt. Ein signifikant positiver Wert des Parameters γ_P bedeutet, daß Timingaktivitäten vorgelegen haben. Die Krümmung der charakteristischen Linie ist dabei um so ausgeprägter, je größer der Wert des Koeffizienten geschätzt wird. Nimmt dieser einen Wert von Null an, liegt kein Timing vor und die Gleichung (C.10) entspricht Gleichung (C.5).[61]

Im Rahmen einer theoretischen Analyse dieses Ansatzes zeigen *Pfleiderer/Bhattacharya*, daß mit Hilfe des Koeffizienten γ_P unter bestimmten Annahmen die Präzision der Timingprognosen der Manager identifiziert werden kann.[62] Eine der erforderlichen Prämissen besteht darin, daß die Manager eine exponentielle Nutzenfunktion aufweisen, d. h. es wird eine konstante absolute Risikoaversion unterstellt. Damit wird eine restriktive Annahme über das Reaktionsverhalten des Managers bezüglich seiner Timinginformationen getroffen. Sie bedeutet ökonomisch, daß die Manager eine lineare Adjustierung des Portfolio-Betas in Abhängigkeit ihrer privaten Informationen vornehmen. Als weitere Voraussetzung ist die Unabhängigkeit der Selectivity- und Timinginformationen zu nennen, so daß die Störvariable in Gleichung (C.10) unabhängig ist von der prognostizierten Rendite des effizienten Portfolios sowie der daraus erwarte-

---

[60]   Dagegen bildet die charakteristische Linie eines Fonds in Fällen konstant richtiger sowie gleichermaßen korrekter wie falscher Vorhersagen keine Kurve, sondern besteht aus zwei Geraden mit unterschiedlicher Steigung, vgl. **Treynor/Mazuy** (1966), S. 132.

[61]   Vgl. **Lehmann/Modest** (1987), S. 238.

[62]   Vgl. **Pfleiderer/Bhattacharya** (1983), deren Analyse auf den von **Jensen** (1972) herausgearbeiteten Grundstrukturen beruht. Eine Verallgemeinerung dieser Analyse erfolgt im Rahmen des Portfolio-Ansatzes bei **Admati/Bhattacharya/Pfleiderer/Ross** (1986), S. 725 ff. Einen guten Überblick über diese Modelle und ihre Unterschiede geben **Lee/Rahman** (1990), S. 263 ff.

ten Vermögenssteigerung.[63] Schließlich müssen die aufgrund der Timinginformationen prognostizierten Renditen des Benchmarkportfolios und die tatsächliche Rendite einer gemeinsamen Normalverteilung folgen. Dies ermöglicht die Messung der Timingfähigkeit durch die Korrelation zwischen der vorhergesagten und realisierten Rendite des Benchmarkportfolios.

Die Timing-Komponente der Portfoliorendite, das T/M-Timing-Maß, ergibt sich unter diesen Bedingungen auf der Basis der mit Hilfe der quadratischen Regression geschätzten Koeffizienten mit

$$(C.11) \qquad \text{T/M-Tim.} = \gamma_P \text{Var}(\tilde{R}_E)$$

und $J_P^{T/M}$ in Gleichung (C.10) stellt den Schätzer für die Selectivity-Komponente dar.[64]

Der Ansatz von *Treynor/Mazuy* ermöglicht die Berücksichtigung stetig schwankender Betafaktoren. Eine quadratische Abhängigkeit zwischen Portfolio- und Benchmarküberschußrenditen stellt allerdings eine zwar hinreichende, nicht jedoch notwendige Bedingung für Timing dar. Aus einer Nichtidentifikation von Timing mit Hilfe dieses Ansatzes kann daher nicht geschlossen werden, daß keine Timingfähigkeiten vorliegen. Insofern ist die Stärke dieses Tests grundsätzlich begrenzt.[65]

Problematisch ist zudem die Interpretation des Ordinatenabschnitts, wenn die Berechnung des Renditeintervalls nicht mit dem Timingintervall des Managers übereinstimmt. Nur wenn letzterer keine häufigeren Anpassungen des Risikoexposures innerhalb des durch die Renditeberechnung vorgegebenen Beobachtungsintervalls durchführt, kann die Konstante $J_P^{T/M}$ als unverzerrte Schätzung für die Selektivität gelten.[66] Daneben kann ein positiver oder negativer Wert des Regressionskoeffizienten dann zu falschen Schlußfolgerungen führen, wenn dieser auch anderen Einflußfaktoren unterliegt.[67] Das ist beispielsweise dann der Fall, wenn der Fonds auch in Optionen investiert ist, da diese

---

[63] Die Annahme der Unabhängigkeit von Selectivity- und Timinginformationen ist nicht unkritisch zu sehen. So kann beispielsweise argumentiert werden, daß Informationen über einen bevorstehenden Streik in einem wichtigen Unternehmen sich durchaus auch auf die Marktrendite auswirken kann, vgl. **Grinblatt/Titman** (1989 b), S. 405. Für den von **Admati/Bhattacharya/Pfleiderer/Ross** (1986), S. 722 ff., vorgestellten Faktor-Ansatz ist die Annahme der Unabhängigkeit von Selektions- und Timinginformationen nicht notwendig. Da dieser Ansatz empirisch jedoch kaum umsetzbar ist, wird auf dessen Erläuterung verzichtet.

[64] Vgl. **Grinblatt/Titmann** (1992 a), S. 26 f.; **Grinblatt/Titmann** (1993 a), S. 28. Der Schätzer für die Selektionsfähigkeiten unterliegt allerdings im Fall von Timing-Fähigkeiten denselben Verzerrungen wie das Jensen-Maß, vgl. **Grinblatt/Titman** (1989 b), S. 405, Fußnote 9.

[65] Vgl. **Zimmermann** (1992 a), S. 88.

[66] Vgl. zu dieser Problematik, die alle Performance-Maße betrifft, die lediglich auf Portfoliorenditen zurückgreifen, **Pfleiderer/Bhattacharya** (1983), S. 13 ff.

[67] Auf Timingfähigkeiten kann daher nur dann geschlossen werden, wenn die Veränderungen der Portfolio-Betas tatsächlich aus systematischen Anlageentscheidungen der Manager resultieren.

ebenfalls nichtlineare Pay-off-Strukturen aufweisen.[68] Darüber hinaus sind mit diesem Ansatz auch statistische Probleme verbunden. Dies betrifft insbesondere mögliche Kollinearitätsprobleme aufgrund des quadratischen Terms.

Grundsätzlich ist ein Ranking von Fondsmanagern auf der Grundlage des Timingkoeffizienten γ_P nicht möglich, da mit diesem sowohl das Vorliegen privater Timinginformation als auch die Reaktion des Managements auf diese geschätzt wird.[69] Daher kann allein auf der Basis des Timingkoeffizienten nicht beurteilt werden, ob das systematische Risiko auf qualitativ besseren Timinginformationen beruht oder lediglich auf eine aggressive Anlagepolitik eines Managers mit qualitativ geringwertigen bzw. wenig Informationen zurückzuführen ist.[70] Für einen Investor entscheidend ist jedoch letztlich die Beantwortung der Frage, welcher Manager über die meisten und besten Informationen verfügt. Die Aggressivität der Umsetzung von Informationen kann der Anleger dagegen allein bestimmen, wenn von einer unbegrenzten Kreditaufnahme- und Kapitalanlagemöglichkeit zum risikolosen Zinssatz ausgegangen wird. Erst durch eine Analyse des Störterms in Gleichung (C.10) kann die dazu erforderliche Qualität der Informationen identifiziert werden. Diese Analyse ist Gegenstand des Ansatzes von *Pfleiderer/Bhattacharya*, der im nächsten Abschnitt vorgestellt wird.

(b) Der Ansatz von Pfleiderer/Bhattacharya

Pfleiderer/Bhattacharya gehen davon aus, daß die Manager zu Beginn der Periode t ein Signal $\tilde{\pi}_t + \tilde{\xi}_t$ erhalten, wobei $\tilde{\xi}_t$ eine von $\tilde{\pi}_t$ unabhängige Zufallsvariable mit einem Erwartungswert von Null darstellt.[71] Definiert man $\tilde{\pi}_t = \tilde{r}_{Et} - E(\tilde{r}_E)$, wobei $E(\tilde{r}_E)$ die von den Marktteilnehmern auf der Grundlage lediglich öffentlicher Informationen erwartete Marktüberschußrendite darstellt, und bezeichnet man $\tilde{\pi}_t^*$ als den zu Beginn der Periode in Abhängigkeit der privaten Information ϕ erwarteten Wert von $\tilde{\pi}_t$, lautet die

---

[68]   Dies setzt nicht das tatsächliche Handeln mit Optionen voraus, da sich diese durch andere Instrumente duplizieren lassen.

[69]   Vgl. **Pfleiderer/Bhattacharya** (1983), S. 10; **Cumby/Glen** (1990), S. 517.

[70]   Vgl. **Pfleiderer/Bhattacharya** (1983), S. 10; **Admati/Bhattacharya/Pfleiderer/Ross** (1986), S. 715.

[71]   Den Ausgangspunkt dieser Aufspaltung des Störterms bilden die theoretischen Erörterungen von **Jensen** (1972), der allerdings aufgrund einer korrigierbaren impliziten Prämisse zum Ergebnis kommt, daß eine Trennung von Timing und Selektivität nicht bzw. nur unter der Bedingung möglich ist, daß entweder die Prognosen des Managers bekannt oder die erwartete Marktrendite exakt ermittelt werden kann. Der Ansatz von *Pfleiderer/Bhattacharya* behebt diesen Fehler, so daß die Geltung dieser Bedingungen nicht erforderlich ist, vgl. **Pfleiderer/Bhattacharya** (1983), S. 9. Zur Analyse des Störterms und zu den Implikationen für die Performance-Messung vgl. ausführlich **Pfleiderer/Bhattacharya** (1983), S. 11 ff.; **Admati/Bhattacharya/Pfleiderer/Ross** (1986), S. 725 ff.; **Lee/Rahmann** (1990), S. 265 ff.; **Nowak/Wittrock** (1993), S. 50 ff.

optimale Prognose $\tilde{\pi}_t^*$ des Managers, unter der Annahme, daß er seinen Prognosefehler σ_ξ^2 minimiert,[72]

(C.12) $\qquad \tilde{\pi}_t^* = \psi(\tilde{\pi}_t + \tilde{\xi}_t),$

mit: $\qquad \psi = \dfrac{\sigma_\pi^2}{\sigma_\pi^2 + \sigma_\xi^2} \, .$

Dabei kann ψ als das Bestimmtheitsmaß und dessen Quadratwurzel als die Korrelation zwischen den Managerprognosen und der Marktüberschußrendite interpretiert werden. Dieser zu ermittelnde Wert zeigt somit die Qualität der Timinginformationen des Managers an.[73] Die Ermittlung von σ_π^2 kann ohne die Kenntnis des Mittelwertes der Marktüberschußrenditen mit Hilfe eines von *Merton* vorgeschlagenen Schätzers erfolgen.[74] Damit ist dann die Berechnung des eigentlichen Maßes der Qualität des Managers, die Varianz des Prognosefehlers σ_ξ^2, möglich.

Liegen dem Manager Timinginformationen vor, wird er das systematische Risiko des Portfolios entsprechend verändern. Eine Aufspaltung des systematischen Risikos des Fonds ergibt

(C.13) $\qquad \tilde{\beta}_{Pt} = \overline{\beta}_{PT} + \iota\,\psi\,(\tilde{\pi}_t + \tilde{\xi}_t)$

wobei $\overline{\beta}_{PT}$ das target beta des Fonds in Abwesenheit von Markttiming bezeichnet und ι die Reaktion des Managers auf die optimale Prognose mißt. Der zweite Term stellt demnach die vom Manager vorgenommene Abweichung des Portfolio-Betas in Periode t dar.

Nach Einsetzen in Formel (C.5) ergibt sich daraus nach Umformen

(C.14) $\qquad \tilde{R}_{Pt} = \underbrace{J_P^{T/M}}_{\Gamma_0} + \underbrace{\iota\,E(\tilde{R}_E)(1-\psi)}_{\Gamma_1}\,\tilde{R}_{Et} + \underbrace{\psi\,\iota\,(\tilde{R}_{Et})^2}_{\Gamma_2} + \underbrace{\psi\,\iota\,\tilde{\xi}_t\,\tilde{R}_{Et} + \tilde{u}_{Pt}}_{\varpi_t} \, .$

---

[72] Dies ergibt sich aus der Minimierung von $E\left[\,\tilde{\pi}_t - \psi(\tilde{\pi}_t + \tilde{\xi}_t)\,\right]^2$, der Varianz des Vorhersagefehlers; vgl. zu der entsprechenden mathematischen Herleitung **Lee/Rahmann** (1990), S. 266.

[73] Vgl. **Coggin/Fabozzi/Rahman** (1993), S. 1042.

[74] Dieser Schätzer hat den Vorteil, daß er ohne die Kenntnis des ersten Momentes der Wahrscheinlichkeitsverteilung der Renditen auskommt. Er ergibt sich unter der Annahme, daß die Marktüberschußrenditen einem stationären Wiener Prozeß folgen, mit $\hat{\sigma}_\pi^2 = \left[\sum\limits_{t=1}^{T} \ln(1 + \tilde{R}_{Et})^2\right]$, vgl. **Merton** (1980), S. 338.

Unter der Annahme einer großen Stichprobe und der Unabhängigkeit des Prognosefehlers können die Koeffizienten Γ durch eine quadratische Regression geschätzt werden.[75] Eine Schätzung der Selektionsfähigkeiten ergibt sich aus dem Ordinatenabschnitt dieser Regression mit Γ_0. Der Regressionskoeffizient Γ_2 ist identisch mit $1/\Theta\ \sigma_\xi^2$, wobei Θ dem Koeffizienten für die absolute Risikoaversion nach dem Pratt/Arrow-Maß entspricht.[76] Bei Kenntnis der Risikoaversion wäre somit eine direkte Ableitung der Höhe des Prognosefehlers σ_ξ^2 des Managers aus dem Koeffizienten möglich. Da jedoch lediglich eine Annahme über die funktionale Form der Reaktion des Managements auf die Informationen getroffen wird, ist das durch die Risikoaversion des Managements determinierte Niveau der Anpassung unbekannt.

Deshalb ist zur Ermittlung der Qualität der Timinginformationen eine Analyse des Störtermes $\tilde{\omega}_t$ in Gleichung (C.14) erforderlich, da dieser die dafür relevanten Informationen enthält.

Die Extraktion der relevanten Informationen erfolgt durch eine Regression von $(\tilde{\omega}_t)^2$ auf $(\tilde{R}_{Et})^2$:

$$(C.15) \qquad (\tilde{\omega}_t)^2 \;=\; \psi^2\,\iota^2\,\sigma_\xi^2\,(\tilde{R}_{Et})^2 + \tilde{\zeta}_t.$$

Da ein konsistenter Schätzer von $\psi\iota$ durch die Regression (C.14) vorliegt, ist die gesuchte Varianz des Prognosefehlers durch die Division des Regressionskoeffizienten in (C.15) durch $\psi^2\iota^2$ ermittelbar. Zusammen mit der Schätzung für die Varianz der Marktüberschußrenditen ist auf diese Weise über die Quadratwurzel von ψ die Korrelation zwischen der Managerprognose und der Überschußrendite des Marktes berechenbar. Daneben sind entsprechend auch die weiteren Bestandteile der Regressionsfunktion ermittelbar, wie z. B. die Reaktion der Manager auf die Informationen und die erwartete Höhe der Marktüberschußrendite $E(\tilde{r}_E)$.[77] Nachdem die Varianz des Prognosefehlers bekannt ist, kann zudem eine Schätzung der absoluten Risikoaversion der Manager erfolgen, dessen reziproker Wert sich mit $1/\Theta = \Gamma_2\sigma_\xi^2$ ergibt.[78]

---

[75] Vgl. **Pfleiderer/Bhattacharya** (1983), S. 11. Aus statistischer Sicht ist dabei allerdings die Heteroskedastizität der Störterme zu beachten; vgl. **Lee/Rahman** (1990), S. 268 ff., die statt der gewöhnlichen Kleinste-Quadrate-Regression (OLS) eine Verallgemeinerte Kleinste-Quadrate-Methode (GLS) vorschlagen; vgl. auch **Jagannathan/Korajczyk** (1986), S. 228 f.; **Bleymüller/Gehlert/Gülicher** (1991), S. 159.

[76] Vgl. **Pfleiderer/Bhattacharya** (1983), S. 12; **Lee/Rahmann** (1990), S. 272.

[77] Letzteres wird als besonderer Vorteil herausgestellt, da eine präzise Schätzung der erwarteten Marktüberschußrendite als schwieriger angesehen wird als eine Schätzung höherer Momente von Wahrscheinlichkeitsverteilungen, vgl. **Merton** (1981). Bei der beschriebenen Vorgehensweise ist die Schätzung der erwarteten Marktüberschußrendite nicht erforderlich, sondern ergibt sich vielmehr als Ergebnis, vgl. **Pfleiderer/Bhattacharya** (1983), S. 11.

[78] *Lee/Rahmann* nutzen diese Erkenntnis, um über $W = (1/\theta)\left[E(\tilde{R}_E) / 2\sigma_E^2 \right]$ den Anteil der risikobehafteten Wertpapiere am Gesamtvermögen der Fonds zu schätzen, vgl. zur Herleitung **Lee/Rahmann** (1990), S. 273. Auf diese Weise sind Schlußfolgerungen über die Asset Allocation der Fonds auf der Basis von Renditezeitreihen möglich. Die empirischen Ergebnisse von

(2) Dummy-Variablen-Regressionsansätze

Der Hauptunterschied zwischen den quadratischen Regressionsansätzen und jenen Methoden, deren Umsetzung auf der Grundlage von Dummy-Variablen-Regressionen erfolgt, besteht in den Annahmen über die Art und Genauigkeit der Timinginformationen.

Den Dummy-Variablen-Regressionsansätzen liegt diesen Ansätzen die Annahme zugrunde, daß informierte Portfoliomanager lediglich die Richtung der erwarteten Marktüberschußrenditen prognostizieren können, nicht jedoch deren Höhe. Damit haben die Informationen weniger präzisen Charakter und bestehen lediglich in einem dichotomen Signal über das Vorzeichen der Marktüberschußrendite in einer zukünftigen Periode. Dies bedeutet, daß die Wahrscheinlichkeit, private Informationen über die Richtung der erwarteten Marktüberschußrenditen zu erhalten, in keiner Weise von deren Höhe abhängt.

Die verschiedenen Verfahren dieser Kategorie lassen sich danach unterscheiden, ob sie lediglich statistisch orientiert oder aber aus einem gleichgewichtstheoretischen Ansatz abgeleitet sind.

Die statistisch orientierten Ansätze untersuchen die Stabilität der Fonds-Betas mit unterschiedlichen Testdesigns. Z. T. werden die Fonds-Betas in Bull- und Bear-Phasen des Aktienmarktes geschätzt und die Nullhypothese getestet, daß die Betas in beiden Marktphasen identisch sind, d. h. daß keine Timingfähigkeiten vorliegen.[79] Derartige Modelle sind als Spezialfälle des Ansatzes von *Kon/Jen* zu betrachten.[80] Mit diesem Verfahren wird versucht, jeder Beobachtung von Markt- und Portfoliorendite ein zugehöriges Risikoniveau zuzuweisen. Dabei wird unterstellt, daß die Manager in Abhängigkeit ihrer Prognosen eine Folge verschiedener Risikoentscheidungen treffen.[81] Daraus ergeben sich für das Portfolio bei Vorliegen von Timingfähigkeiten mehrere (diskrete) alternative Risikoniveaus, deren Bestimmung mit Hilfe eines als Switching Regression bezeichneten Verfahrens zum Nachweis nichtstationärer Betafaktoren erfolgt.[82] Die unbekannte Wahrscheinlichkeit dafür, daß eine bestimmte Beobachtung

---

Lee/Rahmann weisen dabei auf eine statistisch signifikante Korrelation zwischen den geschätzten und den tatsächlichen Portfolioanteilen hin.

[79] Vgl. **Fabozzi/Francis** (1979); **Alexander/Stover** (1980); **Veit/Cheney** (1982). Der Problematik der Abgrenzung der Marktphasen wird dabei durch die Zugrundelegung mehrerer Definitionen Rechnung getragen.

[80] Vgl. **Kon/Jen** (1978, 1979). Der Unterschied ist lediglich darin zu sehen, daß die anderen Ansätze durch die Untersuchung zweier Marktphasen a priori von einem bestimmten Timing der Manager beim Switching zwischen den Risikoklassen ausgehen. Vgl. **Alexander/Benson/Eger** (1982), S. 582, die auch einen guten Überblick zu verschiedenen, die Nichtstationarität der Portfolio-Betas testenden Ansätzen geben.

[81] Vgl. **Kon/Jen** (1979), S. 267.

[82] Vgl. **Kon/Jen** (1978), S. 457 ff. Den meisten der Fonds werden dabei mit Hilfe dieses Ansatzes zwei bis drei Risikoklassen zugeordnet. Timingaktivitäten werden bei diesem Ansatz dann ange-

- 96 -

einer der so ermittelten Risikoklassen zuzuordnen ist, wird dabei auf der Basis einer Maximum Likelihood Schätzung ermittelt.[83] Innerhalb der Risikoklassen, in denen von der Konstanz des systematischen Risikos ausgegangen wird, erfolgt dann die Schätzung des Jensen-Alphas. Dieses Modell ermittelt somit mehrere Jensen-Alphas in Abhängigkeit von bestimmten Risikoniveaus, deren Summe die Gesamtperformance des Fonds anzeigt.[84] Um mit diesem Ansatz die Timing-Performance zu messen, sind allerdings zusätzliche Anforderungen an das Datenmaterial zu stellen. Insbesondere ist die Kenntnis des Target-Betas des Fonds und eine Schätzung der aufgrund öffentlicher Informationen erwarteten Rendite des Marktes notwendig.[85]

Mit statistisch orientierten Verfahren sind unter den Annahmen der Modelle lediglich Aussagen darüber möglich, ob Timingaktivitäten vorgelegen haben.[86] Schlußfolgerungen, ob diese erfolgreich waren oder nicht können daraus jedoch nicht gezogen werden.[87]

Demgegenüber ist bei Zugrundelegung gleichgewichtstheoretisch fundierter Verfahren aufgrund der spezifizierten Korrespondenz zwischen der Überschußrendite des Benchmarkportfolios und dem Risikoniveau ein direkter Test auf das Vorliegen von Timingfähigkeiten möglich. Sie sind daher grundsätzlich gegenüber rein statistischen Modellen zu bevorzugen. Deshalb wird hier der optionstheoretische Ansatz von *Merton* vorgestellt, der auf einer Gleichgewichtstheorie zur Bewertung von Marktprognosen basiert und dessen statistische Umsetzung von *Henriksson/Merton* aufgezeigt wird.[88]

Im Gegensatz zu den quadratischen Verfahren wird beim Ansatz von *Merton* davon ausgegangen, daß Manager mit Timingfähigkeiten private Informationen nicht über die Höhe der Marktüberschußrenditen besitzen, sondern lediglich über deren Vorzeichen. Die Manager prognostizieren somit lediglich, ob die Marktüberschußrendite positiv

---

nommen, wenn sich das systematische Risiko zwischen den Risikoklassen eines Fonds signifikant voneinander unterscheidet, vgl. **Kon** (1983), S. 332.

[83] Vgl. **Kon** (1983), S. 326 ff. In einer anderen, auf einem ähnlichen Grundgedanken beruhenden Untersuchung erfolgt die Identifizierung unterschiedlicher Risikoniveaus mit Hilfe einer als Partition Regression bezeichneten Technik, in der das systematische Risiko in sich nicht überlappenden Perioden geschätzt wird, vgl. dazu **Miller/Gressis** (1980), S. 643.

[84] Vgl. **Kon/Jen** (1979), S. 265; **Lee/Finnerty/Wort** (1990), S. 610.

[85] Vgl. **Kon/Jen** (1979), S. 277 f. Da Informationen über das Target-Beta im Rahmen einer externen Performance-Analyse nicht erhältlich sind, kann es nur geschätzt werden, wodurch Verzerrungen nicht ausgeschlossen sind. *Kon* zieht dafür das durchschnittliche systematische Risiko aller Fonds mit derselben Anlagekategorie als Proxy heran, vgl. **Kon** (1983), S. 332.

[86] Auch dies ist jedoch nicht unproblematisch, da eine identifizierte Instabilität der Portfolio-Betas nicht zweifelsfrei aus Timingaktivitäten resultieren muß, vgl. **Chen/Stockum** (1986), S. 88; **Sinclair** (1990), S. 57.

[87] Vgl. **Alexander/Francis** (1986), S. 257.

[88] Vgl. **Merton** (1981); **Henriksson/Merton** (1981); **Henriksson** (1984). Vgl. auch die komprimierte Darstellung bei **Steiner/Wittrock** (1995), Sp. 1522.

oder negativ ist, d. h. ob $\tilde{R}_{Et} - R_{ft} > 0$ oder $\tilde{R}_{Et} - R_{ft} \leq 0$, unabhängig davon, wie groß $|\tilde{r}_{Et}|$ ist.

Merton entwickelt eine Gleichgewichtstheorie auf der Grundlage der Erkenntnis, daß sich die Pay-off-Strukturen von Timing-Strategien durch Optionen replizieren lassen. Besitzt ein Manager perfekte Timingfähigkeiten, sind seine Prognosen bezüglich des Vorzeichens der Marktüberschußrenditen immer korrekt. Das von ihm gemanagte Portfolio erzielt somit in jeder Periode den risikolosen Zinssatz und zusätzlich die Differenz zur Marktrendite für risikobehaftete Anlagen, sofern diese positiv ist. Damit ergibt sich die Portfoliorendite mit

(C.16) $\qquad \tilde{R}_{Pt} = \max (\tilde{R}_{Et}; R_{ft}) = R_{ft} + \max (0; \tilde{R}_{Et} - R_{ft})$.

Eine identische Rendite kann mit einer Investition in das Marktportfolio bzw. Benchmarkportfolio erzielt werden, wenn eine vollständige Absicherung durch den Kauf einer europäischen Putoption auf das Marktportfolio erfolgt, wobei der Ausübungspreis des Puts dem mit R_{ft} aufgezinsten Indexstand in t = 0 entspricht und die Laufzeit der Option mit dem Beobachtungsintervall identisch ist.[89] Die mit einer solchen passiven Strategie erzielte Rendite

(C.17) $\qquad \tilde{R}_{Pt} = \max (\tilde{R}_{Et}; R_{ft}) = \tilde{R}_{Et} + \max (0; R_{ft} - \tilde{R}_{Et})$

entspricht exakt der Rendite bei perfektem Timing, sofern die Option kostenlos erworben werden kann und das Management keine Gebühren berechnet.[90] Im Marktgleichgewicht entspricht die maximale Gebühr, die ein Manager für perfekte Timingfähigkeiten verlangen kann, dem Marktpreis der Option.[91] Der Wert des perfekten Timings kann daher über den Marktpreis der Option bestimmt werden. Unter Verwendung der Put-Call-Parität kann der Fair Value der Option mit Hilfe der Black/Scholes-Formel bestimmt werden und ergibt sich pro Geldeinheit des Fondsvermögens mit [92]

(C.18) $\qquad Put_0 = 2 \, N \, (0,5 \, \sigma \sqrt{t}) - 1$.[93]

---

[89] Dieses Vorgehen wird auch als protektive Putstrategie bezeichnet, vgl. **Merton** (1981), S. 370. Dieselben Überlegungen lassen sich auch für den Fall einer partizipierenden Callstrategie zeigen. Dies würde der Investition in die festverzinsliche Anlage bei gleichzeitigem Kauf von Calloptionen auf das Benchmarkportfolio entsprechen, vgl. **Zimmermann** (1992 a), S. 83; zu diesen Strategien vgl. **Steiner/Bruns** (1994), S. 197 ff. Neben der Prämisse europäischer Optionen, die nur am Ende der Laufzeit ausübbar sind, wird angenommen, daß diese auch dividendengeschützt sind, so daß ihr Wert nicht durch Dividendenzahlungen beeinflußt wird, vgl. zu den Arten von Optionen **Perridon/Steiner** (1993), S. 167 ff.

[90] Vgl. **Merton** (1981), S. 369.

[91] Vgl. **Merton** (1981), S. 371.

[92] Vgl. **Merton** (1981), S. 374; zur Optionspreisformel vgl. **Black/Scholes** (1973); **Margrabe** (1978). Die Herleitung dieser Formel findet sich im Anhang F, Ableitung (1).

[93] Dabei wird deutlich, daß die Managementgebühr (pro Geldeinheit des Portfoliovermögens) unabhängig von der risikolosen Verzinsung ist, vgl. **Merton** (1981), S. 374 f.

Dabei bezeichnet σ die annualisierte Standardabweichung des Benchmarkportfolios, N(.) die kumulative Standardnormalverteilung und t die Länge des Prognoseintervalls bzw. die Restlaufzeit der Option als Bruchteil eines Jahres.

Unter Aufgabe der Prämisse perfekter Timingfähigkeiten entwickelt *Merton* auf der Grundlage dieser Erkenntnisse Kriterien für eine generelle Bewertung von Prognosefähigkeiten, wenn heterogene Erwartungen bestehen. Dazu wird eine Dummyvariable $\upsilon(t)$ eingeführt, die die Prognose des Managers hinsichtlich der Entwicklung der Marktüberschußrendite zum Zeitpunkt t angibt. Dabei gilt

(C.19) $\upsilon(t) = 1$ für $\tilde{R}_{Et} > R_{ft}$
           $\upsilon(t) = 0$ für $\tilde{R}_{Et} \leq R_{ft}$,

woraus sich für $\upsilon(t)$ aus den realisierten Renditen die bedingten ex post Wahrscheinlichkeiten $p_1(t)$ und $p_2(t)$ berechnen lassen mit

(C.20)   prob $[\upsilon(t) = 0 \mid R_{Et} \leq R_{ft}] = p_1(t)$
           prob $[\upsilon(t) = 1 \mid R_{Et} \leq R_{ft}] = 1 - p_1(t)$
           prob $[\upsilon(t) = 1 \mid R_{Et} > R_{ft}] = p_2(t)$
           prob $[\upsilon(t) = 0 \mid R_{Et} > R_{ft}] = 1 - p_2(t)$.

Somit bezeichnet $p_1(t)$ die bedingte Wahrscheinlichkeit einer korrekten Vorhersage des Managers, daß $\tilde{R}_{Et} \leq R_{ft}$ unter der Bedingung einer tatsächlichen Rendite $R_{Et} \leq R_{ft}$ und $p_2(t)$ die bedingte Wahrscheinlichkeit einer korrekten Prognose, daß $\tilde{R}_{Et} > R_{ft}$ unter der Bedingung einer realisierten Rendite $R_{Et} \geq R_{ft}$ ist. Da der Zinssatz als risikolos und damit perfekt vorhersehbar angesehen wird, sind die Wahrscheinlichkeiten allein durch die Prognose von $\tilde{R}_{Et}$ bedingt. *Merton* zeigt, daß die Summe der bedingten Wahrscheinlichkeiten $p_1(t) + p_2(t)$ ein geeignetes Maß zur Bewertung der Prognosequalität eines Managers ist. Timingprognosen besitzen dann einen positiven Wert, wenn gilt: $p_1(t) + p_2(t) > 1$.[94] Trifft der Manager dagegen zu je 50 % richtige und falsche Vorhersagen, ist $p_1(t) + p_2(t) = 1$ und die Vorhersagen des Managers haben keinen Wert. Dies ist dann der Fall, wenn die prognostizierten und tatsächlichen Renditen unabhängig voneinander verteilt sind.[95]

Auch bei nicht perfekter Timingfähigkeit des Managers lassen sich Timingfähigkeiten mit Hilfe der oben erwähnten Optionsstrategie replizieren. Bezogen auf die passive

---

[94] Vgl. ausführlicher **Nowak/Wittrock** (1993), S. 53 ff. Perfekte Timingfähigkeiten sind somit bei einem Wert von zwei gegeben. Liegt dagegen $p_1(t)+p_2(t)<1$ vor, wären die Prognosen systematisch falsch. Gleichwohl kann argumentiert werden, daß auch systematisch irrationale Vorhersagen wertvoll sind, soweit dieses auch als pervers bezeichnete Verhalten bekannt ist. In diesem Fall können genau entgegengesetzte Transaktionen getätigt werden, vgl. **Henriksson/Merton** (1981), S. 517.

[95] Vgl. **Merton** (1981), S. 385.

Strategie bedeutet dies, daß nur ein Teil der risikobehafteten Portfolioposition mit Put-optionen abgesichert ist.

Die Umsetzung dieser theoretischen Überlegungen in eine empirisch testbare Form kann auf zweierlei Art erfolgen. Besitzt der Beurteilende Informationen über die Manager-prognosen, können Timingfähigkeiten mit einem nichtparametrischen Test identifiziert werden, der den Vorteil besitzt, ohne Annahmen über ein Renditeerwartungsmodell auszukommen und insofern nicht der Kritik am CAPM oder eines anderen kapitalmarkt-theoretischen Modells ausgesetzt ist.[96]

Sind die Managerprognosen nicht verfügbar, wie dies im Rahmen der externen Perfor-mance-Analyse in der Regel der Fall ist, können die Überlegungen *Mertons* in eine em-pirisch testbare Regressionsgleichung umgesetzt werden. Dieser parametrische Test erfordert allerdings die Annahme eines die unbedingten erwarteten Renditen determinie-renden Modells. Bei dieser Vorgehensweise geht der eigentliche Vorteil des Modells von *Merton* verloren.

Der parametrische Test kann dabei entsprechend obiger Erkenntnisse auf mehrere Art und Weise interpretiert werden. *Henriksson/Merton* gehen im Kontext des CAPM zu-nächst davon aus, daß die Manager zwischen zwei systematischen Risikoniveaus wäh-len. Bei einer Prognose, daß in der nächsten Periode $\tilde{R}_{Et} \leq R_{ft}$ wird ein geringeres Ziel-beta $\beta_t^* = \eta_1$ gewählt. Für den Fall, daß die Prognose $\tilde{R}_{Et} > R_{ft}$ lautet, wählt das Mana-gement ein höheres Zielbeta $\beta_t^* = \eta_2$. Bei rationalem Verhalten muß somit $\eta_1 < \eta_2$ gel-ten.

Dabei können die Zielbetas auch als Anteile in das Marktportfolio bzw. in die risikolose Anlage angesehen werden. In diesem Fall investieren die Manager 100 η_2 % in das Marktportfolio und 100 $(1 - \eta_2)$ % in die risikolose Anlage, wenn sie für die zukünftige Periode eine positive Marktüberschußrendite erwarten. Erwarten die Manager dagegen, daß die risikolose Anlage eine höhere Rendite abwerfen wird, investieren sie 100 η_1 % ins Marktportfolio und 100 $(1-\eta_1)$ % risikolos.

Sind die Marktprognosen des Managers und damit das Portfolio-Beta zu jedem Zeit-punkt bekannt, können Rückschlüsse auf dessen Timingfähigkeiten in einfacher Weise mit Hilfe eines nichtparametrischen Tests gezogen werden. Da das Portfolio-Beta je-doch aus der Sicht eines Außenstehenden eine Zufallsvariable darstellt, muß zur Iden-tifikation der Timingfähigkeiten auf den Erwartungswert des Portfolio-Betas E(β) zum

---

[96] Vgl. **Henriksson/Merton** (1981), S. 517 ff. Managerprognosen sind im Rahmen der externen Performance-Analyse kaum erhältlich. Daher müssen Proxies eingesetzt werden, die Rück-schlüsse auf die Prognosen der Manager erlauben. Das können beispielsweise Veränderungen des Anteils des Portfolios in risikobehafteten und festverzinslichen Wertpapieren oder der Liquidi-tätshaltung sein. Da diese die Kenntnis der Portfoliostrukturen erfordern, wird der entsprechende Test in der vorliegenden Arbeit den Verfahren unter Rückgriff auf Portfoliogewichte zugeordnet.

- 100 -

Zeitpunkt t zurückgegriffen werden, der sich unter Zugrundelegung der unbedingten
Wahrscheinlichkeit q für das Eintreten von $R_{Et} \leq R_{ft}$ ergibt mit

(C.21) $E(\beta) = q\left[\, p_1\,\eta_1 + (1 - p_1)\,\eta_2\,\right] + (1 - q)\left[\, p_2\,\eta_2 + (1 - p_2)\,\eta_1\,\right].$

Daraus kann die nicht antizipierte Komponente des Portfolio-Betas mit $\Phi_t = [\tilde{\beta}_t - E(\beta)]$
abgeleitet werden. Der erwartete Wert dieser Zufallsvariablen ist dann, abhängig vom
Vorzeichen der Marktüberschußrendite, gegeben mit[97]

(C.22) $E(\Phi|\ \tilde{r}_{Et}) = \overline{\Phi}_1 = (1 - q)(p_1 + p_2 - 1)(\eta_1 - \eta_2)$ für $\tilde{r}_{Et} \leq 0$
            $E(\Phi|\ \tilde{r}_{Et}) = \overline{\Phi}_2 = q\ (p_1 + p_2 - 1)(\eta_2 - \eta_1)$ für $\tilde{r}_{Et} > 0.$

Sollen Timingprognosen einen Wert aufweisen, muß somit ein positives $\overline{\Phi}_2$ und ein
negatives $\overline{\Phi}_1$ vorliegen. Die Überschußrendite eines mit Timingfähigkeiten gemanagten
Portfolios pro Periode kann dann ausgedrückt werden durch

(C.23) $\tilde{r}_{Pt} = R_{ft} + \left[\, E(\beta) + \Phi_t\,\right]\tilde{r}_{Et} + \alpha + \tilde{\epsilon}_{Pt},$

wobei α die erwartete, auf Selektionsfähigkeiten zurückzuführende Rendite bezeichnet.
Die Identifikation der Timing- und Selektionsfähigkeiten kann angesichts dieser Ableitungen mit Hilfe der Regression [98]

(C.24) $\tilde{r}_{Pt} = J_P^{H/M} + \beta_{1P}\,\tilde{r}_{Et} + \beta_{2P}\,D_t\,\tilde{r}_{Et} + \tilde{\epsilon}_{Pt},$

erfolgen, wobei D_t eine Dummy-Variable darstellt mit

$$D_t = \begin{cases} 0 & \text{wenn, } R_{Et} > R_{ft} \\ -1 & \text{wenn, } R_{Et} \leq R_{ft} \end{cases}[99]$$

---

[97] Zu einer detaillierten Ableitung vgl. **Henriksson/Merton** (1981), S. 526 f.

[98] Eine OLS-Regression kann aufgrund von Heteroskedastizität in den Störvariablen zu ineffizienten Parameterschätzungen führen, weil die Störvariable in (C.24) eine ansteigende Funktion von
$|\,r_{Et}|$ ist; vgl. **Henriksson/Merton** (1981), S. 530.

[99] Diese Gleichung ist äquivalent mit $\tilde{r}_{Pt} = J_P^{H/M} + \beta_{1P}\tilde{r}_{Et} + \beta_{2P}\max(0, -\tilde{r}_{Et}) + \tilde{\epsilon}_{Pt}$, wobei max
$(0, R_{ft}-\tilde{R}_{Et})$. *Henriksson/Merton* schlagen noch eine weitere Spezifikation des Regressionsmo-
dells vor, die zwar als intuitiv einleuchtender bezeichnet wird, aber nicht den direkten Bezug
zum optionstheoretischen Ansatz von *Merton* erkennen läßt. Dabei wird letztlich getestet, ob sich
die Portfolio-Betas in Hausse- und Baissephasen signifikant voneinander unterscheiden. Dieser
Ansatz macht die Analogie zu den lediglich statistisch orientierten Ansätzen, z. B. von **Alexan-
der/Stover** (1980), deutlich, die nicht vor dem Hintergrund eines Theoriegebäudes interpretiert
wurden. Beide Testdesigns führen jedoch bezüglich der Identifikation der Selektions- und Timingfähigkeiten zu übereinstimmenden Ergebnissen, vgl. **Henriksson/Merton** (1981), S. 530 f.
Die hier dargestellte Variante liegt z. B. der Untersuchung von **Henriksson** (1984) zugrunde,
während das alternative Testdesign in der Untersuchung von **Chang/Lewellen** (1984) eingesetzt
wird.

Es läßt sich zeigen, daß die Regressionsparameter asymptotisch die Werte

$$(C.25) \qquad \hat{\beta}_{1P} = p_2 \eta_2 + (1 - p_2) \eta_1$$
$$\hat{\beta}_{2P} = (p_1 + p_2 - 1)(\eta_2 - \eta_1)$$

annehmen.[100] Der Ordinatenabschnitt $J_P^{H/M}$ ist dabei analog zum Jensen-Alpha zu interpretieren. Diese Darstellung entspricht der oben erläuterten Grundidee des Merton-Ansatzes. Dabei stellt der Regressor für β_{2P} den Pay-off des Puts, max $(0; R_{ft} - \tilde{R}_{Et})$, dar und drückt die Timingfähigkeit des Managers aus.[101] Ein Wert von Null bedeutet dabei, daß der Manager keine Timingfähigkeiten besitzt, d. h. $p_1(t) + p_2(t) = 1$, oder auf mögliche Timinginformationen nicht reagiert, also $\eta_1 = \eta_2$. In diesem Fall ist $\hat{\beta}_{2P} = 0$. Demgegenüber liegen bei $\hat{\beta}_{1P} = \hat{\beta}_{2P} = 1$ perfekte Timingfähigkeiten vor. *Merton* zeigt, daß die Rendite der Periode pro Geldeinheit bei der oben erläuterten Timingstrategie dieselbe ist wie die einer partiellen protektiven Put- Strategie. Bei letzterer werden $[p_2\eta_2 + (1 - p_2)\eta_1]$ Geldeinheiten in das Marktportfolio investiert und gleichzeitig kostenlose Puts im Umfang von $[(p_1 + p_2 - 1)(\eta_2 - \eta_1)]$ auf dasselbe mit einem Ausübungspreis von R_f pro Geldeinheit des Marktportfolios gehalten.[102] Folglich repräsentiert β_{2P} die Timingfähigkeiten der Manager. Für nicht perfekte Timingfähigkeiten gilt demnach $0 < \hat{\beta}_{2P} < 1$. Der Wert dieser Fähigkeiten ist, wie oben beschrieben, über die Multiplikation mit dem Optionspreis berechenbar.

Das Modell von *Merton* bzw. *Henriksson/Merton* ermöglicht eine theoretisch fundierte, getrennte Messung der Beiträge zur Performance des Portfolios und berücksichtigt die durch Timingaktivitäten entstehende Problematik. Da eine Präzisierung der Managerprognosen nicht bezüglich der Höhe, sondern lediglich bezüglich des Vorzeichens der Marktüberschußrenditen erfolgt, sind die unterstellten Informationen unpräziser als z. B. beim Ansatz von *Treynor/Mazuy*. Diese Prämisse über die Art der privaten Timinginformation bedeutet, daß die Wahrscheinlichkeit einer korrekten Prognose unabhängig ist von der Höhe der Marktüberschußrenditen. Daraus resultieren Verzerrungen, wenn Manager zwar über Timinginformationen verfügen, diese aber nicht umsetzen.[103] Dies ist z. B. dann der Fall, wenn Manager auf die Umsetzung ihrer Timinginformationen verzichten, weil die erwartete Höhe der Marktüberschußrenditen als zu gering angesehen wird, um die bei ihrer Realisierung entstehenden Transaktionskosten mehr als zu kompensieren. Daher ist dieser Ansatz nur dann korrekt, wenn das den Managern

---

[100] Vgl. die Ableitung bei **Henriksson/Merton** (1981), S. 528, und zu den asymptotischen Eigenschaften des Ordinatenabschnitts und der Störvariablen **Henriksson/Merton** (1981), S. 529 ff.

[101] Da β_{2p} durch eine Regression geschätzt wird, kann die Nullhypothese H_0: $\beta_{2p} = 0$ durch einen t-Test auf positive Signifikanz geprüft werden.

[102] Der Unterschiedsbetrag von $1 - \beta_{1P}$ Geldeinheiten wird in die risikolose Anlage investiert. Zur genauen Ableitung vgl. **Henriksson/Merton** (1981), S. 527.

[103] In der zweiten Gleichung (C.25) gilt dann $\eta_1 = \eta_2$.

unterstellte Timingverhalten zutrifft und die Manager Umschichtungen allein vom Vorzeichen der Marktüberschußrendite abhängig machen.

Ein weiterer Nachteil des Modells besteht insbesondere in der Manipulierbarkeit dieses Performance-Maßes durch die Manager. Sie können Timingaktivitäten vortäuschen, ohne über private Timinginformationen zu verfügen, indem beispielsweise durch den Kauf von Optionen im Rahmen passiver Anlagestrategien optionsähnliche Renditemuster erzeugt werden. Dies führt dazu, daß Manager, die mit dem *Henriksson/Merton* beurteilt werden, z. B. durch den Kauf von Optionen zwar jeden Grad an Timingfähigkeiten simulieren können. Da diese allerdings käuflich zum Marktpreis erworben werden müssen, wird das Selektivitätsmaß um die Kosten vermindert.[104] Der Effekt auf die Gesamtperformance des Fonds bleibt somit bei Unterstellung eines effizienten Optionsmarktes neutral.[105]

Die grundsätzliche Unabhängigkeit des Ansatzes von Renditeerwartungsmodellen besitzt nur bei Kenntnis der Managerprognosen Gültigkeit. Der parametrische Ansatz unterliegt dagegen der grundsätzlichen Kritik an den verwendeten Modellen.

(3) Modellierung der Betafaktoren als Zufallsvariable

Zahlreiche Untersuchungen von Investmentfonds kommen auf der Basis unterschiedlicher Testdesigns zu dem Ergebnis, daß zumindest bei einem Teil der untersuchten Portfolios von instationären Betafaktoren auszugehen ist.

Die theoretisch motivierten Verfahren, die auf unterschiedlichen Annahmen über die Prognosefähigkeiten der Manager basieren, führen nichtstationäre Portfolio-Betas allein auf Timingfähigkeiten zurück und beachten nicht die Möglichkeit, daß die Betas auch dann instabil sein können, wenn keine Timingaktivitäten vorliegen.[106] In anderen Untersuchungen wird zwar die Instabilität von Betafaktoren getestet, indem entweder nachgewiesen wird, daß diese einem bestimmten stochastischen Prozeß folgen und somit von Periode zu Periode konstanten Schwankungen unterliegen, oder indem das in sich nicht überlappenden Perioden geschätzte systematische Risiko verglichen wird.[107] Diese Vorgehensweisen lassen jedoch keine direkten Schlußfolgerungen über Timingfähigkei-

---

[104] Vgl. **Henriksson/Merton** (1981), S. 529.

[105] Vgl. zu dieser Wechselwirkung **Jagannathan/Korajczyk** (1986), S. 221 f.

[106] Auch in den Untersuchungen von **Kon/Jen** (1978, 1979), **Kon** (1983), **Alexander/Stover** (1980) und **Fabozzi/Francis** (1979) werden die Ergebnisse lediglich vor dem Hintergrund von Timingaktivitäten interpretiert.

[107] Vgl. zu ersteren die Untersuchungen von **Alexander/Benson/Eger** (1982); **Francis/Fabozzi** (1980) und **Fabozzi/Francis/Lee** (1980). Zu letzteren zählen jene von **Klemkosky/Maness** (1978) und **Miller/Gressis** (1980).

ten zu.[108] Darüber hinaus wird die Unterstellung eines reinen Zufallsprozesses für das Fonds-Beta kritisch gesehen, da mit dieser Vorgehensweise unterstellt wird, daß die Verteilung des Betafaktors unabhängig ist von den Marktüberschußrenditen. Dies erscheint angesichts möglicher Timingaktivitäten von Fondsmanagern nicht gerechtfertigt.[109]

Verschiedene Ansätze versuchen, die Kritikpunkte an den verschiedenen Testdesigns zu berücksichtigen, indem sie eine Synthese der unterschiedlichen Ansätze vornehmen. Diese ist dadurch gekennzeichnet, daß zusätzlich zu systematischen, auf Timingfähigkeiten basierenden Veränderungen des Portfolio-Betas auch die Möglichkeit zufälliger Betaschwankungen einbezogen wird. Dies erfolgt durch eine Spezifikation des Portfolio-Betas als stochastischem Parameter, der mit

$$(C.26) \qquad \tilde{\beta}_{Pt} = \overline{\beta}_P + \Lambda_P \tilde{r}_{Et} + \tilde{\varepsilon}_{Pt}$$

ausgedrückt werden kann.[110] Damit erfolgt eine Differenzierung des im Zeitablauf variierenden Betas $\tilde{\beta}_{Pt}$ des Portfolios P zum Zeitpunkt t in ein von der Marktüberschußrendite unabhängiges, durchschnittliches (target) Beta $\overline{\beta}_P$, einen sich in Abhängigkeit der Marktüberschußrendite verändernden Term $\Lambda_P \tilde{r}_{Et}$ und einen Störterm $\tilde{\varepsilon}_{Pt}$. Ist Λ_P signifikant positiv, so ist es dem Manager gelungen, das Portfolio-Beta entsprechend der Marktentwicklung zu variieren und es liegen Timingfähigkeiten vor. Der Störterm $\tilde{\varepsilon}_{Pt}$ macht deutlich, daß das Portfolio-Beta aufgrund instabiler Betas der Aktien auch dann variieren kann, wenn keine Timingfähigkeiten vorgelegen haben. Ist die Varianz von $\tilde{\varepsilon}_{Pt}$ signifikant von Null verschieden, folgt das Portfolio-Beta einem Zufallsprozeß oder das Modell (C.26) ist fehlspezifiziert. Liegen gleichzeitig keine Timingfähigkeiten vor, d. h. Λ_P ist nicht signifikant von Null verschieden, resultiert die Instabilität des Portfolio-Betas somit allein aus von der Marktentwicklung unabhängigen Faktoren.

Zur Implementierung des so definierten systematischen Risikos in ein Modell zur Messung der Performance wird $\tilde{\beta}_{Pt}$ aus Gleichung (C. 26) für b_P in Gleichung (C.5) zur Ermittlung von Jensens Alpha,

---

[108] Gleichwohl werden indirekt Aussagen über die Timingaktivitäten der Fonds getroffen. So können z. B. *Alexander/Benson/Eger* die Nullhypothese, daß die Betafaktoren der von ihnen untersuchten Fonds einem Markov-Prozeß erster Ordnung folgen, nicht ablehnen. Daraus leiten sie die Schlußfolgerung ab, daß der Nachweis instationärer Portfolio-Betas nicht ausreicht, um auf Timingfähigkeiten der Manager schließen zu können, vgl. **Alexander/Benson/Eger** (1982), S. 597. In einer anderen Untersuchung kommen **Francis/Fabozzi** (1980) zu dem Schluß, daß Fondsbetas in einem ähnlich großen Ausmaß wie die von Zufallsportfolios variieren, so daß die Instationarität nicht auf Managerentscheidungen zurückgeführt werden. Vgl. auch **Fabozzi/Francis/Lee** (1980).

[109] Vgl. **Kon/Jen** (1978), S. 459.

[110] Vgl. **Chen/Stockum** (1986), S. 89; **Lockwood/Kadiyala** (1988), S. 460. Diese Spezifizierung entspricht dabei einer von **Singh/Nagar/Choudhry/Raj** (1976), S. 342 ff., vorgeschlagenen Modellierung des variablen Regressionsparameters, der in einen systematischen, von bestimmten Bedingungen abhängigen, und einen zufallsbedingten Term aufgespalten wird.

(C.5) $\qquad \tilde{r}_{Pt} = J_P + b_P \, \tilde{r}_{Et} + \tilde{\delta}_{Pt},$

eingesetzt und es ergibt sich

(C.27) $\qquad \tilde{r}_{Pt} = J_P + \overline{\beta}_P \, \tilde{r}_{Et} + \Lambda_P (\tilde{r}_{Et})^2 + \tilde{v}_{Pt},$

mit: $\qquad \tilde{v}_{Pt} = \tilde{\delta}_{Pt} + \tilde{\varepsilon}_{Pt} \, \tilde{r}_{Et},$

wobei $\tilde{\delta}_{Pt}$ und $\tilde{\varepsilon}_{Pt}$ identisch verteilte, unabhängige Zufallsvariablen mit einem Erwartungswert von Null und der Varianz σ_{δ}^2 bzw. σ_{ε}^2 darstellen.

Es zeigt sich, daß mit Ausnahme der Störvariablen eine Spezifikation des Modells resultiert, die dem von *Treynor/Mazuy* ähnelt. Während letztere jedoch annehmen, daß die Störvariable normalverteilt ist mit einem Erwartungswert von Null und einer konstanten Varianz, setzt sich die Störvariable in diesem Modell aus zwei Komponenten zusammen. Dabei bestimmt $Var(\tilde{\varepsilon}_{Pt}; \tilde{r}_{Et})$ denjenigen Anteil an der Varianz der Portfoliorendite, der auf Schwankungen des Portfolio-Betas zurückzuführen ist, die nicht mit der Marktrendite korreliert und somit nicht auf Timingfähigkeiten zurückzuführen sind.[111] Demnach ist unter Formulierung der Nullhypothese, daß $\sigma_{\varepsilon}^2 = 0$ ist, prinzipiell ein Test möglich, ob das Portfolio-Beta zufälligen, von der Marktentwicklung unabhängigen Schwankungen unterliegt oder nicht.[112] Von der Marktentwicklung abhängige, systematische Schwankungen, die aus Timingfähigkeiten resultieren, werden dagegen allein über den Koeffizienten Λ_P geschätzt.[113]

Die Modellspezifikation in Gleichung (C.27) macht auch die Beziehungen zu anderen, bisher erläuterten Modellen zur Performance-Messung deutlich. Liegen keine Timingfähigkeiten vor und wird das Portfolio-Beta nicht durch Zufallsschwankungen beeinflußt, ist $\beta_{Pt} = \overline{\beta}_P$ und die Messung der Performance reduziert sich auf die Schätzung

---

[111] Vgl. **Bühler** (1993), S. 9.

[112] Vgl. **Lockwood/Kadiyala** (1988), S. 460 f.

[113] Die empirische Implementierung dieses Modells erfordert eine Schätzung der unbekannten Varianzkomponenten σ_{δ}^2 und σ_{ε}^2 und kann auf unterschiedliche Art und Weise erfolgen. Ein Überblick über die möglichen Vorgehensweisen findet sich bei **Singh/Nagar/Choudhry/Raj** (1976), S. 344 ff. Zu den einzelnen Schritten im Kontext der Performance-Messung vgl. **Chen/Stockum** (1986), S. 90 ff.; **Lockwood/Kadiyala** (1988), S. 461 ff.; **Black/Fraser/Power** (1992), S. 1018 ff., sowie **Bühler** (1993), S. 9 f. In den beiden zuletzt genannten Studien wird eine weitere Variation des Untersuchungsdesigns vorgenommen, indem nicht a priori von einer linearen Beziehung zwischen dem in Periode t vom Manager gewählten Beta und der Marktüberschußrendite ausgegangen wird. Vielmehr wird zunächst eine Schätzung der Betas in jeder Periode unabhängig von der Marktrendite vorgenommen, wozu eine Annahme über den Parameterprozeß gesetzt wird. Dessen Schätzung erfolgt mit Hilfe eines Kalmanfilters. In einem zweiten Schritt wird dann getestet, ob ein signifikanter Zusammenhang zwischen dem so für jede Periode identifizierten Beta und den Marktüberschußrenditen besteht, vgl. dazu **Black/Fraser/Power** (1992), S. 1019 f., und **Bühler** (1993), S. 9 f.

von Jensens Alpha. Ist $\sigma_\varepsilon^2 = 0$, ist die Varianz der Störvariablen $\tilde{v}_{Pt}$ identisch mit σ_δ^2 und das Modell entspricht demjenigen von *Treynor/Mazuy*.[114]

Grundsätzlich erscheint das hier erläuterte Modell zur Berücksichtigung zufallsbedingter Schwankungen der Portfolio-Betas geeigneter als die in den vorherigen Abschnitten erläuterten Ansätze, da mit diesem eine Berücksichtigung unterschiedlicher Formen und Grade der Nichtstationarität des systematischen Risikos ermöglicht wird. Eine Berücksichtigung rein zufallsbedingter Portfolio-Betas und damit das Erfordernis des Einsatzes eines im Vergleich zu den anderen Verfahren komplizierteren statistischen Instrumentariums wird jedoch z. T. als nicht notwendig erachtet. Es wurde bereits festgestellt, daß die Betafaktoren passiver Portfolios mit einer großen Anzahl von Wertpapieren relativ konstant sind.[115] Zudem ist die Unterstellung eines speziellen Modells zur Berücksichtigung zufällig variierender Betakoeffizienten bereits auf der Ebene von Einzelwerten umstritten, da verschiedene Modelle auf der Grundlage unterschiedlicher Annahmen über den Parameterprozeß zu differierenden Ergebnissen führen.[116] Schließlich kann die generelle Vorteilhaftigkeit solcher Modelle schon auf Einzelwertebene nicht immer bestätigt werden.[117]

Sowohl die aus der Nichtstationarität der dem Portfolio zugrundeliegenden Aktienbetas als auch die aus der Selektion von Wertpapieren resultierenden zufälligen Schwankungen des Fonds-Betas werden außerdem deshalb als unproblematisch angesehen, weil angenommen wird, daß der Manager diese Instabilitäten durch entsprechende Umschichtungen ausgleicht, um ein bestimmtes, konstantes Risikoniveau aufrecht zu erhalten. Dieser Sichtweise liegt die Betrachtung des Portfolio-Betas als Entscheidungsvariable im Portfoliomanagement zugrunde. Dabei wird implizit davon ausgegangen, daß die Gewährleistung eines bestimmten Target Betas durch den Manager im Interesse der Investoren liegt.[118] Aus dieser Perspektive sind daher sämtliche Instabilitäten der Fonds-Betas als Timingaktivitäten aufzufassen.

---

[114] Insofern ist diese Spezifikation als Spezialfall des Treynor/Mazuy-Modells anzusehen, unter der Bedingung, daß $\sigma_\varepsilon^2 = 0$ gilt. Ist $\sigma_\varepsilon^2 \neq 0$, wird deutlich, daß der Ansatz von *Treynor/Mazuy* durch Heteroskedastizität der Störvariablen fehlspezifiziert ist, da $\sigma_{vt}^2 = \sigma_\delta^2 + \sigma_\varepsilon^2 \, \tilde{r}_{Et}$, sofern eine OLS-Regression zur Schätzung der Parameter erfolgt, vgl. **Chen/Stockum** (1986), S. 90.

[115] Vgl. **Kapitel** C. II. 1. b. aa., S. 85.

[116] Vgl. zu diesen Modellen und den mit ihnen erzielten Ergebnissen **Alexander/Francis** (1986), S. 188 ff.

[117] Vgl. die Untersuchung von **Dotan/Ofer** (1984).

[118] Vgl. **Kon** (1983), S. 332; **Kon/Jen** (1979), S. 285. Aus theoretischer Sicht ist diese Argumentation unbestreitbar, wenn das Beta von den Investoren als Risikomaß bei der Asset Allocation des Vermögens eingesetzt wird, da in Abwesenheit von Timingfähigkeiten nur bei einer Konstanz des systematischen Risikos eine sinnvolle Anlageplanung möglich ist. Dem entspricht unter qualitativen Gesichtspunkten die Umschreibung der Anlagepolitik z. B. als defensiv oder aggressiv u. ä., von dessen dauerhafter Umsetzung der Wert einer solchen Deklaration abhängt.

Bemerkenswert ist schließlich das Ergebnis einer Studie, in der der Schluß gezogen wird, daß die nachgewiesenen Instationaritäten des systematischen Risikos von Investmentfonds deren Performance in einem vernachlässigbar geringen Umfang beeinflußt.[119]

c. Ansätze zur Messung der Gesamtperformance

aa. Die Berücksichtigung künstlichen Timings bei Connor/ Korajczyk

Erfolgreiche Timingfähigkeiten führen zu optionsähnlichen Renditemustern der Portfolios. Diese Erkenntnis ist letztlich auch die Grundlage des Modells von *Merton* zur Bewertung von Timingprognosen. Optionsähnliche Renditemuster können jedoch auch aus anderen Faktoren resultieren, die nicht auf Timinginformationen zurückzuführen sind. Folglich kann eine Differenzierung zwischen tatsächlichem und "unechtem" bzw. künstlichem Timing erfolgen. Künstliches Timing hat dabei im wesentlichen drei unterschiedliche Ursachen.

- Offensichtlich ist der Einfluß des Handels mit Optionen auf Aktien oder Indizes auf die Portfoliorenditen.[120] Kauft der Manager beispielsweise in jeder Periode Calls auf den Marktindex, würde dies zum Ausweis positiver Timingfähigkeiten führen, obwohl keinerlei Timinginformationen vorgelegen haben.[121] Dieser Einflußfaktor gewinnt für die Performance-Analyse deutscher Fonds an Bedeutung, da seit der Novellierung des KAGG am 01.03.1991 eine Liberalisierung der gesetzlichen Anlagevorschriften bezüglich des Einsatzes derivativer Instrumente zu beobachten ist. Diese fand zuletzt Ausdruck in der mit Verabschiedung des 2. Finanzmarktförderungsgesetzes für die Fondsmanager eröffneten Möglichkeit, auch Optionen auf Indizes zu handeln.

- Eine weitere Ursache für optionsähnliche Renditemuster sind dynamische Handelsstrategien, die einen Put replizieren. Während im Henriksson/Merton-Modell das Renditemessungsintervall und die Prognoseperiode als identisch unterstellt werden, finden in der Realität laufend Umschichtungen statt. Wenn die Manager häufiger

---

[119] Vgl. **Fabozzi/Francis/Lee** (1980), S. 1118.

[120] Dies setzt nicht das tatsächliche Handeln mit Optionen voraus, da sich diese durch andere Instrumente duplizieren lassen. Der Einsatz von Optionen bewirkt asymmetrische Renditeverteilungen, so daß diese nicht allein durch ihren Mittelwert und die Standardabweichung beschrieben werden können. Zum Einfluß von Optionen auf die Verteilung der Renditen und die daraus resultierenden Implikationen für die Performance-Messung vgl. **Bookstaber/Clarke** (1981, 1984, 1985). Der Handel mit Futures dagegen führt zu symmetrischen Veränderungen der Verteilungen, sofern sie nicht zur Umsetzung dynamischer Strategien verwendet werden, um optionsähnliche Pay-Off-Muster zu erhalten, vgl. **Zimmermann** (1992 a), S. 90.

[121] Vgl. **Jagannathan/Korajczyk** (1986), S. 221.

Transaktionen tätigen als Renditen gemessen werden, erfolgt eine Nachbildung von Putstrukturen in den Renditen.[122]

- Schließlich können im Portfolio befindliche Wertpapiere Nichtlinearitäten in ihren Betafaktoren aufweisen. Diese entstehen z. B. dann, wenn ein Unternehmen festverzinsliche Wertpapiere emittiert, deren Ausfallrisiko von Null verschieden ist. Die im Kontext des CAPM darstellbare Rendite des Gesamtwertes eines solchen Unternehmens kann in nichtlineare Komponenten zerlegt werden.[123] Dabei wird die Rendite der Eigenkapitaltitel determiniert durch die Rendite des Marktwertes der Firma zuzüglich einer Putoption. Analog dazu setzt sich die Rendite der emittierten Schuldtitel aus dem risikolosen Zinssatz abzüglich der Rendite der Putoption zusammen.[124] Durch den Kauf von Aktien und festverzinslichen Wertpapieren verschuldeter Unternehmen werden diese Renditestrukturen in der Portfoliorendite reflektiert. Eine Verzerrung der Timingkoeffizienten ist dann zu erwarten, wenn die im Portfolio befindlichen Unternehmen im Vergleich zu den in der Benchmark erfaßten Unternehmen eine höhere, mit Ausfallrisiken behaftete Verschuldung aufweisen.[125]

Die Möglichkeit unechten Timings wird bei der Verwendung der oben dargestellten Ansätze zur Berücksichtigung und Identifikation von Timingaktivitäten nicht erfaßt und kann zu einer Fehlklassifikation von Managern als erfolgreiche Markttimer führen, obwohl diese über keinerlei private Timinginformationen verfügt haben.

Mit einer Erweiterung des Henriksson/Merton-Ansatzes versuchen *Connor/Korajczyk*, eine Differenzierung des echten und unechten Timings zu ermöglichen, um somit nur die relevanten Timingfähigkeiten zu identifizieren. Die oben angeführten, für optionsähnliche Renditemuster ursächlichen Faktoren haben gemeinsam, daß sie implizit als Kauf bzw. Leerverkauf kostenpflichtiger Optionen anzusehen sind.[126] Dies bedeutet, daß sie zwar zur selben Pay-off-Struktur führen, wie im Henriksson/Merton-Modell für den Fall erfolgreicher Markttimer angenommen. Im Unterschied zu diesem Modell, in dem zur Identifikation von Timingfähigkeiten ein kostenloser Erwerb von Optionen unterstellt wird, erfolgt jedoch eine Reduzierung der Rendite um die für die Optionen aufzuwendenden Prämien bzw. ihre Erhöhung, sofern von einem Leerverkauf

[122] Vgl. zu dieser generellen Problematik in der Performance-Messung **Pfleiderer/Bhattacharya** (1983), S. 13 ff.

[123] Vgl. **Connor/Korajczyk** (1991), S. 19.

[124] Zur Interpretation des Eigenkapitals von Unternehmen als Option vgl. **Perridon/Steiner** (1993), S. 453 ff.

[125] Vgl. **Dybvig/Ross** (1985 a), S. 395; **Jagannathan/Korajczyk** (1986), S. 218 f.; **Connor/Korajczyk** (1991), S. 18 f. Effekte dieser Art können auch aus anderen Gründen resultieren, die zu einer unterschiedlichen Schiefe in den Wertpapierrenditen führen. Eine Ursache dafür kann z. B. auch im Operating Leverage bestehen, der aus dem Produktionsprozeß resultiert.

[126] Vgl. **Connor/Korajczyk** (1991), S. 19.

auszugehen ist.[127] Dieser Effekt auf die Rendite spiegelt sich in einer Schmälerung bzw. Erhöhung des Ordinatenabschnitts wider und beeinflußt somit das als Selectivity-Maß interpretierte Alpha.

Diese Erkenntnis ist die Grundlage für den Ansatz von *Connor/Korajczyk*. Sie unterstellen den Erwerb bzw. Leerverkauf kostenpflichtiger Optionen. Dabei nehmen sie an, daß positive oder negative Erträge der Optionstransaktionen in die risikolose Anlage investiert bzw. zum risikolosen Zinssatz finanziert werden. Durch die Einbeziehung der Kosten der Putoptionsstrukturen in die Regressionsgleichung ergibt sich

$$(C.28) \quad \tilde{r}_{Pt} = J_P^{C/K} + \beta_{1P}\,\tilde{r}_{Et} + \beta_{2P} \underbrace{\left[\; \max(0, R_{ft} - \tilde{R}_{Et}) - (1 + R_{ft})\,Put_0 \right]}_{\text{Nettoput}} + \tilde{\varepsilon}_{Pt},$$

wobei Put_0 den Wert des Puts zum Zeitpunkt t_0 darstellt. Diese Regressionsgleichung unterscheidet sich von der Henriksson/Merton-Testgleichung (C.24) durch die Subtraktion des mit dem risikolosen Zinssatz aufgezinsten Marktpreises einer Putoption vom Putoptionsterm $\max(0, R_{ft} - \tilde{R}_{Et})$. Den als Regressor eingesetzten Wert

$$(C.29) \quad Put_{netto} = Put - (1 + R_f)\,Put_0,$$

wobei: $\quad Put = \max(R_{ft} - \tilde{R}_{Et}, 0)$
$\qquad\quad Put_0 = 2\,N\,(0,5\sigma\sqrt{t}) - ,^{128}$

bezeichnen *Connor/Korajczyk* als Nettoput. Dieser entspricht dem Wert eines Portfolio-Insurance-Kontraktes, der die Pay-off-Struktur eines Puts abzüglich des risikolosen Zinssatzes zu dessen Bezahlung darstellt.[129] Put_0 stellt den Marktpreis des Put in $t = 0$ dar, dessen Berechnung mit der Black/Scholes-Formel erfolgen kann.

Aus dieser Modellspezifikation folgt im Unterschied zur Henriksson/Merton-Testgleichung (C.24) in Abwesenheit von Selectivity- und Timingfähigkeiten für $J_P^{C/K}$ ein Wert von

$$(C.30) \quad J_P^{C/K} = -(1+R_f)\,\beta_{p2}\,Put_0,$$

während das Modell von *Henriksson/Merton* einen Wert von $J_P^{C/K} = 0$ ermitteln würde. Damit wird die Ursache der in den empirischen Untersuchungen auf der Basis des Henriksson/Merton-Ansatzes festgestellten negativen Relation zwischen $J_P^{H/M}$ und β_{2P} deutlich und ist mit dem Modell von *Connor/Korajczyk* konsistent.

---

[127] Vgl. **Jagannathan/Korajczyk** (1986), S. 218.

[128] Zur Ableitung vgl. Anhang F, Ableitung (1).

[129] Zur Portfolio Insurance vgl. **Steiner/Bruns** (1994), S. 195 ff.; **Bühler** (1995), Sp. 1526 ff.

Dem erläuterten Vorteil dieses Modells steht der Nachteil gegenüber, daß die Performance nicht mehr in den Selektions- und Timingbeitrag aufgespalten werden kann. Daneben ist zu berücksichtigen, daß der Ansatz von *Connor/Korajczyk* die unter Umständen vielfältigen optionsähnlichen Renditemuster aktiv verwalteter Portfolios, nicht vollständig erfassen kann, da lediglich europäische Puts mit einer dem Renditeberechnungsintervall identischen Laufzeit zur Berechnung des Nettoputs herangezogen werden.[130]

bb. Das Positive Period Weighting - Maß von Grinblatt/Titman

(1) Theoretischer Bezugsrahmen

Der Ansatz von *Grinblatt/Titman* wird aus ihren Überlegungen zum relativ μ/σ-effizienten Portfolio abgeleitet.[131] Die Annahme, daß aus der Sicht der uninformierten Marktteilnehmer die Überschußrenditen als unabhängige, identisch verteilte Zufallsgrößen angesehen werden, impliziert, daß die Gewichte eines relativ μ/σ-effizienten Portfolios konstant und damit zeitunabhängig sind. Während nur über öffentliche Informationen verfügende Investoren eine durch zeitunabhängige Portfoliogewichte und -Betas gekennzeichnete passive Anlagestrategie verfolgen, nehmen privat informierte Anleger in Abhängigkeit ihrer privaten Informationen eine Veränderung dieser Größen vor, die somit zeitabhängig sind. Über die Kovarianz der Gewichte der betreffenden Wertpapiere mit ihren zukünftigen Renditen (Selectivity) bzw. die Kovarianz des Portfolio-Betas und der Rendite des Benchmarkportfolios (Timing) läßt sich daher prinzipiell die Performance eines Portfolios als gewichtete Summe seiner Periodenüberschußrenditen ableiten.

Auf dieser Grundlage definieren *Grinblatt/Titman* eine Klasse von Performance-Maßen, die sie als Period Weighting Measures bezeichnen. Diese Maße berücksichtigen, daß die Portfoliorenditen eines aktiv gemanagten Portfolios entsprechend obiger Erkenntnisse mit zeitabhängigen Gewichten multipliziert werden müssen, die letztlich die Aktivitäten der Manager widerspiegeln. Die Maße sind definiert als

$$(C.31) \qquad PW \;=\; \sum_{t=1}^{T} w_t \, r_{Pt}$$

$$\text{mit:} \qquad w_t \;=\; w(r_{Et}, T) \qquad \text{und} \qquad \sum_{t=1}^{T} w_t = 1$$

---

[130]   *Connor/Korajczyk* untersuchen mit Hilfe ihres Ansatzes die Performance von Investmentfonds. Aus ihren Ergebnissen ziehen sie den Schluß, daß die beim Henriksson/Merton-Ansatz identifizierten und als informationsbedingt deklarierten Veränderungen der Fonds-Betas zum großen Teil auf nicht informationsbedingte Einflußgrößen zurückzuführen sind, vgl. **Connor/Korajczyk** (1991), S. 20 f.

[131]   Vgl. **Kapitel** B. III. 2. c. aa., S. 63 ff.

und stellen die gewichtete Summe der Portfolioüberschußrenditen der einzelnen Beobachtungsperioden dar.[132] Dabei bezeichnen T die Gesamtzahl der Perioden und w_t das Gewicht in der Periode t. Die Gewichte stellen dabei eine Funktion der Überschußrendite des aus der Sicht der öffentlich informierten Investoren relativ μ/σ-effizienten Portfolios und der Gesamtzahl von Perioden in der Stichprobe dar.

Dieses Maß nimmt für einen Manager mit privaten Selektionsinformationen einen Wert größer Null an, sofern keine Timingfähigkeiten vorliegen. Um nichtinformierten Investoren keine Performance zuzuweisen, muß eine Investition in das relativ μ/σ - effiziente Portfolio eine Performance von Null aufweisen.[133] Daher formulieren *Grinblatt/Titman* für die Period Weighting Measures als weitere Anforderung

(C.32) $\qquad \sum_{t=1}^{T} w_t\, r_{Et} \to 0$ für $T \to \infty,$

d. h. für eine große Anzahl von Perioden muß das PW-Maß für alle uninformierten Investoren gegen Null konvergieren.

Ein einzelnes Maß aus der Klasse der Period Weighting-Maße ergibt sich aus einer Konkretisierung der Periodengewichte, die die obigen Bedingungen erfüllen.[134] Es läßt sich zeigen, daß z. B. auch das Jensen-Alpha dieser Klasse von Maßen zuzuordnen ist, wenn die Gewichte mit

(C.33) $\qquad w_t^J = \dfrac{s_E^2 - (r_{Et} - \bar{r}_E)\bar{r}_E}{T s_E^2},$

wobei: $\qquad s_E^2$ = Stichprobenvarianz des effizienten Portfolios
$\qquad\qquad \bar{r}_E$ = Stichprobenmittelwert des effizienten Portfolios,

spezifiziert werden. Diese Gewichte führen, eingesetzt in Gleichung (C.32), wie gefordert zu einem Wert von Null.[135] Werden die Gewichte in Gleichung (C.31) eingesetzt, gelangt man über einige Umformungen zu [136]

(C.34) $\qquad PW = \bar{r}_P - b_P\, \bar{r}_E,$

---

[132] Vgl. **Grinblatt/Titman** (1989 b), S. 405; **Grinblatt/Titman** (1994), S. 423.

[133] Dahinter steht das theoretische Konzept, daß der Erwartungswert der Überschußrenditen, berechnet mit risikoangepaßten Wahrscheinlichkeiten, gleich Null sein muß. Die Wahrscheinlichkeiten der Überschußrenditen ergeben sich bei einer großen Zahl von Perioden über die relativen Häufigkeiten des Auftretens von Überschußrenditen, die w_t nehmen die Risikoanpassung der Wahrscheinlichkeiten vor.

[134] Grundsätzlich bestehen beliebig viele Gewichte, die die Anforderungen an das PW-Maß erfüllen.

[135] Vgl. **Grinblatt/Titman** (1989 b), S. 405.

[136] Zu den einzelnen Umformungen vgl. **Bühler** (1993), S. 31.

was mit der Definition des Jensen-Alphas identisch ist. Dies belegt, daß das Jensen-Maß lediglich einen Spezialfall der Period Weighting-Maße darstellt. Wie bereits erwähnt, ist das Jensen-Alpha bei Vorliegen von Timingfähigkeiten negativ verzerrt, wenn die Marktüberschußrenditen extrem hohe Werte annehmen.[137] Die Definition der Gewichte in Gleichung (C.33) zeigt, daß der Grund für diese Verzerrung aus der Möglichkeit negativer Gewichte besteht, die im Fall sehr hoher Überschußrenditen des effizienten Benchmarkportfolios zu einem im Extremfall negativen Ausweis von Jensens-Alpha führen kann. Ein negatives Gewicht resultiert aus einer Marktüberschußrendite $\tilde{r}_{Et}$, die größer ist als $\bar{r}_E + s_E^2 / \bar{r}_E$.[138] Manager mit Timingfähigkeiten werden in Zeiten großer Marktüberschußrenditen $(1+Y)$ Geldeinheiten in das Benchmarkportfolio investieren und in Zeiten geringer Marktüberschußrenditen $(1-Y)$ Geldeinheiten. Dies bedeutet, daß bei der Berechnung des PW-Maßes über Gleichung (C.31) die Portfolioüberschußrendite $\tilde{r}_{Pt}$ mit $(1+Y)\tilde{r}_{Et}$ bzw. $(1-Y)\tilde{r}_{Et}$ gegeben ist. Daraus wird deutlich, daß bei Managern mit Timingfähigkeiten im Fall sehr großer Marktüberschußrenditen mit negativen Verzerrungen zu rechnen ist.[139]

Um auszuschließen, daß Managern mit Timingfähigkeiten eine negative Performance zugewiesen wird, muß daher zusätzlich zu den oben genannten Anforderungen die Möglichkeit negativer Gewichte ausgeschlossen werden. Auf der Grundlage dieser zusätzlichen Bedingung

(C.35)　$w_t > 0, \quad \forall \; t = 1, ..., T$

formulieren *Grinblatt/Titman* die als **Positive** Period Weighting Measures bezeichnete Klasse von Performance-Maßen. Diese gewährleisten unter der zusätzlichen Bedingung, daß die Manager bei Vorliegen positiver Timinginformationen eine Erhöhung des Portfolio-Betas vornehmen, einen positiven Wert für das PW-Maß für Manager mit Selektions- und/oder Timingfähigkeiten.[140]

Die zusätzliche Annahme, daß bei Vorliegen positiver Timinginformationen eine Erhöhung des Portfolio-Betas erfolgen muß, stellt in Verbindung mit der Prämisse multivariat normal verteilter Renditen unabhängig von der unterstellten (monoton konkaven) Nutzenfunktion bei der Bestimmung der Gewichte sicher, daß auch bei einer in Abhängigkeit der Vermögenssituation bedingten Erhöhung der Risikoaversion des Inve-

---

[137]　Vgl. **Kapitel** C. II. 1. b. aa., S. 86 ff.

[138]　Dies läßt sich leicht nachweisen, indem der Zähler in Gleichung (C.33) $s_E^2 - (\tilde{r}_{Et} - \bar{r}_E)\bar{r}_E = 0$ gesetzt wird. Daraus ergibt sich $s_E^2 / \bar{r}_E + \bar{r}_E - \tilde{r}_{Et} = 0$ und die obige Aussage wird offensichtlich.

[139]　Vgl. **Bühler** (1993), S. 6.

[140]　Vgl. **Grinblatt/Titman** (1989 b), S. 406.

stors eine Portfolioumschichtung stattfindet. Darüber hinaus liegt dem PW-Maß die Unabhängigkeit der Selektions- und Timinginformationen als Prämisse zugrunde.[141]

(2) Die Konkretisierung der Gewichte

Die Gewichte können zweckmäßigerweise als marginaler Nutzen eines Investors interpretiert werden. Das Performance-Maß ist bei dieser Sichtweise als marginaler Anstieg des erwarteten Nutzens des uninformierten Investors bei Hinzufügen eines Anteils des zu bewertenden Portfolios zu einem bestehenden Portfolio zu kennzeichnen.[142]

Bei dieser Betrachtungsweise sind die implizit im Jensen-Maß enthaltenen Gewichte als marginaler Nutzen eines Investors mit quadratischer Nutzenfunktion zu interpretieren, der das effiziente Portfolio hält. Quadratische Nutzenfunktionen haben die Eigenschaft einer mit zunehmendem Reichtum bzw. Vermögen ansteigenden absoluten Risikoaversion.[143] Bei sehr großen Marktrenditen und einem bei Vorliegen erfolgreichen Markt-Timings sehr hohen Portfolio-Beta kann eine mit zunehmendem Reichtum gestiegene Risikoaversion dazu führen, daß der marginale Nutzen des Haltens dieses Portfolios negativ wird. Dies ist bei obiger Interpretation der Gewichte gleichbedeutend mit der Möglichkeit negativer Gewichte im Jensen-Maß.

Um zu gewährleisten, daß der marginale Nutzen eines Investors und damit die Gewichte keine negativen Werte annehmen können, muß somit eine Nutzenfunktion gewählt werden, die keine derartigen, ökonomisch nicht plausiblen Vermögenseffekte implizieren. Nutzenfunktionen mit derartigen Eigenschaften sind den Klassen U_3 und U_4 zuzuordnen.[144] So werden die Anforderungen bezüglich der Nichtnegativität der Gewichte z. B. dann erfüllt, wenn die Gewichte als marginaler Nutzen eines uninformierten Inve-

---

[141] Grundsätzlich können sowohl Timing- als auch Selektionsinformationen die Vermögensposition und damit die Risikoaversion beeinflussen. Das Ansteigen der Risikoaversion kann bei voneinander unabhängigen Selektions- und Timinginformationen jedoch nur für letztere relevant sein, vgl. **Grinblatt/Titman** (1989 b), S. 410 f. Lediglich für Investoren mit einer konstanten absoluten Risikoaversion, d. h. Investoren mit einer Exponentialnutzenfunktion, kann diese Annahme aufgegeben werden, vgl. **Grinblatt/Titman** (1989 b), S. 406 und S. 410 f.

[142] Hat das Maß einen Wert von Null, wurde das bewertete Portfolio durch einen uninfomierten Investor gemanagt. Für den Uninformierten würde es demnach nicht lohnen, dieses Portfolio in das gehaltene μ/σ-effiziente Portfolio aufzunehmen, da damit keinerlei zusätzlicher (marginaler) Nutzen entstehen würde. In einem verallgemeinerten Ansatz der Performance-Messung, in dem die Beurteilung von Portfolios als die Bewertung zustandsbedingter Ansprüche (Contingent Claims) aufgefaßt und abgeleitet wird, ist das PW-Maß auch als Realisierung der Grenzrate der Substitution der Investoren zuzüglich eines Störterms zu interpretieren. Vgl. dazu **Glosten/Jagannathan** (1988), S. 8 ff. Deren Ansatz enthält auch andere Modellspezifikationen, wie das Treynor/Mazuy- oder Henriksson/Merton-Modell als Spezialfälle, vgl. **Glosten/Jagannathan** (1988), S. 13 ff.

[143] Zur quadratischen Nutzenfunktion und ihren Eigenschaften vgl. **Kapitel B. II 3. b. aa. (1)**, S. 28 f..

[144] Vgl. **Kapitel B. II. 3. a. aa. (2)**, S. 25.

stors mit einer Potentialnutzenfunktion definiert werden.[145] Die Annahme einer Potentialnutzenfunktion stellt allerdings nur eine Vorgehensweise unter mehreren möglichen Verfahren zur Bestimmung der Gewichte dar. Unabhängig von der unterstellten konkaven Nutzenfunktion werden alle Gewichte, welche die in den Gleichungen (C.31), (C.32) und (C.35) gestellten Restriktionen erfüllen, die gewünschte Eigenschaft aufweisen, Timingfähigkeiten immer positiv zu berücksichtigen, vorausgesetzt, daß das Portfolio-Beta bei Timingsignalen tatsächlich angepaßt wird.[146] Die Interpretation der Gewichte als marginaler Nutzen eines Investors mit einer Potentialnutzenfunktion besitzt jedoch den Vorteil einer intuitiv einleuchtenden Interpretation. Deshalb wird die Bestimmung der Gewichte auf der Grundlage einer solchen Funktion im folgenden genauer erläutert.

Im Gegensatz zu den nachteiligen Eigenschaften der quadratischen Nutzenfunktion impliziert eine Potentialnutzenfunktion Nichtsättigung, eine abnehmende absolute und eine konstante relative Risikoaversion.[147] Daher ist der marginale Nutzen dieser Funktion unabhängig vom Reichtum bzw. vom Betrag des Anfangsvermögens bei Erwartung steigender Renditen immer positiv. Darüber hinaus ergibt sich bei Entscheidungen über die Portfoliozusammmenstellung gegenüber quadratischen Nutzenfunktionen der Vorteil, daß für die Bestimmung des erwarteten Nutzens der gegenwärtige Reichtum irrelevant ist.[148] Durch die Unterstellung einer Potentialnutzenfunktion wird daher die Separierbarkeit des zum Zeitpunkt der Entscheidung bestehenden Reichtums und den für die Entscheidung relevanten, sich aus der Portfolioallokation ergebenden erwarteten Renditen ermöglicht. Die Entscheidung ist deshalb allein von den erwarteten Renditen abhängig.[149]

Zur konkreten Bestimmung der Gewichte kann dem uninformierten Investor folgende Nutzenfunktion unterstellt werden: [150]

$$(C.36) \qquad U\left(W_t\right) = \frac{1}{1-\theta} W_t^{1-\theta}$$

---

[145] Eine Potentialnutzenfunktion wird auch bei der Bestimmung der Gewichte in den Untersuchungen von *Grinblatt/Titman* und *Cumby/Glen* zugrundegelegt, vgl. **Grinblatt/Titman** (1988), S. 4; **Grinblatt/Titman** (1994), S. 423; **Cumby/Glen** (1990), S. 499 f.

[146] Vgl. **Grinblatt/Titman** (1992 a), S. 32.

[147] Vgl. **Pratt** (1964), S. 134; **Alexander/Francis** (1986), S. 26 f. Eine konstante relative Risikoaversion, d. h. eine abnehmende absolute Risikoaversion, die sowohl bei Potential- als auch bei logarithmischen Nutzenfunktionen gegeben ist, wurde tendenziell auch empirisch bestätigt, vgl. die Untersuchungen von **Blume/Friend** (1975), **Cohn/Lewellen/Lease/Schlarbaum** (1975) und **Friend/Blume** (1975).

[148] Dagegen hängen die Koeffizienten der Renditefunktion bei einer quadratischen Nutzenfunktion immer auch vom gegenwärtigen Reichtumsniveau ab.

[149] Vgl. **Alexander/Francis** (1986), S. 27 f.

[150] Vgl. **Grinblatt/Titman** (1994), S. 439, **Cumby/Glen** (1990), S. 500.

mit: W_t = Reichtum am Ende der Periode t

θ = Koeffizient der relativen Risikoaversion, mit $\theta > 0$.[151]

Kann ein Investor in risikobehaftete Wertpapiere oder in eine risikolose Anlage investieren, ergibt sich sein Vermögen am Ende der Periode aus

(C.37) $W_t = W_t(y) = 1 + y\tilde{R}_{Et} + (1-y)R_{ft}$

mit: y = Aufteilung des Vermögens in $\tilde{R}_{Et}$ und R_{ft},

wobei das am Anfang der Periode bestehende Vermögen auf Eins gesetzt wurde.[152]

In einem ersten Schritt zur Bestimmung der Gewichte ist die optimale Aufteilung der Mittel auf die risikolose Anlage und die risikobehaftete effiziente Benchmark aus der Sicht des nur über öffentliche Informationen verfügenden Investors festzulegen. Dies geschieht durch einen Algorithmus, der das optimale y* ermittelt. Dazu wird der erwartete Nutzen entsprechend den Gleichungen (C.36) und (C.37) maximiert:[153]

(C.38) $E(U(W_t)) = (1-\theta)^{-1} \sum_{t=1}^{T} (1 + R_{ft} + y\tilde{r}_{Et})^{1-\theta}$.

Mit Hilfe des optimalen y* ist dann mit $(1 + R_{ft} + y^*\tilde{r}_{Et})$ die Zeitreihe der Bruttorenditen des aus Sicht der Uninformierten optimalen Portfolios, bestehend aus der risikolosen Anlage und dem Benchmarkportfolio, bestimmbar.

Bei Interpretation der so ermittelten Bruttorenditen als Niveau des Reichtums errechnet sich der marginale Nutzen bei nutzenoptimaler Allokation des Vermögens W zum Zeitpunkt t als erste Ableitung der unterstellten Potentialfunktion nach y, $(1 + R_{ft} + y^*\tilde{r}_{Et})^{-\theta} \tilde{r}_{Et}$. Die Gewichte werden demnach als $(1 + R_{ft} + y^*\tilde{r}_{Et})^{-\theta}$ definiert. Um das beobachtete PW-Maß als monatliche Überrendite interpretieren zu kön-

---

[151]   Zur Theorie der Risikoaversion vgl. **Arrow** (1971), S. 90 ff. *Friend/Blume* ermitteln in ihrer Untersuchung unter bestimmten Annahmen einen relativen Risikoaversionsparameter in Höhe von 2, vgl. **Friend/Blume** (1975), S. 921. In weiteren Studien, die auch andere Länder als die USA untersuchen, wird eine relative Risikoaversion zwischen 1 und 5 geschätzt, vgl. **Szpiro** (1988), S. 116 ff., und die dort angegebene Literatur.

[152]   Dabei wird die Trennbarkeit des am Anfang der Periode bestehenden Vermögens und der Portfolioallokationsentscheidung deutlich. Bezeichnet man den Nutzen am Ende der Periode T als

$U = W_T^\theta$, kann dieser äquivalent auch mit $U = (W_0(1+R_p)^\theta) = ((W_0)^\theta (1+R_p)^\theta)$ geschrieben werden als Da $(W_0)^\theta$, das Vermögen am Anfang der Periode, eine positive Konstante darstellt, ist für die Ableitung von Nutzenüberlegungen lediglich der die Renditen R_p beinhaltende Term erforderlich, vgl. **Alexander/Francis** (1986), S. 27 f.

[153]   Dies ist identisch mit dem Gleichsetzen der ersten Ableitung der Potentialnutzenfunktion nach y mit Null. In diesem Fall wäre y über einen Algorithmus zu ermitteln, der das Ergebnis der Funktion $\sum_{t=1}^{T} (1 + R_{ft} + y\tilde{r}_{Et})^{-\theta} \tilde{r}_{Et}$ gleich Null setzt.

nen, wird eine Normierung der Gewichte auf 1 vorgenommen. Die sich daraus ergebenden monatlichen Gewichte

$$(C.39) \qquad w_t \; = \; (1+R_{ft}+y\,\tilde{r}_{Et})^{-\theta} / \sum_{t=1}^{T} (1+R_{ft}+y\,\tilde{r}_{Et})^{-\theta}$$

werden schließlich mit den entsprechenden Überschußrenditen des zu bewertenden Portfolios multipliziert und aufaddiert. Daraus resultiert das PW-Maß gemäß Gleichung (C.31). Die Multiplikation dieser Gewichte mit den Renditen des aus Sicht der uninformierten Investoren effizienten Benchmarkportfolios ergibt einen häherungsweisen Wert von Null.[154] Dazu muß allerdings eine genügend große Anzahl von Beobachtungen vorliegen, da ein Wert von Null tatsächlich nur für $T \to \infty$ gegeben ist.

Aus der beschriebenen Vorgehensweise folgt für Portfolios informierter Investoren ein positiver Wert des PW-Maßes. Dieser ist darauf zurückzuführen, daß der Manager die Gewichtung der Wertpapiere in dem von ihm aktiv verwalteten Portfolio gegenüber dem aus der Sicht der Uninformierten μ/σ-effizienten Benchmarkportfolio verändert hat. Für Nichtinformierte besitzt das PW-Maß dagegen einen Wert von Null. Somit wird eine theoretisch korrekte Zuweisung der Performance ermöglicht, die im Gegensatz zu Jensens Alpha sicherstellt, daß die gemessene Performance nicht durch Timingfähigkeiten negativ verzerrt ist. Wie bereits angedeutet, läßt sich die Annahme, daß die Renditen eines Wertpapiers aus der Sicht der uninformierten Investoren im Zeitablauf unabhängig und identisch verteilt sind, nur auf der Grundlage eines Gleichgewichtskonzepts rechtfertigen. Damit reduziert sich der Unterschied zwischen dem Jensen-Maß und den Positive Period Weighting-Maßen im wesentlichen darauf, daß letztere von einer quadratischen Nutzenfunktion abweichen.

Der Vorteil des Maßes von *Grinblatt/Titman* liegt vor allem darin, daß mit dessen Anwendung nicht auf bestimmte Annahmen über die Verhaltensweisen zurückgegriffen werden muß, die z. B. mit dem Einsatz der Timingmaße von *Treynor/Mazuy* oder *Henriksson/Merton* verbunden sind. Vielmehr könnte theoretisch eine Nutzenfunktion gewählt werden, die den Charakter der Portfolioanpassung repräsentiert, solange die Gewichte die oben genannten Bedingungen erfüllen und der Manager eine Erhöhung des Portfolio-Betas bei Vorliegen positiver Timinginformationen vornimmt. Insofern erscheint dieses Maß flexibler als die eben erwähnten.[155]

Schlußfolgerungen über die Signifikanz der PW-Werte sind mit Hilfe eines t-Tests möglich. Dessen Ableitung erfolgt unter der Annahme, daß keine Selectivity- und/oder

---

[154] Die mit der Messung der Benchmarkrenditen verbundenen Fehler führen dazu, daß deren gewichtete Summe nicht Null ergibt; zu den Konsequenzen vgl. **Cumby/Glen** (1990), S. 500 f.

[155] Vgl. **Grinblatt/Titman** (1992 a), S. 32.

Timingfähigkeiten vorliegen, d. h. $\beta_{Pt} = \beta_P$ und $E(\tilde{\epsilon}_{Pt}) = 0$. In diesem Fall sind das Jensen-Maß und das PW-Maß identisch und mit

$$(C.40) \qquad PW = J_P = \beta_P \sum_{t=1}^{T} w_t \, r_{Et} + \sum_{t=1}^{T} w_t \, \epsilon_{Pt} = \sum_{t=1}^{T} w_t \, \epsilon_{Pt}$$

gegeben.[156] Unter der Annahme, daß die Gewichte unabhängig von $\tilde{\epsilon}_{Pt}$ verteilt sind und $\tilde{\epsilon}_{Pt}$ homoskedastisch ist, ergibt sich die Varianz von PW in Gleichung (C.40) mit $s_{\epsilon_P}^2 \sum_{t=1}^{T} w_t^2$. Daraus folgt für die Berechnung der Teststatistik zur Prüfung der Nullhypothese, daß keine privaten Informationen vorliegen:

$$(C.41) \qquad PW \Big/ \sqrt{s_{\epsilon_P}^2 \sum_{t=1}^{T} w_t^2} \quad .$$

Die Teststatistik hat eine Studentverteilung mit T - I - 1 Freiheitsgraden, wobei T die Anzahl der Renditen und I die Anzahl der zur Benchmarkbildung benutzten Indizes bzw. Benchmarkportfolios bezeichnen.[157] Zur Bestimmung des Wertes für $s_{\epsilon_P}^2$ kann auf die Residuen der Regression zur Ermittlung von Jensens Alpha zurückgegriffen werden.

cc. Das Treynor/Mazuy-Totalmaß

Das auf dem Treynor/Mazuy-Ansatz basierende, im folgenden als T/M - Total-Maß bezeichnete Performance-Maß mißt die aus Selectivity- und Timingfähigkeiten resultierende Gesamtperformance eines Managers. Es ergibt sich durch einfache Addition des mit Hilfe der quadratischen Regression geschätzten Alphas gemäß Gleichung (C. 10) und dem mit der Varianz des Benchmarkportfolios multiplizierten Timingkoeffizienten gemäß Gleichung (C.11). Folglich ergibt sich dieses Maß unter den restriktiven Annahmen des Treynor/Mazuy-Ansatzes mit

$$(C.42) \qquad T/M \text{ - Tot.} = J_P^{T/M} + \gamma_P \, var \, (\tilde{R}_E).$$

Die Signifikanz dieses Maßes kann auf der Grundlage eines t-Tests beurteilt werden: Die Test-Statistik ist studentverteilt mit T - I - 1 Freiheitsgraden und ist gegeben mit

$$(C.43) \qquad T/M \text{ - Tot.} \, / \, s \, (T/M),$$

---

[156] Dies folgt sowohl aus Gleichung (C.34) als auch angesichts der unter Berücksichtigung der Anforderung (C.32) für das PW-Maß bestimmten Gewichte, deren Multiplikation mit den Überschußrenditen des relativ μ/σ-effizienten Portfolios einen Wert von Null ergibt. Vgl. auch **Kapitel B. III. 1.**, S. 51 ff.

[157] Vgl. **Grinblatt/Titman** (1988), S. 31; zur Ableitung dieser Teststatistik vgl. ausführlich **Cumby/Glen** (1990), S. 500.

wobei s (T/M) den Standardfehler des T/M - Totalmaßes bezeichnet, dessen Ermittlung in drei Schritten erfolgt.[158] Zunächst wird der Standardfehler der Regression zur Ermittlung des Jensen-Maßes, $s_{\varepsilon_p}^2$, geschätzt. In einem zweiten Schritt wird die Varianz-Kovarianz-Matrix der drei im Rahmen der quadratischen Regression geschätzten Koeffizienten, bedingt auf die Überschußrendite des Benchmarkportfolios, berechnet. Daraus ergibt sich

$$(C.44) \qquad \mathbf{V} = s_{\varepsilon}^2 \, (\mathbf{X'X})^{-1},$$

wobei $\mathbf{X}$ eine T x 3 Matrix der Regressoren der quadratischen Regression bezeichnet. Der Standardfehler des T/M-Totalmaßes ergibt sich dann in einem dritten Schritt mit

$$(C.45) \qquad s\,(T/M) = \begin{bmatrix} 1 & 0 & \mathrm{Var}(\tilde{R}_E) \end{bmatrix} \mathbf{V} \begin{bmatrix} 1 \\ 0 \\ \mathrm{Var}(\tilde{R}_E) \end{bmatrix}.$$

d. Performance-Analyse auf der Basis von Mehrfaktorenmodellen

aa. Ziele der Verwendung mehrdimensionaler Benchmarks

Die Verwendung von Mehrfaktorenmodellen in der Performance-Messung wird unter verschiedenen Gesichtspunkten diskutiert, die in Abbildung C.6 systematisiert sind.

Die Beweggründe für den Einsatz von Mehrfaktorenmodellen in der Performance-Analyse lassen sich danach unterscheiden, ob ihr Einsatz vor dem Hintergrund kapitalmarkttheoretischer, auf Gleichgewichts- bzw. Arbitragefreiheitsannahmen beruhender Modelle oder unabhängig von einer Bewertungstheorie erfolgt.

Im Rahmen des Multi-Beta CAPM wird ein Mehrfaktorenmodell lediglich für einen im klassischen CAPM nicht vorhandenen expliziten Ausweis der systematischen Risikofaktoren benötigt, indem der Betafaktor in einzelne Risikomaße aufgespalten wird. In der APT stellt ein Mehrfaktorenmodell eine zentrale Annahme dar, welche über die zusätzliche Arbitragefreiheitsannahme die Ableitung bewerteter Faktoren und damit die Bestimmung erwarteter Renditen ermöglicht. Letztlich liegt die Motivation der Verwendung von Mehrfaktorenmodellen in den genannten Modellen in der theoretisch fundierten Umsetzung von Risiko- und Renditeerwartungen in Gleichgewichtspreise, die ein uninformierter Investor im Rahmen einer passiven Strategie allein durch das Eingehen systematischer Risiken hätte erzielen können. Insofern haben derartige Modelle in die-

---

[158] Vgl. zu dieser Vorgehensweise **Grinblatt/Titman** (1994), S. 440 f.

sem Zusammenhang dieselbe Funktion wie das CAPM, wenngleich ihnen zum Teil zusätzliche theoretische Vorteile eingeräumt werden.[159]

Abb. C.6:   **Zielsetzungen für den Einsatz von Mehrfaktorenmodellen in der Performance-Analyse**

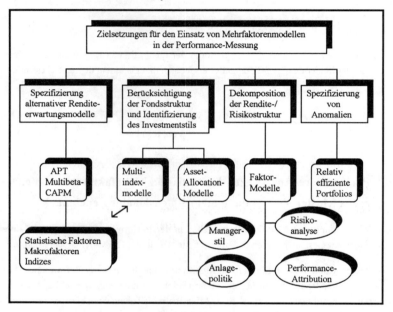

Der Einsatz von Mehrfaktorenmodellen in Preisbildungsmodellen wird vor allem auch aufgrund der in zahlreichen Studien festgestellten Anomalien auf den Kapitalmärkten als vorteilhaft angesehen. Dabei wird argumentiert, daß diese auf Unvollkommenheiten des Kapitalmarktes und die daraus resultierenden Steuer-, Transaktions- und Informationseffekte zurückzuführenden Anomalien auf verschiedene Wertpapiere in unterschiedlich hohem Ausmaß einwirken.[160] Daraus ergibt sich die Erkenntnis, daß mehrere bewertete systematische Risiken existieren.[161] Da jedoch auch die APT auf der Annahme eines vollkommenen Kapitalmarktes beruht, muß bezweifelt werden, ob durch dieses Modell Marktunvollkommenheiten sauber erfaßbar sind.[162]

---

[159]   Die Motivation der Verwendung alternativer Modelle ergibt sich insofern eher aus der Kritik an der empirischen Testbarkeit des CAPM und den damit verbundenen Zweifeln über die Ergebnisse der Performance-Maße, vgl. dazu **Kapitel** B. III. 2. b. bb., S. 62 f.

[160]   Vgl. **Franke** (1994), S. 130 f.

[161]   Vgl. z. B. den Hinweis auf die APT bei **Beiker** (1993), S. 468.

[162]   Vgl. **Franke** (1994), S. 132.

Unabhängig davon ergeben sich allerdings durch den expliziten Ausweis mehrerer (bewerteter) systematischer Risikofaktoren gleichzeitig Vorteile im Hinblick auf das Portfolio-Management. Diese können sowohl in der Identifikation einer einseitigen Risikoallokation bezüglich einzelner Faktoren bestehen als auch in der Möglichkeit einer Stärken-/Schwächen-Analyse im Rahmen einer Performance-Attribution. Letztere erlaubt z. B. Rückschlüsse über die Notwendigkeit einer Intensivierung von Research-anstrengungen, um beispielsweise Prognosetechniken bezüglich einzelner Variablen zu verbessern. Daneben kann die Offenlegung der Rendite-/Risikostruktur eines Port-folios Hedge-Erfordernisse hinsichtlich bestimmter Faktoren anzeigen.[163] Für externe Investoren wird die Zusammenstellung von Portfolios und damit die Diversifikation auch hinsichtlich verschiedener systematischer Risiken erleichtert.[164] Diese Vorteile sind allerdings nur dann zusätzlich zu einer reinen Performance-Messung gegeben und für zukünftige Anlageentscheidungen nutzbar, wenn die ökonomische Interpretation der Faktoren gelingt.[165]

Alle weiteren Zielsetzungen des Einsatzes von Mehrfaktorenmodellen sind außerhalb des Anspruchs einer gleichgewichtstheoretischen Fundierung zur Bestimmung erwarte-ter Renditen zu interpretieren. Die Faktoren in Mehrfaktorenmodellen und damit auch bei den oben genannten Bewertungsansätzen sind theoretisch nicht weiter spezifiziert und können damit sowohl statistische Konstrukte, makroökonomische Faktoren des realen oder monetären Sektors, fundamentale Faktoren oder nach bestimmten Kriterien gebildete Portfolios sein. Dagegen erfolgt eine Konkretisierung der Faktoren im Rah-men von Multiindexmodellen durch Indizes.[166]

Mit Multiindexmodellen werden vor allem zwei Ziele verfolgt. Zum einen soll durch den Rückgriff auf Indizes, welche verschiedene Segmente des Kapitalmarktes repräsentie-ren, die Fondsstruktur bzw. die von den Kapitalanlagegesellschaften deklarierte Anla-gepolitik bei der Konstruktion der Benchmark berücksichtigt werden. Da die Beschrei-bung der Anlagepolitik i. d. R. mit Charakteristika bestimmter Marktsegmente, Bran-chen, Vermögenskategorien oder Wertpapiere erfolgt, ist die Verwendung entspre-chend konstruierter Indizes naheliegend. Damit wird zugleich der Forderung entspro-chen, daß die Benchmark aus solchen Wertpapieren aufgebaut sein sollte, in denen auch

[163] Vgl. zu diesen und anderen Vorteilen der Verwendung mehrdimensionaler, kapitalmarkttheoreti-sch fundierter Bewertungsmodelle gegenüber Einfaktormodellen im Kontext des Portfolio-Mana-gements **Zimmermann** (1992 a), S. 74 ff.; **Roll/Ross** (1984); **Lehmann** (1988); **Berry/Bur-meister/McElroy** (1988 a), S. 34 ff.; **Berry/Burmeister/McElroy** (1988 b), S. 81 ff.; **Bur-meister/Roll/Ross** (1992).

[164] Vgl. dazu **Kapitel** B. I. 3., S. 14 ff.

[165] Dies ist beispielsweise dann nicht der Fall, wenn die Faktoren der APT über den Weg der Fakto-renanalyse bestimmt werden.

[166] Es sei darauf hingewiesen, daß der Begriff Index- oder Multiindexmodell nicht einheitlich ver-wendet wird. Prinzipiell kann jeder Faktor auch als Index bezeichnet werden, wie dies z. B. beim Single-Index-Modell von Sharpe der Fall ist. Hier sind mit Multiindexmodellen jedoch grund-sätzlich Modelle gemeint, deren Indizes aus Wertpapieren zusammengesetzt sind.

die Fonds investiert sind bzw. in die sie investieren können.[167] Die Umsetzung einer ähnlichen Zielrichtung erfolgt mit dem Einsatz von Mehrfaktorenmodellen zur Charakterisierung des Managerstils. Je nachdem, wie die Schätzung der Risikofaktoren und die Messung der Performance erfolgt, kann dabei zwischen Asset-Allocation-Modellen und Multiindexmodellen im engeren Sinn unterschieden werden. Bei diesen Einsatzgebieten wird implizit davon ausgegangen, daß die jeweilige Struktur der Fonds bzw. der Managerstil über den Zeitablauf relativ konstant bleiben.[168]

Zum anderen kann der Einsatz mehrerer Indizes bei der Konstruktion eines relativ effizienten Portfolios im Sinne von *Grinblatt/Titman* erforderlich sein. Da zur Ermittlung eines relativ effizienten Portfolios als Benchmark zur Performance-Messung lediglich die Erfassung der aus der Sicht des Managers handelbaren Wertpapiere benötigt wird, um private Information identifizieren zu können, bieten sich auch hier Indizes an, die den entsprechenden Markt umfassend repräsentieren. In den bisherigen Untersuchungen wurden dazu allerdings keine bestehenden Indizes eingesetzt, sondern aus der Grundgesamtheit der dem Manager offenstehenden Wertpapiere Portfolios gebildet, die einige der auf den Kapitalmärkten beobachteten Anomalien abdecken. Dabei wird implizit davon ausgegangen, daß die als Anomalie interpretierte Renditeentwicklung von Wertpapieren mit bestimmten Charakteristika auch auf der Grundlage einer passiven Strategie erwartet werden kann und somit nicht der Performance des Managers zuzuordnen ist.[169]

Schließlich kann eine Verwendung von Mehrfaktorenmodellen einer ex post Analyse der vom Manager eingegangenen Risiken sowie einer Erfolgsquellenanalyse dienen. Erstere kann ähnlichen Zwecken dienen wie die bereits oben für mehrfaktorielle Bewertungsmodelle genannten Verwendungsmöglichkeiten und erlaubt eine differenzierte Aufdeckung der Risikostruktur des Wertpapierportfolios. Die Performance-Attribution mit Mehrfaktorenmodellen gibt Aufschluß darüber, auf welche Ursachen eine positive oder negative Performance zurückzuführen ist, wobei im Gegensatz zu einer einfachen Renditezerlegung auch das Risiko über die Sensitivitäten mit einbezogen wird. Dies ermöglicht Rückkoppelungen auf den Anlageentscheidungsprozeß und gibt Anlaß zu

---

[167] Vgl. **Sharpe** (1992). Den Einfluß, den eine Benchmark auf die Ergebnisse der Performance-Messung haben kann, wenn sie Vermögensgegenstände außer acht läßt, in denen die Fonds investiert sind, wird eindrucksvoll durch die Arbeit von **Elton/Gruber/Das/Hlavka** (1993) nachgewiesen. Sie relativieren die von **Ippolito** (1989) auf der Grundlage eines Einindexmodells vorgefundenen positive Performance von Fonds, indem sie mit einem Drei-Index-Modell zusätzlich zu dem von *Ippolito* benutzten S&P 500 Index einen Small Cap- und einen Rentenindex einsetzen.

[168] Vgl. **Good/Hermansen/Barneby** (1986), S. 52. Multiindexmodelle sind dabei als Benchmarks im Sinne von "Customized Universes" zu betrachten, die im internen Bereich der Vorgabe bestimmter Portfoliozusammensetzungen bzw. -kombinationen entsprechen. Letztere stellen die Normalgewichte bezüglich der Asset Allocation dar, die Grundlage für die Performance-Messung der Manager sind.

[169] Zur Diskussion dieser Vorgehensweise vgl. **Kapitel B. III. 2. c. bb.**, S. 67 ff.

einer Neuformulierung der Anlageziele oder der strategischen Ausrichtung des Portfolios bzw. des Fonds.

bb. Die APT als Benchmark

Wie bei der Verwendung des CAPM wird die Performance bei Einsatz der APT als Renditeerwartungsmodell als Differenz zwischen den Erträgen des Portfolios einer Periode und den erwarteten Renditen gemäß der APT-Gleichung geschätzt.[170] Gemäß der APT lassen sich die realisierten Renditen eines Portfolios mit

$$(C.46) \quad \tilde{R}_{Pt} - R_{ft} = \sum_{j=1}^{k} (\tilde{R}_{Pmj_t} - R_{ft}) \, b_{Pj} + \tilde{\varepsilon}_{Pt},$$

wobei: $R_{Pmj_t} =$ realisierte Rendite des mimicking Portfolios Pm mit der Sensitivität $b_{Pmj} = 1$, $b_{Pmj}' = 0$ (j' = 1, 2,..., j -1, j+1, ..., k),

ausdrücken. Die Rendite eines passiven Portfolios kann gemäß Gleichung (C.46) als lineare Funktion seiner systematischen Risiken, den realisierten Renditen der k Faktorportfolios, dem risikolosen Zins und einem Störterm $\tilde{\varepsilon}_{Pt}$ mit einem Erwartungswert von Null dargestellt werden. Um die Performance zu schätzen, wird analog der Verwendung des CAPM zugelassen, daß die obige Regressionsgleichung nicht durch den Ursprung verläuft, sondern daß eine eingeführte Konstante einen positiven Wert annehmen kann.[171] Daraus ergibt sich

$$(C.47) \quad \tilde{R}_{Pt} - R_{ft} = J_P^{APT} + \sum_{j=1}^{k} (\tilde{R}_{Pmj_t} - R_{ft}) b_{Pj} + \tilde{\delta}_{Pt},$$

wobei der neue Störterm $\tilde{\delta}_{Pt}$ einen Erwartungswert von Null besitzt und zeitlich unkorreliert sein muß. Die Konstante J_P^{APT} entspricht Jensens Alpha im Kontext der APT und ist als auf Selektionsfähigkeiten zurückzuführende Performance zu interpretieren.[172] Dabei sind dieselben Annahmen zugrunde zu legen wie beim Einsatz des CAPM. Insbesondere wird von der Konstanz der Sensitivitätskoeffizienten im Zeitablauf ausgegan-

---

[170] Vgl. **Haugen** (1990), S. 299. Dabei mißt das Jensen-Maß in diesem Fall nicht den Abstand zur Wertpapierlinie, sondern zu der sich bei der APT ergebenden, mehrdimensionalen Hyperebene, vgl. auch **Connor/Korajczyk** (1986), S. 378.

[171] Vgl. **Chang/Lewellen** (1985), S. 18 f.

[172] Vgl. für die formale Ableitung des Jensen Alphas im Kontext der APT **Connor/Korajczyk** (1986), S. 375 ff., insbesondere S. 378 f., sowie **Nowak/Wittrock** (1993), S. 42 f. Darüber hinaus ist zu beachten, daß abhängig von der APT-Version das geschätzte Jensen-Alpha lediglich einen näherungsweisen Wert darstellt, sofern die APT in ihrer Ursprungsversion als Renditeerwartungsmodell verwendet wird, da diese lediglich approximativ gilt, vgl. **Chang/Lewellen** (1985), S. 19.

gen, d. h. private Informationen über den Gesamtmarkt werden ausgeschlossen, so daß der Einfluß von Timingaktivitäten unberücksichtigt bleibt.

Eine Berücksichtigung von Timingaktivitäten ist grundsätzlich auch im Kontext der APT mit Hilfe der Ansätze von *Treynor/Mazuy*, *Henriksson/Merton*, und *Connor/Korajczyk* möglich. Bei ersterem ist die entsprechende Schätzgleichung um alle zweiten Momente der j Faktorportfolios zu erweitern[173] und bei letzteren für jedes Faktorportfolio ein entsprechender Optionsterm aufzunehmen.[174] In diesen Fällen ist die Timingfähigkeit der Manager nicht auf den Markt bzw. das Marktportfolio als solches zu beziehen, sondern auf die Fähigkeit, die spezifizierten Faktorrenditen zu prognostizieren.[175]

Wie bereits für Jensens Alpha im Rahmen des CAPM gilt auch für dessen Schätzung im Rahmen der APT, daß ein Ranking von Portfolios auf der Grundlage dieses Maßes theoretisch nicht gerechtfertigt ist. Erst die Relativierung des geschätzten Jensen-Maßes mit dem zu dessen Erwirtschaftung eingegangenen unsystematischen Risiko, gemessen durch die Varianz der Störvariablen der Gleichung (C.47), $\sigma^2_{\delta(P)}$, ermöglicht unter der Annahme einer konstanten absoluten Risikoaversion der Investoren die Festlegung einer Rangfolge verschiedener Portfolios.[176] Dieses Maß entspricht der Treynor/Black-Appraisal-Ratio.

Einige Autoren versuchen, die mit der Verwendung des CAPM erzielten Ergebnisse von Studien zur Performance-Messung auf eine theoretisch befriedigendere Basis zu stellen, indem sie das CAPM als Spezialfall der APT interpretieren.[177] Dazu wird unterstellt, daß der Renditegenerierungsprozeß durch ein Einfaktormodell gegeben ist, dessen Faktor durch die Marktrendite konkretisiert wird.[178]

---

[173] Dabei sind neben den quadratischen Termen für die Faktorportfolios auch deren Kreuzprodukte zu berücksichtigen, vgl. **Lehmann/Modest** (1987), S. 238; **Grinblatt/Titman** (1994), S. 424.

[174] Vgl. **Henriksson/Merton** (1981), S. 517; **Jagannathan/Korajczyk** (1986), S. 220; **Connor/ Korajczyk** (1991), S. 16.

[175] Die Einbeziehung der entsprechenden zusätzlichen Terme führt zu einer starken Erhöhung der Anzahl der Regressoren. Deshalb wird beim empirischen Einsatz dieser Maße auf Vereinfachungen zurückgegriffen. So wird z. B. auf die Einbeziehung der Kreuzprodukte oder der Berechnung des Putoptionsterms erfolgt nicht für alle Faktoren, sondern lediglich für das Marktportfolio, das im Fall der Equilibrium APT die Linearkombination der Faktoren darstellt; vgl. zu der ersten Vorgehensweise **Lehmann/Modest** (1987), S. 262 und zur letzteren **Connor/Korajczyk** (1991), S. 16.

[176] Zusätzlich müssen das unsystematische Risiko sowie die Informationssignale über die einzelnen Wertpapiere multivariat normalverteilt und voneinander unabhängig sein, vgl. **Connor/Korajczyk** (1986), S. 379.

[177] Vgl. **Peasnell/Skerratt/Taylor** (1979), S. 380 ff.; **Morris/Pope** (1981), S. 208. Siehe aber die auf den ersten Beitrag bezugnehmende Erwiderung von **Appleyard/Strong/Walker** (1982).

[178] Es ist allerdings zu beachten, daß das CAPM theoretisch nur unter zusätzlichen Annahmen dieselben Ergebnisse erzielt wie die APT, vgl. **Kapitel** B. II. 3. b. aa. (2) (b) (bb)., S. 40.

Insbesondere wird der auf diese Weise ermöglichte Verzicht auf die Prämisse des für das CAPM zentralen μ/σ-Prinzips und das fehlende Erfordernis einer Spezifikation des Marktportfolios als vorteilhaft angesehen.[179] Letztlich wird dadurch jedoch nicht die eigentliche Problematik, die Entwicklung eines empirisch bewährten Modells zur Bestimmung der erwarteten Renditen, aufgehoben.[180]

cc. Der Einsatz von Multiindexmodellen als Benchmarks

(1) Indexkombinationen als alternative Benchmarkportfolios zur Messung der Performance

Das zur Ermittlung des Jensen-Alphas eingesetzte Modell

$$(C.5) \qquad \tilde{R}_{Pt} - R_{ft} = J_P + (\tilde{R}_{Et} - R_{ft})b_P + \tilde{\delta}_{Pt},$$

wird gemeinhin vor dem theoretischen Hintergrund des (ex post) CAPM betrachtet. Aufgrund der theoretischen und empirischen Einwände gegen das CAPM können die mit Hilfe von Indizes als Stellvertreter für das Marktportfolio geschätzten Betafaktoren jedoch lediglich als Sensitivitätskoeffizienten gegenüber dem jeweils gewählten Aktienindex angesehen werden. Die Erkenntnis, daß ein relativ μ/σ-effizientes Portfolio zur Performance-Messung ausreicht, läßt eine weitere und vor dem Hintergrund der beschränkten empirischen Relevanz kapitalmarkttheoretischer Modelle geeignetere Interpretation zu. Danach besteht das bewertete Portfolio aus einer Mischung der risikolosen Anlage und einem aktiv gemanagten Aktienportfolio. Das Beta gibt dabei den in das passive Indexportfolio investierten Anteil des Aktienportfolios an. Unter der Annahme, daß der restliche Betrag in die risikolose Anlage investiert wird, würde dies zu einer Rendite führen, die jener des aktiv gemanagten Portfolios am nächsten kommt. In diesem Kontext ist das Jensen-Maß als vom Manager erwirtschaftete Überrendite gegenüber der durchschnittlichen Rendite einer Anlage mit identischem Risiko, bestehend aus der Kombination eines Index und einer Geldmarktanlage, zu interpretieren.[181]

Mit dem obigen Modell werden somit Gewichte für den Index und die risikolose Anlage geschätzt, die die quadrierten Renditedifferenzen zwischen der gewichteten Kombination der passiven Benchmarkportfolios und des zu bewertenden Portfolios minimiert.[182]

[179] Vgl. **Chang** (1982), S. 13 f.

[180] Darüber hinaus weist **Nowak** (1994), S. 112 f., darauf hin, daß die zahlreichen Modellvarianten insbesondere der APT sowie die damit verbundenen Prämissen ohnehin schwierig vom CAPM abzugrenzen sind und sich letztlich alle Modelle als Teilmenge eines einfachen Faktormodells darstellen lassen.

[181] Vgl. **Elton/Gruber/Das/Hlavka** (1993), S. 9.

[182] Vgl. **Blake/Elton/Gruber** (1993), S. 375; **Drummen** (1992), S. 182; **Sinclair** (1990), S. 53 f.

Diese Interpretation macht deutlich, daß eine möglichst vollständige Abdeckung der den Managern offenstehenden Anlagemärkte durch die passiven Portfolios für die Aussagekraft dieser Modelle von entscheidender Bedeutung ist.[183] Folglich werden mehrere Indizes vorgeschlagen, die eine bessere Duplikation der Portfoliorenditen auf der Grundlage passiver Portfolios ermöglichen sollen. Eine Schätzung des obigen Modells erfolgt dann unter Einsatz von k verschiedenen Indizes I, mit

$$(C.48) \quad \tilde{R}_{Pt} - R_{ft} = J_P + \sum_{j=1}^{k} (\tilde{R}_{Ijt} - R_{ft}) b_{Pj} + \tilde{\delta}_{Pt}.$$

(2) Risikoanalyse und Performance-Attribution

Mit der Risikoanalyse wird das Ziel verfolgt, einen differenzierteren Einblick in die Risikostruktur eines Portfolios zu gewinnen, als es z. B. allein auf der Grundlage des Betafaktors möglich ist. Im Rahmen der externen Performance-Messung kommen dafür insbesondere Mehrfaktorenmodelle in Frage, die bestimmte Segmente des Marktes abdecken oder auch Makrofaktoren einsetzen, die das reale und/oder monetäre wirtschaftliche Umfeld repräsentieren. Die im Rahmen einer multiplen Regression ermittelten Sensitivitäten der Portfoliorenditen auf diese Faktoren sind dabei außerhalb einer Gleichgewichtsbeziehung zwischen den realisierten Renditen und jenen der entsprechenden Faktoren zu interpretieren. Sie geben Hinweise auf die Reagibilität der Fondsrenditen gegenüber Veränderungen dieser Faktoren.[184] Auf der Grundlage der geschätzten Sensitivitäten sind vor allem Fonds mit ähnlich hohen Betafaktoren bezüglich des Marktindex und einer vergleichbaren Performance besser zu beurteilen als allein auf der Grundlage des Marktrisikos, insbesondere wenn Fonds als Baustein eines umfassenderen Portfolios betrachtet werden.[185]

Mit der Risikoanalyse eng in Zusammenhang steht die Performance-Attribution. Sie findet in der Praxis weite Verbreitung und wird von zahlreichen, Performance-Messung als Dienstleistung offerierenden Gesellschaften als Analysestandard in Form einer Renditezerlegung angeboten. Dabei handelt es sich in der Regel um eine sektorielle Attribution der Differenz aus Portfolio- und Benchmarkrendite, im Rahmen derer der Selektions- und Timingerfolg des Managers ermittelt wird.[186] Diesen Ansätzen ist wie

[183] Vgl. die Ergebnisse der Studie von **Elton/Gruber/Das/Hlavka** (1993) im Vergleich zu jenen von **Ippolito** (1989).

[184] Vgl. **Berry/Burmeister/McElroy** (1988 b), S. 79.

[185] Zu einer ausführlichen Darstellung der Risikoanalyse von Fonds und ihre Implikationen vgl. **Berry/Burmeister/McElroy** (1988 b).

[186] Vgl. zu diesen Ansätzen **Brinson/Fachler** (1985); **Brinson/Hood/Beebower** (1986); **Brinson/Singer/Beebower** (1991); für eine ausführliche Beschreibung vgl. **Jaeger/Rudolf/Zimmermann/Zogg-Wetter** (1994), Kapitel 4; für eine theoretisch anspruchsvollere Abhandlung über

allen im Bereich der internen Performance-Messung eingesetzten Verfahren gemeinsam, daß sie aufgrund der Datenlage die Gewichte der Vermögensgegenstände innerhalb der Portfolios nutzen können.[187] Als ihr wesentlicher Mangel ist aber die fehlende Berücksichtigung des Risikos zu kritisieren, weshalb eher von einer Rendite-Attribution gesprochen werden sollte.[188]

Eine andere Art, das Risiko in der Performance-Attribution zu berücksichtigen und diese gleichzeitig auch aus externer Perspektive durchführen zu können, ist der Einsatz von Mehrfaktorenmodellen, bzw., wie oben bereits deutlich wurde, der APT, sofern es sich um bewertete Faktoren handelt.

I. d. R. wird dabei angenommen, daß die Renditen durch verschiedene Indizes generiert werden, wobei vor allem Segment- oder Branchenindizes zum Einsatz kommen. Wird ein Renditegenerierungsprozeß der Art

(C.49)
$$\tilde{R}_{it} = \alpha_i + \sum_{j=1}^{k} \tilde{R}_{Ijt} b_{ij} + \tilde{\varepsilon}_{it}$$

mit: $\tilde{R}_{Ijt}$ = Rendite des Index j im Zeitraum t

unterstellt, läßt sich die durchschnittliche Rendite eines Portfolios über eine Periode darstellen als

(C.50)
$$\overline{R}_P = \alpha_P + \sum_{j=1}^{k} \overline{R}_{Ij} b_{Pj}$$

mit: $\overline{R}_P$ = durchschnittliche Rendite des Portfolios P
         $\overline{R}_{Ij}$ = durchschnittliche Rendite des Index j.

Damit ist die Portfoliorendite in die einzelnen Komponenten aufspaltbar und es wird ersichtlich, welche Faktoren die Gesamtrendite hauptsächlich determiniert haben.[189] Dabei sind die Betafaktoren neben ihrer Interpretation als Sensitivitäten (bzw. Risiken) der Fondsrenditen gegenüber den gewählten Indizes alternativ auch als Portfolioanteile der Fonds anzusehen, mit denen diese in den durch die Indizes repräsentierten Segmenten investiert sind. Die nicht durch die Faktoren erklärte Rendite α_P, die sich aus der Differenz der tatsächlichen Rendite und der auf die Faktoren zurückzuführenden Rendi-

---

die Performance-Attribution, insbesondere ihre Verknüpfung im Mehrperioden-Kontext vgl. **Rosenberg** (1978).

[187]   Mit diesen Ansätzen ist daher prinzipiell eine Zerlegung der Gesamtrendite bis auf Einzelwertpapierebene möglich.

[188]   Ein Vorschlag zur Einbeziehung des Risikos findet sich bei **Ankrim** (1992); allerdings ist auch für seinen Ansatz die genaue Kenntnis der Portfoliogewichte erforderlich.

[189]   Ein ausführliches Beispiel für eine derartige Performance-Attribution findet sich bei **Elton/Gruber** (1991 a), S. 668 ff.

te ergibt, kann somit als Hinweis auf Selektionsfähigkeiten des Managers interpretiert werden.

Insbesondere sind jedoch Rückschlüsse darüber möglich, ob der Manager schwerpunktmäßig in den Segmenten investiert hat, die in der entsprechenden Periode eine überdurchschnittliche Renditeentwicklung aufgewiesen haben. Um eine Beurteilung darüber zu erlauben, ob eine entsprechende Über-/Untergewichtung des Portfolios in bestimmte gut- bzw. schlecht performende Segmente auf Aktivitäten des Managers zurückführbar ist, muß eine Performance-Attribution auch für ein als Benchmark dienendes Portfolio durchgeführt werden.[190] Auf diese Weise werden als "Normalgewichte" dienende Vergleichssensitivitäten ermittelt, die denen des aktiv verwalteten Portfolios gegenübergestellt werden.[191]

Bezeichnet man ein entsprechendes Benchmarkportfolio mit B und die Sensitivität dieses Benchmarkportfolios auf den Index j mit b_{Bj}, lassen sich die Exposures des Portfolios durch Subtraktion von Gleichung (C.50) ermitteln mit

$$(C.51) \qquad \overline{R}_P - \overline{R}_B = \alpha_P + \sum_{j=1}^{k} \overline{R}_{Ij}(b_{Pj} - b_{Bj}).$$

Für jedes Segment ist auf diese Weise die Differenzrendite ermittelbar, die durch die Abweichung von der Benchmarkgewichtung zustande gekommen ist. Somit kann bestimmt werden, ob die Differenz zwischen der Gesamtrendite des Portfolios und jener der Benchmark eher durch erfolgreiche Sektorrotation oder Selektionsfähigkeiten bedingt ist.

(3) Die Berücksichtigung der Anlagepolitik durch Asset-Allocation-Modelle

(a) Die Charakterisierung des Anlagestils

Den Ausgangspunkt zur Entwicklung von Asset-Allocation-Modellen stellt die Beobachtung dar, daß der Großteil der Portfoliorenditen und dessen Schwankungen durch die strategische Asset Allocation, d. h. die Aufteilung des Kapitals auf die wesentlichen Vermögenskategorien, bestimmt wird.[192] In bezug auf Investmentfonds bedeutet dies,

---

[190] Eine Über-/Untergewichtung ist dabei gleichbedeutend mit einer Erhöhung/Verminderung der Sensitivität des Portfolios hinsichtlich eines bestimmten Faktors.

[191] Mit dieser Vorgehensweise ist gleichzeitig der Vorteil verbunden, daß sich ähnlich wie das zu bewertende Portfolio auch die Gewichtung des Benchmarkportfolios allein durch die Kursentwicklung der in den verschiedenen Segmente befindlichen Wertpapiere verändert, ohne daß dies auf aktives Portfoliomanagement zurückzuführen ist.

[192] Vgl. **Brinson/Hood/Beebower** (1986), S. 43, **Brinson/Singer/Beebower** (1991), S. 44 f., die in ihren Untersuchungen für amerikanische Pensionsfonds feststellen, daß deren Renditevarianzen

daß ihre Renditen hauptsächlich durch die langfristig im Rahmen der Anlagepolitik vorgegebene Aufteilung des Fondssondervermögens bzw. durch den Managerstil determiniert wird. Dieser Anteil an der Rendite ist passiver Natur und insofern bei einer entsprechenden Nachahmung des Stils auch durch den uninformierten Investor erzielbar. Die aus aktivem Management resultierende, zusätzliche Rendite beruht auf Abweichungen von der auch als Fondsstil bezeichneten Vermögensgewichtung und auf Selectivityfähigkeiten.[193]

Kern des hier vorgestellten und von *Sharpe* entwickelten Ansatzes[194] bildet die Identifizierung der Asset Allocation eines Fonds, ohne daß auf Daten über die Zusammensetzung des Portfolios zurückgegriffen werden muß.[195] Um den Fondsstil bestimmen zu können, wird ermittelt, inwieweit die Renditen eines Fonds von den Veränderungen der Renditen der Faktoren bzw. der Asset-Kategorien determiniert werden. Dies entspricht der Ermittlung der Sensitivitäten b_{Pj} bis b_{Pk} des in allgemeiner Form dargestellten Mehrfaktorenmodells

(C.52) $$\tilde{R}_P = \sum_{j=1}^{k} b_{Pj} \tilde{F}_j + \tilde{\varepsilon}_P$$

mit $\tilde{R}_P$ = Rendite des Portfolios i

b_{Pk} = Sensitivität des Portfolios P auf die Ausprägungen des Faktors j

$\tilde{F}_j$ = Wert des j-ten Faktors

$\tilde{\varepsilon}_P$ = Nicht durch das Modell erklärte Komponente der Rendite des Portfolios P.

Die Bestimmung dieser Gewichte kann grundsätzlich mit Hilfe einer Schätzung der Sensitivitäten b_{Pj} der Fondsrenditen gegenüber den k Faktoren des Mehrfaktorenmodells über eine multiple OLS-Regression erfolgen.[196]

Diese Vorgehensweise hat jedoch den Nachteil, daß die geschätzten Koeffizienten nicht direkt als Portfoliogewichte in die entsprechende Asset-Kategorie bzw. den Faktor j

---

zu ca. 94 % von der gewählten Asset Allocation determiniert werden. Zur Asset Allocation im Rahmen des Portfoliomanagements vgl. **Steiner/Bruns** (1994), S. 76 ff.

[193]   Obwohl nicht ausdrücklich bei *Sharpe* erwähnt, kann die Abweichung von der Asset Allocation als Timing interpretiert werden, das sich in diesem Fall nicht nur auf die Prognose des Gesamtmarktes beschränkt, sondern private Informationen über die Entwicklung bestimmter Sektoren mit einschließt.

[194]   Vgl. **Sharpe** (1988, 1992). Einen vom Grundprinzip ähnlichen, hier nicht erläuterten Ansatz verfolgen **Tierney/Winston** (1991).

[195]   Informationen über die Vermögenszusammensetzung sind dem externen Betrachter ohnehin lediglich halbjährlich zugänglich. Die alleinige Orientierung an den von den Fonds zu deklarierenden Anlageschwerpunkten kann lediglich sehr grobe Hinweise auf den generellen Charakter der Anlagepolitik eines Fonds liefern, z. B. die Unterscheidung in Aktien- und gemischte Fonds.

[196]   Vgl. **Kapitel** B. II. 3. b. aa. (2) (a)., S. 32 ff.

- 128 -

interpretiert werden können, da sich die k Koeffizienten nicht zu Eins aufaddieren und negative Werte annehmen können. Ein negatives Gewicht wäre als Leerverkaufsposition in der entsprechenden Asset-Kategorie zu klassifizieren. Netto-Shortpositionen sind bei deutschen Investmentfonds jedoch nicht anzutreffen und waren in Deutschland in den untersuchten Perioden ohnehin rechtlich nicht zulässig.[197]

Deshalb erfolgt die Ermittlung des Fondsstils unter Berücksichtigung der Restriktionen, daß die Summe der Gewichte b_{Pj} Eins ergibt und daß sie keine negativen Werte annehmen. Die Schätzung der Koeffizienten eines derartig spezifizierten Faktormodells muß mit Hilfe einer quadratischen Programmierung erfolgen, dessen Zielfunktion, die Varianz der nichterklärten Abweichungen, unter der Nebenbedingung, daß sich die Koeffizienten zu Eins addieren und nicht negativ sind, minimiert wird.[198] Formal ergibt sich daraus

$$(C.53) \quad \min \quad \mathrm{Var}\left[\tilde{R}_P - \sum_{j=1}^{k} b_{Pj}\tilde{F}_j\right]$$

$$\sum_{j=1}^{k} b_{Pj} = 1$$

$$b_{Pj} \geq 0, \ \forall \ j = 1, ..., k.$$

Die aus dem Fondsstil resultierende Rendite bei der Anwendung eines derart spezifizierten Faktorenmodells, die dem Ausdruck $\sum_{j=1}^{k} b_{Pj}\tilde{F}_j$ in Gleichung (C. 53) entspricht, ergibt sich somit durch die Rendite eines Portfolios, das mit den Anteilen b_{Pj} bis b_{Pk} in die k Asset Classes investiert ist. Dieser Anteil der Rendite resultiert aus dem Fonds- bzw. Managerstil. Er ist unter der Bedingung, daß die zur Repräsentation der Renditen der Asset Classes gewählten Indizes als investierbar angesehen werden können, replizierbar, indem ein Portfolio mit den entsprechenden Gewichten gebildet wird.

Dabei erhebt der mit diesem Modell identifizierte Stil eines Portfolios nicht den Anspruch, die tatsächliche Komposition der bewerteten Fonds wiederzugeben. Vielmehr besagt er, daß die Rendite des bewerteten Portfolios sich so verhält, als ob das Portfolio sich gemäß diesem Stil zusammensetzte.[199] Bei den ermittelten Koeffizienten handelt es sich um eine konstante Kombination der Vermögenskategorien, die der Renditeent-

---

[197] Über die Wertpapierleihe sind jetzt auch in Deutschland Leerverkäufe möglich; die Fonds treten seit der Geltung des 2. Finanzmarktförderungsgesetzes allerdings lediglich als Verleiher von Wertpapieren auf. Der öffentliche Vertrieb von ausländischen Fonds, die Leerverkäufe vornehmen, ist gemäß § 2 Absatz 4 g) KAGG ausdrücklich untersagt.

[198] Zur quadratischen Programmierung vgl. **Francis/Archer** (1979), S. 116 ff.

[199] Vgl. **Sharpe** (1988), S. 60.

wicklung des Fonds unter Berücksichtigung der Restriktionen in dem entsprechenden Zeitraum am nächsten gekommen ist.

Die zur Implementierung des Faktormodells benötigte Spezifizierung der Faktorrenditen ist sowohl von den zu beurteilenden Fonds als auch von der Zielsetzung des Bewertenden abhängig. Generell muß durch die Definition der Vermögenskategorien jedoch gewährleistet sein, daß der durch den Fondsstil gegebene passive Anteil der Portfoliorenditen möglichst vollständig durch das Modell erklärt wird. Letztlich bedeutet dies die Auswahl von Indizes, die die Wertentwicklung möglichst der Vermögenskategorien repräsentieren, welche als Hauptgegenstand der Fondsinvestments gelten können.[200] Weitere Kriterien, die vor allem aus statistischen Erwägungen von Bedeutung sind, fordern, daß sich die zu bildenden Asset Classes gegenseitig ausschließen, sich durch ihre Renditemittelwerte unterscheiden und entweder gering miteinander korreliert sind oder unterschiedliche Standardabweichungen aufweisen.[201]

Die residuale Komponente $\tilde{\varepsilon}_p$, die sich als Differenz zwischen der Portfoliorendite und der Rendite eines passiven Portfolios mit dem gleichen Stil ergibt, beruht auf dem nicht durch den Fondsstil erklärten Anteil der Renditen und kommt durch die Aktivitäten des Managements zustande. Diese Trennung der Rendite in eine Stil- und eine Selektionskomponente ist die Grundlage der Performance-Messung mit dem Asset-Allocation-Modell.

(b) Der Einsatz im Rahmen der Performance-Messung

Die bislang dargestellten Ansätze zur Performance-Messung haben gemeinsam, daß die Performance der Manager 'in sample' getestet wird, d. h. die Messung der zum Vergleich herangezogenen Benchmarkrenditen bzw. einer Linearkombination verschiedener Benchmarkrenditen erfolgt in derselben Periode, in der auch die Performance geschätzt wird. Im Rahmen der Anwendung kapitalmarkttheoretisch orientierter Ansätze ergeben sich die Benchmarks dabei auf der Grundlage theoretisch fundierter Bewertungsmo-

---

[200] An dieser eher pragmatischen Vorgehensweise wird die fehlende theoretische Fundierung von Faktormodellen deutlich. Asset Allocation Modelle werden deshalb auch mit verschiedensten Indexkombinationen eingesetzt. Während beispielsweise **Sharpe** (1992), S. 8 f., ein 12 Asset Class Factor Model unter Verwendung von Rentenindizes, Small- und Medium-Cap- sowie Value- und Growth-Indizes und einige internationale Indizes einsetzt, erfolgt die z. B. von BARRA angebotene "Style Analysis" für den deutschen Markt mit Hilfe der den Managerstil charakterisierenden Value- und Growth- Indizes, vgl. **Crowley** (1992); **Rudd** (1993), S. 4 ff. Die Beurteilung des Anlagestils von sechs schweizer Fonds erfolgt mit Hilfe zweier Indexkombinationen, von denen eine den schweizer Aktienmarkt nach dem Kriterium der Marktkapitalisierung unterscheidet und eine andere die Segmentierung nach verschiedenen Titelkategorien vornimmt, vgl. **Jaeger/Rudolf/Zimmermann/Zogg-Wetter** (1994), Kapitel 5.

[201] Diese Voraussetzungen sind vor allem aufgrund der sonst zu erwartenden Kollinearitätsproblematik wünschenswert, die insbesondere bei der Verwendung verschiedener Aktienindizes ein erhebliches Ausmaß erreichen kann.

delle, die zur Abschätzung der allein aufgrund einer passiven Strategie zu erwartenden Rendite eingesetzt werden. Ob und inwieweit der Investor die damit festgelegte und dem Anlageerfolg des Managers gegenübergestellte Rendite tatsächlich hätte erreichen können, wird dabei offengelassen.[202] Besonders deutlich wird dies z. B. bei der Anwendung der APT als Benchmark, wenn die dem Renditegenerierungsprozeß zugrundeliegenden Faktoren im Rahmen der Faktorenanalyse endogen bestimmt werden. In diesem Fall erscheint eine Realisierung der ex post zur Bestimmung der Risikoprämien gebildeten mimicking Portfolios, welche die nicht beobachtbaren Faktoren ersetzen, kaum möglich.

Im Gegensatz dazu wird die Performance auf der Grundlage von Asset-Allocation-Modellen 'out of sample' getestet. Dabei wird von der im Rahmen der Stilanalyse ermittelten Benchmarkkombination, die prinzipiell als tatsächliche Alternative zu einer Investition in den durch sie charakterisierten Fondsstil angesehen werden kann, ausgegangen.[203]

Zur Messung der Selektionsrendite wird mit Hilfe der im Zeitraum t - n bis t - 1 durch die Stilanalyse ermittelten b_{Pj} bis b_{Pk} die gewichtete Durchschnittsrendite des Stilportfolios in t berechnet. Die Durchschnittsrendite liefert somit die Benchmark. Die Differenz der Fondsrendite im Monat t und dieser dem Fondsstil entsprechenden Benchmarkrendite ergibt die Selektionsrendite SR_{Pt} im Monat t:

$$(C.54) \qquad SR_{Pt} = \tilde{R}_{Pt} - \sum_{j=1}^{k} b_{Pj} \tilde{F}_{jt} \,.$$

Dabei ist zu beachten, daß der Begriff Selektionsrendite, wie ihn *Sharpe* in diesem Zusammenhang verwendet, nicht identisch ist mit der bisherigen Definition von Selectivity-Performance.[204] Während letztere definitionsgemäß allein auf Selektionsfähigkeiten der Manager zurückzuführen ist, umfaßt die Selektionsrendite auch Abweichungen vom Managerstil, die z. B. aus Timingaktivitäten oder der Rotation zwischen den Vermögenskategorien resultieren. Daher ist mit der Selektionsrendite eher die Gesamtperformance des Managers angesprochen.[205]

---

[202] Vgl. **Shukla/Trzcinka** (1992), S. 39; in diesem Zusammenhang ist auch die Modellierung von Anomalien in der Benchmark zu sehen, vgl. zur Diskussion dieses Vorgehens **Kapitel B. III. 2. c. bb.**, S. 67 ff.

[203] Deshalb greift *Sharpe* auf bekannte, regelmäßig veröffentlichte Indizes zur Repräsentierung der Asset-Classes zurück, da deren Komposition bekannt ist und mit einer passiven Strategie, z. B. durch Index-Tracking oder durch den Kauf von Index-Fonds, zu geringen Kosten nachgebildet werden kann, vgl. **Sharpe** (1992), S. 8.

[204] Die Abweichungen sind auch als Tracking Error interpretierbar, vgl. **Sharpe** (1992), S. 11.

[205] Vgl. **Sharpe** (1992), S. 11; **Shukla/Trzcinka** (1992), S. 38.

(c) Beurteilung

Der Investmentstil wird im Rahmen der langfristigen Asset Allocation festgelegt und ist in einem bestimmten Umfang bereits durch die in den Satzungen deklarierten Anlagerichtlinien der Fonds vorgegeben. Durch die Analyse des Investmentstils ist dem Investor die daraus resultierende Risiko- und Renditestruktur des Fondsvermögens ex ante bekannt. Die Vorgehensweise, die Portfolioeigenschaften explizit mit in die Performance-Analyse einzubeziehen, ohne auf zusätzliche Daten bezüglich der Portfoliokomposition zurückgreifen zu müssen, erscheint sinnvoll. Da der Anleger vor einer Investition in einen Fonds dessen Investmentstil kennt bzw. kennen muß, hat er die aus dem Stil resultierende passive Renditekomponente selbst zu verantworten. Einzig die auf Abweichungen von diesem Stil sowie Selektionsfähigkeiten zurückzuführenden Renditekomponenten sind dem Manager zuzurechnen. Die Relevanz dieser Aussage wird besonders bei spezialisierten Fonds deutlich. So kann ein Anleger, der in einen auf Kleinfirmen spezialisierten Fonds investiert, dessen Manager nicht dafür verantwortlich machen, wenn dieses Marktsegment gegenüber anderen eine schlechte Rendite-/Risikostruktur aufweist. Einzig die Performance des Managers bezüglich dieses abgegrenzten Marktes erlaubt eine gerechte Beurteilung.

Neben der individuellen Berücksichtigung des Fondsstils unter Einbeziehung der den Fonds auferlegten Restriktionen bezüglich der Leerverkaufsbeschränkungen ist an diesem Ansatz positiv zu beurteilen, daß bei der Benchmarkkonstruktion vom Grundsatz her von investierbaren Portfolios ausgegangen werden kann. Im Gegensatz dazu wird die mit Hilfe von Gleichgewichtsmodellen ermittelte und als Benchmark verwendete Risiko-/Renditebeziehung i. d. R. auf abstrakter Basis im Rahmen von Querschnittsanalysen geschätzt. Dabei wird angenommen, daß bei einem gegebenen Risiko durch Investition in ein diversifiziertes Portfolio eine bestimmte Rendite erwartet werden kann. Ob diese tatsächlich zu erzielen ist, bleibt jedoch offen.[206]

Nachteilig an diesem Ansatz ist eine im Vergleich zu Faktormodellen größere Ungenauigkeit der Schätzungen. Insbesondere wird der Manager mit einer nichtstationären Benchmark verglichen, die sich im Zeitablauf aufgrund der vom Manager vorgenommenen Abweichungen von diesem Vergleichsmaßstab verändert.

Die Ermittlung der Gewichte beruht auf dem Durchschnitt eines sich im Zeitablauf mehr oder weniger stark ändernden Investmentstils. Für einen sinnvollen Einsatz erfordert das Asset-Allocation-Modell eine möglichst große Konstanz des Fondsstils, weil die aufgrund diesen Stils zu erwartende Rendite, die als Benchmark dient, ansonsten wenig Aussagekraft besitzt. Deshalb ist der Ansatz für die Beurteilung von Managern, deren Investmentstil keine Stetigkeit aufweist, wenig geeignet.

---

[206] Vgl. **Shukla/Trzcinka** (1992), S. 42.

Außerdem ist zu beachten, daß zur Beurteilung von Fonds auf der Grundlage der Stil-analyse auf längere Renditezeitreihen zurückgegriffen werden muß, da die Ermittlung der Gewichte einen Vorlauf benötigt, um den Stil für einen bestimmten Zeitpunkt zu ermitteln. Problematisch ist dies vor allem, wenn Portfolios mit einer kurzen Historie beurteilt werden sollen.

Mit dem out-of-sample-Test der Performance tritt schließlich im Vergleich zu in-samp-le-Tests ein weiteres gravierendes Problem auf. Es besteht darin, daß letztlich nicht be-urteilt werden kann, ob eine positive Selektionsrendite tatsächlich auf private Informa-tion zurückzuführen ist, oder lediglich aus einer ex-post-Ineffizienz der Benchmark resultiert. Diese Problematik ist bei einem in-sample-Test, im Rahmen dessen ein relativ effizientes Benchmarkportfolio in demselben Zeitraum geschätzt wird wie die Perfor-mance, weit weniger schwerwiegend. Ein Teil der Selektionsrenditen kann zudem allein aus der nicht perfekten Eignung des identifizierten Stils zur Beschreibung des Rendite-verhaltens des Fonds zurückzuführen sein. Damit einher geht die fehlende theoretische Fundierung des Ansatzes, was insbesondere die Auswahl der Indizes betrifft.

2. Die Einbeziehung der Schiefe der Renditewahrscheinlichkeitsver-teilung in die Performance-Messung

Ansätze, die abweichend von den bisherigen Verfahren auch die Schiefe in den Rendite-verteilungen berücksichtigen, lassen sich grundsätzlich danach unterscheiden, ob das zur Relativierung der Rendite verwendete Risikomaß lediglich auf der Grundlage der ersten beiden Momente der Renditewahrscheinlichkeitsverteilungen gemessen wird, oder ob mit dem dritten zentralen Moment eine direkte Erfassung der Schiefe erfolgt.[207] Den zu-erst genannten Ansätzen lassen sich die auf den asymmetrischen Risikomaßen beruhen-den Performance-Maße zuordnen.[208]

Diese sind dahingehend differenzierbar, ob sie das Gesamt-Verlustrisiko ähnlich der Standardabweichung erfassen oder, vergleichbar mit dem Betafaktor, lediglich das sy-stematische Verlustrisiko mit einbeziehen.

Eine mit der Anwendung der Sharpe-Ratio vergleichbare Performance-Messung er-möglichen die LPM-1- und LPM-2-Performance-Maße. Dabei wird die Überschuß-rendite des Portfolios mit den entsprechenden LPM_1 und LPM_2 Risikomaßen relati-viert.[209] Daraus ergeben sich die Maße mit[210]

---

[207] Darüber hinaus wird die Schiefe auch über die stochastische Dominanz berücksichtigt, die im fol-genden Abschnitt beschrieben wird.

[208] Zu den damit angesprochenen Ausfallrisikomaßen vgl. **Kapitel** B. II. 3. b. aa. (3), S. 41 ff.

[209] Um Mißverständnissen vorzubeugen, sei darauf hingewiesen, daß unter LPM_M bzw. LPM_M-Maß im folgenden das Risikomaß verstanden wird, während die darauf aufbauenden Performance-Maße, die die Überschußrendite der Portfolios mit den LPM_M-Maßen relativieren, als LPM-M-

$$(C.55) \quad LPM\text{-}1 = \frac{\overline{R}_P - R_f}{LPM_1}$$

$$(C.56) \quad LPM\text{-}2 = \frac{\overline{R}_P - R_f}{\sqrt{LPM_2}}.$$

Die Grundlage dieser Maße stellt die Kapitalmarktlinie des μ-LPM_M-CAPM dar. Die mit der Anwendung dieser Maße einhergehenden Implikationen zur Beurteilung von Portfolios sind analog zu jenen der Sharpe-Ratio, mit dem Unterschied, daß die Relativierung der Rendite statt mit der Standardabweichung mit der Ausfallerwartung bzw. Ausfallvolatilität erfolgt.[211]

Folglich ist auch die Konstruktion von Performance-Maßen naheliegend, die auf der Wertpapierlinie des LPM_M-CAPM beruhen. Ähnlich dem Jensen-Maß wird damit z. B. eine Identifikation der absoluten Performance ermöglicht, indem die durch das LPM_M-CAPM bestimmte erwartete Rendite von der realisierten Rendite des zu bewertenden Portfolios subtrahiert wird.

Ebenso denkbar ist die Relativierung der Portfolioüberschußrenditen durch den Betafaktor des LPM_M-CAPM im Sinne des Treynor-Maßes, um ein Ranking von Portfolios zu erlauben. Damit ergibt sich das entsprechend modifizierte Treynor-Maß mit

$$(C.57) \quad T^{\beta_i^{LPM_M(\tau)}} = \frac{\overline{R}_P - R_f}{\beta_i^{LPM_M(\tau)}}.$$

Im Gegensatz zu den obigen Maßen, die eine kardinale Performance-Messung erlauben, ist eine Verwendung der Ausfallwahrscheinlichkeit (LPM_0) als Risikomaß in der Performance-Beurteilung lediglich in ordinaler Form möglich.[212] Bei der Beurteilung der Performance unter Einsatz dieses Maßes ist zu beachten, daß damit lediglich eine Schätzung der Wahrscheinlichkeit eines Verlustes - definiert als negative Abweichung von einer bestimmten Target-Rendite - erfolgt, jedoch nichts über dessen Höhe ausgesagt wird. Daher kann die Ausfallwahrscheinlichkeit lediglich als Restriktion bei einer Identifikation der den Präferenzen der Investoren optimal entsprechenden Portfolios eingesetzt werden. Dabei wird davon ausgegangen, daß das Ziel der Investoren darin besteht, die erwartete Rendite zu maximieren, während die Wahrscheinlichkeit, eine unterhalb einer bestimmten Mindestrendite liegende Rendite zu erzielen, ein bestimmtes

---

Performance-Maß bezeichnet werden. Zum Teil findet man diese Maße auch unter dem Begriff "Return to Shortfall", vgl. z. B. **Zimmermann** (1994), S. 4.

[210] Ähnlich wie beim Sharpe-Maß findet auch beim LPM-2-Maß die Semistandardabweichung statt der Semivarianz Verwendung, vgl. **Nawrocki** (1992), S. 233.

[211] Vgl. **Harlow** (1991), S. 31.

[212] Vgl. **Hagigi/Kluger** (1987 b), S. 36.

Niveau nicht unterschreiten soll.[213] Die Umsetzung dieser Zielsetzung kann mit Hilfe verschiedener Kriterien erfolgen.

So wird nach dem Telser-Kriterium dasjenige Portfolio bevorzugt, welches die erwartete Rendite maximiert unter der Nebenbedingung, daß die Wahrscheinlichkeit, eine bestimmte Zielrendite τ zu unterschreiten, eine vorab festgelegte Wahrscheinlichkeit α nicht überschreitet.[214] Formal ergibt sich

(C.58) $\max E(\tilde{R}_P)$

unter der Nebenbedingung

$\text{Prob}(\tilde{R}_P \leq \tau) \leq \alpha.$

Bei Annahme normalverteilter Renditen folgt

$$E(\tilde{R}_P) \geq \tau + z\sigma_P,$$

wobei z der Zufallsvariblen des Wahrscheinlichkeitswertes der Standardnormalverteilungstabelle entspricht und damit von der festgelegten, nicht zu überschreitenden Wahrscheinlichkeit abhängt.[215]

Mit dieser Vorgehensweise werden ex post diejenigen Portfolios selektiert, die die vorgegebene Restriktion erfüllen. Ein darüber hinausgehendes Ranking erfolgt dann nur noch auf der Grundlage der Renditen. Die Betonung einer derartigen Portfolioauswahl liegt somit auf der Vermeidung als ungünstig angesehener Renditeentwicklungen. Daher werden der oben vorgestellte Ansatz und weitere verwandte Kriterien auch Safety-First-Kriterien genannt.[216] Letztlich wird mit ihnen unter der Annahme der Normalverteilung ein bestimmtes Portfolio auf der μ/σ- oder der μ-LPM-Effizienzlinie identifiziert.[217]

---

[213] Mit dieser Vorgehensweise ist eine nutzentheoretische Fundierung dieser Ansätze allerdings nur bei einer unplausiblen Nutzenfunktion möglich, vgl. **Schneeweiß** (1967), S. 99 f.; vgl. aber **Allais** (1953), der gerade dies zum Anlaß zur Kritik am Bernoulli-Prinzip nimmt.

[214] Vgl. **Telser** (1955/1956), S. 1 ff. Ein weiteres Kriterium ist z. B. das von *Roy*, bei dessen Anwendung jenes Portfolio bevorzugt wird, das die angestrebte Mindestrendite mit der geringsten Wahrscheinlichkeit verfehlt, vgl. **Roy** (1952). Einen Überblick über diese sowie weitere Ansätze, die auch als "Safety-First Approaches" bezeichnet werden, geben **Hagigi/Kluger** (1987 a), S. 244 ff.; **Elton/Gruber** (1991 a), S. 216 ff. und, bei Unterstellung einer risikolosen Anlage-/Kreditaufnahmemöglichkeit, **Elton/Gruber** (1991 a), 231 ff.

[215] Wird keine Normalverteilung angenommen, ist die Wahrscheinlichkeit mit der Tchebyshev'schen Ungleichung zu ermitteln.

[216] Vgl. **Hagigi/Kluger** (1987 a), S. 244.

[217] Es läßt sich zeigen, daß die Sharpe-Ratio zu vergleichbaren Ergebnissen führt wie z. B. das Telser-Kriterium, sofern den Managern ein hohes Sicherheitsbewußtsein unterstellt wird. Je geringer somit die geforderte Mindestrendite und α angesetzt werden, desto höher korrelieren die Ran-

Die oben erläuterten Verfahren ermöglichen im Gegensatz zu den klassischen Verfahren der Performance-Messung die Festlegung anlegerspezifischer Einstellungen zum Risiko, indem die Target-Rendite individuell festgelegt wird. Insofern kann damit eine subjektive Performance-Beurteilung erfolgen, die vor allem im Rahmen von Entscheidungen über die Asset Allocation unter Berücksichtigung des Anlagehorizontes diskutiert wird.[218] Dies gilt insbesondere für das LPM_0-Maß, das als Ausfallrestriktion für Mindestrenditen sowie als ergänzende Restriktion im Rahmen der auf dem μ/σ-Prinzip basierenden Ansätze zur Berücksichtigung anlegerspezifischer Ziele eingesetzt wird.[219]

Demgegenüber ist bei einer Performance-Messung auf der Basis der klassischen Methoden grundsätzlich eine objektive Vorgehensweise verbunden. Mit der Verwendung des CAPM wird dabei implizit eine Target-Rendite in Höhe des risikolosen Zinssatzes unterstellt, sofern die Renditen einer Normalverteilung folgen.[220]

Die Relativierung der Anlagenrendite auf der Basis der LPM_M-Maße berücksichtigt lediglich die linke Seite der Wahrscheinlichkeitsverteilung unterhalb der festgelegten Mindestrendite. Damit wird zwar die Schiefe implizit über die Erfassung der Verlustrisiken berüksichtigt, jedoch wird die rechte Seite der Wahrscheinlichkeitsverteilung vernachlässigt.[221] Eine Alternative bildet die Berücksichtigung der Schiefe über das dritte zentrale Moment der Renditeverteilung.

Bei einer Einbeziehung der Schiefe in die Performance-Messung ist ähnlich wie im Fall der Verlustrisiken ebenfalls danach zu unterscheiden, ob die Relativierung der Renditen mit der Schiefe als statistischem Maß oder lediglich mit der systematischen Verteilungsschiefe erfolgt. Letztere wird aus einem gleichgewichtstheoretischen Kontext zur Bestimmung der erwarteten Rendite abgeleitet. Die erste Vorgehensweise führt zu multi-

---

kings zwischen dem Sharpe-Maß und dem Telser-Kriterium; vgl. die empirischen Untersuchungsergebnisse von **Hagigi/Kluger** (1987 a), S. 250.

[218] Die Festlegung bestimmter Zielrenditen entspricht der Beobachtung, daß Wirtschaftssubjekte ihre Risikoeinstellung zum Teil nach bestimmten Referenzpunkten ausrichten, deren Höhe eher abhängig ist von den Renditeerwartungen der zu beurteilenden Anlage oder dem Vermögensniveau als von einer statischen Mindestrendite, vgl. **Harlow/Rao** (1989). S. 305 f.

[219] Vgl. zu diesen als Shortfall Constraints bezeichneten Ansätzen **Leibowitz/Henriksson** (1989); **Leibowitz/Kogelmann** (1991); **Zimmermann** (1991); **Zenger** (1992); **Rudolf** (1994). Ein Anwendungsbereich von Ausfallwahrscheinlichkeiten wird vor allem für Pensionskassen und Versicherungen gesehen, die bei der Disposition ihrer Vermögensanlagen auch Zahlungsverpflichtungen zu berücksichtigen haben, vgl. zu diesen als Dual Shortfall bezeichneten Ansätzen z. B. **Leibowitz/Kogelman/Bader** (1992); **Jaeger/Zimmermann** (1992). Eine Übertragung der Ausfallrestriktionsansätze auf den Mehrperiodenfall erfolgt bei **Albrecht** (1992), S. 28 ff. Wird das LPM_0 - Maß als Ausfallrestriktion der μ/σ - Effizienzlinie oder der Kapitalmarktlinie verwendet, ist ihr Einsatz auf symmetrische Verteilungen begrenzt.

[220] Vgl. **Harlow/Rao** (1989), S. 305.

[221] Dies wird auch in der den Investoren unterstellten Nutzenfunktion deutlich, die rechts bzw. oberhalb der Targetrendite Risikoneutralität ausdrückt. Ein weiteres Problem ergibt sich daraus, daß ein Test auf statistische Signifikanz für die LPM-1- und LPM-2-Maße nur dann möglich ist, wenn deren Verteilung bekannt ist, vgl. **Ang/Chua** (1979), S. 363 f.

plen Kriterien der Portfolioauswahl, so daß eine Performance-Messung letztlich einen Rückgriff auf die Präferenzen der Investoren erfordert.[222]

Die Berücksichtigung lediglich der systematischen Schiefe führt zu Ansätzen, die die Performance auf eine der Ermittlung des Jensen-Maßes vergleichbare Art und Weise schätzen. Im Unterschied zu Jensens Alpha wird dabei die erwartete Rendite auf der Basis des Drei-Momente-CAPM geschätzt.[223] Aufgrund der generellen Uneinigkeit über die Relevanz von Ansätzen zur Performance-Messung, die mehrere Momente der Renditewahrscheinlichkeitsverteilung berücksichtigen, wird von ihrer differenzierten Betrachtung abgesehen.

3. Die Berücksichtigung des Risikos auf der Grundlage der gesamten Renditewahrscheinlichkeitsverteilung

a. Risikobegriff

Die stochastische Dominanz ist als Entscheidungsmodell unter Unsicherheit für jede beliebige kontinuierliche oder diskrete Wahrscheinlichkeitsverteilung anwendbar.[224] Ihre Bedeutung im Vergleich zum μ/σ-Prinzip ergibt sich insbesondere daraus, daß ohne die Kenntnis der Nutzenfunktionen von Anlegern eine Ableitung allgemeingültiger Regeln im Rahmen von Investmententscheidungsprozessen auf der Basis der ersten beiden Momente der Renditewahrscheinlichkeitsverteilung nur dann möglich ist, wenn eine Normalverteilung der Renditen vorliegt.[225] Diese wird jedoch angezweifelt und ist bei der Bewertung aktiv gemanagter Portfolios insbesondere dann in Frage zu stellen, wenn die Portfolios einen größeren Anteil an festverzinslichen Wertpapieren beinhalten, wie

---

[222] Vgl. **Arditti** (1971), der eine Bewertung von Fonds auf der Basis der Sharpe-Ratio und der Schiefe vornimmt. Aus seinen Beobachtungen, daß die Fonds gegenüber dem Index zwar eine schlechtere Performance bei Zugrundelegung der Sharpe-Ratio aufweisen, dafür jedoch eine rechtsschiefere Renditeverteilung haben, zieht er die Schlußfolgerung, daß die Performance der Fonds nicht als inferior angesehen werden kann. Diese Aussage ist jedoch lediglich deskriptiver Natur und ermöglicht keine eindeutigen Schlußfolgerungen über die Performance der Fonds.

[223] Vgl. zu einem derartigen Ansatz **Ang/Chua** (1979), S. 368 f. Einen modifizierten Ansatz, der zu einem Maß führt, welches sich bei Abwesenheit einer systematischen Schiefe zur Treynor-Ratio reduziert, stellen **Prakash/Bear** (1986) vor.

[224] Die betriebswirtschaftliche Forschung beschäftigte sich insbesondere in den 70'er Jahren mit den stochastischen Dominanzkriterien. Für einen Überblick über die zu diesem Thema zahlreich erschienene Literatur bis 1980 vgl. **Bawa** (1982), **Kroll/Levy** (1980) und seit 1980 **Levy** (1992). In jüngster Zeit ist die Anwendung der stochastischen Dominanzkriterien auch im Rahmen finanzwirtschaftlicher Problemstellungen wieder verstärkt zu beobachten, vgl. z. B. Untersuchungen über die Relevanz des Januar-Effekts von **Larsen/Resnick** (1993) und **Seyhun** (1993); zu Tests über den Informationsgehalt von Price/Earning-Ratios **Levy/Lerman** (1985); zu Analysen über die Performance von Fonds **Möhlmann** (1993), S. 111 ff. und S. 178 ff.; zum Hedgeerfolg mit Futures bei Anwendung unterschiedlicher Hedge Ratios **Meyer, F.** (1994), S. 199 ff. Darüber hinaus findet die stochastische Dominanz Eingang in die Bewertung derivativer Instrumente, vgl. z. B. **Ritchen/Kuo** (1989).

[225] Vgl. **Kapitel B. II. 3. b. aa. (1).**, S. 29.

dies insbesondere für gemischte Fonds der Fall ist. Dasselbe gilt für Portfolios, deren Manager mit Optionen handeln oder Timingfähigkeiten besitzen.[226] Daher kann die stochastische Dominanz auch für die Beurteilung der Leistungen von Investmentfonds relevant sein.

Mit der Anwendung der stochastischen Dominanz wird darüber hinaus völlig von der Anwendung kapitalmarkttheoretischer Grundlagen abstrahiert, so daß die Ergebnisse mit den darauf aufbauenden Verfahren möglicherweise fundiert werden können. Die stochastische Dominanz stellt eine Abkehr von dem mit der Zugrundelegung des μ/σ-Prinzips einhergehenden Risikobegriff dar und erweitert die Erfassung des Risikos gegenüber den Zwei- oder Drei-Momente-Ansätzen durch die Berücksichtigung der gesamten Wahrscheinlichkeitsverteilung der Renditen. Somit unterliegt sie auch nicht der Kritik, die gegenüber der Varianz und damit verbundenen Risikokennzahlen, wie dem Betafaktor, geäußert wird.

Die stochastische Dominanz ermöglicht eine Differenzierung von Portfolios in stochastisch dominante, d. h. effiziente, und stochastisch dominierte -ineffiziente- Portfolios.[227] Dabei erfolgt in Abhängigkeit der Annahmen über die dem Investor zugrunde liegende Nutzenfunktion eine Differenzierung der stochastischen Dominanz in unterschiedliche Grade.[228] Diese beziehen sich nicht auf eine ganz bestimmte Art von Nutzenfunktionen, sondern nur auf Klassen von zulässigen Nutzenfunktionen, die bestimmte Eigenschaften aufweisen. Die Nutzenfunktionen müssen daher lediglich partiell bekannt sein.[229]

b. Ausprägungen der stochastischen Dominanz

Die geringsten Annahmen über die Nutzenfunktion der Investoren erfordert die Anwendung der **stochastischen Dominanz 1. Grades (FSD)**. Sie setzt lediglich eine monoton steigende Nutzenfunktion der Investoren voraus.[230] Die Eigenschaften der zu-

---

[226]   Die Renditen festverzinslicher Wertpapiere sind aufgrund ihrer beschränkten Laufzeit nicht normalverteilt. Zur Bedeutung des Handels mit Optionen auf die Renditeverteilungen im Kontext der Anwendung der stochastischen Dominanz vgl. **Brooks** (1991) und **Clarke** (1987).

[227]   Die Effizienz eines Portfolios ist dann gegeben, wenn es von keinem anderen Portfolio dominiert wird. Dagegen sind Portfolios, die von einem anderen dominiert werden, ineffizient. D. h. ein ineffizientes Wertpapier muß nicht von allen Wertpapieren dominiert werden, sondern lediglich von mindestens einem. Vgl. **Levy/Sarnat** (1972), S. 267.

[228]   I. d. R. konzentriert sich die Literatur lediglich auf die ersten drei Grade der stochastischen Dominanz. Grundsätzlich lassen sich aber durch die Bildung mehrerer Summen über die kumulierten Wahrscheinlichkeitssummen auch höhere Grade ableiten, die jedoch eine nur geringe ökonomische Anschaulichkeit und eine ungeklärte theoretische Fundierung aufweisen, vgl. **Tehranian** (1980), S. 161.

[229]   Vgl. **Keppe/Weber** (1993).

[230]   Vgl. **Quirk/Saposnik** (1962).

grunde liegenden Nutzenfunktion entsprechen somit jenen Nutzenfunktionen, die der Klasse U_1 zuzuordnen sind.[231]

Eine Anlage A ist gemäß der stochastischen Dominanz 1. Grades dann gegenüber einer Anlage B dominant, wenn für alle R_n die kumulierte Wahrscheinlichkeitsverteilung $F_B(R_n)$ größer oder gleich der kumulierten Wahrscheinlichkeitsverteilung $F_A(R_n)$ ist und $F_B(R)$ nicht identisch ist mit $F_A(R)$.[232] Eine Anlage A dominiert somit eine Anlage B nach der FSD genau dann, wenn gilt

(C.59) $F_A(R_n) \leq F_B(R_n)$ für alle R_n und

$F_A(R_n) \neq F_B(R_n)$ für mindestens ein R_n.

Die kumulierten Wahrscheinlichkeitsverteilungen der diskreten Renditeverteilungsfunktionen $f_A(R_n)$ und $f_B(R_n)$ werden dabei bestimmt mit[233]

(C.60) $$F_A(R_n) = \sum_{k=1}^{n} f_A(R_k) \quad \text{und} \quad F_B(R_n) = \sum_{k=1}^{n} f_B(R_k),$$

wobei: n = Anzahl der Renditebeobachtungen

$f_A(R_k)$ = Wert der Dichtefunktion für Anlage A an der Stelle R_k

$f_B(R_k)$ = Wert der Dichtefunktion für Anlage B an der Stelle R_k.

Konkret bedeutet obige Bedingung, daß die Wahrscheinlichkeit, die Rendite R_k oder eine geringere Rendite zu erhalten, bei Anlage A nicht größer ist als bei Anlage B, so daß die Wahrscheinlichkeit höherer Renditen bei A größer ist als bei B. Es läßt sich zeigen, daß dies eine notwendige und hinreichende Bedingung dafür ist, daß der Erwartungswert des Nutzens aus Anlage B geringer ist als bei Anlage A.[234]

Der Vergleich der kumulierten Wahrscheinlichkeitsverteilungen von Anlagen kann im Rahmen der FSD zu drei unterschiedlichen Ergebnissen führen. Entweder werden die entsprechenden Anlagen als identisch eingestuft oder eine der Anlagen wird als effizient eingeordnet, da sie von einem im Sinne der FSD-Regel rationalen Investor immer bevorzugt würde. Im dem Fall, daß keine der Anlagen die andere dominiert, sind sie nicht vergleichbar. Das ist dann der Fall, wenn sich die kumulierten Wahrscheinlichkeitsverteilungen der Anlagen schneiden. Dies wird für die kumulierten Wahrscheinlichkeitsverteilungen von Renditen risikobehafteter Wertpapiere aufgrund ihrer zum Teil extremen Renditeausprägungen sehr häufig vorkommen, so daß bei der Anwendung der FSD

---

231   Vgl. **Kapitel** B. II. 3. a. aa. (2), S. 25.

232   Vgl. **Quirk/Saposnik** (1962), S. 141.

233   Vgl. **Porter/Wart/Ferguson** (1973), S. 74.

234   Vgl. **Levy/Sarnat** (1984), S. 213 ff. Nur diese Bedingung stellt sicher, daß für ausnahmslos alle Investoren mit monoton steigender Nutzenfunktion der Erwartungswert des Nutzens von Anlage B geringer ist als der erwartete Nutzen aus Anlage A.

kaum eine große Reduktion der als effizient angesehenen Portfolios zu erwarten ist, da die als ineffizient bezeichnete Gruppe lediglich die dominierten Portfolios enthält.[235]

Bei Einbeziehung der Risikoaversion der Anleger im Rahmen der **stochastischen Dominanz 2. Grades (SSD)** ist dagegen durch die strengere Annahme bezüglich der Nutzenfunktion der Anleger eine weitere Separierung zwischen effizienten und ineffizienten Anlagen möglich. Die unterstellte Nutzenfunktion besitzt dabei die Eigenschaften der Klasse U_2.[236] Das für einen Anleger mit einer derartigen Nutzenfunktion optimale Entscheidungskriterium ergibt sich dann nach der folgenden Regel, die auch hier entgegen der üblichen Darstellung wieder nur für die in der vorliegenden Untersuchung relevanten diskreten Daten dargestellt ist.[237]

Eine Anlage A dominiert eine Anlage B nach der SSD genau dann, wenn gilt [238]

$$(C.61) \qquad F'_A(R_n) \leq F'_B(R_n) \quad \Leftrightarrow \quad \sum_{k=1}^{n-1} F_A(R_k) \cdot \Delta R_k \leq \sum_{k=1}^{n-1} F_B(R_k) \cdot \Delta R_k$$

für alle R_n

mit:
$$\Delta R_k = R_{k+1} - R_k$$

$$F'_A(R_n) \neq F'_B(R_n) \qquad \text{für mindestens ein } R_n.$$

Nach diesem Kriterium können sich demnach die kumulierten Wahrscheinlichkeitsfunktionen schneiden; lediglich die kumulierte Differenz darf nicht negativ werden.

Eine weitere Verminderung der Gruppe der effizienten Portfolios kann im Rahmen der **stochastischen Dominanz 3. Grades (TSD)** erreicht werden. Neben der Präferenz für höhere Renditen und der Risikoaversion wird bei der stochastischen Dominanz 3. Grades eine weitere Annahme über die Eigenschaften der Nutzenfunktion des Investors gemacht. Als zusätzliche Annahme wird eine positive dritte Ableitung der Nutzenfunktion vorausgesetzt.[239] Die ökonomische Grundlage für die Annahme einer positiven

---

[235] Demgegenüber befinden sich in der Gruppe der effizienten Anlagen sowohl die dominierenden Anlagen als auch jene, die als gleich eingestuft werden und diejenigen, welche aufgrund von Überlagerungen der kumulierten Wahrscheinlichkeitsverteilungen nicht vergleichbar sind.

[236] Vgl. **Kapitel B. II. 3. a. aa. (2)**, S. 25.

[237] Vgl. **Porter/Wart/Ferguson** (1973), S. 74. Die Ableitung der bei Risikoaversion notwendigen und hinreichenden Bedingungen für die SSD erfolgt durch **Hanoch/Levy** (1969); **Hadar/Russel** (1969) und **Rothschild/Stiglitz** (1970). Ein nutzenoptimales Entscheidungskriterium liefert bei gegebenen Annahmen über die Nutzenfunktion die kleinste effiziente Menge, vgl. **Levy/Sarnat** (1972), S. 268 ff.

[238] $F'_A(R_n)$ und $F'_B(R_n)$ stellen die aufsummierten Renditeausprägungen dar.

[239] Vgl. **Levy** (1992), S. 566.

dritten Ableitung der Nutzenfunktion bildet die Möglichkeit zur Erfassung einer abnehmenden absoluten Risikoaversion des Investors.[240]

Die stochastische Dominanz 3. Grades einer Anlage A über eine Anlage B stellt somit
ein optimales Entscheidungskriterium für Anleger dar, deren Nutzenfunktionen der
Klasse U_3 zuzuordnen sind.[241]

Eine Anlage A dominiert eine Anlage B nach der TSD genau dann, wenn gilt:

$$(C.62) \qquad F''_A(R_n) \leq F''_B(R_n) \quad \Leftrightarrow \quad \sum_{k=1}^{n-1} F'_A(R_k) \cdot \Delta R_k \leq \sum_{k=1}^{n-1} F'_B(R_k) \cdot \Delta R_k.$$

für alle R_n

und $\qquad E_A(R_k) \geq E_B(R_k)$

$\qquad F''_A(R_n) \neq F''_B(R_n)$ für mindestens ein R_n.

Grundsätzlich ist mit einem höheren Grad der stochastischen Dominanz wegen der zunehmend restriktiveren Auslegung der Eigenschaften der zugrunde liegenden Nutzenfunktionen eine höhere Effektivität bezüglich der Identifikation effizienter Portfolios
möglich. Dabei implizieren höhere Grade der stochastischen Dominanz auch die jeweils
geringeren Grade, d. h. ein nach der stochastischen Dominanz 3. Grades effizientes
Portfolio ist auch effizient nach der stochastischen Dominanz 2. und 1. Grades.[242]

c. Test auf Signifikanz

Obwohl für die Anwendung der stochastischen Dominanz theoretisch die gesamte
Wahrscheinlichkeitsverteilung der Renditen benötigt wird, muß bei ihrem empirischen
Einsatz auf Stichproben aus den realisierten Renditen zurückgegriffen werden. Daher
können die Ergebnisse wie alle anderen empirischen Untersuchungen durch Stichprobenfehler verfälscht werden, weil in diesem Fall die Stichprobe keine genaue Schätzung
der wahren Wahrscheinlichkeitsverteilung ist, die letztlich auf stochastischen Prozessen

---

[240] Vgl. **Bawa** (1975), S. 98.

[241] Vgl. **Withmore** (1970). Für eine abnehmende absolute Risikoaversion ist $u'''(x) > 0$ eine not-
wendige, aber nicht hinreichende Bedingung. Vielmehr muß die dritte Ableitung zusätzlich eine
Mindesthöhe erreichen. $u'''(x) > 0$ stellt lediglich sicher, daß die Risikoaversion nicht ansteigt.
Insofern stellt das Kriterium der stochastischen Dominanz dritten Grades für Investoren mit einer
abnehmenden aboluten Risikoaversion auch lediglich eine hinreichende, aber keine notwendige
Bedingung dar. Für Nutzenfunktionen des Typs U_4 ist noch kein notwendiges und hinreichendes
Entscheidungskriterium bekannt. Daher wird die TSD als angemessene Approximation der sto-
chastischen Dominanz für DARA-Nutzenfunktionen betrachtet, vgl. **Bawa** (1975), S. 106. Zur
stochastischen Dominanz für DARA-Nutzenfunktionen vgl. **Fishburn/Vickson** (1978), S. 82 ff.

[242] Vgl. **Withmore** (1970), S. 458 f.; **Levy/Sarnat** (1984), S. 203.

der Renditegenerierung beruht.[243] Die empirischen Untersuchungen über die mit der stochastischen Dominanz verbundenen Fehler zeigen, daß diese sowohl von der Stichprobengröße als auch von der Art der vorliegenden Verteilung abhängen.[244] Die auf Stichprobenfehler zurückzuführenden falschen Entscheidungen können dabei ein beträchtliches Ausmaß erreichen.[245]

Unterscheidet man bezüglich der möglichen Fehlentscheidungen aufgrund von Stichprobenfehlern im Rahmen des Vergleichs zweier Stichprobenverteilungen zwischen den in Tabelle C.1 dargestellten Fehlertypen, wird deutlich, daß aufgrund der Variabilität der Renditen auf den Wertpapiermärkten bei einer Erhöhung der Stichprobengröße auch die Wahrscheinlichkeit eines Fehlers vom Typ A ansteigen muß.[246] Dies ist dadurch erklärbar, daß die Chance einer Überschneidung der Beobachtungen in der Stichprobe mit zunehmender Anzahl von Beobachtungen zwangsläufig größer wird und damit auch die Wahrscheinlichkeit eines Fehlers vom Typ A. Folgerichtig wird die Wahrscheinlichkeit eines Fehlers vom Typ B geringer sein.[247]

Tab. C.1   Stichprobenfehler bei der Anwendung der stochastischen Dominanz

Stichprobenfehler	Verteilung	Stichprobe
Typ I	Äquivalenz	Dominanz oder Nichtvergleichbarkeit
Typ II	Dominanz oder Nichtvergleichbarkeit	Äquivalenz
Typ A	Dominanz	Nichtvergleichbarkeit oder Äquivalenz
Typ B	Nichtvergleichbarkeit oder Äquivalenz	Dominanz

---

[243] Vgl. **Kroll/Levy** (1980), S. 211.

[244] Vgl. **Johnson/Burgess** (1975), S. 820, die eine mit zunehmender Anzahl von Beobachtungen steigende Effektivität der Kriterien konstatieren, während **Kroll/Levy** (1980), S. 211 f., eine größer werdende Wahrscheinlichkeit einer falschen Zuordnung in effiziente und ineffiziente Portfolios mit zunehmender Stichprobengröße ausmachen.

[245] Vgl. z. B. die Untersuchung von **Ben-Horim** (1990), S. 108, der die SSD auf unabhängige, wiederholt gezogene Zufallsstichproben aus bekannten Verteilungen anwendet, von denen die eine die andere aufgrund der gleichen Streuungsparameters, aber einem weit größeren Lokationsmaß, klar dominiert. Die Dominanz wird lediglich in 47,9 % der Fälle identifiziert.

[246] Vgl. zu dieser Unterscheidung **Chow** (1989), S. 20 ff.

[247] Diese Überlegungen werden durch die Ergebnisse von **Kroll/Levy** (1980) bestätigt.

Die Simulationsergebnisse von *Chow* zeigen darüber hinaus, daß unabhängig von der Stichprobengröße die Wahrscheinlichkeit von Fehlern des Typs I 100 % beträgt. Der Einsatz numerischer stochastischer Dominanzkriterien hat keinerlei Macht zur Identifikation äquivalenter Wahrscheinlichkeitsverteilungen.[248] Aufgrund der inversen Beziehung von Fehlern des Typs I und II schlußfolgert *Chow* deshalb, daß letztere keine Rolle spielen. Insgesamt kann deshalb davon ausgegangen werden, daß insbesondere Fehler vom Typ A sowie vom Typ I anzunehmen sind, während mit weniger Problemen bezüglich des Auftretens von Fehlern des Typs B und II zu rechnen ist.

Dies schränkt die theoretische Vorteilhaftigkeit der stochastischen Dominanz, insbesondere die Unabhängigkeit von der Wahrscheinlichkeitsverteilung der Renditen, bei ihrer empirischen Anwendung grundsätzlich ein. In der Mehrzahl empirischer Untersuchungen auf der Basis der stochastischen Dominanz wird diese Schwäche nicht problematisiert.[249] Deshalb dürfen die auf der Grundlage der in diesem Zusammenhang auch als numerisch bezeichneten stochastischen Dominanz gezogenen Schlußfolgerungen nicht überbewertet werden.

Ausgehend von den bereits erwähnten Simulationsstudien, die zumindest eine ungefähre Vorstellung darüber geben, inwieweit Schlußfolgerungen über die identifizierten Dominanzen korrekt sind, sind verschiedene Vorschläge gemacht worden, um die empirischen Unzulänglichkeiten bei der Verwendung der stochastischen Dominanz zu vermindern. Die Reduktion der Fehlerwahrscheinlichkeiten wurde durch die Ergebnisse von Simulationsstudien belegt.

So führt eine Verringerung der Beobachtungen durch eine Stutzung der empirischen Verteilung insbesondere an den Rändern zu einer signifikanten Reduzierung der Fehlerwahrscheinlichkeiten.[250] Im Gegensatz dazu nutzt die Bootstrap-Technik die gesamte Information der Stichprobenverteilung.[251] Mit Hilfe einer wiederholten Stichprobenzie-

---

[248] Vgl. **Chow** (1989), S. 31.

[249] Vgl. z. B. **Möhlmann** (1993), S. 180 ff. Dies ist um so erstaunlicher, als Schlußfolgerungen, die z. B. auf der Grundlage von Jensens Alpha erzielt werden, gleichzeitig immer nur vor dem Hintergrund der entsprechenden t-Tests erfolgen. Eine vergleichbare Situation ergibt sich im übrigen bei der Anwendung der Sharpe-Ratio. Im Rahmen ihrer Anwendung zur Beurteilung von Investmentfonds greifen lediglich **Simon** (1994) und **Nowak/Wittrock** (1994) auf einen entsprechenden Signifikanztest zurück.

[250] Vgl. zu diesem Vorschlag und seiner theoretischen Rechtfertigung **Ben-Horim** (1990). *Ben-Horim* sieht insbesondere die hohe Variabilität der Beobachtungen an den Rändern als Grund für die hohen Fehlerwahrscheinlichkeiten an. Die Nichtberücksichtigung von Daten der empirischen Verteilung erfolgt deshalb ausgehend von den Rändern der Verteilungen unter Zugrundelegung unterschiedlicher Prozentsätze, vgl. **Ben-Horim** (1990), S. 111 f.

[251] Bootstrapping ist eine Methode der wiederholten Stichprobenziehung und dient der Konstruktion von Fehlerschätzern der Verteilungsparameter einer empirischen Verteilung. Die Grundidee ist dabei die vollständige Ausnutzung der Stichprobenverteilung durch wiederholtes Ziehen mit Zurücklegen, um auf der Grundlage der damit erzeugten Pseudostichprobe eine Approximation der unbekannten Verteilungsfunktion zu erhalten. Dabei sind keinerlei Annahmen über die Verteilung notwendig. Vgl. zum Bootstrapping **Efron** (1979) und **Wernecke** (1993).

hung (zufälliges Ziehen mit Zurücklegen aus der Stichprobenverteilung) erfolgt dabei die Ermittlung der Bootstrap-Verteilung, auf deren Grundlage die stochastischen Dominanzkriterien angewendet werden können. Die daraus resultierende Glättung der empirischen Verteilungsfunktionen und damit ihrer Differenzen führt gemäß den Ergebnissen von *Nelson/Pope* zu einer Verringerung der Fehlerwahrscheinlichkeiten, soweit eine Dominanz in der Verteilung vorliegt.[252] Mit Hilfe des Bootstrapping wird die Standardabweichung der für das Ranking im Rahmen der stochastischen Dominanz erforderlichen Parameter der empirischen Verteilungsfunktion, die als Schätzer für die kumulierte Wahrscheinlichkeitsverteilung dient, ermittelt. Auf deren Grundlage kann die Unsicherheit beurteilt werden, die beim paarweisen Vergleich der Momente der Verteilungen besteht.

Erst in jüngster Zeit sind Tests entwickelt worden, die die Beurteilung der statistischen Signifikanz auch der mit der stochastischen Dominanz 2. und 3. Grades erzielten Ergebnisse anhand kritischer Werte erlauben. Dabei sind prinzipiell drei Ansätze zu unterscheiden.[253] Während der von *Withmore* bereits 1978 vorgeschlagene, nichtparametrische Kolmogorov/Smirnov-Zweistichprobentest auf Gleichheit der Verteilungen empirisch lediglich für die stochastische Dominanz 1. Grades einsetzbar ist,[254] werden analoge, schon von *Withmore* vorgeschlagene Distanz-Tests von *Larsen/Resnik* für die stochastische Dominanz 2. und 3. Grades eingesetzt. Dabei werden die zur Beurteilung der Signifikanz der jeweiligen Teststatistik benötigten kritischen Werte auf der Grundlage der Bootstrap-Methode geschätzt.[255]

Ein weiterer Signifikanztest, der auf der engen Beziehung zwischen den Kriterien der stochastischen Dominanz und den LPM-Risikomaßen beruht, wird von *Chow* vorgeschlagen.[256] Dieser Test erfüllt alle Bedingungen, die an einen Signifikanztest für die stochastische Dominanz gestellt werden. Er benötigt keine Verteilungsannahmen, so

---

Für eine genaue Beschreibung dieses Verfahrens anhand eines empirischen Beispiels vgl. **Nelson/Pope** (1991), S. 1184 ff. Die Bootstrap-Technik wird zum Teil auch zur Ermittlung der t-Werte von Regressionsparametern im Rahmen von Studien zur Performance-Messung eingesetzt, vgl. z. B. **Cumby/Glen** (1990), S. 517 f.

[252] Demgegenüber verringert sich allerdings die Macht der stochastischen Dominanz, wenn keine Dominanz in der Verteilung vorliegt, vgl. **Nelson/Pope** (1991), S. 1193.

[253] Darüber hinaus wurden weitere Tests vorgeschlagen, die aber entweder mit einem sehr hohen rechentechnischen Aufwand verbunden sind, Annahmen über Verteilungen benötigen und lediglich für die stochastische Dominanz 1. und 2. Grades eingesetzt werden können, vgl. zu diesen Ansätzen den Überblick bei **Levy** (1992), S. 574.

[254] Die stochastische Dominanz 1. Grades ist im Gegensatz zur 2. Grades unabhängig von der Summe der kumulativen Wahrscheinlichkeit, so daß die Differenz zwischen den zu vergleichenden Verteilungen einer Kolmogorov/Smirnov-Verteilung folgt. Die stochastische Dominanz 3. Grades ist dagegen von der Summe der Summe der kumulativen Wahrscheinlichkeiten abhängig.

[255] Vgl. für eine genaue Darstellung der Vorgehensweise zur Bestimmung der kritischen Werte **Larsen/Resnick** (1993), S. 64 f.

[256] Vgl. **Chow** (1989).

daß der Vorteil des Einsatzes der stochastischen Dominanzkriterien, ihre Unabhängigkeit gegenüber der Renditeverteilung, erhalten bleibt. Ferner erlaubt der Test eine Differenzierung zwischen Dominanz, Gleichheit und Nichtvergleichbarkeit der verglichenen Verteilungen. Schließlich ist der Test auf alle Grade der stochastischen Dominanz anwendbar. Zudem wird die Effektivität des Tests im Rahmen der umfassenden Simulationsstudie von *Chow* nachgewiesen, wobei seine Macht insbesondere bei der Identifikation von Dominanzen groß ist. Darüber hinaus zeigen die Ergebnisse die Unempfindlichkeit dieses Tests gegenüber der Art der zu vergleichenden Verteilungen sowie seine weitgehende Immunität gegenüber Verletzungen der Unabhängigkeitsannahme der Verteilungen. Dieser Gesichtspunkt scheint besonders wichtig beim Vergleich von Investmentfonds, da von sehr hohen Korrelationen zwischen ihren Renditeverteilungen auszugehen ist. Der von *Chow* im Rahmen seiner Dissertation entwickelte Test wurde bislang nur in seiner Arbeit eingesetzt und fand bislang keine Beachtung in der Literatur.[257] Deshalb wird die Vorgehensweise des Tests ausführlicher beschrieben.[258]

Chow zeigt, daß die Ranking-Regeln der stochastischen Dominanz in LPMs transformiert werden können.[259] Daraus ergibt sich eine alternative Formulierung der notwendigen und hinreichenden Bedingungen für die stochastischen Dominanzkriterien.[260]

Demnach dominiert eine Anlage A über eine Anlage B nach FSD genau dann, wenn

(C.63) $LPM_0 (\tau; A) \leq LPM_0 (\tau; B), \quad \forall \tau$

mit einer strikten Ungleichheit für mindestens ein τ.

Für die Dominanz einer Anlage A über eine Anlage B nach SSD gilt entsprechend

(C.64) $LPM_1 (\tau; A) \leq LPM_1 (\tau; B), \quad \forall \tau$

mit einer strikten Ungleichheit für mindestens ein τ.

Schließlich wird eine Anlage A gegenüber einer Anlage B nach dem TSD präferiert, wenn

(C.65) $LPM_2 (\tau; A) \leq LPM_2 (\tau; B), \quad \forall \tau$

---

[257] So wird *Chow* auch nicht in dem von *Levy* zusammengestellten und 1992 veröffentlichten Überblick über die Entwicklungsrichtungen der Forschung bezüglich der stochastischen Dominanz erwähnt. Dort werden lediglich einige mit verschiedenen Mängeln behaftete Ansätze vorgestellt, vgl. **Levy** (1992), S. 573 f.

[258] Vgl. zu den folgenden Ausführungen **Chow** (1989), S. 34 ff.

[259] Zum Zusammenhang zwischen den stochastischen Dominanzkriterien und den LPM-Maßen vgl. **Porter** (1974), S. 201 f., **Fishburn** (1977), S. 122 ff. sowie **Bawa** (1975), S. 110.

[260] Vgl. den Nachweis bei **Chow** (1989), S. 36 f. Die LPMs sind mathematische Transformationen der stochastischen Dominanz-Ordinaten und durch Integration der kumulierten Wahrscheinlichkeitsverteilung ermittelbar.

mit einer strikten Ungleichheit für mindestens ein τ

und LPM_1 (o; A) $\leq LPM_1$ (o; B).

wobei τ jeweils Element des Intervalls [a, o] ist, welches die untere und obere Grenze der durch die Renditeverteilung vorgegebenen Zufallsvariablen R_n darstellt, mit a $\leq R_k$ $\leq$ o.

Diese Transformation ist die Basis zur Schätzung der Stichprobenverteilung der für ein Ranking gemäß der stochastischen Dominanzkriterien benötigten Parameter. Da theoretisch unendlich viele Punkte der Verteilungen auf der Grundlage der eben dargelegten Entscheidungsregeln verglichen werden müßten, ist für den Signifikanz-Test eine Vorabdefinition der Target-Renditen τ_i aus dem Intervall [a, o] erforderlich, anhand derer der Vergleich der Verteilungen mit Hilfe der jeweiligen LPMs vorgenommen werden kann.[261] Als Ergebnis erhält man Stichprobenschätzungen der stochastischen Dominanz bzw. der LPMs für jede einzelne vorab festgelegte Target-Rendite τ.

Unter der Annahme, daß die Renditen der Stichprobe unabhängig und identisch verteilt sind, sind die Stichprobenschätzungen der LPMs Durchschnittswerte unabhängig und identisch verteilter Zufallsvariablen. Bei Anwendung des zentralen Grenzwertsatzes läßt sich zeigen, daß das arithmetische Mittel von unabhängig und identisch verteilten Zufallsvariablen asymptotisch normalverteilt ist.[262]

Chow leitet daraus die Varianz-Kovarianz-Struktur der asymptotischen Normalverteilung der Stichprobenschätzung für die stochastische Dominanz ab, die ohne vorherige Kenntnis der Verteilung der zugrunde liegenden Stichprobendaten ermittelt werden kann. Insbesondere zeigt er, daß bei einer Verteilung A

(C.66) $\qquad \sqrt{n} \left[\widehat{LPM}_M (\tau_i; A) - LPM_M (\tau_i; A) \right]$

mit i = 1, 2, ..., m

asymptotisch normalverteilt ist mit einem Mittelwert von Null und einer Varianz

(C.67) $\qquad Var_{ii} (M; A) = n\, E \left[\widehat{LPM}_M (\tau_i; A) - LPM_M (\tau_i; A) \right]^2$

$$= n\, E \left[\left[n^{-1} \sum_{k=1}^{n} \max \left[0, (\tau_i - R_k)^M \right] \right] - LPM_M (\tau_i; A) \right]^2 .$$

Für eine Verteilung, hier A, erhält man somit unter Einsatz der verschiedenen vorab bestimmten Target-Renditen τ_i einen Vektor mit LPM-Schätzungen an den Stellen

---

[261] Die Höhe und Abstände der Target Renditen sind dabei von den zu vergleichenden Stichprobenverteilungen abhängig.

[262] Vgl. **Bleymüller/Gehlert/Gülicher** (1991), S. 78.

i = 1, 2, ..., m. *Chow* weist nach, daß ein Vektor von LPM-Schätzungen einer Verteilung,

$$(C.68) \quad \hat{LPM}_M(A)' = \left[\hat{LPM}_M(\tau_1;A), \hat{LPM}_M(\tau_2;A),..., \hat{LPM}_M(\tau_m;A) \right],$$

asymptotisch multivariat normalverteilt ist.

Durch den Vergleich der so für zwei Verteilungen A und B bestimmten Vektoren aus der Stichprobe können die verschiedenen Hypothesen, die im Rahmen der Anwendung der stochastischen Dominanz von Interesse sind, getestet werden. Dabei werden die Hypothesen über die Vektoren, die als in LPMs transformierte Ordinaten der stochastischen Dominanz anzusehen sind, durch die Definition der entsprechenden Hypothesen an jedem der durch die Target-Renditen bestimmten Punkte getestet. Die Hypothesen

$$(C.69) \quad H_0: \quad \hat{LPM}_M(A)' \text{ ist gleich einzustufen wie } \hat{LPM}_M(B)' \,^{263}$$
$$H_1: \quad \hat{LPM}_M(A)' \text{ dominiert oder wird dominiert von } \hat{LPM}_M(B)'$$
$$H_2: \quad \hat{LPM}_M(A)' \text{ ist nicht vergleichbar mit } \hat{LPM}_M(B)'$$

werden entsprechend mit den wie folgt formulierten m Subhypothesentests

$$(C.70) \quad H_{0i}: \quad LPM_{M;A}(\tau_i;A) = LPM_{M;B}(\tau_i;B)$$
$$H_{1i}: \quad LPM_{M;A}(\tau_i;A) > LPM_{M;B}(\tau_i;B)$$
$$H_{2i}: \quad LPM_{M;A}(\tau_i;A) < LPM_{M;B}(\tau_i;B)$$

an jedem Target-Punkt i = 1, 2, ..., m getestet.

Ist H_{0i} nicht abzulehnen für alle i, kann die Nullhypothese H_0, die Renditeverteilungen zwischen zwei Portfolios seien gleich, nicht abgelehnt werden, d. h. die Portfolios sind als gleichwertig einzustufen. Ist dagegen H_{0i} für einige i sowohl zugunsten der Hypothese H_{1i} als auch zugunsten der Hypothese H_{2i} abzulehnen, überschneiden sich die Verteilungen und sind daher nicht vergleichbar. Somit können sie nicht in eine Rangfolge gebracht werden und die Hypothese H_2 ist anzunehmen. Tritt dagegen der Fall ein, daß H_{0i} zugunsten von H_{1i} abgelehnt wird, ist die Hypothese H_1 anzunehmen. Je nachdem, ob die Hypothese H_{1i} für alle i oder nur für einige i nicht verworfen werden kann, ist dabei eine Unterscheidung zwischen starker und schwacher Dominanz möglich.[264]

Die Teststatistik ist unter der Annahme, daß die Stichproben voneinander unabhängig sind, mit der Standardnormalstatistik

---

[263] Insbesondere der Test dieser Hypothese erscheint wegen der oben bereits erwähnten 100 % Wahrscheinlichkeit eines Fehlers vom Typ I wichtig.

[264] Zum Teil wird eine starke Dominanz auch als strikte Dominanz bezeichnet, vgl. **Keppe/Weber** (1990), S. 350.

(C.71) $z_i = \left[\hat{LPM}_M(\tau_i;A) - \hat{LPM}_M(\tau_i;B) \right] / \left[\sigma^2_{ii}(M;A) + \sigma^2_{ii}(M;B) \right]^{1/2}$

gegeben, wobei $\sigma^2_{ii}(M;A)$ und $\sigma^2_{ii}(M;B)$ Stichprobenschätzungen der Varianzen der LPM_M-Schätzer für die Verteilungen A und B darstellen.[265] Angewandt auf alle i, erhält man schließlich m Standardnormal-Teststatistiken z_1, z_2, ..., z_m. Es läßt sich zeigen, daß für z = (z_i | i = 1, 2, ..., m)

(C.72) $\text{Prob} \left[|z_i| \leq m_{\alpha,m,DF} \geq 1-\alpha \right]$

gilt, wobei $m_{\alpha, m, DF}$ der oberen kritischen Schranke der studentisierten Maximum Modulus- (SMM-) Verteilung entspricht.[266]

Um eine Entscheidung bezüglich der Annahme oder Ablehnung von H_0 herbeizuführen, kann auf der Grundlage dieser Erkenntnis ein simultan paarweiser Vergleich der Mittelwerte nach der General Tukey 2 - (GT2) Methode von *Hochberg* erfolgen.[267] Diese Methode erlaubt einen paarweisen multiplen Vergleich mehrerer Mittelwerte von k unabhängigen Stichproben aus annähernd normalverteilten Grundgesamtheiten mit gleicher Varianz. Dazu wird jede Standardnormalstatistik z_i mit dem beim jeweils gewählten Signifikanzniveau vorgegebenen kritischen Wert der SMM-Verteilung mit den Parametern k* = k (k - 1) / 2 (Anzahl der verglichenen Gruppen, hier somit die Anzahl der verglichenen Vektoren bzw. die Anzahl m der z_i) und DF = n - k Freiheitsgraden (n ist dabei, angewandt auf den hier dargestellten Zusammenhang, die Anzahl der zur Schätzung der LPMs verwendeten Beobachtungen) verglichen.[268]

d. Vor- und Nachteile der stochastischen Dominanz im Rahmen der Performance-Messung

Der Vorteil der Anwendung der stochastischen Dominanzkriterien liegt in der völligen Loslösung der mit einer Anwendung kapitalmarkttheoretischer Modelle verbundenen Probleme. Insbesondere werden keinerlei Anforderungen an die Art der Verteilung der Renditen gestellt und beim Vergleich verschiedener Portfolios ergibt sich nicht die Problematik der Bestimmung einer geeigneten Benchmark. Insofern unterliegt dieser Ansatz auch nicht der vielfach geübten Kritik an den im Portfolio-Management gebräuchli-

---

[265] Die Varianz der Summe zweier unabhängiger Zufallsvariablen ist gleich der Summe ihrer Varianzen, vgl. **Rüger** (1991), S. 131.

[266] Vgl. **Hochberg** (1982), S. 228 f.; **Stoline/Ury** (1979), S. 89.

[267] Vgl. **Hochberg** (1974), S. 228 f., der auch die Vorteilhaftigkeit dieses Tests gegenüber dem mehrfachen t-Test nach Bonferroni aufzeigt. Vgl. auch **Richmond** (1982), S. 455 ff., sowie **Sachs** (1990), S. 98 ff.

[268] Die vertafelten zweiseitigen Schranken der SMM-Verteilung sind für verschiedene Signifikanzniveaus z. B. bei **Sachs** (1990), S. 184 ff., zu finden.

chen, in der Regel auf dem μ/σ-Prinzip basierenden Risikomaßen.[269] Darüber hinaus ist durch die Anwendung verschiedener Grade der stochastischen Dominanz eine flexiblere Charakterisierung der Risikopräferenzen von Investoren möglich.[270]

Ein Nachteil der stochastischen Dominanz besteht darin, daß sie in der Regel lediglich eine Vorauswahl effizienter Portfolios trifft, innerhalb derer ein Ranking jedoch nicht möglich ist.[271] Es verbleibt eine Anzahl von Portfolios, die auf der Basis der jeweils unterstellten Nutzenfunktion indifferent beurteilt werden. Diese Anzahl wird zwar mit der Anwendung zunehmend höherer Grade der stochastischen Dominanz immer geringer, bleibt aber unter Umständen vergleichsweise groß.[272]

Daneben verlangt auch die stochastische Dominanz Stationarität der Renditen, um aus der ex-post-Analyse Rückschlüsse auch für die Zukunft ziehen zu können.[273] Ein weiterer Nachteil besteht in einem erhöhten Rechenaufwand, der allerdings eher bei der Konstruktion effizienter Portfolios aus einer Vielzahl von Wertpapieren relevant ist und durch verschiedene Algorithmen verringert werden kann.[274] Aufwendig bleibt allerdings der oben dargestellte Signifikanztest.

Im Unterschied zu den auf den ersten beiden Momenten aufbauenden Performance-Maßen ist bei der Anwendung der stochastischen Dominanz weder eine Aufspaltung des Risikos in systematisches oder unsystematisches Risiko möglich, noch können die Komponenten der Performance identifiziert werden. Eine Beurteilung über Selektions- und/oder Timingfähigkeiten der Manager ist daher nicht möglich. Es kann lediglich festgestellt werden, ob ein Portfolio gegenüber einem anderen unter der jeweils zugrunde gelegten Nutzenfunktion als effizienter einzustufen ist. Dies kann auch den paarweisen Vergleich mit einem als passive Strategie anzusehenden Benchmarkportfolio mit einschließen. Die Dominanz eines Fonds gegenüber einem relativ μ/σ-effizienten Benchmarkportfolio müßte dann auf die informationsbedingte Performance des Managers zurückgeführt werden.

---

[269] Zur Diskussion über die Eignung des μ/σ-Prinzips im Vergleich zur Anwendung der stochastischen Dominanz im Rahmen der Portfolioselektion vgl. z. B. **Gandhi/Saunders** (1981) und die Erwiderung von **Ashton** (1982) sowie die vergleichenden Untersuchungen zwischen beiden Ansätzen bei **Aharony/Loeb** (1977), **Porter/Gaumnitz** (1972) und **Porter** (1973).

[270] Vgl. **Elton/Gruber** (1991 a), S. 228.

[271] Eine weitere Reduzierung kann allerdings bei einer Einbeziehung risikoloser Wertpapiere in die stochastische Dominanz erfolgen, vgl. dazu **Levy/Kroll** (1976, 1978, 1979).

[272] Vgl. **Tehranian** (1980), der erst bei einer stochastischen Dominanz 9. Grades ein definitives Ranking der von ihm untersuchten, zufällig zusammengestellten Portfolios ermittelt.

[273] Dies gilt auch bei der Nutzung anderer, ex post eingesetzter Performance-Maße. Dabei werden die Resultate der stochastischen Dominanz jedoch in höherem Maße von Abweichungen der Stationarität beeinträchtigt als die Ergebnisse des μ/σ-Ansatzes, vgl. **Frankfurter/Phillips** (1975), S. 178.

[274] Zu verschiedenen Algorithmen vgl. **Levy/Sarnat** (1984), S. 219 ff.; **Porter/Wart/Ferguson** (1973) sowie **Bawa** (1975).

III. Performance-Messung unter Berücksichtigung zusätzlicher Informationen

1. Ziele der Ansätze

Die oben dargestellten Ansätze zur Performance-Analyse beruhten ausnahmslos auf den Renditezeitreihen der zu bewertenden Portfolios und der eingesetzten Benchmarks. Mit dem Rückgriff auf zusätzliche Daten über die Portfoliozusammenstellung werden im wesentlichen drei Ziele verfolgt:

- die Berücksichtigung von Timingaktivitäten,

- eine Loslösung von kapitalmarkttheoretischen Modellen und damit zusammen hängend

- die Entschärfung der Benchmarkproblematik.

Mit Hilfe der im folgenden erläuterten Ansätze wird versucht, einen Teil oder alle oben genannten Gesichtspunkte zu berücksichtigen. Die verschiedenen Verfahren lassen sich prinzipiell drei Grundrichtungen zuordnen, die sich vor allem im Hinblick auf die beiden zuletzt genannten Punkte unterscheiden.

Eine erste Gruppe beruht weiterhin grundsätzlich auf dem Betakonzept und benutzt die Portfoliogewichte lediglich dazu, Verzerrungen des durchschnittlich geschätzten Portfolio-Betas zu vermeiden. Die Kenntnis der Portfoliogewichte ermöglicht die Berechnung des Portfolio-Betas in den einzelnen Anlageperioden als Summe der mit den Wertpapieranteilen gewichteten Einzelwert-Betas.

Eine zweite Gruppe löst sich von der expliziten Berücksichtigung des Risikos und ermittelt die Performance auf der Grundlage der Kovarianz zwischen den Portfoliogewichten und den Renditen der Wertpapiere. Eine Beziehung zu bestimmten Renditeerwartungsmodellen und die Definition einer Benchmark ist für diese Ansätze nicht erforderlich. Vielmehr ergibt sich die Benchmark letztlich auf der Grundlage der Portfoliogewichte zu bestimmten Zeitpunkten.

Die der dritten Gruppe zugeordneten nichtparametrischen Verfahren benötigen ebenfalls den Rückgriff auf die Portfoliozusammenstellung. Sie sind allerdings nicht mit den anderen Verfahren vergleichbar, da sie nicht die Performance selbst ermitteln, sondern mit ihrer Hilfe lediglich getestet wird, ob private Informationen vorhanden sind. Eine Beurteilung, ob mit privaten Informationen auch eine überlegene Performance erzielt werden konnte, ist mit diesen Ansätzen nicht möglich. Eine weitere Einschränkung dieser Testansätze besteht darin, daß sie lediglich das Vorhandensein von Timing-, nicht jedoch Selektionsinformationen prüfen. Im Gegensatz zu den obigen Verfahren benötigen diese Methoden theoretisch keine Portfoliogewichte. Aus deren Veränderungen werden lediglich Rückschlüsse über die Managerprognosen gezogen, deren Kenntnis für diese Ansätze notwendig ist. Somit dienen Informationen über die Portfoliogewichte lediglich als Proxy für die im allgemeinen nicht verfügbaren Managerprognosen. Da mit der Anwendung dieser Verfahren Annahmen über die Art der Timinginformationen und deren Umsetzung getroffen werden, sind die Anforderungen an das Datenmaterial über die Portfoliogewichte weniger streng. I. d. R. reichen dazu die Veränderungen der Anteile von Anlagen in risikobehaftete und risikolose Anlagen aus.

2. Methoden unter Verwendung von Portfoliogewichten

a. Bestimmung der Portfolio-Betas mit Hilfe der Wertpapieranteile

Die Ursache der negativen Verzerrung des Jensen-Alphas bei Vorliegen von Timingfähigkeiten resultiert aus Ungenauigkeiten, die bei der Schätzung des durchschnittlichen Portfolio-Betas entstehen.[1] Diese Verzerrung tritt dann nicht auf, wenn die Portfolio-Betas in den einzelnen Anlageperioden bekannt sind. Ausgehend von der Aufspaltung der durchschnittlichen Portfoliorendite gemäß Gleichung

$$(B.27) \qquad \overline{r}_P = \underbrace{\overline{\beta}_P \overline{r}_E}_{\substack{\text{passive} \\ \text{Komponente}}} + \underbrace{\underbrace{\frac{1}{T} \sum_{t=1}^{T} \tilde{\beta}_{Pt} (\overline{r}_{Et} - \overline{r}_{Et})}_{\text{Timing-Komponente}} + \underbrace{\overline{\epsilon}_p}_{\substack{\text{Selektions-} \\ \text{Komponente}}}}_{\text{aktive informationsbedingte Performance}}$$

kann bei Kenntnis der Portfoliogewichte x_{it} das Portfolio-Beta $\tilde{\beta}_{Pt}$ in den einzelnen Anlageperioden als Summe der mit den Portfolioanteilen gewichteten Einzelrisiken berechnet werden mit

$$(B.23) \qquad \beta_{Pt} = \sum_{i=1}^{N} \beta_i \cdot x_{it},$$

indem zunächst für jedes Wertpapier i das systematische Risiko gegenüber dem Benchmarkportfolio geschätzt wird.[2] Daraus ergibt sich das von *Grinblatt/Titman* definierte Selectivity-Maß SM unter einer Grenzwertbetrachtung mit[3]

---

[1] Vgl. **Kapitel** C. II. 1. b. aa., S. 86 ff.

[2] Vgl. zu dieser Aufspaltung der Portfoliorendite **Kapitel** B. III. 1., S. 52 f.

[3] Die Formulierung der Maße als Wahrscheinlichkeitsgrenzwert des arithmetischen Mittels der stochastisch unabhängigen Periodenrenditen wird gewählt, um den Einfluß von Zufallsereignissen zu umgehen. Auf die explizite Kennzeichnung wird hier verzichtet. Vgl. zu diesen Maßen **Grinblatt** (1987), S. 16; **Grinblatt/Titman** (1989 b), S. 398 ff., sowie **Hwang** (1988), S. 11 f., der das Selectivity-Maß als modifiziertes Jensen-Alpha bezeichnet und die auf der Basis von Portfoliogewichten geschätzten Betafaktoren auch zur Schätzung des Treynor-Maßes verwendet.

$$(C. 73) \qquad SM = \bar{\varepsilon}_P = \bar{r}_P - \left[\frac{1}{T} \sum_{t=1}^{T} \tilde{\beta}_{Pt} \, \tilde{r}_{Et} \right]$$

und das Timing-Maß TM als Stichprobenkovarianz zwischen dem Portfolio-Beta und der Überschußrendite des Benchmarkportfolios als

$$(C. 74) \qquad TM = \frac{1}{T} \sum_{t=1}^{T} \tilde{\beta}_{Pt} \, (\tilde{r}_{Et} - \bar{r}_E).$$

Grinblatt/Titman zeigen, daß diese Maße für uninformierte Investoren Null und für informierte Anleger positiv sind. Dies gilt unter den Annahmen, daß die Anleger eine nicht ansteigende absolute Risikoaversion besitzen und die Timing- und Selektionsinformationen unabhängig voneinander sind.[4] In diesem Fall wird der Investor unabhängig von Vermögenseffekten das Portfolio-Beta erhöhen, sofern er Timinginformationen besitzt, die eine positive Marktüberschußrendite erwarten lassen. Problematisch an dieser Vorgehensweise ist die unterstellte Stationarität des systematischen Risikos der einzelnen Wertpapiere, die empirisch nicht bestätigt werden kann.[5]

Die von *Elton/Gruber* vorgestellten Maße lassen sich in Abhängigkeit von der Definition des Timings in zwei Gruppen unterscheiden. Bei den Maßen der ersten Gruppe wird der in der Literatur üblichen Vorgehensweise gefolgt, Timing als Allokation zwischen risikobehafteten und risikolosen Anlagen zu definieren. Damit wird davon ausgegangen, daß der aggregierte Anteil des Vermögens, der in die risikobehaftete Anlage investiert wird, von den erwarteten Renditen der individuellen Wertpapiere unabhängig ist .[6] Die daraus folgenden Maße sind mit denen von *Grinblatt/Titman* identisch.[7]

Die andere Gruppe von Maßen wird dagegen aus einer alternativen Definition von Timing und Selectivity entwickelt. Im Rahmen dieser Definition wird berücksichtigt, daß der Anteil, der in die risikobehaftete Anlage investiert wird, nicht nur von Timinginformationen, sondern auch von Selektionsinformationen abhängt. Umgekehrt wird das Verhältnis der Anteile risikobehafteter Wertpapiere untereinander nicht nur durch Selektions-, sondern auch durch Timinginformationen beeinflußt.[8] Somit werden Interdependenzen zwischen Timing und Selectivity berücksichtigt, die bei anderen Verfahren

---

[4] Vgl. den Beweis bei **Grinblatt/Titman** (1989 b), S. 401 ff. Darüber hinaus zeigen die Autoren Verallgemeinerungen, die diese Annahmen unter bestimmten Bedingungen lockern.

[5] Vgl. **Kapitel** C. II. 1. b.aa., S. 85.

[6] Weiterhin wird die Unabhängigkeit der Selectivity- und Timinginformationen sowie eine exponentielle Nutzenfunktion der Investoren unterstellt. Folglich sind die Portfoliogewichte eine lineare Funktion der Signale informierter Manager. Die Ergebnisse besitzen jedoch grundsätzlich für alle Nutzenfunktionen mit einer nicht ansteigenden absoluten Risikoaversion Gültigkeit, vgl. **Elton/Gruber** (1991 b), S. 122.

[7] Vgl. **Elton/Gruber** (1991 b), S. 120 ff.

[8] Vgl. **Elton/Gruber** (1991 b), S. 124 und S. 127 ff.

dazu führen, daß die auf ihrer Grundlage ermittelte Timing-Performance durch Selektionsinformationen beeinflußt wird.[9] Mit den von *Elton/Gruber* abgeleiteten Maßen ist dagegen eine eindeutige Abgrenzung der beiden Performance-Determinanten möglich. Aus den Ableitungen von *Elton/Gruber* ergibt sich das Timing-Maß mit[10]

$$(C.75) \qquad \text{TM-EG} = \frac{1}{N-1} \sum_{i=1}^{N} \sum_{\substack{j=1 \\ j \neq i}}^{N} \text{Cov} \left[\tilde{x}_i, \frac{\beta_i}{\beta_j} \tilde{r}_j \right]$$

und das Selectivity-Maß mit

$$(C.76) \qquad \text{S-EG} = \sum_{i=1}^{N} \text{Cov}(\tilde{x}_i, \tilde{r}_i) - \frac{1}{N-1} \sum_{i=1}^{N} \sum_{\substack{j=1 \\ j \neq i}}^{N} \text{Cov} \left[\tilde{x}_i, \frac{\beta_i}{\beta_j} \tilde{r}_j \right].$$

Mit den genannten Maßen von *Elton/Gruber* wird somit lediglich eine unterschiedliche Allokation der Performance hinsichtlich der Timing- und Selektionsfähigkeiten vorgenommen. Die Gesamtperformance dagegen, die mit dem linken Term in Gleichung (C.76) gegeben ist, bleibt bei beiden Definitionen identisch und entspricht dem Gesamtperformance-Maß von *Grinblatt/Titman*.[11]

Mit den oben genannten Selectivity- und Timing-Maßen wird einer möglichen Instabilität der Betafaktoren aufgrund von Timingaktivitäten Rechnung getragen. Zur Schätzung der Betafaktoren der einzelnen Wertpapiere ist jedoch ein Rückgriff auf eine Benchmark erforderlich. Somit bleibt bei diesen Ansätzen die damit einhergehende Problematik der Sensitivität der Ergebnisse bezüglich der Wahl des Benchmarkportfolios bestehen.

b. Modellunabhängige Performance-Maße

aa. Grundidee

Die im folgenden vorgestellten Verfahren haben gemeinsam, daß sie auf eine ähnliche Vorgehensweise zurückgreifen, wie sie bei der Messung abnormaler Renditen im Rahmen von Ereignisstudien verfolgt wird. Die Ansätz zeichnen sich dadurch aus, daß sie keinen vorab bestimmten Referenzindex als relativ μ/σ-effizientes Portfolio oder als

---

[9] Vgl. **Elton/Gruber** (1991 b), S. 129.

[10] Vgl. zur Ableitung dieser Maße ausführlich **Elton/Gruber** (1991 b), S. 127 ff.

[11] Zu den Ergebnissen von Simulationen, in denen die Robustheit dieser Maße zur Identifikation von privaten Timing- und Selektionsinformationen untersucht wird, vgl. **Hwang** (1988). Dessen Untersuchungen zeigen, daß mit der alternativen Vorgehensweise bei der Identifikation der Performance-Determinanten keine besseren Ergebnisse erzielt werden, vgl. **Hwang** (1988), S. 65 f. und 108.

Stellvertreter für das Marktportfolio benötigen. Vielmehr wird als "Benchmark" die Rendite eines Portfolios berechnet, das in seiner Gewichtung mit dem zu beurteilenden Portfolio identisch ist. Die Berechnung dieser Rendite erfolgt dabei in einer der Untersuchungsperiode zeitlich vorangehenden oder nachfolgenden Periode. Sie wird dann von den durch das aktive Management erwirtschafteten Portfoliorenditen subtrahiert.[12] Die Grundidee dieser Ansätze besteht darin, daß Wertpapiere in der Zeit, in der sie von informierten Managern im Portfolio gehalten werden, eine höhere Rendite abwerfen sollten, als wenn sie nicht Bestandteil des aktiv gemanagten Portfolios sind.[13] Die von informierten Investoren erwartete Rendite sollte gemäß dieser Überlegung somit höher sein, als es die uninformierten Investoren für die entsprechende Portfoliozusammensetzung erwarten würden.[14]

Diese Ansätze basieren somit nur auf den Renditen der Wertpapiere. Das Risiko findet keine explizite Berücksichtigung. Vielmehr wird davon ausgegangen, daß eine angemessene Risikoprämie bereits in den Renditen der Wertpapiere enthalten ist.[15] Die Ansätze erfordern als weitere Annahme die Konstanz der erwarteten Renditen aus der Sicht der uninformierten Investoren.[16] Somit gilt auch für diese Maße die für die Performance-Messung generell problematische Unterstellung eines stationären Renditegenerierungsprozesses.[17] Daneben liegt auch diesen Ansätzen die Prämisse zugrunde, daß die informierten Investoren lediglich einen infinitesimal geringen Anteil am Markt besitzen und somit die Wertpapierrenditen durch ihre Transaktionen nicht beeinflussen. Die Implikationen, die aus der Einführung asymmetrisch verteilter Informationen resultieren, sind somit dieselben, wie sie bereits im Rahmen der Erläuterungen zur Identifikation von Managerfähigkeiten auf der Basis relativ effizienter Portfolios vorgestellt wurden.[18]

---

[12] Insofern verwenden auch diese Verfahren eine Benchmark, so daß der Begriff "Performance-Messung ohne Benchmark", wie ihn z. B. *Grinblatt/Titman* für ihr Portfolio Change Measure verwenden, mißverständlich ist, vgl. **Grinblatt/Titman** (1993 b), S. 47. Die Bestimmung der Rendite, die der aktiv erwirtschafteten Rendite gegenübergestellt wird, ergibt sich jedoch aus den im Portfolio befindlichen Wertpapieren und unterliegt somit nicht der Problematik vorab vorgegebener Indizes als Benchmarks. Eine genauere Formulierung, die den Kern dieser Verfahren besser veranschaulicht, wählt *Bühler*, wenn er von einer "Performanceanalyse ohne effiziente Benchmark" spricht, vgl. **Bühler** (1994), S. 42.

[13] Vgl. **Grinblatt** (1987), S. 15; **Grinblatt/Titman** (1993 b), S. 48.

[14] Vgl. **Dybvig/Ross** (1985 a), S. 395.

[15] Vgl. **Cornell** (1979), S. 386; **Uhlir** (1981), S. 562.

[16] Vgl. **Cornell** (1979), S. 386; **Grinblatt/Titman** (1993 b), S. 49; **Grinblatt/Titman** (1992 a), S. 3.

[17] Diese Annahme wird für die Maße, die auf der Methodik von Ereignisstudien beruhen, als noch wichtiger angesehen, als für jene, die auf ein Benchmarkportfolio zurückgreifen, vgl. **Grinblatt/Titman** (1992 a), S. 34.

[18] Vgl. **Kapitel B. III. 2. c. aa.**, S. 63 ff. Dies gilt unbeschadet der Tatsache, daß *Cornell* die aus asymmetrischen Informationen folgenden Implikationen für den Kapitalmarkt in Anbetracht der Überlegungen von *Mayers/Rice* interpretiert, vgl. **Cornell** (1979), S. 382 ff.

Letztlich wird auf der Grundlage der hier aufgezeigten Ansätze geprüft, ob die Kovarianz zwischen den Portfoliogewichten zu Beginn einer Periode und den Renditen der einzelnen Wertpapiere in der entsprechenden Periode signifikant positiv ist. In diesem Fall hat der Investor aufgrund privater Informationen eine überdurchschnittliche Rendite bzw. eine positive Performance erzielt. Demgegenüber sind die Portfoliogewichte und die Renditen für uninformierte Investoren unkorreliert, d. h. die Kovarianz hat für diese einen Wert von Null. Diese Erkenntnis, die als allgemeine Formulierung zur Identifikation privater Information schon an anderer Stelle deutlich wurde,[19] erfordert somit die Berechnung der Kovarianz zwischen den Portfoliogewichten und den Renditen der Wertpapiere. Die Aggregation der für sämtliche im Portfolio befindlichen Wertpapiere errechneten Kovarianzen zwischen den jeweiligen Renditen und Portfoliogewichten ist für eine einzelne Beobachtungsperiode gegeben mit

$$(C.77) \quad \sum_{i=1}^{N} \mathrm{Cov}(\tilde{x}_i, \tilde{R}_i) = \sum_{i=1}^{N} \left[E(\tilde{x}_i \tilde{R}_i) - E(\tilde{x}_i) E(\tilde{R}_i) \right],$$

wobei:

N = Anzahl der Wertpapiere im Portfolio

$\tilde{x}_i$ = prozentualer Anteil des Wertpapiers i am Portfolio zu Beginn der Beobachtungsperiode.

Diese Formel, welche die Differenz zwischen der realisierten und der von einem uninformierten Investor erwarteten Rendite ausdrückt, ist Ausgangspunkt aller Maße, die im folgenden erläutert werden. Dabei drückt der rechte Term innerhalb der eckigen Klammern die erwartete Portfoliorendite aus, die sich unter der Annahme ergibt, daß die Gewichte und Renditen unkorreliert sind.[20] Letztlich unterscheiden sich diese Maße lediglich darin, wie die Kovarianz in Gleichung (C.77) gemessen wird.

bb. Ansätze

Die von *Grinblatt/Titman* als "Event Study Measures" bezeichneten Ansätze von *Cornell* und *Copeland/Mayers* ermitteln die aggregierte Kovarianz mit

$$(C.78) \quad \sum_{i=1}^{N} \mathrm{Cov}(\tilde{x}_i, \tilde{R}_i) = \sum_{i=1}^{N} E \left[\tilde{x}_i \left[\tilde{R}_i - E(\tilde{R}_i) \right] \right].[21]$$

Zur Implementierung dieser Maße wird zunächst die Testperiode in mehrere Beobachtungsperioden unterteilt.[22] Für jede einzelne Beobachtungsperiode wird der prozentuale

---

[19] Vgl. Gleichung (B.29) in **Kapitel B. III. 1.**, S. 54.

[20] Dieser Term kann prinzipiell als Risikoadjustierung verstanden werden, da er die erwartete Rendite eines Portfolios mit identischen Portfoliogewichten und dem gleichen durchschnittlichen Risiko widerspiegelt wie das zu bewertende Portfolio, vgl. **Grinblatt/Titmann** (1993 b), S. 50 f.

[21] Vgl. **Grinblatt/Titman** (1993 b), S. 48.

Anteil der einzelnen, im Portfolio befindlichen Wertpapiere am Portfoliovermögen zu Beginn der Periode bestimmt. Für diese Wertpapiere wird dann die erwartete Rendite berechnet. In diesem Punkt unterscheiden sich der Ansatz von *Cornell* und der von *Copeland/Mayers.*

Bei ersterem wird als Schätzwert für die erwartete Rendite die durchschnittliche Rendite des Wertpapiers in einem zeitlich vor der Testperiode liegenden Zeitraum verwendet,[23] während letztere auf die Wertpapierrenditen aus einer zeitlich nach der Testperiode liegenden Benchmarkperiode zurückgreifen. Daher wird die Vorgehensweise von *Copeland/Mayers* auch als "Future Benchmark Technique" bezeichnet.[24] Mit beiden Vorgehensweisen sind Probleme verbunden, die zu Verzerrungen führen können. Die Schätzung der erwarteten Renditen vor der Testperiode hat den Nachteil, daß einige Investoren ihren Anlageentscheidungen die Renditeentwicklung der Wertpapiere in der Vergangenheit zugrunde legen, was zu einer systematischen Verzerrung der Maße führen kann.[25] Wählt der Manager beispielsweise grundsätzlich Wertpapiere aus, die in der Vergangenheit sehr schlecht rentiert haben, führt dies zu einer positiven Stichproben-Kovarianz, da die Schätzung der erwarteten Renditen aufgrund der niedrigen Vergangenheitsrenditen nach unten verzerrt ist.[26] Daher ist ein solches Maß durch den Manager manipulierbar.

Die Ermittlung der erwarteten Renditen in einer Periode hinter der Testperiode hat den Nachteil, daß die Messung relativ aktueller Perioden mit Schwierigkeiten behaftet ist, da nur wenige darauffolgende Perioden für ihre Schätzung verbleiben. Darüber hinaus sind bei dieser Vorgehensweise Verzerrungen dann nicht auszuschließen, wenn eine Messung der zukünftigen Rendite nicht erfolgen kann, weil der Titel möglicherweise nicht mehr existiert.[27]

---

[22] Als Testperiode wird der Zeitraum bezeichnet, für den die Performance-Messung durchgeführt wird. Vgl. zur Vorgehensweise **Cornell** (1979), S. 386.

[23] Vgl. **Cornell** (1979), S. 386; **Copeland/Mayers** (1982), S. 290. Eine anschauliche, mit Zahlenbeispielen unterlegte Darstellung der Vorgehensweise findet sich bei **Grinblatt** (1987), S. 15 ff.

[24] Vgl. **Copeland/Mayers** (1982), S. 289.

[25] Die Relevanz derartiger, auf Vergangenheitsrenditen beruhender Strategien wird z. B. in einer Studie über das Anlageverhalten von Investmentfondsmanagern deutlich. Nach den Ergebnissen dieser Untersuchung sind die Manager von 77 % der analysierten 155 Fonds als Momentum-Investoren einzustufen. Sie haben die Tendenz, Wertpapiere zu kaufen, die in der vorausgegangenen Periode eine hohe Rendite aufwiesen und solche mit einer niedrigen Rendite zu verkaufen, vgl. **Grinblatt/Titman/Wermers** (1993). In diesem Fall sind die Gewichte und Renditen, die zur Bestimmung der erwarteten Renditen herangezogen werden, nicht mehr, wie angenommen, unkorreliert.

[26] Vgl. **Grinblatt/Titman** (1993 b), S. 51.

[27] Dieser Gesichtspunkt, auch als Survivorship-Bias bezeichnet, ist somit insbesondere relevant für die Bewertung von Managern, die z. B. verstärkt Titel von Übernahmekandidaten oder kurz vor dem Konkurs stehender Unternehmen kaufen, vgl. **Grinblatt/Titman** (1993 b), S. 48.

Unter Zugrundelegung der zu Beginn der Testperiode erhobenen Gewichte wird auf diese Weise die unerwartete Rendite des Portfolios als Differenz zwischen der realisierten und der erwarteten Portfoliorendite ermittelt. Aus den unerwarteten Renditen aller Beobachtungsperioden ergibt sich eine Zeitreihe, deren Mittelwert berechnet wird. Ist dieser signifikant größer als Null, hat der Manager vorab Informationen über die Ausprägung der Residuen einzelner Wertpapiere besessen und diese zur Erzielung einer überlegenen Performance umgesetzt. Eine Unterscheidung dahingehend, ob Timing- oder Selektionsinformationen vorgelegen haben, ist dabei nicht möglich, so daß diese Maße jenen Ansätzen zuzuordnen sind, die die Gesamtperformance messen.[28]

Das Cornell-Maß CM ist als durchschnittliche Kovarianz einer Stichprobe gegeben mit

$$(C.79) \qquad CM = \sum_{i=1}^{N} \sum_{t=1}^{T} \left[x_{it} \left(R_{it} - \overline{R}_{i,t-c} \right) \right] / T, [29]$$

wobei t den Periodenindex, T die Gesamtzahl der Beobachtungsperioden und $\overline{R}_{i,t-c}$ den Schätzwert für die erwartete Rendite des Wertpapiers i bezeichnen, wobei hier der Einfachheit halber davon ausgegangen wird, daß die Schätzung der erwarteten Renditen auf Grundlage der jeweiligen Wertpapierrenditen in einer Periode t - C erfolgt. Für das Maß von *Copeland/Mayers* müßte anstelle dieses geschätzten Wertes entsprechend $\overline{R}_{i,t+c}$ in die Formel eingesetzt werden.

Das von *Grinblatt/Titman* vorgeschlagene Portfolio Change Measure PCM ermittelt die Kovarianz aus Gleichung (C.77) alternativ mit

$$(C.80) \qquad \sum_{i=1}^{N} \mathrm{Cov}(\tilde{x}_i, \tilde{R}_i) = \sum_{i=1}^{N} E\left[\tilde{R}_i \left[\tilde{x}_i - E(\tilde{x}_i) \right] \right].[30]$$

Im Gegensatz zu den oben beschriebenen Verfahren, die eine Schätzung der erwarteten Rendite erfordern, werden bei dieser Berechnungsweise der Kovarianz Schätzwerte für die erwarteten Portfoliogewichte benötigt. Analog zur angeführten Problematik der Verwendung zeitlich vor der Testperiode liegender Renditen zur Schätzung der erwarteten Renditen, ist aus denselben Gründen eine Schätzung der erwarteten Portfoliogewichte auf der Grundlage zukünftiger, d. h. sich zeitlich hinter der Testperiode ergebender Gewichte, ungeeignet. Daher erfolgt die Schätzung der erwarteten Portfoliogewichte auf der Grundlage des prozentualen Anteils des jeweiligen Wertpapiers, den es in einem vor der Beobachtungsperiode liegenden Zeitraum am Portfolio des Investors hatte. Daraus folgt für die mit dem PCM-Maß ermittelte durchschnittliche Kovarianz in einer Stichprobe

---

[28] Vgl. **Grinblatt/Titman** (1989 b), S. 399.

[29] Vgl. **Grinblatt/Titman** (1993 b), S. 48.

[30] Vgl. **Grinblatt/Titman** (1993 b), S. 49.

(C.81) $PCM = \sum_{i=1}^{N} \sum_{t=1}^{T} \left[R_{it} (x_{it} - \overline{x}_{i,t-c})) \right] / T,$ [31]

wobei $\overline{x}_{i,t-c}$ den Schätzwert für das erwartete Portfoliogewicht von Wertpapier i, ermittelt in einer Periode t - C, darstellt.

Das Portfolio Change Measure kann als Null-Kosten-Portfolio interpretiert werden. Die Gewichte dieses Portfolios bestimmen sich als Differenz zwischen den Portfoliogewichten der Beobachtungsperiode und denen der Vergleichsperiode. Unter der Annahme, daß die Höhe der im Portfolio angelegten Mittel konstant ist, ergeben sich die Differenzen lediglich aufgrund von Umschichtungen des Vermögens. Da die in den Portfolios angelegte Geldmenge für beide Portfolios identisch ist, ist der im Differenzportfolio angelegte Betrag gleich Null, weshalb dieses Portfolio als Null-Kosten-Portfolio bezeichnet wird.[32] Somit stellt die durchschnittliche Periodenrendite des Null-Kosten-Portfolios das Performance-Maß für den zu beurteilenden Manager dar.

Diese Sichtweise macht einen weiteren Vorteil der von *Grinblatt/Titman* vorgeschlagenen Berechnungsweise der Kovarianz deutlich. Dieser besteht darin, daß bei einem uninformierten Anleger die Renditen des Null-Kosten-Portfolios nicht seriell korreliert sind. Demgegenüber ist bei der Berechnung der Kovarianz auf der Basis der erwarteten Renditen von einer seriellen Korrelation in der Zeitreihe der Differenzen zwischen den realisierten und den erwarteten Renditen auszugehen. Daher ist ein Test der Signifikanz beim Portfolio Change Measure auf der Basis eines einfachen t-Tests möglich, während ein Signifikanz-Test für die Maße von *Cornell* und *Copeland/Mayers* schwieriger zu ermitteln ist.[33]

Das Portfolio Change Measure unterliegt konstruktionsbedingt nicht der Problematik der auf Survivorship-Bias zurückzuführenden Verzerrungen. Trotzdem können die Meßergebnisse dann verzerrt sein, wenn die vergangenen Portfoliogewichte und die Renditen der Beobachtungsperiode miteinander korreliert sind.[34]

Alle drei Ansätze sind lediglich asymptotisch identisch. In weniger großen Stichproben kommt es bei ihrem empirischen Einsatz zu differierenden Ergebnissen, da die zu ermittelnden Parameter auf unterschiedliche Weise aus den Stichproben geschätzt werden.[35]

---

[31] Vgl. **Grinblatt/Titman** (1993 b), S. 48.

[32] Dabei kann das Null-Kosten-Portfolio sowohl aus positiven als auch negativen (Leerpositionen) Wertpapierbeständen bestehen, da ein steigender Anteil eines Wertpapiers durch einen sinkenden Anteil eines anderen Wertpapiers ausgeglichen werden muß.

[33] Vgl. **Grinblatt/Titman** (1993 b), S. 51 f. Dennoch wird ein einfacher t-Test auch in der Untersuchung von *Copeland/Mayers* eingesetzt, vgl. **Copeland/Mayers** (1982), S. 294.

[34] Vgl. **Grinblatt/Titman** (1993 b), S. 51.

[35] Vgl. **Grinblatt/Titman** (1993 b), S. 51.

cc. Beurteilung

Der Vorteil der auf die Methodik von Ereignisstudien zurückgreifenden Ansätze besteht insbesondere in der Loslösung von speziellen kapitalmarkttheoretischen Modellen. Daneben wird keine vorab festzulegende, effiziente Benchmark benötigt, so daß damit zusammenhängende Probleme nicht relevant sind.[36] Darüber hinaus ist die den meisten anderen Verfahren zugrundezulegende Annahme normalverteilter Renditen der Portfolios nicht erforderlich.[37] Mit der Verwendung dieser Maße ist zudem tendenziell eine genauere, geringeren Verzerrungen unterliegende Identifikation privater Informationen möglich, wie empirische Simulationsstudien gezeigt haben.[38]

Da die Ansätze durch die Verwendung der Portfoliogewichte und der Wertpapierrenditen weder Transaktions- und Verwaltungskosten noch weitere beim Kauf von Fonds anfallende Gebühren berücksichtigen, ist eine direkte Beurteilung, ob auf der Grundlage identifizierter privater Informationen auch eine überlegene Performance erzielt wurde, nicht möglich. Es kann somit lediglich das Vorhandensein privater Information getestet werden, nicht jedoch, ob ein Investor durch Investition in einen mit privater Information verwalteten Fonds überdurchschnittliche Renditen erwirtschaften kann. Daher sind diese Ansätze prinzipiell für Tests der strengen Effizienzthese im Sinne *Famas* geeignet.[39]

Problematisch ist zum einen die Annahme stationärer Renditen, die jedoch grundsätzlich für alle Performance-Maße gilt.[40] Daneben sind mit dem Einsatz dieser Maße hohe Anforderungen an das Datenmaterial verbunden, da nicht nur die Portfoliogewichte der zu beurteilenden Fonds, sondern in Abhängigkeit des verwendeten Maßes auch die Renditen der einzelnen Wertpapiere zur Bestimmung der erwarteten Renditen benötigt wer-

---

[36] Gleichwohl greifen *Grinblatt/Titman* parallel zur Messung der Performance auf der Basis des Portfolio Change-Maßes auch auf Indizes zurück, um zu prüfen, ob von Verzerrungen des Maßes auszugehen ist. Diese können dadurch bedingt sein, daß die Manager bestimmte Strategien verfolgen. Solche Anlagestrategien können z. B. darin bestehen, daß ein Manager systematisch Wertpapiere mit einem in einzelnen Perioden überdurchschnittlich hohen systematischen Risiko und damit einer vergleichsweisen hohen erwarteten Rendite auswählt. Dies führt zu einer positiven Verzerrung der Kovarianz. Die Relevanz solcher Verzerrungen wird getestet, indem die Zeitreihe der Renditen des Nullkostenportfolios auf eine Benchmark regressiert wird. Ist das auf diese Weise geschätzte systematische Risiko gleich Null, kann von geringen Verzerrungen des Maßes ausgegangen werden, vgl. **Grinblatt/Titman** (1993 b), S. 52 f.; **Grinblatt/Titman** (1992 a), S. 37.

[37] Vgl. **Cornell** (1979), S. 386; **Grinblatt/Titman** (1992 a), S. 3.

[38] Vgl. dazu die empirischen Ergebnisse von **Hwang** (1988), S. 66 und S. 155. In seinen Untersuchungen erzielt das Cornell-Maß bei der Identifikation privater Information, insbesondere im Vergleich zu Verfahren, die lediglich auf Renditezeitreihen zurückgreifen, besonders gute Ergebnisse.

[39] Vgl. zur Kapitalmarkteffizienz **Kapitel** B. I. 1., S. 8 ff.

[40] Vgl. zu diesem grundsätzlichen Problem **Grinblatt/Titman** (1992 a), S. 3.

den.[41] Dieses Problem ist beim Portfolio Change Measure weniger kritisch als bei den beiden anderen Ansätzen, da die Renditen der Wertpapiere lediglich in der Testperiode benötigt werden. Grundsätzlich erscheint ein Einsatz der Maße daher eher relevant für den internen Bereich.[42]

Zu berücksichtigen ist außerdem, daß die Anteile der Wertpapiere am Vermögen sich nicht nur durch aktive Investitionsentscheidungen der Manager verändern, sondern auch durch die Entwicklung der Marktwerte der Unternehmen. Darüber hinaus ist die Festlegung der Anzahl und der konkreten Auswahl der Perioden, aus deren Daten die Schätzwerte für die Renditen bzw. Gewichte ermittelt werden, subjektiv. Insbesondere hängt das Ergebnis der Messung auch davon ab, wann die private Information zu einer öffentlichen Information wird, d. h. in welcher Periode bzw. zu welchem Zeitpunkt sich die privaten Informationen in den Kursen der Wertpapiere niederschlagen. Erst dann ist diese als Performance meßbar.

Mit der reinen Renditebetrachtung ist ein weiteres Problem angesprochen. Bei allen Ansätzen wird davon ausgegangen, daß Manager mit privaten Informationen im Durchschnitt eine höhere Rendite erzielen als uninformierte Investoren. Dies muß jedoch dann nicht der Fall sein, wenn die Manager die privaten Informationen benutzen, um die Varianz des Portfolios zu verringern, so daß der Nettoeffekt auf die durchschnittliche Rendite nicht eindeutig zu bestimmen ist.[43]

Schließlich sind mit den Maßen zwar Schlußfolgerungen über das Vorliegen privater Informationen möglich. Prinzipiell kann dabei auch ein Ranking erfolgen, indem angenommen wird, daß die unerwartete Rendite um so höher ausfallen wird, je vollständiger die Informationen des Investors sind.[44] Fraglich ist jedoch, ob mit einer anderen, möglicherweise passiven Strategie, eine Rendite in ähnlicher Höhe hätte erwirtschaftet werden können. Denkbar ist dieser Fall z. B. dann, wenn der Manager zwar private Informationen über die Wertpapiere in seinem Portfolio besessen hat, es aber möglicherweise andere Wertpapiere gegeben hat, die in der Testperiode effizienter waren als jene, die

---

41 Vor allem die Verfügbarkeit der Renditen weniger bekannter Wertpapiere, ausländischer Titel oder auch auf den OTC-Märkten gehandelter Werte könnte eingeschränkt sein.

42 *Grinblatt/Titman* verfügen in ihrer empirischen Untersuchung über vierteljährliche Portfoliogewichte. Sie kommen zu dem Schluß, daß zwar Verzerrungen durch innerhalb dieses Meßintervalls getätigte Transaktionen nicht ausgeschlossen sind. Da die Richtung der mit zunehmender Länge der Beobachtungsperioden resultierenden Verzerrung jedoch gegen die Identifikation einer positiven Performance spricht, resultieren eher konservative Ergebnisse, vgl. **Grinblatt/Titman** (1993 b), S. 67 f.

43 Vgl. die Arbeit von **Verrecchia** (1980); allerdings kann gezeigt werden, daß für informierte Investoren mit konstanter absoluter Risikoaversion die Summe der Selectivity- und Timing-Komponenten, d. h. auch die durch die Maße ermittelte Kovarianz, positiv ist, vgl. **Grinblatt/Titman** (1989 b), S. 410 ff.

44 Die Hypothese, daß ein Manager einem anderen überlegen ist, kann z. B. geprüft werden, indem getestet wird, ob die Differenz zwischen den Mittelwerten ihrer unerwarteten Renditen signifikant von Null verschieden ist.

sich im Portfolio des Managers befanden. Somit ist zwar prinzipiell das Vorliegen privater Informationen testbar. Ein Vergleich mit einer alternativen, passiven Strategie ist jedoch nicht explizit vorgesehen.[45]

3. Nichtparametrische Verfahren zur Identifikation von Timingfähigkeiten unter Verwendung von Managerprognosen

Mit der nichtparametrischen Version des Henriksson/Merton-Tests wird ein von der Anwendung kapitalmarkttheoretischer Modelle losgelöster Ansatz vorgeschlagen, der nicht auf die Performance als solche, sondern lediglich auf das Vorhandensein von Timing hinweisen kann. Die Methodik beruht auf der von *Merton* entwickelten Gleichgewichtstheorie über den Wert von Markt-Timingfähigkeiten.[46] Dieser Ansatz kommt grundsätzlich ohne die Annahme eines kapitalmarkttheoretischen Modells aus, indem die Prämisse gesetzt wird, daß Manager mit Timingfähigkeiten lediglich die Richtung des Marktes prognostizieren, nicht jedoch die Höhe der Marktüberschußrendite.[47]

Bei Kenntnis der Managerprognosen ist eine statistische Umsetzung von *Mertons* Ansatz über einen nichtparametrischen Test möglich. Im Vergleich zu dem bereits erläuterten parametrischen Test ergibt sich daraus der Vorteil, daß weder Annahmen über die Verteilung der Renditen noch über den Prozeß der Preisbildung benötigt werden.

Merton zeigt, daß die bedingte Wahrscheinlichkeit einer korrekten Prognose (bedingt bezüglich der tatsächlichen Rendite des Marktes) eine notwendige und hinreichende Bedingung dafür ist, daß die Prognosefähigkeit einen positiven Wert besitzt.

Definiert man $p_1(t)$ als bedingte Wahrscheinlichkeit einer korrekten Vorhersage des Managers, daß $\tilde{R}_{Et} \leq R_{ft}$ unter der Bedingung einer tatsächlichen Rendite $\tilde{R}_{Et} \leq R_{ft}$ und $p_2(t)$ als bedingte Wahrscheinlichkeit einer korrekten Prognose, daß $\tilde{R}_{Et} > R_{ft}$ unter der Bedingung einer tatsächlichen Rendite $\tilde{R}_{Et} > R_{ft}$, läßt sich zeigen, daß Timingprognosen dann einen positiven Wert besitzen, wenn $p_1(t) + p_2(t) > 1$. Sind die prognostizierten und tatsächlichen Renditen unabhängig voneinander verteilt, gilt dagegen $p_1(t) + p_2(t) = 1$.[48] In diesem Fall haben die Prognosen keinen Wert. Diese Bedingung wird als Nullhypothese, daß die Manager nicht über Markt-Timingfähigkeiten verfügen, formuliert. Letztlich testet die von *Henriksson/Merton* vorgeschlagene Prozedur demnach gleichzeitig, ob die tatsächlichen und prognostizierten Renditen voneinander unabhängig sind und ob $p_1(t) + p_2(t) = 1$. Da $p_1(t)$ und $p_2(t)$ nicht bekannt sind, müssen

---

[45] Vgl. zu dieser Kritik und einer sie berücksichtigenden Vorgehensweise **Hall/Tsay** (1988), S. 229.

[46] Vgl. **Merton** (1981). Die Grundidee dieses Ansatzes wurde bereits im Rahmen des parametrischen Tests dargestellt, vgl. **Kapitel C. II. 1. b. bb. (2)**, S. 96 ff.

[47] Vgl. **Merton** (1981), S. 365.

[48] Vgl. **Merton** (1981), S. 385.

sie geschätzt werden. Unter der Annahme, daß die zukünftigen Renditen keine Informationen über die Wahrscheinlichkeit von korrekten Vorhersagen beinhalten und die Wahrscheinlichkeiten im Zeitablauf konstant sind, kann auf der Grundlage obiger Erkenntnisse ein nichtparametrischer Test mit Hilfe einer 2 x 2 - Kontingenztafel erfolgen, wie sie unten dargestellt ist.[49] Dabei werden die prognostizierten und tatsächlichen Renditen als unabhängige Zufallsvariablen behandelt.

Tatsächliche Rendite

		$\tilde{R}_{Et} \leq R_{ft}$	$\tilde{R}_{Et} > R_{ft}$	Σ
Prognostizierte	$\tilde{R}_{Et} \leq R_{ft}$	$p_{11}(t)$	$p_{12}(t)$	$p_{1.}(t)$
Rendite	$\tilde{R}_{Et} > R_{ft}$	$p_{21}(t)$	$p_{22}(t)$	$1 - p_{1.}(t)$
Σ		$p_{.1}(t)$	$1 - p_{.1}(t)$	1

wobei: $p_{ij}(t)$ = gemeinsame Wahrscheinlichkeit, daß die Beobachtung in die i - te Zeile und j - te Spalte gehört

$p_{.j}(t)$ = Wahrscheinlichkeit, daß die Beobachtung in die j - Spalte gehört[50]

$p_{i.}(t)$ = Wahrscheinlichkeit, daß die Beobachtung in die i - Zeile gehört.

Bei Zugrundelegung der oben genannten Definitionen von $p_1(t)$ und $p_2(t)$ gilt $p_1(t) = p_{11}(t) / p_{.1}(t)$ und $p_2(t) = p_{22}(t) / (1 - p_{.1}(t))$. Daraus ergibt sich bei Unabhängigkeit der prognostizierten und tatsächlichen Renditen $p_1(t) + p_2(t) = 1$, da die Wahrscheinlichkeit, eine korrekte Vorhersage zu treffen, 0,5 beträgt.

Der exakte Test von *Fisher* auf Unabhängigkeit ist unter den gegebenen Annahmen derjenige mit den besten Güteeigenschaften und wird daher von *Henriksson/Merton* vorgeschlagen.[51] Im Rahmen dieses Tests wird die Wahrscheinlichkeit bestimmt, mit der eine bestimmte Stichprobenkonstellation aus einer Grundgesamtheit kommt, die der Nullhypothese entspricht.

Die Implementierung dieses Tests erfolgt durch die Klassifizierung von N beobachteten Prognosen in Abhängigkeit der tatsächlichen Renditen. Daraus ergibt sich das folgende, die empirischen Häufigkeiten enthaltende Tableau:

---

[49] Zu den Implikationen, die die für den Test benötigte Annahme konstanter Wahrscheinlichkeiten beinhaltet, vgl. **Cumby/Modest** (1987), S. 173 ff., die auch die Macht dieses Tests zur Identifikation von Timingfähigkeiten untersuchen.

[50] Ein Punkt statt eines Laufindex bedeutet, daß bezüglich dieses Index summiert wird.

[51] Vgl. zum exakten Test von *Fisher* **Hartung** (1993), S. 416 ff.; **Büning/Trenkler** (1978), S. 246 ff.

Tatsächliche Rendite

	$\tilde{R}_{Et} \leq R_{ft}$	$\tilde{R}_{Et} > R_{ft}$
Prognostizierte Rendite $\tilde{R}_{Et} \leq R_{ft}$	n_1	$N_2 - n_2$
$\tilde{R}_{Et} > R_{ft}$	$N_1 - n_1$	n_2
Summe	N_1	N_2

wobei $N_1 =$ Anzahl tatsächlicher Renditen mit $\tilde{R}_{Et} \leq R_{ft}$

$N_2 =$ Anzahl tatsächlicher Renditen mit $\tilde{R}_{Et} > R_{ft}$

$n_1 =$ Anzahl korrekter Prognosen, daß $\tilde{R}_{Et} \leq R_{ft}$

$n_2 =$ Anzahl korrekter Prognosen, daß $\tilde{R}_{Et} > R_{ft}$

$n =$ Anzahl von Prognosen, daß $\tilde{R}_{Et} \leq R_{ft} = n_1 + N_2 - n_2$

Unter der Nullhypothese, daß kein Timing vorliegt, ist n_1 hypergeometrisch verteilt.[52] Um die Nullhypothese, daß keine Timingfähigkeiten vorliegen, zu testen, wird aus den Daten der Stichprobe die Wahrscheinlichkeit dafür berechnet, daß n_1, die Anzahl korrekter Vorhersagen, unter der Bedingung $\tilde{R}_{Et} \leq R_{ft}$ bei Gültigkeit der Nullhypothese einen bestimmten Wert x annimmt:

$$(C.82) \qquad \text{Prob } (n_1 = x \mid N_1, N_2, n) = \begin{bmatrix} N_1 \\ x \end{bmatrix} \begin{bmatrix} N_2 \\ n-x \end{bmatrix} \Big/ \begin{bmatrix} N \\ n \end{bmatrix}.$$

Die Nullhypothese wird auf einem Signifikanzniveau α abgelehnt, wenn $n_1 \geq x^*(\alpha)$, wobei $x^*(\alpha)$ als Lösung der Gleichung

$$(C.83) \qquad \sum_{x=x^*}^{\bar{n}_1} \begin{bmatrix} N_1 \\ x \end{bmatrix} \begin{bmatrix} N_2 \\ n-x \end{bmatrix} \Big/ \begin{bmatrix} N \\ n \end{bmatrix} = 1 - \alpha$$

definiert ist.[53] Die Nullhypothese wird somit abgelehnt, wenn die Wahrscheinlichkeit, n_1 oder mehr korrekte Prognosen, daß $\tilde{R}_{Et} \leq R_{ft}$ ist, zu beobachten, unakzeptabel klein ist.[54]

Mit dem Test von *Merton* bzw. *Henriksson/Merton* verbunden ist die Annahme, daß Manager lediglich die Richtung der Marktentwicklung prognostizieren. Diese Annahme

---

[52] Vgl. **Henriksson/Merton** (1981), S. 518 f. Dabei ist $E(n_1 / N_1) = p_1$ und $E((N_2-n_2) / N_2) = 1- p_2$, wobei die Erwartungswerte von n_1 / N_2 und $(N_2 - n_2) / N_2$ unter der Nullhypothese denselben Wert aufweisen. Daher wird für den Test lediglich einer der Werte benötigt.

[53] Da n_1 hypergeometrisch und damit diskret verteilt ist, wird die strenge Gültigkeit i. d. R. nicht zu erzielen sein. Deshalb wird x* als der kleinste Wert für x interpretiert, für den der linke Ausdruck der Gleichung 1 - α nicht übersteigt.

[54] Zur Berechnung der Konfidenzintervalle für einen zweiseitigen Test vgl. **Henriksson/Merton** (1981), S. 519 ff.

bedeutet nichts anderes, als daß die Wahrscheinlichkeit einer korrekten Vorhersage des Managers unabhängig ist von der Höhe der realisierten Renditen der Timingstrategie.

Eine derartige Prämisse ist nicht unproblematisch, wenn Timingentscheidungen z. B. mit Hilfe der technischen Analyse getroffen werden. Werden beispielsweise Filterregeln eingesetzt, die erst bei Erreichen bestimmter Mindestrenditen Kauf- oder Verkaufssignale und damit die Befolgung einer profitablen Handelsstrategie anzeigen, ist die Annahme der Unabhängigkeit verletzt.[55] Aufgrund der Transaktionskosten, die mit Umschichtungen des Portfoliovermögens einhergehen, ist die Umsetzung von Timinginformationen erst ab einer bestimmten erwarteten Höhe der Marktüberschußrendite sinnvoll. Die Folge ist, daß die Anzahl korrekter Vorhersagen der Manager lediglich bei großen, Portfolioumschichtungen auslösenden Renditesprüngen des Marktes erfaßt werden. Demgegenüber werden kleinere Veränderungen der Marktüberschußrenditen nicht erfaßt, da sie wegen der Kosten nicht zu entsprechenden Transaktionen der Manager führen, selbst wenn sie korrekt prognostiziert wurden. Dies kann bei Annahme der Unabhängigkeit der Vorhersagen von der Höhe der Marktüberschußrenditen zu einer Verzerrung der Ergebnisse führen.

Wenn der Manager korrekte Prognosen lediglich dann umsetzt, wenn er größere Marktüberschußrenditen prognostiziert, werden nur diese als korrekte Vorhersage gezählt. Die daraus resultierenden, vergleichsweise großen Profite gehen, sofern die mit dem Einsatz der Kontingenztafel verbundenen Annahmen gelten, nicht mit in die Beurteilung der Timingfähigkeiten ein. Demgegenüber besitzen inkorrekte Prognosen, die jedoch nur zu geringen Verlusten führen, unter der genannten Prämisse die gleiche Wertigkeit in der Beurteilung. Somit wird die Timingfähigkeit der Manager unter Umständen anhand vieler inkorrekter, aber mit geringen Verlusten einhergehenden Prognosen beurteilt, weil deren Anzahl größer ist als die Anzahl korrekter Prognosen, mit denen jedoch möglicherweise große Gewinne erzielt werden konnten.

Aufgrund dieser Überlegungen liegt es nahe, zusätzlich zu *Fishers* exaktem Test auf der Grundlage der 2 x 2 Kontingenztafel auch die Höhe der realisierten Renditen mit in die Beurteilung der Timingfähigkeiten einzubeziehen.

Eine diesbezügliche Erweiterung des Henriksson/Merton-Tests wird von *Cumby/Modest* vorgenommen.[56] Ihre Verallgemeinerung beruht auf der Erkenntnis, daß der Test

---

55 Vgl. **Cumby/Modest** (1987), S. 177 ff.; zur technischen Analyse vgl. **Steiner** (1993), Sp. 2170 f.; **Perridon/Steiner** (1993), S. 220 ff.; **Steiner/Bruns** (1993), S. 275 ff.

56 Eine andere, von **Henriksson** (1984), S. 91, verfolgte Alternative ist der Vergleich des Ergebnisse der jeweils betrachteten Periode mit den Resultaten, die erzielt werden, wenn die Stichprobe nach der absoluten Höhe der Marktüberschußrenditen aufgeteilt wird. Er kommt zu dem Ergebnis, daß die Manager nicht in der Lage sind, größere Änderungen in den Marktrenditen besser zu prognostizieren als geringere.

- 164 -

mit Hilfe der Vierfeldertafel auch als loglineares Modell beschrieben werden kann.[57] In ihrem Ansatz werden die realisierten Marktüberschußrenditen nicht als dichotome Variablen behandelt, sondern gehen mit ihrem absoluten Wert in den Test ein. Diesem liegt die Annahme zugrunde, daß die Größe der Differenz $\tilde{R}_{Et} - R_{ft}$ unter der Bedingung einer korrekten Vorhersage auch Informationen über die Wahrscheinlichkeit beinhaltet, daß eine korrekte Vorhersage vorgelegen hat. Auf der Basis dieser Überlegungen kann der Test mit Hilfe der Gleichung

(C.84) $\tilde{R}_{Et} - R_{ft} = \lambda + \kappa \tilde{D}_t + \tilde{\varepsilon}_t$

durchgeführt werden, wobei $\tilde{D}_t = 1$, wenn die Prognose des Managers $\tilde{R}_{Et} > R_{ft}$ und $\tilde{D}_t = 0$ in den übrigen Fällen.[58] Besitzt der Manager Timingfähigkeiten, wird $\kappa > 0$ sein. In diesem Fall war der Manager in der Lage, Perioden zu prognostizieren, in denen die Ausprägungen $R_{Et} - R_{ft}$ über ihrem Stichprobenmittelwert lagen. Auf der Grundlage der bekannten Managerprognosen sowie der tatsächlichen Überschußrenditen des Marktes kann mit Hilfe einer OLS-Regression überprüft werden, ob κ signifikant von Null verschieden ist.

---

[57] Vgl. dazu **Cumby/Modest** (1987), S. 173 ff., sowie **Hartung** (1993), S. 442.

[58] Bei Interpretation des Henriksson/Merton-Tests als loglineares Modell wird dagegen statt der realisierten Überschußrendite auf der linken Seite der Gleichung der als "odds-ratio" oder "cross-product ratio" bezeichnete Quotient log $(p_{11} p_{22} / p_{12} p_{21})$ eingesetzt. Die entsprechenden Wahrscheinlichkeiten werden dabei auf der Grundlage einer binären Zufallsvariablen eingesetzt, die den Wert 1 annimmt, wenn $R_{Mt} \geq R_{ft}$, und den Wert Null in allen anderen Fällen. Vgl. dazu genauer **Cumby/Modest** (1987), S. 173 ff.

IV. Bisherige empirische Untersuchungen

1. Zur Relevanz der Risikomaße und Bewertungsmodelle

Die Bedeutung der zur Quantifizierung des Risikos grundsätzlich verwendbaren Kennzahlen hängt von den Renditewahrscheinlichkeitsverteilungen der betrachteten Kapitalanlagen ab. Nur wenn diese von der Normalverteilung abweichen sind auch Risikomaße relevant, welche lediglich das Verlustrisiko beachten oder neben den ersten beiden Momenten auch weitere zentrale Momente zur Beschreibung der Verteilung heranziehen. Daher können bestimmte Risikobegriffe ohne die Kenntnis der Renditeverteilung der zu untersuchenden Anlageobjekte nicht generell bevorzugt werden.

Einige empirische Untersuchungen deuten auf die Redundanz einiger Risikomaße hin, da sich ihr Informationsgehalt bei gegebener Renditeverteilung kaum von dem anderer Maße unterscheidet. So kommt *Dhingra* zu dem Ergebnis, daß die Varianz als Risikomaß grundsätzlich ausreicht, da andere Risikomaße einen relativ geringen Grad an zusätzlichen Informationen liefern.[1]

Zu differenzierteren Resultaten gelangen *Cooley/Roenfeldt/Modani*. Nach ihren Ergebnissen bilden die Standardabweichung, die Semistandardabweichung sowie die mittlere absolute Abweichung eine vom Informationsgehalt her homogene Gruppe.[2] Ein eigenständiger Informationsgehalt kommt nach dieser Studie dem Betafaktor zu. Dasselbe gilt für die Schiefe und die Kurtosis. In beiden genannten Untersuchungen bleibt das Verhältnis der verschiedenen Risikomaße untereinander in bezug auf ihren Aussagegehalt im Zeitablauf konstant.[3]

Die Stabilität verschiedener Risikomaße im Zeitablauf ist entscheidend dafür, ob ihre Ermittlung auf Basis historischer Daten für eine ex ante Schätzung des Risikos brauchbar ist. In einer 14 Risikomaße vergleichende Untersuchung kommen *Modani/Cooley/Roenfeldt* zum Ergebnis, daß mit zunehmender Portfoliogröße die Stabilität der mittleren absoluten Abweichung, der Standardabweichung, des Betafaktors sowie der Semivarianz -mit der mittleren Rendite als Target-Rendite- zunimmt.[4] Dagegen sind Maße wie der Variationskoeffizient, die Semivarianz -mit dem risikolosen Zinssatz als Target-Rendite-, die Schiefe und Co-Schiefe sowie die Kurtosis weder auf der Einzel-

---

[1] Vgl. **Dhingra** (1979), S. 34 ff. Seine Ergebnisse beruhen auf der Untersuchung von Aktien 251 kanadischer Unternehmen bei wöchentlichen Renditefristigkeiten.

[2] *Cooley/Roenfeldt/Modani* untersuchen elf verschiedenene Risikomaße in einer sowohl durch Hausse- als auch Baisse-Phasen gekennzeichneten Periode auf der Basis von Aktien 943 amerikanischer Unternehmen, deren Renditen monatlich berechnet werden, vgl. **Cooley/Roenfeldt/ Modani** (1977), S. 356 ff.

[3] Vgl. **Dhingra** (1979), S. 35; **Cooley/Roenfeldt/Modani** (1977), S. 363.

[4] Vgl. **Modani/Cooley/Roenfeldt** (1983), S. 35 ff.; zu empirischen Ergebnissen, die die einzelnen Maße selbst betreffen vgl. auch **Kapitel B. II. 3.**, S. 22 ff.

wertpapier- noch auf der Portfolioebene stabil, so daß historische Schätzungen dieser Maße für die Zukunft wenig Aussagekraft besitzen.

Die zahlreichen empirischen Tests der verschiedenen kapitalmarkttheoretischen Modelle führten bislang weder zu ihrer eindeutigen Bestätigung noch zu ihrer Ablehnung.[5] Die Ergebnisse für den deutschen Kapitalmarkt sind dabei, ähnlich wie für andere Kapitalmärkte, sowohl von den untersuchten Zeiträumen als auch vom jeweils verwendeten statistischen Instrumentarium abhängig.

Die trotz der Zweifel an der empirischen Testbarkeit durchgeführten Untersuchungen des CAPM führen tendenziell zu einer Verwerfung des Modells,[6] wobei in einzelnen Perioden ein linearer positiver Zusammenhang zwischen dem Betafaktor und den erwarteten Renditen nicht abzulehnen ist.[7]

Ähnlich uneindeutige Befunde ergeben sich bezüglich der empirischen Relevanz der APT. Bei den Untersuchungen zur APT ist zu berücksichtigen, daß aufgrund der von der Theorie nicht vorgegebenen Anzahl und Art der Faktoren jede empirische Untersuchung über ihre Gültigkeit letztlich als Test eines eigenständigen Modells anzusehen ist.[8] Mit der statistischen Schätzung der systematischen Faktoren aus den Wertpapierrenditen oder der Vorgabe beobachtbarer ökonomischer Variablen zwei Vorgehensweisen denkbar, die APT zu testen.

Für eine Vorabspezifikation spricht angesichts des hier relevanten Einsatzes des Modells als Benchmark in der Performance-Analyse insbesondere die ökonomische Interpretierbarkeit der Faktoren, da das Modell nur in diesem Fall als Grundlage von Anlageentscheidungen sinnvoll ist.[9] Tests der APT unter Vorabspezifikation der Faktoren

---

[5] Vgl. für einen Überblick **Fama** (1991), S. 1589 ff. Angesichts der Diskussion, ob die Modelle überhaupt testbar sind, ist es zudem fraglich, ob ein Nachweis der empirischen Relevanz in Zukunft möglich sein wird. Dies gilt insbesondere für das CAPM. Vor diesem Hintergrund ist die in jüngster Zeit zu beobachtende Verwendung völlig anderer Ansätze zu sehen, wie z. B. der Einsatz neuronaler Netze, die keine Annahmen über die Informationseffizienz der Kapitalmärkte benötigen und auch nichtlineare Zusammenhänge abbilden, vgl. dazu **Steiner/Wittkemper** (1993 a, 1993 b); **Wittkemper** (1994).

[6] Vgl. vor allem das Ergebnis der unter Einsatz zahlreicher statistischer Verfahren vorgenommenen Untersuchung von *Warfsmann*, der das CAPM aus statistischer Sicht nicht eindeutig ablehnen kann. Er kommt aber zu dem Schluß, daß dies auf die Schwächen der verfügbaren statistischen Verfahren zurückzuführen ist, vgl. **Warfsmann** (1993), S. 149 ff.; **Winkelmann** (1984); S. 117.; **Missong/Seppelfricke** (1993); S. 2 ff.

[7] Vgl. zu Tests des CAPM, welche dieses Modell zumindest in Teilperioden nicht ablehnen **Möller** (1988), S. 785 ff., der auch einen Überblick über die bis 1987 durchgeführten Tests gibt, sowie **Frantzmann** (1989), S. 45 ff.; **Müller** (1992), S. 125 ff.; **Sauer/Murphy** (1992), S. 188 ff. Dabei wird ein signifikant positiver linearer Zusammenhang zwischen dem systematischen Risiko und der mittleren Wertpapierrenditen insbesondere in der Hausse-Periode Anfang bis Mitte 1980 beobachtet.

[8] Darauf weisen auch **Elton/Gruber/Grossman** (1986), S. 703, hin.

[9] Vgl. zu weiteren Vorteilen der Vorabspezifikation **Nowak/Wittrock** (1993), S. 71 f.

kommen für den deutschen Kapitalmarkt jedoch zu enttäuschenden Ergebnissen.[10] In allen Untersuchungen wird unabhängig von der Auswahl der makroökonomischen Faktoren eine Instabilität der Risikoprämien sowie eine Bewertung verschiedener Faktoren in Abhängigkeit von der gewählten Periode beobachtet. Darüber hinaus ist der Erklärungsgehalt der jeweiligen Modelle sehr niedrig und die Testergebnisse unterscheiden sich je nach eingesetztem statistischen Verfahren oder der Art der unerwarteten Komponenten stark voneinander.[11] *Nowak/Wittrock* ziehen aus ihren Tests den Schluß, daß ein Einsatz der APT bei einer Vorabspezifizierung der Faktoren im Rahmen der Performance-Messung zum gegenwärtigen Zeitpunkt nicht geeignet ist.[12]

Eher für eine Annahme der APT auf dem deutschen Markt sprechen die Ergebnisse von *Adelberger/Lockert*.[13] Ihre mit Hilfe der Faktorenanalyse extrahierten Faktoren sind jedoch als statistische Konstrukte ökonomisch nicht interpretierbar und besitzen insofern für eine Performance-Analyse wenig Aussagekraft.[14] Daneben beruhen ihre Ergebnisse bei z. T. sehr geringen R^2 auf einem wesentlich kleineren, wenn auch gut begründeten Sample, so daß die Repräsentativität der Resultate für den Gesamtmarkt eingeschränkt ist.[15] Einige Untersuchungen deuten zudem darauf hin, daß Einfaktormodelle für praktische Zwecke einen annähernd gleichen Informationsgehalt aufweisen wie Mehrfaktorenmodelle, da ihr Erklärungsgehalt fast ebenso groß ist, sie jedoch gleichzeitig einen wesentlich geringeren Schätzaufwand erfordern.[16]

2. Die Robustheit von Performance-Maßen

Grundsätzlich sind mehrere Gesichtspunkte bei einer Bewertung der Robustheit von Performance-Maßen relevant. Ein Großteil diesen Aspekt untersuchender Studien befaßt sich mit Schätzfehlern, die zu Verzerrungen in den Ergebnissen der Performance-

---

[10] Vgl. **Missong/Seppelfricke** (1993); **Nowak/Wittrock** (1994); **Nowak** (1994); **Sauer** (1994). Einen ausführlichen Überblick zu den bisherigen Untersuchungen, die die Methode der Vorabspezifikation wählen, gibt **Nowak** (1994), S. 121 ff.

[11] Vgl. **Nowak** (1994), S. 270. Eine starke Erhöhung des Erklärungsgehaltes tritt regelmäßig bei Hinzunahme eines Marktfaktors, z. B. eines Index auf, vgl. **Sauer** (1994), S. 224.

[12] Vgl. **Nowak/Wittrock** (1994), S. 32 f. und S. 38 f. Diese Einschätzung teilt auch **Franke** (1994), S. 139. Dies scheint auch der Grund dafür zu sein, daß bisher in allen Untersuchungen eine Performance-Messung von Investmentfonds mit Hilfe der APT lediglich auf der Basis statistisch extrahierter Faktoren erfolgt, vgl. z. B. **Chang/Lewellen** (1985); **Lehmann/Modest** (1987).

[13] Vgl. **Adelberger/Lockert** (1993), S. 5 ff. Die Autoren können die APT mit 5 Risikofaktoren hinsichtlich der von ihnen betrachteten Teilstichproben nicht ablehnen.

[14] Zu den Nachteilen einer statistischen Extrahierung der Faktoren vor dem Hintergrund des Einsatzes der APT in der Performance-Messung vgl. **Franke** (1994), S. 139.

[15] Vgl. **Adelberger/Lockert** (1993), S. 16 ff.

[16] Vgl. **Frantzmann** (1990), S. 82 f. Untersuchungen zufolge ermöglichen Einfaktormodelle darüber hinaus bessere Prognosen bezüglich der erwarteten Renditen insbesondere bei weniger diversifizierten Portfolios, vgl. **Chen/Copeland/Mayers** (1987), S. 408 ff.; **Chang** (1991), S. 387 f.

Analyse generell führen. Die Ursachen derartiger Schätzprobleme liegen beispielsweise in der Nichtübereinstimmung des Anlagehorizontes mit der Untersuchungsperiode oder in Abweichungen der Renditen von der Annahme der Normalverteilung begründet. Weitere Einflußfaktoren resultieren aus besonderen Marktsituationen, der gewählten Renditefristigkeit und der Stichprobengröße. Schließlich werden die Ergebnisse auch durch die Auswahl der Benchmarks und der Untersuchungsobjekte bestimmt, die zu Benchmarkfehlern und Survivorship-Bias führen. Derartige Probleme werden im empirischen Teil bei der Festlegung der zur Performance-Messung benötigten Parameter diskutiert.

In anderen Studien wird analysiert, ob und unter welchen Voraussetzungen die mit verschiedenen Performance-Maßen verfolgte Zielsetzung erreicht wird, eine Differenzierung von informierten und informierten Managern zu ermöglichen. In diesen in Tabelle C.2 zusammengefaßten Untersuchungen werden i. d. R. Selectivity- und/oder Timinginformationen simulierende Portfolios gebildet. Mit ihrer Hilfe wird analysiert, ob und mit welcher Macht die Informationen durch verschiedene Performance-Maße identifiziert werden können.

Murphy und *French/Henderson* untersuchen die Eignung der klassischen Performance-Maße.[17] Diesen Studien ist gemeinsam, daß implizit oder explizit lediglich Selektionsinformationen simuliert werden, indem den konstruierten oder hypothetisch erzeugten Renditen von Zufallsportfolios in gewissen Abstufungen zusätzliche Renditen beigefügt werden. Die hypothetische Erzeugung von Portfoliorenditen erfolgt dabei mit Hilfe einer zufälligen Ziehung von Renditen aus einer Verteilung, die vorab durch die Wahl von Mittelwert und Varianz charakterisiert wird.[18]

Die Untersuchungen von *Murphy* und *French/Henderson* zeigen übereinstimmend die grundsätzliche Problematik der Identifizierung superiorer Performance auf, die ihren Ergebnissen zufolge nur bei spektakulär erfolgreichen Managern oder aber bei einer sehr langen, für eine Performance-Messung nicht mehr vertretbaren Meßperiode möglich erscheint. Im Gegensatz diesen Untersuchungen werden in den Studien von *Bühler* und *Hwang* zusätzlich Timinginformationen und/oder Selektionsinformationen simuliert und die Robustheit auch anderer Performance-Maße untersucht. Während *Hwang* die

---

[17] Nicht mit in der Tabelle aufgeführt ist die Untersuchung von **Brown/Warner**, in der die Tauglichkeit von Methoden zur Performance-Messung bei ihrem Einsatz im Rahmen von Ereignisstudien untersucht wird, vgl. **Brown/Warner** (1980).

[18] Vgl. zu dieser Methode **French/Henderson** (1985), S. 16 Sie wählen allerdings eine noch differenziertere Vorgehensweise, indem sie synthetische Renditen durch Zusammenfügen der einzelnen vom CAPM postulierten Renditebestandteile bestimmen. Die dafür benötigten Parameter wie der Betafaktor, die Marktrendite sowie der Störfaktor werden dabei durch zufällige Ziehung aus verschiedenen, vorab charakterisierten Normalverteilungen bestimmt, wobei der Zinssatz den Annahmen des CAPM entsprechend als konstant unterstellt wird. Mit dieser Vorgehensweise erreichen sie nahezu optimale Rahmenbedingungen für den Einsatz der von ihnen untersuchten klassischen Performance-Maße.

Portfoliozusammenstellung durch die zufällige Auswahl realer Wertpapiere vornimmt, beruht die Simulation von *Bühler* auf der Basis einer synthetischen Erzeugung der Portfoliorenditen.

Tab. C.2: Untersuchungen zur Robustheit verschiedener Performance-Maße

Autor(en) (Jahr)	Anzahl der Portfolios; untersuchte Maße	Art der Portfoliobildung; Art der simulierten Information	Besonderheiten; Ergebnisse
Friend/ Blume (1970)	200 Portfolios; klassische Maße	Zufallsportfolios; keine	in Abhängigkeit der Marktphase signifikant negative (Baisse) und positive (Hausse) Korrelation zw. Performance und Risikomaßen
Gaumnitz (1970)	100 Portfolios; Sharpe-Ratio	Zufalls-, Clusterportfolios; Fonds; keine	hohe Korrelation der mittleren Renditen mit der Sharpe-Ratio; Renditen allein für Ranking ausreichend
Murphy (1980)	100 Portfolios; Jensen	hypothetische Zufallsportfolios; Selectivity bei Konstanthalten des Betas; pro Vierteljahr +/- 0,5 %, jedoch nicht konstant	lediglich vierteljährliche Renditen bei 5-Jahres-/ bzw. 10-Jahreszeiträumen; für Outperformer werden nicht kontinuierlich private Informationen simuliert; Jensen-Maß bei realistischen Zeiträumen nicht in der Lage, private Information zu identifizieren
French/ Henderson (1985)	51 Portfolios; klassische Maße	hypothetische Zufallsportfolios unter den Bedingungen des CAPM; Selectivity durch Hinzufügung künstlicher Renditen in 0,1 % - Schritten pro Monat, angefangen bei -2,5 %	Simulation schafft CAPM-Bedingungen; monatlich zu erzielende Performance bei einem Zeitraum von 5 Jahren und monatlichen Renditen muß mindestens 1 % betragen, damit diese auf der Basis der klassischen Maße auf einem Niveau von 5 % als signifikant identifiziert wird; hohe Korrelation der mit den verschiedenen Maßen erzielten Ergebnisse; Ranking wird nicht getestet
Hwang (1988)	200 Portfolios; klassische Maße; H/M-Maße; modifiziertes Jensen-Maß (Grinblatt/ Titman-Selectivity-Maß); Cornell-Maß; Elton/Gruber-Maße (EG)	Zufallsportfolios durch Ziehen mit Zurücklegen realer Wertpapiere; Selectivity durch Hinzufügung künstlicher Renditen in 1% - Schritten pro Monat; Timingfähigkeiten durch Adjustierung der Portfolio-Betas in Abhängigkeit unterschiedlicher Annahmen über die Aggressivität der Manager auf bestimmte Target-Betas	sowohl Untersuchung über die Fähigkeit der Maße zur Identifikation privater Information als auch über ihr Rankingverhalten; einzige Untersuchung auch von Maßen, die auf Portfoliogewichte zurückgreifen; klassische Maße durch Timingfähigkeiten verzerrt; Jensen-Maß kein korrekter Schätzer für Gesamtperformance; klassische Maße mit ähnlichen Ergebnissen; H/M-A als bestes Maß zur Identifikation von Selektionsfähigkeiten; TM-EG als bestes Maß zur Identifikation von Timingfähigkeit, aber zur Differenzierung unterschiedlicher Timing-Performance geeignet; Elton/Gruber-Gesamtperformance-Maße nach unten verzerrt; Cornell-Maß als bestes Maß zur Identifikation von Selektionsfähigkeiten
Bühler (1993)	1000, z. T. 100 synthetisch erzeugte Zeitreihen; Jensen; PW-Maß; H/M- und T/M-Maße; Modell mit variablen Parametern	Selectivity durch Hinzufügung von 0,5 % pro Monat; Timingfähigkeiten durch Modellierung von Zeitreihen unter Vorabbestimmung des Portfoliobetas in Abhängigkeit von der Höhe der Marktüberschußrenditen; Berechnung der Zeitreihen unter Nutzung des Marktmodells	Jensen-Alpha bei Timingfähigkeiten nach oben verzerrt, Selektionsfähigkeiten werden signifikant angezeigt; PW-Maß nahezu identisch; H/M-A bei Timingfähigkeiten nach unten verzerrt; T/M-A nach oben verzerrt, Verzerrung aber geringer als beim Jensen-Maß; Korrelation zw. Alphas und Timingkoeffizienten als statistisches Artifakt; H/M-T zur Identifikation von Timingfähigkeiten am besten geeignet, allerdings lediglich 60 % der Werte signifikant (T/M-T 54 %), fast alle Werte positiv; etwas bessere Ergebnisse bei variablen Parameterschätzungen (67 % signifikant positiv)

Bühler legt dabei zunächst vorabbestimmte Betafaktoren in Abhängigkeit von der unterstellten Aggressivität bei der Umsetzung der Timingstrategie fest. Eine Abstufung hinsichtlich verschiedener Timingstrategien erfolgt nicht. Vielmehr wird eine Anpassung des Portfolio-Betas durch die Aufteilung des Vermögens in die risikobehaftete und risikolose Anlage unterstellt, die sich nach der Höhe der Benchmarküberschußrendite richtet.[19] Auf der Grundlage dieser Timingstrategie wird dann über die Gleichung des Marktmodells eine Renditezeitreihe ermittelt Dabei wird die Störvariable als konstant angenommen und das Alpha bei Managern mit Selektionsfähigkeiten mit 0,5 % pro Monat angesetzt. Eine Abstufung der Selektionsfähigkeiten erfolgt nicht. Mit dieser Simulation wird lediglich geprüft, ob die Maße in der Lage sind, eine Diskriminierung informierter und uninformierter Manager vorzunehmen, nicht jedoch, ob sie auch ein korrektes Ranking erlauben.

Im Unterschied dazu beruhen die Resultate von *Hwang* auf realen Wertpapierportfolios, deren Zusammenstellung monatlich durch 50-maliges Ziehen mit Zurücklegen erfolgt. Die Simulation der Managerfähigkeiten erfolgt dabei entsprechend den Erkenntnissen von *Treynor/Black*, nach denen eine Selektion von Wertpapieren unabhängig vom Portfolio-Beta erfolgen kann.[20] Unverständlich bleibt, warum *Hwang* trotz der Konstruktion gleichgewichteter Portfolios im Rahmen der Performance-Messung auf einen wertgewichteten Index als Benchmarkportfolio zurückgreift.[21] Die damit induzierten Verzerrungen könnten die z. T. unvorteilhaften Ergebnisse der regressionsbasierten Selectivity-Maße erklären, die bei der Beurteilung reiner Zufallsportfolios zu signifikant positiven Werten führen.[22] Hier hätte sich angeboten, die Resultate mit einem gleichgewichteten Index zu überprüfen.

Andere Autoren sichern ihre Ergebnisse über die Performance der von ihnen untersuchten Investmentfonds ab, indem sie die jeweils verwendeten Performance-Maße parallel auch auf reine Zufallsportfolios anwenden. Da diese Portfolios frei von privaten Informationen und damit passiver Natur sind, dürfen ihnen die Performance-Maße weder Selektions noch Timinginformationen zuweisen. Mit einer derartigen Vorgehensweise werden insbesondere Timing-Maße untersucht, wobei vor allem Rückschlüsse auf den Einfluß unechten Timings auf die Selectivity- und Timingkoeffizienten des H/M- und T/M-Ansatzes gezogen werden.[23] Entsprechende Untersuchungen kommen dabei unter Verwendung gleich- und wertgewichteter Indizes oder anderen, i. d. R. nach der Höhe

---

[19]   Dabei wird lediglich die Möglichkeit einer Investition in die risikolose Anlage unterstellt, so daß als höchster Betafaktor im Fall positiver Marktüberschußrenditen ein Beta von Eins resultiert, vgl. **Bühler** (1993), S. 23.

[20]   Vgl. **Hwang** (1988), S. 40 ff., sowie **Treynor/Black** (1973), S. 71.

[21]   Er wählt den VW-NYSE-Index, vgl. **Hwang** (1988), S. 39.

[22]   Vgl. **Hwang** (1988), S. 101.

[23]   Vgl. **Kapitel** C. II. 1. c. aa., S. 106 f.

des Betafaktors geordneten passiven Portfolios bezüglich der Relevanz des Einflusses von Nichtlinearitäten in den Betafaktoren zu unterschiedlichen Ergebnissen.[24]

In den Studien von *Friend/Blume* und *Gaumnitz* werden ebenfalls reine Zufallsportfolios betrachtet. *Friend/Blume* lehnen die klassischen Performance-Maße wegen der von ihnen je nach Marktphase beobachteten negativen oder positiven Korrelation der Risikomaße mit der risikobereinigten Performance ab.[25] *Gaumnitz*, der eine positive Korrelation zwischen den mittleren Renditen und dem entsprechenden Sharpe-Maß feststellt, zieht die Schlußfolgerung, daß ein Ranking auf der Basis unbereinigter Renditen ausreicht, da es identisch ist mit jenem, das auf der Grundlage der risikobereinigten Renditen aufgestellt wird.

3. Performance-Analyse von Investmentfonds

a. Internationale Studien

aa. Studien zur Performance-Messung

Den ersten empirischen Studien zur Performance-Messung von Investmentfonds[26] ist eine unüberschaubare Vielzahl von Untersuchungen gefolgt, in denen vor allem angelsächsische und hier insbesondere US-amerikanische Aktienfonds analysiert werden.[27]

Die verschiedenen Arbeiten lassen sich nach verschiedenen Kriterien systematisieren. Neben der Anzahl der einbezogenen Fonds sowie der zeitlichen Erstreckung der Studien unterscheiden sie sich insbesondere im Hinblick auf

- die **Art der untersuchten Fonds**; dies betrifft sowohl die Fondskategorie, nach der sie sich in Aktien-, Renten-, gemischte und Spezialfonds unterscheiden lassen,[28] als auch die Fondsinvestoren, mit der eine Differenzierung in Publikums- und Spezialfonds einhergeht.[29] Weiter sind die Fonds hinsichtlich ihrer rechtlichen Konstruktion

---

[24] Zur Relevanz des auf solche Faktoren zurückzuführenden künstlichen Timings und die damit einhergehenden Verzerrungen der Timing-Maße vgl. **Jagannathan/Korajczyk** (1986), S. 225 ff.; **Zimmermann/Zogg-Wetter** (1992 a), S. 80 ff.; **Koh/Phoon/Tan** (1993), S. 163 f.

[25] Zu den möglichen Gründen vgl. **Friend/Blume** (1970), S. 567 ff.

[26] Als erste größere Studie, welche die Untersuchung des Anlageerfolges von Investmentfonds zum Gegenstand hat, gilt jene von **Friend/Brown/Herman/Vickers** (1962). Ihre Untersuchungen wurden noch vor der Entwicklung des CAPM durchgeführt.

[27] Schätzungen gehen von ca. 200 verschiedenen Studien aus, vgl. **Shukla/Trzcinka** (1992), S. 1. Diese Anzahl wird sich in der Zwischenzeit stark erhöht haben.

[28] Nicht mit in die Übersichten aufgenommen werden Untersuchungen zu Renten- oder Immobilienfonds, vgl. zu ersteren **Blake/Elton/Gruber** (1993); die Performance von Immobilienfonds wurde bislang nicht untersucht.

[29] Darüber hinaus sind mit den Pensionsfonds weitere Fonds Gegenstand von Untersuchungen vor allem in den USA, deren Daten jedoch -wie die aller Spezialfonds- grundsätzlich nicht öffentlich

sowie ihrem Organisationsprinzip zu unterscheiden. Deutsche Wertpapierfonds sind aufgrund gesetzlicher Vorschriften als Open-End-Fonds in Verbindung mit dem Vertragstyp konstruiert.[30] International sind dagegen auch andere rechtliche Ausgestaltungsformen zulässig.[31]

- die **Datenverfügbarkeit**; in einigen Untersuchungen greifen die Autoren auch auf Portfoliogewichte zurück, so daß auch Verfahren eingesetzt werden, die im vorigen Abschnitt erläutert wurden.

- die **Zielsetzung**; prinzipiell wird in allen Untersuchungen implizit oder explizit versucht, das Vorliegen privater Informationen zu identifizieren.[32] Dabei stehen jedoch zum einen die Performance der Fonds im Vergleich zueinander sowie die Robustheit der Maße im Vordergrund. Zum anderen wird die Überprüfung der Effizienz des Kapitalmarktes angestrebt. Derartige Untersuchungen setzen an der aggregierten Performance aller Fonds an.[33] Diesem Bereich sind auch Studien zuzuordnen, welche die regelmäßig zu beobachtenden Abweichungen zwischen dem Inventarwert von Closed-End-Fonds und ihren Anteilswerten, deren Kurse sich auf den Sekundärmarkten bilden, analysieren.[34]

---

verfügbar sind; vgl. dazu **Beebower/Bergstrom** (1977); **Brinson/Hood/Beebower** (1986); **Ippolito/Turner** (1987); **Coggin/Fabozzi/Rahman** (1993); **Lakonishok/Shleifer/Vishny** (1992).

[30] Das Hauptmerkmal des **Open-End-Prinzips** besteht darin, daß die Anteilscheine jederzeit zum Inventarwert an den Fonds zurückgegeben werden können. Durch dieses für deutsche Wertpapierinvestmentfonds gemäß § 11 II (1) KAGG zwingend vorgeschriebene "Right of Redemption" ist sichergestellt, daß der Anleger stets den Substanzwert zurückerhält. Bei **Closed-End-Fonds** besteht nach der Ausgabe der i. d. R. als Aktien verbrieften Anteile keine Rücknahmeverpflichtung für die Gesellschaft. Eine Liquidation kann lediglich durch ihre Veräußerung an der Börse oder auf OTC-Märkten erfolgen. **Gesellschafts-** und **Vertragstyp** unterscheiden sich insofern, als beim ersteren das Betriebskapital der Gesellschaft mit dem Fondsvermögen eine Einheit bildet. Die Anteilinhaber stehen als Träger der Investmentgesellschaft in einem Beteiligungsverhältnis, während sie beim Vertragstyp in einem Schuldverhältnis zur Gesellschaft stehen.

[31] So sind die in Großbritannien angebotenen Unit Trusts und die amerikanischen US Unit Investment Trusts sowie Mutual Funds dem Vertragstyp in Verbindung mit dem Open-End-Prinzip zuzuordnen, während die in Großbritannien als Investment Trusts und in den USA als Management Investment Companies bezeichneten Fonds unter den Gesellschaftstyp i. V. m. dem Closed-End-Prinzip zu subsumieren sind. Die der Legaldefinition in Art. 1 II der EG-Harmonisierungsrichtlinie genügenden "Organismen für gemeinschaftliche Anlagen in Wertpapieren" (OGAW) sind als Open-End-Fonds zu charakterisieren, wobei eine Bestimmung über ihre Gestaltung als Gesellschafts- oder Vertragstyp nicht erfolgt.

[32] Andere Untersuchungen, auf die hier nicht im einzelnen eingegangen wird, versuchen darüber hinaus zu klären, ob z. B. die Berücksichtigung gesellschaftlicher Verantwortung bei der Kapitalanlage den ökonomischen Erfolg beeinflußt, vgl. dazu die Studien über die Performance von Ethikfonds bei **Luther/Matatko/Corner** (1992); **Simon** (1994).

[33] Vgl. **Lee/Finnerty/Wort** (1990), S. 599; **Ippolito** (1989), S. 3.

[34] Auf einem effizienten Markt müßte der Kurs der Anteile und der Inventarwert dieser Gesellschaften identisch sein. Da derartige Untersuchungen für Open-End-Fonds und damit für die deutschen Fonds irrelevant sind, wird auf sie im folgenden nicht eingegangen, vgl. dazu **Sharpe/Sosin** (1975); **Malkiel** (1977); **Guy** (1978); **Thompson** (1978); **Leonard/Noble** (1981); **Draper** (1989), **Draper/Paudyal** (1991); **Lee/Shleifer/Thaler** (1991); **Chen/Kan/Miller** (1993); **Deaves/Krinsky** (1994). Zu Studien, in denen der Informationsgehalt der Prämien bzw.

- die verwandte **Methodik** und damit zusammenhängende Fragen; dazu gehören der theoretische Bezugsrahmen, der zugrundegelegte Risikobegriff und die Definition der Benchmark.

Die in den Studien verwendeten methodischen Ansätze lassen sich grob in drei Phasen der Entwicklung der Performance-Analyse einteilen.[35] Die erste Generation von Studien ist durch den Einsatz des Mitte 1960 entwickelten CAPM als Benchmark gekennzeichnet.

Die Studien der zweiten Generation sind durch die 1977 von *Roll* geäußerte Kritik an der empirischen Überprüfbarkeit des CAPM geprägt. Sie stellen die Aussagekraft der Performance-Messung auf Basis der klassischen Maße in Frage.[36] Daneben identifizieren verschiedene Autoren einen weiteren Schwachpunkt der bis dahin eingesetzten Verfahren, der in der Möglichkeit einer Fehlklassifikation von Managern mit Timingfähigkeiten besteht.[37] Die Studien dieser Generation beschäftigen sich daher vor allem mit

- der Sensitivität der Ergebnisse in Abhängigkeit verschiedener Indizes,[38]

- der Übertragbarkeit von Performance-Maßen auf die APT als einem alternativen Renditeerwartungsmodell,[39]

- einer Loslösung der Performance-Messung von Gleichgewichtsmodellen,[40]

- der Untersuchung der Relevanz von Timingfähigkeiten sowie[41]

- der Entwicklung von Ansätzen, die die Identifikation privater Information durch deren explizite Unterscheidung ermöglichen soll.[42]

Discounts sowie dessen Ausnutzung im Rahmen von Anlagestrategien untersucht werder vgl. **Brauer** (1984, 1988); **Brickley/Schallheim** (1985). Die Managerperformance von Closed-End-Fonds auf der Basis der Inventarwerte anstelle der Aktienkurse ermitteln **Corner/Matatko** (1982). Die Performance international investierender Closed-End-Fonds auf der Basis der stochastischen Dominanz wird von **Woodward** (1983) untersucht.

[35] Zur geschichtlichen Entwicklung der Performance-Analyse vgl. ausführlich **Shukla/Trzcinka** (1992), S. 2 ff., sowie **Ippolito** (1993), S. 42 ff.

[36] Vgl. **Roll** (1977, 1978).

[37] Vgl. **Jensen** (1972); **Grant** (1977); **Dybvig/Ross** (1985 a, 1985 b).

[38] Vgl. **Peterson/Rice** (1980); **Green** (1986); **Brown/Brown** (1987).

[39] Vgl. **Chang/Lewellen** (1985); **Connor/Korajczyk** (1986).

[40] Vgl. **Cornell** (1979).

[41] Vgl. **Kon/Jen** (1978, 1979); **Fabozzi/Francis** (1979); **Miller/Gressis** (1980); **Alexander/Stover** (1980); **Francis/Fabozzi** (1980); **Alexander/Benson/Eger** (1982).

[42] Vgl. **Merton** (1981); **Henriksson/Merton** (1981).

Die dritte Generation schließlich wird 1987 durch die Arbeit von *Grinblatt/Titman* eingeleitet, deren Analysen zu der Erkenntnis führen, daß eine Klassifizierung von privat informierten und nicht informierten Managern auch ohne ein spezielles Renditeerwartungsmodell möglich ist.[43]

In neuerer Zeit werden zunehmend weitergehende Fragestellungen der Performance-Analyse bearbeitet. So werden sowohl die Prognosemöglichkeiten der Performance als auch ihre Determinanten und Einflußfaktoren untersucht. Ferner wird der Investmentstil der Manager analysiert und versucht, diesen bei der Performance-Messung zu berücksichtigen.

Hier interessiert vor allem, ob und inwieweit die Anwendung verschiedener Verfahren zu bestimmten, systematischen Tendenzen in den Ergebnissen geführt haben. Die Vorstellung der Studien orientiert sich daher an der Systematisierung der Performance-Maße in den vorhergehenden Abschnitten. Die Vielzahl der vorliegenden Arbeiten macht dabei eine Konzentration auf die wichtigsten Untersuchungen und ihre wesentlichen Charakteristika erforderlich, ohne im Detail auf sie einzugehen.[44] In den meisten Analysen, in denen eine Berücksichtigung möglicher Timingfähigkeiten erfolgt, wird zusätzlich das klassische Jensen-Alpha geschätzt. Diese sind in den nachfolgenden Tabellen lediglich unter den Studien über Timingfähigkeiten zu finden. Der Übersichtlichkeit halber werden Arbeiten, in denen auf Mehrfaktorenmodelle bzw. mehrdimensionale Benchmarkportfolios zurückgegriffen wird, in einer eigenen Tabelle erfaßt, unabhängig davon, welches der Maße Anwendung findet.

In Tabelle C.3 sind zunächst die Studien aufgeführt, in denen die klassischen Maße zur Messung der Performance eingesetzt werden.

---

[43] Das entsprechende Working-Paper von 1987 wurde erst 1989 veröffentlicht, vgl. **Grinblatt/Titman** (1989 b).

[44] Darüber hinaus wird auf die Darstellung von Studien verzichtet, in denen eine Risikobereinigung im engeren Sinne nicht erfolgt, vgl. dazu die Analyse von **Friend/Brown/Herman/Vickers** (1962) sowie die Untersuchungen von **Friend/Vickers** (1965); **Kim** (1978).

Tab. C.3: **Untersuchungen zur Performance von Investmentfonds mit Hilfe klassischer Maße auf der Basis des CAPM**

Autoren; (Jahr) Markt	Anzahl Fonds; Zeiträume; Renditefristigkeit	Performance-Maß; Benchmarkportfolio	Ergebnisse; Besonderheiten
Treynor (1965) USA	20 Fonds; 1953-1962; jährlich	Treynor; Dow Jones	nur graphische Auswertung
Sharpe (1966) USA	34 Fonds; 1944-1953 1954-1963; jährlich	Sharpe; Treynor; Dow Jones	nach Kosten: (-), vor Kosten (+/-); hohe Korrelation zw. beiden Maßen; keine Signifikanztests
Horowitz (1966) USA	27 Fonds; 1944-1953 1954-1963; jährlich	Sharpe; Dow Jones	schwache Korrelationen zw. den Perioden
Jensen (1968) (1969) USA	54/115 Fonds; 1945-1954 1955-1964; jährlich	Jensen; S&P 500	nach Kosten (-), vor Kosten (+/-)
Bower/ Wippern (1969) USA	70 Fonds; 1957-1968	Treynor; Sharpe	hohe Korrelationen zw. den Maßen; keine Prognosemöglichkeiten der Performance
Smith/ Tito (1969) USA	38 Fonds; 1958-1967	Treynor; Sharpe; Jensen; mod. Jensen; S&P 500	hohe Korrelationen zw. den Maßen
Carlson (1970) USA	33-82 Aktienfonds; 1948-1957 1958-1967; jährlich	Treynor; Sharpe; Jensen; S&P 500	Ergebnisse abhängig von Periode und Indexwahl; keine Signifikanztests
Friend/ Blume/ Crockett (1970) USA	136 Fonds; 1960-1968 1968-1969; monatlich	Risikoklasseneinteilung nach Beta; NYSE-WG, Zufallsportfolios; (GG und WG)	nach Kosten (-) gegenüber WG, schwach (+) gegenüber GG; keine Angaben zur Signifikanz der Ergebnisse
Dixon (1972) GB	50 Fonds; 1966-1971; wöchentlich	Jensen; Sharpe; Treynor; FT-Industrial, FT-Actuaries All-Shares,FT-500	nach Kosten (+/-), kaum signifikante Werte; hohe Korrelationen zw. Maßen mit Ausnahme des Treynor-Maßes
McDonald (1973) Frankreich	8 intern. investierende Fonds: 1960-1969: monatlich	Jensen; Compagnie des Agents de Change Index/S&P 500	nach Kosten (+), nur ein signifikanter Wert; Unterstellung segmentierter Märkte; keine Timingfähigkeiten bezüglich des Wechsels zw. den beiden Kapitalmärkten
Klemkowski (1973) USA	40 Aktienfonds; 1966-1971: vierteljährlich	Treynor; Sharpe; Jensen; S&P Composite-Index	positive Korrelation der Ergebnisse mit dem Risiko; Maße werden gleichwohl angenommen
McDonald (1974) USA	123 Fonds; 1960-1969; monatlich	Jensen; Sharpe; Treynor; EW-NYSE	nach Kosten (+/-); aggressive Fonds mit höherem Risiko erzielen bessere Performance

noch Tab. C.3

Autoren; (Jahr) Markt	Anzahl Fonds; Zeiträume; Renditefristigkeit	Performance-Maß; Benchmarkportfolio	Ergebnisse; Besonderheiten
Ward/ Saunders (1976) GB	49 Fonds; 1964-1974; jährlich	Treynor; Sharpe; Jensen; FT-650-Index	nach Kosten (+/-); hohe Korrelationen zw. den Maßen; Betafaktor als Risikomaß geeignet
Moles/ Taylor (1977) GB	86 Fonds; 1966-1975; halbjährlich	Jensen; FT-Actuaries All Share	nach Kosten (eher +); keine Signifikanztests; Beta wird als ungeeignet angesehen
Mains (1977) USA	70 Fonds; 1955-1964; jährlich und monatlich	Jensen; S&P 500	nach Kosten (+/-), vor Kosten (eher +); keine Signifikanztests; Betonung der (negativen) Verzerrungen in der Studie von Jensen (1968, 1969) wegen der dort verwandten jährlichen Renditen
Firth (1977) GB	72 Fonds; 1967-1975; jährlich	Sharpe; Jensen; FT Actuaries All Shares Index	nach Kosten (-) auf der Basis beider Maße; keine Signifikanztests; vor Kosten im Durchschnitt (+/-)
Firth (1978) GB	360 Fonds; 1967-1975; monatlich	Jensen; FT Actuaries All Shares Index, FT Actuaries 500 Index	nach Kosten (+/-); keine signifikante Performance; im Vergleich zu US-amerikanischen Fonds geringe Betas; keine Konstanz
Sigg (1979) Schweiz	9 national und intern. investierende Fonds; 1970-1977 1973-1977; monatlich	Treynor; Sharpe; Jensen; Nationalbankindex	nur graphische Analyse; keine Signifikanztests; Ergebnisse abhängig von der Wahl des Zinssatzes; ähnliche Ergebnisse bei Verwendung von Beta und Volatilität; Risikodefinition für internationale Fonds wird als unbefriedigend angesehen
Peterson/ Rice (1980) USA	15 Fonds; 1967-1971 1972-1976; vierteljährlich	Treynor; Sharpe; Jensen; Dow Jones, S&P 500, selbst konstruierte VW und EW-NYSE-Indizes	wenig Unterschiede im Ranking bei Einsatz der verschiedenen Indizes; größte Verzerrungen bei Jensens Alpha; hohe Korrelationen zw. den Maßen; keine Signifikanztests
Thomann (1980 Schweiz	16 nationale, internationale, gemischte und Rentenfonds; 1959-1976; vierteljährlich	Vergleich mit Alternativanlagen; Sharpe; verschiedene Kapitalanlagen	nach Kosten eher (-); keine Signifikanztests
Shawky (1982) USA	255 Fonds; 1973-1977	Jensen; Sharpe; Treynor EW-NYSE	nach Kosten (+/-); gemischte Fonds am besten diversifiziert und die beste Performance erzielend; hohe Korrelationen zw. Ergebnissen einzelner Maße
Robson (1986) Australien	38-64 Fonds; 1969-1973 1974-1978; monatlich	Jensen; Selbstkonstruierter Index; Statex Actuaries Accumulation Index (VW; 50 Aktien; Performance-Index), Fondsindex	nach Kosten (-); einkommens/wachstumsorientierte Fonds mit bester Performance; keine Konstanz

noch Tab. C.3

Autoren; (Jahr) Markt	Anzahl Fonds; Zeiträume; Renditefristigkeit	Performance-Maß; Benchmarkportfolio	Ergebnisse; Besonderheiten
Brown/ Brown (1987) USA	32 Fonds; 1947-1978; jährlich	Jensen; 6 verschiedene Indizes	Performance und Signifikanz stark abhängig von Definition des Index; bei allen Indizes jedoch mit einer Ausnahme keine signifikant positive Performance
Rao/ Aggarwal (1987) USA	9 international investierende Fonds; 1979-1983; monatlich	Treynor; Sharpe; Jensen; S&P 500	mit Ausnahme eines Fonds keine signifikant positive Performance; ähnliche Ergebnisse mit allen Maßen
Berkowitz/ Finney/ Logue (1988) USA	325 Fonds/Pensionsfonds; 1976-1983; vierteljährlich	Jensen; S&P 500	nach Kosten (+); keine Signifikanztests; Wachstumsfonds weisen beste Performance auf
Bopp/ Wolf (1988) Schweiz	35 national und intern. investierende Aktien- und Rentenfonds; 1983-1985 1985-1988; monatlich	Treynor; Sharpe; Jensen; Salomon-Brothers SFR- und World-Bond-Index für Rentenfonds; MSCI-SFR- und World-Index sowie SBV-Gesamtindex für Aktienfonds	Risikobereinigung mit wenig Konsequenzen auf das Ranking der Fonds; hohe Korrelationen zwischen den Rankings mit Ausnahme von Rentenfonds; Ergebnisse der Signifikanztests sind nicht angegeben
Ippolito (1989) USA	143 Fonds; 1965-1984; jährlich	Jensen S&P 500, VW-NYSE	nach Kosten (+/-), vor Kosten (+); einfacher Test auf Konstanz der Betas; Annahme, daß keine Timingfähigkeiten vorliegen; Bestätigung von Effizienzthese im Sinne von *Grossmann*; Korrektur der Resultate bei *Elton/Gruber/Das/Hlavka* (1993).
Eun/ Kolodny/ Resnick (1991) USA	13 international investierende Fonds; 1977-1986; monatlich	Treynor; Sharpe; Jensen; S&P 500; MSCI-World	nach Kosten (+)
Shukla/ Trzcinka (1992) USA	257 Fonds; 1979-1989 und 7 Vier-Jahres-Perioden; monatlich	Treynor; Sharpe; Jensen; CAPM; VW-CRSP-Index	nach Kosten (+/-); mit Ausnahme von 2 Perioden tendenziell eher (-); hohe Korrelationen zw. den Maßen
Rahmann (1994) USA	170 Fonds; 1983-1988; monatlich	Treynor; Sharpe; Jensen; Relative Effizienz messende Maße, die auf Gibbons/Kandel-Likelihood Ratio Statistik (K-Score) oder auf Shankens CSR T^2-Statistik (S-Score) beruhen; Portfolio, das auf der ex post konstruierten Effizienzlinie liegt, S&P 500 als naive buy- and hold-Strategie	klass. Maße: nach Kosten (-), bei anderen Maßen Hälfte der Fonds (+); klassische Maße weisen negative Korrelation auf; Ergebnisse mit Hilfe der Effizienzmaße weisen keine negative Korrelation zum Risiko auf;

Die Mehrzahl der mit Hilfe der klassischen Maße durchgeführten Untersuchungen kommen auf der Grundlage von Nettorenditen zu dem Ergebnis, daß die Fondsmanager nicht in der Lage sind, eine überdurchschnittliche Performance zu erzielen. In nahezu allen Studien werden hohe Korrelationen der mit den drei klassischen Maßen erzielten Rankings gemessen. Die Treynor/Black-Ratio findet erstaunlicherweise keine Beachtung.

Die Aussagekraft der Resultate von vielen der älteren Studien muß z. T. insbesondere in statistischer Hinsicht in Frage gestellt werden. So beruhen die Untersuchungen oft nur auf jährlichen Renditefristigkeiten i. V. m. vergleichsweise kurz gewählten Zeiträumen. Dies hat eine nur geringe Anzahl von Beobachtungen zur Folge, so daß Aussagen über die Signifikanz der Resultate kaum möglich sind und die Aussagekraft von Regressionen zweifelhaft ist. Häufig werden ohnehin keine genaueren Angaben über die Signifikanz der Ergebnisse gemacht.[45] Die Reinvestition der Fondsausschüttungen erfolgt teilweise unter vereinfachenden Annahmen, z. B. am Jahresende, und häufig werden ungeeignete, nicht um Dividenden bereinigte Indizes eingesetzt. Schließlich wird mit der Anwendung der klassischen Maße keine explizite Unterscheidung von Selektions- und Timinginformationen vorgenommen, was eine Verzerrung der Ergebnisse zur Folge haben kann.

In einigen der älteren Studien wird - i. d. R. mit Hilfe von Korrelationsanalysen - lediglich geprüft, ob von einer Konstanz des systematischen Risikos zwischen verschiedenen, sich nicht überlappenden Zeiräumen ausgegangen werden kann. Wie die in Tabelle C.4 zusammengefaßten Studien zeigen, sind die Ergebnisse in dieser Hinsicht wenig eindeutig.

---

[45] Einige der oben angeführten Untersuchungen werden auch von *Ippolito* übersichtlich dokumentiert. Z. T. berechnet er außerdem das durchschnittliche Alpha sowie die Signifikanz der Ergebnisse von Studien, in denen diese Angaben fehlen, vgl. **Ippolito** (1993), S. 45.

Tab. C.4: Untersuchungen der Konstanz der Fonds-Betas in verschiedenen Zeitperioden

Autor(en) (Jahr) Markt	Anzahl Fonds; Zeiträume; Renditefristigkeit	Performance-Maß; Modell; Benchmarkportfolio	Ergebnisse; Besonderheiten
Jensen (1969) **USA**	56 Fonds; 1945-1954/ 1955-1964; jährlich	S&P 500; Korrelation	Konstanz des systematischen Risikos im Zeitablauf relativ hoch
Campanella (1972) **USA**	341 Fonds; 1959-1969; vierteljährlich	S&P 500	Betas nicht stationär; Fondsrisiken etwa der Risikoklasseneinteilung von Wiesenberger entsprechend; Instabilitäten der Betas hauptsächlich auf Änderungen der Cash-Positionen zurückzuführen; Timingfähigkeiten extrem selten
Firth (1978) **GB**	360 Fonds; 1967-1975; 2-Jahresperioden monatlich	FT Actuaries All Share Index; Korrelation; Querschnittsregressionen	keine Konstanz in früheren Perioden; größere Stabilität ab 1971
Klemkossky/ Maness (1978) **USA**	118 Aktienfonds; 1968-1975; monatlich	S&P 500; Mean Square Error; Betas in bestimmten Börsentrends	50 % der Fonds mit nichtstationären Betas; Prognose von Veränderungen des systematischen Risikos weniger erfolgreich als bei Zufallsportfolios; Rückschluß auf Timingaktivitäten
Miller/ Gressis (1980) **USA**	28 Fonds; 1973-1974; wöchentlich	S&P 500; Regression nach Partitionsmethode	Betas sind nichtstationär; eine Beziehung zu Timingfähigkeiten wird nicht hergestellt; keine Beziehung zwischen Alphas und Betas
Robson (1986) **Australien**	38/64 Fonds; 1969-1973 1974-1978; monatlich	Selbstkonstruierter Index; Statex Actuaries Accumulation Index (VW; 50 Aktien; Performance-Index); Fondsindex; Korrelation	Betas und Standardabweichungen relativ stabil
Ippolito (1989) **USA**	143 Fonds; 1965-1975 1975-1984; jährlich	Jensen; S&P 500, VW-NYSE	15 % der Betas instabil

Allerdings deuten die Ergebnisse der Studien von *Klemkosky* und *Miller/Gressis*, die die Konstanz des Betafaktors nicht zwischen zwei längeren Perioden, sondern auf der Basis bestimmter Regressionsmethoden zwischen kürzeren Intervallen untersuchen, auf im Zeitablauf instabile Betafaktoren hin.

Untersuchungen, die diese Erkenntnis im Rahmen der Performance-Messung berücksichtigen, finden sich in Tabelle C. 5.

Tab. C.5: Untersuchungen unter Berücksichtigung von Timingaktivitäten

Autor(en) (Jahr) Markt	Anzahl Fonds; Zeiträume; Renditefristigkeit	Performance-Maß; Modell; Benchmarkportfolio	Ergebnisse; Besonderheiten
Untersuchungen auf der Basis von Dummy-Variablen-Regressionsansätzen			
Kon/Jen (1978) (1979) USA	49 Fonds; 1960-1971; monatlich	Switching Regressions-Modell von *Quandt*; EW-CRSP-Index	Nichtstationaritäten der Betafaktoren; Signifikante Timingaktivitäten; Timing-Performance wird nicht untersucht; nach Kosten positive Selektionsfähigkeit bei gegebener Timingentscheidung sowohl im Durchschnitt als auch auf Einzelfondsebene; Gesamtperformance nicht signifikant; keine Konstanz der Performance
Fabozzi/ Francis (1979) USA	85 Fonds; 1965-1971; monatlich	negative/positive Marktrenditen; Markttrends; Marktüberschußrendite; S&P 500	keine Timingfähigkeiten; Fonds-Betas in Hausse- und Baissephasen weitgehend identisch; tendenziell eher verkehrtes Timing
Alexander/ Stover (1980) USA	49 Fonds; 1966-1971; monatlich	Marktrenditen größer/ geringer als Hälfte der Standardabweichung; VW-NYSE-Index	Nichtstationaritäten der Betas mit Ausnahme von gemischten und Rentenfonds; Test auch verschiedener Lags; keine Timingfähigkeiten; Rentenfonds mit bester Performance
Calvet/ Lefoll (1981) Kanada	17 Fonds; 1966-1979 und Subperioden; vierteljährlich	Aufteilung in 2 Perioden mit hoher Rendite bei geringem Risiko und umgekehrt; Toronto Exchange Index (TSE 300)	Nichtstationäre Betas, im Zeitablauf abnehmend; Berücksichtigung von Inflation, dies hat jedoch keine Auswirkungen auf Resultate; Fonds bieten gegen Inflation keinen Schutz; im Durchschnitt keine Performance
Veit/ Cheyney (1982) USA	74 Fonds; 1944-1978; jährlich	4 verschiedene Definitionen der Marktphase; S&P 500	keine Timingfähigkeiten; tendenziell verkehrtes Timingverhalten
Kon (1983) USA	37 Fonds; 1969-1976; monatlich	Switching Regressions-Modell von *Quandt*; VW-CRSP-Index	nach Kosten im Durchschnitt keine Timingfähigkeiten; auf Einzelfondsebene signifikant positive Timingfähigkeiten bei Zugrundelegung nichtparametrischer Tests; tendenziell trade off zw. Selectivity und Timing; Gesamtperformance bei 60 % der Fonds positiv, davon 14 % signifikant
Henriksson (1984) USA	116 Fonds; 1968-1980 und Subperioden; monatlich	H/M; Jensen; VW-NYSE	Hinweise auf Nichtstationarität; keine Timingfähigkeiten; überwiegend negative Timingkoeffizienten; negative Korrelation zw. Alpha und Timingmaß; Jensen-Maß geringer als H/M-Alpha; keine Auswirkungen der Heteroskedastizitätskorrektur; keine Konstanz der Maße
Chang/ Lewellen (1984) USA	67 Fonds; 1971-1979; monatlich und vierteljährlich	H/M; Jensen; VW-CRSP-Index	im Durchschnitt keine Selektions- und Timingfähigkeiten; keine Unterschiede bei Verwendung verschiedener Renditefristigkeiten; negative Beziehung zw. Selectivity und Timing

noch Tab. C.5

Autor(en) (Jahr) Markt	Anzahl Fonds; Zeiträume; Renditefristigkeit	Performance-Maß; Modell; Benchmarkportfolio	Ergebnisse; Besonderheiten
Sinclair (1990) Australien	16 Fonds; 1981-1987; monatlich	H/M; Recursive Residual-Technik; All Ordinaries Accumulation Index	keine Timingfähigkeiten; alle Timingkoeffizienten sind negativ, davon 12 signifikant; signifikant positive Selektionsfähigkeiten; negative Korrelation zw. Selektions- und Timingkoeffizienten; stark durch Crash beeinflußt; Nichtstationarität der Betas bei anderer Methodiik weniger stark ausgeprägt
Zimmermann/ Zogg-Wetter (1992 b) Schweiz	6 Aktienfonds; 1984-1990; monatlich	Jensen; H/M Pictet-Performance-Index; MSCI-Capital International; Swiss Performance Index; Swiss Bank Corporation 100-Index; FT-Actuaries Switzerland	keine Timingfähigkeiten; Timingkoeffizienten negativ, davon bei zwei Fonds signifikant; Alpha positiver als bei Jensen-Regression; negative Korrelation zw. Alpha und Timingkoeffizienten; Ergebnisse sensitiv gegenüber der Indexwahl; Timingkoeffizienten jedoch durchweg negativ
Shukla/ Trzcinka (1992) USA	257 Fonds; 1979-1989 und 7 Vier-Jahres-Perioden; monatlich	H/M; VW-CRSP-Index	keine Timingfähigkeiten; Timingkoeffizienten im Durchschnitt negativ; Alpha positiver als bei Jensen-Regression
Chan/ Chen (1992) USA	19 Asset Allocation Fonds; 1983-1990; wöchentlich und monatlich	Marktüberschußrendite S&P 500; S&P Composite Index	im Durchschnitt keine Timingfähigkeiten und tendenziell negative Werte; 4 Fonds mit signifikant positiven Timingfähigkeiten; Crash ohne Bedeutung für Ergebnisse; Renditefristigkeit beeinflußt lediglich Alphas, die sich tendenziell verschlechtern; negative Performance auf der Basis des Sharpe- und Treynor-Maßes
Koh/Phoon/ Tan (1993) Singapur	4 Open-End- und 6 Closed-End-Fonds; 1980-1987 und Subperioden; monatlich	H/M; SES (Stock Exchange of Singapur) All-Shares Index	keine Timingfähigkeiten mit Ausnahme zweier Subperioden; Timingkoeffizient nach unten verzerrt, wenn das systematische Risiko des Portfolio relativ gering ist
Untersuchungen auf der Basis quadratischer Regressionsansätze			
Treynor/ Mazuy (1966) USA	57 Fonds; 1953-1962; jährlich	T/M; Index nicht konkret angegeben (S&P 500; Dow Jones)	keine Timingfähigkeiten; lediglich ein Fonds weist dem Modell entsprechende signifikant konvexe charakteristische Linie auf
Lee/ Rahman (1990) (1991) USA	93 Fonds; 1977-1984; monatlich	Pfleiderer/ Bhattacharya; VW CRSP-Index	signifikant positive Selectivity- (14% der Fonds) und Timingfähigkeiten (17 %) auf Einzelfondsebene; keine negative Korrelation zw. Alphas und Gammas der quadratischen Regression; Korrelation zw. der Managerprognose und Marktüberschußrendite (ψ) und Alpha bei 0,5, d. h. keine besondere Spezialisierung der Prognosefähigkeiten; Anmerkung: negative ψ^2 werden wegdefiniert;

noch Tab. C.5

Autor(en) (Jahr) Markt	Anzahl Fonds; Zeiträume; Renditefristigkeit	Performance-Maß; Modell; Benchmarkportfolio	Ergebnisse; Besonderheiten
Coggin/ Fabozzi/ Rahman (1993) USA	71 Aktien-Pensions- fonds; 1983-1990; monatlich	T/M; Pfleiderer/ Bhattacharya; S&P 500; Russel 3000 Index; 4 Style Indizes (Russel)	im Durchschnitt vor Kosten signifikant positive Selectivityfähigkeiten; im Durchschnitt negative Timingkoeffizienten bzw. ψ; signifikant negativ nur bei S&P 500; bei Zugrundelegung des dem Managerstil entsprechenden Index positive Selektionsfähigkeiten auch für Manager, die auf der Basis anderer Indizes negative Selektionsfähigkeiten besitzen; negative Korrelation zw. Timing und Selectivity;
Coggin/ Hunter (1993) USA	Meta-Analyse der Arbeit von Lee/Rahman (1990)	vgl. *Lee/Rahman* (1990)	Bestätigung positiver Selektionsfähigkeit; negative Korrelation zw. Alphas und Gammas der quadratischen Regression; negative Korrelation wird als als statistisches Artefakt angesehen; negative ψ^2 werden nicht wegdefiniert
Untersuchungen unter Modellierung der Betafaktoren als Zufallsvariable			
Francis/ Fabozzi (1980) USA	85 Fonds; 1965-1972; monatlich	S&P 500	Betas schwanken in ähnlichem Umfang wie die von Zufallsportfolios
Alexander/ Benson/ Eger (1982) USA	67 Fonds; 1965-1973; monatlich	VW-CRSP-Index	Betas sind nicht stationär und lassen sich als Zufallsprozeß modellieren; Nichtstationarität von Betas als Kriterium für Timingfähigkeiten nicht hinreichend
Chen/ Stockum (1986) USA	43 Fonds; 1975-1982; vierteljährlich	S&P Composite Index	im Durchschnitt positive Selektionsfähigkeiten (7 signifikant); nichtstationäre Betas bei 12 Fonds, davon 8 durch zufallsbedingte Schwankungen; keine Timingfähigkeiten (6 signifikant negative Koeffizienten)
Lockwood/ Kadiyala (1988) USA	47 Fonds; 1964-1979; monatlich	VW-CRSP-Index	keine Timingfähigkeiten der Manager; keine signifikant positiven Werte, nur ein Fünftel positiv; signifikante Nichtstationaritäten der Betas bei 30 % aufgrund zufallsbedingter Schwankungen; signifikant positive Alphas bei 11 % der Fonds; keine überdurchschnittliche Gesamtperformance der Fonds
Chen/ Lee/ Rahman/ Chan (1992) USA	93 Fonds; 1977-1984; monatlich	S&P Composite Index	z. T. signifikant positive Selektionsfähigkeiten (24 signifikant); signifikante, nichtstationäre zufallsbedingte Betas bei einem Drittel der Fonds; im Durchschnitt negative Timingkoeffizienten; negative Korrelation zw. Selektion- und Timingkoeffizienten; insgesamt keine Timingfähigkeiten; signifikante Korrelation zw. Kosten und Timingfähigkeiten
Black/ Fraser/ Power (1992) GB	30 Fonds; 1980-1989; monatlich	FT-All-Share Index	im Durchschnitt signifikant positive Performance nach Kosten; nichtstationäre Betas bei 73 % der Fonds; statistisch anspruchsvolles Instrumentarium
Bühler (1993) Schweiz	5 Fonds; 1984-1992; monatlich	Swiss Performance Index	sehr differenzierte Auswertung der einzelnen Fonds, deren Ergebnisse sich jeweils unterscheiden und auch im Zeitablauf analysiert werden; z. T. ähnliche Ergebnisse wie im ebenfalls angewandten T/M-Ansatz; aufgrund der geringen Anzahl der Fonds nicht verallgemeinbar

Mit Ausnahme der Studien von *Black/Fraser/Power* und *Lee/Rahman* kommen unabhängig vom eingesetzten Verfahren und dem statistischen Instrumentarium alle Studien zu dem Ergebnis, daß die Fondsmanager keine privaten Timinginformationen besitzen oder diese nicht umsetzen. Wenngleich die Timingkoeffizienten zum Großteil nicht signifikant von Null verschieden sind, so ist doch ihr vorwiegend negatives Vorzeichen auffällig.

Bei der Studie von *Lee/Rahmann* muß allerdings berücksichtigt werden, daß sie die Korrelationskoeffizienten, die das Maß für die Qualität der Timinginformationen im Sinne von *Pfleiderer/Bhattacharya* darstellen, unabhängig von ihrem Vorzeichen interpretieren. Wird dieser Vorgehensweise nicht gefolgt, stimmen ihre Ergebnisse mit den Resultaten der meisten anderen Analysen überein. Das zeigen *Coggin/Hunter*, deren Untersuchung auf derselben Datenbasis beruht. Neben den überwiegend negativen, i. d. R. aber nicht signifikanten Timingkoeffizienten wird darüber hinaus in fast allen Studien eine negative Korrelation zwischen den Alphas und Timingkoeffizienten festgestellt. Für die Ursachen dieses unabhängig von der Spezifikation des eingesetzten Modells eindeutigen empirischen Befundes werden sowohl ökonomische als auch statistische Erklärungen angeführt.

In Anbetracht des theoretischen Fundaments der verschiedenen Ansätze ist das Vorherrschen negativer Timingkoeffizienten und die negative Korrelation zwischen den Selectivity- und Timing-Maßen ökonomisch schwierig zu interpretieren. Die Manager müßten den Ergebnissen zufolge vorhandene Timinginformationen systematisch falsch ausnutzen. Andererseits sind aber gerade die Fondsmanager, denen dieses auch als "perverses" Timing bezeichnete Verhalten unterstellt werden muß, in der Lage, Selektionsinformationen umzusetzen.[46] Diese wenig überzeugende Erklärung hat zu Zweifeln über die Spezifikation des Modells geführt. So vermutet *Henriksson*, daß seine Ergebnisse mit der Mißspezifikation des Marktportfolios und der Vernachlässigung eines relevanten Risikofaktors sowie der damit verbundenen Frage nach der Validität des CAPM generell zusammenhängen.[47] Diese Begründung erscheint allerdings nicht ausreichend, um die negative Korrelationen zu erklären, da auch bei einer Anwendung der APT negative Korrelationen zu beobachten sind, wie z. B. die Untersuchung von *Connor/Korajczyk* zeigt. Als weitere ökonomische Erklärungen werden u. a. Transaktionskosten sowie Hedgeaktivitäten der Fondsmanager angeführt.[48]

---

[46] Perverses Timing kann lediglich für Investoren mit einer ansteigenden absoluten Risikoaversion rational sein, wie sie z. B. bei einer quadratischen Nutzenfunktion gegeben sein kann, vgl. **Grinblatt/Titman** (1989 b), S. 408 f. In diesem Fall kann eine vermögensbedingte Erhöhung der Risikoaversion eine höhere erwartete Rendite dominieren. Eine ansteigende absolute Risikoaversion ist jedoch unrealistisch, vgl. **Kapitel B. II. 3. b. aa. (1)**, S. 28 f.

[47] Vgl. **Henriksson** (1984), S. 85 f.

[48] Vgl. **Weigel** (1991), S. 67 f.

- 184 -

Es ist jedoch davon auszugehen, daß die negative Korrelation vor allem auf einem statistischen Effekt beruht.[49] Ein Vergleich des geschätzten Jensen Alphas mit den Alphas der H/M - bzw. T/M - Modelle zeigt, daß ihre Differenz proportional zum geschätzten Timingkoeffizienten ist.[50] Dieser Effekt hat zur Folge, daß die Alphas bei Timingfähigkeiten der Manager nach unten verzerrt bzw. bei systematisch verkehrtem Timing nach oben verzerrt sind. Das Ausmaß dieser Verzerrung hängt dabei von der Höhe der realisierten Marktrenditen in der Schätzperiode ab.[51] Eine weitere mögliche Erklärung ist das Vorliegen künstlichen Timings, das durch den Ansatz von *Connor/Korajczyk* berücksichtigt wird.[52] Die Relevanz dieses Erklärungsansatzes wird durch empirische Ergebnisse unterstrichen.[53]

Während die negative Korrelation der Selectivity- und Timing-Maße im wesentlichen aus den zuletzt genannten Ursachen resultiert, bleibt die Frage nach einer ökonomischen Erklärung der im Durchschnitt negativen Timingkoeffizienten offen. Da mit einer systematisch falschen Verhaltensweise der Manager trotz Vorliegens von Timinginformationen nicht zu rechnen ist, müssen andere Gründe für die negativen Vorzeichen ursächlich sein. *Fabozzi/Francis* sehen in diesem Zusammenhang Zufallsschwankungen als eine mögliche Erklärung an.[54] Sie können dazu führen, daß das von den Managern ex ante gewünschte Portfolio-Beta aufgrund der Instabilität der Einzelwertbetas ex post nicht erreicht wurde. Dem sind allerdings die Ergebnisse anderer Studien entgegenzuhalten, in denen zusätzlich zu systematischen Schwankungen auch durch Zufall bedingte Schwankungen erfaßt werden und deren Ergebnisse dennoch auf überwiegend negative Timingmaße hindeuten.[55]

Als Erklärung für das Vorherrschen negativer Timingkoeffizienten sind dagegen andere Gründe wahrscheinlicher. So könnte die Umsetzung von Timinginformationen zu so hohen Transaktionskosten führen, daß die zusätzlich erwirtschaftete Rendite überkompensiert wird.[56] Da Untersuchungen über Investmentfonds i. d. R. auf Nettorenditen be-

---

49 Vgl. **Coggin/Hunter** (1993), S. 199.

50 Vgl. **Bühler** (1993), S. 13. Die Ableitung des statistischen Zusammenhangs findet sich in Anhang F, Ableitung (2).

51 Für *Henriksson* sind Schätzfehler aufgrund der z. T. sehr hohen Werte der Korrelationen nicht als einzige Ursache für die Ergebnisse anzusehen. Insbesondere sind seine Ergebnisse unabhängig von den Ausprägungen der Marktrenditen negativ, vgl. **Henriksson** (1984), S. 85.

52 Zu den Ursachen künstlichen Timings vgl. **Jagannathan/Korajczyk** (1986) und **Kapitel** C. II. 1. c. aa., S. 106 f.

53 Vgl. **Jagannathan/Korajczyk** (1986), S. 225 ff. Für Portfolios mit hohen systematischen Risiken stellen **Koh/Phoon/Tan** (1993), S. 163 f., nach unten verzerrte Timingkoeffizienten fest. Da mit zunehmendem Verschuldungsgrad auch das systematische Risiko ansteigt, ist ihre Beobachtung konsistent mit künstlichem Timing als Erklärungsansatz.

54 Vgl. **Fabozzi/Francis** (1979), S. 1249.

55 Vgl. **Chen/Stockum** (1986); **Lockwood/Kadiyala** (1988); **Chen/Lee/Rahman/Chan** (1992).

56 Vgl. **Weigel** (1991), S. 64.

ruhen, schlägt sich der negative Nettobeitrag im Ergebnis nieder. Eine andere Erklärung könnte für den Fall vorliegen, daß die Manager über keine Timingfähigkeiten verfügen und das Portfolio eher passiv verwaltet wird.[57] Dann ergibt sich das Portfolio-Beta allein aus Zufallsschwankungen der Wertpapierbetas. Sinken die Kurse auf dem Aktienmarkt, werden die Kurse der im Portfolio befindlichen Wertpapiere mit hohen systematischen Risiken im Vergleich zu jenen mit geringen Betafaktoren überproportional fallen. Folglich besitzen Wertpapiere mit relativ geringen Betafaktoren nach einer Baisse einen relativ größeren Anteil am Portfolio als jene mit höheren Betas. Dies impliziert jedoch gleichzeitig, daß das Portfolio-Beta bei passivem Management vor einer Hausseperiode ein relativ geringes systematisches Risiko aufweist und umgekehrt, so daß sich eine unvorteilhafte Konstellation bezüglich des Timings ergibt. Insofern sind negative Timingkoeffizienten eher als Hinweis auf eine Passivität der Manager bezüglich Timingaktivitäten zu deuten als auf "perverses" Verhalten.

Mit der Verwendung mehrdimensionaler Benchmarks wird der Kritik am CAPM Rechnung getragen, indem die APT als alternatives Renditeerwartungsmodell eingesetzt wird, wobei in allen Untersuchungen eine statistische Extrahierung der APT-Faktoren erfolgt. Die damit erzielten Ergebnisse werfen bezüglich der Performance ein im Vergleich zum Einsatz des CAPM tendenziell negativeres Bild auf die Fähigkeiten der Manager, wie die in Tabelle C.6 dargestellten Untersuchungen zeigen.

Lehmann/Modest stellen eine hohe Sensitivität der mit Hilfe verschiedener Maße erzielten Ergebnisse in Abhängigkeit der Methode zur Schätzung der Faktorladungen fest Sie kommen zu dem Schluß, daß die Wahl der Testmethodik einen größeren Einfluß auf die Performance-Messung hat als die ebenfalls kritische Festlegung der Anzahl von Faktoren. Nur in den Untersuchungen von *Lehmann/Modest* und *Connor/Korajczyk* werden auch Timingfähigkeiten berücksichtigt. Deren Ergebnisse deuten darauf hin, daß die Manager nicht über Timinginformationen verfügt haben.

---

[57] Vgl. **Veit/Cheney** (1982), S. 41 f. Dabei spielt es keine Rolle, ob keine Timinginformationen vorliegen oder ob die Manager lediglich auf ihre Umsetzung verzichten, beispielsweise in Anbetracht der damit verbundenen hohen Transaktionskosten.

Tab. C.6:   **Untersuchungen zur Performance von Investmentfonds auf der Basis der APT**

Autor(en) (Jahr) Markt	Anzahl Fonds; Zeiträume; Renditefristigkeit	Performance-Maß; Modell; Benchmarkportfolio	Ergebnisse; Besonderheiten
Chang/ Lewellen (1985) USA	67 Fonds; 1971-1979; monatlich	Jensen; CAPM; VW-CRSP- und EW-CRSP-Index; APT: Faktorenanalyse	nach Kosten (-); Signifikanzen je nach risikolo-ser Anlage verschieden: wenige signifikante Werte bei R_f, 50 % negativ signifikant bei Zero-Beta-Version; CAPM: schwächer (-), bei beiden Versionen geringe Anzahl signifikanter Werte; APT gibt Renditegenerierungsprozeß etwas bes-ser wieder
Lehmann/ Modest (1987) USA	130 Fonds; 1968-1982 und 5-Jahres-Peri-oden; monatlich	Jensen; T/B-Ap-praisal-Ratio; T/M; APT: 4 verschiedene Methoden der Be-stimmung der statisti-schen Faktoren; CAPM:VW-CRSP	nach Kosten auf der Basis der APT signifikant (-); große Differenzen in Ergebnissen bei Ver-wendung unterschiedlicher Methoden zur Fakto-renbestimmung und Anzahl extrahierter Fakto-ren; auf der Basis des CAPM schwächer (-), aber signifikant; starke Differenzen zw. APT und CAPM; CAPM produziert ähnliches Ranking wie das ohne eine Risikoberücksichtigung; keine Konstanz der Performance; keine eindeutigen Schlußfolgerungen über Timingfähigkeiten; keine negative Korrelation zw. Selectivity- und Timing-Maß
Connor/ Korajczyk (1988) (1991) USA	130 Fonds; 1968-1982; monatlich	Jensen; H/M; C/K; CAPM: EW-CRSP- und VW-CRSP-Index APT: Con-nor/Korajczyk Asym-ptotic Component mit Identifikation makroökonomischer Faktoren	nach Kosten stärker (-) bei Anwendung der APT; bei CAPM mit EW-Index z. T. signifikant (-), schwächer (-) bei VW-Index, auch gegenüber APT; Kleinfirmeneffekt bei beiden Modellen; keine eindeutigen Vorteile eines Modells; nega-tive Korrelation zw. Selectivity- und Timing-koeffizienten bei beiden Modellen; negative Korrelation bei C/K aufgehoben; keine signifi-kante Performance; H/M Koeffizienten haupt-sächlich auf künstliches Timing zurückzuführen
Frohlich (1991) USA	93 Fonds; 1977-1984; monatlich	Jensen; APT: Con-nor/Korajczyk Princi-pal Component-Me-thode	nach Kosten (-), nicht signifikant; Betonung auf Rentenfonds;Gemischte Fonds mit bester Performance; sehr geringe R^2 für Rentenfonds
Shukla/ Trzcinka (1992) USA	257 Fonds; 1979-1989 und 7 Vier-Jahres-Perioden; monatlich	Jensen; CAPM: EW-CRSP- und VW-CRSP-Index; APT: Faktoranalyse	nach Kosten stark signifikant (-) bei APT; bei CAPM ebenfalls zum Großteil signifikant (-), aber schwächere Ausprägungen insbes. bei VW-Index

Mit Hilfe des Einsatzes mehrerer Indizes wird außerhalb des theoretischen Konzepts der APT versucht, sämtliche dem Manager als Anlageobjekte zur Verfügung stehenden Wertpapiere und Wertpapierarten in der Benchmark zu erfassen. Die Ergebnisse dieser Studien sind in Tabelle C. 7 zusammengefaßt.

Tab. C.7: **Untersuchungen zur Performance von Investmentfonds auf der Basis mehrdimensionaler Benchmarks**

Autor(en) (Jahr) Markt	Anzahl Fonds; Zeiträume; Renditefristigkeit	Performance-Maß; Modell; Benchmarkportfolio	Ergebnisse; Besonderheiten
Untersuchungen auf der Grundlage von Multiindexmodellen			
Grinblatt/ Titman (1988) (1994) **USA**	279 Fonds; 1975-1984; monatlich	Jensen; PW-Maß; T/M; CAPM: EW-CRSP- und VW-CRSP-Index; APT: 10-Faktorportfolio von Lehmann/ Modest (1987); 8-Portfolio-Bench-mark	Resultate stark differierend in Abhängigkeit der Benchmark; mit 8 Portfolio-Benchmark nach Kosten (+/-), vor Kosten (+) in Höhe der geschätzten Transaktionskosten; Ablehnung der anderen Benchmarks aufgrund von Kleinfirmen-effekten; auch bei Ranking starke Unterschiede bei Einsatz verschiedener Benchmarks; bei gleicher Benchmark hohe Korrelationen zw. den Maßen; keine Timingfähigkeiten; PW- und Jensen-Maß führen zu nahezu identischen Ergebnissen
Cumby/ Glen (1990) **USA**	15 international investierende Fonds; 1982-1988; monatlich	Jensen; PW-Maß; T/M; MSCI-Capital World-Index; Kombination mit gleichgewichtetem Portfolio aus Euro-depositen verschiedener Währungen; MSCI-US-Capital-Index	nach Kosten (-), kaum signifikante Werte; Jensen-und PW-Maß liefern fast identische Ergebnisse; sämtliche T/M-Timingkoeffizienten signifikant (-); nur ein Drittel signifikant (-) bei Ermittlung der t-Werte mit Bootstrap-Methode; Ergebnisse z. T. aus Crash-Periode resultierend
Drummen (1992) **Europa**	30 auf europäischen Märkten investierende Fonds; 1985-1990; monatlich	Jensen; H/M; T/M; 12-Benchmarkport-folio aus MSCI-Europa-Indizes; 2-Benchmarkport-folio aus hoch- und niedrigkapitalisierten gleichgewichteten Länderportfolios	nach Kosten (-); signifikant (-) in Crash-Periode; Timingkoeffizienten im Durchschnitt (-), z. T. signifikant; negative Korrelation zw. Selectivity- und Timing-Maßen; insgeamt keine Timingfä-higkeiten, auch im Fall des Ausschlusses der Crash-Periode
Elton/ Gruber/ Das/ Hlavka (1993) **USA**	143 Fonds; 1965-1984; jährlich	Jensen; Kombinationen aus: S&P 500, CRSP-Kleinfirmen-index, Shearson Lehman Index für Renten, EW-CRSP-Index, VW-CRSP-Index	nach Kosten (-); keine Rotationsfähigkeiten zw. Klein- und Großfirmensegment; Relativierung der Studie von Ippolito (1989), auf dessen Daten die Studie beruht
Stilanalyse			
Sharpe (1992) **USA**	636 Fonds; 1985-1989; monatlich	Selektionsrendite; Asset-Allocation-Modell; 12 verschiedene Kategorien abdeckende Indizes	nach Kosten im Durchschnitt (+/-), tendenziell leicht negativ; identifizierter Investmentstil entspricht weitestgehend der deklarierten Investmentfondskatego-rie

Besonders die Studie von *Elton/Gruber/Das/Hlavka* verdeutlicht dabei die Sensitivität der Performance-Messung von der gewählten Benchmark. Die mit einem Drei-Index-Modell erzielten Resultate werden mit denen einer Untersuchung von *Ippolito* verglichen; sie relativieren die dort auf das Vorliegen von Informationen der Manager hindeutenden Ergebnisse.

In den Studien von *Grinblatt/Titman*, *Cumby/Modest* und *Drummen* steht die Konstruktion eines relativ μ/σ-effizienten Portfolios beim Einsatz mehrerer Indizes im Vordergrund. Nach Abzug von Transaktionskosten sind auch die dort untersuchten Fonds nicht in der Lage, risikobereinigte Überrenditen zu erzielen. Dabei deuten die Untersuchungsergebnisse von *Grinblatt/Titman* auf eine Bestätigung der Effizienzthese im Sinne *Grossman/Stiglitz* hin, da die Fondsmanager vor Kosten eine überdurchschnittliche Performance erzielen.[58] Erst nach Abzug von Kosten resultiert eine nicht von Null verschiedene Performance.

Mit dem Einsatz von Multiindexmodellen im Rahmen des Asset-Allocation-Modells erfolgt die Messung der Performance 'out of sample'. Auch bei dieser Vorgehensweise kann *Sharpe* eine überdurchschnittliche Performance der Fonds nicht ausmachen.

Schließlich gelangen auch die meisten der in den Tabellen C.8 und C.9 zusammengefaßten Untersuchungen, die auf zusätzliche Informationen über die Wahrscheinlichkeitsverteilungen der Renditen zurückgreifen, zu recht eindeutigen Resultaten. In nahezu allen Studien wird ermittelt, daß die Manager im Vergleich zu einer passiven Anlagestrategie nicht in der Lage sind, unter Berücksichtigung des Risikos überdurchschnittliche Renditen zu erzielen.

Tab. C.8: Untersuchungen unter Berücksichtigung der Schiefe

Autor(en) (Jahr) Markt	Anzahl Fonds; Zeiträume; Renditefristigkeit	Performance-Maß; Modell; Benchmarkportfolio	Ergebnisse; Besonderheiten
Arditti (1971) USA	34 Fonds; 1954-1963; jährlich	Kombination der Sharpe Ratio und Schiefe als zweiparametrisches Maß; Dow Jones	keine Zusammenführung von Rendite und Risiko in einparametrisches Maß; Sharpe-Ratio der Fonds geringer als die des Index, aber rechtsschiefere Verteilung der Fonds; Fonds weisen keine negative Performance auf; Relativierung der Ergebnisse von Sharpe (1966)
Ang/ Chua (1979) USA	111 Fonds; 1955-1974; vierteljährlich	Treynor; Sharpe; Jensen; μ/σ/S-Maß; Reward to Semivariance-Index; S&P 500	insgesamt nach Kosten (-); durch Berücksichtigung der Schiefe größere Anzahl von Fonds mit positiver Performance; die Schiefe einbeziehende Maße weisen bei längeren Perioden keine Verzerrungen durch negative Korrelation zw. Performance und dem Risiko auf; Hinweis auf kritische Festlegung der Periodenlänge

---

[58] Zu den Effizienzthesen vgl. **Kapitel B. I. 1.**, S. 8 f.

Tab. C.9: Untersuchungen auf Basis der stochastischen Dominanz

Autor(en) (Jahr) Markt	Anzahl Fonds; Zeiträume; Renditefristigkeit	Performance-Maß; Modell; Benchmarkportfolio	Ergebnisse; Besonderheiten
Levy/ Sarnat (1970) USA	58-149 Fonds; 1958-1967 1956-1967 1946-1967; jährlich	FSD; SSD; MV	geringe Effektivität der FSD; Eliminierung von 90 % der Fonds mit SSD; Reduktion nach MV-Kriterium nur leicht geringer; hohe Übereinstimmung der mit SSD und MV als effizient eingestuften Fonds; großer Anteil von Wachstumsfonds in effizienter Gruppe
Sarnat (1972) USA	56 Fonds; 1946-1957 1958-1969; jährlich	FSD; SSD; MV; MV i. V. m. FSD	geringe Effektivität der FSD; Eliminierung von 80 % bei Anwendung SSD; MV i. V. m. FSD ineffektiv gegenüber alleiniger Verwendung des MV-Kriteriums
Joy/ Porter (1974) USA	34 Fonds; 1954-1963; jährlich	FSD; SSD; TSD; Dow Jones	nach Kosten (-); Index dominiert 6 (SSD) bzw. 9 (TSD) Fonds; kein Fonds dominiert Index; Relativierung der Schlußfolgerungen von Arditti (1971)
Meyer (1977) USA	34 Fonds; 1954-1963; jährlich	SD mit expliziter Einbeziehung alternativer Risikoaversionskoeffizienten des Investors; Dow Jones	nach Kosten (-); Mehrzahl der Fonds werden vom Index dominiert; nur sehr wenige dominieren Index in Abhängigkeit des unterstellten Bereichs des Risikoaversionskoeffizienten
Levy/ Kroll (1979) USA	27-204 Fonds; 1965-1974 1953-1953 1943-1974; jährlich	FSD; SSD; TSD; MV mit und ohne Annahme einer risikolosen Kapitalanlage-/ Kapitalaufnahmemöglichkeit; Fisher Index	bei längeren Zeiträumen abnehmende Effektivität der Kriterien; sehr geringe Effektivität bei FSD; ähnliche Effektivität bei SSD wie MV und weitgehende Überschneidungen der als effizient identifizierten Fonds; sehr starke Effektivität bei Einführung der risikolosen Kapitalanlage; mit Ausnahme des FSD-Kriteriums geringe Sensitivität gegenüber der Wahl des Zinssatzes; durch Einführung von risikoloser Anlage starke Abnahme nicht mit dem Index vergleichbarer Fonds; Großteil der Fonds wird von Index dominiert
Saunders/ Ward/ Woodward (1980) GB	30 Fonds; 1975-1977; monatlich	FSD; SSD; TSD; FT 650 Index	nach FSD kaum Identifizierung von Dominanzen; nach SSD wird Index von 50 % der Fonds dominiert, nur 20 % werden vom Index dominiert; nach TSD dominieren 67 % der Fonds den Index; 23% werden vom Index dominiert; im Durchschnitt dominieren Fonds den Index nach SSD und TSD (nach Kosten)
Levy/ Sarnat (1984), USA	100 Fonds; 1959-1980; jährlich	FSD; SSD; TSD; MV	geringe Effektivität der FSD; Eliminierung von 89 % bei Anwendung SSD und 91 % bei TSD
Chow (1989) USA	93 Fonds; 1976-1984; monatlich	FSD; SSD; TSD; VW-NYSE-Index	erste Studie mit Signifikanztest der mit SD erzielten Ergebnisse; ohne (mit) Signifikanztest 70 % (99 %) der Fonds nach FSD, 16 % (74 %) nach SSD und 10 % (68 %) nach TSD effizient; Gruppe effizienter Portfolios auf der Basis des Signifikanztest weit größer als bei einfacher Anwendung der Kriterien; Fonds auf der Grundlage des statistischen Tests in überwiegendem Maße gleich dem Index zu bewerten

In allen Studien, in der die Kriterien der stochastischen Dominanz zur Beurteilung der Portfolios herangezogen werden, wird eine Ineffektivität der stochastischen Dominanz ersten Grades ermittelt. Darüber hinaus wird in den meisten Studien festgestellt, daß die mit Hilfe der stochastischen Dominanz zweiten Grades als effizient eingestufte Gruppe von Fonds noch vergleichsweise viele Portfolios enthält, die mit der Anwendung der stochastischen Dominanz dritten Grades nicht wesentlich verringert wird. Dies gilt insbesondere dann, wenn die Kriterien, wie in der hervorzuhebenden Untersuchung von *Chow*, i. V. m. einem Test auf statistische Signifikanz eingesetzt werden.

Mit dem Rückgriff auf Daten über die Portfoliogewichtung wird lediglich das Vorhandensein privater Informationen bzw. von Timing- und/oder Selektionsfähigkeiten getestet. Ob deren Umsetzung auch zu einer entsprechenden, überdurchschnittlichen Performance führt, wird dagegen im allgemeinen nicht geprüft. Die Resultate der entsprechenden Untersuchungen, die in Tabelle C.10 aufgeführt sind, zeigen kein einheitliches Bild.

Tab. C.10: Untersuchungen unter Verwendung zusätzlicher Informationen

Autor(en) (Jahr) Markt	Anzahl Fonds; Zeiträume; Renditefristigkeit	Performance-Maß; Modell; Benchmarkportfolio	Ergebnisse; Besonderheiten
Henriksson (1980) USA	186 Fonds; 1973-1980; vierteljährlich	H/M- nichtparametrisch; Proxy für Prognose: Anteil des Eigenkapitals im Portfolio; VW-NYSE-Index	keine Timingfähigkeiten
Henriksson (1984) USA	116 Fonds; 1968-1980 und Subperioden; monatlich	H/M- nichtparametrisch; Proxy für Prognose: passive Strategie; VW-NYSE-Index	keine Timingfähigkeiten; keine Anzeichen dafür, daß Fondsmanager größere Marktüberschußrenditen eher prognostizieren können als kleinere
Hwang (1988) USA	5 aktiv gemanagte Portfolios; 1982/1983/1984-1985; monatlich	Cornell; Elton/Gruber-Maße zus. klass. Maße; H/M; VW-CRSP-NYSE-Index	tendenziell keine Selectivity- oder Timingfähigkeiten; z. T. unterschiedliche Schlußfolgerungen bei Verwendung der unterschiedlichen Maße; sehr geringe Anzahl von Portfolios, daher eindeutige Schlußfolgerungen kaum möglich
Grinblatt/ Titmann (1989 a) USA	157-274 Fonds; 1975-1984; vierteljährlich	Jensen; EW-CRSP-Index; VW-CRSP-Index; 10-Fakor-Benchmark von *Lehmann/ Modest* (1987); 8-Portfolio-Benchmark	Berechnung hypothetischer Renditen auf der Grundlage der Portfoliogewichte; mit 8-Portfolio-Benchmark (+) (nach Kosten); aggressive wachstumsorientierte Fonds mit bester Performance; aber tendenziell auch mit den größten Kosten; Survivorship-Bias nicht signifikant

noch Tab. C. 10

Autor(en) (Jahr) Markt	Anzahl Fonds; Zeiträume; Renditefristigkeit	Performance-Maß; Modell; Benchmarkportfolio	Ergebnisse; Besonderheiten
Koh/ Phoon/ Tan (1993) Singapur	4 Open-End- und 6 Closed-End-Fonds; 1980-1987 und Subperioden; vierteljährlich, z. T. auch weniger	H/M- nichtparametrisch; Proxy für Prognose: Anteil des Eigenka- pitals im Portfolio; SES (Stock Exchange of Singapur) All- Shares Index	signifikant positive Timingfähigkeiten im Ge- gensatz zum parametrischen Test;
Grinblatt/ Titmann (1993 b) USA	155 Fonds 1975-1984 vierteljährlich	Portfolio Change Measure	im Durchschnitt vor Kosten (+) nach Kosten (+/-); aggressive, wachstumsorien- tierte Fonds mit bester Performance; kurzfristige Konstanz der Performance; Ergebnisse ähnlich wie jene von *Grinblatt/Titman* (1989 b, 1988, 1994)

Während *Henrikssons* Resultate darauf schließen lassen, daß die Manager keine Timinginformationen besitzen, kommen *Koh/Phoon/Tan* zu einem gegenteiligen Ergebnis. *Grinblatt/Titmans* Untersuchungen beruhen auf einem Ansatz, der das Vorliegen von privaten Informationen allgemein testet. Vor Kosten ist den Resultaten zufolge davon auszugehen, daß die Manager über private Informationen verfügen. Deren Umsetzung scheint jedoch mit so hohen Kosten belastet zu sein, daß nach Abzug der Kosten eine positive Performance nicht mehr existiert.

In den meisten der oben aufgeführten Untersuchungen fällt auf, daß neben reinen Aktienfonds zusätzlich auch gemischte sowie Rentenfonds untersucht werden, obwohl das eingesetzte Instrumentarium in den meisten Fällen eine Anwendung nur für reine Aktienfonds erlaubt. Daher ist in vielen der Studien mit Verzerrungen zu rechnen, die daraus resultieren, daß Rentenfonds ein anderer Preisbildungsmechanismus zugrunde liegt als reinen Aktienfonds.[59] Dedhalb ist die Ermittlung der erwarteten Rendite für einen Rentenfonds auf der Basis eines Modells, das zur Bestimmung der erwarteten Rendite risikobehafteter Wertpapiere entwickelt wurde, grundsätzlich zweifelhaft. Da in vielen Untersuchungen die aggregierte Performance aller Fonds oder einzelner Untergruppen von Fonds analysiert wird, ist die Richtung und Höhe der Verzerrungen nur schwer abzuschätzen. Aus diesem Grund ist auch ein Vergleich der Performance zwischen Fonds verschiedener Kategorien, z. B. zwischen reinen Aktienfonds und Rentenfonds, als wenig aussagekräftig anzusehen. Nur mit sehr wenigen Ausnahmen findet diese Problematik explizite Berücksichtigung, indem entweder nur Aktienfonds untersucht werden oder zumindest eine Einbeziehung von Rentenindizes in die Benchmark erfolgt.[60]

---

[59] Diesem Umstand wird in der Untersuchung von **Blake/Elton/Gruber** (1993) Rechnung getragen.

[60] Vgl. z. B. die Untersuchung von **Elton/Gruber/Das/Hlavka** (1993).

Die Mehrzahl der Untersuchungen zur Performance-Messung kommt somit zu dem Ergebnis, daß die Manager im Durchschnitt langfristig nicht in der Lage sind, die Marktrendite - dargestellt durch die Rendite von Indizes - risikobereinigt zu übertreffen. Eine positive Performance ist in einigen Studien unabhängig von dem verwendeten Verfahren nur dann zu beobachten, wenn die Schätzungen auf der Basis von Bruttorenditen erfolgen. In einigen Arbeiten, in denen die Performance individueller Fonds gemessen wird, werden darunter auch solche identifiziert, die risikobereinigt auf der Grundlage von Nettorenditen eine positive Performance erzielen. Das Gesamtbild der Untersuchnungen deutet darüber hinaus die besondere Relevanz der Wahl des Benchmarkportfolios an.

Ein direkter Vergleich der Studien mit dem Ziel, eine bestimmte Systematik hinsichtlich der unter Verwendung verschiedener Verfahren erzielten Ergebnisse zu identifizieren, ist allerdings aufgrund der unterschiedlichen als Benchmarkportfolios benutzten Indizes und vor allem aufgrund der variierenden Zeiträume unmöglich.

bb. Weiterführende Untersuchungen

(1) Die Konstanz der Performance und ihr Prognosewert

Anlageentscheidungen auf der Basis der ex post gemessenen Performance und der damit erstellten Rankings von Fonds sind aus der Sicht von Investoren nur dann sinnvoll, wenn die Performance im Zeitablauf konstant ist und ihr somit ein Prognosewert zukommt. Ist dies nicht der Fall, ist die Nutzung der Ergebnisse grundsätzlich begrenzt und beschränkt sich z. B. darauf, als Basis für performanceabhängige Entlohnungssysteme für das Management zu dienen. Außerdem könnten die Leistungen der Fondsmanager auch Grundlage für die in jüngster Zeit wieder verstärkt diskutierten Gebührenstrukturen der Fonds darstellen. Eine Bestätigung der Hypothese, daß die historische Performance von Fonds zur Prognose ihrer zukünftigen Performance geeignet ist, würde die Informationseffizienz des Kapitalmarktes in ihrer schwachen Form in Frage stellen.

Die Konstanz der Performance von Investmentfonds ist bisher vorwiegend für US-amerikanische Fonds untersucht worden. Tabelle C.11 gibt einen Überblick zu den veröffentlichten Studien.

Tab. C.11: **Empirische Untersuchungen zur Konstanz der Performance von Investmentfonds**

Autor(en) (Jahr) Markt	Anzahl Fonds; verglichene Zeiträume; Renditefristigkeit	Performance-Maß; Methodik zur Messung der Konstanz	Ergebnisse; Besonderheiten
Sharpe (1966) USA	34 Fonds; 1944-1953 vs. 1954-1963; jährlich	Sharpe-Ratio; Spearman-Rangkorrelation; OLS-Querschnittsregression	schwach positive Konstanz; r(Spear) = 0,36 r (Reg.) = 0,3157 t-stat. = 1,88)
Carlson (1970) USA	33-82 Fonds; 1958-1967 vs. 1948-1957; jährlich	klass. Maße; Rangkorrelation; 2 Perioden und überlappende 5-Jahres-Perioden	Konstanz der mittleren Renditen und des Risikos; keine Konstanz der risikoberei-nigten Maße; bei 6 von 11 Fünfjahresperi-oden schwache Konstanz
Williamson (1972) USA	180 Fonds; 1961-1965 vs. 1966-1970; jährlich	Treynor-Ratio; Rangkorrelation	keine Korrelation; einige Fonds jedoch immer unter den ersten 40%, z. T. auch unter den ersten 20 %.
Sarnat (1972) USA	56 Fonds; 1946-1957 vs. 1958-1969; jährlich	FSD; SSD; MV; Anzahl der Portfolios, die Gegenstand des Effizienzsets in beiden Perioden sind; Be-rechnung der Wahrschein-lichkeit, einen effizienten Fonds auf der Basis der ex post Resultate zu prognosti-zieren; Vergleich dieser (bedingten) Wahrschein-lich-keit mit Zufallswahrschein-lichkeit der Wahl eines effi-zienten Portfolios	schwache Konstanz bei FSD-Krite-rium;(aber: bedingte Wahrscheinlichkeit der Wahl eines in der Folgeperiode eben-falls effizienten Portfolios: 87%; bei reiner Zufallsauswahl: 86%); keine Konstanz bei SSD (aber 42% gegen-über 23% bei Zufall) und MV (22% von 16%)
Firth (1978) GB	360 Fonds; 1967-1975; monatlich	Jensens Alpha; Querschnittsregression	keine Konstanz
Levy/ Sarnat (1984) USA	100 Fonds; 1959-1969 vs. 1970-1980; jährlich	FSD; SSD; TSD; MV; wie Sarnat (1970)	sehr schwache Konstanz bei FSD (42% - 41%) und MV (14,3% - 11 %); schwache Konstanz bei SSD (13,6% - 9%) und TSD (12,5% - 7%)
Robson (1986) Australien	38/64 Fonds; 1969-1978; monatlich	Renditen; Jensens Alpha; Spearman- und Pearson-Korrelation; Binomial-Test; modifizierter Run-Test	keine Konstanz; einige Fonds zeigen meh-rere Jahre hintereinander konstant positive Performance, statistisch aber nicht gesichert
Shukla/ Trzinka (1992) USA	257 Fonds; 1979-1989; monatlich	Jensens Alpha; 7 sich überlappende 4-Jah-res-Perioden und nicht überlappende Perioden; Einteilung der Fonds in je-weils 10 Klassen und daraus Aufbau einer 10 x 10 Matrix; Rangkorrelation	keine Konstanz superiorer Performance; Konstanz inferiorer Performance

noch Tab. C.11

Autor(en) (Jahr) Markt	Anzahl Fonds; verglichene Zeiträume; Renditefristigkeit	Performance-Maß; Methodik zur Messung der Konstanz	Ergebnisse; Besonderheiten
Goetzmann/ Ibbotson (1991) USA	276 Fonds; Renditen; 1976-1988; monatlich	Renditen; Jensens Alpha; Performancevergleich zwischen monatlichen, jährlichen und zweijährlichen Intervallen 2 x 2 Kontingenztafeln; OLS Querschnittsregression	Konstanz sowohl kurz- als auch langfristig
Grinblatt/ Titman (1988) (1992 b) USA	279 Fonds; 1974-1978 vs. 1979-1984; monatlich	Jensens Alpha; OLS-Querschnittsregression mit Zeitreihen-t-Statistik	signifikante Konstanz positiver und negativer Performance; für jeden Prozentpunkt geschätzter Performance in Periode 1 Realisierung von 0,28% Performance in Periode 2; z. T. in Kosten und Transaktionskosten begründet
Grinblatt/ Titman (1993 b) USA	155/274 Fonds; 1975-1985; vierteljährliche Portfoliobestände	Portfolio Change Measure; Lags der gemessenen Performance jeweils mit 4 Quartalen	signifikante Konstanz der Performance zwischen zwei Perioden gegeben; unter den besten 20% befindliche Fonds haben auch positive Performance in der Folgeperiode unabhängig von Fondskategorie und systematischem Risiko
Hendricks/ Patel/ Zeckhauser (1993) USA	96/130 Fonds; 1974-1987; vierteljährlich;	Jensens Alpha; Sharpe-Ratio; Connor/Korajczyk; Residualanalyse im Rahmen einer OLS-Querschnittsregression mit verschiedenen Lags; abhängige Variable Residualperformance eines Fonds in einem Quartal; unabhängige Variable Residualperformance mit verschiedenen Lags; Spearman-Rangkorrelation	signifikante Konstanz kurzfristiger positiver und negativer Performance (signifikanter); beste Fonds, ermittelt in 4 Quartalen, sind auch in den nächsten 8 Quartalen unter den besten; umfangreiche Studie, die die Robustheit der Ergebnisse mit verschiedenen. Benchmarks (u.a. P 8-Benchmark), verschiedenen Samples und weiteren Verfahren belegt

Aus den Untersuchungsergebnissen der in der Tabelle zusammengefaßten Studien lassen sich drei Tendenzen ableiten. Eine Konstanz der Performance wird eher in jüngeren Untersuchungen nachgewiesen. Die Erklärung dafür wird aber nicht in einer abnehmenden Effizienz der Märkte, sondern vielmehr in einer ausgereifteren Untersuchungsmethodik, kürzeren Renditeintervallen und in einer größeren Anzahl der in die Untersuchungen einbezogenen Fonds zu suchen sein.[61] Ferner deuten die Ergebnisse, mit Ausnahme der Studien von *Grinblatt/Titman*, darauf hin, daß die Performance eher kurzfristig konstant ist. Schließlich scheint vor allem eine negative Performance in der Ver-

---

[61]   In einer anderen, mangels ausreichender Informationen nicht in die Tabelle mit aufgenommenen Studie untersuchen **Shukla/Trzcinka** 1387 Fonds und kommen zu dem Ergebnis, daß eine Konstanz inferiorer Performance besteht. Eine Konstanz superiorer Performance wird dagegen nicht beobachtet, vgl. **Shukla/Trzcinka** (1992), S. 33 f.

gangenheit ein geeigneter Indikator für eine auch in der Zukunft zu erwartende negative Performance zu sein.

Die Resultate müssen allerdings kritisch hinterfragt werden. So wird die Realisierung einer Kauf- und/oder Verkaufsstrategie, die auf den Ergebnissen z. B. von *Hendricks/Patel/Zeckhauser* aufbaut, schon aufgrund der hohen Ausgabeaufschläge der Fonds nicht erfolgversprechend sein.[62] Ein weiterer Gesichtspunkt besteht in der Möglichkeit von Verzerrungen durch Survivorship Bias.[63]

Obwohl der Prognosewert gerade der im Rahmen längerer Zeiträume gemessenen Performance vergleichsweise gering ist, zeigen *Levy/Sarnat*, daß bei Anlageentscheidungen zumindest Verbesserungen erreicht werden können, indem statt einer reinen Zufallsauswahl die Fonds, die eine schlechte Performance erzielt haben, vorab aussondiert werden.

(2) Einflußfaktoren auf die Performance

Aus Sicht der Fondsmanager bzw. der Verantwortlichen der KAG ist es aufschlußreich zu erfahren, ob bestimmte Faktoren oder Charakteristika der Fonds, z. B. die Höhe des Volumens oder die Schwankungen des Mittelaufkommens, die Performance negativ oder positiv beeinflussen.[64] Darüber hinaus erscheint die Beantwortung der Frage wichtig, welche Anlagestrategien besonders hohe Kosten verursacht haben und ob damit möglicherweise die vergleichsweise schlechten Ergebnisse der Fonds zu einem Großteil erklärt werden können. Auch im Rahmen der Analysen über die Einflußfaktoren der Performance sind Hypothesen formulierbar, welche grundsätzlich als Tests der Informationseffizienz des Kapitalmarktes geeignet sind. So deutet eine negative Korrelation zwischen der Performance und Variablen, deren Ausprägungen durch die aktive Verwaltung des Managements bedingt sind, auf eine Ablehnung der Effizienzthese im Sinne von *Grossmann/Stiglitz* hin.[65] Dabei kommen als Variablen z. B. die Transaktions- und Managementkosten sowie die Umschichtungshäufigkeit der Portfolios in Betracht.

---

[62] Bemühungen, die eine Umsetzung der Untersuchungsergebnisse durch ihre Replizierung mit Pensionsfondsdaten zum Ziel hatten, führten zu keinem Erfolg, vgl. die Anmerkung bei **Brown/Goetzmann/Ibbotson/Ross** (1992), S. 555, Fußnote 3.

[63] Zu diesem Aspekt und zu einer ausführlichen Würdigung der Studien von *Goetzmann/Ibbotson* und *Hendricks/Patel/Zeckhauser* vgl. **Brown/Goetzmann/Ibbotson/Ross** (1992), S. 555.

[64] Besitzt das Fondsvolumen einen negativen Einfluß auf die Performance, könnten auch gesetzgeberische Gesichtspunkte zu Anlegerschutzbestimmungen tangiert sein. Entsprechend hat sich auch die SEC mit einer Einführung von Mindest- bzw. Maximalgrößen von Fonds befaßt, vgl. dazu **Büschgen** (1970), S. 14.

[65] Vgl. **Ippolito** (1993), S. 49; **Fama** (1991), S. 1606 f.

Untersuchungen, in denen versucht wird, die Richtung des Einflusses dieser und anderer Determinanten zu identifizieren, sind in Tabelle C.12 zusammengefaßt.[66]

Tab. C. 12:   **Empirische Untersuchungen zu Einflußfaktoren auf die Performance**

Autoren; (Jahr) Markt	Anzahl der Fonds; Zeiträume; Renditefristigkeit	Performance-Maß; Fondscharakteristika, deren Einfluß getestet wird	Ergebnisse; Besonderheiten
Sharpe (1966) USA	34 Fonds; 1944-1953; jährliche Netto-Renditen	Sharpe-Ratio; Kosten;	schwach negative Korrelation zw. Kosten und Performance;
		Größe der Fonds	kein signifikanter Zusammenhang
Friend/ Blume/ Crockett (1970) USA	136 Fonds; 1960-1968; monatlich	Risikoklasseneinteilung nach Beta; Kosten; Größe der Fonds	sehr schwache Tendenz größerer Performance bei höheren Kosten; kein Zusammenhang
Carlson (1970) USA	82 Fonds; 1958-1967; jährliche Netto-Renditen	klassische Maße; Rangkorrelation; Kosten	nicht signifikante, positive Korrelation;
		Größe der Fonds	kein signifikanter Zusammenhang
Büschgen (1970) USA	380 Fonds; 1968-1969; 2 Jahre	Wertänderung; Größe der Fonds	aufgrund des geringen Zeitraums und fehlender Risikobereinigung wenig aussagekräftig; kein Zusammenhang
Firth (1978) GB	360 Fonds: 1967-1975; monatliche	Jensens Alpha; Größe der Fonds;	kein Zusammenhang;
		Kosten	kein Zusammenhang
Lakonishok (1981) USA	70 Fonds 1955-1964; monatliche Brutto- und Nettorenditen	Jensens Alpha; Kosten	kein signifikanter Zusammenhang

---

[66]   In den aufgeführten Studien wurden z. T. weitere Fondscharakteristika darauf hin untersucht, ob sie einen Einfluß auf die Performance ausüben, so z. B. der Kapitalumschlag der Fondsvermögen und die Unterschiede von Load- und Non-Load-Fonds. Die Ergebnisse bezüglich dieser Größen werden hier nicht mit aufgeführt, da sie für Untersuchungen deutscher Fonds nicht relevant oder die entsprechenden Daten nicht verfügbar sind. So verlangen grundsätzlich alle deutschen Aktienfonds, ähnlich wie die Load-Fonds, einen Ausgabeaufschlag, so daß ein Vergleich mit Non-Load-Fonds unmöglich ist. Informationen über den Kapitalumschlag sind bei deutschen Fonds nicht verfügbar, da in den Rechenschafts- und Zwischenberichten lediglich die Stückzahlen im Berichtszeitraum aufgelöster bzw. aufgebauter Positionen angegeben werden, nicht jedoch der Wert oder der Zeitpunkt der Transaktionen.

noch Tab. C.12

Autoren; (Jahr) Markt	Anzahl der Fonds; Zeiträume; Renditefristigkeit	Performance-Maß; Fondscharakteristika, deren Einfluß getestet wird	Ergebnisse; Besonderheiten
Robson (1986) **Australien**	38/64 Fonds; 1969-1978; monatlich	klassische Maße; Kosten; Fondsgröße Alter der Fonds	kein Zusammenhang; kein Zusammenhang
Ippolito (1989) **USA**	143 Fonds; 1965-1984; jährliche Brutto- und Nettorenditen	Jensens Alpha; Kosten (Managementkosten, andere Kosten)	hohe Kosten sind nicht korreliert mit schlechter Performance
Grinblatt/ Titman (1989 a) **USA**	157/274 Fonds; 1975-1984; vierteljährliche Portfoliobestände	hypothetische Renditen ermittelt aus in den Sondervermögen enthaltenen Wertpapieren; Kosten (Transaktionskosten); Größe der Fonds	nicht der Benchmarkproblematik unterworfen; explizite Berücksichtigung von Transaktionskosten; Transaktionskosten im Durchschnitt 2,5 % p. a. und invers zur Fondsgröße; signifikant größere Performance kleinerer Fonds und der aggressiven wachstumsorientierten Fonds auf Basis von Bruttorenditen; auf Basis von Nettorenditen keine signifikante Performance
Chen/ Lee/ Rahman/ Chan (1992) **USA**	93 Fonds; 1977-1984; monatlich	Generalized Varying Parameter Modell von *Chen/Stockum;* Kosten; Größe der Fonds	erste Studie, die Einfluß der Fondscharakteristika auf Timingkoeffizienten untersucht; Einsatz der SUR-Methode: positive Korrelation mit Selectivity-Performance; negative Korrelation mit Timing-Performance; positive Korrelation mit Selectivity-Performance; negative Korrelation mit Timing-Performance
Elton/ Gruber/ Das/ Hlavka (1993) **USA**	143 Fonds; 1965-1984; jährlich	Jensens Alpha mit 3-Indexmodell; Kosten	Relativierung der Ergebnisse von *Ippolito* (1989); hohe Kosten sind mit schlechter Performance korreliert
Grinblatt/ Titman (1993a) **USA**	279 Fonds; 1974-1984; monatlich	Jensens Alpha; Kosten (Managementkosten, andere Kosten); Größe der Fonds	8-Portfolio-Benchmark; kein Zusammenhang zur Performance; kein Zusammenhang

Die bisherigen Untersuchungen lassen, mit Ausnahme der Ergebnisse *Grinblatt/Titmans*, vermuten, daß die Performance von der Fondsgröße unabhängig ist. Ein differenzierteres Bild ergibt sich bezüglich des Einflusses der Kosten, da sich die Ergebnisse der verschiedenen Studien unterscheiden. Besonders deutlich wird dies bei einem Vergleich der Resultate der Untersuchungen von *Ippolito* und *Elton/Gruber/Das/Hlavka*. Sie kommen mit demselben Datensatz zu konträren Ergebnissen über die Bedeutung der Kosten im Hinblick auf ihren Einfluß auf die Performance. *Ippolitos* Ergebnisse deuten auf eine Bestätigung der Effizienz der Kapitalmärkte im Sinne *Grossman/Stiglitz* hin. Diese Schlußfolgerung muß aber bei der Verwendung eines Dreiindexmodells als

Benchmark, wie es von *Elton/Gruber/Das/Hlavka* eingesetzt wird, abgelehnt werden. Unter Verwendung anderer Benchmarkportfolios und anderer Ansätze zur Performance-Messung sowie einer breiteren Datenbasis werden die Ergebnisse von *Ippolito* durch die Analysen von *Grinblatt/Titman* erhärtet.

(3) Zum Einfluß der Performance auf das Mittelaufkommen

Für die Fondsgesellschaften sind die Höhe und der Zeitpunkt des Mittelaufkommens sowohl hinsichtlich ihrer Anlageplanungen als auch bezüglich der Verwaltungsgebühren, deren Höhe i. d. R. als prozentualer Maximalsatz des Fondsvolumens erhoben und dem Sondervermögen direkt belastet wird, von Interesse. Deshalb ist die Kenntnis der Einflußfaktoren des Mittelaufkommens wichtig. Daraus können Rückschlüsse gezogen werden, ob und wie schnell die Investoren auf die Ergebnisse der Fonds reagieren. Die Untersuchung einer derartigen Frage erlaubt zudem Schlußfolgerungen darüber, ob Investoren das Angebot qualitativ schlechter Produkte mit Sanktionen belegen, im Fall von Investmentfonds durch die Rückgabe ihrer Anteile.

Die Autoren verschiedener Untersuchungen zu diesen Fragen kommen zu dem Schluß, daß das Mittelaufkommen der Fonds eher schwach und asymmetrisch durch die risikobereinigte Performance beeinflußt wird. Während Fonds mit einer sehr guten Performance zwar ein erhöhtes Mittelaufkommen verzeichnen, werden Fonds mit einer negativen Performance nicht in entsprechendem Ausmaß mit einem rückläufigen Mittelaufkommen sanktioniert.[67] Andere Untersuchungen deuten darauf hin, daß Investoren die Fonds tendenziell eher nach den einfachen, d. h. nach den nicht risikobereinigten Renditen beurteilen.[68] Daneben wird in einigen Untersuchungen festgestellt, daß Reaktionen der Investoren stärker bei Non-Load-Fonds zu beobachten sind als bei Load-Fonds, bei deren Kauf eine dem Ausgabeaufschlag deutscher Fonds vergleichbare Provision zu entrichten ist.[69] Daher ist davon auszugehen, daß die Erhebung des Aufgabeaufschlages die Investoren auch bei einer schlechten Performance davon abhalten, ihre Anteile zurückzugeben.

Wichtig ist die Beobachtung von *Santini*, daß die Investoren eher an der langfristigen Performance der Fonds interessiert sind, was einer Anlage in Investmentfonds grundsätzlich gerecht wird. Dabei ist ebenfalls eine Orientierung an nicht risikobereinigten

---

[67] Vgl. **Carlson** (1970), S. 20; **Sirri/Tufano** (1993), S. 18 f., und **Ippolito** (1992), S. 61 f.

[68] Vgl. **Patel/Zeckhauser/Hendricks** (1990). Zu einem anderen Ergebnis kommt *Smith*, der erst nach Risikobereinigung einen Zusammenhang des Mittelaufkommens und der Performance identifiziert, vgl. **Smith** (1978), S. 52 f. Seine Untersuchung unterliegt jedoch methodischen Problemen, vgl. dazu **Santini** (1990), S. 7.

[69] Vgl. **Spitz** (1970), S. 143 f.; **Ippolito** (1992), S. 62 f.

Renditen zu beobachten.[70] Allerdings stellt *Santini* fest, daß gerade die von den Managern beeinflußbaren Variablen, wie z. B. die Performance, zwar signifikante Einflüsse aufweisen, daß sie jedoch einen nur verschwindend geringen Teil des Mittelaufkommens der Fonds erklären.[71]

Diese Untersuchungsergebnisse lassen bezüglich des Mittelaufkommens deutscher Fonds vermuten, daß keine ausgeprägte Reaktion der Investoren auf die Ergebnisse der Fonds zu erwarten ist. Erstens verlangen sämtliche deutsche Aktienfonds grundsätzlich Ausgabeaufschläge. Bereits aus diesem Grund werden die Investoren kaum zügig reagieren, wie es schon im Fall der amerikanischen Load-Fonds beobachtet wurde. Zweitens wird ein nicht unerheblicher Anteil des Mittelaufkommens deutscher Aktienfonds durch die im Rahmen des 5. Vermögensbildungsgesetzes staatlich geförderten vermögenswirksamen Leistungen generiert, die den Fonds unabhängig von ihren Ergebnissen zufließen.[72] Drittens schließlich ist es den deutschen Banken in der Vergangenheit gelungen, das Investmentprodukt als klassisches Bankprodukt darzustellen. Den Banken, die dabei vornehmlich die eigenen Fondsprodukte anbieten,[73] wird hier eine besondere Produktkompetenz zugebilligt.[74] Darüber hinaus deutet der Vertrieb deutscher Fonds auf eine oligopolistisch geprägte Anbieterstruktur hin.[75] Diese Faktoren schränken den Wettbewerb zwischen den Fonds, der letztlich durch das Mittelaufkommen bestimmt wird, stark ein. Dies könnte auch ein Grund dafür sein, daß das Ausscheiden von Investmentfonds vom Markt in Deutschland eher die Ausnahme darstellt, während z. B. in den USA Schätzungen zufolge ca. 5 % der Fonds jährlich vom Markt scheiden.[76]

b. Untersuchungen der Performance deutscher Fonds

In Deutschland sind bisher keine umfangreicheren Untersuchungen von Investmentfonds auf der Basis der in den Kapiteln C.II und C.III erläuterten Maße durchgeführt worden. Die nachfolgende Tabelle C.13 gibt einen Überblick der Studien.

---

[70] Vgl. **Santini** (1990), S. 28 und S. 95.

[71] Vgl. **Santini** (1990), S. 167. Auch die im Fall eines effizienten Marktes im Sinne *Famas* rationalen Kriterien wie Managementkosten, Umschlagshäufigkeit des Portfoliovermögens u. ä., die grundsätzlich eine negative Wirkung auf die Performance besitzen, beeinflussen das Mittelaufkommen nicht signifikant, vgl. **Woerheide** (1982), S. 131 ff.

[72] Vgl. **Behrenwaldt** (1991), S. 489 ff.

[73] Vgl. **Hartmann** (1990), S. 129.

[74] Vgl. **Mühlbradt** (1993), S. 333.

[75] Vgl. **Noll** (1989), S. 385.

[76] Vgl. **Grinblatt/Titman** (1989 a), S. 401; **Brown/Goetzmann/Ibbotson/Ross** (1992), S. 576.

Tab. C.13: Untersuchungen deutscher Investmentfonds[77]

Autor(en) (Jahr) Markt	Anzahl Fonds; Zeiträume; Renditefristigkeit	Performance-Maß; Modell; Benchmarkportfolio	Ergebnisse; Besonderheiten
Poschadel (1981)	13 Aktien- und gemischte Fonds; 1970-1977; Subperioden 1970-1973 1973-1977; vierteljährlich	Treynor; Sharpe; Jensen; LP-Ansatz; Index des Statistischen Bundesamtes, bereinigt; (für Betaschätzung); Commerzbank-Index; SZ-Index; verschiedene Länderindizes; zufällig gezogene Renten	neben kapitalmarkttheoretischen Verfahren auch pragmatischer LP-Ansatz mit Anlagerestriktionen berücksichtigenden Zufallsdepots; Versuch der Quantifizierung von Timingaktivitäten auf der Basis von Umschichtungsaktivitäten der Fonds: antizyklisches Verhalten kann nicht nachgewiesen werden; im Durchschnitt langfristig keine Performance; in Subperioden unterschiedliche Ergebnisse; hohe Korrelation zw. den klassischen Maßen; ähnliche Ergebnisse mit dem LP-Ansatz; keine Konstanz der Performance zwischen den Subperioden; kein Zusammenhang zw. der Größe der Fonds und ihrer Performance; positive Korrelation zw. Fondsgröße und Diversifikationsgrad
Lerbinger (1984)	7 Aktienfonds; 1970-1979;	Zufallsdepotvergleich; Renten; Termingeld; zufällig gezogene Aktien	Berücksichtigung von Anlagerestriktionen; negative Performance; höheres Risiko der Fonds
Mühlbradt (1986)	11 Aktienfonds, 36 Fonds aller Kategorien; 1976-1983 in überlappenden 5-Jahres-Perioden; jährlich	Pragmatischer Ansatz	Ermittlung einer der Sharpe-Ratio ähnlichen Kennziffer (keine Überschußrendite, sondern Abzug der Durchschnittsrendite des Anlageschwerpunktes); keine Konstanz auf Einzelfondsebene; Konstanz auf aggregierter Ebene (Zusammenfassung aller Fonds einer KAG)
Harbrecht/ Saxinger (1990)	11 Aktienfonds; 1975-1989; jährlich	Wertentwicklung; Standardabweichung; Index des Statistischen Bundesamtes, bereinigt	Bereinigung der Liquiditätshaltung und der Verwaltungskosten; im langfristigen Durchschnitt negative Rendite der Fonds im Vergleich zum Index, auch nach Bereinigung; geringeres Gesamtrisiko als Index;
Kaserer/ Pfau (1993)	11 Aktienfonds; 1981-1993; monatlich	Jensen; DAFOX	nach Kosten im Durchschnitt negative Performance; nicht signifikant
Möhlmann (1993)	13 Aktienfonds; 1/1980-3/1991 und Subperioden; monatlich, z. T. vierteljährlich	Treynor; Sharpe; Jensen; Fama; H/M; T/M; SD; FAZ; DAX	nach Kosten mit Ausnahme zweier Fonds keine Timingfähigkeiten (signifikant); nach Kosten auf der Basis der klassischen Maße (+/-); vor Kosten (+); bei Verwendung des FAZ tendenziell schlechtere Ergebnisse der Fonds; hohe Korrelation zw. den Maßen; Übereinstimmung der Ergebnisse mit SD-Kriterien

---

[77] Es werden lediglich empirische Studien berücksichtigt, in denen die Performance deutscher Fonds untersucht wird. In anderen Untersuchungen werden weitere Aspekte behandelt; so analysiert *Obermann* die Leistungsfähigkeit deutscher Fonds und greift dabei auf Analysen der Struktur der veröffentlichten Rechenschafts- und Zwischenberichte zurück. Aus deren nur eingeschränkter Aussagekraft leitet er Vorschläge zu einem transparenteren Ausweis des Vermögens ab, vgl. **Obermann** (1975). Von einer Bank verwaltete Portfolios sind Gegenstand der Untersuchung von *Roßbach*. Seine Analyse erstreckt sich allerdings über einen Zeitraum von nur einem Jahr bei Verwendung z. T. monatlicher Renditen, vgl. **Roßbach** (1991).

Den Untersuchungen ist gemeinsam, daß wegen des vergleichsweise unterentwickelten Investmentfondsmarktes in Deutschland eine lediglich geringe Anzahl von Fonds analysiert wird.

In den älteren Untersuchungen von *Poschadel* und *Lerbinger* steht das Bemühen im Vordergrund, die Anlagerestriktionen der Fonds bei der Konstruktion der Benchmarks zu erfassen. *Poschadel* bildet fondsspezifische Vergleichsportfolios, die die Aktien-, Renten- und Liquiditätskomponenten entsprechend der in den Vertragsbedingungen deklarierten Maximalanteile enthalten.[78] Die Risikoadjustierung erfolgt dabei über den Betafaktor. *Lerbinger* simuliert Zufallsportfolios, deren Renditen auf der Grundlage von Zufallsfunktionen ermittelt werden, die die wesentlichen Aktionsinstrumente der Fondsmanager (Liquiditätsreserve, Wertpapierauswahl und Umschichtungsquoten) widerspiegeln.[79] Die Risikoidentität wird durch die Einbeziehung des Variationskoeffizienten gewährleistet. Beide Untersuchungen kommen zu dem Ergebnis, daß es den Fondsmanagern langfristig im Durchschnitt nicht gelingt, eine überdurchschnittliche Performance gegenüber dem Vergleichsportfolio zu erzielen. Die Ergebnisse von *Lerbinger* fallen bei einer Berücksichtigung des Risikos besonders negativ aus. Er macht den börsenzyklischen Auf- und Abbau der Renten- und Liquiditätshaltung der Fonds für ihr schlechtes Abschneiden verantwortlich. Es ist zudem anzunehmen, daß seine Ergebnisse vor allem auch mit der Gestaltung des Zufallsdepots zusammenhängt, die implizit eine Gleichgewichtung der im Portfolio beinhaltenden Aktien vorsieht, während die Fondssondervermögen i. d. R. als wertgewichtete Portfolios anzusehen sind.[80]

Poschadel untersucht die Performance zusätzlich auch auf der Basis der klassischen Performance-Maße und kommt damit zu fast identischen Resultaten bezogen auf die Gesamtperiode. Mit keinem Ansatz identifiziert er eine Konstanz der Performance oder eine statistisch signifikante Beziehung zwischen der Größe des Fonds und der geschätzten Performance. Bezüglich einer Identifikation von Timingfähigkeiten kommt *Poschadel* zu einem negativen Ergebnis. Darüber hinaus stellt er eine höhere Umschichtungsaktivität kleinerer Fonds fest, die jedoch nicht zu einer Verbesserung des bewerteten Anlageergebnisses führt. Aus statistischer Sicht erscheint die lediglich vierteljährliche Renditefristigkeit zur Ermittlung der Betafaktoren unzureichend, da die entsprechenden Regressionen in den Subperioden auf lediglich 12 Beobachtungen beruhen.

Poschadel und *Lerbinger* gehen mit ihren Ansätzen pragmatisch vor. Dies gilt auch für die Studie von *Mühlbradt*, der aggregierte Performance von Fonds untersucht, die von

---

[78] Vgl. zu diesem Konzept **Poschadel** (1981), S. 133 ff.

[79] Vgl. **Lerbinger** (1984), S. 66 f.

[80] Untersuchungen, die die Performance von Fonds mit Zufallsportfolios oder gleichgewichteten Indizes vergleichen, kommen fast ausschließlich zu einer negativen Beurteilung der Fonds, vgl. bereits **Friend/Blume/Crockett** (1970), S. 56 ff., sowie zuletzt **Hendricks/Patel/Zeckhauser** (1993), S. 123.

derselben KAG aufgelegt werden. Sein Vergleich der KAG ist allerdings wenig aussagekräftig, weil er sich letztlich auf sehr unterschiedliche Strukturen bezieht. Es kann nicht davon ausgegangen werden, daß die KAG eine gleichhohe Anzahl von Fonds mit einer ähnlichen Struktur anbieten.

Harbrecht/Saxinger beziehen die Verwaltungskostenquote sowie die Liquiditätshaltung mit in ihre Untersuchungen ein, verzichten aber auf einparametrische Performance-Kennzahlen. Darüber hinaus werden lediglich jährliche Renditefristigkeiten verwendet, so daß die berechnete Standardabweichung in den Subperioden auf lediglich 5 Beobachtungen beruht.

Mit Ausnahme der Untersuchung von *Kaserer/Pfau*, die allerdings lediglich das Jensen Alpha über einen vergleichsweise langen Zeitraum ermitteln, mangelt es allen Untersuchungen an einem für die Performance-Messung geeigneten Index. Dies gilt auch für die bislang umfangreichste Untersuchung deutscher Fonds von *Möhlmann*, der vorwiegend die klassischen Maße einsetzt. In seiner Arbeit wird auf der Grundlage der stochastischen Dominanzkriterien unter Verwendung vierteljährlicher Renditen auch die Gruppe effizienter Portfolios ermittelt. Ein paarweiser Vergleich jedes Fonds mit einem Index erfolgt dagegen nicht. *Möhlmann* kommt zu einer tendenziellen Bestätigung der Effizienzthese im Sinne von *Grossman/Stiglitz*, indem er die Renditen vor und nach Bereinigung um die Verwaltungskosten vergleicht. Die Art und Weise der Bereinigung geht aus seinen Ausführungen allerdings nicht eindeutig hervor.[81] Wegen der von *Möhlmann* verwendeten Indizes müssen seine Ergebnisse allerdings mit Vorsicht interpretiert werden. Zu kritisieren sind in dieser Untersuchung vor allem die fehlenden Signifikanztests bei einem Großteil der eingesetzten Verfahren.

Mit Ausnahme der Studie von *Poschadel* werden in keiner der bisherigen Studien mehrdimensionale Benchmarks eingesetzt oder Untersuchungen über die Konstanz und Einflußfaktoren der Performance durchgeführt. Eine Verwendung alternativer Risikobegriffe erfolgt - abgesehen vom Einsatz der stochastischen Dominanzkriterien bei *Möhlmann* - ebenfalls nicht.

4. Implikationen für die eigene Vorgehensweise

Die vorliegende Arbeit will sich bemühen, die Schwächen der bisher nur wenigen Publikationen über die Performance deutscher Aktienfonds zu vermeiden. Dazu wird auf einen breiteren Datensatz und auf einen längeren Zeitraum sowie auf monatliche Rendite-

---

[81] Vgl. **Möhlmann** (1993), S. 137 f. Es ist anzunehmen, daß *Möhlmann* die den Rechenschaftsberichten entnehmbaren jährlichen Aufwendungen den monatlichen Renditen gleichmäßig hinzuaddiert. Dabei ist allerdings zu berücksichtigen, daß die Fondsgesellschaften in der Festlegung der Verwaltungskostensätze und des Zeitpunktes ihrer Verrechnung flexibel sind. Dies ermöglicht ihnen eine Nivellierung des Performance-Ausweises.

fristigkeiten zurückgegriffen. Von besonderer Wichtigkeit ist der Einsatz aussagekräftiger Signifikanztests, die auch möglicherweise auftretende statistische Probleme berücksichtigen. Diesem Aspekt wurde in bisher allen deutschen Untersuchungen keinerlei Aufmerksamkeit geschenkt. Dasselbe gilt für die Einbeziehung des Einflusses möglicher Timingfähigkeiten, die bei *Möhlmann* nur am Rande getestet werden.

Die Mehrzahl der Ansätze zur Performance-Messung sind theoretisch gut fundiert, so daß ihr Einsatz grundsätzlich unter den gegebenen Annahmen des jeweiligen Modells gerechtfertigt und zur Performance-Analyse geeignet ist. Die starken Kursschwankungen auf den Aktienmärkten und die daraus resultierenden Probleme hinsichtlich der Identifikation privater Informationen lassen es jedoch vor ihrem Einsatz zur Beurteilung von Investmentfonds ratsam erscheinen, die Qualität der Maße bei ihrem empirischen Einsatz zu testen. Nur im Rahmen von empirischen Studien, die unter Simulation von Selectivity- und Timinginformationen eine exakte Kontrolle über das Differenzierungsvermögen der Performance-Maße gestatten, ist eine Bewertung der Managerleistungen -auch unter Beachtung möglicher systematischer Schwächen der Ansätze- möglich.

In den bisherigen Studien wurde eine Interpretation der Leistungen von Fondsmanagern allein vor dem Hintergrund des theoretischen Anspruchs der Maße vorgenommen, ohne zu prüfen, ob dieser auch empirisch erfüllt wird. Daher ist eine Bewertung der Performance unter Beachtung der in den oben aufgeführten Ergebnissen zur Robustheit der jeweils eingesetzten Maße vorzunehmen.[82] Um die Simulationsergebnisse aber direkt als zusätzlichen Maßstab zur Relativierung von Ergebnissen der vorliegenden Arbeit einsetzen zu können, erscheint ein alleiniger Rückgriff auf andere Simulationsstudien nicht ausreichend. Vielmehr ist eine Abstimmung mit der zugrundeliegenden Untersuchung notwendig. Folglich ist vor allem die Modellierung einer möglichst realistischen Fondsumgebung notwendig.[83] Dies verlangt nach Portfolios mit realen Wertpapieren, bestehend aus deutschen auch den Fonds zur Investition offenstehenden Aktien, und Untersuchungszeiträumen, welche mit denen übereinstimmen, die zur Messung der Performance der Fonds festgelegt werden.

Mit dieser Vorgehensweise ist der Vorteil verbunden, neben einer generellen Beurteilung der Robustheit der Maße auch deren Schwächen unmittelbar im Rahmen der Fondsbeurteilung mit einbeziehen zu können. Mögliche Verzerrungen der Maße, etwa aufgrund unterschiedlicher Börsenphasen oder schwankender Zinssätze, die im Rahmen von Simulationen auf der Basis synthetisch erzeugter Renditen nicht auftreten, werden damit auch für die Simulationsergebnisse relevant. Daher spielen sie bei der relativen Beurteilung der Fonds unter Berücksichtigung der Simulationsergebnisse keine Rolle.

---

[82] Vgl. **Kapitel** C. IV. 2., S. 169.

[83] Ferner ist die Robustheit solcher Performance-Maße zu testen, die in den internationalen Studien vernachlässigt wurden. Dies betrifft vor allem diejenigen Maße, welche die Renditen mit Hilfe alternativer Risikomaße relativieren.

Ein solches Vorgehen wurde in bislang keiner Untersuchung eingeschlagen, sollte aber erheblich zur Aussagekraft der Schlußfolgerungen aus den Ergebnissen beitragen. Dabei ist zusätzlich eine Abstufung der Qualität der simulierten Informationen und der Aggressivität ihrer Umsetzung sinnvoll, um die Robustheit der Maße auch bezüglich des Rankings von Portfolios beurteilen zu können.

Der in vielen Studien nachgewiesenen Sensitivität der Performance-Messung von der Benchmarkwahl ist durch die Wahl mehrerer Indizes Rechnung zu tragen, um die Größe der Benchmarkfehler abschätzen zu können. In diesem Zusammenhang ist auch die bislang vernachlässigte Portfoliostruktur der Fonds, die z. T. auch durch Rentenpositionen charakterisiert ist, zu beachten. Daher ist auch der Einsatz von Multiindexmodellen wünschenswert.

Stets aktuell ist die Diskussion über den relevanten Risikobegriff. In jüngster Zeit wird besonders der Betafaktor massiv in Frage gestellt.[84] Gleichzeitig werden zunehmend Risikomaße in den Vordergrund gerückt, die lediglich das Verlustrisiko erfassen. Diesem Umstand ist in der Untersuchung ebenso Rechnung zu tragen. Erforderlich ist die Ausdehnung der Untersuchungen auf die Verwendung auch anderer als der klassischen Risikomaße. Ferner erscheint es ratsam, auch solche Ansätze zur Performance-Messung einzusetzen, die eine völlige Loslösung von speziellen Renditeerwartungsmodellen ermöglichen.

Die Auswahl unter der Vielzahl möglicher Risikobegriffe erfolgt dabei unter besonderer Berücksichtigung der theoretischen und empirischen Fundierung der Maße in den Kapiteln B. II. 3. und den in Kapitel C. IV. 1. dargestellten Beziehungen zwischen den einzelnen Risikobegriffen. Angesichts der dort herausgearbeiteten Erkenntnisse wird die Verteilungsschiefe lediglich auf der Basis von Verfahren berücksichtigt, die als Risikomaß die negativen Abweichungen vom Erwartungswert oder einer Sollrendite definieren. Von dem Einsatz der Methoden, die auf der Basis des dritten Momentes der Renditewahrscheinlichkeitsverteilungen beruhen, wird dagegen abgesehen.[85] Wegen der empirisch noch umstrittenen Relevanz der APT insbesondere auf dem deutschen Kapitalmarkt wird dieses Renditeerwartungsmodell zum gegenwärtigen Zeitpunkt als Benchmark nicht eingesetzt.

Darüber hinaus wird angesichts der in Kapitel C. II. 1. b. bb. (3) gewonnenen Erkenntnisse auf den Einsatz von Maßen verzichtet, die eine Modellierung der Betafaktoren als Zufallsvariable vornehmen. Unter der Annahme, daß Portfoliomanager im Interesse ihrer Auftraggeber handeln, wird davon ausgegangen, daß die Manager bestrebt sind, ein bestimmtes systematisches Risiko des Portfolios zu gewährleisten. Daher werden

---

[84] So hat vor allem die Studie von **Fama/French** (1992) starke Beachtung gefunden, die zu starken Zweifeln über die Relevanz des CAPM-Betas als Risikomaß geführt hat.

[85] Zur Begründung vgl. **Kapitel B. II. 3. b. bb.**, S. 48 f.

Schwankungen des Portfolio-Betas grundsätzlich auf Timingaktivitäten der Manager zurückgeführt. Die bisherigen empirischen Untersuchungen deuten außerdem darauf hin, daß diese Methoden ähnliche Ergebnisse erzielen wie jene Verfahren, welche die Identifikation von Timingfähigkeiten zum Ziel haben. Der Ansatz von *Pfleiderer/Bhattacharya* ist als Erweiterung und theoretische Fundierung der *Treynor/Mazuy*-Regression anzusehen. Damit ist zwar die Qualität privater Timinginformationen grundsätzlich meßbar. Aus der Sicht des Investors ist jedoch entscheidend, ob die damit erzielte Performance zu einer Steigerung des Nettonutzens führt. Das Selectivity-Maß der beiden Varianten ist ohnehin identisch. Aus diesen Gründen unterbleibt auch eine Untersuchung auf der Grundlage des Ansatzes von *Pfleiderer/Bhattacharya*.

Die vorliegende Untersuchung befaßt sich nicht nur mit einer reinen Performance-Messung, sondern schließt vor allem auch eine Analyse der Fonds im weiteren Sinne ein. Eine solche aus externer Sicht durchgeführte Analyse, die vor allem die Identifizierung des Investmentstils bzw. der Anlagepolitik beinhaltet, wurde in keiner der deutschen Untersuchungen vorgenommen. Sie dürfte jedoch insbesondere für solche Investoren von Relevanz sein, deren Investitionen sich auf Anteile von Investmentfonds erstrecken.

Die Beantwortung offener Fragen, wie nach der Konstanz der Performance sowie nach den Faktoren, welche die Ergebnisse der Fonds beeinflussen, erlaubt darüber hinaus Rückschlüsse auf die Effizienz des Kapitalmarktes und könnte zusätzliche Hinweise für anlagepolitische Entscheidungen sowie mögliche Einsatzgebiete der Performance-Messung liefern.

D. Empirische Untersuchung von Ansätzen zur Performance-Messung und Analyse des Anlageerfolges deutscher Aktieninvestmentfonds

I. Ziel und Aufbau der empirischen Untersuchung

Aufbauend auf den theoretischen Grundlagen verfolgen die empirischen Untersuchungen mehrere Zielsetzungen, die sich wie folgt zusammenfassen lassen:

- Prüfung der Relevanz unterschiedlicher Risikomaße zur Bereinigung der Renditen und Test der Robustheit verschiedener Performance-Maße, die im Rahmen der externen Performance-Messung einsetzbar sind;

- Einsatz der Maße mit dem Ziel einer fundierten Beurteilung der Performance deutscher Aktieninvestmentfonds und gemischter Fonds;

- Prüfung weiterer Nutzungsmöglichkeiten der Performance-Meßergebnisse über die reine Beurteilung der Manager hinaus, das heißt die Beantwortung der Fragen,

    - ob die Performance konstant ist und insofern kurz- oder mittelfristig prognostiziert werden kann, und

    - ob bestimmte Charakteristika der Fonds oder exogene Faktoren das Zustandekommen der Performance signifikant beeinflussen.

Unter Berücksichtigung der theoretischen Erörterungen in den Kapiteln B und C sowie der Vorgehensweisen in den bisherigen empirischen Untersuchungen, die im Kapitel C. IV. vorgestellt wurden, ergibt sich daraus die folgende Systematik für die eigene Vorgehensweise:

Zunächst sind in Kapitel D. II. nach einer Beschreibung des Datenmaterials die für die Analysen benötigten Parameter unter Abwägung von Vor- und Nachteilen zu bestimmen bzw. zu berechnen. Damit einher geht eine Erörterung möglicherweise auftretender Anwendungsprobleme der eingesetzten statistischen Verfahren, die durch bestimmte Varianten abgeschwächt oder beseitigt werden können. Die Darstellung spezifischer, nur einzelne Performance-Maße betreffende statistischer Methoden erfolgt dagegen bei dem jeweiligen Performance-Ansatz selbst.

In Kapitel D. III. wird dann geprüft, welche Verfahren zur Performance-Messung in Anbetracht der einem externen Beobachter nur beschränkt zugänglichen Informationen grundsätzlich für einen Einsatz in der externen Performance-Messung von Investmentfonds geeignet sind. Die Analyse zur Relevanz verschiedener Risikomaße erfordert zunächst eine Untersuchung darüber, ob die Renditen der Investmentfonds einer Normalverteilung folgen. Nur wenn dies nicht der Fall ist, sind auch -zumindest für die hier

untersuchten Zeiträume- andere Risikomaße relevant, die höhere Momente der Verteilungen berücksichtigen. Anschließend werden Zufallsportfolios gebildet, welche die
Grundlage für die Simulation privater Informationen darstellen. Mit Hilfe dieser selbst
konstruierten Portfolios wird untersucht, inwieweit die Maße in der Lage sind, die simulierte private Selektions- oder/und Timinginformation zu identifizieren und ein korrektes Ranking der relativen Performance zu ermöglichen.

Der Einsatz der Maße zur Beurteilung der Investment-Fonds erfolgt in Kapitel D. IV.
Bei der Interpretation der Ergebnisse kann auf die Erkenntnisse aus den Analysen mit
den simulierten Portfolios zurückgegriffen werden, so daß eine Relativierung der Resultate möglich ist. Die Systematik der Vorstellung der Ergebnisse entspricht dabei in etwa
derjenigen im theoretischen Teil dieser Arbeit, wobei allerdings die Analyse der Risikostruktur und Anlagepolitik der Fonds in einem eigenen Abschnitt erfolgt. Im Rahmen
weiterführender Untersuchungen wird die bis dahin identifizierte Performance selbst
Gegenstand der Untersuchung. Auf der Grundlage der Meßergebnisse wird versucht,
sowohl aus der Sicht der Anleger als auch der Fondsgesellschaften bzw. Kapitalanlagegesellschaften relevante Fragestellungen zu beantworten.

Die empirischen Berechnungen und statistischen Auswertungen wurden zum überwie-
genden Teil mit der Großrechnerversion 6.07 des Programmpaketes SAS (Statistical
Analysis System) am Rechenzentrum der Universität Münster durchgeführt.[1] Für einige
wenige Untersuchungen mußte darüber hinaus auch auf das Programmpaket SPSS-/
PC+, Version 4.0, zurückgegriffen werden.[2] Die quadratische Programmierung im
Rahmen der Anwendung des Asset Allocation Modells von *Sharpe* wurde mit Hilfe des
Algorithmus in der SAS/IML Software vorgenommen.[3]

II. Die Datenbasis und ihre Modellierung

1. Einbezogene Daten

Analysiert werden insgesamt 21 deutsche Publikumsfonds, die ihre Investments auf den
deutschen Aktienmarkt konzentrieren. Sie sind in der Tabelle D.1 dargestellt. Unter den
Fonds befinden sich auch gemischte Fonds, deren Kapitalanlagen satzungsgemäß sowohl Aktien als auch festverzinsliche Wertpapiere enthalten. Gleichwohl legen einige
dieser Fonds seit geraumer Zeit schwerpunktmäßig in Aktien an.

---

[1]   Zum Programmpaket SAS vgl. **Steinhausen/Zörkendörfer** (1992); **Gogolok/Schuemer/Ströh-
lein** (1992) und die dort angegebene Literatur.

[2]   So zum Beispiel für den Kolmogorov/Smirnov-Anpassungstest, der in SAS nur für sehr große
Stichprobenumfänge einsetzbar ist.

[3]   Zum Lösungsalgorithmus vgl. das Beispiel in **SAS INSTITUTE INC.** (1989), S. 143 ff.

Tab. D.1: Untersuchte Investmentfonds

Name des Fonds/ KAG	Nr.*/ WPKNR	Rechnungs-jahr	Erste Ausgabe	FV Ende 1991	Ausga-beauf-schlag	vertragliche Verwaltungsvergütung (Höchstsätze)
Fondak /ADIG	R2/ 847101	01.07.-30.06.	10/1950	688,0	5%	0,009 des IW jährlich
Fondra[1]/ADIG	R3/ 847100	01.07.-30.06.	8/1950	352,3	5%	auf Ø-Monatsendwerte
Adifonds/ADIG	R4/ 847103	01.07.-30.06.	10/1958	488,0	5%	+ 0,001
Adiverba[2]/ADIG	R7/ 847106	01.07.-30.06.	06.1963	716,8	5%	auf FV am Ende des GJ
Plusfonds/ADIG	R9/ 847108	01.07.-30.06.	04/1971	227,1	5%	für Depotbank
Dekafonds/DEKA	R82/ 847450	01.01.-31.12.	11/1956	1488,9	5,26%	0,005 des Ø-FV jährlich; 0,0002 des Ø-FV pro Jahr f. Depotbank
Concentra/DIT	R120/ 847500	01.01.-31.12.	03/1956	1113,3	5%	0,00125 des FV
DIT-Fonds f. V./DIT	R122/ 847506	01.01.-31.12.	07/1970	593,7	5%	viertelj. auf
Thesaurus (Th)/DIT	R126/ 847501	01.01.-31.12.	11/1958	367,0	5%	Ø-Monatsendwerte im Quartal
DIT-Wachstum[3]/DIT	R138/ 847516	01.01.-31.12	04/1986	245,1	3%	+ 0,0001 viertelj.
DIT-Spezial[4]/DIT	R139/ 847516	01.01.-31.12	04/1986	141,9	3%	für Depotbank
Investa/DWS	R164/ 847400	01.10.-30.09.	12/1956	1411,7	5%	0,00125 des FV
GKD-Fonds[1]/DWS	R169/ 847409	01.01.-31.12.	03/1976	113,2	4%	viertelj.
DWS-Bayern[5]/DWS	R171/ 847411	01.01.-31.12.	08/1982	14,5	5%	auf SV am Quartalsende
FT-Frankf.Eff. F./ FRANKFURT TRUST	R201/ 847805	01.10.-30.09.	05/1974	411,4	5%	1/12 von 0,5% monatlich auf IW des Monatsendes + 0,00025 viertelj. f. Depotbank
SMH-Spezial I[3]/ SMH-INVESTMENT	R310/ 848820	01.10.-30.09.	10/1973	515,0	6,383%	0,0005 viertelj. auf Ø-Monatsendwerte im Quartal; dito f. Depotbank
Unifonds/ UNION-INVEST-MENT	R322/ 849100	01.10.-30.09.	04/1956	1738,0	5%	0,0055 des IW jährlich auf Ø-Monat-sendwerte; jährl. 0,05% f. Depotbank
Unirak[1]/ UNION-INVEST-MENT	R325/ 849104	01.04.-31.03.	01/1979	158,3	5%	0,0006 des IW jährlich auf Ø-Monat-sendwerte; jährl. 0,05% f. Depotbank
Oppenheim-Priv.[6]/ OPPENHEIM KAG	R360/ 848550	01.01.-31.12.	06/1971	30,9	5%	1/12 von 1% monatlich des FV + 1/4 von 0,0001 auf Ø-Monats-endwerte des Quartals viertelj. f. Depotbank
Main-I-Univ./ UNIVERSAL	R541/ 849134	01.10.-30.09.	06/1969	24,7	3,093%	0,00125 viertelj. auf Ø-Monatsendwerte im Quartal; dito f. Depotbank
MK Alfakap. (Th) MÜNCHNER KAG (MK)	R680/ 847770	01.01.-31.12.	11/1971	257,8	7,53%	1/12% monatlich des FV am Monats-ende; 1/12 Promille des FV am Monats-ende f. Depotbank

* entspricht der Klassifikation des BVI; WPKNR = Wertpapierkennnummer; IW = Inventarwert; FV = Fondsver-mögen in Mio. DM; SV = Sondervermögen; (Th) = Thesaurierender Fonds;

1) Gemischter Fonds; 2) Fonds investiert hauptsächlich in Bank- und Versicherungswerte; 3) Fonds investiert hauptsächlich in Wachstumswerte; 4) Fonds investiert vorwiegend in innovative, mittlere Unternehmen; 5) Fonds investiert hauptsächlich in bayerische Werte; 6) 1989 Änderung der Fondspolitik von gemischtem zu reinem Akti-enfonds

Es zeigt sich, daß die Fonds in ihrer Größe, gemessen durch das Marktvolumen, zum Teil erheblich differieren. Auch in der Gebührenpolitik unterscheiden sich die KAG in größerem Maße, was insbesondere die das Sondervermögen reduzierenden Verwaltungsvergütungen betrifft. Dabei ist zu beachten, daß in der Tabelle lediglich die Maximalsätze angegeben sind. Dies macht es unmöglich, die tatsächlich erhobenen Gebühren zu berechnen, da es im Ermessen der Fondsverwaltungen liegt, das Sondervermögen unter Umständen mit geringeren Provisionen zu belasten, um beispielsweise eine bessere Performance ausweisen zu können.[4] Einige der Fonds berechnen in Abhängigkeit des Anlagebetrages gestaffelte Gebührensätze für den Ausgabekostenaufschlag (SMH-Spezial-I, FT-Frankfurter-Effekten, Main-I-Universal, MK-Alfakapital). Mit Ausnahme des Thesaurus und des MK Alfakapital-Fonds, die als thesaurierende Fonds konzipiert sind und angefallene Erträge in neue Wertpapiere investieren, handelt es sich bei allen anderen um Fonds, die angefallene Zins- und Dividendenerträge, Gewinne aus dem Erlös aus Bezugsrechtsverkäufen sowie zum Teil realisierte Kursgewinne jährlich an die Anteilbesitzer ausschütten.

Die Anzahl der in die Stichproben einbezogenen Fonds variiert mit den festgelegten Untersuchungszeiträumen. Während sich die auf den Gesamtzeitraum (T_G: 5/1974-12/1991) sowie auf den ersten Zeitraum (t_1: 5/1974-12/1979) beziehenden Analysen auf nur 16 Fonds erstrecken, erweitert sich die Stichprobe im zweiten Untersuchungszeitraum (t_2: 1/1980-12/1985) auf 18 und im letzten Zeitraum (t_3: 4/1986-12/1991) auf alle der in obiger Tabelle aufgenommenen 21 Fonds.[5] Diese Vorgehensweise wurde gewählt, um die in Deutschland nur geringe Anzahl von Aktienfonds, die für statistische Untersuchungen über ausreichend lange Zeitreihen verfügen, zu erweitern und möglichst vollständig zu erfassen.[6]

Quelle der Basisdaten für alle Berechnungen mit den Publikumsfondsdaten ist der BVI Bundesverband Deutscher Investment-Gesellschaften.[7] Für die Untersuchungen, die ei-

---

4   Die tatsächlich erhobenen Gebühren sind lediglich in der Erfolgsrechnung der Fonds für das gesamte Geschäftsjahr ersichtlich. Wann und in welchem Umfang diese den Sondervermögen belastet werden, ist dagegen nicht ermittelbar.

5   Um alle Messungen innerhalb einer Periode mit der pro Fonds gleichen Anzahl von Beobachtungen durchführen zu können, beginnt die erste Periode bedingt durch das Auflagedatum der jeweils einbezogenen Fonds erst im Mai und der letzte Untersuchungszeitraum im April.

6   Mit der zunehmenden Akzeptanz von Investmentfonds als Anlagealternative sind erst in den letzten Jahren eine Vielzahl verschiedener Fonds von den Kapitalanlagegesellschaften aufgelegt worden, die jedoch über nur vergleichsweise kurze Zeitreihen verfügen. Darüber hinaus spezialisieren sich diese Fonds in ihrer Anlagepolitik immer mehr auf bestimmte Marktsegmente oder Branchen, so daß Performance-Vergleiche aufgrund der Benchmarkproblematik zunehmend schwieriger werden.

7   Für die Zurverfügungstellung der Anteilpreise und der Ausschüttungsbeträge sei dem BVI Bundesverband Deutscher Investment-Gesellschaften e.V., insbesondere Herrn Dr. Lüders, gedankt. Alle Untersuchungen berücksichtigen die Kontrollmitteilungen des BVI bis zum 09.12.1993. Die darin mitgeteilten Informationen über fehlerhafte Anteilpreise wurden berücksichtigt.

nen Rückgriff auf weitere Daten der Fonds erforderlich machen, wurden die Rechenschafts- und Zwischenberichte der Fonds ausgewertet.[8] Weiter standen für den letzten Untersuchungszeitraum von den meisten der Fonds auch die monatlichen Daten über die Zusammensetzung der Sondervermögen und das monatliche Mittelaufkommen der Fonds zur Verfügung.[9] Für sieben der Fonds beschränkten sich die Informationen über die Portfolioanteile auf nur vierteljährliche Daten.[10]

Für die im Rahmen der Simulationen für die Portfoliozusammenstellung benötigten Aktienkurse wurde auf die mit Mitteln der Deutschen Forschungsgemeinschaft erstellte Deutschen Finanzdatenbank (DFDB), Karlsruhe, zurückgegriffen. Auf der Grundlage dieser Datenbasis wurde auch der gleichgewichtete Aktienindex berechnet. Daneben sind in der Datenbank auch die bekannten Aktienindizes wie der FAZ, DAX, FWB, Commerzbank-Index und der Index der Westdeutschen Landesbank enthalten. Die anderen als Benchmarkportfolios eingesetzten Indizes entstammen unterschiedlichen Quellen. Der DAFOX und seine Subindizes wurden von Herrn Prof. Dr. Hermann Göppl, Institut für Entscheidungstheorie und Unternehmensforschung der Universität Karlsruhe, zur Verfügung gestellt.[11] Die REX-Performance-Indizes werden von der Frankfurter Wertpapierbörse berechnet und veröffentlicht. Der TUBOS wurde von Trinkaus & Burkhardt bereitgestellt.[12] Die MSCI-Performance-Indizes konnten über DATASTREAM ab Januar 1982 verfügbar gemacht werden.

Die Zinssätze wurden aus den Monatsberichten der Deutschen Bundesbank und der Main Economic Indicators (MEI) Datenbank der Organization for Economic Cooperation and Development (OECD) entnommen.

2. Zur Relevanz von Survivorship-Bias

Die Wahrscheinlichkeit, daß ein Fondsmanager, der ein hohes Risiko eingegangen ist, eine negative Performance erwirtschaftet, ist ver-gleichsweise hoch. Unter der Annahme, daß nicht erfolgreiche Fonds vom Markt ausscheiden, bedeutet dies gleichzeitig ei-

---

[8] An dieser Stelle sei den einzelnen Gesellschaften für die schnelle und unbürokratische Zusendung der entsprechenden Unterlagen gedankt. Einzig die Zwischenberichte des Oppenheimer Privatfonds waren nicht verfügbar.

[9] Diese Daten wurden vom BVI zur Verfügung gestellt. Die Zusammensetzung der Sondervermögen enthält nicht die Einzelpositionen, sondern lediglich die Aufteilung des Vermögens in nationale und internationale Aktien und Renten sowie das Barvermögen.

[10] Dies waren die Fonds mit den Nummern R4, R7, R138, R139, R169, R171 und R360. Das Mittelaufkommen war dagegen mit Ausnahme des Fonds R360 für alle hier untersuchten Fonds monatlich verfügbar.

[11] Für die Überlassung der DAFOX-Indizes sei Herrn Prof. Dr. Hermann Göppl gedankt.

[12] Besonderer Dank gilt Herrn Dr. Zwirner von Trinkaus & Burkhardt, der diesen Index für diese und andere Untersuchungen zur Verfügung stellte.

ne große Wahrscheinlichkeit dafür, daß die Fonds, die weiterhin bestehen bleiben, trotz Eingehen von Risiken mit Erfolg (oder Glück) gearbeitet haben. Das heißt, daß sich in der Stichprobe eher Fonds mit tendenziell guter Performance befinden. Eine Nichtberücksichtigung aufgrund schlechter Performance ausgeschiedener Fonds könnte die Performance-Maße somit nach oben verzerren. Diese auch als Survivorship-Bias bezeichneten Verzerrungen der Ergebnisse sind in jüngster Zeit Gegenstand der Diskussion und werden im Rahmen von empirischen Untersuchungen zur Performance-Messung zunehmend beachtet.[13]

Der Effekt wird als klein angesehen, sofern nur wenige Fonds aufgrund zu schlechter Performance aus dem Markt scheiden.[14] Für die hier vorliegende Stichprobe werden derartige Effekte, sofern überhaupt vorhanden, vernachlässigbar gering sein, da lediglich einer der vornehmlich in deutsche Aktien investierenden Fonds in der Untersuchungsperiode ausgeschieden ist.[15] Die Relevanz dieser Verzerrungen wird zudem kontrovers beurteilt und hängt auch davon ab, ob die Kapitalanleger Fonds nach ihrer risikobereinigten Performance beurteilen und die Gesellschaften bei einer schlechten Performance entsprechend sanktionieren, indem sie ihre Anteile zurückgeben.[16] Die bisherigen Untersuchungen deuten darauf hin, daß beides tendenziell nicht der Fall ist.[17] Für den deutschen Markt wurden dazu allerdings bisher keine Untersuchungen angestellt.

---

[13] Vgl. **Brown/Goetzmann/Ibbotson/Ross** (1992); **Grinblatt/Titman** (1992 b); **Hendricks/Patel/Zeckhauser** (1993). Die Problematik von Survivorship-Bias ist z. B. auch bei der Konstruktion von Aktienindizes gegeben, wenn die Zusammenstellung und Berechnung eines Index rückwirkend auf der Basis eines gegebenen Wissenstandes erfolgt, vgl. dazu **Garcia/Gould** (1993), S. 52 ff. Die Möglichkeit von Verzerrungen durch Survivorship-Bias ist auch früher schon erkannt worden, vgl. z. B. **Brown/Warner** (1980), S. 212; **Lehmann/Modest** (1987), S. 243.

[14] Vgl. **Hendricks/Patel/Zeckhauser** (1993), S. 116. *Grinblatt/Titman* beziffern die durch die Nichtberücksichtigung von ausgeschiedenen Fonds bedingte positive Verzerrung in ihren Performance-Schätzungen auf nicht signifikante 0,1 - 0,4 % pro Jahr in Abhängigkeit von der gewählten Benchmark, vgl. **Grinblatt/Titman** (1992 b), S. 401. **Brown/Goetzmann/Ibbotson/Ross** (1992) stellen dagegen durch Survivorship-Bias verursachte Verzerrungen in Untersuchungen über die Konstanz der Performance von Fonds fest, die ein bedeutenderes Ausmaß erreichen.

[15] Es handelt sich dabei um den Südinvest II - Fonds, der jedoch nicht aufgrund schlechter Performance, sondern wegen organisatorischer Restrukturierung der Kapitalanlagegesellschaft vom Markt genommen wurde. Demgegenüber scheiden in den USA jährlich durchschnittlich 5% der Fonds vom Markt, vgl. **Brown/Goetzmann/Ibbotson/Ross** (1992), S. 576.

[16] Vgl. **Shukla/Trzcinka** (1992), S. 12.

[17] Die Ergebnisse von **Hendricks/Patel/Zeckhauser** (1992) deuten eher darauf hin, daß die Anleger die Fonds nur nach Renditen beurteilen, ohne eine Risikobereinigung derselben vorzunehmen. In Deutschland setzt sich die Einsicht, das Risiko überhaupt bei der Performance-Messung zu berücksichtigen, ohnehin erst allmählich durch. Darüber hinaus stellen **Sirri/Tufano** (1993) in ihrer Untersuchung fest, daß das Mittelaufkommen von Fonds mit guter Performance zwar steigt, Fonds mit schlechter Performance dagegen kaum Mittelabflüsse erleiden.

3. Bestimmung der Parameter für die empirischen Analysen

   a. Renditeberechnung und Renditefristigkeit

Basis der Renditeberechnungen sind die Anteilwerte der Fonds, die mit den Rücknahmepreisen übereinstimmen.[18] Allen Berechnungen liegen die monatlichen logarithmierten Nettorenditen der einzelnen Ânteilwerte gemäß der Formel

(D.1) $\qquad R_{Pt} = \ln\left[\,(Z_{Pt} + A_{Pt})/Z_{Pt-1}\,\right]$

zugrunde, wobei R_{Pt} die stetige Rendite eines Fondsanteils, Z_{Pt} der Preis eines Fondsanteils am Ende des Monats t, Z_{Pt-1} der Preis des Fondsanteils am Ende des Vormonats und A_{Pt} die für das Fondszertifikat im Monat t gezahlte Ausschüttung bezeichnen. Die Reinvestition der Barausschüttungen erfolgt zum Nettoinventarwert am Tag der Ausschüttung.[19] Da die vom BVI zur Verfügung gestellten Daten lediglich die Gesamtausschüttungen der Fonds erfassen, mußten die Ausschüttungen ab dem Jahr 1977, in dem das seinerzeit neue Körperschaftsteuerrecht mit der Einführung des Anrechnungsverfahrens in Kraft trat, gesondert erfaßt werden.[20] Ansonsten wären die Fonds gegenüber den als Benchmarks in den Modellen eingesetzten Indizes von vornherein bevorteilt, da die im Rahmen der Konstruktion von Performance-Indizes vorgenommene Reinvestition von Dividendenzahlungen regelmäßig ebenfalls nur mit der Bardividende erfolgt.[21] Damit unterscheidet sich die Berechnung der Rendite von der des BVI, der bei der Reinvestition die Gesamtausschüttung (Barausschüttung einschließlich Körperschaftsteuerguthaben) zugrundelegt.[22]

Für die Verwendung monatlicher Renditen spricht, daß sie eher einer Normalverteilung folgen als kürzerfristige Renditen.[23] Dasselbe gilt für die Verwendung logarithmierter

---

[18] Der Ausgabepreis dagegen enthält den nach § 15 III f KAGG in den Vertragsbedingungen festzulegenden Ausgabeaufschlag, der nur zur Deckung der Ausgabe- und Distributionskosten dient und mit der Managerleistung nicht in Verbindung steht.

[19] Die taggenaue Reinvestition ist möglich, da am Ausschüttungstag sowohl die Höhe der Ausschüttung als auch der ex-Kurs verfügbar sind. Die Wertbereinigung wurde retrograd über die Methode der "Operation Blanche" vorgenommen. Vgl. zu dieser Methode **Doerks** (1992), S. 239 ff.; zur Vorteilhaftigkeit der retrograden Bereinigung vgl. **Mühlbradt** (1978), S. 60 ff.; **Bleymüller** (1966), S. 90.

[20] Die erforderlichen Daten wurden den Geschäftsberichten der Fonds entnommen. Die in der Datenbasis angegebenen Körperschaftsteuern der thesaurierenden Fonds, die zum Körperschaftsteuerabschlag führen, wurden nicht reinvestiert, so daß die Vergleichbarkeit mit den ausschüttenden Fonds in vollem Umfang gewährleistet ist.

[21] Dies gilt neben den bekannten Indizes auch für den selbst berechneten, gleichgewichteten Index, da dieser auf der Grundlage der um Kapitalveränderungen und Bardividendenzahlungen bereinigten Aktienkurse berechnet wurde.

[22] Damit wird der Einfluß steuerlicher Unterschiede bei internationalen Vergleichen ausgeschlossen; vgl. **BVI** (1991), S. 69 f. Auf europäischer Ebene erfolgt dagegen stets die Reinvestition der Barausschüttung.

[23] Vgl. **Möller** (1985), S. 507 f.; **Möller** (1986 a), S. 31 ff.

Kursverhältnisse im Vergleich zu diskreten Renditen.[24] Vorteilhaft ist eine Logarithmierung der Renditen auch vor dem Hintergrund der mit der Anwendung von Regressionen zu erfüllenden Anforderungen hinsichtlich der Störvariablen. So ist das Auftreten von Heteroskedastizität bei Verwendung logarithmierter Variablen weniger wahrscheinlich.[25] Darüber hinaus weisen logarithmierte Renditen aufgrund ihrer Additivität rechentechnische Vorteile auf.[26]

Die Wahl des Renditeintervalls spielt insbesondere auch für die Schätzung der Risikomaße eine wichtige Rolle, die zur Risikobereinigung der Renditen eingesetzt werden. Die auf das Gesamtrisiko in Form der Standardabweichung zurückgreifende Sharpe-Ratio führt bei der Verwendung einer nur geringen Anzahl von Beobachtungen zu verzerrten Ergebnissen.[27] Dies spricht bei gegebenem Zeitraum für eher kürzerfristige Renditefristigkeiten. Zudem kann gezeigt werden, daß monatliche oder noch kürzere im Gegensatz zu längerfristigen Renditefristigkeiten für ein Ranking von Managern mit Timingfähigkeiten auf der Grundlage der Sharpe-Ratio unverzerrtere Ergebnisse liefert.[28]

Die Höhe der Betafaktoren ist empirischen Untersuchungen zufolge unter anderem von der gewählten Renditefristigkeit abhängig. Mit zunehmender Renditefristigkeit wurde dabei eine tendenzielle Erhöhung der Betafaktoren beobachtet.[29] Darüber hinaus verringert sich ihre Stabilität.[30] Bei kürzeren Fristigkeiten nehmen dagegen durch Saisonalitäten[31] sowie Thin Trading bedingte Effekte zu.[32]

---

[24] Vgl. **Fama** (1976), S. 30 ff.

[25] Vgl. **Gujarati** (1978), S. 210 f.; **Maddala** (1977), S. 265.

[26] Vgl. **Dubacher/Zimmermann** (1989), S. 67.

[27] Vgl. **Miller/Gehr** (1978), S. 945; **Chen/Lee** (1981), S. 610. Allerdings spielen diese Verzerrungen aufgrund ihrer systematischen und damit für die Portfolios identischen Auswirkungen für ein Ranking keine Rolle, sofern die Anzahl der Beobachtungen für die beurteilten Fonds identisch ist, vgl. **Miller/Gehr** (1978), S. 946; **Chen/Lee** (1981), S. 612 f. Eine Verallgemeinerung dieser Erkenntnisse auch für das Jensen- und Treynor-Maß findet sich bei **Chen/Lee** (1986).

[28] Vgl. **Kane/Marks** (1988).

[29] Dieses auch als Intervallingeffekt bezeichnete Phänomen wurde für den deutschen Markt z. B. von **Frantzmann** (1990), S. 79, und **Zimmermann, P.** (1993) untersucht, die beide einen im Durchschnitt positiven Intervallingeffekt nachweisen. Aktien großer Gesellschaften weisen allerdings einen schwachen negativen Intervalling-Effekt auf, vgl. **Zimmermann, P.** (1993), S. 32. Ein Beispiel des Einflusses der Renditefristigkeit auf die Ergebnisse der Performance-Messung von Investmentfons liefert **Mains** (1977), S. 371, der nachweist, daß die in den Arbeiten von **Jensen** (1968, 1969) verwendeten jährlichen Renditeintervalle zu einer Überschätzung des Betafaktors und damit zu einer zu ungünstigen Beurteilung der Performance der Fonds geführt haben. Auch die Untersuchungen von **Roßbach** (1991), S. 143, lassen eine starke Abhängigkeit der Ergebnisse vom gewählten Renditeintervall erkennen. Allerdings mangelt es seinen Untersuchungen insofern an Allgemeingültigkeit, als sie sich lediglich über einen Zeitraum von nur einem Jahr erstrecken, so daß bei Verwendung monatlicher Renditen eine Berechnung der Maße mit nur 12 Beobachtungen erfolgt.

[30] Vgl. **Frantzmann** (1990), S. 67 ff.

[31] Vgl. **Steiner/Bauer** (1992), S. 356.

Schließlich sprechen auch einige Untersuchungen dafür, daß sich die Effizienz der Ergebnisse im Rahmen der Anwendung der stochastischen Dominanz mit zunehmender Anzahl von Beobachtungen erhöht.[33] Insgesamt erscheint deshalb die Verwendung monatlicher Renditefristigkeiten am sinnvollsten.

Grundsätzlich könnten die den Sondervermögen direkt belasteten Transaktionskosten dazu führen, daß ein Portfoliomanager trotz privater Informationen eine negative Performance erwirtschaftet.[34] Dies widerspricht dem mit der Performance-Messung angestrebten Ziel, das Vorliegen privater Information zu identifizieren. Insofern erscheint eine Bereinigung der Renditen um Transaktionskosten wünschenswert.[35] Andererseits ist die Verwendung von Nettorenditen jedoch deshalb unproblematisch, als aus Anlegersicht nicht nur die Existenz privater Information, sondern insbesondere der aus ihr erzielte tatsächliche Nettonutzen für die Bewertung relevant ist. Darüber hinaus erscheint eine korrekte Bereinigung der Renditen kaum möglich, da die Satzungen lediglich Höchstsätze angeben und die Zeitpunkte der Verrechnung der Kosten mit den Sondervermögen nicht zu ermitteln sind. Die jährlich angefallenen absoluten Kosten sind zwar aus den Aufwands- und Ertragsrechnungen ermittelbar. Ihre Aufteilung auf die monatlichen Renditen wäre jedoch nur als durchschnittlicher Satz approximativ möglich.[36]

b. Festlegung der Analyseperioden

Die Festlegung der Länge der Bewertungsperiode für die Performance-Messung muß unterschiedliche Gesichtspunkte berücksichtigen. Zum einen verlangt der eher langfristige Charakter einer Investition in einen Aktieninvestmentfonds eine längere Bewer-

---

[32] Vgl. **Beiker** (1993), S. 67 und 460.

[33] Vgl. **Burgess/Johnson** (1976), S. 851 f., die aufgrund ihrer Simulationsergebnisse die Schlußfolgerung ziehen, daß zur Erzielung korrekter Ergebnisse mindestens 30 Beobachtungen erforderlich sind. Allerdings beziehen sich ihre Aussagen lediglich auf die Anzahl von Beobachtungen, nicht jedoch auf die Renditefristigkeit und damit den mindestens zu betrachtenden Zeitraum. Monatliche Renditen werden jedoch bei stabilen Verteilungen gegenüber jährlichen Renditen vorgezogen, um eine genauere Approximation der zugrundeliegenden Wahrscheinlichkeitsverteilung der Renditen zu erreichen, vgl. **Porter** (1973), S. 602. Die geforderte Stabilität des Renditegenerierungsprozesses spricht dagegen für eine eher kürzere Untersuchungsperiode, die bei gegebener Renditefristigkeit zu einer Verringerung der Anzahl von Beobachtungen führt; vgl. **Saunders/Ward/Woodward** (1980), S. 325.

[34] Vgl. **Grinblatt** (1987), S. 14.

[35] Dies ist insbesondere dann bedeutsam, wenn die Effizienz des Kapitalmarktes Gegenstand der Untersuchung ist, vgl. z. B. die Arbeit von **Möhlmann** (1993).

[36] In der Untersuchung von *Möhlmann* wird das Vorgehen bei der Bereinigung der Renditen um fondsspezifische Aufwendungen nicht genau beschrieben, vgl. **Möhlmann** (1993), S. 137 f. Eine additive Hinzufügung der Fondsverwaltungskostenquote, ermittelt aus den den Aufwands- und Ertragsrechnungen entnommenen Gesamtkosten -bezogen auf das jeweilige Fondsvermögen am Jahresultimo-, zur jährlichen Nettorendite erfolgt bei **Harbrecht/Saxinger** (1990), S. 527 ff.

tungsperiode.[37] In Verbindung mit der Festlegung des Renditeintervalls sprechen dafür auch statistische Gründe. Durch eine erhöhte Anzahl von Beobachtungen sind sowohl die Ergebnisse von Regressionen aussagekräftiger[38] als auch die Prüfung auf statistische Signifikanz vielversprechender.[39] Darüber hinaus ist die Unterstellung der dem μ/σ-Prinzip zugrundeliegenden Annahme der Normalverteilung aufgrund des zentralen Grenzwertsatzes der Statistik eher gegeben.[40]

Zum anderen sind Rückschlüsse auf die Qualität von Managern dann für Anlageent-scheidungen irrelevant, wenn die Beurteilten in der nächsten Periode bereits ausge-schieden sind. Darüber hinaus sind Änderungen der Anlagepolitik der Fonds sowie Ver-änderungen der gesetzlichen Rahmenbedingungen zu beachten, die eine kürzere Meß-periode rechtfertigen.[41] Für eine kürzere Periode sprechen aus der Sicht der Beurteilen-den auch erhöhte Kontroll- und damit Reaktionsmöglichkeiten. Ferner sind auch die Anforderungen an die Konstanz der Modellparameter, wie z. B. der Zinssätze oder der Risikomaße, zu beachten, die mit zunehmender Länge der Periode abnimmt.[42]

Mit drei Bewertungszeiträumen von jeweils etwa 6 Jahren Länge wurde daher unter Berücksichtigung monatlicher Renditeintervalle ein Kompromiß eingegangen. Zum ei-nen erscheint eine Anlageperiode von 6 Jahren für eine Investition in Investmentfonds angemessen.[43] Zum anderen erfüllt dieser Zeitraum bei gleichzeitiger Verwendung mo-natlicher Renditefristigkeiten auch mit der Anwendung verschiedener Maße verbundene statistische Anforderungen. So wird die Stabilität von Betafaktoren bei ihrer Schätzung über einen 5-Jahreszeitraum tendenziell am höchsten angesehen.[44] Mit einer zunehmen-den Anzahl von Beobachtungen verringern sich auch die auf die Stichprobengröße zu-rückzuführenden Verzerrungen der Sharpe-Ratio und Treynor-Ratio.[45]

---

37 Vgl. **Carlson** (1970), S. 1; **Obermann** (1975), S. 103; **Breit** (1989), S. 9.

38 Das R^2 einer Regression wird bei weniger als 50 Beobachtungen tendenziell zu hoch ausgewie-sen, vgl. **Cramer** (1987), S. 253.

39 Vgl. **Hodges/Brealey** (1973), S. 61; **Murphy** (1980), S. 56; **Ferguson** (1986), S. 7 f.

40 Aus diesem Grund sollten 30 Beobachtungen nicht unterschritten werden, vgl. **Bleymül-ler/Gehlert/Gülicher** (1991), S. 78.

41 Vgl. **Baumann** (1968), S. 280; **Obermann** (1975), S. 105. Eine Änderung des Fondscharakters von einem gemischten Fonds zu einem reinen Aktienfonds vollzog in der vorliegenden Stichpro-be beispielsweise der Oppenheim Privat-Fonds.

42 Dabei sind insbesondere Strukturbrüche relevant, wie sie zum Beispiel durch Crashs an den Ak-tienmärkten hervorgerufen werden. Vgl. die ausführliche Untersuchung zur Stationarität der Renditeverteilungen am deutschen Aktienmarkt bei **Adelberger/Lockert** (1992), S. 30 ff.

43 Gleichwohl ist darauf hinzuweisen, daß systematische Verzerrungen der Ergebnisse der Untersu-chungen zur Performance-Messung dann zu erwarten sind, wenn der wahre Anlagehorizont des Investors nicht mit dem in den empirischen Untersuchungen zugrundegelegten übereinstimmt, vgl. zu dieser Problematik **Levy** (1972).

44 Vgl. **Kim** (1993), S. 248.

45 Zum Einfluß der Anzahl der Beobachungen auf erstere vgl. **Miller/Gehr** (1978), S. 945, und auf letztere **Chen/Lee** (1986); den Einfluß des Investitionshorizontes auf die klassischen Maße unter-

Die identische Länge der Perioden kommt zudem der Vergleichbarkeit der Messungen entgegen, die für die Untersuchungen zur Konstanz der Performance wünschenswert ist. Gleichzeitig umfassen die Zeiträume verschiedene Börsenphasen, deren Extreme durch die starken Kursschwankungen, insbesondere bedingt durch die Crashs im Oktober 1987 und Oktober 1989 sowie die Kuwait-Krise im zweiten Halbjahr 1990, im Zeitraum t_3 markiert werden. Demgegenüber ist der Teilzeitraum t_1 durch eine anhaltende Stagnation in der Kursentwicklung gekennzeichnet, während Teilzeitraum t_2 durch eine ausgeprägte Hausse auf den Aktienmärkten geprägt war. Diese Situation auf den Kapitalmärkten wird in Abbildung D.1 anhand der Kursentwicklung des DAFOX deutlich. Die Untersuchung der Performance in verschiedenen Börsenphasen ist nicht nur vor dem Hintergrund der Identifikation einer möglichen Beziehung zur Leistungsfähigkeit der Manager sowie zur Bestimmung der Faktoren des Mittelaufkommens interessant, sondern auch im Hinblick auf die Beurteilung potentieller Verzerrungen von Performance-Maßen in Abhängigkeit verschiedener Situationen am Kapitalmarkt wichtig.[46]

Abb. D.1:   **Kursverlauf des DAFOX und die Einteilung der Untersuchungs-perioden**

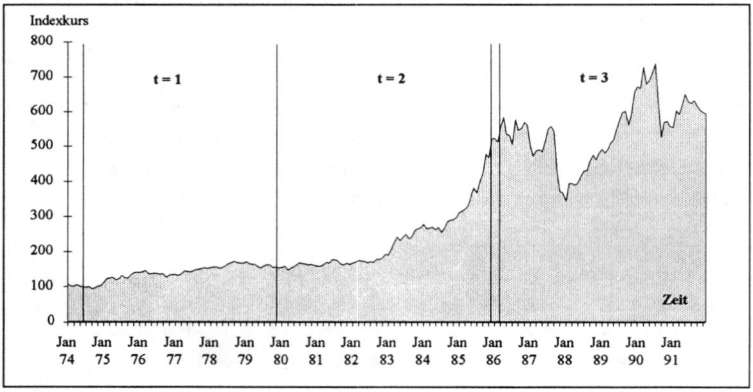

c. Wahl des risikolosen Zinssatzes

Die Wahl des als risikolos unterstellten Zinssatzes, der sowohl auf den Achsenabschnitt als auch auf die Risikoprämie wirkt, kann theoretisch einen erheblichen Einfluß auf die Meßergebnisse ausüben.[47]

---

suchen *Francis/Lee*. Sie kommen zum Ergebnis, daß die Untersuchungsperiode für das Ranking mit Hilfe der klassischen Maße weniger relevant ist, vgl. **Francis/Lee** (1983), S. 17.

[46]   Vgl. dazu **Chen/Lee** (1981, 1986).

[47]   Vgl. **Roll** (1980), S. 6; **Sharpe/Alexander** (1990), S. 761 f.

Empirische Untersuchungen zeigen allerdings, daß der Einsatz unterschiedlicher Zinssätze zu keinen nennenswerten Unterschieden in den Untersuchungsergebnissen führt.[48] Die Begründung dafür kann zum einen darin gesehen werden, daß der Einfluß des Zinssatzes bei der Messung der Überrendite auf der Grundlage des ex-post-CAPM gegenläufig und somit vergleichsweise schwach ist.[49] Zum anderen ist die geringe Bedeutung auf die weit größere Relevanz der Beeinflussung der Resultate durch die Renditeentwicklung des Benchmarkportfolios und dessen Schwankungen zurückzuführen.[50]

Der risikolose Zinssatz wird entsprechend des einmonatigen Renditeintervalls auf der Basis der monatlichen Geldmarktsätze von Einmonatsgeldern am Frankfurter Bankenplatz ermittelt und logarithmiert.[51] Die Berechnung erfolgt mit $R_{f\,t} = \ln\left[\,1 + (\,r_{f\,t}\,/\,12\,)\,\right]$, wobei r_{ft} den jährlichen diskreten Zinssatz von Einmonatsgeldern am Ende des Vormonats t-1 bezeichnet. Dadurch ist gewährleistet, daß die Verzinsung für den kommenden Monat vorab festgelegt wird und auch tatsächlich erzielbar und sicher ist.[52] Zur Ermittlung des einfachen, jährlichen Zinssatzes wird das arithmetische Mittel aus Geld- und Briefkurs verwendet. Dieses Vorgehen entspricht am ehesten den Annahmen des vollkommenen Kaptialmarktes, der einen identischen Soll- und Habenzinssatz unterstellt. Entsprechend des mit der Festlegung der Untersuchungsperioden unterstellten Planungshorizontes der Anleger wäre auch die Wahl eines Zinssatzes für 6 Jahre konsequent. Allerdings spricht das einmonatige Renditeintervall für den hier verwendeten einmonatigen Zinssatz.

Abbildung D.2 zeigt die Entwicklung des (diskreten) Zinssatzes im Zeitablauf. Auch hier sind die Untersuchungsperioden grob gekennzeichnet. Wie ersichtlich, kann von einer Konstanz des Zinssatzes, wie im Rahmen kapitalmarkttheoretischer Modelle unterstellt, nicht ausgegangen werden.

---

[48] So kommt z. B. **Roßbach** (1991), S. 142 f., in seinen Untersuchungen zu dem Ergebnis, daß die Wahl des Zinssatzes bis auf geringe Niveauunterschiede keinen Einfluß auf die durch die Performance-Maße ermittelten Rangfolgen hat. Bei der Überrenditeermittlung auf der Grundlage des CAPM bei Untersuchungen zum Kleinfirmeneffekt stellt auch **Beiker** (1993), S. 361 ff., die geringe Bedeutung der Zinssatzwahl fest. Dabei benutzt er auch Zinssätze für sehr lange Laufzeiten.

[49] Zum einen verringert der risikolose Zins die Überrendite, da er von der realisierten Rendite abgezogen wird und zum anderen erhöht er die Überrendite, indem er den Preis für das Marktrisiko senkt, das, multipliziert mit dem Betafaktor, ebenfalls von der Rendite abgezogen wird, vgl. **Beiker** (1993), S. 17 ff. und S. 361.

[50] Vgl. **Shukla/Trzcinka** (1992), S. 12.

[51] Die Wahl von Geldmarktsätzen für Monatsgelder hat sich neben der Auswahl für 3-Monatsgelder in den meisten Studien zur Performance-Messung durchgesetzt, vgl. z. B. **Zimmermann/Zogg-Wetter** (1992 b), S. 144; **Möhlmann** (1993), S. 132; **Koh/Phoon/Tan** (1993), S. 159. In den US-amerikanischen Untersuchungen wird zumeist der Satz für einmonatige Treasury Bills verwendet, vgl. z. B. **Henriksson** (1984), S. 80.

[52] Vgl **Zimmermann** (1992 a), S. 61. Demgegenüber wäre ein durchschnittlicher Zinssatz zum Zeitpunkt eines jeweiligen Monatsendes nicht unbedingt erzielbar.

Abb. D.2: Zeitliche Entwicklung des Geldmarktsatzes (Mittelwert des Geld- und Briefkurses) für Einmonatsgelder am Frankfurter Bankenplatz

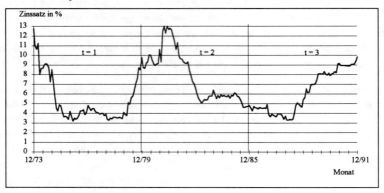

d. **Spezifizierung der Benchmarkportfolios**

aa. **Zur Bestimmung des relativ μ/σ-effizienten Portfolios**

Die Bestimmung der Benchmark muß sich an den Überlegungen zum relativ μ/σ-effizienten Portfolio als theoretisch geeignetem Benchmarkportfolio zur Identifikation privater Informationen orientieren.[53] Dabei ist die Auswahl der als handelbar erachteten Wertpapiere zu treffen und aus deren Gesamtheit das μ/σ-effiziente Portfolio zu bestimmen.

Die Fonds sind insbesondere in Standardwerten engagiert, die sich aufgrund ihrer Marktbreite im Gegensatz zu marktengen Werten für Trading-Zwecke eignen. Nur in diesen Titeln sind auch kapitalmäßig größere Transaktionen kursneutral möglich. Dies gilt insbesondere für die DAX-Werte.[54] Wie die Durchsicht der Rechenschafts- und Zwischenberichte ergibt, stammen auch die Nicht-DAX-Werte in den Sondervermögen der Fonds vornehmlich aus dem amtlichen Handel.[55] Selbst die Sondervermögen der auf Kleinfirmen spezialisierten Fonds sind überwiegend in Werten des amtlichen Handels investiert. So lag z. B. der Anteil der im amtlichen Handel notierten Wertpapiere beim SMH-Spezial-Fonds I am 30.09.1991 bei 85 %, der des DIT-Wachstums-Fonds Ende

---

[53] Vgl. **Kapitel** B. III. 2. c. aa., S. 63 ff.

[54] Vgl. **Mühlbradt** (1992), S 73.

[55] Vgl. auch die Aufstellung der Nicht-DAX-Werte mit dem höchsten Fondsengagement bei **Mühlbradt** (1992), S. 76.

1991 bei 95,81%.[56] Daraus folgt, daß sich das relativ μ/σ-effiziente Portfolio vor allem aus den Werten des amtlichen Handels zusammensetzen sollte.[57]

Dies gilt unbeschadet der Tatsache, daß den Fonds generell auch Investments in Wertpapiere auf anderen organisierten Märkten offenstehen, wozu in Deutschland der geregelte Markt und der Freiverkehr gehören.[58] Faktisch sind der Anlage von Fonds in diesen Marktsegmenten jedoch enge Grenzen gesetzt. So verhindern die gesetzlichen quantitativen Anlagebeschränkungen ein kapitalmäßig bedeutendes Engagement der Fonds, da die in diesen Segmenten notierten Aktien in der Regel eher von kleineren Unternehmen mit geringerer Börsenkapitalisierung stammen. Deshalb wird der vom Gesetz gemäß § 8 a Absatz 2 KAGG für das Sondervermögen bestimmte zulässige Erwerb von maximal 10% des Gesamtnennbetrages der ausgegebenen Aktien ohne Stimmrechte desselben Ausstellers schnell erreicht. Für Stammaktien ist diese Beschränkung noch restriktiver, da sie für sämtliche Sondervermögen einer KAG gemeinsam einen Erwerb von Aktien desselben Ausstellers nur insoweit erlaubt, als die daraus resultierenden Stimmrechte höchstens 10% der gesamten Stimmrechte aus Stammaktien betragen.[59] Außerdem ist allein der Marktwert der im geregelten Markt und im Freiverkehr gehandelten Werte im Vergleich zu jenem der im amtlichen Handel notierten sehr gering. Daher ist anzunehmen, daß die Nichterfassung von auf diesen Segmenten gehandelten Aktien in der Benchmark auch deshalb keine erheblichen Auswirkungen haben kann.[60]

Darüber hinaus ist zu beachten, daß der in Deutschland ohnehin sehr geringe Free Flow bei kleineren Gesellschaften tendenziell noch geringer ist als bei größeren Unternehmen, da die Festbesitzanteile bei kleineren Unternehmen, nicht zuletzt aufgrund der bei klei-

[56]   Lediglich der DIT-Spezialfonds, der hauptsächlich in innovative, mittlere Unternehmen investiert, weist Ende 1991 mit 73,94% einen vergleichsweise geringen Anteil auf. 23,87% waren zu diesem Zeitpunkt in Werte des geregelten Marktes investiert.

[57]   Eine qualitätsmäßig gute Benchmark sollte mindestens 80-90% der dem Manager als Investitionsobjekte offenstehenden Wertpapiere enthalten, vgl. **Bailey** (1992), S. 34.

[58]   Vgl. § 8 KAGG und **Beckmann** (1992), Kennzahl 425 Randnr. 7. ff.; dies gilt vorbehaltlich anderer, durch die jeweilige Satzung bestimmter Regelungen.

[59]   Vgl. § 8 a Absatz 3 KAGG. Verwaltet eine KAG somit mehrere Aktien-Sondervermögen, kann dies durchaus bedeuten, daß ein Manager eine bestimmte Aktie nicht erwerben kann, selbst wenn er dies beabsichtigt. Vor dem Hintergrund eines innerhalb der KAG möglicherweise zentralen Research sind derartige Situationen nicht unwahrscheinlich. Dies gilt zwar grundsätzlich unabhängig vom Marktsegment, dürfte jedoch gerade in den unteren Marktsegmenten aufgrund des dort tendenziell niedrigeren Umlaufs von Aktien von besonderer Relevanz sein.

[60]   Gemessen am Nennwert der Aktien entfielen vom börsenkapitalisierten Kapital allein 94,3 % auf den amtlichen Handel und lediglich 3,8 % auf den geregelten Markt und 1,9 % auf den Freiverkehr. Bezogen auf den Kurswert der Aktien waren dies 95,9% für den amtlichen Handel, 2,5 % für den geregelten Markt und 1,6 % für den Freiverkehr. Zudem ist zu berücksichtigen, daß im Freiverkehr mit 424 von insgesamt 677 Titeln überproportional viel ausländische Werte notiert waren, in die einige Fonds aufgrund ihrer in der Satzung festgelegten Anlagepolitik nicht investieren können. Vgl. zur Bedeutung der einzelnen Segmente **Hansen** (1994), S. R 148.

nen Unternehmen oft anzutreffenden Familiengesellschaften, tendenziell größer sind.[61] Die daraus resultierende Marktenge und mangelnde Liquidität macht es für Investmentfonds schwierig, solche Werte in einem größeren Ausmaß zu handeln. Letzteres gilt im übrigen auch für die größeren Werte des Freiverkehrs, da die Liquidität dieses Marktsegments generell sehr gering ist.[62]

Die empirische Ermittlung des relativ μ/σ-effizienten Portfolios aus diesen Wertpapieren ist trotz der beschriebenen Ausgrenzung eine nicht einfach zu lösende Aufgabe. Grundsätzlich müßten die Verteilungsparameter μ und σ aller relevanten Wertpapiere auf der Grundlage der homogenen Erwartungen der nur über öffentliche Informationen verfügenden Anleger bestimmt werden. Für die empirische Bestimmung des relativ μ/σ-effizienten Portfolios wäre somit die Abschätzung der erwarteten mit Hilfe der realisierten Renditen der einzelnen Wertpapiere erforderlich, um die Gewichte der relevanten Wertpapiere im μ/σ-effizienten Portfolio zu berechnen. Wegen des rechentechnischen Aufwandes und mathematischer Restriktionen[63] wird jedoch zur Ermittlung des relativ μ/σ-effizienten Portfolios auf bereits bestehende Indizes zurückgegriffen.[64]

Diese Vorgehensweise hat zudem den Vorteil, daß ein derartig definiertes Benchmarkportfolio tatsächlich replizierbar ist. Die Forderung nach einer möglichen Replizierbarkeit der Benchmark im Sinne einer ex ante zu verwirklichenden passiven Strategie ist zwar aus streng theoretischer Sicht grundsätzlich nicht problematisch, da sich mit Hilfe kapitalmarkttheoretischer Erkenntnisse letztlich jedes Wertpapier bzw. jede Wertpapierkombination replizieren läßt. Eine praktische Umsetzung im Sinne der tatsächlichen Investierbarkeit in eine derartige Benchmark kann allerdings auf Grenzen stoßen, da die Gewichte der Wertpapiere vorab bekannt und die Wertpapiere in diesem Umfang auch handelbar sein müssen.[65] Diese Überlegungen sind insbesondere beim Einsatz solcher Benchmarks relevant, die z. B. auf der Grundlage der APT abgeleitet werden oder durch Abbildung ex post mit Hilfe kapitalmarkttheoretischer Modelle identifizierter Anomalien bestimmt werden.[66]

---

[61] Vgl. zum Streubesitz und seiner Bedeutung **Beiker** (1993), S. 170 ff. und S. 398 ff.

[62] Vgl. **Beiker** (1993), S. 418.

[63] Rechentechnische Probleme können unter Umständen durch die Notwendigkeit der Invertierung der Kovarianzmatrix auftreten, so daß z.B. die Länge des Betrachtungszeitraumes von der Anzahl der Wertpapiere abhängen kann. Zu diesen Berechnungen und ihren Voraussetzungen vgl. **Copeland/Weston** (1988), S. 865 ff.

[64] Vgl. zu dieser Vorgehensweise auch **Cumby/Glen** (1990), S. 501; **Grinblatt/Titman** (1993 a) konstruieren ein Set aus Benchmark-Portfolios, die einige der bekannten Kapitalmarktanomalien abbilden. Die Notwendigkeit der Modellierung derartiger Anomalien in der Benchmark ist jedoch unter verschiedensten Gesichtspunkten diskutierbar, vgl. dazu ausführlich **Kapitel B. III. 2. c. bb.**, S. 67 ff. und **Nowak/Wittrock** (1994), S. 35 ff.

[65] Insbesondere kann die Forderung, daß eine Investition in eine passive Strategie als Alternative zur Investition in ein aktiv gemanagtes Portfolio nur mit geringen Kosten verbunden sein sollte, bei der Formulierung der Benchmark Probleme bereiten, vgl. **Bailey** (1992), S. 34 f.

[66] Wie z. B. bei **Grinblatt/Titman** (1993 a).

Insofern erscheint ein Index sinnvoll, der sowohl aus den als handelbar erachteten Wertpapieren besteht als auch μ/σ-effizient ist. Daher kommen insbesondere solche Indizes in Frage, die zum einen in ihrer Zusammensetzung dem oben näher spezifizierten Investitionssegment der Fonds entsprechen und zum anderen tatsächlich als kostengünstige Alternative zur Investition in ein aktiv gemanagtes Portfolio gelten können.[67] Dies ist z. B. dann der Fall, wenn sie als Underlying für derivative Instrumente dienen oder andere indexorientierte Anlageformen existieren, die gerade diesen Index abbilden und somit den -wie bei der Investition in einem Fondsanteil- anteiligen Kauf desselben ermöglichen.[68] Diese Finanzinstrumente stellen nicht nur direkt investierbare Alternativen dar, sondern eröffnen neben passiven Diversifikationspotentialen auch synthetische Markt-Timing-Möglichkeiten.[69] Der letzte Gesichtspunkt wird bei der Identifikation von Timing-Fähigkeiten mit Hilfe CAPM-geleiteter Performance-Maße als weiterer Grund angeführt, die Verwendung eines Aktienindex als Benchmarkportfolio zu rechtfertigen. Dabei wird argumentiert, daß die Manager nicht versuchen, das Marktportfolio im Sinne des CAPM zu prognostizieren, sondern vielmehr einen gehandelten Index.[70] Angesichts dieser Überlegungen ist die Wahl eines Index als Benchmark zusätzlich zu rechtfertigen.

Für die empirischen Untersuchungen stehen grundsätzlich mehrere Indizes zur Verfügung. Da jedoch einerseits für die Performance-Messung grundsätzlich nur Performance-Indizes relevant sind, und andererseits das oben definierte Marktsegment vollständig abgedeckt werden soll, kommt von den vorliegenden Indizes letztlich nur der

---

[67] Die Notwendigkeit einer tatsächlichen Investierbarkeit des Index ist allerdings umstritten; vgl. z. B. **Möhlmann** (1993), S. 128, und **Simon** (1994), S. 223, die dieses Erfordernis nicht sehen sowie konträr dazu **Büschgen** (1971), S. 135, und **Mühlbradt** (1986 a), S. 39.

[68] Vgl. ähnlich **Sharpe/Alexander** (1990), S. 762, Fußnote 18. Derivative Instrumente können z. B. die an Terminbörsen gehandelten Indexoptionen, Index-Futures und Optionen auf Index-Futures sein, vgl. zu Indexanlagen **Schredelseker** (1990), S. 77 ff.; zu an der DTB auf den DAX gehandelten Instrumenten vgl. **Uffrecht/Wittrock** (1993), S. 725 ff. Eine größere Vielfalt bezüglich der als Underlying verwendbaren Indizes und der -wegen eines vergleichbaren Anlagehorizontes-wichtigen, zu vereinbarenden Kontraktlaufzeiten ist darüber hinaus auf den Over-the-Counter-Märkten verfügbar, vgl. dazu **Steiner/Wittrock** (1993), S. 676 ff., sowie **Meyer/Wittrock** (1993a), S. 92 f. und S. 97; weitere indexorientierte Anlagen sind z. B. Index-Partizipationsscheine, Index-Optionsscheine und vor allem die direkt mit gewöhnlichen Fonds vergleichbaren Index-Fonds, die das Fondssondervermögen bezüglich Gewichtung und Selektion entsprechend des vorher festgelegten Index investieren und eine Veränderung nur noch aus Anpassungsgründen vornehmen. Erst 1992 wurde mit dem Oppenheim-DAX-Werte-Fonds auch in Deutschland ein Index-Fonds aufgelegt, vgl. **Ebertz/Ristau** (1992).

[69] Vgl. **Zimmermann/Zogg-Wetter** (1992 b), S. 135.

[70] Vgl. **Henriksson** (1984), S. 79 f. Dieses Argument scheint, da deutschen Investmentfonds der Handel mit Futures auf Indizes und seit der Verabschiedung des 2. Finanzmarktförderungsgesetzes auch mit Indexoptionen ebenfalls offensteht, für die Zukunft von besonderer Relevanz zu sein. Die oft angeführte Inflexibilität insbesondere großer Fonds stellt kein Hindernis mehr für Timingaktivitäten dar, vgl. in diesem Zusammenhang auch **Kon** (1986), S. 1 ff.

speziell für Forschungszwecke konstruierte DAFOX (Deutscher Aktien-Forschungsindex) als Benchmarkportfolio in Frage.[71]

Dieser aus sämtlichen an der Frankfurter Wertpapierbörse im amtlichen Handel notierten Aktien konstruierte Performance-Index ist in seiner Konstruktionsweise mit dem DAX identisch und erscheint für den Einsatz als relativ μ/σ-effizientes Benchmarkportfolio besonders geeignet.[72]

Der DAFOX deckt das für die Investitionen der Fonds wichtigste Marktsegment ab. Die Wertgewichtung dieses Index ist vor dem Hintergrund, daß die Fonds hauptsächlich in größeren und liquideren Standardwerten des amtlichen Handels investiert sind, ebenfalls sinnvoll.[73] Darüber hinaus erfüllt der DAFOX auch die zweite Bedingung an das Benchmarkportfolio, die relative μ/σ-Effizienz. Die Effizienzhypothese des DAFOX konnte in einer Untersuchung von *Göppl/Schütz* mit Hilfe eines Hotelling-T^2 - Tests für alle drei Zeiträume nicht abgelehnt werden.[74]

Gleichzeitig weist dieser Index weitere Vorteile auf: so ist er über den gesamten Zeitraum um alle Kapitalveränderungen und Dividendenzahlungen bereinigt. Ferner besteht der DAFOX aus mehreren Subindizes. Zum einen ist dieser Index aus einem nur variabel gehandelte Standardwerte umfassenden Blue-Chip-Index und einem aus kleineren, nur zu Einheitskursen notierten Werten bestehenden Small-Cap-Index aufgebaut. Zum

---

[71] Der Commerzbank- und FAZ-Index sind nicht und der Index der Westdeutschen Landesbank wird erst seit 1985 um Dividendenzahlungen bereinigt. Außerdem decken sie nicht vollständig das Segment des amtlichen Handels ab. Der Index der Frankfurter Wertpapierbörse (FWB-Index) erfüllt zwar das letzte Kriterium, ist jedoch nicht um Dividenden bereinigt. Dasselbe gilt für den umfassendsten aller Indizes, den Index des Statistischen Bundesamtes, der auch das Segment des geregelten Freiverkehrs bzw. ab 1985 den geregelten Markt abdeckt. Der DAX ist zwar als Performance-Index konstruiert, beinhaltet jedoch lediglich 30 Standardwerte. Außerdem ist bei diesem Index zu berücksichtigen, daß er durch seine Verknüpfung mit dem Hardy-Index vor dem 31. März 1981 nicht dividendenbereinigt ist und seine Veränderungen vor diesem Datum als die eines gleichgewichteten Index interpretiert werden müssen. Vgl. für eine kurze Beschreibung dieser Indizes **Janßen/Rudolph** (1992), S. 34 ff.; **Kleeberg** (1991) sowie insbesondere zum DAX und seiner Historie **Dobberke** (1993), S. 344. Der MSCI-Germany-Index war erst ab 1982 erhältlich. Die kürzlich veröffentlichten Indizes wie der FAZ-Performance-Index oder der DAX-100-Index waren für diese Untersuchungen nicht verfügbar.

[72] Vgl. zu diesem Index **Göppl/Schütz** (1992). Dieser Index ist in seiner Konstruktion weitgehend identisch mit dem am 22.04.92 eingeführten Composite DAX (CDAX); letzterer ist allerdings - für die hier vorliegende Untersuchung irrelevant- als Laufindex konzipiert und weist eine differenziertere Aufteilung der Branchen auf, aus denen die Indizes zusammengesetzt sind. Zu den im CDAX enthaltenen Aktien sowie ihrer Aufteilung auf die Branchenindizes vgl. **Gajo** (1993), S. R 248 ff.

[73] So gibt beispielsweise der Concentra-Fonds in seinen Anlagegrundsätzen einen Mindestinvestitionsanteil des Sondervermögens von 50 % in variabel gehandelte Werte vor.

[74] Vgl. **Göppl/Schütz** (1992), S. 32 ff. Dabei wurden allerdings aufgrund mathematisch bedingter Restriktionen die Branchenindizes des DAFOX als Testportfolios verwandt, wie die Autoren selber kritisch anmerken; zum Hotelling-T^2 - Test vgl. **Shanken** (1985 b) sowie **Gibbons/Ross/ Shanken** (1989), S. 1121 ff.

- 223 -

anderen besteht er aus 12 verschiedenen Branchenindizes.[75] Daher ist der Index für verschiedene Untersuchungsrichtungen flexibel einsetzbar.[76] Ein weiterer Vorteil besteht darin, daß dieser Index frei von Survivorship-Bias sein dürfte. Das zu jedem Zeitpunkt einzige Kriterium der Auswahl der in ihm enthaltenen Aktien ist die jeweilige Notierung derselben im amtlichen Handel.[77]

Gleichwohl werden in den empirischen Untersuchungen auch der DAX sowie ein selbst konstruierter gleichgewichteter Index eingesetzt.[78] Neben Vergleichszwecken bietet sich der DAX deshalb an, weil mit diesem Index ein Benchmarkportfolio zur Verfügung steht, das den liquidesten Teilmarkt abbildet. Aufgrunddessen repräsentiert der DAX tendenziell den Anteil in den Sondervermögen der Fonds, der für ein Trading besonders geeignet ist.[79] Außerdem ist die zusätzliche Verwendung des DAX auch deshalb angezeigt, weil die Effizienz desselben ebenfalls nicht abgelehnt werden konnte.[80] Dabei wird das Ergebnis von *Göppl/Schütz* noch durch eine Studie von *Grinold* gestützt, der die ex-ante-Effizienz des DAX im Gegensatz zu anderen, ebenfalls untersuchten internationalen Indizes nicht ablehnen kann.[81]

Im Vergleich zu den wertgewichteten Indizes erfolgt durch den gleichgewichteten Index eine stärkere Betonung der Renditeentwicklung kleinerer Aktien. Der GG-Index wird wie der DAFOX aus den Aktien gebildet, die zum jeweiligen Zeitpunkt im amtlichen Handel notiert waren.[82] Insofern dürfte es sich bei diesem Index um das dem DAFOX entsprechende, allerdings gleichgewichtete Pendant handeln.[83]

---

[75] Als Kleinfirmenindex hätte sich auch der GSC-100 Index, der von SMH berechnet wird, angeboten. Dieser Index wird jedoch nur wöchentlich auf der Grundlage von Mittwochskursen berechnet, so daß eine Übereinstimmung mit den Monatsultimopreisen der Fonds nicht gegeben ist.

[76] Dies gilt insbesondere für Untersuchungen, die in Anbetracht des vielzitierten Kleinfirmeneffektes angestellt werden. Darüber hinaus ist der Einfluß der Benchmarkwahl gerade dort interessant, wo Fonds explizit eine Investition in Kleinfirmen vorsehen, wie z. B. der SMH-Spezial-Fonds-I oder der DIT-Wachstums-Fonds.

[77] Auf mögliche Verzerrungen ex post zurückgerechneter Indizes weisen **Garcia/Gould** (1993) hin.

[78] Dies scheint auch wegen möglicher Schwächen des Effizienztests von **Shanken** (1985 b) angezeigt, vgl. die kritischen Anmerkungen zu den Testergebnissen von *Göppl/Schütz* bei **Warfsmann** (1993), S. 76.

[79] Vgl. **Mühlbradt** (1992), S. 73.

[80] Vgl. **Göppl/Schütz** (1992), S. 34.

[81] Die Untersuchung von **Grinold** (1992) mit Hilfe des Tests von **Gibbons/Ross/Shanken** (1989) ist insofern bemerkenswert, als er die Effizienz mit Hilfe von Portfolios testet, die nach bekannten Anlagestrategien zusammengestellt sind (Volatility, Momentum, Size und Value). Der untersuchte Zeitraum umfaßt allerdings nur Januar 1985 - Januar 1991. Zudem weist **Beiker** (1993), S. 322, darauf hin, daß das CAPM für größere Unternehmen unabhängig von der Untersuchungsperiode tendenziell nicht abgelehnt werden kann.

[82] Zur Berechnung des gleichgewichteten Index (im folgenden als GG-Index bezeichnet) wurden die monatlichen, um Kapitalveränderungen und Dividendenzahlungen bereinigten, logarithmierten Renditen der jeweils am Monatsende im amtlichen Handel notierten Aktien aufsummiert und durch die jeweilige Anzahl der Aktien in diesem Monat geteilt. Bei Segmentwechslern erfolgte die Berechnung der Rendite erst, nachdem zwei Kurse im amtlichen Handel vorlagen, um eine

Aus der Sicht eines Anlegers muß ein wertgewichteter Index nicht unbedingt repräsentativer sein als ein gleichgewichteter.[84] Darüber hinaus kann vielfach eine höhere Effizienz von gleichgewichteten Indizes gegenüber wertgewichteten Indizes beobachtet werden.[85] Die Beurteilung der Effizienz des gewählten Index kann auf verschiedene Art und Weise erfolgen.[86] Eine Möglichkeit besteht in der Regression der Überschußrenditen des GG-Index auf das als Benchmark gewählte Portfolio, hier des DAFOX. Ein signifikant positiver Achsenabschnitt würde dabei auf die Ineffizienz des DAFOX hindeuten.[87] Eine Beurteilung der Effizienz kann auch auf der Grundlage der Sharpe-Ratio erfolgen. Dabei ist das Portfolio bzw. der Index mit der höchsten Sharpe-Ratio als effizient anzusehen.

Tabelle D.2 zeigt die Ergebnisse der Regressionen der Überschußrenditen des GG-Index auf jene der verschiedenen DAFOX-Indizes.

Die signifikant positiven Achsenabschnitte deuten auf die Ineffizienz des DAFOX gegenüber dem GG-Index in der Periode 86/91 und im Gesamtzeitraum hin. Trotz fast identischer den DAFOX und den GG-Index bildender Wertpapiere sind die R^2 vergleichsweise niedrig. Auffällig ist zudem das relativ geringe systematische Risiko des gleichgewichteten Index.

Diese Schätzergebnisse sind auf die bei einer Gleichgewichtung deutlicher zur Geltung kommende Renditeentwicklung kleinerer Gesellschaften mit einer niedrigen Börsenkapitalisierung zurückzuführen. Demgegenüber wird die Renditeentwicklung des DAFOX aufgrund seiner Wertgewichtung eher durch die Werte mit einem größeren Grundkapital determiniert.

Verzerrung möglicher Renditeeffekte beim Wechsel selbst auszuschalten; zu Überrenditeeffekten beim Wechsel von Unternehmen vom Freiverkehr in den geregelten Markt vgl. **Schrader** (1993), S. 195 ff.

[83]   Eine völlige Übereinstimmung der Werte ist allerdings nicht unbedingt vorhanden; bei der Berechnung des GG-Index wurden z.B. nur Werte berücksichtigt, deren monatliche Ultimo- (Kassa) Kurse lückenlos in der vorliegenden Datenbasis vorhanden waren.

[84]   Vgl. **Büschgen** (1971), S. 135; **Beiker** (1993), S. 248; **Warfsmann** (1993), S. 102.

[85]   Vgl. **Hendricks/Patel/Zeckhauser** (1993), S. 123; **Warfsmann** (1993), S. 103.

[86]   Vgl. **Blume** (1980), S. 271 ff.; **Cumby/Glen** (1990), S. 501. Weitere Tests, die die Beurteilung der Effizienz von Indizes zum Ziel haben, finden sich bei **Hsia** (1986) und **Gibbons/Ross/ Shanken** (1989).

[87]   Vgl. zu dieser Vorgehensweise **Cumby/Glen** (1990), S. 501; **Drummen** (1992), S. 169 ff.; **Grinblatt/Titman** (1989 b), S. 412, sehen die Bedeutung von Renditeerwartungsmodellen wie dem CAPM oder der APT in der Performance-Messung lediglich darin, mögliche Kandidaten für die Auswahl des relativ μ/σ-effizienten Benchmarkportfolios zu identifizieren.

Tab. D.2: Regression der Überschußrenditen des GG-Index auf die Überschußrenditen der DAFOX-Indizes

Periode	Alpha	t-stat.	β	s(β)	R^2	s(ε)	DW
DAFOX							
74/79	0,0011939	0,636	0,82780	0,05738	0,75557	0,015464	1,828
80/85	0,0007285	0,446	0,69186	0,03899	0,81551	0,013414	1,367
86/91	0,0045344	*2,024	0,75622	0,03398	0,87908	0,018576	1,618
74/91	0,0022303	*2,017	0,74740	0,02264	0,83767	0,016070	1,673
DAFOX BC							
74/79	0,0012157	0,570	0,74510	0,06150	0,68482	0,017560	1,684
80/85	0,0014692	0,865	0,64991	0,03874	0,79800	0,014037	1,352
86/91	0,0043190	**1,779	0,72851	0,03591	0,85788	0,020138	1,640
74/91	0,0023671	*1,980	0,70963	0,02364	0,81011	0,017381	1,652
DAFOX SC							
74/79	0,0015664	0,794	0,84595	0,06270	0,72994	0,016255	2,089
80/85	-0,0002240	-0,098	0,66779	0,05751	0,65337	0,018387	1,524
86/91	0,0051483	*1,997	0,77850	0,04113	0,84012	0,021359	1,376
74/91	0,0021314	1,615	0,75268	0,02839	0,76887	0,019176	1,657

* signifikant auf dem 5 %-Niveau (** = 10 % Niveau)

Dieser Effekt schwächt sich ab, wenn der GG-Index auf den DAFOX SC regressiert wird. Einzig in der Periode 86/91 ist der DAFOX SC gegenüber dem GG-Index ineffizient. Dies ist deshalb erstaunlich, weil die Blue Chips in dieser Periode eine bessere Renditeentwicklung aufwiesen als die Small Caps, so daß eine Ineffizienz des DAFOX SC aufgrund der Betonung der Renditeentwicklung der größeren unter den kleinen Gesellschaften im Vergleich zum GG-Index nicht zu erwarten war. Letztlich sprechen diese Ergebnisse dafür, daß der DAFOX SC aufgrund seiner Wertgewichtung keine adäquate Abbildung der Renditeentwicklung kleiner Unternehmen ermöglicht, sondern vielmehr das Segment mittlerer Unternehmensgrößen repräsentiert.[88]

Die Ergebnisse werden durch die in Tabelle D.3 dargestellten Sharpe-Ratios tendenziell unterstrichen. Die Sharpe-Ratio des GG-Index ist dabei in der Periode 86/91 auf einem Niveau von 5 % signifikant höher als die des DAFOX.

---

[88] Für den Einsatz des DAFOX SC im Rahmen der Performance-Messung der Investmentfonds muß dies kein Nachteil sein. Zum einen kann man davon ausgehen, daß auch Kleinfirmenfonds wegen der gesetzlichen Restriktionen sowie der Liquidität des deutschen Marktes eher in mittlere Unternehmen investieren. Zum anderen werden mit der Wertgewichtung Verzerrungen durch die tendenziell größere Anzahl von Papieren mit sehr engen Märkten und zum Teil taxierten Kursen abgeschwächt; vgl. **Bleymüller** (1966), S. 116; **Göppl/Schütz** (1992), S. 7.

Tab. D.3: Sharpe-Ratios des GG-Index, der DAFOX Indizes und des DAX im Vergleich

Periode	DAFOX	DAFOX BC	DAFOX SC	DAX	GG-Index	(sig.)
74/79	0,047431	0,048912	0,034419	-0,044983	0,07999	(-0,527)
80/85	0,261491	0,236930	0,331085	0,175074	0,26141	(0,002)
86/91	-0,060900	-0,057299	-0,074721	-0,059803	0,02774	*(-2,074)
74/91	0,061553	0,058765	0,067043	0,019819	0,11273	**(1,789)

(sig): z-Wert des Signifikanztests der Sharpe-Ratio des GG-Index gegenüber der des DAFOX
* Signifikant auf dem 5 %-Niveau
** Signifikant auf dem 10%-Niveau

Gleichwohl ist bei der gegebenen Struktur der Sondervermögen davon auszugehen, daß der DAFOX als geeigneteres Benchmarkportfolio zur Messung der Performance der Fonds anzusehen ist. Dafür spricht im übrigen auch das mit gleichgewichteten Indizes implizite Rebalancing der Portfolioanteile zu Anfang jeden Monats, das mit großen Transaktionskosten verbunden wäre und insofern für die Fondsmanager keine realistische Handlungsalternative darstellen würde.[89] Daher wird den mit dem DAFOX erzielten Ergebnissen der größere Stellenwert beigemessen.[90]

Die in allen veröffentlichten Indizes fehlende Berücksichtigung von liquiden Mitteln, die von Open-End-Fonds gehalten werden, um der Verpflichtung der jederzeitigen Rücknahme von Anteilen nachkommen zu können, ist zum Teil Gegenstand der Kritik bei der Verwendung von Indizes als Benchmarkportfolios.[91] Dem ist allerdings entgegenzuhalten, daß die Kassenhaltung nicht nur die Liquiditätsreserve umfaßt, sondern zum Großteil auch als strategische Kassenhaltung im Rahmen von Timingaktivitäten gehalten wird.[92] Außerdem ist zu berücksichtigen, daß die Konsequenzen einer Liquiditäts-

[89] Vgl. **Stehle** (1991), S. 13.

[90] Ähnlich äußern sich auch **Hendricks/Patel/Zeckhauser** (1993), S. 123, die positive Achsenabschnitte bei der Regression gleichgewichteter auf wertgewichtete Indizes u. a. auf den Kleinfirmeneffekt zurückführen. Grundsätzlich wird die Performance von Fonds, die -wie implizit auch die wertgewichteten Indizes- eher in größeren Werten investiert sind, bei der Verwendung gleichgewichteter Indizes nach unten verzerrt, vgl. z. B. **Lehmann/Modest** (1987), S. 260 f.; **Grinblatt/Titman** (1989 a), S. 401.

[91] Vgl. z. B. **Poschadel** (1981), S. 131. Diesem Aspekt wird von **Lerbinger** (1984), S. 66, durch eine entsprechende Zufallsfunktion bei der Gestaltung eines als Vergleichsmaßstab verwendeten Zufallsdepots Rechnung getragen.

[92] Vgl. dazu **Möhlmann** (1993), S. 128 f. Dessen Schlußfolgerung, daß die auch als technisch bezeichnete notwendige Liquidität von den Fonds zum Teil erheblich überschritten wird, ist zuzustimmen. Nicht nachvollziehbar ist jedoch seine Anmerkung, daß die Liquiditätsreserve vertraglich vorgeschrieben ist. Weder im Gesetz noch in den Satzungen bzw. Verkaufsprospekten werden Mindestanteile an liquide zu haltenden Mitteln vorgeschrieben. Lediglich ihre maximale Höhe wird begrenzt.

haltung auf die Performance sowohl negativer als auch positiver Art sein können. Insofern ist ein gewisser Ausgleich dieser Effekte zu erwarten.[93]

bb. Wahl der Indizes im Rahmen des Einsatzes von Mehrfaktorenmodellen

Die Auswahl der im Rahmen von Mehrfaktorenmodellen eingesetzten Indizes orientiert sich nach der mit der Analyse verfolgten Zielsetzung.[94] Dabei werden drei Fragen aufgegriffen, deren Beantwortung unterschiedliche Indizes und verschiedene Kombinationen derselben rechtfertigen.[95]

Zunächst wird der Frage nachgegangen, ob eine ausdrückliche Berücksichtigung des Rentenanteils in der Benchmark eine abweichende Beurteilung über die Performance zur Folge hat. Dies ist insbesondere deshalb angezeigt, weil in der Stichprobe auch gemischte Fonds enthalten sind. Darüber hinaus stehen grundsätzlich auch den reinen Aktienfonds Investments in festverzinsliche Wertpapiere offen, soweit dies in ihrer Satzung nicht grundsätzlich ausgeschlossen wird.[96] Die Rechenschafts- und Zwischenberichte zeigen, daß die Fondsmanager zum Teil ausgiebig von dieser Möglichkeit Gebrauch gemacht haben.

Daher wird mit dem REXP ein Rentenindex mit in die Benchmark aufgenommen.[97] Während in den wenigen Untersuchungen, die den Rentenanteil in den Aktienportfolios bei der Modellierung der Benchmark beachten, auch die Renditestruktur von Industrieanleihen durch entsprechende Indizes berücksichtigt werden, erfolgt hier mit dem REXP lediglich die Erfassung der Renditeentwicklung von festverzinslichen Wertpapieren mit einer erstklassigen Bonität.[98] Durch die Verwendung des REXP ist die Rein-

---

[93] Vgl. **Harbrecht/Saxinger** (1990), S. 529 f. Außerdem sind die Auswirkungen der Liquiditätshaltung wie auch des Rentenanteils auf die Performance nicht generell zu beurteilen, da sowohl der Ertrag als auch das Risiko der Fonds beeinflußt werden.

[94] Vgl. **Kapitel** C. II. 1. d. aa., S. 117 ff.

[95] Die Fragen betreffen lediglich den Einsatz von Multiindexmodellen, vgl. dazu **Kapitel** C. II. 1. d. cc., S. 123 ff.

[96] Dies ist jedoch bei keinem der hier untersuchten Fonds der Fall. In der Regel erlauben die Satzungen entsprechend den gesetzlichen Bestimmungen eine Investition von höchstens 49 % des Sondervermögens in Bankguthaben, Geldmarktpapiere sowie Renten oder einen bestimmten anderen, explizit vorgegebenen Höchstsatz des Rentenanteils, wobei in der Regel Options- oder Wandelanleihen nicht in die Berechnung miteinbezogen werden. Der Aktienanteil von Publikumsfonds, die zur Anlage im Rahmen der staatlichen Förderung der Vermögensbildung geeignet sind, darf allerdings insgesamt 70% nicht unterschreiten.

[97] Dabei sei angemerkt, daß eine exakte Messung des Performance-Bestandteils, der auf den Rentenanteil des Portfolios zurückzuführen ist, durch diese Vorgehensweise nicht gewährleistet wird. Vgl. zur Messung der Performance von Rentenfonds mit Hilfe verschiedener Rentenindizes **Blake/Elton/Gruber** (1993).

[98] Diese Vorgehensweise erscheint dadurch, daß die Sondervermögen in aller Regel Papiere von öffentlich-rechtlichen und damit erstklassigen Schuldnern enthalten, gerechtfertigt. Zudem ist zu

vestition der Zinserträge sichergestellt, da es sich um einen Performance-Index handelt. Zudem besitzt der Index bedingt durch seine Konstruktion eine fixe Portfoliostruktur, so daß das Problem der Restlaufzeitverkürzung irrelevant ist.[99] Mit dem REXP soll die durchschnittliche Risikostruktur des öffentlichen Anleihenmarktes erfaßt werden, um die damit im Rahmen einer passiven Strategie auch durch nichtinformierte Investoren erzielbare Rendite in der Benchmark berücksichtigen zu können.[100]

Gleichzeitig werden, um die unterschiedlichen, auch durch die Anlagegrundsätze vorgegebenen Investitionsschwerpunkte zu berücksichtigen, sowohl der Blue-Chip- als auch der Small-Cap-Index in das Benchmarkportfolio aufgenommen. Dies erlaubt neben der Berücksichtigung des Rentenanteils die Einbeziehung der in zahlreichen Untersuchungen festgestellten und in verschiedenen Zeiträumen differierenden Rendite/Risikostruktur zwischen Blue Chips und Small Caps. Insofern wird mit der Wahl dieses Drei-Indexmodells grundsätzlich die unterschiedliche, in den Anlagezielen determinierte Asset Allocation der Fonds berücksichtigt.[101]

Der Kursverlauf der drei Indizes ist in Abbildung D.3 wiedergegeben, wobei der REXP zur besseren Vergleichbarkeit zum 2. Januar 1974 auf 100 umbasiert wurde. Die Jahreszahlen beziehen sich auf das Ende des jeweiligen Jahres.

---

berücksichtigen, daß die Emission von Industrieanleihen in Deutschland eine nur untergeordnete Rolle spielt, vgl. **Gebhardt** (1993), S. 446 f. Auf der anderen Seite beinhalten die Portfolios aber insbesondere auch Bankschuldverschreibungen, die beispielsweise durch den Commerzbank-Performance-Rentenmarkt-Index erfaßt werden. Letzterer stand jedoch zum Zeitpunkt der Untersuchungen nicht zur Verfügung. Generell haben die in der Anleihen-Datenbank der Deutschen Finanzdatenbank (DFDB) verfügbaren Indizes eine für diese Untersuchung zu kurze Historie, so daß ihr Einsatz nicht in Frage kam. Es ist aber grundsätzlich davon auszugehen, daß die Ergebnisse durch die Nichtberücksichtigung von Industrie- und Bankschuldverschreibungen nicht in größerem Umfang verzerrt werden, da aufgrund der in den Untersuchungszeiträumen in Deutschland noch geltenden Genehmigungspflicht von Anleihen gemäß § 795 und § 808 a BGB a. F. lediglich Unternehmen mit einer erstklassigen Bonität als Emittenten in Frage kamen. Daher spielen Bonitätsabschläge für Anleihen deutscher Emittenten bislang keine große Rolle, vgl. **Gebhardt** (1993), S. 452.

[99] Vgl. zur Konstruktion des REX **Häußler/Kirschner/Schalk** (1991).

[100] Dem könnte entgegengehalten werden, daß eine Replizierung gerade des REX aufgrund des zu seiner Berechnung herangezogenen fiktiven Rentenportfolios nicht möglich ist und somit keine real mögliche Investitionsalternative darstellt. Deshalb werden auch anders aufgebaute Rentenindizes zur Performance-Messung vorgeschlagen. Vgl. zu den verschiedenen Konstruktionsmerkmalen deutscher Rentenindizes **Sendelbach/Schell** (1993). Durch bestimmte Strategien ist jedoch auch eine Nachbildung der Rendite-/Risikostruktur des REX mit realen Anleihen möglich, vgl. **Häußler/Hiller** (1992).

[101] Der Einsatz dieses Modells ist auch vor dem Hintergrund der Studie von **Elton/Gruber/Das/Hlavka** (1993) angezeigt. Sie belegen mit ihrer Untersuchung den Einfluß, den eine Benchmark auf die Ergebnisse der Performance-Messung haben kann, wenn bei deren Konstruktion Vermögensgegenstände außer acht gelassen werden, in denen die Fonds investiert sind. Mit der Wahl eines Drei-Indexmodelles relativieren sie die von **Ippolito** (1989) mit einem Einindexmodell vorgefundene positive Performance von Aktienfonds.

Abb. D.3: **Kursverlauf des DAFOX BC, DAFOX SC und REXP**

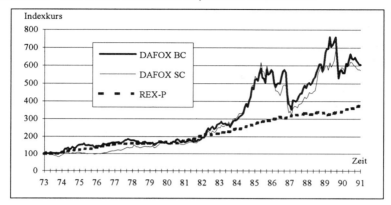

Der unterschiedliche Kursverlauf der Indizes ist insbesondere ab Ende 1982 offensichtlich, als die Hausse an den Aktienmärkten begann. Ab diesem Zeitpunkt ist generell eine
bessere Kursentwicklung der Aktienindizes unter gleichzeitig weit höheren Schwankungen im Vergleich zum REXP zu beobachten. Bemerkenswert ist zudem die bis 1980
bessere Kursentwicklung des Rentenindex im Vergleich zum DAFOX SC.

Die Verwendung mehrerer Indizes als Benchmark ermöglicht ferner die Aufdeckung
der Risikostruktur des Wertpapierportfolios sowie eine Erfolgsquellenanalyse im Rahmen einer Performance-Attribution.[102] Die Auswahl der dazu eingesetzten Indizes kann
mit Hilfe unterschiedlicher Kriterien erfolgen.[103] So sind Branchenindizes denkbar, die
wie die Subindizes des DAFOX oder des FAZ-Index jeweils aus den nach herkömmli-
chen, traditionellen Kriterien der Branche zugeordneten Unternehmen bestehen. Daneben kann auch eine statistische Gruppierung der Wertpapiere anhand der Korrelation ihrer Renditen erfolgen, aus denen "Pseudo-Industrie"-Indizes gebildet werden.[104] Die in
den Untersuchungen durchgeführte Erfolgsquellenanalyse im Rahmen eines auf die
DAFOX-Branchenindizes zurückgreifenden 12-Indexmodells ergibt sich aus zwei
Überlegungen.

Zum einen belegen Untersuchungen, daß Branchenfaktoren einen hohen Anteil der
Renditevarianz von Aktien erklären[105] und auch bei der Risikoprognose tendenziell

102 Vgl. **Kapitel** C. II. 1. d. cc. (2), S. 124 ff.

103 Zu den verschiedenen Gruppierungsmöglichkeiten von Indizes vgl. **Bleymüller** (1966), S. 100 ff.
Vgl. auch die ausführliche Beschreibung sowie die kritischen Anmerkungen zum Aussagegehalt
von Multiindexmodellen bei **Elton/Gruber** (1991 a), S. 132 ff.

104 Derartige Indizes, die nicht mit der gängigen Brancheneinteilung übereinstimmen, werden beispielsweise durch **Farrel** (1975) und **Arnott** (1980) mit Hilfe der Clusteranalyse gebildet.

105 Schon **King** (1966) wies nach, daß der Brancheneinfluß einen wichtigen Faktor für das Risikoniveau einer Aktie darstellt; vgl. auch **Lerbinger/Berndt** (1983), S. 20 f. Einen guten Überblick
über verschieden spezifizierte Multiindexmodelle geben **Elton/Gruber** (1991 a), S. 132 ff. Für

vielversprechende Ergebnisse aufweisen.[106] Zum anderen ist die Research-Struktur der Fondsgesellschaften zu berücksichtigen, die nicht nur von der Analyse der Einzelwerte ausgeht, sondern auch intensive Branchenanalysen umfaßt.[107] Insofern können durch die Analyse der Branchenentwicklung im Vergleich zum diesbezüglichen Exposure der Fonds wichtige Rückschlüsse darüber gewonnen werden, in welchen Bereichen die Notwendigkeit intensiverer Researchanstrengungen angezeigt ist. Mit Hilfe verschiedener Branchenindizes kann nachvollzogen werden, ob der Manager die Sensitivität des Portfolios bezüglich des eine Branche repräsentierenden Index dann erhöht hat, wenn sich die Entwicklung dieser Branche positiv von der anderer Industriezweige abgehoben hat.[108] Daneben lassen die auf Branchenindizes beruhenden Multiindexmodelle auch Rückschlüsse auf die Güte der von den Fondsmanagern vorgenommenen branchenorientierten Portfoliogestaltung zu. Dies erscheint auch deshalb von besonderer Wichtigkeit, weil die Fondsgesellschaften unter anderem auch mit einer optimalen Risikostreuung werben.[109]

Schließlich wird angeführt, daß die Benchmark möglichst die Wertpapiere enthalten soll, die dem Anlagestil des Portfoliomanagers entsprechen.[110] Zur Charakterisierung des Stils sind dabei grundsätzlich mehrere Kriterien denkbar, die sich aus der Definition des Begriffs Anlagestil ableiten.[111]

Eine erste Definition des Anlagestils beinhaltet mögliche Prinzipien bzw. Strategien, nach denen Manager gemeinhin ihre Investitionsentscheidungen ausrichten.[112] Dabei wird davon ausgegangen, daß Manager nach ihrem Investmentstil, der implizit als kon-

---

den deutschen Kapitalmarkt zeigt *Beckmann*, daß die Branche als homogenstes Gruppierungskriterium im Vergleich zu anderen theoretisch fundierten Kriterien gelten kann, vgl. **Beckmann** (1989), S. 140.

[106] Vgl. z. B. **Kale/Hakansson/Platt** (1991), die darüber hinaus zu dem Schluß kommen, daß die Schätzung branchenbezogener Risiken erfolgversprechender ist als andere Faktoren, die im Rahmen der Risikoprognose Verwendung finden, wie beispielsweise das Kurs-Gewinn-Verhältnis, die Dividendenrendite oder die Firmengröße.

[107] Zur Branchendiversifikation vgl. **Steiner/Bruns** (1994), S. 97 f.

[108] Vgl. **Elton/Gruber** (1991 a), S. 669 f.

[109] Die optimale Risikostreuung wird z. B. in einer Studie von *Lerbinger/Berndt* in Frage gestellt, vgl. **Lerbinger/Berndt** (1983), S. 22.

[110] Vgl. dazu **Kapitel** C. II. 1. d. cc. (3), S. 126 ff.

[111] Zur Definition des Anlagestils vgl. auch **Green/Clarkin/Gallimore** (1989), S. 68 f.

[112] Vgl. **Bailey/Arnott** (1986), S. 21 f., die vor dem Hintergrund der auf den Kapitalmärkten zu beobachtenden Zyklen bezüglich der Renditeentwicklung verschiedener Asset-Klassen auch die besondere Bedeutung einer Diversifikation unter verschiedenen Managerstilen herausstellen. Vgl. dazu auch **Sharpe** (1981), S. 226 ff. Die Relevanz des Einflusses des Investmentstils auf die Renditen belegen **Arnott/Kelso/Kiscadden/Macedo** (1989), S. 28 f. Zur zyklischen Rotation der Performance zwischen verschiedenen Investmentstilen vgl. **Arnott/Copeland** (1985).

stant unterstellt wird, klassifiziert werden können.[113] Die Konstruktion entsprechender Indizes kann dabei auf unterschiedliche Art und Weise erfolgen. Sie bezieht sich zum einen auf die statistische Ermittlung der Indizes und zum anderen auf die Art der Abgrenzung der den Indizes zugrundeliegenden Aktien.[114,115]

Die von der Firma BARRA berechneten "German Equity Style Indices" beruhen z. B. auf den im FAZ-Index enthaltenen Titeln, die entsprechend den Kriterien Growth/Value und High Yield/Low Yield differenziert und zur Konstruktion mit dem Marktwert gewichteter Indizes herangezogen werden.[116] Diese Indizes sind Grundlage für das von BARRA angebotene Style Analysis Programm.[117] Mit Hilfe derartiger Modelle kann u. a. eine Kontrolle der von den Fonds in ihren Anlagebedingungen deklarierten Ziele erfolgen. So geben z. B. einige Fonds vor, grundsätzlich eher in Anteile innovativer Unternehmen mit hohen Wachstumserwartungen zu investieren. Diese Unternehmen weisen i. d. R. niedrigere Dividendenrenditen auf.

Die BARRA-Indizes werden erst ab August 1985 berechnet. Da zu ihrer Berechnung nicht die Monatsultimokurse, sondern Mittwochskurse verwendet werden, können sie in der vorliegenden Untersuchung nicht eingesetzt werden.

Eine zweite Definition des Anlagestils, die im Rahmen der Anwendung des Asset-Allocation-Modells von *Sharpe* auch dieser Untersuchung zugrundegelegt wird, entspricht eher einer Gleichsetzung des Begriffs Anlagestil mit der generellen Anlagepolitik bzw. der vorab festgelegten Asset Allocation der Fonds. Zur Implementierung des Asset-Allocation-Modells werden dazu drei Index-Kombinationen eingesetzt.[118]

---

[113] Insofern könnte man den Anlagestil bei Zugrundelegung dieser Definition auch als Managerstil bezeichnen. Einen Überblick über Klassifikationsmöglichkeiten von Managerstilen geben z. B. **Bailey/Arnott** (1986), S. 24 f.

[114] Grundsätzlich kommen dabei strukturentdeckende Verfahren, wie die Cluster- oder Faktorenanalyse, in Frage, oder es werden bestimmte Kriterien vorab festgelegt, nach denen die Indizes konstruiert werden. Eine Vorabspezifikation der Indizes kann zusätzlichen Restriktionen unterworfen sein, indem lediglich auf bereits bestehende und veröffentlichte Indizes zurückgegriffen wird. Zur Konstruktion von Indizes und Kriterien zur Auswahl der in ihnen erfaßten Wertpapiere vgl. **Beckmann** (1989), S. 115 ff.; **Richard** (1992), S. 47 ff.

[115] Vgl. z. B. **Bailey/Arnott** (1986), die Growth- und Value-Style repräsentierende Clusterportfolios bilden; ebenfalls mit Hilfe der Clusteranalyse bilden **Farrel** (1975) und **Arnott** (1980) Indizes, die jeweils Aktien enthalten, deren Renditen in ähnlicher Weise auf einen bestimmten Faktor reagieren (z. B. Cluster, die ölpreissensitive Aktien enthalten). **Tierney/Winston** (1991) stellen die Wertepaare Value/Growth und Small Caps/Large Caps gegenüber.

[116] Die Faktoren Value und Growth repräsentieren dabei die in den USA dominierenden Investmentstile; zum genauen Vorgehen bei der Konstruktion der Indizes **Rudd** (1993), S. 4 ff.

[117] Vgl. **Crowley** (1992), S. 19 ff.; **Rudd** (1993), S. 4 ff.

[118] Generell wären diese Index-Kombinationen auch im Rahmen eines klassischen Multiindexmodells einsetzbar. Die Untersuchungen sollen hier jedoch mit Ausnahme des 5-Indexmodells, das zu Vergleichszwecken zusätzlich auch als reines Faktormodell eingesetzt wird, auf die Anwendung des Asset-Allocation-Modells beschränkt bleiben.

Eine Kombination berücksichtigt mit dem DAFOX SC und dem DAFOX BC den Aktienanteil im Fondssondervermögen getrennt nach kleinen bis mittleren und großen Unternehmen sowie mit den REXPerformance-Indizes mit einer Restlaufzeit von 5 und 10 Jahren den Rentenanteil, unterschieden nach der Restlaufzeit.[119] Darüber hinaus erfolgt mit dem risikolosen Zinssatz eine Berücksichtigung des die Barmittel determinierenden Anteils in den Portfolios.

Eine Modifizierung dieses Modells berücksichtigt auch Investments in Optionsscheine, die neben Aktien und Renten Gegenstand des Sondervermögens einiger Fonds sind.[120] Die Optionsscheine werden dabei durch den TUBOS repräsentiert.[121] Dieses Modell kann allerdings lediglich für eine Untersuchungsperiode eingesetzt werden, da der TUBOS erst ab Anfang 1984 zur Verfügung steht.

Schließlich wird zusätzlich der bei manchen Fonds in geringem Umfang enthaltene Anteil in ausländischen Wertpapieren beachtet, der durch einen entsprechenden MSCI-Performanceindex abgebildet wird.[122] Auch dieses Modell wird aufgrund der nicht über den Gesamtzeitraum verfügbaren Indexrenditen lediglich für eine Untersuchungsperiode eingesetzt.

Die verwendeten Indizes sind noch einmal in der Abbildung D.4 zusammengefaßt.

---

[119] Die Charakterisierung des Aktienanteils könnte in einem solchen Modell auch auf der Grundlage anderer Kriterien vorgenommen werden. Bei Zugrundelegung der hier vorgenommenen Differenzierung des Anlagestils ist z. B. das 12-Indexmodell von *Sharpe* als Mischmodell zu klassifizieren, das sowohl die Anlagepolitik des Fonds als auch den konkreten Managerstil zu berücksichtigen erlaubt, vgl. **Sharpe** (1992), S. 8 f. In einer Untersuchung schweizer Fonds wird der Investmentstil im Hinblick auf die Kapitalisierung der Akien analysiert und eine Unterscheidung nach dem Rechtscharakter der Wertpapiere vorgenommen, vgl. **Jaeger/Rudolf/Zimmermann/ Zogg-Wetter** (1994), Kapitel 5.

[120] Die Berücksichtigung des Optionsscheinanteils in den Sondervermögen ist vor allem deshalb relevant, weil die (auf der Grundlage des DAX ermittelte) risikoangepaßte Rendite des Optionsscheinmarktes im Betrachtungszeitraum negativ war, d. h. daß das mit Optionsscheinen verbundene höhere Risiko nicht entsprechend entgolten wurde, vgl. **Zwirner** (1990), S. 16.

[121] Vgl. zur Konstruktion des TUBOS **Zwirner** (1990). Auch dieser Index ist wertgewichtet und um Kapitalerhöhungen der Unternehmen, deren Aktien den Optionsscheinen als Basiswert zugrunde liegen, bereinigt.

[122] Welcher der internationalen MSCI-Indizes eingesetzt wird, ergibt sich dabei aus der Durchsicht der Rechenschafts- und Zwischenberichte der Fonds. Tendenziell kann beobachtet werden, daß die meisten Fonds in nur wenige Länder investieren, die darüber hinaus zumeist im Zeitablauf gleich bleiben. Eine Sammelposition Welt-oder Europa-Index erschien deshalb aufgrund der zu erwartenden Ungenauigkeiten nicht vertretbar.

Abb. D.4: **In den Untersuchungen verwendete Benchmarkportfolios**

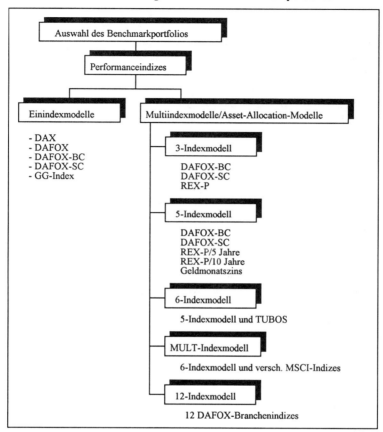

e. Besonderheiten bei der Schätzung der Betafaktoren

Der Betafaktor gibt an, wie hoch das systematische Risiko eines Wertpapiers bzw. eines Portfolios relativ zum Risiko des jeweils verwendeten Index ist.[123] Er kann im Rahmen des Marktmodells durch Regression der Portfoliorenditen auf die Renditen des Index geschätzt werden, wobei in Ermangelung der nicht beobachtbaren Erwartungswerte der Renditen auf die empirisch zu beobachtenden Realisationen der Portfolio- und Index-

---

[123] Erfolgt die Interpretation des Betafaktors dagegen vor dem theoretischen Hintergrund des CAPM, stellt er das systematische Risiko des Wertpapiers bzw. Portfolios relativ zum Risiko des Marktportfolios dar, vgl. **Lumby** (1988), S. 233.

renditen zurückgegriffen wird.[124] Der sich ergebende Steigungsparameter der auch als Characteristic Line bezeichneten Geraden kann als Schätzer für den Betafaktor verwendet werden. Wie in Studien zur Performance-Messung üblich, wird das Beta in den empirischen Analysen durch Regression der Portfolioüberschußrenditen auf die Überschußrenditen des Index (bzw. der Indizes bei Multiindexmodellen) geschätzt. Dadurch ist lediglich die Differenz zwischen der Wertpapierrendite und dem im Zeitablauf schwankenden risikolosen Zinssatz für die Ermittlung der Sensitivität bezüglich des systematischen Risikos relevant.[125] Gleichzeitig ergibt sich z. B. im Rahmen der Ermittlung von Jensens Alpha der Vorteil, die Schätzung des Performance-Maßes simultan mit der Betaschätzung vornehmen zu können.[126]

Die Höhe der Betafaktoren ist empirischen Untersuchungen zufolge sowohl von der gewählten Renditefristigkeit als auch von der Marktgängigkeit und Größe der Unternehmen und dem damit verbundenen Kleinfirmeneffekt abhängig.[127]

Die möglicherweise durch den Kleinfirmeneffekt bedingten Auswirkungen auf den Aussagegehalt des Betafaktors, deren Ursachen in zusätzlichen Informations-, Transaktions- sowie Verschuldungsrisiken kleiner Firmen begründet sind, stellen den Betafaktor als alleiniges Risikomaß für Nebenwerte gänzlich in Frage.[128] Dies dürfte dagegen bei den meisten Fonds eine nur untergeordnete Rolle spielen, da der Großteil der Investmentfonds eher in Standard- und liquiden Werten investiert ist.

---

[124] Vgl. **Copeland/Weston** (1988), S. 211 ff. Zum Zusammenhang zwischen Marktmodell und CAPM vgl. **Bauer** (1992), S. 27; **Möller** (1986 a), S. 54 f.; **Uhlir/Steiner** (1991), S. 193 ff.; **Beiker** (1993), S. 21 ff.

[125] Beide Schätzmethoden führen bei nicht konstanten Zinssätzen zu in ihrer Höhe allerdings als unerheblich angesehenen Differenzen der Betafaktoren. Die Bezeichnung Characteristic Line wird im übrigen nicht einheitlich verwendet. Es hat sich allerdings weitgehend durchgesetzt, die aus der Regression von Überschußrenditen geschätzte Gerade als Characteristic Line und jene auf Renditen beruhende Regression als Marktmodell zu bezeichnen, vgl. **Alexander/Francis** (1986), S. 245; **Hielscher** (1990), S. 56. Zur Vorteilhaftigkeit der Schätzung von Betas mit Überschußrenditen aufgrund der Eliminierung von Schätzfehlern, die bei Vorliegen von Korrelationen zwischen den Marktrenditen und dem risikolosen Zinssatz auftreten vgl. auch **Fogler/Ganapathy** (1982), S. 42 ff.

[126] Im Gegensatz dazu wäre auch eine Berechnung von Jensens Alpha möglich, indem von der realisierten Portfoliorendite die erwartete, mit Hilfe der CAPM-Gleichung ex post bestimmte Rendite unter Verwendung des Betafaktors des Marktmodells subtrahiert wird; vgl. die Darstellung bei **Beiker** (1993), S. 19. Der Nachteil dieser Methode besteht allerdings darin, daß eine Signifikanzprüfung des Alphas wie bei der OLS-Regression nicht möglich ist.

[127] Vgl. für den deutschen Markt **Bauer** (1992), S. 141 ff.; **Domke** (1987), S. 158 ff.

[128] Vgl. **Beiker** (1993), S. 85 ff.; **Steiner/Beiker/Bauer** (1993), S. 117 ff.

f. Statistische Anwendungsprobleme und ihre Behandlung

Die im Rahmen von Regressionen ermittelten Parameter sowohl zur Performance-Messung als auch im Rahmen der weiterführenden Untersuchungen über die Performance sowie die Bestimmungsfaktoren des Mittelaufkommens werden grundsätzlich mit Hilfe der Methode der kleinsten Quadrate (OLS - Ordinary Least Squares) geschätzt, bei deren Anwendung jedoch die Einhaltung ihrer theoretischen Prämissen zu beachten ist.[129] Nur dann ist mit dieser Methode eine Schätzung unverzerrter und auf statistische Signifikanz überprüfbarer (effizienter) Parameter möglich.

Kritisch bei der Anwendung von Regressionsanalysen im Rahmen kapitalmarkttheoretisch orientierter empirischer Untersuchungen sind regelmäßig die Annahmen über die Störvariablen der Regressionen. Bei multiplen Regressionen tritt zusätzlich das Problem der Kollinearität der Regressoren auf.[130] Insbesondere die Erfüllung der Annahmen hinsichtlich der Homoskedastizität der Störvariablen und der paarweisen Unkorreliertheit ihrer Ausprägungen ist häufig nicht gegeben. Die Normalverteilungsannahme der Störvariablen dagegen ist nicht allzu problematisch.[131]

Autokorrelation in den Störvariablen kann insbesondere bei Zeitreihenuntersuchungen auftreten und bedeutet, daß Interdependenzen zwischen den Störvariablen vorliegen, d. h. die Abweichungen von der Regressionsgeraden sind nicht mehr zufällig.[132] Damit ist die Prämisse des Regressionsmodells, daß $Cov(u_i, u_j) = 0$, nicht gegeben.[133] Gründe

---

[129] Allgemein zu den Prämissen der OLS-Regression sowohl im Kontext der linearen Einfach- als auch Mehrfachregression (Multiple Regressionsanalyse) vgl. **Schneeweiß** (1978), S. 36 f.; **Bleymüller/Gehlert/Gülicher** (1991), S. 148 ff.; **Newbold** (1984), S. 504 f.; **Beiker** (1993), S. 203 ff. Die nichtlineare quadratische Regression von *Treynor/Mazuy* läßt sich als lineare Zweifachregression interpretieren, vgl. **Bleymüller/Gehlert/Gülicher** (1991), S. 176.

[130] Weitere Probleme betreffen Meßfehler der Variablen, Ausreißer u. a., vgl. dazu **Fogler/Ganapathy** (1982), S. 35 ff. Zu den Problemen im Rahmen empirischer Untersuchungen im Finanzbereich allgemein vgl. den Überblick bei **Theobald** (1986), S. 242 ff.

[131] Vgl. **Krämer/Sonnberger** (1986), S. 40 ff.; **Schneeweiß** (1978), S. 62. Einen Anhaltspunkt über die Normalverteilung der Residuen geben bereits die Untersuchungen zur Verteilungseigenschaft der Renditen der einzelnen Fonds bzw. Portfolios. Sind letztere normalverteilt, ist auch die Normalverteilung der Residuen aufgrund der Reproduktionseigenschaft der Normalverteilung grundsätzlich gegeben, vgl. **Warfsmann** (1993), S. 42.

[132] Vgl. **Bleymüller/Gehlert/Gülicher** (1991), S. 159; **Backhaus u.a.** (1990), S. 37.

[133] Das Ausmaß der Autokorrelation zwischen den u_i und den im Abstand s vorhergehenden u_{i-s} wird durch den Autokorrelationskoeffizienten ρ s-ter Ordnung angegeben: $\rho^s = \dfrac{Cov(u_i, u_{i-s})}{\sigma_u^2}$.

Für u_i ergibt sich dann: $u_i = \rho\, u_{i-1} + \varepsilon_i$, wobei $|\rho| < 1$ und der neue Störterm ε_i die Bedingungen $E(\varepsilon_i) = E(\varepsilon_i, \varepsilon_{i-s}) = 0$ und $E(\varepsilon_i^2) = \sigma_\varepsilon^2$ erfüllt. Durch fortgesetzte Substitution der jeweils vorhergehenden u_i ergibt sich schließlich $u_i = u_i = \sum_{s=0}^{\infty} \rho^s \varepsilon_{i-s}$, vgl. **Assenmacher** (1980), S. 144. Dabei wird der Koeffizient i im allgemeinen durch t ersetzt, da Autokorrelation normalerweise im Rahmen von Zeitreihenuntersuchungen auftritt, vgl. **Kmenta** (1986), S. 300 ff. Darüber

können im Fehlen weiterer notwendiger Variablen, einer falschen Funktionalform der Regressionsfunktion oder in Strukturbrüchen liegen.

Die Prämisse der Homoskedastizität fordert, daß die Höhe der Störvariablen von der Ausprägung der Beobachtungswerte und von der Periode unabhängig ist sowie gleichbleibend über die Werte der abhängigen Variablen streut, d. h. die Varianz der Störvariablen ist für alle Beobachtungen konstant.[134] Ist dies nicht der Fall, liegt Heteroskedastizität der Störvariablen vor. Heteroskedastizität ist vorwiegend bei Querschnittsregressionen zu beobachten, kann jedoch auch bei Zeitreihenuntersuchungen auftreten. Dies kann insbesondere dann der Fall sein, wenn sich diese über einen langen Zeitraum erstrecken und die Variablen einem starken Trend folgen.[135]

Sowohl das Vorliegen von Autokorrelation als auch von Heteroskedastizität der Störvariablen führt zwar zu weiterhin unverzerrten und konsistenten Schätzwerten der Regressionsparameter.[136] Diese sind jedoch nicht mehr absolut effizient und auch nicht mehr asymptotisch effizient, und die geschätzte Kovarianzmatrix ist verzerrt.[137] Da die Schätzwerte für die Varianzen der Störvariablen verzerrt sind und zumeist unterschätzt werden, kann es auf der Grundlage der gewöhnlich verwendeten t- und F-Tests zu Fehlurteilen bezüglich der statistischen Signifikanz der Regressionsparameter kommen.[138] Darüber hinaus kann das Vorliegen einer Verletzung der Annahmen immer auch ein mögliches Anzeichen für eine Fehlspezifikation des Modells sein. Deshalb wird grundsätzlich in einem ersten Schritt geprüft, ob davon ausgegangen werden kann, daß die Störvariablen die genannten Voraussetzungen erfüllen.[139] Ist dies nicht der Fall,

---

hinaus wird zumeist von einer Korrelation 1. Ordnung ausgegangen, d. h. u_i wird auf den unmittelbar vorhergehenden Wert u_{i-1} bezogen.

[134] Vgl. **Schneeweiß** (1978), S. 39; **Assenmacher** (1980), S. 154; **Kmenta** (1986), S. 269.

[135] Vgl. **Hübler** (1989), S. 154; **Assenmacher** (1980), S. 154. Heteroskedastizität bei Zeitreihenuntersuchungen ist z.B. auch bei der Bestimmung der Betafaktoren mit Hilfe des Marktmodells relevant, vgl. **Karathanassis/Patsos** (1993), S. 1429, und die dort angegebene Literatur.

[136] Dies gilt nur unter der Voraussetzung, daß keine Mißspezifikation des Modells selbst vorliegt.

[137] Vgl. **Gujarati** (1978), S. 197 und 225 f.

[138] Vgl. **Goldfeld/Quandt** (1972), S. 83 f.; **Gujarati** (1978), S. 199 und S. 226.; zu den Konsequenzen eines Verstoßes gegen die Homoskedastizitätsannahme im Rahmen der Anwendung von Timingmaßen vgl. **Breen/Jagannathan/Ofer** (1986), S. 586 f.

[139] Da die Störvariablen nicht direkt beobachtbar sind, werden für die Prüfung der Prämissen ersatzweise die Residuen der Regression verwendet. Auf die Unverzichtbarkeit der Residualanalyse weisen z. B. **Behnken/Draper** (1972), S. 101, hin. Bei bestimmten Untersuchungen kann von vornherein von möglichen Verletzungen der Prämissen des Regressionsmodells ausgegangen werden. So ist im Fall von Timingfähigkeiten der Manager grundsätzlich vom Vorliegen heteroskedastischer Störvariablen bei der Anwendung von OLS-Regressionen auszugehen. Relevant ist dieser Fall insbesondere im Rahmen der Untersuchungen über die Robustheit der Performance-Maße, weil in diesen erfolgreiche Timingfähigkeiten simuliert werden. Darüber hinaus ist anzumerken, daß die eingesetzten Tests zur Residuenanalyse neben ihren spezifischen Schwächen generell den Nachteil aufweisen, daß sie jeweils nur eine bestimmte Art von Beziehungen zwischen den Residuen überprüfen, ohne dabei gegenüber einer anderen Art der Mißspezifikation robust zu

werden in einem zweiten Schritt alternative Vorgehensweisen eingesetzt, die im Vergleich zu den Standardmethoden zu effizienteren Schätzungen der Regressionsparameter führen.

Die Überprüfung der Störvariablen auf Autokorrelation erfolgt mit dem Dur-
bin/Watson-Test.[140] Dieser prüft die Nullhypothese, daß die Residuen der Regression
nicht autokorreliert sind. Voraussetzung für die Effizienz dieses Tests ist, daß die Residuen normalverteilt sind. Dabei wird die Nullhypothese dann abgelehnt, wenn die Prüfgröße

$$(D.2) \qquad d = \frac{\sum\limits_{t=2}^{T}(\varepsilon_t - \varepsilon_{t-1})^2}{\sum\limits_{t=1}^{T}\varepsilon_t^{\,2}}$$

die von der gewählten Irrtumswahrscheinlichkeit, vom Stichprobenumfang sowie von
der Anzahl der Variablen in der Regression abhängige untere kritische Toleranzgrenze
d_u unter- (positive Autokorrelation) bzw. die obere kritische Toleranzgrenze d_o überschreitet (negative Autokorrelation). Liegt d innerhalb der Toleranzgrenzen, kann die
Nullhypothese weder eindeutig angenommen noch abgelehnt werden.[141] Mit dem Dur-
bin/Watson-Test wird lediglich die Autokorrelation 1. Ordnung überprüft.[142] Die Beurteilung erfolgt dabei auf der Grundlage der kritischen Werte bei einem Signifikanzniveau von 5% bei zweiseitiger Fragestellung.[143]

Deuten die Durbin/Watson-Werte auf autokorrelierte Residuen hin, werden die Regressionsparameter mit auf der Basis des Verfahrens von *Cochrane/Orcutt* transfor-
mierten Variablen erneut geschätzt.[144]

---

sein; vgl. **Bera/Jarque** (1982), S. 60 ff., die einen Test vorschlagen, der mehrere Hypothesen simultan überprüft.

[140] Vgl. **Durbin/Watson** (1951).

[141] Auf den Durbin/Watson-Test soll hier wegen seiner Bekanntheit nicht weiter eingegangen werden; vgl. dazu ausführlich **Gujarati** (1978), S. 235 ff.; **Bamberg/Schittko** (1979), S. 66 ff.;
Backhaus/Erichson/Plinke/Weiber (1990), S. 37 ff.

[142] Auf einen Test auch anderer Ordnungen wurde verzichtet.

[143] Die kritischen Toleranzgrenzen sind bei **Durbin/Watson** (1951), S. 173 ff., bis n = 100 vertafelt.
Für größere Stichprobenumfänge bis n = 200 finden sich kritische Toleranzgrenzen beispielsweise bei **Kmenta** (1986), S. 763 f. Die Tabellen enthalten lediglich die Toleranzgrenzen d_u und d_o
für den Test auf positive Autokorrelation. Die entsprechenden Toleranzgrenzen d_u^- und d_o^- für
den Test auf negative Autokorrelation kann, da die Teststatistik d auf einer symmetrischen Verteilung beruht, berechnet werden über $d_u^- = 4 - d_o$ und $d_o^- = 4 - d_u$.

[144] Vgl. zur Vorgehensweise im Rahmen dieses Verfahrens **Newbold** (1984), S. 598; **Kmenta**
(1986), S. 314 f.

- 238 -

Dabei wird aus den Residuen der gewöhnlichen OLS-Regression zunächst der Autokorrelationskoeffizient 1. Ordnung geschätzt, der sich ergibt aus[145]

$$(D.3) \qquad \hat{\rho} = \frac{\sum_{t=2}^{T} \varepsilon_t \varepsilon_{t-1}}{\sum_{t=2}^{T} \varepsilon_{t-1}^2}.$$

Mit Hilfe dieses geschätzten Autokorrelationskoeffizienten erfolgt dann die Transformierung der ursprünglichen Beobachtungswerte $y_{Pt} = R_{Pt} - R_{ft}$ und $x_{Et} = R_{Et} - R_{ft}$ in $y'_{Pt} = R_{Pt} - R_{ft} - \hat{\rho} \, (R_{Pt-1} - R_{ft-1})$ und $x'_{Et} = R_{Et} - R_{ft} - \hat{\rho} \, (R_{Et-1} - R_{ft-1})$, auf deren Basis eine erneute Schätzung der Parameter mit einer zweiten OLS-Regression, hier dargestellt am Beispiel der Regression zur Ermittlung von Jensens Alpha, erfolgt:

$$(D.4) \qquad y'_{Pt} = \alpha_P^* + b_P^* x'_{Et} + \varepsilon_{Pt}^*,$$

wobei $\qquad \alpha_P^* = \alpha_P (1 - \hat{\rho}).$ [146]

Der sich ergebende Störterm ε_{Pt}^* kann erneut mit Hilfe des Durbin/Watson-Tests auf Autokorrelation geprüft und die Prozedur analog wiederholt werden. In der Regel ist jedoch bereits nach der ersten Iteration eine Schätzung vertrauenswürdiger Regressionsparameter möglich.

Da die Schlußfolgerungen aus dem Durbin/Watson-Test nur dann aussagekräftig sind, wenn die Beobachtungswerte normalverteilt sind, wird grundsätzlich auch die Normalverteilung der Residuen getestet. Dabei wird mit der Shapiro-Wilk-Statistik ein Test eingesetzt, der die im Wahrscheinlichkeitspapier enthaltene Information quantifiziert.[147] Diese auf der Regressionstechnik beruhende Methode identifiziert auch sehr geringe Abweichungen von der Normalverteilung und wird bis zu einer Stichprobengröße von 50 Beobachtungen als wirksamer angesehen, als die auch unter der Bezeichnung Distanz-Test geläufigen Tests, wie z. B. der Kolmogorov-Smirnov-Test oder der χ^2-Anpassungstest.[148]

---

[145] Eine erwartungstreue Schätzung von ρ kann auch aus der Testgröße d des Durbin/Watson-Tests mit $\hat{\rho} = 1 - DW / 2$ erfolgen, vgl. **Bamberg/Schittko** (1979), S. 69.

[146] Während b_P^* direkt den Schätzwert für b_P darstellt, muß α_P demnach aus dem geschätzten Wert berechnet werden mit $\alpha_P = \alpha_P^* (1 - \hat{\rho})$. Die Standardabweichung beträgt $s_{\alpha P} = s_{\alpha^* P} / (1 - \hat{\rho})$, vgl. **Kmenta** (1986), S. 315.

[147] Vgl. **Shapiro/Wilk** (1965); **Royston** (1982 b), S. 430 f. Zum Wahrscheinlichkeitspapier vgl. **Bleymüller/Gehlert/Gülicher** (1991), S. 69 f.

[148] Dies gilt insbesondere bezüglich der Identifikation von Differenzen gegenüber der Normalverteilung, die auf eine abweichende Schiefe oder Kurtosis zurückzuführen sind, vgl. **D'Agostino** (1971), S. 341; **Shapiro/Wilk/Chen** (1968), S. 1371. Um den Shapiro-Wilk-Test bei mehr als 50 Beobachtungen einsetzen zu können, sind verschiedene Modifikationen vorgeschlagen worden, vgl. z. B. **Shapiro/Francia** (1972). Deren Erweiterung wird jedoch kritisch beurteilt, vgl. **Pear-**

Neben ihrer grundsätzlichen Relevanz in Querschnittsuntersuchungen ist Heteroskedastizität im Rahmen von Untersuchungen zur Performance von aktiv gemanagten Portfolios besonders dann wahrscheinlich, wenn sich aufgrund von Timingaktivitäten die Zusammensetzung der Portfolios verändert. In diesem Fall ist die Varianz der Fondsrenditen selbst dann nicht mehr konstant, wenn der Renditegenerierungsprozeß der einzelnen Wertpapiere stationär ist.[149] Vielmehr ist die Varianz der Störvariablen eine Funktion der Überschußrendite des Marktes, weshalb auch von bedingter Heteroskedastizität gesprochen wird. Zur Überprüfung, ob Heteroskedastizität vorliegt, kann auf verschiedene Tests zurückgegriffen werden.[150]

Hier wird mit dem Korrelationskoeffizienten 'tau' von *Kendall* ein nichtparametrisches Verfahren eingesetzt, das den Vorteil besitzt, keine lineare Abhängigkeit zwischen der Störvariablen und der erklärenden Variablen vorauszusetzen.[151] Die Durchführung des Tests erfordert zunächst die Ordnung der Marktüberschußrenditen mit den korrespondierenden absoluten Werten der Residuen in eine aufsteigende Reihenfolge entsprechend der Höhe der Marktüberschußrenditen. Sowohl den r_{Et} als auch den entsprechenden absoluten Werten der Residuen $|\varepsilon_{Pt}|$ werden dann Rangzahlen zugeordnet. Daraus wird schließlich die beobachtete Anzahl n_k der konkordanten Paare $(r_{Et}, |\varepsilon_{Pt}|)$ und $(r_{Et+1}, |\varepsilon_{Pt+1}|)$ ermittelt. Dies sind solche Paare, bei denen $r_{Et} > r_{Et+1}$ auch $|\varepsilon_{Pt}| > |\varepsilon_{Pt+1}|$ oder $r_{Et} < r_{Et+1}$ auch $|\varepsilon_{Pt}| < |\varepsilon_{Pt+1}|$ impliziert. Entsprechend resultiert die Anzahl n_d der als diskordant bezeichneten Paare aus den anderen als den obigen Konstellationen.

Daraus ergibt sich schließlich der Korrelationskoeffizient von Kendall mit

$$(D.5) \qquad tau = \frac{n_k - n_d}{n(n-1)/2}.$$

Für Stichprobenumfänge von $n \geq 8$ ist 'tau' approximativ normalverteilt. Die Teststatistik ist gegeben mit

$$(D.6) \qquad z = \frac{tau}{\left[\dfrac{2(2n+5)}{9n(n-1)}\right]^{1/2}}.$$

son/D'Agostino/Bowman (1977), S. 236. Hier wird auf die von **Royston** (1982 a) vorgeschlagene Ausdehnung der Shapiro-Wilk-Statistik zurückgegriffen. Zum Shapiro/Wilk-Test vgl. auch **Wilrich/Henning** (1987), S. 131 und S. 134 ff.

[149] Vgl. **Henriksson/Merton** (1981), S. 530; **Lehmann/Modest** (1987), S. 248; **Grinblatt/Titman** (1988), S. 19 f.

[150] Vgl. dazu **Pindyck/Rubinfeld** (1981), S. 146 ff.; **Kmenta** (1986), S. 292, und die kurze Beurteilung verschiedener Verfahren bei **Karathanassis/Patsos** (1993), S. 1424 f.

[151] Zum Rangkorrelationskoeffizienten von *Kendall* vgl. **Büning/Trenkler** (1978), S. 262 ff., und **Lienert** (1973), S. 608 ff. Die Anwendung dieses Tests gegenüber dem Rangkorrelationskoeffizienten von *Spearman* ist hier willkürlich, da die Effizienz beider Tests ab einer Stichprobengröße von mehr als 30 Beobachtungen identisch ist.

Dabei lautet die Nullhypothese, daß keine Beziehung zwischen r_{Mt} und den Residuen vorliegt. Eine signifikante Korrelation deutet somit auf eine Verletzung der Homoskedastizitätsannahme hin.

Neben diesem Rangtest wird mit dem White-Test zusätzlich ein weiterer nichtparametrischer Test eingesetzt, der ebenfalls keine Normalverteilung der Residuen als Prämisse benötigt und keinerlei Annahmen über die Form der Heteroskedastizität trifft.[152] Dieser Test basiert auf einem Vergleich der unter der Annahme der Homoskedastizität mit Hilfe der OLS - Methode geschätzten Kovarianzmatrix und der heteroskedastizitäts-konsistenten Kovarianzmatrix. Beide Schätzer sind bei Annahme der Nullhypothese, daß die Störvariablen homoskedastisch sind, asymptotisch identisch.[153] Nach einer Modifikation der für den Test erforderlichen Bedingungen ergibt sich eine annähernd äquivalente, rechentechnisch aber einfacher zu handhabende Teststatistik, die sich aus einer Hilfsregression der quadrierten Residuen aus der OLS-Regression gegen die ursprünglichen Regressoren sowie ihrer Quadrate und Kreuzprodukte ergibt.[154] Das entsprechende multiple Bestimmtheitsmaß multipliziert mit dem Stichprobenumfang, $n \cdot R^2$, ergibt die Teststatistik, die unter der Nullhypothese asymptotisch einer Chi-Quadrat-Verteilung mit $DF = [K(K+1)]/2$ Freiheitsgraden gehorcht, wobei die Anzahl der Freiheitsgrade der Zahl linear unabhängiger Regressoren aus der Hilfsregression (ohne den konstanten Term) entspricht.[155] Als Vorteil dieses Tests ist zu werten, daß er keine Vorabkenntnisse über die Form der Heteroskedastizität benötigt. Ferner besteht ein Vorteil der heteroskedastizitäts-konsistenten Kovarianzmatrix darin, daß trotz schwach ausgeprägter Heteroskedastizität Konfidenzintervalle berechnet werden können.[156] Diese Vorteile sind jedoch mit einer relativ geringen Trennschärfe des Tests verbunden.[157]

Grundsätzlich kann ein Verstoß gegen die Homoskedastizitätsannahme auf verschiedene Art und Weise berücksichtigt werden. Liegt vorab Kenntnis über die Varianz der einzelnen Störvariablen bzw. der Residuen des Regressionsmodells vor oder sind angemessene Annahmen über die Form der Heteroskedastizität möglich, bietet sich eine Schätzung der Parameter mit Hilfe der gewichteten Kleinste-Quadrate-Methode (WLS

---

[152] Vgl. **White** (1980), S. 817; dieser Test wurde im Ansatz bereits durch **Eicker** (1963) entwickelt; vgl. zu diesem Test auch **Kmenta** (1986), S. 295 f. Dieser weist auf die Äquivalenz dieses Tests mit dem modifizierten Breusch/Pagan-Test hin.

[153] Vgl. **White** (1980), S. 822 ff.; er weist darauf hin, daß der Test nur dann als Test auf Heteroskedastizität verstanden werden kann, wenn eine Mißspezifikation des Regressionsmodells ausgeschlossen werden kann. Deutet der Test auf die Annahme der Nullhypothese hin, ist dies zugleich auch als Hinweis auf die korrekte Spezifikation des linearen Modells zu werten.

[154] Vgl. **White** (1980), S. 824 f.; **Newbold** (1984), S. 586 f; **Kmenta** (1986), S. 296.

[155] Das heißt, daß die Nullhypothese homoskedastischer Störvariablen dann abgelehnt wird, wenn zum gewählten Signifikanzniveau der Wert $nR^2 > \chi^2_{krit.}$ ist.

[156] Vgl. **White** (1980), S. 828.

[157] Vgl. **White** (1980), S. 826 f.; **Greene** (1990), S. 420.

- Weighted Least Squares) an. Bei Anwendung dieser Methode werden im Gegensatz zur OLS - Regression alle Variablen der Regressionsgleichung durch die Standardabweichung ihrer Störgrößen dividiert. Dies hat zur Folge, daß Beobachtungen mit einer großen Varianz der Störvariable mit einem geringeren Gewicht in die Schätzung eingehen als solche, deren Varianz gering ist.[158] Die Standardabweichung der Störgrößen wird dabei aufgrund von Annahmen oder -seltener- durch a-priori-Informationen geschätzt.[159] Diese Methode ist als Spezialfall der verallgemeinerten Kleinste Quadrate-Methode (GLS- Generalized-Least-Squares) allerdings nur dann anwendbar, wenn nicht gleichzeitig Autokorrelation oder Intrakorrelation der Störvariablen vorliegt.[160]

Eine weitere Möglichkeit zur Berücksichtigung von Heteroskedastizität ist die Ermittlung der t-Werte auf der Basis des bereits oben erwähnten heteroskedastizitäts-konsistenten Schätzers für die Varianzen der Regressionskoeffizienten.[161] Diese Methode erwies sich in einer Untersuchung, die die Erfassung der Heteroskedastizitätsproblematik im Rahmen von Studien zur Identifikation von Timingaktivitäten zum Gegenstand hatte, im Vergleich zur alternativen WLS-Schätzung als besonders geeignet.[162] Grundsätzlich ist zwar die Präzision der Schätzungen auf der Grundlage einer WLS-Schätzung größer, sofern die Parameter, die die Heteroskedastizität spezifizieren, bekannt sind Letzteres ist jedoch nur im Rahmen von Simulationen der Fall. Deshalb wird der Korrektur der t-Werte auf der Grundlage des alternative Formen bedingter Heteroskedastizität berücksichtigenden Varianz-Kovarianz-Schätzers der Vorzug gegeben. Daher

---

[158] Im Gegensatz dazu erfolgt bei der OLS - Methode implizit eine Höhergewichtung von Beobachtungen, deren Störvariablen eine größere Varianz aufweisen, da die Summe der quadrierten Residuen, die mit einer großen Varianz der Störvariablen einhergeht, im Vergleich zu der mit einer geringeren Varianz wesentlich größer ist. Vgl. zur WLS-Methode **Pindyck/Rubinfeld** (1981), S. 142 ff.; **Kmenta** (1986), S. 607 ff., und im Kontext kapitalmarkttheoretischer Untersuchungen **Fogler/Ganapathy** (1982), S. 70 ff.

[159] A-priori-Informationen sind z. B. insbesondere im Rahmen von Querschnittsuntersuchungen durch Rückgriff auf vorherige empirische Untersuchungsergebnisse erhältlich oder durch theoretische Überlegungen gegeben. Zur Ermittlung der Gewichte durch eine Hilfsregression der absoluten Werte der mit Hilfe der OLS-Methode geschätzten Residuen auf die entsprechend dem Timingmodell modellierte Marktrendite vgl. **Henriksson** (1984), S. 80 f.

[160] Intratemporale Korrelation bzw. kontemporäre Korrelation liegt z. B. in der Regel zwischen Aktien derselben Branche vor; vgl. **Judge u.a.** (1988), S. 443. Im Fall, daß sowohl Autokorrelation und Heteroskedastizität der Störvariablen vorliegt, sind die GLS-Methode und ihre verschiedenen Varianten einzusetzen.

[161] Vgl. **White** (1980); **Hansen** (1982) sowie im Kontext von Zeitreihenuntersuchungen **Hsieh** (1983). Die Parameter werden dabei nach wie vor mit Hilfe der OLS-Methode geschätzt, da sie, obwohl ineffizient, konsistent sind, vgl. **Breen/Jagannathan/Ofer** (1986), S. 596.

[162] Vgl. **Breen/Jagannathan/Ofer** (1986), S. 594. Ein Ergebnis der Untersuchungen ist, daß die Bedeutung der Heteroskedastizitätskorrektur abnimmt, sofern die Marktrenditen normalverteilt sind, **Breen/Jagannathan/Ofer** (1986), S. 589. Die Simulationsergebnisse der Autoren beruhen dabei auf dem Modell von *Henriksson/Merton*. Sie gehen aber davon aus, daß die Schlußfolgerungen grundsätzlich auch für die auf einer quadratischen Regression beruhenden Modelle von *Treynor/Mazuy* und *Bhattacharya/Pfleiderer* übertragbar sind, vgl. **Breen/Jagannathan/Ofer** (1986), S. 586.

werden grundsätzlich neben den OLS-t-Statistiken auch jene nach *White* ermittelt.[163] Es ist allerdings einschränkend darauf hinzuweisen, daß der heteroskedastizitäts-konsistente Schätzer nach dem Verfahren von *White* nur asymptotisch korrekte Schlußfolgerungen über die Signifikanz der Parameter erlaubt, so daß die Überlegenheit gegenüber den einfachen OLS-t-Statistiken in kleinen Stichprobengrößen nicht gewährleistet ist.[164]

Bei multiplen Regressionsanalysen ist das Auftreten von Kollinearität zwischen den exogenen Variablen problematisch, das zu schwerwiegenden Test- und Schätzschwierigkeiten bzw. -fehlern führen kann.[165] Dies ist in der vorliegenden Untersuchung von besonderer Relevanz, da vor allem zwischen den in den Multiindexmodellen eingesetzten Aktienindizes zum Teil hohe Korrelationen auftreten, die zumindest eine grobe Abschätzung über die Wahrscheinlichkeit des Vorliegens von Kollinearität erlauben.[166]

Um der Kollinearität Rechnung zu tragen und eine Separierung des Nettoeinflusses bei Hinzufügung weiterer Indizes zu einem Einindexmodell zu erlauben, wird in einigen Teiluntersuchungen eine Orthogonalisierung der Variablen vorgenommen.[167] Die Bereinigung erfolgt derart, daß zunächst die Renditen des neu in das Modell aufgenommenen Index gegen die Renditen des als ersten Faktor unverändert in das Modell eingehenden

---

[163] Diesen Vorschlag machen auch **Breen/Jagannathan/Ofer** (1986), S. 593. **Hsieh** (1983), S. 287, der die Ergebnisse von *White* auf Zeitreihenuntersuchungen ausdehnt, regt an, immer den *White*-Schätzer zur Beurteilung der Signifikanz heranzuziehen. Er begründet dies mit den seiner Meinung nach weniger schwerwiegenden Konsequenzen, die eine ungerechtfertigte Ablehnung homoskedastischer Störvariablen im Vergleich zu einer nicht gerechtfertigten Annahme homoskedastischer Störvariablen zur Folge hat. Darüber hinaus stellt er nur geringe Verzerrungen bei der Nutzung des heteroskedastizitäts-konsistenten Schätzers auch im Fall homoskedastischer Störterme fest. Letzteres steht allerdings, bezogen auf kleine Stichprobenumfänge, im Gegensatz zu den Resultaten von **MacKinnon/White** (1985), S. 313, die in ihren Untersuchungen im Gegensatz zu *Hsieh* Verzerrungen beobachten, wenn die t-Werte auf der Grundlage des *White*-Schätzers berechnet werden, obwohl keine Heteroskedastizität vorliegt. Sie schlagen daher die Bootstrap-Methode vor, um die Aussagefähigkeit der Signifikanzbeurteilung in kleinen Stichproben zu erhöhen.

[164] Vgl. **MacKinnon/White** (1985), S. 313; aufgrunddessen verzichten z. B. **Grinblatt/Titman** (1988), S. 19 f., ausdrücklich auf die Korrektur der t-Werte. Monte Carlo Simulationen haben allerdings gezeigt, daß der *White*-Schätzer bereits ab einer Stichprobengröße von 50 und 100 Beobachtungen gute Ergebnisse liefert, vgl. **Cumby/Modest** (1987), S. 181, sowie Hsieh (1983), dessen Ergebnisse einen Stichprobenumfang von 200 Beobachtungen nahelegen.

[165] Dies gilt unbeschadet der Tatsache, daß eine OLS-Regression auch bei Kollinearität die BLUE-Eigenschaft (best linear unbiased estimator) besitzt; zu den statistischen Auswirkungen der Kollinearität auf die Schätzungen vgl. **Schneeweiß** (1978), S. 136; **Gujarati** (1978), S. 177 ff.; **Assenmacher** (1980), S. 136 ff.; **Judge u.a.** (1988), S. 868 ff.

[166] Auf die nur eingeschränkte Aussagekraft der Korrelation bei mehr als drei Regressoren weist **Maddala** (1977), S. 185, hin. Zu Möglichkeiten der Messung von Kollinearität vgl. **Kmenta** (1986), S. 438 f. Auf deren Messung wird hier verzichtet, da einerseits bei Einsatz mehrerer Indizes grundsätzlich von einem hohen Grad an Kollinearität ausgegangen werden kann. Andererseits sind ohnehin keine eindeutigen Werte vorgegeben, deren Erreichen schwerwiegende Auswirkungen auf die Aussagefähigkeit von Schätzungen anzeigen; vgl. **Backhaus/Erichson/Plinke/Weiber** (1990), S. 34.

[167] Zu weiteren Alternativen der Berücksichtigung der Kollinearität vgl. **Schneeweiß** (1978), S. 139 ff.; **Gujarati** (1978), S. 183 ff.

Index regressiert werden. Der neue, orthogonalisierte Index ergibt sich dann zum Zeitpunkt t aus der Konstanten und dem jeweiligen Residuum zum Zeitpunkt t.[168] Soll z. B. im Rahmen eines Zwei-Indexmodells bei Verwendung des DAFOX BC und des REXP letzterer orthogonalisiert werden, ergibt sich der neue Index mit[169]

$$(D.7) \qquad R_{REX_t}^{Ortho} = R_{DAF_t} - \left[\frac{Cov(R_{DAF_t}, R_{REX_t})}{Var(R_{DAF_t})} \right] \cdot R_{DAF_t}.$$

Bei Einsatz mehrerer Indizes werden die nachfolgenden Indizes vom Einfluß aller vorangehenden Indizes bereinigt, indem sie zunächst auf den ersten Index regressiert werden und der so gebildete orthogonalisierte Index gegen den nächsten Index regressiert wird. Die auf diese Art und Weise sequenziell orthogonalisierten Indizes gehen dann als Regressoren in die OLS-Regression ein.

Grundsätzlich sind bei einer derartigen Vorgehensweise zwei Aspekte zu beachten. Zum einen ist zwar eine Separierung des Nettoeinflusses bei Hinzufügung eines weiteren Index möglich. Faktisch bedeutet dies jedoch keine Generierung zusätzlicher Information, da letztlich nur eine Transformation der Variablen vorgenommen wird. Zum anderen verlieren die orthogonalisierten Indizes ihren ursprünglichen Charakter als ökonomisch interpretierbare Renditen eines passiven Benchmarkportfolios. Der Koeffizient zeigt lediglich den zusätzlichen marginalen Einfluß eines neuen Index an, der nicht schon durch den ersten Index erfaßt wird, und läßt eine Schlußfolgerung über dessen Signifikanz zu.[170]

Da die statistischen Vorteile einer Orthogonalisierung nicht überbewertet werden dürfen, wird sie im Hinblick auf den damit verbundenen Aufwand lediglich für das Drei-Index-Modell durchgeführt.[171]

4. Deskriptive Statistik der Fonds und Indizes

Die deskriptiven Statistiken in der Tabelle D.4 geben einen ersten Überblick über die Fonds und ihre Anteilpreis- respektive Renditeentwicklungen.

---

[168] Vgl. zu dieser Vorgehensweise auch **Elton/Gruber/Das/Hlavka** (1993), S. 9 f. Eine formale Herleitung der Orthogonalisierung von Indizes findet sich bei **Elton/Gruber** (1991 a), S. 148 f., sowie **Fogler/Ganapathy** (1982), S. 61 und S. 186 f.

[169] Dieser Index ist äquivalent mit den Residuen einer linearen Regression des REX auf den DAFOX BC, wenn die Konstante dieser Regression unterdrückt wird, vgl. **Fogler/Ganapathy** (1982), S. 61.

[170] Vgl. **Fogler/Ganapathy** (1982), S. 63. Die Signifikanz kann über den einfachen t-Test oder aber auch direkt über den F-Wert erfolgen.

[171] Vgl. **Fogler/Ganapathy** (1982), S. 60 ff. Auch aus ökonomischen Überlegungen kann eine Orthogonalisierung angezweifelt werden, vgl. dazu z. B. **Nowak** (1994), S. 183.

Tab. D.4: **Deskriptive Statistik der Investmentfonds, des Zinssatzes und verschiedener Indizes im Teilzeitraum 4/86 - 12/91**

Nr.	Name des Fonds	FV	N	μ	σ	Schiefe	Kurtosis	S/W	P<S/W
R2	Fondak	688,0	69	0,00907	0,2245	-1,2589	3,162	0,92537	0,0004
R3	Fondra 1)	352,3	69	0,00522	0,1523	-1,3036	3,194	0,90774	0,0001
R4	Adifonds	488,0	69	0,01487	0,2103	-1,3769	3,713	0,91603	0,0001
R7	Adiverba 2)	716,8	69	-0,02507	0,1993	-1,5861	5,786	0,91543	0,0001
R9	Plusfonds	227,1	69	0,03574	0,1959	-1,2904	3,453	0,91964	0,0002
R82	Dekafonds	1488,9	69	0,01394	0,2255	-1,0903	2,518	0,94350	0,0069
R120	Concentra	1113,3	69	0,03224	0,2155	-1,0806	2,391	0,93621	0,0022
R122	DIT-Fonds f. V.	593,7	69	0,07119	0,1783	-1,0827	2,141	0,93546	0,0020
R126	Thesaurus	367,0	69	0,02565	0,2172	-1,1772	2,628	0,92916	0,0007
R138	DIT-Wachstum 3)	245,1	69	-0,01798	0,2301	-1,3676	3,860	0,91456	0,0001
R139	DIT-Spezial 4)	141,9	69	0,01993	0,2020	-1,2138	3,263	0,94210	0,0056
R164	Investa	1411,7	69	0,02921	0,2083	-0,9654	2,088	0,94434	0,0078
R169	GKD-Fonds 1)	113,2	69	0,02912	0,1053	-1,3403	3,816	0,92297	0,0003
R171	DWS-Bayern 5)	14,5	69	-0,00887	0,1957	-1,5840	4,131	0,89546	0,0001
R201	FT-Frankf.Eff.	411,4	69	0,04651	0,1637	-1,1132	2,334	0,92179	0,0002
R310	SMH-Spezial I 3)	515,0	69	0,07968	0,1795	-0,5752	0,674	0,96464	0,1346
R322	Unifonds	1738,0	69	0,02150	0,2065	-1,1720	2,580	0,91685	0,0001
R325	Unirak 1)	158,3	69	0,00225	0,1573	-3,4315	19,697	0,76228	0,0001
R360	Oppenh.-Priv. 6)	30,9	69	0,01485	0,1919	-2,2102	8,810	0,84731	0,0001
R541	Main-I-Univ.	24,7	69	0,01054	0,2194	-1,1668	2,583	0,92925	0,0007
R680	MK Alfakap.	257,8	69	0,00414	0,1818	-1,1369	2,787	0,93460	0,0017
DREN	Durchschnitt 7)	528,5	69	0,01749	0,1804	-1,3783	3,651	0,91887	0,0001

Nr./Bez.	Geldmarktsatz/Indizes		N	μ	σ	Schiefe	Kurtosis	S/W	P<S/W
Rf	Geldmarktsatz für 1 Monat		69	0,06027	0,0061	0,1534	-1,618	0,85725	0,0001
DAX	DAX		69	0,01096	0,2380	-0,9882	2,611	0,93383	0,0015
FAZ	FAZ		69	-0,01334	0,2380	-1,0960	2,760	0,92933	0,0008
CBK	CBIND		69	-0,02517	0,2431	-1,0199	2,459	0,93695	0,0025
FWB	FWBIND		69	-0,01603	0,2351	-1,0213	2,570	0,94290	0,0063
GG	Gleichgewichteter Index		69	0,07802	0,1847	-1,1572	2,940	0,93528	0,0019
800	DAFOX (gesamt)		69	0,01179	0,2298	-1,1408	2,819	0,92930	0,0008
801	DAFOX (Blue Chip)		69	0,01350	0,2356	-1,0996	2,712	0,93029	0,0009
802	DAFOX (Small Cap)		69	0,00371	0,2185	-0,9858	2,652	0,94886	0,0153
803	DAFOX (Chemie/Ph.)		69	0,00492	0,2063	-1,0026	2,512	0,93367	0,0015
804	DAFOX (Elektro)		69	0,01335	0,2679	-0,9456	2,893	0,92123	0,0002
805	DAFOX (Versorgg./Öl)		69	0,09510	0,1666	-0,5728	1,165	0,96219	0,0986
806	DAFOX (Banken/Vers.)		69	-0,00740	0,2746	-1,0539	2,164	0,94472	0,0083
807	DAFOX (Auto/Masch.)		69	-0,02956	0,2866	-0,8810	2,231	0,93977	0,0039
808	DAFOX (Stahl/Kabel)		69	0,04086	0,2694	-0,8589	1,215	0,94450	0,0080
809	DAFOX (Bau/Baustoffe)		69	0,12855	0,2829	-0,5295	0,864	0,96658	0,1705
810	DAFOX (Kaufhäuser)		69	0,03702	0,2801	-0,3812	1,087	0,97305	0,3494
811	DAFOX (Verb./Brau/Pap)		69	0,04010	0,2021	-0,8146	2,793	0,95838	0,0594
812	DAFOX (Verkehr)		69	-0,04219	0,2858	-0,3846	0,506	0,97463	0,4078
813	DAFOX (Holdings)		69	-0,00192	0,2712	-0,6268	1,447	0,97104	0,2836
814	DAFOX (Sonstige)		69	0,04951	0,1998	-0,9849	4,930	0,91691	0,0001
TUB	TUBOS Optionsscheinindex		69	-0,06562	0,3954	-1,1572	2,940	0,93200	0,0012
REXP	REX-Performance-gesamt		69	0,05037	0,0363	-0,6984	0,184	0,94306	0,0064
REX1	REX-P 1-jährige		69	0,06300	0,00969	-0,7841	1,3943	0,94763	0,0128
REX5	REX-P 5-jährige		69	0,04988	0,0358	-0,5812	0,010	0,96114	0,0860
REX10	REX-P 10-jährige		69	0,03871	0,0659	-0,7175	1,106	0,96957	0,2413

Nr.: Die Fondsnummern entsprechen der Klassifikation des BVI; FV: Fondsvermögen in Mio. DM zum Jahresende 1991; N: Anzahl der Beobachtungen; μ: durchschnittliche Rendite, annualisiert; σ: Standardabweichung, annualisiert; S/W: Shapiro-Wilk-Statistik zum Test auf Normalverteilung der Renditen; p: zugehöriges Signifikanzniveau

1) Gemischter Fonds 2) Fonds investiert hauptsächlich in Bank- und Versicherungswerte 3) Fonds investiert hauptsächlich in Wachstumswerte 4) Fonds investiert vorwiegend in innovativen, mittleren Unternehmen 5) Fonds investiert hauptsächlich in bayerische Werte 6) 1989 Änderung der Fondspolitik von gemischtem zu reinem Aktienfonds; 7) Gleichgewichtetes Portfolio aller Fonds

Zur besseren Vergleichbarkeit sind den Statistiken der Fonds in der hier beispielhaft ausgewählten Periode 86/91 auch die deskriptiven Statistiken verschiedener Indizes gegenübergestellt.[172]

Die durchschnittlichen annualisierten Renditen der Fonds unterscheiden sich stark. Nur ein einziger der Fonds, der FT-Frankfurter-Effekten-Fonds, erreicht im Gesamtzeitraum eine höhere Rendite als der DAFOX, dem Index mit der höchsten Rendite unter den wertgewichteten Gesamtmarktindizes.[173] Auffällig ist die vergleichsweise hohe Rendite des gleichgewichteten Index insbesondere in der Crash-Periode 86/91 sowie im Gesamtzeitraum bei einer gleichzeitig niedrigeren Standardabweichung. Dies deutete ich bereits im Rahmen der Effizienzprüfung der Indizes an. Die sich zum Teil stark unterscheidenden Renditen des wertgewichteten DAFOX gegenüber dem gleichgewichteten Index werden in Abbildung D.5 deutlich, in der die monatliche Rendite des GG-Index von der des DAFOX subtrahiert wird.

Abb. D.5: **Renditeunterschiede zwischen dem DAFOX und dem gleichgewichteten GG-Index**

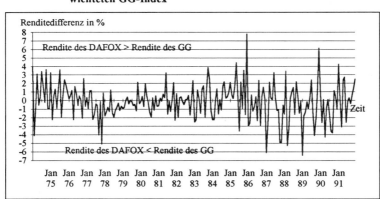

In Abbildung D.6 ist die kumulierte monatliche Rendite des DAFOX der des GG-Index gegenübergestellt. Hier wird das höhere Renditeniveau des GG-Index im letzten Zeitraum besonders deutlich. Ab Anfang 1988 übertrifft die kumulierte Rendite des GG-

---

172 Die deskriptiven Statistiken für die Zeiträume 74/79 und 80/85 sowie für den Gesamtzeitraum finden sich in den Tabellen T-D.1 bis T-D.3 im Anhang T.

173 Vgl. Tabelle T-D.3 im Anhang T. Hier wird die Bedeutung der Dividendenbereinigung von Indizes deutlich. Trotz sonst ähnlicher Charakteristika der einzelnen Indizes bezüglich der Standardabweichung und der höheren Momente der Renditeverteilungen, weisen die nicht dividendenbereinigten FAZ-, FWB-, und CBK-Indizes weit geringere mittlere Renditen auf. Der DAX ist durch seine rückwärtige Verknüpfung mit dem Index der Börsenzeitung und vor 1981 indirekt mit dem Hardy-Index ebenfalls nicht über den gesamten Zeitraum dividendenbereinigt gewesen, vgl. zum DAX und seiner Historie **Janßen/Rudolph** (1993), S. 5 ff.

Index diejenige des DAFOX und bleibt ab diesem Zeitpunkt bis zum Ende der Untersuchungsperiode auf einem höheren Niveau. Genau ab diesem Zeitunkt kann auf dem
deutschen Kapitalmarkt eine im Vergleich zu Blue Chips bessere Renditeentwicklung
der Kleinfirmen beobachtet werden.[174] Diese spiegelt sich im Renditeverlauf des GG-
Index aufgrund seiner fehlenden Wertgewichtung wider.

Abb. D.6:   Kumulierte monatliche Renditen des DAFOX und des GG-Index

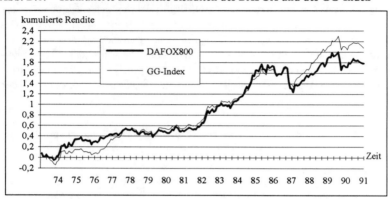

Vergleicht man die Standardabweichungen der Indizes untereinander, fällt die geringere
Standardabweichung des DAFOX gegenüber den anderen wertgewichteten Indizes auf,
was mit der größeren Anzahl der in ihm erfaßten Werte und der damit verbundenen
größeren Diversifizierung dieses Index zu erklären ist. Der GG-Index weist im Vergleich zu sämtlichen wertgewichteten Indizes eine weit geringere Standardabweichung
auf. Diese Beobachtung ist darauf zurückzuführen, daß sich die Renditeschwankungen
insbesondere kleinerer Unternehmen, die im GG-Index stärker als im DAFOX Berücksichtigung finden, besonders gut kompensieren, so daß das Portfolio-Gesamtrisiko insgesamt geringer ausfällt.[175]

Die Standardabweichung der Fondsrenditen ist tendenziell geringer als die der Aktienindizes, was hauptsächlich darauf zurückzuführen ist, daß die Fonds in einem begrenzten Umfang auch liquide Mittel und festverzinsliche Wertpapiere halten. Dies wirkt sich
im übrigen auch auf die mittleren Renditen in den Teilperioden aus, wie in Abbildung
D.7 deutlich wird.

---

[174] Vgl. **SMH** (1991), S. 4, die ihre Aussagen durch einen Vergleich des DAX und des GSC 100 Index, einem ebenfalls gleichgewichteten, aber lediglich kleine Werte enthaltenden Index stützen.

[175] Vgl. **Beiker** (1993), S. 357, der diese Beobachtung damit begründet, daß die Kleinfirmen untereinander nur sehr gering miteinander korrelieren.

Abb. D.7: **Jährliche Durchschnittsrenditen der Fonds im Vergleich zum DAFOX, GG-Index und DAFOX SC**

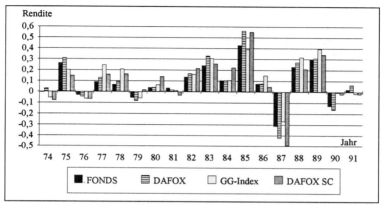

Unverkennbar ist die Wertgewichtung der Sondervermögen der Fonds, deren Renditeentwicklung sich stark an derjenigen des DAFOX orientiert, weniger dagegen am GG-Index.

Während die Liquiditätshaltung und Positionen in festverzinslichen Wertpapieren die Renditen der Fonds in Zeiten haussierender Aktienmärkte merklich negativ beeinflussen, bewirken sie in Baissephasen gegenüber Aktienindizes vergleichsweise höhere Renditen. Dies wird z. B. in der Crash-Periode deutlich, in der 14 der 21 Fonds eine höhere annualisierte Rendite aufweisen als der wertgewichtete DAFOX.

Wie Abbildung D.8 zeigt, unterliegen auch die Marktüberschußrenditen, hier dargestellt am Verlauf der Marktüberschußrendite des DAFOX, starken Schwankungen.

Abb. D.8: Monatliche Überschußrenditen des DAFOX

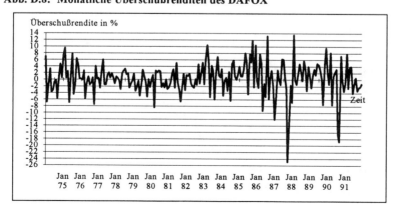

Der Wechsel zwischen negativen und positiven Marktüberschußrenditen ist in Anbetracht der mit der Anwendung bestimmter Maße verbundenen Annahmen über das Verhalten der Manager bei Timingentscheidungen wichtig.[176]

Darüber hinaus ist in Abbildung D.9 ersichtlich, daß entgegen den Annahmen des CAPM bzw. anderer Renditeerwartungsmodelle negative durchschnittliche Risikoprämien aufgetreten sind.

Abb. D.9: **Durchschnittliche monatliche Überschußrenditen verschiedener Indizes in den Untersuchungsperioden**

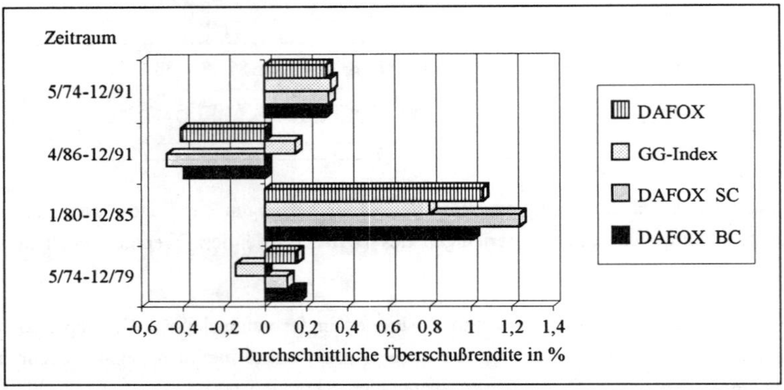

Bemerkenswert ist dabei die gegenläufige Entwicklung der durchschnittlichen Überschußrendite des gleichgewichteten Index in den Zeiträumen 86/91 und 74/79.[177]

Bei der Betrachtung der deskriptiven Statistiken fällt weiterhin auf, daß sich die Schiefekoeffizienten der reinen Aktienfonds in nur geringem Umfang von denen der Aktienindizes unterscheiden. Dies könnte ein erster grober Hinweis darauf sein, daß die Fonds

---

[176] Dies gilt beispielsweise für das *Henriksson/Merton*-Maß, in dessen Rahmen dem Manager unterstellt wird, daß er lediglich prognostiziert, ob die Rendite größer oder kleiner als die Marktrendite ist.

[177] Es sei darauf hingewiesen, daß negative Überschußrenditen bzw. Risikoprämien ex ante kaum vorstellbar und im Rahmen von Renditeerwartungsmodellen, die eine Honorierung für die Inkaufnahme von Risiken postulieren, kaum erklärbar sind; vgl. **Möller** (1986 b), S: 716. Die in den empirischen Untersuchungen in Abhängigkeit des Stichprobenzeitraums zu beobachtenden negativen Risikoprämien, insbesondere bedingt durch die Crashs im Zeitraum 86/91, stellen jedoch nicht generell einen Verstoß gegen die Prämissen dieses Modells dar, solange langfristig im Durchschnitt positive Überschußrenditen gegeben sind. Diese sind im vorliegenden Fall vorhanden, wie die Überschußrenditen im Gesamtzeitraum belegen. Darüber hinaus weisen *Boudoukh/Richardson/Smith* nach, daß in einigen Zeiträumen auch negative ex-ante-Risikoprämien beobachtet werden können. Diese sind ihren Ergebnissen zufolge insbesondere durch ein hohes Zinsniveau und eine inverse Zinsstruktur gekennzeichnet, vgl. **Boudoukh/ Richardson/Smith** (1993), S. 399 ff.

kein Markt-Timing betrieben haben. Bei Vorliegen von Timingaktivitäten würde man eher eine gegenüber den Aktienindizes rechtsschiefere Verteilung der Renditen erwarten.

Aufschlußreich, insbesondere für die Nutzung von Multiindexmodellen, erscheint auch eine nähere Betrachtung der verschiedenen Subindizes des DAFOX. Deutlich sind schon hier die zum Teil erheblichen Unterschiede in der Renditeentwicklung sowohl der Blue Chips sowie Small-Cap-Firmen als auch der verschiedenen Branchenindizes auszumachen. Dies gilt auch für die hier nicht gezeigten Perioden. Aufgrund der starken Kurseinbrüche im Zeitraum 86/91 weist der TUBOS im Zeitraum 86/91 die geringste annualisierte durchschnittliche Rendite auf.[178] Gleichzeitig besitzt der TUBOS erwartungsgemäß die größte Standardabweichung. Die REX-Performance-Indizes weisen mit Ausnahme des Gesamtzeitraums im Vergleich zu den Aktienindizes bei gleichzeitig wesentlich geringeren Standardabweichungen lediglich in der Hausse-Periode (80/85) geringere Renditen auf als die Aktienindizes.

Die Korrelationen zwischen den Renditen der den Gesamtmarkt abbildenden Aktienindizes sind erwartungsgemäß sehr hoch, während jene zwischen den Aktien- und Rentenindizes sehr gering ausfallen.[179] Die Branchenindizes des DAFOX korrelieren z. T. vergleichsweise schwach miteinander.

Die nachfolgende Tabelle D.5 macht die z. T. sehr hohen Korrelationen zwischen den Fondsrenditen untereinander als auch zwischen den Fonds und den Aktienindizes deutlich. D. h., daß viele der Fonds sehr ähnliche Charakteristika sowohl untereinander als auch mit den Aktienindizes aufweisen. Es ergeben sich aber auch eher überraschende Korrelationen. So korreliert beispielsweise der SMH-Spezialfonds (R310), ein Fonds, der sich auf Investments in Kleinfirmen spezialisiert hat, höher mit dem DAFOX BC (801) als mit dem DAFOX SC (802). Hier wäre eher eine umgekehrte Relation zu erwarten gewesen.

---

[178] Zum hier negativ durchschlagenden Leverage-Faktor von Optionen vgl. **Perridon/Steiner** (1993), S. 181; **Steiner/Bruns** (1994), S. 320.

[179] Vgl. die Pearson-Korrelationskoeffizienten zwischen den Indizes für die Gesamtperiode und den Zeitraum 86/91 in Tabelle T-D.4 in Anhang T.

Tab. D.5: Korrelationsmatrix von Fonds- und Indexrenditen im Gesamt-zeitraum 5/74-12/1991 (Pearson-Korrelationskoef-fizient)

Indi-zes/ Fonds	R2	R3	R4	R7	R9	R82	R120	R122	R126	R164	R201	R310	R322	R360	R541	R680	800	801	802	DAX
R2	1																			
R3	,98	1																		
R4	,99	,98	1																	
R7	,93	,91	,92	1																
R9	,98	,98	,98	,90	1															
R82	,98	,97	,98	,91	,97	1														
R120	,97	,97	,97	,89	,97	,98	1													
R122	,91	,92	,91	,83	,93	,92	,93	1												
R126	,97	,96	,97	,89	,97	,97	,99	,94	1											
R164	,97	,96	,97	,88	,96	,98	,98	,90	,97	1										
R201	,95	,94	,95	,86	,93	,94	,94	,87	,94	,95	1									
R310	,92	,91	,91	,84	,91	,91	,91	,86	,91	,91	,90	1								
R322	,98	,97	,98	,87	,96	,97	,98	,91	,97	,98	,95	,92	1							
R360	,90	,89	,91	,87	,92	,90	,91	,87	,90	,89	,89	,81	,89	1						
R541	,95	,94	,95	,88	,96	,96	,96	,91	,96	,96	,91	,90	,96	,90	1					
R680	,94	,92	,93	,86	,93	,94	,93	,86	,94	,94	,92	,89	,94	,88	,93	1				
R800	,99	,97	,98	,91	,97	,98	,98	,90	,98	,98	,96	,92	,98	,90	,96	,94	1			
801	,98	,97	,98	,89	,97	,98	,98	,90	,97	,99	,96	,91	,99	,90	,96	,94	1	1		
802	,88	,85	,86	,90	,84	,87	,85	,80	,86	,83	,83	,85	,84	,80	,84	,81	,89	,85	1	
DAX	,96	,95	,96	,87	,95	,96	,97	,88	,96	,97	,94	,88	,97	,89	,94	,92	,98	,98	,82	1
GG	,91	,89	,90	,85	,89	,89	,89	,87	,91	,88	,88	,91	,90	,84	,88	,88	,92	,90	,88	,88

Die bisherigen Ausführungen haben mit der Vorstellung der Datenbasis und der Model-lierung der allgemein benötigten Parameter zur Performance-Messung unter Beachtung statistischer Gesichtspunkte die Input-Daten der Untersuchung zur Performance der In-vestmentfonds festgelegt. Im nachfolgenden Kapitel erfolgt nunmehr eine umfassende Untersuchung des zur Messung eingesetzten Instrumentariums.

III. Die Auswahl der Verfahren zur Performance-Messung

1. Anforderungen an Performance-Maße

Ein ideales Performance-Maß muß die auf private Informationen zurückzuführende Performance eindeutig identifizieren können. Folgende Anforderungen sind daher generell an ein geeignetes Performance-Maß zu stellen:

- es muß einem private Informationen verarbeitenden Manager eine positive Performance zuweisen, unabhängig davon, ob er Selektions- oder Timinginformationen umsetzt;

- es muß einem Manager, dem nur öffentliche Informationen zugänglich sind, eine Performance von Null zuweisen. Dies geht einher mit der Forderung, daß ein Performance-Maß für einen solchen Manager auch keine höhere Performance als für eine passive Strategie ermitteln darf.

Erfüllt ein Maß obige Anforderungen, ist eine Identifikation superiorer Performance möglich. Um ein korrektes Ranking verschiedener aktiv gemanagter Portfolios vornehmen zu können, ist darüber hinaus eine weitere Forderung zu stellen:

- das Maß muß Unterschiede in der Qualität und Menge privater Informationen sowie die Reaktionen der Manager auf diese messen können.

Aus dem grundsätzlich unterschiedlichen Charakter von Selektions- und Timinginformationen kann eine weitere wünschenswerte Eigenschaft von Performance-Maßen abgeleitet werden:[1]

- ein Performance-Maß sollte, um ein einwandfreies Ranking vornehmen zu können, eine Zerlegung der Performance in die auf Selektions- und Timingfähigkeit beruhenden Komponenten ermöglichen.

Die Informationsasymmetrie und die daraus resultierende typische Principal-Agent-Beziehung führt zu einer weiteren, nicht unwesentlichen Forderung an ein Verfahren zur Performance-Messung:

- es darf nicht durch den Manager manipulierbar sein.

In diesem Fall könnte der Manager durch bewußte, für den Bewertenden nicht erkennbare Aktivitäten eine Performance vortäuschen, die in Wirklichkeit nicht auf private Informationen zurückzuführen ist.[2]

---

[1]   Vgl. **Kapitel** B. III. 1., S. 55.

[2]   Dieses auch als "gaming" bezeichnete Verhalten, das heißt die gezielte Manipulation der Leistungsbewertung, ist insbesondere relevant, wenn das Performance-Maß als Grundlage anreiz-

Der Einsatz von Maßen im Rahmen der externen Performance-Messung muß darüber hinaus die Beurteilung der Performance aus der Sicht eines nur über öffentliche Informationen verfügenden Investors erlauben. Dies bedingt den Wunsch nach Maßen, welche die oben genannten Anforderungen unter Nutzung eines möglichst geringen Datenumfangs erfüllen. Letzteres ist gleichbedeutend mit der Forderung nach lediglich auf Renditezeitreihen zurückgreifenden Ansätzen, die auf der Grundlage der von den Investmentgesellschaften täglich zu veröffentlichenden Anteilspreise berechnet werden können und daher einem externen Betrachter zugänglich sind. Aber auch im Rahmen einer internen Performance-Messung sind unter Kostengesichtspunkten solche Maße vorzuziehen, die geringere Anforderungen an die Datenmenge und -vielfalt stellen, vorausgesetzt, sie sind gleichzeitig in der Lage, die auf Managerfähigkeiten zurückzuführende Performance eindeutig zu identifizieren.[3]

Ein weiterer zu beachtender Aspekt, der sich nicht auf die Performance-Messung als solche, sondern vielmehr vor dem Hintergrund einer umfassenden Analyse der Quellen des erwirtschafteten Ertrages im Rahmen der Performance-Attribution ergibt, ist die Forderung nach einer Aufdeckung der Risikostruktur der Portfolios sowie einer Identifizierung des Investmentstils des Portfoliomanagers.[4]

2. Datenverfügbarkeit als Restriktion bei der Auswahl der Verfahren

Im theoretischen Teil der Arbeit wurden auch Verfahren der Performance-Messung erläutert, die auf Portfoliogewichte zurückgreifen und damit zusätzliche Informationen in Form der Portfoliozusammenstellung benötigen. Es ist davon auszugehen, daß die Ermittlung der Performance mit Hilfe derartiger Verfahren exakter erfolgen kann als beim Einsatz von Verfahren unter alleiniger Verwendung von Renditezeitreihen. Darauf deuten auch die wenigen empirischen Untersuchungen hin, in denen ein Teil dieser Maße eingesetzt wurde.[5]

Deutsche Kapitalanlagegesellschaften sind gemäß § 24 a I und II KAGG verpflichtet, für jedes von ihnen verwaltete Sondervermögen zum Ende eines jeden Geschäftsjahres

---

[3] kompatibler Entlohnungsstrukturen dient, vgl. dazu **Grinblatt/Titman** (1987 a), S. 14 ff.; **Grinblatt/Titman** (1989 c), S. 807 ff.; **Kritzman** (1987), S. 23 ff.

[3] Der Kostengesichtspunkt dürfte in diesem Zusammenhang auch für die an Performance-Meßgesellschaften zu transferierende Datenmenge relevant sein.

[4] Vgl. **Kapitel** B. I. 3., S. 14 f. und **Kapitel** C. II. d. aa., S. 119 f.

[5] Vgl. **Grinblatt/Titman** (1993 b); **Hwang** (1988). Hervorzuheben ist in diesem Zusammenhang die Studie von *Hwang*, der im Rahmen von Simulationsstudien unter anderem sowohl modifizierte Jensen- und Treynor-Maße als auch das Verfahren von *Cornell* und die Ansätze von *Elton/Gruber* testet. Er kommt zum Ergebnis, daß die Methoden, die als zusätzliche Informationen die Portfoliogewichte nutzen, im Vergleich zu Maßen, die lediglich auf Renditezeitreihen zurückgreifen, im Durchschnitt eher in der Lage sind, private Informationen zu identifizieren, **Hwang** (1988), S. 157.

einen Rechenschaftsbericht sowie für die Mitte des Geschäftsjahres einen Halbjahresbericht zu erstellen.[6] Beide enthalten eine Vermögensaufstellung, die den Bestand an Aktiva und Verbindlichkeiten zum Stichtag auflistet.[7] Wegen möglicher Transaktionen innerhalb des damit festgelegten halbjährlichen Meßintervalls erscheint die Nutzung dieser Daten für die angesprochenen Ansätze der Performance-Messung problematisch und dürfte im Hinblick auf die damit induzierten Verzerrungen der Performance-Meßergebnisse kaum sinnvoll sein.[8] Schon bei einer hier nicht gegebenen Verfügbarkeit vierteljährlicher Portfoliobestände sind größere Verzerrungen der Ergebnisse zu erwarten.[9]

Wertpapiere, die zwischen den Berichtsstichtagen ge- und wieder verkauft werden, erscheinen nicht in der Vermögensaufstellung.[10] Dadurch können weitere Verzerrungen resultieren, da die Manager Wertpapiere mit einer schlechten Performance vor dem Stichtag verkaufen können, so daß diese nicht in der Vermögensaufstellung erscheinen. Durch dieses auch als Window Dressing bezeichnete Verhalten könnten Fondsmanager die Performance-Maße positiv beeinflussen.[11]

Ein weiteres Problem ergibt sich daraus, daß die auf Portfoliogewichte zurückgreifenden Maße grundsätzlich die Renditen der im Fondsvermögen enthaltenen Wertpapiere benötigen. Da nicht alle Wertpapierrenditen, insbesondere nicht die von ausländischen Titeln oder Optionsscheinen und Anleihen vorliegen, ist die Verwendungsmöglichkeit der Maße stark eingeschränkt.[12]

---

[6]   Demgegenüber sind die US-amerikanischen Investment Companies, die das Äquivalent zu den deutschen Kapitalanlagegesellschaften darstellen, verpflichtet, ihre Portfolios der SEC vierteljährlich offenzulegen. Diese Berichte sind einige Wochen nach ihrer Vorlage bei der SEC öffentlich verfügbar, vgl. **Grinblatt/Titman** (1993 b), S. 67.

[7]   Die dem Bundesaufsichtsamt für das Kreditwesen gemäß § 24 a III KAGG auf Anforderung vorzulegenden Vermögensaufstellungen für die zwischen den Berichtstagen liegenden Quartale sind einer externen Performance-Analyse nicht zugänglich, vgl. zu den Publizitätspflichten der KAG **Päsler** (1991), S. 174 ff.

[8]   In den Rechenschafts- und Zwischenberichten wird zwar über die innerhalb des Berichtzeitraums aufgelösten Positionen Auskunft gegeben, nicht jedoch über den Zeitpunkt der Auflösung sowie den erzielten Verkaufskurs. Den Mitteilungen der Fondsgesellschaften zufolge sind die monatlichen Wertpapierpositionen in den meisten Fällen auch nicht über einen längeren Zeitraum rückwirkend verfügbar zu sein.

[9]   Vgl. den Hinweis bei **Grinblatt/Titman** (1993 b), S. 67 f., und **Henriksson** (1984), S. 88.

[10]   Voraussetzung dafür ist, daß der gesamte Bestand verkauft wird. Für Wertpapiere, sich am Stichtag im Bestand befinden, sind auch die während des Berichtszeitraums getätigten Käufe und Verkäufe in der Vermögensaufstellung anzugeben, vgl. **Päsler** (1991), S. 178.

[11]   Vgl. zum Window Dressing **Lakonishok/Shleifer/Thaler/Vishny** (1991), S. 227; das Window Dressing wird z. T. auch als eine mögliche Erklärung für das Zustandekommen des Januar-Effekts besonders bei kleineren Firmen diskutiert, vgl. z. B. **Stehle** (1991), S. 27.

[12]   Davon abgesehen wäre die Erfassung der einzelnen Wertpapiere, die die Fondssondervermögen ausmachen, wegen der starken Diversifikation der einzelnen Fonds mit einem nicht vertretbaren Aufwand verbunden.

Deshalb wird in der vorliegenden Untersuchung angesichts des vorliegenden Datenmaterials die Perspektive eines rein externen Betrachters eingenommen. Die neben den Bekanntgaben aus den Rechenschafts- und Zwischenberichten verfügbaren monatlichen Daten über die Anteile der Fondssondervermögen in nationalen und internationalen Aktien, Renten sowie Liquidität besitzen für die auf Portfoliogewichten basierenden Performance-Maße einen zu geringen Informationsgehalt. Sie können einzig als Proxy für die Managerprognosen im Rahmen der Anwendung des nichtparametrischen Ansatzes von *Henriksson/Merton* verwendet werden und erlauben insofern eine Kontrolle der mit den parametrischen Verfahren erzielten Ergebnisse bezüglich des Vorliegens von Timingfähigkeiten. Darüber hinaus sind über die Schwankungen der Kassenhaltung sowie des Rentenanteils gegebenenfalls Rückschlüsse auf das Niveau von Timingaktivitäten der Manager möglich.

Der Einsatz der Daten aus den Rechenschafts- und Zwischenberichten im Rahmen der Untersuchungen zur Performance-Messung beschränkt sich daher auf grobe Hinweise hinsichtlich der Asset Allocation der Fonds und kann somit Anhaltspunkte für die Wahl der in den Mehrfaktorenmodellen verwendeten Indizes geben.[13] Ferner ist damit eine Kontrolle der Ergebnisse möglich, die mit dem lediglich auf Renditezeitreihen beruhenden Asset-Allocation-Modell von *Sharpe* sowie den Mehrfaktorenmodellen generell erzielt werden. Ein weiterer Einsatzbereich ergibt sich im Rahmen weiterführender Untersuchungen über die die Performance beeinflussenden Faktoren. Damit sind bestimmte Charakteristika der Fonds, wie z. B. ihre Größe oder ihre Kostenstruktur, angesprochen, denen häufig ein negativer oder positiver Effekt auf die Performance nachgesagt wird.

3. Empirische Voruntersuchungen als Entscheidungshilfe

a. Die empirische Verteilung der Investmentfondsrenditen

Aufgrund uneinheitlicher Ergebnisse bei der Verwendung verschiedener Datenbasen, Betrachtungszeiträume und insbesondere Renditefristigkeiten sind die Verteilungseigenschaften der Renditen deutscher Aktien nicht eindeutig geklärt. Die Untersuchungen zur Verteilung von Aktienrenditen kommen unter Einsatz unterschiedlicher Anpassungstests tendenziell zu dem Schluß, daß die Normalverteilung der Renditen von Einzelwerten abzulehnen ist.[14] Zu ähnlichen Ergebnissen kommen auch Studien über die Renditeverteilung auf anderen Aktienmärkten.[15] Dabei sind jedoch zwei Aspekte zu beobach-

---

13   Besondere Bedeutung kommt dabei der Auswahl des jeweiligen internationalen MSCI-Index im Rahmen der Anwendung des Asset Allocation-Modells von *Sharpe* zu.

14   Vgl. zur Verteilung der Aktienrenditen auf dem deutschen Markt **Möller** (1986), S. 26 ff.; **Adelberger/Lockert** (1992), S. 44 f.; **Warfsmann** (1993), S. 90 f.; **Corhay/Rad** (1994), S. 272 f.

15   Vgl. **Fama** (1976), S. 30 ff., sowie die Untersuchungen jüngeren Datums von **Affleck-Graves/McDonald** (1989); **Richardson/Smith** (1993); **Corhay/Rad** (1994) und die in den jeweiligen

ten, welche für die hier vorliegende Untersuchung von zentraler Bedeutung sind: Zum einen folgen Renditen mit monatlicher Renditefristigkeit eher einer Normalverteilung als solche mit einer kürzerfristigen. Dasselbe gilt tendenziell für Portfoliorenditen im Vergleich zu Einzelwerten.[16] Zum zweiten ist theoretisch bei der Verwendung logarithmierter Renditen eher eine Approximation der Normalverteilung möglich als beim Einsatz diskreter Renditen.[17] Insofern erscheint die Annahme der Normalverteilung der logarithmierten, monatlichen Renditen der hier untersuchten, breit diversifizierten Investmentfonds unproblematisch. Dies dürfte ein Grund dafür sein, daß die Normalverteilungsannahme für Aktieninvestmentfondsrenditen in bisherigen Studien grundsätzlich nicht problematisiert wird.[18]

Die zahlreichen, auf eine Nichtnormalverteilung auch monatlicher Renditen hindeutenden Ergebnisse insbesondere in Studien jüngeren Datums sowie die besondere Relevanz der Renditeverteilungseigenschaften bei der Auswahl von Risikomaßen läßt es dennoch ratsam erscheinen, die Fondsrenditen mit Hilfe eines Anpassungstests auf Normalverteilung zu testen.[19] Damit werden im wesentlichen zwei Ziele verfolgt.

Zum einen soll die Relevanz anderer zur Risikobereinigung einsetzbarer Risikomaße festgestellt werden. Kann man davon ausgehen, daß die Renditen annähernd einer Normalverteilung folgen, erübrigt sich beispielsweise der Einsatz solcher Maße, welche die Schiefe der Renditewahrscheinlichkeitsverteilung als Risikomaß mit einbeziehen. Da es sich bei der Normalverteilung um eine symmetrische Verteilung handelt, würden Varianz und Semivarianz bei Vorliegen einer Normalverteilung zum selben Ergebnis führen und ihre Anwendung wäre arbiträr.[20]

Studien aufgeführte Literatur. Die Studie von *Richardson/Smith* ist insofern interessant, als die Autoren nicht wie sonst üblich auf univariate Normalverteilungsanpassungstests zurückgreifen, sondern Renditezeitreihen explizit auf multivariate Normalverteilung testen. Ihre hochsignifikanten Ergebnisse sprechen gegen die Annahme der multivariaten Normalverteilung sowohl monatlicher Aktienrenditen als auch der Residuen des Marktmodells.

[16] Vgl. z. B. **Domke** (1987), S. 152 ff., der die Normalverteilungshypothese für Einzel(neben-)werte verwerfen muß, sie auf dem Portfoliolevel jedoch nicht ablehnen kann.

[17] Vgl. **Beiker** (1993), S 59.

[18] Vgl. z.B. **Möhlmann** (1993), S. 16. Einer der wenigen überhaupt durchgeführten Tests auf Normalverteilung von Investmentfondsrenditen findet sich bei **Levy/Sarnat** (1984), S. 254 f., welche die Normalverteilungshypothese für die Gesamtheit der Renditen der von ihnen untersuchten Fonds nicht verwerfen können.

[19] Zur Bedeutung der Normalverteilung für die Wahl des Risikomaßes vgl. **Kapitel B.** II. b. aa. (1), S. 28 f.

[20] Kann man von einer Normalverteilung der Renditen in den hier untersuchten Perioden ausgehen, heißt dies allerdings nicht, daß alternative Risikomaße generell ihre Bedeutung verlieren. Bei einem verstärkten Einsatz derivativer Instrumente im Portfoliomanagement ist vielmehr eine zunehmende Relevanz dieser Maße wahrscheinlich, da sie auch für asymmetrische Verteilungen geeignet sind.

Zum anderen ist die Normalverteilung der Renditen auch für die Anwendung der in den empirischen Untersuchungen eingesetzten statistischen Verfahren von Bedeutung. Beispielsweise ist die Normalverteilung der Residuen der Kleinste-Quadrate-Regression entscheidend für die Gültigkeit der Signifikanztests der Regressionsparameter[21] sowie die Aussagekraft der Durbin/Watson-Statistik. Auch wenn die Nicht-Normalverteilung der zugrundeliegenden Aktien- bzw. Portfoliorenditen nicht zwingend die Nicht-Normalverteilung der Residuen zur Folge hat, so ist sie zumindest ein Hinweis auf die Notwendigkeit einer eingehenderen Untersuchung der Residuen.[22]

Die Normalverteilungsannahme wird mit Hilfe des Kolmogorov-Smirnov-Anpassungstests sowie der Shapiro-Wilk-Statistik getestet. Mit ersterem wird untersucht, ob sich die empirisch beobachtete Verteilung hinreichend gut der erwarteten theoretischen Verteilung, hier der Normalverteilung, anpaßt.[23] Die maximale Abweichung zwischen der empirischen und der theoretischen Verteilung stellt die Prüfgröße dar, deren Verteilung einer Kolmogorov-Smirnov-Verteilung folgt und nur vom Stichprobenumfang abhängig ist. Die Nullhypothese besagt, daß die beobachtete Verteilung normalverteilt ist; sie wird dann abgelehnt, wenn die Prüfgröße den tabellierten Wert bei gegebener Stichprobengröße und für ein bestimmtes Signifikanzniveau überschreitet.[24]

Der Kolmogorov-Smirnov-Anpassungstest hat den Vorteil, daß er -im Gegensatz etwa zum ebenfalls häufig angewendeten χ^2-Anpassungstest- auch schon bei kleinen Stichproben anwendbar ist.[25] Darüber hinaus zeichnet er sich durch seine im Vergleich zum χ^2-Test absolute Objektivität aus.[26]

Die Ergebnisse des Kolmogorov-Smirnov-Tests sind in Tabelle D.6 für den Gesamtzeitraum sowie für die einzelnen Subperioden zusammengefaßt.

---

[21] Der im Normalfall eingesetzte t-Test zur Überprüfung der Signifikanzen der Regressionsparameter kann unter Umständen zu weniger aussagekräftigen Ergebnissen führen, vgl. **Fogler/Ganapathy** (1982), S. 37; allerdings sind die Schätzwerte der Regressionsparameter auch dann noch asymptotisch normalverteilt, wenn die Residuen zwar nicht normalverteilt, aber identisch verteilt und voneinander unabhängig sind, vgl. **Krämer/Sonnberger** (1986), S. 40 ff.

[22] Vgl. **Affleck-Graves/McDonald** (1989), S. 892. Umgekehrt kann über die Annahme der Normalverteilung der Residuen auf die Normalverteilung der der Regression zugrundeliegenden Renditen geschlossen werden, vgl. **Winkelmann** (1984), S. 54.

[23] Vgl. **Bleymüller/Gehlert/Gülicher** (1991), S. 133; **Büning/Trenkler** (1978), S. 85.

[24] Vgl. **Bleymüller/Gehlert/Gülicher** (1991), S. 133 f.

[25] Vgl. **Bleymüller/Gehlert/Gülicher** (1991), S. 133 ff.

[26] Vgl. **Lienert** (1973), S. 462, der diesen Vorteil allerdings gleichzeitig relativiert. Obwohl der χ^2-Anpassungstest oft angewendet wird, ist er für diesen Zweck weniger geeignet als andere Alternativen; vgl. **D'Agostino** (1982), S. 318. Er gibt auch einen Überblick über andere Tests auf Normalverteilung.

Tab. D.6: Kolmogorov-Smirnov-Anpassungstest auf Normalverteilung der Investmentfonds und Indizes im Gesamtzeitraum und in den verschiedenen Teilzeiträumen

Nr.*	Name des Fonds	74/91	74/79	80/85	86/91
R2	Fondak	0,094	0,074	0,052	0,154
R3	Fondra 1)	0,101	0,098	0,063	0,166
R4	Adifonds	0,084	0,099	0,059	0,135
R7	Adiverba 2)	0,080	0,069	0,065	0,122
R9	Plusfonds	0,098	0,091	0,052	0,132
R82	Dekafonds	0,078	0,089	0,050	0,116
R120	Concentra	0,082	0,107	0,046	0,115
R122	DIT-Fonds für Vermögensbildung.	0,088	0,132	0,086	0,103
R126	Thesaurus	0,093	0,088	0,053	0,103
R138	DIT-Wachstum 3)	-	-	-	0,128
R139	DIT-Spezial 4)	-	-	-	0,099
R164	Investa	0,083	0,087	0,063	0,104
R169	GKD-Fonds 1)		-	0,050	0,115
R171	DWS-Bayern-Spezial 5)	-	-	-	0,148
R201	FT-Frankfurter Effekten-Fonds	0,068	0,087	0,067	0,111
R310	SMH-Spezial-Fonds I 3)	0,064	0,079	0,087	0,086
R322	Unifonds	0,078	0,091	0,047	0,133
R325	Unirak 1)	-	-	0,061	0,164
R360	Oppenheim-Privat.6)	0,092	0,072	0,068	0,150
R541	Main-I-Univiversal	0,098	0,115	0,074	0,109
R680	MK Alfakapital	0,079	0,103	0,038	0,119
DAX	DAX	0,082	0,101	0,078	0,142
FAZ	FAZ	0,094	0,080	0,082	0,152
CBK	CBIND	0,089	0,100	0,064	0,137
FWB	FWBIND	0,077	0,093	0,082	0,119
GG	Gleichgewichteter Index	0,066	0,061	0,075	0,116
800	DAFOX (gesamt)	0,097	0,077	0,061	0,136
801	DAFOX (Blue-Ship)	0,087	0,096	0,076	0,129
802	DAFOX (Small-Cap)	0,089	0,075	0,075	0,138
803	DAFOX (Chemie/Pharmazeutik)	0,066	0,095	0,066	0,122
804	DAFOX (Elektro)	0,079	0,081	0,066	0,142
805	DAFOX (Versorgung./Energie/Kohle/Öl)	0,046	0,052	0,067	0,072
806	DAFOX (Banken/Versicherungen)	0,076	0,059	0,072	0,097
807	DAFOX (Fahrzeug-/Maschinenbau)	0,087	0,121	0,122	0,097
808	DAFOX (Stahl-/Draht-/Kabelwerke)	0,076	0,101	0,069	0,103
809	DAFOX (Bau/Baustoffe)	0,077	0,077	0,095	0,073
810	DAFOX (Kaufhäuser)	0,046	0,081	0,062	0,081
811	DAFOX (Verbrauch/Brauerein/Papier)	0,082	0,107	0,102	0,092
812	DAFOX (Verkehr)	0,075	0,080	0,083	0,101
813	DAFOX (Holdinggesellschaften)	0,071	0,091	0,092	0,107
814	DAFOX (Sonstige inländische)	0,058	0,092	0,084	0,152
REXP	REX Performance-Index	0,075	0,123	0,070	0,114
REX5	REXP 5-jährige	0,088	0,121	0,072	0,115
REX10	REXP 10-jährige	0,065	0,104	0,082	0,064
	Kritische Größe nach α=0,05	0,093	0,165	0,160	0,164
	Kolmogorov/Smirnov α=0,01	0,112	0,198	0,192	0,196
	Kritische Größe α=0,05	0,061	0,107	0,104	0,107
	nach Lilliefors α=0,01	0,071	0,126	0,123	0,125

Angegeben ist die maximale absolute Abweichung der kumulierten theoretischen von der kumulierten empirischen Verteilung. Nullhypothese: Die Renditen sind normalverteilt. Werden die kritischen Größen überschritten, ist die Nullhypothese abzulehnen. Grau unterlegte Werte kennzeichnen diejenigen Fonds, deren Renditen signifikant von einer Normalverteilung abweichen (α = 1 %, Lilliefors).

1) Gemischter Fonds; 2) Fonds investiert hauptsächlich in Bank- und Versicherungswerte; 3) Fonds investiert vornehmlich in Wachstumswerte; 4) Fonds investiert vorwiegend in innovative, mittlere Unternehmen; 5) Fonds investiert hauptsächlich in bayerische Werte; 6) 1989 Änderung der Fondspolitik von gemischtem zu reinem Aktienfonds

Die Parameter der theoretischen Verteilung müssen für die Anwendung des Kolmogorov-Smirnov-Tests bekannt sein. Bei ihrer Nichtkenntnis werden sie aus der Stichprobe geschätzt. In diesem Fall führen die kritischen Werte der Kolmogorov-Smirnov-
Statistik aus den Standardtabellen zu konservativen Tests, d. h. die Nullhypothese wird
zu selten abgelehnt und damit begünstigt.[27] Deshalb erfolgt die Beurteilung über die
Ablehnung bzw. Annahme der Normalverteilungshypothese mit Hilfe der von *Lilliefors*
vorgeschlagenen kritischen Werte.[28]

Für den Gesamtzeitraum als auch für die Periode 86/91 muß die Hypothese der Normalverteilung logarithmierter monatlicher Fonds- als auch Aktienindexrenditen den Ergebnissen der Kolmogorov-Smirnov-Statistik zufolge für einen großen Teil der Fonds
und Indizes auf einem Signifikanzniveau von 1 % zurückgewiesen werden. In der
Crash-Periode galt dies für 43% der Fonds. Für die ersten beiden Subperioden dagegen
konnte die Nullhypothese normalverteilter Renditen auf einem Signifikanzniveau von
1% sowohl für die Fonds als auch für die Indizes durchweg nicht abgelehnt werden (mit
Ausnahme des Fonds R122).

Die Ergebnisse, die bei der Anwendung des Shapiro-Wilk-Tests erzielt wurden, sind mit
in die deskriptiven Statistiken aufgenommen worden, um ihre Interpretation im Zusammenhang mit den Schiefekoeffizienten und der Kurtosis zu erleichtern.[29] Der dort angegebene S/W-Wert kann als R^2 empirischen Verteilung bezüglich der theoretischen
Verteilungsfunktion der Normalverteilung interpretiert werden. Je größer dieser Wert
ist, desto eher ist eine Normalverteilung anzunehmen. Das kritische Signifikanzniveau
ist ebenfalls in den Tabellen angegeben.

Die dritten und vierten zentralen Momente der Verteilungen lassen bereits vermuten,
daß die Renditen im Gesamtzeitraum sowie in Periode 86/91 von einer Normalverteilung abweichen.[30] Dabei fallen die negativen Schiefekoeffizienten auf, die eine linksschiefe Verteilung kennzeichnen und hauptsächlich auf die Crashs in der Periode 86/91
zurückzuführen sein dürften. Sie deuten die potentielle Relevanz asymmetrischer Risikomaße wie der Semivarianz oder den Lower Partial Moments an. Die Kurtosis ist
durchweg positiv. Das absolute Maximum der Häufigkeitsverteilung der Renditen ist
somit größer als das der zugehörigen Normalverteilung.

---

27 Vgl. **Bleymüller/Gehlert/Gülicher** (1991), S. 135 ff.; **Büning/Trenkler** (1978), S. 91.

28 Vgl. **Lilliefors** (1967), S. 400.

29 Vgl. **Kapitel** D. II. 4., Tabelle D.4, S. 244, sowie die Ergebnisse für die anderen Zeiträume in
den Tabellen T-D.1 bis T-D.3 im Anhang T.

30 Bei normalverteilten Renditen müßten die Werte sowohl der Schiefe als auch der Kurtosis annähernd bei Null liegen, vgl. **Hartung** (1985), S. 49 und S. 189. Daher ist auch ein kombinierter
Test auf Abweichungen der Schiefe und Kurtosis der beobachteten Verteilung von den theoretisch erwarteten Momenten der Normalverteilung möglich, vgl. **Hartung** (1985), S. 185, oder
den K^2-Test von **D'Agostino/Pearson** (1973).

Die mit Hilfe der Shapiro-Wilk-Statistik erzielten Resultate unterstreichen diejenigen des Kolmogorov-Smirnov-Tests. Während die Hypothese der Normalverteilung der Renditen in den Subperioden 74/79 und 80/85 nicht abgelehnt werden kann, muß sie sowohl für den Gesamtzeitraum als auch für die Crash-Periode mit Ausnahme nur eines einzigen Fonds (jeweils des SMH-Spezial-I-Fonds) auf einem Signifikanzniveau von 1 % verworfen werden. Letzteres gilt auch für die Renditen der Aktienindizes. Lediglich für die Renditen einiger Subindizes kann die Nullhypothese in diesen Zeiträumen nicht abgelehnt werden.

Die Ergebnisse beider Tests sowie die deskriptiven Statistiken zeigen, daß die Anwendung unterschiedlicher Risikomaße zur Bereinigung der Renditen theoretisch durchaus gerechtfertigt sein kann. Die zum Teil ausgeprägte Schiefe in den Verteilungen dürfte die Hauptursache für die fehlende Normalverteilungseigenschaft der Renditen im Gesamtzeitraum und in der letzten Periode sein. Schlußfolgerungen im Rahmen der empirischen Analysen mit Hilfe von Maßen, denen die Normalverteilung der Renditen als Prämisse zugrundeliegt, sind daher in den relevanten Perioden nur unter diesen Vorzeichen zu ziehen. Die entscheidende Frage ist allerdings, inwieweit der Einsatz solcher Maße trotz einer nur annähernden Approximation der Renditen an eine Normalverteilung unter Umständen trotzdem gerechtfertigt ist.

Ob und in welchem Ausmaß sich die in zwei Perioden fehlende Normalverteilungseigenschaft der Fondsrenditen letztlich in unterschiedlichen Ergebnissen bei der Performance-Messung der Fonds auswirkt, wird sich bei der Anwendung der Maße in Abschnitt IV. zeigen. Erst dort kann letztlich entschieden werden, ob die Anwendung alternativer Risikomaße tatsächlich sinnvoll ist.

b. Die Eignung der Verfahren zur Identifikation überdurchschnittlicher Performance und ihrer Determinanten

aa. Konstruktion von Zufallsportfolios und die Simulation privater Informationen

(1) Grundlegende Vorgehensweise

Mit den verschiedenen, oben vorgestellten Ansätzen zur Performance-Messung lassen sich theoretisch unter den gesetzten Annahmen des jeweiligen Verfahrens private Selektions- und/oder Timing-Informationen identifizieren bzw. die darauf zurückzuführenden Performance-Bestandteile erklären. Fraglich ist, ob diese Eigenschaft auch bei der statistischen Umsetzung der Methoden erhalten bleibt. Dem stehen die in der Realität z. T. nicht gegebenen Prämissen sowohl des theoretischen Fundaments der betrachteten Ansätze entgegen, als auch ein von den Annahmen des jeweils verwendeten Verfahrens abweichendes Verhalten der Manager. Zudem erscheint die empirische Isolierung der leistungs- und risikobedingten Komponenten aus der Portfoliorendite und ihre Abgrenzung gegenüber zufallsbedingten Störgrößen schwierig.

In fast allen Studien zur Performance-Messung von Investmentfonds werden einzelne Ansätze angewendet, ohne ex ante zu wissen, ob diese bei ihrem empirischen Einsatz tatsächlich imstande sind, eine potentiell vorhandene Performance der Manager zu identifizieren.[31] Diese Ungewißheit resultiert aus dem Umstand, daß im Rahmen einer externen Analyse nicht beurteilt werden kann, welche Prognosen die Manager ihren Entscheidungen zugrunde gelegt haben. Vielmehr erfolgt die Interpretation der Ergebnisse weitgehend vor dem Hintergrund der theoretischen Basis des eingesetzten Verfahrens. Es ist jedoch weitgehend unklar, inwieweit die verschiedenen Maße bei ihrem empirischen Einsatz tatsächlich ihren theoretischen Ansprüchen gerecht werden.

Die Beantwortung dieser Frage ist deshalb zunächst Gegenstand der folgenden Untersuchungen. Mit Hilfe einer Simulationsstudie wird die Robustheit der verschiedenen Ansätze geprüft. Ein Performance-Maß kann dann als robust bezeichnet werden, wenn es

- bei Vorliegen privater Informationen des Managers ein positives Vorzeichen aufweist und

- in der Lage ist, ein korrektes Ranking der Manager vorzunehmen, sofern diese über in ihrem Umfang und Qualität differierende Informationen verfügen bzw. unterschiedlich auf diese reagieren.[32]

Die Ausführungen im theoretischen Teil haben den unterschiedlichen Charakter der Selektions- und Timinginformationen aufgezeigt. Daneben wurden Möglichkeiten zu einer theoretisch exakten Differenzierung der daraus resultierenden Performance-Komponenten oder zumindest ihrer Berücksichtigung in einer die Gesamt-Performance messenden Kennziffer dargestellt. Die Simulation muß daher sowohl Selektions- als auch Timingfähigkeiten des Managers widerspiegeln, um zu prüfen, ob die Maße die an sie gestellten Ansprüche erfüllen können.

Ausgangspunkt der für die Simulation benötigten Datenbasis ist die Konstruktion von Wertpapierportfolios. Dabei stehen mehrere Alternativen offen. Neben der synthetischen Erzeugung von Portfoliorenditen mit Hilfe einer zufälligen Ziehung von Renditen aus einer Verteilung, die vorab durch die Wahl von Mittelwert und Varianz charakterisiert wird,[33] kommt insbesondere die zufällige Auswahl realer Wertpapiere und ihre Zusammenstellung in Portfolios in Betracht. Während die erste Vorgehensweise dazu ge-

---

[31] Zu den wenigen Ausnahmen vgl. **Kapitel** C. IV. 2., S. 169.

[32] Vgl. **Hwang** (1988), S. 37.

[33] Vgl. zu dieser Methode **French/Henderson** (1985), S. 16.

eignet ist, optimale Rahmenbedingungen hinsichtlich der Erfüllung sowohl von theoretischen Prämissen der Verfahren als auch der Anwendungsvoraussetzungen statistischer Verfahren zu schaffen, kommt der zweiten Möglichkeit ein weit größerer Realitätsgehalt zu, der letztlich für den Einsatz der Maße zur Beurteilung der Fonds entscheidend ist. Deshalb wird hier die Zusammenstellung der Portfolios auf der Grundlage realer Daten präferiert.

Fraglich ist, welche Wertpapiere für die Zufallsauswahl berücksichtigt werden sollen. Grundsätzlich kommen alle verfügbaren Aktienwerte in Betracht. Da es bei der Beurteilung der Aktienfonds jedoch um Portfolios geht, die zu einem überwiegendem Anteil eher liquide Wertpapiere mit einem Schwerpunkt auf Standardwerte enthalten, erfolgt hier eine Beschränkung der Auswahl auf jene Aktien, die im amtlichen Handel notiert sind. Dieses Vorgehen birgt darüber hinaus weitere Vorteile. Die später benötigten Betafaktoren liquider Werte sind tendenziell aussagekräftiger als jene von eher in den unteren Marktsegmenten notierten Aktien insbesondere kleinerer Unternehmen.[34] Darüber hinaus ist die Beschränkung auf die im amtlichen Handel notierten Unternehmen bei der Portfoliobildung vorteilhaft, weil der als Benchmarkportfolio verwendete DAFOX und der alternativ eingesetzte gleichgewichtete Index aus gerade diesen Werten zusammengesetzt sind. Insofern besteht das Benchmarkportfolio in diesem Fall grundsätzlich nur aus solchen Wertpapieren, die dem "synthetischen" Fondsmanager zur Investition offenstehen.

Allerdings ist eine weitere Restriktion bei der Auswahl der für die Portfoliobildung verwendeten Wertpapiere zu beachten. Nur solche Wertpapiere werden in die Zufallsauswahl eines jeweiligen Monats mit einbezogen, die vor dem entsprechenden Monat eine Historie von 68 Monaten besitzen. Das im Monat Januar 1980 konstruierte Portfolio besteht somit nur aus zufällig ausgewählten Wertpapieren, die im amtlichen Handel notiert sind, mindestens seit Mai 1974 existieren und durchgehend über den Zeitraum Mai 1974 bis Ende Januar 1980 notiert waren.[35] Dieser Vorlauf ist notwendig, um den Betafaktor für jedes einzelne Wertpapier in den ab Januar 1980 monatlich auf der Grundlage einer neuen Ziehung gebildeten Portfolios zu berechnen. Die Schätzung der Betas der Einzelwerte erfolgt mit Hilfe des Marktmodells unter Verwendung des DAFOX-Gesamtindex. Dabei werden die Betas, ausgehend von dem gerade betrachteten Monat,

---

[34] Vgl. zur beschränkten Aussagekraft des Betafaktors bei wenig liquiden Aktien sowie zum Zusammenhang zwischen der Liquidität einer Aktie und ihrer Zulassung zu einem bestimmten Marktsegment **Beiker** (1993), S. 415 ff., S. 326 ff. und S. 465 f. *Beiker* stellt die Eignung des Betafaktors als alleiniges Risikomaß für kleine Unternehmen in Frage.

[35] Insofern umfassen die durch die Indizes repräsentierten Benchmarkportfolios eine größere Anzahl an Wertpapieren als die der Zufallsauswahl zugrunde gelegten Papiere. So verbleiben für die Zufallsauswahl der im Januar 1980 konstruierten Portfolios noch 157 Aktien. Demgegenüber enthält der DAFOX Ende 1979 211 Aktien, vgl. **Göppl/Schütz** (1992), S. 8. Da die Sondervermögen der Fonds ebenfalls generell weniger Wertpapiere enthalten als der DAFOX, diese aber in der Regel Bestandteil des Index sind, kann auch diese Einschränkung hingenommen werden.

rollierend jeweils mit den 68 vorhergehenden Renditen geschätzt.[36] Mit diesen Betas wird dann das Portfolio-Beta bestimmt.[37]

Die Zusammenstellung jedes einzelnen der insgesamt 200 gebildeten Portfolios erfolgt für die zwei mit den Untersuchungsperioden der Fonds identischen Zeiträume 80/85 und 86/91 durch Ziehen mit Zurücklegen aus der so definierten Wertpapierbasis.[38] Dabei wird entsprechend dem unterstellten Investitionshorizont von einem Monat für die einzelnen Portfolios jeden Monat erneut eine Zufallsauswahl vorgenommen. Jedes Portfolio enthält 50 Wertpapiere.[39] Da für jedes Wertpapier die gleiche Wahrscheinlichkeit besteht, in den einzelnen Monaten gezogen zu werden, kann die Anzahl der die Portfolios bildenden Aktien unterschiedlicher Unternehmen sowohl im Zeitablauf als auch zwischen den Portfolios variieren. Die Gewichtung einer Aktie im Portfolio richtet sich allein nach der Anzahl seiner Ziehungen. Wenn ein Wertpapier für ein Portfolio in einem speziellen Monat zweimal gezogen wird, ist sein Anteil an der Portfoliorendite und dem Portfolio-Beta entsprechend zweifach bzw. zwei Fünfzigstel. Die Renditen der Aktien sind um alle Kapital- und Stücknotizveränderungen sowie um Dividendenzahlungen bereinigt.[40]

Mit der monatlichen Neuzusammenstellung jedes Portfolios wird unterstellt, daß der Manager am Anfang des Monats sein Portfolio auf der Basis neuer, privater Informationen umschichtet. Um die Abhängigkeit der mit der Anwendung verschiedener Maße resultierenden Ergebnisse von der Art der Information identifizieren zu können, werden die 200 Portfolios in 4 Kategorien mit je 50 Portfolios unterteilt. Timingfähigkeiten der Manager werden in Kategorie T simuliert, Selektionsfähigkeiten in Kategorie S sowie Timing- und Selektionsfähigkeiten in Kategorie T/S. Kategorie Z schließlich umfaßt lediglich 50 reine Zufallsportfolios, die keinerlei Selektions- oder Timingfähigkeiten beinhalten.

---

[36] Die Wahl von 68 Renditen zur Bestimmung des Betafaktors ist willkürlich. Gleichwohl stellt **Kim** (1993), S. 248, bei einem 5-Jahres-Intervall die größte Stationarität der geschätzten Betas fest.

[37] Das Portfolio-Beta ergibt sich durch Addition der entsprechend ihren Anteilen gewichteten Einzelbetas, vgl. **Perridon/Steiner** (1993), S. 256.

[38] Die Zufallsauswahl wurde mit Hilfe des Zufallszahlengenerators in Excel durchgeführt.

[39] Im allgemeinen wird angenommen, daß eine weitgehende Diversifizierung des unsystematischen Risikos in einem Portfolio bereits ab einer Anzahl von 15 - 20 verschiedenen Aktien erreicht ist, vgl. **Brealy/Myers** (1991), S. 136 ff.; **Sharpe/Alexander** (1990), S. 218. Andere Studien bestreiten zwar nicht, daß der Großteil des unsystematischen Risikos bei dieser Anzahl wegdiversifiziert wird, stellen aber bei Hinzufügung weiterer Wertpapiere eine nicht unbedeutende weitere Reduzierung des unsystematischen Risikos fest, vgl. **Elton/Gruber** (1970), S. 426. Sie zeigen, daß für eine 90 %-ige Diversifizierung eines gleichgewichteten, zufällig zusammengestellten Portfolios mindestens 48 Wertpapiere erforderlich sind. Da die Sondervermögen der Fonds mit im Durchschnitt über 60 verschiedenen Aktien ebenfalls eine größere Anzahl unterschiedlicher Wertpapiere enthalten, wurde die maximal mögliche Anzahl verschiedener Wertpapiere mit 50 festgelegt.

[40] Wie bei den Fondsdaten wurde dabei die Opération Blanche als Wiederanlagehypothese unterstellt.

(2) Simulation von Timingfähigkeiten

Die Simulation von Timingfähigkeiten erfolgt auf der Grundlage des Ansatzes von *Merton*, dessen Timing-Modell bereits im Rahmen des Henriksson/Merton-Ansatzes zur Identifikation von Timing-Fähigkeiten dargestellt wurde.[41] Dabei wird angenommen, daß der Manager im Rahmen des Stock Pickings zunächst eine Auswahl von Aktien gemäß seiner wertpapierindividuellen Informationen vornimmt. Da vom Markt unabhängige, wertpapierspezifische Informationen sich typischerweise unverzüglich in den Kursen der Wertpapiere widerspiegeln, erübrigt sich dadurch die Rechtfertigung für das Halten solcher Wertpapiere vergleichsweise schnell. Daher muß sich die Zusammensetzung dieses Portfolios theoretisch sehr häufig verändern, sofern von Transaktionskosten abgesehen wird. Vor diesem Hintergrund ist die jeden Monat erneute Zufallsauswahl der die Portfolios bildenden Aktien zu sehen. Das resultierende Portfolio-Beta wird dann entsprechend den privaten Timinginformationen des Managers durch Investition in die risikolose Anlage bzw. durch Kreditaufnahme zum risikolosen Zinssatz adjustiert.[42] Insofern sind die Entscheidungen des Managements bezüglich der Auswahl der individuellen Wertpapiere einerseits und seine Reaktion auf Timinginformationen andererseits völlig unabhängig voneinander.[43]

In Anlehnung an *Merton* wird unterstellt, daß der Manager das Portfolio-Beta bzw. das systematische Risikoniveau des Portfolios in Abhängigkeit seiner Informationen auf ein bestimmtes Zielbeta adjustiert. Erwartet der Manager, daß die Marktüberschußrendite in der folgenden Periode -bzw. im folgenden Monat- negativ wird, adjustiert er das Beta auf ein unteres Zielbeta (Target-Beta) β^{*}_{LPt}. In Erwartung einer positiven Marktüberschußrendite dagegen erfolgt eine Veränderung des Portfolio-Betas auf ein oberes Zielbeta β^{*}_{HPt}. Dabei wird von einem perfekten Timer ausgegangen, d. h. die Summe der bedingten Wahrscheinlichkeit einer korrekten Vorhersage des Managers, daß $R_{Et} \leq R_{ft}$ unter der Bedingung einer tatsächlichen Rendite $R_{Et} \leq R_{ft}$, und der bedingten Wahr-

---

[41]   Vgl. **Merton** (1981) sowie die Ausführungen in den **Kapiteln** C. II. 1. b. bb. (2), S. 96 ff. und C. III. 3., S. 160 ff.

[42]   Die zweistufige Vorgehensweise entspricht der von **Treynor/Black** (1973), S. 70 ff., vorgeschlagenen mit dem Unterschied, daß diese eine Adjustierung des Portfolio-Betas nicht durch eine Long-/Short-Position in der risikolosen Anlage, sondern durch den Kauf/Verkauf des "market asset" vornehmen. Ein solches könnte z. B. durch Positionen in Indexfonds oder Index-Futures repräsentiert werden, vgl. dazu **Kon** (1986). Das verfolgte Ziel, die Anpassung des Portfolio-Betas, kann letztlich durch beide Vorgehensweisen erreicht werden, so daß auch das Argument, daß Portfolio-Managern insbesondere von Investmentfonds eine Kreditaufnahme grundsätzlich nicht erlaubt ist, keine Rolle spielt.

[43]   Es kann daher auch nicht eindeutig von einem Bottom-Up- oder Top-Down-Approach gesprochen werden, da über das Zustandekommen der privaten Selektionsinformationen sowie über die Abfolge der Researchaktivitäten zur Generierung privater Informationen keine Aussagen gemacht werden. Vgl. zur Bottom-Up- und Top-Down-Technik in der Wertpapieranalyse **Steiner/ Bruns** (1994), S. 70 und S. 260 ff.

scheinlichkeit einer korrekten Prognose, daß $R_{Et} \geq R_{ft}$ unter der Bedingung einer tatsächlichen Rendite $R_{Et} \geq R_{ft}$, ergibt einen Wert von zwei.[44]

Die Höhe der Timing-Komponente der Performance hängt nicht nur von der Qualität des Timingsignals ab, sondern auch von der Reaktion des Managers auf die Timinginformationen, die von seiner Risikoaversion bestimmt wird.[45] Diese verschiedenen Reaktionen werden durch unterschiedlich festgelegte Target-Betas berücksichtigt. Dazu werden die 50 Portfolios der **Kategorie T** in 5 Untergruppen mit je 10 Portfolios unterteilt. Den am wenigsten aktiven Managern in Gruppe 1 wird eine Adjustierung des Portfolio-Betas auf ein Target-Beta von $\beta^{*}_{LPt} = 0{,}95$ bei $R_{Et} \leq R_{ft}$ und ein Target-Beta von $\beta^{*}_{HPt} = 1{,}05$ bei $R_{Et} > R_{ft}$ unterstellt.[46] Die Abstufung von jeweils 0,05 sowohl des unteren als auch des oberen Target-Betas in jeder weiteren Gruppe führt schließlich in der aggressivsten Gruppe 5 zu einer Adjustierung des Portfolio-Betas auf ein Target-Beta von $\beta^{*}_{LPt} = 0{,}75$ bei $R_{Et} \leq R_{ft}$ und ein Target-Beta von $\beta^{*}_{HPt} = 1{,}25$ bei $R_{Et} > R_{ft}$.

Die Berechnung der Portfoliorendite nach dem auf diese Weise simulierten Timingverhalten erfordert zunächst die Ermittlung des zur Adjustierung des Portfolio-Betas benötigten Umfangs der Kreditaufnahme bzw. Investition in R_{ft}. Es läßt sich zeigen, daß sich der Anteil, der in die risikolose Anlage investiert werden muß, um das gewünschte Portfolio-Beta zu erreichen, ergibt aus

(D.8)
$$y'_{Bt} = 1 - \frac{\beta^{*}_{Pt}}{\beta_{Pt}}$$

mit: y'_{Bt} = Anteil des in die risikolose Anlage investierten Vermögens (bzw. Kreditaufnahme) in Periode t

β^{*}_{Pt} = Target-Beta in Periode t

β_{Pt} = sich aufgrund der zufälligen Portfoliozusammenstellung ergebendes Beta in Periode t.[47]

Ist das Portfolio-Beta, welches sich aus der Addition der mit den Wertpapieranteilen gewichteten Einzelwertbetas ergibt, zufällig identisch mit dem Target-Beta, ist seine

---

[44] Vgl. die Ausführungen in den **Kapiteln** C. II 1. b. bb. (2), S. 96 ff. und C. III. 3., S. 160 ff. Die Simulation nicht perfekter Informationen, in deren Rahmen die Summe der bedingten Wahrscheinlichkeiten $p_1(t) + p_2(t)$ nicht bei 2, sondern zwischen 1 und 2 läge, wird hier nicht verfolgt. Sind die Maße unter Umständen nicht in der Lage, selbst perfekte Timer zu identifizieren, würde sich eine derartige Untersuchung ohnehin erübrigen.

[45] Ökonomisch werden auf diese Weise implizit auch imperfekte Timinginformationen in der Simulation erfaßt, da argumentiert werden kann, daß der Manager im Falle qualitätsmäßig nicht gleichwertiger Informationen mit einer in ihrem Ausmaß unterschiedlichen Adjustierung des Portfolio-Betas reagiert.

[46] Im folgenden wird auf die Darstellung der Tilden zur Kennzeichnung von Zufallsvariablen verzichtet.

[47] Vgl. zur Herleitung **Hwang** (1988), S. 169 ff.

Adjustierung durch eine Investition in die risikolose Anlage bzw. eine Kreditaufnahme zu R_f nicht erforderlich.

Die Ermittlung der Portfoliorendite erfolgt dann unter Zugrundelegung des Marktmodells. Die einperiodische Portfoliorendite

$$(D.9) \qquad R_P = \alpha_P + b_P R_M + \varepsilon_P,$$

in Excess-Return-Form unter Verwendung des relativ μ/o-effizienten Portfolios E dargestellt als

$$(D.10) \qquad R_P = R_f + b_P r_E + z_P$$

mit: $\quad z_P$ = marktunabhängiger Bestandteil der Portfoliorendite,[48]

läßt sich bei Bezeichnung von x_i als Anteil des Werpapiers i am Portfolio, unter Aufspaltung der Rendite in einen marktabhängigen und einen vom Markt unabhängigen Bestandteil, darstellen mit

$$(D.11) \qquad R_P = R_f + \sum_{i=1}^{N} x_i b_i r_E + \sum_{i=1}^{N} x_i z_i.$$

Nach Adjustierung des Portfolio-Betas auf das unterstellte Target-Beta ergibt sich dann die Portfoliorendite nach Timing durch

$$(D.12) \qquad R_P = y'_B R_f + (1 - y'_B) \left[\sum_{i=1}^{N} x_i b_i r_E + \sum_{i=1}^{N} x_i z_i \right],$$

wobei $\sum_{i=1}^{N} x_i b_i$ das Portfolio-Beta β_P darstellt und $(1 - y'_B) \beta_P$ gerade das gewünschte Target-Beta β_P^* ergibt.

Aus diesen Überlegungen ist ersichtlich, daß der Manager die Anteile der Aktien in seinem Portfolio in einem ersten Schritt allein auf der Grundlage der von ihm geschätzten, wertpapierindividuellen und vom Markt unabhängigen Renditen vornimmt. Das sich daraus zufällig ergebende Portfolio-Beta kann er in einem zweiten Schritt durch die Aufteilung des Vermögens in die risikolose Anlage und die risikobehaftete Aktienposition in Abhängigkeit von Timinginformationen entsprechend seiner Risikoaversion adjustieren.

---

[48]   D. h. $z_P = \alpha_P + \varepsilon_P$. Dabei sehen **Treynor/Black** (1973), S. 68 f., den Term α_P implizit als Durchschnitt der unsystematischen Periodenrendite an, da sie den Störterm als $z_P - \bar{z}_P$ definieren; vgl. zur Interpretation des Marktmodellalphas **Kapitel B. II. 3. b. aa. (2) (a)**, S. 31.

- 266 -

In allen fünf Gruppen wird in jedem Monat ein perfektes Timingsignal simuliert und eine korrekte Handlungsweise der Manager unterstellt. Die auf die Timingfähigkeiten zurückzuführende Überrendite muß aufgrund der Abstufungen der Managerreaktionen in Gruppe 1 geringer sein als in Gruppe 2 usw. Ein Performance-Maß muß daher das Vorliegen privater Information identifizieren und auch die Abstufungen hinsichtlich der Timing-Performance erkennen lassen können.[49] Dagegen sollten die Selektionsfähigkeiten messenden Ansätze bzw. die Selektionsinformationen und die daraus resultierende Performance anzeigenden Koeffizienten bestimmter Maße einen Wert von Null aufweisen.

(3) Simulation von Selektionsfähigkeiten

Zur Simulation von positiven Selektionsfähigkeiten wird der Rendite jedes in den Portfolios befindlichen Wertpapiers eine künstliche zusätzliche Rendite pro Monat beigefügt. Der beobachteten Rendite des einzelnen Wertpapiers wird somit eine Konstante hinzuaddiert.[50] Um auch hier zu testen, ob die Performance-Maße in der Lage sind, nicht nur das Vorliegen privater Informationen, sondern auch ein korrektes Ranking der Manager in bezug auf ihre Selektionsfähigkeit vorzunehmen, werden in dieser **Kategorie S** ebenfalls 5 Gruppen mit je 10 Portfolios gebildet. In der ersten Gruppe wird den beobachteten Wertpapierrenditen 0,5 % künstliche Rendite pro Monat hinzugefügt, in der zweiten Gruppe 1 % und in den weiteren Gruppen wird die künstliche, Selektivität simulierende Rendite um jeweils weitere 0,5 % erhöht.[51] Um Markteinflüsse auf die Performance weitgehend zu minimieren, wird darüber hinaus angenommen, daß die Manager das Portfolio-Beta unabhängig von der den Gesamtmarkt repräsentierenden Indexentwicklung während der gesamten Untersuchungsperiode konstant auf einem Wert von 1 halten. Dies bedingt die Adjustierung des sich zufällig ergebenden Portfolio-Betas

---

[49] Ausdrücklich sei nochmals darauf hingewiesen, daß ein Ranking der Timingperformance nicht unbedingt auf die Qualität der Timinginformationen schließen läßt, da die Reaktion immer auch von der Risikoaversion abhängig ist. In der Simulation spielt dieser Gesichtspunkt deshalb keine Rolle, weil mit der Unterstellung perfekten Timings allen Portfolios von der Qualität her identische Informationen zugeführt wurde.

[50] Vgl. zu einer äquivalenten Vorgehensweise bei der Simulation von Ereignissen **Brown/Warner** (1980), S. 212, und deren Anmerkungen in Fußnote 9. In der hier durchgeführten Simulation wird davon ausgegangen, daß der über Selektionsfähigkeiten verfügende Manager nur solche Wertpapiere hält, die eine positive Überrendite erwarten lassen. Eine positive Selektionsfähigkeit ist allerdings auch dann gegeben, wenn der Manager aufgrund einer privaten Information eine negative wertpapierindividuelle Wertpapierrendite erwartet und das entsprechende Papier rechtzeitig verkauft.

[51] Die von **Hwang** (1988) gewählte Zusatzrendite in Höhe von 1% pro Monat unter Abstufungen in Höhe von jeweils einem weiteren Prozentpunkt erscheint unrealistisch hoch. Schon bei einer Rendite von 0,5 % ergibt sich auf ein Jahr bezogen eine durch Selektionsfähigkeiten erzielte zusätzliche Rendite in Höhe von 6 %, was bereits einen in der Praxis kaum realisierbaren Wert darstellt, vgl. **Murphy** (1980), S. 50.

auf ein Target-Beta von 1 durch Kreditaufnahme zu R_f bzw. Investition in R_f. Somit ergibt sich die einperiodische Portfoliorendite in diesem Fall durch

$$(D.13) \quad R_P = y'_B R_f + (1 - y'_B) \left[\sum_{i=1}^{N} x_i b_i r_E + \sum_{i=1}^{N} x_i v_i \right]$$

mit: $\quad y'_B = 1 - 1/\beta_P$

$$v_i = z_i + AR_i^G; \quad G = 1, ..., 5,$$

wobei AR_i^G die zusätzliche künstliche Rendite (Artificial Return) des Wertpapiers i in Abhängigkeit der betrachteten Gruppe G darstellt.

(4) Simulation von Timing- und Selektionsfähigkeiten

In **Kategorie T/S** werden schließlich sowohl positive Selektions- als auch Timingfähigkeiten der Manager simuliert. In den hier gebildeten 5 Gruppen wird somit den beobachteten Renditen der die Portfolios bildenden Aktien, beginnend in der ersten Gruppe, 0,5 % künstliche Rendite hinzuaddiert, um anschließend das sich zufällig ergebende Portfolio-Beta in Abhängigkeit der Entwicklung der Marktüberschußrendite dem jeweilig unterstellten Target-Beta anzupassen. Letztere sind in derselben Weise definiert wie bereits oben beschrieben. Damit ergibt sich für die Berechnung der einperiodischen Portfoliorendite

$$(D.14) \quad R_P = y'_B R_f + (1 - y'_B) \left[\sum_{i=1}^{N} x_i b_i r_E + \sum_{i=1}^{N} x_i v_i \right]$$

mit: $\quad y'_B = 1 - \dfrac{\beta_P^*}{\beta_P}$

$$v_i = z_i + AR_i^G, \quad G = 1, ..., 5.$$

Da in der ersten Gruppe sowohl die geringste Selektionsfähigkeit als auch die am schwächsten ausgeprägte Reaktion der Manager auf Timinginformationen simuliert wird, steigt die auf private Informationen insgesamt zurückzuführende Performance mit jeder weiteren Gruppe progressiv an. Die Portfolios in Gruppe 5 müßten daher durch einen die Gesamtperformance messenden Ansatz am höchsten eingestuft werden, diejenigen in Gruppe 4 am zweithöchsten usw. Außerdem müßten robuste Maße das Vorhandensein sowohl von Selektions- als auch Timing-Informationen anzeigen.

(5) Zufallsportfolios

Die Rendite der 50 Zufallsportfolios ergibt sich allein durch die Ermittlung der gleichgewichteten Rendite der jeden Monat zufällig ausgewählten 50 Aktien. In dieser **Kategorie Z** wird den beobachteten Wertpapierrenditen weder eine künstliche Rendite hinzuaddiert noch eine Adjustierung des Portfolio-Betas vorgenommen. Dies impliziert, daß die Manager das gesamte Vermögen in risikobehaftete Wertpapiere investieren. Weil für diese Portfolios über die gesamten Untersuchungsperioden keinerlei private Informationen verwendet werden, dürften robuste Performance-Maße keine signifikante Timing- oder Selektions-Performance anzeigen.

(6) Überblick und deskriptive Statistik der simulierten Portfolios

Die Charakteristika der insgesamt 200 verschiedenen Portfolios sind in Tabelle D.7 noch einmal im Überblick dargestellt.

Tab. D.7: Charakteristika der simulierten Portfolios

Portfoliobasis	Timing	Selectivity	Timing/Selek.	Zufall
Kategorie	**T**	**S**	**T/S**	**Z**
Gruppe 1 Portfolio 1-10	$\beta_{LP}^* = 0,95$ $\beta_{HP}^* = 1,05$ AR $= 0,0$	$\beta_{LP}^* = 1,00$ $\beta_{HP}^* = 1,00$ AR $= 0,005$	$\beta_{LP}^* = 0,95$ $\beta_{HP}^* = 1,05$ AR $= 0,005$	$\beta_{LP}^* = $ Zufall $\beta_{HP}^* = $ Zufall AR $= 0,0$
Gruppe 2 Portfolio 11-20	$\beta_{LP}^* = 0,90$ $\beta_{HP}^* = 1,10$ AR $= 0,0$	$\beta_{LP}^* = 1,00$ $\beta_{HP}^* = 1,00$ AR $= 0,010$	$\beta_{LP}^* = 0,90$ $\beta_{HP}^* = 1,10$ AR $= 0,010$	$\beta_{LP}^* = $ Zufall $\beta_{HP}^* = $ Zufall AR $= 0,0$
Gruppe 3 Portfolio 21-30	$\beta_{LP}^* = 0,85$ $\beta_{HP}^* = 1,15$ AR $= 0,0$	$\beta_{LP}^* = 1,00$ $\beta_{HP}^* = 1,00$ AR $= 0,015$	$\beta_{LP}^* = 0,85$ $\beta_{HP}^* = 1,15$ AR $= 0,015$	$\beta_{LP}^* = $ Zufall $\beta_{HP}^* = $ Zufall AR $= 0,0$
Gruppe 4 Portfolio 31-40	$\beta_{LP}^* = 0,80$ $\beta_{HP}^* = 1,20$ AR $= 0,0$	$\beta_{LP}^* = 1,00$ $\beta_{HP}^* = 1,00$ AR $= 0,020$	$\beta_{LP}^* = 0,80$ $\beta_{HP}^* = 1,20$ AR $= 0,020$	$\beta_{LP}^* = $ Zufall $\beta_{HP}^* = $ Zufall AR $= 0,0$
Gruppe 5 Portfolio 41-50	$\beta_{LP}^* = 0,75$ $\beta_{HP}^* = 1,25$ AR $= 0,0$	$\beta_{LP}^* = 1,00$ $\beta_{HP}^* = 1,00$ AR $= 0,025$	$\beta_{LP}^* = 0,75$ $\beta_{HP}^* = 1,25$ AR $= 0,025$	$\beta_{LP}^* = $ Zufall $\beta_{HP}^* = $ Zufall AR $= 0,0$

Die deskriptiven Statistiken der so modellierten Portfolios sind in den Tabellen D.8 und D.9 für den Zeitraum 80/85 wiedergegeben. Dort werden lediglich die Durchschnittswerte der jeweils in einer Gruppe befindlichen 10 Portfolios dargestellt.[52] Die mittlere Rendite sowie die Standardabweichung sind, wie schon die Fondsdaten, annualisiert angegeben. In dem entsprechenden Zeitraum wies der DAFOX eine mittlere Rendite in Höhe von $\mu = 0,20339$, eine Standardabweichung von $\sigma = 0,13927$, eine Schiefe von $0,20854$ und eine Kurtosis in Höhe von $0,19542$ auf.

Bei Betrachtung der Statistik der reinen Zufallsportfolios fällt auf, daß sowohl deren mittlere Rendite als auch ihre annualisierte Standardabweichung im Vergleich zum DAFOX relativ gering ausfällt. Dies ist um so erstaunlicher, als die Portfoliorenditen gleichgewichtet sind, was gegenüber dem wertgewichteten DAFOX tendenziell eine größere Bedeutung der Renditeentwicklung kleinerer Unternehmen widerspiegeln sollte. Gerade in dieser Periode nämlich sind die Renditen kleinerer Unternehmen bei gleichzeitig geringeren Standardabweichungen höher gewesen als die der Blue Chips, wenn die mittlere Rendite des DAFOX SC ($\mu = 0,22505$, $\sigma = 0,12888$) im Vergleich zu der des DAFOX BC ($\mu = 0,19785$, $\sigma = 0,14697$) oder des noch weniger kleine Werte umfassenden DAX ($\mu = 0,16827$, $\sigma = 0,15012$) als Maßstab herangezogen wird. Die im Vergleich zu den Indizes geringere Standardabweichung der Portfolios war angesichts der geringeren Diversifikation der Portfolios grundsätzlich nicht zu erwarten.

Tab. D.8: **Durchschnittswerte der deskriptiven Statistik für die Zufallsportfolios im Zeitraum 1980/1985**

Portfolios	μ	σ	Schiefe	Kurtosis	nicht NV*
P01-P10	0,173553	0,114015	0,308296	0,555778	1
P11-P20	0,175079	0,111011	0,372534	0,914469	1
P21-P30	0,173950	0,112741	0,257920	0,652432	0
P31-P40	0,166469	0,111433	0,288707	0,680838	0
P41-P50	0,169429	0,113242	0,276371	0,740116	0

* Anzahl der Portfolios, bei denen die Nullhypothese, daß ihre Renditen keiner Normalverteilung folgen, nach dem Shapiro-Wilk-Test abgelehnt werden muß ($\alpha = 0,05$)

Drei mögliche Erklärungen sind für diese Beobachtungen denkbar. Der DAFOX SC repräsentiert aufgrund seiner Wertgewichtung eher das Segment mittlerer als kleinerer Unternehmen, so daß die Renditeentwicklung kleinerer Unternehmen nicht adäquat abgebildet wird. Möglicherweise sind deren Renditen in dieser Periode bezogen auf den Gesamtmarkt tatsächlich eher unterdurchschnittlich, so daß eine im Vergleich zu einem wertgewichteten Portfolio unterdurchschnittliche Rendite die Folge ist. Diese These wird dadurch gestützt, daß der gleichgewichtete Index in diesem Zeitraum mit einer mittleren annualisierten Rendite in Höhe von $\mu = 0,17325$ und einer Standardabweichung von $\sigma = 0,10604$ ebenfalls geringere Werte gegenüber den wertgewichteten

---

[52] Die Werte für den zweiten Zeitraum 1986/1991 finden sich in Tabelle T-D.5 im Anhang T.

DAFOX-Indizes aufweist.[53] Beim Vergleich der Portfoliorenditen mit dem gleichgewichteten Index wird auch die aufgrund der niedrigeren Diversifikation tendenziell höhere Standardabweichung der Portfolios deutlich.[54]

Darüber hinaus ist zu berücksichtigen, daß die verglichenen Wertpapiere in ihrer Gesamtheit nicht identisch sind, da in den Portfolios nur solche Aktien enthalten sind, die
vor dem relevanten Monat eine Zeitreihe von mindestens 68 monatlichen Renditen aufweisen, während die DAFOX-Indizes wie auch der gleichgewichtete Index alle zum jeweiligen Zeitpunkt im amtlichen Handel notierten Aktien enthalten. Dies kann ebenfalls
zur Klärung der Differenzen zwischen den Portfoliorenditen und den Indexrenditen beitragen.

Ein letzter Erklärungsansatz liegt in der in jedem Monat erneut vorgenommenen kom-
pletten Umschichtung der die Portfolios bildenden Aktien. Damit einher gehen völlig
unterschiedliche Annahmen bezüglich der Umschichtung des Portfolioinhalts (Rebalancing). Den Managern der simulierten Portfolios wird unterstellt, daß sie ihre Portfolios
am Anfang jeden Monats auf der Grundlage neuer privater Informationen umstrukturie-
ren.[55] Ein Vergleich monatlich umgeschichteter, gleichgewichteter Portfolios mit einem
wertgewichteten Portfolio wie dem DAFOX, mißt letztlich den Effekt der beiden Portfolios immanenten Annahmen über das Rebalancing.[56] Im Gegensatz etwa von Untersuchungen, die die Identifikation von Kapitalmarktanomalien zum Inhalt haben, ist gerade
die Messung des Erfolges solcher, als Reaktion auf private Informationen beruhender
Umschichtungen erwünscht und damit für das Ziel dieser Untersuchung geeignet, wenngleich eine monatliche Umstrukturierung zumindest der Sondervermögen von Fonds
grundsätzlich unrealistisch ist.

Der mit einer monatlichen Umstrukturierung der Portfolios verbundene Einfluß auf die
Höhe und Richtung der Rendite und des Risikos ist im Einzelfall nicht abzuschätzen. Er

---

[53] Diese Beobachtung macht für den gleichen Zeitraum auch **Warfsmann** (1993), S. 104 f. Dessen
selbst konstruierter marktwertgewichteter Index dürfte allerdings nicht mit dem DAFOX identisch sein, da er eine monatliche Gewichtung nach Marktwerten vornimmt, vgl. **Warfsmann**
(1993), S. 103. Demgegenüber wird die Gewichtung des DAFOX und auch anderer Indizes lediglich einmal jährlich zum Jahresultimo auf der Basis des Grundkapitals vorgenommen, vgl.
Göppl/Schütz (1992), S. 13 f.

[54] Die vergleichsweise geringe Differenz ist auf die breite Diversifikation der Portfolios zurückzuführen.

[55] Dabei ist durch das Ziehen mit Zurücklegen gewährleistet, daß einige Wertpapiere auch nach einer neuen Ziehung im Portfolio verbleiben. Den Einfluß kurzfristigen Rebalancings auf
die Untersuchungsergebnisse im Rahmen von Studien über Kapitalmarktanomalien diskutiert
ausführlich **Beiker** (1993), S. 52 ff. Allerdings wird das Rebalancing in solchen Studien naturgemäß nicht durch Zufall, sondern mit Hilfe dem Untersuchungszweck entsprechender Kriterien
zur Portfoliobildung vorgenommen.

[56] Wertgewichtete Indizes stellen im Gegensatz zu gleichgewichteten Indizes letztlich mit Ausnahme der bei Neuaufnahme eines Titels notwendigen Umstrukturierung eine Buy-and-Hold-Strategie dar, vgl. **Zivney/Thompson** (1989), S. 296.

dürfte jedoch der Hauptgrund für die auf Einzelportfolioebene völlig unterschiedlichen Werte der Schiefekoeffizienten und Kurtosis-Werte der Portfolios sein. Die Hypothese der Normalverteilung der Portfoliorenditen, die für alle Portfolios mit Hilfe der Shapiro-Wilk-Statistik getestet wurde, kann in diesem Zeitraum mit Ausnahme nur zweier Portfolios nicht abgelehnt werden.

Die Durchschnittswerte der deskriptiven Statistik für die Portfolios, bei denen unterstellt wird, daß ihre Manager über private Informationen verfügen, sind in Tabelle D.9 aufgeführt.

Tab. D.9: **Durchschnittswerte der deskriptiven Statistik für die private Informationen simulierenden Portfolios im Zeitraum 1980/1985**

Portfolios	μ	σ	Schiefe	Kurtosis	nicht NV*
Kategorie T: Timing					
P01-P10	0,199940	0,136284	0,376707	0,503630	0
P11-P20	0,218099	0,137114	0,493221	0,600847	0
P21-P30	0,243799	0,141182	0,583277	0,558635	2
P31-P40	0,256130	0,140031	0,749064	0,857362	6
P41-P50	0,284349	0,143305	0,822683	0,873783	9
Kategorie S: Selectivity					
P01-P10	0,248712	0,137880	0,290291	0,388204	1
P11-P20	0,301237	0,137980	0,314689	0,670413	0
P21-P30	0,357597	0,134722	0,254603	0,434422	0
P31-P40	0,418855	0,138831	0,267241	0,660804	0
P41-P50	0,478694	0,137155	0,241846	0,376071	0
Kategorie T/S: Timing/Selectivity					
P01-P10	0,260161	0,138524	0,356451	0,410575	0
P11-P20	0,333180	0,139448	0,477029	0,641327	0
P21-P30	0,422620	0,140382	0,647639	0,819513	7
P31-P40	0,502352	0,142230	0,604276	0,428619	6
P41-P50	0,575827	0,142457	0,844358	1,044023	9

* Anzahl der Portfolios, bei denen die Nullhypothese, daß ihre Renditen keiner Normalverteilung folgen, nach dem Shapiro-Wilk-Test abgelehnt werden muß ($\alpha = 0,05$)

Die Timing-Portfolios zeigen erwartungsgemäß eine von Gruppe zu Gruppe ansteigende Rendite und eine zunehmende Rechtsschiefe der Renditeverteilung. Letztere führt mit zunehmender Aggressivität der Beta-Anpassung auch dazu, daß die Normalverteilungsannahme für die meisten der Renditen auf der Einzelportfolioebene ab Gruppe 4 (ab Portfolio P40) abgelehnt werden muß.[57]

---

[57] Demgegenüber nimmt die Normalverteilungseigenschaft der Portfoliorenditen in der Crash-Periode mit steigenden Timingfähigkeiten zu, wie die entsprechend geringere Anzahl von Werten in Tabelle T-D.5 im Anhang T für die Periode 1986/1991 zeigt. Die zusätzlichen, aus erfolgreichem Timing resultierenden Renditen wirken hier der durch den Crash bedingten negativen Schiefe entgegen.

Die Selektionsfähigkeiten simulierenden Portfolios weisen von Gruppe zu Gruppe erwartungsgemäß eine Differenz in ihren mittleren annualisierten Renditen in Höhe von etwa 6 % auf. Die Standardabweichung ist tendenziell vergleichbar mit der Gruppe 1 der Timingportfolios, da die dort vorgenommene, defensive Beta-Anpassung am nächsten an dem Wert 1 liegt, der das Portfolio-Beta der Selektivität simulierenden Portfolios darstellt. Die Normalverteilungshypothese der Renditen konnte für sämtliche in der Kategorie S befindlichen Portfolios nicht abgelehnt werden.

Zwischen den Portfolios der Kategorie T/S schließlich, in welcher die Manager sowohl über private Timing- als auch Selektionsfähigkeiten verfügen, sind die Abstände der Portfoliorenditen wie zu erwarten noch deutlicher ausgeprägt. Auch hier ist wieder die Zunahme der Schiefe deutlich zu erkennen, die bereits ab der Gruppe 3 (ab Portfolio 21) zu einer Ablehnung der Normalverteilungshypothese der Renditen führt.

bb. Übersicht der getesteten Ansätze und Kriterien zu ihrer Beurteilung

Im folgenden werden die für die spätere Performance-Messung der Investmentfonds relevanten Ansätze daraufhin getestet, ob sie in der Lage sind, das Vorliegen privater Informationen zu identifizieren und ein korrektes Ranking der Portfolios entsprechend den innerhalb der einzelnen Kategorien gebildeten Gruppen vorzunehmen. In dieser Studie werden keine Ansätze getestet, die auf Portfoliodaten zurückgreifen, da sie für eine externe Messung der Performance nicht einsetzbar sind.[58]

Die verschiedenen Verfahren sind entsprechend ihrem theoretischen Fundament dahingehend zu unterscheiden, welche Art von Informationen sie unterstellen und somit - theoretisch- zu identifizieren imstande sind. So unterstellen z. B. alle traditionellen Maße konstante Betas und berücksichtigen keine Timingaktivitäten von Managern. Insofern ist es aufschlußreich zu erfahren, inwieweit die Ergebnisse bei ihrer Anwendung verzerrt werden.

Abbildung D.10 zeigt die einzelnen Maße noch einmal im Zusammenhang. Dort wird deutlich, daß die verschiedenen Ansätze unabhängig vom jeweils verwendeten Risikobegriff oder dem eingesetzten Benchmarkportfolio unterschiedliche Sachverhalte messen. Während sich einige Maße darauf beschränken, lediglich das Vorliegen von Timingfähigkeiten der Manager zu identifizieren und das daraus resultierende schwanken-

---

[58] Nicht getestet wird das nichtparametrische Verfahren von *Henriksson/Merton*, da dieses Verfahren aufgrund der hier gewählten Vorgehensweise bei der Simulation der Timingfähigkeiten grundsätzlich ein positives Ergebnis erzielen dürfte. Auch ein Test der Multiindexmodelle soll hier unterbleiben, da diese eher der Aufdeckung der Risikostruktur von Portfolios dienen. Außerdem enthalten die Zufallsportfolios weder Renten noch sind aufgrund der Zufallsauswahl systematische Branchenkonzentrationen zu erwarten.

de Portfolio-Beta bei der Ermittlung des Selektionserfolges zu berücksichtigen, messen andere Ansätze die auf die Umsetzung von Selektions- oder Timinginformationen zurückzuführende Performance. Dabei ist dieser Erfolg bei einigen dieser Maße explizit in Selektions- und Timingerfolg aufspaltbar, während andere Maße lediglich die Gesamtperformance ermitteln.

Abb. D.10: **Private Information und ihre Identifikation durch Performance-Maße**

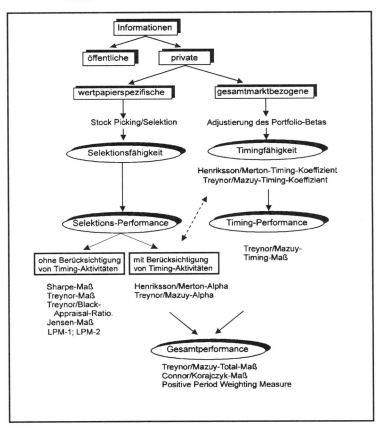

Zur Beurteilung der Robustheit der Maße und damit ihrer Eignung zur Identifikation superiorer Performance wird im nächsten Abschnitt wie folgt vorgegangen. Zunächst erfolgt eine Differenzierung der Maße entsprechend der Abbildung D.10 nach Selectivity-Maßen, Timing-Maßen und die Gesamtperformance messenden Ansätzen. Für jedes Maß wird sodann unter Berücksichtigung seines theoretischen Anspruchs geprüft, ob es in der Lage ist, zwischen dem Vorliegen und Nichtvorliegen privater Informationen zu differenzieren. Die Beurteilung erfolgt dabei anhand der jeweiligen t-Statistik bzw. spezieller Signifikanztests unter Zugrundelegung eines Signifikanzniveaus von 5 %. Kann in Anbetracht der Simulationen z. T. eine positive Performance erwartet werden, wird die Alternativhypothese entsprechend positiv formuliert und zur Beurteilung der Signifikanz auf einen t-Test bei einseitiger Fragestellung zurückgegriffen. Dies ist z. B. bei den Selectivity-Maßen für die Portfolios in den Kategorien S und T/S, bei den Timing-Maßen für die Portfolios in den Kategorien T und T/S und bei den Verfahren, welche die Gesamtperformance messen, für die Portfolios in den Kategorien S, T und T/S der Fall. In den übrigen Fällen finden zweiseitige t-Tests Anwendung.

Um zu beurteilen, ob die Maße ein korrektes Ranking zwischen den einzelnen Gruppen innerhalb der Kategorien erlauben, wird sowohl die Höhe der Performance als auch ihre statistische Signifikanz beachtet. Dabei werden die Ergebnisse für jedes Maß zur besseren Anschaulichkeit in Abbildungen zusammengefaßt, die den Verlauf des absoluten Wertes der identifizierten Performance sowie die Höhe der Signifikanzwerte für jedes Portfolio der einzelnen Kategorien zeigen. Darüber hinaus wird innerhalb jeder Kategorie die Nullhypothese getestet, daß die im Rahmen der Anwendung eines bestimmten Maßes ermittelte Performance der Portfolios in einer Gruppe identisch ist mit der Performance der Portfolios in einer anderen Gruppe. Dabei geht es um die Frage, ob die zwischen zwei Gruppen ermittelte Differenz der Mittelwerte der jeweils untersuchten Performance-Komponenten innerhalb einer Kategorie als systematisch oder zufällig anzusehen ist. Dieser Test erfolgt nicht nur auf der Grundlage der absoluten Werte der Performance, sondern auch auf der Basis der entsprechenden t-Werte. Bei einem robusten Maß müßten die Werte für Portfolios in einer höheren Gruppe im Durchschnitt signifikant zunehmen.

Der Test der Nullhypothese erfolgt auf der Grundlage zwei verschiedener Ansätze. Mit einem Zweistichprobentest für die Differenz zweier arithmetischer Mittel bei unabhängigen Stichproben wird ein parametrischer Test eingesetzt.[59] Der Nullhypothese, daß die arithmetischen Mittelwerte der jeweils verglichenen Stichproben gleich seien, wird die ein- bzw. zweiseitige Alternativhypothese gegenübergestellt, daß der Mittelwert der Gruppe G_i größer ist als der der Gruppe G_j (wobei i < j) bzw. daß ihre Mittelwerte ungleich sind.[60] Der Einsatz des t-Tests für unabhängige Stichproben erfordert die Kennt-

---

[59] Die Unabhängigkeit der Stichproben ist dadurch gewährleistet, daß die zu untersuchenden Variablen, die von verschiedenen Maßen identifizierte Performance bzw. ihre Signifikanz, nicht von demselben Merkmalsträger erhoben wird, weil alle Portfolios aufgrund der Zufallsauswahl (Ziehen mit Zurücklegen) verschieden zusammengesetzt sind.

[60] Die Formulierung einer zweiseitigen Fragestellung entspricht im Vergleich zu einer einseitigen Alternativhypothese einer konservativeren Vorgehensweise, vgl. **Bleymüller/Gehlert/Gülicher** (1991), S. 111 f. In der vorliegenden Untersuchung sind mit der Portfoliokonstruktion und den private Informationen messenden Ansätzen eindeutige Konstellationen bezüglich der Formulierung der Alternativhypothese gegeben, so daß diese im Einzelfall ein- oder zweiseitig verfaßt wird.

nis der Varianz der Mittelwertdifferenz bzw. der Varianzen der Grundgesamtheiten. Da diese nicht bekannt sind, werden sie geschätzt, wobei die Varianzen der Grundgesamtheiten als homogen gelten können, d. h., die Varianzen der unabhängigen Stichproben sind identisch.[61] Unter diesen Voraussetzungen berechnet sich die Prüfgröße t, die mit $DF = n_1 + n_2 - 2$ Freiheitsgraden studentverteilt ist, als

(D.15)
$$t = \frac{\overline{X}_1 - \overline{X}_2}{s \cdot \sqrt{\dfrac{n_1 + n_2}{n_1 \cdot n_2}}}$$

mit:
$\overline{X}_1, \overline{X}_2$ = Mittelwerte der Stichproben 1 und 2
n_1, n_2 = Stichprobenumfang für Stichprobe 1 und 2

$$s = \sqrt{\frac{(n_1 - 1)s_1^2 + (n_2 - 1)s_2^2}{n_1 + n_2 - 2}}$$

wobei s die Schätzfunktion s^2 für die unbekannte Varianz σ^2 darstellt.[62]

Kann nicht davon ausgegangen werden, daß die unbekannten Varianzen gleich sind, wird mangels einer anderen Alternative auf den näherungsweisen, auch als Separate Variance t-Test bezeichneten t-Test von *Welch* zurückgegriffen,[63] dessen Prüfgröße

(D.16)
$$t = \frac{\overline{X}_1 - \overline{X}_2}{\sqrt{\dfrac{s_1^2}{n_1} + \dfrac{s_2^2}{n_2}}}$$

annähernd studentverteilt ist mit

(D.17)
$$DF = \frac{1}{\dfrac{e^2}{n_1 - 1} + \dfrac{(1 - e)^2}{n_2 - 1}}$$

Freiheitsgraden,

wobei:
$$e = \frac{s_1^2 / n_1}{s_1^2 / n_1 + s_2^2 / n_2}.^{64}$$

---

[61] Selbst ohne diese Voraussetzung ist der Test dann brauchbar, wenn die Stichprobenumfänge identisch sind, was hier mit jeweils 10 gegeben ist, vgl. **Bamberg/Baur** (1993), S. 193, Fußnote 1.

[62] Die geschätzte Varianz ergibt sich somit aus den beiden gewichteten Varianzen der Stichproben und wird auch Pooled Variance genannt, vgl. **Bleymüller/Gehlert/Gülicher** (1991), S. 111.

[63] Sind die Varianzen nicht identisch, liegt das bislang nicht gelöste Fisher-Behrens-Problem vor, vgl. dazu **Lehmann** (1975), S. 95 f., und zum Test von *Welch* **Rüger** (1991), S. 262 ff.

Die Überprüfung der Homogenität der Varianzen und damit die Wahl zwischen dem doppelten t-Test oder dem Test von *Welch* zur Beurteilung der Mittelwertdifferenzen erfolgt mit Hilfe eines F-Tests, dessen Prüfgröße

(D.18) $\qquad F = \dfrac{s_1^2}{s_2^2}$

einer F-Verteilung mit $DF_1 = n_1 - 1$ und $DF_2 = n_2 - 1$ Freiheitsgraden gehorcht.[65]

Für den Einsatz des t-Tests müssen die Stichproben aus normalverteilten Grundgesamtheiten stammen.[66] Ob dies für die vorliegenden Untersuchungen der Fall ist, ist weitgehend unklar. Da pro zu vergleichender Gruppe in den einzelnen Kategorien jeweils nur 10 Portfolios enthalten sind, ist zudem ein Rückgriff auf den zentralen Grenzwertsatz der Statistik nicht möglich. Deshalb wird als zweite Methode zusätzlich zu dem erläuterten t-Test mit dem Wilcoxon-Rangsummentest auch ein nichtparametrisches Verfahren zur Beurteilung der Mittelwertdifferenzen angewendet, das lediglich eine symmetrische Verteilung der Mittelwertdifferenzen verlangt.[67] Dieser Test benötigt jedoch keine Normalverteilung der Differenzen.[68]

Die Nullhypothese, die Stichprobenmittelwerte seien gleich, wird zugunsten der Alternativhypothese, die Stichprobenmittelwerte seien ungleich, dann verworfen, wenn die Prüfgröße

(D.19) $\qquad W_{n_1, n_2} = \sum\limits_{i=1}^{n_1} rg_i$

---

[64] Die Entscheidung, ob die Mittelwertdifferenzen signifikant von Null verschieden sind, wird in dieser Untersuchung aufgrund der Überschreitungswahrscheinlichkeiten für die Werte der t-Approximation nach *Cochran/Cox* ermittelt, vgl. dazu **Gogolok/Schuehmer/Ströhlein** (1992), S. 614.

[65] Vgl. zum F-Test **Bleymüller/Gehlert/Gülicher** (1991), S. 113 ff. SAS ermittelt die Fehlerwahrscheinlichkeit unter einer alternativen Spezifizierung der zweiseitigen Fragestellung, vgl. dazu **Newbold** (1984), S. 377 f. Die Nullhypothese der Varianzhomogenität wird dann abgelehnt, wenn $F = s_1^2 / s_2^2 > F_{n_1-1, n_2-1; \alpha/2}$, wobei s_1^2 die größere Stichprobenvarianz bezeichnet. Der p-Wert ergibt sich somit zu $p \, F_{n_1-1, n_2-1} > F_{n_1-1, n_2-1; \alpha} = \alpha$. Ist p demnach kleiner als das gewählte Signifikanzniveau, ist die Hypothese der Varianzhomogenität abzulehnen.

[66] Vgl. **Bleymüller/Gehlert/Gülicher** (1991), S. 109 f.

[67] Der mit dem Mann-Withney-Test äquivalente Wilcoxon-Rangsummentest kann sowohl bei verbundenen als auch unabhängigen Stichproben eingesetzt werden, vgl. **Bamberg/Baur** (1993), S. 185 f., und **Bosch** (1992), S. 711 ff. und S. 721.

[68] Vgl. zu diesem Test **Büning/Trenkler** (1978), S. 145 ff., sowie den ausführlichen Vergleich zum t-Test bei **Lehmann** (1975), S. 76 ff.

mit: $\quad$ rg$_i$ = für i = 1,..., n$_1$ der Beobachtung x$_{1i}$ (in der zusammengefaßten Stichprobe) zugeordnete Rangzahl[69]

kleiner als $W_{n_1, n_2;\, \alpha/2}$ oder größer als $W_{n_1, n_2;\, 1-\alpha/2}$ ist.[70] Die kritischen Werte für $W_{n_1, n_2;\, \alpha/2}$ und $W_{n_1, n_2;\, 1-\alpha/2}$ sind vertafelt.[71] Dieser zweiseitige Test findet Anwendung beim Vergleich der mit den verschiedenen Maßen in Kategorie Z erzielten Ergebnisse, in der die Verfahren auf reine Zufallsportfolios angewendet werden. Hier sollten alle Maße eine nicht signifikant von Null abweichende Differenz zwischen den fünf Gruppen anzeigen.

Da die simulierte Managerfähigkeit grundsätzlich mit jeder Gruppe innerhalb der Kategorien T, S, und T/S zunimmt, ist die Formulierung einseitiger Hypothesen, wie schon bei der Beurteilung über die Fähigkeit der Maße, eine superiore Performance zu identifizieren, sinnvoll. In diesem Fall wird die Nullhypothese H_0: $G_1(x) = G_2(x)$ für alle x gegen die Alternativhypothese H_A: $G_1(x) \leq G_2(x)$ für alle x und $G_1(x) < G_2(x)$ für mindestens ein x getestet, wobei $G_i(x)$ die Verteilungsfunktion der der entsprechenden Gruppe i zugehörigen Grundgesamtheit kennzeichnet. In diesem Fall wird H_0 verworfen, falls gilt $W_{n_1, n_2} \leq W_{n_1, n_2;\, \alpha}$.

Die Signifikanzprüfung bei der Anwendung der Wilcoxon-Prozedur in SAS wird grundsätzlich über die nur bei großen Stichprobenumfängen sinnvolle Approximation durch die Standardnormalverteilung vorgenommen.[72] Deshalb wird zur Beurteilung der Signifikanz nicht auf die entsprechend ermittelte Überschreitungswahrscheinlichkeit (p-Wert) zurückgegriffen,[73] sondern es werden die berechneten Ränge mit den vertafelten kritischen Werten verglichen.

---

[69] Zur Vorgehensweise bei der Durchführung des Wilcoxon-Rangsummentests sowie zu einem Beispiel vgl. **Hartung** (1993), S. 517 und S. 519.

[70] Genauso gut könnte auch die Summe der Ränge der Stichprobenwerte aus n$_2$ als Testgröße verwendet werden.

[71] Vertafelte Werte findet man bei **Büning/Trenkler** (1978), S. 378 ff., sowie **Lehmann** (1975), S. 418 ff. Das Auftreten von Bindungen zwischen den Stichprobenausprägungen von n$_1$ und n$_2$, welches im Falle der bei diesem Test unterstellten stetigen Verteilung mit einer Wahrscheinlichkeit von Null auftritt und deshalb nur auf Rundungen zurückzuführen sein könnte, wird durch die Zuweisung des arithmetischen Mittels der in Frage kommenden Ränge berücksichtigt; zur entsprechenden Korrektur der Varianz von W_N vgl. **Büning/Trenkler** (1978), S. 149. Eine nur geringe Anzahl von Bindungen hat allerdings kaum Einfluß auf die Verteilung von W_N, vgl. **Büning/Trenkler** (1978), S. 148.

[72] Vgl. **SAS INSTITUTE INC.**(1988), S. 723.

[73] Nur für größere Stichprobenumfänge (bei n$_1$ oder n$_2$ > 25) kann die Verteilung von W_N unter der Nullhypothese durch die Normalverteilung approximiert werden, vgl. **Hartung** (1993), S. 516, **Büning/Trenkler** (1978), S. 148.

cc. **Empirische Ergebnisse über die Robustheit der Verfahren**

(1) **Die Identifikation superiorer Selektions- und Timing-Performance**

(a) **Ergebnisse der kapitalmarkttheoretisch fundierten Maße in Abhängigkeit der simulierten Informationen**

Zunächst werden die Ergebnisse der im μ/σ-Zusammenhang stehenden Verfahren bezüglich ihrer Fähigkeit, das Vorliegen privater Informationen identifizieren zu können, beurteilt. Es wird geprüft, ob die jeweiligen Maße die simulierten Informationen durch ein positives und statistisch signifikantes Vorzeichen anzeigen.[74] Dabei wird davon ausgegangen, daß die Ansätze für eine Performance-Messung geeigneter sind, deren Signifikanzen vergleichsweise höhere Werte annehmen. Für einige der Maße ist ein Test auf statistische Signifikanz allerdings nicht aussagekräftig, so daß hier auf ihre direkte Einbeziehung verzichtet wird.[75]

Für jede Kategorie wird in einer Tabelle die durchschnittliche absolute Höhe der t-Werte in den einzelnen Gruppen komprimiert zusammengefaßt. Jeder dieser Tabellen folgt eine weitere, die einen Überblick über die Anzahl der mit den verschiedenen Ansätzen ermittelten positiven Vorzeichen sowie die Anzahl signifikant positiver t-Werte für die 50 Portfolios gibt. Als Benchmarkportfolio wird grundsätzlich der DAFOX verwendet. Beispielhaft werden zusätzlich auch die Ergebnisse des Positive Period Weighting Measure bei Verwendung des GG-Index als effizientes Portfolio mit aufgenommen.[76] Obwohl dieser Index zur Beurteilung der Fonds aufgrund seiner fehlenden Wertgewichtung eigentlich ungeeignet erscheint, ist im Rahmen der Portfoliountersuchungen eine Kontrolle der Ergebnisse mit diesem Index deshalb angezeigt, weil auch die Portfolios gleichgewichtet sind. Außerdem bietet sich die zusätzliche Verwendung dieses Index allein deshalb an, weil die Effizienz des DAFOX gegenüber diesem Index in Periode 86/91 abgelehnt werden mußte.[77] Bei den auf Regressionsanalysen beruhenden Timing-Maßen werden die t-Werte zugrunde gelegt, die mit Hilfe des heteroskedastizitäts-konsistenten Kovarianzschätzers nach *White* berechnet wurden. Die Beurteilung der mit den einzelnen Methoden erzielten Resultate orientiert sich nach ihrer Systematisierung in Abbildung D.10.

---

[74] Die Sharpe-Ratio müßte dagegen rechentechnisch bedingt signifikant negativ sein.

[75] Dies gilt gleichermaßen für das Treynor-Maß und für die Treynor/Black-Appraisal-Ratio, vgl. die **Kapitel** C. II 1. a. bb., S. 79 f. und S. 82 f. Eine Berücksichtigung dieser Maße findet deshalb nur im Rahmen der Betrachtung der absoluten Werte statt. Aufgrund des hohen Diversifikationsgrades der Portfolios ist aber grundsätzlich von ähnlichen Ergebnissen auszugehen, wie sie beim Einsatz der Sharpe-Ratios beobachtet werden können. Darauf deuten auch die sehr hohen Korrelationskoefffizienten zwischen den mit Hife der vier klassischen Maße erzielten Resultate hin.

[76] Für die Portfolios gelten daher die Einschränkungen bezüglich der Eignung des GG-Index als Benchmarkportfolio nicht.

[77] Demgegenüber konnte in der Periode 80/85 eine Ineffizienz des DAFOX gegenüber dem GG-Index nicht festgestellt werden, vgl. **Kapitel** D. II. 3. d. aa., S. 224 ff.

Maße, die auf die Identifikation der Selectivity-Performance abstellen, sollten den Portfolios in der Kategorie T, in der lediglich Timingfähigkeiten der Manager simuliert sind, im Durchschnitt keine signifikante Performance zuweisen.[78]

Die Ergebnisse in Tabelle D.10 lassen erkennen, daß sowohl das Jensen-Maß als auch die Sharpe-Ratio lediglich bei vergleichsweise wenig aggressiven Timingaktivitäten der Manager keine signifikante Performance anzeigen.

Tab. D.10:   **Durchschnittlicher z- und t-Wert der einzelnen Portfoliogruppen innerhalb der Kategorie T**

Maße	Selectivity-Maße				Timing-Maße			Gesamtperformance-Maße			
Portfolio-gruppe	S	J	H/M-A	T/M-A	T/M-γ	C/K-β_2	H/M-β_2	T/M-T	C/K-A	PW DAFOX	GG
Zeitraum 80/85											
P01-10	0,016	0,394	0,039	0,353	0,019	0,271	0,269	0,393	0,464	0,396	0,384
P11-20	-0,744	1,151	0,225	0,823	0,412	0,649	0,646	1,186	1,396	1,198	1,214
P21-30	-1,611	2,047	0,204	1,339	1,025	1,470	1,468	2,131	2,513	2,152	2,171
P31-40	-2,143	2,608	-0,131	1,395	1,802	2,302	2,299	2,776	3,334	2,779	2,772
P41-50	-3,081	3,634	0,196	2,278	2,190	2,832	2,829	3,828	4,680	3,838	3,850
Zeitraum 86/91											
P01-10	-2,226	2,207	1,340	1,891	0,336	0,203	0,199	2,215	2,326	2,194	-0,256
P11-20	-3,229	3,293	1,460	2,572	1,266	1,097	1,092	3,327	3,638	3,284	0,841
P21-30	-3,914	4,086	1,371	2,942	2,709	2,150	2,145	4,155	4,739	4,085	1,752
P31-40	-4,522	4,837	1,271	3,401	3,842	3,420	3,414	4,931	5,876	4,842	2,641
P41-50	-5,050	5,525	1,354	3,899	4,196	3,960	3,955	5,640	6,885	5,535	3,490

Mit zunehmendem Aktivitätsniveau lassen sich jedoch Verzerrungen in den mit diesen Maßen erzielten Ergebnissen ausmachen, da sie ab einer bestimmten Höhe der Betaanpassung eine signifikant positive Performance anzeigen, obwohl keinerlei Selectivity-Informationen simuliert wurden. Dabei scheint das Jensen-Maß noch empfindlicher zu reagieren als die Sharpe-Ratio, da die Verzerrungen mit diesem Maß bereits in der 3. Gruppe der Portfolios und damit bei geringeren Timingaktivitäten beginnen. Außerdem zeigt die Anzahl der als signifikant identifizierten Performance-Werte, welche in Tabelle D.11 zusammengestellt sind, daß mit dem Jensen-Maß insgesamt auch eine größere Anzahl signifikant positiver Werte ermittelt wird als bei der Sharpe-Ratio.[79] Damit werden die theoretischen Überlegungen zu den Verzerrungen der traditionellen Maße bei Vorliegen von Timinginformationen auch empirisch bestätigt.[80]

---

[78]   Der kritische t-Wert für die Selectivity-Maße beträgt bei zweiseitiger Fragestellung und einem 5 % (10 %) Signifikanzniveau 1,994 (1,667), der kritische z-Wert der für das Sharpe-Maß relevanten Standardnormalverteilung 1,96 (1,645).

[79]   Um Irrtümer bei der Interpretation der Ergebnisse auszuschließen, sei angemerkt, daß das negative Vorzeichen des z-Wertes der Sharpe-Ratio eine positive Ausprägung der Performance gegenüber dem Index bedeutet, und nicht, wie auf den ersten Blick anzunehmen wäre, eine signifikant negative Performance.

[80]   Vgl. auch **Lehmann/Modest** (1987), S. 237, die darauf hinweisen, daß das Jensen-Maß auch einen Teil der aus Timingaktivitäten resultierenden Performance mißt und, sofern es lediglich um

Tab. D.11: Anzahl der als positiv und signifikant identifizierten Performance-Werte bei Verwendung verschiedener Ansätze in Kategorie T

Performance-Determinante	Selectivity-Maße				Timing-Maße			Gesamtperformance-Maße			
Maße	S	J	H/M-A	T/M-A	T/M-γ	C/K-β_2	H/M-β_2	T/M-T	C/K-A	PW DAFOX	GG
Zeitraum 86/91											
positive	49	47	22	47	43	45	45	47	47	47	47
sig. pos. / 5 %	18	26	0	11	17	22	22	30	32	30	31
sig. pos. / 10 %	23	30	0	15	21	26	26	34	36	34	32
Zeitraum 86/91											
positive	50	50	50	50	46	45	45	50	50	50	43
sig. pos. / 5 %	46	46	7	42	33	29	29	47	49	47	25
sig. pos. / 10 %	49	47	12	45	37	34	34	49	49	49	30

Die Selectivity-Maße, die durch die explizite Berücksichtigung instationärer Betafaktoren die Timingaktivitäten der Manager berücksichtigen, zeigen ein deutlich besseres Bild. Das H/M-Alpha weist in Periode 80/85 in keinem einzigen Fall einen signifikanten Wert auf, was allerdings auch nicht weiter überrascht, da die Timingfähigkeiten entsprechend den Annahmen dieses Modells simuliert wurden. Aber auch das T/M-Alpha weist in Periode 80/85 mit 11 signifikanten Werten gegenüber den anderen Selectivity-Maßen vergleichsweise wenig Verzerrungen auf. In Periode 86/91 erreichen die Verzerrungen der Maße allerdings ein weit größeres Ausmaß. Dies gilt insbesondere für das Jensen-Maß, die Sharpe-Ratio und das Treynor/Mazuy-Alpha. Auch für das H/M-Alpha treten in dieser Periode, wenn auch nur vereinzelt, signifikant positive Werte auf.

Im Gegensatz zu den Selectivity-Maßen müssen sowohl die Timing- als auch die die Gesamtperformance messenden Verfahren auf signifikante Timingfähigkeiten hindeuten bzw. eine signifikant positive Performance für die Portfolios in Kategorie T ermitteln.[81] Wie zu erkennen, ist dies erst ab einem relativ hohen Niveau der unterstellten Betaadjustierung der Fall. Das T/M-T-Maß zeigt nur für 17 der 50 Portfolios das Vorliegen von signifikant positiven Timingfähigkeiten an. Erfolgreicher ist das H/M-T-Maß mit insgesamt 22 auf signifikant positive Timingfähigkeiten hindeutenden Werten.[82] Tendenziell sind diese Maße in Zeiten höherer Volatilitäten eher in der Lage, Timingaktivitäten zu identifizieren, da hier der Wert von Timingaktivitäten generell größer ist als in Zeiten mit geringeren Kursschwankungen. Dies zeigt sich bei Betrachtung der Werte in der Periode 86/91, in der das T/M-T-Maß 66% der Portfolios signifikant positive Werte zuweist und der Timingkoeffizient des H/M- bzw. C/K-Modells 58 % der Portfolios.

---

die Identifikation abnormaler Performance geht, auch die Gesamtperformance des Portfolios zu identifizieren in der Lage ist. Da eine Aufspaltung in Selectivity- und Timing-Beitrag allerdings nicht möglich ist, kann ein Ranking nicht erfolgen.

[81] Der kritische t-Wert für die Timing- und die die Gesamtperformance ermittelnden Maße bei einseitiger Fragestellung beträgt 1,667 (1,294).

[82] Die Werte für das C/K-Maß sind naturgemäß bis auf Rundungsfehler mit den H/M-β_2-Werten identisch.

Immerhin weisen die Timing-Maße mit nur sehr wenigen Ausnahmen durchweg positive Werte auf.

Die Ergebnisse der die Gesamtperformance messenden Maße schließlich deuten darauf hin, daß sie tendenziell besser geeignet sind, die aus Timingaktivitäten resultierende Performance zu identifizieren. Bei Verwendung sowohl des T/M-Totalmaßes als auch des P/W-Maßes wird in Periode 80/85 60 % der Portfolios eine signifikant positive Performance zugewiesen, bei dem C/K-Maß sind es 64%. In der Periode 86/91 verbessern sich diese Werte auf 94% beim T/M-Tot.- und PW-Maß und 98% bei dem C/K-Maß. Bei der Verwendung des GG-Index als relativ μ/σ-effizientem Portfolio im Rahmen des PW-Maßes ergeben sich im Zeitraum 80/85 erwartungsgemäß keine Veränderungen hinsichtlich der Beurteilung der Performance. Auch das Niveau der Werte gleicht dem der mit Hilfe des DAFOX erzielten. Ein völlig anderes Bild ergibt sich dagegen im Zeitraum 86/91. Dort ist das PW-Maß bei Verwendung des GG-Index deutlich schlechter zu beurteilen. Hier weist es nur 50% der Portfolios eine signifikant positive Performance zu.

Beim Vergleich der Resultate, die mit dem PW-Maß und Jensens Alpha erzielt wurden, fällt deren weitgehende Übereinstimmung auf. Dies deutet darauf hin, daß mit dem Jensen-Maß über seinen theoretischen Anspruch hinaus auch ein Teil der auf Timinginformationen resultierenden Performance aufgefangen wird. In den hier betrachteten Perioden ist eine negative Verzerrung des Jensen-Maßes somit nicht gegeben. Diese war angesichts theoretischer Überlegungen auch nicht zu erwarten. Eine negative Verzerrung tritt nur dann auf, wenn der Ausdruck $\bar{r}_E^2 / \sigma_E^2$ einen Wert größer als Eins annimmt.[83] Sowohl für den DAFOX als auch für den GG-Index war dies weder in Periode 80/85 noch in Periode 86/91 der Fall.[84] Gleichwohl ist die Anzahl als signifikant identifizierter Werte beim PW-Maß geringfügig größer, so daß diesem Ansatz sowohl in theoretischer als auch statistischer Hinsicht der Vorzug gegenüber dem Jensen-Maß zu geben ist.

Insgesamt kann festgehalten werden, daß die Gesamtperformance-Maße am ehesten in der Lage sind, das Vorliegen von Timinginformationen zu identifizieren. Ihre Güte bezüglich der Anzeige signifikanter Werte hängt allerdings stark vom Niveau der aufgrund von Timinginformationen vorgenommenen Portfolioumschichtungen ab. So finden sich signifikante Werte grundsätzlich eher in den aggressiveren Gruppen der Portfolios innerhalb der Kategorie T oder aber in Zeiten größerer Volatilitäten des Aktienmarktes, in denen Timingfähigkeiten eine höhere Performance zur Folge haben. Die Ergebnisse unterstreichen die generelle Problematik der Performance-Messung, zufällige Schwan-

---

[83]   Zu den Voraussetzungen, unter denen eine negative Verzerrung des Jensen-Maßes bei Vorliegen von Timingfähigkeiten zu erwarten ist, vgl. **Kapitel C. II. 1. b. aa.**, S. 87 f.

[84]   In Periode 80/85 (86/91) betrug der Wert für den DAFOX 0,0669 (0,0038) und für den GG-Index 0,0656 (0,0007).

kungen von einer systematischen, auf Managerfähigkeiten zurückzuführende Performance abzugrenzen.

Im folgenden wird auf die Ergebnisse eingegangen, die bei einer Anwendung der Maße auf die lediglich private Selektions-Informationen simulierenden Portfolios aus der Kategorie S erzielt werden. Entsprechend der Theorie müßten die Selectivity- und Gesamtperformance-Maße eine signifikant positive Performance und die Timing-Maße keine signifikant von Null verschiedenen Werte anzeigen.[85]

Tab. D.12: **Durchschnittlicher z- und t-Wert der einzelnen Portfoliogruppen innerhalb der Kategorie S**

Maße	Selectivity-Maße				Timing-Maße			Gesamtperformance-Maße			
Portfolio-gruppe	S	J	H/M-A	T/M-A	T/M-γ	C/K-β_2	H/M-β_2	T/M-T	C/K-A	PW DAFOX	GG
Zeitraum 80/85											
P01-10	-1,927	2,389	2,104	2,705	-0,887	-0,524	-0,527	2,304	2,683	2,321	2,297
P11-20	-3,946	4,658	3,632	4,680	-0,794	-0,711	-0,714	4,560	5,367	4,570	4,540
P21-30	-6,166	7,702	5,673	7,477	-0,670	-0,470	-0,473	7,604	8,665	7,610	7,596
P31-40	-7,318	9,904	6,845	9,261	-0,536	-0,553	-0,556	9,800	11,214	9,795	9,782
P41-50	-8,235	12,196	8,646	11,387	-0,899	-0,671	-0,674	12,061	13,777	12,077	12,028
Zeitraum 86/91											
P01-10	-3,355	2,805	2,740	3,464	-0,870	-0,647	-0,651	3,453	3,447	3,457	0,963
P11-20	-5,028	5,562	3,946	5,138	-0,093	-0,264	-0,267	5,555	5,682	5,545	2,976
P21-30	-6,381	7,611	5,244	6,973	0,008	-0,223	-0,227	7,604	7,810	7,595	5,140
P31-40	-7,515	9,854	6,620	8,844	0,037	-0,207	-0,210	9,847	10,205	9,838	7,299
P41-50	-8,163	11,361	7,782	10,393	-0,310	-0,477	-0,480	11,345	11,699	11,345	9,005

Die Ergebnisse bezüglich der Identifikation der Selectivity-Information zeigen ein vergleichsweise eindeutiges Bild zugunsten der verschiedenen Verfahren. Sowohl die Selecivity-Maße als auch die Totalmaße sind in der Lage, unabhängig von der Marktentwicklung Selektionsinformationen zu identifizieren. Die wenigen, keine Signifikanz anzeigenden Werte waren bei dem zugrunde liegenden Signifikanzniveau allein aus Zufall zu erwarten. Auch sie weisen aber das richtige, positive Vorzeichen auf.

Die Timing-Maße zeigen ebenfalls einheitliche Resultate. Hier gilt ebenso, daß die wenigen Werte, die trotz Fehlens jeglicher Timinginformationen eine signifikant von Null abweichende Timing-Performance anzeigen, aus Zufall zu erwarten waren. Wie schon in Kategorie T, unterscheiden sich die Ergebnisse in Kategorie S, die beim Einsatz des PW-Maßes mit dem gleichgewichteten Index erzielt werden, von den mit dem DAFOX ermittelten Resultaten. Hier ist die Performance von lediglich 82 % der

---

[85] Deshalb erscheint bei den Selectivity- und Timing-Maßen ein einseitiger Test angebracht. Die entsprechenden kritischen t-Werte sind in diesem Fall bei einem Signifikanzniveau von 5 % (10 %) 1,667 (1,294) und für den z-Wert 1,645 (1,282). Die kritischen Werte für den zweiseitigen t-Test der Timing-Maße lauten entsprechend 1,994 (1,667).

Portfolios als signifikant zu betrachten, während bei der Wahl des DAFOX als Benchmarkportfolio 100 % signifikant positive Werte beobachtet werden können.

Tab. D.13: **Anzahl der als positiv und signifikant identifizierten Performance-Werte bei Verwendung verschiedener Ansätze in Kategorie S**

Performance-Determinante	Selectivity-Maße				Timing-Maße			Gesamtperformance-Maße			
Maße	S	J	H/M-A	T/M-A	T/M-γ	C/K-β_2	H/M-β_2	T/M-T	C/K-A	PW DAFOX	PW GG
Zeitraum 86/91											
positive	50	50	50	50	5	7	7	50	50	50	50
sig. pos. / 5 %	47	49	48	49	2	0	0	47	49	47	47
sig. pos. / 10 %	49	50	49	49	4	2	2	49	50	49	49
Zeitraum 86/91											
positive	50	50	50	50	19	14	14	50	50	50	49
sig. pos. / 5 %	50	50	50	50	2	0	0	50	50	50	41
sig. pos. / 10 %	50	50	50	50	3	2	2	50	50	50	41

Außerdem ist das Vorherrschen negativer Timingkoeffizienten auffällig, obwohl aufgrund fehlender Timinginfomationen eher eine Gleichverteilung zwischen positiven und negativen, nicht signifikanten Timingkoeffizienten angenommen werden konnte. Dies kann tendenziell die Ergebnisse der Timing-Maße bei ihrer Anwendung auf die Portfolios in Kategorie T erklären, wo ein signifikanter Nachweis von Timinginformationen erst bei aggressiverem Timingverhalten erfolgen konnte. Es muß davon ausgegangen werden, daß -zumindest in den hier untersuchten Perioden- ein höherer Timingbeitrag deshalb notwendig ist, weil zunächst ein negativer Performance-Anteil, dessen ökonomische Erklärung schwierig erscheint, egalisiert werden muß.[86] Die Interpretation negativer Timingkoeffizienten bei empirischen Untersuchungen von Investmentfonds müssen daher grundsätzlich mit Vorsicht erfolgen.[87] Angesichts dieser systematischen Verzerrungen ist tendenziell davon ausgehen, daß ein signifikant positiver Timing-

---

[86] Eine mögliche Erklärung können Benchmarkfehler sein. Sie liefern allerdings zumindest für die erste Periode keine vollständige Aufklärung, da die Tendenz negativer Timingkoeffizienten in Kategorie S auch bei der Verwendung des GG-Index beobachtet werden kann, wenn auch nicht mit der gleichen Stärke. Die hier nicht wiedergegebenen Ergebnisse zeigen z. B. beim T/M-Ansatz 70 % negative Timingkoeffizienten bei Verwendung des GG-Index gegenüber 90 % negativen Vorzeichen bei Einsatz des DAFOX. Im Zeitraum 86/91 allerdings sind mit dem GG-Index wesentlich weniger negative Koeffizienten zu beobachten als bei der Wahl des DAFOX (30 % gegenüber 62 %). Ein anderes Simulationsergebnis erzielt *Bühler*, der für beide Maße eine Gleichverteilung zwischen positiven und negativen Koeffizienten ermittelt, vgl. **Bühler** (1993), S. 25. Möglicherweise spielt die Sensitivität der Maße auf künstliches Timing eine Rolle, welches im Rahmen der Simulation einzig durch Nichtlinearitäten in den Betafaktoren der Wertpapiere hervorgerufen werden kann; vgl. zu diesen und anderen Erklärungen **Kapitel** C. II. 1. c. aa., S. 106 f. und **Kapitel** C. IV. 3 a. aa., S. 184 f.

[87] Vgl. **Kapitel** C. IV. 3. a. aa., S. 180 ff.

koeffizient als Hinweis auf Timingaktivitäten anzusehen ist.[88] Darüber hinaus kann die Schlußfolgerung gezogen werden, daß die Timingfähigkeiten anzeigenden Koeffizienten eher konservative Ergebnisse liefern.

Die Tabellen D.14 und D.15 geben die Ergebnisse der verschiedenen Verfahren bei ihrer Anwendung auf die Portfolios der Kategorie T/S wieder.

Tab. D.14: **Durchschnittlicher z- und t-Wert der einzelnen Portfoliogruppen innerhalb der Kategorie T/S**

Maße	Selectivity-Maße				Timing-Maße			Gesamtperformance-Maße			
Portfolio-gruppe	S	J	H/M-A	T/M-A	T/M-γ	C/K-β_2	H/M-β_2	T/M-T	C/K-A	PW DAFOX	GG
Zeitraum 80/85											
P01-10	-2,393	2,882	1,956	2,892	-0,333	-0,001	-0,003	2,837	3,300	2,852	2,812
P11-20	-5,040	6,064	3,437	5,345	0,401	0,741	0,739	6,078	6,932	6,084	6,059
P21-30	-7,193	9,680	5,004	8,122	1,289	1,756	1,753	9,771	11,405	9,774	9,756
P31-40	-8,384	12,604	7,486	11,358	1,228	1,902	1,900	12,665	14,723	12,682	12,648
P41-50	-9,154	15,285	8,600	13,601	2,234	2,743	2,741	15,437	18,686	15,435	15,413
Zeitraum 86/91											
P01-10	-4,243	4,492	2,568	3,821	0,764	0,613	0,609	4,510	4,768	4,480	1,990
P11-20	-6,184	7,219	4,065	6,054	2,012	1,421	1,416	7,264	7,773	7,214	4,951
P21-30	-7,847	10,471	5,800	8,933	2,670	2,402	2,397	10,533	11,547	10,470	8,150
P31-40	-8,841	13,334	7,349	11,460	3,780	3,134	3,129	13,419	15,178	13,337	11,079
P41-50	-9,227	14,837	8,194	12,928	4,808	4,570	4,563	14,946	17,814	14,847	12,816

Tab. D.15: **Anzahl der als positiv und signifikant identifizierten Performance-Werte bei Verwendung verschiedener Ansätze in Kategorie T/S**

Performance-Determinante	Selectivity-Maße				Timing-Maße			Gesamtperformance-Maße			
Maße	S	J	H/M-A	T/M-A	T/M-γ	C/K-β_2	H/M-β_2	T/M-T	C/K-A	PW DAFOX	GG
Zeitraum 86/91											
positive	50	50	50	50	40	43	43	50	50	50	50
sig. pos. / 5 %	50	50	47	50	12	22	22	50	50	50	50
sig. pos. / 10 %	50	50	49	50	19	27	27	50	50	50	50
Zeitraum 86/91											
positive	50	50	50	50	47	49	49	50	50	50	50
sig. pos. / 5 %	50	50	50	50	34	30	29	50	50	50	47
sig. pos. / 10 %	50	50	50	50	39	36	36	50	50	50	49

---

[88] Dies gilt vor allem deshalb, weil die Fonds zusätzliche Transaktionskosten aufwenden müssen, die mit den Umschichtungen verbunden und im Rahmen der Simulationen nicht berücksichtigt sind.

In dieser Kategorie müßten aus theoretischer Sicht alle Maße eine signifikant positive Performance anzeigen.[89] Dies ist sowohl für die Selectivity- als auch die Gesamtperformance-Maße in beiden Perioden der Fall.[90] Dabei erzielen die letzteren auch höhere Signifikanzwerte innerhalb der einzelnen Gruppen als bei ihrem Einsatz in der entsprechenden Gruppe in Kategorie S, so daß davon auszugehen ist, daß sie zumindest einen Teil der Timing-Performance aufzufangen in der Lage sind.

Ein weniger überzeugendes Ergebnis erzielen die Timing-Maße. Ähnlich wie bei der alleinigen Simulation von Timingfähigkeiten sind, wie in Tabelle D.15 erkennbar, auch hier für das T/M-T-Maß lediglich 24 % der Koeffizienten signifikant positiv und für das H/M-T-Maß 44 %. Wie zuvor erhöhen sich die Quoten in der zweiten Periode. In letzterer sind 68 % der Timingkoeffizienten des T/M-T-Maßes signifikant positiv und 60 % der H/M- bzw. C/K-Koeffizienten. Insgesamt sind die Ergebnisse auch vom Niveau her ähnlich jenen in der Kategorie T.

Schließlich werden die Maße auf die Portfolios der Kategorie Z angewendet, in der keinerlei private Informationen simuliert sind. Die Ergebnisse bezüglich der durchschnittlichen z- bzw. t-Werte sind in Tabelle D.16 dargestellt, die Anzahl der positiven und signifikant positiven Werte in Tabelle D.17.

Tab. D.16: **Durchschnittlicher z- und t-Wert der einzelnen Portfoliogruppen innerhalb der Kategorie Z**

Maße	Selectivity-Maße				Timing-Maße			Gesamtperformance-Maße			
Portfolio-gruppe	S	J	H/M-A	T/M-A	T/M-γ	C/K-β_2	H/M-β_2	T/M-T	C/K-A	PW DAFOX	GG
Zeitraum 80/85											
P01-10	0,285	0,266	0,964	1,054	-1,404	-0,972	-0,974	0,128	0,217	0,149	0,009
P11-20	0,105	0,429	0,996	1,031	-1,086	-0,849	-0,851	0,323	0,417	0,326	0,176
P21-30	0,227	0,304	1,173	1,044	-1,233	-1,135	-1,137	0,177	0,236	0,182	0,036
P31-40	0,528	0,003	0,818	0,734	-1,152	-0,936	-0,938	-0,114	-0,082	-0,109	-0,241
P41-50	0,459	0,061	0,654	0,609	-0,853	-0,733	-0,734	-0,033	0,014	-0,041	-0,189
Zeitraum 86/91											
P01-10	-2,722	2,720	2,274	2,694	-0,848	-0,798	-0,801	2,696	2,720	2,706	1,013
P11-20	-2,339	2,303	1,718	2,181	-0,335	-0,340	-0,343	2,295	2,304	2,292	0,629
P21-30	-2,756	2,756	1,910	2,527	-0,124	-0,147	-0,150	2,751	2,839	2,745	1,053
P31-40	-2,591	2,578	1,871	2,400	-0,102	-0,205	-0,208	2,573	2,601	2,567	0,908
P41-50	-2,315	2,279	1,991	2,306	-0,789	-0,759	-0,762	2,257	2,250	2,265	0,633

---

[89] Daher wird bei allen Maßen eine einseitige Fragestellung zugrunde gelegt. Die kritischen Werte sind demnach für den t-Test bei einem 5 %-igen Signifikanzniveau 1,667 bzw. 1,294 bei einem Signifikanzniveau von 10 %. Die entsprechenden kritischen z-Werte liegen bei 1,645 und 1,282.

[90] Lediglich das H/M-Alpha zeigt im Zeitraum 80/85 nur für 47 der 50 Portfolios eine signifikant positive Performance an; dies läßt sich jedoch ebenso durch Zufall erklären wie die für 3 Portfolios als nicht signifikant angezeigte Performance bei der Anwendung des PW-Maßes unter Verwendung des GG-Index.

Tab. D.17: Anzahl der als positiv und signifikant identifizierten Performance-Werte bei Verwendung verschiedener Ansätze in Kategorie Z

Performance-Determinante	Selectivity-Maße				Timing-Maße			Gesamtperformance-Maße			
Maße	S	J	H/M-A	T/M-A	T/M-γ	C/K-β_2	H/M-β_2	T/M-T	C/K-A	PW DAFOX	GG
Zeitraum 86/91											
positive	36	32	44	44	5	6	6	29	32	30	23
sig. pos. / 5 %	0	0	2	2	5	3	3	0	0	0	0
sig. pos. / 10 %	0	0	7	5	11	8	8	0	0	0	0
Zeitraum 86/91											
positive	50	50	50	50	13	12	12	50	50	50	50
sig. pos. / 5 %	49	48	21	43	3	2	2	47	47	47	0
sig. pos. / 10 %	50	50	34	49	4	4	4	50	50	50	2

Wie ersichtlich, zeigt in Periode 80/85 keines der traditionellen Maße eine signifikante Performance an.[91] Die Timingaktivitäten berücksichtigenden Selectivity-Maße ermitteln zwar jeweils zwei signifikant positive Werte auf dem 5-%-Niveau. Diese waren jedoch bei dem unterstellten Signifikanzniveau zu erwarten. Auch die Timing-Maße zeigen lediglich 5 (T/M-T) und 3 (H/M-T und C/K-T) signifikante (negative) Werte an.

Auffällig ist auch hier die Präsenz fast ausschließlich negativer Timingkoeffizienten. Damit werden die schon in Kategorie S beobachteten, systematisch negativen Verzerrungen der Timing-Maße bestätigt.[92] Demgegenüber identifizieren die die Gesamtperformance ermittelnden Maße ausnahmslos keine signifikant von Null verschiedene Performance. Dies gilt im übrigen auch bei der Verwendung des gleichgewichteten Index als Benchmarkportfolio. Darüber hinaus gleichen sich positive wie negative Werte bei diesen Maßen in etwa aus, wie dies bei reinen Zufallsportfolios zu erwarten ist.

Diesen eindeutigen Ergebnissen in Periode 80/85 stehen jedoch die in Periode 86/91 beobachteten Resultate gegenüber. Dort ermitteln sowohl die Selectivity- als auch die Gesamtperformance-Maße fast durchweg signifikant positive Werte. Lediglich eines der Maße, das H/M-Alpha, ermittelt im Vergleich zu den anderen Ansätzen vergleichsweise wenig signifikante Werte. Allerdings ist die Quote mit 42 % bei Zugrundelegung eines Signifikanzniveaus von 5 % auch bei diesem Maß unvertretbar hoch. Lediglich die Timing-Maße weisen wie in der ersten Periode fast ausnahmslos nicht signifikante Werte

---

91 Zur Beurteilung der Ergebnisse wird dabei grundsätzlich auf einen zweiseitigen Test zurückgegriffen. Die kritischen Wert liegen demnach für die t-Werte bei einem 5 %-igen (10 %-igen) Signifikanzniveau bei 1,994 (1,667) und für die z-Werte bei 1,96 (1,645).

92 In einer empirischen Untersuchung mit Fonds- und Aktiendaten aus Singapur wird beobachtet, daß insbesondere die Timingkoeffizienten solcher Portfolios, die aus Aktien mit niedrigen Betafaktoren bestehen, im Vergleich zu solchen mit hohen Betafaktoren geringere Werte annehmen, vgl. **Koh/Phoon/Tan** (1993), S. 163 f. Die Regressionsergebnisse zur Ermittlung von Jensens Alpha zeigen, daß auch die Betafaktoren der überwiegenden Mehrzahl der hier untersuchten, zufällig zusammengestellten Portfolios Werte unter Eins aufweisen, wie dies auch für Investmentfonds typisch ist.

auf. Diese Ergebnisse widersprechen mit Ausnahme der Timing-Maße den in Periode 80/85 gemachten Beobachtungen.

Für den Widerspruch sind jedoch nicht die Maße selbst, sondern vielmehr die gewählte Benchmark i. V. m. der Marktentwicklung in Periode 86/91 verantwortlich.[93] Dies zeigt sich besonders an den Ergebnissen, die mit dem PW-Maß erzielt werden. So werden beim Einsatz des GG-Index anstelle des DAFOX mit diesem Maß keinerlei auf dem 5-%-Niveau signifikante Werte für die Zufallsportfolios ermittelt. Es ist daher davon auszugehen, daß insbesondere die Selectivity- und damit auch die Gesamtperformance-Maße durch die Benchmarkwahl stark beeinflußt werden. Da die Portfolios gleichge-wichtet sind,[94] ist für ihre Beurteilung aufgrund der Simulationsergebnisse zumindest in dieser Periode der gleichgewichtete Index als geeignetere Benchmark einzustufen.[95] Gestärkt wird diese Einschätzung auch durch die Ineffizienz des DAFOX gegenüber dem GG-Index in dieser Periode. Ursache für die Nichteignung des DAFOX ist die un-terschiedliche Renditeentwicklung der Aktien kleinerer Unternehmen speziell in diesem Zeitraum.[96] Dies wird nicht nur durch die deskriptiven Statistiken sowie den Effizienz-test der Indizes deutlich. Es ist darüber hinaus zu beobachten, daß ein Kleinfirmeneffekt tendenziell in Marktabwärtsphasen zu beobachten ist, während sich die Renditen größe-rer Unternehmen in Marktaufwärtsphasen eher besser entwickeln als die kleinerer Un-ternehmen.[97] Außerdem sind die durchschnittlichen risikoangepaßten Renditen kleiner Unternehmen gerade während der starken Kurseinbrüche in dieser Periode höher gewe-sen als die größerer Unternehmen.[98]

---

[93]   Vgl. dazu die Tabellen T-D.6 und T-D.7 im Anhang T; dort sind die Durchschnittswerte der in Periode 86/91 mit verschiedenen Maßen ermittelten z- bzw. t-Werte sowie die Anzahl positiv signifikanter Werte bei der Verwendung des GG-Index als Benchmarkportfolio zusammengefaßt.

[94]   Die gewählte zufällige Zusammenstellung aller Portfolios durch Ziehen mit Zurücklegen schließt nicht aus, daß in den einzelnen Portfolios mehrere Aktien desselben Unternehmens mehrmals enthalten und somit stärker gewichtet sind als Papiere eines anderen Unternehmens. Es wurde jedoch keine systematische Wertgewichtung vorgenommen.

[95]   Davon unberührt bleibt allerdings die grundsätzliche Eignung des DAFOX als Benchmark für die Fonds auch in dieser Periode, da dessen Wertgewichtung die unbestreitbare Wertgewichtung der Fondssondervermögen gegenüberstellt wird, vgl. dazu auch **Friend/Blume/Crockett** (1970), S. 56. Die hohe Sensitivität der Ergebnisse dürfte nur für die Portfolios relevant sein, da sie mit einem wertgewichteten Index verglichen werden, dessen Renditeentwicklung jedoch vorwiegend von den größeren Unternehmen bestimmt wird. Weil die Renditen großer Unterneh-men im Vergleich zu denjenigen kleiner Firmen jedoch ausgeprägt geringer waren, sind die Re-sultate folgerichtig.

[96]   Vgl. zur Abhängigkeit des Kleinfirmeneffekts vom Zeitraum **Beiker** (1993), S. 295 ff.

[97]   Vgl. zu dieser Beobachtung **Oertmann** (1994a), S. 249 f., dessen Untersuchungszeitraum Januar 85 bis Dezember 1991 ungefähr der hier relevanten Periode 86/91 entspricht. Bei Analyse des Hausse-Zeitraums 80/85 sind bei Verwendung des DAFOX 37,5 % der Überschußrenditen negativ, während im Zeitraum 86/91 49 % negative Überschußrenditen zu beobachten sind. Dies kann die unterschiedliche Renditeentwicklung in diesen Zeiträumen tendenziell bestätigen.

[98]   Vgl. **Oertmann** (1994a), S. 250. Allerdings weist dieser einschränkend darauf hin, daß die größten Gesellschaften in der Crash-Periode eine annähernd gleiche Performance wie die kleinen Unternehmen aufwiesen.

Dagegen scheint es in der Periode 80/85 keine große Rolle zu spielen, welcher der beiden Indizes eingesetzt wird. Gestützt wird diese Aussage durch die tendenziell gleichläufige Entwicklung der Indizes in dieser Periode.[99] Der Effizienztest bestätigt diese Ähnlichkeit. Kein Index konnte in diesem Zeitraum gegenüber dem anderen als effizienter eingestuft werden.

Als Fazit dieser Überlegungen kann festgehalten werden, daß die Untersuchungsperiode 80/85 zur abschließenden Beurteilung der Robustheit der Maße in der hier vorliegenden Untersuchung als besonders geeignet gelten kann, da die aus der Benchmarkwahl resultierenden Einflüsse vergleichsweise gering sein dürften. Die Crash-Periode 86/91 sollte bei der Beurteilung der Maße nur dann mit einbezogen werden, wenn der gleichgewichtete Index verwendet wird.

(b) Analyse der Bedeutung des Einsatzes alternativer Risikomaße

Die deskriptive Statistik der simulierten Portfolios hat gezeigt, daß die Schiefe der Renditeverteilungen innerhalb der Kategorien T und T/S von Portfoliogruppe zu Portfoliogruppe kontinuierlich zunimmt.[100] Die Schiefe wird bei den nur das Verlustrisiko berücksichtigenden Lower Partial Moments berücksichtigt. Zunächst wird der Einfluß der simulierten Informationen auf die Risikomaße analysiert. Die durchschnittliche Höhe der Ausfallwahrscheinlichkeit LPM_0, der Ausfallerwartung LPM_1 und der als Ausfallvolatilität bezeichneten Quadratwurzel des LPM_2 sind in Tabelle D.18 für die beiden Zeiträume 80/85 und 86/91 unter Verwendung des risikolosen Zinssatzes als Target-Rendite zusammengefaßt. Da die Ausfallvolatilität bei Verwendung der mittleren Rendite des jeweiligen Portfolios als Target-Rendite mit der Standardabweichung am ehesten vergleichbar ist, sind auch diese Maße mit in der Tabelle erfaßt.

---

[99] Dabei sind, wie bereits ausgeführt, weniger die Unterschiede zwischen dem DAFOX BC und dem eher mittlere Unternehmen repräsentierenden DAFOX SC relevant, als vielmehr die differierenden Entwicklungen des DAFOX oder DAFOX BC und des GG-Index. Im übrigen werden diese Aussagen auch durch Untersuchungen mit den Renditen kleiner Unternehmen repräsentierenden, gleichgewichteten GSC-100-Index unterstützt, vgl. **SMH** (1990), S. 4. Die Renditeentwicklung dieses Index weist in der Periode 80/85 ebenfalls kaum Unterschiede zu anderen, den Gesamtmarkt repräsentierenden Indizes (DAX, MSCI-Deutschland-Index) auf, während in Periode 86/91 ausgeprägte Differenzen in der Renditeentwicklung zwischen Klein- und Großfirmen auszumachen sind.

[100] Vgl. **Kapitel D.III.3.b. aa.** (6), S. 271.

Tab. D.18: Durchschnittliche Höhe der Risikomaße der verschiedenen Portfoliogruppen in Abhängigkeit der Kategorien

Periode	80/85					86/91				
Maß Target	LPM_0 R_f	LPM_1 R_f	LPM_2 R_f	LPM_2 μ	σ	LPM_0 R_f	LPM_1 R_f	LPM_2 R_f	LPM_2 μ	σ
Timing										
P01-P10	0,4236	0,0105	0,0207	0,0260	0,0393	0,4464	0,0244	0,0522	0,0528	0,0682
P11-P20	0,4153	0,0099	0,0196	0,0258	0,0396	0,4493	0,0231	0,0498	0,0516	0,0676
P21-P30	0,4278	0,0094	0,0186	0,0261	0,0408	0,4391	0,0218	0,0470	0,0498	0,0662
P31-P40	0,4208	0,0087	0,0171	0,0253	0,0404	0,4377	0,0204	0,0443	0,0483	0,0659
P41-P50	0,3944	0,0079	0,0160	0,0254	0,0414	0,4232	0,0190	0,0412	0,0466	0,0649
Selectivity										
P01-P10	0,3847	0,0092	0,0195	0,0267	0,0398	0,4406	0,0238	0,0527	0,0546	0,0699
P11-P20	0,3264	0,0079	0,0176	0,0268	0,0398	0,4058	0,0218	0,0500	0,0539	0,0691
P21-P30	0,2722	0,0060	0,0152	0,0263	0,0389	0,3681	0,0197	0,0483	0,0546	0,0701
P31-P40	0,2264	0,0050	0,0142	0,0271	0,0401	0,3464	0,0183	0,0465	0,0548	0,0703
P41-P50	0,2000	0,0039	0,0119	0,0270	0,0396	0,3058	0,0164	0,0444	0,0548	0,0702
Timing/Selectivity										
P01-P10	0,3778	0,0089	0,0188	0,0266	0,0400	0,4275	0,0224	0,0499	0,0530	0,0690
P11-P20	0,3111	0,0068	0,0156	0,0263	0,0403	0,3797	0,0192	0,0445	0,0510	0,0674
P21-P30	0,2417	0,0042	0,0118	0,0258	0,0405	0,3565	0,0158	0,0404	0,0500	0,0669
P31-P40	0,1708	0,0029	0,0097	0,0261	0,0411	0,2942	0,0130	0,0359	0,0484	0,0655
P41-P50	0,1111	0,0017	0,0070	0,0252	0,0411	0,2464	0,0103	0,0310	0,0460	0,0641
Zufall										
P01-P10	0,4361	0,0090	0,0179	0,0220	0,0329	0,4406	0,0161	0,0355	0,0372	0,0482
P11-P20	0,4139	0,0086	0,0173	0,0213	0,0320	0,4435	0,0165	0,0358	0,0372	0,0487
P21-P30	0,4139	0,0089	0,0180	0,0220	0,0325	0,4261	0,0161	0,0354	0,0372	0,0487
P31-P40	0,4097	0,0091	0,0179	0,0217	0,0322	0,4449	0,0164	0,0356	0,0373	0,0491
P41-P50	0,4181	0,0092	0,0182	0,0220	0,0327	0,4420	0,0164	0,0358	0,0371	0,0483
Indizes										
DAFOX	0,3889	0,0112	0,0220	0,0275	0,0402	0,4783	0,0253	0,0542	0,0525	0,0663
GG	0,4028	0,0082	0,0169	0,0207	0,0306	0,4203	0,0188	0,0414	0,0420	0,0533

Die Standardabweichung weist sowohl bei Selectivity- als auch bei Timingfähigkeiten ein generell höheres Niveau auf als bei den Zufallsportfolios. Eine kontinuierliche Tendenz zwischen den verschiedenen Gruppen ist nicht zu beobachten. Dagegen nimmt das Niveau der Ausfallrisikomaße erwartungsgemäß mit jeder Portfoliogruppe innerhalb der Kategorien, in denen private Informationen simuliert wurden, signifikant ab, sofern der risikolose Zinssatz als Target-Rendite eingesetzt wird.[101] Das gilt allerdings nicht bei

---

[101] Die Signifikanz der Unterschiede zwischen den Portfoliogruppen wird anhand der Werte des doppelten t-Tests sowie des Wilcoxon-Rangsummentests in den Tabellen T-D.8 und T-D.9 im Anhang T deutlich. Eine signifikante Abnahme ist dann gegeben, wenn die Rangsumme größer ist als 128. Demgegenüber sind die Differenzen der Mittelwerte der LPM-Maße zwischen den Portfoliogruppen bei Verwendung des Mittelwertes als Target-Rendite in Periode 80/85 zum überwiegenden Teil nicht signifikant von Null verschieden. Einzig in Periode 86/91 ist bei allerdings weiter auseinander liegenden Gruppen eine signifikante Abnahme des Risikos zu beobachten, vgl. Tabellen T-D.10 und T-D.11 im Anhang T.

der Wahl der mittleren Rendite als Target-Rendite, wie an den Werten des LPM_2/μ deutlich wird. Dies ist jedoch nicht weiter verwunderlich, da ein Ranking von Portfolios mit einer Risikobereinigung durch LPM ohnehin nur dann sinnvoll ist, wenn die Target-Renditen für die verglichenen Portfolios identisch sind. Nur dann ist gewährleistet, daß die Target-Rendite von den verglichenen Wahrscheinlichkeitsverteilungen der Renditen unabhängig ist.[102] Somit bezieht sich die in der Literatur zu findende Aussage, daß bei symmetrischen Verteilungen die Varianz zu identischen Schlußfolgerungen führt wie die Semivarianz, lediglich auf den Fall, daß die mittlere Rendite als Target-Rendite verwendet wird.[103]

In den Abbildungen D.11 und D.12 werden die Standardabweichungen mit den Ausfall volatilitäten unter Einsatz sowohl der mittleren Rendite als auch des risikolosen Zinssatzes als Target-Rendite innerhalb verschiedener Kategorien verglichen.

Abb. D.11: **LPM_2 mit μ und R_f als Target-Rendite im Vergleich zur Standardabweichung in Kategorie T; Zeitraum 80/85**

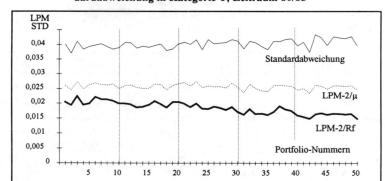

---

[102] Ein Ranking ist bei Einsatz der mittleren Rendite als Target-Rendite nur dann korrekt, wenn die verglichenen Portfolios identische Mittelwerte aufweisen, weil die Gewichtung der negativen Abweichungen ansonsten von der jeweiligen Renditeverteilung abhängig ist, so daß eine Vergleichbarkeit der Ergebnisse nicht mehr gegeben ist, vgl. dazu **Ang/Chua** (1979), S. 363. Außerdem unterliegt die Semivarianz bei Verwendung der erwarteten Rendite als Target-Rendite ähnlicher Kritik wie die Varianz, vgl. **Hogan/Warren** (1974), S. 2. Darüber hinaus kann die risikolose Verzinsung als Opportunitätskostensatz für die Investition in risikobehaftete Wertpapiere angesehen werden, vgl. **Bawa/Lindenberg** (1977), S. 192.

[103] In diesem Zusammenhang unterscheiden **Ang/Chua** (1979), S. 362 f., die Semivarianz von der "half-variance". Während die Wahl der Target-Rendite bei ersterer arbiträr ist, wird bei letzterer die erwartete Rendite als Target verwendet, so daß der Wert der "half-variance" bei symmetrischen Verteilungen tatsächlich die Hälfte der Varianz ausmachen sollte. Empirisch ist dies nicht exakt gegeben, wie der Vergleich der durchschnittlichen Werte für die Hälfte der Varianz und die LPM_2/μ in der Kategorie der Zufallsportfolios in Tabelle T-D.12 im Anhang T zeigt. Gleichwohl ist die geschätzte "half variance" als konsistenter Schätzer für die Hälfte der Varianz anzusehen.

Abb. D.12: **LPM$_2$ mit μ und R$_f$ als Target-Rendite im Vergleich zur Standardabweichung in Kategorie T/S; Zeitraum 80/85**

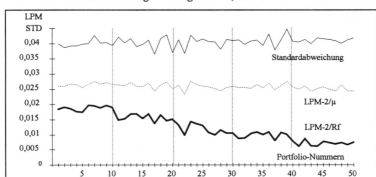

In den Abbildungen ist zu erkennen, daß eine Verringerung des Risikos durch private Informationen erst durch den Einsatz einer für alle Portfolios einheitlichen Target-Rendite, hier R$_f$, zu einem abnehmenden Risiko führt.

Bei Vorliegen privater Informationen ist tendenziell eine Abnahme des Risikos zu beobachten. In Tabelle D.18 fällt jedoch auf, daß die Werte der durchschnittlichen LPM in den drei Kategorien, in denen private Informationen simuliert wurden, nicht in jedem Fall geringer sind, als die LPM der Portfolios in Kategorie Z. Dies gilt insbesondere in den jeweils ersten Portfoliogruppen, die die Portfolios 1-10 enthalten, da die simulierten Managerfähigkeiten hier vergleichsweise gering sind. Außerdem sind in der Periode 86/91 selbst bei einem vergleichsweise hohen Niveau an Managerfähigkeiten in den Kategorien T und S teilweise größere Werte der LPM im Vergleich zu jenen der Zufallsportfolios zu beobachten. Sowohl für das LPM$_2$/μ-Maß als auch für die Standardabweichung gilt dies unabhängig vom Zeitraum in allen Kategorien.[104] Die Höhe des Risikomaßes ist daher als Grundlage für Schlußfolgerungen über das Vorliegen privater Informationen ungeeignet.

Da eine aussagekräftige Signifikanzermittlung für die auf den LPM beruhenden Performance-Maße im Gegensatz zur Sharpe-Ratio und den anderen, oben untersuchten Maßen noch nicht entwickelt wurde,[105] wird ihre Beurteilung lediglich anhand der absolu-

---

[104] Aufschlußreich ist auch eine nähere Betrachtung der LPM für die beiden Indizes. Während die durch LPM$_1$ und LPM$_2$ gemessenen Verlustrisiken für den DAFOX in beiden Perioden größer sind als jene des GG-Index, ist die Ausfallwahrscheinlichkeit des DAFOX in der ersten Periode geringfügig kleiner, während sie in der zweiten Periode größer ist als die des GG-Index.

[105] Einzig die Differenzen in den Risikomaßen selbst könnten äquivalent zur Ermittlung der z-Werte im Rahmen der Signifikanzprüfung für die stochastische Dominanz mit der entsprechenden Target-Rendite berechnet werden. Ein Signifikanztest für die LPM-Performance-Maße ist dagegen bislang nicht entwickelt worden, vgl. dazu auch **Ang/Chua** (1979), S. 363 f.

ten Werte im Vergleich zu den für die Benchmarkportfolios ermittelten vorgenommen.[106] Dazu sind in den Tabellen D.19-D.22 die durchschnittlichen Werte der LPM-M-Performance-Maße in den einzelnen Portfoliogruppen sowie die Anzahl der LPM-Maße, deren Höhe eine im Vergleich zum DAFOX oder GG-Index bessere Performance anzeigt, aufgenommen. Zum Vergleich sind auch hier die mit den absoluten Werten der Sharpe-Ratio erzielten Ergebnisse erfaßt.

Ebenfalls in die erwähnten Tabellen mit aufgenommen sind die Ergebnisse der stochastischen Dominanz auf der Grundlage des Vergleichs der gesamten Renditeverteilung des jeweiligen Portfolios mit der des DAFOX. Im Hinblick auf den erheblichen Aufwand, der zur Berechnung der Signifikanz der stochastischen Dominanz erforderlich ist, wurde hier auf ihre Ermittlung verzichtet. Sie wird lediglich im Rahmen der Untersuchungen der Fonds eingesetzt. Tabelle D.19 zeigt zunächst die in der Kategorie T erzielten Ergebnisse.

Tab. D.19: **Durchschnittliche Höhe der LPM-M-Maße und des Sharpe-Maßes in Kategorie T und Anzahl der gegenüber dem DAFOX und GG höheren Werte bzw. diese Indizes dominierenden Werte nach FSD, SSD und TSD**

Performance-Maß Target-Rendite	LPM-1 R_f	LPM-1 μ	LPM-2 R_f	LPM-2 μ	S	FSD	SSD	TSD
Portfolios	Zeitraum 80/85							
P01-P10	0,983	0,655	0,496	0,393	0,260	-	-	-
P11-P20	1,179	0,762	0,600	0,455	0,297	-	-	-
P21-P30	1,475	0,829	0,757	0,535	0,341	-	-	-
P31-P40	1,723	0,934	0,876	0,591	0,369	-	-	-
P41-P50	2,195	1,061	1,080	0,679	0,418	-	-	-
DAFOX	0,941	0,674	0,477	0,383	0,262	-	-	-
GG	0,980	0,692	0,474	0,474	0,261	-	-	-
pos. / DAFOX	46	45	46	46	45	0	32	36
pos. / GG	46	44	46	46	45	0	7	7
Portfolios	Zeitraum 86/91							
P01-P10	0,054	0,051	0,025	0,024	0,019	-	-	-
P11-P20	0,168	0,156	0,078	0,075	0,057	-	-	-
P21-P30	0,278	0,246	0,125	0,118	0,091	-	-	-
P31-P40	0,418	0,351	0,193	0,176	0,129	-	-	-
P41-P50	0,588	0,463	0,271	0,239	0,171	-	-	-
DAFOX	-0,160	-0,173	-0,075	-0,077	-0,061	-	-	-
GG	0,079	0,076	0,036	0,035	0,028	-	-	-
pos. / DAFOX	50	50	50	50	50	4	41	47
pos. / GG	43	43	44	44	43	0	0*	3*

* 5 der Portfolios werden vom Index dominiert

---

[106] Insofern sind die Ergebnisse und Schlußfolgerungen nicht von einer identisch hohen Aussagekraft.

Alle Maße nehmen mit steigenden Managerfähigkeiten von Gruppe zu Gruppe kontinuierlich höhere Werte an. Dabei sind die prozentualen Unterschiede zwischen den Gruppen bei der Verwendung der LPM-1/R_f- und LPM-2/R_f-Performance-Maße größer als
diejenigen, die mit den LPM-2/μ-Performance-Maßen und den Sharpe-Ratios berechnet
werden. Die Anzahl der Werte, die eine gegenüber dem DAFOX oder GG-Index bessere Performance ausweisen, ist dagegen bei allen Maßen annähernd identisch.

Die bereits im Rahmen der Untersuchungen der kapitalmarkttheoretisch fundierten Maße festzustellende Schwierigkeit einer eindeutigen Identifizierung von Timinginformationen wird durch diese Ergebnisse unterstrichen. Sie wird auch bei einem Vergleich der
sich nach der Simulation von Timingaktivitäten ergebenden gesamten Renditeverteilung
mit der des DAFOX und des GG-Index im Rahmen der stochastischen Dominanz deutlich. Bei Anwendung der stochastischen Dominanz 2. und 3. Grades werden die Portfolios der ersten Gruppe im Zeitraum 80/85 im Vergleich zum DAFOX nicht als effizient
eingestuft. Demgegenüber reicht die tendenziell größere zusätzliche Performance in Periode 86/91 aus, um zumindest bei Anwendung der stochastischen Dominanz 3. Grades
mit Ausnahme von insgesamt 3 Portfolios eine Dominanz festzustellen.

Bei Einsatz des GG-Index dominieren in Periode 80/85 lediglich 7 Portfolios den Index,
alle anderen dagegen sind weder dominant, noch werden sie vom Index dominiert. In
Periode 86/91 werden 5 Portfolios von dem Index dominiert. Die Zufallsschwankungen
der Renditen der Portfolios sind hier unter Berücksichtigung des Risikos in Form der
gesamten Renditeverteilung größer als die durch private Timinginformationen zusätzlich
erwirtschaftete Performance. Außerdem wird hier die besondere Relevanz einer Signifikanzprüfung im Rahmen der Anwendung der stochastischen Dominanz deutlich, da von
einer großen Anzahl von Fehlern 1. und 2. Art auszugehen ist.[107]

Tabelle D.20 faßt die Resultate bei der Anwendung der Maße auf die Kategorie S zusammen. Wie schon der Einsatz der anderen bisher untersuchten Maße zeigte, ist die
Identifikation von Selektionsfähigkeiten einfacher als die von Timingfähigkeiten. Die
Ergebnisse, die gegenüber den Indizes eine bessere Performance anzeigen, sind unabhängig vom gewählten Maß identisch.

---

[107] Vgl. **Kapitel** C. II. 3. c., S. 140 ff.

Tab. D.20: **Durchschnittliche Höhe der LPM-M-Maße und des Sharpe-Maßes in Kategorie S und Anzahl der gegenüber dem DAFOX und GG höheren Werte bzw. diese Indizes dominierenden Werte nach FSD, SSD und TSD**

Performance-Maß Target-Rendite	LPM-1 R_f	LPM-1 μ	LPM-2 R_f	LPM-2 μ	S	FSD	SSD	TSD
Portfolios			Zeitraum 80/85					
P01-P10	1,550	0,927	0,735	0,534	0,359	-	-	-
P11-P20	2,416	1,141	1,060	0,696	0,469	-	-	-
P21-P30	3,908	1,493	1,542	0,891	0,601	-	-	-
P31-P40	5,774	1,795	2,025	1,052	0,711	-	-	-
P41-P50	8,641	2,097	2,825	1,249	0,845	-	-	-
pos. / DAFOX	50	50	50	50	50	20	41	43
pos. / GG	50	50	50	50	50	9	21	23
Portfolios			Zeitraum 86/91					
P01-P10	0,178	0,165	0,080	0,077	0,060	-	-	-
P11-P20	0,406	0,347	0,175	0,162	0,126	-	-	-
P21-P30	0,733	0,564	0,293	0,260	0,206	-	-	-
P31-P40	1,050	0,742	0,412	0,349	0,272	-	-	-
P41-P50	1,514	0,968	0,558	0,453	0,353	-	-	-
pos. / DAFOX	50	50	50	50	50	13	35	41
pos. / GG	49	49	49	50	49	0	0	0

Die Resultate, die mit den Kriterien der stochastischen Dominanz erzielt werden, sind nicht eindeutig. Als den Index dominierend werden im ersten Zeitraum gemäß der stochastischen Dominanz 1. Grades 40 %, bei der stochastischen Dominanz 2. Grades 82 % und der 3. Grades 86 % erkannt, während im zweiten Zeitraum lediglich 26 %, 70 % bzw. 82 % der Portfolios den DAFOX dominieren. Auch hier deuten die mit dem GG-Index erzielten Ergebnisse darauf hin, daß die vergleichsweise guten Ergebnisse des paarweisen Vergleichs zwischen Portfolios und DAFOX zum einen auf die unterschiedlichen Rebalancing-Annahmen zurückzuführen sein könnten oder zum anderen aus den hohen Fehlerwahrscheinlichkeiten, die eine Anwendung der stochastischen Dominanz mit sich bringt, resultieren.

Die Ergebnisse in der Kategorie T/S sind bezüglich aller Maße erwartungsgemäß günstiger zu beurteilen. Auch hier unterscheiden sich die Ergebnisse zwischen den nur Verlustrisiken berücksichtigenden Maßen und der hier stellvertretend zum Vergleich herangezogenen Sharpe-Ratio nicht voneinander.

Tab. D.21: Durchschnittliche Höhe der LPM-M-Maße und des Sharpe-Maßes in Kategorie T/S und Anzahl der gegenüber dem DAFOX und GG höheren Werte bzw. diese Indizes dominierenden Werte nach FSD, SSD und TSD

Performance-Maß Target-Rendite	LPM-1 R_f	LPM-1 μ	LPM-2 R_f	LPM-2 μ	S	FSD	SSD	TSD
Portfolios				Zeitraum 80/85				
P01-P10	1,718	0,985	0,815	0,574	0,381	-	-	-
P11-P20	3,288	1,268	1,375	0,813	0,531	-	-	-
P21-P30	6,976	1,734	2,537	1,128	0,711	-	-	-
P31-P40	12,26	2,164	3,704	1,361	0,865	-	-	-
P41-P50	24,61	2,531	5,987	1,640	1,011	-	-	-
pos. / DAFOX	50	50	50	50	50	31	45	46
pos. / GG	50	50	50	50	50	27	35	35
Portfolios				Zeitraum 86/91				
P01-P10	0,295	0,261	0,133	0,125	0,096	-	-	-
P11-P20	0,767	0,579	0,324	0,283	0,214	-	-	-
P21-P30	1,379	0,877	0,539	0,435	0,325	-	-	-
P31-P40	2,240	1,190	0,808	0,599	0,442	-	-	-
P41-P50	3,473	1,500	1,153	0,774	0,556	-	-	-
pos. / DAFOX	50	50	50	50	50	40	49	50
pos. / GG	50	50	50	50	50	15	21	22

Die stochastischen Dominanzkriterien zeigen mit nur wenigen Ausnahmen deutlich die Dominanz der Portfolios gegenüber dem DAFOX an. Dabei werden lediglich in der ersten Periode 5 der Portfolios bei der Anwendung der stochastischen Dominanz 2. Grades als nicht dominierend eingestuft, werden jedoch auch nicht vom Index dominiert. In der zweiten Periode ist dies lediglich für eines der Portfolios der Fall. Dieses eindeutige Resultat ist allerdings auch nicht weiter überraschend, wenn man bedenkt, daß den Portfolios in dieser Kategorie eine vergleichsweise hohe zusätzliche Rendite künstlich hinzugefügt wurde. Deshalb dominieren selbst bei der im allgemeinen wenig effizienten stochastischen Dominanz ersten Grades 62 % der Portfolios den DAFOX im ersten Zeitraum und 80 % der Portfolios im zweiten Zeitraum. Außerdem wird das gute Ergebnis bei der Wahl des GG-Index relativiert, der lediglich von 70 % der Portfolios in Periode 80/85 gemäß SSD und TSD dominiert wird; in Periode 86/91 sind dies lediglich 42 bzw. 44%.

Schließlich sind auch bei den in Tabelle D.22 erfaßten Resultaten der LPM-Maße für die Kategorie Z keine nennenswerten Unterschiede gegenüber den Ergebnissen bei der Anwendung der Sharpe-Ratio erkennbar. Im ersten Zeitraum weisen unabhängig vom Index etwa 24 - 36% der Portfolios gegenüber den Benchmarkportfolios höhere LPM-Performance-Maße auf. In keinem Fall zeigt die Anwendung der stochastischen Dominanzkriterien eine Dominanz eines Portfolios gegenüber dem DAFOX und umgekehrt an. Allerdings fallen die Ergebnisse der stochastischen Dominanz beim paarweisen Vergleich mit dem GG-Index auch hier weniger erfolgversprechend aus, da trotz Fehlens jeglicher privater Informationen 11 der Portfolios sowohl nach SSD als auch TSD vom

Index dominiert werden. Die rein zufälligen Renditeverteilungen führen somit zu Dominanzen, aus deren Vorliegen ein Rückschluß auf Managerfähigkeiten nicht zulässig ist. Dagegen sind alle LPM-Maße und Sharpe-Ratios in Periode 86/91 größer als die der Indizes. Diese Ergebnisse decken sich mit jenen, die auch auf der Grundlage der anderen, die Gesamtperformance messenden Ansätze erzielt wurden. Allerdings ist aufgrund der fehlenden Signifikanzwerte eine genauere Beurteilung der LPM-Maße nicht möglich.

Tab. D.22: **Durchschnittliche Höhe der LPM-M-Maße und des Sharpe-Maßes in Kategorie Z und Anzahl der gegenüber dem DAFOX und GG höheren Werte bzw. diese Indizes dominierenden Werte nach FSD, SSD und TSD**

Performance-Maß Target-Rendite	LPM-1 R_f	LPM-1 μ	LPM-2 R_f	LPM-2 μ	S	FSD	SSD	TSD
Portfolios	Zeitraum 80/85							
P01-P10	0,889	0,644	0,450	0,365	0,243	-	-	-
P11-P20	0,957	0,636	0,473	0,382	0,254	-	-	-
P21-P30	0,904	0,663	0,450	0,366	0,248	-	-	-
P31-P40	0,827	0,620	0,419	0,344	0,231	-	-	-
P41-P50	0,850	0,607	0,427	0,350	0,236	-	-	-
pos. / DAFOX	16	15	17	16	14	0	0	0
pos. / GG	12	12	16	16	14	0	2*	2*
Portfolios	Zeitraum 86/91							
P01-P10	0,229	0,208	0,104	0,099	0,076	-	-	-
P11-P20	0,174	0,161	0,080	0,077	0,059	-	-	-
P21-P30	0,242	0,218	0,111	0,105	0,079	-	-	-
P31-P40	0,220	0,199	0,101	0,096	0,073	-	-	-
P41-P50	0,178	0,163	0,081	0,078	0,060	-	-	-
pos. / DAFOX	50	50	50	50	50	0	50	50
pos. / GG	49	49	50	50	50	0	49	49

* 11 der Portfolios werden vom Index dominiert

Angesichts der mit den LPM- und den anderen Performance-Maßen erzielten Ergebnisse ist das Resultat in der Periode 86/91 nicht überraschend. Obwohl keine zusätzliche künstliche Rendite vorliegt, dominieren gemäß SSD und TSD mit Ausnahme eines einzigen Portfolios alle anderen sowohl den DAFOX als auch den in dieser Periode geeigneteren GG-Index. Bereits die deskriptiven Statistiken der Portfolios und der Indizes zeigen, daß die Portfolios in dieser Periode bei geringerer Standardabweichung eine im Durchschnitt höhere Rendite abwerfen, so daß ihre Dominanz zu erwarten war.[108]

---

[108] Eine ökonomische Erklärung dafür ist zumindest für den GG-Index schwierig, da Verzerrungen durch unterschiedliche Rebalancing-Annahmen nicht vorliegen können. Da die Portfolios weit weniger Werte enthalten als der Index, wäre eher zu erwarten gewesen, daß der Index aufgrund seiner breiteren Diversifikation im Durchschnitt die Portfolios dominiert. Möglicherweise könnte das Ziehen mit Zurücklegen eine Ursache für die hier beobachtete Konstellation darstellen.

Insgesamt zeigen die Resultate, daß mit dem Einsatz der LPM-Performance-Maße in dieser Untersuchung keine Vorteile gegenüber den auf dem μ/σ-Prinzip basierenden Ansätzen zu verzeichnen sind. Erstaunlicherweise ist dies auch nicht bei ihrer Anwendung auf die Portfolios der Kategorien der Fall, innerhalb derer Timingaktivitäten simuliert wurden, die eine Schiefe in den Renditeverteilungen zur Folge haben.[109] Letztlich erscheint der Einfluß der zusätzlichen Rendite, die mit privaten Informationen erzielt wird, größer zu sein, als die damit verbundene tendenzielle Abnahme des Risikos bzw. die steigende Rechtsschiefe der Renditeverteilung.[110] Als kritischer Parameter muß im Rahmen der Anwendung der LPM-Maße zudem die (subjektive) Festsetzung der Target-Rendite erwähnt werden.

Die Resultate sowohl der LPM-Performance-Maße als auch der stochastischen Dominanz müssen jedoch mit der Einschränkung gesehen werden, daß in beiden Fällen keine Aussagen über die Signifikanz der Ergebnisse gemacht wurden.

(c) Die Eignung der Verfahren im Vergleich

Fraglich ist, welches der Maße private Informationen am ehesten zu identifizieren in der Lage ist. Generell fällt auf, daß die Maße, die dieselben Performance-Determinanten zu ermitteln versuchen bzw. das Vorliegen von Selektions- und/oder Timinginformationen prüfen, zu fast identischen Ergebnissen führen, was die Anzahl der als signifikant positiv angezeigten jeweiligen Koeffizienten betrifft.

Grundsätzlich scheint die Identifikation von Selektionsinformationen und der damit einhergehenden Performance mit den entsprechenden Maßen einfacher zu sein als die Identifikation von Timinginformationen mit den dafür eingesetzten Timing-Maßen.[111] Trotzdem weisen die (positiven) Vorzeichen auch bei letzteren im Fall simulierter Timingfähigkeiten in die korrekte Richtung. Gleichzeitig sind sowohl bei den traditionellen Selectivity-Maßen als auch bei den Timing-Maßen systematische Verzerrungen festzustellen. Erstere fangen bei Timingfähigkeiten einen Teil der damit verbundenen zusätzlichen Performance auf. Letztere weisen eine systematische, negative Verzerrung der Koeffizienten auf. Dies hat zur Folge, daß diese Maße erst bei vergleichsweise aggressiven Timingaktivitäten oder bei sehr volatilen Märkten eine signifikant positive

---

[109] Ein Grund dafür könnte sein, daß die sich aus den Simulationen ergebende zusätzliche Rechtsschiefe nicht ausreicht, um eine Differenzierung der Maße von jenen Ansätzen zu ermöglichen, die auf dem μ/σ-Prinzip beruhen. Eine ähnliche Beobachtung macht *Burgess*, dessen empirische Ergebnisse eine Verwendung der Semivarianz anstelle der Varianz lediglich bei Vorliegen einer sehr großen Asymmetrie in der Verteilung nahelegen, vgl. **Burgess** (1974), S. 97 ff.

[110] Dieser Schlußfolgerung entsprechen auch die Ergebnisse von **Gaumnitz** (1970), der einen weit überwiegenden Einfluß der mittleren Rendite auf die Sharpe Ratio feststellt.

[111] Dabei ist allerdings zu berücksichtigen, daß die simulierte Selektions-Performance auch in der ersten Gruppe vergleichsweise hoch ist.

Performance anzeigen, da zunächst eine Kompensation der negativen Verzerrung erfolgt.

Als insgesamt am erfolgreichsten können die Maße gelten, welche die Gesamtperformance messen. Wenngleich auch diese Ansätze erst ab einem bestimmten Niveau von Timingfähigkeiten in der Lage sind, deren Vorliegen zu erkennen und als signifikant anzuzeigen, so ermitteln sie doch einen größeren Prozentsatz signifikant positiver Werte im Vergleich zu den Timing- und den verzerrten Selectivity-Maßen.[112]

Das bestätigt auch eine Analyse der absoluten Höhe der t - Werte innerhalb der gleichen Portfoliogruppen.[113] Um deren Ergebnisse zu veranschaulichen, sind in den Abbildungen D.13 und D.14 die durchschnittlichen t-Werte für ausgewählte Maße für den Zeitraum 80/85 und den DAFOX als Referenzportfolio in Abhängigkeit der simulierten Information dargestellt. Dabei beschränken sich die Abbildungen der Übersichtlichkeit halber lediglich auf die durchschnittliche Höhe der t-Werte für die Portfoliogruppen 1 und 3.[114]

Abb. D.13: **Durchschnittliche Höhe der t-Werte in Portfoliogruppe 1 in Abhängigkeit von den simulierten Informationen für ausgewählte Performance-Maße; Zeitraum 80/85**

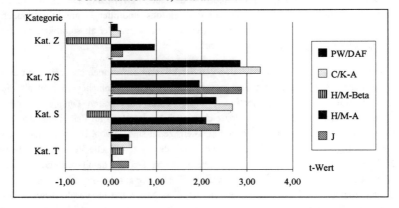

Betrachtet man zunächst die Abbildung der mit der geringsten künstlichen zusätzlichen Rendite versehenen Portfolios aus der Gruppe 1, wird deutlich, daß die beiden die Ge-

---

112 So zeigt das beste Timing-Maß das Vorliegen signifikant positiver Performance in Kategorie T für höchstens 44 % der Portfolios an, während das beste die Gesamtperformance ermittelnde Maß für 64 % der Portfolios signifikante Werte liefert.

113 Die entsprechenden Ergebnisse für sämtliche Maße und Portfoliogruppen finden sich in den Tabellen T-D.13 und T-D.14 im Anhang T.

114 Die Tendenzen für die anderen Gruppen sind mit den in den Abbildungen wiedergegebenen vergleichbar; vgl. die Tabellen T-D.13 und T-D.14 im Anhang T.

samtperformance messenden Ansätze C/K-A und PW die insgesamt besten Eigenschaften aufweisen, wobei das C/K-Maß. noch bessere Ergebnisse aufweist als das PW-
Maß.[115]

Wie ersichtlich, weist die durchschnittliche Höhe der t-Werte des C/K-Ansatzes in den
Kategorien S und T/S stets die höchsten Werte auf. Dies gilt ebenfalls in Kategorie T,
auch wenn dieser Ansatz wie die anderen Maße nicht den kritischen t-Wert von 1,667
(einseitige Fragestellung) erreicht. Darüber hinaus nimmt dieses Verfahren zusammen
mit dem PW-Maß bei den Zufallsportfolios die am nächsten bei Null liegenden Werte
an. In der Abbildung zeigt sich außerdem, daß die Gesamtperformance-Ansätze auch
bei vergleichsweise geringer Timingaktivität zumindest einen Teil der damit einhergehenden zusätzlichen Performance auffangen. Dies wird beim Vergleich der durchschnittlichen Werte dieser Maße in Kategorie T/S mit jenen in Kategorie S offensichtlich. Zu erkennen sind die vergleichbaren Werte von Jensens Alpha und dem PW-Maß.
Den guten Ergebnissen des H/M-Alphas, das lediglich die Selektivität mißt, steht die systematisch negative Verzerrung des entsprechenden Timing-Maßes (H/M-T) gegenüber.

Diese Schlußfolgerungen besitzen auch für die anderen Gruppen innerhalb der einzelnen
Kategorien Gültigkeit, wie in Abbildung D.14 z. B. für die Portfolio-Gruppe 3 deutlich
wird.

Abb. D.14: **Durchschnittliche Höhe der t-Werte in Portfoliogruppe 3 in Abhängigkeit von den simulierten Informationen für ausgewählte
Performance-Maße; Zeitraum 80/85**

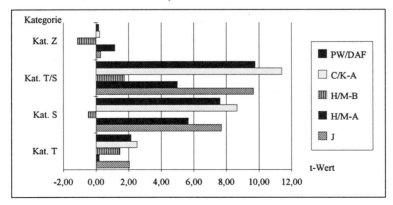

---

[115] Das Treynor/Mazuy-Totalmaß erzielt nahezu identische Resultate wie das Maß von *Grin-blatt/Titman*. Dasselbe gilt für das Jensen-Maß im Vergleich zur Sharpe-Ratio. Das Selectivity-und das Timing-Maß von *Treynor/Mazuy* verhalten sich im Durchschnitt etwas schlechter als die anderen Maße.

Diese Gruppe markiert darüber hinaus in etwa das Niveau der Timingaktivitäten, das vorhanden sein muß, damit sowohl die t-Werte der Timing-Maße als auch die der Gesamtperformance-Maße die kritischen t-Werte erreichen.

Auch in der Crash-Periode gelten die oben getroffenen Aussagen. In Abbildung D.15 werden für diesen Zeitraum lediglich die Ergebnisse der Portfolios in Gruppe 1 gezeigt.

Abb. D.15:   **Durchschnittliche Höhe der t-Werte in Portfoliogruppe 3 in Abhängigkeit von den simulierten Informationen für ausgewählte Performance-Maße; Zeitraum 86/91**

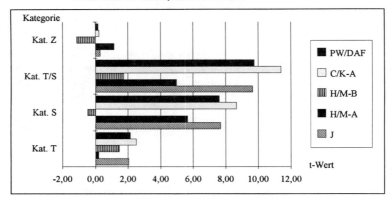

Die Resultate sind allerdings mit den bereits oben diskutierten Vorbehalten bezüglich der Eignung des DAFOX als Benchmarkportfolio in dieser Periode zu interpretieren.

Es zeigt sich, daß auch in diesem Zeitraum die negative Verzerrung der t-Werte des H/M-Betas bestehen bleibt. Wie bereits zuvor, erreicht das C/K-Maß die höchsten durchschnittlichen t-Werte in den Kategorien T und T/S. In den Kategorien S und Z dagegen sind die Durchschnittswerte nahezu mit dem PW-Maß identisch. Unverkennbar sind in dieser Periode die Verzerrungen der Maße, die besonders bei Betrachtung der durchschnittlich signifikanten t-Werte in der Kategorie Z auffallen. Hier hätte ein robustes Maß keine signifikanten Werte anzeigen dürfen.

In Anbetracht der Sensitivität der Ergebnisse von der Benchmarkwahl in dieser Periode werden die Maße mit dem GG-Index nochmals getestet. Wie erwartet ergeben sich in der Periode 80/85 kaum Änderungen der Aussagen, weshalb hier auf ihre Darstellung verzichtet wird. Demgegenüber sind in Abbildung D.16 für den Zeitraum 86/91 die durchschnittlichen t-Werte der Maße J, H/M-A, H/M-B, sowie in Abbildung D.17 die

Maße C/K-A und PW sowohl bei ihrem Einsatz mit dem DAFOX als auch mit dem GG-Index, hier nur für die Gruppe 2, dargestellt.[116]

Abb. D.16: **Durchschnittliche Höhe der t-Werte in Portfoliogruppe 2 in Abhängigkeit von den simulierten Informationen für ausgewählte Maße bei Einsatz des DAFOX und des GG-Index im Zeitraum 86/91**

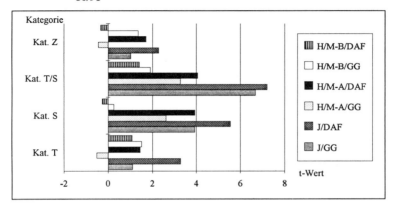

Abb. D.17: **Durchschnittliche Höhe der t-Werte in Portfoliogruppe 2 in Abhängigkeit von den simulierten Informationen für das C/K und PW-Maß bei Einsatz des DAFOX und des GG-Index im Zeitraum 86/91**

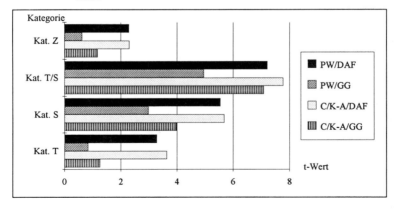

[116] Die Ergebnisse der Verfahren in den anderen Gruppen sowie der anderen Maße finden sich in den Tabellen T-D.15 im Anhang T.

Obwohl die in den Abbildungen dargestellten Ergebnisse bei oberflächlicher Betrachtung zunächst den Anschein haben, als wären die Maße insbesondere mit dem DAFOX in der Lage, private Information im Durchschnitt signifikant anzuzeigen (Kategorien T, T/S und S), wird bei den Ergebnissen in der Kategorie Z der Grund für die hohen, in dieser Gruppe im Zeitraum 80/85 nicht beobachteten Werte ersichtlich. Denn auch in dieser Kategorie, in der keinerlei private Informationen simuliert sind, weisen insbesondere die die Gesamtperformance messenden Ansätze im Durchschnitt hochsignifikante t-Werte aus. Aber auch die Selectivity-Maße sind in dieser Kategorie vergleichsweise hoch, wenn auch mit Ausnahme von Jensens Alpha nicht signifikant. Daher kann angenommen werden, daß auch die Ergebnisse in den anderen Kategorien systematisch verzerrt sind, so daß ihre Höhe nicht auf die simulierten Managerfähigkeiten zurückführbar ist.

Die bessere Renditeentwicklung kleiner Unternehmen schlägt sich in dieser Periode in vollem Umfang durch die Gleichgewichtung der Portfolios auf die Ergebnisse nieder. Wird stattdessen der GG-Index als Benchmarkportfolio verwendet, erreichen die durchschnittlichen t-Werte in Kategorie Z bei weitem nicht den kritischen Wert von 1,994. Die Resultate in den anderen Kategorien dagegen entsprechen eher den bereits in 80/85 gemachten Beobachtungen. Hier wird ebenfalls die generelle Schwierigkeit der Identifikation eher defensiven Timings in den unteren Gruppen deutlich. Gleichwohl wird auch hier ein Teil der Timing-Performance in der Gesamtperformance erfaßt, wie der Vergleich zwischen der Höhe der durchschnittlichen t-Werte in den Kategorien T/S und S in der obigen Abbildung verdeutlicht.

Um die tendenziell gleichgerichteten Aussagen bezüglich der Robustheit der Maße zu untermauern, werden die Ergebnisse, die mit den Maßen in der Periode 80/85 bei Einsatz des DAFOX oder des GG-Index erzielt werden, mit jenen verglichen, die in der Periode 86/91 mit dem GG-Index ermittelt werden. In Abbildung D.18 werden stellvertretend für die anderen Maße lediglich die bei der Anwendung des PW-Maßes in der Gruppe 2 mit den beiden Indizes im jeweiligen Zeitraum erzielten Ergebnisse dargestellt.

In der Abbildung sind die unabhängig von der Benchmark fast völlig identischen Ergebnisse in der Periode 80/85 evident. Ferner sind die in der Periode 80/85 und jene mit Hilfe des GG-Index in Periode 86/91 erzielten Resultate unverkennbar ähnlich. Die höheren durchschnittlichen t-Werte bei Einsatz des GG-Index insbesondere in den Kategorien T und T/S sind ökonomisch damit erklärbar, daß Timingfähigkeiten in Zeiten höherer Volatilitäten grundsätzlich einen höheren Wert haben als bei geringeren und daß damit bei gleicher Aggressivität des Timings auch eine höhere Performance verbunden sein muß.

Abb. D.18: Durchschnittliche Höhe der t-Werte in Portfoliogruppe 2 in Abhängigkeit von den simulierten Informationen für das PW-Maß bei Einsatz des DAFOX und des GG-Index in den Zeiträumen 80/85 und 86/91

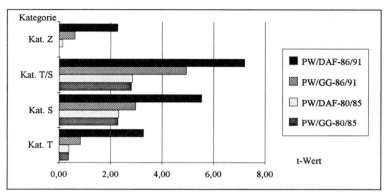

Diese Erkenntnisse, die auch für die anderen Maße zutreffen, verdeutlichen letztlich, daß bei der Bestimmung einer Benchmark darauf geachtet werden muß, ob das zu beurteilende Portfolio als eher wert- oder gleichgewichtet gelten kann. Bei der Auswahl eines Benchmarkportfolios ist deshalb nicht nur dessen Inhalt, sondern vor allem auch die Gewichtung von besonderer Bedeutung. Daraus ergibt sich außerdem, daß, sofern ein wertgewichteter Index als geeignet erscheint, dessen Effizienz mit wertgewichteten Portfolios getestet werden sollte.[117] Insgesamt rechtfertigen diese Überlegungen den Einsatz des DAFOX als am besten geeignete Benchmark bei den Untersuchungen zur Performance der Investmentfonds.

Zusammenfassend betrachtet, werden mit den Maßen in der Periode 86/91 ähnliche Ergebnisse erzielt wie in der Periode 80/85, sofern der in dieser Periode im Vergleich zum DAFOX geeignetere GG-Index als Benchmark verwendet wird. Bei Einsatz dieses Index relativieren sich die zum Teil verzerrten und damit zu günstig ausgewiesenen Resultate, die in Periode 86/91 mit dem DAFOX erzielt werden. Andererseits werden die unbefriedigenden, aber nicht auf die Maße selbst zurückzuführenden Ergebnisse egalisiert.

Aufgrund des Fehlens von Signifikanzwerten kann für die Lower Partial Moments keine eindeutige Beurteilung erfolgen. Der Vergleich der durch diese Maße geschätzten absoluten Werte im Vergleich zu jenen, die mit den Indizes erzielt werden, läßt jedoch ihre weitgehende Übereinstimmung mit den Ergebnissen der Sharpe-Ratio erkennen. Eine Vorteilhaftigkeit der LPM-Performance-Maße ist daher nicht wahrscheinlich.

---

[117] Dies ist beispielsweise auch durch die Vorgehensweise von *Göppl/Schütz* bei ihrem Effizienztest des DAFOX sichergestellt, indem sie im Rahmen des Hotelling T²-Tests als Testportfolios die Branchenindizes verwenden, die ihrerseits wertgewichtet sind, vgl. **Göppl/Schütz** (1992), S. 33. Vgl. zu dieser Vorgehensweise auch **Gibbons/Ross/Shanken** (1989), S. 1127 ff.

(2) Die Identifikation von Performance-Unterschieden

(a) Vergleich der relativen Performance

Die bisherigen Untersuchungen bezogen sich lediglich auf die Frage, ob mit Hilfe der Maße eine Identifikation privater Informationen möglich ist. Ein robustes Maß sollte jedoch auch ein Ranking erlauben, um Hinweise darauf zu geben, welcher Manager die größten Selectivity- und/oder Timingfähigkeiten besitzt bzw. als bestinformierter Manager gelten kann.[118] Dazu wird geprüft, ob die Maße innerhalb einer Kategorie Performance-Differenzen zwischen den Portfolios identifizieren können. Dabei sollte ein robustes Maß den Portfolios aus einer höheren Gruppe eine signifikant größere Performance zuweisen als solchen, die aus einer niedrigeren Gruppe stammen.

Bevor die Unterschiede auf ihre Signifikanz hin beurteilt werden, wird zunächst der Verlauf der absoluten Werte, die mit den jeweiligen Performance-Maßen in den einzelnen Kategorien ermittelt wurden, graphisch dargestellt. Daneben ist in einer besonderen Graphik auch der Verlauf der korrespondierenden t-Werte abgebildet. Die senkrechten, gestrichelten Linien in den Abbildungen deuten dabei den Übergang von einer Portfoliogruppe (10 Portfolios) zur nächsten an. Der Übersichtlichkeit halber sind hier nur die Werte für die Periode 80/85 bei der Verwendung des DAFOX wiedergegeben.[119]

(aa) Selectivity-Maße

In Abbildung D.19 ist zunächst die Entwicklung der absoluten Werte des Jensen-Maßes und in Abbildung D.20 die der entsprechenden t-Werte dargestellt.

In den Abbildungen ist insbesondere bezüglich der absoluten Werte das mit jeder Portfoliogruppe ansteigende Niveau des Alphas unverkennbar. Dies gilt erwartungsgemäß vor allem für die Kategorie T/S, da hier die künstlich zugesetzte Rendite überproportional zunimmt. Der Abstand zur alleinigen Simulation von Selektionsfähigkeiten sowie der Verlauf der Performance der Portfolios in Kategorie T belegen, daß durch Jensens Alpha auch ein Teil der Timingperformance aufgefangen wird. Mit einer geringeren Eindeutigkeit sind auch Abstufungen des Niveaus der t-Werte zwischen den Portfoliogruppen in den Kategorien S und T/S zu erkennen.

---

[118] Obwohl bei der Konstruktion der Portfolios bezüglich der Timinginformationen prinzipiell lediglich die Reaktion des Managers auf gegebene, vollständige Timinginformationen simuliert wurde, ist eine größere Aggressivität ökonomisch nicht nur mit einer unterschiedlichen Risikoaversion begründbar, sondern auch mit der Qualität der Informationen. Ist die Qualität höher und damit die Unsicherheit bezüglich des Auftretens des Ereignisses geringer, wird ein Manager eine entsprechend positivere, d. h. aggressivere Umschichtung des Portfolio vornehmen.

[119] Die Abbildungen zu den Ergebnissen beim Einsatz der Maße in der Periode 86/91 finden sich in den Abbildungen A-D.1 bis A-D.31 im Anhang A.

Abb. D.19: **Jensen Alphas der Portfolios im Zeitraum 80/85 mit dem DAFOX als Referenzportfolio**

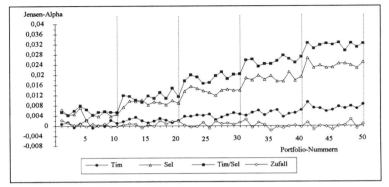

Abb. D.20: **t-Werte der Jensen Alphas für die Portfolios im Zeitraum 80/85 mit dem DAFOX als Referenzportfolio**

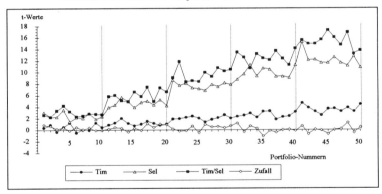

Es fällt auf, daß, bedingt durch die sich offensichtlich stark unterscheidenden Standard-abweichungen der Alphakoeffizienten, einige Ausreißer das Bild verzerren. So wird z. B. das Portfolio P22 aus Gruppe 3 besser eingestuft als einige der gemäß den Simulationen eigentlich erfolgreicheren Portfolios aus der Gruppe 4. Es muß aber betont werden, daß das Alpha auch theoretisch für ein Ranking ungeeignet ist, sofern sich das systematische Risiko der verglichenen Portfolios unterscheidet, was bei den simulierten Portfolios der Fall ist. Insgesamt zeigen die Alphas in der Kategorie Z und tendenziell auch in Kategorie T den hier geforderten relativ flachen Verlauf. Dabei ist das Niveau der t-Werte in Kategorie T, das ab Gruppe 3 tendenziell eine signifikante Performance anzeigt, zwar aufgrund des Vorliegens privater Informationen grundsätzlich erwünscht. Angesichts theoretischer Überlegungen dürfte Jensens Alpha als Selectivity-Maß jedoch keinerlei signifikante Performance anzeigen.

Für die Sharpe-Ratios ergeben sich nahezu identische Aussagen bezüglich des Rankings.[120] Insbesondere sind Verzerrungen bei denselben Portfolios festzustellen wie beim Jensen-Maß.[121] Insgesamt scheint die Sharpe-Ratio allerdings etwas weniger empfindlich gegenüber Timingaktivitäten zu sein.

Die Ergebnisse bezüglich des Henriksson/Merton-Alphas sind in den beiden folgenden Abbildungen festgehalten.

Abb. D.21: **H/M-Alphas der Portfolios im Zeitraum 80/85 mit dem DAFOX als Referenzportfolio**

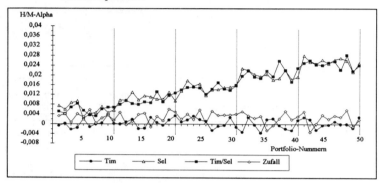

Abb. D.22: **t-Werte der H/M-Alphas für die Portfolios im Zeitraum 80/85 mit dem DAFOX als Referenzportfolio**

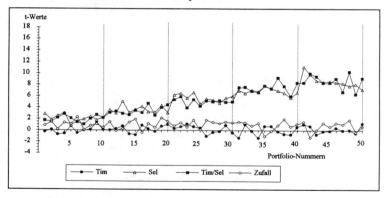

---

[120] Vgl. Abbildungen A-D.3 und A-D.4 im Anhang A.

[121] Dasselbe gilt im übrigen auch für den Verlauf des Treynor-Maßes, auf dessen Darstellung hier verzichtet wird. Eine weitgehende Übereinstimmung der Resultate, die mit der Sharpe- und der Treynor-Ratio ermittelt werden, war allerdings zu erwarten, da es sich um gut diversifizierte Portfolios handelt, so daß das Gesamtrisiko weitgehend wegdiversifiziert ist und letztlich nur das systematische Risiko relevant ist.

Sowohl in der Kategorie S als auch T/S ist eine eindeutige Treppenfunktion der absoluten Werte zu erkennen, die lediglich durch das Portfolio P36 durchbrochen wird. Dies
gilt auch für die entsprechenden t-Werte.[122] Gut sichtbar ist darüber hinaus, daß dieses
Maß nicht durch Timingaktivitäten beeinflußt wird, da sich die Werte für die Kategorien
T/S und S fast entsprechen. Zum anderen schwanken die absoluten Werte für die Kategorien T und Z um Null und sind nicht signifikant von Null verschieden. Dies deutet
darauf hin, daß sich das H/M-A bei Vorliegen von Timingfähigkeiten am ehesten für ein
Ranking von Selektionsfähigkeiten eignet.

Diesen Eindruck vermitteln auch die in den Abbildungen D.23 und D.24 gezeigten Ergebnisse, die mit Hilfe des T/M-Alphas erzielt werden.

Abb. D.23: **T/M-Alphas der Portfolios im Zeitraum 80/85 mit dem DAFOX als**
Referenzportfolio

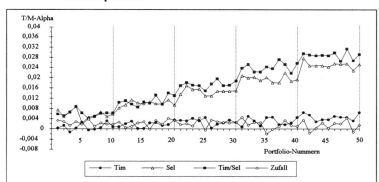

Allerdings ergeben sich zwischen den beiden Maßen insofern Unterschiede, als das
T/M-Alpha auf der einen Seite eine ausgeprägtere Treppenfunktion aufweist und daher
für ein Ranking aussagekräftigere Differenzen zwischen den Portfolios identifiziert. Auf
der anderen Seite sind jedoch die Unterschiede zwischen den Kategorien T/S und S
ausgeprägter, was für ein Selectivity-Maß nicht der Fall sein sollte. Im Gegensatz zum
H/M-Alpha wird das T/M-Alpha durch Timingfähigkeiten verzerrt, wie insbesondere an
den zu hohen t-Werten des Maßes bei seiner Anwendung auf die Portfolios in Gruppe 5
für die Kategorie T deutlich wird.

---

[122] Das Ergebnis für dieses Portfolio ist durch ungewöhnliche Konstellationen im Rahmen der Zufallsauswahl zu erklären. In diesem Fall scheinen im Zeitablauf durch Zufall gerade solche Wertpapiere in überwiegendem Maß im Portfolio enthalten zu sein, die in dieser Periode eine unge-
wöhnlich hohe unsystematische Rendite aufgewiesen haben.

Abb. D.24:   t-Werte der T/M-Alphas für die Portfolios im Zeitraum 80/85 mit dem DAFOX als Referenzportfolio

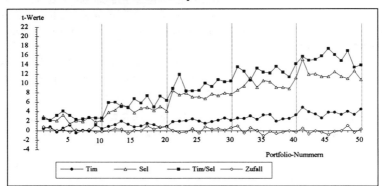

Insgesamt verhält sich von den hier untersuchten Maßen das H/M-A für ein Ranking von Selektionsfähigkeiten am besten und erscheint unter diesem Gesichtspunkt am vorteilhaftesten.

(bb)   Timing-Maße

Die Verläufe des Timingmaßes von *Henriksson/Merton*, H/M-β_{2P}, und der entsprechenden t-Werte sind Gegenstand der Abbildungen D.25 und D.26.

Abb. D.25:   H/M-Timingkoeffizienten der Portfolios im Zeitraum 80/85 mit dem DAFOX als Referenzportfolio

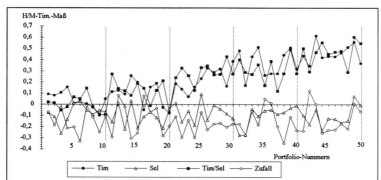

Bei der Betrachtung der absoluten Werte fallen zunächst die starken Schwankungen der Koeffizienten in den einzelnen Kategorien auf, die ein korrektes Ranking zumindest von einer Gruppe zur angrenzenden Gruppe, z. T. aber auch über zwei Gruppen hinaus, kaum möglich macht. So weist z. B. das Portfolio P29 aus Gruppe 3 in Kategorie T/S einen höheren Wert auf als die Portfolios P42 und P48 in Gruppe 5. Deutlich zu erkennen ist die schon im vorigen Kapitel herausgestellte systematisch negative Verzerrung dieses Maßes.

Abb. D.26: **t-Werte der H/M-Timingkoeffizienten für die Portfolios im Zeitraum 80/85 mit dem DAFOX als Referenzportfolio**

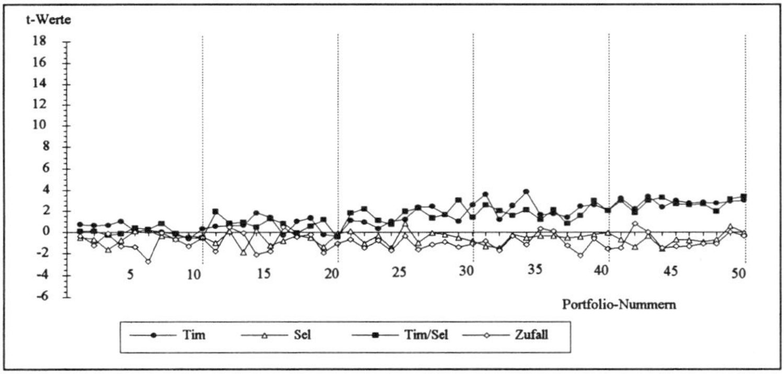

Einen ausgeglicheneren Verlauf weisen die t-Werte der Koeffizienten auf. Aber auch hier sind ausgeprägte Abstufungen zwischen den Portfoliogruppen in den Kategorien T/S und T nicht zu beobachten. Folglich scheint das Ranking von Timingaktivitäten mit diesem Maß schwierig.

Die Werte für das T/M-γ in den Kategorien T und T/S, wiedergegeben in Abbildung D.27, sind ähnlich jenen des H/M-Timingkoeffizienten starken Schwankungen unterworfen. Ebenso ist keine eindeutige Treppenfunktion erkennbar, wenngleich auch hier eine tendenzielle Erhöhung des Niveaus mit zunehmender Simulation von Timingfähigkeiten nicht zu übersehen ist. Die absoluten Werte sind dabei wesentlich größer als jene des H/M-Timingkoeffizienten.

- 310 -

Abb. D.27: T/M-Timingkoeffizienten der Portfolios im Zeitraum 80/85 mit dem DAFOX als Referenzportfolio

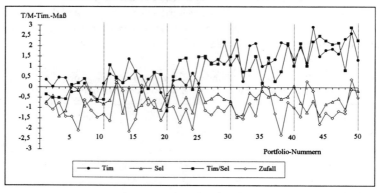

Die t-Werte dagegen verlaufen bei beiden Maßen ähnlich. Das Signifikanzniveau des T/M-Timingkoeffizienten weist zwar tendenziell mit jeder Gruppe eine Erhöhung auf, eine eindeutige Sprungstelle des Niveaus zwischen zwei Gruppen ist jedoch auch hier nicht festzustellen. Letztlich erscheint die Bildung einer Rangfolge von Portfolios mit diesem Maß ebenfalls ohne die Gefahr von Fehlbeurteilungen nicht möglich.[123]

Abb. D.28: t-Werte der T/M-Timingkoeffizienten für die Portfolios im Zeitraum 80/85 mit dem DAFOX als Referenzportfolio

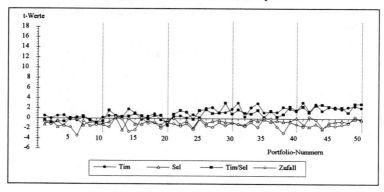

---

[123] Während die Timingkoeffizienten lediglich anzeigen, ob und inwieweit Timingfähigkeiten vorgelegen haben, ist mit dem T/M-Timingmaß eine Beurteilung darüber möglich, wie hoch die aus Timingfähigkeiten resultierende Performance ausfällt. Die Schlußfolgerungen bezüglich des Rankings der Portfolios bleiben naturgemäß gleich, da das T/M-Timingmaß lediglich durch die Multiplikation des Gammas mit der Varianz des Marktes ermittelt wird.

Festzuhalten bleibt, daß mit beiden hier untersuchten Timingmaßen ein korrektes Ranking nicht möglich ist.

(cc) Gesamtperformance-Maße

Fraglich ist, ob der grundsätzlich positive Eindruck, den die Gesamtperformance-Maße im Rahmen der Identifikation privater Informationen gemacht haben, auch beim Ranking bestehen bleibt. In der Abbildung D.29 ist zunächst das T/M-Totalmaß mit seinen absoluten Werten erfaßt.

Darin ist deutlich zu erkennen, daß die Werte in allen drei Kategorien, in denen private Informationen simuliert wurden, einen tendenziell treppenartigen Verlauf aufweisen, während in Kategorie Z flache, um Null schwankende Werte zu beobachten sind. Bei den lediglich Timing simulierenden Portfolios in Kategorie T ist ebenfalls zwischen jeder Portfoliogruppe ein Übergang zu einem höheren Niveau der Performance auszumachen. Dieser Eindruck wird durch die t-Werte in Abbildung D.30 unterstrichen.

Abb. D.29: **T/M-Totalmaße der Portfolios im Zeitraum 80/85 mit dem DAFOX als Referenzportfolio**

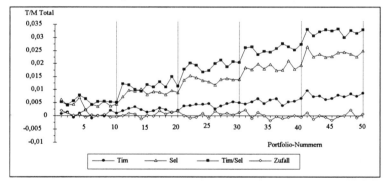

Abb. D.30: **t-Werte der T/M-Totalmaße für die Portfolios im Zeitraum 80/85 mit dem DAFOX als Referenzportfolio**

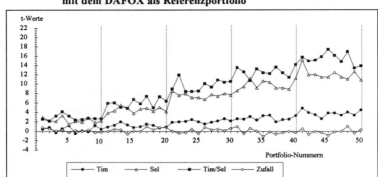

Das zur Identifizierung privater Informationen am besten geeignete Verfahren, der Ansatz von *Connor/Korajczyk*, weist sowohl bezüglich der absoluten Werte als auch der korrespondierenden t-Werte einen nahezu identischen Verlauf wie das T/M-Total-Maß auf.[124] Dabei bewegen sich die Werte tendenziell in allen Kategorien auf einem geringfügig höheren Niveau. Das PW-Maß führt zu vergleichbaren Ergebnissen. Hier entspricht das Niveau der Werte eher jenen des T/M-Totalmaßes.[125]

Aufgrund dieser Ergebnisse scheint die Auswahl unter den hier untersuchten, die Gesamtperformance ermittelnden Verfahren für ein Ranking der Portfolios keine Rolle zu spielen. Sämtliche Verfahren führen zu vergleichbaren Rangfolgen.[126]

Um den Einfluß der Benchmark für das Ranking zu untersuchen, wird im folgenden das PW-Maß herausgegriffen. Bei der Verwendung des GG-Index in der Periode 80/85 ergeben sich für dieses Maß nahezu identische Schlußfolgerungen wie beim Einsatz des DAFOX. Dies gilt sowohl für die absoluten Werte als auch für den Verlauf und das Niveau der t-Werte.[127] Das war allerdings angesichts der in dieser Periode unproblematischen Benchmarkwahl nicht anders zu erwarten. Wie aus den Abbildungen D.31 und D.32 ersichtlich, führt das PW-Maß jedoch auch in der Periode 86/91 unabhängig von der Wahl des Index zu identischen Schlußfolgerungen über das Ranking der Portfolios.[128]

---

[124] Vgl. die Abbildungen A-D.17 bis A-D.20 in Anhang A.

[125] Vgl. die Abbildungen A-D.21 bis A-D.24 in Anhang A.

[126] Hinsichtlich der für den Einsatz der Maße erforderlichen Berechnungen ist das T/M-Totalmaß vorzuziehen, da für das C/K-Maß zunächst die Putoption berechnet werden muß, und für das PW-Maß eine Bestimmung der Gewichte über einen Algorithmus notwendig ist.

[127] Vgl. die Abbildungen A-D.25 und A-D.26 in Anhang A.

[128] Dasselbe gilt auch beim Einsatz der anderen Maße, weshalb auf die Darstellung sämtlicher Ergebnisse verzichtet wird. Beispielhaft sind im Anhang A in den Abbildungen A-D.27 und

Abb. D.31: **PW-Maß der Portfolios im Zeitraum 86/91 mit dem DAFOX-Index als Referenzportfolio**

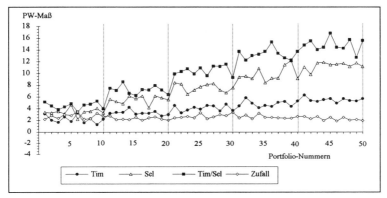

Abb. D.32: **t-Werte der PW-Maße für die Portfolios im Zeitraum 86/91 mit dem GG-Index als Referenzportfolio**

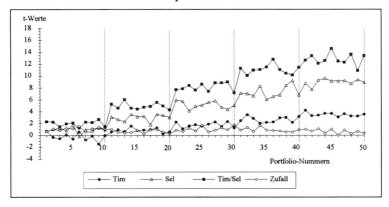

Obwohl der DAFOX für eine Identifikation der für die Portfolios simulierten superioren Performance in dieser Periode als nicht geeignet angesehen wurde, ist die Sensitivität der Ergebnisse bezüglich des Rankings der Portfolios scheinbar nicht durch die Wahl des Index beeinträchtigt. Bei Einsatz des DAFOX wird lediglich das Niveau der t-Werte um die systematisch positive Verzerrung angehoben, was dazu führt, daß auch den Zufallsportfolios signifikant positive Werte zugewiesen werden. Das relative Ranking zwischen den Portfolios bleibt dagegen bestehen, so daß zumindest für die Bildung einer Reihenfolge unter den Portfolios der Index kaum eine Rolle zu spielen scheint.

A-D.28 die mit dem C/K-Maß und in den Abbildungen A-D.29 und A-D.30 die mit dem H/M-Alpha erzielten Ergebnisse dargestellt.

Zusammenfassend betrachtet, kann davon ausgegangen werden, daß die Gesamtperformance-Maße im Durchschnitt die besten Eigenschaften für ein Ranking von Portfolios aufweisen.[129] Wenngleich die Auswahl zwischen den drei getesteten Ansätzen bezüglich ihrer Güte beim Ranking keine Rolle spielt, ist dabei i. V. m. den Resultaten über die Identifizierung privater Informationen dem C/K-Maß der Vorzug zu geben. Daneben erscheint für ein Ranking der allein auf Selectivity beruhenden Performance das Alpha des Ansatzes von *Henriksson/Merton* besonders robust.[130]

Allerdings sind die Ergebnisse auch dieser Verfahren in den ersten und für den Einsatz der Maße in der Praxis wohl relevantesten Gruppen insgesamt weit weniger positiv zu beurteilen. In diesen die geringsten privaten Informationen simulierenden Gruppen ist es insbesondere in Kategorie T mit allen Maßen schwierig, Managerfähigkeiten eindeutig zu identifizieren.

(dd) Lower Partial Moments

Die Darstellung der mit den LPM-2-Performance-Maßen erzielten Ergebnisse erfolgt grundsätzlich nicht auf Basis der Semivarianz als Risikomaß, sondern auf deren Quadratwurzel. Die Verwendung der Semistandardabweichung hat den Vorteil, daß das LPM-2-Performance-Maß besser mit der Sharpe-Ratio verglichen werden kann, welche die Überschußrendite mit der Standardabweichung relativiert.

In der Abbildung D.33 sind zunächst die Ergebnisse dargestellt, die auf der Grundlage des LPM-1-Performance-Maßes erzielt werden, wenn als Target-Rendite der risikolose Zinssatz verwendet wird.

---

[129] Einschränkend sei aber nochmals darauf hingewiesen, daß ein theoretisch korrektes Ranking aufgrund des unterschiedlichen Charakters von Selectivity- und Timinginformationen nur auf der Grundlage der Selektionsfähigkeit bzw. Performance erfolgen darf.

[130] Die hier vorgenommene Simulation der Timingfähigkeiten hat dieses Verfahren allerdings tendenziell begünstigt. Gleichwohl sind die damit erzielten Ergebnisse hinsichtlich der Identifikation von Timinginformationen unbefriedigend.

Abb. D.33: LPM-1/R$_f$-Performance-Maße der Portfolios im Zeitraum 80-85

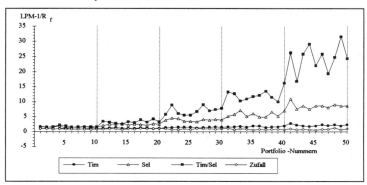

Eine eindeutige Differenzierung der Portfolios, die künstlich über private Informationen verfügen, ist für die Kategorien S und T/S eindeutig erst ab Portfoliogruppe 3 und weniger eindeutig in Portfoliogruppe 2 möglich. Eine Abgrenzung und damit auch ein Ranking der allein auf Timingfähigkeiten zurückzuführenden Performance von den aus Kategorie Z stammenden Portfolios ist jedoch mit größeren Schwierigkeiten behaftet, und tendenziell erst ab Portfoliogruppe 3 möglich.

In der Abbildung D.34, in der die Ergebnisse des LPM-1-Maßes bei Verwendung der mittleren Portfoliorendite als Target-Rendite wiedergegeben sind, ist in den Kategorien S und T/S ein ausgeprägter treppenförmiger Verlauf von Gruppe zu Gruppe zu erkennen.

Abb. D.34: LPM-1/μ-Performance-Maße der Portfolios im Zeitraum 80-85

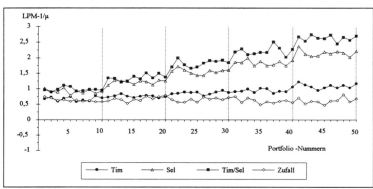

Wie bereits beim Einsatz der anderen Performance-Maße gilt hier, daß Timingfähigkeiten erst ab einer bestimmten Aggressivität identifiziert werden können. Die generelle Schwierigkeit einer eindeutigen Unterscheidung zwischen Zufall und Management-fähigkeiten ist somit auch hier evident.

Obwohl sich die auf Timingaktivitäten zurückzuführende Performance mit Zunahme der Marktschwankungen erhöht, fällt das Ergebnis bezüglich ihrer Identifikation nicht besser aus, wie die Abbildung D.35 mit dem LPM-1/R_f-Performance-Maß in Periode 86/91 belegt. Der Grund ist in den starken Schwankungen der Zufallsportfolios zu sehen.

Abb. D.35: LPM-1/R_f-Performance-Maße der Portfolios im Zeitraum 86-91

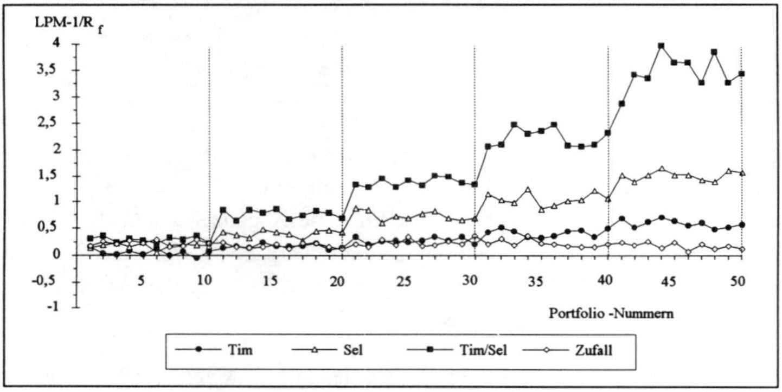

Ein ähnliches Bild ergibt sich bei der Unterstellung eines risikoaversen Investors im Rahmen der Anwendung des LPM$_2$. In Abbildung D.36 sind zunächst die Werte der LPM-2/R_f-Performance-Maße in der Periode 80/85 wiedergegeben. Tendenziell lassen die absoluten Werte erkennen, daß eine auf der Grundlage privater Informationen erzielte Performance eher identifiziert wird als mit den LPM-1-Performance-Maßen und insofern von Zufallseinflüssen besser abgrenzbar ist. Dies gilt insbesondere für die kritische Identifikation der aus Timingfähigkeiten resultierenden Performance.

Abb. D.36: **LPM 2/R$_f$-Performance-Maße (Semistandardabweichung) der Portfolios im Zeitraum 80-85**

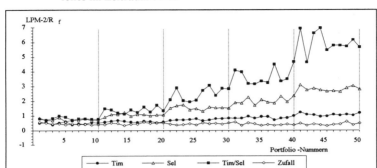

Zur Berechnung der LPM-2-Performance-Maße in Abbildung D.37 wird statt der risikolosen Verzinsung die durchschnittliche Rendite des jeweiligen Portfolios als Target-Rendite eingesetzt. Wie bereits bei den LPM-1-Maßen, scheint sich die Verwendung der mittleren Rendite vorteilhaft bezüglich der Identifikation der aus Managerfähigkeiten resultierenden Performance auszuwirken. Dabei kann selbst die generell schwierig zu identifizierende Timingperformance bis in Gruppe 1 hinein von den Zufallsportfolios abgegrenzt werden.

Abb. D.37: **LPM 2/μ-Performance-Maße (Semistandardabweichung) der Portfolios im Zeitraum 80-85**

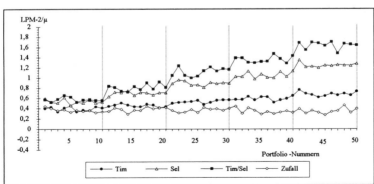

Beim Vergleich der LPM-2/μ-Performance- und der Sharpe-Maße in Abbildung D.38 fällt auf, daß sich die mit beiden Maßen vorgenommenen Rankings der Portfolios in dieser Periode kaum voneinander unterscheiden.

Abb. D.38: **Vergleich der Sharpe-Ratios mit den LPM-2/μ-Performance-Maßen in den Kategorien T und T/S im Zeitraum 80/85**

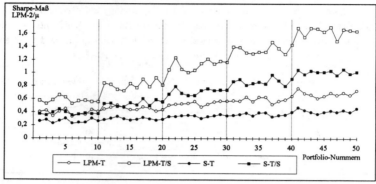

Obwohl in den ausgewählten Kategorien T und T/S eine deutliche Schiefe in den Renditeverteilungen vorliegt und von einer Normalverteilung der Portfoliorenditen vor allem in den oberen Portfoliogruppen nicht ausgegangen werden kann, weisen die Maße einzig in ihrem Niveau Unterschiede auf. Dies liegt darin begründet, daß im Nenner des LPM-2/μ-Performance-Maßes lediglich die Volatilität der negativen Abweichungen von der mittleren Rendite erfaßt ist. Das Ranking selbst dagegen ist mit beiden Maßen identisch.

Besonders in der Periode 86/91 erscheinen die Ergebnisse der LPM-2-Performance-Maße aufschlußreich. Die starken Marktschwankungen i. V. m. der negativen Schiefe der Marktrenditen in diesem Zeitraum müßten zu einer tendenziellen Erhöhung der Verlustrisiken führen. In Abbildung D.39 sind die Werte für die LPM-2/R_f-Maße in Periode 86/91 abgetragen.

Abb. D.39: **LPM 2/R_f-Performance-Maße (Semistandardabweichung) der Portfolios im Zeitraum 86-91**

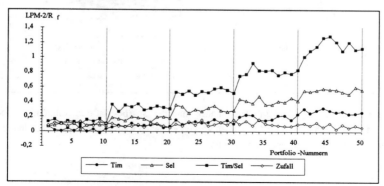

Trotz der ausgeprägten Treppenfunktionen in den Kategorien S und T/S, die auf gute Rankingeigenschaften zumindest ab Portfoliogruppe 2 hinweisen, ist zwischen den Kategorien T und Z eine eindeutige Abgrenzung der Performance und damit ein korrektes Ranking zwischen Zufallsportfolios und mit privaten Informationen gemanagten Portfolios selbst in der Gruppe 3 noch nicht zweifelsfrei möglich. Dies gilt auch dann, wenn die mittlere Rendite der Portfolios als Target-Rendite verwendet wird.[131]

Allerdings zeigt ein direkter Vergleich mit den Sharpe-Ratios für diesen Zeitraum, daß die LPM-Maße auch in dieser Periode keine Vorteile gegenüber der Verwendung auf dem μ/σ-Prinzip aufbauender Maße besitzen.

Abb. D.40: **Vergleich der Sharpe-Ratios mit den LPM-2/μ-Performance-Maßen in den Kategorien T und T/S im Zeitraum 86/91**

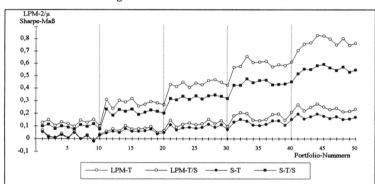

Insgesamt kann somit festgehalten werden, daß die Verwendung alternativer Risikobegriffe zur Relativierung der Rendite im Rahmen der Performance-Messung keine entscheidenden Vorteile gegenüber den anderen, zuvor untersuchten Maßen aufweist und auch keine exaktere Einschätzung beim Ranking von Portfolios ermöglicht.

(ee) Stochastische Dominanz

Unabhängig von der Art der in den verschiedenen Kategorien simulierten Informationen müßte auch ein auf der Grundlage der stochastischen Dominanzkriterien durchgeführtes Ranking im Durchschnitt jenen Portfolios einen höheren Rang zuweisen, die sich beim Vergleich zweier Gruppen in der jeweils höheren Gruppe befinden. Damit müßten die Portfolios in der Gruppe, in der geringere Selektions- bzw. Timingfähigkeiten simuliert

---

[131]   Vgl. Abbildung A-D.31 im Anhang A.

wurden, von den in der Gruppe mit größeren Fähigkeiten befindlichen Portfolios dominiert werden.

Obwohl die simulierte zusätzliche Performance innnerhalb einer Kategorie identisch ist, kann jedoch nicht damit gerechnet werden, daß die dominierenden Portfolios untereinander als gleich eingestuft werden. Für die Ineffizienz eines Portfolios reicht es bereits aus, wenn dieses nur durch ein anderes Portfolio dominiert wird. Deshalb kann es insbesondere bei größeren Schwankungen der Portfoliorenditen vorkommen, daß ein Portfolio aus der unteren Gruppe als effizient ausgewiesen wird. Folglich ist es möglich, daß das eine oder andere der zum Vergleich herangezogenen Portfolios aus einer höheren Gruppe als ineffizient ausgewiesen wird.[132] Dies gibt außerdem Hinweise auf die beim Test der Maße zu beobachtenden Ausreißer.

Die Vergleiche werden jeweils nur für die Portfolios der angrenzenden Gruppen angestellt, da ein solcher als besonders kritisch gelten kann. Auf die Einbeziehung der stochastischen Dominanz ersten Grades wird verzichtet, da sich dieses Kriterium als ineffektiv erwies.

In Tabelle D. 23 sind die Resultate des Vergleichs zwischen den Portfolios der ersten mit der zweiten und der zweiten mit der dritten Gruppe wiedergegeben.[133] Um eine bessere Vergleichbarkeit mit den obigen Ergebnissen zu gewährleisten, beziehen sich die Angaben in der Tabelle auf die Periode 80/85.[134]

Beim Vergleich von Gruppe 1 gegen Gruppe 2 finden sich mit Ausnahme des Portfolios P9 in Kategorie T und Portfolio P7 in Kategorie S alle effizienten Portfolios in Gruppe 2. Auch der Vergleich der Gruppe 2 mit der Gruppe 3 bietet ein recht eindeutiges Bild. Lediglich ein Portfolio (P13 in Kategorie T) wird bei Anwendung der stochastischen Dominanz zweiten Grades als effizient eingestuft, obwohl hier weniger Timingfähigkeiten simuliert sind als in den 10 Portfolios der Gruppe 3. Die restriktivere Annahme über die Nutzenfunktion der Investoren im Rahmen der stochastischen Dominanz dritten Grades führt jedoch dazu, daß dieses Portfolio von mindestens einem Portfolio aus Gruppe 3 dominiert wird.

---

[132] Dies ist vor allem in der Periode 86/91 zu beobachten, in der die Varianzen der Portfoliorenditen vergleichsweise hoch sind. Die durch den Markt hervorgerufenen Effekte sind daher unter Umständen größer als die aus der Simulation zusätzlich resultierende Rendite.

[133] Die Werte für den Vergleich der Portfoliogruppen 3, 4 und 5 befinden sich in Tabelle T-D.16 im Anhang T.

[134] Die Werte für die Periode 86/91 finden sich T-D.17 und T-D.18 im Anhang T.

Tab. D.23: Vergleich der Portfolios mit Hilfe der stochastischen Dominanz zweiten (SSD) und dritten Grades (TSD); Zeitraum 80/85; Gruppe 1 gegen Gruppe 2 und Gruppe 2 gegen Gruppe 3

Kategorie	T		S		T/S		Z	
Portfolios	SSD	TSD	SSD	TSD	SSD	TSD	SSD	TSD
Portfoliogruppe 1 gegen Portfoliogruppe 2								
P1	0	0	0	0	0	0	1	1
P2	0	0	0	0	0	0	1	1
P3	0	0	0	0	0	0	0	0
P4	0	0	0	0	0	0	0	0
P5	0	0	0	0	0	0	0	0
P6	0	0	0	0	0	0	0	0
P7	0	0	1	1	0	0	0	0
P8	0	0	0	0	0	0	0	0
P9	1	0	0	0	0	0	0	0
P10	0	0	0	0	0	0	0	0
P11	0	0	0	0	1	1	0	0
P12	1	1	1	0	1	0	0	0
P13	1	1	1	1	0	0	0	0
P14	1	1	1	1	0	0	0	0
P15	0	0	0	0	0	0	0	0
P16	0	0	1	0	0	0	0	0
P17	1	1	1	0	1	1	1	1
P18	1	1	0	0	0	0	0	0
P19	0	0	1	1	1	1	1	1
P20	0	0	1	1	0	0	1	1
Portfoliogruppe 2 gegen Portfoliogruppe 3								
P11	0	0	0	0	0	0	0	0
P12	0	0	0	0	0	0	0	0
P13	1	0	0	0	0	0	0	0
P14	0	0	0	0	0	0	0	0
P15	0	0	0	0	0	0	0	0
P16	0	0	0	0	0	0	0	0
P17	0	0	0	0	0	0	1	1
P18	0	0	0	0	0	0	0	0
P19	0	0	0	0	0	0	1	1
P20	0	0	0	0	0	0	1	1
P21	1	0	0	0	0	0	0	0
P22	1	0	1	1	1	1	0	0
P23	1	0	1	1	0	0	0	0
P24	1	1	0	0	0	0	1	0
P25	1	1	0	0	0	0	0	0
P26	0	0	0	0	1	1	1	1
P27	1	0	1	0	1	1	0	0
P28	1	1	0	0	0	0	0	0
P29	1	1	1	0	1	0	0	0
P30	1	1	1	0	1	0	0	0

Auch beim Vergleich der Portfoliogruppen 3 und 4 sind bezüglich dreier Portfolios Ausnahmen festzustellen (Portfolio P30 in Kategorie T sowie P22 und P23 in Kategorie S).[135] Gleichwohl finden sich die effizienten Portfolios überwiegend in der Gruppe 4. Beim Vergleich der Gruppen 4 und 5 schließlich werden eindeutig alle Portfolios in Gruppe 4 von jenen in Gruppe 5 dominiert.

Die mit jeder Gruppe überproportional größere Performance in Kategorie T/S führt insgesamt zu eindeutigen Ergebnissen. Hier sind effiziente Portfolios ausschließlich in der höheren Gruppe zu finden. Dies gilt im übrigen auch für die zweite Periode 86/91. Wie zu erwarten, verteilen sich die dominierenden und dominierten Portfolios in Kategorie Z, in der keinerlei private Informationen simuliert wurden, gleichmäßig und unabhängig von ihrer Gruppenzugehörigkeit.

(b) Statistische Signifikanz der ermittelten Rankings

Mit Zweistichprobentests wird untersucht, ob die Differenz der Mittelwerte sowohl zwischen den in den einzelnen Portfoliogruppen ermittelten absoluten Performance-Werten als auch zwischen den entsprechenden t- bzw. z-Werten statistisch signifikant sind. [136]

Die Resultate belegen entgegen der theoretischen Einwände das Rankingvermögen des Jensen-Maßes sowohl innerhalb der Kategorien S und T/S als auch in Kategorie T.[137] Obwohl das Jensen-Maß vom theoretischen Standpunkt aus in Kategorie T keiner der Portfoliogruppen einen höheren Rang zuweisen sollte als einer anderen, sind die mit dem Maß identifizierten Mittelwertunterschiede auch in dieser Kategorie ausnahmslos signifikant und weisen das richtige Vorzeichen auf. Dies gilt sowohl für die absoluten Werte der Performance als auch für die entsprechenden t-Werte. Mit der Anwendung dieses Maßes ist somit entgegen den theoretischen Überlegungen grundsätzlich ein Ranking unterschiedlicher Managerfähigkeiten möglich.[138] Demgegenüber sind die in Kategorie Z verglichenen Werte, wie gefordert, nicht signifikant von Null verschieden. Dabei führen sowohl der doppelte t-Test als auch der Wilcoxon-Rangsummentest zu

---

[135] Vgl. Tabelle T-D.16 im Anhang T.

[136] Die Ergebnisse der dazu eingesetzten t-Tests für unabhängige Stichproben sowie des Wilcoxon-Rangsummentests finden sich, jeweils für die Periode 80/85 sowie 86/91, in den Tabellen T-D.19 bis T-D.30 im Anhang T. Dort werden nur die Ergebnistabellen aufgeführt, die das Jensen-Maß, das Henriksson-Merton-Alpha und β_2 sowie das P/W-Maß betreffen. Ferner sind die Resultate des LPM-1- und LPM-2-Maßes mit R_f als Target-Rendite dargestellt.

[137] Vgl. Tabelle T-D.19 im Anhang T.

[138] Dies gilt allerdings nur, wenn, wie in den hier untersuchten Perioden, die Voraussetzungen dafür gegeben sind, daß das Jensen-Maß bei Timingfähigkeiten nicht negativ verzerrt ist; vgl. **Kapitel D. III. 3. b. cc. (1) (a)**, S. 281.

identischen Schlußfolgerungen.[139] Die Höhe der t-Werte zeigt darüber hinaus an, daß die Mittelwertdifferenzen um so signifikanter sind, je weiter die verglichenen Gruppen auseinanderliegen, wie dies aufgrund der von Gruppe zu Gruppe kontinuierlich zunehmenden Managementfähigkeiten zu erwarten gewesen ist. Nahezu identische Ergebnisse liefert die Sharpe-Ratio.

Gegenüber dem Jensen-Maß entsprechen die Ergebnisses des H/M-Alphas eher den Erwartungen eines robusten, lediglich die Selektionsfähigkeiten messenden Verfahrens.[140] Dieses Maß ermittelt keine signifikant von Null verschiedenen Mittelwertdifferenzen zwischen den Portfoliogruppen in Kategorie T und Z. Demgegenüber werden in den Kategorien S und T/S, in denen Selektionsfähigkeiten simuliert wurden, signifikante Unterschiede identifiziert, die zu einer Höherstufung von Portfolios führen, in denen eine größere Performance simuliert wurde. Im Gegensatz dazu werden vom T/M-Alpha auch zwischen den lediglich Timingfähigkeiten simulierenden Portfolios signifikante Unterschiede in den Mittelwerten festgestellt, so daß ein Ranking auf der Grundlage von Informationen erfolgt, die durch dieses Maß theoretisch nicht identifiziert werden. Insofern ist dieses Maß als weniger robust zu kennzeichnen, auch wenn es ansonsten ähnliche Eigenschaften wie das H/M-Alpha aufweist.

Der H/M-Timing-Koeffizient sollte innerhalb der Kategorien T und T/S signifikante Mittelwertdifferenzen zwischen den Portfoliogruppen identifizieren können. Das ist mit Ausnahme des Vergleichs zweier Portfoliogruppen für die t-Werte des Maßes der Fall.[141] Dabei handelt es sich jeweils um den Vergleich direkt angrenzender Gruppen. Damit wird die sich bereits andeutende Erkenntnis erhärtet, daß bei der Identifikation von Timingaktivitäten die größten Schwierigkeiten auftreten. Gleichwohl ist an der Höhe der t-Werte zu erkennen, daß die Signifikanz der Mittelwertunterschiede, insbesondere was die t-Werte der Timingkoeffizienten betrifft, tendenziell zunimmt. Dies wird insbesondere dann deutlich, wenn man die t-Werte bezüglich des Vergleichs von Gruppe 1 und 2, 1 und 3, usw. einander gegenüberstellt. Die sich innerhalb der Kategorien S und Z ergebenden Mittelwertunterschiede sind dagegen nicht signifikant von Null verschieden, was vor allem auch dann gilt, wenn die Portfolios einer Gruppe mit sehr geringen Selektionsfähigkeiten mit Portfolios einer Gruppe verglichen werden, in denen große Selektionsfähigkeiten simuliert wurden.

I. V. m. den im vorigen Abschnitt angestellten Untersuchungen bedeuten diese Ergebnisse, daß das H/M-β_2 grundsätzlich zwar nach unten verzerrt ist, ein auf dessen Grundlage vorgenommenes Ranking jedoch als vergleichsweise robust gelten kann.

---

[139] Weniger wichtig ist hier die Erkenntnis, daß die Hypothese homogener Varianzen der Stichproben mit dem F-Test in den meisten Fällen nicht abgelehnt werden kann und der doppelte t-Test fast immer auf der Grundlage des Pooled Variance t-Tests erfolgt.

[140] Vgl. die Tabellen T-D.21 und T-D.22 im Anhang T.

[141] Die entsprechenden Portfoliogruppen sind in der Tabelle T-D.23 im Anhang T fett gedruckt.

Dasselbe gilt für das T/M-γ, für das die Ergebnisse identische Schlußfolgerungen zulassen.[142]

Ohne Ausnahme erfolgt in Periode 80/85 ein korrektes Ranking der Portfoliogruppen sowohl auf der Grundlage des C/K- als auch des P/W-Maßes.[143] Keines der Verfahren zeigt zudem eine signifikante Mittelwertdifferenz zwischen den Portfolios in Kategorie Z an. Dabei sind die Werte der Zweistichproben-t-Tests um so höher, je größer die Differenz der simulierten Fähigkeiten der Manager ist. Das gilt ebenfalls für das T/M-Totalmaß. Die Gesamtperformance-Maße, die bereits bei der Identifikation der Performance bezüglich des Vorzeichens vergleichsweise gute Resultate erzielten, scheinen somit auch bezüglich des Rankings robust.

Die bisher vorgenommene Beurteilung der Maße beruhte vorwiegend auf dem Zeitraum 80/85 bei Verwendung des DAFOX als Benchmark. Fraglich ist, ob die Ergebnisse sowohl gegenüber der Wahl der eingesetzten Benchmark als auch bezüglich des Zeitraums robust sind. Daher werden auch hier sämtliche Untersuchungen mit dem GG-Index anstelle des DAFOX wiederholt. Stellvertretend für diese Untersuchungen werden die Resultate auf der Basis des P/W-Maßes näher erläutert. Die Ergebnisse der Porfoliovergleiche im Zeitraum 80/85 bei Ersatz des DAFOX durch den GG-Index lassen keine Unterschiede hinsichtlich der Robustheit des Maßes erkennen.[144]

Im Zeitraum 86/91 ergibt sich dagegen ein differenzierteres Bild. Obwohl die Resulate insgesamt eher auf eine Robustheit hindeuten, muß die Hypothese gleicher Mittelwerte beim Vergleich einiger der Portfoliogruppen in Kategorie Z beim Einsatz des DAFOX als Benchmark abgelehnt werden. In diesem Fall würde bei der Verwendung des P/W-Maßes ein Portfolio höher eingestuft, obwohl keinerlei private Informationen vorlagen bzw. verarbeitet wurden.

Die bereits angedeutete generelle Fragwürdigkeit des Einsatzes des DAFOX als Benchmark in dieser Periode wird auch beim Ranking bestätigt. Es zeigt sich, daß die Wahl des GG-Index zu einer Verbesserung der Beurteilung führt. Einzig die Tests der Portfoliogruppen 1 und 2 sowie 2 und 3 deuten nach wie vor auf einen signifikant von Null verschiedenen Mittelwert hin.[145] Ein Vergleich der durchschnittlichen Renditen der Zufallsportfolios in den Gruppen 1, 2 und 3 läßt erkennen, daß diejenigen der Portfoliogruppe 2 gegenüber jenen der Gruppen 1 und 3 bei etwa gleich großer Standardabweichung einen weit geringeren Wert aufweisen. Der Grund des unbefriedigenden Ergebnisses scheint demnach nicht so sehr in der Periode oder der Benchmark zu liegen, son-

---

[142] Die Nicht-Identifikation signifikanter Mittelwertunterschiede in den Kategorien T und T/S tritt zudem bei den denselben verglichenen Gruppen auf wie bei dem H/M-β_2.

[143] Zu den Ergebnissen des PW-Maßes vgl. die Tabelle T-D.25 im Anhang T.

[144] Vgl. dazu die Tabelle T-D.27 im Vergleich zur Tabelle T-D.25 im Anhang T.

[145] Vgl. die fettgedruckten Werte in Tabelle T-D.28 im Anhang T.

dern vielmehr in der durch die Zufallsauswahl bedingten besonderen Konstellation der Renditeentwicklung der jeweils 10 Portfolios in diesen beiden Gruppen. Denn die Ergebnisse deuten mit Ausnahme dieser beiden Portfoliovergleiche beim Einsatz des GG-Index auf robuste Maße hin. Die angesprochenen Verzerrungen der Resultate beim paarweisen Vergleich der genannten Portfoliogruppen in Kategorie Z sind im übrigen auch mit den anderen Maßen zu beobachten.

Insgesamt die geringsten Verzerrungen bezüglich des Rankings der Selektions-Performance sind beim H/M-Alpha zu beobachten. Mit Hilfe dieses Maßes wird auf der Grundlage des paarweisen Vergleichs der Mittelwertdifferenzen zwischen den t-Werten mit Ausnahme nur eines einzigen Falles ein korrektes Ranking vorgenommen. Das Ranking der Timinginformationen scheint dagegen unabhängig vom Index mit um so weniger Fehlern behaftet, je volatiler der Markt ist. So nimmt das H/M-β_{2P}-Maß im Zeitraum 86/91 in allen Fällen ein korrektes Ranking auch mit dem DAFOX vor, wohingegen einige wenige unkorrekte Rankingentscheidungen in der Periode 80/85 zu beobachten sind. Als gleichwertig sind die Gesamtperformance-Maße bezüglich ihrer Robustheit beim Ranking von Portfolios zu beurteilen.

Schließlich wird auch das Ranking auf der Grundlage der absoluten Werte, die mit den LPM-Maßen erzielt werden, untersucht. Ein Vergleich kann daher auch nur mit den absoluten Werten der anderen Maße erfolgen, nicht jedoch mit deren Signifikanzwerten.

Die Ergebnisse bezüglich der Signifikanz der Mittelwertunterschiede zwischen den Portfoliogruppen beim Einsatz sowohl des risikolosen Zinssatzes als auch der mittleren Rendite als Target-Rendite unterscheiden sich nicht von den oben genannten Maßen. Insbesondere sind in der Periode 86/91 mit dem LPM-1-Performance-Maß dieselben in der Kategorie Z als signifikant identifizierten Mittelwertunterschiede zwischen den Gruppen 1 und 2 sowie 2 und 3 zu beobachten. Beim Einsatz des LPM-2-Performance-Maß dagegen kommt es nur zu einer einzigen Fehlentscheidung, die lediglich den Vergleich der Gruppe 1 und 2 betrifft. Allerdings liegen die Rangsummen sehr nahe am kritischen Wert von 78. Auch die t-Werte nehmen, wie bereits bei den anderen Maßen zu beobachten war, von Gruppe zu Gruppe kontinuierlich zu.[146]

Zusammenfassend kann festgehalten werden, daß es für ein Ranking auf der Basis dieser Maße gegenüber der Verwendung anderer Verfahren keine entscheidenden Vorteile gibt.[147] Zwar sind die LPM-Performance-Maße beim Ranking unabhängig von der Wahl eines Benchmarkportfolios. Dieser Vorteil gilt jedoch auch für die Sharpe-Ratio, mit der vergleichbare Resultate erzielt werden. Da beide Maße zu identischen Ergebnissen

---

[146] Vgl. die Tabellen T-D.29 und T-D.30 im Anhang T.

[147] Darauf deuten auch die hohen, hier nicht wiedergegebenen Spearman-Rangkorrelationskoeffizienten zwischen den Rankings auf der Grundlage der Sharpe-Ratio und den LPM-Maßen hin.

führen wie die kapitalmarkttheoretisch orientierten Ansätze, ist letzteren aufgrund ihrer theoretischen Fundierung auch beim Ranking der Vorzug zu geben.

(3) Zusammenhänge zwischen den verschiedenen Maßen

Die in den bisherigen Untersuchungen beobachteten weitgehenden Übereinstimmungen in den Ergebnissen der Ansätze, welche dieselben Performance-Determinanten messen, werden durch die hohen Korrelationskoeffizienten zwischen den Maßen bestätigt, die hier aufgrund ihrer Eindeutigkeit nicht wiedergegeben werden. So erreichen die Rangkorrelationskoeffizienten von Spearman zwischen dem Sharpe-Maß und dem Jensen-Maß, aber auch zwischen diesen Maßen und der Treynor-Ratio sowie der Treynor/ Black-Appraisal-Ratio bei Verwendung des DAFOX als Benchmark unabhängig von der Kategorie Werte, die nahe bei Eins liegen.[148] Ähnliche Resultate ergeben sich, wenn die Gesamtperformance-Maße sowohl untereinander als auch mit den LPM-Performance-Maßen verglichen werden. Dabei ist die nahezu vollständige Übereinstimmung der Ergebnisse, die mit dem Jensen- und PW-Maß erzielt werden, nicht weiter überraschend, da in den untersuchten Perioden eine negative Verzerrung des Jensen-Maßes bei Vorliegen von Timingfähigkeiten nicht auftritt.[149]

Auch die weitgehende Identität der Resultate, die auf der Grundlage der das Gesamtrisiko des Portfolios berücksichtigenden Sharpe-Ratio im Vergleich zu den das systematische Risiko einbeziehenden Ansätzen zu beobachten ist, war aufgrund der breiten Diversifikation der Portfolios zu erwarten.

In den bisherigen empirischen Untersuchungen von Investmentfonds wurden vorwiegend negative Timingkoeffizienten sowie eine negative Korrelation zwischen den T/M- und H/M-Alphas und den entsprechenden Timingkoeffizienten T/M-γ und H/M-β_2 ermittelt. Für diese Ergebnisse werden unterschiedliche Erklärungsansätze angeführt.[150] Dies wirft die Frage auf, welche Ursachen tatsächlich für diese Beobachtungen verantwortlich sind.

Wie die jeweiligen Korrelatioskoeffizienten zwischen den genannten Performance-Maßen zeigen, sind die für Fonds beobachteten Zusammenänge auch für die Portfolios relevant. Sie sind in Tabelle D.24, zusammen mit den entsprechenden Werten für das C/K-Alpha und dem korrespondierenden C/K-β_2, dargestellt.[151]

---

[148] Die geringsten Korrelationen mit Werten von immer noch sehr hohen 0,96 weisen die Maße dabei mit der Treynor/Black-Appraisal-Ratio auf.

[149] Vgl. **Kapitel** D. III. 3. b. cc. (1) (a), S. 281.

[150] Vgl. **Kapitel** C. IV. 3. a. aa., S. 183 f.

[151] Auf die Einbeziehung der Ergebnisse beim Einsatz des GG-Index in der Periode 80/85 wird verzichtet, da sie in etwa jenen entsprechen, die mit dem DAFOX erzielt werden.

Tab. D.24: Pearson-Korrelationskoeffizienten zwischen Selectivity- und Timing-Maßen mit dem DAFOX in den Periode 80/85 und 86/91 und dem GG-Index in Periode 86/91

Maß			T/M-α - T/M-γ		H/M-α - H/M-β_2		C/K-α - C/K-β_2	
Kat.	Index	Periode	Korr.	p	Korr.	p	Korr.	p
T	DAFOX	80/85	0,2362	0,0987	-0,4971	0,0002	0,7899	0,0001
	DAFOX	86/91	0,7005	0,0001	-0,3083	0,0294	0,9318	0,0001
	GG	86/91	0,6674	0,0001	-0,2397	0,0936	0,9067	0,0001
S	DAFOX	80/85	-0,0958	0,5081	-0,2460	0,0850	-0,0541	0,708
	DAFOX	86/91	0,0522	0,7190	-0,1170	0,4184	0,1201	0,406
	GG	86/91	0,0543	0,7082	-0,1653	0,2514	0,0715	0,6219
T/S	DAFOX	80/85	0,7175	0,0001	0,7297	0,0001	0,8573	0,0001
	DAFOX	86/91	0,7865	0,0001	0,7496	0,0001	0,8877	0,0001
	GG	86/91	0,7242	0,0001	0,6522	0,0001	0,8205	0,0001
Z	DAFOX	80/85	-0,7488	0,0001	-0,8881	0,0001	-0,0493	0,7337
	DAFOX	86/91	-0,5848	0,0001	-0,8300	0,0001	0,3221	0,0225
	GG	86/91	-0,6141	0,0001	-0,8435	0,0001	0,2532	0,0761

Im Fall von Timingfähigkeiten liegen signifikant von Null verschiedene, sich in ihrer Richtung unterscheidende Korrelationen zwischen den Maßen vor. Während beim T/M-Maß zumindest im Zeitraum 86/91 eine signifikant positive Korrelation zu beobachten ist, deuten die Werte beim H/M-Maß auf eine negative Korrelation zwischen den Maßen hin. Die positive Korrelation der T/M-Maße deutete sich bereits an, da ein Teil der auf Timingaktivitäten zurückzuführenden Performance im Alpha aufgefangen wird. Da die Timing-Performance insbesondere im Zeitraum 86/91 besonders hoch ist, liegt in dieser Periode auch eine vergleichsweise hohe positive Korrelation vor. Dagegen entsprechen die negativen Korrelationen der mit dem H/M-Ansatz ermittelten Maße den Ergebnissen bisheriger Untersuchungen auf der Grundlage von Fondsdaten.[152]

Die Erklärung für diese Korrelationen ist in der Hauptsache auf einen statistischen Effekt zurückzuführen, der, wie bereits gezeigt, zu einer proportionalen Beziehung zwischen den Alphas und den Timingkoeffizienten führt.[153] Für den H/M-Ansatz bedeutet dies eine negative Verzerrung des Alphas mit zunehmenden Timingfähigkeiten. Dabei ist allerdings zu beachten, daß aus den zu beobachtenden systematisch negativen Verzerrungen der Timingkoeffizienten gleichzeitig ein entgegengerichteter Effekt auf das Alpha resultiert. Daher ist neben den negativen Verzerrungen des H/M-Alphas aufgrund

---

[152] Ähnliche Ergebnisse findet auch **Bühler** (1993), S. 13.

[153] Vgl. **Kapitel** C. IV. 3. a. aa., S: 184 sowie Ableitung (2) in Anhang F.

der negativen Korrelation mit dem β_2 gleichzeitig davon auszugehen, daß das Niveau des Alphas ein tendenziell zu hohes Niveau aufweist.[154]

Die Korrelationskoeffizienten zwischen den jeweiligen Maßen in den Kategorien S und T/S deuten dagegen unabhängig vom gewählten Ansatz auf ähnliche Beziehungen hin, die auch ökonomisch nachvollziehbar sind. So ist in Kategorie S eine signifikante Korrelation zwischen den Selectivity- und Timingkoeffizienten nicht zu beobachten. Die in Kategorie T/S bei beiden Ansätzen ermittelte signifikant positive Korrelation liegt deshalb vor, weil sowohl Timingaktivitäten als auch Selektionsfähigkeiten stufenweise und parallel von Gruppe zu Gruppe erhöht werden. Somit muß bei einer Erhöhung des Selectivity-Maßes auch ein Steigen des Timing-Maßes zu beobachten sein.

Im Gegensatz dazu weisen die Korrelationen zwischen den Alphas und den jeweiligen Gammas bei beiden Ansätzen in Kategorie Z stark negative Korrelationen auf. Die Zusammenhänge sind aus dem theoretischen Hintergrund der Maße nicht erklärbar. Die Simulationsergebnisse zeigen aber, daß derartige negative Korrelationen nicht etwa auf "perverses" Timingverhalten der Manager zurückzuführen sind, wie in einigen Studien diskutiert wird.[155]

Wie die Ergebnisse weiterhin belegen, sind die ermittelten Korrelationskoeffizienten bei der Anwendung des Modells von C/K in jeder der betrachteten Kategorien ökonomisch erklärbar. Die in Kategorie T und Kategorie T/S ermittelten hohen Korrelationen zwischen dem C/K-Alpha und dem entsprechenden C/K-Gamma waren zu erwarten, da ersteres die Gesamtperformance mißt. Somit sollte das C/K-Alpha im Falle positiver Timingfähigkeiten und den damit einhergehenden ansteigenden Gammawerten ebenfalls anwachsen. Korrekt ist auch die Unkorreliertheit der Maße in Kategorie S, da die Selektionsfähigkeiten, die in dieser Kategorie einzig den Wert des Alphas bestimmen, in keiner Beziehung zum Timingkoeffizienten stehen sollten. Das gilt auch für die in Kategorie Z ermittelten Ergebnisse. Wie zu sehen, liegt die Korrelation zwischen den Maßen bei Null. Zwar kann eine schwach positive, signifikante Korrelation in Periode 86/91 bei der Verwendung des DAFOX nicht abgelehnt werden. Die Ergebnisse des in der Periode 86/91 geeigneteren GG-Index zeigen jedoch keine signifikant von Null verschiedene Performance mehr an, wenn man ein Signifikanzniveau von 5% zugrundelegt.

Während die Korrelationen zwischen den Maßen vor allem statistischer Natur sind, muß das Vorherrschen der negativen Werte für die Timingkoeffizienten, die selbst bei den

---

[154] Dies kann im übrigen auch der Grund dafür sein, daß das T/M-Total-Maß trotz des zu seiner Berechnung erforderlichen, negativ verzerrten T/M-γ und des entsprechend nach oben verzerrten T/M-Alphas ähnliche Werte ermittelt wie die anderen Totalmaße.

[155] Vgl. z. B. **Zimmermann/Zogg-Wetter** (1992 b), S. 150; **Connor/Korajczyk** (1991), S. 16, und zu weiteren möglichen Erklärungsansätzen **Henriksson** (1984), S. 95 ff.

Zufallsportfolios zu beobachten sind, auf anderen Ursachen beruhen.[156] Neben Meßfehlern erscheint insbesondere die Möglichkeit unechten Timings als Erklärung wahrscheinlich.[157] Im Fall der hier vorliegenden Simulationen kann künstliches Timing nur dadurch entstehen, daß die in den Portfolios enthaltenen Wertpapiere Nichtlinearitäten in ihren Betafaktoren aufweisen, die z. B. durch eine hohe, mit Ausfallrisiken behaftete Verschuldung der Unternehmen bedingt sein können.[158]

Die Relevanz dieses Erklärungsansatzes ist Gegenstand der folgenden Untersuchungen. Das Ziel besteht darin, zu prüfen, ob eine unterschiedliche Verschuldung von zu beurteilenden Portfolios und der verwendeten Benchmark Auswirkungen auf die Timingkoeffizienten hat. Dazu wird das Verhalten des H/M-Maßes mit Hilfe verschiedener Performance-Indizes untersucht, die ausnahmslos als passive Portfolios zu charakterisieren sind. Wie bereits an anderen Stellen der Arbeit deutlich wurde, repräsentieren die verschiedenen Indizes jedoch aufgrund ihrer Gewichtung oder aber wegen der in ihnen erfaßten Aktientitel in unterschiedlicher Weise die Renditeentwicklung kleinerer Unternehmen.[159]

Die Indizes fungieren dabei zum einen als Portfolios und zum anderen als Benchmarkportfolios. Da sie außerdem als passive Portfolios ohne jegliche private Informationen einzustufen sind, dürften keinerlei signifikante Selektions- oder Timingfähigkeiten angezeigt werden. Angesichts künstlichen Timings ist allerdings zu erwarten, daß die Timingkoeffizienten (signifikant) positive Werte annehmen, wenn als Benchmark ein lediglich große Werte umfassender Index eingesetzt wird und als Portfolio ein Index verwendet wird, der eher die Renditeentwicklung kleiner Unternehmen repräsentiert. Bei

---

[156] *Bühler* ermittelt dagegen eine ausgeglichene Anzahl von positiven wie negativen Timingkoeffizienten sowohl für beim T/M- als auch beim H/M-Ansatz; vgl. **Bühler** (1993), S. 25. Seine simulierten Renditen stellen jedoch letztlich eine Funktion des Benchmarkportfolios dar, weil sie nicht über reale Portfolios ermittelt werden, sondern mit Hilfe der vorgegebenen Betafaktoren und Störterme über das Marktmodell. Der im Rahmen des Marktmodells benutzte Index ist dabei mit jenem identisch, der auch bei der Schätzung der Maße verwendet wird. Dies deutet bereits an, daß die negative Verzerrung der Timingkoeffizienten auf Beziehungen zurückzuführen sein werden, die zwischen den Portfoliorenditen und denen des Benchmarkportfolios bestehen.

[157] Als weitere Gründe kommen eine Mißspezifikation des Marktportfolios oder das Fehlen weiterer, die Renditen erklärender Faktoren in Betracht. Diesen Gesichtspunkt untersucht **Henriksson** (1984), S. 87, indem er die H/M-Regressionsgleichung um einen Fondsfaktor als Regressor erweitert, der die um Marktrenditen bereinigten Fondsrenditen wiedergibt und dazu dient, den in der H/M-Gleichung möglicherweise fehlenden, die Fondsrenditen in ihrer Gesamtheit aber determinierenden Faktoren Rechnung zu tragen. Der entsprechende Regressionskoeffizient ist zwar signifikant von Null verschieden und erklärt somit einen Teil der Fondsrendite. Die negative Korrelation zwischen dem H/M-Alpha und den Timingkoeffizienten bleibt jedoch bestehen. *Henriksson* sieht darin eine tendenzielle Bestätigung der Mißspezifikation des Marktportfolios oder des Fehlens eines relevanten Faktors im Renditegenerierungsprozeß. Darüber hinaus deutet er an, daß auch gleichgerichtete Strategien der Fondsmanager, das sogenannte Herding, eine Erklärung für die Signifikanz des Fondsfaktors sein könnte, vgl. **Henriksson** (1984), S. 88.

[158] Da in den Simulationen weder Optionsgeschäfte noch dynamische Handelsstrategien simuliert wurden, scheiden sie als Erklärungsansätze aus, vgl. dazu **Kapitel** C. II. 1. c. aa., S. 106 f.

[159] Vgl. **Kapitel** D. II. 3. d. aa., S. 223 ff.

dieser Konstellation müßten positive Timingkoeffizienten und negative Alphas zu beobachten sein, wenn davon ausgegangen werden kann, daß kleine Unternehmen höhere Verschuldungsgrade aufweisen als große.[160] Der das Portfolio repräsentierende Index ist in diesem Fall durch einen tendenziell höheren durchschnittlichen Verschuldungsgrad gekennzeichnet.[161] Als Indizes kommen dabei z. B. wertgewichtete Indizes als Benchmarks und gleichgewichtete Indizes oder spezielle Kleinfirmenindizes als Portfolios in Frage, da sie die Renditen kleiner Unternehmen unterschiedlich erfassen. Entsprechend sind eher negative Werte für die Timingkoeffizienten zu erwarten, wenn diese Indizes bezüglich ihrer Rolle als Benchmark und Portfolio vertauscht werden.

Um lediglich den Effekt der optionsähnliche Renditemuster aufweisenden Wertpapiere auf die Koeffizienten darstellen zu können, wird die H/M-Regression um eine zusätzliche Dummy-Variable erweitert, die den in einigen empirischen Untersuchungen beobachteten Januar-Effekt isolieren soll.[162] Diese saisonale Renditeanomalie ist insbesondere auf dem amerikanischen Markt nachgewiesen worden und in der hier vorliegenden Untersuchung deshalb von Bedeutung, weil sie vor allem für kleinere Firmen relevant zu sein scheint.[163] Damit wird vermieden, daß das H/M-Alpha möglicherweise sowohl die aus diesem Effekt resultierende Performance als auch die nur auf künstliches Timing zurückzuführende Rendite widerspiegelt.

Die Schätzung der H/M-Koeffizienten erfolgt daher auf der Grundlage der bereits bekannten Regression zur Implementierung des H/M-Ansatzes, wobei eine zusätzlich eingefügte Dummy-Variable jeweils im Januar den den Wert 1 und in den übrigen Monaten den Wert Null annimmt. Daraus ergibt sich die Schätzgleichung

(D.20) $\qquad r_{Pt} = \alpha_P + \beta_{1P}\, r_{Et} + \beta_{2P}\, D_t\, r_{Et} + \Omega\, D_t^* + \varepsilon_{Pt}.$

Die Tabelle D.25 zeigt einen Ausschnitt der Ergebnisse dieser Untersuchungen.

---

[160]   Dabei muß unterstellt werden, daß mit einer höheren Verschuldung auch ein größeres Ausfallrisiko einhergeht.

[161]   Zu empirischen Belegen, die diese Annahme stützen, vgl. **Beiker** (1993), S. 386 ff.

[162]   Vgl. zu dieser Vorgehensweise auch **Jagannathan/Korajczyk** (1986), S. 225.

[163]   Vgl. zum Januar-Effekt **Keim** (1983) sowie für den deutschen Markt **Schnittke** (1988), S. 149 ff. Einen guten Überblick über den Zusammenhang zwischen dem Januar-Effekt und dem Kleinfirmeneffekt sowie möglichen Erklärungsansätzen gibt **Beiker** (1993), S. 32 ff. Ein empirischer Nachweis der Beziehung zwischen Kleinfirmen- und Januar-Effekt für den deutschen Markt erfolgt bei **Stehle** (1991), S. 26 f. Mit der obigen Vorgehensweise bleibt die Kritik an der Identifizierung von Anomalien unberührt; vgl. die kritischen Anmerkungen zur Identifikation von Kalender- bzw. Kapitalmarktanomalien bei **Krämer/Runde** (1993) S. 92 ff. sowie die Ausführungen in **Kapitel B. III. 2. c. bb.**, S. 68 ff.

Tab. D.25: **Regressionen nach dem H/M-Ansatz unter Einsatz verschiedener Indizes als Portfolios und Benchmarks bei Berücksichtigung des Januar-Effektes**

Zeit	$\alpha \cdot 10^3$	$t(\alpha)$	β_1	$t(\beta_1)$	β_2	$t(\beta_2)$	$\delta \cdot 10^3$	$t(\delta)$
H/M-Regression des DAX gegen den GG-Index								
74/79	-5,499	-3,870	1,179	23,38	0,144	1,291	0,359	0,789
80/85	-0,545	-0,259	0,973	18,01	-0,175	-1,773	-1,662	-0,380
86/91	-1,495	-0,387	1,062	21,20	0,063	1,057	1,158	0,137
74/91	-3,389	-3,448	1,071	37,54	0,060	1,332	2,930	0,794
H/M-Regression des GG-Index gegen DAX								
74/79	1,044	0,310	0,832	8,34	0,010	0,051	0,269	-0,041
80/85	1,895	0,795	0,652	10,31	-0,110	-0,730	5,835	0,857
86/91	6,810	2,198	0,682	8,71	-0,117	-1,227	5,384	0,310
74/91	3,062	1,927	0,707	16,58	-0,073	-1,025	5,607	0,948
H/M-Regression des DAFOX gegen den GG-Index								
74/79	3,008	1,302	0,776	7,24	-0,331	-1,896	3,260	0,383
80/85	4,369	0,143	1,101	10,66	-0,231	-1,248	-9,275	-1,261
86/91	-0,247	-0,070	1,010	8,86	-0,243	-1,751	-9,718	-0,509
74/91	2,920	1,691	0,968	15,97	-0,293	-3,191	-7,535	-1,114
H/M-Regression des GG-Index gegen den DAFOX								
74/79	1,044	0,310	0,832	8,34	0,010	0,051	0,269	0,041
80/85	1,895	0,795	0,652	10,31	-0,110	-0,730	5,835	0,935
86/91	6,810	2,198	0,682	8,71	-0,117	-1,227	5,384	0,310
74/91	3,062	1,927	0,707	16,58	-0,073	-1,025	5,607	-0,948
H/M-Regression DAFOX BC gegen DAFOX SC								
74/79	5,009	1,066	0,658	3,875	-0,319	-0,937	-4,881	-0,322
80/85	-1,077	-0,238	0,949	8,344	0,045	0,171	-11,40	-2,106
86/91	9,864	2,115	0,696	5,492	-0,430	-2,094	4,005	0,338
74/91	4,825	1,969	0,785	11,04	-0,264	-2,094	-4,345	-0,598
H/M-Regression DAFOX SC gegen DAFOX BC								
74/79	-1,115	-0,316	0,614	4,688	-0,028	-0,139	20,36	1,046
80/85	3,009	0,637	0,752	7,481	0,067	0,292	10,92	1,819
86/91	3,697	0,749	0,700	6,068	-0,188	-1,303	-10,89	-0,820
74/91	3,161	1,285	0,702	11,20	-0,144	-1,326	3,163	0,392

t-Werte nach Heteroskedastizitätskorrektur (*White*)

Wie erkennbar, sind die H/M-Alphas bei der Regression des DAX gegen den GG-Index durchweg negativ und die Timingkoeffizienten nehmen mit Ausnahme der Periode 80/85 positive Werte an. Demgegenüber sind die Timingkoeffizienten mit Ausnahme der Periode 74/79 negativ und die Alphas positiv, wenn der GG-Index als Portfolio fungiert. Sämtliche Timingkoeffizienten sind nicht signifikant von Null verschieden. Diese Resultate widersprechen der aufgestellten These, nach der gerade gegenteilige Ergebnisse zu erwarten gewesen wären. Entweder sind daher die oben angestellten Überlegungen mit den hier vorliegenden Indizes nicht identifizierbar, entgegen den

theoretischen Überlegungen nicht vorhanden oder werden durch andere Effekte über-
deckt.[164] Die Einbeziehung der Dummy-Variable zur Berücksichtigung des Januar-Effekts führt zu denselben Schlußfolgerungen wie die Ergebnisse, die ohne ihre Beachtung erzielt werden.

Immerhin deuten die Resultate bei der Verwendung des DAFOX und des GG-Index,
deren einziger Unterschied die Gewichtung der in ihnen enthaltenen Wertpapiere darstellt, zumindest darauf hin, daß die Timingkoeffizienten bei der Regression des
DAFOX gegen den GG-Index negativere Werte annehmen als die entsprechend umgekehrte Regression. Das gilt auch für die entsprechenden t-Werte.[165]

Diese Beobachtung wird bestätigt, wenn als Portfolio und Benchmark der DAFOX BC
und der DAFOX SC verwendet werden, wodurch allein auf das Rebalancing zurückzuführende Verzerrungen der Ergebnisse ausgeschlossen sind. Diesem Vorteil steht allerdings der Nachteil gegenüber, daß der Small-Cap-Index eher die Renditeentwicklung
mittlerer Unternehmen repräsentiert. Entsprechend den theoretischen Überlegungen ist
bei diesen Indizes neben den positiveren Timingkoeffizienten bei der Regression des
Small-Cap-Index gegen den Blue-Chip-Index, mit Ausnahme der Periode 80/85, auch
eine tendenzielle Abnahme der Alphas zu beobachten. Entsprechend verhalten sich auch
die t-Werte, die für die Timingkoeffizienten bei Einsatz des DAFOX BC in zwei Fällen
signifikant negative Werte annehmen. Wenngleich die Vorzeichen auch in diesem Fall
nicht mit obiger These zu vereinbaren sind, so deutet ihr unterschiedliches Niveau darauf hin, daß zumindest ein Teil der beim H/M-Maß bedingten Verzerrungen auf optionsähnliche Rendite-Effekte zurückzuführen ist.

Da Verzerrungen allein durch das mit der Indexgewichtung unterstellte Rebalancing zu
erwarten sind, wird den Ergebnissen, die auf der Grundlage des DAFOX SC und
DAFOC BC erzielt werden, ein größerer Stellenwert beigemessen als jenen unter Verwendung des GG-Index. Sie bestätigen die Relevanz optionsähnlicher Renditemuster.
Damit wird die Bedeutung des daraus resultierenden künstlichen Timings unterstrichen.[166]

---

[164] Zu den Verzerrungen, die bezüglich gleich- und kapitalisierungsgewichteter Indizes allein aufgrund der unterschiedlichen Annahmen über das Rebalancing entstehen, vgl. **Zivney/Thompson**
(1989), S. 295 ff.

[165] Eindeutigere Ergebnisse finden sich bei **Jagannathan/Korajczyk** (1986), S. 227, die ihre Analysen ebenfalls mit einem gleichgewichteten und einem äquivalenten, aber kapitalisierungsgewichteten Index durchführen. Allerdings sind ihre Untersuchungsperioden länger und enden sie bereits 1981.

[166] Die Resultate werden durch andere empirische Untersuchungen, in denen ebenfalls Indizes jeweils als Portfolios oder Benchmarks eingesetzt werden, gestützt. So mußte trotz des passiven
Charakters der bei *Jagannathan/Korajczyk* eingesetzten gleich- und kapitalisierungsgewichteten
Indizes die Hypothese, daß kein Timing oder Selectivity vorliegt, signifikant abgelehnt werden,
vgl. **Jagannathan/Korajczyk** (1986), S. 225 ff. Deren eindeutige Ergebnisse sind allerdings wegen der oben erwähnten Verzerrungen aufgrund unterschiedlicher Rebalancing-Annahmen zu relativieren. Dagegen entsprechen die Resultate von *Zimmermann/Zogg-Wetter*, die kapitalisie-

Schließlich soll der Frage nachgegangen werden, ob ein Zusammenhang zwischen einzelnen Maßen derart besteht, daß möglicherweise durch die kombinierte Anwendung verschiedener Ansätze eine Optimierung der Performance-Messung erfolgen kann. Dabei sollen die Beziehungen zwischen den Maßen offengelegt werden, die als beste Verfahren identifiziert werden konnten. Grundsätzlich müßten sich Maße, die allein die Selektivität messen, nur bei positiven Timingaktivitäten von denen unterscheiden, welche die Gesamtperformance messen. Daher erscheint ein Vergleich der Differenz der Gesamt- und Selectivity-Performance mit derjenigen, die allein aus Timingfähigkeiten resultiert, aufschlußreich.

In Abbildung D.41 sind beispielhaft der mit dem T/M-Timing-Maß ermittelten Performance die Ergebnisse des C/K-Maßes gegenübergestellt. Ferner ist die Differenz zwischen dem C/K-Maß und Jensens-Alpha abgebildet.

Abb. D.41: **C/K-Maß, T/M-Timing-Maß und Differenz von C/K-Maß und Jensens Alpha im Vergleich; Zeitraum 80/85; Index: DAFOX; Kategorie: T**

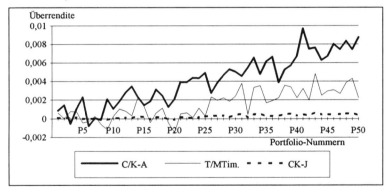

Aus der Abbildung wird zweierlei deutlich: Zum einen ist die gleichläufige Entwicklung der mit dem T/M-Timing-Maß ermittelten Performance und jener, die sich mit dem C/K-Maß ergibt, zu erkennen. Dies läßt die Schlußfolgerung zu, daß das Total-Maß tatsächlich die Timingfähigkeiten zu erfassen in der Lage ist, wobei das Niveau der geschätzten Performance deutlich höher ist als jene des T/M-Timing-Maßes.[167] Zum ande-

---

rungsgewichtete Performance-Indizes gegeneinander regressieren, z. T. den hier ermittelten. Vgl. z. B. die mit dem SBC 100 und dem wesentlich mehr kleinere Werte umfassenden Pictet & Cie- (PIC) Index erzielten Ergebnisse bei **Zimmermann/Zogg-Wetter** (1992 a), S. 82. *Zimmermann/ Zogg-Wetter* gehen allerdings nicht auf die hier diskutierten Ursachen ein und ihre Untersuchungsperiode umfaßt lediglich einen vergleichsweise kurzen Zeitraum.

[167] Dies läßt sich aus der negativen Verzerrung des T/M-γ erklären, dessen Multiplikation mit der Varianz der Marktrendite das die Performance messende T/M-Timingmaß ergibt.

ren wird durch den Verlauf der Performance, die sich nach der Subtraktion des Jensen-Maßes von dem C/K-Maß ergibt, unterstrichen, daß das Jensen-Maß nahezu die gesamte Timing-Performance auffängt, so daß es eher den Charakter eines Gesamtperformance-Maßes als den eines Selectivity-Maßes besitzt. Dieselben Tendenzen ergeben sich, wenn für das C/K-Maß das PW-Maß verwendet wird.

Eine ähnliches Bild ergibt sich beim Vergleich des H/M-Alphas mit dem C/K-Maß für den Fall ausschließlicher Selektionsinformationen. Die mit beiden Maßen erzielten Ergebnisse verlaufen sehr ähnlich, wie in Abbildung D.42 zu erkennen ist.

Abb. D.42: **C/K-Maß, H/M-Alpha und T/M-Timing-Maß im Vergleich; Zeitraum 80/85; Index: DAFOX; Kategorie: S**

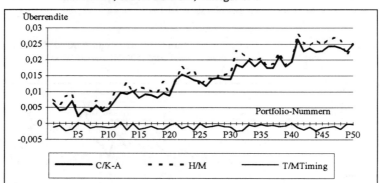

Allerdings weisen die Werte des H/M-Alphas fast durchgängig ein etwas höheres Niveau auf. Auffällig ist, daß die bereits erwähnte, negative Verzerrung des T/M-Timing-Maßes sich in etwa entsprechend der Differenz zwischen dem Selectivity- und dem Gesamtperformance-Maß entwickelt. Dies kann bedeuten, daß auch die Gesamtperformance-Maße eine Verzerrung aufweisen. Wahrscheinlicher aber ist, daß das H/M-Alpha wegen der negativen Korrelation aufgrund unechten Timings zu hoch ausgewiesen wird.[168]

Abbildung D.43 schließlich veranschaulicht den Verlauf der durch das C/K-Maß und das H/M-Alpha ermittelten Performance, wenn sowohl Timing- als auch Selektionsinformationen vorliegen.

---

[168] Gerade die umgekehrte Verzerrung ist deshalb bei dem T/M-Timing-Maß zu beobachten, da auch das T/M-γ mit der Problematik künstlichen Timings behaftet ist.

Abb. D.43: C/K-Maß, H/M-Alpha und T/M-Timing-Maß im Vergleich; Zeitraum 80/85; Index: DAFOX; Kategorie: T/S

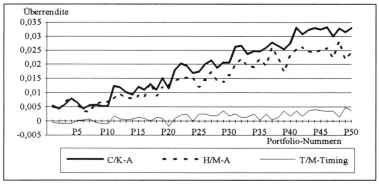

Unverkennbar ist die Differenz zwischen dem Total-Maß und dem Selectivity-Maß, die aus dem Timingerfolg resultiert. Während die Unterschiede in der Performance ab Portfoliogruppe 2 mit Ausnahme von Portfolio 19 im Durchschnitt in etwa den Anforderungen an robuste Performance-Maße entsprechen, kann die in Portfoliogruppe 1 identifizierte Performance nicht überzeugen, da keine Differenzierung der auf Timing und Selectivity beruhenden Performance möglich ist. Bei Vorliegen einer auf unterschiedlichen privaten Informationen beruhenden, nur geringen Performance muß daher davon ausgegangen werden, daß ihre eindeutige Unterscheidung beim praktischen Einsatz der Maße kaum möglich ist.

In den Abbildungen D.44 und D.45 sind die obigen Beobachtungen für beide Untersuchungsperioden veranschaulicht, indem direkt die Performance abgetragen ist, die sich nach Subtraktion des C/K-Maßes von dem H/M-Alpha und von dem Jensen-Maß ergibt. Obwohl von einer Verzerrung des mit dem H/M-Alpha geschätzten Selectivity-Beitrages auszugehen ist, wird deutlich, daß die Timing-Performance mit Ausnahme der Portfoliogruppe 1 angezeigt wird. Dies gilt insbesondere in der Periode 86/91, in welcher der Timingbeitrag besonders hoch ausfällt. Gleichzeitig wird auch hier bestätigt, daß das Jensen-Maß beide Komponenten der Performance erfaßt. Deshalb verläuft die mit dem C/K-Maß ermittelte Performance nach Subtraktion der mit dem Jensen-Maß geschätzten nahe bei Null.

Abb. D.44: Differenz zwischen dem C/K-Maß und dem H/M-Alpha sowie die Differenz zwischen dem C/K-Maß und Jensens Alpha im Vergleich zum T/M-Timing-Maß; Zeitraum 80/85; Index: DAFOX; Kategorie: T/S

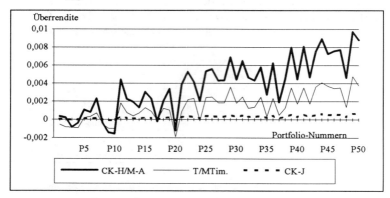

Abb. D.45: Differenz zwischen dem C/K-Maß und dem H/M-Alpha sowie die Differenz zwischen dem C/K-Maß und Jensens Alpha im Vergleich zum T/M-Timing-Maß; Zeitraum 86/91; Index: DAFOX; Kategorie: T/S

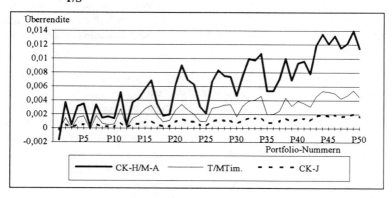

Der enge Zusammenhang sowohl der Differenz des C/K-Maßes und des H/M-Alphas als auch der Differenz des C/K-Maßes und Jensens Alpha mit jenen Werten, die durch das T/M-Timing-Maß ermittelt werden, wird durch die hohen Korrelationskoeffizienten zwischen den jeweiligen Unterschiedsbeträgen und der mit dem T/M-Timing-Maß geschätzten Performance deutlich.[169] Es muß demnach davon ausgegangen werden, daß sich der Unterschied zwischen diesen Maßen tatsächlich durch Timingaktivitäten erklären läßt. Dies gilt auch für die Differenz, die nach Subtraktion des Jensen-Alphas von

---

[169] Vgl. die Tabellen T-D.31 und T-D.32 in Anhang T.

den Totalmaßen verbleibt, das bereits selbst den überwiegenden Teil der Timing-Performance auffängt.

Aufgrund dieser Beobachtungen relativiert sich die Bedeutung, welche der Art der Gewichtsbestimmung bei der Implementierung des P/W-Maßes zukommt. Die den Investoren dabei zugrunde gelegte Nutzenfunktion hat den Ergebnissen zufolge keine besondere Relevanz.[170]

dd. Zusammenfassung der Ergebnisse

In den vorangehenden Abschnitten wurde deutlich, daß die Ergebnisse von Verfahren, die dieselben Performance-Determinanten messen, z. T. große Übereinstimmungen aufweisen. Nach den eingangs formulierten Anforderungen an ein Performance-Maß scheint das H/M-Alpha unter den Selectivity-Maßen sowohl zur Bestimmung des Selektionsbeitrages als auch zum Ranking desselben am besten geeignet zu sein. Dies gilt allerdings nur unter den im Rahmen der Simulation gemachten Annahmen über das Timingverhalten der Manager. Die anderen Ansätze, wie das Jensen-Maß und in etwas geringerem Umfang die Sharpe-Ratio, sind im Falle von Timingaktivitäten verzerrt und fangen einen Teil der darauf beruhenden Performance auf. Jensens Alpha hat dabei eher den Charakter eines die Gesamtperformance ermittelnden Maßes als den eines reinen Selectivity-Maßes, sofern die Voraussetzungen dafür vorliegen, daß negative Verzerrungen bei erfolgreichen Timingfähigkeiten ausgeschlossen sind.

Die Timing-Maße weisen eine systematische, negative Verzerrung auf und zeigen vorliegende Timingfähigkeiten daher erst ab einem vergleichsweise hohen Niveau, d. h. bei einem relativ aggressiven Timingverhalten der Manager, signifikant an. Die negative Verzerrung kann z. T. durch den Charakter der Benchmark im Vergleich zu jenem des untersuchten Portfolios erklärt werden, der das Ausmaß künstlichen Timings tendenziell beeinflußt. Zwischen den Selectivity-Maßen und den entsprechenden Timingkoeffizienten der H/M- und T/M-Ansätze bestehen Korrelationen, die auf statistische Ursachen zurückzuführen sind.

Insgesamt ist festzuhalten, daß die Maße, mit denen eine Schätzung der Gesamtperformance erfolgt, tendenziell die größte Robustheit unter den hier untersuchten Verfahren aufweisen. Innerhalb dieser Verfahren besticht insbesondere der C/K-Ansatz.[171] Aller-

---

[170] Dies kann mit der zumindest annähernden Normalverteilung der Renditen begründet werden, bei der sowohl eine quadratische als auch eine Potentialnutzenfunktion, die in dieser Arbeit bei der Bestimmung der Gewichte zugrunde gelegt wurde, zu identischen Schlußfolgerungen führen.

[171] Dabei weist dieses Maß den zusätzlichen Vorteil auf, von dem Manager nicht manipulierbar zu sein. Optionsähnliche Renditemuster, die nicht auf Timinginformationen, sondern aus dynamischer Handelsstrategien oder durch den Kauf von Optionen herrühren, werden durch dieses Maß erfaßt und somit nicht als Timinginformation gewertet. Demgegenüber ist z. B. das H/M-Maß gegenüber derartigem "künstlichen" Timing nicht immun, vgl. **Bühler** (1994), S. 31.

dings sind die Unterschiede zu den beiden anderen hier getesteten Verfahren, dem T/M-Total- und dem PW-Maß, vergleichsweise gering.

Die Frage nach einer geeigneten Benchmark ist stark abhängig von der Untersuchungsperiode. Während die Wahl des Index für die Portfolios in der Periode 80/85 keine Rolle spielt, ergeben sich in Periode 86/91 abhängig vom Index für alle Maße differierende Ergebnisse. Entscheidend ist dabei die Gewichtung des Index im Vergleich zur Gewichtung der zu beurteilenden Portfolios. Die Benchmarkwahl scheint dabei eher für die Identifikation der Performance, nicht jedoch für ein Ranking relevant zu sein.

4. Konsequenzen für die Performance-Analyse der Investmentfonds

Die bisher angestellten Analysen führen zu nachstehenden Schlußfolgerungen bezüglich der Auswahl der Verfahren, die im Rahmen der folgenden Untersuchungen zur Performance-Analyse der Investmentfonds eingesetzt werden:

Obwohl sowohl die Sharpe-Ratio und das Jensen-Maß als auch die anderen traditionellen Ansätze fast identische Ergebnisse bezüglich der Performance der Portfolios liefern, sollen alle vier Maße zur Performance-Analyse der Investmentfonds herangezogen werden. Der Grund für die Übereinstimmung der Ergebnisse ist die breite Diversifikation der Portfolios. Bei Untersuchungen der Fonds kann jedoch nicht unterstellt werden, daß diese einen identischen Diversifikationsgrad aufweisen, wenngleich von einer breiten Streuung der Sondervermögen auszugehen ist. Außerdem werden die Maße auch deshalb parallel eingesetzt, weil sie als bekannteste Maße gelten und weil in den bisherigen Untersuchungen deutscher Fonds weder der DAFOX als am besten geeignete Benchmark eingesetzt wurde, noch eine Berücksichtigung des für die Sharpe-Ratio entwickkelten Signifikanztests erfolgte. Insofern dienen diese Maße zur Ergänzung bzw. gegebenenfalls zur Relativierung bisheriger Untersuchungen.

Obgleich mit den Timing-Maßen lediglich bei Vorliegen relativ aggressiven Timings private Informationen signifikant identifiziert werden können, sollen sie ebenfalls eingesetzt werden. Dies erscheint deshalb wichtig, weil die Gesamtperformance-Maße eine Trennung in den auf Selektions- und Timingfähigkeiten beruhenden Erfolg einerseits nicht zulassen, andererseits ein einwandfreies Ranking jedoch nur auf der Grundlage der Selektions-Performance erfolgen kann. Dabei legen es die Ergebnisse nahe, positive Werte der Timingkoeffizienten, auch wenn sie vergleichsweise gering sind, zumindest tendenziell als Timingfähigkeiten zu interpretieren.

Zusätzlich ist ein Test über das Vorliegen von Timingfähigkeiten mit Hilfe des Rückgriffs auf Daten aus den Rechenschafts- und Zwischenberichten sinnvoll, weil auch eine Mißspezifikation der auf den parametrischen Tests basierenden Verfahren zur Messung von Timingfähigkeiten nicht ausgeschlossen werden kann. Dies rechtfertigt die Verwendung der nichtparametrischen Ansätze von *Henriksson/Merton.* und *Cumby/Modest.* Aufschlußreich können darüber hinaus Analysen über die Veränderungen der Liquiditätsposition und des Rentenanteils der Sondervermögen in Abhängigkeit der Marktentwicklung sein. Sie geben möglicherweise Anhaltspunkte auf die Aggressivität der Manager und erlauben somit eine Fundierung der mit den Maßen ermittelten Ergebnisse.

Auch die Gesamtperformance-Maße sollen ohne Ausnahme eingesetzt werden. Zwar unterscheiden sich die mit ihnen ermittelten Ergebnisse nur marginal. Allerdings sind mit den verschiedenen Ansätzen auch unterschiedliche Annahmen über die Nutzenfunktionen der Investoren verbunden. Darüber hinaus beruhen die Simulationsergebnisse auf bestimmten Prämissen über das Verhalten der Manager, sowohl was den Prozeß bei der Portfoliozusammenstellung als auch die Timinginformationen und ihre Umsetzung angeht. Es ist zu vermuten, daß in der Praxis eine weit größere Vielfalt an Verhaltensmustern anzutreffen ist, so daß aus der Anwendung verschiedener Maße möglicherweise unterschiedliche Schlußfolgerungen resultieren.

Die Diskussion über den Risikobegriff generell läßt es darüber hinaus ratsam erscheinen, auch Maße einzusetzen, die lediglich negative Abweichungen von der Zielrendite als Risiko definieren oder zusätzlich zu den ersten beiden Momenten der Renditewahrscheinlichkeitsverteilung auch die Schiefe berücksichtigen. Grundsätzlich sind angesichts der Simulationsergebnisse keine Unterschiede zu den mit anderen Maßen erzielten Resultaten zu erwarten. Allerdings sind insbesondere in der Periode 86/91 Differenzen in den Ergebnissen deshalb nicht auszuschließen, weil einige der Fonds zum Teil extrem negative Schiefekoeffizienten aufweisen, deren Niveau in den Simulationen nicht erreicht wurde. Daher werden die Lower Partial Moments und die Kriterien der stochastischen Dominanz eingesetzt. Daraus sollten auch Rückschlüsse für die Relevanz solcher mit einem größeren Berechnungsaufwand verbundenen Ansätze möglich sein.

Die Frage nach der geeigneten Benchmark für die Fonds wurde bereits an anderer Stelle erörtert. Letztlich ist in der Simulationsstudie deutlich geworden, daß nur eine dem zu beurteilenden Portfolio äquivalent gewichtete Benchmark die Robustheit der Maße gewährleistet. Daher werden im Rahmen der Fondsuntersuchungen lediglich wertgewichtete Performance-Indizes eingesetzt. Dies gilt auch für die zur Beurteilung der Risikostruktur der Fonds sowie zur Identifikation ihrer Asset Allocation eingesetzten Indizes.

Insgesamt erscheint eine Performance-Analyse der Investmentfonds unter Beachtung der Simulationsergebnisse wesentlich aussagekräftiger als eine Interpretation der Resultate allein vor dem theoretischen Hintergrund der eingesetzten Verfahren.

IV. Analyse des Anlageerfolges von Investmentfonds

Die Darstellung der empirischen Ergebnisse orientiert sich weitgehend am Aufbau des theoretischenTeils der Arbeit. Dabei macht der Umfang der Untersuchungen eine sehr komprimierte Darstellung der Resultate erforderlich, die im Einzelfall durch gesonderte Analysen ergänzt wird. Mit dem DAFOX, DAFOX BC und dem DAX werden drei verschiedene wertgewichtete Performance-Indizes eingesetzt, um die Sensitivität der Ergebnisse von der Wahl des Benchmarkportfolios abschätzen zu können. Dabei wird den Untersuchungen, die mit dem DAFOX durchgeführt werden, die größte Aussagekraft beigemessen.

1. Die Identifikation von Selektions- und Timingfähigkeiten der Manager

a. Performance-Messung mit Hilfe auf dem μ/σ-Prinzip basierender Ansätze

aa. Traditionelle Maße unter alleiniger Berücksichtigung der Selektivität

(1) Resultate beim Einsatz der Sharpe-Ratio

Nur in den seltensten Fällen liegt eine signifikant höhere Sharpe-Ratio der Fonds im Vergleich zum DAFOX vor. Vielmehr ist vor allem in der Hausseperiode 80/85 eine gegenüber diesem Index schlechtere Performance der Fonds zu beobachten. In immerhin 50 % der Fälle ist die Differenz zwischen der Sharpe-Ratio der Fonds und dem DAFOX signifikant von Null verschieden, wenn man ein Signifikanzniveau von 10% zugrunde legt. Die unbefriedigende Performance der Fonds in dieser Periode könnte darauf zurückzuführen sein, daß sie Rentabilitätseinbußen hinnehmen mußten, weil das Sondervermögen wegen der technischen Liquidität nicht in vollem Umfang in Aktien investiert war und deshalb nicht uneingeschränkt an den starken Kurssteigerungen teilhaben konnte.[1] Dem widersprechen allerdings die Ergebnisse in der Crash-Periode, wo lediglich zwei der Fonds eine signifikant höhere Performance aufweisen als der DAFOX, obwohl sich in diesem Zeitraum eine aufgrund der technischen Liquiditätshaltung unvollständige Investition am Aktienmarkt positiv hätte auswirken müssen.[2] Bei Betrachtung des Gesamtzeitraumes ist darüber hinaus eine auf Selektionsinformationen beruhende Performance der Fondsmanager nicht zu beobachten.

---

[1]   Dagegen sind durch einen möglichen Kleinfirmeneffekt bedingte Verzerrungen in dieser Periode als Erklärungsgrund für die Ergebnisse weitgehend auszuschließen.

[2]   Bei Zugrundelegung eines 5 %-igen Signifikanzniveaus ist in keiner Periode eine gegenüber dem DAFOX signifikant positive Performance auszumachen.

In der Tabelle D.26 sind die Sharpe-Ratios der Fonds sowie die zugehörigen Prüfgrößen für ihren Vergleich mit jenen des DAFOX für alle Perioden dargestellt.[3] Dabei deuten negative z-Werte auf eine größere Sharpe-Ratio des jeweiligen Fonds gegenüber dem betrachteten Index hin und umgekehrt. Eine Statistik der Werte folgt in Tabelle D. 27.

Tab. D. 26: Sharpe-Ratio und Signifikanztest gegenüber DAFOX

Periode	5/74-12/79		1/80-12/85		4/86-12/91		5/74-12/91	
Fonds	Sharpe	z-stat.	Sharpe	z-stat.	Sharpe	z-stat.	Sharpe	z-stat.
R2	0,0309	0,824	0,2120	*1,966	-0,0658	0,262	0,0408	**1,773
R3	0,0384	0,302	0,2005	**1,709	-0,1043	**1,655	0,0260	*2,132
R4	0,0501	-0,104	0,1992	*2,404	-0,0623	0,063	0,0465	1,098
R7	0,0296	0,367	0,3312	-1,109	-0,1236	1,369	0,0590	0,088
R9	0,0616	-0,459	0,1844	**1,930	-0,0361	-1,020	0,0514	0,595
R82	0,0529	-0,238	0,1931	*2,421	-0,0592	-0,101	0,0451	1,394
R120	0,0317	0,773	0,2134	1,488	-0,0375	-1,021	0,0535	0,546
R122	0,0690	-0,588	0,2094	0,647	0,0177	**-1,905	0,0736	-0,402
R126	0,0207	1,136	0,2145	1,300	-0,0460	-0,691	0,0459	1,021
R138	-	-	-	-	-0,0981	1,620	-	-
R139	-	-	-	-	-0,0576	-0,064	-	-
R164	0,0369	0,352	0,2099	**1,803	-0,0430	-0,982	0,0552	0,474
R169	-	-	0,2183	0,886	-0,0853	0,851	-	-
R171	-	-	-	-	-0,1019	1,292	-	-
R201	0,0534	-0,106	0,2680	-0,166	-0,0242	-1,514	0,0956	**-1,663
R310	-0,0383	**1,760	0,1935	**1,639	0,0312	**-1,904	0,0757	-0,521
R322	0,0433	0,166	0,2083	*1,957	-0,0541	-0,330	0,0504	0,835
R325	-	-	0,2855	-0,232	-0,1064	0,670	-	-
R360	-0,0566	**1,733	0,1693	1,381	-0,0682	0,156	0,0047	**1,849
R541	0,0303	0,305	0,2040	1,314	-0,0654	0,226	0,0292	1,605
R680	0,0255	0,257	0,1813	*1,960	-0,0890	1,382	0,0281	1,401
DREN	0,0324	0,276	0,2292	0,602	-0,0684	0,140	0,0458	0,512
DAFOX	0,0474	-	0,2614	-	-0,0609	-	0,0615	-

*   Signifikant auf dem 5 %-Niveau (** = 10 %-Niveau)
DREN   Gleichgewichtetes Portfolio bestehend aus allen im jeweiligen Zeitraum untersuchten Fonds

Tab. D.27:   Statistik der Sharpe-Ratio

Zeiträume	74-79	80-85	86-91	74-91
Durchschnitt	0,0300	0,2164	-0,0609	0,0488
Minimum	-0,0566	0,1693	-0,1236	0,0047
Maximum	0,0690	0,3312	0,0312	0,0956
Standardabweichung	0,0332	0,0398	0,0388	0,0217
Anzahl α_p +/sig.(α = 5%)	5/-	3/-	10/-	3/-
Anzahl α_p -/sig.(α = 10%)	11/-	15/5	11/-	13/1

---

[3]   Der z-Wert der Standardnormalverteilung, der den kritischen Wert für die Prüfgröße darstellt, beträgt bei zweiseitiger Fragestellung und einem Signifikanzniveau von 5 % $z_c = 1,96$, bei einem Signifikanzniveau von 10 % $z_c = 1,64$. Die Nullhypothese wird dann abgelehnt, wenn die standardnormalverteilte Prüfgröße $z_{12} > z_c$ ist.

Im Rahmen der Portfoliountersuchungen hat sich gezeigt, daß die Sharpe-Ratio bei aggressiven Timingfähigkeiten verzerrt ist. Deshalb muß den Ergebnissen zufolge auch davon ausgegangen werden, daß die Manager nicht in der Lage waren, die in den hier gewählten Untersuchungszeiträumen eindeutig abzugrenzenden Marktentwicklungen zu prognostizieren oder zumindest keine entsprechenden Transaktionen getätigt haben. Eine eindeutige Schlußfolgerung bezüglich der Timingfähigkeiten muß allerdings den in den folgenden Abschnitten durchgeführten Analysen vorbehalten bleiben.

Bei einem Signifikanztest der Sharpe-Ratios gegenüber dem DAX werden deutliche Verzerrungen der Ergebnisse in Periode 74/79 zugunsten der Fonds ersichtlich.[4] Sie entstehen dadurch, daß der DAX in diesem Zeitraum durch seine rückwärtige Verknüpfung mit dem Hardy-Index weder wertgewichtet noch als Performance-Index konstruiert ist und belegt die besondere Bedeutung der Konstruktionart der Indizes bezüglich dieser Charakteristika.

Die Ergebnisse unterstreichen außerdem, daß der Einsatz des DAX als Benchmarkportfolio für die breit diversifizierten Fonds auch in den anderen Perioden kaum sinnvoll ist, da er bei einer größeren Standardabweichung eine geringere Rendite aufweist als die DAFOX-Indizes. Dies relativiert bisherige Untersuchungen zur Performance deutscher Fonds, die sowohl in der wissenschaftlichen Literatur[5] als auch in den Medien auf der Basis des DAX angestellt wurden[6] und macht nicht zuletzt auch die für den Privatanleger zum Teil zweifelhafte Werbung solcher Fondsgesellschaften oder ihrer Vertriebsmittler deutlich, welche die Renditeentwicklung des Sondervermögens der des DAX gegenüberstellen.[7]

Darüber hinaus ist unabhängig von der Wahl des Index vor allem auf die Notwendigkeit des Signifikanztests hinzuweisen, der erst Rückschlüsse darüber zuläßt, ob es sich bei den festgestellten Differenzen in den Sharpe-Ratios lediglich um zufällige, oder aber um systematische, auf Informationsvorteilen beruhende Performance-Determinanten handelt. Die Berücksichtigung des Risikos im Rahmen der Performance-Messung setzt sich in Deutschland erst langsam durch und findet i. d. R. in Form der annualisierten Volatilität Eingang in die Fondsbewertung. Gleichwohl erfolgt die auf der Grundlage der Sharpe-Ratio vorgenommene Beurteilung, ob ein Fondsmanager einen Index oder

---

[4]   Vgl. Tabelle T-D.33 im Anhang T.

[5]   Vgl. z. B. die Untersuchung von **Möhlmann** (1993).

[6]   Vgl. z. B. **Rüppel** (1991), S. 4; **Dobberke** (1993), S. 346.

[7]   Derartige Vergleiche sind nur dann zulässig, wenn es sich bei der Gesellschaft um einen auf Blue Chips spezialisierten Fonds handelt. Solche Fonds sehen z. T. eine ausdrückliche Investition ihrer Mittel in DAX-Werte vor, so daß das Spektrum der DAX-Werte zur Konstruktion des relativ μ/σ-effizienten Portfolios für die Identifikation privater Informationen ausreicht.

anderen Fonds risikobereinigt in seiner Rendite übertroffen hat, nach wie vor ausnahmslos ohne einen Hinweis auf die Signifikanz der Ergebnisse.[8]

(2) Klassische Performance-Maße auf der Basis des systematischen Risikos

In der Tabelle D.28 sind zunächst die Ergebnisse der zur Ermittlung des Jensen-Maßes durchgeführten Regressionen zusammengestellt. Die Darstellung beschränkt sich dabei auf den Zeitraum 86/91 mit dem DAFOX als Benchmark.[9]

Tab. D.28: **Jensens Alpha, Zeitraum 4/86-12/91; Referenzindex DAFOX**

Fonds	Alpha	t-stat.	t/W	β	s(β)	R²	s(ε)	DW
R2	-0,0365	-0,298	-0,302	0,965	0,019	0,975	0,01016	2,282
R3	-0,1970	**-1,697	**-1,755	0,647	0,018	0,952	0,00962	2,011
R4	-0,0145	-0,106	-0,108	0,900	0,021	0,955	0,01138	2,104
R7	-0,3854	-1,486	-1,536	0,806	0,039	0,862	0,02149	1,645
R9	0,1335	0,967	1,001	0,836	0,021	0,959	0,01144	1,856
R82	0,0071	0,068	0,069	0,973	0,016	0,982	0,00867	1,599
R120	0,1386	0,973	0,980	0,921	0,022	0,964	0,01181	1,770
R122	0,3867	**1,852	**1,872	0,731	0,032	0,888	0,01731	2,053
R126	0,0876	0,646	0,653	0,931	0,021	0,968	0,01125	1,872
R138	-0,2546	**-1,677	**-1,698	0,983	0,023	0,964	0,01259	2,047
R139	-0,0126	-0,043	-0,043	0,800	0,045	0,827	0,02441	1,728
R164	0,1032	0,942	0,948	0,896	0,017	0,977	0,00908	1,781
R169	-0,0796	-0,911	-0,929	0,445	0,013	0,943	0,00724	2,129
R171	-0,2439	-1,368	-1,372	0,822	0,027	0,932	0,01477	2,193
R201	0,1678	1,449	1,528	0,699	0,018	0,959	0,00961	1,797
R310	0,4532	**1,840	**1,913	0,721	0,037	0,847	0,02042	1,824
R322	0,0349	0,287	0,293	0,886	0,018	0,971	0,01010	1,793
R325	-0,2505	-0,841	-0,956	0,576	0,045	0,708	0,02471	2,599
R360	-0,0671	-0,258	-0,278	0,770	0,039	0,850	0,02156	2,822
R541	-0,0338	-0,265	-0,268	0,942	0,019	0,972	0,01060	1,758
R680	-0,1521	-1,410	-1,414	0,781	0,016	0,971	0,00894	1,798
DREN	-0,0421	-0,475	-0,489	0,778	0,013	0,980	0,00735	2,136

Die Alpha-Werte sind in Prozent auf monatlicher Basis angegeben

*	Statistisch signifikant auf dem 5% Signifikanzniveau (** = 10 %-Niveau)
t-stat.	t-Statistik
t/W	t-Statistik berechnet mit Heteroskedastizitätskorrektur nach White
s (β)	Standardabweichung des geschätzten Betas
s (ε)	Standardabweichung der Störvariablen
DW	Durbin Watson Statistik auf Autokorrelation erster Ordnung in den Residuen; Signifikanzgrenzen bei 5%-Niveau (1,51; 1,57) und (2,43; 2,49)

---

[8] Dies gilt auch für sämtliche empirischen Untersuchungen deutscher Investmentfonds, deren Verfasser zwar im Rahmen der Interpretation der Ergebnisse die Signifikanz/Nichtsignifikanz des Jensen-Alphas herausstellen, einen entsprechenden Hinweis beim Einsatz der Sharpe-Ratio jedoch unterlassen. Vgl. dazu **Kapitel** C. IV. 3. b., S. 200 ff.

[9] Zu den Resultaten in den anderen Zeiträumen vgl. Tabelle T-D.34 im Anhang T.

Das systematische Risiko der Fonds variiert erwartungsgemäß insbesondere zwischen der Gruppe der Aktienfonds einerseits und den gemischten sowie auf besondere Anlagesegmente spezialisierten Fonds andererseits erheblich. Dies gilt auch für die Bestimmtheitsmaße der Regressionen, deren Höhe außerdem stark von der jeweiligen Periode determiniert wird. Die R^2 weisen in der durch den Crash gekennzeichneten Periode 86/91, in der die Volatilität der Renditen sehr groß ist, generell die höchsten Werte auf. Außerdem zeigt sich anhand der R^2, daß die vom Marktvolumen her größeren Fonds dem DAFOX am ähnlichsten sind, was eine Folge des allein aufgrund der gesetzlichen Bestimmungen zwangsläufig hohen Diversifizierungsgrades dieser Gesellschaften ist.

Die Durbin/Watson-Statistik deutet bei nur 2 der Fonds im Zeitraum 80/85 auf positive und in dem oben dokumentierten Zeitraum 86/91 bei ebenfalls 2 Fonds auf negative Autokorrelation erster Ordnung in den Residuen hin. Bei der Anwendung des Verfahrens von *Cochrane/Orcutt* zur Schätzung der Regressionsparameter auf der Basis transformierter Variablen ergeben sich jedoch keine nennenswerten Veränderungen der Parameter.[10]

Nur eine geringe Anzahl der Alphas ist bei Signifikanzniveaus von 5 % und 10 % statistisch signifikant. Die auf der Grundlage des heteroskedastizitäts-konsistenten Kovarianz-Matrix-Schätzers ermittelten t-Werte verändern in lediglich zwei Fällen die Aussagen bezüglich der statistischen Signifikanz der Alphas. Die durchschnittlichen Alpha-Werte sowie die Anzahl positiver/negativer und signifikanter/nichtsignifikanter Werte sind in Tabelle D.29 dokumentiert.

Tab. D.29: Statistik des Jensen-Maßes; Referenzindex: DAFOX

Zeiträume	74-79	80-85	86-91	74-91
J_P Durchschnitt	-0,00039	-0,00091	-0,00010	-0,00044
Minimum	-0,00259	-0,00240	-0,00385	-0,00201
Maximum	0,00063	0,00382	0,00453	0,00134
Std.abweichung	0,00084	0,00169	0,00206	0,00086
Anzahl α_P +/Sig. (5 %-Niveau)	5/-	4/-	9/-	4/-
Anzahl α_P -/sig. (10%-Niveau)	11/-	14/2	12/-	12/1

Die hier nicht im einzelnen wiedergegebenen Ergebnisse, bei denen anstelle des DAFOX andere Indizes als Proxy für den Gesamtmarkt verwendet wurden, zeigen deutlich die erwartete Sensitivität der Ergebnisse bezüglich der Indexwahl. Die Resultate sind in Tabelle D.30 nur für die Regressionen der gleichgewichteten, aus allen Fonds bestehenden Portfolios (DREN) zusammengefaßt.

---

10   Vgl. Tabelle T-D.35 im Anhang T.

Tab. D.30: **Regressionen der durchschnittlichen Fondsrenditen auf verschiedene Indizes**

Fonds	Zeitraum	Alpha	β	R^2	s(ε)	Anzahl α +/sig.*	Anzahl α- /sig.*
DAFOX							
DREN	74/79	-0,03905	0,815	0,973	0,00443	5/-	11/-
DREN	80/85	-0,09099	0,756	0,972	0,00523	4/-	14/2
DREN	86/91	-0,04214	0,778	0,980	0,00735	9/-	12/-
DREN	74/91	-0,05796	0,778	0,976	0,00588	4/-	12/1
DAFOX BC							
DREN	74/79	-0,04319	0,770	0,975	0,00429	5/-	11/-
DREN	80/85	-0,01646	0,717	0,969	0,00551	4/-	14/-
DREN	86/91	-0,06166	0,756	0,974	0,00837	8/-	13/-
DREN	74/91	-0,04690	0,750	0,972	0,00639	4/1	11/-
DAX							
DREN	74/79	0,20745	0,703	0,949	0,00615	15/10	1/-
DREN	80/85	0,18857	0,680	0,907	0,00957	18/2	-/-
DREN	86/91	-0,05330	0,737	0,946	0,01218	8/-	13/-
DREN	74/91	0,10217	0,719	0,936	0,00974	15/4	1/-
GG-Index							
DREN	74/79	-0,09306	0,729	0,698	0,01492	1/-	15/1
DREN	80/85	-0,01080	0,894	0,791	0,01431	5/-	13/-
DREN	86/91	-0,49470	0,934	0,915	0,01511	1/-	20/11
DREN	74/91	-0,22124	0,887	0,844	0,01519	-/-	16/6

Die Alpha-Werte sind in Prozent auf monatlicher Basis angegeben
* zugrunde gelegtes Signifikanzniveau: 5%.

Bei der Verwendung des DAX als Benchmark werden tendenziell eher positive Alphas ermittelt als beim Einsatz des DAFOX. Vergleicht man etwa die Resultate in der Periode 80/85, ergeben sich mit dem DAX ausschließlich positive Alphas, von denen 2 auf dem 5 %-Niveau signifikant sind.[11] Im Gegensatz dazu werden mit dem DAFOX für denselben Zeitraum 14 negative Alphas ermittelt, wovon 2 statistisch signifikant auf dem 5 %-Niveau und 5 auf dem 10 %-Niveau sind. Gründe dafür sind insbesondere in den verschiedenen mittleren Renditen dieser Indizes in den Teilperioden zu suchen, die durch die unterschiedliche Renditeentwicklung von Blue Chips und Small-Cap-Aktien, die im DAFOX enthalten sind, erklärbar sind. In der betrachteten Periode wies der DAFOX eine mittlere annualisierte Rendite von 0,203, der DAX dagegen lediglich eine Rendite von 0,168 auf. Insofern ist bei der Auswahl des Index ein Verweis auf die hohen Korrelationen verschiedener Indizes untereinander im Rahmen der Performance-Messung nicht statthaft.[12]

---

[11] Die Periode 74/79 zeigt analog zur Sharpe-Ratio die Bedeutung der Wahl eines Performance-Index. Bei Einsatz des DAX in dieser Periode werden 15 positive Alphas geschätzt, wovon 10 signifikant sind. Ähnliche Ergebnisse ergaben sich auch bei anderen nicht dividendenbereinigten Indizes, z. B. des FAZ- oder FWB-Index.

[12] Vgl. z. B. **Möhlmann** (1993), S. 129. Die Korrelation der monatlichen Indexrenditen von DAFOX und DAX beträgt für den Gesamtzeitraum beispielsweise 0,98 und liegt auch gegenüber anderen, nicht als Performance-Indizes konstruierten Aktienindizes bei nahezu Eins. Trotzdem unterscheiden sich die Regressionsergebnisse zum Teil erheblich.

Die Betafaktoren sowie die R^2 der Regressionen auf den DAFOX sind durchweg höher als bei der Verwendung des DAX. Dies bestätigt, daß der DAFOX im Vergleich zum DAX als die geeignetere Benchmark anzusehen ist. Im Gegensatz zum DAX, der lediglich 30 Wertpapiere enthält, befinden sich in den Sondervermögen der meisten Fonds weit mehr verschiedene Wertpapiere, auch wenn es sich zum Großteil um eher liquide und größere Werte handelt. Aus diesem Grund ist der DAX als Benchmark ungeeignet.[13] Dagegen sind die Unterschiede der Regressionsparameter und die damit verbundenen Schlußfolgerungen beim Einsatz des DAFOX und des DAFOX BC als Benchmarkportfolios vergleichsweise gering.

Auffällig sind die stark negativen Werte der Jensen-Maße bei Einsatz des GG-Index. Wie nach den Portfoliountersuchungen und den Effizienztests der Indizes zu erwarten, unterscheiden sich die Ergebnisse insbesondere in Periode 86/91 und im Gesamtzeitraum stark von denen, die mit dem DAFOX in diesen Perioden erzielt werden.[14]

Die Berechnung sämtlicher klassischen Maße führt zu nahezu identischen Ergebnissen bezüglich der relativen Beurteilung der Fonds untereinander. Unabhängig von der Wahl des Maßes und des Zeitraums ergeben sich fast identische Reihenfolgen der Fonds.[15] Auch das theoretisch nicht gerechtfertigte Ranking mit Hilfe des Jensen-Maßes liefert nahezu gleiche Resultate, was sich bereits bei den Portfoliountersuchungen andeutete. Besonders hervorzuheben ist, daß das Sharpe-Maß, welches nicht mit der Indexproblematik behaftet ist, ebenfalls zu denselben Reihenfolgen der Fonds führt. Obwohl dieses Ergebnis - eine Konsequenz des hohen Diversifizierungsgrades der Fonds - nicht unerwartet war, hat es trotzdem eine nicht unerhebliche Bedeutung angesichts der mit Kritik behafteten Nutzung des Betafaktors als Risikomaß.[16]

Die hohen, auf dem 1 %-Niveau signifikanten Pearson- bzw. Spearman-Rangkorrelationskoeffizienten zwischen den klassischen Maßen in Tabelle D.31, die hier nur für den Gesamtzeitraum sowie eine Subperiode dokumentiert sind, bestätigen die weitgehenden

---

[13] Z. T. enthalten die Sondervermögen über 60 verschiedene Werte. Die Bedeutung auch einzelner Werte für die Performance wird zudem in anderen Zusammenhängen deutlich. So kommen z. B. unterschiedliche Ergebnisse einer auf DAX-Werten beruhenden Anlagestrategie teilweise durch die Berücksichtigung/Nichtberücksichtigung von nur zwei Aktien zustande, vgl. **Kleeberg** (1993); **Rohweder** (1993); **Kleeberg** (1994).

[14] Diese Ergebnisse sind auch in anderen Untersuchungen zur Performance von Investmentfonds bei Verwendung gleichgewichteter Indizes beobachtet worden, vgl. z. B. **Friend/Blume/Crockett** (1970), S. 56; **Lehmann/Modest** (1987); **Grinblatt/Titman** (1989 a); **Connor/Korajczyk** (1991). Daher ist eine gleichgewichtete Benchmark zur Beurteilung von Investmentfonds letztlich wenig sinnvoll, vgl. **Kapitel D. II. 3. d. aa.**, S. 226.

[15] Zu den Ergebnissen im einzelnen vgl. Tabelle T-D.36 im Anhang T.

[16] Vgl. z. B. **Draper** (1989), S. 47, der über den "Umweg" der Sharpe-Ratio die Existenzberechtigung anderer Maße rechtfertigt.

Übereinstimmungen der Fondrankings.[17] Erstaunlicherweise korrelieren teilweise auch die auf Grundlage der einfachen mittleren Renditen gebildeten Rangfolgen signifikant mit jenen der Performance-Maße.[18]

Tab. D.31: **Spearman- (untere linke Hälfte) und Pearson-Korrelationskoeffizienten (rechte obere Hälfte) zwischen verschiedenen Ranking-Methoden in den Zeiträumen 5/74-12/91 und 1/80-12/85; Referenzindex: DAFOX**

Maße	Alpha	Treynor	T/B-Ratio	Sharpe	Rendite
5/74-12/91					
Alpha	1	0,994	0,949	0,989	0,932
Treynor	0,988	1	0,939	0,997	0,955
T/B-Ratio	0,944	0,961	1	0,928	0,850
Sharpe	0,988	1	0,961	1	0,967
Rendite	0,950	0,961	0,914	0,961	1
1/80-12/85					
Alpha	1	0,940	0,963	0,941	0,407
Treynor	0,915	1	0,891	0,894	0,317
T/B-Ratio	0,917	0,750	1	0,852	0,264
Sharpe	0,812	0,942	0,597	1	0,632
Rendite	0,031	0,182	-0,203	0,362	1

Mit Ausnahme der Koeffizienten zwischen den Maßen und den unbereinigten Renditen sind alle Werte signifikant auf dem 1 %-Niveau.

Dies gilt jedoch nicht in allen Zeiträumen. So sind die Korrelationskoeffizienten in der Subperiode 80/85, die durch einen starken Anstieg der Kurse auf den Aktienmärkten gekennzeichnet war, z. T. nicht signifikant von Null verschieden. Eine Ausnahme stellt die - allerdings vergleichsweise geringe - Korrelation mit den durch die Sharpe-Ratio ermittelten Rankings dar. Letztlich unterstreichen diese Ergebnisse die Notwendigkeit einer Risikoberücksichtigung.

Die Portfoliountersuchungen haben gezeigt, daß ein Ranking relativ unabhängig vom gewählten Benchmarkportfolio zu nahezu identischen Ergebnissen führt. Trotzdem soll die Sensitivität der Ergebnisse auch mit den Fondsdaten untersucht werden, da anzunehmen ist, daß die Unterschiede in der Performance der Fonds weit geringer ausfallen als die mit der Simulation verbundenen Differenzen. Dazu wurden die Korrelationskoeffizienten zwischen dem Ranking auf der Basis eines Maßes bei Verwendung unter-

---

[17] Die Korrelationen zwischen den klassischen Maßen in anderen Perioden sind in den Tabellen T-D.37 und T-D.38 im Anhang T zu finden.

[18] Eine ähnliche Beobachtung macht auch **Gaumnitz** (1970), S. 558 f., der eine Dominanz des Einflusses der durchschnittlichen Rendite gegenüber der Standardabweichung auf das Sharpe-Maß feststellt und daraus u. a. die Schlußfolgerung zieht, daß ein Ranking auch auf der Grundlage unbereinigter Renditen erfolgen kann.

schiedlicher Indizes berechnet. Die Ergebnisse sind in Tabelle D.32 beispielhaft für verschiedene Perioden und Maße aufgezeigt. Dabei wurden auch zwei nicht dividendenbereinigte Performance-Indizes berücksichtigt, um Rückschlüsse über die Bedeutung der Höhe der Renditen einzelner Indizes beim Ranking ziehen zu können. Die dargestellten Ergebnisse beziehen sich auf jene Perioden, in denen sich die niedrigsten Korrelationen ergeben.

Tab. D.32: **Spearman-(untere linke Hälfte) und Pearson-Korrelationskoeffizienten (rechte obere Hälfte) für das Ranking mit den klasssischen Verfahren bei unterschiedlichen Referenzportfolios**

Indizes	DAFOX	DAFOX BC	DAX	FAZ	FWB
Treynor-Maß; 1/80-12/85					
DAFOX	1	0,999	0,992	0,999	0,999
DAFOX BC	0,997	1	0,995	0,999	0,997
DAX	0,991	0,989	1	0,993	0,989
FAZ	0,995	0,997	0,983	1	0,999
FWB	0,997	0,995	0,989	0,991	1
Jensens Alpha; 5/74-12/79					
DAFOX	1	0,999	0,915	0,932	0,908
DAFOX BC	0,994	1	0,911	0,928	0,904
DAX	0,694	0,673	1	0,998	0,999
FAZ	0,741	0,714	0,991	1	0,998
FWB	0,694	0,673	1,000	0,991	1
Treynor/Black; 5/74-12/79					
DAFOX	1	0,989	0,626	0,677	0,647
DAFOX BC	0,982	1	0,575	0,639	0,610
DAX	0,502	0,429	1	0,982	0,967
FAZ	0,594	0,535	0,958	1	0,985
FWB	0,635	0,588	0,891	0,950	1

Mit Ausnahme der Koeffizienten zwischen den Maßen und den unbereinigten Renditen sind alle Werte signifikant auf dem 1 %-Niveau.

Wie zu erkennen ist, sind die Rankings auf der Grundlage eines Maßes unter Verwendung unterschiedlicher Referenzindizes sehr hoch miteinander korreliert. Alle Werte sind statistisch signifikant auf dem 1% Niveau. Völlig unproblematisch ist die Indexauswahl - auch die Wahl zwischen Kurs- oder Performance-Indizes - für ein Ranking auf der Basis der Treynor-Ratio. In allen Perioden haben die Korrelationen einen Wert von nahezu Eins.

Ähnlich hohe Werte ergeben sich für die Treynor/Black-Appraisal-Ratio und das Jensen-Maß, wenngleich die ermittelten Rankings nicht in dem Ausmaß miteinander korrelieren wie bei der Verwendung des Treynor-Maßes. Insbesondere sind die Ergebnisse im Gegensatz zum Treynor-Maß abhängig von dem betrachteten Zeitraum. In Perioden mit starken Aktienkursschwankungen sind die Korrelationen sehr hoch, während sie in den Perioden 74/79 und 80/85, die durch niedrigere Standardabweichungen der Indizes gekennzeichnet sind, vergleichsweise gering ausfallen. Dabei scheint die Treynor/Black-Appraisal-Ratio im Vergleich zum Jensen-Maß sensitiver auf die Auswahl der Indizes zu reagieren.

Insgesamt kann festgehalten werden, daß die Identifikation superioren Managements im Vergleich zu einem Index entsprechend den Erkenntnissen von *Roll* in hohem Maße von der Indexwahl abhängig und damit problematisch ist. Wird der DAFOX als adäquater Maßstab angesehen, sind keine Selektionsfähigkeiten zu identifizieren. Beim Vergleich der als signifikant identifizierten Unterschiede zwischen den Sharpe-Ratios der Fonds und jenen der Indizes mit den im Rahmen der linearen Regression ermittelten, signifikanten Jensen-Alphas läßt sich eine nahezu völlige Übereinstimmung feststellen. Alle Fonds, die eine signifikante Über-/Unterperformance gemäß dem Jensen-Maß erzielen, weisen auch signifikante Unterschiede in den Differenzen zwischen ihren Sharpe-Ratios und jenen der Indizes auf.

Ein Ranking von Fonds scheint somit gegenüber der Wahl sowohl des Maßes als auch des Index weitgehend unempfindlich und damit vergleichsweise unproblematisch.

Bei den bisherigen Untersuchungen wurde allerdings vorausgesetzt, daß das Beta der Fonds in den einzelnen Perioden konstant war und keine Timingaktivitäten der Manager vorgelegen haben. Unter dieser Prämisse ist die mit dem Jensen-Maß geschätzte Größe als auf durch Selectivity-Fähigkeiten der Manager bedingte Performance zu interpretieren. Liegen dagegen Timingaktivitäten vor, sind die klassischen Maße, wie in den Portfoliountersuchungen festgestellt werden konnte, verzerrt. Da von einer negativen Verzerrung des Jensen-Maßes in allen hier untersuchten Perioden nicht auszugehen ist, stellen die damit gemessenen Werte die geschätzte Gesamtperformance dar. Ob ein Teil davon aus Timingfähigkeiten resultiert, kann ohne einen Rückgriff auf Ansätze, welche die entsprechenden Informationen zu identifizieren versuchen, nicht beurteilt werden. Die Klärung dieser Frage ist Gegenstand des nächsten Abschnitts.

bb. Die Identifikation und Berücksichtigung von Timingfähigkeiten

Zur Verbesserung der Übersichtlichkeit werden die Resultate aller eingesetzten Verfahren im folgenden nach ein und demselben Schema präsentiert. Zuerst werden beispielhaft für den Gesamtzeitraum und nur für den DAFOX die Ergebnisse der Regressionen der einzelnen Fonds dargestellt.[19] In den entsprechenden Tabellen finden sich auch die Regressionsergebnisse für die aus allen Fonds der jeweiligen Untersuchungsperiode gebildeten gleichgewichteten Portfolios (DREN) in den 4 Zeiträumen. Deren Parameter sollen jedoch nur einen groben Überblick über die durchschnittlichen Regressionser-

---

19   Zu den Ergebnissen der einzelnen Verfahren auf Einzelfondsebene in den Subperioden vgl. die Tabellen T-D.39 bis T-D.43 im Anhang T.

gebnisse geben und dürfen nicht überinterpretiert werden.[20] Schließlich folgt eine Übersicht über die Durchschnittswerte der einzelnen Parameter für sämtliche Zeiträume, ihre Minima und Maxima sowie die Anzahl positiver und negativer ebenso wie die Anzahl signifikant von Null verschiedener Werte. Die ermittelten Selectivity- und Timing-Maße werden dabei nicht getrennt, sondern zusammen mit dem jeweiligen Ansatz dargestellt, da sie sich aus der jeweils gleichen Regression ergeben.

Die Anwendung eines Großteils der Maße erfordert Schätzungen mit Hilfe unterschiedlich spezifizierter Regressionsmodelle. Regressionsanalysen sind nur dann aussagekräftig, wenn die ihnen zugrunde liegenden Annahmen gegeben sind.[21] Grundsätzlich werden deshalb für sämtliche Regressionen die Residuen analysiert, um zu testen, ob die Modelle vom statistischen Standpunkt aus Gültigkeit besitzen.

Die Ergebnisse der Tests auf Heteroskedastiziät mit dem Kendall'schen 'tau' finden sich im Anhang.[22] Das gilt auch für die Werte der Shapiro/Wilk-Statistik, mit der die Residuen auf Normalverteilung getestet wurden, um letztlich die Aussagekraft der Durbin/Watson-Werte, die direkt in die Ergebnistabellen aufgenommen wurden, beurteilen zu können. Insgesamt deuten die eingesetzten Tests in der Mehrzahl der Fälle darauf hin, daß die kritischen Prämissen der Regressionen erfüllt sind, so daß die auf Regressionsanalysen basierenden Schlußfolgerungen bezüglich der Performance der Fonds als statistisch aussagekräftig gelten können. Eine Ausnahme macht allerdings die T/M-Regression, bei der die Tests auf das Vorliegen von Heteroskedastizität in den Residuen hindeuten.[23] Daher kommt der Berücksichtigung daraus resultierender Ineffizienzen der Parameterschätzungen, welche die Beurteilung ihrer statistischen Signifikanz beeinflussen, besondere Bedeutung zu.

In Tabelle D.33 sind zunächst die Ergebnisse der quadratischen Regression zur Ermittlung des Treynor/Mazuy-Maßes dargestellt.

---

[20]   Zum einen sind die im Portfolio DREN erfaßten Fonds in ihrer Anlagepolitik zu unterschiedlich als das man sie zusammenfassend beurteilen könnte. Zum anderen ist ein Signifikanztest der Parameter nicht aussagekräftig, da nicht nur Heteroskedastizität in der Renditezeitreihe aufgrund von Timingaktivtäten der Fonds angenommen werden muß, sondern auch zwischen den Fondsrenditen. Der Grund dafür ist in der ähnlichen Struktur der Sondervermögen zu sehen, die zum großen Teil identischen Einflußfaktoren unterliegen.

[21]   Vgl. dazu **Kapitel D. II. 3. f.**, S. 235 ff.

[22]   Vgl. die Tabellen T-D.44 und T-D.45 im Anhang T.

[23]   Dies ist wegen der mit einer quadratischen Regression generell verbundenen Problematik von Heteroskedastizität in den Störvariblen nicht weiter verwunderlich, vgl. **Bleymüller/Gehlert/Gülicher** (1991), S. 159.

Tab. D.33: Treynor/Mazuy-Maße der Fonds im Zeitraum 5/74-12/91 sowie der gleichgewichteten Portfolios in allen Zeiträumen; Referenzindex: DAFOX

Fonds	Alpha	t-stat	t/W	β	s (β)	γ	t (γ)	t/W (γ)	R²ad.	s (ε)	DW
R2	-0,0378	-0,632	-0,644	0,948	0,012	-0,224	*-2,281	*-2,944	0,972	0,0079	2,201
R3	-0,0697	-1,166	-1,171	0,649	0,012	-0,166	**-1,694	-1,347	0,942	0,0079	2,037
R4	-0,0189	-0,276	-0,290	0,916	0,014	-0,178	-1,587	-1,517	0,961	0,0090	2,039
R7	0,1848	1,398	1,444	0,780	0,026	-0,687	*-3,169	*-2,155	0,836	0,0175	1,659
R9	0,0449	0,603	0,637	0,792	0,015	-0,313	*-2,564	*-2,841	0,940	0,0098	1,853
R82	-0,0787	-1,273	-1,345	0,967	0,012	0,017	0,175	0,188	0,970	0,0081	1,945
R120	-0,0215	-0,296	-0,336	0,911	0,014	-0,034	-0,282	-0,227	0,955	0,0096	2,002
R122	0,1556	1,341	1,482	0,652	0,023	-0,361	**-1,898	**-1,845	0,818	0,0153	1,970
R126	-0,0305	-0,403	-0,437	0,903	0,014	-0,133	-1,074	-1,105	0,951	0,0100	2,063
R164	-0,0525	-0,816	-0,863	0,895	0,013	0,118	1,123	1,069	0,963	0,0085	2,042
R201	0,1116	1,366	1,413	0,721	0,016	0,090	0,977	0,428	0,912	0,0108	1,930
R310	-0,1229	-1,103	-1,097	0,776	0,022	0,784	*4,294	*2,692	0,860	0,0147	1,896
R322	-0,0542	-0,834	-0,858	0,901	0,013	0,039	0,367	0,254	0,962	0,0086	1,864
R360	0,0773	0,636	0,673	0,685	0,024	-1,108	*-5,599	*-3,065	0,834	0,0161	2,210
R541	-0,0243	-0,257	-0,275	0,842	0,019	-0,422	*-2,727	*-2,729	0,918	0,0125	2,187
R680	-0,0591	0,580	-0,629	0,752	0,020	-0,232	-1,394	-1,477	0,883	0,0134	1,904
Zeit						**DREN**					
74/91	-0,0017	-0,041	-0,042	0,769	0,009	-0,224	-3,139	-3,051	0,977	0,0057	2,064
74/79	0,0059	0,095	0,102	0,819	0,017	-0,426	-1,351	-0,957	0,973	0,0044	1,739
80/85	-0,0485	-0,658	-0,670	0,766	0,017	-0,297	-1,136	-1,147	0,972	0,0052	1,994
86/91	0,0790	0,834	0,833	0,753	0,015	-0,301	-2,810	-3,448	0,981	0,0070	2,007

Die Alpha-Werte sind in Prozent auf monatlicher Basis angegeben
* Signifikant auf dem 5 %-Niveau (** = 10 %-Niveau)

Im Vergleich zu den Ergebnissen bei der Ermittlung von Jensens Alpha verbessert sich im Durchschnitt das Selectivity-Maß der meisten Fonds bei weitgehender Konstanz der übrigen Regressionsparameter. Gleichwohl bleibt es aber bei vielen Fonds negativ. Keines der Alphas ist im Gesamtzeitraum signifikant von Null verschieden. Der bei statistischer Signifikanz auf Timingfähigkeiten hindeutende Regressionskoeffizient γ ist bei den meisten der Fonds negativ und in sechs Fällen statistisch signifikant von Null verschieden auf dem 5 %-Niveau. Die Heteroskedastizitätskorrektur der t-Werte hat z. T. einen deutlichen Einfluß auf die Höhe der t-Werte und führt über alle Zeiträume betrachtet sechs mal zu einer Veränderung der Signifikanzaussagen.

Eine differenzierte Betrachtung der einzelnen Teilperioden in Tabelle D.34 zeigt, daß signifikant negative Werte sich lediglich in der Crash-Periode 86/91 häufen. In den anderen Zeiträumen dagegen sind die Timingkoeffizienten nicht signifikant von Null verschieden. Gleichwohl weisen auch sie in der Mehrzahl der Fälle negative Werte auf. Bei Einbeziehung der Erkenntnisse aus den Portfoliountersuchungen, in denen eine systematisch negative Verzerrung der Timingmaße zu beobachten war, muß grundsätzlich allein das Vorliegen positiver Timingkoeffizienten als Indiz für Timingfähigkeiten angesehen werden. Weil dies jedoch nur für einige wenige Fonds der Fall ist, scheinen die Ergebnisse auf der Grundlage des T/M-Timingkoeffizienten darauf hinzudeuten, daß den Managern keine privaten Timinginformationen vorgelegen haben.

Tab. D.34: **Statistik des Treynor/Mazuy-Ansatzes; Referenzindex: DAFOX**

Zeiträume		74-79	80-85	86-91	74-91
$J^{T/M}$	Durchschnitt	0,00006	-0,00049	0,00111	0,00000
	Minimum	-0,00199	-0,00390	-0,00127	-0,00123
	Maximum	0,00257	0,00633	0,00475	0,00185
	Standardabweichung	0,00120	0,00235	0,00169	0,00089
	Anzahl $J^{T/M}$ +/sig.*	9/-	4/1	15/1	9/-
	Anzahl $J^{T/M}$ -/sig.*	7/-	14/2	6/-	7/-
γ_P	Durchschnitt	-0,42634	-0,29790	-0,30096	-0,17567
	Minimum	-2,68750	-1,76213	-1,41570	-1,10863
	Maximum	0,90069	1,36923	0,65939	0,78482
	Standardabweichung	0,89902	0,70641	0,46985	0,40315
	Anzahl γ_P +/sig.*	5/1	6/1	4/-	5/-
	Anzahl γ_P -/sig.*	11/1	12/1	17/7	11/-
Korrelation von $J^{T/M}$ u. γ_P		-0,7183	-0,7765	**-0,3410**	-0,6083

* Die Anzahl enthält die Koeffizienten, die signifikant auf dem 5 %-Niveau von Null verschieden sind und bezieht sich auf die t-Werte, welche auf Grundlage der Heteroskedastizitätskorrektur nach *White* berechnet wurden

Fett gedruckter Wert ist nicht signifikant von Null verschieden auf dem 5 %-Niveau

Wie bereits in anderen Untersuchungen zur Performance-Messung beobachtet[24] und aufgrund der eigenen Portfoliountersuchungen zu erwarten, nimmt das Alpha bei Vorliegen negativer Timingkoeffizienten tendenziell einen positiven Wert an oder verbessert sich zumindest gegenüber den Alphas aus der linearen Regression. Eine Analyse der Ergebnisse auf Einzelfondsebene bestätigt diese negative Korrelation. In Tabelle D.34 sind in der letzten Zeile die durchweg negativen Pearson-Korrelationen zwischen den Koeffizienten angegeben. Auffällig ist, daß die Werte der Korrelationskoeffizienten zwischen dem T/M-α und dem T/M-γ in den Perioden 80/85 und 86/91 in etwa jenen entsprechen, die im Rahmen der Simulationsstudien für die Portfolios in der Kategorie Z ermittelt wurden.[25] Dies kann als weiteres Indiz dafür betrachtet werden, daß die Manager über keine privaten Informationen verfügt oder sie zumindest nicht verarbeitet haben.

Die Resultate, welche mit dem T/M-Ansatz bei der Verwendung anderer Indizes erzielt werden, verdeutlichen die Abhängigkeit der absoluten Werte der Alphas von der Benchmarkwahl. Sie zeigen aber auch die vergleichsweise geringe Sensitivität der Timingkoeffizienten gegenüber der Wahl des Index. Auf die Dokumentation der Resultate wird hier verzichtet.

Wie in den Simulationsstudien deutlich wurde, kann das H/M-Alpha als robustes Maß zur Identifikation von Selektionsfähigkeiten angesehen werden. Die Ergebnisse beim

---

24   Vgl. **Kapitel** C. IV. 3. a. aa., S. 180 ff.

25   Demgegenüber wurde in der Kategorie T in den Perioden 80/85 und 86/91 eine positive Korrelation zwischen den Alphas und den T/M-Timingkoeffizienten gemessen; vgl. **Kapitel** D. III. 3. b. cc. (3), S. 327.

Einsatz dieses Maßes sowie des jeweils entsprechenden Timingkoeffizienten β_{2P} sind in der Tabelle D.35 wiedergegeben.

Tab. D.35: **Henriksson/Merton-Maße der Fonds im Zeitraum 5/74-12/91 sowie der gleichgewichteten Portfolios in allen Zeiträumen; Referenzindex: DAFOX**

Fonds	Alpha	t-stat	t/W	β	s (β)	β_2	t (β_2)	t/W (β_2)	R^2ad.	s (ϵ)	DW
R2	0,0007	0,009	0,010	0,928	0,021	-0,054	**-1,684	**-1,743	0,971	0,0080	2,217
R3	-0,0311	-0,399	-0,399	0,630	0,021	-0,046	-1,433	-1,235	0,942	0,0079	2,048
R4	0,0171	0,191	0,199	0,898	0,024	-0,046	-1,259	-1,048	0,961	0,0091	2,054
R7	0,2622	1,499	1,392	0,729	0,047	-0,143	*-1,994	-1,344	0,832	0,0178	1,709
R9	0,0961	0,980	1,027	0,764	0,026	-0,074	**-1,849	-1,573	0,939	0,0100	1,874
R82	-0,0913	-1,131	-1,204	0,972	0,022	0,010	0,295	0,285	0,970	0,0082	1,946
R120	-0,0067	-0,071	-0,077	0,905	0,026	-0,013	-0,342	-0,258	0,955	0,0096	2,003
R122	0,2404	1,584	**1,757	0,611	0,041	-0,100	-1,615	-1,408	0,817	0,0154	1,981
R126	-0,0235	-0,238	-0,259	0,896	0,027	-0,023	-0,570	-0,514	0,951	0,0101	2,084
R164	-0,0728	-0,866	-0,902	0,907	0,023	0,029	0,831	0,736	0,962	0,0085	2,048
R201	0,0881	0,826	0,828	0,732	0,029	0,027	0,606	0,436	0,912	0,0108	1,936
R310	-0,2522	-1,700	-1,429	0,848	0,040	0,187	*3,070	**1,867	0,854	0,0151	1,921
R322	-0,0759	-0,984	-0,879	0,910	0,023	0,018	0,517	0,394	0,963	0,0086	1,866
R360	0,2184	1,323	1,083	0,597	0,045	-0,240	*-3,546	**-1,713	0,821	0,0168	2,286
R541	0,0369	0,297	0,323	0,806	0,034	-0,096	**-1,877	**-1,692	0,917	0,0126	2,183
R680	0,0277	0,209	0,226	0,715	0,036	-0,083	-1,527	-1,452	0,884	0,0135	1,902
Zeit						DREN					
74/91	0,0308	0,537	0,511	0,751	0,015	-0,051	*-2,159	-1,635	0,977	0,0058	2,107
74/79	0,0061	0,076	0,085	0,798	0,028	-0,037	-0,757	-0,597	0,973	0,0044	1,786
80/85	-0,0163	-0,161	-0,150	0,739	0,025	-0,050	-0,950	-0,885	0,972	0,0052	1,979
86/91	0,1380	1,079	1,041	0,726	0,030	-0,080	**-1,922	**-1,764	0,980	0,0072	2,107

Die Alpha-Werte sind in Prozent auf monatlicher Basis angegeben
* Signifikant auf dem 5 %-Niveau (** = 10 %-Niveau)

Ähnlich wie bei der Anwendung der quadratischen Regression ergibt sich beim Vergleich der Ergebnisse des H/M-Ansatzes mit jenen der linearen Regression zur Ermittlung des Jensen Alphas im Durchschnitt eine Erhöhung der Alphas, die bei H/M tendenziell noch stärker ausgeprägt ist als bei T/M. Die Betafaktoren verringern sich leicht gegenüber der T/M-Regression. Demgegenüber sind die R^2 beider Verfahren nahezu identisch und weisen nur marginale Verbesserungen gegenüber der linearen Regression auf. Wie in Tabelle D.36 ersichtlich, sind die Timingkoeffizienten auch bei Einsatz des H/M-Modells im Durchschnitt negativ, wobei eine nur sehr geringe Anzahl signifikanter Werte vorliegt.[26] Im Unterschied zur quadratischen Regression sind sie auch in der Periode 86/91 und im Gesamtzeitraum insgesamt betrachtet nicht von Null verschieden.[27]

---

[26] Die Korrelationen zwischen dem T/M-γ und dem H/M-β_{2p} sind dementsprechend sehr hoch. Sie betragen für die Periode 74/79 0,9759, für 80/85 0,9371, für 86/91 0,960 und für den Gesamtzeitraum 0,992.

[27] Auch bei diesem Verfahren führt die Berechnung des t-Wertes mit Hilfe der Standardabweichung aus der heteroskedastizitäts-konsistenten Kovarianz-Matrix ber alle Zeiträume betrachtet zu einer Veränderung von Signifikanzaussagen in 6 Fällen.

Tab. D.36: Statistik des Henriksson/Merton-Ansatzes; Referenzindex: DAFOX

Zeiträume	74-79	80-85	86-91	74-91
$J^{H/M}$ Durchschnitt	0,00006	-0,00016	0,00171	0,00027
Minimum	-0,00292	-0,00610	-0,00098	-0,00252
Maximum	0,00427	0,00837	0,00600	0,00262
Standardabweichung	0,00171	0,00292	0,00209	0,00133
Anzahl $J^{H/M}$ +/sig.*	7/-	6/1	16/-	9/-
Anzahl $J^{H/M}$ -/sig.*	9/-	12/1	5/-	7/-
γ_P Durchschnitt	-0,03740	-0,04968	-0,08014	-0,04061
Minimum	-0,37579	-0,30249	-0,29440	-0,23993
Maximum	0,21486	0,27606	0,11264	0,18670
Standardabweichung	0,13060	0,12506	0,10638	0,09238
Anzahl β_{2P} +/sig.*	5/1	6/1	3/1	5/-
Anzahl β_{2P} -/sig.*	11/-	12/1	18/1	11/-
Korrelation von $J^{H/M}$ u. β_{2P}	-0,8718	-0,8387	-0,5888	-0,5893

* Die Anzahl enthält die Koeffizienten, die signifikant auf dem 5 %-Niveau von Null verschieden sind und bezieht sich auf die t-Werte, welche auf Grundlage der Heteroskedastizitätskorrektur nach *White* berechnet wurden

Die negative Korrelation zwischen dem Alpha und dem Timingkoeffizienten bleibt auch bei diesem Modell erhalten und ist tendenziell noch stärker ausgeprägt als beim T/M-Modell. Wie beim T/M-Ansatz entsprechen auch hier die Werte der Korrelationskoeffizienten am ehesten jenen, die für die Portfolios in der Kategorie Z ermittelt wurden. Die Sensitivität der Ergebnisse hinsichtlich der Benchmarkwahl gleicht ebenfalls derjenigen des T/M-Ansatzes.

Zusammenfassend ist aus den Resultaten, welche mit dem T/M- und H/M-Modell erzielt werden, die Schlußfolgerung zu ziehen, daß die Fondsmanager weder über private Selektionsinformationen noch über Timingfähigkeiten zu verfügen scheinen oder sie nicht umgesetzt haben. Die sehr geringe Anzahl signifikant positiver Werte ist statistisch schon aus Zufall zu erwarten gewesen. Im Rahmen der Portfoliountersuchungen wurde allerdings deutlich, daß die Identifikation einer vergleichsweise geringen Performance schwierig ist. Immerhin sind mit beiden Ansätzen bei einigen der Fonds zumindest positive, wenn auch nicht signifikante Timingkoeffizienten zu beobachten. Dies könnte, zieht man die systematische negative Verzerrung der Maße in Betracht, auf Timingfähigkeiten einiger Portfoliomanager hindeuten.[28]

Darüber hinaus bleibt festzuhalten, daß die Unterschiede zwischen den auf der Grundlage des T/M-Ansatzes und des H/M-Ansatzes ermittelten Parametern nicht das Ausmaß erreichen wie in den Portfoliountersuchungen. Der Grund dafür kann zum einen in einer größeren Vielfalt von Verhaltensweisen der Portfoliomanager bedingt sein als in den Simulationen unterstellt. Zum anderen kann dies als Hinweis darauf gesehen wer-

---

[28] Diese Schlußfolgerung ziehen auch **Koh/Phoon/Tan** (1993), S. 164, die eine negative Verzerrung der H/M-Timingkoeffizienten insbesondere bei Portfolios mit geringen Betafaktoren nachweisen, welche für Investmentfonds typisch und auch in dieser Untersuchung gegeben sind.

den, daß kaum auf private Informationen zurückzuführende Performance vorgelegen hat, weil sich die mit beiden Ansätzen geschätzten Koeffizienten hauptsächlich dann voneinander unterscheiden, wenn private Information simuliert wird, nicht jedoch bei ihrer Anwendung auf reine Zufallsportfolios.

Die Untersuchungen im folgenden Abschnitt mit Hilfe von Verfahren, die eine Messung der Gesamtperformance erlauben, können unter Umständen weitere Aufschlüsse geben. Dies gilt um so mehr, als sich diese Ansätze in den Simulationsstudien als am besten geeignet erwiesen haben, die Identifikation privater Informationen zu ermöglichen.

cc. Die Messung der Gesamtperformance

Der γ_P-Koeffizient zeigt unter bestimmten Bedingungen die Präzision der Timing-Prognosen des Managers an.[29] Die Ergebnisse der daraus abgeleiteten und als T/M-Timing bezeichneten Performance-Determinante $\gamma_P \text{Var} (R_{Et})$ sowie die sich durch Addition mit dem T/M-Alpha ergebende Gesamtperformance T/M-Total sind für die Fonds, hier nur beispielhaft für zwei Perioden, in der Tabelle D.37 dargestellt.

Tab. D.37: Treynor/Mazuy-Timing und -Totalmaß in den Zeiträumen 4/86-12/91 und 5/74-12/91; Referenzindex: DAFOX

Zeit	4/86-12/91			5/74-12/91		
Fonds	T/MTim.	T/M-Tot.	t (Tot.)	T/MTim.	T/MTot.	t(Tot.)*
R2	-0,1003	-0,0435	-0,354	-0,0533	-0,0911	**-1,656
R3	-0,0888	-0,2031	**-1,748	-0,0395	-0,1092	*-1,998
R4	-0,1677	-0,0262	-0,190	-0,0424	-0,0613	-0,980
R7	-0,3171	-0,4074	-1,571	-0,1635	0,0212	0,173
R9	-0,1047	0,1262	0,913	-0,0746	-0,0296	-0,432
R82	0,0159	0,0082	0,078	0,0042	-0,0744	-1,326
R120	-0,0121	0,1378	0,966	-0,0080	-0,0295	-0,448
R122	-0,0943	0,3801	**1,819	-0,0859	0,0696	0,655
R126	-0,0620	0,0833	0,613	-0,0317	-0,0622	-0,903
R138	-0,1819	-0,2672	**-1,759	-	-	-
R139	-0,2870	-0,0326	-0,110	-	-	-
R164	0,0750	0,1084	0,989	0,0282	-0,0243	-0,414
R169	-0,0782	-0,0850	-0,972	-	-	-
R171	-0,3421	-0,2676	-1,503	-	-	-
R201	0,0145	0,1689	1,455	0,0215	0,1332	**1,793
R310	0,2850	0,4730	**1,920	0,1867	0,0638	0,605
R322	-0,0452	0,0318	0,260	0,0093	-0,0449	-0,760
R325	-0,6120	-0,2930	-0,984	-	-	-
R360	-0,5516	-0,1054	-0,405	-0,2637	-0,1864	-1,580
R541	-0,0498	-0,0373	-0,291	-0,1005	-0,1248	-1,430
R680	-0,0273	-0,1540	-1,426	-0,0554	-0,1145	-1,232
DREN	-0,1302	-0,0512	-0,577	-0,0532	-0,0550	-1,363

Die T/M-Timing- und T/M-Totalmaße sind in Prozent auf monatlicher Basis angegeben
* Signifikant auf dem 5 %-Niveau (** = 10 %-Niveau)

---

[29] Vgl. **Kapitel** C. II. 1. b. bb. (1) (a), S. 90 f.

Der Vergleich dieser als auch der Werte anderer Perioden macht eine weitgehende Übereinstimmung des Treynor/Mazuy-Totalmaßes mit den Werten des Jensen-Maßes deutlich. Die Aussagen bezüglich der statistischen Signifikanz der Maße stimmen exakt überein.[30]

Tab. D.38:   Statistik des Treynor/Mazuy-Totalmaßes; Referenzindex: DAFOX

Zeiträume	74-79	80-85	86-91	74-91
T/M-Tot. Durchschnitt	-0,00040	-0,00098	-0,00019	-0,00041
Minimum	-0,00263	-0,00247	-0,00407	-0,00186
Maximum	0,00064	0,00343	0,00473	0,00133
Standardabweichung	0,00084	0,00162	0,00215	0,00082
Anzahl T/M-Tot. +/sig.*	5/1	4/-	9/-	4/-
Anzahl T/M-Tot. -/sig.*	11/-	14/2	12/-	12/1

*   Die Anzahl enthält die Koeffizienten, die signifikant auf dem 5 %-Niveau von Null verschieden sind und bezieht sich auf die t-Werte, welche auf Grundlage der Heteroskedastizitätskorrektur nach *White* berechnet wurden

Unterstellt man die Richtigkeit des Modells, bedeutet dies, daß die Manager über keinerlei Timinginformationen verfügt haben. Denn in diesem Fall ist auch das Jensen-Maß unverzerrt und zeigt lediglich die auf erfolgreiches Stock-Picking zurückzuführende Performance an. Da das T/M-Total- und das Jensen-Maß zum Großteil nahezu identische Werte aufweisen und die Timingkoeffizienten überwiegend auf keinerlei Timingfähigkeiten hindeuten, muß davon ausgegangen werden, daß positive Werte des Total-Maßes allein auf Selektionsfähigkeiten der Manager zurückzuführen sind. In Anbetracht der Untersuchungen mit den simulierten Portfolios kann eine derartige, lediglich vor dem Hintergrund theoretischer Überlegungen korrekte Schlußfolgerung jedoch nicht eindeutig gezogen werden, weil das Jensen-Maß bei Vorliegen von Timingfähigkeiten einen Teil der Timing-Performance auffängt.[31]

Auch das T/M-Totalmaß wird zur Prüfung der Sensitivität der Ergebnisse von der Benchmarkwahl zusätzlich mit dem DAFOX BC sowie dem DAX eingesetzt. Während sich auch hier die absoluten Werte der Maße erheblich voneinander unterscheiden, ist die Indexwahl beim Ranking, wie schon bei den Selectivity-Maßen und auch in den Portfoliountersuchungen zu beobachten, weitgehend unproblematisch.[32]

Für die negative Korrelation zwischen dem Alpha und dem Timingkoeffizienten sowohl beim T/M-Modell als auch beim H/M-Modell sind verschiedene Erklärungen denkbar. Eine Begründung könnte wie im Rahmen der Simulationen darin bestehen, daß die geschätzten Timing-Koeffizienten zum Großteil auf "künstliches" Timing beruhende Ver-

---

[30]   Zur Berechnung der t-Werte des T/M-Total-Maßes vgl. **Kapitel** C. II. 1. c. cc., S. 116 f.

[31]   Insofern müssen die von **Grinblatt/Titman** (1994), S. 431 f., im gleichen Zusammenhang gezogenen Schlußfolgerungen relativiert werden.

[32]   Vgl. die entsprechenden Korrelationskoeffizienten in Tabelle T-D.41 im Anhang T.

änderungen der Portfolio-Betas erfassen. Die möglichen Ursachen dafür sind bereits im theoretischen Teil der Arbeit erläutert worden.[33] Von diesen sind im Rahmen der Fondsuntersuchungen lediglich zwei relevant.[34] So könnten die Fondsmanager dynamische Hedgestrategien verfolgen und die in den Sondervermögen enthaltenen Wertpapiere könnten Nichtlinearitäten in ihren Betafaktoren aufweisen.

Zur Klärung der negativen Koeffizienten müßten in diesem Fall die Wertpapiere in den Sondervermögen der Fonds im Vergleich zu dem als Benchmark herangezogenen Index einen geringeren optionsähnlichen Effekt aufweisen.[35] Dies ist nicht unwahrscheinlich, wenn man bedenkt, daß der Großteil der Investmentfonds hauptsächlich in Blue Chips und damit in Unternehmen investiert ist, die einen tendenziell geringen Verschuldungsgrad und insbesondere ein nur wenig vom Ausfallrisiko bedrohtes Fremdkapital aufweisen. Demgegenüber enthält der DAFOX auch eine Vielzahl kleinerer Unternehmen, deren Bonität vergleichsweise geringer und deren Fremdkapital somit risikobehafteter ist. Somit müßten die Timingkoeffizienten bei der Anwendung obiger Modelle gerade solchen Fonds, die sich auf die Investition in kleinere und mittlere Unternehmen mit tendenziell hohen Verschuldungsgraden spezialisiert haben, eine positive Timingfähigkeit bescheinigen.[36]

Der als insgesamt robustestes Maß aus den Portfoliountersuchungen hervorgegangene C/K-Ansatz berücksichtigt das durch die genannten Ursachen resultierende künstliche Timing. Der Einsatz dieses Maßes erfordert zunächst die Bestimmung des Put-Wertes als Regressor. Dessen Berechnung wird mit der Black/Scholes-Formel vorgenommen.[37] Dieses Modell ist problemlos einsetzbar, da es sich bei den zugrundeliegenden Indizes um Performance-Indizes handelt, so daß durch Dividendenzahlungen bedingte Verzerrungen des Optionswertes ausgeschlossen sind.[38] Die Schätzung der Volatilität des Index erfolgt hier auf der Grundlage der Stichprobenvarianz der Überschußrenditen des jeweils eingesetzten Index in der untersuchten Periode.[39]

---

33   Vgl. **Kapitel** C. II. 1. c. aa., S. 106 f.

34   Eine dritte mögliche Begründung könnte darin bestehen, daß die Manager selber mit Optionen auf Aktien oder Indizes handeln. Dieser Einflußfaktor ist für diese Untersuchung auszuschließen, da deutschen Aktienfonds ein Engagement in Optionen erst seit der Novellierung des KAGG am 01.03.1991 gesetzlich ermöglicht wurde (§ 8 d KAGG).

35   Vgl. die empirischen Belege zu den daraus resultierenden Auswirkungen auf die Timingkoeffizienten in **Kapitel** D. III. 3. b. cc. (3), S. 329 ff.

36   Dies ist für den SMH-Spezialfonds-I (R310), der vorwiegend in Small-Cap-Werte investiert, mit Ausnahme der Periode 74/79 bei der Anwendung sowohl des H/M- als auch des T/M-Ansatzes auch der Fall, wobei die Koeffizienten z. T. hochsignifikant sind.

37   Vgl. **Black/Scholes** (1973); **Margrabe** (1978). Zur Grundidee dieses Modells vgl. **Steiner/Wittrock** (1993), S. 711 ff.

38   Vgl. **Uffrecht/Wittrock** (1993), S. 726. Zur Bestimmung des Put-Wertes vgl. **Kapitel** C. II. 1. c. aa., S. 108.

39   Vgl. zur Berechnung der Volatilität **Perridon/Steiner** (1993), S. 178 f. Grundsätzlich hätte sich auch die Verwendung impliziter Volatilitäten angeboten, was jedoch deshalb nicht möglich war,

Die Ergebnisse des Ansatzes von C/K in den Tabellen D.39 und D.40 zeigen, daß die negative Korrelation zwischen dem Alpha- und Timingkoeffizienten, die sowohl beim H/M- als T/M-Modell zu beobachten sind, aufgehoben ist. Dabei ist zu berücksichtigen, daß das Alpha nun nicht mehr als Maß für die allein auf Selektionsinformationen beruhende Performance zu interpretieren ist, sondern vielmehr auch die Timing-Komponente umfaßt.

Tab. D.39: Connor/Korajczyk-Maße der Fonds im Zeitraum 5/74-12/91 sowie der gleichgewichteten Portfolios in allen Zeiträumen; Referenzindex: DAFOX

Fonds	Alpha	t-stat	t/W	β	s (β)	β_2	t (β_2)	t/W(β_2)	R^2ad.	s (ε)	DW
R2	-0,1039	**-1,88	**-1,89	0,928	0,021	-0,054	**-1,68	**-1,73	0,971	0,0080	2,217
R3	-0,1197	*-2,181	*-2,122	0,631	0,021	-0,046	-1,428	-1,230	0,942	0,0079	2,048
R4	-0,0721	-1,145	-1,104	0,899	0,024	-0,046	-1,254	-1,043	0,960	0,0091	2,054
R7	-0,0136	-0,111	-0,106	0,729	0,047	-0,143	*-1,993	-1,343	0,832	0,0178	1,709
R9	-0,0472	-0,686	-0,662	0,764	0,026	-0,074	**-1,84	-1,567	0,939	0,0100	1,874
R82	-0,0724	-1,278	-1,278	0,972	0,022	0,010	0,295	0,285	0,970	0,0082	1,946
R120	-0,0324	-0,487	-0,464	0,905	0,026	-0,013	-0,342	-0,258	0,955	0,0096	2,003
R122	0,0466	0,437	0,428	0,611	0,041	-0,100	-1,614	-1,407	0,817	0,0154	1,981
R126	-0,0682	-0,981	-0,961	0,896	0,027	-0,023	-0,569	-0,512	0,951	0,0101	2,084
R164	-0,0175	-0,297	-0,295	0,907	0,023	0,029	0,831	0,736	0,962	0,0085	2,048
R201	0,1393	**1,86	**1,77	0,732	0,029	0,027	0,609	0,438	0,912	0,0108	1,936
R310	0,1080	1,037	0,971	0,848	0,040	0,187	*3,076	**1,87	0,854	0,0151	1,921
R322	-0,0411	-0,690	-0,665	0,910	0,023	0,018	0,517	0,394	0,962	0,0086	1,866
R360	-0,2445	*-2,11	**-1,79	0,597	0,044	-0,240	*-3,545	**-1,71	0,821	0,0168	2,286
R541	-0,1477	**-1,69	-1,652	0,806	0,034	-0,096	**-1,88	**-1,69	0,917	0,0126	2,183
R680	-0,1326	-1,422	-1,427	0,715	0,036	-0,083	-1,522	-1,447	0,883	0,0135	1,902
Zeit	**DREN**										
74/91	-0,0672	**-1,67	-1,604	0,751	0,015	-0,051	*-2,155	-1,631	0,977	0,0058	2,107
74/79	-0,0449	-0,824	-0,788	0,798	0,028	-0,037	-0,756	-0,597	0,973	0,0044	1,786
80/85	-0,0963	-1,505	-1,494	0,739	0,024	-0,050	0,949	-0,884	0,972	0,0052	1,979
86/91	-0,0729	-0,824	-0,853	0,726	0,030	-0,079	**-1,92	**-1,76	0,980	0,0072	2,106

Die Alpha-Werte sind in Prozent auf monatlicher Basis angegeben
* Signifikant auf dem 5 %-Niveau (** = 10 %-Niveau)

Gegenüber dem Henriksson/Merton-Modell erhöht sich die Anzahl negativer Alphas insbesondere in den beiden Perioden 86/91 und 74/91. In diesen, durch die Crashs gekennzeichneten Perioden ist das Ausmaß der Korrekturen durch den in die Regression eingefügten Nettoput am größten, weil die in diesen Zeiträumen hohe Standardabweichung der Indexrenditen den Wert des mit Hilfe der Black/Scholes-Formel ermittelten

---

weil die dafür erforderlichen Optionspreise nicht existieren. Einzig auf den DAX werden Optionen an der DTB gehandelt, allerdings erst seit der jüngsten Vergangenheit. Die Schätzung der Volatilität mit Hilfe eines Volatilitätsindex, wie er seit 1994 von der DTB berechnet wird, konnte aus denselben Gründen nicht erfolgen, vgl. dazu **Wittrock/Beer** (1994).

Puts stark erhöht. Aber auch hier ist die Anzahl signifikanter Werte mit Ausnahme der Periode 80-85 lediglich so hoch, wie sie sich allein durch Zufall hätte ergeben können.

Tab. D.40: Statistik des Connor/Korajczyk-Ansatzes; Referenzindex: DAFOX

	Zeiträume	74-79	80-85	86-91	74-91
$J^{C/K}$	Durchschnitt	-0,00045	-0,00096	-0,00041	-0,00051
	Minimum	-0,00285	-0,00241	-0,00442	-0,00245
	Maximum	0,00067	0,00350	0,00497	0,00139
	Standardabweichung	0,00089	0,00165	0,00232	0,00095
	Anzahl $J^{C/K}$ +/sig.*	7/-	4/1	12/1	3/-
	Anzahl $J^{C/K}$ -/sig.*	9/-	14/4	9/1	13/1
β_{2P}	Durchschnitt	-0,03740	-0,04962	-0,07993	-0,04050
	Minimum	-0,37515	-0,30152	-0,29419	-0,23983
	Maximum	0,21496	0,27597	0,11311	0,18700
	Standardabweichung	0,13050	0,12483	0,10639	0,09239
	Anzahl β_{2P} +/sig.*	5/1	6/1	3/-	5/-
	Anzahl β_{2P} -/sig.*	11/-	12/1	18/1	11/-
Korrelation $J^{C/K}$ von u. β_{2P}		**0,3325**	**-0,2637**	0,6860	0,6796

* Die Anzahl enthält die Koeffizienten, die signifikant auf dem 5 %-Niveau von Null verschieden sind und bezieht sich auf die t-Werte, welche auf Grundlage der Heteroskedastizitätskorrektur nach White berechnet wurden

Fett gedruckte Werte sind nicht signifikant von Null verschieden auf dem 5 %-Niveau

Insgesamt kann die Nullhypothese, die Manager verfügten über keine Selektions- und Timingfähigkeiten, mit diesem Modell nicht abgelehnt werden, da die Alphas im Durchschnitt nicht signifikant von Null verschieden sind.

Die Verwendung anderer Indizes führt wie bei den anderen Maßen zu differierenden absoluten Werten der Performance, wobei die Unterschiede zwischen dem DAFOX und dem DAFOX BC nicht allzu hoch ausfallen. Auch hier gilt, daß die Resultate beim Ranking der Fonds unabhängig vom Index fast identisch sind.[40]

Schließlich sind in der Tabelle D.41 die Ergebnisse beim Einsatz des PW-Maßes wiedergegeben. Zum direkten Vergleich sind ihnen die geschätzten Jensen Alphas gegenübergestellt. Zur Bestimmung der zur Implementierung des PW-Maßes benötigten Gewichte wurden verschiedene Risikoaversionskoeffizienten für die Potentialnutzenfunktion verwendet.[41] Es ergaben sich jedoch keine nennenswerten Unterschiede der

---

[40]   Vgl. die hohen Pearson-Korrelationskoeffizienten in Tabelle T-D. 41 im Anhang T.

[41]   Es wurden sowohl der von **Grinblatt/Titman** (1993 a), S. 26, verwendete Risikoaversionsparameter in Höhe von 8, als auch der in einer empirischen Untersuchung von **Friend/Blume** (1975), S. 920 f., ermittelte Wert von 2 eingesetzt. Obwohl sich die optimale Aufteilung zwischen risikoloser und -behafteter Anlage stark unterschied, waren die Resultate nahezu identisch. Die gezeigten Ergebnisse beruhen auf einem Risikoaversionsparameter von 0,05. Dieser wurde gewählt, weil die Summe der mit Hilfe dieses Parameters ermittelten Gewichte, multipliziert mit der Zeitreihe der Renditen des Benchmarkportfolios, am nächsten beim Wert Null lag. Auch in der Untersuchung von *Cumby/Glen*, in der dieses Maß verwendet wird, sind die Ergebnisse bezüglich

Ergebnisse, weder was die Höhe der absoluten Werte noch die Aussagen über ihre statistische Signifikanz betraf. Deutlich zu erkennen ist die mit der Zunahme von Beobachtungen abnehmende Verzerrung des Maßes. So liegen die Gewichte, multipliziert mit den Renditen des Benchmarkportfolios, im Gesamtzeitraum weit näher am Wert Null als in den Subperioden.

Tab. D.41: Positive Period Weighting Measure und Jensens Alpha in den Zeiträumen 4/86-12/91 und 5/74-12/91; Referenzindex: DAFOX

Zeit	4/86-12/91				5/74-12/91			
Fonds	PW	t (PW)	Jensen	t (J)	PW	t (PW)	Jensen	t (J)
R2	-0,0416	-0,340	-0,0365	-0,298	-0,09417	**-1,71	-0,0940	**-1,706
R3	-0,2005	**-1,73	-0,1970	**-1,697	-0,1112	*-2,034	-0,1113	*-2,035
R4	-0,0199	-0,146	-0,0145	-0,106	-0,0634	-1,012	-0,0636	-1,015
R7	-0,3920	-1,512	-0,3854	-1,486	0,0095	0,077	0,0124	0,101
R9	0,1291	0,936	0,1335	0,967	-0,0343	-0,498	-0,0337	-0,490
R82	0,0031	0,030	0,0071	0,068	-0,0732	-1,303	-0,0742	-1,320
R120	0,1344	0,944	0,1386	0,973	-0,0292	-0,441	-0,0300	-0,454
R122	0,3823	**1,831	0,3867	**1,852	0,0638	0,600	0,0649	0,611
R126	0,0829	0,611	0,0876	0,646	-0,0637	-0,923	-0,0640	-0,927
R138	-0,2608	**-1,72	-0,2546	**-1,677	-	-	-	-
R139	-0,0191	-0,065	-0,0126	-0,043	-	-	-	-
R164	0,1002	0,914	0,1032	0,942	-0,0213	-0,363	-0,0227	-0,388
R169	-0,0823	-0,942	-0,0796	-0,911	-	-	-	-
R171	-0,2517	-1,412	-0,2439	-1,368	-	-	-	-
R201	0,1654	1,427	0,1678	1,449	0,1359	**1,827	0,1344	**1,807
R310	0,4540	**1,844	0,4532	1,840	0,0793	0,751	0,0738	0,699
R322	0,0305	0,250	0,0349	0,287	-0,0433	-0,731	-0,0444	-0,751
R325	-0,2594	-0,871	-0,2505	-0,841	-	-	-	-
R360	-0,0768	-0,295	-0,0671	-0,258	-0,2058	**-1,74	-0,2006	**-1,694
R541	-0,0385	-0,302	-0,0338	-0,265	-0,1315	-1,506	-0,1302	-1,490
R680	-0,1554	-1,441	-0,1521	-1,410	-0,1174	-1,262	-0,1175	-1,263
DREN	-0,0468	-0,528	-0,0421	-0,475	-0,0582	-1,440	-0,0579	-1,432
DAFOX	-0,0043	-	-	-	0,0008	-	-	-

Die PW- und Jensen-Maße sind in Prozent auf monatlicher Basis angegeben
* Signifikant auf dem 5 %-Niveau (** = 10 %-Niveau)

Die Mehrzahl der Maße weist negative Werte auf. Nur wenige sind dabei signifikant von Null verschieden, wie die deskriptive Statistik in Tabelle D.42 verdeutlicht. Die Resultate des PW-Maßes unterscheiden sich nur marginal von denen des Jensen-Maßes. In keinem Fall tritt ein Vorzeichenwechsel durch die Anwendung des jeweils anderen Maßes auf. Die nur geringen Unterschiede zwischen den mit beiden Maßen erzielten Ergebnissen können letztlich auf die mit ihnen unterstellten verschiedenen Nutzenfunktionen zurückgeführt werden. Im Fall normalverteilter Renditen müssen die beiden Maße zu identischen Ergebnissen führen.

---

der Wahl des Risikoaversionskoeffizienten unempfindlich, vgl. **Cumby/Glen** (1990), S. 504, Fußnote11.

Tab. D.42: Statistik der Positive Period Weighting Measure; Referenzindizes: DAFOX und GG-Index

Zeiträume	74-79	80-85	86-91	74-91
DAFOX				
PW Durchschnitt	-0,00037	-0,00094	-0,00015	-0,00063
Minimum	-0,00258	-0,00237	-0,00392	-0,00258
Maximum	0,00065	0,00344	0,00454	0,00344
Standardabweichung	0,00084	0,00161	0,00207	0,00120
Anzahl PW +/sig.*	5/-	4/-	9/-	4/-
Anzahl PW -/sig.*	11/-	14/2	12/	12/1
GG-Index				
PW Durchschnitt	-0,00096	-0,00246	-0,00485	-0,00227
Minimum	-0,00302	-0,00860	-0,00860	-0,00384
Maximum	0,00008	0,00429	0,00025	-0,00017
Standardabweichung	0,00086	0,00253	0,00218	0,00094
Anzahl PW +/sig.*	1/-	5/-	1/-	-/-
Anzahl PW -/sig.*	15/1	13/-	20/12	18/6

* Die Anzahl enthält die Koeffizienten, die signifikant auf dem 5 %-Niveau von Null verschieden sind und bezieht sich auf die t-Werte, welche auf Grundlage der Heteroskedastizitätskorrektur nach White berechnet wurden

Als Benchmarkportfolio bzw. als aus der Sicht des uninformierten Investors relativ μ/σ-effizientes Portfolio kommt in erster Linie der DAFOX in Betracht.[42] Um jedoch die Sensitivität der Ergebnisse gegenüber der Benchmarkwahl zu testen, wurden auch andere Performance-Indizes eingesetzt. Die Resultate, die dabei mit dem GG-Index erzielt wurden, sind in Tabelle D.46 erfaßt.

Obwohl der GG-Index aufgrund der Struktur der Fondssondervermögen wegen seiner Gleichgewichtung als Benchmark eigentlich nicht geeignet ist, ist er gegenüber dem DAFOX in Periode 86/91 und im Gesamtzeitraum effizienter und insofern vor dem theoretischen Hintergrund des PW-Maßes grundsätzlich geeigneter. Die Resultate zeigen in den genannten Zeiträumen deutlich negative Werte für die Fonds; nur ein einziger Fonds weist ein positives, nicht signifikantes PW-Maß (in Periode 86/91) auf. Wie schon bei Jensens Alpha unterscheiden sich die Resultate auch hier insbesondere in der Periode 86/91 und im Gesamtzeitraum von denen, die mit dem DAFOX erzielt werden. Demgegenüber sind mit beiden Indizes in den Perioden 74/79 sowie 80/85 ähnliche Resultate zu beobachten. Diese Beobachtung war für den Zeitraum 80/85 bereits im Rahmen der Portfoliountersuchungen festzustellen. Im übrigen weisen die Werte des PW-Maßes auch bei diesem Index für fast alle Fonds nahezu identische Ergebnisse im Ver-

---

[42] Grundsätzlich ist dieses Maß auch für Mehrfaktorenmodelle geeignet. So hätte z. B. auch das Drei-Index-Modell als Benchmarkportfolio eingesetzt werden können. Die Ergebnisse mit den anderen Maßen lassen aber erkennen, daß das Drei-Index-Modell keine höhere Effizienz als der DAFOX aufweist.

gleich zum Jensen Alpha auf. Ebenso wie bei sämtlichen bislang eingesetzten Maßen spielt die Indexwahl für das Ranking der Portfolios keine Rolle.[43]

dd. Vergleich der Ergebnisse

Die bisher verwendeten, theoretisch fundierten Performance-Maße beruhen auf Einfaktormodellen unter Verwendung eines Index als Benchmark. Fraglich ist, inwieweit sich die Ergebnisse abhängig von der Wahl des Maßes unterscheiden, wenn der jeweils benutzte Index für das einzelne Verfahren identisch ist. Abbildung D.46 verdeutlicht, daß die Verfahren, mit denen die Gesamtperformance gemessen wird, im Durchschnitt fast identische Werte ermitteln.[44] Die hier nicht dargestellte Betrachtung auf Einzelfondsebene bestätigt diesen Eindruck. Ähnliche Resultate wie die Totalmaße weist auch das Jensen-Maß auf, eine Beobachtung, die bereits im Rahmen der Portfoliountersuchungen gemacht wurde.

Abb. D.46: **Durchschnittliche monatliche Performance aller Fonds in den drei Subperioden, gemessen mit verschiedenen Performance-Maßen**

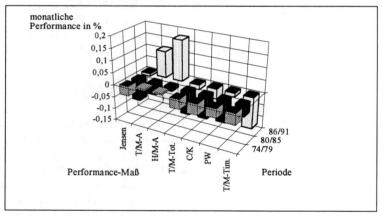

Die H/M- und T/M-Alphas messen dagegen lediglich die auf Selektionsinformationen beruhende Performance, die sich erheblich von der mit den Gesamtperformance-Maßen ermittelten unterscheidet. Im Durchschnitt ist die mit ihnen gemessene Performance größer als die mit Hilfe der Totalmaße geschätzte. Dabei ist das Niveau der angezeigten

---

[43]   Vgl. die entsprechend hohen Korrelationskoeffizienten in Tabelle T-D.46 im Anhang T.

[44]   Dies gilt sowohl für den Durchschnitt sämtlicher Fonds als auch für die Extremwerte; vgl. Tabelle T-D.47 im Anhang T. Eine Ausnahme besteht für das C/K-Maß in der Periode 86/91. Die Begründung für die vergleichsweise große Abweichung ist in der starken Verteuerung des Puts durch die große Volatilität in dieser Periode zu sehen, die das Alpha stark verringert.

Performance beim H/M-Alpha im Durchschnitt höher im Vergleich zu derjenigen, die sich auf der Grundlage des T/M-Alphas ergeben. Auch dies entspricht den Beobachtungen im Rahmen der Portfoliountersuchungen. Auffällig ist das negative Niveau der Timing-Performance, die mit dem T/M-Timingmaß geschätzt wird und im Durchschnitt z. T. negativere Werte aufweist als die Gesamtperformance.

Die Timingkoeffizienten schließlich unterscheiden sich zwar nicht vom Vorzeichen, wohl aber - in Abbildung D.47 gut erkennbar - in ihrem Niveau erheblich voneinander. Auch dies war bereits in den Simulationsanalysen der Fall.

Abb. D.47: **Durchschnittliche Timingkoeffizienten im Vergleich**

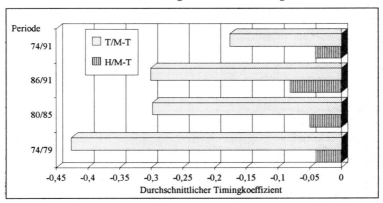

Diese Beobachtungen werden durch sehr hohe Korrelationskoeffizienten zwischen den Gesamtperformance-Maßen sowie den Jensen Alphas einerseits, und zwischen den die Selectivity-Performance messenden H/M-A und TM-A andererseits bestätigt. Ebenfalls hoch mit den Gesamtperformance-Maßen korreliert sind die reinen, klassischen Ranking-Maße. Da sie mit den H/M-A und T/M-A-Maßen weit geringere Korrelationen aufweisen, ist davon auszugehen, daß auch sie eher die Gesamtperformance messen.[45]

Theoretisch müßten sich das allein die Selektivität messende Jensen-Maß und das PW-Maß bei Vorliegen von Timingaktivitäten unterscheiden. Die nahezu vollständige, auch anhand der z. T. bei Eins liegenden Pearson-Korrelationskoeffizienten ablesbare Übereinstimmung der mit beiden Ansätzen erzielten Ergebnisse läßt nach theoretischen

---

[45] Die Korrelationen zwischen sämtlichen Maßen und für alle Zeiträume sind in den Tabellen T-D.37 und T-D.38 im Anhang T zu finden.

Überlegungen die Schlußfolgerung zu, daß die Portfoliomanager nicht über Timingfähigkeiten verfügen bzw. in den hier untersuchten Perioden verfügt haben.[46]

Empirisch muß jedoch einschränkend darauf hingewiesen werden, daß das Jensen-Maß unter bestimmten Bedingungen bei Timingfähigkeiten nicht nach unten, sondern nach oben verzerrt wird. In allen hier untersuchten Perioden waren die dafür notwendigen Voraussetzungen gegeben, was durch die Ergebnisse der Simulationen eindrucksvoll bestätigt wurde. Darin war der Charakter von Jensens Alpha als Gesamtperformance-Maß deutlich nachzuweisen. Insofern ist die Übereinstimmung beider Maße nicht allein auf das Fehlen von Timingfähigkeiten zurückzuführen, sondern auch auf die Verzerrung des Jensen-Maßes. Dann allerdings sind die sehr ähnlichen Ergebnisse nicht weiter überraschend. *Grinblatt/Titman* dagegen weisen in ihrer Arbeit auf die positiven Verzerrungen des Jensen Alphas nicht hin und interpretieren ihre Resultate lediglich auf der Basis der theoretischen Hintergründe der Maße, wie sie oben angedeutet wurden.[47] Ihre Aussage, daß aus der Identität des PW- und Jensens-Maßes auf fehlende Timingfähigkeiten geschlossen werden kann, ist somit nicht haltbar.

Es bleibt die Feststellung, daß für die Mehrheit der hier untersuchten Fonds die dem Jensen Alpha entgegengebrachte Kritik, durch die Unterstellung konstanter Portfolio-Betas keine Timingaktivitäten der Manager zu berücksichtigen und somit der Gefahr einer negativen Verzerrung ausgesetzt zu sein, für die hier untersuchten Perioden irrelevant ist.

Wird davon ausgegangen, daß das H/M-Alpha eine unverzerrte Schätzung der auf Wertpapierselektion beruhenden Performance ermöglicht, ist aus einer Gegenüberstellung der so ermittelten Performance und den Werten, die auf der Basis der Gesamtperformance-Maße geschätzt wurden, die Schlußfolgerung zu ziehen, daß eher Selektionsfähigkeiten der Manager vorgelegen haben.[48] Die daraus resultierende Performance wird jedoch aufgrund des negativen Timingbeitrages mehr als überkompensiert, so daß die Gesamtperformance negativ ausfällt.

Empirisch müssen die Beobachtungen angesichts der im Rahmen der Simulationen gezogenen Schlußfolgerungen über die Robustheit der Maße hinterfragt werden. Während das H/M-Alpha wegen der negativen Timingkoeffizienten tendenziell überschätzt wird, werden mögliche Einflußfaktoren für diese Verzerrungen im Rahmen des C/K-Ansatzes berücksichtigt. Es ist zwar nicht davon auszugehen, daß mit diesem Maß eine vollständige Erfassung künstlichen Timings möglich ist. Trotzdem kommt den Ergebnissen die-

---

[46] Dem könnte entgegengehalten werden, daß das PW-Maß unter Umständen nicht in der Lage ist, Timingaktivitäten zu identifizieren. Dem widersprechen allerdings die Portfoliountersuchungen und die Ergebnisse, welche mit den übrigen Maßen erzielt werden.

[47] Vgl. **Grinblatt/Titman** (1994), S. 431 f.

[48] Dabei bezieht sich diese Schlußfolgerung lediglich auf das Vorzeichen der ermittelten Performance, nicht jedoch auf deren Signifikanz.

ses oder aufgrund der vergleichbaren Werte auch des PW-Maßes die größere Bedeutung bei der Interpretation der Resultate zu.

Das Vorherrschen negativer Werte der mit diesen Maßen geschätzten Performance legt die Vermutung nahe, daß es den Fondsmanagern nicht gelungen ist, die Marktrendite bzw. das aus Sicht der Investoren relativ μ/σ-effiziente Benchmarkportfolio in seiner Rendite risikobereinigt zu übertreffen. Dafür spricht zudem, daß eine statistisch signifikant positive Performance nur sehr vereinzelt beobachtet werden kann. Da Meßfehler in den Benchmark-Renditen keine Erklärung für die negativen Werte liefern,[49] ist anzunehmen, daß die Mehrheit der Manager keine superiore Performance erwirtschaftet hat.[50]

Gleichwohl sind erhebliche Unterschiede in der Performance der Fonds zu beobachten. Für einen Investor stellt sich daher die Frage nach der Auswahl zwischen den verschiedenen Fonds, obwohl die Gesamtheit der Fondsmanager nicht in der Lage ist, eine risikobereinigte Überrendite zu erzielen. Ein theoretisch korrektes Ranking kann lediglich auf der Grundlage des Selectivity-Beitrages erfolgen. Andererseits haben die Simulationen gezeigt, daß die Gesamtperformance-Maße zu den besten Resultaten bei der Identifikation privater Informationen führen. Ein einwandfreies Ranking auf der Basis dieser Maße ist aber lediglich dann möglich, wenn von der Risikoaversion abstrahiert wird. Nur in diesem Fall kann auch der Timingbeitrag ohne Berücksichtigung des zu seiner Erzielung eingegangenen systematischen Risikos in eine Reihenfolge gebracht werden. Ferner ist ein Ranking mit Hilfe der Gesamtperformance dann einwandfrei durchführbar, wenn davon ausgegangen werden kann, daß die Gesamtperformance allein auf Selektionsfähigkeiten zurückzuführen ist.

In den Portfoliountersuchungen wurde deutlich, daß bereits geringe, aber positive Werte der H/M- und T/M-Timingkoeffizienten auf Timingfähigkeiten hindeuten. Die Koeffizienten der Fonds sind jedoch in der weit überwiegenden Anzahl negativ, und die Korrelationen zwischen ihnen und den Alphas entsprechen am ehesten jenen, die im Rahmen der Portfoliountersuchungen in der Kategorie Z ermittelt wurden. Daher kann davon ausgegangen werden, daß die Fondsmanager im Durchschnitt keine erfolgreichen Timingfähigkeiten besaßen und somit ein Ranking mit dem C/K- und PW-Maß aussagekräftig sein sollte.

---

[49] Vgl. **Cumby/Glen** (1990), S. 500 f., die zeigen, daß im Falle von Meßfehlern in den Benchmarkrenditen sowohl das Jensen- als auch das PW-Maß nach oben verzerrt werden. Dies würde demnach zu einer Begünstigung der Fonds führen.

[50] Diese eindeutige Schlußfolgerung ist möglich, weil selbst bei Nutzung einer ineffizienten Benchmark im Fall nicht vorhandener Timinginformationen jedes relativ zur Benchmark effiziente Portfolio ein positives Jensen-Alpha oder PW-Maß aufweisen müßte. Das würde zwar nicht unbedingt auf eine superiore Performance hinweisen; ein negatives Alpha dagegen würde die eindeutige Aussage zulassen, daß der Manager auf keinen Fall eine superiore Performance erwirtschaftet hat, vgl. **Dybvig/Ross** (1985 b), S. 410; **Cumby/Glen** (1990), S. 510.

Trotzdem ist beim Ranking der Fonds, deren Timingkoeffizienten extreme Werte aufweisen, Vorsicht geboten. Nicht alle Fonds weisen eine identische Performance bei der Anwendung verschiedener Maße auf. Fraglich ist auch hier, ob sich die Differenz zwischen Total- und Selectivity-Maßen auf Timingfähigkeiten zurückführen läßt. Zur Beantwortung dieser Frage wird analog zu den Portfolios die Korrelation zwischen der Differenz des PW- und Jensen-Maßes und dem Treynor/Mazuy-Timing-Maß ermittelt. Dabei ergeben sich je nach Zeitraum sehr hohe Korrelationskoeffizienten. Daraus kann geschlossen werden, daß sich die Differenz zwischen dem PW-Maß und dem Jensen-Maß tatsächlich durch Timingaktivitäten erklären läßt.[51]

Die Untersuchungen auf der Grundlage des nichtparametrischen Verfahrens von *Henriksson/Merton* könnten weitere Aufschlüsse darüber geben, ob bei diesen, aber auch bei den anderen Fonds tatsächlich von Timingaktivitäten auszugehen ist. Daneben sollte die Analyse der Renten- und Liquiditätshaltung Rückschlüsse darüber erlauben, ob die Fonds, die positive Timingkoeffizienten aufweisen, tatsächlich aggressive Umschichtungen in den Sondervermögen vorgenommen haben. Sollte dies der Fall sein, so sind hohe Schwankungen der Anteile in Aktien und Renten sowie der Liquiditätsposition zu erwarten.

Bevor diesbezügliche Analysen erfolgen, wird im nächsten Abschnitt geprüft, ob die Form der Fondsrenditeverteilungen möglicherweise einen Einfluß auf die Beurteilung der Fondsmanagerleistungen hat. Dazu werden zunächst lediglich die negativen Abweichungen von bestimmten Sollrenditen als Risiko definiert und schließlich wird im Rahmen der stochastischen Dominanzkriterien auf die gesamte Verteilung zurückgegriffen.

b. Ergebnisse bei der Verwendung alternativer Risikobegriffe
aa. Die Lower Partial Moments

Die Schiefekoeffizienten der Fondsrenditeverteilungen unterscheiden sich insbesondere in der Periode 86/91 aufgrund der starken Marktschwankungen besonders stark voneinander.[52] Deshalb sind bei einer Verwendung der LPM-Performance-Maße am ehesten in diesem Zeitraum Unterschiede in den Resultaten gegenüber den Maßen zu erwarten, die zur Bereinigung der Renditen Risikomaße auf der Basis symmetrischer Verteilungen

---

51 Die Koeffizienten weisen Werte von 0,8938 (74/79), 0,9492 (80/85), 0,9494 (86/91) und 0,9882 (Gesamtzeitraum) auf und sind auch bei der Verwendung anderer Indizes gegeben. Sie betrugen beispielsweise für den Blue-Chip-Index 0,891 (74/91), 0,973 (80/85), 0,942 (86/91) und 0,998 (Gesamtzeitraum). Dasselbe gilt für die Korrelation zwischen der Differenz, die sich nach Subtraktion des H/M-A von dem C/K-Maß ergibt, und dem T/M-Timing-Maß. Hier betrugen die Werte für 0,975 (74/91), 0,939 (80/85), 0,959 (86/91) und 0,992 (Gesamtzeitraum).

52 So beträgt die Standardabweichung der Schiefekoeffizienten in der Periode 86/91 0,564 gegenüber lediglich 0,241 in Periode 74/79 und 0,190 in Periode 80/85.

einsetzen. Aus diesem Grund werden die Ergebnisse dieser Periode in der Tabelle D.43 dargestellt.

Tab. D.43: **Ausfallwahrscheinlichkeiten, LPM-Performance-Maße und Ranking der Fonds im Zeitraum 86/91; Target-Rendite: R_f und μ des jeweiligen Portfolios**

Fonds	LPM_0/R_f		LPM_0/μ		$LPM\text{-}1/R_f$		$LPM\text{-}1/\mu$		$LPM\text{-}2/R_f$		$LPM\text{-}2/\mu$	
R2	0,492	6	0,463	6	-0,168	13	-0,184	13	-0,079	14	-0,082	14
R3	0,521	8	0,478	7	-0,259	19	-0,298	19	-0,123	20	-0,130	20
R4	0,507	7	0,478	7	-0,161	11	-0,175	11	-0,075	11	-0,077	11
R7	0,507	7	0,463	6	-0,300	20	-0,352	20	-0,144	21	-0,154	21
R9	0,463	4	0,434	4	-0,097	4	-0,102	4	-0,044	4	-0,045	4
R82	0,463	4	0,463	6	-0,151	10	-0,162	10	-0,072	10	-0,075	10
R120	0,449	3	0,434	4	-0,099	5	-0,104	5	-0,046	5	-0,047	5
R122	0,405	1	0,420	3	0,049	2	0,048	2	0,022	2	0,022	2
R126	0,478	5	0,463	6	-0,119	7	-0,126	7	-0,056	7	-0,058	7
R138	0,521	8	0,478	7	-0,248	17	-0,284	17	-0,116	17	-0,123	17
R139	0,492	6	0,478	7	-0,146	9	-0,158	9	-0,070	9	-0,073	9
R164	0,463	4	0,449	5	-0,113	6	-0,118	6	-0,053	6	-0,055	6
R169	0,434	2	0,391	1	-0,216	15	-0,238	15	-0,101	15	-0,106	15
R171	0,478	5	0,463	6	-0,256	18	-0,291	18	-0,118	18	-0,124	19
R201	0,463	4	0,449	5	-0,066	3	-0,067	3	-0,030	3	-0,030	3
R310	0,434	2	0,449	5	0,083	1	0,081	1	0,042	1	0,041	1
R322	0,463	4	0,434	4	-0,142	8	-0,153	8	-0,066	8	-0,068	8
R325	0,478	5	0,405	2	-0,305	21	-0,353	21	-0,118	19	-0,123	18
R360	0,463	4	0,434	4	-0,189	14	-0,208	14	-0,079	12	-0,082	12
R541	0,478	5	0,449	5	-0,166	12	-0,180	12	-0,079	13	-0,082	13
R680	0,478	5	0,449	5	-0,221	16	-0,247	16	-0,107	16	-0,112	16
DREN	0,478	-	0,449	-	-0,175	-	-0,191	-	-0,082	-	-0,085	-
DAFOX	0,478	-	0,434	-	-0,159	-	-0,172	-	-0,074	-	-0,077	-
GG	0,420	-	0,434	-	0,078	-	0,076	-	0,035	-	0,035	-

Nur drei der Fonds (R122 beim LPM_0/R_f-Maß, R169, R325 beim LPM_0/μ-Maß) weisen gegenüber den übrigen eine nennenswert geringere Ausfallwahrscheinlichkeit auf. Für diese Fonds werden die niedrigsten Betafaktoren geschätzt, so daß sie an Marktrückgängen nur unterproportional partizipiert haben. Dabei handelt es sich bei den beiden letzten um gemischte Fonds, deren Rentenanteile in Aktienmarktabwärtsphasen einen positiven Effekt auf die Wahrscheinlichkeit, die Target-Rendite zu erzielen, gehabt haben. Die Höhe der Ausfallwahrscheinlichkeiten zwischen den Fonds bewegt sich ansonsten in einer engen Bandbreite. Dies gilt auch für die anderen Perioden, wie die Statistik der LPM_0-Maße in Tabelle D.44 beweist.

- 368 -

Tab. D.44: Statistik der absoluten Werte der Ausfallwahrscheinlichkeiten; Target-Rendite: R_f und μ des jeweiligen Portfolios

Maß	Zeiträume	74/79	80/85	86/91	74/91
LPM_0/R_f	Durchschnitt	0,4881	0,4051	0,4734	0,4518
	Minimum	0,4559	0,3611	0,4058	0,4151
	Maximum	0,5735	0,4444	0,5217	0,4906
	Standardabweichung	0,0349	0,0244	0,0287	0,0175
	DAFOX	0,4559	0,3889	0,4783	0,4434
	GG	0,4706	0,4028	0,4203	0,4245
	kleiner als DAFOX	0	3	9	2
	kleiner als GG-Index	4	6	1	2
LPM_0/μ	Durchschnitt	0,4954	0,5054	0,4493	0,4846
	Minimum	0,4559	0,4444	0,3913	0,4623
	Maximum	0,5588	0,5417	0,4783	0,5094
	Standardabweichung	0,0220	0,0248	0,0238	0,0115
	DAFOX	0,4706	0,5139	0,4348	0,4764
	GG	0,5294	0,5278	0,4348	0,4764
	kleiner als DAFOX	0	9	3	1
	kleiner als GG-Index	15	13	3	1

Die Statistik der Ergebnisse der LPM_0-Maße zeigt außerdem, daß nur wenige der Fonds eine im Vergleich zum DAFOX geringere Ausfallwahrscheinlichkeit aufweisen.[53] Bezogen auf die mit dem risikolosen Zinssatz als Target-Rendite ermittelten Ergebnisse kann dies als weiteres Indiz für fehlende Timingfähigkeiten der Manager gelten, da sie im Durchschnitt nicht in der Lage waren, öfter als der Index eine gegenüber dem risikolosen Zinssatz höhere Rendite zu erzielen.

Bei der Messung der mittleren Überschußrendite gegenüber dem durchschnittlichen Verlust (LPM-1-Performance-Maß) und der mittleren Überschußrendite gegenüber der Volatilität des Verlustes (LPM-2-Performance-Maß) sind bezüglich des Rankings unabhängig von der gewählten Target-Rendite fast identische Ergebnisse festzustellen, die in Tabelle D.45 festgehalten sind.

Darüber hinaus entspricht die mit Hilfe dieser Maße festgestellte Rangfolge nahezu jener, die auf der Grundlage der Sharpe-Ratio sowie anderer Maße ermittelt wird.[54] Dies stimmt mit den Ergebnissen der Portfolio-Untersuchungen überein. Auch die Anzahl der im Vergleich zum DAFOX eine höhere Performance ausweisenden Fonds ist mit nur einer Ausnahme mit jener identisch, die sich bei Verwendung der Sharpe-Ratio ergibt.

---

[53] Dem GG-Index wird hier aus den bekannten Gründen eine geringere Aussagekraft beigemessen und ist nur der Vollständigkeit halber mit in die Tabelle aufgenommen.

[54] Vgl. Tabelle T-D.36 im Anhang T.

Tab. D.45: Statistik der LPM-1- und LPM-2-Performance-Maße; Target-Rendite: R_f und μ des jeweiligen Portfolios

Maß	Zeiträume	74/79	80/85	86/91	74/91
LPM-1/R_f	Durchschnitt	0,0897	0,7378	-0,1567	0,1611
	Minimum	-0,1403	0,5390	-0,3050	0,0141
	Maximum	0,2203	1,3424	0,0838	0,3605
	Standardabweichung	0,0925	0,1947	0,0997	0,0800
	DAFOX	0,1375	0,9405	-0,1597	0,1901
	GG	0,2277	0,9796	0,0785	0,3605
	pos. gegenüber DAFOX	5	2	10	3
	pos. gegenüber GG-Index	0	2	1	0
LPM-1/μ	Durchschnitt	0,0828	0,5569	-0,1752	0,1484
	Minimum	-0,1516	0,4421	-0,3535	0,0140
	Maximum	0,2005	0,8730	0,0810	0,3119
	Standardabweichung	0,0909	0,1035	0,1135	0,0685
	DAFOX	0,1300	0,6742	-0,1726	0,1756
	GG	0,2069	0,6918	0,0761	0,3119
	pos. gegenüber DAFOX	4	2	10	3
	pos. gegenüber GG-Index	0	2	1	0
LPM-2/μ	Durchschnitt	0,0459	0,3703	-0,0724	0,0724
	Minimum	-0,0758	0,2636	-0,1444	0,0059
	Maximum	0,1060	0,6219	0,0420	0,1610
	Standardabweichung	0,0478	0,0815	0,0459	0,0360
	DAFOX	0,0715	0,4773	-0,0745	0,0840
	GG	0,1292	0,4743	0,0358	0,1610
	pos. gegenüber DAFOX	5	2	10	3
	pos. gegenüber GG-Index	0	2	1	0
LPM-2/R_f	Durchschnitt	0,0439	0,3149	-0,0758	0,0696
	Minimum	-0,0787	0,2354	-0,1544	0,0059
	Maximum	0,1001	0,4876	0,0411	0,1503
	Standardabweichung	0,0475	0,0585	0,0482	0,0334
	DAFOX	0,0693	0,3826	-0,0770	0,0809
	GG	0,1224	0,3857	0,0352	0,1503
	pos. gegenüber DAFOX	5	2	10	3
	pos. gegenüber GG-Index	0	2	1	0

Insgesamt belegen diese Ergebnisse die Irrelevanz der Downside-Risk-Maße für die Beurteilung der Fondsperformance zumindest in den hier untersuchten Zeiträumen.[55] Dies wird durch die sehr hohen Korrelationskoeffizienten der LPM-Performance-Maße mit den Ergebnissen der in den vorangehenden Abschnitten eingesetzten anderen Ansätze

---

[55] Die Begründung dürfte in der zumindest approximativ gegebenen Normalverteilung der Renditen liegen. Damit kann bestätigt werden, daß der zusätzliche Erklärungsbeitrag durch die Berücksichtigung der Schiefe vernachlässigbar gering ist, selbst wenn die Wahrscheinlichkeitsverteilung der Renditen nicht vollständig durch die ersten beiden Momente erklärt wird, vgl. **Samuelson** (1970), S. 537. Vgl. auch die Untersuchung von **Burgess** (1974), der zu einem identischen Ergebnis kommt.

unterstrichen.[56] Die Bedeutung einer Risikobereinigung durch die LPM ergibt sich daher lediglich aus praktischen Erwägungen heraus, da Downside-Risk-Maße oft als intuitiv einleuchtender angesehen werden und insbesondere in der Anlagepraxis Verwendung finden.

Damit einher geht die Möglichkeit einer individuellen Festlegung der Target-Rendite,
die dem Risikobewußtsein des einzelnen verstärkt Rechnung tragen kann. Beispielsweise kann anstelle des risikolosen Zinssatzes als Target-Rendite ein anderer Alternativer-
tragssatz des Investors verwendet werden, z. B. ein Zinssatz, der in einem dem Anlagehorizont entsprechenden Zeitraum hätte erzielt werden können. Dabei kann es sich sowohl um die erwartete Rendite des Benchmarkportfolios handeln als auch um die
Rendite, die mit einer Investition in festverzinsliche Wertpapiere mit einer der Bewertungsperiode übereinstimmenden Restlaufzeit realisierbar wäre.

Diesen Überlegungen folgend werden die Ausfallwahrscheinlichkeiten und LPM-Performance-Maße mit zwei weiteren Target-Renditen berechnet. Dazu wird zum einen auf
die als Erwartungswert der Renditeentwicklung des Aktienmarktes interpretierte durchschnittliche monatliche Rendite des DAFOX in der jeweiligen Periode zurückgegriffen.[57] Zum anderen werden die zu Beginn der Zeiträume geltenden Umlaufrenditen von
Bundesanleihen verwendet. Dabei wird für die Periode 74/79 die Anfang Mai 1974
geltende Umlaufrendite für Anleihen mit einer Restlaufzeit von 5,5 Jahren eingesetzt,
für die Periode 80/85 jene mit einer Restlaufzeit von 6 Jahren zu Beginn des Monats Januar 1980 und für die letzte Periode die Anfang April 1986 mit einer Restlaufzeit von
5,5 Jahren geltende. Für die Gesamtperiode wurde die im Mai 1974 geltende Umlaufrendite für Anleihen mit einer Restlaufzeit von 10 Jahren genutzt.[58] Die Rendite einer
längeren Restlaufzeit war nicht verfügbar.

In Tabelle D.46 ist hier lediglich die Anzahl der Fonds aufgeführt, die besser als der
DAFOX bzw. GG-Index beurteilt werden, d. h. entweder eine geringere Ausfallwahrscheinlichkeit bezüglich des Erreichens der Target-Rendite aufgewiesen haben oder für
die größere LPM-1- und LPM-2-Performance-Maße als für den jeweiligen Index ermittelt wurden. Deutlich werden die in Abhängigkeit von den verwendeten Target-Renditen differierenden Schlußfolgerungen bezüglich der Vorteilhaftigkeit des Fonds im
Vergleich zum jeweils herangezogenen Index. Dennoch bleiben die Rankings zwischen
den Fonds mit nur sehr geringen Abweichungen identisch.

---

[56] Vgl. die Tabellen T-D.37 und T-D. 37a sowie T-D.38 und T-D.38a im Anhang T.

[57] Dafür spricht eine Untersuchung von *Harlow/Rao*, deren Ergebnisse im Rahmen eines Tests des
      LPM-CAPM darauf hindeuten, daß die Investoren das Risiko eher als negative Abweichung von
      der erwarteten Marktrendite statt von der risikolosen Rendite charakterisieren , vgl. **Harlow/Rao**
      (1989), S. 306. Vgl. auch **Kapitel B. II. 3. b. aa. (3)**, S. 46.

[58] Dabei werden die p. a. angegebenen Sätze auf eine monatliche Basis umgerechnet, die dann als
      im Zeitablauf identische Target-Rendite verwendet wird.

Tab. D.46: Anzahl der Fonds mit einer gegenüber dem DAFOX und GG-Index geringeren Ausfallwahrscheinlichkeit bzw. größeren LPM-1- und LPM-2-Performance-Maßen; Target-Rendite: DAFOX-µ und Umlaufrendite von Bundesanleihen

Maß		74/79	80/85	86/91	74/91
LPM_0/UR	kleiner als DAFOX	8	3	8	6
	kleiner als GG-Index	6	5	1	-
LPM_0/μ^*	kleiner als DAFOX	1	1	5	-
	kleiner als GG-Index	11	3	5	-
LPM-1/UR	pos. ggü. DAFOX	5	2	10	3
	pos. ggü. GG-Index	-	2	1	-
$LPM-1/\mu^*$	pos. ggü. DAFOX	5	1	10	3
	pos. ggü. GG-Index	-	1	1	-
LPM-2/UR	pos. ggü. DAFOX	5	2	10	3
	pos. ggü. GG-Index	-	2	1	-
$LPM-2/\mu^*$	pos. ggü. DAFOX	5	2	10	3
	pos. ggü. GG-Index	-	2	1	-

UR = Umlaufrendite von Bundesanleihen am Anfang des Monats der jeweiligen Periode mit einer Restlaufzeit von:

5,5 Jahren für den Zeitraum 74/79
6,0 Jahren für den Zeitraum 80/85
5,5 Jahren für den Zeeitraum 86/91
10 Jahren für den Zeitraum 74/91

* Mittelwert des DAFOX in dem jeweiligen Zeitraum

Eine Diskussion über den als Target-Rendite am besten geeigneten Zinssatz soll hier nicht erfolgen. Letztlich lassen sich für jede Target-Rendite Argumente finden. Ihre willkürliche Festlegung ist jedoch einer theoretischen Fundierung der darauf beruhenden Performance-Maße abträglich.[59]

Die LPM-Performance-Maße könnten in Zukunft an Bedeutung gewinnen, sofern die Fondsmanager die zunehmende Liberalisierung des KAGG bezüglich der Anlagegrenzen ausschöpfen und verstärkt Derivate einsetzen. Die daraus resultierenden Renditeverteilungen könnten ein höheres Ausmaß an Asymmetrie in den Renditeverteilungen bewirken und die Relevanz von Downside-Risk-Maßen erhöhen.

bb. Die Kriterien der stochastischen Dominanz

Aufgrund der Unabhängigkeit der stochastischen Dominanz von kapitalmarkttheoretischen Modellen bietet sich ein Vergleich der mit Hilfe ihrer Kriterien als effizient identifizierten Portfolios mit jenen Portfolios an, bei denen gemäß der mit anderen Verfahren erzielten Ergebnisse vom Vorliegen privater Informationen ausgegangen werden muß. Damit kann das auf der Grundlage der bisher untersuchten Performance-Maße erfolgte

---

[59] Vgl. **Ang/Chua** (1979), S. 363.

unproblematische Ranking der Fonds überprüft werden.[60] Eine Bestätigung der Ergebnisse in der Hinsicht, daß nur die von den verschiedenen Verfahren als beste Portfolios eingestuften Fonds durch die stochastische Dominanz als effizient selektiert werden, würde die Relevanz der Verfahren erhärten können. Dies gilt insbesondere deshalb, weil beim Einsatz der statistischen Signifikanztests für die stochastische Dominanz die Wahrscheinlichkeit von Fehlern des Typs A bei nahezu Null liegt.[61] Darüber hinaus wird durch einen paarweisen Vergleich jedes Fonds mit dem DAFOX der Frage nachgegangen, ob der Fonds den Index dominiert hat oder umgekehrt. Auf diese Weise sind Rückschlüsse auf die Performance der Manager bzw. der Fonds möglich.

Die Anwendung der stochastischen Dominanz 2. Grades beruht auf der Annahme risikoscheuer Investoren mit einer konkaven Nutzenfunktion und stellt eine sowohl hinreichende als auch notwendige Bedingung für alle risikoscheuen Investoren dar. Deshalb ist vor allem ein Vergleich der damit erzielten Resultate mit jenen, die bei Verwendung auf dem μ/σ-Prinzip basierender Verfahren erzielt werden, aussagekräftig. Eine Gegenüberstellung der Ergebnisse in Perioden, in denen die Normalverteilung der Renditen zweifelhaft ist, erscheint dabei besonders aufschlußreich.

Die Effizienz der stochastischen Dominanz ist stark vom untersuchten Zeitraum und von dessen Länge abhängig.[62] Hier werden den Untersuchungen dieselben Zeiträume zugrunde gelegt, in denen die Performance der Fonds mit den anderen Maßen analysiert wurde, um eine direkte Vergleichbarkeit der Ergebnisse zu ermöglichen. Die damit festgelegte Stichprobengröße hat Einfluß auf die Stichprobenfehler sowohl im Rahmen der numerischen stochastischen Dominanz als auch bei Einsatz der statistischen Tests.[63] Bei letzteren ist zu beachten, daß die Identifizierung einer Nichtvergleichbarkeit von Verteilungen aufgrund von Überschneidungen mit abnehmender Stichprobengröße und höherem Grad der stochastischen Dominanz zunehmend schwieriger wird.[64]

---

[60] Zu berücksichtigen ist dabei, daß ein Ranking mit Hilfe der stochastischen Dominanz auf der Grundlage der Gesamtperformance erfolgt, da eine Unterscheidung der Performance-Determinanten nicht möglich ist. Deshalb ist prinzipiell nur ein Vergleich mit den Ergebnissen jener Maße sinnvoll, die ebenfalls die Gesamtperformance messen. Allerdings ist nach den bisherigen Resultaten davon auszugehen, daß die Performance mit wenigen Ausnahmen auf Selectivity-Fähigkeiten beruht, sofern überhaupt eine Performance identifiziert wird.

[61] Dies gilt auch dann, wenn die zu vergleichenden Stichproben korreliert sind, vgl. die Simulationsergebnisse von **Chow** (1989), S. 92 f.; vgl. **Kapitel** C. II. 3. c., S. 144.

[62] Vgl. zur Problematik instationärer Renditeverteilungen im Rahmen der Performance-Messung mit der stochastischen Dominanz **Saunders/Ward/Woodward** (1980), S. 325, die deshalb lediglich einen knapp 3-jährigen Zeitraum bei monatlichen Renditeintervallen wählen.

[63] Angesichts der Simulationsergebnisse von *Chow* ist allerdings mit der aufgrund dieser Zeiträume festgelegten Stichprobengröße insgesamt ein guter Kompromiß bezüglich der Macht des Tests gegeben, vgl. **Chow** (1989), S. 79 ff., und insbesondere S. 90 ff., wo die Macht des Tests bei korrelierten Verteilungen getestet wird. Gleichwohl bleibt die Untersuchung der Gesamtperiode die mit der höchsten Aussagekraft.

[64] Vgl. **Chow** (1989), S. 94 f.

In Tabelle D.47 sind zunächst die Ergebnisse bei der Anwendung der numerischen stochastischen Dominanz zusammengestellt, wobei eine 0 bedeutet, daß der jeweilige Fonds nach dem entsprechenden Grad der stochastischen Dominanz von mindestens einem anderen Fonds dominiert wird und somit als ineffizient anzusehen ist. Eine 1 kennzeichnet entsprechend die Zugehörigkeit zur Gruppe der effizienten Fonds. Diese Gruppe enthält sowohl dominierende und gleich eingestufte als auch nicht vergleichbare Fonds.

Wie bereits in den theoretischen Ausführungen vermutet und in anderen Untersuchungen bestätigt, ist die stochastische Dominanz 1. Grades als Selektionskriterium untauglich, da alle Fonds als effizient eingestuft werden.[65] Dies ist nicht weiter überraschend, da sämtliche Renditeausprägungen eines Fonds geringer sein müßten als die eines anderen, um von letzterem dominiert zu werden.

Tab. D.47: **Effiziente Fonds anhand der Kriterien der stochastischen-Dominanz-Betrachtung der Fonds untereinander**

Zeit	05/74-12-/79			01/80-12/85			04/86-12/91			05/74-12/91		
Fonds	FSD	SSD	TSD	FSD	SSD	TSD	FSD	SSD	TSD	FSD	SSD	TSD
R2	1	0	0	1	0	0	1	0	0	1	0	0
R3	1	1	1	1	0	0	1	0	0	1	1	1
R4	1	0	0	1	0	0	1	0	0	1	0	0
R7	1	1	1	1	1	1	1	0	0	1	0	0
R9	1	1	1	1	0	0	1	0	0	1	0	0
R82	1	0	0	1	0	0	1	0	0	1	0	0
R120	1	0	0	1	0	0	1	0	0	1	0	0
R122	1	1	1	1	0	0	1	1	1	1	1	1
R126	1	0	0	1	0	0	1	0	0	1	0	0
R138	-	-	-	-	-	-	1	0	0	-	-	-
R139	-	-	-	-	-	-	1	0	0	-	-	-
R164	1	0	0	1	0	0	1	0	0	1	0	0
R169	-	-	-	1	1	1	1	1	1	-	-	-
R171	-	-	-	-	-	-	1	0	0	-	-	-
R201	1	1	1	1	1	1	1	1	1	1	1	1
R310	1	1	1	1	0	0	1	1	1	1	1	1
R322	1	0	0	1	1	1	1	0	0	1	0	0
R325	-	-	-	1	1	1	1	0	0	-	-	-
R360	1	0	0	1	0	0	1	0	0	1	0	0
R541	1	1	1	1	1	1	1	0	0	1	0	0
R680	1	1	0	1	1	1	1	0	0	1	0	0
EG %	100	50	44	100	39	39	100	19	19	100	25	25

FSD: First Degree Stochastic Dominance; SSD: Second Degree Stochastic Dominance; TSD: Third Degree Stochastic Dominance; eine 1 kennzeichnet die Zugehörigkeit zur Gruppe der effizienten Fonds, eine 0 bedeutet die Zugehörigkeit zur Gruppe der ineffizienten Fonds;. EG: Größe des Effizienzsets, ausgedrückt in Prozent der in der jeweiligen Periode für den Vergleich insgesamt herangezogenen Fonds

---

[65] Vgl. auch die Resultate der die stochastischen Dominanzkriterien anwendenden Untersuchungen von **Levy/Sarnat** (1970); **Joy/Porter** (1974); **Meyer** (1977); **Saunders/Ward/Woodward** (1980); **Woodward** (1983); **Möhlmann** (1993); vgl. auch Kapitel C. IV. 3. a. aa., S. 189.

Unter der zusätzlichen Annahme der Risikoaversion im Rahmen der Anwendung der stochastischen Dominanz 2. Grades ergibt sich dagegen eine in Abhängigkeit von der Untersuchungsperiode starke Verringerung der als effizient beurteilten Fonds. Die als effizient eingestufte Gruppe beträgt in der Periode 74/79 nur noch 50 %, in 80/85 39 %, in der durch den Crash beeinflußten Periode 86/91 19 % und in der Gesamtperiode 25 % der vorhandenen Fonds. Dagegen erweist sich die Anwendung der stochastischen Dominanz dritten Grades als wenig effektiv im Vergleich zu jener zweiten Grades. Nur in einem Fall ermöglicht ihre Berechnung eine Verringerung der effizienten Gruppe (Fonds R680 im ersten Zeitraum).

Die obigen Ergebnisse beruhen auf den Renditeausprägungen in der Stichprobenverteilung und sind deskriptiver Natur. Um Rückschlüsse auf die zugrundeliegende Wahrscheinlichkeitsverteilung zu ermöglichen, werden die im theoretischen Teil erläuterten Hypothesen getestet.[66] Die Entscheidung über Annahme oder Ablehnung der einzelnen Hypothesen erfolgt über die Transformation der stochastischen Dominanzkriterien in Lower Partial Moments. Dazu sind vorab die Target-Renditen festzulegen, um die entsprechenden z-Werte zu bestimmen. Hier werden in jedem Zeitraum 15 Target-Renditen τ_i gewählt, wobei i $\in$ [a; o]. Die Intervalluntergrenze a bezeichnet die minimale, und die obere Grenze o die maximale Rendite der Fonds bzw. des Index in der in dem jeweiligen Zeitraum gezogenen Stichprobenverteilung.[67]

Zur Bestimmung der effizienten Portfolios sind paarweise Vergleiche der LPM-Vektoren aller Fonds erforderlich. Bei jedem dieser paarweisen Vergleiche ist über die Annahme von H_0 bzw. über deren Ablehnung zugunsten der Alternativhypothesen H_1 oder H_2 auf der Grundlage der entsprechenden z-Werte zu entscheiden. Im Rahmen des programmtechnischen Ablaufs wird daher der gemäß Formel (C.71)[68] für jeden paarweisen Vergleich berechnete z-Wert zunächst mit dem kritischen Wert der studentisierten Maximum Modulus Verteilung verglichen, der bei dem vorgegebenen Signifikanzniveau relevant ist.[69] Ist keiner der z_i größer als der kritische Wert z_c (d. h. $z_i > z_c$ bzw. $-z_i < -z_c$), kann davon ausgegangen werden, daß die verglichenen Fonds bzw. die Wahrschein-

---

[66] Vgl. **Kapitel** C. II. 3. c., S. 146.

[67] Die Festlegung der Target-Renditen selbst ist arbiträr. Es werden gleiche Abstände zwischen den Target-Renditen gewählt. So beträgt das Intervall im Zeitraum 86/91 und im Gesamtzeitraum z. B. [-0,28; 0,13], während bei der Festlegung der Target-Renditen im Zeitraum 74/79 das Intervall [-0,08; 0,10] und in der Periode 80/85 das Intervall [0,09; 0,13] relevant ist. Eine größere Anzahl von Target-Renditen würde die Effizienz des Tests aufgrund der zunehmenden Kosten zu seiner Berechnung verringern und ferner einen Verlust an Freiheitsgraden bedeuten. Die Ergebnisse von *Chow* zeigen darüber hinaus, daß eine höhere Anzahl von Target-Renditen auch nicht erforderlich ist. Seine Simulationen belegen, daß bereits mit einer Anzahl von m = 10 Target-Renditen im Vergleich zu einer höheren Anzahl identische Ergebnisse erzielt werden, vgl. **Chow** (1989), S. 81.

[68] Vgl. **Kapitel** C. II. 3. c., S. 147.

[69] Die Untersuchungen werden sowohl für ein Signifikanzniveau von 5% als auch für 10% durchgeführt.

lichkeitsverteilungen ihrer Renditen sich nicht signifikant voneinander unterscheiden (Annahme von H_0). Sind dagegen im Vergleich zum kritischen z-Wert sowohl größere positive als auch negative z_i zu beobachten, ist davon auszugehen, daß die betrachteten Fonds aufgrund signifikanter Überschneidungen nicht vergleichbar sind (Annahme von H_2). Bei Verwerfung der Nullhypothese zugunsten von H_1 ist zu entscheiden, welcher Fonds den anderen dominiert. Dies ist anhand des Vorzeichens des über dem kritischen Wert liegenden z-Wertes zu beurteilen. Beim Vergleich des Fonds A mit Fonds B, ist A dann als signifikant dominierend einzustufen, wenn das bzw. die über z_c liegenden z_i ein negatives Vorzeichen aufweisen. Umgekehrt ist Fonds B gegenüber Fonds A dominant, wenn der entsprechende z-Wert positiv ist bzw. mehrere positiv sind.[70]

Die Ergebnisse sind in der folgenden Tabelle D.48, differenziert nach den entsprechenden Untersuchungsperioden, dem jeweils zugrundegelegten Signifikanzniveau und der stochastischen Dominanz 1., 2. und 3. Grades, komprimiert zusammengefaßt.

Tab. D.48: **Prozentualer Anteil der in die Gruppe der effizienten Portfolios eingestuften Fonds**

Grad der stoch. Dom.	Signifikanz-niveau α	74/79	80/85	86/91	74/91
FSD	5 %	100 %	83 %	95 %	100 %
		G 100,0	G 96,1 D 3,9	G 90,4 D 0,96	G 100,0
	10 %	100 %	83 %	90 %	94 %
		G 100,0	G 84,7 D 14,0 NV 1,3	G 94,8 D 5,2	G 96,6 D 3,3
SSD	5 %	100 %	100 %	100 %	100 %
		G 100,0	G 100,0	G 100,0	G 100,0
	10 %	100 %	78 %	100 %	100 %
		G 100,0	G 96,1 D 3,9	G 100,0	G 100,0
TSD	5 %	100 %	100 %	100 %	100 %
		G 100,0	G 100,0	G 100,0	G 100,0
	10 %	100 %	78 %	100 %	100 %
		G 100,0	G 96,1 D 3,9	G 100,0	G 100,0

G   Annahme von H_0: Die Fonds sind als gleichwertig einzustufen.
D   Annahme von H_1: Ein Fonds dominiert einen anderen Fonds.
NV   Annahme von H_2: Die Fonds sind nicht miteinander vergleichbar.

Die Angaben bezeichnen die Größe des Effizienzsets, ausgedrückt in Prozent der in der jeweiligen Periode für den Vergleich insgesamt herangezogenen Fonds. Daneben wird der prozentuale Anteil der Fälle angegeben, die zu einer Annahme von H_0 (G - Gleich-

---

[70]   Auf eine weitere Differenzierung in strikte und schwache Dominanz wird hier verzichtet.

bewertung) oder zu einer Ablehnung zugunsten der Alternativhypothese H_1 (D - Dominanz) bzw. H_2 (NV - Nichtvergleichbarkeit) führten. Die Prozentangaben beziehen sich auf die Anzahl der erforderlichen paarweisen Vergleiche, die aufgrund der unterschiedlichen Anzahl von Fonds in den verschiedenen Untersuchungsperioden differiert und mit n(n - 1)/2 gegeben ist, wobei n die Anzahl der Fonds darstellt.

Die Ergebnisse lassen erkennen, daß die Gruppe der Fonds, die als effizient eingestuft werden, wesentlich größer ist als die Gruppe, die auf Basis der numerischen stochastischen Dominanz ermittelt wurde. Eine differenziertere Betrachtung der Ergebnisse bezüglich der Annahme bzw. Ablehnung der Nullhypothese macht den Grund dafür deutlich. Für die meisten Fonds kann die Nullhypothese, daß ihre Renditeverteilungen gleich sind, nicht abgelehnt werden. D. h., daß die meisten der im Rahmen der numerischen stochastischen Dominanz in die ineffiziente Gruppe eingestuften Fonds weder dominiert werden noch aufgrund von Überschneidungen ihrer Renditeverteilungen nicht vergleichbar sind. Vielmehr sind sie als gleichwertig anzusehen, da die Überschneidungen nicht signifikant von Null verschieden sind. Daher gehören auch sie zur Gruppe der effizienten Fonds.[71]

Die Prüfung der statistischen Signifikanz der mit Hilfe der stochastischen Dominanzkriterien erzielten Ergebnisse offenbart die bereits angesprochenen Stichprobenfehler. Insbesondere die 100 % - Wahrscheinlichkeit von Fehlern des Typs I führt zu den abweichenden Resultaten der numerischen stochastischen Dominanz, da bei ihrer Anwendung zwei als gleich einzustufende Fonds mit jeweils 50 %-iger Wahrscheinlichkeit entweder als nicht vergleichbar eingestuft werden oder aber eine Dominanz eines Fonds über den anderen angezeigt wird.[72]

Ökonomisch sind diese Ergebnisse angesichts der nutzentheoretischen Fundierung der stochastischen Dominanzkriterien ebenfalls einleuchtend. Rationale, risikoaverse Anleger sollten ihre Entscheidungen auf der Basis der stochastischen Dominanz zweiten Grades treffen. Dies bedeutet, daß die Anteile aller Fonds, die gemäß der stochastischen Dominanz zweiten Grades als ineffizient eingestuft werden, von risikoneutralen oder - freudigen Investoren erworben werden. Das hieße bezogen auf diese Untersuchung, daß abhängig vom Untersuchungszeitraum 50 % bis 81 % der Fonds von Anlegern gehalten werden, deren Risikoeinstellung nicht den in der Kapitalmarkttheorie allgemein üblichen und anerkannten Annahmen risikoscheuer Anleger entspricht, wenn die Resultate der numerischen stochastischen Dominanz zugrunde gelegt werden. Dies steht im Widerspruch zu empirischen Studien, die die Risikoaversion der Investoren belegen.[73] Deshalb erscheinen die Ergebnisse der statistischen Signifikanztests durchaus plausibel,

---

[71] Alle Fonds, die bei der Anwendung des Signifikanztests als ineffizient eingestuft werden, gehören auch im Rahmen der numerischen stochastischen Dominanz zur ineffizienten Gruppe.

[72] Vgl. **Chow** (1989), S. 110 f., der zu ähnlichen Ergebnissen kommt.

[73] Vgl. z. B. **Ruda** (1988), S. 218 f.

wenngleich vordergründig betrachtet die fehlende Effektivität der Kriterien zur Reduzierung des Effizienzsets unattraktiv wirkt.

Ein Vergleich der mit Hilfe der stochastischen Dominanz 2. Grades als effizient eingestuften Fonds mit den auf der Basis der Performance-Maße erhaltenen Rankings wird in den Tabellen D.49 und D.50 vorgenommen.

Die im Rahmen der stochastischen Dominanz miteinander verglichenen Renditeverteilungen bestehen letztlich aus den unbedingten Renditeverteilungen der in den Sondervermögen enthaltenen Wertpapiere sowie der auf Timing- und Selektionsfähigkeiten beruhenden Performance der Manager. Deshalb wird das zu überprüfende Ranking der Fonds mit Hilfe der Gesamtperformance-Maße aufgestellt. Die Festlegung der Rangfolge erfolgt sowohl auf Basis der absoluten Performance als auch mittels der entsprechenden t-Werte. Zusätzlich werden die Rangfolgen sowohl mit der Sharpe-Ratio als auch mit dem LPM-2/R_f- Maß gebildet.

Die grau unterlegten Fonds sind jene, die bei Anwendung der numerischen stochastischen Dominanz 2. Grades als effizient eingestuft werden.

Tab. D.49: **Ranking der Fonds auf der Grundlage verschiedener Ansätze und mit der stochastischen Dominanz als effizient identifizierte Gruppe in den Perioden 74/79 und 74/91**

Zeit	5/74-12/79					5/74-12/91					
C/K-A	t-stat.	PW	t-stat	S	LPM-2	C/K-A	t-stat	PW	t-stat.	S	LPM-2
R122	R122	R122	R122	R122	R122	R201	R201	R201	R201	R201	R201
R9	R9	R9	R9	R9	R9	R310	R310	R310	R310	R310	R310
R322	R322	R201	R82	R201	R201	R122	R122	R122	R122	R122	R122
R82	R82	R82	R201	R82	R3	R7	R7	R7	R7	R7	R7
R201	R201	R4	R4	R4	R82	R164	R164	R164	R164	R164	R164
R541	R4	R322	R322	R322	R4	R120	R120	R120	R120	R120	R9
R4	R541	R3	R680	R3	R322	R322	R9	R9	R9	R9	R120
R3	R7	R164	R541	R164	R541	R9	R322	R322	R322	R322	R322
R164	R164	R680	R3	R120	R164	R126	R126	R4	R126	R4	R126
R7	R3	R541	R7	R2	R7	R4	R4	R126	R4	R126	R4
R120	R680	R7	R164	R541	R120	R82	R82	R82	R680	R82	R82
R2	R120	R120	R120	R7	R2	R2	R680	R2	R82	R2	R2
R126	R2	R2	R2	R680	R680	R3	R541	R3	R541	R541	R3
R680	R126	R126	R126	R126	R126	R680	R2	R680	R2	R680	R680
R310	R310	R310	R360	R360	R310	R541	R360	R541	R360	R3	R541
R360	R360	R360	R310	R310	R360	R360	R3	R360	R3	R360	R360

C/K-A = Connor/Korajczyk-Alpha; t (C/K) = t-Wert des C/K-A; PW = Positive Period Weighting Measure; t (PW) = t-Wert des PW-Maßes; S = Sharpe-Ratio; LPM-2 = Lower Partial Moment Performance-Maß mit R_f als Target-Rendite. Grau unterlegte Fonds sind SSD-effizient

Tab. D.50: Ranking der Fonds auf der Grundlage verschiedener Ansätze und mit der stochastischen Dominanz als effizient identifizierte Gruppe in den Perioden 80/85 und 86/91

Zeit	1/80-12/85					4/86-12/91					
C/K-A	t-stat.	PW	t-stat	S	LPM-2	C/K-A	t-stat	PW	t-stat.	S	LPM-2
R7	R7	R7	R7	R7	R325	R310	R310	R310	R310	R310	R310
R325	R325	R325	R325	R325	R7	R122	R122	R122	R122	R122	R122
R201	R201	R201	R201	R201	R169	R201	R201	R201	R201	R201	R201
R122	R122	R122	R122	R169	R201	R120	R164	R120	R120	R9	R120
R169	R169	R169	R169	R126	R122	R164	R120	R9	R9	R120	R9
R126	R360	R126	R360	R120	R3	R9	R9	R164	R164	R164	R126
R541	R126	R541	R541	R2	R126	R126	R126	R126	R126	R126	R164
R120	R541	R120	R126	R164	R541	R82	R82	R322	R322	R322	R322
R3	R310	R3	R310	R122	R310	R322	R322	R82	R82	R139	R82
R310	R120	R164	R120	R322	R120	R4	R139	R139	R139	R82	R139
R164	R3	R322	R3	R541	R322	R541	R4	R4	R4	R4	R2
R322	R164	R310	R164	R3	R164	R2	R541	R541	R360	R541	R4
R2	R322	R2	R322	R4	R2	R139	R2	R2	R541	R2	R541
R360	R9	R360	R9	R310	R9	R169	R360	R360	R2	R360	R360
R9	R680	R9	R680	R82	R82	R680	R169	R169	R325	R169	R138
R82	R2	R4	R2	R9	R680	R360	R325	R680	R169	R680	R171
R4	R82	R82	R82	R680	R4	R3	R680	R3	R171	R138	R680
R680	R4	R680	R4	R360	R360	R138	R7	R171	R680	R171	R325
						R171	R3	R325	R7	R3	R7
						R325	R138	R138	R138	R325	R3
						R7	R171	R7	R3	R7	R169

Über alle Zeiträume betrachtet werden jene Fonds, die auf der Grundlage der Performance-Maße die ersten drei Ränge einnehmen, auch von der stochastischen Dominanz als effizient eingestuft. Daneben gehören jedoch auch solche zur Gruppe der effizienten Fonds, von denen es gemäß den Ergebnissen der Performance-Maße nicht zu erwarten gewesen wäre. Dies gilt insbesondere für diejenigen, welche mit allen Performance-Maßen als schlechteste Fonds beurteilt werden und sich somit auf den letzten Plätzen befinden, wie z. B. die Fonds R310, R680 und R7 im ersten Zeitraum, der R3 im Gesamtzeitraum sowie die Fonds R680 und R169 in den beiden anderen Perioden. Auffallend ist, daß es sich bei diesen Fonds entweder um in bestimmte Marktsegmente investierende (R7, R310) oder um gemischte Fonds mit einer vergleichsweise geringen Standardabweichung handelt (R3, 169). Es liegt daher nahe, den Grund für die zum Teil fehlende Übereinstimmung der Resultate in möglichen Schwächen der Performance-Maße zu suchen.

Eine Analyse unter Einbeziehung der deskriptiven Statistik ergibt, daß gerade diejenigen Fonds mit Hilfe der stochastischen Dominanz anders bewertet werden,

- deren Renditen nicht als normalverteilt gelten können
  (R541, R680 in Periode 74/79; R3 in Periode 74/91),

- deren Schiefekoeffizienten stark von denen der anderen Fonds abweichen
  (R7, R680 in Periode 74/79, R680 in Periode 80/85),
- die eine vergleichsweise geringe Standardabweichung aufweisen
  (R322 in Periode 80/85, R169 in Periode 86/91).[74]

Der erste Punkt legt die Schwäche der Annahme über die Normalverteilung der Rendi-ten offen, die den auf dem μ/σ-Prinzip aufbauenden Ansätzen zugrunde liegt. Der Ein-fluß der abweichenden Schiefe der Renditeverteilung ist ebenfalls in diesem Zusammen-hang zu sehen. Allerdings werden die entsprechenden Fonds auch auf der Basis des LPM-Performance-Maßes nicht besser beurteilt.

Die Ergebnisse belegen jedoch vor allem auch die Problematik, die mit einer unkriti-schen Verwendung der numerischen stochastischen Dominanz verbunden ist. So muß wegen der hohen Wahrscheinlichkeit von Fehlern des Typs I davon ausgegangen wer-den, daß bezüglich der Beurteilung der Fonds zahlreiche Fehlentscheidungen getroffen werden. Besondere Relevanz erlangt dies z. B. in der Periode 74/79, in welcher der Si-gnifikanztest für die ersten drei Grade der stochastischen Dominanz keinerlei statistisch signifikante Unterschiede in den Renditeverteilungen ausmacht. Schon a priori war in dieser Periode kaum mit einer scharfen Abgrenzung von Fonds zu rechnen, da der Ak-tienmarkt in dieser Zeit von einer anhaltenden Stagnation geprägt war. Der Grund für die Zuordnung einiger Fonds in die ineffiziente Gruppe liegt daher mit großer Wahr-scheinlichkeit darin, daß ihre Renditeverteilungen aufgrund von Überschneidungen nicht vergleichbar sind. Die Signifikanztests zeigen aber, daß diese Überschneidungen nicht signifikant sind.

Um Aufschluß über die Performance der Fonds gegenüber einer passiven Anlagestrate-gie zu erhalten, werden zunächst paarweise Vergleiche der Renditeverteilung jedes Fonds mit jener des DAFOX auf der Grundlage der numerischen stochastischen Domi-nanz durchgeführt.

Mit Ausnahme der Periode 86/91 konnte nur für einige wenige Fonds eine Dominanz gegenüber dem DAFOX festgestellt werden. Im einzelnen waren dies:

- in Periode 74/79: R9, R122;
- in Periode 80/85: R7;
- in Periode 86/91: R4, R9, R82[75], R120, R122, R126, R139, R164, R169, R201, R310, R322;
- in Periode 74/91: R201.

---

[74] Zu den deskriptiven Statistiken vgl. die Tabellen D.4 in **Kapitel** D. II. 4., S. 244 und T-D.1 bis T-D.3 im Anhang T.

[75] Dieser Fonds dominierte den Index nur bei stochastischer Dominanz 3. Grades.

Außer einem einzigen Fonds (R138), der in der Periode 86/91 bei Anwendung der stochastischen Dominanz 3. Grades vom DAFOX dominiert wurde, ergaben sich sonst keinerlei Dominanzen. Es ist daher davon auszugehen, daß alle anderen Fonds nach dem Kriterium der stochastischen Dominanz nicht mit dem Index vergleichbar sind oder in ihrer Renditeentwicklung dem DAFOX entsprechen.

Die als dominierend eingestuften Fonds entsprechen exakt jenen, für die mit anderen Performance-Ansätzen, wie z. B. dem PW-Maß, eine überdurchschnittliche, allerdings nur z. T. statistisch signifikante, positive Performance identifiziert werden konnte.[76] Darüber hinaus befinden sich diese Fonds ausnahmslos auf den ersten Rängen beim durch das PW-Maß vorgenommenen Ranking der Fonds. Dies gilt auch für die Crash-Periode, in der die 12 als effizient identifizierten Fonds die ersten 11 Ränge einnehmen. Lediglich ein Fonds (R169), der mit dem PW-Maß und auch mit anderen Maßen auf Rang 15 plaziert ist, wird zu den effizienten Fonds gruppiert, wo stattdessen eigentlich der den 12. Rang in der Rankingliste einnehmende Fonds R541 zu erwarten gewesen wäre.

Insgesamt werden die Ergebnisse der Performance-Maße durch die Resultate, die sich bei der Anwendung der stochastischen Dominanz ergeben, weitgehend untermauert. Trotz der zum Teil fehlenden Normalverteilungseigenschaft der Renditen sind die Schlußfolgerungen bezüglich der Performance der Fonds nahezu identisch mit jenen, welche auf der Basis der auf dem μ/σ-Prinzip beruhenden Verfahren gezogen werden.

Die Überprüfung dieser Ergebnisse auf der Grundlage des Vergleichs der LPM-Vektoren belegt auch hier die Relevanz von Stichprobenfehlern. So sind in der Periode 74/79 keinerlei signifikante Dominanzen auszumachen, d. h. die mit dem numerischen Ansatz ermittelte stochastische Dominanz der Fonds R9 und R122 ist nicht signifikant. Alle Fonds sind in diesem Zeitraum unter Verwendung der drei Grade der stochastischen Dominanz als gleich zu beurteilen.

Dies gilt auch für den Vergleich der meisten anderen Fonds mit dem DAFOX in den anderen Perioden. Im einzelnen deuten die Ergebnisse lediglich darauf hin, daß die folgenden Fonds in der entsprechenden Periode vom DAFOX dominiert werden:

- in Periode 80/85: R3, R169 auf dem 10% - Signifikanzniveau, R122, R325 auf dem 5% - Signifikanzniveau (bei SSD);
- in Periode 86/91: R169, R325 auf dem 5% - Signifikanzniveau (nur bei TSD);
- in Periode 74/91: R3, R360 auf dem 5% - Signifikanzniveau (nur bei TSD).

---

[76] Die statistische Signifikanz bezieht sich dabei auf ein Signifikanzniveau von 10 % und betrifft nur die Performance des R201 im Gesamtzeitraum, des R7 im Zeitraum 80/85 und des R310 in der Periode 86/91.

Somit unterscheiden sich die Ergebnisse des Signifikanztests völlig von denen, die auf der Basis der numerischen stochastischen Dominanz ermittelt wurden. Darüber hinaus können signifikante Dominanzen mit Ausnahme der Periode 80/85 lediglich bei Unterstellung einer abnehmenden absoluten Risikoaversion identifiziert werden. Alle Werte zeigen eine nur schwache Dominanz an, d. h. von den 15 z-Werten übertreffen nur ein oder zwei Werte den kritischen z-Wert der studentisierten Maximum Modulus Verteilung. In keinem Zeitraum kann ein Fonds den DAFOX signifikant dominieren.

Dies bestätigt die Ergebnisse, die mit den Performance-Maßen erzielt werden. Mit ihnen wird eine signifikant positive Performance nur in wenigen Einzelfällen identifiziert.

Es bleibt somit festzuhalten, daß für statistisch einwandfreie Schlußfolgerungen über die den Stichprobenverteilungen zugrunde liegenden Renditewahrscheinlichkeitsverteilungen die alleinige Verwendung der numerischen stochastischen Dominanz problematisch ist. Ihr Einsatz ist daher nur zu deskriptiven Zwecken für eine Charakterisierung der Verhältnisse in den Stichprobenverteilungen ohne Anspruch auf statistische Schlußfolgerungen zu rechtfertigen. Unter diesen Voraussetzungen kann die mit Hilfe verschiedener Verfahren gemessene Performance durch die stochastische Dominanz 2. Grades weitestgehend bestätigt werden, wie der paarweise Vergleich der Renditeausprägungen des DAFOX mit jenen der Fonds gezeigt hat. Auch das Ranking der Fonds untereinander kann tendenziell bestätigt werden, wenn auch nicht mit der gleichen Eindeutigkeit.

Diese und die Ergebnisse der durch die Transformation der stochastischen Dominanz in LPM-Maße ermöglichten Signifikanztests runden das mit Hilfe der anderen Verfahren geprägte Bild über die Performance der Fonds ab. Hervorzuheben ist dabei, daß dazu keine Prämissen über die Art der Renditeverteilungen und weniger restriktive Annahmen über die Nutzenfunktionen der Investoren benötigt werden. Aus den Untersuchungen insbesondere auf der Basis des Signifikanztests muß geschlossen werden, daß die Manager zum überwiegenden Teil keine superiore Performance gegenüber dem DAFOX erzielen konnten. Insofern wird die sehr geringe Anzahl von Fonds mit einer signifikanten Performance, die in den vorigen Abschnitten ermittelt wurde, bestätigt.

c. Rückgriff auf zusätzliche Daten aus den Rechenschafts- und Zwischenberichten

aa. Die Kassen- und Rentenposition als Proxy für Timingaktivitäten

(1) Umschichtungsaktivitäten der Fondsmanager im Vergleich zur Indexrenditeentwicklung

Die restriktiven Prämissen der bis zu diesem Zeitpunkt zur Performance-Messung eingesetzten, allein auf Renditen zurückgreifenden Verfahren, mit denen tendenziell keine Timingfähigkeiten ermittelt werden konnten, lassen es ratsam erscheinen, die Resultate mit Hilfe zusätzlicher Informationen zu überprüfen. Wird angenommen, daß Timingentscheidungen vor allem durch Umschichtungen der risikobehafteten in risikolose Anlagen und umgekehrt erfolgen, können entsprechende Veränderungen der Portfolioanteile ein geeignetes Proxy für die Prognosen der Manager über den Gesamtmarkt darstellen.[77] Fraglich ist, welche Wertpapiere als risikolos eingestuft werden können und von den Managern zur Umsetzung ihrer Timinginformationen verwendet werden.

In der vorliegenden Untersuchung werden sowohl die Kassenhaltung als auch die Anteile der Fonds in inländischen Rentenpapieren sowie DM-Auslandsanleihen als Proxys verwendet. Die Relevanz dieser Positionen als Hinweis auf die Managerprognosen ergibt sich nicht zuletzt aus der Analyse der Rechenschaftsberichte, in denen im Rahmen der Erläuterungen zur Struktur der Sondervermögen erwartete Marktentwicklungen häufig als Begründung für die Aufteilung der Mittel in Aktien, Festverzinsliche und Kasse angeführt werden. Die Kassenhaltung der Fonds als alleiniges Instrument für auf Timing beruhende Transaktionen zu betrachten, ist jedoch aus zwei Gründen problematisch.

Zum einen sind die Fonds aufgrund des gesetzlich vorgeschriebenen Open-End-Prinzips zur jederzeitigen Rücknahme von Anteilen verpflichtet. Dies bedingt zusätzlich zur strategischen Liquidität, die als Steuerungsinstrument der Manager eingesetzt werden kann, einen Anteil sogenannter technischer Liquidität zur Erfüllbarkeit von Rücknah-

---

[77] Timingentscheidungen sind auch durch die Veränderung der Anteile von Aktien mit niedrigeren bzw. höheren Betafaktoren umsetzbar. Dabei könnte allerdings die empirisch nachgewiesene Instabilität der Betafaktoren einzelner Aktien problematisch sein, vgl. für einen Überblick **Bauer** (1992), S. 98 ff. Demgegenüber wären Analysen, die die Umschichtungen der Manager von Branchen mit geringeren hin zu Branchen mit höheren Betafaktoren als Proxy nutzen würden, von größerer Aussagekraft. Die Branchenaufteilung der Fonds war jedoch lediglich auf halbjährlicher Basis durch Auswertung der Fondsberichte erhältlich. Wichtiger erscheint dagegen der für die Zukunft absehbare zunehmende Gebrauch derivativer Instrumente zur Umsetzung der Timingentscheidungen, um die mit Transaktionskosten verbundene Portfolioumschichtungen zu vermeiden. Deshalb wird die Aufteilung des Portfoliovermögens in Aktien, festverzinsliche Wertpapiere sowie Liquidität als Proxy für Timingaktivitäten in Zukunft weniger aussagekräftig sein. In der hier untersuchten Periode ist die Anwendung der Portfolioanteile jedoch aufgrund der zu dieser Zeit geltenden rechtlichen Restriktionen des Einsatzes derivativer Instrumente gerechtfertigt.

meverpflichtungen.[78] Insofern kann der Manager für taktische Umschichtungen nicht in vollem Umfang über die Liquidität verfügen.[79] Außerdem sind aus diesem Grund nicht sämtliche Veränderungen der Kassenhaltung allein auf die Umsetzung möglicher Timinginformationen zurückzuführen. Im Unterschied zur Vorgehensweise, die im Rahmen der Portfoliountersuchungen zur Simulation von Timingfähigkeiten gewählt wurde, ist zudem zu berücksichtigen, daß den Fonds eine Kreditaufnahme gemäß § 9 IV KAGG nur sehr beschränkt und kurzfristig gestattet ist, so daß eine Erhöhung des Portfolio-Betas ab einem bestimmten Niveau nur noch durch den Kauf von Aktien mit überdurchschnittlich hohen Betafaktoren möglich ist. Daneben sind die den Fonds gemäß § 8 III KAGG gesetzlich vorgeschriebenen Höchstgrenzen für die Investition in Bankguthaben und Geldmarktpapiere in Höhe von 49 % des Sondervermögens zu beachten, die das Management unter Umständen daran hindern könnten, ihre Prognosen im beabsichtigten Umfang umzusetzen. Der gesetzlich gesteckte Rahmen dürfte jedoch die Eignung der Veränderungen der nicht in Aktien investierten Mittel zur Abschätzung der Managerprognosen nicht tangieren, da es auf die Veränderung dieser Position und nicht allein auf ihre Höhe ankommt.

Zum anderen erscheint eine längerfristig hohe Kassenhaltung zumindest unter Rentabilitätsgesichtspunkten kaum sinnvoll. Aus diesem Grund werden in einer zusätzlichen Untersuchung auch die Rentenanteile der Fonds, obwohl sie nicht als risikolos einzustufen sind, mit in die Definition des für die Managerprognosen benutzten Proxys einbezogen.[80] Dabei hätte sich generell auch eine Begrenzung der Laufzeit angeboten, da Langläufer generell mit höheren Kursänderungsrisiken behaftet sind als kurzfristigere festverzinsliche Wertpapiere.[81] Die vorliegenden Daten ließen eine Differenzierung der Rentenpapiere nach Laufzeiten jedoch nicht zu.

Die Daten für diesen Test werden den Rechenschafts- und Zwischenberichten der Fonds entnommen. Das damit festgelegte halbjährliche Intervall führt allerdings mit großer Wahrscheinlichkeit zu Meßfehlern. Solche Verzerrungen werden verursacht, wenn das Prognoseintervall bzw. die damit verbundenen Transaktionen des Managers von den durch die Stichtage festgelegten Intervallen abweichen. Ein nur halbjährliches Intervall erscheint daher als unangemessen groß und würde eher gegen eine Identifizierung von

[78] Vgl. zu einer noch differenzierteren Unterscheidung der Funktionen der Kassenposition **Obermann** (1975), S. 260.

[79] Allerdings wird die technische Kassenhaltung der Fonds im Vergleich zur strategischen eher als gering eingeschätzt, vgl. **Möhlmann** (1993), S. 129.

[80] Vgl. zu den Risiken festverzinslicher Wertpapiere **Perridon/Steiner** (1993), S. 137 f. Ausländische Anleihen werden dagegen nicht erfaßt, da sie mit zusätzlichen Währungsrisiken behaftet sind und für die Umsetzung der Timingprognosen bezüglich des heimischen Marktes kaum Anwendung finden dürften.

[81] Vgl. zu dieser Vorgehensweise **Koh/Phoon/Tan** (1993), S. 159.

Timingaktivitäten sprechen.[82] Deshalb wird zusätzlich auf die monatlichen Veränderungen der Anteile von Kasse, Renten und Aktien in den Sondervermögen zurückgegriffen.[83] Weil diese Daten zum Teil jedoch lediglich ab dem 30.12.1986 verfügbar waren, beschränken sich die Analysen auf der Basis monatlicher Werte auf die letzte Teilperiode. Aufgrund der starken Schwankungen der Marktrendite in diesem Zeitraum erscheint er jedoch gut für Untersuchungen über Timingfähigkeiten geeignet.

Zunächst werden der Renditeentwicklung des Gesamtmarktes, dargestellt durch die Überschußrenditeentwicklung des DAFOX, die als Indikator für Timingfähigkeiten angesehenen Barmittel- sowie Rentenanteile der Sondervermögen gegenübergestellt. Während einer Hausse auf den Aktienmärkten sollten Manager mit Timingfähigkeiten die Kassen- und Rentenanteile auf ein Minimum reduzieren und sie während einer Baisse auf einem möglichst hohen Niveau halten.

In Abbildung D.48 ist beispielhaft die DAFOX-Rendite den Kassenanteilen des SMH-Spezialfonds I (R310) gegenübergestellt. Nach den Ergebnissen der kapitalmarkttheoretischen Verfahren ist in diesem Zeitraum am ehesten von Timingfähigkeiten der Manager dieses Fonds auszugehen.

Abb. D.48: Monatlicher Kassenanteil des SMH-Spezialfonds I (R310) im Vergleich zur monatlichen DAFOX-Überschußrendite in der Periode 12/86-11/91

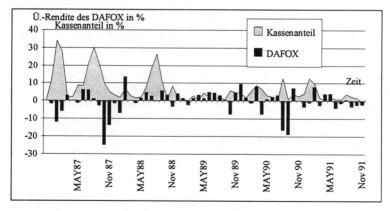

Aus der Abbildung sind zwar keine eindeutigen Aussagen über das Vorliegen von Timingfähigkeiten möglich. Gleichwohl ist unverkennbar, daß in der Mehrzahl der einzel-

---

[82] Dies wird von **Henriksson** (1984), S. 88, bereits bei vierteljährlichen Portfoliodaten vermutet. Auf ihrer Grundlage untersucht **Henriksson** (1980) in einer früheren Studie Investmentfonds und kann keine Hinweise für Timingfähigkeiten nachweisen.

[83] Für 7 der 21 Fonds in diesem Zeitraum waren lediglich vierteljährliche Veränderungen der Anteile erhältlich.

nen Monate durchaus Umschichtungen vorgenommen wurden, die mit der Hypothese von Timingfähigkeiten vereinbar sind. Dies gilt vor allem dann, wenn die Veränderungen des Kassenanteils mit einem geringen zeitlichen Vorlauf von etwa einem Monat vor der Marktentwicklung betrachtet werden. Vor allem im Zeitraum von etwa September 1988 bis Ende 1991 könnten mit Ausnahme zweier Monate (März 1990, Februar 1991) Timingfähigkeiten vorgelegen haben. Aber auch der relativ hohe Kassenanteil am Anfang der Periode bei gleichzeitig negativen Renditen des DAFOX ist mit dem Vorliegen privater Timinginformationen vereinbar. Die Timingkoeffizienten der parametrischen Ansätze in dem mit Ausnahme des ersten Jahres identischen Zeitraum zeigen eine schwach positive (H/M-β_{2P}) bzw. auf dem 10 %-Niveau signifikant positive (T/M-γ) Timingfähigkeit an. Somit können die mit Hilfe der Maße erzielten Ergebnisse tendenziell fundiert werden.

Auch über die Gesamtperiode sind die für den SMH-Spezial-Fonds-I geschätzten H/M- bzw. T/M-Timingkoeffizienten hochsignifikant positiv. In Abbildung D.49 sind die halbjährlichen Anteile der Liquiditätshaltung dieses Fonds ab März 1976 veranschaulicht.

Abb. D.49: **Halbjährlicher Kassenanteil des SMH-Spezialfonds-I (R310) im Vergleich zur Halbjahresüberschußrendite des DAFOX in der Periode 03/76-11/91**

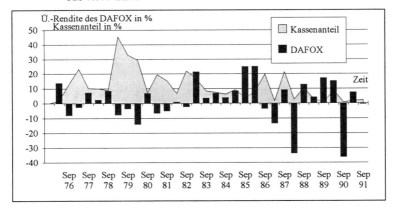

Die oben gezogenen Schlußfolgerungen werden zumindest in dem Zeitraum von März 76 bis etwa September 86 gestützt, in dem die weitgehend gegenläufigen Entwicklungen von Indexrendite und Kassenanteilen als Timingfähigkeiten interpretierbar sind. Allerdings sind die H/M- und T/M-Timingkoeffizienten gerade im Zeitraum 74/79 negativ. Die Werte sind jedoch nur sehr gering und nicht signifikant von Null verschieden. Ferner werden die aus der Abbildung im Zeitraum 80/85 zu ziehenden Schlußfolgerungen über das Vorliegen von Timingaktivitäten auch von den Timingkoeffizienten angezeigt. Demgegenüber deutet die im letzten Zeitraum 86/91 zu beobachtende Situation im Unterschied zur Betrachtung monatlicher Werte in Abbildung D. 48 eher darauf hin, daß keine Timingfähigkeiten vorliegen. Letztlich ist aber den Ergebnissen aus den mit monatlichen Beobachtungen durchgeführten Untersuchungen eine größere Aussagekraft beizumessen.

Hochsignifikant negative Werte für die Timingkoeffizienten wies der DWS-Bayern-Fonds (R171) in der Periode 86/91 sowohl mit dem T/M- als auch mit dem H/M-Timingmaß auf. Auf der Grundlage der zusammengefaßten vierteljährlichen Anteile der Kassen- und Rentenposition dieses Fonds ergibt sich die folgende Abbildung D.50.

Abb. D.50: Vierteljährlicher Kassen- und Rentenanteil des DWS-Bayern Fonds (R171) im Vergleich zur vierteljährlichen Überschußrendite des DAFOX in der Periode 2/87-11/91

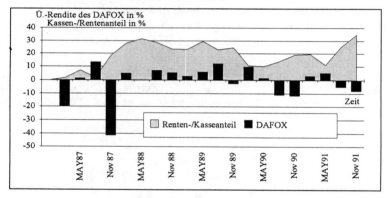

Wie nach den Ergebnissen der parametrischen Tests zu erwarten, ist eine deutlich gegenläufige Entwicklung des Renten-/Kassenanteils am Sondervermögen und der DAFOX-Überschußrendite nicht zu identifizieren, wenn auch zu einigen Zeitpunkten eine mit Timingfähigkeiten vereinbare Entwicklung zu erkennen ist. Auch hier ist jedoch auf die gegenüber monatlichen Beobachtungen nur eingeschränkte Aussagekraft der Schlußfolgerungen hinzuweisen.

Die Berechnung der in Abbildung D.51 veranschaulichten Pearson-Korrelationskoeffizienten soll über die Stärke des Zusammenhangs zwischen den Ausprägungen der Kassen-/Rentenanteile und den DAFOX-Überschußrenditen Aufschluß geben. Dabei ist zu berücksichtigen, daß mit der Berechnung des Korrelationskoeffizienten ein linearer Zusammenhang zwischen den Ausprägungen unterstellt wird.

Bei Timingfähigkeiten wäre zu erwarten, daß der Korrelationskoeffizient zwischen beiden Variablen einen möglichst hohen, negativen Wert aufweist, da sich Timingfähigkeiten definitionsgemäß durch einen niedrigen Kassenanteil in Haussephasen und eine hohen in Baissephasen ausdrücken. Da auch die Rentenanteile unter Renditegesichtspunkten möglicherweise für Timingzwecke eingesetzt werden, wird die Korrelation auf der Grundlage der zusammengefaßten Kassen- und Rentenanteile gemessen.

Abb. D.51: **Pearson-Korrelationskoeffizienten der zusammengefaßten monatlichen/vierteljährlichen Kassen- und Rentenanteile und der entsprechenden DAFOX-Überschußrendite; Periode 1/87-12/91[84]**

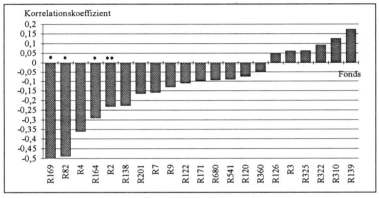

* signifikant auf dem 5 %-Niveau (** = 10 %-Niveau)

Lediglich bei drei der Fonds liegt eine auf dem 5 %-Niveau signifikant negative Korrelation vor, die auf Timingfähigkeiten des Managements hindeuten könnte. Von diesen Fonds haben der R82 und R164 auch positive Timingkoeffizienten nach dem H/M- und dem T/M-Ansatz. Diese Ergebnisse stützen die mit den genannten kapitalmarkttheoretischen Ansätzen erzielten Resultate. Allerdings besitzt z. B. der Fonds R310, dem mit denselben Verfahren ebenfalls positive, wenngleich nicht signifikante Timingfähigkeiten bescheinigt wurden, eine positive Korrelation, die diesen Eindruck nicht bestätigen kann.

(2) Der Einfluß des Mittelaufkommens auf die Liquiditätsposition

In den oben durchgeführten Untersuchungen muß damit gerechnet werden, daß möglicherweise Scheinkorrelationen vorliegen. Sie treten auf, wenn die beiden Merkmale, deren Korrelation gemessen wird, von einem dritten Merkmal abhängen. Eine solche Scheinkorrelation kann hier z. B. darin bestehen, daß die Kassenveränderungen mehr

---

[84] Bei der Beurteilung der Signifikanz ist zu berücksichtigen, daß für einige der Fonds (R4, R7, R138, R139, R169, R171, R360) lediglich vierteljährliche Beobachtungen ab Februar 1987 vorlagen. Folglich beruht die Berechnung der entsprechenden Korrelationen auf nur 20 Beobachtungen, wobei die DAFOX-Überschußrendite ebenfalls auf vierteljährlichen Werten beruht. Daher ist die vergleichsweise hohe negative Korrelation des R4 nicht signifikant von Null verschieden.

durch das jeweilige Mittelaufkommen und dessen Schwankungen determiniert werden, als durch strategische Entscheidungen der Manager.[85]

Dabei ist insbesondere das im allgemeinen antizyklische Verhalten der Anleger zu berücksichtigen. So wird beobachtet, daß Fondsanleger bevorzugt Anteile in Hausse-Phasen kaufen und in Baisse-Phasen verkaufen.[86] Die daraus resultierende, auch technische Liquidität genannte unfreiwillige Kassenhaltung könnte zu Einschränkungen der Aussagekraft der vorangehenden Untersuchungen führen und die Eignung der Kassen- und Rentenanteilsveränderungen als Proxy für die Reaktion der Manager auf Timinginformationen in Frage stellen.[87]

Um die Relevanz dieses Einflusses abschätzen zu können, sind in Abbildung D.52 die monatlich berechneten Anteile des Bankguthabens in % des Sondervermögens dem monatlichen Mittelaufkommen beispielhaft für den MK Alfakapital-Fonds gegenübergestellt. Dieser Fonds weist die größte Standardabweichung der Kassenanteile in diesem Zeitraum auf. Ist die Hauptursache dafür nicht in starken Schwankungen des Mittelaufkommens zu suchen, so ist davon auszugehen, daß das Management vergleichsweise aktiv war.

Abb. D.52: **Monatlicher Bankguthabenanteil des MK Alfakapital-Fonds (R680) in % des Sondervermögens im Vergleich zum Mittelaufkommen in der Periode 12/86-12/91**

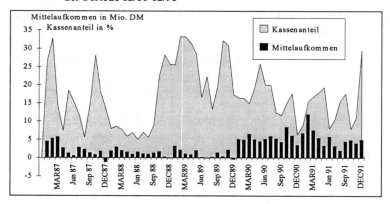

---

85   Dabei ist eine hohe Liquiditätshaltung von Fonds weniger relevant, da es auf die Veränderungen der Kassenposition ankommt, nicht jedoch auf ihr Niveau. Eine relativ hohe Kassenhaltung kann z. B. bei einer überdurchschnittlichen Investition in relativ illiquide Wertpapiere notwendig sein, um der jederzeitigen Rücknahmeverpflichtung von Anteilen nachkommen zu können.

86   Vgl. **Laux/Päsler** (1992), S. 71.

87   Vgl. **Lerbinger** (1984), S. 65. Zusätzlich können starke Schwankungen des Mittelaufkommens zu unfreiwilligen Transaktionskosten insofern führen, als die Manager die entsprechenden Mittel unfreiwillig investieren bzw. desinvestieren müssen, vgl. zu diesem Aspekt **Kapitel B. II. 1., S. 20 f.**

Vergleicht man die Höhe des Kassenanteils mit dem jeweiligen Niveau des Mittelaufkommens, ist eine eindeutige Beziehung zwischen beiden Variablen nicht erkennbar. Besonders deutlich wird dies, wenn die Daten, wie in Abbildung D.53, nach der Höhe des Mittelaufkommens geordnet werden, auch wenn damit von einer Planung zukünftiger Mittelaufkommen und einer entsprechenden Kassendisposition abstrahiert wird.

Abb. D.53: **Monatlicher Kassenanteil des MK Alfakapital-Fonds in % des Sondervermögens im Vergleich zum Mittelaufkommen in der Periode 12/86/12/91, sortiert nach der Höhe des Mittelaufkommens**

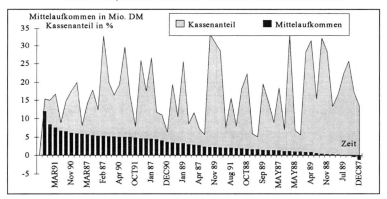

Auch in der Gesamtperiode ist kaum ein Zusammenhang zwischen Kassenposition und Mittelaufkommen zu identifizieren. Dies zeigen z. B. die auf der Grundlage halbjährlicher Daten ermittelten Werte für den Adiverba-Fonds, die in Abbildung D.54 dokumentiert sind.

Abb. D.54: **Halbjährlicher Kassenanteil des Adiverba in % des Sondervermögens im Vergleich zum Mittelaufkommen in der Periode 6/76-12/91**

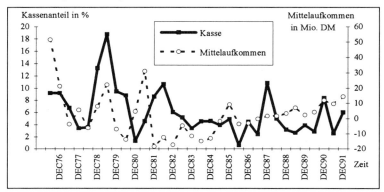

In der folgenden Abbildung D.55 sind die Standardabweichungen der Kassenanteile und die Variationskoeffizienten der Mittelaufkommen der Fonds dargestellt, wobei die Streuungsmaße auf der Basis monatlicher Daten berechnet werden.[88] Der besseren Transparenz wegen sind die Werte absteigend nach der Größe des Variationskoeffizienten des Mittelaufkommens sortiert.

Abb. D.55: **Variationskoeffizient (VC) des Mittelaufkommens und Standardabweichung (STD) des Kassenanteils verschiedener Fonds im Vergleich; Periode 12/86-12/91; Berechnung mit monatlichen Daten**

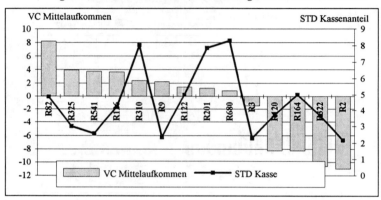

Die Untersuchung der Streuungen des Mittelaufkommens und der Kassenanteile läßt keine systematischen Zusammenhänge erkennen.[89] Gerade die Fonds mit einem vergleichsweise konstanten Mittelaufkommen, das sich in einem niedrigen Variationskoeffizienten äußert, besitzen tendenziell die größten Standardabweichungen der Anteile des Bankguthabens. Außerdem sind große Streuungen in den Mittelaufkommen nicht mit einer ähnlich großen Streuung der Kassenanteile verbunden.

Durch eine Regression wird geprüft, ob von einem engen Zusammenhang zwischen den Veränderungen der Anteile in Bankguthaben und dem Mittelaufkommen des Fonds auszugehen ist. Als unabhängige Variable fungiert somit das Mittelaufkommen und als abhängige Variable der Kassenanteil. Sollte ein sehr starker Zusammenhang vorliegen, der sich in einem jeweils hohen R^2 der Regression ausdrückt, muß davon ausgegangen wer-

---

[88] Die entsprechende, auf der Grundlage vierteljährlicher Daten beruhende Abbildung der Variationskoeffizienten und Standardabweichungen findet sich im Anhang A, Abbildung A-D.32. Weil die Standardabweichung von zahlenmäßig größeren Beobachtungen oft größer ist als die von kleinen, wird zur Beurteilung der von Fonds zu Fonds unterschiedlichen Streuung der Mittelaufkommen mit dem Variationskoeffizient VC = σ/μ auf ein relatives Streuungsmaß zurückgegriffen, vgl. **Bleymüller/Gehlert/Gülicher** (1991), S. 22.

[89] Dies gilt auch für die Fonds, für die nur vierteljährliche Daten zur Verfügung standen, vgl. Abbildung A-D.32 im Anhang A.

den, daß sich die Veränderungen des Kassenanteils weniger als Proxy für Timingaktivitäten eignen, sondern zum Großteil auf eine technisch bedingte Liquiditätshaltung zurückzuführen ist.

Die zumindest bei einigen Fonds vergleichsweise hohen, signifikanten R^2 der Regressionen, die in Abbildung D.56 veranschaulicht sind, deuten darauf hin, daß der Kassenanteil einiger Fonds tatsächlich zu einem nicht unerheblichen Anteil durch das Mittelaufkommen beeinflußt wird. Im Durchschnitt über alle Fonds betrachtet werden jedoch weniger als 10 % der Veränderungen der Liquiditätsanteile durch das Mittelaufkommen erklärt.

Abb. D.56: **Bestimmtheitsmaße der Regression der monatlichen/vierteljährlichen Kassenanteile auf das monatliche/vierteljährliche Mittelaufkommen der Fonds; Periode 1/87-12/91**

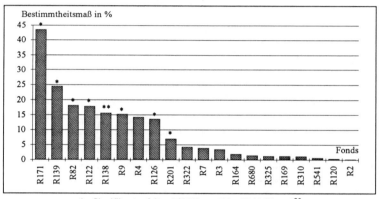

* Signifikant auf dem 5 %-Niveau (** = 10 %-Niveau)[90]

Die entsprechenden Korrelationskoeffizienten, dargestellt in Abbildung D.57, deuten darauf hin, daß die Richtung des Zusammenhangs zwischen Mittelaufkommen und daraus resultierenden Kassenanteilen tendenziell positiv ist. Das liegt auch nahe, weil eine Erhöhung des Mittelaufkommens aufgrund des Zuflusses an Liquidität zu einer Erhöhung des Kassenanteils führt.

---

[90] Zur Signifikanz des Bestimmtheitsmaßes **Bamberg/Schittko** (1979), S. 51 f.

Abb. D.57:   **Pearson-Korrelationskoeffizienten der monatlichen/vierteljährlichen Kassenanteile und des monatlichen/vierteljährlichen Mittelaufkommens der Fonds, Periode 1/87-12/91**

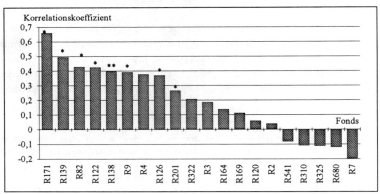

* Signifikant auf dem 5 %-Niveau (** = 10 %-Niveau)

Ökonomisch sind diese Beobachtungen dadurch erklärbar, daß die Manager die zugeflossenen Mittel nicht umgehend am Markt investieren bzw. investieren können. Möglicherweise ist der bei einigen Fonds überdurchschnittlich hohe Erklärungsanteil des Mittelaufkommens durch besonders hohe Mittelzuflüsse zustande gekommen. Die Höhe des durchschnittlichen Mittelaufkommens der einzelnen Fonds ist in Abbildung D.58 in absteigender Rangfolge erfaßt.[91] Die Werte sind dabei um den Median plaziert.

Abb. D.58:   **Durchschnittliches Mittelaufkommen der Fonds in Mio. DM im Vergleich; Zeitraum 12/86-12/91**

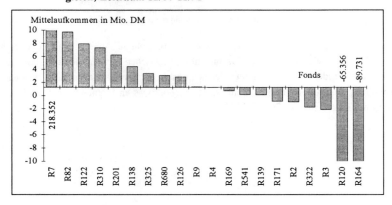

---

[91]   Für die Maximalwerte, die in der Abbildung nicht erfaßt werden, sind die entsprechenden Zahlenwerte angegeben.

Ein Vergleich dieser Rangfolge mit jener auf der Grundlage der Bestimmtheitsmaße und der Korrelationskoeffizienten läßt erkennen, daß das Niveau des Mittelaufkommens in keiner Beziehung zu den Veränderungen der Kassenanteile steht. So entwickelt sich diese Größen beim Fonds R7, der mit Abstand über das höchste durchschnittliche Mittelaufkommen verfügt, gegenläufig, wie der schwach negative Korrelationskoeffizient andeutet. Auch sonst sind kaum Rückschlüsse über einen Zusammenhang der Höhe des Mittelaufkommens und den Veränderungen der Kassenanteile möglich.

Insgesamt deuten die Ergebnisse darauf hin, daß der Kassenanteil zwar teilweise durch das Mittelaufkommen bestimmt und somit durch einen je nach Fonds unterschiedlichen Anteil technischer Liquidität determiniert wird. Im wesentlichen scheinen die Veränderungen der Kassenanteile jedoch auf strategischen Überlegungen der Manager zu beruhen. Insofern sind sie, vor allem i. V. m. dem Anteil des Sondervermögens in Renten, grundsätzlich als Proxy für Timingprognosen der Manager geeignet, die im Rahmen der im folgenden Abschnitt eingesetzten Verfahren zur Identifikation von Timingfähigkeiten benötigt werden.

bb. Das nichtparametrische Verfahren von Henriksson/Merton

Der nichtparametrische Test von *Henriksson/Merton* beruht auf Informationen über die Vorhersagen des Markt-Timers über die Renditeentwicklung des Marktes. Grundsätzlich sind die Prognosen der Manager von Investmentfonds nicht erhältlich. Als Proxy für die Marktvorhersagen können jedoch nach den bisher gewonnenen Erkenntnissen die Portfolioumschichtungen dienen. Sie können zum Großteil als Reaktion des Managers auf Timinginformationen (und Selektionsinformationen) interpretiert werden.[92]

Zur Durchführung des exakten Tests von *Fisher* ist zunächst die Anzahl der korrekten Managerprognosen in Abhängigkeit der Marktentwicklung zu bestimmen. Erhöht sich der Anteil der Kassenhaltung bzw. die Summe der Anteile von Kasse und inländischen Renten, wird davon ausgegangen, daß der Manager eine negative Marktentwicklung prognostiziert hat, d. h. seine Vorhersage lautet, daß $R_{Et} \leq R_{ft}$. Umgekehrt wird eine Verringerung dieser Anteile am Sondervermögen als Prognose für $R_{Et} > R_{ft}$ angesehen. Fraglich ist allerdings, inwiefern eine Veränderung dieser Positionen vom Monatsultimo t-1 zum Monatsultimo t als Prognose der Marktentwicklung für denselben Zeitraum oder aber für den Monat t+1 gewertet werden soll. Da diese Frage nicht eindeutig beantwortet werden kann, wird die Untersuchung mit beiden Spezifikationen durchgeführt.

---

92 Bezogen auf andere Problemstellungen wären auch weitere Substitute für die Managerprognosen denkbar. Z. B. könnten Vorhersagen über die Zinsentwicklung und -struktur aus Veränderungen der Portfolioaufteilung in langfristige und kurzfristige Rentenpapiere abgeleitet werden.

- 394 -

Timingfähigkeiten liegen dann vor, wenn die Summe der bedingten Wahrscheinlichkeiten größer ist als Eins. Im folgenden werden lediglich die Anzahl der korrekten Vorhersagen, daß $R_{Et} \leq R_{ft}$, die Gesamtzahl der tatsächlich negativen Marktüberschußrenditen und die Überschreitungswahrscheinlichkeiten (p-Werte) angegeben. Letztere geben die Wahrscheinlichkeit dafür an, mindestens die beobachtete Anzahl korrekter Vorhersagen in Abhängigkeit der Marktentwicklung zu erhalten, wenn die Nullhypothese, daß keine Timingfähigkeiten vorliegen, wahr ist.[93] D. h., es wird die Wahrscheinlichkeit dafür berechnet, daß die empirisch beobachteten korrekten Prognosen der Stichprobe aus einer Verteilung stammt, die der Nullhypothese entspricht. Je kleiner der Wert ist, desto unwahrscheinlicher ist es, daß die beobachtete Vierfeldertafel bei Vorliegen von Unabhängigkeit zwischen den Managerprognosen und den realisierten Marktüberschußrenditen auftritt. Ein p-Wert von unter 0,05 bedeutet somit, daß auf einem Signifikanzniveau von 5 % Timingfähigkeiten des Managers anzunehmen sind. Dabei wird der p-Wert sowohl für eine zweiseitige als auch einseitige Fragestellung (rechtsseitig) angegeben. Eine Beurteilung der Timingfähigkeit auf der Grundlage eines einseitigen Tests führt zwar bei gleichem Signifikanzniveau zu einer häufigeren Ablehnung der Nullhypothese als bei einem zweiseitigen Test. Er ist jedoch damit zu rechtfertigen, daß ein rationaler Manager dauerhaft keine systematisch falschen Entscheidungen treffen wird, so daß der Fall $p_1(t) + p_2(t) < 1$ höchstens aus reinem Zufall auftreten dürfte.

In der folgenden Tabelle ist zunächst die Anzahl der p-Werte angegeben, die bei der Anwendung des exakten Tests von *Fisher* auf einem Signifikanzniveau von 5 % bzw. 10 % eine Ablehnung der Nullhypothese anzeigen.

Tab. D.51: Statistik des nichtparametrischen Tests von Henriksson/Merton: Anzahl der signifikant auf Timingfähigkeiten hindeutenden Fälle in Abhängigkeit des Proxys für die Managerprognosen

Proxy für Managerprognose als Anteil des Sondervermögens		Fragestellung und Signifikanzniveau			
Zeitintervall	Position	einseitiger Test		zweiseitiger Test	
		5%	10%	5%	10%
halbjährlich*	Kasse	1	2	0	2
	Kasse- und Renten	3	5	2	3
monatlich	Kasse	4	5	3	4
	Kasse- und Renten	6	7	5	6
monatlich, vom	Kasse	0	1	0	0
Vormonatsende	Kasse- und Renten	0	0	0	0

* Die Anzahl der im Rahmen des Fisher-Tests verwendeten Beobachtungen ist von Fonds zu Fonds unterschiedlich. Es wurden alle für die einzelnen Fonds verfügbaren Daten eingesetzt.

---

[93] Eine entsprechende Angabe der korrekten Vorhersagen, daß $R_{Et} > R_{ft}$, ist irrelevant, weil die hypergeometrische Verteilung unabhängig ist von p_1 und p_2. Zur Berechnung des p-Wertes reicht daher die Ermittlung von n_{11} aus, da sich die übrigen Werte über die Randsummen bestimmen lassen.

Die Resultate, die bei der Nutzung aller pro Fonds vorhandenen halbjährlichen Daten und der Verwendung der zusammengefaßten Anteile aus Kassen- und Rentenposition erzielt werden, deuten bei lediglich drei der Fonds auf Timingfähigkeiten hin, sofern ein Signifikanzniveau von 5 % bei einseitiger Fragestellung zugrunde gelegt wird. Allerdings sind die Ergebnisse nicht direkt mit jenen der parametrischen Verfahren vergleichbar, da sie auf halbjährlichen Daten basieren und in unterschiedlichen Perioden ermittelt werden. Aussagekräftiger und eher mit den Resultaten anderer Verfahren vergleichbar sind die Resutate, die unter Verwendung monatlicher bzw. vierteljährlicher Daten erzielt werden. Das kürzere Meßintervall führt zu geringeren Meßfehlern und ist mit dem der parametrischen Verfahren identisch. Außerdem stimmt die Meßperiode 1/87 bis 12/91 ungefähr mit jener überein, in der die Timingfähigkeiten mittels der parametrischen Tests geschätzt werden.

Bei alleiniger Verwendung der Kassenanteile als Indikator für die Managerprognosen kann die Nullhypothese auf einem 5 %-igen Signifikanzniveau und zweiseitiger Fragestellung für drei der Fonds abgelehnt werden. Diese Zahl erhöht um zwei Fonds, sofern die zusammengefaßten Anteile aus Kassen- und Rentenposition eingesetzt werden. Bei der Verwendung der Kassen- sowie der Kassen- und Rentenanteile des Vormonats als Proxy für die Timingprognosen lassen sich dagegen keinerlei Timingfähigkeiten identifizieren.

In Tabelle D.52 sind die Ergebnisse des exakten Tests von *Fisher* im einzelnen aufgeführt, wenn als Indikator für die Managerprognosen die monatlichen bzw. vierteljährlichen Kassenanteile sowie die zusammengefaßten Kassen- und Rentenanteile herangezogen werden.[94] Dabei wird unterstellt, daß für die Abschätzung der Managervorhersagen die Anteile desselben Monats relevant sind, in dem auch die DAFOX-Überschußrendite gemessen wird.

Es fällt zunächst auf, daß die Hinzunahme der Rentenanteile zu einer erhöhten Anzahl von Fällen führt, in denen von Timingfähigkeiten ausgegangen werden muß. Dies bedeutet, daß die Rentenanteile unter der Annahme einer korrekten Spezifikation dieses Tests zur Umsetzung von Timinginformationen eingesetzt werden.

---

[94] Die entsprechenden Ergebnisse auf der Basis halbjährlicher Daten sind im Anhang T, Tabellen T-D.48 und T-D.49, zu finden.

Tab. D.52: Exakter Test von *Fisher* auf der Basis monatlicher/vierteljährlicher Kassenanteile sowie Kassen- und Rentenanteile als Proxy für die Managerprognosen; Zeitraum 1/87-12/91

Fonds	N	N_1	N_2	n_1	n_2	n	Prob/einseitig	Prob/zweiseitig
Veränderungen der Kassenanteile als Proxy								
R2	60	28	32	16	22	26	*0,039	**0,067
R3	60	28	32	12	16	28	0,792	0,613
R4	19	7	12	5	7	10	0,220	0,350
R7	19	7	12	4	7	9	0,430	0,650
R9	60	28	32	13	16	29	0,703	0,802
R82	60	28	32	19	21	30	*0,009	*0,019
R120	60	28	32	14	20	26	0,238	0,435
R122	60	28	32	15	13	34	0,762	0,795
R126	60	28	32	13	16	29	0,703	0,802
R138	19	7	12	3	8	7	0,526	1,000
R139	19	7	12	5	6	11	0,337	0,633
R164	59	27	32	20	19	33	*0,009	*0,017
R169	19	7	12	4	6	10	0,570	1,000
R171	19	7	12	7	8	11	*0,006	*0,013
R201	59	27	32	15	19	28	0,189	0,302
R310	59	27	32	9	18	23	0,861	0,437
R322	59	27	32	15	15	32	0,530	1,000
R325	58	26	32	16	19	29	**0,093	0,186
R360	19	7	12	5	7	10	0,220	0,350
R541	71	34	37	18	19	36	0,145	0,814
Veränderungen der Kassen- und Rentenanteile als Proxy								
R2	60	28	32	17	24	25	*0,005	*0,008
R3	60	28	32	16	23	25	*0,021	*0,036
R4	19	7	12	5	8	9	0,130	0,170
R7	19	7	12	5	7	10	0,220	0,350
R9	60	28	32	16	22	26	*0,039	**0,067
R82	60	28	32	19	21	30	*0,010	*0,019
R120	60	28	32	12	18	26	0,629	1,000
R122	60	28	32	14	16	30	0,602	1,000
R126	60	28	32	13	16	29	0,703	0,802
R138	19	7	12	3	8	7	0,526	1,000
R139	19	7	12	5	6	11	0,337	0,633
R164	59	27	32	20	21	31	*0,003	*0,004
R169	19	7	12	5	6	11	0,337	0,633
R171	19	7	12	7	8	11	*0,007	*0,013
R201	59	27	32	14	22	24	**0,090	0,121
R310	59	27	32	9	19	22	0,801	0,600
R322	59	27	32	15	15	32	0,530	1,000
R325	58	26	32	15	20	27	0,102	0,186
R360	19	7	12	4	7	9	0,430	0,650
R541	71	34	37	19	19	37	0,355	0,637

* Signifikant auf dem 5 %-Niveau (** = 10 %-Niveau)

N_1 = Anzahl tatsächlicher Renditen mit $R_{Et} \leq R_{ft}$
N_2 = Anzahl tatsächlicher Renditen mit $R_{Et} > R_{ft}$
N = Anzahl der Renditen
n_1 = Anzahl korrekter Prognosen, daß $R_{Et} \leq R_{ft}$
n_2 = Anzahl korrekter Prognosen, daß $R_{Et} > R_{ft}$
n = Anzahl von Prognosen, daß $R_{Et} \leq R_{ft}$

Die Resultate deuten zudem darauf hin, daß bei einigen der Fonds die Rentenanteile eher als die Kassenanteile für Timingaktivitäten eingesetzt werden. Dies gilt z. B. für die Fonds R3, R9 und weniger deutlich für R201. Darüber hinaus zeigt sich, daß Fonds, die Timinginformationen über die Veränderung der Kassenanteile umsetzen, gleichzeitig auch die Rentenanteile entsprechend umschichten. Die Ergebnisse der entsprechenden Fonds fallen bei der Verwendung der zusammengefaßten Kassen- und Rentenposition als Proxy gleich, z. T. auch besser aus.[95]

Ein Vergleich der Fonds, deren Manager gemäß des nichtparametrischen Tests Timinginformationen umgesetzt haben, mit jenen, die nach den Ergebnissen parametrischer Verfahren in Periode 86/91 Timingfähigkeiten besitzen, zeigt ein differenziertes Bild.[96] Während z. B. eine Übereinstimmung der Schlußfolgerungen bezüglich der Fonds R82 und R164 festzustellen ist, widersprechen sich die Ergebnisse bezüglich der Fonds R2, R3 und R171. Diese weisen negative H/M- und T/M-Timingkoeffizienten auf, die beim R171 signifikant sind. Die Vergleichbarkeit der Ergebnisse des parametrischen und des nicht parametrischen Tests sind allerdings beim R171 in zweierlei Hinsicht eingeschränkt. Zum einen waren dessen Kassen- und Rentenanteile nur vierteljährlich verfügbar. Zum anderen spielt das Mittelaufkommen bei der Erklärung der Schwankungen der Kassenanteile bei diesem Fonds eine vergleichsweise große Rolle. Umgekehrt zeigt der nichtparametrische Test z. B. für den R310 im Gegensatz zu den parametrischen Verfahren keine Timingfähigkeiten an. Diese unterschiedliche Einschätzung könnte z. B. daher rühren, daß die Timingkoeffizienten dieses Fonds zum überwiegendem Maße lediglich künstliches Timing aufgefangen haben.

Insgesamt legt der nichtparametrische Test nahe, die allein auf der Basis parametrischer Verfahren erzielten Ergebnisse zu relativieren. I. V. m. den Simulationsergebnissen ist somit davon auszugehen, daß es den Managern einiger Fonds tatsächlich gelungen ist, die allgemeine Marktentwicklung zu prognostizieren bzw. besser vorherzusagen als andere Portfoliomanager.

Ein Vergleich der Resultate mit den wenigen Untersuchungen, die den nichtparametrischen Test ebenfalls im Rahmen der Performance-Messung von Investmentfonds einsetzen, ist kaum möglich. So beruhen die Untersuchungen von *Henriksson* auf lediglich vierteljährlichen Veränderungen der Anteile der Fonds in Aktien, so daß von größeren

---

[95] Einzig der R325, ein gemischter Fonds, macht eine Ausnahme, da das Ergebnis auf der Grundlage des Kassenanteils schwache Timingfähigkeiten anzeigt, die jedoch bei Zusammenfassung von Kassen- und Rentenanteil nicht mehr gegeben sind. Allerdings deutet das sehr schwache Signifikanzniveau, welches zudem lediglich bei einseitiger Fragestellung gegeben ist, eher darauf hin, daß die Manager dieses Fonds über keine Timinginformationen verfügt haben.

[96] Einschränkend muß bei diesem Vergleich darauf hingewiesen werden, daß sich die Zeiträume nicht gänzlich entsprechen. Der nichtparametrische Test beginnt aufgrund der eingeschränkten Verfügbarkeit der Daten erst ab Dezember 1986, während die parametrischen Tests bereits im April 1986 ansetzen. Die für den Vergleich herangezogenen parametrischen Tests dieser Periode finden sich in den Tabellen T-D.39 und T-D.40 im Anhang T.

Meßfehlern auszugehen ist.[97] Die Ergebnisse von *Koh/Phoon/Tan* werden lediglich aggregiert betrachtet und basieren auf nur vierteljährlichen Veränderungen der Kassen- und Rentenanteile von 4 Fonds.[98] Darüber hinaus wird im Beitrag dieser Autoren nicht deutlich, ob die Untersuchungen mit der parametrischen Version des Henriksson/Merton-Tests auf der Grundlage monatlicher oder vierteljährlicher Renditen beruht. Im ersten Fall sind die Ergebnisse nicht ohne weiteres mit den nichtparametrischen Resultaten vergleichbar; im zweiten Fall dagegen wären die Regressionsergebnisse in statistischer Hinsicht wenig fundiert. Die Aussagekraft der Ergebnisse mit der von den Autoren gezogenen Schlußfolgerung, daß die Manager der untersuchten, in Singapur agierenden Fonds über Timingfähigkeiten verfügen, ist deshalb insgesamt anzuzweifeln.

cc. Der modifizierte Ansatz von Cumby/Modest

Schließlich soll mit dem Modell von *Cumby/Modest* die bisherige Annahme, daß die Prognosen der Manager unabhängig sind von der Höhe der Überschußrenditen, aufgegeben werden. Die Regressionsergebnisse dieses Ansatzes sind in Tabelle D.53 zusammengefaßt. Ein positiver Betafaktor der Regression zeigt an, daß der Manager fähig gewesen ist, Perioden zu prognostizieren, in denen die Überschußrenditen des Marktes bzw. des DAFOX über dem Stichprobenmittelwert der unbedingten DAFOX-Überschußrenditeverteilung lag.

Die Ergebnisse dieses Tests stehen in einem völligen Gegensatz zu den bisherigen Untersuchungen über Timingfähigkeiten der Manager. Bei einer Abschätzung der Managerprognosen über die Kassenanteile verfügen laut diesem Test von den 20 hier untersuchten Fonds 15 (üblicher t-Test) bzw. 18 (Verwendung heteroskedastizitäts-korrigierter t-Werte) über signifikante Timingfähigkeiten, wenn ein Signifikanzniveau von 5% zugrundegelegt wird. Die zusätzliche Verwendung der Rentenanteile zur Schätzung der Managervorhersagen bestätigt diese Werte.

---

[97] Vgl. **Henriksson** (1980), der mit dieser Spezifikation keine Timingfähigkeiten identifizieren kann. Zum gleichen Ergebnis kommt **Henriksson** (1984) auf der Grundlage monatlicher Meßintervalle. In dieser Untersuchung werden die Managerprognosen allerdings ohne einen Rückgriff auf Portfolio-Daten geschätzt.

[98] Die Autoren geben zwar an, 10 Fonds zu untersuchen; letztlich beruhen ihre Ergebnisse jedoch auf nur 4 Fonds mit vierteljährlichen Portfoliodaten, da für 6 Fonds in der Stichprobe lediglich eine Managerprognose vorliegt, wie die Autoren in einer Fußnote anmerken, vgl. **Koh/Phoon/Tan** (1993), S. 165, Fußnote 3. Aus der mit maximal 26 Beobachtungen in einer Periode von 5 Jahren vergleichsweise geringen Anzahl von Managerprognosen von 10 Fonds, die sich aus der Addition der N_1 und N_2 in der Ergebnistabelle 1 des Beitrages dieser Autoren ergibt, ist daher auf vierteljährliche Daten von nur 4 Fonds zu schließen, vgl. **Koh/Phoon/Tan** (1993), S. 160.

Tab. D.53: Regressionsergebnisse *Cumby/Modest*-Tests auf der Basis monatlicher/vierteljährlicher Kassenanteile sowie Renten- und Kassenanteile als Proxy für die Managerprognosen; Zeitraum 1/87-12/91

Proxy	Kassenanteile				Kassen-und Rentenanteile			
Fonds	κ	$t(\kappa)$	$t/W(\kappa)$	R^2	κ	$t(\kappa)$	$t/W(\kappa)$	R^2
R2	0,069	*4,396	*5,330	0,237	0,074	*5,014	*5,807	0,290
R3	0,051	*2,760	*3,907	0,101	0,069	*4,465	*5,324	0,243
R4	0,128	*2,504	*3,309	0,226	0,139	*2,895	*3,504	0,291
R7	0,094	1,705	*2,284	0,096	0,094	1,705	*2,284	0,096
R9	0,058	*3,188	*4,709	0,134	0,076	*5,031	*6,060	0,292
R82	0,072	*4,601	*5,614	0,255	0,072	*4,601	*5,614	0,255
R120	0,068	*4,214	*5,306	0,221	0,068	*4,054	*5,285	0,207
R122	0,055	*2,787	*4,312	0,103	0,058	*3,174	*4,659	0,133
R126	0,052	*2,830	*4,015	0,106	0,052	*2,830	*4,015	0,106
R138	0,109	**2,088	*2,540	0,157	0,109	**2,088	*2,540	0,157
R139	0,074	1,236	**1,895	0,029	0,074	1,236	**1,895	0,029
R164	0,066	*3,940	*4,985	0,200	0,064	*3,929	*4,782	0,199
R169	0,075	1,263	**1,856	0,032	0,107	**1,902	*2,792	0,127
R171	0,136	*2,803	*3,384	0,276	0,132	*2,679	*3,227	0,256
R201	0,067	*3,992	*5,094	0,205	0,071	*4,555	*5,467	0,254
R310	0,062	*3,574	*5,043	0,169	0,062	*3,611	*4,946	0,172
R322	0,037	**1,861	*3,062	0,041	0,037	**1,861	*3,062	0,041
R325	0,064	*3,750	*4,795	0,186	0,064	*3,819	*4,787	0,192
R360	0,121	*2,307	*3,016	0,194	0,126	*2,438	*3,190	0,215
R541	0,062	*3,788	*5,132	0,160	0,062	*3,788	*5,132	0,160

* signifikant auf dem 5 %-Niveau (** = 10 %-Niveau)

Aufgrund der gegenüber den anderen Untersuchungen völlig konträren Ergebnisse ist fraglich, welches Gewicht dieser Untersuchung im Rahmen einer endgültigen Beurteilung der Timingfähigkeiten der Manager beigemessen werden soll.[99] Angesichts der Simulationsstudien ist klar, daß eine Identifizierung von Timingfähigkeiten mittels parametrischer Verfahren kaum möglich ist, wenn diese nicht ein sehr hohes Ausmaß erreichen. Das aber ist wegen der hohen Transaktionskosten, die mit größeren Umschichtungen der Sondervermögen verbunden sind, wenig wahrscheinlich. Zudem ist die systematisch negative Verzerrung der Timingkoeffizienten zu beachten.

Aber auch die Macht des Tests von *Henriksson/Merton* in seiner ursprünglichen Version ist, selbst bei Vorliegen der diesem Test zugrunde liegenden Prämissen, vergleichsweise gering, wie die Simulationsstudie von *Cumby/Modest* zeigt.[100] Die Annahme von

---

[99] *Cumby/Modest* selbst untersuchen die Timingfähigkeit von Anbietern, die Prognosen über die Entwicklung von Devisenkursen erstellen und kommen zu einem ähnlichen Ergebnis wie die vorliegende Untersuchung. Während mit dem Henriksson/Merton-Ansatz auf der Grundlage des exakten Fisher-Tests nur bei 5 % der untersuchten Anbieter Timingfähigkeiten identifiziert werden, sind es bei Aufhebung der Unabhängigkeitsannahme 52 %, vgl. **Cumby/Modest** (1987), S. 182.

[100] Vgl. **Cumby/Modest** (1987), S. 175 ff.

Cumby/Modest, daß die bedingte Wahrscheinlichkeit korrekter Vorhersagen auch abhängig ist von der Größe der realisierten Marktüberschußrenditen, erscheint außerdem realitätsnäher und vermeidet den Verlust möglicherweise wertvoller Informationen. Auf diese Weise ist zudem eine Verzerrung der Ergebnisse durch den in der Praxis häufig anzutreffenden Einsatz der technischen Analyse im Rahmen der Prognose von Gesamtmarktentwicklungen ausgeschlossen.

Aufgrund dieser Überlegungen wird dem Test von *Cumby/Glen* die größere Bedeutung bei der Beurteilung der Timingfähigkeiten des Managements beigemessen. Deshalb wird davon ausgegangen, daß die Mehrheit der Manager in der Periode 1/87-12/91 über Timingfähigkeiten verfügt hat. Dies nach den meisten bisher durchgeführten Untersuchungen zur Performance-Messung überraschende Ergebnis bedeutet jedoch nicht unbedingt, daß sich die Timingfähigkeiten in einer entsprechenden Performance niedergeschlagen haben. Möglicherweise ist dies eine Erklärung dafür, daß die parametrischen Verfahren, die bei der Identifikation der Timingfähigkeiten allein auf die Renditen nach Abzug der direkt den Sondervermögen belasteten Transaktionskosten zurückgreifen, keine höheren und nur sehr wenig signifikante Werte aufweisen. Gerade die Kosten, die aus den mit der Umsetzung von Timinginformationen verbundenen größeren Umschichtungen der Portfoliovermögen resultieren, scheinen eine höhere Timing-Performance zu verhindern.

Sind diese Überlegungen korrekt, sollte unter der Voraussetzung, daß die verschiedenen Fonds ähnliche Transaktionskosten aufwenden müssen, zumindest das mit den parametrischen Verfahren und dem nichtparametrischen Ansatz von *Cumby/Modest* ermittelte Ranking der Fonds Ähnlichkeiten aufweisen. In der folgenden Tabelle D.54 sind die Rangfolgen der Fonds zusammengefaßt, welche mit verschiedenen Ansätzen zur Identifikation von Timingfähigkeiten ermittelt werden. Die Festlegung der Rangfolgen erfolgt dabei zum einen auf der Grundlage der t-Werte verschiedener Ansätze, und zum anderen anhand der Differenz der absoluten Performance zwischen dem C/K-Alpha und dem H/M-Alpha sowie dem PW-Maß und dem H/M-Alpha.[101]

---

[101] Dabei werden hier die t-Werte des einfachen t-Tests zugrunde gelegt, da die t-Werte einiger Fonds im Rahmen des Cumby/Modest-Ansatzes lediglich auf der Grundlage von 20 Beobachtungen ermittelt werden. In diesem Fall ist der mit Hilfe der heteroskedastizitäts-konsistenten Kovarianz-Matrix geschätzte t-Wert nicht sinnvoll, da er nur asymptotische Eigenschaften aufweist.

Tab. D.54: Rangfolge der Fonds bezüglich der Timingfähigkeiten mit verschiedenen Ansätzen in der Periode 1/87-12/91 (*Cumby/Modest*) und 4/86-12/91 (parametrische Verfahren)

nichtparametrischer Ansatz		parametische Verfahren			
Cumby/Modest-Regression		t-Werte		absolute Performance-Differenzen	
Kassenanteil	Kassen- und Rentenanteil	t (T/M-γ)	t (H/M-β₂)	C/K-A - H/M-A	PW - H/M-A
R82	R9	R310	R310	R310	R310
R2	R2	R164	R164	R164	R164
R120	R82	R82	R82	R82	R82
R201	R201	R201	R201	R201	R201
R164	R3	R120	R120	R120	R120
R541	R120	R322	R126	R126	R126
R325	R164	R541	R9	R9	R9
R310	R325	R122	R541	R3	R3
R9	R541	R126	R3	R541	R541
R126	R310	R9	R322	R322	R322
R171	R122	R3	R122	R2	R2
R122	R4	R2	R2	R169	R169
R3	R126	R169	R7	R122	R122
R4	R171	R139	R169	R4	R4
R360	R360	R138	R138	R138	R138
R138	R138	R4	R4	R7	R7
R322	R169	R7	R139	R139	R139
R7	R322	R171	R325	R171	R171
R169	R7	R325	R360	R325	R325
R139	R139	R360	R171	R360	R360

Insgesamt werden die oben angestellten Überlegungen bestätigt. Zwar sind die Rangfolgen der Fonds nicht völlig identisch. Dies war aber schon deshalb nicht zu erwarten, weil die Untersuchungszeiträume der parametischen und nichtparametrischen Tests nicht gänzlich übereinstimmen und die Resultate des nichtparametrischen Tests für sieben Fonds auf nur vierteljährlichen Daten beruhen. Gleichwohl sind die ersten zehn mit dem Ansatz von *Cumby/Modest* ermittelten Fonds fast alle auch unter den Fonds zu finden, die sich bei einem Ranking nach den t-Werten oder der absoluten Performance verschiedener parametrischer Verfahren auf den ersten zehn Rängen bewegen. Ausnahmen bilden lediglich die Fonds R325 und R2, die mit dem nichtparametrischen Ansatz wesentlich besser eingestuft werden als mit den anderen Ansätzen.[102]

---

[102] Eine Erklärung für diese Beobachtung insbesondere beim R325 fällt schwer, da auch der Einfluß des Mittelaufkommens auf die Kassenanteile nicht aus dem Rahmen fällt, sondern gerade bei diesem Fonds kaum Relevanz besitzt.

d. Schlußfolgerungen

In den vorangehenden Abschnitten ist deutlich geworden, daß durch eine Kapitalanlage in aktiv verwaltete Aktieninvestmentfonds eine signifikant positive Überrendite gegenüber einer passiven Anlagestrategie, hier repräsentiert durch einen breit diversifizierten Performance-Index, in den allermeisten Fällen nicht erzielbar ist. Diese Schlußfolgerung beruht auf der Ermittlung der Performance mit Hilfe unterschiedlicher Verfahren, die sich sowohl durch ihr theoretisches Fundament als auch die damit gesetzten Prämissen unterscheiden. Darüber hinaus erfolgte mit dem Einsatz alternativer Risikobegriffe zur Relativierung der Renditen und dem Rückgriff auf zusätzlich verfügbare Informationen eine Fundierung der Resultate, die auf der Grundlage kapitalmarkttheoretisch motivierter Ansätze erzielt wurden.

Die bisherigen Untersuchungen beruhten auf jeweils einem Index als Benchmarkportfolio. Wie bereits im theoretischen Teil erörtert wurde, kann eine Performance-Messung mit Hilfe von Einfaktormodellen aufgrund von Renditeanomalien kritisiert werden.[103] Grundsätzlich muß davon ausgegangen werden, daß eine Berücksichtigung ex post ermittelter Anomalien die Ergebnisse der Fonds eher verschlechtern.[104] Das Ausmaß dieser Verschlechterung hängt von der Effizienz des DAFOX ab und wird hier angesichts der im theoretischen Teil bereits erörterten Diskussion nicht quantifiziert. Da jedoch beim Einsatz des DAFOX im Durchschnitt keine signifikante Performance nachgewiesen werden kann, ist unabhängig von der Diskussion über die Berücksichtigung etwaiger Anomalien in der Benchmark die eindeutige Schlußfolgerung möglich, daß die Fonds keine höhere risikobereinigte Rendite erwirtschaftet haben, die besser ist als eine, die mit einer einfachen Buy-and-Hold-Strategie erzielbar wäre. Eine derart eindeutige Interpretation einer signifikant positiven Überrendite als auf Managerfähigkeiten zurückzuführende Performance ist dagegen nicht möglich, da Zweifel über Benchmarkfehler letztlich nicht ausgeräumt werden können.

An der Verwendung lediglich eindimensionaler Benchmarkportfolios im Rahmen der Performance-Messung wird darüber hinaus kritisiert, daß sie eine differenzierte Risikoanalyse vernachlässigt und die Anlagepolitik der Fonds nicht explizit berücksichtigt. Dieser Kritik wird im folgenden Abschnitt nachgegangen.

---

[103] Vgl. aber zur Diskussion über die Notwendigkeit einer Erfassung solcher Anomalien **Kapitel C. III. 2. c. bb.**, S. 67 ff.

[104] Darauf deuten auch die Untersuchungsergebnisse von **Grinblatt/Titman** (1994), S. 426 f., hin. Ein Vergleich der Resultate, die mit dem wertgewichteten Index erzielt werden, mit jenen, die bei Einsatz der aus acht Portfolios gebildeten Benchmark erzielt werden, macht dies deutlich.

2. Performance-Analyse und Identifikation der Risikostruktur und Anlagepolitik mit Mehrfaktorenmodellen

a. Die Verwendung eines Dreiindexmodells

Mit einem Dreiindexmodell wird insbesondere dem Umstand Rechnung getragen, daß die Sondervermögen der Fonds i. d. R. auch Rentenwerte umfassen.[105] Obwohl die unterschiedliche Renditeentwicklung von Blue Chips und Small Caps auch im DAFOX enthalten ist, enthebt die getrennte Berücksichtigung der diese Segmente abbildenden Indizes den Bewertenden von der Festlegung der Gewichtung der Marktsegmente.

Die sich im Rahmen der multiplen Regression der Fonds- auf die Indexüberschußrenditen ergebende Konstante ist entsprechend dem Einindexmodell zu interpretieren und mißt die auf Selektionsfähigkeiten des Managements beruhende Performance. Entsprechend den bisherigen Erkenntnissen ist allerdings davon auszugehen, daß das Alpha die Gesamtperformance mißt. Dabei ist eine negative Verzerrung des Maßes durch Timingaktivitäten in den hier untersuchten Zeiträumen auszuschließen.

Wie bereits erwähnt, korrelieren die Renten- und Aktienindizes kaum miteinander.[106] Demgegenüber nehmen die Korrelationskoeffizienten zwischen den beiden DAFOX-Teilindizes sehr hohe Werte an. Dem daraus resultierenden Problem der Kollinearität wird daher durch eine Orthogonalisierung der Indizes Rechnung getragen.[107]

Die Tabelle D.55 zeigt die Ergebnisse der multiplen Regression für den Zeitraum 86/91 gemäß Gleichung (D.21)

(D.21) $r_{Pt} = \alpha_P + \beta_{BC}\, r_{BC_t} + \beta_{SC}\, r_{SC_t} + \beta_{REX}\, r_{REX_t} + \varepsilon_{Pt}$

mit: r_{BC_t} = Überschußrendite des DAFOX BC zum Zeitpunkt t
r_{SC_t} = Überschußrendite des DAFOX SC zum Zeitpunkt t
r_{REX_t} = Überschußrendite des REXP zum Zeitpunkt t

---

[105] Vgl. zur Diskussion über die Eignung des REXP als Benchmarkportfolio **Kapitel D. II. 3. d. bb.,** S. 227 ff.

[106] Vgl. Tabelle T-D.4 im Anhang T.

[107] Vgl. dazu **Kapitel** D. II. 3. f., S. 242 f.

Tab. D.55: Multiple Regression auf den DAFOX BC, DAFOX SC und REXP
zur Ermittlung von Jensens Alpha; Zeitraum 4/86-12/91

Fonds	α in %	t (α)	β_{BC}	β_{SC}	t_{SC}	β_{REX}	t_{REX}	R^2 ad.	s(ε) in%	DW
R2	-0,032	-0,265	0,729	0,253	*6,04	-0,107	-0,93	0,98	0,981	2,403
R3	-0,193	**-1,667	0,568	0,070	**1,73	0,130	1,17	0,95	0,958	2,114
R4	-0,017	-0,125	0,738	0,168	*3,43	-0,072	-0,54	0,96	1,148	2,097
R7	-0,313	-1,395	0,340	0,512	*6,41	0,283	1,30	0,90	1,856	2,205
R9	0,135	0,967	0,713	0,119	*2,38	0,063	0,47	0,96	1,155	1,866
R82	0,010	0,092	0,778	0,202	*5,48	-0,040	-0,40	0,98	0,871	1,653
R120	0,130	0,943	0,863	0,040	0,82	0,104	0,78	0,97	1,143	1,794
R122	0,367	**1,746	0,660	0,070	0,94	-0,177	-0,87	0,89	1,737	2,095
R126	0,083	0,616	0,842	0,075	1,58	0,085	0,66	0,97	1,111	1,773
R138	-0,283	**-1,918	0,887	0,096	**1,69	-0,273	**-1,91	0,97	1,221	2,016
R139	0,019	0,071	0,346	0,520	*5,60	-0,310	-1,22	0,86	2,170	1,705
R164	0,077	0,853	0,909	-0,039	-1,23	0,002	0,03	0,98	0,750	2,000
R169	-0,079	-0,930	0,422	0,010	0,37	0,138	**1,69	0,95	0,698	2,328
R171	-0,212	-1,434	0,439	0,429	*8,11	-0,117	-0,82	0,95	1,223	2,254
R201	0,154	1,521	0,723	-0,050	-1,14	0,133	1,36	0,97	0,838	2,164
R310	0,468	**1,894	0,505	0,233	*2,65	-0,004	-0,02	0,85	2,043	1,777
R322	0,005	0,044	0,873	-0,003	-0,08	-0,129	-1,20	0,98	0,920	2,223
R325	-0,273	-0,912	0,466	0,126	1,20	-0,375	-1,30	0,70	2,474	2,575
R360	-0,076	-0,288	0,686	0,078	0,84	-0,208	-0,11	0,85	2,180	2,860
R541	-0,070	-0,603	0,922	0,005	0,13	-0,213	**-1,91	0,98	0,957	1,952
R680	-0,168	-1,576	0,673	0,111	*2,93	-0,187	**-1,82	0,97	0,881	1,771
DREN	-0,044	-0,495	0,636	0,146	*4,58	-0,057	-0,67	0,98	0,735	2,136
DAFOX	-0,001	-0,259	0,838	0,161	*162	-0,003	-0,77	1,00	0,034	1,826
DAX	-0,023	-0,205	1,073	-0,094	*-2,43	0,174	1,63	0,98	0,913	2,396

* signifikant auf dem 5 %-Niveau (** = 10 %-Niveau)

Auf die Darstellung der t-Werte für den Betakoeffizienten auf den BC wurden der Übersichtlichkeit wegen verzichtet. Die Werte sind ausnahmslos hochsignifikant; dasselbe gilt für den F-Test.

Das R^2 verbessert sich gegenüber dem Einindexmodell mit dem DAFOX als einziger Benchmark, wobei die Erhöhung jedoch nur für einzelne Fonds einen nennenswerten Umfang erreicht. Auch die Alphas dieser Regressionen verändern sich in einem nur geringen Ausmaß, wie Tabelle D.56 im Vergleich zur Statistik des Einindexmodells erkennen läßt.[108] Allerdings ändern sich z. T. die Aussagen bezüglich ihrer statistischen Signifikanz, die bei dem Dreiindexmodell tendenziell abnimmt.[109] Diese Beobachtung beschränkt sich jedoch lediglich auf den Zeitraum 80/85.

---

[108] Vgl. Tabelle D.29 in **Kapitel** D. IV. 1. a. aa. (2), S. 344. Demgegenüber ermitteln **Elton/Gruber/Das/Hlavka** (1993) mit einem Dreiindexmodell im Vergleich zum Einindexmodell eine starke Verschlechterung der Alphas der von ihnen analysierten Fonds. Im Unterschied zur vorliegenden Untersuchung führen sie jedoch zusätzlich zum S&P 500-Index einen Index für Nebenwerte ein, der den stark ausgeprägten Kleinfirmeneffekt korrigiert, während die Ergebnisse hier aus einer getrennten Berücksichtigung der vorher in einem Index zusammengefaßten Wertpapiere resultieren.

[109] Dies gilt insbesondere für die Hausse-Periode, bei der sich für 4 der Fonds eine Änderung der Signifikanzaussagen ergibt; vgl. die Ergebnisse in Tabelle T-D.50 im Anhang T.

Tab. D.56: Statistik des Jensen-Maßes bei der Verwendung des Dreiindexmo-dells als Benchmark (DAFOX BC; DAFOX SC; REXP)

Zeiträume	74-79	80-85	86-91	74-91
J/3 Durchschnitt	-0,00062	-0,00062	-0,00013	-0,00044
Minimum	-0,00243	-0,00200	-0,00313	-0,00186
Maximum	0,00086	0,00259	0,00468	0,00141
Standardabweichung	0,00093	0,00134	0,00201	0,00082
Anzahl J/3 +/sig.*	7/-	4/-	10/-	3/1
Anzahl J/3 -/sig.*	9/1	14/-	11/-	13/1

* Die Anzahl enthält die Koeffizienten, die siignifikant auf dem 5 %-Niveau von Null verschieden sind und bezieht sich auf die t-Werte, welche auf der Grundlage der Heteroskedastizitätskorrektur nach *White* berechnet wurden

Alle Betafaktoren, die die Sensitivität der Fonds gegenüber dem Blue-Chip-Index messen, sind statistisch hoch signifikant. Differenzierter ist dagegen das Bild der Regressionskoeffizienten zu beurteilen, welche sich auf den Small-Cap-Index beziehen. Im Durchschnitt besitzen nur 50 % der Fonds über alle Zeiträume hinweg betrachtet signifikante Sensitivitätskoeffizienten. Erwartungsgemäß befinden sich darunter auch die auf Kleinfirmen spezialisierten Fonds R139 (DIT-Spezial) und R310 (SMH-Spezial-I). Dabei überrascht aber die geringe Sensitivität des SMH-Fonds, die maximal 0,345 in Periode 86/91 beträgt. Gleichzeitig erreicht das R^2 im Durchschnitt vergleichsweise geringe 86 %, was auch für den DIT-Spezial gilt. Es ist zu vermuten, daß diese Fonds noch andere als die durch die Indizes abgebildeten Wertpapiere in ihren Portfolios halten. Außerdem ist zu berücksichtigen, daß auch der DAFOX-Small-Cap-Index durch die Gewichtung mit dem Grundkapital eher die Renditeentwicklung der größeren unter den kleinen Unternehmen widerspiegelt. Die höchste Sensitivität auf den Small-Cap-Index weist der Adiverba-Fonds (R7) auf, ein Fonds, der hauptsächlich in Finanzwerte investiert.

Nur relativ wenige der Sensitivitätskoeffizienten auf den REX-Perfomance-Index sind signifikant von Null verschieden. Die größten Differenzen zum Einindexmodell ergeben sich dabei in der Hausse-Periode 80/85, in welcher die größte Anzahl signifikanter Werte vorzufinden ist.[110]

Der nur geringe Einfluß auf die Ergebnisse bei Hinzunahme des REXP wird auch anhand der multiplen Regressionen unter Verwendung der auf den DAFOX BC orthogonalisierten DAFOX SC- und REXP-Indizes deutlich, deren Ergebnisse in Tabelle D.57 wiedergegeben sind.

---

[110] Vgl. im einzelnen Tabelle T-D.50 im Anhang T.

Tab. D.57: Multiple Regression auf den DAFOX BC und auf diesen orthogonalisierter DAFOX SC und REXP; Zeitraum 4/86-12/91;

Fonds	β_{BC}	t_{BC}	β_{SC}	t_{SC}	β_{REX}	t_{REX}	R^2 ad.	R^2 DAFBC	R^2 DAFOX
R2	0,937	55	0,257	*6,13	-0,111	-0,97	0,977	0,966	0,976
R3	0,632	37	0,075	**1,83	0,130	1,16	0,953	0,952	0,953
R4	0,875	44	0,174	*3,55	-0,074	-0,55	0,965	0,960	0,965
R7	0,774	23	0,518	*6,48	0,277	1,27	0,897	0,835	0,863
R9	0,814	39	0,124	*2,49	0,063	0,47	0,959	0,957	0,960
R82	0,946	63	0,205	*5,54	-0,043	-0,43	0,982	0,975	0,983
R120	0,900	45	0,042	0,86	0,104	0,78	0,966	0,967	0,964
R122	0,714	23	0,073	0,97	-0,178	-0,87	0,886	0,888	0,889
R126	0,908	45	0,079	1,65	0,085	0,65	0,969	0,969	0,968
R138	0,959	44	0,098	**1,84	-0,274	**-1,92	0,966	0,964	0,965
R139	0,769	20	0,528	*5,68	-0,317	-1,25	0,863	0,801	0,828
R164	0,877	67	-0,039	-1,22	0,003	0,04	0,984	0,985	0,977
R169	0,435	36	0,011	0,38	0,138	**1,68	0,947	0,947	0,944
R171	0,792	36	0,432	*8,15	-0,124	-0,87	0,953	0,909	0,933
R201	0,685	46	-0,046	-1,28	0,135	1,38	0,969	0,968	0,959
R310	0,699	19	0,243	*2,77	-0,005	-0,02	0,847	0,836	0,848
R322	0,866	54	-0,002	-0,05	-0,129	-1,20	0,976	0,977	0,972
R325	0,560	13	0,129	1,21	-0,377	-1,30	0,704	0,703	0,708
R360	0,751	19	0,080	0,85	-0,029	-0,11	0,845	0,850	0,851
R541	0,921	54	0,007	0,17	-0,213	**-1,90	0,977	0,977	0,972
R680	0,760	48	0,116	*3,05	-0,188	**-1,82	0,972	0,968	0,971
DREN	0,757	58	0,150	*4,84	-0,059	-0,69	0,980	0,975	0,980

* signifikant auf dem 5 %-Niveau (** = 10 %-Niveau)

Die Sensitivitätskoeffizienten auf diese Indizes zeigen in diesem Fall lediglich ihren marginalen Einfluß zur Erklärung der Regressionsfunktion, der nicht bereits durch den DAFOX BC erfaßt wird. Im Fall des REXP sind die Sensitivitäten nahezu identisch zur Regression unter Verwendung nicht orthogonalisierter Indizes, da dieser Index kaum mit dem DAFOX BC korreliert. Die Signifikanzen der Koeffizienten des DAFOX SC erhöhen sich durchweg. Eine Gegenüberstellung der R^2 des Dreiindexmodells mit jenen der Einindexmodelle bei der Verwendung lediglich des DAFOX BC oder des DAFOX zeigen jedoch, daß der zusätzliche Erklärungsbeitrag des hier gewählten Multiindexmodells vernachlässigbar gering ist. Erstaunlicherweise gilt dies in den meisten Fällen auch für die gemischten Fonds. Einzig in der Hausse-Periode 80/85 ist bei diesen Fonds eine starke Erhöhung der R^2 bei Hinzunahme des Rentenindex zu beobachten, so daß die geringe zusätzliche Erklärungskraft des REXP in Periode 86/91 wohl hauptsächlich auf die starken Schwankungen der Marktrenditen in diesem Zeitraum zurückzuführen ist.

Insgesamt scheint der Einfluß des in festverzinsliche Wertpapiere investierten Kapitals bezüglich der Performance der Fonds keinen nennenswerten Umfang zu erreichen.[111] Bestätigt wird dieser Eindruck durch die hohen Korrelationskoeffizienten des Alphas aus dem Dreiindexmodell mit den Alphas, die beim Einsatz nur des DAFOX als Bench-

---

[111] Dieses Ergebnis entspricht jenem in der Untersuchung von **Elton/Gruber/Das/Hlavka (1993)**.

mark erzielt werden.[112] Die Relevanz des Dreiindexmodells zur Beurteilung der absoluten Performance beschränkt sich in dieser Untersuchung auf die Periode 80/85.

Letztlich bestätigen die Ergebnisse des Dreiindexmodells auch die Eignung des DAFOX
als Referenzindex in den vorherigen Untersuchungen. Das Alpha des DAFOX ist, nicht
überraschend, in allen Perioden nicht signifikant von Null verschieden. Im Gegensatz
dazu wird dem DAX als passivem Portfolio sowohl im Gesamtzeitraum als auch in zwei
der drei Subperioden eine statistisch signifikant negative Performance zugewiesen. Dies
macht ihn grundsätzlich als Benchmarkportfolio dann untauglich, wenn der zu beurteilende Fonds nicht ausdrücklich eine Konzentration seiner Anlagepolitik auf Investitionen in DAX-Werte vorsieht.

b. Performance-Attribution mit Branchenindizes

In Tabelle D.58 ist beispielhaft eine Performance-Attribution für den Fonds R7
(Adiverba), der hauptsächlich in Bank- und Versicherungswerte investiert, dargestellt.
Dabei bezieht sich die Attribution auf die zwölf Branchenindizes, aus denen der
DAFOX zusammengesetzt ist.[113]

Tab. D.58: **Performance-Attribution mit Branchenindexmodell für den Fonds
R7 (Adiverba) im Zeitraum 74/91**

DAFOX Branchenindizes	Sensitivtät Fonds	Sensitivtät DAFOX	Differenz	Branchen-rendite*	Attributions-Rendite
803 DAFOX (Chemie/Pharma)	0,0514	0,1396	-0,0881	0,08761	**-0,007723**
804 DAFOX (Elektro)	-0,0625	0,0983	-0,1608	0,08884	**-0,014292**
805 DAFOX (Versorgung/Öl)	-0,0311	0,1056	-0,1367	0,10823	**-0,014804**
806 DAFOX (Banken/Vers.)	**0,5123**	0,2696	0,2427	0,10937	**0,026546**
807 DAFOX (Auto/Masch.)	-0,0211	0,1740	-0,1952	0,10360	**-0,020223**
808 DAFOX (Stahl/Kabel)	-0,0192	0,0541	-0,0734	0,07615	**-0,005592**
809 DAFOX (Bau/Baustoffe)	-0,0282	0,0246	-0,0528	0,11447	**-0,006054**
810 DAFOX (Kaufhäuser)	0,0058	0,0231	-0,0173	0,06020	**-0,001043**
811 DAFOX (Verb./Brau./Papier)	**0,2025**	0,0442	0,1582	0,07648	**0,012104**
812 DAFOX (Verkehr)	0,0140	0,0070	0,0069	0,07447	**0,000518**
813 DAFOX (Holdings)	**0,1175**	0,0477	0,0698	0,12315	**0,008601**
814 DAFOX (Sonstige)	**0,0646**	0,0107	0,0538	0,05833	**0,003143**
R^2 ad.	0,8887	0,9982			
s (ε)	0,014455	0,002053		Alpha	**0,0000578**

Fettgedruckte Werte sind signifikant auf dem 5 %-Niveau von Null verschieden

* Annualisierte durchschnittliche Rendite

---

[112] Vgl. Tabelle T-D.37 und T-D.38 im Anhang T.

[113] Zur Diskussion über den Zweck der Performance-Attribution vgl. **Kapitel** C. II. 1. d. aa., S.
119 ff. und **Kapitel** C. II. 1. d. cc. (2), S. 124 ff. und zur Wahl von Branchenindizes im Rahmen
der Performance-Attribution **Kapitel** D. II. 3. d. bb., S. 229 f.

In der zweiten Spalte sind die durch eine multiple Regression geschätzten Faktorsensitivitäten des zu bewertenden Fonds und des Benchmarkportfolios, hier dem DAFOX, auf den jeweiligen Branchenindex erfaßt. Die dritte Spalte enthält die Differenz beider Sensitivitäten, die schließlich zur Berechnung der in der fünften Spalte aufgeführten Attributions-Rendite mit der in der vierten Spalte berechneten, durchschnittlichen Rendite des jeweiligen Branchenindex multipliziert wird.

Das Ergebnis stellt die vom Manager erwirtschaftete Rendite dar, die er durch das Eingehen im Vergleich zur Benchmark höherer/niedrigerer Risiken erzielt hat. Die Analyse kann sich insbesondere darauf beziehen, ob der Manager die Fähigkeit hat, die Sensitivität des Portfolios durch entsprechende Umschichtungen bezüglich der Faktoren bzw. Branchen zu erhöhen, die eine im Vergleich zu den anderen Segmenten überdurchschnittliche Renditeentwicklung aufweisen. Dabei sind nur die signifikanten Sensitivitäten tatsächlich interpretierungswürdig, so daß sich eine Analyse auf diese Faktoren konzentrieren kann.

Die Sensitivitäten geben Hinweise auf die Risikostruktur des Fonds und lassen gleichzeitig Rückschlüsse auf die Anlagepolitik zu. So weist der Adiverba (R7) erwartungsgemäß eine hohe Sensitivität gegenüber dem Faktor Banken/Versicherungen (806) auf. Im hier gewählten Gesamtzeitraum war die Renditeentwicklung insbesondere der Branchen Versorgung/Öl (805), Banken/Versicherungen (806), Auto/Maschinen (807), Bau/Baustoffe (809) sowie Holdinggesellschaften (813) überdurchschnittlich. Die im Vergleich zum Index hohe Gewichtung der Finanzwerte hat beim Adiverba zu einem Großteil der Rendite beigetragen. Die Anlagepolitik dieses Fonds konzentriert sich jedoch von vornherein auf dieses Segment. Daher ist die Übergewichtung des Portfolios bezüglich dieser Branche nicht als erfolgreiche "Sektor-Rotation" den Leistungen des Managers zurechenbar. Vielmehr erscheint die Wahl eines sämtliche Branchen enthaltenden Index wie dem DAFOX als Benchmark in diesem Fall ungeeignet. Die positive Performance des Fonds gegenüber dem DAFOX muß deshalb vor diesem Hintergrund gesehen werden. Sie ist allerdings ohnehin nicht signifikant von Null verschieden.

Bestätigt wird diese Überlegung, wenn lediglich der relevante Branchenindex selbst als Benchmark verwendet wird und die Ergebnisse mit jenen verglichen werden, bei denen der DAFOX als Benchmark verwendet wird. Im Gesamtzeitraum hat der Fondsmanager in diesem Fall eine negative Performance erzielt, wie die Ergebnisse in Tabelle D.59 zeigen. Daneben erhöht sich auch das R^2 der Regression.

Tab. D.59: **Regression des R7 auf DAFOX und DAFOX 806 im Vergleich**

Zeitraum	Alpha in %	t-stat	β	s(β)	R²	s(ε)
DAFOX als Benchmark						
74/91	0,0125	0,101	0,8082	0,025	0,8305	0,01789
74/79	-0,0374	-0,293	0,7462	0,039	0,8476	0,01050
80/85	0,3821	**1,673	0,7997	0,055	0,7545	0,01876
86/91	-0,3854	-1,486	0,8061	0,039	0,8625	0,02150
DAFOX 806 (Banken/Versicherungen) als Benchmark						
74/91	-0,0124	-0,108	0,6769	0,0190	0,8528	0,01667
74/79	-0,0733	-0,683	0,7325	0,0313	0,8921	0,00883
80/85	0,2690	1,293	0,6299	0,0377	0,7960	0,01689
86/91	-0,3274	-1,330	0,6805	0,0312	0,8763	0,02039

** Signifikant auf dem 10%-Niveau

Die Relevanz der ausgewählten Benchmark auf die Ergebnisse wird auch bei der Analyse der einzelnen Subperioden deutlich. Während sich im Vergleich zur Regression auf den Gesamt-DAFOX das R^2 der Regressionen erhöht, ist beispielsweise die auf einem Signifikanzniveau von 10% positive Performance in Periode 80/85 bei Verwendung des Branchenindex als Benchmark statistisch nicht mehr von Null verschieden.

Auch die Alphas für die beiden Fonds R139 und R310, deren Anlagen sich gemäß ihrer Satzungen vornehmlich auf Kleinfirmen erstrecken, werden unter Verwendung von die Renditeentwicklung dieser Unternehmen repräsentierender Indizes erneut geschätzt.[114] Die Ergebnisse für den R310 sind in Tabelle D.60 festgehalten.

Tab. D.60: **Regression des R310 auf DAFOX, DAFOX SC und GG-Index**

Zeitraum	Alpha in %	t-stat	β	s(β)	R²	s(ε)
DAFOX als Benchmark						
74/91	0,0739	0,699	0,744	0,022	0,849	0,0153
74/79	-0,0201	**-1,71	0,689	0,036	0,847	0,0097
80/85	-0,1950	-1,283	0,858	0,036	0,889	0,0125
86/91	0,4533	**1,84	0,722	0,037	0,848	0,0204
DAFOX SC als Benchmark						
74/91	0,0721	0,507	0,724	0,031	0,726	0,0207
74/79	-0,1657	-1,062	0,662	0,050	0,725	0,0129
80/85	-0,2885	-1,101	0,808	0,066	0,676	0,0211
86/91	0,5017	1,636	0,721	0,049	0,761	0,0254
GG-Index als Benchmark						
74/91	-0,1230	-1,085	0,915	0,025	0,860	0,0165
74/79	-0,3634	*-2,419	0,854	0,032	0,914	0,0123
80/85	-0,1222	-0,546	1,035	0,069	0,758	0,0184
86/91	0,0259	0,124	0,918	0,039	0,890	0,0173

* signifikant auf dem 5 %-Niveau (** = 10 %-Niveau)

---

[114] Eine Performance-Attribution für diese Fonds im Zeitraum 86/91 findet sich in den Tabellen T-D.53 und T-D.54 im Anhang T. Zum Vergleich ist in der Tabelle T-D.55 eine entsprechende Analyse auch für den DAFOX SC dargestellt.

Wie zu erkennen, relativiert sich die auf einem Niveau von 10 % signifikant negative Performance in 74/79 und die signifikant positive Performance in 86/91, wenn statt des DAFOX der DAFOX SC als Benchmark eingesetzt wird. Nicht zu erwarten war allerdings das durchweg geringere R^2 der Regression gegenüber dem auf der Basis des DAFOX ermittelten R^2.[115] Insofern wird die geringe Sensitivität dieses Fonds auf den DAFOX SC, die bereits beim Dreiindexmodell auffiel, bestätigt.

Diese Beobachtung kann zum einen bedeuten, daß der Fonds trotz seiner Spezialisierung auf Kleinfirmen eher in relativ große Firmen investiert hat. Darauf deuten die R^2 des Dreiindexmodells hin. Sie fallen im Vergleich zu den mit dem DAFOX SC ermittelten R^2 durchweg höher aus. Zudem sind die Sensitivitätskoeffizienten des R310 gegenüber dem DAFOX BC durchweg signifikant und insbesondere in der Periode 80/85 fällt das Beta bezüglich dieses Index mit einem Wert von 0,8 sehr hoch aus.[116]

Zum anderen könnten die unerwartet geringen R^2 eine Bestätigung der Beobachtung sein, daß der DAFOX SC lediglich die Renditeentwicklung mittlerer Unternehmen wiedergibt, der Fonds jedoch in kleinere Unternehmen investiert ist. Um dies zu prüfen, wird auch der GG-Index als Benchmark verwendet, der durch seine Gleichgewichtung die Renditeentwicklung kleinerer Unternehmen widerspiegelt. Wie ebenfalls in obiger Tabelle zu erkennen, scheinen die Ergebnisse dies tatsächlich zu bestätigen, wenn der Interpretation die Höhe des R^2 zugrundegelegt wird. Mit Ausnahme der Periode 80/85 sind die R^2 wesentlich höher als diejenigen, die auf der Grundlage des DAFOX SC und auch des DAFOX ermittelt wurden. Dabei verschlechtert sich die Performance des Fonds in 74/79, die jetzt signifikant negativ auf dem 5 %-Niveau ist. Die Ergebnisse in der Periode 80/85, in der das R^2 gegenüber dem DAFOX geringer ausfällt, paßt dagegen in das Bild, das mit dem Drei-Index-Modell ermittelt wurde. Es kann somit davon ausgegangen werden, daß der Fonds in der Hausse-Periode 80/85 die Gewichtung des Sondervermögens zugunsten eher größerer Unternehmen verändert hat.[117]

Die für den R139 in Tabelle D.61 zusammengefaßten Resultate bestätigen tendenziell die oben erläuterten Beobachtungen. Dabei ist das Ausmaß der Unterschiede, die aus der Wahl der unterschiedlichen Indizes resultieren, allerdings nicht so groß wie für den R310. Auch hier nimmt das R^2 beim Einsatz des GG-Index den größten Wert an, der allerdings noch von dem Dreiindexmodell übertroffen wird. Dabei ist zu berücksichtigen, daß dieser Fonds nicht in Kleinfirmen, sondern ausdrücklich in mittlere Unterneh-

---

[115] Dabei brachte auch der zusätzliche Einsatz des REXP zusammen mit dem DAFOX SC im Rahmen eines Zweiindexmodells keine Erhöhung des R^2 mit sich.

[116] Vgl. Tabelle T-D.50 im Anhang T.

[117] Dies ist deshalb nicht unwahrscheinlich, weil die Hausse-Periode insbesondere auch durch ausländische Investoren getragen wurde, die erfahrungsgemäß liquidere und bekanntere Titel erwerben.

men investiert, was die Ursache für die bessere Erklärungskraft des DAFOX SC sein dürfte.

Tab. D.61: Regression des R139 auf DAFOX und DAFOX SC

Zeit-raum	Alpha in %	t-stat.	β	s(β)	R²	s(ε)
DAFOX als Benchmark						
86/91	-0,0127	-0,043	0,801	0,045	0,828	0,0244
DAFOX SC als Benchmark						
86/91	-0,2003	-0,559	0,946	0,057	0,804	0,0296
GG-Index als Benchmark						
86/91	-0,8207	*-2,555	1,140	0,061	0,841	0,0267

* signifikant auf dem 5 %-Niveau

Grundsätzlich erlaubt die Bestimmung des Risikoprofils sowohl die Überprüfung der Einhaltung der in den Satzungen deklarierten Anlagepolitik als auch Quervergleiche insbesondere zwischen Fonds, deren Anlagen nicht auf eine bestimmte Branche beschränkt sind. So wird z. B. beim Vergleich der Fonds R2 und R138 in Abbildung D.59 deren unterschiedliche Risikostruktur deutlich, die bei einer branchenorientierten Portfoliodiversifikation eines Investors von Bedeutung sein kann. Die mit Hilfe des Marktmodells bei Einsatz des DAFOX geschätzten Betafaktoren dieser Fonds sind nahezu identisch und erlauben keine Differenzierung hinsichtlich verschiedener, branchenbedingter Risiken.[118]

Abb. D.59: Risikoprofile des Fondak (R2) und des DIT-Wachstum (R138) im Zeitraum 86/91 gegenüber DAFOX-Branchenindizes

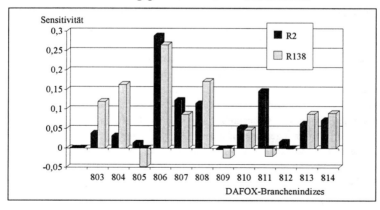

---

[118] Die Betafaktoren betragen in diesem Zeitraum 0,965 für den R2 und 0,984 für den R138.

Dabei bietet sich auch ein Vergleich der Fondssensitivitäten bezüglich anderer, passiver Portfolios oder Indizes an, die bestimmte Charakteristika aufweisen. So können durch einen Vergleich der Betafaktoren mit jenen des auf die Branchenindizes regressierten DAX oder Small-Cap-Index tendenziell auch Aussagen darüber gemacht werden, inwieweit der Fonds eher in Blue Chips oder in kleineren Werten investiert ist. So besitzt der sehr marktbreit anlegende Concentra Fonds (R120) eine ähnliche Portfoliocharakteristik wie der DAX.[119] Derartige Analysen sind aussagekräftig insbesondere dann, wenn Investmentfonds als Bausteine im Rahmen einer systematischen Asset Allocation eingesetzt werden.

Eine weitere Analyse auf Einzelfondsebene soll an dieser Stelle unterbleiben. Die Ausführungen sollten beispielhaft aufzeigen, wie die Ergebnisse auf der Grundlage eines Mehrfaktorenmodells zu interpretieren sind und welche Besonderheiten wegen der von den Fonds deklarierten Anlagepolitik generell zu beachten sind.

Die relativ hohen Korrelationen der mit diesem und dem Einindexmodell geschätzten Alphas geben Anlaß zu der Vermutung, daß das Ranking von Fonds auch bei der Auswahl der hier spezifizierten Ein- oder Multiindexmodelle relativ unproblematisch ist.[120] Dem hier vorgestellten Branchenmodell kommt gleichwohl eher Bedeutung im Rahmen der Risikoanalyse und der Performance-Attribution zu.

c. Das Asset-Allocation-Modell zur Berücksichtigung des Investmentstils

aa. Modellimplementierung

Mit dem Einsatz des Asset-Allocation-Modells von *Sharpe* wird anders als in den bisher verwendeten Ansätzen versucht, den Investmentstil der Manager bzw. die von den Fonds deklarierte Anlagepolitik explizit in der Performance-Messung zu berücksichtigen. Dabei wird durch die quadratische Programmierung im Gegensatz zu den in den beiden vorherigen Abschnitten eingesetzten Multiindexmodellen gewährleistet, daß sich die zu ermittelnden Sensitivitäten gegenüber den eingesetzten Benchmarks zu Eins addieren und keine negativen Werte annehmen können.[121] Aufgrund dieser Restriktionen sind die Sensitivitäten als Gewichte zu interpretieren, die Rückschlüsse auf die Allokation der Portfoliovermögen bezüglich der jeweiligen, durch Indizes repräsentierten Asset-Kategorien ermöglichen. Dabei ist nochmals ausdrücklich darauf hinzuweisen, daß der so identifizierte Managementstil nicht unbedingt auch die tatsächliche Portfoliosstuktur wiedergibt. Er bedeutet lediglich, daß sich die Renditen des zu bewertenden

---

[119]   Vgl. die Tabellen T.D.51 und T-D.52 im Anhang T.

[120]   Vgl. Tabellen T-D.37 und T-D.38 im Anhang T.

[121]   Vgl. **Kapitel** C. II. 1. d. cc. (3) (a), S. 127 f.

Portfolios so verhalten, als ob es sich gemäß dieses Stils zusammensetzte.[122] Dies schließt nicht aus, daß die Gewichte eine zumindest tendenzielle Annäherung an die reale Aufteilung der Assets in Sondervermögen ermöglichen.[123]

Die konkrete Umsetzung des Asset-Allocation-Modells erfolgt in mehreren Schritten. Zunächst müssen geeignete Benchmarks ausgewählt und so kombiniert werden, daß sie die Vermögenskategorien, in welche die Fonds investieren, möglichst vollständig abdecken. Gleichzeitig ist davon auszugehen, daß die Wahrscheinlichkeit einer Änderung fundamentaler Beziehungen zwischen einzelnen Variablen größer ist, wenn ein Modell mit einer zu großen Zahl von Asset-Kategorien eingesetzt wird. Daher ist darauf zu achten, daß keine zu starke Zersplitterung der Asset-Definitionen erfolgt. Folglich ist eine Konzentration auf die wesentlichen Asset-Kategorien erforderlich.[124]

Während die Abdeckung der Hauptassetkategorien Aktien, Renten und Cash durch die vorliegenden Indizes weitgehend gesichert ist[125] und auch Optionsscheine sowie internationale Aktien in einem der Modelle Berücksichtigung finden, können Optionsschuldverschreibungen sowie Wandelschuldverschreibungen und Genußscheine nicht beachtet werden, da Indizes für diese Instrumente bislang nicht existieren.[126] Zumindest zu einem Teil ist jedoch aufgrund des hybriden Charakters dieser Instumente davon auszugehen, daß der Verlauf ihrer Renditeentwicklung durch die anderen Indizes erfaßt wird und somit implizit bei der Ermittlung des Fondsstils Eingang findet.[127] Hier wird besonders

---

[122] Vgl. **Sharpe** (1988), S. 60.

[123] Vgl. die Beispiele für verschiedene Fonds bei **Sharpe** (1992), S. 12 ff. Eine Untersuchung von *Blake/Elton/Gruber* deutet darauf hin, daß das Asset-Allocation-Modell auch im Bereich von Rentenfonds eine Identifizierung der Anlagepolitik der Fonds erlaubt und die im Rahmen der quadratischen Programmierung bestimmten Gewichte relativ nahe an die tatsächliche Allokation des Fondsvermögens in verschiedene Asset-Kategorien herankommen, vgl. **Blake/Elton/Gruber** (1993), S. 388 ff.

[124] Ein dem 12-Asset-Class-Factor-Model äquivalentes Modell, wie es von *Sharpe* im Rahmen der Untersuchung amerikanischer Fonds eingesetzt wird, erscheint z. B. für den Einsatz auf dem im Vergleich zum amerikanischen kleinen deutschen Aktienmarkt kaum gerechtfertigt.

[125] Auf die Nichtberücksichtigung von Industrieanleihen sowie Bankschuldverschreibungen aufgrund der Verwendung des REXP-Index wurde bereits an anderer Stelle hingewiesen, vgl. **Kapitel D. II. 3. d. bb.**, S. 227 f.

[126] Auch bezüglich der Wandelanleihen ist, wie schon für die Industrieanleihen, ihre relativ geringe Relevanz bei der Finanzierung deutscher Unternehmen anzumerken, vgl. **Gebhardt** (1993), S. 446 und S. 472. Die Genußscheine haben erst in den letzten Jahren eine zunehmende Bedeutung bei der Finanzierung deutscher Unternehmen und Banken erlangt.

[127] So setzt sich die Bewertung von Wandelschuldverschreibungen und Optionsanleihen, deren Optionsscheine noch nicht abgetrennt wurden, grundsätzlich aus einer Schuldverschreibungskomponente und einer sich an den Aktienkursen orientierenden Komponente (Umwandlungskomponente bei Wandelanleihen, Optionsscheinkomponente bei Optionsanleihen) zusammen, die jeweils durch die Renten- bzw. Aktienindizes erfaßt sein sollten; vgl. zur Bewertung dieser Instrumente **Perridon/Steiner** (1993), S. 315 ff. Die Bewertung der Genußscheine hängt vor allem von ihrer individuellen Ausgestaltung ab.

deutlich, daß mit den Asset Class Factor-Modellen nicht die tatsächliche Portfoliozusammensetzung identifiziert wird, sondern lediglich deren Charakter.

Die Zielsetzungen der Untersuchung und die damit verbundene Definition des Managerstils verlangen nach dem Einsatz drei verschiedener Spezifikationen des Asset-Allocation-Modells. Dabei wird auf bereits bestehende, regelmäßig publizierte Indizes zurückgegriffen.[128] Die Indexkombinationen sind in Abbildung D.60 zusammengefaßt dargestellt.

Abb. D.60: Indexkombinationen im Rahmen der Stilanalyse

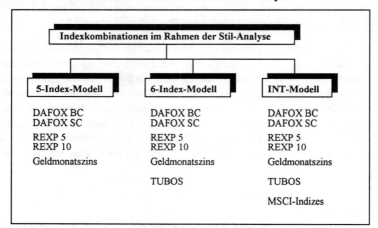

BC = DAFOX BC; SC = DAFOX SC; Cash = monatlicher Einmonats-Geldmarktsatz; REXP5 = REX-Performance-Index, Restlaufzeit 5 Jahre; REXP10 = REX-Performance-Index, Restlaufzeit 10 Jahre; TUBOS = Trinkaus & Burkhardt Optionsscheinindex, MSCI = Morgan Stanley Capital International-indizes; INT = Internationales Modell

Durch die Analysen soll geklärt werden, ob

- die Allokation des Fondsvermögens in einzelne Anlagekategorien entsprechend der
  deklarierten Anlagepolitik erfolgt bzw. umgekehrt von dem beobachteten Fondsstil
  auf die Ausrichtung der Fondspolitik geschlossen werden kann,

- die Einbeziehung des Anlagestils und die Vorgehensweise, die Performance 'out of
  sample' zu testen, zu einer Veränderung der Aussagen über die Managerfähigkeiten
  führt,

- und ob die explizite Berücksichtigung der bei einigen Fonds zu beobachtenden internationalen Wertpapierpositionen die Aussagen über ihre Performance verändert.

---

[128] Vgl. zur Wahl und Konstruktion der Indizes **Kapitel** D. II. 3. d. bb., S. 230 ff.

Die Forderung, daß sich die in den Indizes enthaltenen Werte gegenseitig ausschließen, d. h. daß jedes Wertpapier lediglich einer Asset-Klasse angehört, ist bei den hier verwendeten Indizes gegeben. Schließlich sind auch die Korrelationen der Indizes untereinander entweder gering oder aber ihre Standardabweichungen unterscheiden sich voneinander, so daß von einer ausreichenden Trennschärfe auszugehen ist.[129]

Nach der Spezifikation der Indexkombination erfolgt die Bestimmung der Portfoliogewichte durch die Minimierung der Varianz unter Beachtung der Restriktionen.[130] Der Investmentstil wird dabei in einem je nach verwendeter Indexkombination unterschiedlich langen Zeitraum vor dem Monat, in dem die Performance des Managers gemessen wird, ermittelt.[131] Die auf diese Weise berechneten Gewichte stellen den Investmentstil des Portfoliomanagers bzw. des Fonds dar.

Ein Maß zur Beurteilung, inwieweit die Asset-Class-Renditen die zeitliche Variation in der Portfoliorendite zu erklären vermögen, ist, wie auch bei der Anwendung multipler Regressionen, anhand des R^2 möglich. Es gibt den Anteil der durch das Modell erklärten Varianz an der Gesamtvarianz der Portfoliorendite an. Bei der Ermittlung und Interpretation dieser Größe im Rahmen der Anwendung der quadratischen Programmierung ist jedoch gegenüber den für Regressionen ermittelten R^2 eine Besonderheit zu beachten. Das R^2 des klassischen Regressionsmodells läßt sich berechnen mit

$$(D.22) \qquad R^2 \; = \; \frac{Var\left(\sum_{i=1}^{K} b_{Pi} F_i\right)}{Var\left(R_P\right)}.$$

Da

$$(D.23) \qquad Var\left(R_P\right) \; = \; Var\left(\sum_{i=1}^{K} b_{Pi} F_i\right) + Var(\varepsilon)$$

gilt, kann das R^2 auch bestimmt werden über[132]

---

[129] Vgl. die deskriptiven Statistiken der Indizes in Tabelle D. 4 in **Kapitel D. II. 4.**, S. 244 und die Tabellen T-D.1 bis T-D.3 im Anhang T. sowie die Korrelationsmatrix der Indizes in Tabelle T-D.4 im Anhang T.

[130] Zur Lösung des quadratischen Programms wurde hier auf die SAS-IML-Software zurückgegriffen, vgl. zu dieser Prozedur **SAS Institute Inc.** (1989), S. 143 ff.

[131] Bei der Festlegung des Zeitraums, innerhalb dessen die Gewichte bestimmt werden, ist zwischen einem vom statistischen Standpunkt her gesehen ausreichend langen Zeitraum und der Notwendigkeit einer möglichst aktuellen Datenbasis abzuwägen. *Sharpe* wählt in seiner Untersuchung zur Schätzung des Fondsstils einen Zeitraum von 60 Monaten, vgl. **Sharpe** (1992), S. 16.

[132] Vgl. **Bleymüller/Gehlert/Gülicher** (1991), S. 145. Dabei wurde hier statt der Summe der nichterklärten und erklärten quadrierten Abweichungen jeweils die Varianz verwendet, was für das Ergebnis keine Rolle spielt.

$$(D.24) \qquad R^2 = 1 - \frac{\text{Var}(\varepsilon_P)}{\text{Var}(R_P)}.$$

Diese Beziehung beruht auf der Unkorreliertheit der Residuen mit den Faktorrenditen im Rahmen der Anwendung des linearen Regressionsmodells.[133] Demgegenüber können die Residuen bei einer quadratischen Programmierung mit den Renditen einzelner Faktoren korrelieren.[134] Dies resultiert aus den bei der Minimierung der unerklärten Varianz Var (ε) zusätzlich zu berücksichtigenden Restriktionen und führt dazu, daß Gleichung (C.23) keine Geltung hat.[135] Folglich unterscheiden sich die nach Gleichung (D.22) und (D.24) ermittelten Werte des R^2 voneinander. Daher ist die Berechnung des R^2 bei der Anwendung der quadratischen Programmierung nicht ohne weiteres über Gleichung (D.24) möglich und wird deshalb gemäß Gleichung (D.22) ermittelt.[136] Das so berechnete R^2 ist wie das für die multiple Regression zu interpretieren, d. h. hohe R^2 lassen auf eine große Erklärungskraft der eingesetzten Faktoren zur Beschreibung der Portfoliorenditen schließen. Im Gegensatz zum Regressionsmodell können die R^2 der quadratischen Programmierung jedoch auch über Eins liegende Werte annehmen. In diesem Fall ist die Varianz der Renditen des den Fondsstil kennzeichnenden Portfolios größer als die Varianz der Fondsrenditen. Ebenso wie unter Eins liegende Werte weist dies darauf hin, daß sich die Anlageeigenschaften des untersuchten Fonds von denen der Benchmarkkombination unterscheiden.

Aus den durch die quadratische Programmierung ermittelten Gewichten, multipliziert mit den entsprechenden Benchmarkrenditen, ergibt sich für den Folgemonat t die Rendite der passiven Benchmarkkombination, die dem Investor im Monat t-1 bekannt ist und insofern zu diesem Zeitpunkt von ihm replizierbar ist. Die Differenz zwischen der Fondsrendite und der Rendite dieses Benchmarkportfolios stellt die Selektionsrendite dar.[137]

Die Vorgehensweise zur Berechnung der Performance wird durch die folgende schematische Darstellung verdeutlicht. Um z. B. die Performance des Managers im Zeitraum 80/85 zu bestimmen, erfolgt für jeden Monat die Bestimmung der Gewichte rollierend auf der Basis der jeweils vorhergehenden 68 Monatsrenditen.

---

[133] Im Rahmen der multiplen Regression ist deshalb die Minimierung der unerklärten Abweichungen identisch mit der Maximierung der erklärten Varianz.

[134] Vgl. **Jaeger/Rudolf/Zimmermann/Zogg-Wetter** (1994), Kapitel 5.

[135] Für einen Beweis vgl. **Jaeger/Rudolf/Zimmermann/Zogg-Wetter** (1994), Kapitel 5.

[136] Trotzdem wird das R^2 der quadratischen Programmierung von *Sharpe* auf der Grundlage der Gleichung (D.24) berechnet, da er die Unterschiede als vernachlässigbar gering ansieht, vgl. **Sharpe** (1992), S. 8.

[137] Zur unterschiedliche Interpretation der Selektionsrendite im Vergleich zur Selectivity-Performance vgl. **Kapitel.** C. II. 1. d. cc. (3) (b), S. 130.

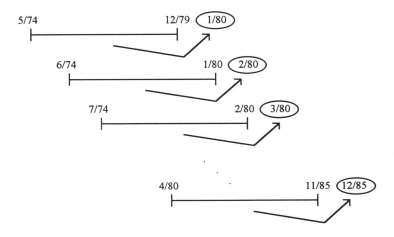

Die Signifikanz des Mittelwertes der so berechneten Zeitreihe der Selektionsrenditen wird mit einem Einstichprobentest für das arithmetische Mittel bei unbekannter Varianz der Grundgesamtheit beurteilt, deren Prüfgröße

(D.25)
$$\frac{SR_t - \overline{SR}}{s} \sqrt{n}$$

mit:

SR_t = Selektionsrendite in Monat t
$\overline{SR}$ = Mittelwert der Selektionsrendite
s = Stichprobenstandardabweichung

studentverteilt ist mit DF n - 1 Freiheitsgraden.[138]

Wegen der Restriktionen bei der Verfügbarkeit der Index-Daten werden hier abhängig vom gewählten Modell unterschiedliche Zeiträume zur Bestimmung des Anlagestils herangezogen. Das 5-Index-Modell wird in den letzten beiden Zeiträumen eingesetzt, so daß dessen Ergebnisse direkt mit jenen verglichen werden können, die mit den anderen Maßen erzielt wurden. Die entsprechenden Investmentstile werden für den Zeitraum 80/85 auf der Grundlage der dem jeweiligen Monat vorhergehenden 68 Monatsrenditen ermittelt, angefangen mit dem Zeitraum 5/74 - 12/79. Die Bestimmung der Gewichte für die Messung der Selektionsrendite für den Zeitraum 86/91 erfolgt rollierend auf der Basis der jeweils vorangehenden 72 Monatsrenditen, angefangen mit dem Zeitraum 4/80 - 3/86.

Die anderen Modelle können dagegen lediglich eingeschränkt eingesetzt werden. Die Performance wird dabei nur für den Zeitraum 1/89 - 12/91 gemessen. Die Gewichte

---

138 Vgl. **Bleymüller/Gehlert/Gülicher** (1991), S. 108.

werden in diesem Fall, um die vollständige Anzahl an Fonds in der Stichprobe zu erhalten, mit den jeweils vorangehenden 33 Monatsrenditen, angefangen mit der Periode 4/86 - 12/88, bestimmt.

bb. Die Identifikation des Anlagestils

Zunächst wird für einige Fonds beispielhaft überprüft, ob der mit Hilfe des Asset-Allocation-Modells identifizierte Fondsstil in etwa mit der deklarierten Anlagepolitik der Fonds übereinstimmt und ob davon auszugehen ist, daß von den in der quadratischen Programmierung ermittelten Gewichten in etwa auch auf die Portfoliozusammenstellung geschlossen werden kann. Zur Beantwortung der ersten Fragestellung kommen naturgemäß nur solche Fonds in Frage, die ihre Anlagepolitik konkret formulieren.[139]

In Abbildung D.61 ist der Fondsstil des Thesaurus (R126) bei der Verwendung des 5-Index-Modells im Zeitablauf so dargestellt, daß er sowohl zu bestimmten Zeitpunkten beurteilt werden kann als auch seine Konstanz über eine bestimmte Periode hinweg ersichtlich ist. Letzteres erscheint insbesondere dann wichtig, wenn ein Fonds als Teil eines Portfolios mit anderen Vermögenspositionen kombiniert werden soll und gerade aufgrund seiner Anlagepolitik erworben wird.

Abb. D.61: **Investmentstil des Thesaurus (R126) im Zeitablauf; Periode 80/85; 5-Index-Modell**

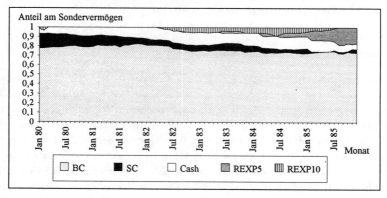

---

[139] Die meisten Fonds geben eine nur sehr grobe Beschreibung ihrer Anlagepolitik, die im Extremfall lediglich die Aussage beinhaltet, vornehmlich in Wertpapiere deutscher Unternehmen zu investieren. Gerade für derartige Fonds ist eine Stilanalyse zwar aufschlußreich, ist jedoch einer "Kontrolle" der Anlagepolitik nicht zugänglich. Demgegenüber sind auch genau spezifizierte Vorgaben zu beobachten, die z. B. eine Investition lediglich in Unternehmen mit einem Grundkapital von höchstens 400 Mio. DM zulassen (DIT-Spezial).

Wie aus dem Diagramm zu erkennen, zeichnet sich der R126 durch eine relativ konstante Anlagepolitik aus, die durch eine Konzentration auf eher liquidere Werte, die im DAFOX BC enthalten sind, gekennzeichnet ist. Der Anlagepolitik zufolge investiert dieser Fonds ausdrücklich sowohl in Standard- als auch Spezialwerte. Zumindest in der oben untersuchten Periode hat er aber eher den Charakter eines Fonds, der eine größere Gewichtung in Standardwerte vornimmt.[140] Der Rentenanteil des Sondervermögens wird gemäß der Stilanalyse ab Mitte 1982 kontinuierlich ausgebaut, wobei eine Änderung von tendenziell längerfristigen hin zu kürzerfristigen Anlagen zu beobachten ist.

Der Investmentstil des SMH-Spezial-I (R310), hinsichtlich seiner vorgegebenen Anlagepolitik als wachstumsorientiert zu bezeichnen, ist in der folgenden Abbildung D.62 dargestellt. Der größere Anteil kleiner Firmen wird unmittelbar durch die höhere Gewichtung auf den Small Cap Index deutlich. Auffällig ist die hohe Kassenhaltung dieses Fonds. Rentenwerte scheinen dagegen keine Rolle zu spielen, was durch die Analyse der Rechenschafts- und Zwischenberichte in dieser Periode bestätigt wird.

Abb. D.62: **Investmentstil des SMH-Spezialfonds I (R310) im Zeitablauf; Periode 80/85; 5-Index-Modell**

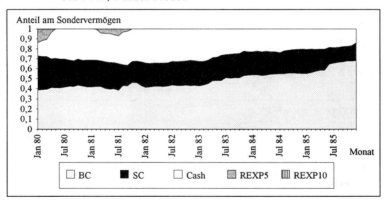

Ebenfalls mit dem 5-Index-Modell untersucht wird der Fondra (R3), der als gemischter Fonds die Anlage in Aktien und festverzinsliche Wertpapiere vorsieht. Die in Abbildung D.63 wiedergegebene Allokation des Sondervermögens, hier in der Periode 86/91, entspricht grundsätzlich den Erwartungen, die an den Anlagestil von gemischten Fonds gestellt werden. Lediglich 50 % des Sondervermögens sind in Aktien investiert.[141] Die

---

140 Als Spezialwerte bezeichnete Unternehmen sind tendenziell eher unter mittelgroßen Unternehmen zu finden. Deshalb wäre ein größerer Anteil des Vermögens in den Small Cap Index zu erwarten gewesen.

141 Genau genommen müßte die Interpretation dabei lauten, daß die Fondsrenditen sich so verhalten, als wären 50 % des Vermögens in Aktien investiert.

Überprüfung des so ermittelten Anlagestils mit den Angaben in den Vermögensaufstellungen zeigt auch in diesem Fall recht große Übereinstimmungen mit den Gewichten.

Abb. D.63: Investmentstil des Fondra (R3) im Zeitablauf; Periode 86/91; 5-Index-Modell

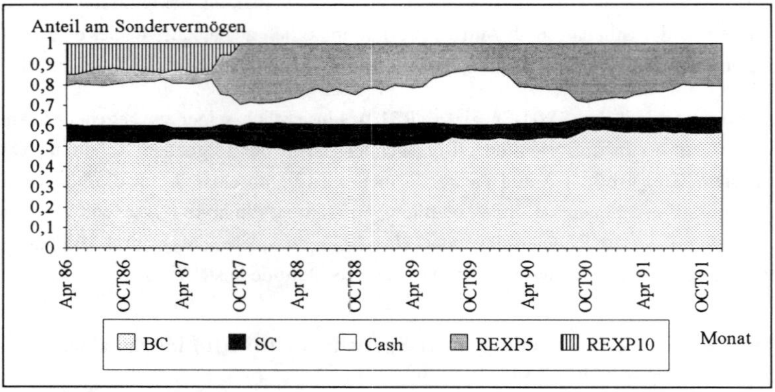

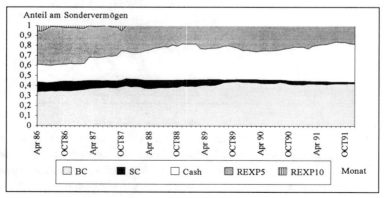

Ein ähnliches Bild bietet der GKD-Fonds (R169), der ebenfalls als gemischter Fonds konzipiert ist und dessen Investmentstil in Abbildung D.64 abgebildet wird.

Abb. D.64: Investmentstil des GKD-Fonds (R169) im Zeitablauf; Periode 86/91; 5-Index-Modell

Der Anteil der Kassenhaltung ist dabei im Vergleich zu den in den Vermögensaufstellungen angegebenen Werten allerdings wesentlich höher und geht zu Lasten des Rentenanteils. Der Fonds war in dieser Periode im Durchschnitt mit 15 % auch in ausländischen Rentenwerten investiert, was einer der Gründe für dieses Mißverhältnis sein könnte. Der Anteil der Aktien wird gleichwohl recht genau angezeigt.

Abbildung D.65 zeigt die Ergebnisse, die beim Einsatz des 6-Index-Modells zur Ermittlung des Anlagestils des Concentras erzielt werden.

Abb. D.65: **Investmentstil des Concentra (R120) im Zeitablauf; Periode 89/91; 6-Index-Modell**

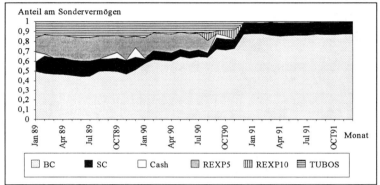

Der angezeigte Optionsscheinanteil erscheint für einen Investmentfonds außergewöhnlich hoch. Dies wird durch die Analyse der Rechenschafts- und Zwischenberichte sowohl für den hier gezeigten Zeitraum, als auch in dem Zeitraum von 4/86-12/88, in dem die Gewichte für Januar 1989 bestimmt werden, bestätigt. Lediglich am Anfang dieser Periode war der Fonds in Optionsscheinen bzw. in Optionsschuldverschreibungen mit Optionsscheinen investiert, die aber einen Anteil am Sondervermögen von gerade 0,3 % ausmachen. Hier wird deutlich, daß die Gewichte nicht immer Rückschlüsse auf den tatsächlichen Portfolioinhalt erlauben, auch wenn sie oft den identifizierten Anlagestilen sehr nahekommen, wie die obigen Beispiele gezeigt haben.

Demgegenüber entspricht die Gewichtung der Optionscheine im Sondervermögen des FT-Frankfurter-Effekten (R201) in etwa den tatsächlichen Verhältnissen, während die Kassenhaltung gegenüber den realen Gewichtungen zu hoch ausgewiesen wird.

Abb. D.66: Investmentstil des FT Frankfurter Effekten Fonds (R201) im Zeitablauf; Periode 89/91; 6-Index-Modell

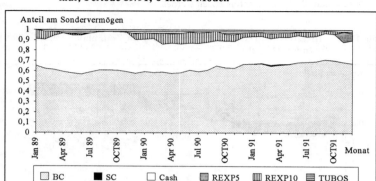

Unter den vorliegenden Fonds befinden sich einige, die zeitweise erhebliche Anteile auch in ausländische Wertpapiere investieren. Dazu gehören z. B. der Adifonds, Adiverba, der Unirak sowie der Main-I-Universal und der MK-Alfakapital-Fonds. Z. T. fielen diese Fonds bereits im Rahmen der auf Regressionen basierenden Verfahren durch vergleichsweise niedrige R^2 auf. Da eine Analyse der Vermögensaufstellungen dieser Fonds zeigt, daß sie sich i. d. R. auf einige wenige Auslandsmärkte konzentrieren, werden die entsprechenden MSCI-Indizes fondsspezifisch eingesetzt.

Diese Vorgehensweise ist insofern kritisierbar, als die Verwendung zusätzlicher Informationen durch das Asset-Allocation-Modell gerade vermieden werden soll. Grundsätzlich könnten bei allen Fonds ausländische Märkte durch die Gesamtheit der einzelnen internationalen Aktienindizes erfaßt werden. Dadurch ergäben sich jedoch sehr unhandliche Benchmarks mit einer zu großen Anzahl von Indizes, woraus vor allem statistische Probleme entstehen können.[142] Eine andere mögliche Vorgehensweise besteht darin, ausländische Märkte durch einen einzigen Index abzubilden, etwa einem Europa-Index oder Weltindex, wie sie inzwischen von mehreren Anbietern veröffentlicht werden.[143] Allerdings deuten Untersuchungen darauf hin, daß die systematischen Einflüsse auf die Aktienrenditen eines Landes gut durch Landesindizes wiedergegeben werden.[144]

---

[142] *Drummen* z. B. wählt u. a. ein 12-Index-Benchmarkportfolio zur Bewertung europaweit diversifizierender Fonds, das jedoch einen möglichen Rentenanteil in den Sondervermögen nicht erfaßt, vgl. **Drummen** (1992), S. 174.

[143] Dieses Vorgehen wird z. B. von **Sharpe** (1992), S. 9, gewählt. Er erfaßt den europäischen Markt durch den FTA Euro Pacific Ex Japan Index. Ein Europa-Index ex Deutschland, der in Frage gekommen wäre, ist auch Gegenstand der MSCI-Index-Palette, war jedoch für diese Untersuchung nicht verfügbar.

[144] Vgl. **Drummen** (1992), S. 52 f.

Letztlich ist davon auszugehen, daß die Verwendung der Einzelindizes aussagekräftigere Ergebnisse zuläßt.

In Abbildung D.67 ist der Investmentstil des Adifonds (R4) mit Hilfe eines entsprechenden Modells dargestellt. Als Indizes werden der MSCI Niederlande und der MSCI
Schweiz zusätzlich zum oben spezifizierten 6-Index-Modell eingesetzt, da das Fondsmanagement im Durchschnitt 15 % des Fondssondervermögen in diese Märkte investiert hat. Um zu prüfen, inwieweit die Ergebnisse der Stilanalyse mit der tatsächlichen
Allokation des Fondsvermögens übereinstimmen, werden die Rechenschafts- und Zwischenberichte des Fonds ausgewertet und dem Diagramm D.67 in der darauffolgenden
Abbildung D.68 gegenübergestellt. Dabei wird der gesamte Zeitraum zur Ermittlung
der Gewichte erfaßt, weil die Bestimmung des Anlagestils im Januar 1989 auf der Basis
der monatlichen Renditen im Zeitraum 4/86-12/88 erfolgt. Eine getrennte Erfassung der
Anteile von Small Caps und Blue Chips ist nicht möglich, so daß diese zusammengefaßt
in der Position des inländischen Aktienanteils wiedergegeben sind. Die reale Aufteilung
des Sondervermögens ist in Abbildung D.68 zunächst auf aggregierter Ebene dargestellt, welche eine Differenzierung in die verschiedenen Auslandsmärkte nicht vorsieht
und auf Vierteljahresdaten beruht.

Abb. D.67: **Investmentstil des Adifonds (R4) im Zeitablauf; Periode 89/91;
8-Index-Modell unter Berücksichtigung internationaler Aktien**

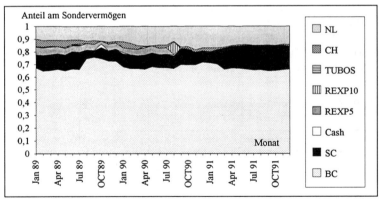

Der Hauptanteil des Vermögens des Adifonds ist gemäß der Stilanalyse in dem eher liquideren Segment des deutschen Marktes investiert. Die Fondspolitik ist zudem durch
eine relativ hohe Konstanz gekennzeichnet. Die ausländischen Investitionen erreichen
ca. 10-15 % des Sondervermögens und verlagern sich im Zeitablauf auf den niederlän-
dischen Markt.

Abb. D.68: Reale Portfolioallokation des Adifonds (R4) im Zeitraum 2/87-11/91

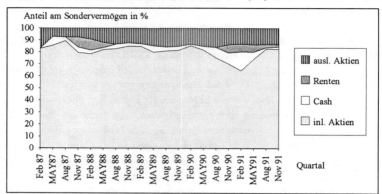

Der Vergleich der realen Daten mit dem Anlagestil zeigt, daß die Aufteilung zwischen deutschem und ausländischem Markt relativ gut wiedergegeben wird. Der inländische Rentenanteil wird allerdings nur z. T. und die allerdings sehr geringe Liquiditätshaltung gar nicht identifiziert.

Eine differenziertere Analyse, die auf halbjährlichen Daten aus den Vermögenszusammenstellungen beruht und auch die verschiedenen Anteile des Fonds an den verschiedenen Aktienmärkten zeigt, macht allerdings deutlich, daß eine nicht adäquate Aufteilung in niederländische und schweizer Aktien erfolgt. Während der niederländische Anteil in Aktien gemäß des Asset-Allocation-Modells relativ konstant bleibt, und die Investments auf dem schweizer Markt als rückläufig angezeigt werden, sind die Verhältnisse bezüglich der realen Portfolioaufteilung gerade umgekehrt.

Abb. D.69: Reale Portfolioallokation des Adifonds (R4) im Zeitraum 2/87-11/91 mit differenziertem Auslandsanteil

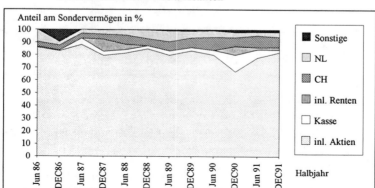

- 425 -

Die Asset-Allocation eines weiteren Fonds, des Adiverba (R7), ist in Abbildung D.70 wiedergegeben. Die zusätzlich zum 6-Index-Modell verwendeten MSCI-Länderindizes sind in der Legende zu erkennen. Das vergleichsweise hohe Gewicht des DAFOX SC ist damit zu erklären, daß sich die Anlagepolitik des Adiverba insbesondere auf Dienstleistungsunternehmen und Finanzwerte spezialisiert, welche i. d. R. eher unter den mittelgroßen Unternehmen zu finden sind.[145] Auch hier spielt die Kassenhaltung, dargestellt durch den monatlichen Geldmarktsatz, im Rahmen der Optimierung des Modells keine Rolle.

Abb. D.70: **Investmentstil des Adiverba (R7) im Zeitablauf; Periode 89/91; 11-Index-Modell unter Berücksichtigung internationaler Aktien***

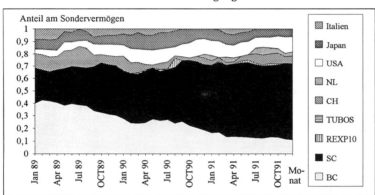

* Auf die Darstellung der beiden Positionen Cash und REXP 5 wurde verzichtet, da die Gewichte mit Null ausgewiesen wurden. Es ist zu beachten, daß die transparente Fläche in diesem Fall das Gewicht US-amerikanischer Aktien darstellt und nicht, wie in den anderen Abbildungen, die Kassenposition.

In Abbildung D.71 ist die reale Portfolioaufteilung wiedergegeben.

Aufgrund der durch die Stilanalyse ermittelten Gewichte ist mit einem relativ großen Anteil japanischer, US-amerikanischer sowie schweizerischer Aktien am Fondssondervermögen zu rechnen. Die tatsächliche Portfolioallokation bestätigt diese Erwartungen und zeigt insgesamt eine relativ große Ähnlichkeit mit den Ergebnissen des Asset-Allocation-Modells. Einschränkend ist allerdings auch hier die Nichtidentifikation der Kassenhaltung zu nennen.

---

[145] Die hohe Repräsentanz von Finanzdienstleistungsunternehmen unter den mittelgroßen Unternehmen wird auch durch die hohe Sensitivität der Renditen des Small- Cap-Index gegenüber der des entsprechenden Branchenindex (DAFOX 806) deutlich; vgl. Tabelle T-D.55 im Anhang T.

Abb. D.71: Reale Portfolioallokation des Adiverba im Zeitraum 2/87-11/91

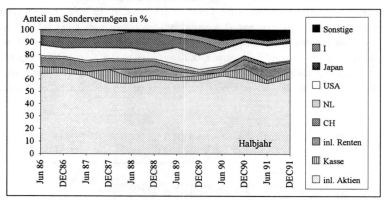

Bei den beiden letzten Modellen nimmt das modifizierte R^2 einen Wert von Eins an. Die Varianz der Portfoliorenditen wird somit vollständig durch die jeweils verwendeten Indexkombinationen erklärt. Dies zeigt die Ursache für die geringen R^2 bei den Regressionen dieser Fonds auf den DAFOX, die bereits auf die stark von diesem Index abweichende Portfolioallokation dieser Fonds hindeuteten.

Es fragt sich, ob eine Stilanalyse mit Hilfe einer multiplen Regression zu vergleichbaren Resultaten führt wie die mit einem größeren Aufwand verbundene quadratische Programmierung. Um dieser Frage nachzugehen, wird eine multiple Regression der Fondsrenditen auf die als erklärende Variablen verwendeten Indexrenditen und den risikolosen Zinssatz des 5-Index-Modells durchgeführt, deren Ergebnisse in Tabelle D.62 beispielhaft für verschiedene Fonds wiedergegeben sind.[146]

Tab. D.62: Vergleich der durch multiple Regression ermittelten Sensitivitäten mit den durch quadratische Programmierung bestimmten Gewichten, 5-Index-Modell, Zeitraum: 4/80-03/86

Fonds	R2		R120		R201		R325	
Art der Ermittlung	QP	REG	QP	REG	QP	REG	QP	REG
G BC	0,774	0,774	0,743	0,742	0,645	0,648	0,221	0,219
G SC	0,177	0,183	0,072	0,076	0,149	0,149	0,105	0,105
CASH (R_f)	0,049	0,317	0,034	0,213	0,207	0,289	0,452	0,424
G REXP 5	0	-0,054	0	-0,027	0	0,017	0	-0,198
G REXP 10	0	0,026	0,151	0,166	0	-0,029	0,222	0,330
SUMME	1,000	1,246	1,000	1,170	1,000	1,074	1,000	0,880
R^2	0,926	0,956	0,840	0,934	1,026	0,882	0,506	0,417

G = Gewicht bzw. Sensitivitätskoeffizient auf die jeweils eine Asset-Kategorie darstellende Variable; QP = Quadratische Programmierung; REG = Multiple Regression

---

[146] Vgl. auch die Ergebnisse in der Tabelle T-D.56 im Anhang T.

Der gewählte Zeitraum 4/80-3/86 ist identisch mit dem, der zur Ermittlung der Gewichte im Rahmen des 5-Index-Asset-Allocation-Modells für die Ermittlung der Selektions-Performance in der Periode 4/86-12/91 benötigt wurde. Die Sensitivitätskoeffizienten bei der multiplen Regression addieren sich erwartungsgemäß nicht zu Eins auf und sind deshalb nicht direkt als Portfolioanteile interpretierbar. Wie zu erkennen, ergeben sich dennoch z. T. große Übereinstimmungen zwischen den Sensitivitäten und Gewichten. Insbesondere die Koeffizienten gegenüber den Aktienindizes nehmen nahezu identische Werte an. Unterschiede sind dagegen bezüglich der Rentenanteile sowie der Liquiditätshaltung auszumachen, da im Rahmen der multiplen Regression geschätzte negative Werte bei der Anwendung der quadratischen Programmierung definitionsgemäß ausgeschlossen sind.

Insgesamt jedoch sind die Unterschiede zumindest bei dieser Spezifikation des Modells nicht besonders groß.[147] Somit sind ähnliche Schlußfolgerungen aus beiden Methoden hinsichtlich der Interpretation der mit ihnen geschätzten Portfoliogewichte möglich. Fraglich ist, ob dies auch für die auf dieser Grundlage gemessene Performance der Fondsmanager gilt.

cc. Die Messung der Performance

Beim Einsatz des Asset-Allocation-Modells in der Performance Messung wird davon ausgegangen, daß der Anleger bei einer Investition in ein aktiv verwaltetes Portfolio in der folgenden Periode mindestens eine Rendite erwartet, die er auf der Grundlage des identifizierten Fondsstils im Rahmen einer passiven Strategie erzielen könnte. Die Fonds bieten somit zusätzlich zum (passiven) Investmentstil eine Selektionsrendite, die aus Abweichungen von diesem Stil und aus Selektionsfähigkeiten des Managements resultiert.

Im Rahmen von Einindexmodellen wird unterstellt, daß die passive Strategie durch einen breit diversifizierten Marktindex repräsentiert wird. Bei einer dem Asset-Allocation-Modell äquivalenten Vorgehensweise würde in diesem Fall die Rendite des Fonds 'out of sample' mit der Rendite eines Marktindex verglichen. Abbildung D.72 zeigt die so mit Hilfe des DAFOX definierte kumulierte Selektionsrendite des Thesaurus (R126) im Zeitraum 80/85.

---

[147] Allerdings kann davon ausgegangen werden, daß die Unterschiede bei anderen Spezifikationen der in den Modellen eingesetzten Assets ein größeres Ausmaß erreichen, vgl. das Beispiel bei **Sharpe** (1992), S. 10.

Abb. D.72: Kumulierte Selektionsrendite des Thesaurus (R126) als Differenz zwischen der Portfoliorendite und dem DAFOX im Zeitraum 80/85

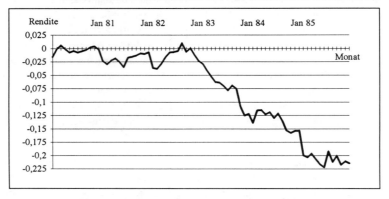

Mittelwert pro Monat in %	σ pro Monat in %	t-Wert des Mittelwertes
-0,298	1,238	*-2,040

* Signifikant auf dem 5 %-Niveau

Ein steigender Verlauf der Kurve kennzeichnet eine positive, und ein fallender Verlauf eine negative Selektionsrendite in dem entsprechenden Monat. Es liegt eine im Durchschnitt negative Selektionsrendite des Fondsmanagers vor, die pro Monat bei etwa -0,298 % liegt und insbesondere durch die Unterperformance ab Ende 1982 zustande kommt. Ein t-Test für das arithmetische Mittel zeigt die Signifikanz dieser negativen Performance an. In Abbildung D.73 ist die Entwicklung der kumulierten Renditen der im 5-Index-Modell eingesetzten Asset-Kategorien veranschaulicht.

Abb. D.73: Kumulierte Indexrenditen im Zeitraum 1/80-12/91

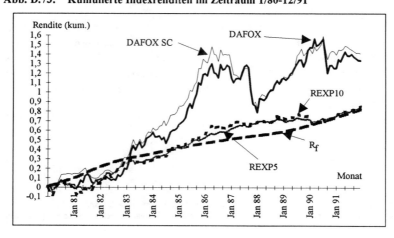

Im Zusammenspiel mit dem für den Thesaurus identifizierten Fondsstil in Abbildung D.61 ist daraus die Ursache für die negative Beurteilung des Managements ersichtlich. Etwa ab dem Zeitraum Ende 1982 ist eine starke Hausse auf dem Aktienmarkt zu beobachten. Diese wird, wie am Verlauf der kumulierten Rendite des DAFOX BC im Vergleich zu dem des DAFOX SC erkennbar, hauptsächlich durch die Blue Chips getragen. Das dürfte vor allem durch die Käufe ausländische Anleger, deren Investitionen sich vornehmlich auf die Standardwerte konzentrieren, zu erklären sein. Der Anlagestil des Thesaurus zeigt aber zu Beginn der Hausse an, daß die Renditeentwicklung eines wesentlichen Anteils des Sondervermögens eher durch Small Caps und den Geldmarktzins bestimmt wird.[148] Da der Investor davon jedoch vorab Kenntnis hatte, muß der Investmentstil bei der Bewertung der Managementleistungen entsprechend berücksichtigt werden. In diesem Fall ergibt sich der in Abbildung D.74 abgebildete Verlauf der kumulierten Selektionsrendite.[149]

Abb. D.74: **Kumulierte Selektionsrendite des Thesaurus (R126) im Zeitablauf; Periode 80/85; 5-Index-Modell**

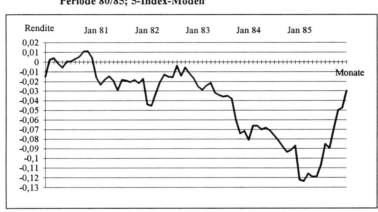

Mittelwert pro Monat in %	σ pro Monat in %	t-Wert des Mittelwertes	R^2
-0,041	1,019	-0,344	1,000

Die Berücksichtigung des Investmentstils führt in diesem Fall zu einer weit weniger negativen Beurteilung des Managements. Dabei ist die gemessene Performance nicht mehr signifikant von Null verschieden. Die durch die Kapitalmarktsituation bedingte Unter-

---

[148] Bis zum Beginn der Hausse war der Investmentstil dagegen bei gegebener Kapitalmarktentwicklung eher vorteilhaft. So wirkt sich beispielsweise die relativ konstante Kassenhaltung positiv auf die Performance aus, weil die kumulierte Rendite des Geldmarktzinses in diesem Zeitraum z. T. noch größer ist, als die der Aktienindizes.

[149] Dabei sind die unterschiedlichen Renditeabstände der Ordinate im Vergleich zu jenen bei der Verwendung des DAFOX als Benchmark zu beachten.

performance, die auf den Investmentstil zurückzuführen ist, wird dem Manager in diesem Fall nicht angelastet, da dessen Wahl letztlich durch den Investor selbst zu verantworten ist, der den Fonds und damit den Anlagestil gekannt hat.

In der Tabelle D.63 sind die mit dem 5-Index-Modell im Zeitraum 86/91 ermittelten Selektionsrenditen, ihre Standardabweichungen sowie die t-Test des arithmetischen Mittels für die einzelnen Fonds aufgeführt.[150] Neben dem modifizierten R^2 ist darüber hinaus auch die Sharpe-Ratio, hier in einer abgewandelten Definition, in die Tabelle mit aufgenommen. Bei ihr wird nicht die Überschußrendite des Fonds mit der Standardabweichung der Renditen relativiert, sondern der Durchschnitt der Selektionsrenditen dividiert durch deren Standardabweichung.

Tab. D.63: **Statistik der Selektionsrendite bei Verwendung des 5-Index-Modells im Zeitraum 86/91**

Fonds	t-Wert	Mittelwert	STD	Sharpe-Ratio	R^2
R2	-0,466	-0,055	0,988	-0,056	0,926
R3	-1,606	-0,191	0,985	-0,193	0,892
R4	-0,215	-0,030	1,153	-0,026	0,974
R7	-1,542	-0,365	1,966	-0,186	0,870
R9	0,711	0,108	1,261	0,086	0,808
R82	-0,020	-0,002	0,899	-0,002	0,951
R120	0,832	0,120	1,200	0,100	0,840
R122	1,337	0,335	2,081	0,161	0,581
R126	0,399	0,058	1,200	0,048	0,809
R164	0,944	0,086	0,760	0,114	0,955
R169	-0,750	-0,067	0,742	-0,090	1,041
R201	1,554	0,185	0,990	0,187	1,026
R310	**1,928	0,521	2,247	0,232	0,998
R322	0,014	0,002	0,948	0,002	0,914
R325	-0,910	-0,332	3,031	-0,110	0,503
R360	-0,376	-0,107	2,357	-0,045	0,678
R541	-0,732	-0,104	1,183	-0,088	0,761
R680	-1,455	-0,170	0,969	-0,175	0,944

** Signifikant auf dem 10 %-Niveau

Es zeigt sich, daß auch eine Performance-Messung unter besonderer Berücksichtigung des Investmentstils nicht zu einer besseren Beurteilung der absoluten Fondsperformance führt. Die wenigen signifikant von Null verschiedenen Mittelwerte sind mit nur einer Ausnahme negativ. Damit werden die Ergebnisse der bisherigen Tests, die auf Einindexmodellen beruhen und 'in sample' vorgenommen werden, unterstützt. Dies ist deshalb bemerkenswert, weil mit dem out-of-sample-Test im Rahmen des Asset-Allocation-Modells grundsätzlich eine weniger restriktive und somit "managerfreundlichere"

---

[150] Die entsprechenden Werte für die anderen Modellspezifikationen finden sich in der Tabelle T-D.57 im Anhang T.

Vorgehensweise der Performance-Messung erfolgt.[151] Die Manager zeigen sich jedoch auch nach diesem Modell nicht in der Lage, eine überdurchschnittliche Performance zu erzielen.

Erstaunlicherweise ergibt sich eine große Übereinstimmung auch bezüglich des Rankings auf der Grundlage der Selektionsrenditen mit den Rangfolgen, die auf Basis der auf Einindexmodellen beruhenden Maße aufgestellt werden. Dies wird an den hohen Pearson- und Spearman-Korrelationskoeffizienten mit den anderen, die Gesamtperformance schätzenden Maßen deutlich.[152] Eine Erklärung für dieses Ergebnis dürfte darin bestehen, daß die Fondsrenditen in weit überwiegendem Maß durch den DAFOX BC und den DAFOX SC determiniert werden, die den DAFOX bilden. So unterstreicht auch dieses Ergebnis die Eignung des DAFOX als Benchmark für die hier untersuchten Investmentfonds.

d. Schlußfolgerungen

Der Einsatz mehrdimensionaler Benchmarks hat unabhängig von der jeweiligen Spezifikation der Modelle identische Schlußfolgerungen über die absolute Performance der Fonds zugelassen. Die Fonds können auch bei Berücksichtigung ihrer individuellen Anlagepolitik und der entsprechenden Ausgestaltung der Benchmarks keine superiore Performance erzielen. Darüber hinaus bleibt auch das Ranking der Fonds über alle Benchmarks hinweg relativ konstant.

Es ist festzustellen, daß der Einsatz mehrerer Indizes im Rahmen von Mehrfaktorenmodellen für die Performance-Messung nicht unbedingt vorteilhaft ist. Vielmehr erscheint ihr Einsatz allein zur Identifikation der individuellen Risikoprofile der Fonds sinnvoll, deren Kenntnis insbesondere bei einer Kombination von Fondsanteilen untereinander oder mit anderen Kapitalanlagen wünschenswert ist. Dabei ist jedoch die zunehmend zu beobachtende Spezialisierungstendenz in der Fondsbranche zu beachten. Sie führt durch die exakter abgegrenzte Anlagepolitik dazu, daß der Investmentstil bereits vorab bestimmt und eine Performance-Analyse auf der Grundlage mehrdimensionaler Indexkombinationen somit redundant ist. Der Einsatz von Multiindexmodellen ist daher eher zur Beurteilung der Risikostruktur von klassischen, breit diversifizierten Investmentfonds oder auch zur Beurteilung von Dachfonds, die selbst in verschiedene Fondsanteile investieren, von Bedeutung.

---

[151]   Vgl. **Kapitel** C. II. 1. d. cc. (3) (c), S. 131.

[152]   Vgl. die Tabellen T-D.37a und T-D.38a im Anhang T. Es wurden lediglich die Korrelationen der Selektionsrenditen, die mit dem 5-Index-Modell erzielt wurden, berechnet, da die Zeiträume, innerhalb derer die Performance der Fonds geschätzt wurde, lediglich für dieses Modell mit denen der anderen Maßen übereinstimmen.

3. Zusammenfassende Analyse der Ergebnisse und ihre ökonomischen Implikationen

Unabhängig von

- den eingesetzten Verfahren und ihrer theoretischen Fundierung,

- differierenden Annahmen über das Verhalten der Manager bezüglich der Umsetzung von Timinginformationen,

- verschiedenen Arten der Charakterisierung des Risikos zur Relativierung der erwirtschafteten Renditen,

- dem Einsatz unterschiedlicher, sowohl eindimensionaler wie mehrdimensionaler Benchmarks sowie

- der expliziten Berücksichtigung der Anlagepolitik und des Investmentstils der Manager

ist aus sämtlichen der hier durchgeführten Untersuchungen der Schluß zu ziehen, daß die deutschen Fondsmanager nicht in der Lage waren, auf der Grundlage von Nettrenditen eine superiore Performance zu erwirtschaften. Dieses Ergebnis steht im Einklang mit den Resultaten internationaler Untersuchungen, die nahezu ohne Ausnahme zu identischen Schlußfolgerungen über die Fähigkeiten der Manager der von ihnen untersuchten Fonds gelangen.[153]

Eine Vielzahl kritischer und in der Literatur kontrovers diskutierter, für eine Performance-Messung jedoch unabdingbarer Parameter ist bei den Analysen berücksichtigt worden. Darüber hinaus wurde die Robustheit der für die Performance-Messung eingesetzten Verfahren vorab im Rahmen von Simulationen getestet. Daher konnten die Ergebnisse der Investmentfonds in Kenntnis der Schwächen der verwendenten Performance-Maße interpretiert werden. Die Wahrscheinlichkeit fehlerhafter Schlußfolgerungen aufgrund einer Mißspezifikation der Ansätze oder der geringen Macht der Tests ist deshalb relativ gering.

Inwieweit die Manager tatsächlich über Selectivity- bzw. Timingfähigkeiten besessen haben, läßt sich sich mit abschließender Sicherheit nicht beurteilen. Einige der Ansätze deuten darauf hin, daß die Manager über private Informationen verfügt haben. Deren Umsetzung in entsprechende Strategien scheint den Ergebnissen zufolge jedoch mit relativ großen Transaktionskosten verbunden zu sein, so daß die auf private Informationen zurückzuführende Performance aufgezehrt, z. T. auch überkompensiert wird.

---

[153]   Vgl. **Kapitel** C. IV. 3. a. aa., S. 175 ff.

Besonders deutlich wird dies z. B. bei einem Vergleich der Ergebnisse des *Cumby/ Glen*-Ansatzes mit denen anderer Verfahren zur Identifikation von Timingfähigkeiten. Erstere weisen recht deutlich auf das Vorliegen von Timinginformationen hin. Die mit diesem Ansatz nicht beantwortbare Frage, ob die Timinginformationen auch zur Erzielung einer überlegenen Performance eingesetzt wurden bzw. werden konnten, muß dagegen aufgrund der Ergebnisse anderer Ansätze tendenziell verneint werden. Die Untersuchungen zur Performance-Messung beruhen auf der Grundlage der Nettorenditen der Fonds, so daß die Beurteilung der Fähigkeiten des Managements immer erst nach Abzug der dem Sondervermögen direkt belasteten Transaktionskosten erfolgt.[154] Auf diese Weise konnte im Durchschnitt eine risikobereinigte Performance nicht gemessen werden. Daher muß davon ausgegangen werden, daß die Fonds im Durchschnitt kaum in der Lage sind, ihre kostenintensiven Researchbemühungen in eine positive Performance umzusetzen bzw. angesichts der überwiegend negativen Performance auch nur zu kompensieren. Dies wird auch in Tabelle D.64 deutlich.

Tab. D.64: **Gegenüberstellung der durchschnittlichen jährlichen Kosten mit der durch das PW-Maß gemessenen Performance, Angaben in %**

Zeit	1980/1985			1986/1991		
Fonds	PW-Maß	Ø monatliche Kosten	PW-Maß zzgl. Kosten	PW-Maß	Ø monatliche Kosten	PW-Maß zzgl. Kosten
R2	-0,17725	0,04627	-0,13098	-0,04169	0,04168	0,00000
R3	-0,14350	0,04470	-0,09880	-0,20053	0,04271	-0,15700
R4	-0,22419	0,04665	-0,17754	-0,01998	0,04399	0,02500
R7	0,34444	0,04550	0,38994	-0,39203	0,04119	-0,35000
R9	-0,20713	0,04437	-0,16276	0,12915	0,03751	0,16800
R82	-0,22886	0,05364	-0,17522	0,00319	0,04711	0,04900
R120	-0,14276	0,04958	-0,09318	0,13446	0,04912	0,18400
R122	0,00302	0,05044	0,05346	0,38234	0,05244	0,43500
R126	-0,12372	0,04649	-0,07723	0,08299	0,05438	0,13900
R138	-	-	-	-0,26089	0,04924	-0,20700
R139	-	-	-	-0,01915	0,04910	0,03400
R164	-0,16243	0,04116	-0,12128	0,10020	0,04069	0,14000
R169	-0,04472	0,04165	-0,00307	-0,08234	0,04417	-0,03800
R171	-	-	-	-0,25171	0,05377	-0,19300
R201	0,06906	0,06553	0,13459	0,16540	0,05453	0,22300
R310	-0,16372	0,03480	-0,12892	0,45407	0,02939	0,48300
R322	-0,16257	0,04809	-0,11448	0,03051	0,04529	0,07700
R325	0,23025	0,05140	0,28165	-0,25945	0,04504	-0,21400
R360	-0,18104	0,10186	-0,07918	-0,07687	0,11072	0,03500
R541	-0,13249	0,04872	-0,08377	-0,03858	0,03581	-0,00400
R680	-0,23732	0,09943	-0,13790	-0,15548	0,10212	-0,09400

---

[154] Darüber hinaus ist zu beachten, daß die Renditen zusätzlich durch weitere Kosten reduziert werden. Dies betrifft sowohl die Depotbankgebühren als auch die Verwaltungskosten. Auch diese sollten jedoch tendenziell um so größer werden, je aktiver das Portfolio gemanagt wird und je mehr Anstrengungen unternommen werden, durch Researchaktivitäten Informationen zu erhalten. Insofern ist die Beachtung auch dieser Kosten im Rahmen der Performance-Messung gerechtfertigt.

In der Tabelle sind beispielhaft der mit dem PW-Maß gemessenen Gesamtperformance die durchschnittlichen monatlichen Kosten pro Anteil der Fonds gegenübergestellt.[155] Viele der Fonds weisen auch nach Addition der Kosten eine negative Performance auf. Selbst wenn die in ihrer Höhe unbekannten und von Fonds zu Fonds wegen der Häufigkeit der Umschichtungen des Sondervermögens unterschiedlichen Transaktionskosten unberücksichtigt blieben, würde die Performance einiger Fonds negativ ausfallen.[156]

Die Beantwortung der Frage, ob von einer Bestätigung oder Ablehnung der Kapitalmarkteffizienzhypothese auszugehen ist, steht nicht im Vordergrund dieser Arbeit. Deshalb werden die Implikationen der hier vorliegenden Ergebnisse bezüglich der Kapitalmarkteffizienz nur kurz angerissen.[157]

Der Ansatz von *Cumby/Modest* deutet auf das Vorliegen von Timinginformationen der Manager hin. Ihr Vorliegen steht im Widerspruch zur Kapitalmarkteffizienzhypothese in ihrer ursprünglichen Form.[158] Nach der Effizienzhypothese im Sinne von *Grossman/ Stiglitz* müßten die Investmentfonds die entstehenden Kosten gerade durch entsprechend hohe Renditen ausgleichen können. Insofern wäre eine Bestätigung der Effizienz dann gegeben, wenn die Umsetzung der Timinginformationen zu Kursen stattfindet, die eine Kompensation der zur Generierung der Informationen aufgewendeten Kosten ermöglichen. In diese Richtung weisen tendenziell die Resultate jener Verfahren, die nicht nur das Vorliegen von Timingfähigkeiten anzeigen, sondern die damit einhergehende Performance.

Angesichts der überwiegend negativen Performance kann allerdings auch die Formulierung der Effizienzthese nach *Grossmann/Stiglitz* nicht bestätigt werden.[159] Gleichwohl ist auch ihre Ablehnung deshalb nicht eindeutig möglich, weil die Resultate überwiegend nicht signifikant sind.[160] Außerdem muß beachtet werden, daß für eine Annahme dieser Effizienzthese auch die Ausgabeaufschläge der Fonds durch eine

---

[155] Es ist darauf hinzuweisen, daß die durchschnittlichen Kosten lediglich einen Richtwert darstellen können. Sie wurden berechnet, indem die in den jährlichen Jahresabschlüssen angegebenen Kosten pro Anteil der Fonds auf den an dem jeweiligen Stichtag geltenden Kurs bezogen wurden. Der Mittelwert der aus den so pro Zeitraum ermittelten jährlichen Prozentsätze wurde dann auf einen Monat umgerechnet.

[156] *Grinblatt/Titman* schätzen die Höhe der Transaktionskosten auf ca. 1 bis 1,5 %, vgl. **Grinblatt/ Titman** (1989 a), S. 400.

[157] Vgl. dazu **Kapitel B. I. 1.**, S. 8 ff.

[158] Vgl. **Henriksson/Merton** (1981), S. 514.

[159] Zu einer gegenteiligen Schlußfolgerung gelangt **Ippolito** (1989), dessen Ergebnisse jedoch durch die Untersuchung von **Elton/Gruber/Das/Hlavka** (1993) relativiert werden.

[160] Dies gilt insbesondere, wenn man die systematisch negative Verzerrung der Timingmaße in Betracht zieht.

entsprechende Performance erwirtschaftet werden müßten. Rationale Anleger würden ansonsten nicht in Fonds mit überdurchschnittlichen Ausgabeaufschlägen investieren.[161]

Die zahlreichen empirischen Untersuchungen insbesondere der Effizienzhypothesen im Sinne *Famas* kommen zu widersprüchlichen Ergebnissen.[162] Geht man davon aus, daß der deutsche Kapitalmarkt einen nur geringen Grad an Effizienz aufweist, stellt sich die Frage, warum es den Fondsmanagern, die allgemein aufgrund ihrer Researchaktivitäten zu den bestinformierten Marktteilnehmern gezählt werden, nicht gelingt, systematische Überrenditen zu erzielen.

Als mögliche Gründe kommen in Frage:

- Die Fondsmanager besitzen keine private Informationen;

- Die Fondsmanager besitzen nur wenige bzw. qualitätsmäßig geringwertige Informationen, so daß sich ihre Umsetzung nicht lohnt oder ihre Identifikation mit Hilfe der eingesetzten Verfahren nicht möglich ist, weil deren Macht zu gering ist;

- die Kosten zur Generierung privater Informationen und/oder die im Rahmen ihrer Umsetzung anfallenden Transaktionskosten sind zu hoch;

- die Fondsmanager besitzen private Informationen; sind aber nicht in der Lage, diese (rechtzeitig) umzusetzen aufgrund

  - bestimmter Charakteristika der Fondssondervermögen,
  - rechtlicher, satzungsbedingter oder organisatorischer Restriktionen,
  - struktureller Merkmale des deutschen Kapitalmarktes,
  - oder des eigenen Verhaltens.

In den meisten Studien zur Performance-Messung wird die Schlußfolgerung gezogen, daß die Manager über keine privaten Timinginformationen verfügen. Diese Aussagen werden jedoch regelmäßig auf der Basis nur eines bestimmten Verfahrens getroffen. Die vorliegende Untersuchung hat jedoch gezeigt, daß nur die kombinierte Anwendung verschiedener Ansätze Rückschlüsse über die Managerfähigkeiten erlaubt. Werden z. B. einzig die Timingkoeffizienten des H/M- oder T/M-Ansatzes interpretiert, sind prinzipiell zwei Schlußfolgerungen möglich. Wird angenommen, daß die Manager keine Timinginformationen besitzen, ließen sich die negativen Werte der Timingkoeffizienten auf künstliches Timing zurückführen.[163] Ferner könnten die negativen Koeffizienten im Fall passiven Managements daraus resultieren, daß Wertpapiere mit vergleichsweise niedrigen Betafaktoren nach einer Baisse einen relativ größeren Anteil am Portfolio

[161] Vgl. **Grinblatt/Titman** (1993 a), S. 20.

[162] Vgl. **Kapitel** B. I. 1., S. 10.

[163] Vgl. **Kapitel** C. II. 1. c. aa., S. 106 f.

- 436 -

aufweisen als die mit höheren Betas. Daraus ergibt sich bei einer Trendumkehr des Aktienmarktes zwangsläufig ein aus Timinggesichtspunkten unvorteilhaftes Portfolio-Beta.[164] Die negativen Timingkoeffizienten könnten jedoch auch mit dem Vorliegen privater Timinginformationen konsistent sein, wenn ihre Umsetzung aufgrund zu hoher Transaktionskosten zu einem negativen Nettoeffekt auf die Gesamtrendite geführt hat.

Erst die Ergebnisse des *Cumby/Modest*-Ansatzes sowie der Rückgriff auf zusätzliche Informationen generell erlauben letztlich die Folgerung, daß die Manager zwar Timinginformationen besitzen, sie jedoch nicht in eine überdurchschnittliche Rendite umsetzen konnten.

Insbesondere die Höhe der Kosten sowie die Restriktionen, welche die Manager bei ihren Transaktionen zu beachten haben, erscheinen daher nicht zuletzt vor dem Hintergrund der stets aktuellen Auseinandersetzung mit den Schutzbestimmungen des KAGG und ihrer Auswirkungen auf die Wettbewerbsfähigkeit der deutschen Fondswirtschaft diskussionswürdig.

Mit der Inflexibilität der Fondsvolumen sowie den bei größeren Umschichtungen innerhalb der Sondervermögen entstehenden hohen Transaktionskosten sind zwei Faktoren genannt, welche der Realisierung einer überdurchschnittlichen Rendite entgegenstehen und insbesondere für das Zustandekommen einer negativen Timingperformance ursächlich sein könnten. So sind vor allem häufige Umschichtungen zwischen festverzinslichen Anlagen und Aktien zur Umsetzung von Timingaktivitäten mit besonders hohen Transaktionskosten verbunden. Dies könnte dazu führen, daß trotz möglicher Timingfähigkeiten der Manager die daraus erzielte Performance durch zu hohe Transaktionskosten überkompensiert wird und damit negativ ausfällt.[165] Dies gilt um so mehr, als empirische Untersuchungen belegen, daß die aufgrund von Timing zusätzlich erzielbare Rendite lediglich im Fall perfekter Timingfähigkeiten zu einem nennenswerten Renditevrteil gegenüber einem nur passiven Management führt.[166]

Eine kostengünstigere Alternative, Timinginformationen in Anlagestrategien umzusetzen, ist der Handel mit derivativen Instrumenten.[167] Da die Teilnahme am Options- und Futureshandel für deutsche Investmentfonds jedoch erst nach der am 01.03.1990 in Kraft getretenen KAGG-Novelle ermöglicht wurde und der Kauf von Optionen auf In-

---

[164] Vgl. zu dieser Systematik **Kapitel** C. IV. 3. a. aa., S. 185.

[165] Dies könnte zudem eine weitere Erklärung für das regelmäßig zu beobachtende, als pervers bezeichnete Timingverhalten sein.

[166] Vgl. **Sharpe** (1975), dessen Untersuchung zeigt, daß die Gewinnpotentiale durch Timingaktivitäten nur sehr gering einzuschätzen sind, wenn nicht nahezu perfekte Timingfähigkeiten vorliegen; vgl. für ein ähnliches Ergebnis **Chua/Woodward/To** (1987). Eine positivere Bewertung bezüglich der mit Timingfähigkeiten zu erwartenden zusätzlichen Renditen findet sich bei **Clarke/Fitz/Gerald/Berent/Statman** (1989).

[167] Vgl. zum Asset Management und Timing mit Futures **Kon** (1986) und mit Optionen **Evnine/Henriksson** (1987).

dizes erst seit der Verabschiedung des 2. Finanzmarktförderungsgesetzes erlaubt ist, stand den Fonds diese Möglichkeit zur Flexibilisierung ihrer Anlagestrategien in den hier untersuchten Zeiträumen noch nicht offen.[168] Ob jedoch allein die bisherige Inflexibilität bezüglich der Umsetzung von Timinginformationen als Ursache für fehlende Timingfähigkeiten anzusehen sind, ist fraglich. So kommen auch die meisten anderen Untersuchungen zur Performance von Fonds zum Ergebnis, daß deren Manager nach Abzug von Transaktionskosten keine überdurchschnittlichen Renditen zu erzielen in der Lage sind, obwohl die internationalen gesetzlichen Bestimmmungen über das Anlagespektrum der Fonds als liberaler angesehen werden können.[169]

Die Anzahl verschiedener Titel in den Portfolios der Fonds deutet auf eine sehr breite Diversifizierung der Sondervermögen hin, die bereits durch die im allgemeinen hohen R^2 der Regressionen der Fondsrenditen auf die des DAFOX deutlich wurde.[170] Es ist zu beachten, daß eine vollständige Diversifikation im Widerspruch zur Selektion steht, da mit letzterer bewußt ein nicht kompensierbares Risiko eingegangen wird.[171] Eine Überdiversifizierung bedeutet gleichzeitig eine verringerte Effizienz und führt dazu, daß das Portfolio immer mehr dem Index gleicht, an dessen Rendite/Risiko-Charakteristik es gemessen wird.[172] Insofern ist eine Performance gegenüber diesem Index schwer zu erreichen.

Aufgrund rechtlicher und satzungsbedingter Restriktionen könnte das Potential für die Erzielung einer überdurchschnittlichen Performance in mehrfacher Hinsicht eingeschränkt sein.[173] Neben den bereits zuvor angedeuteten Restriktionen bezüglich des Einsatzes derivativer Instrumente sind dabei vor allem die qualitativen und quantitativen Anlagegrenzen der §§ 8 und 8a KAGG zu nennen, die durch Satzungsvorschriften zum Teil noch weiter eingeschränkt werden.[174] Letztlich werden die Fondsmanager durch diese Vorschriften, aber auch durch die gemäß § 11 Abs. 2 KAGG vorgeschriebene

---

168   Daneben wurde den Forderungen der Investmentbranche auch hinsichtlich ihrer Teilnahme an der Wertpapierleihe nachgegeben.

169   Vgl. **Kapitel** C. IV. 3. a. aa., S. 175 ff.

170   Ein hoher Diversifikationsgrad wird bereits von **Poschadel** (1981), S. 211 ff., beobachtet. Dabei ermittelt er eine hohe Korrelation der Anzahl gehaltener Titel und der Größe der Fonds. Als Gründe der Überdiversifizierung nennt er Funktionsmängel der deutschen Börse als auch eine ausgeprägte Risikoscheu der Manager.

171   Vgl. **Fama** (1972), S. 558.

172   Vgl. **Büschgen** (1970), S. 4; **Lerbinger/Berndt** (1983), S. 21 ff.

173   Dabei ist es nicht das Ziel der Ausführungen, die Regelungen des KAGG zu kritisieren, die mit hier nicht zu diskutierenden anderen Zielrichtungen verfaßt wurden; vgl. dazu z. B. **Gerke/Rapp** (1992) und im Rahmen der Umsetzung der EU-Richtlinien **Grundmann** (1991).

174   So stellen beispielsweise **Hadaway/Hadaway** (1989) einen negativen Einfluß institutionell bedingter Restriktionen fest; eine Möglichkeit zur Berücksichtigung von Restriktionen in der Performance-Messung untersuchen **Gendron/Genest** (1990).

Rücknahmepflicht der Anteile dazu gezwungen, in eher größere und liquidere Unternehmen zu investieren.[175]

Die Informationsverarbeitung gerade dieser Titel dürfte jedoch aufgrund der hohen Liquidität besonders schnell erfolgen, so daß davon auszugehen ist, daß gerade das Marktsegment, in dem die Fonds in hohem Umfang investiert sind, als besonders effizient angesehen werden muß. Daher könnte die Erzielung überdurchschnittlicher Renditen vergleichsweise schwierig sein.[176] Demgegenüber sollten Transaktionen in den Segmenten, in denen eher kleinere Unternehmen notiert sind, vom Grundsatz her attraktiver sein, da hier von einer geringeren Effizienz des Marktes auszugehen ist, mit der Folge, daß private Informationen eher generiert und umgesetzt werden können.[177]

Auch die Vorschriften über die Anlagemöglichkeiten der Fonds wurden durch das 2. Finanzmarktförderungsgesetze liberalisiert, so daß die Fonds jetzt zu einem bestimmten Anteil auch in nichtnotierte Wertpapiere investieren dürfen.

Darüber hinaus sind weitere gesetzliche Restriktionen zur Erzielung von Überrenditen zu beachten. So entspricht das allgemeine Kreditaufnahmeverbot zwar dem schutzrechtlichen Charakter des KAGG, verhindert jedoch ein den kapitalmarkttheoretischen Überlegungen entsprechendes Portfolio-Management. Dasselbe gilt für die Aktienfonds, die als Anlagealternative für vermögenswirksame Leistungen nach dem 5. Vermögensbildungsgesetz den damit verbundenen Mindestanteil des Sondervermögens in (deutschen) Aktien in Höhe von 70% beachten müssen.

Ein weiterer Grund für das Fehlen einer signifikanten Performance könnte darin bestehen, daß die Fonds durch ihre Transaktionen die Kurse der entsprechenden Wertpapiere stark beeinflussen. Davon betroffen sein müßten insbesondere die vom Marktvolumen

---

[175] Dies ist insbesondere auf die im § 8 a Abs. 2 KAGG enthaltenen Begrenzungen der Investitionen im Verhältnis zum Emittenten der Wertpapiere zurückzuführen, die eine verstärkte Investition von Mitteln in Unternehmen, über die z. B. private Informationen verfügbar sein könnten, verhindern. Den Zusammenhang zwischen Unternehmensgröße und Marktgängigkeit untersucht **Beiker** (1993), S. 403 ff.

[176] Eine Untersuchung von **Madden/Nunn/Wiemann** (1986) bestätigt diese Überlegungen. Sie ermitteln eine signifikant bessere Performance von Fonds, die niedrigkapitalisierte Unternehmen in ihren Sondervermögen halten. Nach ihren Berechnungen steht die Fondsgröße in keinem Zusammenhang zur Firmengröße der in den Portfolios gehltenen Titel, vgl. **Madden/Nunn/Wiemann** (1986), S. 70, Fußnote 18.

[177] Diese Überlegungen gewinnen dadurch an Gewicht auch vor dem Hintergrund, daß sich die Tätigkeit der Wertpapieranalysten zum Großteil auf die größeren und bekannteren Werte erstreckt, während unbekanntere Firmen weniger beachtet werden, vgl. in diesem Zusammenhang auch zum "Neglected Firm Effect" **Beiker** (1993), S. 136 ff. Dabei ist allerdings zu beachten, daß der Investition in diese Unternehmen auch erhöhte Informations- und Transaktionskosten gegenüberstehen, vgl. **Beiker** (1993), S. 138 ff.

her größeren Fonds.[178] Die Folge wäre eine starke Reduzierung der Renditen von Strategien, mit denen die Umsetzung privater Informationen beabsichtigt wird. Dadurch könnten die bei der Implementierung der Strategien anfallenden Kosten unter Umständen höher sein, als die damit erzielte zusätzliche Rendite. Eine Beeinflussung der Aktienkurse insbesondere bei größeren Orders ist aufgrund der besonderen Struktur des deutschen Kapitalmarktes, die vor allem durch eine geringe Liquidität gekennzeichnet ist, nicht unwahrscheinlich.[179] Die für den deutschen Markt typische Enge, die nicht nur durch die vergleichsweise geringe Anzahl börsennotierter Unternehmen, sondern vor allen Dingen auch durch den geringen Free Flow deutscher Aktien hervorgerufen wird, erlangt dabei besondere Bedeutung bei gerade den Unternehmen, die im vorangehenden Absatz genannt wurden.[180]

Ein derartiger Kurseffekt kann durch das auch als "Herding" bezeichnete Verhalten von Portfoliomanagern möglicherweise zusätzlich verstärkt werden. Für dieses auf dem amerikanischen Markt beobachtete, durch gleichgerichtete Strategien der Manager gekennzeichnete Gruppenverhalten gibt es Untersuchungen zufolge Hinweise.[181] Herdingverhalten könnte sich auch bei ähnlichen Markteinschätzungen bezüglich der Gesamtmarktentwicklung und dem daraus folgenden Investitionsgrad der Fonds in Aktien auf deren Kurse auswirken.[182]

Weitere Gesichtspunkte sind die Bürokratisierung des Anlageentscheidungsprozesses sowie die zunehmende Institutionalisierung der Wertpapieranalysten, die möglicherwei-

---

178 In diesem Zusammenhang wurden von der Securities and Exchange Commission (SEC) bereits Überlegungen zur Begrenzung der Maximalgröße von Fonds angestellt, vgl. **Büschgen** (1970), S. 14.

179 Der Einfluß der Fonds auf die Aktienkurse ist allerdings umstritten. Zum einen wird der Anteil der Fonds an den Börsenumsätzen als zu gering angesehen, um eine Kursbeeinflussung zu bewirken. Zum anderen wird den Fonds ein eher kursstabilisierender Einfluß nachgesagt, da beobachtet wurde, daß der Umsatzanteil der Investmentgesellschaften in einem umgekehrten Verhältnis zu den allgemeinen Börsenumsätzen steht. Dem ist entgegenzuhalten, daß das z. T. zyklische Anlegerverhalten einen Kurstrend eher noch beschleunigt, vgl. zu dieser Diskussion **Büschgen** (1970), S. 3. Empirische Untersuchungen in den USA kommen tendenziell zu dem Schluß, daß die Aktivitäten von Fondsmanagern keine destabilisierenden Effekte ausüben; vgl. z. B. **Lakonishok/Shleifer/Vishny** (1992), S. 39 ff.

180 Selbst das frei handelbare Kapital größerer Titel ist jedoch in vielen Fällen nur sehr gering, vgl. **Mühlbradt** (1992), S. 72 f.

181 Vgl. **Grinblatt/Titman/Wermers** (1993). **Lakonishok/Shleifer/Vishny** (1992) finden keine eindeutigen Hinweise auf Herding-Verhalten der von ihnen untersuchten Pensionsfonds, stellen tendenziell aber Herding in kleineren Aktien fest; vgl. zu theoretischen Überlegungen zum Herding und Gründen für dieses Verhalten **Scharfstein/Stein** (1990); **Lakonishok/Shleifer/Thaler/Vishny** (1991); **Banerjee** (1992); **Froot/Scharfstein/Stein** (1992). Untersuchungen für den deutschen Markt liegen bislang nicht vor.

182 Vgl. den Hinweis bei **Lakonishok/Shleifer/Vishny** (1992), S. 35, die die Nichtberücksichtigung dieses Aspekts als erhebliche Einschränkung ihrer Untersuchung zum Herding-Verhalten von Pensionsfondsmanagern ansehen.

se zu einer mangelnden Flexibilität und Reaktionsschnelligkeit bei der Umsetzung von Informationen führen.[183]

Im Rahmen agency-theoretischer Überlegungen ist schließlich in Erwägung zu ziehen, daß die Manager zwar überlegene Informationen besitzen, diese jedoch nicht zur Verbesserung der Performance der Fonds einsetzen, sondern sie nur für ihre eigenen Anlagegeschäfte nutzen.[184] Dies erscheint allerdings wegen der hohen Wettbewerbsintensität und dem Erfolgsdruck, dem Portfoliomanager ausgesetzt sind, eher unwahrscheinlich.

Nur wenige der hier angesprochenen Erklärungsansätze für die Ergebnisse sind einer weiteren Untersuchung zugänglich. Deshalb kann im folgenden Abschnitt die Relevanz nur eines Teils der angestellten Vermutungen im Rahmen von Querschnittsanalysen untersucht werden.

Wenn auch grundsätzlich nicht von einer nach Abzug von Informations- und Transaktionskosten bestehenden Performance der Fonds auszugehen ist, wurden dennoch z. T. nicht unerhebliche Differenzen zwischen den risikobereinigten Anlageerfolgen verschiedener Fonds gemessen. Dabei waren die Rangfolgen der Fonds unabhängig vom eingesetzten Verfahren zum überwiegenden Teil identisch, so daß die Ergebnisse bezüglich des Rankings der Fonds als fundiert gelten können. Gleichzeitig wurde jedoch im Rahmen der stochastischen Dominanz wie schon bei der Messung der absoluten Performance deutlich, daß die Unterschiede zum überwiegenden Teil nicht signifikant von null verschieden sind.

Da mit einer Investition in Investmentfonds grundsätzlich keine Überrenditen zu erwarten sind, müssen, insbesondere angesichts der zunehmenden Akzeptanz von Investmentfonds sowohl bei institutionellen als auch privaten Investoren andere Gründe für diese Anlageform sprechen.

Dies gilt vor allem für die hier untersuchten Publikumsfonds, deren Zielgruppe vor allem Kleinanleger sind. Diesen wird durch die Anlage in einen Investmentfonds auch bei geringem Kapitaleinsatz eine breite Diversifizierung ihres Vermögens ermöglicht. Sie ist bei allen hier untersuchten Fonds in hohen Maße gewährleistet. Da in Deutschland das Angebot anderer diversifizierter Anlagen für Kleinsparer noch begrenzt ist, kommt dieser Zielrichtung vergleichsweise große Bedeutung zu. Alternativen, eine bereits diversifizierte Anlage zu erwerben, wie z. B. durch den Kauf von Indexfonds oder von Indexportfolios, die von Banken angeboten werden, werden in Deutschland erst in jüngster

---

[183] Nicht auszuschließen ist auch die Beeinflussung der Anlagepolitik durch übergeordnete Entscheidungen, da Investments möglicherweise z. T. auch aufgrund bankpolitischer Zielsetzungen getätigt werden. Diese Annahme muß vor dem Hintergrund gesehen werden, daß Investmentgesellschaften in aller Regel Töchter von Banken darstellen.

[184] Vgl. zum Principal-Agent-Problem im Rahmen der Anteilinhaber-Fondsmanager-Beziehung **Golec** (1992) sowie **Adami** (1970), S. 308 f., der auch von der SEC festgestellte Insider-Trading-Geschäfte zitiert und weitere Ansatzpunkte für Interessenskonflikte aufzeigt.

Zeit angeboten.[185] Außerdem ist zu beachten, daß mit einer Investition in andere, grundsätzlich in Frage kommende indexorientierte Finanzinstrumente i. d. R. zusätzliche Risiken und Kosten im Vergleich zu einer Fondsanlage verbunden sind oder ihr Kauf bestimmten Restriktionen unterliegt.[186]

Für das hier vorliegende von den Fonds abgedeckte Marktsegment weniger relevant, in der Zukunft aber von zentraler Bedeutung ist zudem die Erschließung von Märkten, die durch eine Direktanlage nicht oder nur durch Aufwendung sehr hoher Transaktionskosten erreichbar sind. Dies betrifft vor allem Länderfonds, die in Länder mit weniger entwickelten Kapitalmärkten investieren, aber auch heimische Marktsegmente, die z. T. erhebliche Mindestanlagesummen erfordern.[187] Darüber hinaus zeigen *Dermine/Neven/Thisse* im Rahmen eines Gleichgewichtsmodells, daß das Angebot von Investmentfonds unter bestimmten Voraussetzungen zu einer Komplettierung der Wertpapiermärkte führt.[188] Nicht zu unterschätzen ist ferner die staatliche Förderung der Investition vermögenswirksamer Leistungen in Aktienfonds im Rahmen des 5. Vermögensbildungsgesetzes, die eine Anlage in Fonds trotz einer nicht zu erwartenden überdurchschnittlichen Performance attraktiv machen kann.[189]

Eine wichtige Funktion der nach dem Open-End-Prinzip konstruierten Investmentfonds ist darüber hinaus die Gewährleistung einer jederzeitigen Liquidität aufgrund der Rücknahmeverpflichtung der Anteile. Demgegenüber kann die Liquidierbarkeit bei einer Direktanlage eingeschränkt sein, z. B. aufgrund der bereits genannten strukturellen Merkmale des deutschen Marktes. Sofern die Fonds auch in derartigen Wertpapieren investiert sind, übernehmen sie somit die daraus resultierenden Risiken.[190] Ob diese Li-

---

[185] Vgl. dazu **Kapitel D. II. d. aa.**, S. 221.

[186] So sind auch bei Indexfonds Risiken zu beachten, die sich aus dem Tracking-Error sowie weiteren Problemen ergeben, die bei der Nachbildung von Indizes entstehen können, vgl. **Meyer, F.** (1994), S. 79. Beim Kauf börsengehandelter Index-Derivate sind relativ hohe Mindestprovisionen sowie zusätzliche Kosten in Form der aufzubringenden Marginzahlungen zu beachten, vgl. **Steiner/Wittrock** (1993), S. 686 ff. Außerdem sind längere Kontraktlaufzeiten solcher Instrumente lediglich auf OTC-Märkten erhältlich, auf denen jedoch weitere Risiken zu beachten sind, die z. B. in Liquiditätsmängeln der Finanzprodukte oder einer sich verschlechternden Bonität des Vertragspartners bestehen, vgl. dazu **Meyer/Wittrock** (1993 b), S. 707 f. Daneben ist zu beachten, daß der Marktzutritt für Kleinanleger auch auf den OTC-Märkten aufgrund der sehr großen Kontraktgrößen stark eingeschränkt ist, vgl. **Steiner/Wittrock** (1993), S. 706.

[187] Vgl. **Laux/Päsler** (1992), S. 9; **Zirener** (1994), S. 360 ff.

[188] Vgl. **Dermine/Neven/Thisse** (1991).

[189] Vgl. zu den Auswirkungen des 5. Vermögensbildungsgesetzes auf die Fondsbranche **Behrenwaldt** (1988, 1991). Auf im Vergleich zur Direktanlage mögliche andere Vorteile, z. B. in steuerlicher Hinsicht, sowie die von den Fonds angebotenen Dienstleistungen, wie das Inkasso fälliger Dividenden und Zinsen u. ä. sei hier der Vollständigkeit halber ebenfalls hingewiesen.

[190] Darauf deuten sowohl eine stichprobenweise Durchsicht der Rechenschaftsberichte als auch Untersuchungen von **Mühlbradt** (1992) hin, der eine längerfristige Investition der Fondsmittel in kleine, einen geringeren Free Flow aufweisende Unternehmen beobachtet. Zu den aus einer eingeschränkten Marktgängigkeit resultierenden Transaktionsrisiken vgl. **Beiker** (1993), S. 403 ff., der auch den Zusammenhang zwischen Marktgängigkeit und Marktsegment untersucht. Die

quiditätsrisiken auf dem Markt bewertet sind, ist eine ungeklärte Frage. Fest steht jedoch, daß der Anteilinhaber an einem Portfolio beteiligt ist, das ihm eine Diversifikation unter Einbeziehung auch dieser Werte ermöglicht, ohne ein Risiko bezüglich ihrer Liquidierbarkeit einzugehen.

Aufgrund der Differenzen in der Performance kommt der Auswahl des richtigen Fonds für den Investor entscheidende Bedeutung zu. Insofern ist für einen Anleger, der die beschriebenen Ziele verfolgt bzw. von den Fähigkeiten der Manager unabhängige Vorteile der Investmentfondsanlage realisieren will, ein Ranking der Fonds von besonderem Interesse. Es bleibt jedoch festzuhalten, daß Rankings unter dem Vorbehalt erfolgen müssen, daß

• der aufgrund unterschiedlicher Timingfähigkeiten der Manager resultierende Anteil an der Performance ein Ranking nicht erlaubt, da sowohl die Qualität der Timinginformationen als auch die darauf mit der Risikoaversion des Managers zusammenhängende Reaktion des Managers gemessen wird;

• die Unterschiede zwischen den Fonds in den allerwenigsten Fällen als signifikant angesehen werden können.

Ferner ist zu berücksichtigen, daß die mit den verschiedenen Ansätzen ermittelte Performance auf der Basis von Vergangenheitsdaten ermittelt wurde. Für die Investoren ist jedoch letztlich entscheidend, welche Fonds in der Zukunft eine überdurchschnittliche Performance aufweisen werden. Nur dann ist auch ein Ranking der Fonds als Grundlage für Anlegerentscheidungen geeignet.

Relevanz dieser Liqiuditätsrisiken wird z. B. dadurch deutlich, daß es den Fondsmanagern von SMH grundsätzlich nicht erlaubt ist, in Aktien zu investieren, die anhand bestimmter Kriterien in eine Kategorie illiquider Werte eingestuft worden sind. Diese Kategorie umfaßte Anfang August 1994 374 Titel der zu diesem Zeitpunkt 596 notierten Werte, vgl. o.V. (1994), S. 15.

V. Einflußfaktoren auf die Performance und die Relevanz der Ergebnisse für Anlageentscheidungen

1. Strukturelle Merkmale der Fonds als Einflußfaktoren auf die Performance

In diesem Abschnitt wird ein Teil der in den vorangehenden Kapiteln aufgeworfenen Fragen nach möglichen Gründen für die überwiegend negative Performance der Fonds aufgegriffen. Dabei können allerdings, bedingt durch das nur begrenzt vorhandene Datenmaterial, lediglich die folgenden Faktoren auf ihre Relevanz zur Beeinflussung der Performance der Fonds analysiert werden:[1]

- die durchschnittliche Größe der Fonds, gemessen durch das arithmetische Mittel der halbjährlichen absoluten Fondsvolumina in dem entsprechenden Zeiraum;

- die Gesamtkosten als Prozentsatz des Nettofondsvolumens zum jeweiligen Berichtszeitpunkt, ermittelt aus den jährlichen Ertragsrechnungen;[2]

- die Schwankungen der Kassen- und Rentenanteile, gemessen durch die Standardabweichung und den Variationskoeffizienten und

- die Höhe und Schwankungen des Mittelaufkommens, gemessen durch das arithmetische Mittel bzw. die Standardabweichung und den Variationskoeffizienten.

Eine Analyse der Umschichtungshäufigkeit, die einen Anhaltspunkt über die Transaktionskosten und Aktivitäten des Managements hätte geben können, kann nicht erfolgen, weil die diesbezügliche Berichterstattung in Deutschland unzureichend ist.[3] Da mit ma-

---

[1] Darüber hinaus standen das Alter der Fonds sowie die Anzahl umlaufender Anteile zur Verfügung. Eine Untersuchung bezüglich der ersten Variable schien allerdings deshalb nicht sinnvoll, weil die ohnehin schon geringe Stichprobengröße bei einer Aufteilung in junge und alte Fonds statistisch einwandfreie Schlußfolgerungen nicht zugelassen hätte. Eine Untersuchung von **Cranshaw** (1970) kommt zu dem Ergebnis, daß jüngere Fonds keine bessere Performance aufweisen als ältere. Dies unterstützt die These, daß das Volumen des Fonds keinen Einfluß auf die Performance aufweist. Eine größere Anzahl von Anteilinhabern wird z. T. als möglicher Hinweis auf relativ höhere Kosten gesehen. Eine Einbeziehung dieser Variable in die Untersuchungen erschien jedoch nur sinnvoll, wenn die Anzahl verschiedener Anteilinhaber bekannt wäre. Da dies nicht der Fall ist, wurde auf die Einbeziehung dieses Charakteristikums verzichtet. Daneben ist die Anzahl bereits über die Größe der Fonds erfaßt. Dafür spricht die hohe Korrelation der Anzahl von Anteilinhabern mit dem Volumen der Fonds, vgl. **Robson** (1986), S. 75.

[2] Diese Größe wurde jährlich durch die Division der Kosten pro Anteil durch den am jeweiligen Stichtag des Rechenschaftsberichts geltenden Anteilpreis ermittelt. Auf der Grundlage dieser jährlichen Werte erfolgte eine Durchschnittsbildung über die jeweils betrachteten Zeiträume. Die Kosten enthalten die Verwaltungsvergütung, die Depotbankvergütung und sonstige Aufwendungen für verwaltungstechnische und organisatorische Angelegenheiten. Sie werden dabei hauptsächlich durch die Verwaltungsvergütung determiniert, deren Anteil an den Gesamtkosten zwischen 50-75 % ausmacht. Eine Durchschnittsbildung der Kosten ist aufgrund ihrer vergleichsweise großen Konstanz unproblematisch.

[3] Es werden nur stückzahl- bzw. nennwertmäßige Veränderungen der Transaktionen ausgewiesen, die zu einer Veränderung des letzten Rechenschafts- bzw. Zwischenberichts geführt haben.

ximal 21 Fonds im letzten Zeitraum eine nur kleine Stichprobengröße vorliegt, lassen die folgenden Untersuchungen lediglich tendenzielle Schlußfolgerungen zu.

Zum Einfluß der Fondsgröße auf die Performance lassen sich zwei gegensätzliche Effekte unterscheiden, die zu einer konträren Formulierung der zu testenden Hypothesen führen.

Erstens könnten kleinere Fonds möglicherweise eine größere Flexibilität bezüglich ihrer Handelsaktivitäten aufweisen, da ihre Transaktionen wegen der grundsätzlich geringeren Ordergrößen die Marktpreise weniger beeinflussen sollten, so daß die Umsetzung privater Informationen durch selbst induzierte Kurseffekte weniger tangiert wird. Darüber hinaus wird bei größeren Fonds eine breitere Diversifikation beobachtet, woraus grundsätzlich ein größerer Verzicht auf Selektion abgeleitet werden kann.[4] Angesichts dieser Überlegungen müßten vom Marktvolumen her vergleichsweise kleine Fonds eine bessere Performance erwirtschaften als große.

Die Beziehung zwischen dem Diversifikationsgrad und der Größe der Fonds wird durch die signifikanten Pearson- und Spearman-Rangkorrelationskoeffizienten in der Tabelle D.65 bestätigt. Dabei wurde der Diversifikationsgrad sowohl anhand des R^2 der Regression der Fondsrenditen auf den DAFOX gemessen, als auch durch die Anzahl der in den Sondervermögen der Fonds durchschnittlich gehaltenen, verschiedenen Aktientitel.[5]

Tab. D.65: **Pearson-Korrelation (linke untere Hälfte) und Spearman-Rangkorrelation (rechte obere Hälfte) zwischen dem Diversifikationsgrad der Fonds und ihrer Größe**

1980/1985			
	Fondsvolumen	R^2	Anzahl der Titel
Fondsvolumen	1	0,667 (0,002)	0,540 (0,021)
R^2	0,428 (0,076)	1	0,493 (0,037)
Anzahl der Titel	0,722 (0,001)	0,389 (0,110)	1
1986/1991			
	Fondsvolumen	R^2	Anzahl der Titel
Fondsvolumen	1	0,4256 (0,061)	0,4603 (0,041)
R^2	0,3185 (0,171)	1	0,0150 (0,950)
Anzahl der Titel	0,3734 (0,105)	- 0,1917 (0,418)	1

In Klammern Überschreitungswahrscheinlichkeiten (p-Werte)

Erstaunlich ist die negative, allerdings nicht signifikante Korrelation zwischen dem R^2 und der Anzahl der Titel im Zeitraum 86/91. Dies zeigt, daß ein hohes R^2 bezogen auf

---

[4]   Vgl. **Poschadel** (1981), S. 211 ff.

[5]   Die Anzahl der Titel wurde jährlich aus den Rechenschaftsberichten, unabhängig vom Rechnungsjahr der Fonds, entnommen.

einen breit diversifizierten Index wie dem DAFOX nicht zu Rückschlüssen über die Anzahl der in den Portfolios gehaltenen verschiedenen Wertpapiere berechtigt.

Zweitens wird argumentiert, daß kleinere Fonds mit größeren Kosten belastet sind, da sie keine steigenden Skalenerträge realisieren können.[6] Dies betrifft sowohl die Transaktionskosten, deren Höhe von der Ordergröße abhängig sein kann,[7] als auch im internen Bereich den Umfang der Verwaltungskosten, der einen hohen Anteil an Fixkosten enthält.[8] Das letztere wird tendenziell durch die negativen Pearson- und Spearman-Rangkorrelationskoeffizienten zwischen den prozentualen, durchschnittlichen Kosten und dem durchschnittlichen Fondsvolumen bestätigt. Dabei sind die Koeffizienten in beiden hier untersuchten Perioden nahezu identisch. Allerdings ist keiner der Werte signifikant von Null verschieden.

Tab. D.66: **Pearson- und Spearman-Korrelationskoeffizienten zwischen den durchschnittlichen prozentualen Kosten und dem durchschnittlichen Fondsvolumen**

Zeitraum	1980/1985	1986/1991
Pearson	-0,2085 (0,406)	-0,1666 (0,483)
Spearman	-0,1785 (0,478)	-0,2464 (0,295)

In Klammern Übertretungswahrscheinlichkeit (p-Wert)

Unter der Annahme eines effizienten Aktienmarktes müßten diejenigen Fonds die beste Performance aufweisen, welche die geringsten Kosten verursachen. Eine negative Korrelation zwischen den Kosten und der Performance im Rahmen einer Querschnittsregression würde dies tendenziell bestätigen. Bei Zugrundelegung der Effizienzthese von *Grossmann/Stiglitz* sollte ein Zusammenhang beider Größen dagegen nicht beobachtbar sein, da sich in diesem Fall die aufgrund privater Informationen erzielte Performance und die dafür aufgewendeten Kosten entsprechen.

Unbestimmt ist der Einfluß der Kosten auf die Performance, wenn ineffiziente Märkte unterstellt werden. Verfügen die Manager über private Informationen und nutzen sie diese zur Erzielung einer entsprechenden Performance, ist davon auszugehen, daß sie

---

6 Für eine Bestätigung dieser gegensätzlichen Effekte spricht z. B. die Untersuchung von **Grinblatt/Titman** (1989 a), S. 407 ff. Vgl. auch **Kapitel C. IV. 3. a. bb. (2)**, S. 196 ff.

7 Vgl. **Büschgen** (1970), S. 14, der größeren Fonds eine erhöhte Attraktivität bei Brokern beimißt. Seine Behauptung, daß größeren Fonds deshalb auch bessere Informationen zugespielt werden, ist einer Überprüfung allerdings kaum zugängig.

8 Zur empirischen Relevanz von Kostendegressionseffekten in der Fondsbranche vgl. **Dermine/Röller** (1992). Ihre Bedeutung ergibt sich vor allem aus der Nutzung von Computern, Software und dem Researchapparat und daraus resultierenden Fixkosten. Mögliche Erfahrungskurveneffekte könnten besonders bei älteren Fonds zusätzlich eine Rolle spielen, vgl. **Ferris/Chance** (1987), S. 1079.

daran in Form der Verwaltungsgebühren partizipieren.[9] In diesem Fall sollten die Kosten, die zum Großteil aus der Verwaltungsgebühr bestehen, und die Performance positiv miteinander korrelieren. Eine negative Korrelation dagegen könnte ein Hinweis darauf sein, daß die Manager eine nicht ausreichende Performance zur Kompensierung der entstandenen Kosten erzielen, private Informationen nicht schnell genug umsetzen bzw. aufgrund der institutionellen oder marktbedingten Restriktionen nicht umsetzen können oder keine private Informationen besitzen.

In der folgenden Tabelle D.67 sind die Ergebnisse der Querschnittsregressionen zur Ermittlung des Einflusses der oben diskutierten Fondscharakteristika auf die mit Hilfe verschiedener Maße geschätzte Performance für die Zeiträume 80/85 und 86/91 zusammengestellt.

Wie schon andere Untersuchungen gezeigt haben, scheint die Größe eines Fonds die Performance nicht signifikant zu beeinflussen.[10] Keiner der Koeffizienten ist signifikant von Null verschieden. Möglicherweise heben sich die negativen Effekte der Inflexibilität großer Sondervermögen mit den Kostendegressionsvorteilen größerer Fonds gegenseitig auf. Allein die Vorzeichen und das Niveau der Werte könnten Anlaß geben zu der Vermutung, daß die Selektions-Performance im Vergleich zur Timing-Performance durch die Größe der Fonds leicht negativ beeinflußt wird, was mit dem höheren Diversifikationsgrad größerer Fonds und der damit verbundenen zwangsläufig geringeren Selektion in Zusammenhang stehen könnte.[11]

Auch die Koeffizienten der Regression zur Überprüfung des Einflusses der Kosten auf die Performance sind zum überwiegenden Teil nicht signifikant von Null verschieden. Allerdings weisen sie in beiden Perioden mit Ausnahme des H/M-Alphas durchweg negative Werte auf. Dies könnte zumindest ein Hinweis darauf sein, daß eher von einer schwach negativen Korrelation ausgegangen werden kann. Tendenziell läßt sich daraus schließen, daß die Kosten nicht gänzlich durch eine entsprechende Performance erwirtschaftet werden konnten. Im Zeitraum 80/85 sind darüber hinaus auf einem Niveau von 10 % signifikante negative Regressionskoeffizienten für alle drei Timing-Maße zu beobachten, während das einzige reine Selectivity-Maß, das H/M-A, einen positive Korrelation mit den Kosten aufweist. Je höher somit die Kosten ausgefallen sind, desto schlechter war die Timing-Performance. Die Koeffizienten der Maße, die die Gesamtperformance messen, liegen von ihrem Niveau her etwa dazwischen.

---

[9]   In Deutschland haben sich zwar bislang keine erfolgsabhängigen Entlohnungsstrukturen für die Portfoliomanager durchgesetzt. Die in den Verkaufsprospekten angegebenen Verwaltungsgebühren legen jedoch Maximalsätze fest, die insbesondere bei einer schlechteren Performance nicht in vollem Umfang belastet werden.

[10] Vgl. zu den Ergebnissen anderer Untersuchungen **Kapitel** C. IV. 2. a. bb. (2), S. 197 ff.

[11] Diese ökonomisch nachvollziehbare Beobachtung steht im Widerspruch zu den Beobachtungen von **Chen/Lee/Rahman/Chan** (1992), S. 668, die eine signifikant positive Korrelation zwischen ihrem Selectivity-Maß und der Fondsgröße ermitteln.

Tab. D.67: Querschnittsregressionen der Performance-Maße auf verschiedene Fondscharakteristika

Maß	C/K-A	PW	H/M-A	J-3 Index	T/M-Timing	H/M-ß	C/K-H/M
80/85							
unabhängige Variable: durchschnittliches Fondsvolumen							
ß	-0,000	-0,000	-0,000	-0,000	0,000	0,000	0,000
t-stat.	-1,136	-1,112	-0,684	-0,536	0,201	0,082	0,082
R^2	0,075	0,072	0,028	0,018	0,003	0,001	0,001
unabhängige Variable: durchschnittliche Kostenquote							
ß	-0,117	-0,115	0,255	-0,090	-0,239	-23,10	-0,372
t-stat.	-0,631	-0,636	0,781	-0,597	-2,02	-1,775	-1,775
R^2	0,024	0,025	0,036	0,022	0,203	0,164	0,164
unabhängige Variable: R^2, ermittelt durch Zeitreihenregression auf DAFOX							
ß	-0,008	-0,008	-0,011	-0,006	0,003	0,182	0,003
t-stat.	-3,644	-3,595	-2,460	-3,785	1,408	0,852	0,851
R^2	0,453	0,446	0,274	0,472	0,110	0,043	0,043
86/91							
unabhängige Variable: durchschnittliches Volumen							
ß	0,000	0,000	-0,000	0,000	0,000	0,000	0,000
t-stat.	0,587	0,399	-1,351	0,272	1,219	1,593	1,573
R^2	0,019	0,009	0,092	0,004	0,076	0,123	0,120
unabhängige Variable: durchschnittliche Kostenquoten							
ß	-0,269	-0,252	-0,143	-0,249	-0,060	-4,796	-0,126
t-stat.	-0,842	-0,883	-0,554	-0,957	-0,239	-0,362	-0,357
R^2	0,038	0,041	0,017	0,048	0,003	0,007	0,007
unabhängige Variable: R^2, ermittelt durch Zeitreihenregression auf DAFOX							
ß	0,006	0,003	-0,014	0,000	0,015	0,749	0,020
t-stat.	0,760	0,445	-2,534	-0,004	2,975	2,722	2,699
R^2	0,031	0,011	0,262	0	0,329	0,292	0,288

Diese Beobachtung machen auch *Chen/Lee/Rahman/Chan*, wobei die angesprochenen Tendenzen in deren Untersuchung wesentlich stärker ausgeprägt sind.[12] Sie ziehen daraus die Schlußfolgerung, daß die Manager eher in der Lage sind, im Rahmen der Wertpapierselektion eine über den Kosten liegende Performance zu erwirtschaften. Im Gegensatz dazu scheint die durch Timingaktivitäten erzielte Performance zu gering zu sein, um die Kosten aufzufangen. Eine Begründung dafür könnten die zum Timing erforderlichen größeren Umschichtungen innerhalb der Sondervermögen und die damit verbundenen Kosten sein, die besonders größere Fonds betreffen müßte. Während jedoch in der Untersuchung von *Chen/Lee/Rahman/Chan* die Fondsgröße ebenfalls signi-

---

[12] Der Grund dafür könnte vor allem in dem mit 93 Fonds weit größeren Sample liegen. Darüber hinaus beruht die Untersuchung von *Chen/Lee/Rahman/Chan* auf Bruttorenditen ohne Abzug der Managementvergütung, vgl. **Chen/Lee/Rahman/Chan** (1992), S. 667 ff.

fikant negativ mit der Timing-Performance korreliert und eine Fundierung des Begrün-
dungszusammenhanges erlaubt, kann eine entsprechende Beobachtung für die hier vorliegenden Fonds nicht bestätigt werden.

Interpretiert man das R^2 als Maß für den Diversifikationsgrad eines Fonds, zeigt sich eine recht ausgeprägte Tendenz dafür, daß mit dessen Zunahme die Selectivity-Performance eines Fonds abnimmt. Bestätigt wird diese, aufgrund der fundamentalen Wechselwirkung zwischen Selektion und Diversifikation auch ökonomisch einleuchtende, inverse Beziehung durch die signifikant negativen Regressionskoeffizienten der Selectivity-Maße und der die Gesamtperformance messenden Verfahren. Demgegenüber liegt
grundsätzlich ein positiver Zusammenhang zwischen der Timing-Performance und der
Größe des R^2 vor. Dieser könnte daher rühren, daß bei der Umsetzung von Timingfähigkeiten eine möglichst hohe Identität mit dem den Markt repräsentierenden Index von
Vorteil ist, weil mit der Minimierung des Tracking Errors eine exaktere Teilnahme an
den prognostizierten Marktentwicklungen möglich ist. Als wenig aussagekräftig müssen
dagegen die Ergebnisse, die mit der Anzahl von Wertpapieren in den Portfolios als unabhängiger Variable erzielt wurden, angesehen werden.[13] Auf ihre Darstellung wird daher verzichtet.

Grundsätzlich ist davon auszugehen, daß die Kassen- und Rentenbestände bzw. -anteile
vergleichsweise aktiver Manager besonders stark schwanken. Damit einher gehen höhere Transaktionskosten, die direkt dem Sondervermögen belastet werden und nur bei einer in entsprechender Höhe erzielten Performance kompensiert werden können. Gleichzeitig aber werden die Veränderungen der Kassenposition zumindest zu einem Teil auch
durch das exogen vorgegebene Mittelaufkommen geprägt.[14] Will oder muß der Manager einen bestimmten Investitionsgrad aufrechterhalten, ist er gezwungen, ein überdurchschnittliches Mittelaufkommen am Markt zu plazieren. Die damit induzierten
Transaktionskosten entstehen somit unfreiwillig. Analog verhält es sich, wenn starke
Anteilsrückgaben zu einem nicht geplanten Verkauf von Wertpapieren des Sondervermögens führen. Große Schwankungen dieser Parameter könnten somit möglicherweise
zu höheren Kosten führen, als sie vergleichsweise bei Fonds mit geringen Veränderungen der Kassenpositionen und einem stetigen Mittelaufkommen zu beobachten sein
werden. Dies gilt sowohl für die Transaktionskosten, die dem Sondervermögen direkt
belastet werden, als auch für die mit schwankendem Mittelaufkommen verbundenen
Verwaltungskosten.[15]

---

[13]   Möglicherweise ist dies darauf zurückzuführen, daß die Fonds zwar eine sehr unterschiedliche
        Anzahl verschiedener Wertpapiere halten, die Relevanz der Unterschiede allerdings nur auf ei-
        nem Niveau eine Rolle spielt, welches die Fonds aufgrund ihres generell hohen Diversifizie-
        rungsgrades bereits überschritten haben.

[14]   Vgl. **Kapitel** D. IV. 1. c. aa. (2), S. 387 ff.

[15]   Die Bedeutung sowohl des Mittelaufkommens als auch der Schwankungen der Kassenhaltung
        wurde in anderen Studien bislang noch nicht untersucht.

Diese Parameter sind somit unter Umständen ebenfalls als Faktoren anzusehen, welche die Höhe der Fondsperformance beeinflussen. Die Kenntnis des Einflußes des Mittelaufkommens auf die Performance erscheint vor allem deshalb wichtig, weil sie eine externe Größe darstellt und somit nicht dem Manager angelastet werden kann. Sowohl die Standardabweichung der Kassenposition[16] als auch der Variationskoeffizient des Mittelaufkommens[17] gehen zusammen mit der durchschnittlichen Kostenquote und dem durchschnittlichen Fondsvolumen als unabhängige Variablen in eine multiple Querschnittsregression ein, in der die Performance-Maße auf diese Variablen regressiert werden. Die Ergebnisse dieser Regression sind in Tabelle D.68 wiedergegeben.

Tab. D.68: **Multiple Querschnittsregression der Performance-Maße auf Fondscharakteristika; Zeitraum 86/91**

Maße	CK-A	PW	H/M-A	J-3 Index	T/M-Timing	H/M-ß	C/K-A-H/M-A
β (Kosten)	-0,111	-0,110	-0,019	-0,106	-0,082	-0,088	-0,087
t-stat	-0,427	-0,417	-0,080	-0,414	-0,320	-0,365	-0,362
β (Vol.)	0,377	0,273	-0,617	0,2456	0,652	0,792	0,798
t-stat.	1,073	0,768	-1,852	0,710	1,871	2,416	2,442
β (σ KA)	0,344	0,359	0,290	0,434	0,026	0,096	0,103
t-stat.	1,232	1,274	1,098	1,584	0,092	0,369	0,397
β (VC MA)	-0,174	-0,083	0,565	-0,047	-0,511	-0,563	-0,573
t-stat.	-0,456	-0,217	1,563	-0,128	-1,351	-1,585	-1,616
adj. R^2	0	0	0,067	0	0	0,096	0,102

σ_{KA} Standardabweichung der vierteljährlichen Kassenanteile
VC_{MA} Absolutbetrag des Variationskoeffizienten des monatlichen Mittelaufkommens
Bei den angegebenen Betawerten handelt es sich um die standardisierten Regressionskoeffizienten, die eine bessere Vergleichbarkeit der erklärenden Variablen unabhängig von der Dimension ermöglichen.

Der Erklärungsgehalt der multiplen Regression für die Gesamtperformance-Maße ist gleich Null. Einzig aus den Ergebnissen für die Verfahren, die eine explizite Differenzierung der Performance erlauben, sind Schlußfolgerungen möglich. Gegenüber den Einfachregressionen ist insbesondere der generell signifikantere Einfluß der Fondsgröße auf die Timing-Maße und das Selectivity-Maß von H/M auffällig, die die oben diskutierten Ursachen weiter fundieren können. Daneben weisen alle Koeffizienten der Kostenquote negative Vorzeichen auf, die aber ohne Ausnahme nicht signifikant sind. Die Standardabweichung der Kassenposition hat überraschenderweise keinen negativen Einfluß auf die Performance-Maße. Hier wäre angesichts der mit Schwankungen des Kassenanteils

---

[16] Die Berechnung der Standardabweichung erfolgt auf der Grundlage vierteljährlicher Kassenbestandsveränderungen.

[17] Dabei beschränkt sich diese Analyse aufgrund der Datenlage lediglich auf die letzte Periode. Da einige der Fonds ein negatives durchschnittliches Mittelaufkommen aufwiesen, hier jedoch lediglich die Schwankungen des Mittelaufkommens relevant sind, wurde grundsätzlich der Absolutbetrag des Variationskoeffizienten verwendet.

einhergehenden, nicht direkt beobachtbaren Transaktionskosten ein negativer Einfluß zu erwarten gewesen.

Für die Schwankungen des Mittelaufkommens dagegen ist ein mit Ausnahme des Selectivity-Maßes von H/M durchweg negativer Einfluß auf die Performance festzustellen, der für die Timing-Maße schwach signifikant ist auf dem 20 % Niveau. Die Begründung dafür könnte in einem kontraproduktiven Verhalten der Anleger bestehen, die möglicherweise gerade dann Zertifikate kaufen bzw. verkaufen, wenn der Manager aufgrund seiner Erwartungen einen bestimmten Anteil an Liquidität am Sondervermögen aufrechterhalten möchte. Dies ist angesichts des beobachteten prozyklischen Verhaltens der Fondsanleger nicht unwahrscheinlich und könnte die Timing-Performance negativ beeinflussen. Die Resultate scheinen dies zu bestätigen.

Es bleibt somit festzuhalten, daß

- eine posititve Korrelation zwischen Fondsgröße und Diversifikationsgrad der Fonds besteht;

- das Fondsvolumen entgegen der oft angeführten Inflexibilität größerer Fonds keinen signifikanten Einfluß auf die Gesamtperformance auf der Basis von Nettorenditen aufweist;

- insbesondere die Timing-Performance negativ mit der Kostenquote der Fonds korreliert;

- ein hoher Diversifikationsgrad sich tendenziell negativ auf die Selectivity-Performance und eher positiv auf die Timing-Performance auswirkt;

- die Schwankungen des Mittelaufkommens einen tendenziell negativen Einfluß auf die Performance der Fonds besitzen.

Gleichwohl sei in Anbetracht des Datenmaterials, der geringen Stichprobengröße sowie insbesondere den i. d. R. nur sehr geringen Erklärungsbeiträgen der in den Querschnittsregressionen eingesetzten unabhängigen Variablen auf die nur begrenzte Aussagekraft dieser Untersuchungen hingewiesen. Die Schlußfolgerungen lassen somit lediglich Tendenzaussagen zu; sie sollten nur unter den hier erwähnten Vorbehalten gesehen werden. Erst in der Zukunft werden aufgrund der steigenden Anzahl von Fonds umfassendere Untersuchungen möglich sein.

2. Zur Relevanz der Schätzparameter als Grundlage von Anlageentscheidungen

a. Die Konstanz der Performance

Die Untersuchungen haben gezeigt, daß die Fondsmanager im Durchschnitt nicht in der Lage sind, durch ihre Aktivitäten nach Abzug der daraus entstehenden Kosten überdurchschnittliche Renditen zu erwirtschaften. Trotzdem konnten vereinzelt Fonds identifiziert werden, die eine positive Performance aufwiesen. Für Anleger kommt der Auswahl zwischen verschiedenen Fonds vor allem auch deshalb erhebliche Bedeutung zu, weil darunter auch solche identifiziert wurden, die eine unter dem Marktdurchschnitt liegende, risikobereinigte Rendite erwirtschaftet haben. Ob allerdings die ex post ermittelte Performance der Fonds als Kriterium zu ihrer Auswahl relevant ist, hängt von ihrem Prognosewert ab. Anlageentscheidungen auf der Basis der Performance sind nur dann sinnvoll, wenn sie eine gewisse Konstanz aufweist. Dies zu prüfen ist Gegenstand der folgenden Tests.

Bei der Festlegung des Testdesigns ist abzuwägen, ob die Konstanz auf der Grundlage der ex post über kürzere oder längere Zeiträume gemessenen Performance beruhen soll. Gegen ersteres spricht vor allem der mittel- bis langfristige Charakter einer Anlage in Investmentfonds. Mit der Vergrößerung der Stichprobengröße zur Ermittlung der Performance-Maße innerhalb der Perioden nimmt zudem die Qualität der als Input benötigten Performance-Ergebnisse der einzelnen Fonds zu. Bei der Verwendung eines längeren Zeitraums ist jedoch die personelle Kontinuität des Fondsmanagements in Frage gestellt.[18] Ferner kann argumentiert werden, daß rationale Investoren ihre Mittel zu den besonders erfolgreichen Fonds transferieren.[19] Dies führt zu einem raschen Wachstum dieser Fonds, deren Performance sich mit der Zunahme der verwalteten Mittel immer mehr dem Marktdurchschnitt annähert.[20] Die sich daraus möglicherweise ergebende ansteigende Inflexibilität wurde bereits diskutiert. Auch diese Überlegungen sprechen

---

[18] Vgl. **Grubel** (1979), S. 73; **Lerbinger** (1984), S. 70. Ein Grund dafür könnte das sogenannte Peter-Prinzip darstellen. Das Peter-Prinzip besagt, daß ein Manager nach mehreren Beförderungen schließlich in eine Position gelangt, in der er nur noch durchschnittliche Leistungen zu erbringen imstande ist. Diese Position markiert somit die Stufe seiner Inkompetenz. Eine Beförderung im Investmentbereich wird u. a. in der Zuweisung größerer Investmentbeträge bestehen. Damit wird das vom Manager zu verwaltende Portfolio immer größer, so daß die Anzahl von Situationen, in denen er eine überlegene Performance realisieren kann, zu klein ist, um für das gesamte Portfolio eine überdurchschnittliche Performance zu erzielen. Da Portfoliomanager aufgrund der ständigen Erfolgskontrolle relativ schnell befördert werden, kann der Zeitraum, in dem ein Fonds kontinuierlich von einem erfolgreichen Manager verwaltet wird, vergleichsweise kurz sein; vgl. **Peter/Hull** (1969), S. 25 ff.; **Grubel** (1979), S. 74 f.; **Lerbinger** (1984), S. 70.

[19] Vgl. **Adami** (1970), S. 305; **Cornell** (1979), S. 383; vgl. zu empirischen Belegen, daß Fonds mit einer besonders guten Performance ein größeres Mittelaufkommen verzeichnen **Sirri/Tufano** (1993), S. 18 f. und **Ippolito** (1992), S. 61 f.

[20] Vgl. **Fuller/Farrell** (1987), S. 120.

eher gegen die Identifikation einer konstanten Performance über einen längeren Zeitraum.

Die folgenden Untersuchungen konzentrieren sich auf die Überprüfung der Konstanz der Performance über einen langfristigen Zeitraum, weil eine Kapitalanlage in Fonds eher mittel- bis langfristigen Charakter besitzt. Aus Untersuchungen über die kurzfristige Performance sind eher Rückschlüsse über die Kapitalmarkteffizienz zu ziehen, die hier nicht im Vordergrund steht.

In der folgenden Tabelle D.69 sind zunächst die Fonds dargestellt, die sich in der jeweiligen Subperiode unter den besten 30 % befanden.

Tab. D.69: **Unter den ersten 30 % plazierte Fonds auf der Grundlage einfacher Renditen, der Sharpe-Ratio, des H/M-Alphas und des PW-Maßes**

74/79		80/85		86/91		74/91	
Fonds	Maß	Fonds	Maß	Fonds	Maß	Fonds	Maß
Durchschnittliche jährliche Renditen in %							
R122	7,019	R7	22,398	R310	7,968	R201	10,393
R82	6,897	R201	18,526	R122	7,119	R310	9,763
R4	6,832	R2	17,614	R201	4,651	R122	9,38
R9	6,829	R164	17,189	R9	3,574	R7	9,256
R322	6,527	R4	17,051	R120	3,224	R164	9,132
-	-	-	-	R164	2,921	-	-
Sharpe-Ratio							
R122	0,069	R7	0,331	R310	0,031	R201	0,096
R9	0,062	R325	0,286	R122	0,018	R310	0,076
R201	0,053	R201	0,268	R7	-0,124	R122	0,074
R82	0,053	R169	0,218	R325	-0,106	R7	0,059
R4	0,050	R126	0,215	R3	-0,104	R164	0,055
-	-	-	-	R171	-0,102	-	-
Positive Period Weighting Measure in %							
R122	0,065	R7	0,344	R310	0,454	R201	0,136
R9	0,044	R325	0,230	R122	0,382	R310	0,079
R201	0,028	R201	0,069	R201	0,165	R122	0,064
R82	0,023	R122	0,003	R120	0,134	R7	0,010
R4	0,014	R169	-0,045	R9	0,129	R164	-0,021
-	-	-	-	R164	0,100	-	-
Henriksson/Merton-Alpha in %							
R680	0,427	R7	0,837	R360	0,600	R7	0,262
R201	0,182	R325	0,362	R122	0,584	R122	0,240
R9	0,152	R360	0,185	R139	0,493	R360	0,218
R82	0,118	R201	0,037	R171	0,363	R9	0,096
R4	0,098	R122	0,023	R325	0,357	R201	0,088
-	-	-	-	R9	0,236	-	-

Dabei beruht das Ranking auf verschiedenen Maßen, u. a. auch auf den nicht risikobereinigten Renditen, deren Werte mit in die Tabelle aufgenommen wurden.[21] Die Tabelle
zeigt die Bedeutung der Risikobereinigung beim Vergleich verschiedener Fonds, da sich
die Rangfolgen insbesondere in der Periode 86/91 stark von denen unterscheiden, die
mit risikobereinigten Maßen erzielt werden.

Aber auch zwischen den risikobereinigten Maßen ergeben sich z. T. Rangverschiebun-
gen, die gehäuft in der Crash-Periode auftreten und, wie bereits an anderer Stelle untersucht, besonders das H/M-A im Vergleich zu den anderen Maßen betrifft.[22] Erstaunlich
dagegen sind die mit Ausnahme des H/M-A zu beobachtenden exakten Übereinstimmungen der Plazierungen der Fonds über die Gesamtperiode sowohl mit als auch ohne
Risikobereinigung.

Bereits hier ist zu beobachten, daß sich nur einige wenige Fonds über zwei Perioden
hinweg in der Spitzengruppe befinden.[23] Einzig bei Zugrundelegung des PW-Maßes,
dessen Ergebnisse aufgrund der weitgehenden Übereinstimmung mit einem Großteil anderer Verfahren stellvertretend für die Resultate einer ganze Klasse von Performance-
Maßen anzusehen sind, lassen sich auch Fonds identifizieren, die sich durchgehend über
alle drei Perioden hinweg unter den Fonds mit der besten Performance befinden (R122,
R201).[24] Schließlich ist aus der Tabelle zu entnehmen, wie sehr der Erfolg einzelner
Fonds in nur einer Periode ihre Beurteilung über die Gesamtperiode beeinflussen kann.
So befindet sich der Fonds R310 bei Verwendung des PW-Maßes in den ersten beiden
Perioden nicht unter den ersten 30 % der Fonds, belegt aber, über den Gesamtzeitraum
betrachtet, dennoch den zweiten Rang, weil er in der Periode 86/91 ein gegenüber den
anderen Fonds hervorragendes Ergebnis erzielt.[25]

In Tabelle D.70 werden die jeweils auf den letzten Rängen befindlichen Fonds betrachtet. Die Schlußfolgerungen bezüglich der Konstanz unterscheiden sich kaum von denen,

---

[21] Die Rankings mit Hilfe der anderen Verfahren stimmen weitgehend mit denen überein, die auf
      der Basis des PW-Maßes werden. Sie sind deshalb nicht mit in die Tabelle aufgenommen wor-
      den.

[22] Vgl. **Kapitel** D. IV. 1. a. dd., S. 362 ff. Bei den unterschiedlichen Plazierungen, die mit Aus-
      nahme des H/M-A und des T/M-A zwischen den risikobereinigten Maßen auftreten, handelt es
      sich allerdings zum überwiegenden Teil um nur geringfügige Rangverschiebungen.

[23] Dabei sind auch Fonds zu beobachten, die zwar nicht in der folgenden Periode, sondern erst in
      der darauffolgenden Periode unter den ersten 30 % der Fonds zu finden sind. Für Schlußfolge-
      rungen, inwieweit der Performance solcher Fonds ein Prognosewert möglicherweise nur in be-
      stimmten Börsenphasen zukommt, ist die Stichprobengröße in dieser Untersuchung jedoch bei
      weitem zu klein.

[24] Auch die hier nicht gezeigten Ergebnisse des LPM-2-Performance-Maßes sind nahezu mit jenen
      des PW-Maßes identisch, unterscheiden sich aber wie die übrigen Maße vom H/M-A-Maß.

[25] Dabei muß jedoch die Einschränkung beachtet werden, daß alle Ergebnisse auf dem DAFOX als
      Benchmarkportfolio beruhen, der Fonds R310 jedoch eher auf die Investition in Kleinfirmen
      spezialisiert ist. Dasselbe Ergebnis ergibt sich allerdings auch mit der Sharpe-Ratio.

die für die besten Fonds gezogen werden. Es sind allerdings keine Fonds zu beobachten, die sich in allen drei Perioden unter den 30 % mit der schlechtesten Performance befinden. Auffällig sind allerdings einige auf der Basis des H/M-A vorgenomme Plazierungen. So werden einige mit diesem Maß unter den ersten 30 % plazierte Fonds bei der Verwendung anderer Maße der Gruppe der 30 % schlechtesten Fonds zugeordnet. Diese Beobachtung deutete sich bereits durch die geringen Korrelationen der Ergebnisse dieses Maßes mit denen an, die auf der Basis anderer Ansätze erzielt werden.

Tab. D.70: Unter den letzten 30 % plazierte Fonds auf der Grundlage einfacher Renditen, der Sharpe-Ratio, des H/M-Alphas und des PW-Maßes

74/79		80/85		86/91		74/91	
Fonds	Maß	Fonds	Maß	Fonds	Maß	Fonds	Maß
Durchschnittliche jährliche Renditen in %							
R7	5,773	R9	14,627	R3	0,522	R2	8,518
R126	5,607	R3	14,205	R680	0,414	R541	7,73
R680	5,589	R360	13,855	R325	0,225	R680	7,528
R310	3,698	R122	13,374	R171	-0,887	R3	7,222
R360	3,031	R169	13,106	R138	-1,798	R360	6,419
-	-	-	-	R7	-2,507	-	-
Sharpe-Ratio							
R7	0,030	R310	0,194	R322	-0,054	R2	0,041
R680	0,026	R82	0,193	R126	-0,046	R541	0,029
R126	0,021	R9	0,184	R164	-0,043	R680	0,028
R360	-0,057	R680	0,181	R120	-0,038	R3	0,026
R310	-0,038	R360	0,169	R9	-0,036	R360	0,005
-	-	-	-	R201	-0,024	-	-
Positive Period Weighting Measure in %							
R120	-0,047	R360	-0,181	R680	-0,155	R2	-0,094
R2	-0,048	R9	-0,207	R3	-0,201	R3	-0,111
R126	-0,079	R4	-0,224	R171	-0,252	R680	-0,117
R310	-0,199	R82	-0,229	R325	-0,259	R541	-0,132
R360	-0,258	R680	-0,237	R138	-0,261	R360	-0,206
-	-	-	-	R7	-0,392	-	-
Henriksson/Merton-Alpha in %							
R120	-0,082	R126	-0,139	R164	0,005	R3	-0,031
R126	-0,124	R169	-0,155	R138	-0,022	R164	-0,073
R310	-0,168	R322	-0,214	R82	-0,050	R322	-0,076
R322	-0,182	R82	-0,319	R7	-0,052	R82	-0,091
R541	-0,292	R310	-0,610	R3	-0,093	R310	-0,252
-	-	-	-	R680	-0,098	-	-

Die Konstanz der Performance wird mit Hilfe unterschiedlicher Ansätze getestet. Es sei jedoch bereits hier darauf hingewiesen, daß den Untersuchungsergebnissen aufgrund der geringen Anzahl an Fonds eine nur beschränkte Aussagekraft zukommt, so daß etwaige Schlußfolgerungen lediglich tendenziellen Charakter haben.

Bei Zugrundelegung der Resultate der stochastischen numerischen Dominanz 2. Grades ergibt sich das im folgenden Tableau festgehaltene Ergebnis. Dabei bezieht sich die Anzahl der als effizient eingestuften Portfolios auf lediglich 16 (74/79 - 80/85) bzw. 18 (80/85 - 86/91) Fonds.

Tab. D.71: **Anzahl der als effizient eingestuften Fonds in den verschiedenen Subperioden**

Anzahl der effizienten Fonds		Anzahl der in beiden Perioden effizienten Fonds	Anzahl der effizienten Fonds		Anzahl der in beiden Perioden effizienten Fonds
1974/1979	1980/1985	-	1980/1985	1986/1991	-
8	5	4	7	4	2

Um eine aussagekräftige Beurteilung vornehmen zu können, wird in Tabelle D.72 auf der Grundlage der Vergangenheitsdaten die Wahrscheinlichkeit dafür berechnet, effiziente Fonds zu prognostizieren. Dieser auf der Kenntnis der effizienten Portfolios beruhenden Wahrscheinlichkeit ist diejenige gegenübergestellt, mit der effiziente Fonds allein aus Zufall identifiziert werden.

Tab. D.72: **Bedingte und unbedingte Wahrscheinlichkeiten für eine korrekte Prognose effizienter Fonds**

1974/1979 - 1980/1985		1980/1985 - 1986/1991	
Wahrscheinlichkeit		Wahrscheinlichkeit	
bedingte	unbedingte	bedingte	unbedingte
50 %	31,3 %	28,6 %	11 %

Es zeigt sich, daß die Wahrscheinlichkeit, einen effizienten Fonds zu prognostizieren, bei Nutzung der in der Vergangenheit beobachteten Effizienz in beiden Fällen größer ist, als bei einer reinen Zufallsauswahl. Diese Ergebnisse sprechen für eine schwache Konstanz der Performance.[26]

Ähnlich der Vorgehensweise von *Goetzmann/Ibbotson* wird eine Aufteilung der Fonds in Gewinner und Verlierer vorgenommen.[27] Die Gewinner liegen dabei mit ihrer Per-

---

[26]   Die Ergebnisse müssen jedoch unter dem Vorbehalt gesehen werden, daß die hier angewandte numerische stochastische Dominanz durch Stichprobenfehler in ihrer Aussagekraft beeinträchtigt ist.

[27]   Vgl. **Goetzmann/Ibbotson** (1991), S. 5 f., die als Performance-Maße das Jensen-Alpha und einfache Renditen wählen.

formance in dem jeweiligen Zeitraum über dem Median, die Verlierer darunter. Dabei werden hier nur die Ergebnisse gezeigt, die auf der Grundlage der durchschnittlichen jährlichen Renditen und auf der mit dem C/K-Maß gemessenen Performance in den jeweiligen Zeiträumen erzielt werden.

In den 2 x 2-Tafeln ist jeweils die Anzahl der Fonds angegeben, die sowohl das Charakteristikum der Zeile als auch das der Spalte erfüllen. Die Zelle oben links in der Tabelle D.73 beinhaltet somit die Anzahl der Fonds, deren Rendite sowohl in der Periode 74/79 als auch in der Periode 80/85 in der oberen Hälfte der Fonds zu finden ist.[28]

Tab. D.73: **2 x 2-Tafeln der auf Basis durchschnittlicher jährlicher Renditen und des Connor/Korajczyk-Maßes ermittelten Gewinner und Verlierer; 6-Jahres-Zeiträume**

	Durchschnittliche jährliche Renditen						
	Gewinner 80/85	Verlierer 80/85			Gewinner 86/91	Verlierer 86/91
Gewinner 74/79	4	4		Gewinner 80/85	6	3
Verlierer 74/79	4	4		Verlierer 80/85	3	6
	Connor/Korajczyk-Maß						
	Gewinner 80/85	Verlierer 80/85			Gewinner 86/91	Verlierer 86/91
Gewinner 74/79	4	4		Gewinner 80/85	4	5
Verlierer 74/79	4	4		Verlierer 80/85	5	4

Wie zu erkennen, ist lediglich bei der Verwendung der nicht risikobereinigten Renditen in der Periode 86/91 eine gewisse Konstanz des Rankings gegeben, die jedoch nicht signifikant ist.[29] Um eine Vorstellung über die Konstanz der Performance insgesamt zu bekommen, sind die kombinierten Ergebnisse sowohl für die Renditen als auch das C/K-Maß in der folgenden 2x2-Tafel wiedergegeben.

---

[28] Nur die Fonds konnten bei den jeweils verglichenen Perioden mit einbezogen werden, die in der jeweils ersten Periode vorhanden sind.

[29] Die Signifikanz wird mittels der modifizierten und verbesserten kritischen Werte für den exakten Test von *Fisher* für vorgegebene Signifikanzniveaus beurteilt, vgl. deren Vertafelung bei **Andrés/Luna Del Castello/Tejedor** (1991), S. 242. Auch bei einem Signifikanzniveau von 10 % kann von keiner signifikanten Performance ausgegangen werden.

Tab. D.74: Kombinierte 2x2-Tafel der in Periode 74/79-80/85 und 80/85-86/91 ermittelten Anzahl von Gewinnern und Verlieren; 6-Jahres-Zeiträume

| | Durchschnittliche Renditen | | | C/K-Alpha | |
| | Folgeperiode | | | Folgeperiode | |
	Gewinner	Verlierer		Gewinner	Verlierer
Gewinner	10	7	Gewinner	8	9
Verlierer	7	10	Verlierer	9	8

Sämtliche Ergebnisse erweisen sich als nicht signifikant auf dem 10 % - Niveau, so daß von einer Konstanz der Performance nicht ausgegangen werden kann.

Schließlich wird den Ergebnissen amerikanischer Studien nachgegangen, die eine eher kurzfristige Konstanz der Performance identifiziert haben. Dazu wird entgegen den bisher verwendeten 6-Jahres-Zeiträumen die Performance eines jeden Fonds für 2-Jahres-Perioden gemessen. Das Ranking erfolgt dabei mit Hilfe der Sharpe-Ratios, die auf der Grundlage monatlicher Renditen geschätzt werden.[30] Daneben wird wie oben zusätzlich auf nicht risikobereinigte Renditen zurückgegriffen. In Tabelle D.75 sind lediglich die kombinierten Werte aller Vergleiche der 2-Jahreszeiträume wiedergegeben.[31]

Tab. D.75: Kombinierte 2x2-Tafel der in Periode 74/79-80/85 und 80/85-86/91 ermittelten Anzahl von Gewinnern und Verlieren; 2-Jahres-Zeiträume

| | Durchschnittliche Renditen | | | Sharpe-Ratio | |
| | Folgeperiode | | | Folgeperiode | |
	Gewinner	Verlierer		Gewinner	Verlierer
Gewinner	31	40	Gewinner	40	30
Verlierer	39	30	Verlierer	31	39

---

[30] Die mittels Regression geschätzten Maße führen wie schon bei den 6-Jahreszeiträumen zu nahezu identischen Reihenfolgen wie die Sharpe-Ratio und werden daher nicht dokumentiert. Das PW-Maß wird dagegen nicht ermittelt, weil die bereits bei Regressionen kritische Anzahl von nur 24 Beobachtungen pro Fonds zu gering erscheint. Die gewichteten Überschußrenditen des relativ μ/σ-effizienten Portfolios nähern sich in diesem Fall nicht nahe genug dem Wert Null an. Gleichwohl ist aufgrund der Ähnlichkeit dieses Maßes mit dem Jensen Alpha auch hier von einer hohen Korrelation mit den auf der Basis der Sharpe-Ratio ermittelten Ergebnissen auszugehen.

[31] Auch hier wurde bei jedem Vergleich zweier Zeiträume auf die maximal mögliche Anzahl von Fonds zurückgegriffen, die durch die in der jeweils ersten Periode vorliegende Anzahl von Fonds gegeben ist.

Auch hier ist eine signifikante Konstanz der Performance, gemessen durch einfache Renditen, nicht festzustellen. Die auf Basis der Sharpe-Ratio erzielten Ergebnisse lassen eine nur sehr schwache Konstanz der Performance erkennen, die lediglich auf einem Niveau von 20 % signifikant von Null verschieden ist, wenn eine zweiseitige Fragestellung zugrunde gelegt wird.[32] Bei Analyse der einzelnen Zeiträume wird allerdings deutlich, daß diese wenig ausgeprägte Tendenz einer kurzfristig konstanten Performance nur für einige der aufeinanderfolgenden Zeiträume Gültigkeit besitzt. So zeigen sowohl die 2 x 2-Kontingenztafeln als auch die Ergebnisse der Querschnittsregressionen, in der als abhängige Variable die Sharpe-Ratios einer Periode gegen die als unabhängige Variable fungierenden Sharpe-Ratios der Vorperiode regressiert wurden, daß von einer signifikanten Konstanz der Performance lediglich von Periode 78/79 zu 80/81, 80/81 zu 82/83 und 88/89 zu 90/91 ausgegangen werden kann.[33]

Abschließend wird ein weiterer Testansatz implementiert, der das Vorliegen eines Prognosewertes der Performance überprüfen soll. Dazu wird im Rahmen einer Querschnittsregression die in Periode t gemessene Performance auf die in der Periode t-1 ermittelte Performance regressiert. Ein signifikant von Null verschiedener Steigungsparameter dieser Regression würde zu einer Ablehnung der Nullhypothese, daß die vergangene Performance keine Beziehung zur zukünftigen Performance besitzt, führen.[34] In Tabelle D.76 sind die Bestimmtheitsmaße, die Steigungsparameter und die t-Statistik der Querschnittsregressionen wiedergegeben.

Tab. D.76: **Querschnittsregression der Performance einer Periode auf die Performance der Vorperiode**

Maß	R^2	Steigungsparameter	t-Statistik
Performance der Periode 80/85 auf die in Periode 74/79 gemessene			
H/M-A	0,0123	0,1905	0,418
PW-Maß	0,0173	0,2297	0,496
C/K-A	0,0252	0,2689	0,602
T/M-Timing	0,1961	0,5366	**1,848
Performance der Periode 86/91 auf die in Periode 80/85 gemessene			
H/M-A	0,0052	0,0495	0,288
PW-Maß	0,1426	-0,4867	-1,631
C/K-A	0,1128	-0,5648	**-1,778
T/M-Timing	0,5814	1,3694	*4,714

* signifikant auf dem 1 % - Niveau (** = 10 %-Niveau)

---

[32] Die ermittelte Überschreitungswahrscheinlichkeit im Rahmen des exakten Tests von *Fisher* beträgt p = 0,176 bei zweiseitiger Fragestellung.

[33] Dabei weisen die R^2 der Regressionen, deren Betafaktoren signifikant positiv sind, mit Werten zwischen 20 und 35 % auf einen nicht sehr starken Zusammenhang hin.

[34] Erneut ist auf die mit 16 bzw. 18 Werten nur geringe Anzahl der Beobachtungen für diese Querschnittsregression hinzuweisen.

Grinblatt/Titman weisen darauf hin, daß ein t-Test zur Beurteilung der Signifikanz des Steigungsparameters nicht aussagekräftig ist, da die Residuen der Fonds aufgrund der zum Teil sehr ähnlichen Portfoliozusammensetzungen hoch korreliert sind. Sie schlagen deshalb eine alternative Vorgehensweise zur Berechnung des Steigungsparameters vor, dessen t-Statistik unverzerrt ist. Die Prozedur, die auch als "Zeitreihen t-Statistik" be-zeichnet wird, beruht dabei auf einer bereits von *Fama/MacBeth* angewandten Methodik, die diese im Rahmen von Tests des CAPM einsetzten.[35] Dazu wird zunächst die Durchschnittsperformance aller Fonds in der vergangenen Periode berechnet und für je-den Fonds die Abweichung α_i der Performance gegenüber diesem Durchschnitt ermittelt. Definitionsgemäß addieren sich diese zu Null auf. Die so ermittelten Werte werden dann als Gewichte zur Berechnung der gewichteten Durchnittsrenditen der Fonds in der nächsten Periode gemäß der Formel

(D.26) $$R_{Pt} = \sum_{i=1}^{n} \alpha_i \, R_{it} / Var(\alpha),$$

mit: R_{it} = Rendite des Fonds i in Monat t, t = 69, 70, ..., 141[36]

$Var(\alpha)$ = Varianz der Performance der einzelnen Fonds in der ersten
                Periode multipliziert mit der Anzahl der Fonds,

eingesetzt.

Das Gewicht eines Fonds i in der so berechneten Rendite-Zeitreihe für die Folgeperiode beträgt somit $\alpha_i / Var(\alpha)$. Die Renditen R_{Pt} können, da sich die α_i konstruktionsgemäß zu Null aufsummieren, als vollständig gehedgtes Fondsportfolio interpretiert werden. Innerhalb dieses Fondsportfolios besteht eine Long-Position in Fonds, die gegenüber dem Durchschnitt eine positive Performance, und eine Short-Position in Fonds, die eine unterdurchschnittliche Performance aufweisen. Sollte die in der Vergangenheit identifizierte Performance der Fonds auch in der Zukunft Geltung haben, müßte die darauf basierende Strategie eine überdurchschnittliche Performance aufweisen.[37] Um dies zu testen, werden die gewichteten Renditen R_{pt} gegen die Überschußrenditen des Benchmarkportfolios in der Folgeperiode regressiert.

Mit der beschriebenen Zeitreihenregression wird demnach getestet, ob das auf der Grundlage der vergangenen Periode gewichtete Fondsportfolio in der Folgeperiode zu einer signifikanten Performance führt. Ist dies der Fall, kann auf die Konstanz der Per-

---

[35] Vgl. **Fama/MacBeth** (1973); Sefcik/Thompson (1986). Eine ausführliche Beschreibung dieser Prozedur, die auch in anderen Querschnittsuntersuchungen einsetzbar ist, erfolgt bei **Grinblatt/ Titman** (1992 b), S. 1980; **Grinblatt/Titman** (1993 a), S. 29 ff.; **Grinblatt/Titman/Wermers** (1993), S. 26.

[36] Beim Vergleich der Zeiträume 80/85 und 86/91 ist t = 73, 74, ...141.

[37] Da die Gewichte, mit Hilfe derer das Portfolio konstruiert wird, sich zu Null aufsummieren, kann es auch als Null-Kosten-Portfolio interpretiert werden.

- 460 -

formance geschlossen werden. *Grinblatt/Titman* zeigen, daß das Absolutglied dieser Zeitreihenregression algebraisch identisch ist mit dem Steigungsparameter einer Querschnittsregression der Performance-Maße des Zeitraums t auf die Performance-Maße im Zeitraum t-1. Der Vorteil der alternativen Ermittlungsweise des Regressionskoeffizienten besteht jedoch darin, daß die t-Statistik für das Absolutglied nicht verzerrt ist wie der Regressionsparameter der Querschnittsregression.[38]

Die auf diese Weise ermittelten t-Werte, die für das PW-Maß berechnet werden, unterscheiden sich allerdings mit Werten von 0,491 für die Perioden 80/85-74/79 und -1,284 für die Periode 86/91-80/85 nicht wesentlich von denjenigen, die auf der Basis des einfachen t-Tests im Rahmen der Querschnittsregression berechnet werden.

Die Regressionsergebnisse zeigen, daß eine Konstanz der langfristigen Performance unabhängig vom Zeitraum nicht gegeben ist und stützen die Resultate, die mit den anderen Testansätzen erzielt werden.[39] Demgegenüber deuten die t-Werte des Regressionskoeffizienten der auf der Grundlage des T/M-Timing-Maßes durchgeführten Querschnittsregression auf einen signifikanten Zusammenhang vergangener und zukünftiger Timing-Performance hin.

Insgesamt werden damit die eingangs angestellten Vermutungen, die eher gegen eine Konstanz insbesondere einer längerfristigen Performance sprachen, bestätigt. Daraus folgt, daß die ex post gemessene Performance kein geeignetes Kriterium für Anlageentscheidungen darstellt. Dennoch ist die in der Vergangenheit erwirtschaftete Performance aus der Sicht der Fondsgesllschaften deshalb von besonderer Bedeutung, weil Untersuchungen zeigen, daß Anleger ihre Anlageentscheidungen zumindest z. T. auf Vergangenheitsdaten stützen.[40] Weiterhin kann die Performance als Basis leistungsabhängiger Entlohnungssysteme oder einer performance-abhängigen Gestaltung der Verwaltungskostenvergütung dienen.

---

[38] Dies gilt jedoch nur unter der Annahme, daß die Störvariablen identisch und unabhängig verteilt sind.

[39] Erstaunlich sind die ähnlichen Werte der Steigungskoeffizienten bei der Regression der Performance in Periode 80/85 auf die in 74/79 im Vergleich zu jenen, die *Grinblatt/Titman* in ihrer Untersuchung mit ähnlichen Zeiträumen auf der Basis von 279 Fonds festgestellt haben. Dabei fällt das R^2 ihrer Regression allerdings mit 0,06 zwar immer noch sehr gering, aber doch wesentlich höher aus als das in der vorliegenden Untersuchung, vgl. **Grinblatt/Titman** (1992 b), S. 1981.

[40] So zeigen die Ergebnisse der Studien von *Sirri/Tufano* und *Ippolito*, daß Fonds mit einer besonders guten Performance ein größeres Mittelaufkommen verzeichnen; vgl. **Sirri/Tufano** (1993), S. 18 f.; **Ippolito** (1992), S. 61 f. Auch die experimentelle Forschung belegt die Vergangenheitsorientierung von Anlegern, vgl. zuletzt **Oehler** (1994), S. 952.

b. Die Höhe und Konstanz des Risikos vor dem Hintergrund der Fondszielsetzungen

Unter der Voraussetzung, daß die Fonds in verschiedenen Marktphasen ein vergleichs-weise konstantes Risiko aufweisen, könnte der Anleger die Auswahl von Fonds ent-sprechend seiner Risikoaversion unter Berücksichtigung seiner Erwartungen über die zukünftige Entwicklung des Aktienmarktes treffen.[41] Gleichzeitig ist ein stabiles Risi-komaß als vertrauenswürdiger Indikator zur Abschätzung des Verlustrisikos einsetzbar. Tendenziell ist davon auszugehen, daß Fondsmanager die in den Satzungen festge-schriebene Anlagepolitik nicht nur hinsichtlich der darin definierten Anlagemärkte be-achten, sondern auch bezüglich der Höhe des Portfoliorisikos. Weist dieses größere In-stabilitäten auf, bedeutet das für den Anleger ein zusätzliches Risiko. Das wird beson-ders deutlich, wenn zwei Fonds mit den gleichen Target-Betas zur Auswahl stehen, die jedoch unterschiedlich stabil sind.[42]

In Tabelle D.77 sind die Betafaktoren der Fonds, geschätzt durch eine OLS-Regression im Rahmen der Ermittlung von Jensens Alpha, für die einzelnen Subperioden gegen-übergestellt, um Anhaltspunkte darüber zu erhalten, inwieweit die in den Satzungen an-gegebene Anlagepolitik durch das Risiko der Fonds bestätigt wird.

Für eine differenzierte, in den amerikanischen Untersuchungen übliche Unterscheidung der Fonds in "Income, Stability-Growth-Income, Growth-Income, Growth und Maxi-mum Capital Gain" ist die vorliegende Stichprobe allerdings zu klein.[43] Darüber hinaus lassen sich mehrere Fonds nicht eindeutig einer bestimmten Kategorie zuordnen. Des-halb wird eine Unterscheidung lediglich in gemischte Fonds, in solche, deren Anlagebe-dingungen eine Investition vornehmlich in Wachstumswerte vorsehen und in ertragsori-entierte Fonds vorgenommen, die hauptsächlich in Titel mit einer hohen Dividenden-rendite investieren. Die übrigen Fonds, deren Anlagepolitik sich diesen Kriterien nicht eindeutig zuordnen läßt, werden mit e/w gekennzeichnet. Dabei dürfte es sich aber um Fonds handeln, die der Kategorie der ertrags- und wachstumsorientierten Fonds zuzu-ordnen sind.

---

[41]   Vgl. dazu im einzelnen **Williamson** (1972), S. 82 f.

[42]   Vgl. **Kon/Jen** (1978), S. 471.

[43]   In den amerikanischen Untersuchungen wird die Einordnung in der Regel anhand der Wiesen-berger Klassifizierung vorgenommen. Eine Untersuchung von *Reints/Vandenberg* kommt aller-dings auch für die USA zu dem Ergebnis, daß die in vielen amerikanischen Untersuchungen wie oben vorgenommene Differenzierung der Fonds wenig Aussagekraft besitzt, weil die durch-schnittlichen Betafaktoren zwischen den Kategorien sich nicht signifikant voneinander unter-scheiden; vgl. **Reints/Vandenberg** (1973), S. 280 ff. Einzig eine Kategorisierung in wachstums-orientierte und nicht wachstumsorientierte Fonds ist ihren Analysen zufolge zweckmäßig.

Tab. D.77: Systematisches Risiko der Fonds im Zeitablauf vor dem Hintergrund der Fondsziele

Fonds	Ziel/Fondscharakter	74/79	80/85	86/91	74/91
R2	wachstumsbetont	0,949	0,946	0,966	0,958
R138	wachstumsbetont	-	-	0,984	-
R139	wachstumsbetont	-	-	0,801	-
R310	wachstumsbetont	0,686	0,858	0,722	0,744
R680	eher wachstumsbetont	0,579	0,817	0,781	0,761
∅	**wachstumsorientierte**	**0,73**	**0,87**	**0,85**	**0,82**
R122	stark ertragsbetont	0,766	0,442	0,732	0,667
R4	ertragsbetont	0,994	0,949	0,900	0,924
R82	eher ertragsbetont	0,973	0,950	0,973	0,967
R120	ertragsbetont	0,988	0,856	0,921	0,913
∅	**ertragsbetonte**	**0,93**	**0,80**	**0,88**	**0,87**
R3	gemischt	0,701	0,646	0,648	0,656
R169	gemischt	-	0,476	0,445	-
R325	gemischt	-	0,338	0,577	-
R360	gemischt, ab '89 Aktienfonds	0,704	0,640	0,771	0,731
R9	faktisch gemischt	0,796	0,739	0,836	0,805
∅	**gemischte**	**0,73**	**0,56**	**0,66**	**0,73**
R126	ertrags-/wachstumsorientiert	0,938	0,837	0,931	0,909
R164	e/w	0,861	0,908	0,896	0,891
R201	e/w	0,651	0,792	0,699	0,717
R322	e/w	0,974	0,900	0,886	0,900
R541	e/w	0,736	0,733	0,942	0,860
∅	**ertrags-/wachstumsorientiert**	**0,83**	**0,83**	**0,87**	**0,85**
R7	Dienstleistungs-Sektor	0,746	0,800	0,806	0,808
R171	bayerische Werte	-	-	0,823	-

Als ertragsorientiert werden auch jene Fonds bezeichnet, deren Anlagepolitik ausdrücklich eine Betonung auf Standardwerte vorsieht; mit e/w (ertrags-/wachstumsorientiert) werden Fonds gekennzeichnet, deren eindeutige Ausrichtung aus den Richtlinien zur Anlagepolitik nicht hervorgeht.

Aus der Tabelle wird deutlich, daß eine eindeutige Abgrenzung der Fonds bezüglich des Zusammenhanges zwischen Risiko und ihrem Ziel nicht verwundert.[44] Einzig die gemischten Fonds weisen durchgehend niedrigere Betafaktoren auf, was in Anbetracht des hohen Anteils von festverzinslichen Wertpapieren in den Sondervermögen dieser Fonds

---

[44] Dagegen ist in zahlreichen Untersuchungen anderer Länder auf aggregierter Ebene eine deutliche Differenzierung möglich, vgl. **McDonald** (1974), S. 314 f. Insbesondere werden höhere Betafaktoren für Fonds mit einer Orientierung der Anlagepolitik in Wachstumswerte beobachtet; vgl. z. B. **Connor/Korajczyk** (1991), S. 13 f., für amerikanische, **Robson** (1986), S. 62 f., für australische Fonds. Auch letzterer beobachtet allerdings zahlreiche Überschneidungen zwischen den von ihm definierten Gruppen.

kaum überrascht.[45] Angesichts internationaler Studien überraschend sind die vergleichsweise geringen Betafaktoren der wachstumsorientierten Fonds.[46] Der Hauptgrund dürfte in dem in empirischen Untersuchungen festgestellten Zusammenhang zwischen Betafaktor und Unternehmensgröße zu suchen sein. Es ist anzunehmen, daß Wachstumswerte eher unter Spezialwerten mit einer relativ geringen Unternehmensgröße zu finden sind, da solche Unternehmen im allgemeinen als flexibler und innovativer angesehen werden. Darauf deuten insbesondere die Betafaktoren der Fonds R139 und R310, die vorwiegend in kleinere Unternehmen investieren, hin.[47] Sowohl auf Einzelfonds- als auch auf aggregierter Ebene ist erkennbar, daß das systematische Risiko der Fonds mit wenigen Ausnahmen relativ konstant bleibt.

Die Konstanz des Risikos wird durch die hohen Pearson- und Spearman-Korrelationskoeffizienten zwischen den Betafaktoren in verschiedenen Zeiträumen unterstrichen, die in Tabelle D.78 zusammen mit den Korrelationskoeffizienten für andere Risikomaße, jeweils bezogen auf den paarweisen Vergleich der Maße zweier Perioden, dargestellt sind.

Tab. D.78: **Korrelationen der Risikomaße zwischen verschiedenen Zeiträumen**

Zeitraum	74/79 - 80/85		80/85 - 86/91	
Risikomaße	Pearson	Spearman	Pearson	Spearman
Betafaktor	**0,5434	**0,6118	*0,7810	*0,7090
Standardabweichung	**0,5843	*0,6706	*0,7744	*0,7503
$LPM\text{-}0/R_f$	0,2987	0,2259	-0,1577	-0,2702
$LPM\text{-}1/R_f$	*0,7031	*0,7021	*0,7591	*0,6460
$LPM\text{-}2/R_f$	*0,7331	*0,7749	*0,7698	*0,7349

* signifikant auf dem 1% - Niveau (** = 5 %-Niveau)

Wie zu erkennen, ist die Konstanz der Standardabweichung ähnlich hoch wie die des Betafaktors. Dies war aufgrund der breiten Diversifizierung der Fonds zu erwarten. Zu einem noch höheren Grad konstant sind die LPM_1 und LPM_2-Risikomaße. Einzig die Ausfallwahrscheinlichkeit LPM_0 erweist sich im Zeitablauf als instabil.

Die relativ große Konstanz der Risikomaße impliziert, daß ein Anleger vergleichsweise sicher sein kann, daß die Risikoeinstellung des Fondsmanagements sich nicht in erhebli-

---

[45]   Eine Querschnittsregression der Fondsbetas auf die durchschnittlichen, zusammengefaßten Kassen- und Rentenpositionen der Fonds im Zeitraum 86/91 zeigte einen hochsignifikant negativen Zusammenhang dieser Größen bei einem R^2 von 69 %.

[46]   Diese Beobachtung macht für britische Unit Trusts auch **Firth** (1978), S. 152 und S. 160, der im Vergleich zu amerikanischen Fonds auch im Durchschnitt niedrigere Betafaktoren schätzt. Der Grund dafür könnte eine grundsätzlich konservativere Anlagepolitik der Fondsmanager sein, die in einer höheren Kassenhaltung resultiert.

[47]   Vgl. für den deutschen Markt **Beiker** (1993), S. 326 ff., der für kleine Aktiengesellschaften vergleichsweise niedrige Betfaktoren schätzt.

chem Maße ändert. Dies ist für die Zusammenstellung des gesamten Anlagemixes des Investors von großer Bedeutung. Die Ausfallwahrscheinlichkeit ist dagegen für zukunftsgerichtete Anlageentscheidungen nicht geeignet.

Eine Korrelationsanalyse zwischen den verschiedenen Risikomaßen, deren Ergebnis für die Periode 80/85 in Tabelle D.79 festgehalten ist, zeigt, daß die Wahl des Risikomaßes, mit Ausnahme der Ausfallwahrscheinlichkeit, arbiträr ist.[48]

Tab. D.79: **Pearson- (linke untere Hälfte) und Spearman-Korrelationskoeffizienten (rechte obere Hälfte) für verschiedene Risikomaße in der Periode 80/85**

Risikomaße	Beta	Volatilität	LPM_0/R_f	LPM_1/R_f	LPM_2/R_f
Beta	1	0,969	0,293	0,959	0,897
Volatilität	0,977	1	-0,017	0,903	0,911
LPM_0/R_f	0,007	0,004	1	0,054	0,013
LPM_1/R_f	0,971	0,972	0,054	1	0,904
LPM_1/R_f	0,921	0,925	-0,033	0,943	1

Um eine grobe Abschätzung der Relevanz der Risikomaße für die in der zukünftigen Periode zu erwartende Rendite vornehmen zu können, werden schließlich den nach ihrer Höhe geordneten Betafaktoren der Periode 74/79 die durchschnittlich erzielten Renditen der entsprechenden Fonds in der Hausse-Periode 80/85 gegenübergestellt. Die Ergebnisse dieses Vergleichs in Abbildung D.75 zeigen mit Ausnahme einiger weniger Fonds den erwarteten Verlauf.

Abb. D.75: **Gegenüberstellung des im Zeitraum 74/79 ermittelten Betafaktors mit der durchschnittlichen jährlichen Rendite im Zeitraum 80/85**

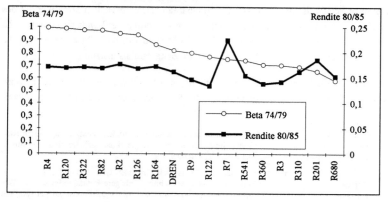

---

[48] Die Ergebnisse für 74/79 sind ähnlich. Die Korrelationskoeffizienten zwischen den Risikomaßen für den Zeitraum 86/91 weisen noch höhere Werte auf.

Fonds mit relativ hohen, auf der Basis von 68 monatlichen Renditen geschätzten Betafaktoren weisen tendenziell auch höhere Renditen in Periode 80/85 auf. Die "Ausreißer", z. B. die Fonds R7 und R201, gehören in Periode 80/85 zu den erfolgreichsten Fonds, was durch ihre positive, risikobereinigte Performance belegt wird. Unter der Voraussetzung, daß der Betafaktor für zukünftige Anlageentscheidungen relevant ist, kann dies bedeuten, daß die zusätzliche, hier eigentlich nicht zu erwartende höhere Rendite dieser Fonds gegenüber Fonds, für die ein höherer Betafaktor geschätzt wurde, auf die Selektionsfähigkeiten des Managements zurückzuführen ist, oder aber mit der Spezialisierung der Anlagefondspolitik zusammenhängt.[49]

Die Resultate einer entsprechenden Analyse, bei der die im Zeitraum 80/85 geschätzten Betafaktoren den durchschnittlichen Renditen im Zeitraum 86/91 gegenübergestellt werden, sind in Abbildung D.76 veranschaulicht. Aufgrund der in dieser Periode sehr volatilen Märkte ist eine Interpretation der mit einem bestimmten Niveau des Betafaktors zu erwartenden Ergebnisse allerdings kaum möglich. Ensprechend uneindeutig zeigt sich der Verlauf der Rendite im Verhältnis zu den in der Vergangenheit geschätzten Betafaktoren. Auch hier sind genau die Fonds als Ausreißer zu identifizieren, denen auf der Grundlage der risikobereinigten Performance-Maße eine signifikant positive bzw. signifikant negative Performance bescheinigt wird.[50]

Abb. D.76: **Gegenüberstellung des im Zeitraum 80/85 ermittelten Betafaktors mit der durchschnittlichen jährlichen Rendite im Zeitraum 86/91**

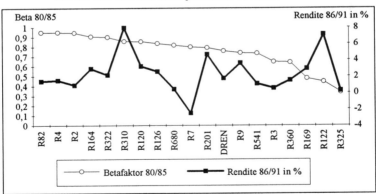

Es bleibt somit festzuhalten, daß der Betafaktor als Grundlage für Entscheidungen bezüglich der Auswahl und Zusammenstellung von Fondsportfolios grundsätzlich geeignet

---

[49]   So ist die hohe Rendite des auf Dienstleistungsunternehmen spezialisierten Adiverba (R7) der in diesem Zeitraum weit überdurchschnittlichen Rendite des Finanzdienstleistungssektors zuzurechnen. Dies wurde bereits im vorigen Kapitel deutlich.

[50]   Dieses Ergebnis bleibt auch dann erhalten, wenn die Rendite des Crash-Monats Oktober 1987 aus der Betrachtung herausgenommen wird.

ist.[51] Dabei sind die Untersuchungen hier aufgrund des mittelfristigen Charakters der Fondsanlage lediglich im Hinblick auf eine eher langfristige Anlageplanung vorgenommen worden, da eine kurzfristige Anlage schon aufgrund des Ausgabeaufschlages aus Renditegesichtspunkten unvorteilhaft wäre.

c. Die Beziehung zwischen der Höhe des Risikos und der Performance der Fonds

Schließlich wird der Frage nachgegangen, ob die risikobereinigte Performance der Fonds abhängig ist von der Höhe des systematischen Risikos. In Abbildung D.75 werden dazu beispielhaft den in Periode 74/79 geschätzten Betafaktoren die in 80/85 gemessene Performance, ermittelt mit dem PW-Maß, gegenübergestellt. Ein Zusammenhang zwischen der zukünftigen Performance und dem Betafaktor ist daraus nicht abzuleiten. Dies gilt auch für die hier nicht vorgestellten Perioden und für die übrigen risikobereinigten Performance-Maße.

Abb. D.77: **Gegenüberstellung der im Zeitraum 74/79 ermittelten Betafaktoren mit der monatlichen Performance, gemessen mit dem PW-Maß in Periode 80/85**

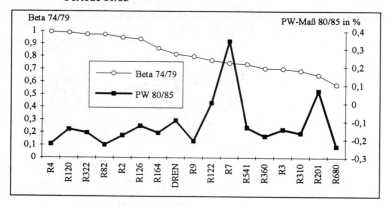

Im Unterschied zur Analyse, ob der gegenwärtige Betafaktor in einem Zusammenhang zur zukünftigen Performance steht, wird in Abbildung D.78 der in 80/85 gemessenen Performance der in derselben Periode geschätzte, jeweilige Betafaktor gegenübergestellt. Dabei scheint eine schwache Tendenz vorzuliegen, nach der Fonds mit einem eher geringen Betafaktor eine vergleichsweise bessere Performance erzielen als solche mit einem hohen Beta.

---

51 Zu einem ähnlichen Ergebnis kommt **Firth** (1978), S. 141, bezüglich britischer Unit Trusts.

- 467 -

Abb. D.78: Gegenüberstellung der im Zeitraum 80/85 ermittelten Betafaktoren mit der monatlichen Performance, gemessen mit dem PW-Maß in Periode 80/85

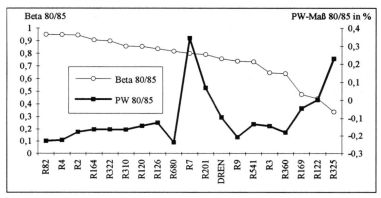

Eine ähnliche Beobachtung machen bereits *Friend/Blume*, die eine negative Korrelation zwischen Jensens Alpha und dem entsprechenden Betafaktor ermitteln.[52] Die Korrelationsanalyse ergibt für diesen Zeitraum auch in der hier vorliegenden Untersuchung eine signifikant negative Korrelation zwischen den Jensen Alphas und den entsprechenden Betafaktoren.[53] Das widerspricht den Beobachtungen von *Friend/Blume* insofern, als diese eine positive Korrelation in einem Zeitraum sehr hoher Marktrenditen ermitteln, welche sie auch theoretisch begründen können.[54] Eine Erklärung kann der in dieser Periode relativ hohe Zinssatz sein, der dem Effekt der Benachteiligung besonders risikobehafteter Portfolios entgegengerichtet ist.

Eine Verzerrung größeren Ausmaßes durch diesen Effekt ist aber weitgehend auszuschließen. Zum einen ist eine besondere Benachteiligung risikobehafteter Fonds deshalb nicht zu befürchten, weil alle der hier einbezogenen Fonds einen Betafaktor von unter Eins aufweisen und somit nicht risikoreicher sind als der Index. Zum anderen dürfte der Effekt auf alle Fonds ähnlich einwirken, weil ihre Betafaktoren sehr eng beieinander liegen. Schließlich ist weder eine signifikant positive noch negative Korrelation zwischen

---

[52] Diese Beobachtungen machen *Friend/Blume* auch mit der Sharpe-Ratio und der Treynor-Ratio. Als mögliche Begründung führen sie die Annahme identischer Soll- und Habenzinsen an. Sie führt zu einer systematischen Verzerrung der risikobereinigten Maße und benachteiligt risikobehaftete Portfolios insbesondere bei relativ geringen Zinssätzen gegenüber solchen mit einem geringeren systematischen Risiko. Vgl. dazu und zur Diskussion weiterer möglicher Gründe **Friend/Blume** (1970), S. 569 ff., sowie **Chen/Lee** (1984, 1986); **Lee/Jen** (1978).

[53] Der Korrelationskoeffizient beträgt dabei -0,49 und ist signifikant auf dem 5 %-Niveau.

[54] Vgl. **Friend/Blume** (1970), S. 571.

den Performance-Meßergebnissen und den entsprechenden Risikomaßen in den anderen Subperioden und in der Gesamtperiode zu beobachten.[55]

Insgesamt zeigen die Untersuchungsergebnisse, daß die Performance der Fonds von der Höhe des systematischen Risikos unabhängig ist. Damit einher geht die Erkenntnis, daß auch die von den Fonds in ihren Satzungen deklarierten Zielsetzungen hinsichtlich ihrer Anlagepolitik zu keinen Rückschlüssen über die Wahrscheinlichkeit, eine überdurchschnittliche Performance zu erzielen, berechtigt. Es lassen sich in dieser Hinsicht keine dominierenden Fondskategorien identifizieren, da unter den ersten 30 % der Fonds keine Konzentrationen bezüglich dieser Merkmale auftreten.[56]

---

[55] Die hier nicht weiter präsentierten Ergebnisse, bei denen z. B. das Jensen Alpha auf das entsprechende Beta regressiert wird, sind ohne Ausnahme nicht signifikant.

[56] Vgl. das identische Ergebnis für britische Unit-Trusts bei **Firth** (1978), S. 167. Im Gegensatz dazu ermitteln **Grinblatt/Titman** (1989 a) eine bessere Performance aggressiver wachstumsorientierter Fonds, allerdings auf der Grundlage von Bruttorenditen. Nach Abzug der Kosten weisen auch diese Fonds keine bessere Performance im Vergleich zu anderen Fondskategorien mehr auf.

E. Schlußbetrachtung

Gegenstand der vorliegenden theoretischen und empirischen Untersuchung ist die vergleichende Analyse von Verfahren zur quantitativen Erfassung der Leistungsfähigkeit von Portfoliomanagern sowie die Beurteilung des Anlageerfolges deutscher Aktieninvestmentfonds. Dazu wird in **Kapitel B** zunächst auf die zentralen Probleme der Performance-Messung eingegangen, die vor allem bei einer externen Bewertung der Managementfähigkeiten von Bedeutung sind und sowohl in der wissenschaftlichen Forschung als auch in der Praxis kontrovers diskutiert werden. Im Mittelpunkt stehen dabei im wesentlichen die Quantifizierung des Risikos und die Spezifizierung einer Benchmark.

Ein Instrumentarium zur Bestimmung des theoretisch relevanten Risikos liefert die moderne Kapitalmarkttheorie. Renditeerwartungsmodelle wie das CAPM oder die APT dienen dabei der Umsetzung von Rendite- und Risikoerwartungen in Gleichgewichtsrenditen und ermöglichen die Ermittlung des Ertrages, der allein durch das Eingehen systematischer Risiken erwartet werden kann. Die Kritik insbesondere an der empirischen Testbarkeit dieser Modelle und die uneindeutigen Befunde bezüglich ihrer empirischen Relevanz, sowie Zweifel über das Vorliegen der Voraussetzungen, auf denen kapitalmarkttheoretische Modelle beruhen, haben zu alternativen Ansätzen der Risikomessung geführt. Dabei werden entweder die Renditeverteilungen der Wertpapiere über die Einbeziehung zusätzlicher Momente genauer charakterisiert oder es erfolgt eine abweichende Definition des Risikobegriffs, indem nur negative Abweichungen vom Mittelwert oder von einer bestimmten Sollrendite erfaßt werden.

Hinsichtlich der Benchmarkwahl sind die Erkenntnisse von *Grinblatt/Titman* von zentraler Bedeutung. Ihnen gelingt der Nachweis, daß für die Performance-Messung kein expliziter Bezug auf ein bestimmtes kapitalmarkttheoretisches Modell erforderlich ist. Die Beurteilung von Portfolios bzw. Investmentfonds kann vielmehr mit einer Benchmark erfolgen, die aus der Sicht uninformierter Investoren relativ μ/σ-effizient ist und nicht dem umfassenden CAPM-Marktportfolio entsprechen muß, sondern nur solche Wertpapiere enthält, die als handelbar erachtet werden. Vom theoretischen Standpunkt aus gelingt damit eine Entschärfung der Benchmarkproblematik, die im Mittelpunkt der Kritik an den traditionellen Verfahren der risikobereinigten Performance-Messung steht. Ausgehend von einer Unterscheidung der Investoren in öffentlich und privat Informierte, sowie nach kritischer Analyse bisheriger empirischer Untersuchungen, in denen verschiedene Renditeeffekte identifiziert werden, wird schließlich herausgearbeitet, daß keine Notwendigkeit einer besonderen Erfassung von Anomalien in der Benchmark besteht.

Die Erzielung überdurchschnittlicher Renditen setzt private Informationen voraus. Es wird gezeigt, daß deren Differenzierung in Selektions- und Timinginformationen wegen ihres grundlegend unterschiedlichen Charakters für ein Ranking von Managern von Bedeutung ist. Ein theoretisch korrektes Ranking von Portfolios ist nur auf der Basis der

Selectivity-Performance möglich, während die Timing-Performance sowohl durch die privaten Informationen als auch durch die Risikoaversion des Investors determiniert wird.

Auf der Grundlage der in Kapitel B gewonnenen Erkenntnisse wird in **Kapitel C** das Instrumentarium zur Messung der Performance vorgestellt, mit dem auf unterschiedliche Weise versucht wird, die Identifikation privater Informationen zu ermöglichen. Dabei wird eine Systematisierung der einzelnen Ansätze hinsichtlich ihrer Anforderungen an die für ihre Verwendung notwendigen Daten vorgenommen. Die wenigsten Informationen werden beim Einsatz von denjenigen Verfahren benötigt, deren Risikomaß auf den ersten beiden Momenten der Renditewahrscheinlichkeitsverteilungen beruht. Dazu gehören auch die klassischen Performance-Maße von *Jensen, Treynor* und *Sharpe*. Der Kritik an diesen Methoden, insbesondere an der Nichtberücksichtigung von Timingaktivitäten, wird durch verschiedene Modelle Rechnung getragen, die sich vor allem durch die Modellierung privater Informationen und damit hinsichtlich der Annahmen über das Managerverhalten auszeichnen. Mit einigen dieser Ansätze erfolgt ein direkter Test der Hypothese, daß die Manager über keine Timingfähigkeiten verfügen. Andere berücksichtigen Timingfähigkeiten bei der Ermittlung der Gesamtperformance, lassen aber keine Trennung der Performance in eine Selectivity- und Timingdeterminante zu.

Ferner werden Mehrfaktorenmodelle beschrieben, die neben der Performance-Messung gleichzeitig eine Analyse der Risikostruktur der Portfolios erlauben. Ein Schwerpunkt der Betrachtungen liegt dabei auf der Erörterung des Asset-Allocation-Modells von *Sharpe*, mit dem nicht nur ein out-of-sample-Test der Performance vorgenommen wird, sondern auch eine Identifikation der Anlagepolitik und des Managementstils erfolgt.

Mit der zusätzlichen Einbeziehung der Schiefe in den Risikobegriff sowohl über die Verwendung von Verlustrisikomaßen als auch über die Berücksichtigung des statistischen Schiefemaßes der Wahrscheinlichkeitsverteilung, werden Maße vorgeschlagen, deren Existenzberechtigung vor allem durch die in der Realität häufig zu beobachtende Abweichung der Renditen von einer Normalverteilung gegeben ist. Mit den LPM-Maßen wird dabei die derzeit aktuelle Diskussion über diese Risikomaße aufgegriffen.

Schließlich werden mit den nutzentheoretisch gut fundierten stochastischen Dominanzkriterien auch Beurteilungsansätze beachtet, die zwar keine Aufstellung einer Rangfolge erlauben, jedoch eine Unterscheidung in effiziente und nicht effiziente Portfolios ermöglichen. Die in der Literatur bislang vernachlässigte Signifikanzprüfung der Ergebnisse bei der Verwendung der stochastischen Dominanz führt zu hohen Fehlerwahrscheinlichkeiten. Deshalb wird auf neuere Signifikanztests eingegangen, die zudem einen expliziten Test der Portfolios auf Gleichheit zulassen.

Den Übergang zur internen Performance-Messung kennzeichnen schließlich Verfahren, für deren Einsatz zusätzlich zu den Renditen ein Rückgriff auf Portfoliogewichte erforderlich ist. Mit Hilfe derartiger Ansätze kann die Identifikation privater Informationen auch ohne eine µ/σ-effiziente Benchmark erfolgen und es ergibt sich die Möglichkeit einer adäquaten Berücksichtigung von Timingaktivitäten der Manager. Schließlich wird auf nichtparametrische Verfahren eingegangen, die grundsätzlich die Kenntnis der Marktprognosen der Manager erfordern und somit die höchsten Anforderungen an die Datenverfügbarkeit stellen.

Der theoretischen Vorstellung und Analyse der verschiedenen Ansätze zur Performance-Messung folgt ein umfassender Überblick über die bisherigen Ergebnisse empirischer Arbeiten, deren Auswertung zu Eingrenzungen bezüglich der empirischen Verwendungsmöglichkeiten bestimmter Maße führt. So ist aus Untersuchungen zur Relevanz der Risikomaße abzuleiten, daß ein Einsatz der APT als Benchmark für die Performance-Messung zum gegenwärtigen Zeitpunkt nicht möglich ist, da eine Identifikation ökonomisch interpretierbarer, für eine Performance-Messung und -Analyse wünschenswerter Parameter, bislang nicht gelungen ist. Weiterhin werden Implikationen für die eigenen Analysen abgeleitet, um Schwächen in den verschiedenen Untersuchungen vor allem in methodischer Hinsicht zu vermeiden. Dies betrifft nicht nur die verwendeten Verfahren und ihre statistische Umsetzung, sondern auch die Vorgehensweise bei der Prüfung der Robustheit der Performance-Maße.

Kapitel D beinhaltet die eigenen empirischen Untersuchungen. Der ersten Zielsetzung der Arbeit, die in der Klärung der Eignung von Performance-Maßen zur Identifikation privater Informationen und zum Ranking von Portfolios besteht, wird in **Abschnitt III** nachgegangen. Dazu werden reale Zufallsportfolios aus Aktien gebildet, auf deren Grundlage Selektions- und Timinginformationen simuliert werden. Auf Basis der so gebildeten Renditezeitreihen wird geprüft, ob mit Hilfe der verschiedenen Maße eine Identifikation der unterstellten Selektions- und/oder Timingfähigkeiten möglich ist und inwieweit die Maße die resultierende Performance signifikant anzeigen. Durch Abstufung der simulierten Informationen können zudem die Rankingeigenschaften der Maße analysiert werden.

Für die Gesamtheit der Maße ist eine vergleichsweise geringe Macht bei der Identifikation superiorer Performance nachweisbar, sofern diese relativ moderat ausfällt. In Abhängigkeit der auf Basis der verschiedenen Verfahren gemessenen Managerfähigkeiten sind dabei im einzelnen folgende Ergebnisse festzuhalten:

Selectivity-Maße, mit Hilfe derer eine Messung der Performance ohne Berücksichtigung instationärer Betafaktoren erfolgt, sind bei Vorliegen von Timingfähigkeiten verzerrt und fangen auch einen Teil der Timing-Performance auf. Es konnte darüber hinaus bestätigt werden, daß das am häufigsten benutzte Jensen Alpha stets nach oben verzerrt wird, wenn bestimmte Voraussetzungen gegeben sind, die in der Realität meistens vorliegen. Insofern ergibt sich die wichtige Erkenntnis, daß Manager, die über Timingfähigkeiten verfügen, nicht, wie oft behauptet, durch eine negative Verzerrung dieses Maßes bestraft werden.

Deshalb sind die mit dem Jensen-Maß erzielten Ergebnisse identisch mit jenen, die bei Einsatz der Gesamtperformance-Maße ermittelt werden. Die Unterschiede sowohl zwischen diesen Maßen als auch der Gesamtperformance-Maße untereinander sind, trotz ihrer verschiedenen theoretischen Hintergründe, relativ gering. Bezüglich der durchschnittlichen Höhe der Signifikanz-Werte liefert das Maß von *Connor/Korajczyk* die besten Ergebnisse. Darüber hinaus weist es den Vorteil auf, künstliches Timing zu berücksichtigen, dessen Relevanz in einer separaten Untersuchung mit verschiedenen Indizes nachgewiesen wurde. Insofern ist dieses Maß auch deshalb für die Performance-Messung besonders geeignet, weil es vom Manager, z. B. durch den Kauf von Optionen oder durch dynamische Hedgestrategien, nicht manipuliert werden kann.

Als generell schwieriger im Vergleich zur Identifikation von Selektionsinformationen erweist sich der Nachweis von Timingfähigkeiten, welcher erst bei Unterstellung relativ aggressiven Timings möglich ist. Dies gilt sowohl für die Gesamtperformance-Maße als auch für die Verfahren, mit denen nicht die Timing-Performance als solche, sondern lediglich das Vorhandensein von Timingfähigkeiten getestet wird. Zu letzteren gehören die Ansätze von *Treynor/Mazuy* und *Henriksson/Merton*, deren Timingkoeffizienten im Fall von Zufallsportfolios zwar nichtsignifikante Werte aufweisen, aber fast durchweg negativ sind. Diese negative Verzerrung läßt die Schlußfolgerung zu, daß bereits bei schwach positiven Werten der Koeffizienten das Vorliegen von Timingfähigkeiten angezeigt wird. Gleichzeitig werden die Resultate bisheriger Studien bestätigt, in denen eine negative Korrelation zwischen den Selectivity-Maßen der H/M- und T/M-Ansätze und den entsprechenden Timingkoeffizienten beobachtet wird. Die in der Literatur angeführten, ökonomischen Erklärungen für diese Beobachtung erweisen sich jedoch als nicht stichhaltig. Vielmehr wird gezeigt, daß die Korrelationen auf einem rein statistischen Effekt beruhen.

Die Bedeutung der auf Lower Partial Moments beruhenden Ansätze ist in Anbetracht der fehlenden Signifikanztests nicht eindeutig zu beurteilen. Ein Vergleich der damit ermittelten absoluten Werte und danach aufgestellter Rankings läßt jedoch auf ihre Redundanz gegenüber den Maßen schließen, die auf den in der Kapitalmarkttheorie gebräuchlichen Risikomaßen beruhen. Dies gilt erstaunlicherweise auch bei Timingfähigkeiten und der daraus resultierenden Schiefe in der Verteilung der Portfoliorenditen. Die Relevanz von Verlustrisikomaßen scheint den Resultaten zufolge nur für sehr stark von einer Normalverteilung abweichende Portfoliorenditen gegeben zu sein, wie sie beim verstärkten Einsatz von Optionen zu erwarten sind. Auch die Differenzierung in effiziente und ineffiziente Portfolios beim paarweisen Vergleich mit Indizes durch die numerische stochastische Dominanz ist bei den lediglich Timing simulierenden Portfolios schwierig und verdeutlicht die Notwendigkeit eines Signifikanztests.

In Abhängigkeit von den simulierten Informationen weisen die Maße mit Ausnahme der Timingkoeffizienten von H/M und T/M durchweg die richtigen Vorzeichen auf. Der Nachweis einer statistischen Signifikanz gelingt dagegen erst bei simulierten Renditen, deren Höhe in der Praxis kaum realistisch sein dürfte. Bezüglich des Rankings der Portfolioperformance sind die Maße dagegen kaum zu kritisieren, sowohl was die Wahl des Maßes als auch der Benchmark angeht.

Entscheidende Bedeutung aber erfährt die Benchmarkwahl bei Variation der Untersuchungsperiode. Von besonderer Relevanz ist dabei die Gewichtung des eingesetzten Index im Vergleich zur Gewichtung der untersuchten Portfolios. Als Fazit wird die Notwendigkeit abgeleitet, daß zur Messung der Performance von Investmentfonds grundsätzlich nur wertgewichtete Indizes in Frage kommen.

In **Abschnitt IV** wird der Anlageerfolg von 21 deutschen Publikumsfonds, deren Investitionen sich vornehmlich auf den deutschen Aktienmarkt konzentrieren, untersucht. Es zeigt sich, daß die Fondsmanager im Durchschnitt nicht in der Lage sind, eine Nettorendite zu erzielen, die über der einer passiven buy-and-hold-Strategie liegt. Mit nur wenigen Ausnahmen wird eine negative, allerdings nicht signifikante Performance ermittelt. Angesichts der relativ geringen Macht der Maße bei der Identifikation privater Informationen ist das Vorherrschen insignifikanter Werte nicht überraschend. Dennoch deutet die Mehrzahl der negativen Vorzeichen darauf hin, daß private Informationen entweder nicht vorgelegen haben, ihre Umsetzung nicht erfolgt ist oder entsprechende Portfolioumschichtungen zu hohe Kosten verursacht haben. Darauf lassen nicht nur die in der Simulationsstudie getesteten Maße schließen, sondern auch Untersuchungen, die zusätzlich Daten aus den Rechenschafts- und Zwischenberichten sowie weitere Informationen über die Struktur der Sondervermögen einbeziehen. Dabei werden mit den Ansätzen von *Henriksson/Merton* und *Cumby/Modest* auch zwei nichtparametrische Verfahren eingesetzt, die das Vorhandensein von Timinginformationen testen. Während mit der zuerst genannten Methodik keine derartigen Informationen zu identifizieren sind, weisen die Ergebnisse des Verfahrens von *Cumby/Modest*, mit dem auch die Höhe der erwarteten Marktüberschußrenditen als Grundlage der Managerprognosen erfaßt wird, signifikant auf Timingfähigkeiten der Manager hin. Zusammen mit den Ergebnissen der übrigen Ansätze ist daraus die Schlußfolgerung zu ziehen, daß die durch Timingaktivitäten erzielte Performance durch die bei der Umsetzung der Timinginformationen entstehenden Transaktionskosten überkompensiert wird.

Die sich bei der Verwendung der Lower Partial Moment-Maße ergebenden Rückschlüsse sind identisch mit jenen, die auf der Basis anderer Kennzahlen gezogen werden. Schiefen in den Renditeverteilungen, wie sie z. B. während der Crash-Periode zu beobachten sind, spielen dabei keine Rolle.

Die empirischen Ergebnisse der auf z. T. restriktiven Prämissen beruhenden Ansätze werden durch die Anwendung der stochastischen Dominanz 1., 2. und 3. Grades untermauert. Tatsächlich wird eine unter Einsatz der verschiedenen Verfahren gemessene positive Performance durch die stochastische Dominanz 2. Grades bestätigt, wenn ein paarweiser Vergleich der Renditeverteilung des Index und des jeweiligen Fonds angestellt wird. Das mit Hilfe der Performance-Maße vorgenommene Ranking der Fonds kann tendenziell ebenfalls gestützt werden, allerdings nicht mit der gleichen Eindeutigkeit. Der Einsatz des Signifikanztests von *Chow* belegt jedoch die Bedeutung von Fehlerwahrscheinlichkeiten. Der Test zeigt, daß die Gruppe effizienter Portfolios weit größer ist als die, welche auf der Basis der numerischen stochastischen Dominanz gebildet wird. Darüber hinaus wird deutlich, daß die Anlageergebnisse der Fonds als gleichwertig einzustufen sind, was ebenso für ihre Gegenüberstellung mit der Renditeentwicklung des DAFOX gilt.

Die Schlußfolgerungen bezüglich der Performance der Fonds haben auch Bestand, wenn Mehrfaktorenmodelle und verschiedene Versionen des Asset-Allocation-Modells eingesetzt werden. Die mittels dieser Modelle aufgestellten Rankings sind hoch korreliert mit jenen, die auf der Grundlage der oben genannten Maße ermittelt werden. Ein Vergleich des mit dem Asset-Allocation-Modell identifizierten Fondsstils mit der realen Portfolioaufteilung zeigt zum überwiegenden Teil relativ große Übereinstimmungen, so daß dieses Modell zur externen, groben Bestimmung der Fondspolitik sowohl zu bestimmten Zeitpunkten als auch im Zeitablauf gut geeignet ist. Damit ist vor allem professionellen Fondspickern ein Analyseinstrument gegeben, das bei vergleichsweise geringen Datenanforderungen für die Auswahl von Fonds sowie zur Portfoliooptimierung und -kontrolle einsetzbar ist.

Über Tendenzaussagen hinausgehende Schlußfolgerungen bezüglich der Effizienz des deutschen Kapitalmarktes sind auf der Grundlage dieser Ergebnisse wegen der nur geringen Anzahl an Fonds nicht möglich. Zusammenfassend betrachtet deuten die Resultate auf einen relativ hohen Effizienzgrad hin, selbst wenn Transaktionskosten mit in die Betrachtung einbezogen werden.

Analysen der ökonomischen Ursachen dieser, angesichts des Anspruchs, den ein aktives Portfoliomanagement explizit oder implizit stellt, eher mäßigen Ergebnisse, sowie Untersuchungen zur Relevanz der Resultate für Kapitalanlageentscheidungen, bilden in **Abschnitt V** den Abschluß des empirischen Teils der Arbeit. Die häufig als Begründung für nur durchschnittliche Ergebnisse angeführte Inflexibilität des Managements wegen zu großer Fondsvolumina bei einem gleichzeitig engen deutschen Kapitalmarkt hat bei Zugrundelegung von Nettorenditen keinen signifikanten Einfluß auf die Gesamtperformance der Fonds. Es besteht allerdings eine positive Korrelation zwischen der Größe und dem Diversifikationsgrad der Fonds. Deshalb ist aufgrund der widersprüchlichen Beziehung zwischen Diversifikation und Selektion ein tendenziell negativer Einfluß der Fondsgröße auf die Selektionsfähigkeiten der Manager nicht auszuschließen. Demgegenüber deuten die Ergebnisse darauf hin, daß sich ein hoher Diversifikationsgrad positiv auf die Timing-Performance auswirkt. Die Umsetzung von Timinginformationen bewirkt jedoch besonders hohe Kosten, was durch eine negative Korrelation der Timing-Performance mit der Kostenquote bestätigt wird. Daneben konnte festgestellt werden, daß Schwankungen des Mittelaufkommens einen tendenziell negativen Einfluß auf die Performance der Fonds ausüben. Für die Fondsgesellschaften bedeuten diese Erkenntnisse, daß eine Kostenminimierung bei gleichzeitiger Konzentration auf die Wertpapierselektion eher erfolgversprechend ist als der Versuch, eine positive Performance über Timingaktivitäten zu erzielen.

Hinsichtlich des Prognosewertes der Performance für Anlageentscheidungen ist der empirische Befund negativ, da eine Konstanz der langfristigen Performance nicht gegeben ist. Sie ist daher als Grundlage einer Auswahl zwischen Fonds nicht sinnvoll. Dennoch weisen zahlreiche Untersuchungen darauf hin, daß Investoren ihren Anlageentscheidungen auch Ergebnisse der Vergangenheit zugrunde legen, selbst wenn dies nicht rational begründbar ist. Daher ist die Schätzung der ex-post-Performance zumindest aus Sicht der Fondsgesellschaften hinsichtlich der Akquisition neuer Mittel von Relevanz. Demgegenüber wurde eine vergleichsweise hohe Konstanz der Target-Betas der Fonds beobachtet, so daß der Betafaktor als Hilfsmittel bei der Anlageentscheidung als geeignet angesehen werden kann. Eine trennscharfe Abgrenzung der verschiedenen Fondskategorien ist auf der Basis des Betafaktors mit Ausnahme der Differenzierung in Aktien- und gemischte Fonds allerdings nicht möglich. Darüber hinaus konnte kein Zusammenhang zwischen einer speziellen Fondskategorie und einer überdurchschnittlichen Performance nachgewiesen werden.

Angesichts der vorliegenden Untersuchungsergebnisse ist der Wert von Investmentfonds weniger in der häufig in Aussicht gestellten überdurchschnittlichen Performance zu sehen, sondern vielmehr in ihren klassischen Funktionen. Sie bestehen in dem Angebot einer breit diversifizierten Anlage sowie der Wahrnehmung einer Losgrößen- und Fristentransformation bei gleichzeitiger Sicherstellung des Anlegerschutzes durch die Bestimmungen des KAGG. Die überwiegende Zahl der Fonds weist zwar keine positive Performance auf, signifikant negative Werte werden allerdings ebenfalls nur äußerst selten beobachtet. Dies bedeutet, daß vor allem Kleinsparer in eine Kapitalanlage investieren können, mit der sie annähernd die Rendite des Marktes zu realisieren in der Lage sind und die im Vergleich zu anderen indexorientierten Finanzprodukten unter Kostengesichtspunkten konkurrenzfähig ist.

Für die Fondsgesellschaften stellt sich aufgrund dieser Ergebnisse die Frage, ob das Verhältnis von Researchkosten zu Performance möglicherweise durch eine Minimierung der Kosten verbessert werden kann. Dies gilt vor allem für Timingaktivitäten, mit denen hohe Transaktionskosten verbunden sind. Zu einer Senkung der Kosten könnten die zunehmend liberaleren Bestimmungen der Anlagebedingungen der Fonds beitragen. Insbesondere der Handel mit Derivaten ermöglicht kostengünstigere Veränderungen des Fondsrisikos, so daß die Umsetzung von Timinginformationen mehr Erfolg verspricht.

Darüber hinaus eröffnet die Teilnahme an der Wertpapierleihe weitere Verbesserungen der Performance auch bei eher passivem Fondsmanagement.

In jüngster Zeit ist eine Zunahme der Vermögensverwaltung auf Fondsbasis sowie strukturierter Fondskonzepte, wie z. B. Dach- und Umbrellafonds, zu beobachten. Als Finanzintermediäre bündeln sie das Kapital von Anlegern und greifen in den Fondsmarkt ein. Die resultierende Zunahme der Wettbewerbsintensität läßt eine verstärkte Auswahl von Fonds anhand rationaler Kriterien erwarten. Damit wird nicht nur die Bedeutung einer externen Performance-Messung zur Beurteilung von Publikumsfonds steigen sondern auch von Ansätzen, die wie das Asset-Allocation-Modell zur Identifikation der Anlagepolitik sowie zur Kontrolle des Risikos geeignet sind.

Es liegt nahe, die Ergebnisse dieser Studie in einigen Jahren mit einer breiteren Datenbasis zu untermauern. Dies gilt vor allem für jene Untersuchungen, welche die Einflußfaktoren auf die Performance sowie ihre Relevanz für Anlageentscheidungen betreffen. Die Voraussetzungen dafür scheinen in Anbetracht der zunehmenden Akzeptanz von Investmentfonds und der in den letzten Jahren großen Anzahl neu aufgelegter Fonds gegeben. In diesem Zusammenhang wird es bedeutsam sein, zu untersuchen, inwieweit die von der Fondswirtschaft geforderte und in einigen Bereichen durchgesetzte Liberalisierung der Anlagebedingungen die Manager in die Lage versetzt, eine bessere Performance zu erwirtschaften.

Ein Ziel zukünftiger Untersuchungen sollte darin bestehen, die risikobereinigte Performance-Messung unter Berücksichtigung von Timingfähigkeiten mit der Attributionsanalyse zu verbinden und so ein Bindeglied zwischen der externen und der internen Perspektive zu schaffen. Weitergehende Forschungen auf Basis der risikobereinigten Performance-Messung können sich insbesondere auch mit der Entwicklung anreizkompatibler Lohnstrukturen oder einer performanceabhängigen Gestaltung der Verwaltungsvergütungen befassen. Die zunehmende Werttbewerbsintensität hat bereits zur Diskussion über die Verwaltungsvergütungsstrukturen geführt, deren Grundlage in Deutschland nach wie vor grundsätzlich das Fondsvolumen darstellt.

Anhang

Anhang F: Herleitung von Formeln

(1) Ableitung der Formel (C.18)

Umformung der Formel von Black/Scholes zur Bestimmung des Marktpreises von Timingfähigkeiten

Die Formel von Black/Scholes ist gegeben mit[1]

$$
(F.1) \qquad C = K\,N\left\{\frac{\ln\left[K\,/\,A\right]+(R_f+0{,}5\cdot\sigma^2)t}{\sigma\sqrt{t}}\right\}
$$

$$
-e^{-R_f\,t}\,A\,N\left\{\frac{\ln\left[K\,/\,A\right]+(R_f-0{,}5\cdot\sigma^2)t}{\sigma\sqrt{t}}\right\},
$$

wobei:
C = Callpreis
K = Indexstand zu Beginn der Periode
A = Ausübungspreis der Option
$N\{.\}$ = kumulative Standardnormalverteilung.

Der aufgezinste Indexstand zu Beginn der Periode entspricht dem Ausübungspreis. Mit der Beziehung $A = K\,e^{R_f t}K$ gilt daher für die Put-Call-Parität der untersuchten europäischen Optionen

$$
(F.2) \qquad P = C+A\,e^{-R_f\,t}-K = C+K\,e^{R_f\,t}\,e^{-R_f\,t}-K = C,
$$

mit
P = Preis der Putoption.

Wegen $P = C$, kann Gleichung (F.1) umgeformt werden zu

$$
(F.3) \qquad P = K\,N\left\{\frac{\ln\left[K\,/\,K\,e^{R_f\,t}\right]+(R_f+0{,}5\cdot\sigma^2)t}{\sigma\sqrt{t}}\right\}
$$

$$
-e^{-R_f\,t}\,K\,e^{R_f\,t}\,N\left\{\frac{\ln\left[K\,/\,K\,e^{R_f\,t}\right]+(R_f-0{,}5\cdot\sigma^2)t}{\sigma\sqrt{t}}\right\}
$$

und nach Ausmultiplizieren ergibt sich

---

[1] Vgl. **Black/Scholes** (1973), S. 637 ff.

(F.4) $P = K N \left\{ 0,5\sigma \sqrt{t} \right\} - K N \left\{ -0,5\sigma \sqrt{t} \right\}$

$K \left[N \left\{ 0,5\sigma \sqrt{t} \right\} - N \left\{ -0,5\sigma \sqrt{t} \right\} \right].$

Mit

$$N \left\{ -0,5\sigma \sqrt{t} \right\} = 1 - N \left\{ 0,5\sigma \sqrt{t} \right\}$$

gilt dann

(F.5) $P = K \left[N \left\{ 0,5\sigma \sqrt{t} \right\} - 1 + N \left\{ 0,5\sigma \sqrt{t} \right\} \right].$

Der Wert der Putoption beträgt somit pro Geldeinheit

(F.6) $P = 2 N \left[0,5\,\sigma \sqrt{t} \right] - 1.$

(2) Ableitung der statistischen Beziehung zw. den H/M- und T/M-Alphas und den entsprechenden Timingkoeffizienten, dargestellt am Beispiel des H/M-Ansatzes[2]

Die Regressionsgleichung zur Ermittlung des Jensen Alphas ist gegeben mit

(C.5) $\tilde{r}_{Pt} = J_P + \beta_P \, \tilde{r}_{Et} + \tilde{\delta}_{Pt},$

und die Dummy-Variablenregression von H/M läßt sich darstellen mit

(C.24) $\tilde{r}_{Pt} = J^{H/M} + \beta_{1P} \tilde{r}_{Et} + \beta_{2P} \max (0, -\tilde{r}_{Et}) + \tilde{\varepsilon}_{Pt}.$

Subtrahiert man man (C.5) von (C.24), ergibt sich als Differenz zwischen den Selectivity-Maßen

(F.7) $J_P - J^{H/M} = (\beta_{1P} - \beta_P) \, \tilde{r}_{Et} + \beta_{2P} \tilde{x}_t - \tilde{\delta}_{Pt} + \tilde{\varepsilon}_{Pt},$

mit: $\tilde{x}_t = \max (0, -\tilde{r}_{Et}).$

---

[2] Vgl. **Bühler** (1993), S. 32 f.

Bei Bildung des Erwartungswertes von Gleichung (F.7) fallen die Störterme weg und es ergibt sich

(F.8) $J_P - J^{H/M} = (\beta_{1P} - \beta_P) \mu_E + \beta_{2P} \bar{x}_t$

$= (\beta_{1P} - \beta_P) \mu_E + \beta_{2P} \bar{x}_t$

$= \beta_{2P} \left[\dfrac{\beta_{1P} - \beta_P}{\beta_{2P}} \mu_E + \bar{x} \right].$

Es kann gezeigt werden, daß gilt:[3]

(F.9) $\beta_{1P} = \dfrac{\beta_P - b_{Px} b_{xE}}{1 - b_{Ex} b_{xE}}$ und $\beta_{2P} = \dfrac{b_{Px} - \beta_P b_{Ex}}{1 - b_{Ex} b_{xE}}.$

Dabei sind

$$b_{Px} = \frac{Cov(\tilde{r}_{Pt}, \tilde{x}_t)}{\sigma_x^2}, \qquad b_{Ex} = \frac{Cov(\tilde{r}_{Et}, \tilde{x}_t)}{\sigma_x^2}, \qquad b_{xE} = \frac{Cov(\tilde{x}_t, \tilde{r}_{Et})}{\sigma_E^2}$$

und es ergibt sich nach Einsetzen der Ausdrücke (F.9) in $\dfrac{\beta_{1P} - \beta_P}{\beta_{2P}}$ und nach einigen Umformungen

$$\frac{\beta_{1P} - \beta_P}{\beta_{2P}} = \frac{-b_{xE} (b_{Px} - \beta_P b_{Ex})}{b_{Px} - \beta_P b_{Ex}} = -b_{xE}.$$

Daraus folgt bei Einsetzen in Gleichung (F.8)

(F.8) $J_P - J^{H/M} = \beta_{2P}(-b_{xE} \mu_E + \bar{x}) = \beta_{2P} \left[-\dfrac{Cov(\tilde{r}_{Et}, \tilde{x}_t)}{\sigma_E^2} \mu_E + \bar{x} \right]$

und es wird ersichtlich, daß $J_P - J^{H/M}$ proportional ist zu dem Wert von β_{2P}.

Der entsprechende Faktor wird somit bestimmt durch die realisierten Marktrenditen.

---

[3] Vgl. **Johnston** (1984), S: 81 f.

Anhang A: Abbildungen

Abb. A-D.1: **Jensens Alphas der Portfolios in Abhängigkeit der verschiedenen Kategorien im Zeitraum 86/91 mit dem DAFOX als Referenzportfolio**

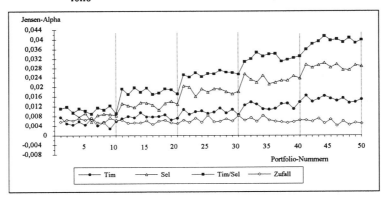

Abb. A-D.2: **t-Werte für Jensen Alphas der Portfolios in Abhängigkeit der verschiedenen Kategorien im Zeitraum 86/91 mit dem DAFOX als Referenzportfolio**

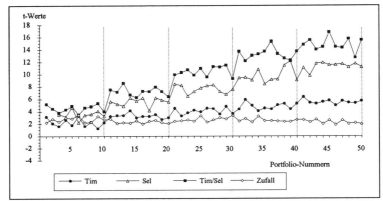

Abb. A-D.3: Sharpe-Ratio der Portfolios in Abhängigkeit der verschiedenen Kategorien im Zeitraum 80/85

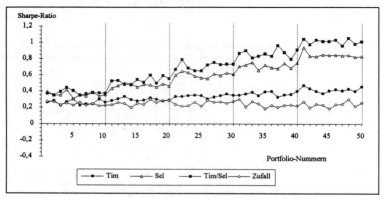

Abb. A-D.4: z-Werte für Sharpe-Ratios der Portfolios in Abhängigkeit der verschiedenen Kategorien im Zeitraum 80/85 mit dem DAFOX als Referenzportfolio

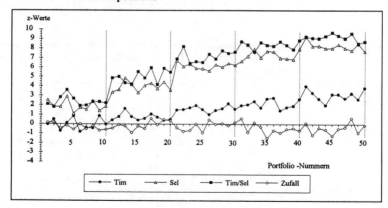

Abb. A-D.5: **Sharpe-Ratios der Portfolios in Abhängigkeit der verschiedenen Kategorien im Zeitraum 86/91**

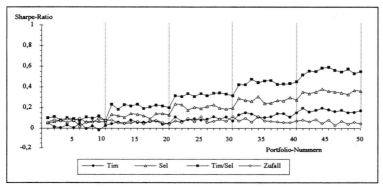

Abb. A-D.6: **z-Werte für Sharpe-Ratios der Portfolios in Abhängigkeit der verschiedenen Kategorien im Zeitraum 86/91mit dem DAFOX als Referenzportfolio**

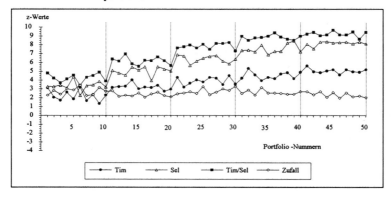

Abb. A-D.7: H/M-Alphas der Portfolios in Abhängigkeit der verschiedenen Kategorien im Zeitraum 86/91 mit dem DAFOX als Referenzportfolio

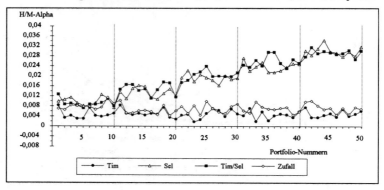

Abb. A-D.8: t-Werte für H/M-Alphas der Portfolios in Abhängigkeit der verschiedenen Kategorien im Zeitraum 86/91 mit dem DAFOX als Referenzportfolio

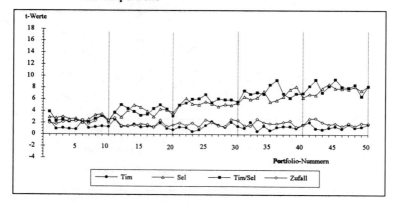

Abb. A-D.9: T/M-Alphas der Portfolios in Abhängigkeit der verschiedenen Kategorien im Zeitraum 86/91 mit dem DAFOX als Referenzportfolio

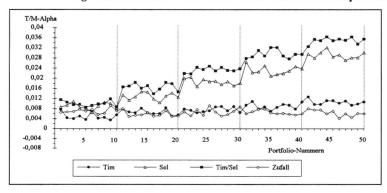

Abb. A-D.10: t-Werte für T/M-Alphas der Portfolios in Abhängigkeit der verschiedenen Kategorien im Zeitraum 86/91 mit dem DAFOX als Referenzportfolio

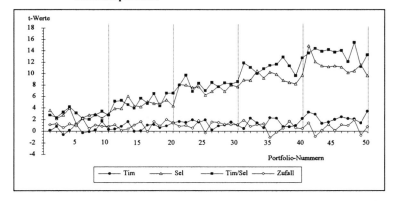

Abb. A-D.11: H/M-Timingkoeffizienten der Portfolios in Abhängigkeit der verschiedenen Kategorien im Zeitraum 86/91 mit dem DAFOX als Referenzportfolio

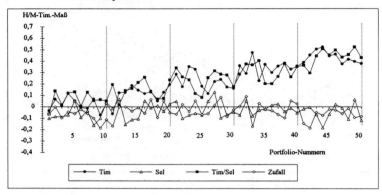

Abb. A-D.12: t-Werte für H/M-Timingkoeffizienten der Portfolios in Abhängigkeit der verschiedenen Kategorien im Zeitraum 86/91 mit dem DAFOX als Referenzportfolio

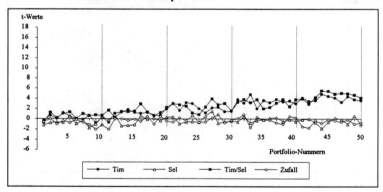

Abb. A-D.13: T/M-Timingkoeffizienten der Portfolios in Abhängigkeit der verschiedenen Kategorien im Zeitraum 86/91 mit dem DAFOX als Referenzportfolio

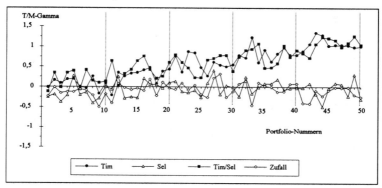

Abb. A-D.14: t-Werte für T/M-Timingkoeffizienten der Portfolios in Abhängigkeit der verschiedenen Kategorien im Zeitraum 86/91 mit dem DAFOX als Referenzportfolio

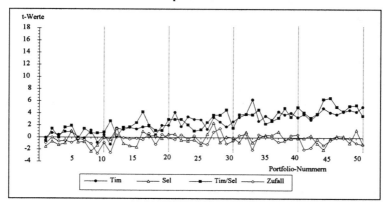

Abb. A-D.15: T/M-Totalmaße der Portfolios in Abhängigkeit der verschiedenen Kategorien im Zeitraum 86/91 mit dem DAFOX als Referenzportfolio

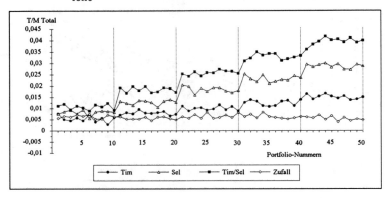

Abb. A-D.16: t-Werte für T/M-Totalmaße der Portfolios in Abhängigkeit der verschiedenen Kategorien im Zeitraum 86/91 mit dem DAFOX als Referenzportfolio

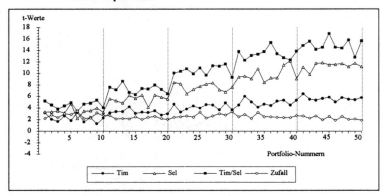

Abb. A-D.17: C/K-Maße der Portfolios in Abhängigkeit der verschiedenen Kategorien im Zeitraum 80/85 mit dem DAFOX als Referenzportfolio

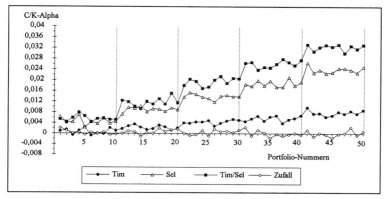

Abb. A.D.18: t-Werte für C/K-Maße der Portfolios in Abhängigkeit der verschiedenen Kategorien im Zeitraum 80/85 mit dem DAFOX als Referenzportfolio

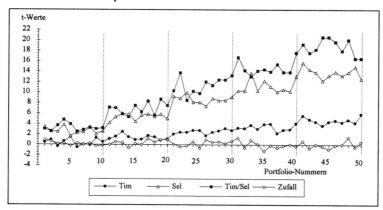

Abb. A-D.19: **C/K-Maß der Portfolios in Abhängigkeit der verschiedenen Kategorien im Zeitraum 86/91 mit dem DAFOX als Referenzportfolio**

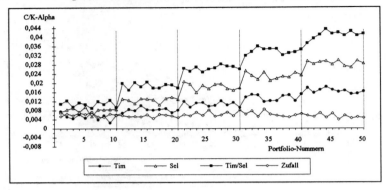

Abb. A.D.20: **t-Werte für C/K-Maße der Portfolios in Abhängigkeit der verschiedenen Kategorien im Zeitraum 86/91 mit dem DAFOX als Referenzportfolio**

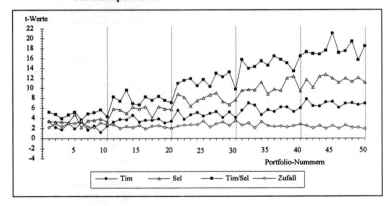

Abb. A-D.21: PW-Maße der Portfolios in Abhängigkeit der verschiedenen Kategorien im Zeitraum 80/85 mit dem DAFOX als Referenzportfolio

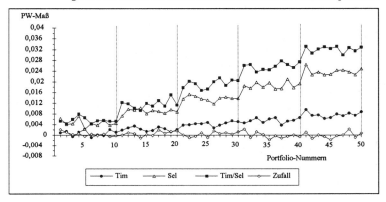

Abb. A-D.22: t-Werte für PW-Maße der Portfolios in Abhängigkeit der verschiedenen Kategorien im Zeitraum 80/85 mit dem DAFOX als Referenzportfolio

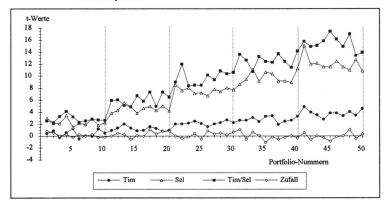

Abb. A-D.23: PW-Maße der Portfolios in Abhängigkeit der verschiedenen Kategorien im Zeitraum 86/91 mit dem DAFOX als Referenzportfolio

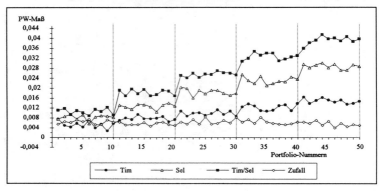

Abb. A-D.24: t-Werte für PW-Maße der Portfolios in Abhängigkeit der verschiedenen Kategorien im Zeitraum 86/91 mit dem DAFOX als Referenzportfolio

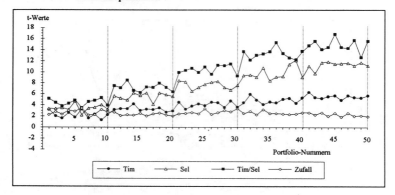

Abb. A-D.25: **PW-Maße der Portfolios in Abhängigkeit der verschiedenen Kategorien im Zeitraum 80/85 mit dem GG-Index als Referenzportfolio**

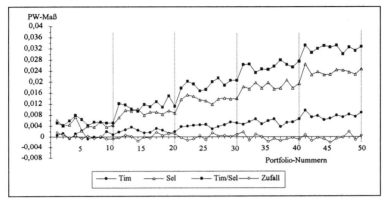

Abb. A-D.26: **t-Werte für PW-Maße der Portfolios in Abhängigkeit der verschiedenen Kategorien im Zeitraum 80/85 mit dem GG-Index als Referenzportfolio**

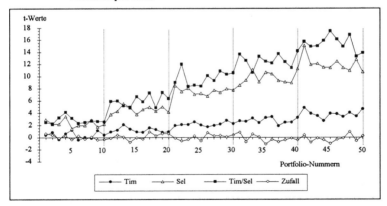

Abb. A-D.27: C/K-Alphas der Portfolios in Abhängigkeit der verschiedenen Kategorien im Zeitraum 86/91 mit dem GG-Index als Referenzportfolio

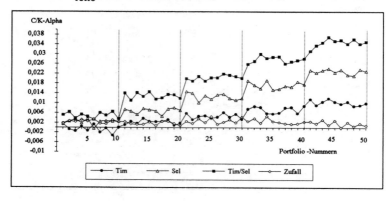

Abb. A-D.28: t-Werte für C/K-Alphas der Portfolios in Abhängigkeit der verschiedenen Kategorien im Zeitraum 86/91 mit dem GG-Index als Referenzportfolio

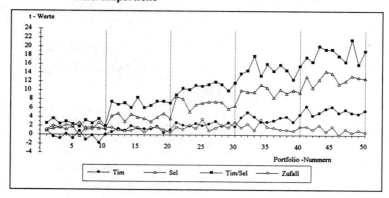

Abb. A-D.29: H/M-Alphas der Portfolios in Abhängigkeit der verschiedenen Kategorien im Zeitraum 86/91 mit dem GG-Index als Referenzportfolio

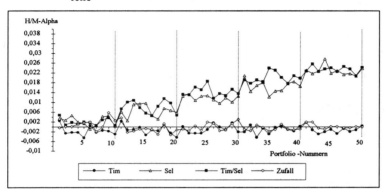

Abb. A-D.30: t-Werte für H/M-Alphas der Portfolios in Abhängigkeit der verschiedenen Kategorien im Zeitraum 86/91 mit dem GG-Index als Referenzportfolio

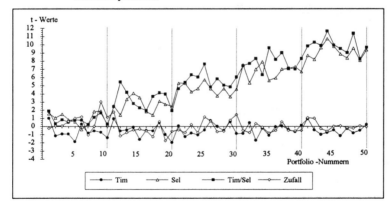

Abb. A-D.31: LPM-2/μ der Portfolios (Semistandardabweichung) in Abhängigkeit der Kategorien im Zeitraum 86/91

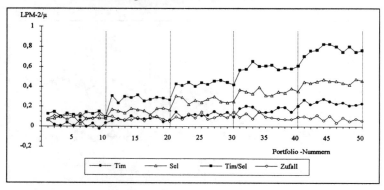

Abb.: A-D.32 Variationskoeffizient (VC) des Mittelaufkommens und Standardabweichung (STD) des Kassenanteils verschiedener Fonds im Vergleich; Periode 12/86-12/91 bei Berechnung mit vierteljährlichen Daten

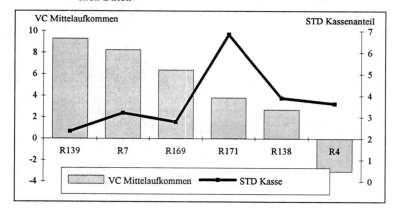

Anhang T: Tabellen

Tab. T-D.1: **Deskriptive Statistik der Investmentfonds, des Zinssatzes und verschiedener Indizes im Gesamtzeitraum 5/74 - 12/79**

Nr.	Name des Fonds	FV	N	μ	σ	Schiefe	Kurtosis	S/W	P<S/W
R2	Fondak	688,0	68	0,06000	0,1096	0,1308	0,615	0,9738	0,3817
R3	Fondra[1]	352,3	68	0,05921	0,0824	0,1313	0,605	0,97055	0,2741
R4	Adifonds	488,0	68	0,06832	0,1157	0,0766	0,753	0,96599	0,1632
R7	Adiverba[2]	716,8	68	0,05773	0,0925	0,3533	0,759	0,97968	0,6263
R9	Plusfonds	227,1	68	0,06829	0,0939	0,0409	0,660	0,96402	0,1285
R82	Dekafonds	1488,9	68	0,06897	0,1131	0,0725	0,572	0,96926	0,238
R120	Concentra	1113,3	68	0,06081	0,1143	0,2785	0,915	0,95845	0,0626
R122	DIT-Fonds f. V.	593,7	68	0,07019	0,0918	0,1449	1,635	0,94981	0,0187
R126	Thesaurus	367,0	68	0,05607	0,1091	0,2506	1,136	0,96636	0,1705
R164	Investa	1411,7	68	0,06121	0,1014	0,1472	0,418	0,97556	0,4496
R201	FT-Frankf.Eff.	411,4	68	0,06368	0,0834	-0,1707	0,486	0,97573	0,4565
R310	SMH-Spezial I[3]	515,0	68	0,03698	0,0846	0,2240	0,478	0,97718	0,5166
R322	Unifonds	1738,0	68	0,06527	0,1135	0,4476	1,033	0,96094	0,0869
R360	Oppenheim-Priv.[4]	30,9	68	0,03031	0,0913	-0,2499	0,426	0,98363	0,7941
R541	Main-I-Univ.	24,7	68	0,05811	0,0941	0,6874	1,059	0,96604	0,1641
R680	MK Alfakap.	257,8	68	0,05589	0,0866	-0,2194	0,994	0,98800	0,9324
D	Durchschnitt [5]	651,5	68	0,05881	0,0942	0,1151	0,499	0,97390	0,3856

Nr./Bez.	Geldmarktsatz/Indizes		N	μ	σ	Schiefe	Kurtosis	S/W	P<S/W
R_f	Geldmarktsatz für 1 Monat		68	0,04823	0,0052	1,2210	-0,003	0,75625	0,0001
DAX	DAX		68	0,02788	0,1306	0,4484	0,862	0,96355	0,1212
FAZ	FAZ		68	0,03385	0,1255	0,2471	0,600	0,97026	0,2658
CBK	CBIND		68	0,03224	0,1264	0,3212	0,748	0,96679	0,1794
FWB	FWBIND		68	0,02768	0,1161	0,3077	0,595	0,97304	0,3543
GG	Gleichgewichteter Index		68	0,07806	0,1077	0,6525	1,583	0,97495	0,4256
800	DAFOX (gesamt)		68	0,06696	0,1140	0,2400	0,795	0,97466	0,4141
801	DAFOX (Blue Chip)		68	0,06869	0,1208	0,2294	0,778	0,96921	0,2368
802	DAFOX (Small Cap)		68	0,06128	0,1095	0,6588	1,272	0,95774	0,0568
803	DAFOX (Chemie/Ph.)		68	0,05440	0,1430	0,2920	0,642	0,96724	0,1892
804	DAFOX (Elektro)		68	0,03360	0,1468	0,2431	1,736	0,97909	0,6000
805	DAFOX (Versorgg./Öl)		68	0,11311	0,1272	0,1598	0,161	0,98779	0,9275
806	DAFOX (Banken/Vers.)		68	0,07320	0,1195	0,2448	-0,077	0,97788	0,5468
807	DAFOX (Auto/Masch.)		68	0,09573	0,1451	0,7173	1,305	0,94665	0,0118
808	DAFOX (Stahl/Kabel)		68	0,07135	0,1373	0,0490	0,211	0,97452	0,4087
809	DAFOX (Bau/Baustoffe)		68	0,04324	0,1513	0,8316	1,532	0,95194	0,0254
810	DAFOX (Kaufhäuser)		68	0,00603	0,1754	0,3238	0,219	0,97782	0,5445
811	DAFOX (Verb./Brau/Pap)		68	0,00627	0,1017	1,2939	3,153	0,92905	0,0008
812	DAFOX (Verkehr)		68	0,07187	0,1712	0,1305	1,121	0,98466	0,8329
813	DAFOX (Holdings)		68	0,06134	0,1356	0,7798	1,712	0,96744	0,1936
814	DAFOX (Sonstige)		68	-0,03702	0,1883	0,7426	0,990	0,95593	0,0444
REXP	REX Performance-ges.		68	0,08507	0,0330	0,0994	1,247	0,97034	0,2680
REX1	REXP1-jährige		68	0,07431	0,0134	-0,1298	0,816	0,98400	0,8085
REX5	REXP5-jährige		68	0,08461	0,0332	0,2633	1,423	0,96247	0,1057
REX10	REXP10-jährige		68	0,08935	0,0605	-0,0288	-0,375	0,97313	0,3578

Nr.: Die Fondsnummern entsprechen der Klassifikation des BVI; FV: Fondsvermögen in Mio. DM zum Jahresende 1991; N: Anzahl der Beobachtungen; μ: durchschnittliche Rendite, annualisiert; σ: Standardabweichung, annualisiert; S/W: Shapiro-Wilk-Statistik zum Test auf Normalverteilung der Renditen; p: zugehöriges Signifikanzniveau

1) Gemischter Fonds, 2) Fonds investiert hauptsächlich in Bank- und Versicherungswerte; 3) Fonds investiert hauptsächlich in Wachstumswerte; 4) 1989 Änderung der Fondspolitik von gemischtem zu reinem Aktienfonds; 5) Gleichgewichtetes Portfolio aller Fonds

Tab. T-D.2: **Deskriptive Statistik der Investmentfonds, des Zinssatzes und verschiedener Indizes im Gesamtzeitraum 1/80 - 12/85**

Nr.	Name des Fonds	FV	N	μ	σ	Schiefe	Kurtosis	S/W	P<S/W
R2	Fondak	688,0	72	0,17614	0,1347	0,0667	-0,093	0,98617	0,8765
R3	Fondra[1]	352,3	72	0,14205	0,0933	0,0174	0,031	0,98385	0,7921
R4	Adifonds	488,0	72	0,17051	0,1352	0,0583	0,116	0,98304	0,7586
R7	Adiverba[2]	716,8	72	0,22398	0,1279	0,0890	0,514	0,98751	0,9155
R9	Plusfonds	227,1	72	0,14627	0,1081	-0,0604	0,280	0,99127	0,9822
R82	Dekafonds	1488,9	72	0,16832	0,1362	0,3070	0,147	0,97897	0,5765
R120	Concentra	1113,3	72	0,16861	0,1236	0,1093	0,059	0,98234	0,7286
R122	DIT-Fonds f. V.	593,7	72	0,13374	0,0779	0,4829	2,281	0,97569	0,4344
R126	Thesaurus	367,0	72	0,16765	0,1217	0,2629	0,491	0,97928	0,5908
R164	Investa	1411,7	72	0,17189	0,1302	0,1913	-0,048	0,97901	0,5784
R169	GKD-Fonds[1]	113,2	72	0,13106	0,0712	0,0591	-0,181	0,98446	0,8159
R201	FT-Frankf.Eff.	411,4	72	0,18526	0,1163	0,1737	-0,267	0,98343	0,7749
R310	SMH-Spezial I[3]	515,0	72	0,16205	0,1265	0,4876	0,654	0,96731	0,1726
R322	Unifonds	1738,0	72	0,17005	0,1286	0,1821	-0,229	0,97502	0,4074
R325	Unirak[1]	158,3	72	0,14954	0,0731	0,1728	0,573	0,98402	0,7986
R360	Oppenheim-Priv.[6]	30,9	72	0,13855	0,1045	-0,3537	0,691	0,98705	0,9031
R541	Main-I-Univ.	24,7	72	0,15404	0,1087	0,0736	0,751	0,98316	0,7635
R680	MK Alfakap.	257,8	72	0,15289	0,1204	0,0915	-0,163	0,97893	0,5748
DREN	Durchschnitt[7]	528,5	72	0,16181	0,1065	0,0894	0,000	0,98258	0,7391

Nr./Bez.	Geldmarktsatz/Indizes		N	μ	σ	Schiefe	Kurtosis	S/W	P<S/W
R_f	Geldmarktsatz für 1 Monat		72	0,07723	0,0073	0,5543	-0,973	0,86427	0,0001
DAX	DAX		72	0,16827	0,1501	0,0630	-0,015	0,98773	0,9214
FAZ	FAZ		72	0,17617	0,1484	0,1335	0,086	0,97935	0,5938
CBK	CBIND		72	0,16718	0,1545	0,2468	0,152	0,9762	0,4553
FWB	FWBIND		72	0,1809	0,1384	0,1584	0,305	0,98791	0,926
GG	Gleichgewichteter Index		72	0,17326	0,1060	0,2183	0,792	0,98198	0,7124
800	DAFOX (gesamt)		72	0,20339	0,1393	0,2085	0,195	0,98446	0,8158
801	DAFOX (Blue Chip)		72	0,19785	0,1470	0,2045	-0,025	0,97718	0,4971
802	DAFOX (Small Cap)		72	0,22505	0,1289	0,2770	1,163	0,98273	0,7454
803	DAFOX (Chemie/Ph.)		72	0,17797	0,1521	0,0242	0,574	0,98658	0,8895
804	DAFOX (Elektro)		72	0,21836	0,1771	0,2487	-0,074	0,96798	0,1877
805	DAFOX (Versorgg./Öl)		72	0,09511	0,1088	-0,3020	1,186	0,9837	0,7861
806	DAFOX (Banken/Vers.)		72	0,25895	0,1825	0,5847	1,020	0,97778	0,5234
807	DAFOX (Auto/Masch.)		72	0,23194	0,1693	0,5895	0,399	0,9552	0,033
808	DAFOX (Stahl/Kabel)		72	0,10417	0,1749	0,3967	1,271	0,98436	0,8121
809	DAFOX (Bau/Baustoffe)		72	0,14713	0,1368	0,7166	2,052	0,95312	0,0243
810	DAFOX (Kaufhäuser)		72	0,10342	0,1851	0,0610	-0,795	0,97115	0,2719
811	DAFOX (Verb./Brau/Pap)		72	0,16248	0,1133	-0,0083	0,452	0,97572	0,4353
812	DAFOX (Verkehr)		72	0,16249	0,2049	0,1494	0,191	0,98398	0,797
813	DAFOX (Holdings)		72	0,28952	0,1741	0,6943	0,850	0,95412	0,0282
814	DAFOX (Sonstige)		72	0,14495	0,1810	0,2153	-0,504	0,96739	0,1746
REXP	REX Performance-ges.		72	0,08665	0,0529	-0,7632	1,246	0,96832	0,1955
REX1	REXP1-jährige		72	0,07713	0,0149	-1,0247	3,471	0,95287	0,0233
REX5	REXP5-jährige		72	0,08585	0,0547	-0,7174	0,970	0,96736	0,174
REX10	REXP10-jährige		72	0,09338	0,0875	-0,4982	1,588	0,97664	0,474

Nr.: Die Fondsnummern entsprechen der Klassifikation des BVI; FV: Fondsvermögen in Mio. DM zum Jahresende 1991; N: Anzahl der Beobachtungen; μ: durchschnittliche Rendite, annualisiert; σ: Standardabweichung, annualisiert; S/W: Shapiro-Wilk-Statistik zum Test auf Normalverteilung der Renditen; p: zugehöriges Signifikanzniveau

1) Gemischter Fonds 2) Fonds investiert hauptsächlich in Bank- und Versicherungswerte 3) Fonds investiert hauptsächlich in Wachstumswerte 4) Fonds investiert vorwiegend in innovativen, mittleren Unternehmen 5) Fonds investiert hauptsächlich in bayerische Werte 6) 1989 Änderung der Fondspolitik von gemischtem zu reinem Aktienfonds; 7) Gleichgewichtetes Portfolio aller Fonds

Tab. T-D.3: **Deskriptive Statistik der Investmentfonds, des Zinssatzes und verschiedener Indizes im Gesamtzeitraum 5/74 - 12/91**

Nr.	Name des Fonds	FV	N	μ	σ	Schiefe	Kurtosis	S/W	P<S/W
R2	Fondak	688,0	212	0,08518	0,1641	-1,1285	5,004	0,94485	0,0001
R3	Fondra [1]	352,3	212	0,07222	0,1140	-1,1318	4,692	0,93707	0,0001
R4	Adifonds	488,0	212	0,08761	0,1591	-1,0977	4,826	0,94844	0,0001
R7	Adiverba [2]	716,8	212	0,09256	0,1498	-1,3083	7,717	0,94145	0,0001
R9	Plusfonds	227,1	212	0,08691	0,1401	-1,2326	5,808	0,93310	0,0001
R82	Dekafonds	1488,9	212	0,08788	0,1658	-0,9267	4,169	0,95446	0,0001
R120	Concentra	1113,3	212	0,09123	0,1578	-0,9325	4,004	0,94837	0,0001
R122	DIT-Fonds f. V.	593,7	212	0,09380	0,1248	-0,9778	4,725	0,93109	0,0001
R126	Thesaurus	367,0	212	0,08703	0,1574	-1,0225	4,617	0,93937	0,0001
R164	Investa	1411,7	212	0,09132	0,1535	-0,8141	3,545	0,95673	0,0001
R201	FT-Frankf.Eff.	411,4	212	0,10393	0,1267	-0,7811	3,090	0,95764	0,0001
R310	SMH-Spezial I [3]	515,0	212	0,09763	0,1360	-0,2438	1,741	0,97262	0,0387
R322	Unifonds	1738,0	212	0,08903	0,1549	-0,9070	3,809	0,94329	0,0001
R360	Oppenheim-Priv.[4]	30,9	212	0,06419	0,1370	-2,1047	12,446	0,89227	0,0000
R541	Main-I-Univ.	24,7	212	0,07730	0,1517	-1,2303	5,768	0,92560	0,0001
R680	MK Alfakap.	257,8	212	0,07528	0,1365	-0,9578	4,127	0,95398	0,0001
DREN	Durchschnitt [5]	651,5	212	0,08306	0,1331	-1,2000	5,399	0,94201	0,0001

Nr./Bez.	Geldmarktsatz/Indizes	N	μ	σ	Schiefe	Kurtosis	S/W	P<S/W
Rf	Geldmarktsatz für 1 Monat	212	0,06195	0,0071	0,7255	-0,355	0,88973	0,0000
DAX	DAX	212	0,07425	0,1792	-0,7525	3,619	0,95551	0,0001
FAZ	FAZ	212	0,06919	0,1776	-0,9063	4,103	0,94922	0,0001
CBK	CBIND	212	0,06269	0,1819	-0,8111	3,789	0,95292	0,0001
FWB	FWBIND	212	0,06852	0,1719	-0,9149	4,354	0,95048	0,0001
GG	Gleichgewichteter Index	212	0,11564	0,1375	-0,8459	4,296	0,95681	0,0001
800	DAFOX (gesamt)	212	0,09798	0,1690	-0,9919	4,584	0,94469	0,0001
801	DAFOX (Blue Chip)	212	0,09759	0,1751	-0,9163	4,171	0,94857	0,0001
802	DAFOX (Small Cap)	212	0,09930	0,1609	-0,8451	4,558	0,95775	0,0001
803	DAFOX (Chemie/Ph.)	212	0,08761	0,1704	-0,5854	2,415	0,97204	0,0316
804	DAFOX (Elektro)	212	0,08884	0,2046	-0,6799	3,724	0,95035	0,0001
805	DAFOX (Versorgg./Öl)	212	0,10823	0,1357	-0,3727	1,337	0,97440	0,0697
806	DAFOX (Banken/Vers.)	212	0,10937	0,2047	-0,7777	3,971	0,96501	0,0018
807	DAFOX (Auto/Masch.)	212	0,10360	0,2114	-0,7338	3,998	0,94353	0,0001
808	DAFOX (Stahl/Kabel)	212	0,07615	0,2021	-0,5773	2,385	0,96714	0,0045
809	DAFOX (Bau/Baustoffe)	212	0,11447	0,2015	-0,2208	2,534	0,95972	0,0001
810	DAFOX (Kaufhäuser)	212	0,06020	0,2184	-0,2086	1,313	0,98338	0,5494
811	DAFOX (Verb./Brau/Pap)	212	0,07648	0,1464	-0,6174	4,576	0,95959	0,0001
812	DAFOX (Verkehr)	212	0,07447	0,2318	-0,1892	1,247	0,97878	0,2325
813	DAFOX (Holdings)	212	0,12315	0,2038	-0,4059	2,954	0,96876	0,0090
814	DAFOX (Sonstige)	212	0,05833	0,1897	-0,0912	1,879	0,98098	0,3702
REXP	REX-Performance-gesamt	212	0,07555	0,0419	-0,5936	1,616	0,97916	0,2538
REX1	REX-P 1-jährige	212	0,07178	0,0129	-0,5635	2,488	0,97641	0,1267
REX5	REX-P 5-jährige	212	0,07486	0,0425	-0,5247	1,534	0,97822	0,2036
REX10	REX-P 10-jährige	212	0,07705	0,0726	-0,4395	1,510	0,98495	0,6695

Nr.: Die Fondsnummern entsprechen der Klassifikation des BVI; FV: Fondsvermögen in Mio. DM zum Jahresende 1991; N: Anzahl der Beobachtungen; μ: durchschnittliche Rendite, annualisiert; σ: Standardabweichung, annualisiert; S/W: Shapiro-Wilk-Statistik zum Test auf Normalverteilung der Renditen; p: zugehöriges Signifikanzniveau

1) Gemischter Fonds, 2) Fonds investiert hauptsächlich in Bank- und Versicherungswerte; 3) Fonds investiert hauptsächlich in Wachstumswerte; 4) 1989 Änderung der Fondspolitik von gemischtem zu reinem Aktienfonds; 5) Gleichgewichtetes Portfolio aller Fonds

Tab. T-D.4: Pearson-Korrelationskoeffizienten zwischen den Indexrenditen im Gesamtzeitraum 5/74-12/91 (linke untere Hälfte) und im Zeitraum 86/91 (rechte obere Hälfte)

Indizes	800	801	802	803	804	805	806	807	808	809	810	811	812	813	814	DAX	GG	REXP	REX1	REX5	REX10	TUB
800	1	1	,92	,89	,93	,86	,96	,95	,85	,80	,75	,89	,74	,94	,86	,99	,94	,19	,01	,18	,23	,97
801	1	1	,89	,91	,93	,86	,94	,96	,86	,79	,74	,88	,74	,93	,85	,99	,93	,19	,02	,18	,23	,97
802	,89	,85	1	,75	,82	,76	,94	,85	,71	,77	,70	,86	,68	,88	,84	,87	,92	,18	-,03	,17	,20	,86
803	,87	,88	,69	1	,81	,75	,79	,85	,82	,66	,66	,79	,77	,84	,76	,91	,82	,13	-,04	,12	,15	,89
804	,91	,91	,78	,77	1	,78	,86	,89	,80	,73	,68	,81	,66	,84	,79	,92	,84	,16	,03	,14	,20	,89
805	,78	,77	,74	,66	,67	1	,77	,78	,78	,75	,68	,81	,70	,79	,73	,84	,85	,20	,03	,18	,27	,86
806	,94	,92	,90	,74	,83	,67	1	,89	,73	,72	,68	,81	,63	,88	,79	,93	,87	,24	,03	,23	,26	,91
807	,93	,94	,80	,79	,84	,67	,83	1	,79	,69	,62	,79	,67	,92	,79	,95	,86	,19	,04	,17	,20	,92
808	,83	,84	,67	,73	,77	,67	,71	,76	1	,77	,64	,82	,76	,76	,72	,86	,86	,06	-,05	,02	,14	,84
809	,73	,72	,71	,57	,65	,66	,63	,65	,66	1	,73	,82	,61	,73	,77	,77	,86	,12	-,02	,10	,18	,76
810	,65	,66	,56	,58	,55	,53	,58	,57	,51	,57	1	,81	,55	,68	,80	,73	,77	,21	,05	,20	,22	,76
811	,81	,80	,79	,70	,73	,71	,70	,71	,72	,76	,62	1	,73	,82	,89	,85	,96	,14	-,07	,13	,17	,86
812	,62	,62	,52	,57	,58	,51	,49	,58	,59	,51	,41	,58	1	,74	,66	,73	,75	,09	-,05	,08	,12	,72
813	,91	,90	,83	,78	,81	,69	,82	,89	,72	,70	,60	,75	,59	1	,81	,92	,89	,14	,00	,13	,15	,91
814	,72	,72	,67	,64	,69	,59	,64	,65	,60	,59	,52	,66	,50	,66	1	,82	,91	,13	-,01	,14	,11	,84
DAX	,98	,98	,82	,88	,89	,75	,90	,93	,84	,70	,66	,77	,62	,88	,72	1	,90	,22	,05	,21	,24	,96
GG	,92	,90	,88	,77	,83	,77	,82	,84	,81	,81	,64	,89	,64	,85	,76	,88	1	,10	-,08	,10	,14	,12
REXP	,26	,27	,23	,21	,23	,28	,32	,19	,13	,19	,27	,17	,22	,20	,21	,26	,21	1	,76	,98	,90	-,04
REX1	,15	,15	,12	,09	,15	,18	,18	,12	,08	,09	,16	,05	,15	,14	,21	,15	,13	,78	1	,79	,56	,11
REX5	,25	,25	,22	,20	,21	,27	,30	,18	,10	,18	,27	,15	,22	,19	,20	,24	,20	,99	,78	1	,82	,16
REX10	,26	,26	,22	,21	,21	,28	,31	,19	,14	,20	,24	,17	,22	,20	,16	,25	,21	,89	,62	,84	1	,91

Tab. T-D.5: **Durchschnittswerte der deskriptiven Statistik für die Simulations-portfolios im Zeitraum 86/91**

Portfolios	μ	σ	Schiefe	Kurtosis	NV (-)
Kategorie Z: Zufall					
P01-P10	0,104347	0,166965	-0,929859	2,130307	9
P11-P20	0,094410	0,168602	-0,821941	2,134741	7
P21-P30	0,106762	0,168867	-0,810879	2,081185	6
P31-P40	0,103227	0,170241	-0,767430	1,886653	5
P41-P50	0,095001	0,167177	-0,885018	1,947751	9
Kategorie T: Timing					
P01-P10	0,075441	0,236252	-0,944646	2,246769	10
P11-P20	0,106453	0,234079	-0,811038	2,021335	7
P21-P30	0,132499	0,229266	-0,661371	1,705090	3
P31-P40	0,162273	0,228165	-0,443001	1,576895	2
P41-P50	0,193735	0,224980	-0,250656	1,451354	0
Kategorie S: Selektivität					
P01-P10	0,110728	0,242065	-1,063176	2,451140	10
P11-P20	0,164917	0,239490	-1,007700	2,346373	10
P21-P30	0,233258	0,242952	-0,988370	2,271552	9
P31-P40	0,289706	0,243447	-0,989913	2,198605	10
P41-P50	0,357858	0,243241	-1,004808	2,218576	10
Kategorie T/S: Timing/Selektivität					
P01-P10	0,139592	0,238934	-0,878809	2,084075	10
P11-P20	0,232872	0,233458	-0,699140	1,735043	4
P21-P30	0,320860	0,231602	-0,617153	1,800165	2
P31-P40	0,407709	0,226847	-0,486390	1,528524	1
P41-P50	0,487383	0,221963	-0,267394	1,342647	0

NV (-): Anzahl der Portfolios, für die die Nullhypothese, daß ihre Renditen einer Normalverteilung folgen, nach dem Shapiro-Wilk-Test auf einem 5 %-Signifikanzniveau abgelehnt werden muß

Tab. T-D.6: Durchschnittliche z- und t-Werte der einzelnen Portfoliogruppen innerhalb der verschiedenen Kategorien unter Verwendung des GG-Index im Zeitraum 86/91

Maße	Selectivity-Maße				Timing-Maße			Gesamtperformance -Maße		
Portfolio-gruppe	S	J	H/M-A	T/M-A	T/M-γ	C/K-β_2	H/M-β_2	T/M-T	C/K-A	PW
					Kategorie T					
P01-10	0,328	-0,304	-0,693	-0,707	0,882	0,563	0,563	-0,312	-0,262	-0,256
P11-20	-1,078	1,110	-0,510	0,155	1,941	1,516	1,517	1,093	1,267	0,841
P21-30	-2,076	2,146	-0,352	0,806	2,872	2,243	2,242	2,122	2,408	1,752
P31-40	-3,086	3,248	-0,428	1,574	4,280	3,540	3,540	3,215	3,834	2,641
P41-50	-4,033	4,354	-0,410	2,373	5,438	4,894	4,894	4,312	5,460	3,490
					Kategorie S					
P01-10	-1,262	1,288	0,921	1,171	-0,011	-0,012	-0,010	1,288	1,299	0,963
P11-20	-3,728	3,939	2,632	3,381	0,710	0,267	0,268	3,934	3,995	2,976
P21-30	-6,017	7,019	4,650	6,110	0,811	0,444	0,446	7,013	7,077	5,140
P31-40	-7,568	9,877	6,759	8,620	0,881	0,432	0,434	9,868	9,942	7,299
P41-50	-8,658	12,824	9,135	11,600	0,422	0,018	0,019	12,819	12,781	9,005
					Kategorie T/S					
P01-10	-2,510	2,597	0,839	1,725	1,654	1,386	1,387	2,583	2,765	1,990
P11-20	-5,780	6,688	3,281	5,438	2,664	1,918	1,918	6,665	7,093	4,951
P21-30	-7,585	10,021	5,676	8,779	3,077	2,695	2,695	9,996	10,813	8,149
P31-40	-8,811	13,484	7,922	12,406	4,223	3,317	3,317	13,451	14,893	11,079
P41-50	-9,338	15,594	9,959	14,985	5,864	5,258	5,258	15,553	18,484	12,816
					Kategorie Z					
P01-10	-1,696	1,749	0,582	1,195	0,837	0,712	0,714	1,741	1,850	1,013
P11-20	-0,993	1,029	-0,444	0,206	1,556	1,364	1,364	1,015	1,177	0,629
P21-30	-1,725	1,785	0,110	0,956	1,643	1,445	1,446	1,771	1,962	1,053
P31-40	-1,478	1,529	-0,321	0,561	2,040	1,691	1,693	1,511	1,733	0,908
P41-50	-1,066	1,105	0,103	0,593	1,049	0,784	0,784	1,096	1,182	0,634

Tab. T-D.7: Anzahl der als positiv und signifikant identifizierten Performance-Werte bei Verwendung verschiedener Ansätze in den einzelnen Kategorien unter Verwendung des GG-Index im Zeitraum 86/91

Performance-Determinante	Selectivity-Maße				Timing-Maße			Gesamtperformance-Maße		
Maße	S	J	H/M-A	T/M-A	T/M-γ	C/K-β_2	H/M-β_2	T/M-T	C/K-A	PW
					T					
positive	43	43	13	37	48	47	47	43	42	43
sig. pos. / 5 %	25	25	0	7	37	32	32	31	32	25
sig. pos. / 10 %	29	31	0	13	41	37	37	32	36	30
					S					
positive	49	49	49	49	35	31	31	49	49	49
sig. pos. / 5 %	43	43	40	43	3	2	2	43	42	41
sig. pos. / 10 %	46	46	44	44	6	3	3	46	47	41
					T/S					
positive	50	50	50	50	50	50	50	50	50	50
sig. pos. / 5 %	50	50	41	45	41	39	39	50	50	47
sig. pos. / 10 %	50	50	42	49	46	42	42	50	50	49
					Z					
positive	50	50	21	40	44	44	44	50	50	50
sig. pos. / 5 %	8	9	1	4	14	10	10	9	10	0
sig. pos. / 10 %	14	15	2	6	22	17	16	15	18	2

Tab. T-D.8: **Doppelter t-Test und Wilcoxon-Rangsummentest auf Mittelwertunterschiede der Risikomaße LPM₁ und LPM₂; Zeitraum: 80/85; Target Return: Rf**

K/G		LPM-1					LPM-2				
K	Gᵢ u Gⱼ	F	T	P>T	RS	P>T	F	T	P>T	RS	P>T
T	1 u 2	4,91	1,976	0,0638	127	0,1205	2,16	2,553	0,0214	132	0,0593
T	1 u 3	6,09	4,142	0,0006	145	0,0082	1,95	4,727	0,0002	147	0,0054
T	1 u 4	1,57	5,868	0,0001	153	0,0019	1,69	7,430	0,0001	155	0,0014
T	1 u 5	1,11	7,775	0,0001	155	0,0014	4,39	10,683	0,0000	155	0,0014
T	2 u 3	1,24	3,796	0,0013	144	0,0097	1,11	2,763	0,0128	135	0,0379
T	2 u 4	3,13	5,825	0,0001	155	0,0021	1,28	6,125	0,0001	152	0,0023
T	2 u 5	4,41	8,139	0,0001	155	0,0014	2,03	10,537	0,0001	155	0,0014
T	3 u 4	3,88	3,395	0,0046	138	0,0238	1,16	3,388	0,0033	141	0,0147
T	3 u 5	5,48	6,057	0,0001	155	0,0014	2,25	6,998	0,0001	155	0,0014
T	4 u 5	1,41	2,587	0,0189	135	0,0380	2,61	2,713	0,016	128	0,1053
S	1 u 2	1,18	7,708	0,0001	155	0,0014	2,4	4,937	0,0002	153	0,0019
S	1 u 3	1,27	14,999	0,0001	155	0,0014	1,77	10,154	0,0001	155	0,0014
S	1 u 4	1,73	18,026	0,0001	155	0,0014	1,02	10,934	0,0001	155	0,0014
S	1 u 5	2,04	30,728	0,0001	155	0,0014	4,92	18,830	0,0000	155	0,0014
S	2 u 3	1,5	8,338	0,0001	155	0,0014	1,36	6,893	0,0001	154	0,0018
S	2 u 4	2,04	12,021	0,0001	155	0,0014	2,35	8,048	0,0001	154	0,0016
S	2 u 5	1,73	23,376	0,0001	155	0,0014	2,05	18,779	0,0001	155	0,0014
S	3 u 4	1,35	4,120	0,0007	145	0,0076	1,73	2,156	0,0459	136	0,0326
S	3 u 5	2,6	11,212	0,0001	155	0,0014	2,78	9,074	0,0001	155	0,0014
S	4 u 5	3,51	5,215	0,0001	149	0,0039	4,81	4,850	0,0001	151	0,0027
TS	1 u 2	1,46	9,305	0,0001	155	0,0014	1,41	7,478	0,0001	155	0,0014
TS	1 u 3	1,45	18,595	0,0001	155	0,0014	1,83	13,625	0,0001	155	0,0014
TS	1 u 4	2,08	30,542	0,0001	155	0,0014	1,71	22,125	0,0001	155	0,0014
TS	1 u 5	2,65	38,009	0,0001	155	0,0014	5,77	30,302	0,0000	155	0,0014
TS	2 u 3	1	8,522	0,0001	155	0,0014	1,3	6,282	0,0001	154	0,0016
TS	2 u 4	3,03	16,217	0,0001	155	0,0014	2,4	11,512	0,0001	155	0,0014
TS	2 u 5	3,86	22,159	0,0000	155	0,0014	8,13	16,868	0,0000	155	0,0014
TS	3 u 4	3,02	5,778	0,0001	153	0,0019	3,12	3,194	0,0064	134	0,0443
TS	3 u 5	3,86	11,434	0,0000	155	0,0014	10,5	7,014	0,0000	155	0,0014
TS	4 u 5	1,28	8,026	0,0001	154	0,0016	3,38	5,689	0,0001	153	0,0019
Z	1 u 2	1,57	2,381	0,0291	132	0,0641	1,1	1,616	0,1235	123	0,2139
Z	1 u 3	1,14	0,518	0,6107	109	0,794	1,24	-0,481	0,6365	97	0,5772
Z	1 u 4	2,4	-0,134	0,8951	109	0,7942	1,07	-0,153	0,8800	106	0,9702
Z	1 u 5	4,33	-0,500	0,6229	96	0,5282	2,26	-0,717	0,4841	94	0,437
Z	2 u 3	1,38	-1,860	0,0797	87	0,2016	1,13	-2,198	0,0413	78	0,0553
Z	2 u 4	1,53	-2,040	0,0570	82	0,0982	1,18	-1,744	0,0983	82	0,1053
Z	2 u 5	2,76	-2,047	0,0588	84	0,1377	2,48	-1,981	0,0659	80	0,0796
Z	3 u 4	2,11	-0,534	0,6006	97	0,5774	1,33	0,311	0,7595	107	0,9109
Z	3 u 5	3,81	-0,818	0,4241	93	0,3955	2,8	-0,370	0,7168	99	0,6822
Z	4 u 5	1,8	-0,350	0,7307	102	0,8521	2,11	-0,588	0,5645	98	0,6288

Tab. T-D.9: Doppelter t-Test und Wilcoxon-Rangsummentest auf Mittelwertunterschiede der Risikomaße LPM_1 und LPM_2; Zeitraum: 86/91; Target Return: R_f

K/G			LPM-1				LPM-2			
K	G_i u G_j	F	T	P>T	RS	P>T	F	T	P>T	RS	P>T
T	1 u 2	1,61	3,420	0,0033	143	0,0106	1,63	3,646	0,002	142	0,0125
T	1 u 3	1,22	5,991	0,0001	152	0,0023	1,47	7,479	0,0001	154	0,0016
T	1 u 4	3,98	11,162	0,0000	155	0,0014	2,46	12,036	0,0001	155	0,0014
T	1 u 5	2,22	13,965	0,0001	155	0,0014	5,24	17,525	0,0000	155	0,0014
T	2 u 3	1,32	3,106	0,0062	139	0,0203	1,11	4,452	0,0003	148	0,0046
T	2 u 4	2,47	8,713	0,0001	155	0,0014	1,51	9,549	0,0001	155	0,0014
T	2 u 5	1,38	12,048	0,0001	155	0,0014	3,22	16,162	0,0001	155	0,0014
T	3 u 4	3,25	4,264	0,0008	147	0,0054	1,68	4,392	0,0004	148	0,0046
T	3 u 5	1,82	7,761	0,0001	155	0,0014	3,57	10,105	0,0001	155	0,0014
T	4 u 5	1,79	5,171	0,0001	152	0,0023	2,13	6,284	0,0001	152	0,0023
S	1 u 2	1,03	5,592	0,0001	153	0,0019	1,1	4,318	0,0004	146	0,0064
S	1 u 3	1,74	11,432	0,0001	155	0,0014	1,67	5,919	0,0001	155	0,0014
S	1 u 4	1,1	13,407	0,0001	155	0,0014	1,05	9,471	0,0001	155	0,0014
S	1 u 5	2,72	22,340	0,0001	155	0,0014	1,7	13,801	0,0001	155	0,0014
S	2 u 3	1,69	5,224	0,0001	153	0,0019	1,83	2,300	0,0348	133	0,0513
S	2 u 4	1,13	8,042	0,0001	155	0,0014	1,05	5,322	0,0001	153	0,0019
S	2 u 5	2,64	15,788	0,0001	155	0,0014	1,55	9,321	0,0001	155	0,0014
S	3 u 4	1,91	3,921	0,0012	147	0,0054	1,74	2,212	0,0412	136	0,0326
S	3 u 5	1,57	12,118	0,0001	155	0,0014	2,84	5,143	0,0001	148	0,0046
S	4 u 5	2,99	5,528	0,0001	153	0,0019	1,63	3,332	0,0039	141	0,0147
TS	1 u 2	2,46	14,457	0,0001	155	0,0014	3,45	7,902	0,0001	154	0,0016
TS	1 u 3	1,01	34,769	0,0001	155	0,0014	1,26	20,933	0,0001	155	0,0014
TS	1 u 4	1,23	46,928	0,0001	155	0,0014	1,97	31,902	0,0001	155	0,0014
TS	1 u 5	1,71	54,516	0,0001	155	0,0014	1,46	38,363	0,0001	155	0,0014
TS	2 u 3	2,44	12,020	0,0001	155	0,0014	4,35	5,520	0,0000	155	0,0014
TS	2 u 4	2,01	22,472	0,0001	155	0,0014	6,8	11,315	0,0000	155	0,0014
TS	2 u 5	1,44	30,773	0,0001	155	0,0014	5,05	16,288	0,0000	155	0,0014
TS	3 u 4	1,22	13,891	0,0001	155	0,0014	1,56	9,766	0,0001	155	0,0014
TS	3 u 5	1,69	24,541	0,0001	155	0,0014	1,16	17,893	0,0001	155	0,0014
TS	4 u 5	1,39	11,484	0,0001	155	0,0014	1,35	9,719	0,0001	155	0,0014
Z	1 u 2	1,62	-1,314	0,2063	90	0,2866	5,62	-0,658	0,5191	99	0,6552
Z	1 u 3	1,34	0,096	0,9248	104	0,9702	3,53	0,239	0,8149	111	0,6822
Z	1 u 4	1,51	-1,087	0,2918	91	0,3203	3,9	-0,298	0,7694	110	0,7375
Z	1 u 5	1,29	-1,204	0,2445	92	0,3566	2,49	-0,757	0,4607	99	0,6822
Z	2 u 3	1,21	1,321	0,2031	119	0,3198	1,59	0,727	0,4769	115	0,4814
Z	2 u 4	1,07	0,229	0,8219	107	0,9109	1,44	0,335	0,7416	108	0,8521
Z	2 u 5	1,26	0,179	0,8597	106	0,9999	2,26	0,098	0,9233	108	0,8521
Z	3 u 4	1,13	-1,107	0,2828	91	0,303	1,1	-0,428	0,6738	104	0,9702
Z	3 u 5	1,04	-1,214	0,2406	92	0,3379	1,42	-0,783	0,4441	93	0,3955
Z	4 u 5	1,17	-0,059	0,9537	104	0,9702	1,57	-0,299	0,7687	99	0,6822

Tab. T-D.10: Doppelter t-Test und Wilcoxon-Rangsummentest auf Mittelwertunterschiede der Risikomaße LPM_1 und LPM_2; Zeitraum: 80/85; Target Return: μ

K/G		LPM-1					LPM-2				
K	G_i u G_j	F	T	P>T	RS	P>T	F	T	P>T	RS	P>T
T	1 u 2	1,7	-1,029	0,3179	94	0,4372	1,64	0,638	0,5319	112	0,6288
T	1 u 3	3,28	-4,056	0,0012	62	0,0046	1,36	-0,112	0,9122	107	0,9109
T	1 u 4	1,73	-1,834	0,0845	84	0,1377	1,2	1,823	0,0852	130	0,0796
T	1 u 5	2,24	-2,424	0,0279	76	0,0443	1,13	1,508	0,1489	128	0,1052
T	2 u 3	1,94	-3,527	0,0027	67	0,0106	1,2	-0,826	0,4199	100	0,7375
T	2 u 4	2,94	-1,138	0,2736	92	0,3566	1,97	1,407	0,1783	124	0,1781
T	2 u 5	*3,8	-1,822	0,0851	79	0,069	1,45	1,031	0,3167	121	0,2556
T	3 u 4	*5,69	1,121	0,2772	116	0,4372	1,64	2,050	0,0561	122	0,2274
T	3 u 5	*7,36	0,168	0,8682	101	0,7942	1,21	1,744	0,0985	117	0,3953
T	4 u 5	1,29	-0,668	0,5129	94	0,4372	1,35	-0,437	0,6674	100	0,7094
S	1 u 2	1,31	0,778	0,4472	116	0,4372	3,69	-0,129	0,8995	103	0,9109
S	1 u 3	1,35	1,949	0,0675	128	0,1053	1,83	1,079	0,2962	117	0,3955
S	1 u 4	1,4	0,220	0,8284	107	0,9109	1,01	-0,693	0,497	96	0,5282
S	1 u 5	1,16	-0,101	0,9204	103	0,9109	1,68	-0,555	0,5865	98	0,6285
S	2 u 3	1,77	1,344	0,1969	126	0,1377	2,02	1,645	0,1193	127	0,1206
S	2 u 4	1,83	-0,470	0,6442	100	0,7375	3,73	-0,740	0,4718	97	0,5774
S	2 u 5	1,13	-0,917	0,3711	93	0,3953	2,2	-0,597	0,5592	100	0,7373
S	3 u 4	1,03	-1,596	0,1278	84	0,1377	1,85	-1,864	0,0802	83	0,1206
S	3 u 5	1,56	-2,100	0,0508	80	0,0795	1,09	-1,911	0,0721	79	0,0688
S	4 u 5	1,62	-0,318	0,754	99	0,6821	1,69	0,223	0,8266	107	0,9108
TS	1 u 2	3,76	-0,480	0,6392	100	0,7375	2,33	0,948	0,3576	118	0,3566
TS	1 u 3	2,61	-1,071	0,3012	85	0,1469	3,68	1,992	0,067	133	0,0514
TS	1 u 4	3,45	-1,659	0,1197	81	0,0917	2,04	1,617	0,1253	127	0,1206
TS	1 u 5	1,65	-1,694	0,1086	77	0,0514	1,47	4,756	0,0002	148	0,0045
TS	2 u 3	1,44	-0,392	0,6999	100	0,7375	1,58	1,052	0,3075	119	0,3203
TS	2 u 4	1,09	-0,914	0,3729	96	0,5282	1,14	0,520	0,6093	117	0,3955
TS	2 u 5	*6,18	-0,527	0,6044	96	0,5282	1,59	2,944	0,009	137	0,0277
TS	3 u 4	1,32	-0,595	0,5595	103	0,9109	1,81	-0,624	0,5412	102	0,8521
TS	3 u 5	*4,3	-0,063	0,9506	116	0,4372	2,51	1,391	0,1842	127	0,1201
TS	4 u 5	*5,68	0,671	0,5107	112	0,6288	1,39	2,484	0,0234	134	0,044
Z	1 u 2	1,36	2,054	0,0551	127	0,1206	1,49	1,518	0,147	124	0,1894
Z	1 u 3	2,2	0,854	0,4058	113	0,5774	1,97	-0,148	0,8844	100	0,7375
Z	1 u 4	1,12	1,218	0,2391	120	0,2867	*5,57	0,923	0,3684	116	0,4372
Z	1 u 5	1,04	0,349	0,7313	108	0,8521	1,53	-0,131	0,8972	102	0,8521
Z	2 u 3	1,62	-1,537	0,1427	89	0,2558	1,32	-1,974	0,0643	84	0,1377
Z	2 u 4	1,21	-0,809	0,4292	92	0,3566	3,74	-1,042	0,316	97	0,5774
Z	2 u 5	1,31	-1,704	0,1059	85	0,1568	1,03	-1,851	0,0807	82	0,1053
Z	3 u 4	1,96	0,556	0,5861	111	0,6822	2,83	1,426	0,1747	121	0,2558
Z	3 u 5	2,11	-0,456	0,6547	98	0,6288	1,29	0,012	0,9907	104	0,9702
Z	4 u 5	1,08	-0,872	0,3947	95	0,4814	3,64	-1,282	0,2214	91	0,3203

Tab. T-D.11: Doppelter t-Test und Wilcoxon-Rangsummentest auf Mittelwertunterschiede der Risikomaße LPM_1 und LPM_2; Zeitraum: 86/91; Target Return: μ

K/G		LPM-1					LPM-2				
K	$G_i u G_j$	F	T	P>T	RS	P>T	F	T	P>T	RS	P>T
T	1 u 2	1,26	0,906	0,3769	113	0,5772	1,32	2,271	0,0359	131	0,069
T	1 u 3	2,49	1,518	0,1495	123	0,2016	1,17	5,320	0,0001	149	0,0039
T	1 u 4	1,06	3,257	0,0044	145	0,0076	2,91	9,197	0,0001	155	0,0014
T	1 u 5	*3,87	5,138	0,0001	151	0,0027	*3,81	12,909	0,0000	155	0,0014
T	2 u 3	1,98	0,761	0,4574	112	0,6287	1,12	3,329	0,0037	140	0,0173
T	2 u 4	1,33	2,143	0,0463	132	0,0595	2,22	7,278	0,0001	155	0,0014
T	2 u 5	*4,86	3,577	0,0022	142	0,0125	2,9	11,362	0,0001	155	0,0014
T	3 u 4	2,64	0,921	0,3717	114	0,5282	2,48	3,127	0,0068	142	0,0125
T	3 u 5	*9,63	1,768	0,0940	127	0,1206	3,25	6,880	0,0001	155	0,0014
T	4 u 5	3,65	1,116	0,2838	124	0,1781	1,31	4,941	0,0001	148	0,0046
S	1 u 2	1,17	1,737	0,0995	136	0,0326	1,14	1,348	0,1946	121	0,2558
S	1 u 3	1,43	0,159	0,8752	109	0,7942	1,76	0,047	0,9629	107	0,9109
S	1 u 4	1,42	-0,737	0,4709	91	0,3203	1,41	-0,301	0,7671	107	0,9109
S	1 u 5	2,21	-0,093	0,9268	104	0,9702	1,13	-0,344	0,7351	99	0,6822
S	2 u 3	1,23	-1,733	0,1005	84	0,1377	2	-1,088	0,2924	83	0,1206
S	2 u 4	1,65	-2,329	0,0325	82	0,1053	1,6	-1,530	0,1444	83	0,1206
S	2 u 5	2,58	-1,447	0,1683	86	0,1781	1,29	-1,656	0,1154	87	0,2016
S	3 u 4	2,04	-0,931	0,3657	93	0,3955	1,25	-0,306	0,763	106	0,9702
S	3 u 5	3,17	-0,220	0,8291	107	0,9109	1,55	-0,341	0,7371	102	0,8521
S	4 u 5	1,56	0,514	0,614	115	0,4814	1,24	-0,022	0,9826	101	0,7942
TS	1 u 2	1,1	1,844	0,0818	120	0,2867	3,45	3,100	0,0079	139	0,0203
TS	1 u 3	1,45	2,311	0,0334	130	0,0796	1,47	7,589	0,0001	155	0,0014
TS	1 u 4	1,8	4,283	0,0005	151	0,0027	1,54	11,587	0,0001	155	0,0014
TS	1 u 5	1,16	5,849	0,0001	154	0,0016	1,39	16,756	0,0001	155	0,0014
TS	2 u 3	1,6	0,248	0,8068	111	0,6822	*5,09	1,619	0,1229	117	0,3955
TS	2 u 4	1,98	2,077	0,054	133	0,0514	*5,3	4,121	0,0006	151	0,0027
TS	2 u 5	1,05	3,941	0,001	143	0,0106	*4,79	7,557	0,0000	155	0,0014
TS	3 u 4	1,24	2,098	0,0505	127	0,1206	1,04	4,388	0,0004	147	0,0054
TS	3 u 5	1,68	4,113	0,0007	147	0,0054	1,06	10,272	0,0001	155	0,0014
TS	4 u 5	2,08	2,481	0,0246	136	0,0326	1,11	6,052	0,0001	155	0,0014
Z	1 u 2	1,81	-0,013	0,9902	104	0,9702	3,64	0,040	0,9683	107	0,9109
Z	1 u 3	2,5	-0,232	0,8195	95	0,4813	2,96	0,053	0,9589	105	0,9702
Z	1 u 4	1,74	-1,590	0,1305	85	0,1567	1,99	-0,300	0,7678	105	0,9702
Z	1 u 5	2,08	-0,026	0,9794	99	0,6821	1,89	0,156	0,8783	106	0,9702
Z	2 u 3	1,38	-0,199	0,8446	95	0,4814	1,23	0,007	0,9947	105	0,9702
Z	2 u 4	1,04	-1,385	0,183	85	0,1568	1,82	-0,256	0,8014	105	0,9702
Z	2 u 5	1,14	-0,013	0,99	100	0,7375	1,92	0,076	0,9407	105	0,9702
Z	3 u 4	1,44	-1,068	0,3002	92	0,3566	1,48	-0,280	0,7825	108	0,8521
Z	3 u 5	1,2	0,182	0,858	107	0,9109	1,56	0,073	0,9429	105	0,9702
Z	4 u 5	1,19	1,324	0,2022	122	0,2274	1,05	0,398	0,6955	108	0,8521

Tab. T-D.12: Vergleich der "Half-Variance" mit dem LPM$_2$/µ Risikomaß für die simulierten Portfolios

Zeitraum	80/85			86/91		
Maß	VAR	VAR/2	LPM$_2$/µ	VAR	VAR/2	LPM$_2$/µ
Timing						
P01-P10	0,00155	0,00077	0,00068	0,00465	0,00233	0,00279
P11-P20	0,00156	0,00078	0,00066	0,00459	0,00232	0,00268
P21-P30	0,00166	0,00079	0,00068	0,00438	0,00232	0,00248
P31-P40	0,00164	0,00078	0,00064	0,00434	0,00233	0,00233
P41-P50	0,00171	0,00079	0,00065	0,00422	0,00235	0,00217
Selectivity						
P01-P10	0,00159	0,00079	0,00072	0,00488	0,00244	0,00298
P11-P20	0,00159	0,00079	0,00072	0,00479	0,00244	0,00290
P21-P30	0,00151	0,00080	0,00069	0,00492	0,00243	0,00298
P31-P40	0,00161	0,00078	0,00074	0,00494	0,00243	0,00300
P41-P50	0,00157	0,00078	0,00073	0,00493	0,00243	0,00301
Timing/Selectivity						
P01-P10	0,00160	0,00080	0,00071	0,00476	0,00238	0,00281
P11-P20	0,00162	0,00081	0,00069	0,00456	0,00235	0,00262
P21-P30	0,00164	0,00082	0,00066	0,00447	0,00235	0,00250
P31-P40	0,00169	0,00083	0,00068	0,00429	0,00235	0,00234
P41-P50	0,00169	0,00082	0,00063	0,00411	0,00232	0,00212
Zufall						
P01-P10	0,00109	0,00054	0,00048	0,00232	0,00116	0,00138
P11-P20	0,00104	0,00054	0,00046	0,00237	0,00116	0,00139
P21-P30	0,00106	0,00053	0,00049	0,00238	0,00116	0,00138
P31-P40	0,00104	0,00053	0,00047	0,00242	0,00117	0,00139
P41-P50	0,00107	0,00052	0,00049	0,00233	0,00117	0,00138
Indizes						
DAFOX	0,00162	0,00081	0,00076	0,00439	0,00220	0,00275
GG	0,00094	0,00047	0,00043	0,00284	0,00142	0,00177

Tab.T-D.13: Durchschnittliche Höhe der t- bzw. z-Werte in den einzelnen Portfoliogruppen in Abhängigkeit von den simulierten Informationen (Kategorien) für die verschiedenen Performance-Maße im Zeitraum 80/85

Maße Kategorie	Selectivity-Maße S	J	H/M-A	T/M-A	Timing-Maße T/M γ	C/K-β_2	H/M-β_2	Gesamtperformance-Maße T/M-T	C/K-A	PW DAFOX	GG
Gruppe 1											
Kat. T	0,016	0,394	0,039	0,353	0,019	0,271	0,269	0,393	0,464	0,396	0,384
Kat. S	-1,927	2,389	2,104	2,705	-0,887	-0,524	-0,527	2,304	2,683	2,321	2,297
Kat. T/S	-2,393	2,882	1,956	2,892	-0,333	-0,001	-0,003	2,837	3,300	2,852	2,812
Kat. Z	0,285	0,266	0,964	1,054	-1,404	-0,972	-0,974	0,128	0,217	0,149	0,009
Gruppe 2											
Kat. T	-0,744	1,151	0,225	0,823	0,412	0,649	0,646	1,186	1,396	1,198	1,214
Kat. S	-3,946	4,658	3,632	4,680	-0,794	-0,711	-0,714	4,560	5,367	4,570	4,540
Kat. T/S	-5,040	6,064	3,437	5,345	0,401	0,741	0,739	6,078	6,932	6,084	6,059
Kat. Z	0,105	0,429	0,996	1,031	-1,086	-0,849	-0,851	0,323	0,417	0,326	0,176
Gruppe 3											
Kat. T	-1,611	2,047	0,204	1,339	1,025	1,470	1,468	2,131	2,513	2,152	2,171
Kat. S	-6,166	7,702	5,673	7,477	-0,670	-0,470	-0,473	7,604	8,665	7,610	7,596
Kat. T/S	-7,193	9,680	5,004	8,122	1,289	1,756	1,753	9,771	11,40	9,774	9,756
Kat. Z	0,227	0,304	1,173	1,044	-1,233	-1,135	-1,137	0,177	0,236	0,182	0,036
Gruppe 4											
Kat. T	-2,143	2,608	-0,131	1,395	1,802	2,302	2,299	2,776	3,334	2,779	2,772
Kat. S	-7,318	9,904	6,845	9,261	-0,536	-0,553	-0,556	9,800	11,21	9,795	9,782
Kat. T/S	-8,384	12,604	7,486	11,358	1,228	1,902	1,900	12,665	14,72	12,682	12,648
Kat. Z	0,528	0,003	0,818	0,734	-1,152	-0,936	-0,938	-0,114	-0,082	-0,109	-0,241
Gruppe 5											
Kat. T	-3,081	3,634	0,196	2,278	2,190	2,832	2,829	3,828	4,680	3,838	3,850
Kat. S	-8,235	12,196	8,646	11,387	-0,899	-0,671	-0,674	12,061	13,77	12,077	12,028
Kat. T/S	-9,154	15,285	8,600	13,601	2,234	2,743	2,741	15,437	18,68	15,435	15,413
Kat. Z	0,459	0,061	0,654	0,609	-0,853	-0,733	-0,734	-0,033	0,014	-0,041	-0,189

Tab.T-D.14: Durchschnittliche Höhe der z- bzw. t-Werte in den einzelnen Portfoliogruppen in Abhängigkeit von den simu-lierten Informationen (Kategorien) für die verschiedenen Performance-Maße im Zeitraum 86/91; Index: DAFOX

Maße	Selectivity-Maße				Timing-Maße			Gesamtperformance-Maße			
Kategorie	S	J	H/M-A	T/M-A	T/M-γ	C/K-β_2	H/M-β_2	T/M-T	C/K-A	PW DAFOX	GG
Gruppe 1											
Kat. T	-2,226	2,207	1,340	1,891	0,336	0,203	0,199	2,215	2,326	2,194	-0,256
Kat. S	-3,355	2,805	2,740	3,464	-0,870	-0,647	-0,651	3,453	3,447	3,457	0,963
Kat. T/S	-4,243	4,492	2,568	3,821	0,764	0,613	0,609	4,510	4,768	4,480	1,990
Kat. Z	-2,722	2,720	2,274	2,694	-0,848	-0,798	-0,801	2,696	2,720	2,706	1,013
Gruppe 2											
Kat. T	-3,229	3,293	1,460	2,572	1,266	1,097	1,092	3,327	3,638	3,284	0,841
Kat. S	-5,028	5,562	3,946	5,138	-0,093	-0,264	-0,267	5,555	5,682	5,545	2,976
Kat. T/S	-6,184	7,219	4,065	6,054	2,012	1,421	1,416	7,264	7,773	7,214	4,951
Kat. Z	-2,339	2,303	1,718	2,181	-0,335	-0,340	-0,343	2,295	2,304	2,292	0,629
Gruppe 3											
Kat. T	-3,914	4,086	1,371	2,942	2,709	2,150	2,145	4,155	4,739	4,085	1,752
Kat. S	-6,381	7,611	5,244	6,973	0,008	-0,223	-0,227	7,604	7,810	7,595	5,140
Kat. T/S	-7,847	10,471	5,800	8,933	2,670	2,402	2,397	10,533	11,54	10,470	8,150
Kat. Z	-2,756	2,756	1,910	2,527	-0,124	-0,147	-0,150	2,751	2,839	2,745	1,053
Gruppe 4											
Kat. T	-4,522	4,837	1,271	3,401	3,842	3,420	3,414	4,931	5,876	4,842	2,641
Kat. S	-7,515	9,854	6,620	8,844	0,037	-0,207	-0,210	9,847	10,20	9,838	7,299
Kat. T/S	-8,841	13,334	7,349	11,460	3,780	3,134	3,129	13,419	15,17	13,337	11,079
Kat. Z	-2,591	2,578	1,871	2,400	-0,102	-0,205	-0,208	2,573	2,601	2,567	0,908
Gruppe 5											
Kat. T	-5,050	5,525	1,354	3,899	4,196	3,960	3,955	5,640	6,885	5,535	3,490
Kat. S	-8,163	11,361	7,782	10,393	-0,310	-0,477	-0,480	11,345	11,69	11,345	9,005
Kat. T/S	-9,227	14,837	8,194	12,928	4,808	4,570	4,563	14,946	17,81	14,847	12,816
Kat. Z	-2,315	2,279	1,991	2,306	-0,789	-0,759	-0,762	2,257	2,250	2,265	0,633

Tab. T-D.15: Durchschnittliche Höhe der z- bzw. t-Werte in den einzelnen Portfoliogruppen in Abhängigkeit von den simulierten Informationen (Kategorien) für die verschiedenen Performance-Maße im Zeitraum 86/91; Index: GG-Index

Maße	Selectivity-Maße				Timing-Maße			Gesamtperfomance-Maße		
Portfoliogruppe	S	J	H/M-A	T/M-A	T/M-γ	C/K-β_2	H/M-β_2	T/M-T	C/K-A	PW
Gruppe 1										
Kat. T	0,328	-0,304	-0,693	-0,707	0,882	0,563	0,563	-0,312	-0,262	-0,256
Kat. S	-1,262	1,288	0,921	1,171	-0,011	-0,012	-0,010	1,288	1,299	0,963
Kat. T/S	-2,510	2,597	0,839	1,725	1,654	1,386	1,387	2,583	2,765	1,990
Kat. Z	-1,696	1,749	0,582	1,195	0,837	0,712	0,714	1,741	1,850	1,013
Gruppe 2										
Kat. T	-1,078	1,110	-0,510	0,155	1,941	1,516	1,517	1,093	1,267	0,841
Kat. S	-3,728	3,939	2,632	3,381	0,710	0,267	0,268	3,934	3,995	2,976
Kat. T/S	-5,780	6,688	3,281	5,438	2,664	1,918	1,918	6,665	7,093	4,951
Kat. Z	-0,993	1,029	-0,444	0,206	1,556	1,364	1,364	1,015	1,177	0,629
Gruppe 3										
Kat. T	-2,076	2,146	-0,352	0,806	2,872	2,243	2,242	2,122	2,408	1,752
Kat. S	-6,017	7,019	4,650	6,110	0,811	0,444	0,446	7,013	7,077	5,140
Kat. T/S	-7,585	10,021	5,676	8,779	3,077	2,695	2,695	9,996	10,81	8,149
Kat. Z	-1,725	1,785	0,110	0,956	1,643	1,445	1,446	1,771	1,962	1,053
Gruppe 4										
Kat. T	-3,086	3,248	-0,428	1,574	4,280	3,540	3,540	3,215	3,834	2,641
Kat. S	-7,568	9,877	6,759	8,620	0,881	0,432	0,434	9,868	9,942	7,299
Kat. T/S	-8,811	13,484	7,922	12,406	4,223	3,317	3,317	13,451	14,89	11,079
Kat. Z	-1,478	1,529	-0,321	0,561	2,040	1,691	1,693	1,511	1,733	0,908
Gruppe 5										
Kat. T	-4,033	4,354	-0,410	2,373	5,438	4,894	4,894	4,312	5,460	3,490
Kat. S	-8,658	12,824	9,135	11,600	0,422	0,018	0,019	12,819	12,78	9,005
Kat. T/S	-9,338	15,594	9,959	14,985	5,864	5,258	5,258	15,553	18,48	12,816
Kat. Z	-1,066	1,105	0,103	0,593	1,049	0,784	0,784	1,096	1,182	0,634

Tab. T-D.16: Vergleich der Portfolios verschiedener Gruppen mit Hilfe der stochastischen Dominanz ersten und zweiten Grades; hier: Gruppe 3 gegen Gruppe 4 und Gruppe 4 gegen Gruppe 5; Zeitraum 80/85

Kategorie	T		S		T/S		Z	
Portfolios	SSD	TSD	SSD	TSD	SSD	TSD	SSD	TSD
Portfoliogruppe 3 gegen Portfoliogruppe 4								
P21	0	0	0	0	0	0	1	0
P22	0	0	1	1	0	0	0	0
P23	0	0	1	1	0	0	1	0
P24	0	0	0	0	0	0	0	0
P25	0	0	0	0	0	0	0	0
P26	0	0	0	0	0	0	1	1
P27	0	0	0	0	0	0	1	1
P28	0	0	0	0	0	0	0	0
P29	0	0	0	0	0	0	1	1
P30	1	1	0	0	0	0	1	1
P31	1	1	1	1	1	0	1	1
P32	0	0	0	0	1	1	0	0
P33	1	1	1	1	0	0	1	1
P34	1	1	0	0	0	0	0	0
P35	1	1	1	0	0	0	0	0
P36	1	1	0	0	0	0	0	0
P37	0	0	1	0	1	1	0	0
P38	0	0	1	1	0	0	0	0
P39	0	0	1	1	0	0	1	0
P40	1	1	1	1	1	1	0	0
Portfoliogruppe 4 gegen Portfoliogruppe 5								
P31	0	0	0	0	0	0	1	1
P32	0	0	0	0	0	0	0	0
P33	0	0	0	0	0	0	1	1
P34	0	0	0	0	0	0	1	0
P35	0	0	0	0	0	0	0	0
P36	0	0	0	0	0	0	0	0
P37	0	0	0	0	0	0	0	0
P38	0	0	0	0	0	0	0	0
P39	0	0	0	0	0	0	0	0
P40	0	0	0	0	0	0	0	0
P41	1	1	1	1	1	1	0	0
P42	1	1	1	1	0	0	0	0
P43	0	0	1	1	1	1	0	0
P44	0	0	1	1	1	1	0	0
P45	0	0	1	0	1	0	0	0
P46	0	0	0	0	1	1	0	0
P47	0	0	0	0	1	1	1	0
P48	0	0	1	1	1	0	1	1
P49	0	0	1	1	1	1	0	0
P50	1	1	1	0	1	1	1	1

Tab. T-D.17: Vergleich der Portfolios verschiedener Gruppen mit Hilfe der stochastischen Dominanz ersten und zweiten Grades; hier: Gruppe 1 gegen Gruppe 2 und Gruppe 2 gegen Gruppe 3; Zeitraum 86/91

Kategorie	T		S		T/S		Z	
Portfolios	SSD	TSD	SSD	TSD	SSD	TSD	SSD	TSD
Portfoliogruppe 1 gegen Portfoliogruppe 2								
P1	1	1	1	1	0	0	0	0
P2	1	1	1	1	0	0	1	1
P3	1	0	1	0	0	0	1	1
P4	0	0	0	0	0	0	0	0
P5	0	0	0	0	0	0	1	0
P6	0	0	0	0	0	0	1	1
P7	0	0	0	0	0	0	0	0
P8	1	0	1	0	0	0	1	0
P9	0	0	0	0	0	0	1	1
P10	1	1	1	1	0	0	1	1
P11	0	0	0	0	1	1	1	0
P12	0	0	0	0	0	0	1	0
P13	0	0	0	0	1	0	0	0
P14	0	0	0	0	1	1	0	0
P15	1	1	1	1	1	1	0	0
P16	1	0	1	0	1	0	0	0
P17	1	1	1	1	1	0	1	1
P18	1	1	1	1	1	0	1	0
P19	1	1	1	1	0	0	0	0
P20	1	1	1	1	1	1	0	0
Portfoliogruppe 2 gegen Portfoliogruppe 3								
P11	0	0	0	0	1	1	1	0
P12	1	1	1	1	0	0	1	0
P13	0	0	0	0	0	0	0	0
P14	0	0	0	0	0	0	0	0
P15	1	1	1	1	0	0	1	0
P16	1	1	1	1	0	0	0	0
P17	1	1	1	1	0	0	1	1
P18	1	1	1	1	0	0	1	1
P19	1	1	1	1	0	0	0	0
P20	1	1	1	1	0	0	0	0
P21	1	1	1	1	0	0	0	0
P22	0	0	0	0	0	0	0	0
P23	0	0	0	0	1	0	1	1
P24	1	1	1	1	0	0	1	1
P25	0	0	0	0	1	1	1	1
P26	1	0	1	0	0	0	0	0
P27	1	0	1	0	1	1	1	1
P28	0	0	0	0	1	1	1	1
P29	0	0	0	0	1	0	1	1
P30	1	1	1	1	0	0	1	1

Tab. T-D.18: Vergleich der Portfolios verschiedener Gruppen mit Hilfe der stochastischen Dominanz ersten und zweiten Grades; hier: Gruppe 3 gegen Gruppe 4 und Gruppe 4 gegen Gruppe 5; Zeitraum 86/91

Kategorie	T		S		T/S		Z	
Portfolios	SSD	TSD	SSD	TSD	SSD	TSD	SSD	TSD
Portfoliogruppe 3 gegen Portfoliogruppe 4								
P21	1	1	1	1	0	0	0	0
P22	0	0	0	0	0	0	0	0
P23	0	0	0	0	0	0	1	0
P24	0	0	0	0	0	0	1	1
P25	0	0	0	0	0	0	1	1
P26	1	1	1	1	0	0	0	0
P27	1	0	1	0	0	0	1	1
P28	0	0	0	0	0	0	1	1
P29	0	0	0	0	0	0	1	0
P30	1	0	1	0	0	0	1	1
P31	1	1	1	1	0	0	1	0
P32	0	0	0	0	0	0	1	1
P33	0	0	0	0	1	1	0	0
P34	0	0	0	0	1	1	1	1
P35	0	0	0	0	1	0	0	0
P36	0	0	0	0	1	0	1	1
P37	0	0	0	0	0	0	0	0
P38	1	0	1	0	1	1	0	0
P39	0	0	0	0	0	0	0	0
P40	0	0	0	0	1	1	0	0
Portfoliogruppe 4 gegen Portfoliogruppe 4								
P31	1	1	1	1	0	0	1	1
P32	0	0	0	0	0	0	1	1
P33	0	0	0	0	0	0	0	0
P34	0	0	0	0	0	0	1	1
P35	0	0	0	0	0	0	1	1
P36	0	0	0	0	0	0	1	1
P37	0	0	0	0	0	0	0	0
P38	0	0	0	0	0	0	0	0
P39	0	0	0	0	0	0	0	0
P40	0	0	0	0	0	0	0	0
P41	0	0	0	0	0	0	1	1
P42	0	0	0	0	0	0	0	0
P43	0	0	0	0	0	0	0	0
P44	0	0	0	0	1	1	0	0
P45	0	0	0	0	1	1	0	0
P46	0	0	0	0	1	1	0	0
P47	0	0	0	0	0	0	1	1
P48	1	1	1	1	0	0	1	1
P49	0	0	0	0	0	0	1	1
P50	0	0	0	0	0	0	0	0

In den folgenden Tabellen sind die Ergebnisse der doppelten t-Tests und der Wilcoxon-Rangsummentests auf Mittelwertunterschiede dargestellt.

Die Beurteilung der Signifikanz erfolgt grundsätzlich auf einem Signifikanzniveau von 5% bei einseitiger Fragesstellung. Das heißt, die Nullhypothese gleicher Mittelwerte zwischen zwei verschiedenen Gruppen wird im Fall des Wilcoxon Rangsummentests dann abgelehnt, wenn die Prüfgröße $W_{10,10} \leq W_{10,10;0,05}$. Unter Zugrundelegung der exakten Verteilung beträgt der kritische Wert für $W_{10,10;0,05}$ bei einseitiger Fragestellung 82. Im Rahmen der Tests zwischen den verschiedenen Portfoliogruppen innerhalb der Kategorie Z wird die Nullhypothese abgelehnt, wenn $W_{10,10} \leq W_{10,10;0,025}$ (78) oder $W_{10,10} \geq W_{10,10;1-0,025}$ (132).

Die Nullhypothese H_0: $\sigma_1^2 = \sigma_2^2$ des dem t-Test auf Gleichheit der Mittelwerte vorgeschalteten, zweiseitigen F-Tests auf Homogenität der Varianzen wird zugunsten der Alternativhypothese H_A: $\sigma_1^2 \neq \sigma_2^2$ abgelehnt, wenn die Prüfgröße F $= \sigma_1^2 / \sigma_2^2$, die einer F-Verteilung mit $DF_1 = 9$ und $DF_2 = 9$ Freiheitsgraden gehorcht, größer ist als der rechtsseitige kritische Wert $F_o = F_{9,9;0,975} = 3,717$ oder kleiner ist als der linksseitige kritische Wert $F_u = 1/F_{9,9;0,975} = 0,269$. Bezogen auf die berechnete Fehlerwahrscheinlichkeit bedeutet dies, daß die Hypothese der Varianzhomogenität dann abzulehnen ist, wenn der Wert unter 0,05 liegt. Die kritischen Werte für den t-Test bei Varianzhomogenität ($\alpha = 0,05$) betragen bei der einseitigen Fragestellung (bei 18 Freiheitsgraden) 1,734 und bei dem zweiseitigen Test 2,101. Bei ungleichen Varianzen ergibt sich die Beurteilung der Signifikanz aus den Fehlerwahrscheinlichkeiten, da die Freiheitsgrade nach *Cochrane/Cox* berechnet und insofern für die verschiedenen Vergleichsgruppen unterschiedlich sind.

Allen Tabellen liegt folgende Legende zugrunde:

K = Kategorie; Gi u Gj = Portfoliogruppe i und Portfoliogruppe j, wobei i = 1, ..., 4; j = 2, ..., 5.; F-Test = Test auf Homogenität der Varianz; T(P) = T-Test auf Mittelwertdifferenz der in Gi und Gj verglichenen Performance; T(t) = T-Test auf Mittelwertdifferenz der in Gi und Gj ermittelten t-Werte; Prob > T = Übertretungswahrscheinlichkeit von T; Prob > T* = Signifikanzniveau des approximierten t-Tests für Rangsummentest; RS = kleinere der beiden Rangsummen;

Bei Kennzeichnung des F-Wertes mit * wird der t-Wert bzw. die dazugehörige Übertretungswahrscheinlichkeit nach der entsprechenden Korrektur der Freiheitsgrade berechnet, weil von der JHomogenität der Varianzen nicht ausgegagen werden kann.

Tab. T-D.19: Doppelter t-Test und Wilcoxon-Rangsummentest auf Mittelwertunterschiede der mit dem Jensen-Alpha in den jeweiligen Portfoliogruppen identifizierten Performance und t-Werte, Zeitraum 80/85; Benchmark: DAFOX

K/G		Jensens Alpha				t-Wert des Jensen-Alphas				
K	G_i u G_l	F	T	P > T	RS	P > T	F	T	P > T	RS	P > T
T	1 u 2	2,44	-3,612	0,0025	70	0,0173	2,55	-3,336	0,0045	72	0,0238
T	1 u 3	1,99	-8,047	0,0001	55	0,0014	3,44	-7,564	0,0001	55	0,0014
T	1 u 4	1,16	-9,650	0,0001	55	0,0014	1,53	-8,957	0,0001	55	0,0014
T	1 u 5	1,15	-14,195	0,0001	55	0,0014	1,06	-11,733	0,0001	55	0,0014
T	2 u 3	1,23	-5,839	0,0001	58	0,0023	1,35	-5,638	0,0001	60	0,0033
T	2 u 4	2,10	-7,875	0,0001	55	0,0014	1,67	-7,417	0,0001	56	0,0016
T	2 u 5	2,12	-13,372	0,0001	55	0,0014	2,71	-10,710	0,0001	55	0,0014
T	3 u 4	1,71	-2,828	0,0117	75	0,038	2,24	-3,007	0,0085	71	0,0203
T	3 u 5	1,73	-8,152	0,0001	55	0,0014	3,65	-7,096	0,0001	56	0,0016
T	4 u 5	1,01	-4,747	0,0002	61	0,0039	1,63	-4,073	0,0008	63	0,0054
S	1 u 2	2,67	-8,339	0,0001	55	0,0014	1,09	-8,518	0,0001	55	0,0014
S	1 u 3	2,24	-17,065	0,0001	55	0,0014	1,4	-21,089	0,0001	55	0,0014
S	1 u 4	1,39	-23,918	0,0001	55	0,0014	2,39	-21,226	0,0001	55	0,0014
S	1 u 5	1,31	-32,293	0,0001	55	0,0014	4,08	-22,624	0,0001	55	0,0014
S	2 u 3	1,19	-11,865	0,0001	55	0,0014	1,28	-12,381	0,0001	55	0,0014
S	2 u 4	1,92	-20,644	0,0001	55	0,0014	2,6	-15,000	0,0001	55	0,0014
S	2 u 5	2,05	-31,037	0,0001	55	0,0014	*4,44	-17,531	0,0001	55	0,0014
S	3 u 4	1,61	-10,049	0,0001	55	0,0014	3,34	-6,498	0,0001	55	0,0014
S	3 u 5	1,72	-20,345	0,0001	55	0,0014	*5,7	-10,669	0,0001	55	0,0014
S	4 u 5	1,06	-9,474	0,0001	55	0,0014	1,71	-4,685	0,0002	59	0,0027
TS	1 u 2	2,13	-9,949	0,0001	55	0,0014	2,51	-9,330	0,0001	55	0,0014
TS	1 u 3	1,91	-23,118	0,0001	55	0,0014	*4,16	-16,444	0,0001	55	0,0014
TS	1 u 4	1,56	-36,693	0,0001	55	0,0014	3,39	-25,507	0,0001	55	0,0014
TS	1 u 5	1,04	-53,793	0,0001	55	0,0014	*4,87	-28,129	0,0001	55	0,0014
TS	2 u 3	1,11	-10,868	0,0001	55	0,0014	1,66	-7,690	0,0001	55	0,0014
TS	2 u 4	1,36	-21,414	0,0001	55	0,0014	1,35	-14,793	0,0001	55	0,0014
TS	2 u 5	2,05	-33,272	0,0001	55	0,0014	1,94	-18,645	0,0001	55	0,0014
TS	3 u 4	1,22	-10,356	0,0001	55	0,0014	1,23	-5,848	0,0001	58	0,0023
TS	3 u 5	1,84	-21,764	0,0001	55	0,0014	1,17	-10,248	0,0001	55	0,0014
TS	4 u 5	1,5	-11,209	0,0001	55	0,0014	1,44	-5,127	0,0001	59	0,0027
Z	1 u 2	1,38	-0,699	0,4939	94	0,4372	2,01	-0,901	0,3809	93	0,3953
Z	1 u 3	1,43	-0,091	0,9287	103	0,9109	2	-0,213	0,834	102	0,8521
Z	1 u 4	2,50	1,128	0,2768	124	0,1781	3,61	1,174	0,2605	124	0,1781
Z	1 u 5	2,68	0,916	0,3741	117	0,3955	3,4	0,935	0,3659	116	0,4372
Z	2 u 3	1,04	0,559	0,5833	110	0,7375	1	0,596	0,5589	110	0,7374
Z	2 u 4	1,81	1,618	0,1244	128	0,1053	1,8	1,723	0,1034	128	0,1052
Z	2 u 5	1,94	1,407	0,1781	125	0,1568	1,7	1,515	0,1483	126	0,1376
Z	3 u 4	1,75	1,136	0,272	120	0,2867	1,8	1,220	0,2396	121	0,2708
Z	3 u 5	1,87	0,937	0,3624	118	0,3566	1,7	1,002	0,3304	118	0,3566
Z	4 u 5	1,07	-0,156	0,8781	101	0,7942	1,06	-0,211	0,8352	102	0,8521

Tab. T-D.20: Doppelter t-Test und Wilcoxon-Rangsummentest auf Mittelwertunterschiede der mit dem Jensen-Alpha in den jeweiligen Portfoliogruppen identifizierten Performance und t-Werte, Zeitraum 86/91; Benchmark: DAFOX

K/G		\multicolumn{5}{c}{Jensens Alpha}					\multicolumn{5}{c}{t-Wert des Jensen-Alpha}				
K	G_i u G_j	F	T	P > T	RS	P > T	F	T	P > T	RS	P > T
T	1 u 2	3,21	-4,772	0,0003	61	0,0039	2,9	-4,474	0,0005	64	0,0064
T	1 u 3	2,56	-8,412	0,0001	55	0,0014	1,73	-7,149	0,0001	55	0,0014
T	1 u 4	1,43	-11,619	0,0001	55	0,0014	1,46	-9,682	0,0001	55	0,0014
T	1 u 5	2,21	-17,098	0,0001	55	0,0014	3,08	-13,784	0,0001	55	0,0014
T	2 u 3	1,25	-5,315	0,0001	60	0,0033	1,68	-3,948	0,001	63	0,0054
T	2 u 4	2,25	-9,627	0,0001	55	0,0014	1,99	-7,271	0,0001	56	0,0016
T	2 u 5	1,45	-17,323	0,0001	55	0,0014	1,06	-13,046	0,0001	55	0,0014
T	3 u 4	1,80	-5,012	0,0001	61	0,0039	1,19	-3,191	0,0051	73	0,0279
T	3 u 5	1,16	-11,642	0,0001	55	0,0014	1,78	-7,239	0,0001	55	0,0014
T	4 u 5	1,55	-5,072	0,0001	57	0,0019	2,11	-3,275	0,0048	70	0,0173
S	1 u 2	1,12	-9,259	0,0001	55	0,0014	1,1	-7,232	0,0001	56	0,0016
S	1 u 3	1,44	-18,592	0,0001	55	0,0014	1,17	-14,111	0,0001	55	0,0014
S	1 u 4	1,62	-26,208	0,0001	55	0,0014	3,71	-14,784	0,0001	55	0,0014
S	1 u 5	1,2	-43,193	0,0001	55	0,0014	1,08	-28,554	0,0001	55	0,0014
S	2 u 3	1,61	-10,677	0,0001	55	0,0014	1,06	-6,834	0,0001	55	0,0014
S	2 u 4	1,82	-18,734	0,0001	55	0,0014	3,36	-9,844	0,0001	55	0,0014
S	2 u 5	1,07	-34,828	0,0001	55	0,0014	1,19	-20,463	0,0001	55	0,0014
S	3 u 4	1,13	-7,662	0,0001	55	0,0014	3,16	-5,108	0,0002	55	0,0014
S	3 u 5	1,73	-19,536	0,0001	55	0,0014	1,26	-13,014	0,0001	55	0,0014
S	4 u 5	1,95	-10,238	0,0001	55	0,0014	*3,99	-3,521	0,0037	70	0,0173
TS	1 u 2	1,01	-14,857	0,0001	55	0,0014	1,44	-9,466	0,0001	55	0,0014
TS	1 u 3	1,65	-32,392	0,0001	55	0,0014	1,74	-19,601	0,0001	55	0,0014
TS	1 u 4	1,31	-39,910	0,0001	55	0,0014	2,42	-25,931	0,0001	55	0,0014
TS	1 u 5	1,73	-47,562	0,0001	55	0,0014	*3,79	-25,617	0,0001	55	0,0014
TS	2 u 3	1,64	-15,864	0,0001	55	0,0014	1,21	-9,897	0,0001	55	0,0014
TS	2 u 4	1,32	-26,137	0,0001	55	0,0014	1,68	-16,882	0,0001	55	0,0014
TS	2 u 5	1,74	-34,890	0,0001	55	0,0014	2,64	-18,056	0,0001	55	0,0014
TS	3 u 4	2,16	-14,162	0,0001	55	0,0014	1,39	-7,617	0,0001	55	0,0014
TS	3 u 5	2,85	-24,537	0,0001	55	0,0014	2,19	-10,067	0,0001	55	0,0014
TS	4 u 5	1,32	-10,255	0,0001	55	0,0014	1,57	-3,270	0,0045	67	0,0106
Z	1 u 2	1,44	2,598	0,0185	139	0,0203	3,05	2,608	0,0204	137	0,0279
Z	1 u 3	2,13	-0,544	0,5938	102	0,8521	1,37	-0,197	0,8458	101	0,7942
Z	1 u 4	1,44	0,136	0,8936	111	0,6822	2,3	0,856	0,4048	109	0,7942
Z	1 u 5	1,72	2,008	0,061	131	0,069	1,96	2,587	0,0197	137	0,0278
Z	2 u 3	3,07	-2,587	0,0213	76	0,0443	2,22	-3,175	0,006	69	0,0147
Z	2 u 4	2,07	-2,171	0,0452	80	0,0796	1,33	-2,265	0,0364	78	0,0596
Z	2 u 5	2,49	-0,043	0,9662	106	0,9702	1,56	0,191	0,8511	111	0,6821
Z	3 u 4	1,48	0,622	0,5421	112	0,6288	1,67	1,191	0,25	120	0,2867
Z	3 u 5	1,23	2,179	0,043	130	0,0796	1,43	3,089	0,0065	135	0,0379
Z	4 u 5	1,2	1,745	0,0982	125	0,1568	1,17	2,214	0,0401	125	0,1567

Tab.T-D.21: Doppelter t-Test und Wilcoxon-Rangsummentest auf Mittelwertunterschiede der mit dem H/M-Alpha in den jeweiligen Portfoliogruppen identifizierten Performance und t-Werte; Zeitraum 80/85; Benchmark: DAFOX

K/G		H/M Alpha					t-Wert des H/M-Alphas				
K	G_i u G_j	F	T	P > T	RS	P > T	F	T	P > T	RS	P > T
T	1 u 2	1,02	-0,742	0,4677	94	0,4372	1,01	-0,657	0,5194	94	0,4372
T	1 u 3	1,13	-0,643	0,5286	96	0,5282	1,08	-0,571	0,5752	95	0,4814
T	1 u 4	1,85	0,527	0,6051	112	0,6288	1,91	0,495	0,6271	111	0,6822
T	1 u 5	1,02	-0,352	0,729	103	0,9109	1,04	-0,549	0,5896	100	0,7375
T	2 u 3	1,11	0,079	0,9376	106	0,9999	1,09	0,073	0,9429	106	0,9702
T	2 u 4	1,81	1,147	0,2676	120	0,2867	1,92	1,040	0,3134	117	0,3955
T	2 u 5	1,04	0,396	0,6971	109	0,7942	1,05	0,100	0,9211	105	0,9702
T	3 u 4	1,64	1,058	0,3047	115	0,4814	1,77	0,964	0,3486	115	0,4814
T	3 u 5	1,15	0,305	0,764	107	0,9109	1,04	0,027	0,9791	104	0,9702
T	4 u 5	1,89	-0,823	0,4223	92	0,3566	1,83	-0,948	0,3566	91	0,3203
S	1 u 2	1,46	-4,344	0,0004	64	0,0064	2,02	-4,763	0,0002	62	0,0046
S	1 u 3	1,05	-12,628	0,0001	55	0,0014	1,43	-13,175	0,0001	55	0,0014
S	1 u 4	1,25	-17,449	0,0001	55	0,0014	3,48	-12,579	0,0001	55	0,0014
S	1 u 5	1,4	-24,476	0,0001	55	0,0014	1,68	-21,134	0,0001	55	0,0014
S	2 u 3	1,54	-6,969	0,0001	55	0,0014	2,88	-5,399	0,0001	56	0,0016
S	2 u 4	1,17	-11,759	0,0001	55	0,0014	1,72	-7,823	0,0001	55	0,0014
S	2 u 5	1,04	-18,396	0,0001	55	0,0014	1,2	-13,685	0,0001	55	0,0014
S	3 u 4	1,32	-5,757	0,0001	59	0,0027	*4,97	-4,618	0,0002	58	0,0023
S	3 u 5	1,48	-13,241	0,0001	55	0,0014	2,4	-11,290	0,0001	55	0,0014
S	4 u 5	1,12	-7,229	0,0001	55	0,0014	2,07	-3,512	0,0029	68	0,0125
TS	1 u 2	1,47	-5,122	0,0001	58	0,0023	1,61	-5,149	0,0001	58	0,0023
TS	1 u 3	1,48	-13,538	0,0001	55	0,0014	1,05	-11,957	0,0001	55	0,0014
TS	1 u 4	2,24	-16,483	0,0001	55	0,0014	2,56	-16,471	0,0001	55	0,0014
TS	1 u 5	1,23	-24,651	0,0001	55	0,0014	*5,14	-15,069	0,0000	55	0,0014
TS	2 u 3	2,18	-6,463	0,0001	57	0,0019	1,53	-5,394	0,0001	60	0,0033
TS	2 u 4	1,52	-11,217	0,0001	55	0,0014	1,59	-11,138	0,0001	55	0,0014
TS	2 u 5	1,19	-17,499	0,0001	55	0,0014	3,19	-11,165	0,0001	55	0,0014
TS	3 u 4	3,31	-7,109	0,0001	55	0,0014	2,43	-7,339	0,0001	55	0,0014
TS	3 u 5	1,82	-13,977	0,0001	55	0,0014	*4,89	-8,122	0,0000	55	0,0014
TS	4 u 5	1,82	-3,851	0,0013	68	0,0125	2,01	-2,257	0,0382	79	0,069
Z	1 u 2	2,11	0,049	0,9614	102	0,8521	1,84	-0,091	0,9282	99	0,6822
Z	1 u 3	1	-0,767	0,4529	94	0,4372	1,48	-0,785	0,4429	91	0,3203
Z	1 u 4	2,02	0,520	0,6102	112	0,6288	1,7	0,434	0,6698	105	0,9702
Z	1 u 5	2,73	0,754	0,4629	112	0,6288	2,07	0,861	0,4019	112	0,6288
Z	2 u 3	2,12	-0,664	0,516	100	0,7375	2,72	-0,544	0,5948	103	0,9109
Z	2 u 4	1,05	0,402	0,6926	109	0,7942	1,08	0,461	0,6504	113	0,5774
Z	2 u 5	1,29	0,622	0,5418	112	0,6288	1,13	0,841	0,4114	115	0,4814
Z	3 u 4	2,02	1,145	0,269	122	0,2274	2,51	1,122	0,2792	118	0,3566
Z	3 u 5	2,74	1,315	0,2084	123	0,2016	3,07	1,524	0,1495	122	0,2274
Z	4 u 5	1,35	0,254	0,8027	109	0,7942	1,22	0,410	0,6866	112	0,6288

Tab. T-D.22: Doppelter t-Test und Wilcoxon-Rangsummentest auf Mittelwertunterschiede der mit dem H/M-Alpha in den jeweiligen Portfoliogruppen identifizierten Performance und t-Werte; Zeitraum 86/91; Benchmark: DAFOX

K/G		H/M-Alpha					t-Wert des H/M-Alpha				
K	G_i u G_j	F	T	P > T	RS	P > T	F	T	P > T	RS	P > T
T	1 u 2	1,2	-0,557	0,5846	92	0,3566	1,11	-0,517	0,6114	94	0,4372
T	1 u 3	1,11	-0,060	0,9525	99	0,6822	1,02	-0,130	0,8978	100	0,7375
T	1 u 4	1,29	0,354	0,7273	102	0,8521	1,35	0,315	0,7563	103	0,9109
T	1 u 5	1,63	-0,334	0,7428	97	0,5774	1,83	-0,068	0,947	99	0,6822
T	2 u 3	1,07	0,510	0,6165	113	0,5774	1,08	0,387	0,7036	109	0,7942
T	2 u 4	1,07	0,966	0,347	117	0,3955	1,22	0,880	0,3904	113	0,5774
T	2 u 5	1,36	0,275	0,7866	111	0,6822	1,66	0,523	0,6077	112	0,6288
T	3 u 4	1,16	0,429	0,6729	112	0,6288	1,32	0,457	0,6534	111	0,6822
T	3 u 5	1,47	-0,277	0,7852	106	0,9702	1,79	0,081	0,9368	108	0,8521
T	4 u 5	1,27	-0,760	0,4573	97	0,5774	1,36	-0,441	0,665	103	0,9109
S	1 u 2	2,59	-5,880	0,0001	55	0,0014	1,2	-5,197	0,0001	55	0,0014
S	1 u 3	1,63	-10,247	0,0001	55	0,0014	1,2	-12,127	0,0001	55	0,0014
S	1 u 4	1,78	-16,534	0,0001	55	0,0014	1,32	-18,015	0,0001	55	0,0014
S	1 u 5	1,55	-22,003	0,0001	55	0,0014	3,11	-16,252	0,0001	55	0,0014
S	2 u 3	1,58	-6,090	0,0001	57	0,0019	1	-6,647	0,0001	57	0,0019
S	2 u 4	1,45	-14,108	0,0001	55	0,0014	1,58	-11,583	0,0000	55	0,0014
S	2 u 5	1,67	-20,964	0,0001	55	0,0014	2,61	-12,170	0,0001	55	0,0014
S	3 u 4	1,09	-7,055	0,0001	55	0,0014	1,58	-4,222	0,0006	62	0,0046
S	3 u 5	1,05	-13,563	0,0001	55	0,0014	2,6	-7,213	0,0001	55	0,0014
S	4 u 5	1,15	-6,897	0,0001	58	0,0023	*4,1	-4,610	0,0005	58	0,0023
TS	1 u 2	2,07	-6,736	0,0001	57	0,0019	1,63	-5,386	0,0001	59	0,0027
TS	1 u 3	1,38	-14,822	0,0001	55	0,0014	1,19	-13,908	0,0001	55	0,0014
TS	1 u 4	2,18	-19,113	0,0001	55	0,0014	2,83	-14,267	0,0001	55	0,0014
TS	1 u 5	1,3	-31,060	0,0001	55	0,0014	2,57	-17,377	0,0001	55	0,0014
TS	2 u 3	1,5	-5,967	0,0001	56	0,0016	1,94	-6,442	0,0001	57	0,0019
TS	2 u 4	1,05	-10,816	0,0001	55	0,0014	1,73	-9,078	0,0001	55	0,0014
TS	2 u 5	2,69	-17,531	0,0001	55	0,0014	1,58	-11,754	0,0001	55	0,0014
TS	3 u 4	1,58	-5,938	0,0001	57	0,0019	3,36	-4,720	0,0003	56	0,0016
TS	3 u 5	1,8	-12,574	0,0001	55	0,0014	3,06	-7,561	0,0001	56	0,0016
TS	4 u 5	2,83	-4,214	0,0008	67	0,0106	1,1	-2,121	0,0481	79	0,069
Z	1 u 2	1,64	2,526	0,0218	138	0,0238	1,14	2,516	0,0216	137	0,0279
Z	1 u 3	1,78	1,448	0,1661	119	0,3201	1,04	1,684	0,1094	121	0,2558
Z	1 u 4	1,06	2,063	0,0538	133	0,0514	1,35	2,022	0,0587	130	0,0796
Z	1 u 5	1,56	1,095	0,2886	117	0,3955	1,11	1,358	0,1914	123	0,2016
Z	2 u 3	1,09	-0,914	0,373	96	0,528	1,09	-0,861	0,4006	94	0,4372
Z	2 u 4	1,55	-0,697	0,4949	90	0,2867	1,53	-0,738	0,4706	90	0,2867
Z	2 u 5	1,05	-1,313	0,2056	85	0,1568	1,26	-1,265	0,2224	83	0,1206
Z	3 u 4	1,68	0,323	0,7504	111	0,6821	1,41	0,195	0,8478	105	0,9702
Z	3 u 5	1,14	-0,362	0,722	104	0,9702	1,16	-0,383	0,706	101	0,7942
Z	4 u 5	1,48	-0,745	0,4664	94	0,4372	1,22	-0,620	0,5431	98	0,6288

Tab.T-D.23: Doppelter t-Test und Wilcoxon-Rangsummentest auf Mittelwertunterschiede der mit dem H/M-β_2 in den jeweiligen Portfoliogruppen identifizierten Performance und t-Werte; Zeitraum 80/85; Benchmark: DAFOX

K/G		H/M-β_2					t-Wert des H/M-β_2				
K	G_i u G_j	F	T	P > T	RS	P > T	F	T	P > T	RS	P > T
T	1 u 2	2,41	-1,360	0,1934	86	0,1781	2,48	-1,309	0,21	93	0,3955
T	1 u 3	1,91	-4,759	0,0002	60	0,0033	2,41	-4,197	0,0007	61	0,0039
T	1 u 4	2,79	-7,306	0,0001	55	0,0014	3,26	-6,360	0,0001	55	0,0014
T	1 u 5	1,28	-11,988	0,0001	55	0,0014	1,76	-13,222	0,0001	55	0,0014
T	2 u 3	1,26	-2,698	0,0148	76	0,0443	1,03	-2,399	0,0275	79	0,069
T	2 u 4	1,16	-5,134	0,0001	58	0,0023	1,31	-4,458	0,0003	61	0,0039
T	2 u 5	1,88	-8,117	0,0001	55	0,0014	4,38	-8,076	0,0001	55	0,0014
T	3 u 4	1,46	-2,811	0,0118	76	0,0443	1,35	-2,257	0,037	77	0,0514
T	3 u 5	1,49	-5,587	0,0001	57	0,0019	*4,25	-5,099	0,0001	61	0,0039
T	4 u 5	2,17	-1,931	0,0716	85	0,1568	*5,75	-1,750	0,0971	81	0,0917
S	1 u 2	1,23	-1,195	0,2477	94	0,4372	1,26	-1,188	0,2506	91	0,3203
S	1 u 3	1,34	-1,123	0,2764	87	0,2016	1,32	-1,297	0,2112	85	0,1568
S	1 u 4	2,45	-1,745	0,101	79	0,069	3,02	-1,778	0,0966	80	0,0796
S	1 u 5	1,24	-0,500	0,623	97	0,5774	1,07	-0,553	0,5872	95	0,4814
S	2 u 3	1,09	0,041	0,9677	108	0,8521	1,05	-0,118	0,9075	108	0,8521
S	2 u 4	3,01	-0,224	0,8259	107	0,9109	*3,81	-0,209	0,8366	108	0,8521
S	2 u 5	1,01	0,659	0,5181	115	0,4814	1,18	0,650	0,5238	112	0,6288
S	3 u 4	3,29	-0,267	0,7937	93	0,3955	*3,99	-0,058	0,9542	93	0,3955
S	3 u 5	1,08	0,604	0,5536	108	0,8521	1,24	0,765	0,4544	112	0,6288
S	4 u 5	3,04	1,030	0,32	113	0,5774	3,22	1,063	0,3056	114	0,5282
TS	1 u 2	1,95	-2,997	0,0084	72	0,0238	2,44	-2,916	0,0105	70	0,0173
TS	1 u 3	1,16	-8,387	0,0001	56	0,0016	2,39	-6,951	0,0001	56	0,0016
TS	1 u 4	2,28	-7,215	0,0001	56	0,0016	2,26	-7,682	0,0001	56	0,0016
TS	1 u 5	2	-11,530	0,0001	55	0,0014	1,47	-12,731	0,0001	55	0,0014
TS	2 u 3	1,69	-4,064	0,0008	64	0,0064	1,02	-3,361	0,0035	68	0,0125
TS	2 u 4	1,17	-3,847	0,0012	66	0,009	1,08	-3,903	0,001	65	0,0076
TS	2 u 5	1,02	-7,455	0,0001	55	0,0014	1,66	-7,379	0,0001	56	0,0016
TS	3 u 4	1,97	-0,402	0,6928	95	0,4814	1,06	-0,499	0,6236	98	0,6288
TS	3 u 5	1,73	-4,310	0,0005	63	0,0054	1,63	-3,666	0,0019	69	0,0147
TS	4 u 5	1,14	-3,342	0,0036	68	0,0125	1,54	-3,171	0,0055	70	0,0173
Z	1 u 2	2,23	-0,348	0,7326	103	0,9109	1,6	-0,306	0,7637	102	0,8521
Z	1 u 3	1,99	0,903	0,3796	114	0,5282	3,33	0,570	0,5781	118	0,3566
Z	1 u 4	1,48	0,038	0,9701	104	0,9702	1,03	-0,103	0,9189	105	0,9702
Z	1 u 5	1,68	-0,437	0,668	103	0,9109	1	-0,681	0,5046	101	0,7942
Z	2 u 3	*4,44	1,048	0,3086	115	0,4814	*5,33	0,828	0,4183	110	0,7375
Z	2 u 4	1,51	0,356	0,7264	107	0,9109	1,56	0,213	0,8337	107	0,9109
Z	2 u 5	1,33	-0,045	0,9643	98	0,6288	1,6	-0,292	0,7739	99	0,6822
Z	3 u 4	2,94	-0,744	0,4686	99	0,6822	3,42	-0,691	0,5009	98	0,6288
Z	3 u 5	3,35	-1,233	0,2381	97	0,5774	3,34	-1,414	0,1794	89	0,2558
Z	4 u 5	1,14	-0,436	0,6682	103	0,9109	1,03	-0,573	0,5737	100	0,7375

Tab. T-D.24: Doppelter t-Test und Wilcoxon-Rangsummentest auf Mittelwertunterschiede der mit dem H/M-β_2 in den jeweiligen Portfoliogruppen identifizierten Performance und t-Werte; Zeitraum 86/91; Benchmark: DAFOX

K	G_i u G_i	F	T	P > T	RS	P > T	F	T	P > T	RS	P > T
	K/G		**H/M-β_2**					**t-Wert des H/M-β_2**			
T	1 u 2	1,72	-3,223	0,0051	69	0,0147	1,59	-3,060	0,007	69	0,0147
T	1 u 3	1,95	-6,685	0,0001	55	0,0014	1,59	-6,654	0,0001	56	0,0016
T	1 u 4	1,39	-11,897	0,0001	55	0,0014	1,51	-11,172	0,0001	55	0,0014
T	1 u 5	1,11	-17,021	0,0001	55	0,0014	1,28	-15,501	0,0001	55	0,0014
T	2 u 3	1,13	-3,216	0,0048	70	0,0173	1,01	-3,251	0,0044	67	0,0106
T	2 u 4	1,24	-7,411	0,0001	55	0,0014	1,05	-7,265	0,0001	55	0,0014
T	2 u 5	1,91	-11,212	0,0001	55	0,0014	2,03	-10,249	0,0001	55	0,0014
T	3 u 4	1,4	-3,783	0,0014	65	0,0076	1,05	-3,967	0,0009	64	0,0064
T	3 u 5	2,16	-7,109	0,0001	55	0,0014	2,04	-6,469	0,0001	55	0,0014
T	4 u 5	1,54	-3,364	0,0036	65	0,0076	1,94	-1,966	0,0665	79	0,069
S	1 u 2	1,33	0,742	0,4678	114	0,5282	1,71	0,708	0,4884	113	0,5774
S	1 u 3	1,16	-0,280	0,7825	106	0,9702	1,74	-0,201	0,8428	104	0,9702
S	1 u 4	1,42	0,494	0,6273	105	0,9702	1,15	0,132	0,8968	100	0,7375
S	1 u 5	1,24	0,668	0,5127	118	0,3566	1,43	0,590	0,5629	119	0,3203
S	2 u 3	1,15	-0,979	0,3406	94	0,4372	1,02	-0,807	0,4301	97	0,5774
S	2 u 4	1,06	-0,220	0,8282	100	0,7375	1,96	-0,614	0,5478	101	0,7942
S	2 u 5	1,07	-0,083	0,9345	106	0,9702	1,2	-0,140	0,8906	105	0,9702
S	3 u 4	1,23	0,736	0,4716	109	0,7942	2	0,318	0,7548	107	0,9109
S	3 u 5	1,07	0,912	0,374	117	0,3955	1,22	0,704	0,4908	113	0,5774
S	4 u 5	1,14	0,142	0,8886	114	0,5282	1,64	0,488	0,6321	119	0,3203
TS	1 u 2	1,43	-2,597	0,0185	72	0,0238	1,64	-2,507	0,0226	73	0,0279
TS	1 u 3	1,63	-5,014	0,0001	63	0,0054	2,25	-5,000	0,0001	61	0,0039
TS	1 u 4	1,3	-7,733	0,0001	55	0,0014	1,17	-8,628	0,0001	55	0,0014
TS	1 u 5	1,11	-12,442	0,0001	55	0,0014	1,59	-12,391	0,0001	55	0,0014
TS	2 u 3	1,14	-2,336	0,0313	75	0,038	1,37	-2,506	0,0223	76	0,0443
TS	2 u 4	1,1	-4,650	0,0002	61	0,0039	1,4	-5,153	0,0001	59	0,0027
TS	2 u 5	1,28	-8,804	0,0001	55	0,0014	1,03	-8,832	0,0001	56	0,0016
TS	3 u 4	1,25	-2,101	0,0502	80	0,0796	1,93	-1,997	0,0628	82	0,1053
TS	3 u 5	1,46	-6,007	0,0001	57	0,0019	1,42	-5,576	0,0001	59	0,0027
TS	4 u 5	1,17	-4,087	0,0007	64	0,0064	1,36	-4,357	0,0004	62	0,0046
Z	1 u 2	1,64	-1,655	0,1163	80	0,0796	1,66	-1,551	0,1394	81	0,0917
Z	1 u 3	1,17	-2,335	0,0314	81	0,0917	1,04	-2,561	0,0196	77	0,0514
Z	1 u 4	2,15	-1,879	0,0787	81	0,0917	1,84	-1,942	0,0694	81	0,0917
Z	1 u 5	1,09	0,018	0,9856	102	0,8521	1,13	-0,153	0,8798	102	0,8521
Z	2 u 3	1,4	-0,447	0,6605	103	0,9109	1,72	-0,657	0,5201	102	0,8521
Z	2 u 4	1,31	-0,333	0,743	99	0,6822	1,11	-0,399	0,6945	97	0,5774
Z	2 u 5	1,5	1,643	0,1184	128	0,1053	1,88	1,454	0,1648	128	0,1053
Z	3 u 4	1,84	0,055	0,9569	101	0,7942	1,91	0,189	0,8522	102	0,8521
Z	3 u 5	1,07	2,305	0,0333	128	0,1053	1,09	2,486	0,023	132	0,0596
Z	4 u 5	1,97	1,868	0,0799	128	0,1053	2,09	1,856	0,082	128	0,1053

Tab. T-D.25: Doppelter t-Test und Wilcoxon-Rangsummentest auf Mittelwertunterschiede der mit dem P/W-Maß in den jeweiligen Portfoliogruppen identifizierten Performance und t-Werte; Zeitraum 80/85; Benchmark: DAFOX.

K/G		P/W-Maß					t-Wert des P/W-Maßes				
K	G_l u G_j	F	T	P > T	RS	P > T	F	T	P > T	RS	P > T
T	1 u 2	2,14	-3,813	0,0015	66	0,009	2,21	-3,545	0,0028	66	0,009
T	1 u 3	2,01	-8,731	0,0001	55	0,0014	*3,74	-8,312	0,0000	55	0,0014
T	1 u 4	1,2	-10,668	0,0001	55	0,0014	1,58	-9,937	0,0001	55	0,0014
T	1 u 5	1,13	-15,366	0,0001	55	0,0014	1,08	-12,729	0,0001	55	0,0014
T	2 u 3	1,07	-6,176	0,0001	58	0,0023	1,69	-5,996	0,0001	60	0,0033
T	2 u 4	1,79	-8,616	0,0001	55	0,0014	1,4	-8,091	0,0001	56	0,0016
T	2 u 5	1,89	-14,171	0,0001	55	0,0014	2,38	-11,382	0,0001	55	0,0014
T	3 u 4	1,68	-3,260	0,0046	71	0,0203	2,37	-3,521	0,003	71	0,0203
T	3 u 5	1,77	-8,844	0,0001	55	0,0014	*4,03	-7,752	0,0000	55	0,0014
T	4 u 5	1,06	-5,056	0,0001	59	0,0027	1,7	-4,320	0,0005	59	0,0027
S	1 u 2	2,41	-8,329	0,0001	55	0,0014	1,1	-8,625	0,0001	55	0,0014
S	1 u 3	2,23	-17,346	0,0001	55	0,0014	1,3	-21,078	0,0001	55	0,0014
S	1 u 4	1,29	-23,924	0,0001	55	0,0014	2,57	-20,940	0,0001	55	0,0014
S	1 u 5	1,26	-32,572	0,0001	55	0,0014	*4,22	-22,613	0,0000	55	0,0014
S	2 u 3	1,08	-11,797	0,0001	55	0,0014	1,18	-12,441	0,0001	55	0,0014
S	2 u 4	1,86	-20,128	0,0001	55	0,0014	2,83	-14,829	0,0001	55	0,0014
S	2 u 5	1,9	-30,659	0,0001	55	0,0014	*4,65	-17,555	0,0000	55	0,0014
S	3 u 4	1,72	-9,933	0,0001	55	0,0014	3,36	-6,331	0,0001	66	0,0014
S	3 u 5	1,76	-20,398	0,0001	55	0,0014	*5,51	-10,593	0,0000	55	0,0014
S	4 u 5	1,02	-9,381	0,0001	55	0,0014	1,64	-4,637	0,0002	59	0,0027
TS	1 u 2	2,25	-10,076	0,0001	55	0,0014	2,58	-9,633	0,0001	55	0,0014
TS	1 u 3	2,19	-22,836	0,0001	55	0,0014	*4,59	-16,504	0,0000	55	0,0014
TS	1 u 4	1,58	-37,546	0,0001	55	0,0014	3,53	-26,024	0,0001	55	0,0014
TS	1 u 5	1,05	-55,337	0,0001	55	0,0014	*4,94	-29,090	0,0000	55	0,0014
TS	2 u 3	1,03	-10,728	0,0001	55	0,0014	1,78	-7,770	0,0001	55	0,0014
TS	2 u 4	1,43	-21,523	0,0001	55	0,0014	1,37	-15,047	0,0001	55	0,0014
TS	2 u 5	2,16	-33,569	0,0001	55	0,0014	1,92	-19,220	0,0001	55	0,0014
TS	3 u 4	1,39	-10,057	0,0001	55	0,0014	1,3	-5,753	0,0001	58	0,0023
TS	3 u 5	2,1	-21,322	0,0001	55	0,0014	1,08	-10,336	0,0001	55	0,0014
TS	4 u 5	1,51	-11,617	0,0001	55	0,0014	1,4	-5,329	0,0001	59	0,0027
Z	1 u 2	1,39	-0,758	0,4585	92	0,3566	1,96	-0,959	0,3517	90	0,2867
Z	1 u 3	1,29	-0,055	0,9571	101	0,7942	1,8	-0,184	0,8566	101	0,7942
Z	1 u 4	2,27	1,111	0,2833	123	0,2016	3,26	1,164	0,2638	123	0,2016
Z	1 u 5	2,33	0,871	0,3972	117	0,3955	2,97	0,891	0,3875	117	0,3955
Z	2 u 3	1,08	0,665	0,5143	112	0,6288	1,09	0,693	0,4972	111	0,6822
Z	2 u 4	1,63	1,663	0,1147	127	0,1206	1,66	1,774	0,0941	128	0,1053
Z	2 u 5	1,67	1,431	0,1706	125	0,1568	1,51	1,543	0,141	125	0,1568
Z	3 u 4	1,76	1,109	0,2833	122	0,2274	1,82	1,205	0,2451	121	0,2558
Z	3 u 5	1,81	0,878	0,3923	119	0,3203	1,65	0,954	0,3535	119	0,3203
Z	4 u 5	1,03	-0,196	0,8469	102	0,8521	1,1	-0,252	0,804	101	0,7942

Tab. T-D.26: Doppelter t-Test und Wilcoxon-Rangsummentest auf Mittelwertunterschiede der mit dem P/W-Maß in den jeweiligen Portfoliogruppen identifizierten Performance und t-Werte; Zeitraum 86/91; Benchmark: DAFOX.

K/G		P/W-Maß					t-Wert des P/W-Maßes				
K	G_i u G_l	F	T	P > T	RS	P > T	F	T	P > T	RS	P > T
T	1 u 2	3,2	-4,787	0,0003	61	0,0039	2,9	-4,494	0,0005	64	0,0064
T	1 u 3	2,55	-8,451	0,0001	55	0,0014	1,73	-7,196	0,0001	55	0,0014
T	1 u 4	1,42	-11,676	0,0001	55	0,0014	1,45	-9,740	0,0001	55	0,0014
T	1 u 5	2,21	-17,182	0,0001	55	0,0014	3,1	-13,887	0,0001	55	0,0014
T	2 u 3	1,26	-5,345	0,0001	59	0,0027	1,68	-3,987	0,001	63	0,0054
T	2 u 4	2,25	-9,677	0,0001	55	0,0014	2	-7,327	0,0001	56	0,0016
T	2 u 5	1,45	-17,406	0,0001	55	0,0014	1,07	-13,177	0,0001	55	0,0014
T	3 u 4	1,79	-5,027	0,0001	61	0,0039	1,19	-3,211	0,0049	73	0,0279
T	3 u 5	1,15	-11,675	0,0001	55	0,0014	1,8	-7,300	0,0001	55	0,0014
T	4 u 5	1,55	-5,092	0,0001	57	0,0019	2,14	-3,298	0,0046	70	0,0173
S	1 u 2	1,13	-9,280	0,0001	55	0,0014	1,09	-7,243	0,0001	56	0,0016
S	1 u 3	1,45	-18,565	0,0001	55	0,0014	1,17	-14,093	0,0001	55	0,0014
S	1 u 4	1,61	-26,242	0,0001	55	0,0014	3,68	-14,807	0,0001	55	0,0014
S	1 u 5	1,21	-43,227	0,0001	55	0,0014	1,08	-28,562	0,0001	55	0,0014
S	2 u 3	1,63	-10,665	0,0001	55	0,0014	1,07	-6,836	0,0001	55	0,0014
S	2 u 4	1,82	-18,771	0,0001	55	0,0014	3,36	-9,863	0,0001	55	0,0014
S	2 u 5	1,07	-34,902	0,0001	55	0,0014	1,19	-20,505	0,0001	55	0,0014
S	3 u 4	1,12	-7,660	0,0001	55	0,0014	3,14	-5,112	0,0002	55	0,0014
S	3 u 5	1,74	-19,512	0,0001	55	0,0014	1,27	-13,007	0,0001	55	0,0014
S	4 u 5	1,95	-10,252	0,0001	55	0,0014	*3,99	-3,526	0,0024	70	0,0173
TS	1 u 2	1,01	-14,866	0,0001	55	0,0014	1,43	-9,514	0,0001	55	0,0014
TS	1 u 3	1,64	-32,333	0,0001	55	0,0014	1,75	-19,628	0,0001	55	0,0014
TS	1 u 4	1,3	-39,977	0,0001	55	0,0014	2,41	-26,039	0,0001	55	0,0014
TS	1 u 5	1,74	-47,482	0,0001	55	0,0014	*3,81	-25,680	0,0000	55	0,0014
TS	2 u 3	1,62	-15,845	0,0001	55	0,0014	1,22	-9,913	0,0001	55	0,0014
TS	2 u 4	1,31	-26,195	0,0001	55	0,0014	1,68	-16,954	0,0001	55	0,0014
TS	2 u 5	1,75	-34,850	0,0001	55	0,0014	2,65	-18,106	0,0001	55	0,0014
TS	3 u 4	2,13	-14,179	0,0001	55	0,0014	1,38	-7,637	0,0001	55	0,0014
TS	3 u 5	2,84	-24,477	0,0001	55	0,0014	2,18	-10,088	0,0001	55	0,0014
TS	4 u 5	1,33	-10,265	0,0001	55	0,0014	1,58	-3,287	0,0043	67	0,0106
Z	1 u 2	1,46	2,583	0,0191	139	0,0203	3,09	2,597	0,0209	136	0,0326
Z	1 u 3	2,12	-0,564	0,5808	102	0,8521	1,37	-0,217	0,8305	100	0,7375
Z	1 u 4	1,45	0,117	0,9079	111	0,6822	2,25	0,835	0,4161	109	0,7942
Z	1 u 5	1,72	2,013	0,0604	131	0,069	1,96	2,589	0,0196	137	0,0279
Z	2 u 3	3,09	-2,596	0,0209	76	0,0443	2,26	-3,187	0,0059	69	0,0147
Z	2 u 4	2,12	-2,167	0,0457	79	0,069	1,37	-2,264	0,0365	78	0,0596
Z	2 u 5	2,5	-0,023	0,9818	107	0,9109	1,58	0,213	0,8339	111	0,6822
Z	3 u 4	1,46	0,624	0,5407	112	0,6288	1,65	1,190	0,2506	120	0,2867
Z	3 u 5	1,24	2,202	0,0411	131	0,069	1,43	3,112	0,0062	135	0,038
Z	4 u 5	1,18	1,760	0,0955	126	0,1377	1,15	2,229	0,0388	125	0,1568

Tab. T-D.27: Doppelter t-Test und Wilcoxon-Rangsummentest auf Mittelwertunterschiede der mit dem P/W-Maß in den jeweiligen Portfoliogruppen identifizierten Performance und t-Werte; Zeitraum: 80/85; Benchmark: GG-Index.

K/G			P/W-Maß				t-Wert des P/W-Maßes			
K	G_i u G_j	F	T	P > T	RS	P > T	F	T	P > T	RS	P > T
T	1 u 2	2,11	-3,889	0,0013	65	0,0076	2,01	-3,583	0,0025	65	0,0076
T	1 u 3	2,33	-9,006	0,0001	55	0,0014	*3,96	-8,434	0,0000	55	0,0014
T	1 u 4	1,23	-10,663	0,0001	55	0,0014	1,63	-9,924	0,0001	55	0,0014
T	1 u 5	1,13	-15,332	0,0001	55	0,0014	1,1	-12,644	0,0001	55	0,0014
T	2 u 3	1,1	-6,359	0,0001	57	0,0019	1,97	-5,836	0,0001	60	0,0033
T	2 u 4	1,72	-8,492	0,0001	55	0,0014	1,24	-7,799	0,0001	56	0,0016
T	2 u 5	1,86	-14,004	0,0001	55	0,0014	2,2	-11,027	0,0001	55	0,0014
T	3 u 4	1,9	-3,224	0,0052	70	0,0173	2,43	-3,405	0,0032	72	0,0238
T	3 u 5	2,05	-8,962	0,0001	55	0,0014	*4,34	-7,633	0,0001	56	0,0016
T	4 u 5	1,08	-5,118	0,0001	58	0,0023	1,78	-4,352	0,0005	59	0,0027
S	1 u 2	2,3	-8,193	0,0001	56	0,0016	1,04	-8,350	0,0001	55	0,0014
S	1 u 3	2,37	-17,437	0,0001	55	0,0014	1,36	-20,992	0,0001	55	0,0014
S	1 u 4	1,41	-24,224	0,0001	55	0,0014	2,71	-20,264	0,0001	55	0,0014
S	1 u 5	1,25	-32,195	0,0001	55	0,0014	*4,26	-22,129	0,0000	55	0,0014
S	2 u 3	1,03	-11,864	0,0001	55	0,0014	1,31	-12,236	0,0001	55	0,0014
S	2 u 4	1,63	-20,438	0,0001	55	0,0014	2,81	-14,261	0,0001	55	0,0014
S	2 u 5	1,84	-30,046	0,0001	55	0,0014	*4,42	-17,087	0,0000	55	0,0014
S	3 u 4	1,68	-10,236	0,0001	55	0,0014	3,69	-6,140	0,0001	55	0,0014
S	3 u 5	1,9	-20,271	0,0001	55	0,0014	*5,81	-10,343	0,0000	55	0,0014
S	4 u 5	1,13	-9,367	0,0001	55	0,0014	1,57	-4,437	0,0004	59	0,0027
TS	1 u 2	2,19	-10,267	0,0001	55	0,0014	2,45	-9,769	0,0001	55	0,0014
TS	1 u 3	2,17	-23,065	0,0001	55	0,0014	*4,65	-16,310	0,0000	55	0,0014
TS	1 u 4	1,73	-36,642	0,0001	55	0,0014	3,69	-25,374	0,0001	55	0,0014
TS	1 u 5	1,07	-55,326	0,0001	55	0,0014	*5,09	-28,526	0,0000	55	0,0014
TS	2 u 3	1,01	-10,878	0,0001	55	0,0014	1,9	-7,748	0,0001	55	0,0014
TS	2 u 4	1,27	-21,311	0,0001	55	0,0014	1,51	-14,858	0,0001	55	0,0014
TS	2 u 5	2,05	-33,890	0,0001	55	0,0014	2,08	-19,034	0,0001	55	0,0014
TS	3 u 4	1,25	-9,871	0,0001	55	0,0014	1,26	-5,592	0,0001	58	0,0023
TS	3 u 5	2,03	-21,379	0,0001	55	0,0014	1,09	-10,123	0,0001	55	0,0014
TS	4 u 5	1,62	-11,334	0,0001	55	0,0014	1,38	-5,215	0,0001	59	0,0027
Z	1 u 2	1,45	-0,738	0,4706	91	0,3203	1,87	-0,859	0,4027	90	0,2867
Z	1 u 3	1,24	-0,074	0,9416	103	0,9109	1,56	-0,152	0,881	103	0,9109
Z	1 u 4	2,04	1,036	0,3157	123	0,2016	2,73	1,125	0,2784	123	0,2016
Z	1 u 5	2,2	0,837	0,4151	118	0,4372	2,59	0,907	0,379	119	0,3203
Z	2 u 3	1,17	0,636	0,533	113	0,5774	1,2	0,655	0,521	114	0,5282
Z	2 u 4	1,41	1,584	0,1311	126	0,1377	1,46	1,692	0,1085	127	0,1206
Z	2 u 5	1,52	1,388	0,1829	123	0,2016	1,39	1,502	0,1508	126	0,1377
Z	3 u 4	1,64	1,058	0,3049	121	0,2558	1,75	1,167	0,2596	121	0,2558
Z	3 u 5	1,77	0,867	0,3982	114	0,5282	1,66	0,963	0,3493	117	0,3955
Z	4 u 5	1,08	-0,149	0,8832	101	0,7942	1,05	-0,197	0,8459	101	0,7942

Tab. T.D.28: Doppelter t-Test und Wilcoxon-Rangsummentest auf Mittelwertunterschiede der mit dem P/W-Maß in den jeweiligen Portfoliogruppen identifizierten Performance und t-Werte; Zeitraum: 86/91; Benchmark: GG-Index.

K/G			P/W-Maß				t-Wert des P/W-Maßes			
K	G_i u G_j	F	T	P > T	RS	P > T	F	T	P > T	RS	P > T
T	1 u 2	3,09	-4,735	0,0003	61	0,0039	3,23	-4,585	0,0004	62	0,0046
T	1 u 3	2,41	-8,485	0,0001	55	0,0014	2,29	-8,013	0,0001	55	0,0014
T	1 u 4	1,48	-11,834	0,0001	55	0,0014	1,69	-10,979	0,0001	55	0,0014
T	1 u 5	2,34	-17,466	0,0001	55	0,0014	*3,78	-15,931	0,0000	55	0,0014
T	2 u 3	1,28	-5,404	0,0001	59	0,0027	1,41	-5,045	0,0001	61	0,0039
T	2 u 4	2,08	-9,873	0,0001	55	0,0014	1,92	-9,064	0,0001	55	0,0014
T	2 u 5	1,32	-17,789	0,0001	55	0,0014	1,17	-16,724	0,0001	55	0,0014
T	3 u 4	1,63	-5,001	0,0001	62	0,0046	1,36	-4,194	0,0006	67	0,0106
T	3 u 5	1,03	-11,736	0,0001	55	0,0014	1,65	-9,932	0,0001	55	0,0014
T	4 u 5	1,58	-5,288	0,0001	57	0,0019	2,24	-4,383	0,0005	61	0,0039
S	1 u 2	1,09	-9,151	0,0001	55	0,0014	1,24	-8,548	0,0001	55	0,0014
S	1 u 3	1,4	-18,405	0,0001	55	0,0014	1,6	-16,442	0,0001	55	0,0014
S	1 u 4	1,6	-25,837	0,0001	55	0,0014	*4,12	-17,773	0,0000	55	0,0014
S	1 u 5	1,34	-43,540	0,0001	55	0,0014	1,11	-35,132	0,0001	55	0,0014
S	2 u 3	1,52	-10,396	0,0001	55	0,0014	1,3	-8,157	0,0001	55	0,0014
S	2 u 4	1,74	-18,252	0,0001	55	0,0014	3,34	-11,856	0,0001	55	0,0014
S	2 u 5	1,23	-34,741	0,0001	55	0,0014	1,11	-24,980	0,0001	55	0,0014
S	3 u 4	1,14	-7,578	0,0001	55	0,0014	2,57	-5,728	0,0001	55	0,0014
S	3 u 5	1,88	-19,792	0,0001	55	0,0014	1,44	-14,894	0,0001	55	0,0014
S	4 u 5	2,14	-10,370	0,0001	55	0,0014	3,71	-4,735	0,0004	64	0,0064
TS	1 u 2	1,12	-15,531	0,0001	55	0,0014	1,33	-13,137	0,0001	55	0,0014
TS	1 u 3	1,52	-34,051	0,0001	55	0,0014	2,04	-23,948	0,0001	55	0,0014
TS	1 u 4	1,4	-41,814	0,0001	55	0,0014	2,9	-31,175	0,0001	55	0,0014
TS	1 u 5	1,84	-49,981	0,0001	55	0,0014	*4,75	-30,585	0,0000	55	0,0014
TS	2 u 3	1,7	-15,951	0,0001	55	0,0014	1,53	-11,808	0,0001	55	0,0014
TS	2 u 4	1,26	-26,615	0,0001	55	0,0014	2,18	-20,179	0,0001	55	0,0014
TS	2 u 5	1,65	-35,843	0,0001	55	0,0014	3,57	-21,606	0,0001	55	0,0014
TS	3 u 4	2,14	-14,643	0,0001	55	0,0014	1,42	-8,932	0,0001	55	0,0014
TS	3 u 5	2,8	-25,559	0,0001	55	0,0014	2,33	-12,135	0,0001	55	0,0014
TS	4 u 5	1,31	-10,735	0,0001	55	0,0014	1,64	-4,254	0,0005	67	0,0106
Z	1 u 2	1,07	2,632	0,0169	138	0,0238	1,5	2,676	0,0158	138	0,0238
Z	1 u 3	2,23	-0,468	0,6466	103	0,9109	1,32	-0,242	0,8118	102	0,8521
Z	1 u 4	1,67	0,303	0,7654	113	0,5774	1,04	0,671	0,5109	113	0,5774
Z	1 u 5	1,76	2,050	0,0564	128	0,1053	1,12	2,345	0,0308	131	0,069
Z	2 u 3	2,4	-2,529	0,0228	77	0,0514	1,98	-2,711	0,0153	75	0,038
Z	2 u 4	1,79	-1,962	0,0667	82	0,1053	1,44	-1,973	0,0646	82	0,1053
Z	2 u 5	1,89	-0,153	0,8804	104	0,9702	1,68	-0,032	0,9753	103	0,9109
Z	3 u 4	1,34	0,676	0,5076	114	0,5282	1,38	0,865	0,3985	116	0,4372
Z	3 u 5	1,27	2,125	0,0479	126	0,1377	1,18	2,420	0,0264	131	0,069
Z	4 u 5	1,06	1,573	0,1332	120	0,2867	1,17	1,716	0,1034	121	0,2558

Tab. T-D.29: Doppelter t-Test und Wilcoxon-Rangsummentest auf Mittelwertunterschiede der mit den LPM-1/R_f und LPM-2/R_f Performance-Maßen in den jeweiligen Portfolio-gruppen identifizierten Performance; Zeitraum: 80/85;

K/G		LPM-1					LPM-2				
K	G_l u G_l	F	T	P > T	RS	P > T	F	T	P > T	RS	P > T
T	1 u 2	2,13	-3,561	0,0026	69	0,0147	1,29	-3,773	0,0014	67	0,0106
T	1 u 3	1,5	-8,395	0,0001	55	0,0014	1,36	-8,148	0,0001	55	0,0014
T	1 u 4	1,86	-9,633	0,0001	55	0,0014	3,18	-10,233	0,0001	55	0,0014
T	1 u 5	*4,8	-11,604	0,0000	55	0,0014	*3,85	-15,066	0,0000	55	0,0014
T	2 u 3	1,42	-6,119	0,0001	59	0,0027	1,76	-5,132	0,0001	58	0,0023
T	2 u 4	*4,96	-7,846	0,0000	55	0,0014	*4,12	-7,995	0,0000	56	0,0016
T	2 u 5	9,13	-10,255	0,0000	55	0,0014	*4,98	-13,094	0,0000	55	0,0014
T	3 u 4	2,79	-3,432	0,0038	69	0,0147	2,33	-3,939	0,0012	64	0,0064
T	3 u 5	*6,44	-7,121	0,0000	55	0,0014	2,82	-9,045	0,0001	55	0,0014
T	4 u 5	2,31	-4,192	0,0007	60	0,0033	1,21	-4,622	0,0002	59	0,0027
S	1 u 2	1,2	-9,050	0,0001	55	0,0014	1,57	-7,881	0,0001	55	0,0014
S	1 u 3	*3,95	-16,443	0,0000	55	0,0014	*6,44	-13,212	0,0000	55	0,0014
S	1 u 4	*18,2	-14,943	0,0000	55	0,0014	*24,9	-11,901	0,0000	55	0,0014
S	1 u 5	*22,3	-22,813	0,0000	55	0,0014	*20,6	-24,487	0,0000	55	0,0014
S	2 u 3	3,28	-10,195	0,0001	55	0,0014	*4,11	-8,274	0,0000	55	0,0014
S	2 u 4	*15,1	-11,817	0,0000	55	0,0014	*15,9	-9,317	0,0000	55	0,0014
S	2 u 5	*18,5	-19,939	0,0000	55	0,0014	*13,2	-21,491	0,0000	55	0,0014
S	3 u 4	*4,62	-6,147	0,0000	55	0,0014	*3,86	-4,376	0,0004	61	0,0039
S	3 u 5	*5,63	-14,344	0,0000	55	0,0014	3,2	-14,955	0,0001	55	0,0014
S	4 u 5	1,22	-6,990	0,0001	55	0,0014	1,21	-7,902	0,0001	55	0,0014
TS	1 u 2	*6,16	-8,634	0,0000	55	0,0014	*8,18	-7,386	0,0000	55	0,0014
TS	1 u 3	*37,4	-12,501	0,0000	55	0,0014	*103	-8,486	0,0000	55	0,0014
TS	1 u 4	*74,5	-17,869	0,0000	55	0,0014	*306	-9,814	0,0000	55	0,0014
TS	1 u 5	*40,5	-16,722	0,0000	55	0,0014	*952	-13,236	0,0000	55	0,0014
TS	2 u 3	*6,06	-8,233	0,0000	55	0,0014	`*13	-6,085	0,0000	55	0,0014
TS	2 u 4	*12,1	-14,715	0,0000	55	0,0014	*37,5	-8,441	0,0000	55	0,0014
TS	2 u 5	*65,8	-15,478	0,0000	55	0,0014	*116	-12,464	0,0000	55	0,0014
TS	3 u 4	1,99	-7,361	0,0001	55	0,0014	2,98	-4,231	0,0008	59	0,0027
TS	3 u 5	*10,9	-12,342	0,0000	55	0,0014	*9,24	-9,915	0,0000	55	0,0014
TS	4 u 5	*5,44	-8,302	0,0000	55	0,0014	3,1	-6,663	0,0001	57	0,0019
Z	1 u 2	1,64	-1,162	0,2613	85	0,1568	1,34	-1,137	0,2707	84	0,1377
Z	1 u 3	1,05	-0,306	0,7629	99	0,6822	1,2	0,191	0,8505	101	0,7942
Z	1 u 4	1,92	1,001	0,3314	123	0,2016	2,14	0,758	0,4598	124	0,1781
Z	1 u 5	2,55	0,565	0,5805	116	0,4372	2,31	0,624	0,5417	118	0,3566
Z	2 u 3	1,56	0,884	0,3889	116	0,4372	1,62	1,356	0,1927	124	0,1781
Z	2 u 4	1,17	1,907	0,0727	129	0,0917	1,6	1,652	0,1169	128	0,1053
Z	2 u 5	1,55	1,442	0,1673	125	0,1568	1,72	1,505	0,1509	124	0,1781
Z	3 u 4	1,83	1,247	0,2297	125	0,1568	2,58	0,629	0,5388	120	0,2867
Z	3 u 5	2,43	0,792	0,4405	116	0,4372	2,78	0,495	0,6282	117	0,3955
Z	4 u 5	1,33	-0,306	0,7633	100	0,7375	1,08	-0,099	0,9224	104	0,9702

- 526 -

Tab. T-D.30: Doppelter t-Test und Wilcoxon-Rangsummentest auf Mittelwertunterschiede der mit den LPM-1/R$_f$- und LPM-2/R$_f$ - Performance-Maßen in den jeweiligen Portfolio-gruppen identifizierten Performance; Zeitraum: 86/91;

K/G		LPM-1					LPM-2				
K	G$_i$ u G$_j$	F	T	P > T	RS	P > T	F	T	P > T	RS	P > T
T	1 u 2	2,26	-4,740	0,0002	61	0,0039	2,01	-5,032	0,0001	60	0,0033
T	1 u 3	1,48	-8,586	0,0001	55	0,0014	1,02	-9,093	0,0001	55	0,0014
T	1 u 4	1,18	-12,258	0,0001	55	0,0014	2,2	-12,399	0,0001	55	0,0014
T	1 u 5	1,29	-17,560	0,0001	55	0,0014	2,02	-20,002	0,0001	55	0,0014
T	2 u 3	1,53	-5,130	0,0001	60	0,0033	2,06	-5,498	0,0001	58	0,0023
T	2 u 4	2,68	-9,742	0,0001	55	0,0014	*4,43	-9,758	0,0000	55	0,0014
T	2 u 5	2,91	-15,867	0,0001	55	0,0014	*4,06	-18,032	0,0000	55	0,0014
T	3 u 4	1,75	-5,130	0,0001	63	0,0054	2,15	-5,150	0,0001	61	0,0039
T	3 u 5	1,9	-11,017	0,0001	55	0,0014	1,97	-12,512	0,0001	55	0,0014
T	4 u 5	1,09	-5,369	0,0001	57	0,0019	1,09	-6,123	0,0001	55	0,0014
S	1 u 2	1,55	-8,952	0,0001	55	0,0014	1,61	-9,001	0,0001	55	0,0014
S	1 u 3	3,08	-17,211	0,0001	55	0,0014	*5,56	-13,546	0,0000	55	0,0014
S	1 u 4	*5,96	-20,702	0,0000	55	0,0014	*5,96	-20,473	0,0000	55	0,0014
S	1 u 5	3,23	-40,676	0,0001	55	0,0014	*3,97	-36,451	0,0000	55	0,0014
S	2 u 3	1,99	-9,510	0,0001	55	0,0014	3,45	-7,521	0,0001	55	0,0014
S	2 u 4	*3,84	-14,713	0,0000	55	0,0014	3,69	-14,337	0,0001	55	0,0014
S	2 u 5	2,08	-31,727	0,0001	55	0,0014	2,46	-28,234	0,0001	55	0,0014
S	3 u 4	1,94	-6,606	0,0001	56	0,0016	1,07	-5,686	0,0001	59	0,0027
S	3 u 5	1,05	-19,475	0,0001	55	0,0014	1,4	-15,087	0,0001	55	0,0014
S	4 u 5	1,84	-9,586	0,0001	55	0,0014	1,5	-8,660	0,0001	55	0,0014
TS	1 u 2	2,42	-15,717	0,0001	55	0,0014	3,76	-13,835	0,0001	55	0,0014
TS	1 u 3	2,57	-35,347	0,0001	55	0,0014	*5,33	-27,541	0,0000	55	0,0014
TS	1 u 4	*11,1	-34,481	0,0000	55	0,0014	*15,1	-32,145	0,0000	55	0,0014
TS	1 u 5	*38,7	-31,056	0,0000	55	0,0014	*84	-24,398	0,0000	55	0,0014
TS	2 u 3	1,06	-16,863	0,0001	55	0,0014	1,42	-12,972	0,0001	55	0,0014
TS	2 u 4	*4,56	-24,691	0,0000	55	0,0014	*4,01	-22,740	0,0000	55	0,0014
TS	2 u 5	*16,0	-25,979	0,0000	55	0,0014	*22,4	-20,788	0,0000	55	0,0014
TS	3 u 4	*4,31	-14,359	0,0000	55	0,0014	2,83	-13,189	0,0001	55	0,0014
TS	3 u 5	*15,1	-20,071	0,0000	55	0,0014	*15,8	-16,465	0,0000	55	0,0014
TS	4 u 5	3,5	-10,764	0,0001	55	0,0014	*5,57	-9,648	0,0000	55	0,0014
Z	1 u 2	1,23	2,562	0,0197	136	0,0326	1,2	2,434	0,0257	135	0,038
Z	1 u 3	2	-0,461	0,6509	104	0,9405	2,29	-0,574	0,5745	102	0,8521
Z	1 u 4	1,58	0,363	0,7208	114	0,5282	2,48	0,147	0,8848	113	0,5774
Z	1 u 5	1,49	2,046	0,0563	128	0,1053	1,84	2,057	0,0558	128	0,1053
Z	2 u 3	2,46	-2,532	0,0228	77	0,0514	1,91	-2,489	0,0239	79	0,069
Z	2 u 4	1,94	-1,853	0,082	84	0,1377	2,06	-1,739	0,1012	86	0,1781
Z	2 u 5	1,83	-0,146	0,886	102	0,8521	1,54	-0,081	0,9364	104	0,9702
Z	3 u 4	1,27	0,730	0,4747	114	0,5282	1,08	0,602	0,5546	111	0,6822
Z	3 u 5	1,34	2,155	0,0453	128	0,1053	1,24	2,218	0,0398	129	0,0917
Z	4 u 5	1,06	1,510	0,1485	122	0,2274	1,34	1,537	0,1422	121	0,2558

Tab. T-D.31: Pearson-Korrelationskoeffizienten zwischen der Differenz des P/W- und Jensen-Maßes und dem T/M-Timing-Maß

Korrelation x; y		Korr.(PW-J); T/M-T		Korr.(P/W-H/M-A); T/M-T	
Kat.	Periode	DAFOX	GG	DAFOX	GG
T	80/85	0,9791	0,9746	0,9713	0,9828
	86/91	0,9933	0,9196	0,9851	0,9833
S	80/85	0,8780	0,8397	0,8940	0,9141
	86/91	0,8637	0,6587	0,9421	0,9304
T/S	80/85	0,9779	0,9595	0,9750	0,9749
	86/91	0,9920	0,9264	0,9835	0,9814
Z	80/85	0,9558	0,9459	0,9398	0,9531
	86/91	0,9701	0,6843	0,9358	0,9393

Alle Werte sind signifikant von Null verschieden auf einem Signifikanzniveau von 1%.

Tab. T-D.32: Pearson-Korrelationskoeffizienten zwischen der Differenz des C/K- und Jensen-Maß und dem T/M-Timing-Maß

Korrelation x; y		Korr.(PW-J); T/M-T		Korr.(P/W-H/M-A); T/M-T	
Kat.	Periode	DAFOX	GG	DAFOX	GG
T	80/85	0,9696	0,9803	0,9695	0,9804
	86/91	0,9849	0,9833	0,9849	0,9833
S	80/85	0,8917	0,9144	0,8918	0,9144
	86/91	0,6561	0,9303	0,9413	0,9302
T/S	80/85	0,9734	0,9731	0,9734	0,9732
	86/91	0,9833	0,9814	0,9833	0,9814
Z	80/85	0,9362	0,9492	0,9363	0,9493
	86/91	0,9352	0,9391	0,9352	0,9392

Alle Werte sind signifikant von Null verschieden auf einem Signifikanzniveau von 1%.

Tab. T-D.33: Sharpe-Ratio und Signifikanztest gegenüber dem DAX

Periode	5/74-12/79		1/80-12/85		4/86-12/91		5/74-12/91	
Fonds	Sharpe	z-stat.	Sharpe	z-stat.	Sharpe	z-stat.	Sharpe	z-stat.
R2	0,0309	*-2,645	0,2120	-0,912	-0,0658	0,192	0,0408	-1,095
R3	0,0384	*-2,292	0,2005	-0,504	-0,1043	1,424	0,0260	-0,290
R4	0,0501	*-3,053	0,1992	-0,632	-0,0623	0,079	0,0465	-1,410
R7	0,0296	-1,440	0,3312	**-1,921	-0,1236	1,181	0,0590	-1,107
R9	0,0616	*-3,005	0,1844	-0,187	-0,0361	-0,761	0,0514	-1,476
R82	0,0529	*-3,159	0,1931	-0,427	-0,0592	-0,018	0,0451	-1,355
R120	0,0317	*-3,099	0,2134	-0,925	-0,0375	-0,869	0,0535	**-1,943
R122	0,0690	*-2,456	0,2094	-0,405	0,0177	-1,618	0,0736	-1,601
R126	0,0207	**-1,923	0,2145	-0,956	-0,0460	-0,493	0,0459	-1,362
R138	-	-	-	-	-0,0981	1,381	-	-
R139	-	-	-	-	-0,0576	-0,035	-	-
R164	0,0369	*-2,413	0,2099	-0,925	-0,0430	-0,793	0,0552	*-2,137
R169	-	-	0,2183	-0,684	-0,0853	0,833	-	-
R171	-	-	-	-	-0,1019	0,934	-	-
R201	0,0534	-1,590	0,2680	*-2,093	-0,0242	-1,252	0,0956	*-3,281
R310	-0,0383	-0,101	0,1935	-0,342	0,0312	-1,605	0,0757	**-1,689
R322	0,0433	*-3,151	0,2083	-1,074	-0,0541	-0,227	0,0504	*-1,976
R325	-	-	0,2855	-1,071	-0,1064	0,647	-	-
R360	-0,0566	0,200	0,1693	0,083	-0,0682	0,164	0,0047	0,462
R541	0,0303	-1,350	0,2040	-0,506	-0,0654	0,227	0,0292	-0,388
R680	0,0255	-0,841	0,1813	-0,136	-0,0890	0,979	0,0281	-0,310
DREN	0,0324	-1,418	0,2292	-1,015	-0,0684	0,182	0,0458	-0,845
DAFOX	-0,0449	-	0,1750	-	-0,0598	-	0,0198	-

*   signifikant auf dem 5 %-Niveau (** = 10 %-Niveau)

Tab. T-D.34: Jensens Alpha (in %) der Fonds in den Zeiträumen 74/79, 80/85 und 74/91; Referenzindex DAFOX

Fonds	Alpha	t-stat.	t/W-	β	s(β)	R^2	s(ε)	DW
				5/74-12/79				
R2	-0,05009	-0,790	-0,806	0,94905	0,019	0,97324	0,005220	2,315
R3	-0,01785	-0,245	-0,260	0,70064	0,021	0,94169	0,005784	2,026
R4	0,01224	0,149	0,152	0,99405	0,025	0,95958	0,006767	2,060
R7	-0,03735	-0,293	-0,304	0,74621	0,039	0,84755	0,010498	1,696
R9	0,04287	0,512	0,523	0,79602	0,026	0,93604	0,006902	1,998
R82	0,02089	0,277	0,283	0,97312	0,023	0,96425	0,006216	1,829
R120	-0,04935	-0,733	-0,748	0,98766	0,020	0,97242	0,005517	2,173
R122	0,06340	0,660	0,660	0,76618	0,029	0,91175	0,007907	1,958
R126	-0,08110	-1,100	-1,109	0,93783	0,023	0,96329	0,006073	2,172
R164	-0,02631	-0,303	-0,307	0,86119	0,027	0,94107	0,007149	1,908
R201	0,02706	0,202	0,206	0,65122	0,041	0,79297	0,011038	1,835
R310	-0,20084	**-1,710	**-1,739	0,68580	0,036	0,8469ß	0,009672	2,027
R322	-0,01006	-0,124	-0,127	0,97385	0,025	0,95896	0,006683	1,880
R360	-0,25919	-1,693	-1,728	0,70396	0,047	0,77428	0,012608	2,214
R541	-0,03264	-0,218	-0,224	0,73649	0,046	0,79763	0,012306	2,114
R680	-0,02651	-0,130	-0,133	0,57853	0,062	0,56681	0,016777	1,857
DREN	-0,03905	-0,726	-0,744	0,81511	0,016	0,97386	0,004430	1,814
				1/80-12/85				
R2	-0,17055	**-1,733	**-1,868	0,94622	0,023	0,95863	0,008083	2,100
R3	-0,13893	-1,442	-1,403	0,64595	0,023	0,91847	0,007914	2,018
R4	-0,22016	*-2,179	*-2,001	0,94883	0,024	0,95670	0,008300	1,897
R7	0,38211	**-1,673	**1,805	0,79975	0,055	0,75446	0,018761	1,959
R9	-0,20104	-1,607	-1,507	0,73851	0,030	0,89726	0,010276	1,819
R82	-0,23965	*-2,165	*-2,346	0,95000	0,026	0,94862	0,009091	2,316
R120	-0,13866	-1,198	-1,219	0,85614	0,028	0,93202	0,009508	2,075
R122	0,00590	0,034	0,034	0,44229	0,042	0,61391	0,014423	1,562
R126	-0,12607	-0,985	-1,022	0,83667	0,030	0,91458	0,010514	1,967
R164	-0,16564	-1,535	-1,649	0,90787	0,026	0,94667	0,008861	2,278
R169	-0,05182	-0,523	-0,504	0,47600	0,024	0,85269	0,008136	1,787
R201	0,06770	0,058	0,546	0,79190	0,032	0,89837	0,010953	2,173
R310	-0,19503	-1,283	-1,298	0,85781	0,036	0,88861	0,012489	2,342
R322	-0,17230	-1,706	**-1,681	0,89960	0,024	0,95212	0,008296	1,830
R325	0,24711	1,225	1,294	0,33816	0,048	0,41345	0,016562	1,549
R360	-0,16199	-0,818	-0,802	0,64018	0,047	0,72368	0,016266	1,712
R541	-0,13025	-0,946	-0,935	0,73274	0,033	0,87653	0,011309	2,046
R680	-0,22853	-1,612	**-1,813	0,81709	0,034	0,89274	0,011646	2,166
DREN	-0,09099	-1,428	-1,406	0,75698	0,015	0,97251	0,005233	2,026
				5/74/-12/91				
R2	-0,09402	**-1,706	**-1,716	0,95782	0,011	0,97167	0,008011	2,221
R3	-0,11134	*-2,035	*-2,016	0,65602	0,011	0,94229	0,007952	2,027
R4	-0,06367	-1,015	-1,011	0,92423	0,013	0,96106	0,009113	2,064
R7	0,01245	0,101	0,101	0,80824	0,025	0,83051	0,017885	1,713
R9	-0,03373	-0,490	-0,484	0,80500	0,014	0,93946	0,010010	1,895
R82	-0,07426	-1,320	-1,337	0,96697	0,012	0,97109	0,008173	1,942
R120	-0,03003	-0,454	-0,457	0,91273	0,014	0,95574	0,009621	2,010
R122	0,06499	0,611	0,617	0,66744	0,022	0,81713	0,015466	1,976
R126	-0,06400	-0,927	-0,933	0,90912	0,014	0,95167	0,010035	2,093
R164	-0,02278	-0,388	-0,392	0,89108	0,012	0,96317	0,008536	2,040
R201	0,13443	**1,807	**1,809	0,71743	0,015	0,91351	0,010813	1,931
R310	0,07389	0,699	0,682	0,74420	0,022	0,84924	0,015359	1,905
R322	-0,04445	-0,751	-0,749	0,89960	0,012	0,96326	0,008606	1,869
R360	-0,20068	**-1,694	-1,608	0,73068	0,024	0,81217	0,017212	2,348
R541	-0,13023	-1,490	-1,489	0,85975	0,018	0,91663	0,012700	2,129
R680	-0,11754	-1,263	-1,250	0,76149	0,019	0,88378	0,013526	1,909
DREN	-0,05796	-1,432	-1,419	0,77892	0,008	0,97678	0,005882	2,136

Tab. T-D.35: Schätzung der Regressionsparameter nach dem Verfahren von *Cochrane/Orcutt*;

Fonds	Alpha	t-stat.	β	s(β)	DW
		Zeitraum 1/80-12/85			
R122	0,02714	0,134	0,43173	0,0411	1,761
R325	0,26213	1,051	0,32354	0,0462	1,890
		Zeitraum 5/86-12/91			
R325	-0,2295	-1,062	0,5955	0,0394	1,985
R369	-0,0515	-0,309	0,7783	0,0314	1,867

Tab. T-D.36: Klassische Performance-Maße und Ranking der Fonds in den Subperioden und im Gesamtzeitraum; Referenzindex: DAFOX

Fonds	Alpha in %	Rang	Trey-Maß	Rang	T/B-Ratio	Rang	Sharpe	Rang
				5/74-12/79				
R2	-0,0500	13	0,001034	13	-0,09595	13	0,03099	10
R3	-0,0178	7	0,001307	7	-0,03086	9	0,03850	7
R4	0,0122	5	0,001684	5	0,01808	5	0,05015	5
R7	-0,0373	11	0,001061	12	-0,03558	10	0,02965	12
R9	0,0428	2	0,002100	2	0,06211	2	0,06168	2
R82	0,0208	4	0,001776	4	0,03361	3	0,05292	4
R120	-0,0493	12	0,001062	11	-0,08944	12	0,03178	9
R122	0,0634	1	0,002389	1	0,08018	1	0,06903	1
R126	-0,0811	14	0,000697	14	-0,13354	14	0,02074	14
R164	-0,0263	8	0,001256	8	-0,03680	11	0,03695	8
R201	0,0270	3	0,001977	3	0,02451	4	0,05347	3
R310	-0,2008	15	-0,001367	15	-0,20764	16	-0,03838	15
R322	-0,0100	6	0,001458	6	-0,01506	6	0,04334	6
R360	-0,2591	16	-0,002121	16	-0,20557	15	-0,05667	16
R541	-0,0326	10	0,001118	9	-0,02652	8	0,03032	11
R680	-0,0265	9	0,001103	10	-0,01580	7	0,02552	13

noch Tab. T-D.36

Fonds	Alpha	Rang	Trey-Maß	Rang	T/B-Ratio	Rang	Sharpe	Rang
				1/80-12/85				
R2	-0,17055	12	0,008711	9	-0,21100	16	0,21203	7
R3	-0,13893	9	0,008363	12	-0,17555	11	0,20059	12
R4	-0,22016	16	0,008193	14	-0,26524	18	0,19925	13
R7	0,38211	1	0,015291	2	0,20367	1	0,33123	1
R9	-0,20104	15	0,007791	17	-0,19565	13	0,18444	16
R82	-0,23965	18	0,007991	15	-0,26360	17	0,19315	15
R120	-0,13866	8	0,008894	7	-0,14584	9	0,21347	6
R122	0,00590	4	0,010647	4	0,00409	4	0,20945	9
R126	-0,12607	6	0,009007	6	-0,11990	8	0,21452	5
R164	-0,16564	11	0,008689	10	-0,18694	12	0,20992	8
R169	-0,05182	5	0,009425	5	-0,06369	5	0,21835	4
R201	0,06770	3	0,011368	3	0,06181	3	0,26805	3
R310	-0,19503	14	0,008240	13	-0,15616	10	0,19359	14
R322	-0,17230	13	0,008598	11	-0,20770	15	0,20831	10
R325	0,24711	2	0,017821	1	0,14920	2	0,28557	2
R360	-0,16199	10	0,007983	16	-0,09959	6	0,16937	18
R541	-0,13025	7	0,008736	8	-0,11518	7	0,20403	11
R680	-0,22853	17	0,007716	18	-0,19623	14	0,18139	17
				4/86-12/91				
R2	-0,03654	13	-0,004418	13	-0,03594	14	-0,06584	13
R3	-0,19700	17	-0,007080	19	-0,20466	21	-0,10438	19
R4	-0,01455	11	-0,004201	11	-0,01279	11	-0,06232	11
R7	-0,38544	21	-0,008821	21	-0,17929	19	-0,12363	21
R9	0,13353	5	-0,002443	4	0,11666	5	-0,03614	4
R82	0,00715	9	-0,003966	9	0,00824	9	-0,05930	10
R120	0,13867	4	-0,002535	5	0,11739	4	-0,03756	5
R122	0,38671	2	0,001244	2	0,22338	1	0,01769	2
R126	0,08767	7	-0,003098	7	0,07788	7	-0,04601	7
R138	-0,25463	20	-0,006628	17	-0,20221	20	-0,09818	17
R139	-0,01267	10	-0,004198	10	-0,00519	10	-0,05764	9
R164	0,10325	6	-0,002888	6	0,11361	6	-0,04306	6
R169	-0,07962	15	-0,005827	15	-0,10988	16	-0,08535	15
R171	-0,24390	18	-0,007005	18	-0,16503	17	-0,10199	18
R201	0,16789	3	-0,001640	3	0,17471	3	-0,02427	3
R310	0,45327	1	0,002241	1	0,22196	2	0,03121	1
R322	0,03498	8	-0,003645	8	0,03461	8	-0,05420	8
R325	-0,25052	19	-0,008385	20	-0,10138	15	-0,10644	20
R360	-0,06710	14	-0,004910	14	-0,03111	12	-0,06831	14
R541	-0,03386	12	-0,004399	12	-0,03193	13	-0,06544	12
R680	-0,15216	16	-0,005988	16	-0,17005	18	-0,08910	16
				5/79-12/91				
R2	-0,09402	12	0,002021	12	-0,11736	15	0,04086	12
R3	-0,11134	13	0,001306	15	-0,14002	16	0,02603	15
R4	-0,06367	9	0,002314	9	-0,06987	10	0,04655	9
R7	0,01245	4	0,003157	4	0,00696	4	0,05899	4
R9	-0,03373	7	0,002584	7	-0,03369	7	0,05143	7
R82	-0,07426	11	0,002235	11	-0,09086	12	0,04514	11
R120	-0,03003	6	0,002674	6	-0,03122	6	0,05358	6
R122	0,06499	3	0,003977	3	0,04202	3	0,07369	3
R126	-0,06400	10	0,002299	10	-0,06378	9	0,04598	10
R164	-0,02278	5	0,002747	5	-0,02669	5	0,05525	5
R201	0,13443	1	0,004877	1	0,12432	1	0,09566	1
R310	0,07389	2	0,003996	2	0,04811	2	0,07574	2
R322	-0,04445	8	0,002509	8	-0,05164	8	0,05047	8
R360	-0,20068	16	0,000256	16	-0,11659	14	0,00474	16
R541	-0,13023	15	0,001488	13	-0,10254	13	0,02921	13
R680	-0,11754	14	0,001459	14	-0,08690	11	0,02820	14

Tab. T-D.37: Pearson-Korrelationskoeffizienten zwischen Performance-Maßen im Zeitraum 74/79 (linke untere Hälfte) und im Gesamtzeitraum 80/85 (rechte obere Hälfte)

Art	Messung selektionsbedingter Performance								Gesamt-Performance			Verlust-risiko	
Timing	ohne Einbeziehung von Timing-fähigkeiten						mit Einbeziehung von Timing-fähigkeiten		Einbeziehung von Selectivity- und Timingfähigkeiten			keine explizite Differenzierung	
Ziel	Ranking			absolut			absolut		absolut			Ranking	
Maße	S	T	T/B	J	J/3	J/12	T/M-A	H/M-A	T/M-Tot.	C/K-A	PW	LPM-1	LPM-2
S	1	0,89	0,85	0,94	0,90	0,74	0,86	0,72	0,94	0,94	0,95	0,99	0,66
T	1,00	1	0,89	0,94	0,94	0,79	0,87	0,71	0,94	0,94	0,94	0,90	0,84
T/B	0,92	0,92	1	0,96	0,91	0,81	0,87	0,72	0,96	0,97	0,96	0,87	0,80
J	0,99	1,00	0,95	1	0,95	0,79	0,93	0,80	1,00	1,00	1,00	0,96	0,78
J/3	0,92	0,91	0,86	0,91	1	0,90	0,86	0,71	0,95	0,95	0,95	0,90	0,84
J/12	0,91	0,90	0,78	0,88	0,83	1	0,72	0,60	0,78	0,79	0,78	0,72	0,72
T/M-A	0,56	0,59	0,68	0,62	0,59	0,33	1	0,95	0,89	0,90	0,90	0,87	0,63
H/M-A	0,33	0,36	0,47	0,39	0,40	0,12	0,95	1	0,74	0,75	0,75	0,74	0,44
T/M-Tot.	0,99	1,00	0,95	1,00	0,91	0,89	0,60	0,37	1	1,00	1,00	0,96	0,80
C/K-A	0,98	0,98	0,90	0,97	0,87	0,92	0,43	0,17	0,98	1	1,00	0,96	0,80
PW	0,99	1,00	0,95	1,00	0,91	0,89	0,61	0,39	1,00	0,97	1	0,96	0,80
LPM-1	1,00	1,00	0,92	0,99	0,93	0,92	0,56	0,33	0,99	0,98	0,99	1	0,66
LPM-2	0,99	0,99	0,92	0,99	0,89	0,90	0,56	0,32	0,99	0,98	0,99	0,99	1

Tab. T-D.38: Pearson-Korrelationskoeffizienten zwischen Performance-Maßen im Zeitraum 86/91 (linke untere Hälfte) und im Gesamtzeitraum 74/91 (rechte obere Hälfte)

Maße	S	T	T/B	J	J/3	J/12	T/M-A	H/M-A	T/M-Tot.	C/K-A	PW	LPM-1	LPM-2
S	1	1,00	0,93	0,99	0,99	0,97	0,27	-0,10	0,99	0,99	0,99	1,00	0,97
T	1,00	1	0,96	0,99	0,99	0,97	0,31	-0,06	0,99	0,99	0,99	1,00	0,98
T/B	0,95	0,93	1	0,95	0,95	0,95	0,45	0,10	0,96	0,92	0,95	0,93	0,94
J	0,99	0,99	0,95	1	0,99	0,98	0,32	-0,05	1,00	0,99	1,00	0,99	0,99
J/3	0,99	0,99	0,94	0,99	1	0,98	0,26	-0,10	0,98	0,98	0,99	0,98	0,99
J/12	0,94	0,92	0,92	0,94	0,95	1	0,33	-0,03	0,98	0,97	0,98	0,97	0,97
T/M-A	0,53	0,47	0,59	0,51	0,50	0,50	1	0,92	0,37	0,18	0,30	0,30	0,28
H/M-A	0,36	0,31	0,38	0,33	0,34	0,27	0,93	1	0,00	-0,19	-0,07	-0,06	-0,08
T/M-Tot.	0,99	0,99	0,94	1,00	0,99	0,94	0,46	0,28	1	0,98	1,00	0,99	0,98
C/K-A	0,98	0,98	0,92	0,99	0,98	0,93	0,38	0,18	1,00	1	0,99	0,98	0,98
PW	0,99	0,99	0,94	1,00	0,99	0,94	0,50	0,32	1,00	0,99	1	0,99	0,99
LPM-1	0,99	1,00	0,94	0,99	0,99	0,92	0,47	0,32	0,99	0,98	0,99	1	0,97
LPM-2	0,93	0,92	0,89	0,89	0,88	0,81	0,53	0,38	0,88	0,86	0,88	0,92	1

Grau unterlegte Koeffizienten sind nicht signifikant von Null verschieden auf einem Signifikanzniveau von 5 %

Tab. T-D.37a: Korrelationskoeffizienten zwischen den Performance-Maßen; Zeitraum 80/85; Spearman-Rangkorrelation (linke untere Seite); Pearson-Korrelationskoeffizient (rechte obere Seite)

Ansatz/ Maß	S	T	T/B	J	J3	J14	T/M A	H/M A	T/M G	H/M ß2	T/M Tim	C/K- HM	T/M Tot	C/K A	PW	LPM 1/Rf	LPM 1/µ	LPM 1/U	LPM 1/D	LPM 2/Rf	LPM 2/µ	LPM U	LPM D	OP 5
S	1,00	0,96	0,82	0,93	0,90	0,59	0,83	0,69	-0,38	-0,29	-0,38	-0,29	0,93	0,93	0,94	0,99	0,99	0,99	0,97	0,99	0,98	0,98	0,97	0,87
T	0,94	1,00	0,92	0,99	0,94	0,67	0,88	0,76	-0,40	-0,35	-0,40	-0,35	0,99	0,99	0,99	0,98	0,97	0,97	0,91	0,95	0,92	0,96	0,88	0,94
T/B	0,44	0,65	1,00	0,95	0,89	0,73	0,84	0,71	-0,37	-0,31	-0,37	-0,31	0,95	0,95	0,95	0,85	0,85	0,85	0,74	0,80	0,76	0,82	0,72	0,87
J	0,75	0,88	0,88	1,00	0,94	0,67	0,91	0,79	-0,44	-0,40	-0,44	-0,40	1,00	1,00	1,00	0,95	0,95	0,95	0,87	0,92	0,89	0,93	0,84	0,94
J3	0,80	0,81	0,58	0,77	1,00	0,84	0,83	0,71	-0,36	-0,32	-0,36	-0,32	0,94	0,94	0,94	0,90	0,90	0,89	0,81	0,89	0,85	0,91	0,80	0,95
J14	0,59	0,64	0,65	0,69	0,90	1,00	0,58	0,50	-0,22	-0,22	-0,22	-0,22	0,68	0,68	0,67	0,57	0,58	0,56	0,45	0,55	0,50	0,59	0,47	0,75
T/M-A	0,36	0,46	0,64	0,67	0,46	0,49	1,00	0,96	-0,78	-0,72	-0,78	-0,72	0,87	0,87	0,88	0,84	0,84	0,84	0,80	0,77	0,76	0,78	0,72	0,79
H/M-A	0,29	0,42	0,59	0,63	0,35	0,35	0,96	1,00	-0,87	-0,87	-0,87	-0,87	0,73	0,74	0,74	0,71	0,71	0,71	0,67	0,62	0,60	0,63	0,56	0,69
T/M-G	0,06	0,16	-0,06	-0,05	-0,01	-0,04	-0,63	-0,64	1,00	0,96	1,00	0,96	-0,36	-0,37	-0,38	-0,37	-0,36	-0,37	-0,40	-0,27	-0,28	-0,27	-0,29	-0,28
H/M-ß2	0,10	0,14	-0,04	-0,06	0,05	0,06	-0,57	-0,66	0,91	1,00	0,96	1,00	-0,31	-0,32	-0,32	-0,31	-0,31	-0,31	-0,32	-0,20	-0,19	-0,20	-0,18	-0,29
T/M-Tim	0,06	0,16	-0,06	-0,05	-0,01	-0,04	-0,63	-0,64	1,00	0,91	1,00	0,96	-0,36	-0,37	-0,38	-0,37	-0,36	-0,37	-0,40	-0,27	-0,28	-0,27	-0,29	-0,28
C/K-H/M-A	0,10	0,14	-0,04	-0,06	0,05	0,06	-0,57	-0,66	0,91	1,00	0,91	1,00	-0,31	-0,32	-0,32	-0,31	-0,31	-0,31	-0,32	-0,20	-0,19	-0,20	-0,18	-0,29
T/M-Tot	0,79	0,92	0,83	0,95	0,76	0,63	0,48	0,42	0,17	0,16	0,17	0,16	1,00	1,00	1,00	0,96	0,95	0,95	0,87	0,93	0,90	0,94	0,84	0,95
C/K-A	0,79	0,92	0,83	0,94	0,76	0,64	0,47	0,40	0,20	0,19	0,20	0,19	1,00	1,00	1,00	0,96	0,96	0,96	0,87	0,93	0,90	0,94	0,85	0,94
PW	0,82	0,94	0,81	0,96	0,82	0,68	0,50	0,44	0,14	0,14	0,14	0,14	0,99	0,99	1,00	0,96	0,96	0,96	0,88	0,93	0,90	0,95	0,85	0,94
LPM-1/Rf	0,94	0,98	0,59	0,81	0,80	0,64	0,37	0,34	0,19	0,17	0,19	0,17	0,88	0,88	0,89	1,00	1,00	1,00	0,97	0,98	0,97	0,98	0,95	0,90
LPM-1/µ	0,93	0,98	0,60	0,81	0,82	0,66	0,32	0,21	0,19	0,21	0,19	0,21	0,89	0,88	0,90	1,00	1,00	1,00	0,97	0,98	0,97	0,98	0,95	0,91
LPM-1/U	0,94	0,97	0,59	0,81	0,77	0,60	0,34	0,31	0,20	0,18	0,20	0,18	0,89	0,89	0,89	0,99	0,99	1,00	0,98	0,98	0,97	0,98	0,95	0,90
LPM-1/D	0,91	0,78	0,22	0,51	0,60	0,36	0,14	0,12	0,05	0,11	0,05	0,11	0,58	0,57	0,60	0,81	0,81	0,83	1,00	0,96	0,98	0,95	0,98	0,79
LPM-2/Rf	0,84	0,88	0,52	0,71	0,79	0,59	0,19	0,15	0,31	0,35	0,31	0,35	0,83	0,83	0,85	0,89	0,90	0,87	0,76	1,00	0,99	1,00	0,96	0,89
LPM-2/µ	0,85	0,76	0,38	0,60	0,67	0,42	0,06	0,00	0,19	0,30	0,19	0,30	0,73	0,72	0,74	0,76	0,78	0,78	0,86	0,86	1,00	0,98	0,98	0,83
LPM-2/Um	0,88	0,92	0,54	0,78	0,88	0,67	0,30	0,25	0,24	0,27	0,24	0,27	0,86	0,86	0,90	0,91	0,92	0,89	0,74	0,98	0,84	1,00	0,94	0,91
LPM-2/D	0,87	0,74	0,27	0,48	0,56	0,35	0,05	-0,02	0,17	0,27	0,17	0,27	0,59	0,60	0,60	0,81	0,77	0,79	0,95	0,74	0,90	0,70	1,00	0,76
QP5	0,73	0,84	0,62	0,80	0,85	0,71	0,39	0,34	0,18	0,14	0,18	0,14	0,85	0,85	0,88	0,82	0,83	0,80	0,50	0,77	0,62	0,86	0,46	1,00

S	Sharpe-Ratio
T	Treynor-Ratio
T/B	Treynor/Black-Appraisal-Ratio
J	Jensens Alpha
J3	Jensens Alpha, mit Dreiindexmodell
J12	Jensens Alpha, mit 12-Index-Branchenmodell
T/M-A	Treynor/Mazuy-Alpha
H/M-A	Henriksson/Merton-Alpha
T/M-G	Treynor/Mazuy-Timingkoeffizient (Gamma)
H/M-β_2	Henriksson/Merton-Timing-Maß
T/M-Tim.	Treynor/Mazuy-Timing-Maß
C/K-H/M-A	Differenz zwischen C/K-A und H/M-A (Timing-Performance)
T/M-Tot	Treynor/Mazuy-Total-Maß
C/K-A	Connor/Korajczyk-Maß
PW	Positive Period Weighting Measure
LPM-1/R_f	Lower Partial Moment-Maß-1 mit risikolosem Zinssatz als Target-Rendite
LPM-1/µ	Lower Partial Moment-1-Maß mit mittlerer Rendite als Target-Rendite
LPM-1/U	Lower Partial Moment-1-Maß mit Umlaufrendite als Target-Rendite
LPM-1/D	Lower Partial Moment-1-Maß mit DAFOX-Rendite als Target-Rendite
LPM-2/R_f	Lower Partial Moment-2-Maß mit risikolosem Zinssatz als als Target-Rendite
LPM-1/µ	Lower Partial Moment-2-Maß mit mittlerer Rendite als Target-Rendite
LPM-2/U	Lower Partial Moment-2-Maß mit Umlaufrendite als Target-Rendite
LPM-2/D	Lower Partial Moment-2-Maß mit DAFOX-Rendite als Target-Rendite
QP5	Selektionsrendite aus 5-Index-Asset Allocation-Modell

Tab. T-D.38a: Korrelationskoeffizienten zwischen den Performance-Maßen; Zeitraum 86/91; Spearman-Rangkorrelation (linke untere Seite); Pearson-Korrelationskoeffizient (rechte obere Seite)

Ansatz/ Maß	S	T	T/B	J	J3	J14	T/M A	H/M A	T/M G	H/M ß2	T/M Tim	C/K- HM	T/M Tot	C/K A	PW	LPM 1/Rf	LPM 1/μ	LPM 1/U	LPM 1/D	LPM 2/Rf	LPM 2/μ	LPM U	LPM D	OP S
S	1,00	1,00	0,95	0,99	0,99	0,92	0,52	0,44	0,59	0,52	0,59	0,52	0,99	0,98	0,99	1,00	0,99	0,99	0,99	1,00	1,00	1,00	1,00	0,98
T	1,00	1,00	0,93	0,99	0,99	0,90	0,46	0,39	0,65	0,57	0,65	0,57	0,99	0,99	0,99	1,00	1,00	1,00	1,00	0,99	0,99	0,99	0,99	0,99
T/B	0,97	0,97	1,00	0,94	0,93	0,89	0,57	0,47	0,49	0,44	0,49	0,44	0,93	0,91	0,94	0,93	0,93	0,93	0,93	0,94	0,95	0,94	0,94	0,91
J	1,00	1,00	0,98	1,00	0,99	0,92	0,48	0,41	0,63	0,56	0,63	0,56	1,00	0,99	1,00	0,99	0,99	0,99	0,98	0,99	0,99	0,99	0,99	0,99
J3	0,99	0,99	0,97	0,99	1,00	0,94	0,47	0,39	0,64	0,57	0,64	0,57	0,99	0,99	0,99	0,99	0,99	0,99	0,99	0,99	0,99	0,99	0,99	0,99
J14	0,87	0,87	0,85	0,87	0,88	1,00	0,45	0,35	0,57	0,53	0,57	0,53	0,91	0,91	0,92	0,92	0,91	0,91	0,91	0,92	0,92	0,92	0,92	0,93
T/M-A	0,54	0,54	0,67	0,54	0,54	0,56	1,00	0,98	-0,38	-0,44	-0,38	-0,44	0,44	0,36	0,48	0,45	0,44	0,45	0,44	0,54	0,55	0,54	0,55	0,40
H/M-A	0,43	0,43	0,55	0,42	0,44	0,45	0,96	1,00	-0,44	-0,53	-0,44	-0,53	0,36	0,28	0,40	0,38	0,37	0,38	0,37	0,47	0,47	0,47	0,47	0,32
T/M-G	0,55	0,55	0,45	0,57	0,53	0,38	-0,25	-0,39	1,00	0,99	1,00	0,99	0,67	0,73	0,63	0,64	0,65	0,65	0,65	0,57	0,56	0,57	0,56	0,69
H/M-ß2	0,58	0,58	0,47	0,59	0,58	0,43	-0,20	-0,35	0,92	1,00	0,99	1,00	0,60	0,67	0,57	0,57	0,58	0,57	0,57	0,49	0,49	0,49	0,49	0,62
T/M-Tim	0,55	0,55	0,45	0,57	0,53	0,38	-0,25	-0,39	1,00	0,92	1,00	0,99	0,67	0,73	0,63	0,64	0,65	0,65	0,65	0,57	0,56	0,57	0,56	0,69
C/K-H/M-A	0,58	0,58	0,47	0,59	0,58	0,43	-0,20	-0,35	0,92	1,00	0,92	1,00	0,60	0,67	0,57	0,57	0,58	0,57	0,57	0,49	0,49	0,49	0,49	0,62
T/M-Tot	1,00	1,00	0,97	1,00	0,99	0,88	0,51	0,40	0,58	0,60	0,58	0,60	1,00	1,00	1,00	0,99	0,99	0,99	0,99	0,98	0,99	0,98	0,98	0,99
C/K-A	0,99	0,99	0,95	0,99	0,98	0,87	0,45	0,33	0,64	0,65	0,64	0,65	0,99	1,00	0,99	0,98	0,99	0,98	0,98	0,97	0,97	0,97	0,97	0,99
PW	1,00	1,00	0,98	1,00	0,99	0,87	0,54	0,42	0,57	0,59	0,57	0,59	1,00	0,99	1,00	0,99	0,99	0,99	0,98	0,99	0,99	0,99	0,99	0,99
LPM-1/Rf	1,00	1,00	0,97	1,00	0,99	0,86	0,52	0,40	0,55	0,58	0,55	0,58	0,99	0,98	1,00	1,00	1,00	1,00	1,00	0,99	0,99	0,99	0,99	0,99
LPM-1/μ	1,00	1,00	0,97	1,00	0,99	0,86	0,52	0,40	0,55	0,58	0,55	0,58	0,99	0,98	1,00	1,00	1,00	1,00	1,00	0,99	0,99	0,99	0,99	0,98
LPM-1/U	1,00	1,00	0,97	1,00	0,99	0,86	0,52	0,40	0,55	0,58	0,55	0,58	0,99	0,98	1,00	1,00	1,00	1,00	1,00	0,99	0,99	0,99	0,99	0,98
LPM-1/D	1,00	1,00	0,96	0,99	0,99	0,84	0,51	0,39	0,56	0,60	0,56	0,60	0,99	0,98	0,99	1,00	1,00	1,00	1,00	0,99	0,99	0,99	0,99	0,98
LPM-2/Rf	0,99	0,99	0,99	0,99	0,99	0,86	0,61	0,50	0,51	0,53	0,51	0,53	0,98	0,97	0,99	0,99	0,99	0,99	0,99	1,00	1,00	1,00	1,00	0,98
LPM-2/μ	0,99	0,99	0,99	0,99	0,99	0,86	0,61	0,50	0,51	0,53	0,51	0,53	0,98	0,97	0,99	0,99	0,99	0,99	0,99	1,00	1,00	1,00	1,00	0,98
LPM-2/U	0,99	0,99	0,99	0,99	0,99	0,86	0,61	0,50	0,51	0,53	0,51	0,53	0,98	0,97	0,99	0,99	0,99	0,99	0,99	1,00	1,00	1,00	1,00	0,98
LPM-2/D	0,99	0,99	0,99	0,99	0,99	0,86	0,61	0,50	0,51	0,53	0,51	0,53	0,98	0,97	0,99	0,99	0,99	0,99	0,99	1,00	1,00	1,00	1,00	0,97
QP5	0,99	0,99	0,96	0,99	0,99	0,91	0,51	0,40	0,57	0,59	0,57	0,59	0,99	0,99	0,99	0,99	0,99	0,99	0,98	0,98	0,98	0,98	0,98	1,00

Tab. T-D.39:   **T/M-Maße in den Subperioden; Referenzindex: DAFOX**

Fonds	$J^{T/M}$ in %	t-stat	t/W	β	s(β)	γ	t (γ)	t/W(γ)	R^2ad.	s (ε)	DW
					1974/1979						
R2	-0,00884	-0,118	-0,121	0,952	0,020	-0,391	-1,045	-1,031	0,9728	0,0052	2,317
R3	0,01802	0,022	0,225	0,704	0,022	-0,339	-0,817	-0,988	0,9405	0,0057	1,981
R4	0,07803	0,810	0,845	0,999	0,025	-0,623	-1,219	-1,372	0,9593	0,0067	1,977
R7	0,00993	0,066	0,071	0,750	0,040	-0,448	-0,592	-0,446	0,8437	0,0105	1,682
R9	0,11163	1,137	1,168	0,802	0,026	-0,651	-1,323	-1,402	0,9358	0,0068	1,897
R82	0,09207	1,046	1,078	0,979	0,023	-0,674	-1,528	-1,401	0,9644	0,0061	1,676
R120	-0,07021	-0,884	-0,951	0,985	0,021	0,198	0,970	0,470	0,9716	0,0055	2,211
R122	0,04861	0,427	0,506	0,764	0,030	0,140	0,245	0,224	0,9091	0,0079	1,963
R126	-0,09556	-1,092	-1,185	0,936	0,023	0,137	0,313	0,300	0,9622	0,0061	2,181
R164	0,00164	0,016	0,017	0,863	0,027	-0,264	0,513	-0,388	0,9395	0,0071	1,857
R201	0,17826	-1,149	1,397	0,664	0,041	-1,432	-1,842	-1,161	0,7971	0,0108	1,830
R310	-0,19860	-1,424	-1,478	0,686	0,037	-0,021	-0,030	-0,030	0,8421	0,0097	2,075
R322	-0,10085	-1,037	-1,121	0,965	0,025	0,859	1,862	2,271	0,9597	0,0065	1,959
R360	-0,09827	-0,553	-0,581	0,718	0,047	-1,524	-1,711	-1,176	0,7773	0,0124	2,159
R541	-0,12773	0,726	-0,804	0,728	0,046	0,901	1,021	0,754	0,7947	0,0123	2,098
R680	0,25721	1,106	1,25	0,603	0,061	-2,696	-2,306	-2,025	0,5872	0,0162	1,799
					1980/1985						
R2	-007606	-0,675	-0,730	0,967	0,026	-0,663	-1,655	-1,692	0,9590	0,0079	2,162
R3	-0,08369	-0,749	-0,797	0,658	0,026	-0,387	-0,976	-0,989	0,9172	0,0079	2,052
R4	-0,15065	-1,289	-1,396	0,964	0,027	-0,487	-1,174	-0,924	0,9563	0,0082	1,908
R7	0,63315	2,435	2,556	0,850	0,061	-1,762	-1,906	-3,179	0,7599	0,0184	1,989
R9	-0,13068	-0,901	-0,994	0,754	0,034	-0,493	-0,957	-0,805	0,8956	0,0102	1,798
R82	-0,28759	-2,333	-2,294	0,939	0,030	0,336	0,735	0,909	0,9475	0,0091	2,297
R120	-0,09773	-0,725	-0,746	0,865	0,032	-0,287	-0,599	-0,785	0,9304	0,0095	2,056
R122	-0,03817	-0,186	-0,195	0,432	0,048	0,309	0,425	0,155	0,6037	0,0145	1,569
R126	-0,16656	-1,116	-1,174	0,827	0,035	0,284	0,536	0,689	0,9124	0,0105	2,009
R164	-0,13815	-1,098	-1,097	0,913	0,029	-0,192	-0,431	-0,360	0,9452	0,0089	2,283
R169	-0,08108	-0,702	-0,682	0,469	0,027	0,205	0,500	0,554	0,8489	0,0081	1,774
R201	0,11251	0,724	0,720	0,801	0,036	-0,314	-0,569	-0,522	0,8959	0,0110	2,157
R310	-0,39009	-2,275	-2,405	0,814	0,040	1,369	2,246	1,983	0,8931	0,0121	2,381
R322	-0,18200	-1,543	-1,517	0,897	0,028	0,068	0,162	0,196	0,9507	0,0083	1,830
R325	0,39856	1,712	1,965	0,371	0,054	-1,063	-1,285	-1,747	0,4105	0,0164	1,491
R360	0,01798	0,079	0,090	0,679	0,053	-1,263	-1,563	-1,196	0,7253	0,0161	1,593
R541	-0,10577	-0,658	-0,753	0,738	0,038	-0,171	-0,301	-0,248	0,8731	0,0113	2,501
R680	-0,10787	-0,661	-0,661	0,843	0,038	-0,847	-1,460	-1,364	0,8929	0,0115	2,097
					1986/1991						
R2	0,05687	0,417	0,403	0,947	0,022	-0,232	-1,506	-2,197	0,9758	0,0100	2,225
R3	-0,11434	-0,883	-0,899	0,631	0,021	-0,205	-1,405	-1,458	0,9528	0,0095	2,039
R4	0,14153	0,947	0,993	0,869	0,024	-0,388	-2,297	-3,181	0,9670	0,0110	2,056
R7	-0,09038	-0,320	-0,323	0,747	0,045	-0,733	-2,299	-1,750	0,8688	0,0208	1,559
R9	0,23100	1,501	1,540	0,816	0,025	-0,242	-1,393	-2,196	0,9596	0,0113	1,818
R82	-0,00766	-0,065	-0,066	0,976	0,019	0,036	0,275	0,261	0,9819	0,0087	1,620
R120	0,14998	0,931	1,136	0,919	0,026	-0,028	-0,154	-0,125	0,9634	0,0119	1,762
R122	0,47454	2,019	2,106	0,714	0,038	-0,218	-0,822	-0,876	0,8863	0,0173	2,035
R126	0,14543	0,952	1,053	0,919	0,025	-0,143	-0,831	-0,815	0,9676	0,0112	1,827
R138	-0,08538	-0,516	-0,562	0,949	0,027	-0,420	-2,248	-3,061	0,9660	0,0122	1,948
R139	0,25439	0,782	0,763	0,747	0,053	-0,663	-1,806	-2,343	0,8306	0,0240	1,621
R164	0,03340	0,273	0,293	0,910	0,020	0,173	1,253	1,288	0,9773	0,0090	1,769
R169	-0,00681	-0,070	-0,071	0,430	0,016	-0,181	-1,653	-1,371	0,9445	0,0071	2,103
R171	0,07448	0,409	0,437	0,758	0,030	-0,791	-3,841	-4,214	0,9431	0,0134	2,137
R201	0,15436	1,178	1,180	0,702	0,021	0,033	0,227	0,159	0,9582	0,0096	1,790
R310	0,18801	0,698	0,702	0,774	0,044	0,659	2,167	1,695	0,8536	0,0198	1,719
R322	0,07709	0,561	0,613	0,877	0,022	-0,104	-0,674	-0,535	0,9710	0,0101	1,815
R325	0,31897	1,064	1,030	0,462	0,049	-1,415	-4,177	-1,840	0,7623	0,0221	2,555
R360	0,44615	1,720	1,950	0,667	0,042	-1,275	-4,351	-3,166	0,8804	0,0191	2,690
R541	0,01253	0,087	0,091	0,932	0,023	-0,115	-0,708	-0,723	0,9717	0,0106	1,757
R680	-0,12667	-1,039	-1,077	0,775	0,02	-0,063	-0,460	-0,450	0,9706	0,0090	1,790

Tab. T-D.40: H/M-Maße in den Subperioden; Referenzindex: DAFOX

Fond	$J^{H/M}$ in %	t-stat	t/W	β	s (β)	$β_2$	t ($β_2$)	t/W($β_2$)	R^2ad.	s(ε)	DW
					1974/1979						
R2	-0,01712	-0,180	-0,197	0,936	0,033	-0,027	-0,467	-0,477	0,9725	0,0053	2,339
R3	0,03549	0,337	0,383	0,680	0,037	-0,044	-0,684	-0,800	0,9403	0,0058	1,999
R4	0,09787	0,798	0,916	0,961	0,043	-0,071	-0,941	-1,005	0,9589	0,0068	2,010
R7	-0,01049	-0,055	-0,054	0,736	0,067	-0,022	-0,189	-0,148	0,8430	0,0106	1,697
R9	0,15176	1,128	1,340	0,754	0,044	-0,090	-1,177	-1,259	0,9355	0,0069	1,930
R82	0,11820	1,053	1,192	0,936	0,039	-0,081	-1,168	-1,162	0,9639	0,0062	1,729
R120	-0,08191	-0,815	-0,965	1,000	0,035	0,027	0,436	0,454	0,9717	0,0056	2,204
R122	0,03252	0,225	0,281	0,778	0,051	0,026	0,289	0,264	0,9092	0,0080	1,958
R126	-0,12381	-1,119	-1,257	0,954	0,039	0,035	0,520	0,511	0,9623	0,0061	2,182
R164	-0,01332	-0,102	-0,111	0,856	0,046	-0,011	-0,134	-0,112	0,9393	0,0072	1,894
R201	0,18192	0,911	1,022	0,592	0,07	-0,128	-1,045	-0,708	0,7901	0,0110	1,821
R310	-0,16842	-0,955	-1,008	0,673	0,062	-0,027	-0,248	-0,251	0,8423	0,0097	2,092
R322	-0,18214	-1,537	-1,684	1,040	0,042	0,142	1,957	2,338	0,9601	0,0065	1,946
R360	-0,05768	-0,253	-0,273	0,627	0,08	-0,167	-1,193	-0,927	0,7723	0,0126	2,186
R541	-0,29221	-1,326	-1,334	0,836	0,077	0,215	-1,588	1,218	0,7992	0,0122	2,051
R680	0,42748	1,441	1,628	0,404	0,104	-0,376	-2,063	-1,786	0,5809	0,0164	1,824
					1980/1985						
R2	0,01827	0,118	0,136	0,900	0,037	-0,126	-1,572	-1,748	0,9589	0,0080	2,148
R3	-0,00975	-0,064	-0,066	0,614	0,037	-0,086	-1,089	-1,023	0,9175	0,0079	2,056
R4	-0,02505	-0,158	-0,160	0,901	0,038	-0,130	-1,582	-1,260	0,9570	0,0082	1,881
R7	0,83687	2,335	2,667	0,689	0,087	-0,302	-1,634	-2,415	0,7568	0,0185	1,978
R9	-0,06935	-0,348	-0,365	0,706	0,048	-0,088	-0,852	-0,693	0,8954	0,0103	1,797
R82	-0,31910	-1,807	-1,853	0,969	0,043	0,053	0,579	0,673	0,9474	0,0091	2,314
R120	-0,03203	-0,174	-0,174	0,830	0,045	-0,071	-0,745	-0,818	0,9306	0,0095	2,042
R122	0,02304	0,082	0,080	0,438	0,068	-0,011	-0,079	-0,064	0,6028	0,0145	1,560
R126	-0,13871	-0,678	-0,767	0,840	0,050	0,008	0,079	0,097	0,9121	0,0106	1,973
R164	-0,12927	-0,750	-0,775	0,899	0,042	-0,024	-0,272	-0,276	0,9452	0,0089	2,273
R169	-0,15504	-0,984	-0,893	0,501	0,038	0,069	0,843	0,841	0,8500	0,0082	1,784
R201	0,03665	0,172	0,167	0,799	0,052	0,021	0,188	0,190	0,8955	0,0110	2,181
R310	-0,61006	-2,602	-2,612	0,959	0,057	0,276	2,279	1,989	0,8934	0,0121	2,370
R322	-0,21366	-1,324	-1,315	0,910	0,039	0,028	0,330	0,381	0,9508	0,0083	1,834
R325	0,36162	1,123	1,354	0,310	0,078	-0,076	-0,488	-0,511	0,3983	0,0167	1,521
R360	0,18503	0,593	0,646	0,756	0,075	-0,231	-1,431	-1,140	0,7239	0,0161	1,583
R541	-0,00424	-0,019	-0,022	0,702	0,053	-0,084	-0,741	-0,637	0,8740	0,0113	2,051
R680	-0,04875	-0,217	-0,203	0,773	0,054	-0,120	-1,029	-0,924	0,8913	0,0116	2,112
					1986/1991						
R2	0,08242	0,457	0,435	0,931	0,043	-0,053	-0,899	-1,039	0,9753	0,0102	2,259
R3	-0,09327	-0,545	-0,545	0,618	0,041	-0,046	-0,827	-0,827	0,9519	0,0096	2,044
R4	0,20089	1,004	1,042	0,838	0,047	-0,095	-1,469	-1,471	0,9655	0,0113	2,114
R7	-0,05212	-0,137	-0,134	0,710	0,091	-0,147	-1,197	-0,946	0,8614	0,0214	1,636
R9	0,23559	1,156	1,218	0,807	0,048	-0,045	-0,683	-0,770	0,9588	0,0115	1,848
R82	-0,05040	-0,326	-0,327	0,990	0,036	0,025	0,257	0,448	0,9820	0,0087	1,625
R120	0,16686	0,791	0,961	0,913	0,050	-0,012	-0,182	-0,139	0,9634	0,0119	1,766
R122	0,58371	1,898	1,948	0,675	0,073	-0,087	-0,874	-0,874	0,8865	0,0173	2,050
R126	0,17972	0,896	0,991	0,905	0,047	-0,041	-0,626	-0,557	0,9675	0,0113	1,865
R138	-0,02172	-0,098	-0,127	0,916	0,052	-0,103	-1,434	-1,685	0,9646	0,0125	2,023
R139	0,49275	1,152	1,021	0,655	0,101	-0,223	-1,612	-1,685	0,8290	0,0241	1,657
R164	0,00495	0,031	0,033	0,925	0,038	0,043	0,830	0,802	0,9770	0,0091	1,770
R169	0,04832	0,379	0,358	0,408	0,031	-0,056	-1,367	-1,098	0,9439	0,0072	2,132
R171	0,36257	1,488	1,542	0,647	0,057	-0,268	-3,397	-3,089	0,9408	0,0137	2,116
R201	0,17884	1,042	1,080	0,696	0,040	-0,005	-0,087	-0,075	0,9582	0,0097	1,799
R310	0,19808	0,547	0,495	0,795	0,085	0,113	0,961	0,747	0,8454	0,0204	1,803
R322	0,14916	0,831	0,949	0,853	0,042	-0,050	-0,868	-0,772	0,9712	0,0101	1,811
R325	0,35661	0,830	0,709	0,401	0,101	-0,268	-1,928	-1,018	0,7155	0,0242	2,616
R360	0,59985	1,627	1,650	0,578	0,087	-0,294	-2,468	-1,534	0,8591	0,0208	2,799
R541	0,07277	0,386	0,421	0,911	0,044	-0,047	-0,771	-0,830	0,9718	0,0106	1,759
R680	-0,09804	-0,614	-0,594	0,765	0,038	-0,024	-0,463	-0,418	0,9707	0,0090	1,796

Tab. T-D.41: **T/M-Timing- und TM-Timing-Totalmaß (in %) in den Perioden 74/79 und 80/85; Referenzindex: DAFOX**

Zeit	74-79			80/85		
Maß	T/MTim.	T/MTot.	t-Tot	T/MTim.	T/MTot.	t-Tot
R2	-0,042184	-0,051024	-0,805	-0,109307	-0,185367	-1,877
R3	-0,036676	-0,018656	-0,265	-0,063902	-0,147592	-1,525
R4	-0,067282	0,010748	0,131	-0,080406	-0,231056	-2,277
R7	-0,048348	-0,038418	-0,301	-0,290404	0,342746	1,495
R9	-0,070311	0,041319	0,493	-0,081398	-0,212078	-1,687
R82	-0,072792	0,019278	0,255	0,055451	-0,232139	-2,087
R120	0,021334	-0,048876	-0,729	-0,047343	-0,145073	-1,247
R122	0,015122	0,063732	0,663	0,050977	0,012807	0,072
R126	0,014794	-0,080766	-1,095	0,046840	-0,119721	-0,930
R164	-0,028574	-0,026934	-0,310	-0,031804	-0,169954	-1,568
R169	-	-	-	0,033850	-0,047230	-0,474
R201	-0,154625	0,023635	0,176	-0,051842	0,060668	0,452
R310	-2,29E-05	-0,200892	-1,710	0,225653	-0,164437	-1,078
R322	0,092846	-8,00E-05	-0,098	0,011225	-0,170775	-1,683
R325	-	-	-	-0,175199	0,223361	1,103
R360	-0,164565	-0,262835	-1,717	-0,208190	-0,190210	-0,957
R541	0,097240	-0,030491	-0,204	-0,028323	-0,134093	-0,969
R680	-0,290142	-0,032932	-0,161	-0,139590	-0,247460	-1,738
DREN	-0,046028	-0,040068	-0,745	-0,049095	-0,097645	-1,526

Tab. T-D:42: **PW-Maß in den Perioden 74/79 und 80/85; Referenzindex: DAFOX**

Zeit	74/79				80/85			
Fonds	PW-Maß*	t (PW)	Jensen	t(J)	PW-Maß*	t (PW)	Jensen	t(J)
R2	-0,04809	-0,759	-0,05009	-0,79	-0,17725	-1,793	-0,17055	-1,733
R3	-0,01645	-0,234	-0,01785	-0,245	-0,14350	-1,483	-0,13893	-1,442
R4	0,01416	0,172	0,01224	0,149	-0,22419	-2,209	-0,22016	-2,179
R7	-0,03584	-0,281	-0,03735	-0,293	0,34444	1,501	0,38211	-1,673
R9	0,04425	0,528	0,04287	0,512	-0,20713	-1,648	-0,20104	-1,607
R82	0,02259	0,299	0,02089	0,277	-0,22886	-2,059	-0,23965	-2,165
R120	-0,04708	-0,703	-0,04935	-0,733	-0,14276	-1,228	-0,13866	-1,198
R122	0,06489	0,676	0,06340	0,66	0,00302	0,017	0,00590	0,034
R126	-0,07905	-1,072	-0,08111	-1,1	-0,12372	-0,962	-0,12607	-0,985
R164	-0,02458	-0,283	-0,02631	-0,303	-0,16243	-1,499	-0,16564	-1,535
R169	-	-	-	-	-0,04472	-0,449	-0,05182	-0,523
R201	0,02772	0,207	0,02706	0,202	0,06906	0,516	0,06770	0,058
R310	-0,19897	-1,694	-0,20084	-1,71	-0,16372	-1,072	-0,19503	-1,283
R322	-0,00745	-0,092	-0,01006	-0,124	-0,16257	-1,602	-0,17230	-1,706
R325	-	-	-	-	0,23025	1,137	0,24711	1,225
R360	-0,25845	-1,688	-0,25919	-1,693	-0,18104	-0,910	-0,16199	-0,818
R541	-0,03032	-0,203	-0,03264	-0,218	-0,13249	-0,958	-0,13025	-0,946
R680	-0,02595	-0,127	-0,02651	-0,13	-0,23732	-1,666	-0,22853	-1,612
DREN	-0,03741	-0,696	-0,03905	-0,726	-0,09361	-1,463	-0,09099	-1,428
DAFOX	0,00229	-	-	-	0,00291	-	-	-

Tab. T-D.43: Connor/Korajcyk-Maß in den Subperioden; Referenzindex: DAFOX

Fonds	$J^{C/K}$ in %	t-stat	t/W	β	s(β)	β_{2P}	t(β_{2P})	t/W(β_2)	R^2ad.	s(ϵ)	DW
					1974/1979						
R2	-0,05438	-0,844	-0,852	0,936	0,033	-0,027	-0,466	-0,476	0,9725	0,0053	2,339
R3	-0,02481	-0,348	-0,358	0,680	0,037	-0,044	-0,684	-0,800	0,9403	0,0058	1,999
R4	0,00108	0,013	0,013	0,961	0,043	-0,071	-0,940	-1,005	0,9589	0,0068	2,010
R7	-0,04086	-0,315	-0,314	0,736	0,067	-0,022	-0,189	-0,149	0,8429	0,0106	1,697
R9	0,02867	0,341	0,347	0,754	0,044	-0,090	-1,178	-1,260	0,9354	0,0069	1,930
R82	0,00819	0,108	0,108	0,936	0,039	-0,081	-1,170	-1,165	0,9639	0,0062	1,728
R120	-0,04512	-0,663	-0,657	1,000	0,035	0,027	0,435	0,453	0,9716	0,0056	2,204
R122	0,06738	0,690	0,651	0,778	0,051	0,025	0,286	0,261	0,9091	0,0080	1,958
R126	-0,07556	-1,009	-0,993	0,954	0,039	0,035	0,518	0,508	0,9623	0,0061	2,182
R164	-0,02802	-0,317	-0,306	0,856	0,046	-0,011	-0,136	-0,113	0,9392	0,0072	1,894
R201	0,00688	0,051	0,046	0,592	0,071	-0,128	-1,045	-0,709	0,7901	0,0110	1,821
R310	-0,20502	-1,716	-1,740	0,674	0,062	-0,027	-0,245	-0,248	0,8423	0,0097	2,091
R322	0,01235	0,154	0,160	1,040	0,042	0,142	1,956	2,338	0,9600	0,0065	1,946
R360	-0,28545	-1,858	-1,763	0,627	0,080	-0,167	-1,193	-0,928	0,7723	0,0126	2,186
R541	0,00119	0,008	0,008	0,836	0,077	0,215	1,588	1,219	0,7992	0,0122	2,050
R680	-0,08555	-0,426	-0,412	0,405	0,104	-0,375	-2,058	-1,782	0,5808	0,0164	1,824
					1980/1985						
R2	-0,18401	-1,882	-1,995	0,900	0,037	-0,126	-1,573	-1,747	0,9589	0,0080	2,148
R3	-0,14812	-1,533	-4,656	0,615	0,037	-0,086	-1,087	-1,021	0,9175	0,0079	2,056
R4	-0,23406	-2,332	-6,836	0,901	0,038	-0,130	-1,582	-1,259	0,9570	0,0082	1,881
R7	0,34979	1,543	5,478	0,689	0,087	-0,302	-1,629	-2,409	0,7567	0,0185	1,977
R9	-0,21039	-1,672	-1,524	0,707	0,048	-0,087	-0,849	-0,691	0,8953	0,0103	1,797
R82	-0,23403	-2,096	-2,339	0,969	0,043	0,052	0,575	0,668	0,9473	0,0091	2,314
R120	-0,14627	-1,255	-1,303	0,830	0,045	-0,071	-0,746	-0,819	0,9306	0,0095	2,042
R122	0,00471	0,027	0,027	0,438	0,068	-0,011	-0,076	-0,062	0,6027	0,0145	1,560
R126	-0,12517	-0,967	-1,013	0,840	0,049	0,008	0,080	0,097	0,9121	0,0106	1,973
R164	-0,16827	-1,544	-1,666	0,899	0,042	-0,025	-0,275	-0,280	0,9451	0,0089	2,273
R169	-0,04447	-0,446	-0,442	0,501	0,038	0,069	0,842	0,840	0,8499	0,0082	1,784
R201	0,06989	0,518	0,571	0,799	0,052	0,020	0,186	0,188	0,8954	0,0110	2,179
R310	-0,16545	-1,116	-1,103	0,959	0,057	0,276	2,279	1,990	0,8934	0,0121	2,370
R322	-0,16941	-1,660	-1,680	0,910	0,039	0,027	0,325	0,375	0,9508	0,0083	1,834
R325	0,23897	1,174	1,229	0,310	0,078	-0,076	-0,457	-0,509	0,3982	0,0167	1,521
R360	-0,18668	-0,946	-0,888	0,556	0,075	-0,230	-1,430	-1,139	0,7238	0,0161	1,583
R541	-0,13922	-1,004	-0,961	0,702	0,053	-0,084	-0,739	-0,617	0,8739	0,0113	2,050
R680	-0,24135	-1,696	-1,921	0,773	0,054	-0,120	-1,029	-0,924	0,8913	0,0116	2,112
					1986/1991						
R2	-0,05683	-0,455	-0,493	0,931	0,043	-0,052	-0,896	-1,034	0,9753	0,0102	2,259
R3	-0,21466	-1,814	-1,900	0,618	0,040	-0,046	-0,823	-0,822	0,9519	0,0096	2,044
R4	-0,05131	-0,371	-0,378	0,838	0,047	-0,095	-1,464	-1,465	0,9655	0,0113	2,114
R7	-0,44239	-1,683	-1,654	0,710	0,090	-0,147	-1,195	-0,944	0,8613	0,0214	1,636
R9	0,11618	0,824	0,869	0,807	0,048	-0,045	-0,679	-0,763	0,9587	0,0115	1,847
R82	0,01704	0,159	0,158	0,990	0,036	0,025	0,509	0,449	0,9820	0,0087	1,625
R120	0,13391	0,917	0,823	0,913	0,051	-0,012	-0,180	-0,138	0,9634	0,0119	1,766
R122	0,35306	1,660	1,685	0,675	0,073	-0,087	-0,872	-0,872	0,8865	0,0173	2,050
R126	0,07221	0,519	0,501	0,905	0,047	-0,040	-0,623	-0,554	0,9675	0,0113	1,865
R138	-0,29446	-1,922	-1,881	0,916	0,052	-0,103	-1,433	-1,682	0,9646	0,0125	2,023
R139	-0,09906	-0,335	-0,363	0,655	0,101	-0,223	-1,609	-1,682	0,8290	0,0241	1,657
R164	0,12009	1,075	1,050	0,925	0,038	0,043	0,831	0,803	0,9770	0,0091	1,770
R169	-0,10149	-1,149	-1,135	0,408	0,031	-0,056	-1,365	-1,097	0,9438	0,0072	2,132
R171	-0,34766	-2,063	-2,022	0,647	0,057	-0,268	-3,396	-3,088	0,9408	0,0137	2,116
R201	0,16614	1,399	1,420	0,697	0,040	-0,005	-0,081	-0,070	0,9581	0,0097	1,799
R310	0,49713	1,984	2,006	0,796	0,085	0,113	0,965	0,750	0,8453	0,0204	1,803
R322	0,01548	0,125	0,120	0,853	0,042	-0,050	-0,866	-0,770	0,9711	0,0101	1,811
R325	-0,35437	-1,193	-1,092	0,401	0,101	-0,268	-1,927	-1,017	0,7155	0,0242	2,616
R360	-0,18118	-0,710	-0,648	0,578	0,087	-0,294	-2,467	-1,532	0,8591	0,0208	2,799
R541	-0,05207	-0,399	-0,405	0,911	0,044	-0,047	-0,769	-0,828	0,9718	0,0106	1,759
R680	-0,16133	-1,461	-1,461	0,766	0,038	-0,024	-0,458	-0,413	0,9706	0,0090	1,796

Tab. T-D.44: **Residuenanalyse der Regressionen zur Ermittlung der verschiedenen Performance-Maße: Korrelationskoeffizient 'tau' von Kendall zur Überprüfung der Heteroskedastizität Ho: Rho = 0, Zeitraum 86/91**

Ansatz Index/Parameter	Jensen r_{Mt}	T/M r_{Mt}	T/M $(r_{Mt})^2$	H/M r_{Mt}	H/M $\max(0; r_{Mt})$	C/K r_{Mt}	C/K $\max(0; r_{Mt})$	Jensen/3 r_{BC}	Jensen/3 r_{SC}	Jensen/3 r_{REXP}
74/79	0	0	69	0	12,5	0	12,5	0	0	6
80/85	5	0	17	0	0	0	0	11	6	6
86/91	5	10	29	10	10	10	5	10	0	0
74/91	6	0	72	0	6	0	0	6		13

Angaben beziehen sich auf den prozentualen Anteil der Fonds, bei denen die Nullhypothese, die Residuen seien homoskedastisch, auf einem Signifikanzniveau von 5 % zu verwerfen ist. Dabei wird die Homoskedastizitätsannahme bezüglich jedes Regressors getestet.

Tab. T-D.45: **Residuenanalyse der Regressionen zur Ermittlung der verschiedenen Performance-Maße: Shapiro/Wilk-Statistik (W) zur Überprüfung der Normalverteilung der Residuen**

Ansatz	Jensen	T/M	H/M	C/K	Jensen/3
74/79	43	13	6	6	6
80/85	0	22	17	17	17
86/91	19	14	14	14	19
74/91	38	25	25	25	43

Angaben beziehen sich auf den prozentualen Anteil der Fonds, bei denen die Nullhypothese, die Residuen folgen einer Normalverteilung, auf einem Signifikanzniveau von 5 % zu verwerfen ist

Tab. T-D.46: Pearson Korrelationskoeffizienten der die Gesamtperformance messenden Ansätze bei Verwendung unterschiedlicher Indizes; Linke untere Hälfte: Zeitraum 74/79 rechte obere Hälfte: Zeitraum 80/85

Linke untere Hälfte: Zeitraum 74/79
Rechte obere Hälfte: Zeitraum 80/85

Linke untere Hälfte: Zeitraum86/91
Rechte obere hälfte: Zeitraum 74/91

Treynor/Mazuy-Maß

Indizes	DAFOX	DAFOX	DAX
DAFOX	1	0,993	0,909
BC	0,999	1	0,951
DAX	0,921	0,917	1

Indizes	DAFOX	DAFOX	DAX
DAFOX	1	0,999	0,963
BC	0,999	1	0,968
DAX	0,999	0,999	1

Connor/Korajczyk

Indizes	DAFOX	DAFOX	DAX
DAFOX	1	0,993	0,91
BC	0,978	1	0,951
DAX	0,936	0,894	1

Indizes	DAFOX	DAFOX	DAX
DAFOX	1	0,999	0,977
BC	0,999	1	0,980
DAX	0,998	0,999	1

Positive Period Weighting Measure

Indizes	DAFOX	DAFOX	DAX
DAFOX	1	0,994	0,909
BC	0,9999	1	0,949
DAX	0,917	0,912	1

Indizes	DAFOX	DAFOX	DAX
DAFOX	1	0,999	0,970
BC	0,999	1	0,973
DAX	0,999	0,999	1

Tab. T-D.47: Statistik der absoluten Werte bei Verwendung verschiedener Performance-Maße; Referenzindex: DAFOX

Periode	Maße	Durchschnitt	Standardab	Minimum	Maximum
74/79	J	-0,0391	0,084	-0,259	0,063
	T/M-A	0,0059	0,120	-0,199	0,257
	H/M-A	0,0061	0,171	-0,292	0,427
	T/M-Tot.	-0,0400	0,084	-0,263	0,064
	C/K	-0,0449	0,089	-0,285	0,067
	PW	-0,0374	0,084	-0,258	0,065
	T/M-Tim.	-0,0460	0,097	-0,292	0,097
	T/M-T	-0,4263	0,899	-2,687	0,900
	H/M-T	-0,0374	0,130	-0,375	0,214
80/85	J	-0,0909	0,169	-0,240	0,382
	T/M-A	-0,0485	0,235	-0,390	0,633
	H/M-A	-0,0163	0,292	-0,610	0,837
	T/M-Tot.	-0,0976	0,162	-0,247	0,343
	C/K	-0,0963	0,165	-0,241	0,350
	PW	-0,0936	0,161	-0,237	0,344
	T/M-Tim.	-0,0491	0,116	-0,290	0,226
	T/M-T	-0,2979	0,706	-1,762	1,369
	H/M-T	-0,0496	0,125	-0,302	0,276
86/91	J	-0,0102	0,206	-0,385	0,453
	T/M-A	0,1108	0,169	-0,127	0,475
	H/M-A	0,1710	0,209	-0,098	0,600
	T/M-Tot.	-0,0192	0,215	-0,407	0,473
	C/K	-0,0412	0,232	-0,442	0,497
	PW	-0,0150	0,207	-0,392	0,454
	T/M-Tim.	-0,1301	0,203	-0,612	0,285
	T/M-T	-0,3009	0,469	-1,415	0,659
	H/M-T	-0,0801	0,106	-0,294	0,112
74/91	J	-0,0438	0,085	-0,201	0,134
	T/M-A	0,0002	0,088	-0,123	0,185
	H/M-A	0,0271	0,133	-0,252	0,262
	T/M-Tot.	-0,0415	0,082	-0,186	0,133
	C/K	-0,0512	0,095	-0,245	0,139
	PW	-0,0437	0,086	-0,206	0,136
	T/M-Tim.	-0,0428	0,096	-0,264	0,187
	T/M-T	-0,1756	-1,108	0,784	0,403
	H/M-T	-0,0406	0,092	-0,239	0,186

Tab. T-D.48: Exakter Test von *Fisher* auf der Basis halbjährlicher Kassenanteile als Proxy für die Managerprognosen; Zeiträume unterschiedlich

Fonds	N	N_1	N_2	n_1	n_2	n	Prob (einseitig)	Prob (zweiseitig)
R2	31	12	19	4	9	14	0,923	0,461
R3	31	12	19	7	11	15	0,305	0,473
R4	31	12	19	6	11	14	0,475	0,724
R7	31	12	19	7	12	14	0,212	0,288
R9	31	12	19	4	9	14	0,923	0,461
R82	31	12	19	7	11	15	0,305	0,473
R120	30	11	19	7	11	15	0,225	0,450
R122	30	11	19	6	12	13	0,287	0,454
R126	30	11	19	9	11	17	0,040	0,058
R138	11	4	7	3	4	6	0,348	0,545
R139	11	4	7	2	4	5	0,652	1.,000
R164	35	15	20	11	12	19	0,052	0,087
R169	30	11	19	5	9	15	0,755	1,000
R171	16	6	10	3	6	7	0,549	1,000
R201	24	9	15	4	7	12	0,800	1,000
R310	31	13	18	7	12	13	0,220	0,294
R322	35	15	20	9	9	20	0,521	1,000
R325	24	9	15	4	6	13	0,878	0,675
R360	13	6	7	4	5	6	0,209	0,286
R541	20	6	14	4	7	11	0,426	0,642
R680	24	9	15	6	8	13	0,300	0,423

Tab. T-D.49: Exakter Test von Fisher auf der Basis halbjährlicher Kassen- und Rentenanteile als Proxy für die Managerprognosen; Zeiträume unterschiedlich

Fonds	N	N_1	N_2	n_1	n_2	n	Prob (einseitig)	Prob (zweiseitig)
R2	31	12	19	4	10	13	0,874	0,484
R3	31	12	19	8	11	16	0,168	0,273
R4	31	12	19	7	12	14	0,212	0,288
R7	31	12	19	8	14	13	0,032	0,060
R9	31	12	19	7	12	14	0,212	0,288
R82	31	12	19	8	12	15	0,106	0,149
R120	30	11	19	5	13	11	0,354	0,696
R122	30	11	19	5	11	13	0,579	1
R126	30	11	19	6	11	14	0,39	0,707
R138	11	4	7	2	4	5	0,652	1
R139	11	4	7	2	4	5	0,652	1
R164	35	15	20	11	14	17	0,013	0,018
R169	30	11	19	9	15	13	0,002	0,002
R171	16	6	10	3	5	8	0,696	1
R201	24	9	15	4	7	12	0,800	1
R310	31	13	18	7	11	14	0,323	0,481
R322	35	15	20	11	9	22	0,226	0,312
R325	24	9	15	3	8	10	0,857	0,678
R360	13	6	7	4	6	5	0,086	0,103
R541	20	6	14	5	9	10	0,070	0,141
R680	24	9	15	6	9	12	0,200	0,400

N	=	Anzahl der tatsächlichen Renditen
N_1	=	Anzahl tatsächlicher Renditen mit $R_{Mt} \leq R_{ft}$
N_2	=	Anzahl tatsächlicher Renditen mit $R_{Mt} > R_{ft}$
n_1	=	Anzahl korrekter Prognosen, daß $R_{Mt} \leq R_{ft}$
n_2	=	Anzahl korrekter Prognosen, daß $R_{Mt} > R_{ft}$
n	=	Anzahl von Prognosen, daß $R_{Mt} \leq R_{ft}$

Tab. T-D.50: **Multiple Regression auf den DAFOX BC und bezüglich des DAFOX BC orthogonalisierten DAFOX SC und REX-P; Zeiträume 74/79; 80/85 und 74/91**

Fonds	J 3	t (J3).	β_{BC}	β_{SC}	t_{SC}	β_{REX}	t_{REX}	R^2ad	s(ϵ)	DW
					74/79					
R2	-0,0571	0,886	0,896	0,088	3,277	0,011	0,147	0,975	0,005	2,141
R3	-0,0690	-1,056	0,667	0,008	0,286	0,165	2,224	0,954	0,005	2,190
R4	0,0210	0,320	0,947	-0,016	-0,059	-0,051	-0,693	0,976	0,005	1,841
R7	-0,1122	-0,882	0,691	0,264	4,881	0,258	1,806	0,862	0,010	1,848
R9	0,0077	0,118	0,764	-0,063	-2,244	0,102	1,382	0,965	0,005	2,178
R82	0,0036	0,054	0,924	0,029	0,996	0,039	0,512	0,973	0,005	1,723
R120	-0,0544	-0,884	0,936	0,055	2,100	-0,001	-0,017	0,979	0,005	2,000
R122	0,0863	0,842	0,719	0,102	2,328	-0,094	-0,810	0,908	0,008	1,942
R126	-0,0865	-1,090	0,880	0,156	4,580	0,005	0,060	0,961	0,006	2,115
R164	-0,0704	-0,873	0,820	0,011	0,316	0,134	1,476	0,954	0,006	1,649
R201	0,0505	0,358	0,616	0,037	0,609	-0,093	-0,584	0,791	0,011	1,930
R310	-0,2357	-2,191	0,625	0,348	7,557	0,130	1,084	0,885	0,008	2,304
R322	0,0033	0,049	0,927	-0,005	-0,158	-0,068	-0,899	0,974	0,005	1,890
R360	-0,2432	-1,517	0,669	0,013	0,186	-0,069	-0,385	0,775	0,012	2,384
R541	-0,1450	-0,939	0,695	0,106	1,612	0,381	2,191	0,803	0,012	2,094
R680	-0,0897	-0,430	0,561	-0,099	-1,111	0,215	0,917	0,585	0,016	1,828
DREN	-0,0619	-1,189	0,771	0,065	2,935	0,067	1,147	0,978	0,004	1,705
DAF	-0,0032	-0,844	0,936	0,184	92	0,000	0	0,999	0,000	1,740
DAX	-0,3353	-3,817	1,063	0,016	0,16	-0,054	-0,019	0,967	0,007	2,761
					80/85					
R2	-0,1603	-1,608	0,892	0,162	3,762	-0,025	-0,372	0,958	0,008	2,145
R3	-0,1010	-1,205	0,609	0,071	1,980	0,269	4,887	0,940	0,007	2,141
R4	-0,1804	-1,837	0,901	0,094	2,194	-0,075	-1,150	0,960	0,008	2,000
R7	0,2242	1,065	0,722	0,524	5,757	0,172	1,237	0,797	0,017	2,000
R9	-0,1532	-1,230	0,700	0,056	1,034	0,107	1,308	0,901	0,010	1,854
R82	-0,1853	-1,755	0,899	0,083	1,793	0,169	2,416	0,954	0,009	2,432
R120	-0,0725	-0,681	0,812	0,043	0,935	0,207	2,962	0,944	0,009	2,091
R122	0,0418	0,268	0,412	0,060	0,896	0,505	4,899	0,705	0,013	1,667
R126	-0,0658	-0,528	0,794	0,051	0,943	0,156	1,901	0,921	0,010	1,914
R164	-0,0481	-0,564	0,871	-0,068	-1,849	0,092	1,642	0,968	0,007	2,107
R169	-0,0300	-0,477	0,442	0,088	3,249	0,438	10,428	0,941	0,005	2,473
R201	0,0637	0,469	0,746	0,157	2,659	-0,054	-0,601	0,897	0,011	2,182
R310	-0,2003	-1,280	0,807	0,174	2,562	-0,153	-1,484	0,885	0,013	2,319
R322	-0,0918	-1,021	0,860	-0,004	-0,092	-0,045	-0,770	0,963	0,007	1,963
R325	0,2591	1,312	0,313	0,074	0,866	0,363	2,790	0,453	0,016	1,571
R360	-0,1924	-0,947	0,599	0,185	2,098	-0,112	-0,838	0,717	0,016	1,711
R541	-0,0971	-0,686	0,694	0,076	1,248	-0,005	-0,050	0,873	0,011	2,062
R680	-0,1313	-0,974	0,783	-0,042	-0,732	0,056	0,635	0,906	0,011	2,042
DREN	-0,0622	-1,041	0,714	0,099	3,810	0,115	2,942	0,976	0,005	2,139
DAF	-0,0006	-0,109	0,939	0,201	67	-0,002	-0,5	0,999	0,001	1,605
DAX	-0,2287	-1,824	0,995	-0,030	-0,60	-0,103	-1,287	0,947	0,010	2,208
					74/91					
R2	-0,0899	-1,645	0,920	0,185	8,428	-0,050	-1,086	0,972	0,008	2,275
R3	-0,1272	-2,502	0,633	0,057	2,702	0,217	5,038	0,950	0,007	2,205
R4	-0,0540	-0,888	0,892	0,091	3,631	-0,044	-0,843	0,964	0,009	2,073
R7	-0,0297	-0,271	0,762	0,462	10,27	0,221	2,356	0,865	0,016	2,017
R9	-0,0330	-0,490	0,778	0,061	2,270	0,058	1,017	0,942	0,010	1,958
R82	-0,0782	-1,421	0,932	0,124	5,630	0,080	1,691	0,972	0,008	1,936
R120	-0,0339	-0,543	0,883	0,048	1,914	0,127	2,390	0,961	0,009	2,015
R122	0,0550	0,515	0,642	0,094	2,126	0,127	1,392	0,816	0,015	1,974
R126	-0,0676	-0,988	0,876	0,104	3,719	0,084	1,454	0,953	0,010	2,051
R164	-0,0167	-0,337	0,865	-0,024	-1,186	0,069	1,600	0,974	0,007	2,022
R201	0,1406	1,924	0,694	0,035	1,175	0,005	0,084	0,917	0,011	2,023
R310	0,0707	0,674	0,711	0,241	5,610	-0,036	-0,040	0,853	0,015	1,890
R322	-0,0279	-0,539	0,873	-0,006	-0,281	-0,053	-1,198	0,972	0,008	2,063
R360	-0,1863	-1,567	0,704	0,104	2,173	-0,130	-1,288	0,811	0,017	2,391
R541	-0,1202	-1,367	0,829	0,093	2,579	-0,057	-0,762	0,916	0,013	2,156
R680	-0,1117	-1,215	0,737	0,040	1,075	0,015	0,197	0,887	0,013	1,897
DREN	-0,0613	-1,547	0,750	0,114	7,103	0,059	1,731	0,978	0,006	2,166
DAF	0,0008	0,201	0,961	0,180	90	-0,007	-1,75	0,999	0,001	1,522
DAX	-0,1903	-3,076	1,007	-0,055	-2,2	-0,020	-0,377	0,970	0,008	2,311

Die t-Werte für den Betakoeffizienten auf den BC wurden der Übersichtlichkeit halber weggelassen, alle Werte+ sind hochsignifikant; dasselbe gilt für den F-Test.

Tab. T-D.51: **Performance-Attribution mit Branchenindexmodell für den R120 im Zeitraum 74/91**

DAFOX Branchenindizes	Sensitivtät Fonds	Sensitivtät DAFOX	Differenz	Branchen-rendite	Attributions-Rendite
803 DAFOX (Chemie/Ph.)	**0,2250**	0,1396	0,0854	0,08761	0,00748365
804 DAFOX (Elektro)	**0,0928**	0,0983	-0,0055	0,08884	-0,00048595
805 DAFOX (Versorgg./Öl)	**0,1437**	0,1056	0,0381	0,10823	0,00412140
806 DAFOX (Banken/Vers.)	**0,2384**	0,2696	-0,0312	0,10937	-0,00341234
807 DAFOX (Auto/Masch.)	**0,0701**	0,1741	-0,1038	0,10360	-0,01074954
808 DAFOX (Stahl/Kabel)	**0,0903**	0,0542	0,0362	0,07615	0,00275435
809 DAFOX (Bau/Baustoffe)	**0,0454**	0,0246	0,0208	0,11447	0,00238212
810 DAFOX (Kaufhäuser)	**0,0770**	0,0232	0,0539	0,06020	0,00324538
811 DAFOX (Verb./Brau/Pap)	-0,0290	0,0443	-0,0733	0,07648	-0,00560598
812 DAFOX (Verkehr)	-0,0033	0,0071	-0,0104	0,07447	-0,00077449
813 DAFOX (Holdings)	0,0114	0,0474	-0,0363	0,12315	-0,00447404
814 DAFOX (Sonstige)	-0,0164	0,0108	-0,0272	0,05833	-0,00158599
R² ad.	0,96611	0,99824			
s (ε)	0,008399	0,002053		Alpha	-0,000308

Tab. T-D.52: **Performance-Attribution mit Branchenindexmodell für den DAX im Zeitraum 74/91**

DAFOX Branchenindizes	Sensitivtät Fonds	Sensitivtät DAFOX	Differenz	Branchen-rendite	Attributions-Rendite
803 DAFOX (Chemie/Ph.)	**0,2402**	0,1396	0,10059	0,08761	0,00881269
804 DAFOX (Elektro)	**0,0966**	0,0983	-0,00169	0,08884	-0,00015014
805 DAFOX (Versorgg./Öl)	**0,0881**	0,1056	-0,01754	0,10823	-0,00189835
806 DAFOX (Banken/Vers.)	**0,1876**	0,2696	-0,08204	0,10937	-0,00897271
807 DAFOX (Auto/Masch.)	**0,2513**	0,1740	0,07726	0,10360	0,00800414
808 DAFOX (Stahl/Kabel)	**0,1175**	0,0541	0,06336	0,07615	0,00482486
809 DAFOX (Bau/Baustoffe)	0,01643	0,0246	-0,00817	0,11447	-0,00093522
810 DAFOX (Kaufhäuser)	**0,0678**	0,0231	0,04468	0,06020	0,00268974
811 DAFOX (Verb./Brau/Pap)	**-0,0862**	0,0442	-0,13053	0,07648	-0,00998293
812 DAFOX (Verkehr)	0,01591	0,0070	0,00882	0,07447	0,00065683
813 DAFOX (Holdings)	-0,00849	0,0477	-0,05622	0,12315	-0,00692349
814 DAFOX (Sonstige)	0,03402	0,0107	0,02324	0,05833	0,00135559
	0,97389	0,9983			
R² ad.	0,97232	0,99824			
s (ε)	0,008617	0,002053		Alpha	-0,0017183

Fettgedruckte Werte sind signifikant von Null verschieden bei einem Signifikanzniveau von 5 %

Tab. T-D.53: **Performance-Attribution mit Branchenindexmodell für den R139 im Zeitraum 86/91**

DAFOX Branchenindizes	Sensitivtät Fonds	Sensitivtät DAFOX	Differenz	Branchen-rendite	Attributions-Rendite
803 DAFOX (Chemie/Ph.)	-0,0117	0,1307	-0,1425	0,00492	-0,00070110
804 DAFOX (Elektro)	-0,0132	0,0859	-0,0992	0,01335	-0,00132432
805 DAFOX (Versorgg./Öl)	-0,1013	0,1100	-0,21144	0,09510	-0,02010794
806 DAFOX (Banken/Vers.)	0,0983	0,2751	-0,17685	-0,00740	0,00130869
807 DAFOX (Auto/Masch.)	0,0808	0,1714	-0,09069	-0,02956	0,00268080
808 DAFOX (Stahl/Kabel)	-0,0037	0,0432	-0,04697	0,04086	-0,00191919
809 DAFOX (Bau/Baustoffe)	0,0525	0,0271	0,02544	0,12855	0,00327031
810 DAFOX (Kaufhäuser)	0,0227	0,0240	-0,00136	0,03702	-5,0347E-05
811 DAFOX (Verb./Brau/Pap)	**0,5444**	0,0615	0,48292	0,04010	0,01936509
812 DAFOX (Verkehr)	0,0442	0,0021	0,04212	-0,04219	-0,00177704
813 DAFOX (Holdings)	0,0611	0,0507	0,0104	-0,00192	-1,9968E-05
814 DAFOX (Sonstige)	0,1017	0,0228	0,07885	0,04951	0,00390386
R^2 ad.	0,89691	0,99936		Alpha	-0,0005741
s (ε)	0,018737	0,00168			

Tab. T-D.54: **Performance-Attribution mit Branchenindexmodell für den R310 im Zeitraum 86/91**

DAFOX Branchenindizes	Sensitivtät Fonds	Sensitivtät DAFOX	Differenz	Branchen-rendite	Attributions-Rendite
803 DAFOX (Chemie/Ph.)	-0,0142	0,1307	-0,14495	0,00492	-0,00071315
804 DAFOX (Elektro)	0,0305	0,0859	-0,05535	0,01335	-0,00073892
805 DAFOX (Versorgg./Öl)	0,1001	0,1100	-0,00988	0,0951	-0,00093959
806 DAFOX (Banken/Vers.)	-0,0070	0,2751	-0,28225	-0,0074	0,00208865
807 DAFOX (Auto/Masch.)	0,1024	0,1714	-0,06902	-0,02956	0,00204023
808 DAFOX (Stahl/Kabel)	0,0615	0,0432	0,01825	0,04086	0,0007457
809 DAFOX (Bau/Baustoffe)	0,0790	0,0271	0,05194	0,12855	0,00667689
810 DAFOX (Kaufhäuser)	0,0524	0,0240	0,02841	0,03702	0,00105174
811 DAFOX (Verb./Brau/Pap)	**0,2327**	0,0615	0,17118	0,0401	0,00686432
812 DAFOX (Verkehr)	0,0114	0,0021	0,00925	-0,04219	-0,00039026
813 DAFOX (Holdings)	0,0605	0,0507	0,00975	-0,00192	-0,00001872
814 DAFOX (Sonstige)	0,1027	0,0228	0,07989	0,04951	0,00395535
R^2 ad.	0,88934	0,99936			
s (ε)	0,017284	0,00168		Alpha	**0,0027534**

Fettgedruckte Werte sind signifikant von Null verschieden bei einem Signifikanzniveau von 5 %

Tab. T-D.55: **Performance-Attribution mit Branchenindexmodell für den DAFOX SC im Zeitraum 86/91**

DAFOX Branchenindizes	Sensitivtät Fonds	Sensitivtät DAFOX	Differenz	Branchen-rendite	Attributions-Rendite
803 DAFOX (Chemie/Ph.)	-0,1634	0,1307	-0,29419	0,00492	-0,00144741
804 DAFOX (Elektro)	-0,0200	0,0859	-0,10597	0,01335	-0,0014147
805 DAFOX (Versorgg./Öl)	-0,0664	0,1100	-0,17647	0,0951	-0,0167823
806 DAFOX (Banken/Vers.)	**0,5567**	0,2751	0,28154	-0,0074	-0,0020834
807 DAFOX (Auto/Masch.)	0,0309	0,1714	-0,14052	-0,02956	0,00415377
808 DAFOX (Stahl/Kabel)	**-0,1308**	0,0432	-0,17411	0,04086	-0,00711413
809 DAFOX (Bau/Baustoffe)	0,0702	0,0271	0,04316	0,12855	0,00554822
810 DAFOX (Kaufhäuser)	-0,0575	0,0240	-0,08157	0,03702	-0,00301972
811 DAFOX (Verb./Brau/Pap)	**0,3472**	0,0615	0,28568	0,0401	0,01145577
812 DAFOX (Verkehr)	**0,0974**	0,0021	0,09532	-0,04219	-0,00402155
813 DAFOX (Holdings)	0,0751	0,0507	0,0244	-0,00192	-4,6848E-05
814 DAFOX (Sonstige)	0,0910	0,0228	0,06816	0,04951	0,0033746
R^2 ad.	0,92284	0,99936			
s (ϵ)	0,017495	0,00168		Alpha	-0,000817

Fettgedruckte Werte sind signifikant von Null verschieden bei einem Signifikanzniveau von 5 %

Tab. T-D.56: Vergleich der durch quaratische Programmierung bestimmten Gewichte mit den durch multiple Regression ermittelten Sensitivitäten; 5-Index-Modell; Zeitraum 4/80-3/86

	Quadratische Programmierung						
Fonds	GBC	GSC	GGELD	GREXP5	GREXP10	R^2	Summe
R2	0,774	0,177	0,049	0,000	0,000	0,926	1
R3	0,523	0,084	0,193	0,054	0,147	0,892	1
R4	0,826	0,112	0,062	0,000	0,000	0,974	1
R7	0,333	0,536	0,014	0,000	0,117	0,870	1
R9	0,644	0,077	0,163	0,000	0,117	0,808	1
R82	0,823	0,098	0,000	0,000	0,080	0,951	1
R120	0,743	0,072	0,034	0,000	0,151	0,840	1
R122	0,303	0,118	0,238	0,000	0,341	0,581	1
R126	0,719	0,090	0,041	0,079	0,070	0,809	1
R164	0,855	0,000	0,067	0,011	0,067	0,955	1
R169	0,337	0,099	0,175	0,335	0,054	1,041	1
R201	0,645	0,149	0,207	0,000	0,000	1,026	1
R310	0,686	0,185	0,128	0,000	0,000	0,998	1
R322	0,847	0,021	0,111	0,021	0,000	0,914	1
R325	0,221	0,105	0,452	0,000	0,222	0,503	1
R360	0,476	0,215	0,309	0,000	0,000	0,678	1
R541	0,614	0,126	0,241	0,000	0,019	0,761	1
R680	0,779	0,000	0,152	0,069	0,000	0,944	1
	Multiple Regression						
Fonds	β (BC)	β (GSC)	β (GELD)	β (REX5)	β (REX10)	R^2	Summe
R2	0,774	0,183	0,317	-0,054	0,026	0,956	1,246
R3	0,522	0,078	-0,077	0,049	0,149	0,935	0,721
R4	0,826	0,115	0,188	-0,221	0,107	0,957	1,015
R7	0,331	0,524	-0,663	-0,232	0,243	0,78	0,203
R9	0,641	0,068	-0,393	-0,372	0,318	0,904	0,262
R82	0,82	0,119	0,559	-0,039	0,125	0,953	1,584
R120	0,742	0,076	0,213	-0,027	0,166	0,934	1,17
R122	0,301	0,108	-0,322	-0,182	0,439	0,648	0,344
R126	0,718	0,085	-0,204	0,074	0,072	0,903	0,745
R164	0,889	-0,044	0,266	0,023	0,059	0,957	1,193
R169	0,337	0,103	0,392	0,339	0,051	0,932	1,222
R201	0,648	0,149	0,289	0,017	-0,029	0,882	1,074
R310	0,699	0,165	-0,663	0,104	-0,128	0,874	0,177
R322	0,848	0,028	0,542	0,06	-0,026	0,958	1,452
R325	0,219	0,105	0,424	-0,198	0,33	0,417	0,88
R360	0,473	0,219	0,345	-0,576	0,306	0,727	0,767
R541	0,612	0,126	0,175	-0,163	0,107	0,838	0,857
R680	0,786	-0,021	0,007	0,122	-0,038	0,881	0,856

Tab. T-D.57: Statistik der Selektionsrendite unter Verwendung der quadratischen Programmierung bei verschiedenen Modellspezifikationen

Fonds	t-Wert	Mittelwert	STD	Sharpe-Ratio	R^2
5-Index-Modell; im Zeitraum 80/85					
R2	-1,302	-0,126	0,819	-0,153	0,976
R3	-0,777	-0,062	0,674	-0,092	1,036
R4	-1,330	-0,126	0,802	-0,157	1,024
R7	1,462	0,299	1,735	0,172	0,681
R9	-0,701	-0,083	1,001	-0,083	0,910
R82	-1,206	-0,125	0,876	-0,142	0,912
R120	-0,457	-0,048	0,893	-0,054	1,002
R122	0,786	0,127	1,366	0,093	0,963
R126	-0,345	-0,041	1,019	-0,041	1,001
R164	-0,979	-0,085	0,736	-0,115	0,977
R201	0,335	0,045	1,150	0,040	0,926
R310	-0,867	-0,135	1,319	-0,102	0,638
R322	-0,934	-0,080	0,724	-0,110	1,016
R360	-0,965	-0,189	1,658	-0,114	0,832
R541	-0,236	-0,033	1,176	-0,028	0,861
R680	-1,115	-0,149	1,132	-0,131	0,799
6-Index-Modell; im Zeitraum 80/85					
R2	-0,405	-0,070	1,035	-0,068	0,956
R3	-1,634	-0,303	1,114	-0,272	0,820
R4	-0,783	-0,161	1,233	-0,131	0,953
R7	*-2,310	-0,705	1,832	-0,385	0,851
R9	0,211	0,043	1,211	0,035	0,900
R82	-0,693	-0,107	0,924	-0,115	0,923
R120	0,645	0,141	1,314	0,108	0,864
R122	1,109	0,426	2,307	0,185	0,719
R126	0,023	0,005	1,197	0,004	0,842
R164	0,884	0,140	0,953	0,147	0,987
R169	-1,678	-0,191	0,683	-0,280	1,009
R201	-0,437	-0,059	0,807	-0,073	0,837
R310	1,289	0,506	2,356	0,215	0,785
R322	**-1,765	-0,507	1,724	-0,294	1,242
R325	**-1,765	-0,507	1,724	-0,294	1,242
R360	-0,433	-0,124	1,723	-0,072	0,712
R541	0,121	0,023	1,122	0,020	0,889
R680	*-2,065	-0,305	0,887	-0,344	0,960
INT-Modelle; Zeitraum 89/91					
R4	-0,740	-0,146	1,181	-0,123	1,000
R7	**-1,754	-0,401	1,372	-0,292	1,000
R325	0,078	0,020	1,516	0,013	1,000
R541	0,068	0,012	1,086	0,011	0,886

* Signifikant auf dem 5%-Niveau (** 10 %-Niveau)

Abbildungsverzeichnis

Anhang

Tabellenverzeichnis

Kapitel C

Abkürzungsverzeichnis der Zeitschriften

AER .... American Economic Review
AG .... Die Aktiengesellschaft
DBW .... Die Betriebswirtschaft
HBR .... Harvard Business Review
FAJ........... Financial Analyst Journal
FM .... Financial Management
FR .... Financial Research
FuPM .... Finanzmarkt und Portfolio Management
HBR .... Harvard Business Review
HdWW ..... Handwörterbuch der Betriebswirtschaft
HWF .... Handwörterbuch des Finanz- und Bankwesens
IA.............. Investment Analyst
JASA........ Journal of the American Statistical Association
JBFA........ Journal of Business, Finance and Accounting
JFQA........ Journal of Financial and Quantitative Analysis
JoAAF...... Journal of Accounting, Auditing and Finance
JoAE .... Journal of Accounting and Economics
JoB........... Journal of Business
JoBE .... Journal of Economics and Business
JoBF......... Journal of Banking and Finance
JoE........... Journal of Econometrics
JoEB .... Journal of Economics and Business
JoET........ Journal of Economic Theory
JoF .... Journal of Finance
JoFE......... Journal of Financial Economics
JoFR......... Journal of Financial Research
JoPE......... Journal of Political Economy
JoPM........ Journal of Portfolio Management
KuK .... Kredit und Kapital
MS .... Management Science
ÖBA......... Österreichisches Bankarchiv
QJoE .... Quarterly Journal of Economics
RoES........ Review of Economics and Statistics
RoFS .... Review of Financial Studies
RoQFA..... Review of Quantitative Financial Analysis
ZBB .... Zeitschrift für Bankrecht und Bankwirtschaft
ZfB........... Zeitschrift für Betriebswirtschaft
ZfbF .... Zeitschrift für betriebswirtschaftliche Forschung
ZfgK......... Zeitschrift für das gesamte Kreditwesen

Literaturverzeichnis

Achour, D./Brown; R./Roy, Y. (1984): Investment Performance of Canadian Real Estate Stocks using Sharpe' s Performance Index, in: Managerial and Decision Economics, Vol. 5, 1984, S. 183 - 186.

Adami, M. (1970): Zur Problematik des Zielsystems von Mutual Funds, in: KuK, 4. Jg., 1970, S. 290 - 317.

Adelberger, O.L./Lockert, G. (1992): Überprüfung der Gültigkeit der Arbitrage Pricing Theory: Grundlagen und erste empirische Ergebnisse, Arbeitsbericht des Fachgebiets Finanzwirtschaft der Universität-GH Essen, September 1992.

Adelberger, O.L./Lockert, G. (1993): Empirische Ergebnisse zur Anzahl und Bewertung der APT-Risikofaktoren am deutschen Aktienmarkt, Arbeitsbericht des Fachgebiets Finanzwirtschaft der Universität-GH Essen, September 1993.

Admati, A. R. (1985): A Noisy Rational Expectations Equilibrium For Multi-Asset Securities Markets, in: Econometrica, Vol. 53, 1985, S. 629 - 657.

Admati, A.R./Bhattacharya, S./Pfleiderer, P./Ross, S.A. (1986): On Timing and Selectivity, in: JoF, Vol. 41, 1986, S. 715 - 732.

Admati, A.R./Pfleiderer, P. (1985): Interpreting the Factor Risk Premia in the APT, in: JoET, Vol. 35, 1985, S.191 - 195.

Admati, A.R./Pfleiderer, P. (1988): Selling and Trading on Information in Financial Markets, in: AER, Vol. 78, 1988, S. 96 - 103.

Admati, A.R./Pfleiderer, P. (1990): Direct and Indirect Sale of Information, in: Econometrica, Vol. 58, 1990, S. 901 - 928.

Admati, A.R./Ross, S.A. (1985): Measuring Investment Performance in a Rational Expectations Equilibrium Model, in: JoB, Vol. 58, 1985, S. 1 -26.

Affleck-Graves, J./McDonald, B. (1989): Nonnormalities and Tests of Asset Pricing Theories, in: JoF, Vol. 44, 1989, S. 889 - 908.

Aharony, J./Loeb, M. (1977): Mean Variance vs. Stochastic Dominance: Some Empirical Findings on Effcient Sets, in: JoBF, Vol. 1, 1977, S. 95 - 102.

AIMR (Hrsg.): Performance Presentation Standards, New York 1993.

Albrecht, P. (1992): Zur Quantifizierung des Investment-Risikos auf der Basis der Konfidenz von Mindestrenditen, in: Mannheimer Manuskripte zur Versicherungsbetriebslehre, Finanzmanagement und Risikotheorie, Nr. 52, Mannheim 1992.

Alexander, G.J./Benson, P.G./Eger, C.E. (1982): Timing Decisions and the Behavior of Mutual Fund Systematic Risk, in: JFQA, Vol. 17, 1982, S. 579 - 602.

Alexander, G.J./Francis, J.C. (1986): Portfolio Analysis, 3rd ed., Englewood Cliffs 1986.

Alexander, G.J./Sharpe, W.F./Bailey, J.V. (1993): Fundamentals of Investments, 2nd ed., Englewood Cliffs, 1993.

Alexander, G.J./Stover, R.D. (1980): Consistency of Mutual Fund Performance During Varying Market Conditions, in: JoEB, Vol. 32, 1980, S. 219 - 226.

Allais, M. (1953): Le comportement de l' homme rationnel devant le risque: Critiques des postulats et axiomes de l' école américaine, in: Econometrica, Vol. 21, 1953, S. 503 - 546.

Andrés, A.M./Luna del Castillo, J.D./Tejedor, I.H. (1991): New Critical Region Tables for Fisher's Exact Test, in: Journal of Applied Statistics, Vol. 18, 1991, S. 233 - 254.

Ang, J.S. (1978): A Note on the Leverage Effect on Portfolio Performance Measures, in: JFQA, Vol. 13, 1978, S. 567 - 571.

Ang, J.S./Chua, J.H. (1979): Composite Measures for the Evaluation of Investment Performance, in: JFQA, Vol. 14, 1979, S. 361 - 384.

Ankrim, E.M. (1992): Risk-Adjusted Performance Attribution, in: FAJ, Vol. 48, 1992, S. 75 - 82.

Appleyard, A.R./Strong, N./Walker, M. (1982): Mutual Fund Performance in the Context of Models of Equilibrium Capital Asset Pricing, in: JBFA, Vol. 9, 1982, S. 289 -295.

Arditti, F.D. (1967): Risk and the Required Return on Equity, in: JoF, Vol. 22, 1967, S. 19 - 36.

Arditti, F.D. (1971): Another Look at Mutual Fund Performance, in: JFQA, Vol. 6, 1971, S. 909 - 912.

Arnott, R.D. (1980): Cluster Analysis and Stock Price Movement, in: FAJ, Vol. 36, 1980, S. 56 - 62.

Arnott, R.D./Copeland, W.A. (1985): The Business Cycle and Security Selection, in: FAJ, Vol. 41, 1985, S. 26 - 32.

Arnott, R.D./Kelso, C.M./Kiscadden, S./Macedo, R. (1989): Forecasting Factor Returns: An Intriguing Possibility, in: JoPM, Vol. 16, Fall 1989, S. 28 - 35.

Arrow, K.J. (1971): Essays in the Theory of Risk-Bearing, Amsterdam/London 1971.

Ashton, D.J. (1982): Stochastic Dominance and Mean Variance Rules in the Selection of Risky Investments, in: JBFA, Vol. 9, 1982, S. 471 - 481.

Ashton, D.J. (1990): A Problem in the Detection of Superior Investment Performance, in: JBFA, Vol. 17, 1990, S. 337 - 350.

Assenmacher, W. (1980): Einführung in die Ökonometrie, München/Wien 1980.

Auckenthaler, C. (1991): Mathematische Grundlagen des modernen Portfolio-Managements, Bern/Stuttgart 1991.

Backhaus, K./ Erichson, B./Plinke, W./Weiber, R. (1990): Multivariate Analysemethoden, 6. Aufl., Berlin u. a. 1990.

Bailey, J.V. (1992): Evaluating Benchmark Quality, in: FAJ, Vol. 48, 1992, S. 33 - 39.

Bailey, J.V./Arnott, R.D. (1986): Cluster Analysis and Manager Selection, in: FAJ, Vol. 42, 1986, S. 20 - 28.

Bailey, J.V./Richards, T.M./Tierney, D.E. (1990): Benchmark Portfolios - Concept and Design, in: Managing Institutional Assets, ed. Fabozzi, F.J., New York 1990, S. 245 - 275.

Ball, R./Brown, P./Officer, R.R. (1976): Asset Pricing in the Australian Industrial Equity Market, in: Australian Journal of Management, Vol. 1, 1976, S. 1 - 32.

Ball, R./Kothari, S.P. (1989): Nonstationary Expected Returns: Implications for Tests of Market Efficiency and Serial Correlations in Returns, in: JoFE, Vol. 25, 1989, S. 51 - 74.

Bamberg, G. (1995): Risiko und Ungewißheit, in: HWF, 2. Aufl., Stuttgart 1995, Sp. 1646 - 1657.

Bamberg, G./Baur, D. (1993): Statistik, 8. Aufl., München, Wien 1993.

Bamberg, G./Coenenberg, A.G. (1992): Betriebswirtschaftliche Entscheidungslehre, 7. Aufl., München 1992.

Bamberg, G./Schittko, U.K. (1979): Einführung in die Ökonometrie, Stuttgart, New York, 1979.

Banerjee, A.V. (1992): A Simple Model of Herd Behavior, in: QJoE, Vol. 107, 1992, S. 797 - 817.

Barnea, A./Haugen, R./Senbet, L. (1985): Agency Problems and Financial Contracting, Prentice-Hall, Englewood Cliffs 1985.

Baron, D.P. (1977): On the Utility Theoretic Foundations of Mean-Variance Analysis, in: JoF, Vol. 32, 1977, S. 1683 - 1697.

Barone-Adesi, G./Morck, R. (1988): Agency Problems in Pension Fund Management, in: Geld, Banken und Versicherungen, Hrsg. Heilmann, W.-R., Band 2, Karlsruhe 1988, S. 659 - 674.

Bauer, C. (1991): Volatilitäten und Betafaktoren - geeignete Risikomaße?, in: Die Bank, o. Jg., 1991, S. 172 - 175.

Bauer, C. (1992): Das Risiko von Aktienanlagen - Die fundamentale Analyse und Schätzung von Aktienrisiken, Köln 1992.

Bawa, V.S. (1975): Optimal Rules for Ordering Uncertain Prospects, in: JoFE, Vol. 2, 1975, S. 95 - 121.

Bawa, V.S. (1978): Safety-First, Stochastic Dominance and Optimal Portfolio Choice, in: JFQA, Vol. 13, 1978, S. 255 - 271.

Bawa, V.S. (1982): Stochastic Dominance: A Research Bibliography, in: MS, Vol. 28, 1982, S. 698 - 712.

Bawa, V.S./Lindenberg, E.B. (1977): Capital Market Equilibrium in a Mean-Lower Partial Moment Framework, in: JoFE, Vol. 5, 1977, S. 189 - 200.

Beckmann, K. (1992): KAGG-Kommentar, in: Investment - ergänzbares Handbuch für das gesamte Investmentwesen, Hrsg. Beckmann, K./Scholtz, R.D., Loseblatt-Sammlung, Berlin 1970, 27. Ergänzungs-Lieferung 1992.

Beckmann, T. (1989): Die Erfassung von Tendenzen des Aktienmarktes, Münster 1989.

Beebower, G.L./ Bergstorm, G.L. (1977): A Performance Analysis of Pension and Profit-Sharing Portfolios: 1966 - 1975, in: FAJ, Vol. 33, 1977, S. 31 - 42.

Behnken, D.W./Draper, N.R. (1972): Residuals and their Variance Patterns, in: Technometrics, Vol. 14, 1972, S. 101 - 111.

Behrenwaldt, U. (1988): Vermögensbildung - ein Hoffnungsschimmer für die deutschen Aktienbörsen, in: Die Bank, o. Jg., 1988, S. 212 - 214.

Behrenwaldt, U. (1991): Aktienfonds: Erfahrungen und Empfehlungen zum 5. Vermögensbildungsgesetz, in: Die Bank, o. Jg., 1991, S. 489 - 492.

Beiker, H. (1993): Überrenditen und Risiken kleiner Aktiengesellschaften - Eine theoretische und empirische Analyse des deutschen Kapitalmarktes von 1966 bis 1989, Köln 1993.

Ben-Horim, M. (1990): Stochastic Dominance and Truncated Sample Data, in: JoFR, Vol. 8, 1990, S. 105 - 116.

Bera, A.K./Jarque, C.M. (1982). Model Specification Tests - A Simultaneous Approach, in: JoE, Vol. 20, 1982, S. 59 - 82.

Berkowitz, S./Finney, L./Logue, D. (1988): The Investment Performance of Corporate Pension Plans, New York 1988.

Berry, M.A./Burmeister, E./McElroy, M.B. (1988 a): Sorting out Risks Using Known APT Factors, in: FAJ, Vol. 44, 1988, S. 29 - 42.

Berry, M.A./Burmeister, E./McElroy, M.B. (1988 b): A Practical Perspective on Evaluating Mutual Fund Risk, in: Investment Management Review, Vol. 2, March-April 1988, S. 78 - 86.

Bey, R.P. (1979): Mean-Variance, Mean-Semivariance, and DCF Estimates of a Public Utility's Cost of Equity, in: JoFR, Vol. 2, 1979, S. 13 - 26.

Bitz, M./Oehler, A. (1993 a), Überlegungen zu einer verhaltenswissenschaftlich fundierten Kapitalmarktforschung (I), in: KuK, 26. Jg., 1993, S. 246 - 273.

Bitz, M./Oehler, A. (1993 b), Überlegungen zu einer verhaltenswissenschaftlich fundierten Kapitalmarktforschung (II), in: KuK, 26. Jg., 1993, S. 375 - 416.

Black, A./Fraser, P./Power, D. (1992): UK Unit Trust Performance 1980-1989: A Passive Time-Varying Approach, in: JoBF, Vol. 16, 1992, S. 1015 - 1033.

Black, F./Scholes, M. (1973): The Pricing of Options and Corporate Liabilities, in: JoPE, Vol. 81, 1973, S. 637 - 659.

Blake, C.R./Elton, E.J./Gruber, M.J. (1993): The Performance of Bond Mutual Funds, in: JoB, Vol. 66, 1993, S. 371 - 403.

Bleymüller, J. (1966): Theorie und Technik der Aktienkursindizes, Wiesbaden 1966.

Bleymüller, J./Gehlert, G./Gülicher, H. (1991): Statistik für Wirtschaftswissenschaftler, 7. Aufl. München 1991.

Blume, M.E. (1980): The Relative Efficiency of Various Portfolios: Some Further Evidence, in: JoF, Vol. 35, 1980, S. 269 - 283.

Blume, M.E./Friend, I. (1975): The Asset Structure of Individual Portfolios and Some Implications for Utility Functions, in: JoF, Vol. 30, 1975, S. 585 - 603.

Bodie, Z./Kane, A./Marcus, A.J. (1989): Investments, Homewood 1989.

Bogle, J.C./Twardowski, J.M. (1980): Institutional Investment Performance Compared: Banks, Investment Counselors, Insurance Companies and Mutual Funds, in: FAJ, Vol. 36, 1980, S. 33 - 41.

Bookstaber, R./Clarke, R. (1981): Options Can Alter Portfolio Return Distributions, in: JoPM, Vol. 7, 1981, S. 63 - 70.

Bookstaber, R./Clarke, R. (1984): Option Portfolio Strategies: Measurement and Evaluation, in: JoB, Vol. 57, 1984, S. 469 - 492.

Bookstaber, R./Clarke, R. (1985): Problems in Evaluating the Performance of Portfolios with Options, in: FAJ, Vol. 41, 1985, S. 48 - 62.

Booth, J.R./Smith, R.L. (1987): An Examination of the Small Firm Effect on the Basis of Skewness Preference, in: JoFR, Vol. 10, 1987, S. 77 - 86.

Bopp, J./Wolf, M.S. (1988): Leistungsvergleich ausgewählter schweizerischer Aktienfonds, in: FuPM, 2. Jg., 1988, S. 55 - 68.

Bosch, K. (1992): Statistik-Taschenbuch, München/Wien 1992.

Boudoukh, J./Richardson, M./Smith, T. (1993): Is the Ex Ante Risk Premium Always Positive?, in: JoFE, Vol. 34, 1993, S. 387 - 408.

Bower, R.S./Wippern, R.F. (1969): Risk-Return Measurement in Portfolio Selection and Performance Appraisal Models: Progress Report, in: JFQA, Vol. 4, 1969, S. 417 - 447.

Brauer, G.A. (1984): 'Open-Ending' Closed-End Funds, in: JoFE, Vol. 13, 1984, S. 491 - 507.

Brauer, G.A. (1988): Closed-End Fund Shares' Abnormal Returns and the Information Content of Discounts and Premiums, in: JoF, Vol. 43, 1988, S. 113 - 127.

Braun, R. (1990): Internationales Indexmanagement für Aktien, in: ÖBA, 38. Jg., 1990, S. 528 - 535.

Brealey, R.A./Myers, S.C. (1991): Principles of Corporate Finance, 4th ed., New York u. a. 1991.

Breen, W./Jagannathan, R./Ofer, A.R. (1986): Correcting for Heteroscedasticity in Tests for Market Timing Ability, in: JoB, Vol. 59, 1986, S. 585 - 598.

Breit, H. (1989): Investmentfonds, Schriftenreihe des Instituts für Kreditwirtschaft, Bd. 27, Hrsg. Bühler, W., Wien 1989.

Breuer, R.-E. (1987): Index-Portfolio der Deutschen Bank AG, in: Die Bank, o. Jg., 1987, S. 472 -474.

Brickley, J.A./Schallheim, J.S. (1985): Lifting the Lid on Closed-End Investment Companies: A Case of Abnormal Returns, in: JFQA, Vol. 20, 1985, S. 107 - 117.

Brinson, G.P./Fachler, N. (1985): Measuring Non-U.S. Equity Portfolio Performance, in: JoPM, Vol. 11, Spring 1985, S. 73 - 76.

Brinson, G.P./Hood, R./Beebower, G.L. (1986): Determinants of Portfolio Performance, in: FAJ, Vol. 42, 1986, S. 39 - 44.

Brinson, G.P./Singer, B.D./Beebower, G.L. (1991): Determinants of Portfolio Performance II: An Update, in: FAJ, Vol. 47, 1991, S. 40 - 48.

Brockett, P.L./Kahane, Y. (1992): Risk, Return, Skewness and Preference, in: MS, Vol. 38, 1992, S. 851 - 866.

Brooks, R. (1991): Analyzing Portfolios with Derivative Assets: A Stochastic Dominance Approach Using Numerical Integration, in: Journal of Futures Markets, Vol. 11, 1991, S. 411 - 440.

Brown, K.C./Brown, G.D. (1987): Does the Composition of the Market Portfolio Really Matter?, in: JoPM, Vol. 13, 1987, S. 40 - 48.

Brown, S.J./Goetzmann, W./Ibbotson, R.G./Ross, S.A. (1992): Survivorship Bias in Performance Studies, in: RoFS, Vol. 5, 1992, S. 553 - 580.

Brown, S.J./Warner, J.B. (1980): Measuring Security Price Perfomance, in: JoFE, Vol. 8, 1980, S. 205 - 258.

Bühler, A. (1993): Performance-Messung: Eine empirische Untersuchung unter Berücksichtigung von Modellen mit variablen Parametern, Arbeitspapier, Schweizerisches Institut für Banken und Finanzen, Hochschule St. Gallen, St. Gallen 1993.

Bühler, W. (1994): Grundprobleme der Erfolgsanalyse im Portfolio-Management, in: Erfolgsmessung und Erfolgsanalyse im Portfolio-Management, Probleme des Kapitalmarktes, Kolloquium-Beiträge 36, Schriftenreihe des Instituts für Kapitalmarktforschung an der J.W. Goethe-Universität Frankfurt am Main, Hrsg. Gebauer, W./Rudolph, B., Frankfurt 1994, S. 15 - 48.

Bühler, W. (1995): Portfolio-Insurance, in: HWF, 2. Aufl., Hrsg. Gerke, W./Steiner, M., Stuttgart 1995, Sp.1526 - 1538.

Büning, H./Trenkler, G. (1978): Nichtparametrische statistische Methoden, Berlin, New York 1978.

Burgess, R.C. (1974): Alternative Measures of Risk and Ex-Post Portfolio Performance, Diss. University of Kentucky 1974.

Burgess, R.C./Johnson, K.H. (1976): The Effects fo Sampling Fluctuations on the Required Inputs of Security Analysis, in: JFQA, Vol. 11, 1976, S. 847 - 854.

Burmeister, E./McElroy, M.B. (1991): The Residual Market Factor, the Arbitrage Pricing Theory and Mean-Variance-Efficiency, in: RoQFA, Vol. 1, 1991, S. 27 - 49.

Burmeister, E./Roll, R./Ross, S.A. (1992): A Practitioner's Guide to APT, in: Contribution to the Factor Model Project for the Research Foundation of the Institute of Chartered Financial Analysts, October 1992.

Büschgen, H.E. (1970): Rentabilität und Risiko der Vermögensanlage in Investmentfonds, Neue Betriebswirtschaft und betriebswirtschaftliche Datenverarbeitung, 23. Jg., 1970, S. 1 - 24.

Büschgen, H.E. (1971): Rentabilität und Risiko der Investmentanlage, Stuttgart 1971.

BVI Bundesverband Deutscher Investment-Gesellschaften e.V. (Hrsg.) (1990): Investment 90 - Daten, Fakten, Entwicklungen, Frankfurt am Main 199.

BVI Bundesverband Deutscher Investment-Gesellschaften e.V. (Hrsg.) (1991): Investment 91 - Daten, Fakten, Entwicklungen, Frankfurt am Main 1991.

BVI Bundesverband Deutscher Investment-Gesellschaften e.V. (Hrsg.) (1994): Investment 94 - Daten, Fakten, Entwicklungen, Frankfurt am Main 1994.

Cadsby, C.B. (1986): Performance Hypothesis Testing with the Sharpe and Treynor Measures: A Comment, in: JoF, Vol. 41, 1986, S. 1175 - 1176.

Calvet, A.L./Lefoll, J. (1981): Performance and Systematic Risk Stability of Canadian Mutual Funds Under Inflation, in: JBFA, Vol. 8, 1981, S. 279 - 289.

Campanella, F.B. (1972): The Measurement of Portfolio Risk Exposure, Lexington 1972.

Camparone, R.R. (1991): The German Equity Model-Handbook, BARRA International Ltd., Berkeley/California, Frankfurt u. a. 1991.

Carlson, R.S. (1970): Aggregate Performance of Mutual Funds, 1948-1967, in: JFQA, Vol. 5, 1970, S. 1 - 32.

Chan, A./Chen, C.R. (1992): How Well Do Asset Allocation Mutual Fund Managers Allocate Assets?, in: JoPM, Vol. 18, Spring 1992, S. 81 - 91.

Chan, K.C. (1988): On the Contrarian Investment Strategy, in: JoB, Vol. 61, 1988, S. 147 - 164.

Chang, E.C. (1982): A Re-examination of Investment Performance Evaluation Methodologies, Diss. Purdue University 1982.

Chang, E.C./Lewellen, W.G. (1984): Market Timing and Mutual Fund Investment Performance, in: JoB, Vol. 57, 1984, S. 57 - 72.

Chang, E.C./Lewellen, W.G. (1985): An Arbitrage Pricing Approach to Evaluating Mutual Fund Performance, in: JoFR, Vol. 8., 1985, S. 15 - 30.

Chang, J.S. (1991): A Study of Empirical Return Generating Models: A Market Model, A Multifactor Model, and a Unified Model, in: JBFA, Vol. 18, 1991, S. 377 - 391.

Chen, C.R./Lee, C.F./Rahman, S./Chan, A. (1992): A Cross-Sectional Analysis of Mutual Funds' Market Timing and Security Selection Skill, in: JBFA, Vol. 19, 1992, S. 659 - 675.

Chen, C.R./Stockum, S. (1986): Selectivity, Market Timing, and Random Beta Behavior of Mutual Funds: A Generalized Model, in: JoFR, Vol. 9, 1986, S. 87 - 96.

Chen, N.-F./Copeland, T.E./Mayers, D. (1987): A Comparison of Single and Multifactor Portfolio Performance Methodologies, in: JFQA, Vol. 22, 1987, S. 401 - 417.

Chen, N.-F./Kan, R./Miller, M.H. (1993): Are the Discounts on Closed-End Funds a Sentiment Index?, in: JoF, Vol. 48, 1993, S. 795 - 800.

Chen, S.-N./Lee, C.F. (1981): The Sampling Relationship Between Sharpe's Performance Measure and its Risk Proxy: Sample Size, Investment Horizon and Market Conditions, in: MS, Vol. 27, 1981, S. 607 - 618.

Chen, S.-N./Lee, C.F. (1984): On the Measurement Errors and Ranking of Three Alternative Composite Performance Measures, in: Quarterly Journal of Economics and Business, Vol. 24, 1984, S. 6 - 17.

Chen, S.-N./Lee, C.F. (1986): The Effects of the Sample Size, the Investment Horizon and Market Conditions on the Validity of Composite Performance Measures: A Generalization, in: MS, Vol. 32, 1986, S. 1410 - 1421.

Cho, D.C./Elton, E.J./Gruber, M.J. (1984): On the Robustness of the Roll and Ross Arbitrage Pricing Theory, in: JFQA, Vol. 19, 1984, S. 1 - 10.

Chow, K.V. (1989), Statistical Inference for Stochastic Dominance: A Distribution Free Approach, Diss. University of Alabama, Tuscaloosa 1989.

Chow, K.V./Denning, K. (1994): On Variance and Lower Partial Moment Betas the Equivalence of Systematic Risk Measures, in: JBFA, Vol. 21, 1994, S. 231 - 241.

Chua, J.H./Woodward, R.S./To, E.C. (1987): Potential Gains from Stock Market Timing in Canada, in: FAJ, Vol. 43, 1987, S. 50 - 56.

Clarke, R.G. (1987): Stochastic Dominance Properties on Option Strategies, in: Advances in Futures and Options Research, Vol. 2, 1987, S. 1 - 18.

Clarke, R.G./Fitzgerald, M.T./Berent, P./Statman, M. (1989): Market Timing with Imperfect Information, in: FAJ, Vol.45, 1989, S. 27 - 36.

Coenenberg, A./Möller, H.P./Schmidt, F. (1984): Empirical Research in Financial Accounting in Germany, Austria and Switzerland: A Review, in: European Contributions to Accounting Research, Hrsg. Hopwood, A.G./Schreuder, H., Amsterdam 1984.

Coggin, T.D./Fabozzi, F.J./Rahman, S. (1993): The Investment Performance of U.S. Equity Pension Fund Managers: An Empirical Investigation, in: JoF, Vol. 48, 1993, S. 1039 - 1055.

Coggin, T.D./Hunter, J.E. (1993): A Meta-Analysis of Mutual Fund Performance, in: RoQFA, Vol. 3, 1993, S. 189 - 201.

Cohen, J.B./Zinbarg, E.D./Zeikel, A. (1987): Investment Analysis and Portfolio Management, 5th ed., Homewood 1987.

Cohen, K.J./Pogue, J.A. (1967): An Empirical Evaluation of Alternative Portfolio Selection Models, in: JoB, Vol. 40, 1967, S. 166 - 193.

Cohen, S.I./Starks, L.T. (1988): Estimation Risk and Incentive Contracts for Portfolio Managers, in: MS, 1988, Vol. 34, S. 1067 - 1079.

Cohn, R./Lewellen, W./Lease, R./Schlarbaum, G. (1975): Individual Investor Risk Aversion and Investment Portfolio Composition, in: JoF, Vol. 10, 1975, S. 605 - 620.

Collins, B.M./Cushing, D.C. (1990): A Guide to Equity Index Fund Management, in: Managing Institutional Assets, ed. Fabozzi, F.J., New York 1990, S. 197 - 223.

Connor, G./Korajczyk, R.A. (1986): Performance Measurement with the Arbitrage Pricing Theory, in: JoFE, Vol. 15, 1986, S. 373 - 394.

Connor, G./Korajczyk, R.A. (1988): Risk and Return in an Equilibrium APT, in: JoFE, Vol. 21, 1988, S. 255 - 289.

Connor, G./Korajczyk, R.A. (1991): The Attributes, Behavior, and Performance of U.S. Mutual Funds, in: RoQFA, Vol. 1, 1991, S. 5 - 26.

Cooley, P.L./Roenfeld, R.L./Modani, N.K. (1977): Interdependence of Market Risk Measures, in: JoB, Vol. 50, 1977, S. 356 - 363.

Copeland, T.E./Mayers, D. (1982): The Value Line Enigma (1965-1978): A Case Study of Performance Evaluation Issues, in: JoFE, Vol. 10, 1982, S. 289 - 321.

Copeland, T.E./Weston, J.F. (1988): Financial Theory and Corporate Policy, 3rd ed., Reading/Mass. 1988.

Corhay, A./Rad, T. (1994): Statistical Properties of Daily Returns: Evidence from European Stock Markets, in: JBFA, Vol. 21, 1994, S. 271 - 282.

Cornell, B. (1979): Asymmetric Information and Portfolio Performance Measurement, in: JoFE, Vol. 7, 1979, S. 381 - 390.

Cornell, B./Roll, R. (1981): Strategies for Pairwise Competitions in Markets and Organizations, in: Bell Journal of Economics, Vol. 12, 1991, S. 201 - 213.

Corner, D.C./Matatko, J. (1982): Investment Trust Portfolio Performance - Measurement and Determinants, in: IA, 1982, No. 63, S. 9 - 13.

Cramer, J.S. (1987): Mean and Variance of R^2 in Small and Moderate Samples, in: JoE, Vol. 35, 1987, S. 253 - 266.

Cranshaw, T.E. (1970): Do New Unit Trusts Perform Better than Old Ones?, in: IA, 1970, No. 26, S. 198 - 200.

Crowley, P. (1992): New Style Analysis Service for Plan Sponsors, in: BARRA Newsletter, September/October 1992, S. 19 - 23.

Cumby, R.E./Glen, J.D. (1990): Evaluating the Performance of International Mutual Funds, in: JoF, Vol. 45, 1990, S. 497 - 521.

Cumby, R.E./Modest, D.M. (1987): Testing for Market Timing Ability, in: JoFE, Vol. 19, 1987, S. 169 - 189.

D'Agostino, R.B. (1971): An Omnibus Test of Normality for Moderate and Large Size Samples, in: Biometrika, Vol. 58, 1971, S. 341.

D'Agostino, R.B. (1982), Departures from Normality, Test for, in: Encyclopedia of Statistical Sciences, Vol. 2, New York u. a. 1982, S. 315 - 324..

D'Agostino, R.B./Pearson, E.S. (1973), Tests for Departure from Normality. Fuller Empirical Results for the Distribution of b_2 and $\sqrt{b_1}$, in: Biometrica, Vol. 60, 1973, S. 613 - 622.

Deaves, R./Krinsky, I. (1994): A Possible Reconciliation of Some of the Conflicting Findings on Closed-End Fund Discounts: A Note, in: JBFA, Vol. 21, 1994, S. 1047 - 1057.

Demuth, M. (1993): Die private Vermögensverwaltung und ihre auf Fonds bezogene Anlagestrategien, in: Handbuch Finanzdienstleistungen, Hrsg. Brunner, W.L./Vollath, J., Stuttgart 1993, S.307 - 320.

Dermine, J./Neven, D./Thisse, J.F. (1991): Towards an Equilibrium Model of the Mutual Funds Industry, in: JoBF, Vol. 15, 1991, S. 485 - 499.

Dermine, J./Röller, L.-H. (1992): Economies of Scale and Scope in French Mutual Funds, in: Journal of Financial Intermediation, Vol. 2, 1992, S. 83 - 93.

Deutsche Bundesbank (Hrsg.): Investmentsparen im Aufwind, in: Monatsberichte der Deutschen Bundesbank, 40. Jg., Oktober 1988, S. 32 - 39.

Dhingra, H.L. (1979): Homogeneity and Redundancy of Alternative Measures of Risk, in: IA, 1979, No. 54, S. 30 - 36.

Diamond, D. W./Verrecchia, R. E. (1981): Information Aggregation in a Noisy Rational Expectations Economy, in: JoFE, Vol. 9, 1981, S. 221 -235.

Dietz, P./Kirschmann, J. (1983): Evaluation Portfolio Performance, in: Managing Investment Performance, ed. Maginn, J./Tuttle, D., Boston 1983, S. 611 - 631.

Dixon, J. (1972): Composite Measures of Performance, Exeter University 1972.

Dobberke, K. (1993): Die Aktie lohnt das Risiko, in: Die Bank, o. Jg., 1993, S. 343 - 346.

Doerks, W. (1992): Der Kursunterschied zwischen Stamm- und Vorzugsaktien in der BR Deutschland - Eine empirische Untersuchung, Köln 1992.

Domke, H.-M. (1987): Rendite und Risiko von Aktien kleiner Börsengesellschaften, Frankfurt 1987.

Dotan, A./Ofer, A. (1984): Variable versus Stationary Beta in the Market Model, in: JoBF, Vol. 8, 1984, S. 525- 534.

Draper, P. (1989): The Investment Trust Industry in the UK: An Empirical Examination, Hampshire 1989.

Draper, P./Paudyal, K. (1991): The Investment Trust Discount Revisited, in: JBFA, Vol. 18, 1991, S. 791 - 805

Drukarczyk, J. (1993): Theorie und Politik der Finanzierung, 2. Aufl., München 1993.

Drummen, M. (1992): Europaweit diversifizierte Aktienportfolios, Bank- und Finanzwirtschaftliche Forschungen, Hrsg. Kilgus, E. u. a., Band 164, Bern, Stuttgart, Wien 1992.

Dubacher, R./Zimmermann, H. (1989): Risikoanalyse schweizerischer Aktien: Grundkonzepte und Berechnung, in: FuPM, 3. Jg., 1989, S. 66 - 85.

Durbin, J./Watson, G.S. (1951): Testing for Serial Correlation in Least Squares Regression. II, in: Biometrika, Vol. 38, 1951, S. 159 - 178.

Duvall, R./Quinn, J.L. (1981): Skewness Preference in Stable Markets, in: JoFR, Vol. 4, 1981, S. 249 - 263.

Dybvig, P.H./Ross, S.A. (1985 a): Differential Information and Performance Measurement Using a Security Market Line, in: JoF, Vol. 40, 1985, S. 383 - 399.

Dybvig, P.H./Ross, S.A. (1985 b): The Analytics of Performance Measurement Using a Security Market Line, in: JoF, Vol. 40, 1985, S. 401 - 416.

Dybvig, P.H./Ross, S.A. (1985 c): Yes, the APT is Testable, in: JoF, Vol. 40, 1985, S. 1173 - 1188.

Ebertz, T./Ristau, R. (1992): Ein erster deutscher Indexfonds: Oppenheim DAX-Werte-Fonds, in: Die Bank, o. Jg., 1992, S. 156 - 160.

Efron, B. (1979): Bootstrap Methods: Another Look at the Jackknife, in: The Annals of Statistics, Vol. 7, 1979, S. 1 - 26.

Eicker, F. (1963): Asymptotic Normality and Consistency of the Least Squares Estimators for Families of Linear Regressions, in: Annals of Mathematical Statistics, Vol. 34, 1963, S. 447 - 456.

Elton, E.J./Gruber, M.J. (1970): Risk Reduction and Portfolio Size: An Analytical Solution, in: JoB, Vol. 50, 1970, S. 415 - 437.

Elton, E.J./Gruber, M.J. (1991 a): Modern Portfolio Theory and Investment Analysis, 4th ed., New York u. a. 1991.

Elton, E.J./Gruber, M.J. (1991 b): Differential Information and Timing Ability, in: JoBF, Vol. 15, 1991, S. 117 - 131.

Elton, E.J./Gruber, M.J./Das, S./Hlavka, M. (1993): Efficiency with Costly Information: A Reinterpretation of Evidence from Managed Portfolios, in: RoFS, Vol. 6, 1993, S. 1 - 22.

Elton, E.J./Gruber, M.J./ Grossmann, S. (1986): Discrete Expectational Data and Portfolio Performance, in: JoF, Vol. 41, 1986, S. 699 - 713.

Erhardt, M.C. (1987): A Mean-Variance Derivation of a Multi-Factor Equilibrium Model, in: JFQA, Vol. 22, 1987, S. 227 - 236.

Euler, M. (1991): Das Wertpapiervermögen privater Haushalte im Jahre 1988, in: Sparkasse, 108. Jg., 1991, S. 449 - 454.

Eun, C. S. (1994): The Benchmark Beta, CAPM, and Pricing Anomalies, in: Oxford Economic Papers, Vol. 46, 1994, S. 330 - 343.

Eun, C.S./Kolodny, R./Resnick, B.G. (1991): U.S.-Based International Mutual Funds: A Performance Evaluation, in: JoPM, Vol. 17, Spring 1991, S. 88 - 94.

Evnine, J./Henriksson, R. (1987): Asset Allocation and Options, in: JoPM, Vol. 14, Fall 1987, S. 56 - 61.

Fabozzi, F.J./Francis, J.C. (1977): Stability Tests for Alphas and Betas over Bull and Bear Market Conditions, in: JoF, Vol. 32, 1977, S. 1093 - 1099.

Fabozzi, F.J./Francis, J.C. (1979): Mutual Fund Systematic Risk for Bull and Bear Markets: An Empirical Examination, in: JoF, Vol. 34, 1979, S. 1243 - 1250.

Fabozzi, F.J./Francis, J.C./Lee, C.F. (1980): Generalized Functional Form for Mutual Fund Returns, in: JFQA, Vol. 15, 1980, S. 1107 - 1120.

Falk, H./Levy, H. (1989): Market Reaction to Quarterly Earnings' Announcements: A Stochastic Dominance Based Test of Market Efficiency, in: MS, Vol. 35, 1989, S. 425 - 446.

Fama, E.F. (1968): Risk, Return and Equilibrium: Some Clarifying Comments, in: JoF, Vol. 23, 1968, S. 29 - 40.

Fama, E.F. (1970): Efficient Capital Markets: A Review of Theory and Empirical Work, in: JoF, Vol. 25, 1970, S. 383 - 417.

Fama, E.F. (1972): Components of Investment Performance, in: JoF, Vol. 27, 1972, S. 551 - 567.

Fama, E.F. (1976): Foundations of Finance, Portfolio Decisions and Security Prices, New York 1976.

Fama, E.F. (1991): Efficient Capital Markets II, in: JoF, Vol. 46, 1991, S. 1575 - 1617.

Fama, E.F./French, K.R. (1992): The Cross-Section of Expected Stock Returns, in: JoF, Vol. 47, 1992, S. 427 - 465.

Fama, E.F./MacBeth, J.D. (1973): Risk, Return and Equilibrium: Empirical Tests, in: JoPE, Vol. 81, 1973, S. 607 - 636 .

Farrell, J.L. (1975): Homogenous Stock Groupings: Implications for Portfolio Management, in: FAJ, Vol. 31, 1975, S. 50 - 62.

Farrell, J.L. (1983): Guide to Portfolio Management, New York u. a. 1983.

Ferguson, R.F. (1980): Performance Measurement Doesn't Make Sense, in: FAJ, Vol. 36, 1980, S. 59 - 69.

Ferguson, R.F. (1986): The Trouble with Performance Measurement, in: JoPM, Vol. 12, 1986, S. 4 - 9.

Ferris, S.P./Chance, D.M. (1987): The Effect of 12b-1 Plans on Mutual Fund Expense Ratios: A Note, in: JoF, Vol. 42, 1987, S. 1077 - 1082.

Firth, M.A. (1977): The Investment Performance of Unit Trusts in the Period 1965-75, in: Money, Credit, and Banking, Vol. 9, 1977, S. 597 - 604.

Firth, M.A. (1978): Unit Trusts: Performance and Prospects, in: Management Decision, Vol. 16, 1978, S. 95 - 176.

Fischer, D.E./Jordan, R. (1991): Security Analysis and Portfolio Management, 5th ed., Englewood Cliffs 1991.

Fishburn, P.C. (1977): Mean-Risk Analysis with Risk Associated with Below-Target Returns, in: AER, Vol. 67, 1977, S. 116 - 126.

Fishburn, P.C. (1980): Stochastic Dominance and the Foundations of Mean-Variance Analyses, in: Research in Finance, Vol. 2, 1980, S. 69 - 97.

Fishburn, P.C./Vickson, R.G. (1978): Theoretical Foundations of Stochastic Dominance, in: Stochastic Dominance, ed. Withmore, G.A./Findlay, M.C., Lexington/Massachusetts/Toronto, 1978, S. 39 - 113.

Fogler, H.R./ Ganapathy, S. (1982): Financial Econometrics for Researchers in Finance and Accounting, Englewood Cliffs 1982.

Francis, J.C. (1975): Skewness and Investors' Decisions, in: JFQA, Vol. 10, 1975, S. 173 - 172.

Francis, J.C. (1991): Investments: Analysis and Management, 5th ed., New York 1991.

Francis, J.C./Archer, S.H. (1979): Portfolio Analysis, 2nd ed., Englewood Cliffs 1979.

Francis, J.C./Fabozzi, F.J. (1980): Stability of Mutual Fund Systematic Risk Statistics, in: Journal of Business Research, Vol. 8, 1980, S. 263 - 275.

Francis, J.C./Lee, C.F. (1983): Investment Horizon, Risk Proxies, Skewness, and Mutual Fund Performance, in: Research in Finance, Vol. 4, 1983, S. 1-19.

Franke, G. (1983): Kapitalmarkt und Separation, in: ZfB, 53. Jg., 1983, S. 239 - 260.

Franke, G. (1984): On Tests of the Arbitrage Pricing Theory, in: OR Spektrum, Vol. 6, 1984, S. 109 - 117.

Franke, G. (1994): Performancemessung auf Basis von Mehr-Faktoren-Modellen, in: Erfolgsmessung und Erfolgsanalyse im Portfolio-Management, Probleme des Kapitalmarktes, Kolloquium-Beiträge 36, Schriftenreihe des Instituts für Kapitalmarktforschung an der J.W. Goethe-Universität Frankfurt am Main, Hrsg. Gebauer, W./Rudolph, B., Frankfurt 1994, S. 125 - 143.

Franke, G./Hax, H. (1990): Finanzwirtschaft des Unternehmens und Kapitalmarkt, 2. Aufl., Berlin u. a. 1990.

Frankfurter, G.M./Phillips, H.E. (1975): Efficient Algorithms for Conducting Stochastic Dominance Tests on Large Numbers of Portfolios: A Comment, in: JFQA, Vol. 10, 1975, S. 177 - 179.

Frantzmann, H.-J. (1989): Saisonalitäten und Bewertung am deutschen Aktien- und Rentenmarkt, Frankfurt 1989.

Frantzmann, H.-J. (1990): Zur Messung des Marktrisikos deutscher Aktien, in: ZfbF, 42. Jg., 1990, S. 67 - 83

French, D.W./Henderson, G.V. (1985): How Well Does Performance Evaluation Perform?, in: JoPM, Vol. 11, Winter 1985, S. 15 - 18.

Friend, I./Blume, M.E. (1970): Measurement of Portfolio Performance Under Uncertainty, in: AER, Vol. 60, 1970, S. 561 - 575.

Friend, I./Blume, M.E. (1975): The Demand for Risky Assets, in: AER, Vol. 65, 1975, S. 900 - 922.

Friend, I./Blume, M.E./Crockett (1970): Mutual Funds and Other Institutional Investors, New York u. a. 1970.

Friend, I./Brown, F./Herman, E./Vickers, D. (1962): A Study of Mutual Funds, Wharton School of Finance and Commerce, University of Pennsylvania, Washington 1962.

Friend, I./Vickers, D. (1965): Portfolio Selection and Investment Performance, in: JoF, Vol. 20, 1965, S. 391 - 415.

Friend, I./Westerfield, R. (1980): Co-Skewness and Capital Asset Pricing, in: JoF, Vol. 35, 1980, S. 897 - 913.

Frohlich, C.J. (1991): A Performance Measure for Mutual Funds Using the Connor-Korajczyk Methodology: An Empirical Study, in: RoQFA, Vol. 1, 1991, S. 427-434.

Froot, K.A./Scharfstein, D.S./Stein, J.C. (1992): Herd on the Street: Informational Inefficiencies in a Market with Short-Term Speculation, in: JoF, Vol. 47, 1992, S. 1461 - 1484.

Fuller, R.J./Farrell, J.L. (1987): Modern Investments and Security Analysis, New York u. a. 1987.

Fuller, R.J./Wong, G.W. (1988): Traditional versus Theoretical Risk Measures, in: FAJ, Vol. 44, 1988, S. 52 - 57.

Gajo, M. (1993): Der CDAX-ein neuer marktbreiter Performance-Index, in: AG, 38. Jg., 1993, S. R248 - R252.

Gandhi, D.K./Saunders, A. (1981): The Superiority of Stochastic Dominance over Mean Variance Efficiency Criteria: Some Clarifications, in: JBFA, Vol. 8, 1981, S. 51 - 59.

Garcia, C.B./Gould, F.J. (1993): Survivorship Bias, in: JoPM, Vol. 19, Spring 1993, S. 52 - 56.

Gaumnitz, J.E. (1970): Appraising Performance of Investment Portfolios, in: JoF, Vol. 25, 1970, S. 555 - 560.

Gebhardt, G. (1993): Anleihen als Instrument zur langfristigen Finanzierung, in: Handbuch des Finanzmanagements, Hrsg. Gebhardt, G./Gerke, W./Steiner, M., München 1993, S. 445 - 475.

Gebhardt, G./Entrup, U. (1993): Kapitalmarktreaktionen auf die Ausgabe von Optionsanleihen, in: ZfbF-Sonderheft 31, Hrsg. Bühler, W./Hax, H./Schmidt, R., 1993, S. 1 - 34.

Gendron, M./Genest, C. (1990): Performance Measurement under Asymmetric Information and Investment Constraints, in: JoF, Vol. 45, 1990, S. 1655 - 1661.

Gerke, W. (1995): Investmentsparen, in: HWF, 2. Aufl., Hrsg. Gerke, W./Steiner, M., Stuttgart 1995, Sp. 1031 - 1038.

Gerke, W./Rapp, H.-W. (1992): Strukturelle Neugestaltung des deutschen Investmentrechts, in: ZBB, 4. Jg., 1992, S. 85 - 97.

Gibbons, M.R./Ross, S. A./Shanken, J. (1989): A Test of Efficiency of a Given Portfolio, in: Econometrica, Vol. 57, 1989, S. 1121 - 1152.

Glosten, L.R./Jagannathan, R. (1988): A Contingent Claim Approach to Performance Evaluation, Working Paper No. 54, Kellogg Graduate School of Management, Department of Finance, Northwestern University, Evanstone, August 1988.

Goetzmann, W.N./Ibbotson, R.G. (1991): Do Winners Repeat? Patterns in Mutual Fund Behavior, Working Paper, Yale School of Organization and Management, New Haven 1991.

Gogolok, J./Schuemer, R./Ströhlein, G. (1992): Datenverarbeitung und statistische Auswertung mit SAS, Band 1, Einführung in das Programmsystem, Datenmanagement und Auswertung, Stuttgart, Jena, New York 1992.

Goldfeld, S.M./Quandt, R.E. (1972): Nonlinear Methods in Econometrics, Amsterdam, London 1972.

Golec, J.H. (1988): Do Mutual Fund Managers Who Use Incentive Compensation Outperform Those Who Don't? in: FAJ, Vol. 44, 1988, S. 75 - 79.

Golec, J.H. (1992): Empirical Tests of a Principal-Agent Model of the Investor-Investment Advisor Relationship, in: JFQA, Vol. 27, 1992, S. 81-95.

Good, W.R./Ferguson, R./Treynor, J. (1976): An Investor' s Guide to the Index Fund Controversy, in: FAJ, Vol. 32, 1976, S. 27 - 36.

Good, W.R./Hermansen, R.W./Barneby, T.K. (1986): Opportunity: Actively Managed Investment Universes, in: FAJ, Vol. 42, 1986, S. 49 - 57.

Göppl, H./Schütz, H. (1992): Die Konzeption eines Deutschen Aktienindex für Forschungszwecke (DAFOX), Diskussionspapier Nr. 162, Institut für Entscheidungstheorie und Unternehmensforschung, Universität Karlsruhe, Dezember 1992.

Grant, D. (1977): Portfolio Performance and the Cost of Timing Decisions, in: JoF, Vol. 32, 1977, S. 837 - 846.

Grauer, R.R. (1991): Further Ambiguity when Performance is Measured by the Security Market Line, in: Financial Review, Vol. 26, 1991, S. 569 - 585.

Green, R.C. (1986): Benchmark Portfolio Inefficiency and Deviations from the Security Market Line, in: JoF, Vol. 41, 1986, S. 295 - 312.

Green, W./Clarkin, W./Gallimore, M. (1989): Manager Style - Active or Passive, in: Managing Global Portfolios, ed. Stoakes, C./Freeman, A., London 1989, S. 65 - 72.

Greene, W. (1990): Econometric Analysis, New York 1990.

Grinblatt, M. (1987): How to Evaluate a Portfolio Manager, in: FuPM, 1. Jg., 1987, S. 9 - 20.

Grinblatt, M./Titman, S. (1987 a): How Clients Can Win the Gaming Game, in: JoPM, Vol. 13, 1987, S. 14 - 20.

Grinblatt, M./Titman, S. (1987 b), The Relation between Mean-Variance Efficiency and Arbitrage Pricing, in: JoB, Vol. 60, 1987, S. 97 - 112.

Grinblatt, M./Titman, S. (1988): The Evaluation of Mutual Fund Performance: An Analysis of Monthly Returns, Working Paper No. 13-86, John E. Anderson Graduate School of Management, University of California, Los Angeles 1988.

Grinblatt, M./Titman, S. (1989 a): Mutual Performance: An Analysis of Quarterly Portfolio Holdings, in: JoB, Vol. 62, 1989, S. 393 - 416.

Grinblatt, M./Titman, S. (1989 b): Portfolio Performance Evaluation: Old Issues and New Insights, in: RoFS, Vol. 2, 1989, S. 393 - 421.

Grinblatt, M./Titman, S. (1989 c): Adverse Risk Intensives and the Design of Performance-Based Contracts, in: MS, Vol. 35, 1989, S. 807 - 822.

Grinblatt, M./Titman, S. (1992 a): Performance Evaluation, Working Paper No. 3-92, John E. Anderson Graduate School of Management, University of California, Los Angeles 1992.

Grinblatt, M./Titman, S. (1992 b): The Persistence of Mutual Fund Perfor-mance, in: JoF, Vol. 47, 1992, S. 1977 - 1984.

Grinblatt, M./Titman, S. (1993 a): A Study of Monthly Mutual Fund Returns and Performance Evaluation Techniques, Working Paper, John E. Anderson Graduate School of Management, University of Califor-nia, Los Angeles, Januar 1993.

Grinblatt, M./Titman, S. (1993 b): Performance Measurement without Benchmarks: An Examination of Mutual Fund Returns, in: JoB, Vol. 66, 1993, S. 47 - 68.

Grinblatt, M./Titman, S. (1994): A Study of Monthly Mutual Fund Returns and Performance Evaluation Techniques, in: JFQA, Vol. 29, 1994, S. 419 - 444.

Grinblatt, M./Titman, S./Wermers R. (1993): Momentum Investment Strategies, Portfolio Performance and Herding: A Study of Mutual Fund Behavior, Working Paper No. 4-93, John E. Anderson Graduate School of Management, University of California, Los Angeles 1993.

Grinold, R.C. (1990): The Fundamental Law of Active Management, in: Managing Institutional Assets, ed. Fabozzi, F.J., New York 1990, S. 225 - 243.

Grinold, R.C. (1992): Are Benchmark Portfolios Efficient?, in: JoPM, Vol. 18, Fall 1992, S. 34 - 40.

Grinold, R.C. (1993): Is Beta Dead Again?, in: FAJ, Vol. 49, 1993, S. 28 - 34.

Grossman, S./Stiglitz, J.E. (1980): On the Impossibility of Informationally Efficient Markets, in: AER, Vol. 70, 1980, S. 393 - 408.

Grubel, H.G. (1979): The Peter Principle and the Efficient Market Hypothesis, in: FAJ, Vol. 35, 1979, S. 72 - 75.

Grundmann, S. (1991): Europäisches und deutsches Investmentrecht, in: ZBB, 3. Jg., 1991, S. 242 - 259.

Grünwald, L. (1980): Optionsmarkt und Kapitalmarkteffizienz, München 1980.

Gujarati, D. (1978): Basic Econometrics, New York u. a. 1978.

Guy, J.R.F. (1978): The Performance of the British Investment Trust Industry, in: JoF, Vol. 33, 1978, S. 443 - 455.

Hadar, J./Russel, W.R. (1969): Rules for Ordering Uncertain Prospects, in: AER, Vol. 59, 1969, S. 25 - 34.

Hadaway, B.L./Hadaway, S.C. (1989): Do Institutional Constraints Hobble Performance?, in: JoPM, Vol. 15, Winter 1989, S. 33 - 37.

Hagigi, M./Kluger, B. (1987 a): Assessing Risk and Return of Pension Funds' Portfolios by the Telser Safety-First Approach, in: JBFA, Vol. 14, 1987, S. 241 - 253.

Hagigi, M./Kluger, B. (1987 b): Safety First: An Alternative Performance Measure, in: JoPM, Vol. 13, Summer 1987, S. 34-40.

Hall, T.W./Tsay, J.J. (1988): An Evaluation of the Performance of Portfolios Selected from Value Line Rank One Stocks: 1976-1982, in: JoFR, Vol. 11, 1988, S. 227 - 240.

Hanoch, G./Levy, H. (1969): The Efficiency Analysis of Choices Involving Risk, in: Review of Economic Studies, Vol. 36, 1969, S. 335 - 346.

Hanoch, G./Levy, H. (1970): Efficient Portfolio Selection with Quadratic and Cubic Utility, in: JoB, Vol. 43, 1970, S. 181 - 189.

Hansen, H. (1994): Die Konzentration der Aktienumsätze auf große Gesellschaften, in: AG, 39. Jg., 1994, S. R 148.

Hansen, L.P. (1982): Large Sample Properties of Generalized Method of Moments Estimators, in: Econometrica, Vol. 50, 1982, S. 1029 - 1054.

Harbrecht, W./Saxinger, R.A. (1990): Zur Performance von Aktienfonds- - Eine empirische Untersuchung der Managementleistung deutscher Kapitalanlagegesellschaften, in: Geld, Banken und Versicherungen, Hrsg. Heilmann, W.-R. u. a., Band I, Karlsruhe 1990, S. 519 - 538.

Harlow, W.V. (1991): Allocation in a Downside-Risk Framework, in: FAJ, Vol. 47, 1991, S. 28 - 40.

Harlow, W.V./Rao, K.S. (1989): Asset Pricing in a Generalized Mean-Lower Partial Moment Framework: Theory and Evidence, in: JFQA, Vol. 24, 1989, S. 285 - 311.

Harrington, D. (1987): Modern Portfolio Theory, The Capital Asset Pricing Model, and Arbitrage Pricing Theory, A User's Guide, 2nd ed., Englewood Cliffs 1987.

Hartmann, A. (1989): Ökonomie des Investmentsparens: Eine Analyse für die Bundesrepublik Deutschland unter Berücksichtigung des Investmentrechts in Japan, Studien zum Bank- und Börsenrecht, Hrsg. Immenga, U., Band 21, Baden-Baden 1990.

Hartung, J. (1993): Statistik, 9. Aufl., München 1993.

Haugen, R.A. (1990): Modern Investment Theory, 2nd ed., Englewood Cliffs 1990.

Häußler, W./Hiller, J. (1992): Spiegelportfolios festverzinslicher Wertpapiere, in: Die Bank, o. Jg., 1992, S. 723 - 729.

Häußler, W./Kirschner, W./Schalk, M. (1991): Deutscher Rentenindex REX eingeführt, in: Die Bank, o. Jg., 1991, S. 327 - 330.

Hellwig, M. (1982): Zur Informationseffizienz des Kapitalmarktes, in: Zeitschrift für Wirtschafts- und Sozialwissenschaften, 102. Jg., 1982, S. 1 - 27.

Hendricks, D./Patel, J./Zeckhauser, R. (1992): A Note on Spurious U-Shaped Pattern in Relative Performance Persistence Given Survivorship Bias, Working Paper, J.F. Kennedy School Government, Harvard University 1992.

Hendricks, D./Patel, J./Zeckhauser, R. (1993): Hot Hands in Mutual Funds: Short-Run Persistence of Relative Performance, 1974-1988, in: JoF, Vol. 48, 1993, S. 93 - 130.

Henriksson, R.D. (1980): Tests of Market Timing and Mutual Fund Performance, Working Paper No. 1136-80, Sloan School of Management, Cambridge 1980.

Henriksson, R.D. (1984): Market Timing and Mutual Fund Performance: An Empirical Investigation, in: JoB, Vol. 57, 1984, S. 73 - 96.

Henriksson, R.D./Merton, R.C. (1981): On Market Timing and Investment Performance II. Statistical Procedures for Evaluating Forecasting Skills, in: JoB, Vol. 54, 1981, S. 513 - 533.

Heuer, H./Saxinger, R. (1992): Synthetische Indexfonds, in: Die Bank, o. Jg., 1992, S. 83 - 87.

Hielscher, U. (1990): Investmentanalyse, München, Wien 1990.

Hlawitschka, W. F. (1989): Optimal Portfolio Selection Using Means, Variances and Higher Moments, Diss. University of Virginia 1989.

Hochberg, Y. (1974): Some Generalizations of the T-Method in Simultaneous Inference, in: Journal of Multivariate Analysis, Vol. 4, 1974, S. 224 - 234.

Hockmann, H.J. (1987): Performance-Messung von Wertpapier-Portfolios, in: Die Bank, o. Jg., 1987, S. 132 - 137.

Hockmann, H.J. (1993): Die Entscheidung institutioneller Anleger zwischen internem und externem Portfolio Management, in: Bank- und Finanzmanagement, Hrsg. Boening, D./Hockmann, H.J., Festschrift für J. Süchting, Wiesbaden 1993, S. 305 - 321.

Hockmann, H.J. (1994): Koreferat zu Uhlir, in: Erfolgsmessung und Erfolgsanalyse im Portfolio-Management, Probleme des Kapitalmarktes, Kolloquium-Beiträge 36, Schriftenreihe des Instituts für Kapitalmarktforschung an der J.W. Goethe-Universität Frankfurt am Main, Hrsg. Gebauer, W./Rudolph, B., Frankfurt 1994, S. 75 - 80.

Hodges, S.D./Brealey, R.A. (1973): Portfolio Selection in a Dynamic and Uncertain World, in: FAJ, Vol. 29, 1973, S. 50 - 65.

Hogan, W.H./Warren, J.M. (1974): Toward the Development of an Equilibrium Capital Market Model Based on Semivariance, in: JFQA, Vol. 9, 1974, S. 1 - 11.

Homaifar, G./Graddy, D.B. (1990): Variance and Lower Partial Moment Betas as Alternative Risk Measures in Cost of Capital Estimation: A Defense of the CAPM Beta, in: JBFA, Vol. 17, 1990, S. 677 - 688.

Horowitz, I. (1966): The Reward-to-Variability Ratio and Mutual Fund Performance, in: JoB, Vol. 39, 1966, S. 485 - 488.

Hsia, C.-C. (1986): Comparative Efficiency of Market Indices: An Empirical Study, in: JoFR, Vol. 9, 1986, S. 123 - 135.

Hsieh, D.A. (1983): A Heteroscedasticity-Consistent Covariance Matrix Estimator for Time Series Regressions, in: JoE, Vol. 22, 1983, S. 281 - 290.

Huang, C./Litzenberger, R.H. (1988): Foundations for Financial Economics, New York 1988.

Huberman, G. (1982): A Simple Approach to Arbitrage Pricing Theory, in: JoET, Vol. 28, 1982, S. 183 - 191.

Hübler, O. (1989): Ökonometrie, Stuttgart, New York 1989.

Hwang, S.-W. (1988): Information Quality and Portfolio Performance Measures: The Degree of Robustness and Empirical Evidence, Phd Diss., New York University 1988.

Ingersoll, J.E. (1975): Multidimensional Security Pricing, in: JFQA, Vol. 10, 1975, S. 785 - 798.

Ingersoll, J.E. (1984): Some Results in the Theory of Arbitrage Pricing, in: JoF, Vol. 39, 1984, S. 1021 - 1039.

Ippolito, R.A. (1989): Efficiency with Costly Information: A Study of Mutual Fund Performance, 1965-1984, in: QJoE, Vol. 104, 1989, S. 1 - 23.

Ippolito, R.A. (1992): Consumer Reaction to Measures of Poor Quality: Evidence from the Mutual Fund Industry, in: Journal of Law and Economics, Vol. 35, 1992, S. 45 - 70.

Ippolito, R.A. (1993): On Studies of Mutual Fund Performance, 1962-1991, in: FAJ, Vol. 49, 1993, S. 42 - 50.

Ippolito, R.A./Turner, J.A. (1987): Turnover, Fees and Pension Plan Performance, in: FAJ, Vol. 43, 1987, S. 16 - 26.

Jaeger, S./Rudolf, M./Zimmermann, H./Zogg-Wetter, C. (1994): Performance-Messung, Bern 1994. (Vorabauszug)

Jaeger, S./Zimmermann, H. (1992): On Surplus Shortfall Constraints, Arbeitspapier 91-01, Scheizerisches Institut für Banken und Finanzen, Hochschule St. Gallen, St. Gallen 1992.

Jagannathan, R./Korajczyk, R.A. (1986): Assessing the Market Timing Performance of Managed Portfolios, in: JoB, Vol. 59, 1986, S. 217 - 235.

Jahankhani, A. (1976): E-V and E-S Capital Asset Pricing Models: Some Empirical Tests, in: JFQA, Vol. 11, 1976, S. 513 - 528.

Janßen, B./Rudolph, B. (1992): Der Deutsche Aktienindex DAX, Frankfurt am Main 1992.

Jegadeesh, N./Titman, S. (1993): Returns to Buying Winners and Selling Losers: Implications for Stock Market Efficiency, in: JoF, Vol. 48, 1993, S. 65 - 91.

Jensen, M.C. (1968): The Performance of Mutual Funds in the Period 1945-1964, in: JoF, Vol. 23, 1968, S. 389 - 416.

Jensen, M.C. (1969): Risk, the Pricing of Capital Assets, and the Evaluation of Investment Portfolios, in: JoB, Vol. 42, 1969, S. 167 - 247.

Jensen, M.C. (1972): Optimal Utilization of Market Forecasts and the Evaluation of Investment Performance, in: Mathematical Methods in Investment and Finance, ed. Szegö, G./Shell, K., North Holland 1972, S. 310 - 335.

Jobson, J.D./Korkie, B. (1981): Performance Hypothesis Testing with the Sharpe and Treynor Measures, in: JoF, Vol. 36, 1981, S. 889 - 908.

Jobson, J.D./Korkie, B. (1982): Potential Performance and Tests of Portfolio Efficiency, in: JoFE, Vol. 10, 1982, S. 433 - 466.

Jobson, J.D./Korkie, B. (1984): On the Jensen Measure and Marginal Improvements in Portfolio Performance: A Note, in: JoF, Vol. 39, 1984, S. 245 - 251.

Jobson, J.D./Korkie, B.(1988): The Trouble with Performance Measurement: Comment, in: JoPM, Vol. 15, Winter 1988, S. 74 - 76.

Johnson, K.H./Burgess, R.C. (1975): The Effects of Sample Sizes on the Accuracy of EV and SSD Efficiency Criteria, in: JFQA, Vol. 10, 1975, S. 813 - 848.

Johnston, J. (1984): Econometric Methods, 3rd ed., New York 1984.

Jones, C.P. (1991): Investments: Analysis and Management, 3rd ed., New York u. a. 1991.

Joy, O.M./Porter, R.B. (1974): Stochastic Dominance and Mutual Fund Performance, in: JFQA, Vol. 9, 1974, S. 25 - 31.

Judge, G./Griffiths, W.E./Hill, R.C./Lütkepohl, H./Lee, T-C. (1988): Introduction to the Theory and Practice of Econometrics, 2nd ed., New York u. a. 1988.

Kahn, R. (1992): Defining Risk, in: BARRA Newsletter No. 143, July/August 1992, S. 10 - 12.

Kale, J.K./Hakansson, N.H./Platt, G.W. (1991): Industry vs. Other Factors in Risk Prediction, in: Research Program in Finance Working Paper series, No. 201, University of California/Berkeley, March 1991.

Kane, A. (1982): Skewness Preference and Portfolio Choice, in: JFQA, Vol. 17, 1982, S. 15 - 26.

Kane, A./Marks, S.G. (1988): Performance Evaluation of Market Timers: Theory and Evidence, in: JFQA, Vol. 23, 1988, S. 425 - 435.

Karanthanassis, G./Patsos, C. (1993): Evidence of Heteroscedasticity and Mis-Specification Issues in the Market Model: Results from the Athens Stock Exchange, in: Applied Economics, Vol. 25, 1993, S. 1423 - 1438.

Kaserer, C./Pfau, S. (1993): Performance deutscher Aktienfonds, in: Die Bank, o. Jg., 1993, S. 596 - 600.

Keane, S.M. (1991): Paradox in the Current Crisis in Efficient Market Theory, in: JoPM, Vol. 17, Winter 1991, S. 30 - 34.

Keim, D.B. (1983): Size-Related Anomalies and Stock Returns Seasonality - Further Empirical Evidence, in: JoFE, Vol. 12, 1983, S. 13 - 32.

Keller, E. (1992): Entscheidungswirkungen von Bankbilanzen am Aktienmarkt: Eine empirische Untersuchung, Heidelberg 1992.

Keller, E./Möller, H.P. (1993): Die Auswirkungen der Zwischenberichterstattung auf den Informationswert von Jahresabschlüssen am Kapitalmarkt, in: Empirische Kapitalmarktforschung, ZfbF-Sonderheft 31, Hrsg. Bühler, W./Hax, H./Schmidt, R., 1993, S. 35 - 60.

Keppe, H.-J./Weber, M. (1990): Stochastic Dominance with Incomplete Information on Probabilities, in: European Journal of Operational Research, Vol. 43, 1990, S. 350 - 355.

Keppe, H.-J./Weber, M. (1993): Risikoanalyse bei partieller Wahrscheinlichkeitsinformation, in: DBW, 53. Jg., 1993, S. 49 - 53.

Keppler, M. (1990): Risiko ist nicht gleich Volatilität, in: Die Bank, o. Jg., 1990, S. 610 - 614.

Keppler, M. (1991): Portfolio-Theorie: Zweifelhafte Annahmen, suboptimale Ergebnisse, in: Die Bank, o. Jg., 1991, S. 382 - 385.

Kihlstrom, R.E. (1988): Optimal Contracts for Security Analysts and Portfolio Managers, in: Studies in Banking and Finance, Vol. 5, 1988, S. 291 - 325.

Kim, D. (1993): The Extent of Nonstationarity of Beta, in: RoQFA, Vol. 3, 1993, S. 241 - 254.

Kim, M.K./Zumwalt, J.K. (1979): An Analysis of Risk in Bull and Bear Markets, in: JFQA, Vol. 14, 1979, S. 1015 - 1025.

Kim, T. (1978): An Assessment of the Performance of Mutual Fund Management: 1969 - 1975, in: JFQA, Vol. 13, 1978, S. 385 - 406.

King, B.F. (1966): Market and Industry Factors in Stock Price Behavior, in: JoB, Vol. 39, 1966, S. 139 - 190.

Kleeberg, J.M. (1991): Die Eignung von Marktindizes für empirische Aktienmarktuntersuchungen, Oikos, Studien zur Ökonomie, Hrsg. Hess, S.M., Bd. 26, Wiesbaden 1991.

Kleeberg, J.M. (1993): Risikominimale Strategie am Aktienmarkt, in: Die Bank, o. Jg., 1993, S. 160 - 164.

Kleeberg, J.M. (1994): Risikominimale Anlagestrategie: Ein Kommentar, in: Die Bank, o. Jg., 1994, S. 47 - 49.

Klemkosky, R.C. (1973): The Bias in Composite Performance Measures, in: JFQA, Vol. 8, 1973, S. 505 - 514.

Klemkosky, R.C./Maness, T.S. (1978): The Predictability of Real Portfolio Risk Levels, in: JoF, Vol. 33, 1978, S. 631 - 639.

Kmenta, J. (1986): Elements of Econometrics, 2nd ed., New York, London 1986.

Koh, F./Phoon, K.-F./Tan, C.-H. (1993): Market Timing Abilities of Fund Managers: Parametric and Non-Parametric Tests, in: JBFA, Vol. 20, 1993, S. 155 - 166.

Kolb, R.W. (1992): Investments, 3rd ed., Miami 1992.

Kon, S.J. (1983): The Market-Timing Performance of Mutual Fund Managers, in: JoB, Vol. 56, 1983, S. 323 - 347.

Kon, S.J. (1986): Optimal Market-Timing and Security Selection Decisions with Index Futures Contracts, in: Advances in Futures and Options Research, ed. Fabozzi, F.J., Vol. I, Part B, Greenwich, London 1986, S. 1 - 28.

Kon, S.J./Jen, F.C. (1978): Estimation of Time-Varying Systematic Risk and Performance for Mutual Fund Portfolios: An Application of Switching Regression, in: JoF, Vol. 33, 1978, S. 457 - 475.

Kon, S.J./Jen, F.C. (1979): The Investment Performance of Mutual Funds: An Empirical Investigation of Timing, Selectivity, and Market Efficiency, in: JoB, Vol. 52, 1979, S. 263 - 289.

Korkie, B. (1983): External vs. Internal Performance Evaluation, in: JoPM, Vol. 9, Spring 1983, S. 36 - 42.

Krämer, W. (1995): Kapitalmarkteffizienz, in: HWF, 2. Aufl., Hrsg. Gerke, W./Steiner, M., Stuttgart 1995, Sp. 1135 - 1143.

Krämer, W./Runde, R. (1991): Wochentagseffekte am deutschen Kapitalmarkt, Forschungsbericht Nr. 91/5 der Universität Dortmund, Fachbereich Statistik, Dortmund 1991.

Krämer, W./Runde, R. (1993): Kalendereffekte auf Kapitalmärkten, in: Empirische Kapitalmarktforschung, ZfbF-Sonderheft 31, Hrsg. Bühler, W./Hax, H./Schmidt, R., 45. Jg., 1993, S. 87 - 98.

Krämer, W./Sonnberger, H. (1986): The Linear Regression Model under Test, Heidelberg und Wien 1986.

Kraus, A./Litzenberger, R.H. (1976): Skewness Preference and the Valuation of Risk Assets, in: JoF, Vol. 31, 1976, S. 1085 - 1100.

Kritzman, M. (1987): Incentive Fees: Some Problems and Some Solutions, in: FAJ, Vol. 43, 1987, S. 21 - 26.

Kroll, Y./Levy, H. (1980): Stochastic Dominane: A Review and some New Evidence, in: Research in Finance, Vol. 2, 1980, S. 163 - 227.

Kroll, Y./Levy, H./Markowitz, H. (1984): Mean-Variance Versus Direct Utility Maximization, in: JoF, Vol. 39, 1984, S. 47 - 61.

Lakonishok, J. (1981): Performance of Mutual Funds versus their Expenses, in: Journal of Bank Research, Vol. 12, 1981, S. 110 - 113.

Lakonishok, J./Shleifer, A./Thaler, R./Vishny, R. (1991): Window Dressing by Pension Fund Managers, in: AER, Papers and Proceedings, Vol. 81, 1991, S. 227 - 231.

Lakonishok, J./Shleifer, A./Vishny, R. (1992): The Impact of Institutional Trading on Stock Prices, in: JoFE, Vol. 32, 1992, S. 23 - 43.

Larsen, G.A./Resnick, B.G. (1993): Bootstrapping a Distance Test for Stochastic Dominance Analysis, in: RoQFA, Vol. 3, 1993, S. 61 - 69.

Laux, M./Päsler, R. (1992): Wertpapierinvestmentfonds, Taschenbücher für Geld, Bank, Börse, Hrsg. Büschgen, H.E./Kopper, H., Band 18, Frankfurt 1992.

Lee, C.F./Finnnerty, J.E./Wort, D.H. (1990): Security Analysis and Portfolio Management, Glenview u. a. 1990.

Lee, C.F./Jen, F.C. (1978): Effects of Measurement Errors on Systematic Risk and Performance Measure of a Portfolio, in: JFQA, Vol. 13, 1978, S. 299 - 312.

Lee, C.F./Rahman, S. (1990): Market Timing, Selectivity, and Mutual Fund Performance: An Empirical Investigation, in: JoB, Vol. 63, 1990, S. 261 - 278.

Lee, C.F./Rahman, S. (1991): New Evidence on Timing and Security Selection Skill of Mutual Fund Managers, in: JoPM, Vol. 17, Winter 1991, S. 80 - 83.

Lee, C.M.C./Shleifer, A./Thaler, R.H. (1991): Investor Sentiment and the Closed-End Fund Puzzle, in: JoF, Vol. 46, 1991, S. 75 - 109.

Lee, W.Y./Rao, R.K.S. (1988): Mean Lower Partial Moment Valuation and Lognormally Distributed Returns, in: MS, Vol. 34, 1988, S. 446 - 453.

Lehmann, B.N. (1988): Portfolio Manager Behaviour and Arbitrage Pricing Theory, in: FuPM, 2. Jg., 1988, S. 35 - 44.

Lehmann, B.N./Modest, D.M. (1987): Mutual Fund Performance Evaluation: A Comparison of Benchmarks and Benchmark Comparisons, in: JoF, Vol. 42, 1987, S. 233 - 265.

Lehmann, E.L. (1975): Nonparametrics: Statistical Methods Based on Ranks, San Francisco u. a. 1975.

Leibowitz, M.L./Henriksson, R.D. (1989): Portfolio Optimization with Shortfall Constraints: A Confidence-Limit Approach to Managing Downside Risk, in: FAJ, Vol. 45, 1989, S. 34 - 41.

Leibowitz, M.L./Kogelman, S. (1991): Asset Allocation under Shortfall Constraints, in: JoPM, Vol. 17, Winter 1991, S. 18 - 23.

Leibowitz, M.L./Kogelman, S./Bader, L.N. (1992): Asset Performance and Surplus Control: A Dual-Shortfall Approach, in: JoPM, Vol. 18, Winter 1992, S. 28 - 37.

Leonard, D.C./Noble, N.R. (1981): Estimation of Time-Varying Systematic Risk and Investment Performance: Closed-End Investment Companies, in: JoFR, Vol. 4, 1981, S. 109 - 120.

Lerbinger, P. (1984): Die Leistungsfähigkeit deutscher Aktieninvestmentfonds, in: ZfbF, 36. Jg., 1984, S. 60 - 73.

Lerbinger, P./Berndt, H. (1983): Diversifikationsauswirkungen bei Aktienportefeuilles - Möglichkeiten und Strategien, in: ÖBA, 31. Jg., 1983, S. 14 - 24.

Levy, H. (1969): A Utility Function Depending on the First Three Moments: Comment, in: JoF, Vol. 24, 1969, S. 715 - 719.

Levy, H. (1972): Portfolio Performance and the Investment Horizon, in: MS, Vol. 18, 1972, S. B 645 - B 653.

Levy, H. (1992): Stochastic Dominance and Expected Utility: Survey and Analysis, in: MS, Vol. 38, 1992, S. 555 - 593.

Levy, H./Kroll, Y. (1976): Stochastic Dominance with Riskless Assets, in: JFQA, Vol. 11, 1976, S. 743 - 777.

Levy, H./Kroll, Y. (1978): Ordering Uncertain Options with Borrowing and Lending, in: JoF, Vol. 33, 1978, S. 553 - 574.

Levy, H./Kroll, Y. (1979): Efficiency Analysis with Borrowing and Lending: Criteria and Their Effectiveness, in: RoES, Vol. 61, 1979, S. 125 - 130.

Levy, H./Lerman Z. (1985): Testing P/E Ratio Filters With Stochastic Dominance, in: JoPM, Vol. 11, Winter 1985, S. 31 - 40.

Levy, H./Markowitz, H. (1979): Approximating Expected Utility by a Function of Mean and Variance, in: AER, Vol. 69, 1979, S. 308 - 317.

Levy, H./Sarnat, M. (1970): Alternative Efficiency Criteria: An Empirical Analysis, in: JoF, Vol. 25, 1970, S. 1153 - 1158.

Levy, H./Sarnat, M. (1972): Investment and Portfolio Analysis, New York u. a. 1972.

Levy, H./Sarnat, M. (1984): Portfolio and Investment Selection: Theory and Practice, Englewood Cliffs 1984.

Libby, R./Fishburn, P.C. (1977): Behavioral Models of Risk Taking in Business Decisions: A Survey and Evaluation, in: Journal of Accounting Research, Vol. 15, 1977, S. 272 - 292.

Lienert, G.A. (1973): Verteilungsfreie Methoden in der Biostatistik, Band 1, Meisenheim 1973.

Lilliefors, H.W. (1967): On the Kolmogorov-Smirnov Test for Normality with Mean and Variance Unknown, in: JASA, Vol. 62, 1967, S. 399 - 402.

Lim, K.-G. (1989): A New Test of the Three-Moment Capital Asset Pricing Model, in: JFQA, Vol. 24, 1989, S. 205 - 216.

Lintner, J. (1965): The Valuation of Risky Assets and the Selection of Risky Investments in Stock Portfolios and Capital Budgets, in: The Theory of Business Finance: A Book of Readings, ed. Archer, S.H./D'Ambrosio, C.A., 4th ed., New York, London 1969, S. 671 - 713.

Lockwood, L.J./Kadiyala, K.R. (1988): Measuring Investment Performance with a Stochastic Parameter Regression Model, in: JoBF, Vol. 12, 1988, S. 457 - 467.

Loistl, O. (1993): Kapitalmarkttheorie, 2. Aufl., München, Wien 1993.

Lorie, J.H./Hamilton, M.T. (1973): The Stock Market: Theories and Evidence, Homewood 1973.

Lumby, S. (1988): Investment Appraisal and Financing Decisions, 3rd ed., London 1988.

Luther, R.G./Matatko, J./Corner, D.C. (1992): The Investment Performance of UK "Ethical" Unit Trusts, in: Accounting, Auditing and Accountability Journal, Vol. 5, 1992, S. 57 - 70.

Lutz, A. (1994): Internationale Diversifikation für Privatanleger, in: Die Bank, o. Jg., 1994, S. 353 - 356.

MacKinnon, J.G./White, H. (1985): Some Heteroskedasticity-Consistent Covariance Matrix Estimators with Improved Finite Sample Properties, in: JoE, Vol. 29, 1985, S. 305 - 325.

Maddala, G.S. (1977): Econometrics, New York 1977.

Madden, G.P./Nunn, K.P./Wiemann, A. (1986): Mutual Fund Performance and Market Capitalization, in: FAJ, Vol. 42, 1986, S. 67 - 70.

Mag, W. (1981): Stichwort Risiko und Ungewißheit, in: HdWW, Hrsg. Albers, W. u.a., Band 6, Stuttgart u. a. 1981, S. 478 - 495.

Mains, N.E. (1977): Risk, the Pricing of Capital Assets, and the Evaluation of Investment Portfolios: Comment, in: JoB, Vol. 50, 1977, S. 371 - 384.

Malkiel, B. (1987): Efficient Market Hypothesis, in: The New Palgrave: A Dictionary of Economics, ed. Eatwell, J./Mitgate, M./Newheran, P., London/Basinstoke 1987, S. 120 - 122.

Mao, J.C.T. (1970): Survey of Capital Budgeting: Theory and Practice, in: JoF, Vol. 25, 10970, S. 349 - 360.

Margrabe, W. (1978): The Value of an Option to Exchange One Asset for Another, in: JoF, Vol. 33, 1978, S. 177 - 186.

Markowitz, H.M. (1952): Portfolio Selection, in: JoF, Vol. 7, 1952, S. 77 - 92.

Markowitz, H.M. (1959): Portfolio Selection. Efficient Diversification of Investments, New York u. a. 1959.

Marmer, H.S./Ng, F.K.L. (1993): Mean-Semivariance Analysis of Option-Based Strategies: A Total Asset Mix Perspective, in: FAJ, Vol. 49, 1993, S. 47 - 54.

Mathes, M. (1994): Aktienfonds in der Vermögensverwaltung, in: ZfgK, 46. Jg., 1994, S. 370 - 376.

May, A. (1991): Zum Stand der empirischen Forschung über Informationsverarbeitung am Aktienmarkt - Ein Überblick, in: ZfbF, 43. Jg., 1991, S. 313 - 335.

Mayers, D./Rice, E.M. (1979): Measuring Portfolio Performance and the Empirical Content of Asset Pricing Models, in: JoFE, Vol. 7, 1979, S. 3 - 28.

McDonald, J.G. (1973): French Mutual Fund Performance: Evaluation of Internationally-Diversified Portfolios, in: JoF, Vol. 28, 1973, S. 1161 - 1180.

McDonald, J.G. (1974): Objectives and Performance of Mutual Funds, 1960 - 1969, in: JFQA, Vol. 29, 1974, S. 311 - 333.

Menezes, C./Geiss, C./Tressler, J. (1980): Increasing Downside Risk, in: AER, Vol. 70, 1980, S. 921 - 932.

Merton, R.C. (1980): On Estimating the Expected Return on the Market, in: JoFE, Vol. 8, 1980, S. 323 - 361.

Merton, R.C. (1981): On Market Timing and Investment Performance. I. An Equilibrium Theory of Value for Market Forecasts, in: JoB, Vol. 54, 1981, S. 363 - 406.

Meyer, B. (1994): Der Overreaction-Effect am deutschen Aktienmarkt - Einodnung und empirische Untersuchung der langfristigen Überreaktion, Frankfurt 1994.

Meyer, F. (1994): Hedging mit Zins- und Aktienindex-Futures, eine theoretische und empirische Analyse des deutschen Aktienmarktes, Köln 1994.

Meyer, F./Wittrock, C. (1993 a): DTB vor einer neuen Aera, in: Die Bank, o. Jg., 1993, S. 91 - 98.

Meyer, F./Wittrock, C. (1993 b): Konkurrenzbeziehungen auf den Terminmärkten, in: ZfgK, 46. Jg., 1993, S. 706 - 708.

Meyer, J. (1977 a): Further Applications of Stochastic Dominance to Mutual Fund Performance, in: JFQA, Vol. 12, 1977, S. 235 - 242.

Meyer, J. (1977 b): Choice among Distributions, in: JoET, Vol. 14, 1977, S. 326 - 336.

Meyer, J. (1987): Two-Moment Decision Models and Expected Utility Maximization, in: AER, Vol., 77, 1987, S. 421 - 430.

Miller, R.E./Gehr, A.K. (1978): Sample Size Bias and Sharpe's Performance Measure: A Note, in: JFQA, Vol. 13, 1978, S. 943 - 946.

Miller, T.W./Gressis, N. (1980): Nonstationarity and Evaluation of Mutual Fund Performance, in: JFQA, Vol. 15, 1980, S. 639 - 654.

Mills, H.D. (1970): On the Measurement of Fund Performance, in: JoF, Vol. 25, 1970, S. 1125 - 1131.

Missong, M./Seppelfricke, P. (1993): CAPM und APT: Ergebnisse für den deutschen Aktienmarkt, Arbeitspapier aus dem Institut für Statistik und Ökonometrie der Universität Kiel, Nr. 67, Kiel 1993.

Modani, N.K./Cooley, P.L./Roenfeldt, R.L. (1983): Stability of Market Risk Surrogates, in: JoFR, Vol. 6, 1983, S. 33 - 40.

Modigliani, F./Pogue, G.A. (1975): Alternative Investment Performance Fee Arrangements and Implications for SEC Regulatory Policy, in: Bell Journal of Economics, Vol. 6, 1975, S. 127 - 159.

Möhlmann, J. (1993): Theoretische Grundlagen und Methoden zweidimensionaler Performancemessung von Investmentfonds, Stuttgart 1993.

Möller, H.P. (1985): Die Informationseffizienz des deutschen Aktienmarktes - Eine Zusammenfassung und Analyse empirischer Untersuchungen, in: ZfbF, 37. Jg., 1985, S. 500-518.

Möller, H.P. (1986 a): Bilanzkennzahlen und Ertragsrisiken des Kapitalmarktes, Stuttgart 1986.

Möller, H.P. (1986 b): Das Capital Asset Pricing Model, in: DBW, 46. Jg., 1986, S. 707-719.

Möller, H.P. (1988): Die Bewertung risikobehafteter Anlagen an deutschen Wertpapierbörsne, in: ZfbF, 40. Jg., 1988, S. 779 - 797.

Möller, H.P. (1995): Kapitalmarktforschung, empirische, in: HWF, 2. Aufl., Hrsg. Gerke, W./Steiner, M., Stuttgart 1995, Sp. 1143 - 1154.

Morris, R.C./Pope, P.F. (1981): The Jensen Measure of Portfolio Performance in an Arbitrage Pricing Theory Context, in: JBFA, Vol. 8, 1981, S. 203 - 220.

Mossin, J. (1966): Equilibrium in a Capital Asset Market, in: Econometrica, Vol. 34, 1966, S. 768 - 783.

Mühlbradt, F.W. (1978): Chancen und Risiken der Aktienanlage, Köln 1978.

Mühlbradt, F.W. (1986): Die Leistungen von Wertpapier-Investmentfonds in Deutschland, in: AG, 31. Jg., 1986, S. 36 - 45.

Mühlbradt, F.W. (1992): Kennziffer Fondsengagement, in: Die Bank, o. Jg., 1992, S. 72 - 77.

Mühlbradt, F.W. (1993): Kapitalanlagegesellschaften und ihr Fondssortiment: Status quo und Perspektiven des deutschen Investmentmarktes, in: Handbuch Finanzdienstleistungen, Hrsg. Brunner, W.L./Vollath, J., Stuttgart 1993, S. 321 - 336.

Müller, W. (1992): Bilanzinformation und Aktienbewertung, Frankfurt am Main 1992.

Murphy, J.M. (1980): Why No One Can Tell Who's Winning, in: FAJ, Vol. 36, 1980, S. 49 - 57.

Nagorniak, J. (1982): Risk Adjusted Equity Performance Measurement, in: JoF, Vol. 37, 1982, S. 555 - 561.

Nantell, T.J./Price, B. (1979): An Analytical Comparison of Variance and Semivariance Capital Market Theories, in: JFQA, Vol. 14, 1979, S. 221 - 242.

Nawrocki, D.N. (1991): Optimal Algorithms and Lower Partial Moment: Ex Post Results, in: Applied Economics, Vol. 23, 1991, S. 465-470.

Nawrocki, D.N. (1992): Portfolio Management Using Portfolio Theory Techniques and the PMSP Professional Software Package, in: FuPM, 6. Jg., 1992, S. 219 - 235.

Nelson, R.D./Pope, R.D. (1991): Bootstrapped Insights into Empirical Applications of Stochastic Dominance, in: MS, Vol. 37, 1991, S. 1182 - 1194.

Neuman, M.J.M./Klein, M. (1982): Probleme der Theorie effizienter Märkte und ihrer empirischen Überprüfung, in: KuK, 16. Jg., 1982, S. 165 - 187.

Newbold, P. (1984): Statistics for Business and Economics, Englewod Cliffs 1984.

Noll, B. (1989): Investmentfonds, in: Marktökonomie - Marktstruktur und Wettbewerb in ausgewählten Branchen der Bundesrepublik, Hrsg. Oberender, P., München 1989, S. 360 - 412.

Nowak, T. (1994): Faktormodelle in der Kapitalmarkttheorie, Köln 1994.

Nowak, T./Wittrock, C. (1993): Kapitalmarkttheoretische Ansätze zur Performance-Messung, Arbeitspapier des Lehrstuhls für Betriebswirtschaftslehre, Schwerpunkt Finanzierung, Westfälische Wilhelms-Universität Münster, Hrsg. Steiner, M., Münster 1993.

Nowak, T./Wittrock, C. (1994): Empirische Ergebnisse zur Messung der risikobereinigten Performance von Investmentfonds, Arbeitspapier des Lehrstuhls für Betriebswirtschaftslehre, Schwerpunkt Finanzierung, Westfälische Wilhelms-Universität Münster, 2. durchgesehene Auflage, Hrsg. Steiner, M., Münster 1994.

Nuske, M. (1993): Vermögensverwaltung, in: Handbuch Finanzdienstleistungen, Hrsg. Brunner, W.L./Vollath, J., Stuttgart 1993, S. 337 - 359.

Obermann, P. (1975): Investmentfonds auf dem Prüfstand, Hamburg 1975.

Oehler, A. (1992): "Anomalien", "Irrationalitäten" oder "Biases" der Erwartungsnutzentheorie und ihre Relevanz für Finanzmärkte, in: ZBB, 4. Jg., 1992, S. 96 - 124.

Oehler, A. (1994): Verhaltensmuster individueller Anleger - eine experimentelle Studie, in: ZfbF, 46. Jg., 1994, S. 939 - 958.

Oertmann, P. (1994 a): Firm-Size-Effekt am deutschen Aktienmarkt, in: ZfbF, 46. Jg., 1994, S. 229 - 259.

Oertmann, P. (1994 b): Size Effect und Performance von deutschen Aktien, in: FuPM, 8. Jg., 1994, S. 197 - 211.

o. V. (1994): Am deutschen Aktienmarkt sind die kleinen Werte groß im Kommen, in: Frankfurter Allgemeine Zeitung, Nr. 227 vom 29.09.1994, S. 28.

Päsler, R. (1991): Handbuch des Investmentsparens, Frankfurt am Main 1991.

Patel, J../Zeckhauser, R./Hendricks, D. (1990): Investment Flows and Performance: Evidence from mutual Funds, Cross Border Investments, and New Issues, Working Paper, Harvard University 1990.

Pearson, E.S./D'Agostino, R.B./Bowman, K.O. (1977): Tests for Departure from Normality: Comparison of Powers, in: Biometrika, Vol. 64, 1977, S. 231 -246.

Peasnell, K.V./Skerratt, L.C.L./Taylor, P.A. (1979): An Arbitrage Rationale for Tests of Mutual Fund Performance, in: JBFA, Vol. 6, 1979, S. 373 - 400.

Perridon, L./Steiner, M. (1993): Finanzwirtschaft der Unternehmung, 7. Aufl., München 1993.

Peterson, D./Rice, M.L. (1980): A Note on Ambiguity in Portfolio Performance Measures, in: JoF, 1980, Vol. 35, S. 1251 - 1256.

Pfleiderer, P. (1983): A Short Note on the Similarities and the Differences Between the CAPM and the Arbitrage Pricing Theory, Graduate School of Management, Working Paper, Stanford University, November 1983.

Pfleiderer, P./Bhattacharya, S. (1983): A Note on Performance Evaluation, Technical Report 714, Graduate School of Business, Stanford University, October 1983.

Pindyck, R.S./Rubinfeld, D.L. (1981): Econometric Models and Economic Forecasts, 2nd ed., New York u. a. 1981.

Porter, R.B. (1973): An Empirical Comparison of Stochastic Dominance and Mean-Variance Portfolio Choice Criteria, in: JFQA, Vol. 8, 1973, S. 587 - 608.

Porter, R.B. (1974): Semivariance and Stochastic Dominance: A Comparison, in: AER, Vol. 64, 1974, S. 200 - 204.

Porter, R.B./Gaumnitz, J.E. (1972): Stochastic Dominance versus Mean-Variance Portfolio Analysis: An Empirical Evaluation, in: AER, Vol. 62, 1972, S. 438 - 446.

Porter, R.B./Wart, J.R./Ferguson, D.L. (1973): Efficient Algorithms for Conducting Stochastic Dominance Tests on Large Numbers of Portfolios, in: JFQA, Vol. 8, 1973, S. 71 - 81.

Poschadel, B. (1981): Rentabilität und Risiko als Kriterien für die Bewertung der Managementleistung deutscher Investmentgesellschaften, Berlin 1981.

Prakash, A.J./Bear, R.M. (1964): A Simplifying Performance Measure Recognizing Skewness, in: Financial Review, Vol. 21, 1986, S. 135 - 144.

Pratt, J.W. (1964): Risk Aversion in the Small and in the Large, in: Econometrica, Vol. 32, 1964, S. 122 - 136.

Price, K./Price, B./Nantell, T.J. (1982): Variance and Lower Moment Measures of Systematic Risk: Some Analytical and Empirical Results, in: JoF, Vol. 37, 1982, S. 843 - 855.

Quirk, J.P./Saposnik, R. (1962): Admissibility and Measurable Utility Functions, in: RoES, Vol. 29, 1962, S. 140 - 146.

Rahman, S. (1994): Relative Mean-Variance Efficiency of a Given Portfolio: An Application to Mutual Fund Performance, in: Quarterly Review of Economics and Finance, Vol. 34, 1994, S. 13 - 24.

Rao, R.P./Aggarwal, R. (1987): Performance of U.S.-Based International Mutual Funds, in: Akron Business and Economic Review, Vol. 18, 1987, S. 96 - 107.

Reints, W.W./Vandenberg, P.A. (1973): A Comment on the Risk Level Discriminatory Powers of the Wiesenberger Classifications, in: JoB, Vol. 46, 1973, S. 278 - 283.

Rennie, E.P./Cowhey, T.J. (1990): The Successful Use of Benchmark Portfolios: A Case Study, in: FAJ, Vol. 46, 1990, S. 18 - 26.

Richard, H.-J. (1992): Aktienindizes, Bergisch-Gladbach/Köln 1992.

Richardson, M./Smith, T. (1993): A Test for Multivariate Normality in Stock Returns, in: JoB, Vol. 1993, 66, S. 295 - 321.

Richmond, J. (1982): A General Method for Constructing Simultaneous Confidence Intervals, in: JASA, Vol. 77, 1982, S. 455 - 460.

Ritchen, P./Kuo, S. (1989): On Stochastic Dominance and Decreasing Absolute Risk Averse Option Pricing Bounds, in: MS, Vol. 35, 1989, S. 51 - 59.

Robson, G.N. (1986): The Investment Performance of Unit Trusts and Mutual Funds in Australia for the Period 1969 - 1978, in: Accounting and Finance, Vol. 26, 1986, S. 55 - 79.

Rohweder, H.C. (1992 a): Bestimmung anlegerspezifischer Benchmark-Portfolios, in: Die Bank, o. Jg., 1992, S. 23 - 29.

Rohweder, H.C. (1992 b): Performancebeitragsmessung und Risikoanalyse in Wertpapierportfolios, in: Die Bank, o.Jg., 1992, S. 579 - 584.

Rohweder, H.C. (1993): Risikominimale Anlagestrategie ohne positive Überrenditen, in: Die Bank, o. Jg., 1993, S. 546 - 549.

Roll, R. (1977): A Critique of the Asset Pricing Theory' s Tests - Part I: On Past and Potential Testability of the Theory, in: JoFE, Vol. 4, 1977, S. 129 - 176.

Roll, R. (1978): Ambiguity When Performance is Measured by the Securities Market Line, in: JoF, Vol. 33, 1978, S. 1051 - 1070.

Roll, R. (1979): A Reply to Mayers and Rice (1979), in: JoFE, Vol. 7, 1979, S. 391 - 400.

Roll, R. (1980): Performance Evaluation and Benchmark Errors (I), in: JoPM, Vol. 6, Summer 1980, S. 5 - 12.

Roll, R. (1981): Performance Evaluation and Benchmark Errors (II), in: JoPM, Vol. 7, Winter 1981, S. 17 - 22.

Roll, R. (1992): Industrial Structure and the Comparative Behavior of International Stock Market Indices, in: JoF, Vol. 47, 1992, S. 3 - 41.

Roll, R./Ross, S.A. (1980): An Empirical Investigation of the Arbitrage Pricing Theory, in: JoF, Vol. 35, 1980, S. 1073 - 1103.

Roll, R./Ross, S.A. (1984): The Arbitrage Pricing Theory Approach to Strategic Portfolio Planning, in: FAJ, Vol. 40, 1984, S. 14 - 26.

Roll, R./Ross, S.A. (1994): On the Cross-sectional Relation between Expected Returns and Beta, in: JoF, Vol. 49, 1994, S. 101 - 121.

Rosenberg, B. (1974): Extra Market Components of Covariance in Security Returns. in : JFQA, Vol. 9, 1974, S. 263 - 274.

Rosenberg, B. (1978): Performance Measurement and Performance Attribution, Working Paper No. 75, Graduate School of Business Administration, Institute of Business and Economic Research, University of California Berkeley 1978.

Rosenberg, B. (1981): The Capital Asset Pricing Model and the Market Model, in: JoPM, Vol. 7, 1981, S. 5 - 16.

Rosenberg, B./Reid, K./Lanstein, R. (1985): Persuasive Evidence of Market Inefficiency, in: JoPM, Vol. 11, Spring 1985, S. 9 - 16.

Rosenberg, B./Rudd, A. (1982): Return Expectations in Active Investment Management, Factor-Related and Specific Returns of Common Stocks: Serial Correlation and Market Inefficiency, in: JoF, Vol. 37, 1982, S. 543 - 554.

Ross, S.A. (1976): The Arbitrage Theory of Capital Asset Pricing in: JoET, Vol. 13, 1976, S. 341 - 360.

Ross, S.A. (1977): Return, Risk and Arbitrage, in: Risk and Return in Finance, ed. Friend, I./Bicksler, J.L., Vol. 1, Cambridge/Massachusetts 1977, S. 189 - 218.

Ross, S.A. (1978): The Current State of the CAPM, in: JoF, Vol. 33, 1978, S. 885 - 901.

Ross, S.A./Westerfield, R.W./Jaffe, J.F. (1990): Corporate Finance, Homewood 1990.

Roßbach, P. (1991): Methoden und Probleme der Performancemessung von Aktienportefeuilles, in: Forschung für die kreditwirtschaftliche Praxis, Hrsg. Priewasser, E., Frankfurt 1991.

Rothschild, M./Stiglitz, J.E. (1970): Increasing Risk I: A Definition, in: JoET, Vol. 2, 1970, S. 225 - 243.

Roy, A.D. (1952): Safety-First and the Holding of Assets, in: Econometrics, Vol. 20, 1952, S. 431 - 449.

Royston, J.P. (1982 a): An Extension of Shapiro and Wilk's W Test for Normality to Large Samples, in: Applied Statistics, Vol. 31, 1982, S. 115 - 124.

Royston, J.P. (1982 b): Shapiro-Wilk W Statistics, in: Encyclopedia of Statistical Sciences, Vol. 8, 1982, S. 430 - 431.

Ruda, W. (1988): Ziele privater Kapitalanleger, Wiesbaden 1988.

Rudd, A. (1993): Style Analysis as a New Tool for Performance Analysis, IIR Conference Modern Portfolio Management, Unveröffentlichtes Skript, Frankfurt 1993.

Rudd, A./Clasing, H. (1982): Modern Portfolio Theory: The Principles of Investment Management, Homewood 1982.

Rudolf, M. (1994): Efficient Frontier und Shortfall Risk, in: FuPM, 8. Jg., 1994, S. 88 - 101.

Rüger, B. (1991): Induktive Statistik, 2. Aufl., München, Wien 1991 (Nachdruck 1988).

Rüppel, W. (1991): DAX schlägt 1991 alle Deutschland-Aktienfonds, in: Börsenzeitung, Nr. 12 vom 18.01.1992, S. 4

Sachs, L. (1990): Statistische Methoden 2 - Plaung und Auswertung, Berlin u. a. 1990.

Saelzle, R. (1976): Investitionsentscheidungen und Kapitalmarkttheorie, Wiesbaden 1976.

Saliger, E. (1988): Betriebswirtschaftliche Entscheidungstheorie, 2. Aufl., München, Wien 1988.

Samuelson, P.A. (1970): The Fundamental Approximation Theorem of Portfolio Analysis in Terms of Means, Variances and Higher Moments, in: RoES, Vol. 37, 1970, S. 537 - 542.

Santini, D.L. (1990): An Analysis of the Flow of New Money to Open-End Mutual Funds, Diss. Boston University, Graduate School of Management, Boston 1990.

Sarnat, M.E. (1972): A Note on the Prediction of Portfolio Performance from Ex Post Data, in: JoF, Vol. 27, 1972, S. 903 - 906.

SAS Institute Inc. (Hrsg.) (1988): SAS/STAT User' s Guide, Release 6.03 Edition, Cary, North Carolina 1988.,

SAS Institute Inc. (Hrsg.) (1989): SAS/IML Software: Usage and Reference, Version 6, First Ed., Cary, North Carolina 1989.

Sauer, A. (1994): Faktormodelle und Bewertung am deutschen Aktienmarkt, Frankfurt 1994.

Sauer, A./Murphy, A. (1992): An Empirical Comparison of Alternative Models of Capital Asset Pricing in Germany, in: JoBF, Vol. 16, 1992, S. 183 - 196.

Saunders, A./Ward, C./Woodward, R. (1980): Stochastic Dominance and the Performance of U. K. Unit Trusts, JFQA, Vol. 15, 1980, S. 323 - 330.

Scharfstein, D.S./Stein, J.C. (1990): Herd Behavior and Investment, in: AER, Vol. 80, 1990, S. 465 - 479.

Schiereck, D./Weber, M. (1993): Zyklische und antizyklische Handelsstragien am deutschen Aktienmarkt, Arbeitspapier des Lehrstuhls für ABWL, Finanzwirtschaft, insbes. Bankbetriebslehre, Mannheim 1993.

Schmidt, R. (1995): Fundamentalanalyse, in: HWF, 2. Aufl., Hrsg. Gerke, W./Steiner, M., Stuttgart 1995, Sp. 829 - 839.

Schmidt, R.H. (1976): Aktienkursprognose - Aspekte positiver Theorien über Aktienkursänderungen, Wiesbaden 1976.

Schmidt, R.H. (1986): Grundzüge der Investitions- und Finanzierungstheorie, 2. Aufl., Wiesbaden 1986.

Schneeweiß, H. (1967): Entscheidungskriterien bei Risiko, Berlin, Heidelberg, New York 1967.

Schneeweiß, H. (1978): Ökonometrie, 3. Aufl., Heidelberg 1978.

Schneider, D. (1992): Investition, Finanzierung und Besteuerung, 7. Aufl., Wiesbaden 1992.

Schnittke, J. (1989): Überrenditeeffekte am deutschen Aktienmarkt - Eine theoretische und empirische Analyse, Köln 1989.

Schrader, T. (1993): Geregelter Markt und geregelter Freiverkehr - Auswirkungen gesetzgeberischer Eingriffe, Wiesbaden 1993.

Schredelseker, K. (1990): Indexanlagen: Eine Chance für einen internationalen Finanzplatz Österreich, in: ÖBA, 38. Jg., 1990, S. 73 - 81.

Sears, R.S./Trennepohl, G.L. (1983): Measuring Portfolio Risk in Options, in: JoFR, Vol. 6, 1983, S. 199 - 212.

Sefcik, S.E./Thompson, R. (1986): An Approach to Statistical Inference in Cross-Sectional Models with Security Abnormal Returns as Dependent Variable, in: Journal of Accounting Research, Vol. 24, 1986, S. 316 - 334.

Sendelbach, C./Schell, S. (1993): Indices für den deutschen Rentenmarkt, in: Die Bank, o.Jg., 1993, S. 283 - 286.

Seyhun, H.N. (1993): Can Omitted Risk Factors Explain the January Effect? A Stochastic Dominance Approach, in: JFQA, Vol. 28, 1993, S. 195 - 212.

Shalit, H./Yitzhaki, S. (1984): Mean-Gini, Portfolio Theory, and the Pricing of Risky Assets, in: JoF, Vol. 39, 1984, S. 1449 - 1468.

Shanken, J. (1982): The Arbitrage Pricing Theory: Is it Testable?, in: JoF, Vol. 37, 1982, S. 1129 - 1140.

Shanken, J. (1985 a): Multi-Beta CAPM or Equilibrium-APT?: A Reply, in: JoF, Vol. 40, 1985, S. 1189 - 1198.

Shanken, J. (1985 b): Multivariate Tests of the Zero-Beta CAPM, in: JoFE, Vol. 14, 1985, S. 327 - 348.

Shanken, J. (1987): Multivariate Proxies and Asset Pricing Relations - Living with the Roll Critique, in: JoFE, Vol. 18, 1987, S. 91 - 110.

Shapiro, S.S./Francia, R.S: (1972), Approximate Analysis of Variance Test for Normality, in: JASA, Vol. 67, 1972, S. 215 - 216.

Shapiro, S.S./Wilk, M.B. (1965): An Analysis of Variance Test for Normality, in: Biometrika, Vol. 52, 1965, S. 591 - 611.

Shapiro, S.S./Wilk, M.B./Chen, H.J. (1968), A Comparative Study of Various Tests for Normality, in: JASA, Vol. 63, 1968, S. 1343 - 1372.

Sharpe, W.F. (1963): A Simplified Model for Portfolio Analysis, in: MS, Vol. 9, 1963, S. 277 - 293.

Sharpe, W.F. (1964): Capital Asset Prices: A Theory of Market Equilibrium under Conditions of Risk, in: JoF, Vol. 19, 1964, S. 425 - 442.

Sharpe, W.F. (1966): Mutual Fund Performance, in: JoB, Vol. 39, 1966, S. 119 - 138.

Sharpe, W.F. (1970): Portfolio Theory and Capital Markets , New York 1970.

Sharpe, W.F. (1975): Likely Gains from Market Timing, in: FAJ, Vol. 31, 1975, S. 60 - 69.

- 594 -

Sharpe, W.F. (1977): The CAPM: A "Multi-Beta" Interpretation, in: Financial Decision Making under Uncertainty, ed. Levy, H./Sarnat, M., New York 1977, S. 127 - 135.

Sharpe, W.F. (1981): Decentralized Investment Management, in: JoF, Vol. 36, 1981, S. 217 - 234.

Sharpe, W.F. (1984): Factor Models, CAPMs and APT, in: JoPM, Vol. 11, 1984, S. 21 - 24.

Sharpe, W.F. (1988): Determining a Fund' s Effective Asset Mix, in: Investment Management Review, Vol. 2, December 1988, S. 59 - 69.

Sharpe, W.F. (1991): Capital Asset Prices With and Without Negative Holdings, in: JoF, Vol. 46, 1991, S. 489 - 509.

Sharpe, W.F. (1992): Asset Allocation: Management Style and Performance Measurement, in: JoPM, Vol. 18, Winter 1992, S. 7 - 19.

Sharpe, W.F./Alexander, G. (1990): Investments, 4th ed., Englewood Cliffs 1990.

Sharpe, W.F./Sosin, H.B. (1975): Closed-End Investment Companies in the United States: Risk and Return, in: European Finance Association, 1974 Proceedings, Hrsg. Jacquillat, B., Amsterdam/Oxford 1975, S. 37-63.

Shawky, H.A. (1982): An Update on Mutual Funds: Better Grades, in: JoPM, Vol. 8, 1982, S. 29 - 34.

Shukla, R./Trzcinka, C. (1991): Research on Risk and Return: Can Measures of Risk explain Anything? in: JoPM, 1991, S. 15 - 21.

Shukla, R./Trzcinka, C. (1992): Performance Measurement of Managed Portfolios, Financial Markets, Institutions & Instruments, New York University Salomon Center, Vol. 1, No. 4, New York 1992.

Sieper, H. (1994): Zunehmender Einsatz von Fonds bei der Anlageberatung, in: ZfgK, 47. Jg., 1994, S. 367 - 368.

Sigg, R. (1979): Zur Methodik der Leistungsmessung und -analyse beim Aktienanlagefonds, Bankwirtschaftliche Forschungen, Hrsg. Kilgus, E./Schuster, L., Bd. 58, Bern/Stuttgart 1979.

Simaan, Y. (1993): Portfolio Selection and Asset Pricing - Three-Parameter Framework, in: MS, Vol. 39, 1993, S. 568 - 577.

Simkowitz, M.A./Beedles, W.L. (1978): Diversification in a Three Moment World, in: JFQA, Vol. 13, 1978, S. 927 - 941.

Simon, F. (1994): Unternehmerischer Erfolg und gesellschaftliche Verantwortung, Wiesbaden 1994.

Sinclair, N.A. (1990): Market Timing Ability of Pooled Superannuation Funds January 1981 to December 1987, in: Accounting and Finance, Vol. 30, 1990, S. 51 - 65.

Singh, B./Nagar, A.L./Choudhry, N.K./Raj, B. (1976): On the Estimation of Structural Change: A Generalization of the Random Coefficients Regression Model, in: International Economic Review, Vol. 17, 1976, S. 340 - 361.

Sirri, E.R./Tufano, P. (1993): Buying and Selling Mutual Funds: Flows, Performance, Fees, and Services, Working Paper, Harvard Business School 1993.

SMH (Hrsg.) (1990): Small Caps vs. Blue Chips, in: Focus Quantitative, Mai 1990.

Smith, K.V. (1978): Is Fund Growth Related to Fund Performance?, in: JoPM, Vol. 4, 1978, S. 49 - 54.

Smith, K.V./Tito, D.A. (1969): Risk-Return Measures of Ex Post Portfolio Performance, in: JFQA, Vol. 4, 1969, S. 449 - 471.

Sorensen, E.H./Thum, C.Y. (1992): The Use and the Misuse of Value Investing, in: FAJ, Vol. 48, 1992, S. 51 - 58.

Spitz, A.E. (1970): Mutual Fund Performance and Cash Inflows, in: Applied Economics, Vol. 2, 1970, S. 141 - 145.

Spremann, K. (1992): Zur Abhängigkeit der Rendite von Entnahmen und Einlagen, in: FuPM, 6. Jg.,1992, S. 179 - 192.

Stambaugh, R.F. (1982): On the Exclusion of Assets from Tests of the Two-parameter Model: A Sensitivity Analysis, in: JoFE, Vol. 10, 1982, S. 237 - 268.

Starks, L.T. (1987): Performance Incentive Fees: An Agency Theoretic Approach, in: JFQA, Vol. 22, 1987, S. 17 - 32.

Stehle, R. (1991): Der Size-Effekt am deutschen Kapitalmarkt, Working Paper, Universität Augsburg 1991.

Steiner, M. (1993): Wertpapieranalyse, in: Handwörterbuch des Rechnungswesens, Hrsg. Chmielewizc, K./Schweitzer, M., 3. Aufl., Stuttgart 1993, Sp. 2165 - 2173.

Steiner, M./Bauer, C. (1992): Die fundamentale Analyse und Prognose des Marktrisikos deutscher Aktien, in: ZfbF, 44. Jg., 1992, S. 347 - 368.

Steiner, M./Beiker, H.-G./Bauer, C. (1993): Theoretische Erklärungen unterschiedlicher Aktienrisiken und empirische Überprüfungen, in: Empirische Kapitalmarktforschung, ZfbF-Sonderheft 31, Hrsg. Bühler, W./Hax, H./Schmidt, R., 1993, S. 99 - 129.

Steiner, M./Bruns, Ch. (1994): Wertpapiermanagement, 3. Aufl., Stuttgart 1994.

Steiner, M./Kleeberg, J. (1991): Zum Problem der Indexauswahl im Rahmen der wissenschaftlich-empirischen Anwendung des Capital Asset Pricing Model, in: DBW, 51 Jg., 1991, S. 171 - 182.

Steiner, M./Kölsch, K. (1989): Finanzierung, Zielsetzungen, zentrale Ergebnisse und Entwicklungsmöglichkeiten der Finanzierungsforschung, in: DBW, 49. Jg., 1989, S. 409 - 432.

Steiner, M./Nowak, T. (1994): Zur Bestimmung von Risikofaktoren am deutschen Aktienmarkt auf Basis der Arbitrage Pricing Theory, in: DBW, 54. Jg., 1994, S. 347 - 362.

Steiner, M./Nowak, T. (1995): Mehrfaktorenmodelle, in: HWF, 2. Aufl., Hrsg. Gerke, W./Steiner, M., Stuttgart 1994, Sp. 1433 - 1443.

Steiner, M./Wittkemper, H.-G. (1993 a): Aktienrendite-Schätzungen mit Hilfe künstlicher neuronaler Netze, in: FuPM, 7. Jg., 1993, S. 443 - 458.

Steiner, M./Wittkemper, H.-G. (1993 b): Neuronale Netze: Ein Hilfsmittel für betriebswirtschaftliche Probleme, in: DBW, 53. Jg., 1993, S. 447 - 463.

Steiner, M./Wittrock, C. (1993): Märkte für Instrumente zur Risikoabsicherung, in: Handbuch des Finanzmanagements, Hrsg. Gebhardt, G./Gerke, W./ Steiner, M., München 1993, S. 669 - 719.

Steiner, M./Wittrock, C. (1994): Timing-Aktivitäten von Aktieninvestmentfonds und ihre Identifikation im Rahmen der externen Performance-Messung - Eine theoretische und empirische Untersuchung der Leistungen von Investmentfonds, in: ZfB, 64. Jg., 1994, S. 593 - 618.

Steiner, M./Wittrock, C. (1995): Performance-Messung von Wertpapierportfolios, in: HWF, 2. Aufl., Hrsg. Gerke, W./Steiner, M., Stuttgart 1994, Sp. 1514 - 1526.

Steinhausen, D./Zörkendörfer, S. (1992): Informationsverarbeitung und Datenanalyse mit dem Programmiersystem SAS, München, Wien 1992.

Stock, D. (1990): Winner and Loser Anomalies in the German Stock Market, in: Zeitschrift für die gesamte Staatswissenschaft, 146. Jg., 1990, S. 518 - 529.

Stoline, M.R./Ury, H.K. (1979): Tables of the Studentized Maximum Modulus Distribution and an Application to Multiple Comparisons Among Means, in: Technometrics, Vol. 21, 1979, S. 87 - 93.

Stone, B.K. (1974): Systematic Interest Rate Risk in a Two-Index Model of Returns, in: JFQA, Vol. 9, 1974, S. 709 - 721.

Stoughton, N.M. (1993): Moral Hazard and the Portfolio Management Problem, in: JoF, Vol. 48, 1993, S. 2009 - 2028.

Stucki, E. (1988): Beschreibende Methoden zur Messung der Performance von Aktienportfolios, Diss. St. Gallen 1988.

Szpiro, G.G. (1988): On the Stability of Risk Aversion over Time, in: Studies in Banking and Finance, Vol. 5, 1988, S. 113 - 121.

Tan, K.-J. (1991): Risk Return and the Three-Moment Capital Asset Pricing Model: Another Look, in: JoBF, Vol. 15, 1991, S. 449 - 460.

Tapley, M. (1986): Accounting and Portfoliomanagement, in: International Portfolio Management, ed. Tapley, M., London 1986, S. 147 - 166

Tehranian, H. (1980): Empirical Studies in Portfolio Performance Using Higher Degrees of Stochastic Dominance, in: JoF, Vol. 35, 1980, S. 159 - 171.

Telser, L.G. (1955/1956), Safety First and Hedging, in: RoES, Vol. 23, 1955/1956, S. 1-16.

Theobald, M. (1986): Empirical problems in Finance, in: Issues in Finance, de. Firth, M./Keane, S., Oxford 1986, S. 242 - 253.

Thomann, H.-U. (1980): Anlagefonds aus der Sicht des Kapitalgebers, Bern, Stuttgart 1980.

Thompson, R. (1978): The Information Content of Discounts and Premiums on Closed-End Fund Shares, in: JoFE, Vol. 6, 1978, S. 151 - 186.

Tierney, D.E./Winston, K. (1991): Using Generic Benchmarks to Present Manager Styles, in: JoPM, Vol. 18, Summer 1991, S. 33 - 36.

Tippett, M. (1994): Estimating Returns on Financial Instruments: Time Versus Money-Weighted Returns, in: JBFA, Vol. 21, 1994, S. 729 - 737.

Tobin, J (1958): Liquidity Preference as Behavior Towards Risk, in: Review of Economic Studies, Vol. 26, 1958, S. 65 - 85.

Treynor, J.L. (1965): How to Rate Management of Investment Funds, in: HBR, Vol. 43, 1965, S. 63 - 75.

Treynor, J.L. (1968): Discussion, in: JoF, Vol. 23, 1968, S. 418 - 419.

Treynor, J.L. (1993): In Defense of the CAPM, in: FAJ, Vol. 49, 1993, S. 11 - 13.

Treynor, J.L./Black, F. (1973): How to Use Security Analysis to Improve Portfolio Selection, in: JoB, Vol. 46, 1973, S. 66 - 86.

Treynor, J.L./Mazuy, K.K. (1966): Can Mutual Funds Outguess the Market?, in: HBR, Vol. 44, 1966, S. 131 - 136.

Tsiang, S.C. (1972): The Rationale of the Mean-Standard Deviation Analysis, Skewness Preference, and the Demand for Money, in: AER, Vol. 62, 1972, S. 354 - 371.

Uffrecht, M./Wittrock, C. (1993): Die DAX-Option und die Option auf den DAX-Future: identische Produkte an der DTB?, in: Die Bank, o. Jg., 1993, S. 725 - 731.

Uhlir, H. (1981): Portefeuillemanagement und Anlageerfolgsbeurteilung - Zum gegenwärtigen Stand der Performancemessung, in: Management und Kontrolle, Hrsg. Seicht, G., Festschrift für Erich Loitlsberger zum 60. Geburtstag, Berlin 1981, S. 529 - 569.

Uhlir, H. (1994): Grundsätze ordnungsmäßiger Performancemessung, in: Erfolgsmessung und Erfolgsanalyse im Portfolio-Management, Probleme des Kapitalmarktes, Kolloquium-Beiträge 36, Schriftenreihe des Instituts für Kapitalmarktforschung an der J.W. Goethe-Universität Frankfurt am Main, Hrsg. Gebauer, W./Rudolph, B., Frankfurt 1994, S. 65 - 74.

Uhlir, H./Steiner, P. (1991): Wertpapieranalyse, 2. Aufl., Heidelberg 1991.

Veit, E.T./Cheney, J.M. (1982): Are Mutual Funds Market Timers, in: JoPM, Vol. 8, Winter 1982, S. 35 - 42.

Verrecchia, R.E. (1980): The Mayers-Rice Conjecture, in: JoFE, Vol. 8, 1980, S. 87 - 100.

von Neumann, J./Morgenstern, O. (1947): Theory of Games and Economic Behavior, Princeton 1947.

von Siebenthal, W. (1992): Aus der Praxis: Ist Risikomessung Kunst oder Wissenschaft?, in: FuPM, 6. Jg., 1992, S. 442 - 447.

Ward, C.W.R./Saunders, A. (1976): U.K. Unit Trust Performance 1964-74, in: JBFA, Vol. 3, 1976, S. 83 - 99.

Warfsmann, J. (1993): Das Capital Asset Pricing Model in Deutschland, Wiesbaden 1993.

Watts, R. (1978): Systematic Abnormal Returns After Quarterly Earnings Announcements, in: JoFE, Vol. 6, 1978, S. 127 - 150.

Weigel, E.J. (1991): The Performance of Tactical Asset Allocation, in: FAJ, Vol. 47, 1991, S. 63 - 70.

Wernecke, K.-D. (1983): Jackknife, Bootstrap und Cross-Validation - Eine Einführung in Methoden der wiederholten Stichprobenziehung, in: Allgemeines Statistisches Archiv, Jg. 77, 1993, S. 32 - 59.

White, H. (1980): A Heteroscedasticity-Consistent Covariance Matrix Estimator and a Direct Test for Heteroscedasticity, in: Econometrica, Vol. 48, 1980, S. 817 - 838.

Wilcox, J.W. (1993): The Effect of Transaction Costs and Delay on Performance Drag, in: FAJ, Vol. 49, 1993, S. 45 - 54.

Wilhelm, J.E. (1985): Arbitrage Theory. Introductory Letters on Arbitrage-Based Financial Asset Pricing. Lecture Notes in Economics and Mathematical Systems, Berlin u. a. 1985.

Williamson, J.P. (1972): Measurement and Forecasting of Mutual Fund Performance: Choosing an Investment Strategy, in: FAJ, Vol. 28, 1972, S. 78 - 84.

Wilrich, P.-T./Henning, H.-J. (1987): Formeln und Tabellen der angewandten Statistik, 3. Aufl. von Wilrich, P.-T./Stange, H.-J., Berlin 1987.

Winkelmann, M. (1981): Indexwahl und Performance-Messung, in: Geld, Banken und Versicherungen, Hrsg. Göppl, H./Henn, R., Band I, Karlsruhe 1981, S. 475 - 487.

Winkelmann, M. (1984): Aktienbewertung in Deutschland, Königstein 1984.

Withmore, G.A. (1970): Third-Degree Stochastic Dominance, in: AER, Vol. 60, 1970, S. 457 - 459.

Wittkemper, H.-G. (1994): Neuronale Netze als Hilfsmittel zur Rendite- und Risikoschätzung von Aktien, Köln 1994.

Wittrock, C./Beer, V. (1994): Anwendungsmöglichkeiten von Optionsindices, in: Die Bank, o. Jg., 1994, S. 518 - 523.

Wittrock, C./Steiner, M. (1995): Performance-Messung ohne Rückgriff auf kapitalmarkttheoretische Renditeerwartungsmodelle - Eine Analyse des Anlageerfolges deutscher Aktieninvestmentfonds, in: KuK, 28. Jg., 1995, S. 1 - 45.

Wittrock, C./Völker, M. (1994): Strukturierte Fondskonzepte, in: Die Bank, o. Jg., 1994, S. 648 - 654.

Woerheide, W. (1982): Investor Response to Suggested Criteria for the Selection of Mutual Funds, in: JFQA, Vol. 17, 1982, S. 129 - 137.

Wolter, H.-J. (1993): Shortfall-Risiko und Zeithorizonteffekte, in: FuPM, 7. Jg., 1993, S. 330 - 338.

Woodward, R.S. (1983): The Performance of U.K. Investment Trusts as Internationally Diversified Portfolios Over the Period 1968 to 1977, in: JoBF, Vol. 7, 1983, S. 417 - 426.

Zenger, C. (1992): Zeithorizont, Ausfallwahrscheinlichkeit und Risiko: Einige Bemerkungen aus der Sicht des Praktikers, in: FuPM, 6. Jg., 1992, S. 104 - 113.

Ziemer, N. (1993): Die Deutsche Performancemessungs - Gesellschaft - ein Service für institutionelle Anleger, in: Handbuch Finanzdienstleistungen, Hrsg. Brunner, W.L./Vollath, J., Stuttgart 1993, S. 444 - 468.

Zimmermann, H. (1988): Preisbildung und Risikoanalyse von Aktienoptionen, Grüsch 1988.

Zimmermann, H. (1991): Zeithorizont, Risiko und Performance: Eine Übersicht, in: FuPM, 5. Jg., 1991, S. 164 - 181.

Zimmermann, H. (1992 a): Performance-Messung im Asset-Management, in: Controlling: Grundlagen - Informationssysteme - Anwendungen, Hrsg. Spremann, K./Zur, E., Wiesbaden 1992, S. 49 - 109.

Zimmermann, H. (1992 b): Replik zum Thema "Ausfallrisiko und Zeithorizont", in: FuPM, 6. Jg., 1992, S. 114 - 117.

Zimmermann, H. (1994): Editorial: Reward to Risk, in: FuPM, 8. Jg., 1994, S. 1 - 6.

Zimmermann, H./Zogg-Wetter, C. (1992 a): On Detection Selection and Timing Ability: The Case of Stock Market Indexes, in: FAJ, Vol. 48, 1992, S. 80 - 83.

Zimmermann, H./Zogg-Wetter, C. (1992 b): Performance-Messung schweizerischer Aktienfonds: Markt-Timing und Selektivität, in: Schweizerische Zeitschrift für Volkswirtschaft und Statistik, 128. Jg., 1992, S. 133 - 160.

Zimmermann, P. (1993): Intervalling-Effekt und Anpassungsverhalten bei der Schätzung von Betawerten am deutschen Aktienmarkt, Arbeitsbericht, Lehrstuhl für Kreditwirtschaft und Finanzierung, Universität Frankfurt, Februar 1993.

Zirener, H. (1994): Perspektiven auf den Anlagemärkten für Aktienfonds, in: ZfgK, 46. Jg., 1994, S. 360 - 363.

Zivney, T.L./Thompson, D.J. (1989): The Effect of Market Proxy Rebalancing Policies on Detecting Abnormal Performance, in: JoFR, Vol. 12, 1989, S. 293 - 300.

Zwirner, T. (1990): TUBOS, Trinkaus & Burkhardt Optionsschein-Index, Performance-Index für deutsche Aktien-Optionsscheine, Trinkaus & Burkhardt Research, Düsseldorf 1990.

Kurzinformation
Reihe: Portfoliomanagement
Hrsg.: Prof. Dr. Manfred Steiner

Band 1: Der Anlageerfolg des Minimum-Varianz-Portfolios. Eine empirische Untersuchung am deutschen, englischen, japanischen, kanadischen und US-amerikanischen Aktienmarkt. von Jochen M. Kleeberg, 1995, 333 Seiten, DM 212.-.

Kleeberg untersucht den Anlageerfolg der Wertpapiermischung, die das geringst mögliche Gesamtrisiko aufweist (Minimum-Varianz-Portfolio). Bei der Konstruktion des Minimum-Varianz-Portfolios werden keine Prognosen hinsichtlich zukünftiger Renditen verwendet; es wird ausschließlich das Risiko minimiert.

Die Untersuchung ist umfangreich angelegt und umfaßt neben dem deutschen Aktienmarkt mit dem englischen, japanischen, kanadischen und US-amerikanischen Aktienmarkt vier weitere bedeutende Märkte. Der Autor unterzieht das Minimum-Varianz-Portfolio zunächst einer gründlichen theoretischen Analyse. Das Verständnis für diese Überlegungen wird dem Leser durch ein konkretes Fallbeispiel erleichtert.

Die empirischen Untersuchungsergebnisse haben erhebliche Bedeutung für das praktische Portfoliomanagement: Auf sämtlichen fünf Märkten wird für das Minimum-Varianz-Portfolio eine positive Überrendite festgestellt, die zudem statistisch signifikant ist. Durch den Einsatz fundamentaler Multi-Faktoren-Modelle gelingt es dem Autor, die Ursachen für die beobachtete Renditeanomalie zu identfizieren.

Anhand eines praxisbezogenen Minimum-Varianz-Portfolios, das den Anlagegrundsätzen deutscher institutioneller Anleger entspricht, wird die praktische Umsetzbarkeit von Minimum-Varianz-Strategien untersucht. Damit werden Anlagekonzepte erarbeitet, die für institutionelle Anleger von erheblicher praktischer Bedeutung sind.

Bestellungen richten Sie bitte direkt an:

- UHLENBRUCH Verlag
  Rother Weingartenweg 16, 65812 Bad Soden/Ts.,
  Tel.: 06196/642249 und 643631; FAX: 06196/ 642249